MICHAELIS

MINIDICIONÁRIO
INGLÊS

inglês – português
português – inglês

Nova Ortografia conforme o
Acordo Ortográfico da Língua Portuguesa

Editora Melhoramentos

Michaelis: minidicionário inglês. – 2.ª edição. – São Paulo: Editora Melhoramentos, 2009. – (Michaelis Minidicionário)

Edição conforme o Acordo Ortográfico da Língua Portuguesa, 1990.

ISBN 978-85-06-05860-2

1. Inglês - Dicionários - Português
2. Português - Dicionários - Inglês I. Série.

CDD-423.69

Índices para catálogo sistemático:
1. Inglês: Dicionários: Português 423.69
2. Português: Dicionários: Inglês 469.32

Este dicionário foi baseado no *Michaelis Moderno Dicionário Inglês & Português*.

© 2002, 2009 Editora Melhoramentos Ltda.
Todos os direitos reservados.

Lexicografia: Ivanete Tosi Araújo Silva e Jeferson Luis Camargo
Design original da capa: Jean E. Udry

3.ª edição, 10.ª impressão, outubro de 2023
ISBN: 978-85-06-05860-2
     978-85-06-07852-5

Atendimento ao consumidor:
Caixa Postal 169 – CEP 01031-970
São Paulo – SP – Brasil
Tel.: (11) 3874-0880
www.editoramelhoramentos.com.br
sac@melhoramentos.com.br

Impresso na China

MICHAELIS

MINIDICIONÁRIO
INGLÊS

inglês – português
português – inglês

Sumário

Prefácio VII
Organização do dicionário VIII
Transcrição fonética do inglês X
Transcrição fonética do português XII
Abreviaturas usadas neste dicionário XV
Verbetes inglês-português 1
Verbetes português-inglês 285
Apêndice
   Verbos irregulares em inglês 601
   Conjugação dos verbos auxiliares e regulares em
   português 604
   Relação dos verbos irregulares, defectivos ou difíceis em
   português 609
   Numerais cardinais, ordinais, fracionários e
   multiplicativos 616
   Tabela de conversão de temperaturas em graus Celsius e
   Fahrenheit 619

Prefácio

O **Michaelis Minidicionário Inglês** foi especialmente elaborado para os brasileiros que estudam a língua inglesa. Com mais de 18.000 verbetes, abrange tanto o inglês americano quanto o britânico e contou, em sua elaboração, com uma equipe especializada de dicionaristas, professores de inglês e de português, foneticistas e revisores, entre outros profissionais.

A grafia das palavras em português segue o Vocabulário Ortográfico da Língua Portuguesa (VOLP, 5.ª ed., março de 2009), respeitando as modificações introduzidas pelo Acordo Ortográfico da Língua Portuguesa (veja explicações sobre o Acordo a seguir).

Este dicionário segue rigorosas normas de lexicografia que padronizam a estrutura dos verbetes a fim de facilitar a leitura e dar acesso imediato à informação. Além disso, os verbetes em inglês e em português apresentam divisão silábica, transcrição fonética, classe gramatical, área de conhecimento, acepções numeradas (totalizando mais de 40.000), expressões atuais e exemplos objetivos para melhor compreensão das definições. Há também um apêndice para atender a consultas complementares de assuntos não tratados no corpo do dicionário.

O **Michaelis Minidicionário Inglês** é um instrumento essencial para o estudo da língua inglesa, de grande utilidade, portanto, para quem deseja falar e escrever corretamente esse idioma.

A nova ortografia do português

Para este dicionário foram adotadas as alterações na ortografia do português conforme o Acordo Ortográfico da Língua Portuguesa de 1990.

A implantação das regras desse Acordo é um passo importante em direção à criação de uma ortografia unificada para o português, a ser usada por todos os países de língua oficial portuguesa: Portugal, Brasil, Angola, São Tomé e Príncipe, Cabo Verde, Guiné-Bissau, Moçambique e Timor Leste.

A Editora

Organização do dicionário

1. Entrada

a) A entrada do verbete está em negrito e com indicação da divisão silábica.
   Ex.: **ab.bey** ['æbi] *n* mosteiro, abadia.
   a.ba.lar [abal'ar] *vt+vint* 1 to shatter. 2 to affect. 3 to agitate...

b) As remissões, introduzidas pelo sinal =, indicam uma forma vocabular mais usual.
   Ex.: **hul.lo** [hʌl'ou] *interj* = **hello.**

c) Vocábulos de grafia idêntica mas com origens diferentes constituem verbetes independentes e têm as entradas com numeração elevada.
   Ex.: **af.fect¹** [əf'ekt] *vt* fingir, simular, aparentar.
   af.fect² [əf'ekt] *vt* 1 afetar. 2 causar mudança, abalar...

d) A grafia americana antecede a britânica.
   Ex.: **col.or, col.our** [k'ʌlə] *n* 1 cor, colorido. 2 tinta. 3 caráter...

2. Transcrição fonética

a) A pronúncia figurada do inglês é representada entre colchetes. Veja explicações detalhadas na página X.
   Ex.: **ab.surd** [əbs'ə:d] *adj* absurdo, paradoxal.

b) A pronúncia figurada do português é representada entre colchetes. Veja explicações detalhadas na página XII.
   Ex.: **a.ba.ca.xi** [abakaʃ'i] *sm* pineapple.

3. Classe gramatical

a) É indicada por abreviatura em itálico, conforme a lista na página XV.
   Ex.: **ac.ci.dent** ['æksidənt] *n* 1 acidente, desastre, sinistro. 2 casualidade...
   a.ba.di.a [abad'iə] *sf* abbey.

b) Quando o verbete tem mais de uma classe gramatical, uma é separada da outra por um ponto preto.
   Ex.: **a.cross** [əkr'ɔs] *adj* cruzado. • *adv* 1 transversalmente, obliquamente...
   ab.sor.ven.te [absorv'ẽti] *sm* 1 absorbent. 2 feminine napkin. • *adj m+f* absorbing, absorbent.

4. Área de conhecimento

É indicada por abreviatura em itálico, conforme a lista na página XV.
   Ex.: **chem.o.the.ra.py** [ki:mouθ'erəpi] *n Med* quimioterapia.
   ar.co ['arku] *sm* 1 (também *Geom*) arc. 2 *Arquit* arch. 3 *Mús* bow (também **weapon**). 4 *Fut* goal. 5 arcos arcade.

5. Formas irregulares

São apresentados, em negrito, os plurais irregulares e os plurais de substantivos compostos com hífen, além dos femininos e masculinos irregulares.

IX

Ex.: **a.bil.i.ty** [əb'iliti] *n* (*pl* **abilities**) **1** habilidade, competência. **2** destreza...
al.to-fa.lan.te [awtufal'ãti] *sm* (*pl* **alto-falantes**) loudspeaker.
a.não [an'ãw] *sm* (*pl* **anões**) (*fem* **anã**) dwarf.

6. Tradução

a) Os diferentes sentidos de uma mesma palavra estão separados por algarismos em negrito. Os sinônimos reunidos num algarismo são separados por vírgulas.
Ex.: **ac.cess** ['ækses] *n* **1** acesso, admissão. **2** passagem. **3** aproximação...
a.ba.nar [aban'ar] *vt+vpr* **1** to fan. **2** to wave. **3** to wag (rabo). **4** to shake...

b) A tradução, na medida do possível, fornece os sinônimos na outra língua e, quando estes não existem, define ou explica o termo.
Ex.: **af.ford** [əf'ɔ:d] *vt* **1** poder gastar, ter recursos...

7. Exemplificação

Frases elucidativas ou citações, usadas para esclarecer definições ou acepções, são apresentadas em itálico.
Ex.: **at** [æt, ət] *prep* **1** em, a. **2** na direção de. **3** por, cada. *I will talk to one at a time* / vou falar com um por vez. **4** usada para indicar um local. *at the door* / à porta...
abs.ter [abst'er] *vt+vpr* **1** to abstain. **2** to restrain, refrain. *eu me abstive de empregar violência* / I refrained from using violence...

8. Expressões

Após a tradução do vocábulo, expressões usuais são apresentadas em ordem alfabética e destacadas em negrito.
Ex.: **af.ter.noon** [a:ftən'u:n] *n* tarde. • *adj* na tarde, de ou relativo à tarde. **good afternoon!** boa tarde! **late afternoon** à noitinha.
a.ber.to [ab'ɛrtu] *adj* **1** open, opened. **2** exposed. **3** frank, open-hearted. **aberto ao público** open to the public. **carta aberta** open letter. **falar abertamente** to speak openly.

9. Apêndice

No final do dicionário estão incluídos alguns assuntos frequentemente procurados para consultas complementares:
- relação dos verbos irregulares em inglês;
- conjugação dos verbos auxiliares e regulares em português;
- relação dos verbos irregulares, defectivos ou difíceis em português;
- numerais cardinais, ordinais, fracionários e multiplicativos;
- tabela de conversão de temperaturas em graus Celsius e Fahrenheit.

Transcrição fonética do inglês

I – Símbolos fonéticos

O sinal ′ indica que a sílaba seguinte é acentuada.
O sinal : depois de uma vogal significa sua prolongação.

Vogais

		exemplo
a:	como o **a** da palavra portuguesa *caro*, mas um pouco mais demorado.	father, star
æ	tem um som intermediário entre o **á** da palavra *já* e o **é** em *fé*.	bad, flat
ʌ	semelhante ao **a** semiaberto do português; sempre tônico (como em *cama*).	bud, love
ə	semelhante ao **a** semiaberto do português; sempre átono (como *mesa*).	dinner, about
ə:	semelhante ao **a** semiaberto do português; sempre tônico e seguido de /r/.	her, bird, burn
e	tem um som aberto do **é** da palavra *fé*.	net, pet
i	semelhante ao **i** de *sinal*.	cottage, bit
i:	como o **i** em *aqui*, mas mais prolongado.	meet, beat
ɔ	tem um som intermediário entre /a:/ e /ɔ:/.	not, hot
ɔ:	semelhante ao **ó** da palavra *nó*, mas mais longo.	nor, saw
u	semelhante ao **u** da palavra *buquê*.	put, look, foot
u:	como o som do **u** da palavra *uva*.	goose, food

Ditongos

		exemplo
ai	como em *vai*.	five, lie
ei	como em *lei*.	late, ray, play
ɔi	como em *herói*.	boy, boil
au	como em *mau*.	how, about
ou	como em *vou*.	note, cold, so
iə	como em *tia*.	ear, here
ɛə	como em *Oséas*.	care, fair
uə	como em *rua*.	poor

Semivogais

		exemplo
j	como o som do **i** na palavra *mais*.	yet
w	tem um som equivalente ao **u** da palavra *mau*.	wait, we

XI

Consoantes

(As consoantes **b, d, f, l, m, n, p, t** e **v** têm o mesmo som das consoantes portuguesas.)

		exemplo
g	tem sempre o valor de **gue**, como em *gato*, *guerra*.	give, gate
h	tem, com raras exceções, o som aspirado.	hand, hold
k	tem o valor do **c** da palavra *capa*.	cat, cold
r	quando no início da sílaba, tem o som retroflexo da pronúncia brasileira caipira.	red, run
r	no fim da sílaba ou antes de consoante, tem som quase imperceptível na pronúncia britânica.	far, arm
s	tem sempre o som aproximado do **s** da palavra *silva*.	sail, sea
z	é igual ao som do **z** da palavra *zero*.	his, used, is
ʒ	tem o som de **j** da palavra *rijo*.	pleasure, measure
dʒ	tem um som semelhante ao **dj** da palavra *adjetivo*.	age
ʃ	tem um som semelhante ao **ch** da palavra *chá*.	ship, shine
tʃ	semelhante ao som de **tch** em *tcheco*.	cherry
ŋ	semelhante ao som nasal (velar) em palavras como *ângulo* ou *banco*.	king, sing, long
ð	semelhante ao **z** pronunciado com a ponta da língua na borda dos dentes superiores	that, there, though
θ	semelhante ao **s** pronunciado com a ponta da língua na borda dos dentes superiores (como as pessoas que ceceiam)	thick, bath, thin

II – Observações gerais

a) A pronúncia figurada do inglês é representada entre colchetes, usando-se a transcrição fonética do Alfabeto Fonético Internacional, com pequenas modificações.

b) o acento tônico é indicado pelo sinal ('), que precede a vogal da sílaba tônica.
Ex.: **capital** [k'æpitəl]

c) a diferença entre a pronúncia inglesa e a americana é mostrada somente em algumas palavras, geralmente de alta frequência, e só é usada na entrada principal e nos derivados, mas não nas palavras compostas.

d) a pronúncia inglesa antecede a americana, sendo dela separada por ponto e vírgula.
Ex.: **garage** [g'æra:ʒ; gər'a:ʒ]

Transcrição fonética do português

I – Princípios gerais

Os símbolos adotados nas transcrições fonéticas deste dicionário fazem parte do Alfabeto Fonético Internacional, tendo alguns deles sido adaptados a casos particulares da pronúncia do português do Brasil.

Raramente uma palavra é pronunciada da mesma maneira em todo o país. Há muitas variações, influenciadas principalmente pela região em que o idioma é falado e também por fatores como a escolaridade, o meio social e a faixa etária do falante. Para registrar a notação fonética, tínhamos de optar por uma determinada pronúncia. Mas o Brasil ainda não admite um padrão oficial para o português falado, como ocorre, por exemplo, com a França em relação ao seu idioma. Assim, determinamos como padrão para esta obra a pronúncia formal dos falantes de escolaridade superior da cidade de São Paulo, bem como a de locutores de rádio e TV que se apresentam em rede nacional, cuja pronúncia é geralmente pouco marcada por variações regionais.

II – Símbolos fonéticos

1 – Vogais

Orais

		exemplo
a	como em *star*, um pouco mais breve.	caro
ɛ	como em *pat*.	fé
e	semelhante ao **e** de *obey*.	dedo
i	como em *meet*, um pouco mais breve.	vida
ɔ	como em *shaw*.	nó
o	semelhante ao **o** de *obey*.	doce
u	como em *goose*, um pouco mais breve.	uva
ə	semelhante ao **a** de *about*. Corresponde ao [a] átono, final, em sílaba aberta, pronunciado (aliás, como todas as vogais átonas finais) fracamente, quase inaudível. Na prática, pode ser substituído por [a], sem prejuízo para a comunicação.	janela
ʌ	semelhante ao **a**, semiaberto, posterior, como em *bud*, e levemente nasalizado. Sempre tônico e seguido de *m, n, nh*.	cama, cana, cânhamo

Nasais

	exemplo
ã	canto, órfã
ẽ	dente
ĩ	marfim
õ	onça
ũ	bumbo

Semivogais

	exemplo
j	vai, dei, dói
w	mau, deu, véu

2 – Consoantes

As consoantes **p, b, t, d, f, v, m, n** e **l** em posição inicial de sílaba soam, com pequenas diferenças, como as consoantes correspondentes em inglês.

		exemplo
k	como em *sky*.	casa, caqui, pacto
g	como em *gate*.	gato, guerra
s	como em *sea*.	siri, cinco, aço, excessivo
z	como em *zoo*.	zero, casa, exame
ʃ	como em *fish*.	chave, enxame
ʒ	como em *pleasure*.	gelo, janela
λ	como a palavra espanhola *calle*, semelhante ao inglês *million*.	calha
ñ	como a palavra espanhola *niño*, semelhante ao inglês *onion*.	linho. No AFI, [ɲ]
r	pronunciado com vibração fraca da ponta da língua.	faro
r̄	pronunciado com vibração forte e contínua da ponta da língua.	carro, ramo. No AFI, [R]

Nota: Os símbolos **ñ, r̄, ʒ** e **j** são adaptações do AFI.

XIV

III – Observações gerais

1 – Tonicidade
A tonicidade é marcada pelo sinal ['] antes da vogal ou semivogal da sílaba tônica.
   Ex.: **casa** [k'azə], **quase** [k'wazi].

2 – Palavras compostas
A palavra composta é transcrita, na maioria das vezes, como um único grupo rítmico, sem pausa.

   Ex.: **para-raios** [parəɾ'ajus].

Quando a primeira parte de uma palavra composta de dois elementos é paroxítona, ela não é acentuada.
   Ex.: **alto-falante** [awtufal'ãti].
Mas, se o primeiro elemento é proparoxítono ou oxítono, o acento é registrado.
   Ex.: **água-viva** ['agwəv'ivə].

Acentuamos também o primeiro elemento nos casos em que a palavra composta tem mais de dois elementos.

   Ex.: **cana-de-açúcar** [k'∧nədjas'ukar].
Como se vê, o último elemento é sempre acentuado.

3 – Palavras estrangeiras
As palavras estrangeiras foram transcritas utilizando-se os símbolos do quadro fonético aqui apresentado, adaptando-se a pronúncia o mais perto possível do modelo estrangeiro.

Abreviaturas usadas neste dicionário

a.C.	antes de Cristo	*Arqueol*	arqueologia
abbr	abbreviation of	*Arquit*	arquitetura
abrev	abreviatura	*art*	article / artigo
abs	absolute	*art def*	artigo definido
acep	acepção	*Art Gráf*	artes gráficas
Acús	acústica	*art indef*	artigo indefinido
adj	adjective / adjetivo	*Artilh*	artilharia
adj f	adjetivo feminino	*Astr*	astronomy / astronomia
adj inv	adjetivo invariável	*Astrol*	astrology / astrologia
adj m	adjetivo masculino	*Astronáut*	astronáutica
adj m+f	adjetivo masculino e feminino	*augm*	augmentative
adj + sf	adjetivo e substantivo feminino	*aum*	aumentativo
		Austr	Australian
adj + sm	adjetivo e substantivo masculino	*Auto*	automobile
		Autom	automobilismo
adv	adverb / advérbio	*Av*	aviação
Aeron	aeronautics / aeronáutica	*Avic*	avicologia
Agr	agricultura	*Bact*	bacteriology
Agric	agriculture	*Bacter*	bacteriologia
Agron	agronomy / agronomia	*Basquet*	basquetebol
al	alemão	*BC*	Before Christ
Álg	álgebra	*Beis*	beisebol
Alq	alquimia	*Bel-art*	belas-artes
Amer	American English	*Bib*	biblical
amer	inglês americano	*Bíb*	bíblia
Anat	anatomy / anatomia	*Biochem*	biochemistry
ant	antigo, antiquado	*Biofís*	biofísica
Anthr	anthropology	*Biol*	biology / biologia
Antig	antiguidade	*Bioquím*	bioquímica
Antôn	antônimo	*Bot*	botany / botânica
antr	antropônimo	*Box*	boxing
Antrop	antropologia	*bras*	brasileirismo
ap	apud	*Braz*	Brazil(ian)
Apic	apicultura	*Brit*	British English
aportug	aportuguesamento	*brit*	inglês britânico
ár	árabe	*Bud*	budismo
arc	arcaísmo	*Caligr*	caligrafia
arch	archaic	*cap*	capítulo
Archaeol	archaeology	*Carp*	carpentry / carpintaria
Archit	architecture	*cast*	castelhano
Arit	aritmética	*cat*	catalão
Arith	arithmetic	*Catól*	católico

XVI

Cf	confira ou confronte	*Ecles*	eclesiástico
ch	chulo	*Ecol*	ecology / ecologia
Chem	chemistry	*Econ*	economy / economia
chin	chinês	*Edit*	editoração
Cib	cibernética	*Educ*	education / educação
Cin	cinema / cinema	*Electr*	electricity
cing	cingalês	*Electron*	electronics
Cir	cirurgia	*elem comp*	elemento de composição
Cit	citologia	*Eletr*	eletricidade
Cód Civ	código civil	*Eletrôn*	eletrônica
col	coletivo	*Embriol*	embriology / embriologia
coll	colloquial	*Encad*	encadernação
coloq	coloquial	*Encicl*	enciclopédia
Com	commerce / comércio, comercial	*Eng*	engineering / engenharia
Comp	computing	*Engl*	English, England
compar	comparative	*Engr*	engraving
Comun	comunicação	*Ent*	entomology
conj	conjunction / conjunção	*Entom*	entomologia
conj arc	conjunção arcaica	*Equit*	equitação
conjug	conjugação	*erud*	erudito
Constr	construction / construção	*escoc*	escocês
Cont	contabilidade	*Escult*	escultura
contr	contraction / contração	*Esgr*	esgrima
Cook	cookery	*esl*	eslavo
corr	corruptela, corrupção	*esp*	espanhol
Cosm	cosmetics	*Esp*	esporte
Crist	cristalografia	*Espir*	espiritismo
Cryst	crystallography	*Estat*	estatística
Cul	culinária	*Ethn*	ethnology
decr	decreto	*Etim*	etimologia
def	definite / definido	*Etnol*	etnologia
defec	defectivo	*Euphem*	euphemistic
dem	demonstrativo	*Ex*	exemplo
Dent	dentistry	*Exam*	examination
depr	depreciativo	*expr*	expressão
deprec	depreciativo	*f*	feminine
der	derivado, derivação	*Farm*	farmácia
Des	desenho	*fem*	feminino
desus	desusado	*fenc*	fencing
dial	dialectal	*Ferrov*	ferrovia
dim	diminutive / diminutivo	*fig*	figurative(ly) / figurado
Dipl	diplomacy	*Filol*	filologia
Dir	direito	*Filos*	filosofia
Eccl	ecclesiastical	*Fin*	finanças
		Fís	física

XVII

Fisiol	fisiologia	*Hunt*	hunting
Fis nucl	física nuclear	*ib*	ibdem
Fís-Quím	físico-químico	*Ichth*	ichthyology
Folc	folclore	*Ictiol*	ictiologia
Folkl	folklore	*imp*	imperfeito
Fon	fonética	*imper*	imperativo
Fonol	fonologia	*impess*	impessoal
form	formerly	*Impren*	imprensa
Fort	fortification / fortificação	*Imunol*	imunologia
Fot	fotografia	*Ind*	industry
Fr	French, France	*ind*	indiano
fr	francês	*indef*	indefinite / indefinido
Ftb	football	*indic*	indicativo
Fut	futebol	*inf*	infinitive
fut	futuro	*inf*	infantil
Gall	Gallicism	*Inform*	informática
Gard	gardening	*ingl*	inglês
gên	gênero	*ins*	insurance
Geneal	genealogy / genealogia	*interj*	interjection / interjeição
Genet	Genetics	*Ir*	Irish, Ireland
Genét	genética	*iron*	ironia
Geofís	geofísica	*ironic*	ironically
Geogr	geography / geografia	*irreg*	irregular
Geol	geology / geologia	*It*	Italian, Italy
Geom	geometry / geometria	*ital*	italiano, italianismo
Geophys	geophysics	*jap*	japonês
Geoquím	geoquímica	*Jorn*	jornalismo
ger	gerúndio	*Jour*	journalism
Germ	German(y)	*Jur*	jurisprudence / jurídico
Ginást	ginástica	*Lat*	Latin
Ginec	ginecologia	*lat*	latim
gír	gíria	*Ling*	linguistics / linguística
Gr	Greek, Greece	*Lit*	literature / literatura
gr	grego	*Liturg*	liturgia
Gram	grammar / gramática	*loc*	local
Graph Arts	graphic arts	*loc*	locução
Gym	gymnastics	*loc adv*	locução adverbial
Her	heraldry	*Log*	logic
Heráld	heráldica	*Lóg*	lógica
Hist	history / história	*lus*	lusitanismo
Hist nat	história natural	*Mach*	machinery
Histol	histologia	*Mar*	marinha
Horse	horsemanship	*Market*	marketing
Hort	horticulture / horticultura	*masc*	masculine / masculino
Hum	humorous(ly) / humorístico	*Mat*	matemática

XVIII

Math	mathematics	*Pal*	palaeontology
Mec	mecânica	*Paleogr*	paleografia
Mech	mechanics	*Paleont*	paleontologia
Med	medicine / medicina	*Parl*	parliamentary
Met	metallurgy	*Parôn*	parônimo
metaf	metafórico	*part*	particípio
Metal	metalurgia	*part irreg*	particípio irregular
Meteor	meteorology / meteorologia	*Path*	pathology
Metrif	metrificação	*Patol*	patologia
mexic	mexicano	*Pedag*	pedagogia
Micol	micologia	*pej*	pejorativo
Mil	military / militar	*Petr*	petrografia
Min	mineralogy, mining / mineração	*Petrog*	petrography
		Pharm	pharmacology
Miner	mineralogia	*Phil*	philology
Mit	mitologia	*Philos*	philosophy
mod	moderno	*Phon*	phonetics
Mot	motoring	*Phot*	photography
Mus	music	*Phys*	physics
Mús	música	*Physiol*	physiology
Myth	mythology	*Pint*	pintura
N	North(ern)	*pl*	plural
n	noun	*Poet*	poetry, poetical
Nat	natação	*Poét*	poético
Naut	nautical	*Pol*	politics, political
Náut	náutica	*Polít*	política
NE	Northeastern	*pop*	popular
neol	neologismo	*Port*	Portuguese / Portugal
np	nome próprio	*port*	português
Nucl Eng	nuclear engineering	*pp*	past participle
num	number / numeral	*pref*	prefix / prefixo
obs	obsolete / observação	*prep*	preposition / preposição
obsol	obsoleto	*pres indic*	presente do indicativo
Obst	obstetrícia	*pres p*	present participle
Odont	odontologia	*pres subj*	presente do subjuntivo
Oftalm	oftalmologia	*Presb*	Presbyterian
onom	onomatopeia	*pret*	pretérito
Opt	optics	*Proc dados*	processamento de dados
Ópt	óptica	*pron*	pronoun
ord	ordinal	*pron adj*	pronome adjetivo
Ornit	ornitologia	*pron indef*	pronome indefinido
Ornith	ornithology	*pron pess*	pronome pessoal
Ort	ortografia, ortográfico	*pron poss*	pronome possessivo
p	person, personal	*próp*	próprio
Paint	painting	*Propag*	propaganda

XIX

pros	prosody	*Surv*	surveying
ps	past simple	*Swim*	swimming
Psicol	psicologia	*tail*	tailoring
Psiq	psiquiatria	*Taur*	tauromaquia
Psych	psychology, psychiatry	*Teat*	teatro
Publ	publicity / publicidade	*Téc*	técnica
p us	pouco usado	*Tecel*	tecelagem
Quím	químico	*Tech*	technical
Rád	rádio	*Tecn*	tecnologia
rail	railroad, railway	*Telecom*	telecomunicação
RC	Roman Catholic	*Telegr*	telegraphy
red	redução	*Teleph*	telephony
Reg	regionalismo	*Telev*	televisão
Rel	religion / religião	*Ten*	tennis
Ret	retórica	*Teol*	teologia
Rhet	rhetoric	*Teos*	teosofia
rom	romano	*Theat*	theatre
Russ	Russian	*Theol*	theology
S	South	*Therm*	thermodynamics
Scient	scientific	*Tip*	tipografia
Scot	Scottish	*Topogr*	topography / topografia
Sculp	sculpture	*TV*	television
sf	substantivo feminino	*Typogr*	typography
sg	singular	*USA*	United States of America
simb	símbolo, simbolismo	*v*	verb / verbo
Sin	sinônimo	*V*	veja
sing	singular	*Var*	variante
sl	slang	*v aux*	verb auxiliary
sm	substantivo masculino	*Vest*	vestimenta
s m+f	substantivo masculino e feminino	*Vet*	veterinary / veterinária
		vi	verbo intransitivo
Sociol	sociology / sociologia	*vint*	verbo intransitivo
Span	Spanish	*vlig*	verbo de ligação
Stat	statistics	*vpr*	verbo pronominal
subj	subjuntivo	*vt*	verb transitive / verbo transitivo
subst	substantivo		
suf	suffix / sufixo	*vulg*	vulgar / vulgarismo
sup	superlative	*Weav*	weaving
sup abs sint	superlativo absoluto sintético	*Xad*	xadrez
		Zool	zoology / zoologia
Surg	surgery		

ENGLISH-PORTUGUESE
INGLÊS-PORTUGUÊS

A B C D E F G H I J K L M N O P Q R S T U V W X Y Z

A, a¹ [ei] *n* **1** primeira letra do alfabeto, vogal. **2** *Mus* lá: sexta nota da escala musical.

a² [ei, ə], **an** [æ, ən] *indef art* **1** um, uma. **2** um certo, específico. **3** cada, por. *he works eight hours a day* / ele trabalha oito horas por dia. **4** único, um só. **5** qualquer. Nota: usa-se **a** antes de palavras iniciadas com som consonantal ou semivogal [ju:] ou [wə]: **a university, a horse, a woman**. Usa-se **an** antes de palavras iniciadas com som vogal e h mudo: **an affair, an hour**.

a.bate [əb'eit] *vt+vi* **1** diminuir, minorar. **2** derrubar. **3** deduzir, descontar.

ab.bey ['æbi] *n* mosteiro, abadia.

ab.duct [æbd'ʌkt] *vt* raptar, levar à força, sequestrar.

ab.hor [əbh'ɔ:] *vt* odiar, detestar, abominar, sentir nojo, aversão.

a.bil.i.ty [əb'iliti] *n* (*pl* **abilities**) **1** habilidade, competência. **2** destreza. **3** talento, aptidão. **to the best of one's ability** da melhor forma possível.

a.ble [eibəl] *adj* **1** capaz, apto. **2** hábil, ágil. **3** competente, talentoso. **4** autorizado, qualificado.

ab.nor.mal [æbn'ɔ:məl] *adj* anormal, irregular, incomum, anômalo.

a.board [əb'ɔ:d] *adv* **1** a bordo. **2** por extensão: dentro do trem, avião etc. **to go aboard** embarcar.

a.bol.ish [əb'ɔliʃ] *vt* abolir, anular, revogar.

ab.o.li.tion [æbəl'iʃən] *n* **1** abolição, anulação. **2** extinção, supressão.

a.bor.tion [əb'ɔ:ʃən] *n* **1** aborto. **2** *fig* malogro, fracasso. **3** monstro, monstruosidade.

a.bound [əb'aund] *vi* **1** abundar, afluir, existir em abundância. **2** ser rico em, ser cheio de (**in, with** em, com).

a.bout [əb'aut] *adv* **1** quase, aproximadamente. **2** em redor, em volta, por todos os lados. **3** aqui e ali, para cá e para lá. • *prep* **1** acerca de, relativo a. **2** em redor de, em volta de. **3** prestes a, disposto a, a ponto de.

a.bove [əb'ʌv] *n* **1** o alto, céu. **2** o acima mencionado, escrito. • *adj* acima mencionado, anteriormente escrito. • *adv* **1** acima. **2** anteriormente (citado ou dito). **3** em lugar mais alto. • *prep* **1** sobre, acima, por cima. **2** superior. **3** além de.

a.bra.sion [əbr'eiʒən] *n* **1** abrasão. **2** erosão. **3** desgaste. **4** usura. **5** *Med* esfoladura, escoriação. **abrasion resistance** resistência à abrasão.

a.bridge [əbr'idʒ] *vt* abreviar, resumir, condensar.

a.broad [əbr'ɔ:d] *adv* **1** fora, no exterior. **2** em um (ou rumo a um) país estrangeiro.

ab.rupt [əbr'ʌpt] *adj* abrupto: a) repentino, brusco, inesperado. b) íngreme, escarpado.

ab.sence ['æbsəns] *n* 1 ausência, afastamento. 2 turno ou período da ausência ou do afastamento. **on leave of absence** em licença.

ab.sent [æbsənt] *adj* 1 ausente. 2 distraído, desatento.

ab.so.lute ['æbsəlu:t] *n* absoluto. • *adj* 1 absoluto, total, completo. 2 absoluto, puro, isento de misturas. 3 perfeito, primoroso. 4 ilimitado, irrestrito. 5 incomparável, exímio.

ab.so.lute.ly ['æbsəlu:tli] *adv* exatamente, sem dúvida. **absolutely not** de forma nenhuma.

ab.sorb [əbs'ɔ:b] *vt* 1 absorver, consumir. 2 sugar, beber. 3 assimilar.

ab.stain [əbst'ein] *vi* abster(-se) de, privar-se.

ab.stract ['æbstrækt] *n* 1 abstrato, abstração. 2 extrato, sumário. • [æbstr'ækt] *adj* 1 abstrato. 2 ideal, teórico. 3 difícil, complicado.

ab.surd [əbs'ə:d] *adj* absurdo, paradoxal.

a.buse [əbj'u:s] *n* 1 abuso, mau uso, uso excessivo. 2 tratamento áspero ou brutal de uma pessoa. 3 injúria, insulto. • [əbj'u:z] *vt* 1 abusar, usar mal. 2 prejudicar. 3 injuriar, insultar. **a crying abuse** um abuso gritante.

ac.a.dem.ic [ækəd'emik] *n* acadêmico: estudante ou professor universitário. • *adj* acadêmico: a) universitário. b) erudito. c) teórico.

ac.cel.er.ate [æks'eləreit] *vt+vi* 1 acelerar, apressar. 2 adiantar.

ac.cent ['æksənt] *n* 1 acento. 2 acento gráfico. 3 sotaque. 4 ênfase.

ac.cept [əks'ept] *vt+vi* 1 aceitar, receber. 2 concordar, consentir. 3 reconhecer, acreditar.

ac.cept.ance [əks'eptəns] *n* 1 aceitação, boa acolhida. 2 aprovação, consentimento.

ac.cess ['ækses] *n* 1 acesso, admissão. 2 passagem. 3 aproximação. **to access** conseguir, obter.

ac.ces.so.ry [æks'esəri] *n* acessório, suplemento. • *adj* 1 acessório, suplementar. 2 subordinado. 3 acumpliciado.

ac.ci.dent ['æksidənt] *n* 1 acidente, desastre, sinistro. 2 casualidade, contingência, acaso.

ac.com.mo.da.tion [əkɔməd'eiʃən] *n* 1 acomodação, alojamento. 2 adaptação, ajustamento.

ac.com.pa.ni.ment [ək'ʌmpənimənt] *n* acompanhamento.

ac.com.plice [ək'ʌmplis] *n* cúmplice.

ac.com.plish [ək'ʌmpliʃ] *vt* 1 realizar, efetuar. 2 concluir, completar, finalizar.

ac.com.plish.ment [ək'ʌmpliʃmənt] *n* 1 cumprimento, realização, consumação. 2 obra perfeita ou aperfeiçoada. **3 accomplishments** habilidades, talento.

ac.cord [ək'ɔ:d] *n* 1 acordo. 2 concordância. **of (one's) own accord** por (sua) livre vontade. • *vt+vi* 1 concordar, estar de acordo. 2 conceder, dar, conferir.

ac.cord.ance [ək'ɔ:dəns] *n* acordo, conformidade, harmonia. **in accordance with** de acordo com, conforme.

ac.cord.ing to [ək'ɔ:diŋ tu:] *prep* de acordo com, conforme, segundo.

ac.count [ək'aunt] *n* 1 conta, cálculo. 2 extrato de conta ou balanço. 3 conto, relato. • *vt+vi* 1 calcular, acertar contas. 2 considerar, ter em conta, julgar. **bank account** conta bancária. **of no account** sem importância. **to account for** prestar contas, responder por, responsabilizar-se. **to take into account** considerar.

ac.count.a.ble [ək'auntəbəl] *adj* 1 responsável. 2 explicável, justificável.

ac.count.ant [ək'auntənt] *n* contador.

accounting — add

ac.count.ing [ək'auntiŋ] n contabilidade.
ac.cu.mu.la.tion [əkju:mjulei∫ən] n 1 acúmulo, amontoamento. 2 acervo.
ac.cu.ra.cy ['ækjurəsi] n exatidão, precisão.
ac.cu.rate ['ækjurit] adj 1 exato, certo. 2 correto, sem defeito. 3 cuidadoso, meticuloso.
ac.cu.sa.tion [ækjuz'ei∫ən] n acusação, denúncia.
ac.cus.tomed [ək'∧stəmd] adj acostumado, habituado. **to be accustomed to** estar acostumado a.
ache [eik] n dor (contínua). • vi 1 sentir dores, sofrer, doer. 2 desejar ansiosamente.
a.chieve [ət∫'i:v] vt+vi 1 concluir, terminar ou completar com êxito. 2 realizar, conseguir, conquistar.
a.chieve.ment [ət∫'i:vmənt] n 1 feito heroico, façanha, realização, conquista. 2 empreendimento.
ac.knowl.edge [əkn'ɔlidʒ] vt 1 admitir. 2 reconhecer, validar. 3 agradecer. 4 acusar, confirmar o recebimento de.
ac.knowl.edg.ment [əkn'ɔlidʒmənt] n (of de) 1 declaração da verdade, confissão. 2 confirmação, reconhecimento. 3 agradecimento. 4 atestado, certidão, validação. 5 aviso de recebimento.
a.cous.tics [ək'u:stiks] n acústica.
ac.quaint [əkw'eint] vt informar, familiarizar. **to be acquainted with** conhecer pessoalmente.
ac.quaint.ance [əkw'eintəns] n 1 conhecido. 2 familiaridade, conhecimento. 3 amizade.
ac.quire [ə'kwair] vt 1 adquirir, obter. 2 comprar.
ac.qui.si.tion [ækwiz'i∫ən] n aquisição.
ac.quit [əkw'it] vt absolver, inocentar.
a.cross [əkr'ɔs] adj cruzado. • adv 1 transversalmente, obliquamente. 2 de lado, ao lado, atravessadamente. 3 do, no ou para o outro lado. • prep 1 através de, de lado a lado. 2 além de, mais adiante de, no outro lado de. **across the road** no outro lado da rua. **to come across** deparar com, entrar em contato com.
act [ækt] n 1 ato, ação. 2 feito, procedimento, obra. 3 divisão de uma peça teatral ou de variedades. • vi 1 agir, atuar. 2 portar-se, conduzir-se, comportar-se. 3 desempenhar (um papel), representar. **to act as / to act for** desempenhar o papel de. **to act on / upon** ter efeito sobre, influenciar.
act.ing ['æktiŋ] n 1 ação, realização, funcionamento. 2 atuação, representação (teatro).
ac.tion ['æk∫ən] n 1 ação. 2 atividade, energia. 3 ato, feito, empreendimento. 4 batalha, combate. 5 enredo, sequência de cenas (teatro). 6 processo, ação judicial. **in action** em atividade, em movimento. **to put into action** realizar, executar. **to put out of action** pôr fora de combate. **to take action** a) agir, proceder. b) iniciar o trabalho.
ac.tive ['æktiv] adj ativo, produtivo.
ac.tiv.i.ty [ækt'iviti] n 1 atividade, presteza. 2 ação, força, energia.
ac.tor ['æktə] n ator.
ac.tress ['æktris] n atriz.
ac.tu.al ['ækt∫uəl] adj verdadeiro, real, efetivo.
ac.tu.al.ly ['ækt∫uəli] adv verdadeiramente, de fato, na verdade.
a.cute [əkj'u:t] adj agudo: a) pontiagudo, afiado. b) crítico, arguto. c) intenso, forte, pungente (dor).
a.dapt [əd'æpt] vt+vt 1 adaptar, ajustar, acomodar. 2 apropriar, alterar.
a.dapt.a.ble [əd'æptəbəl] adj adaptável, aplicável, ajustável.
add [æd] vt+vi 1 adicionar, somar. 2 juntar, ajuntar, anexar. 3 aumentar, acrescentar, mencionar ainda. **to add to** contribuir. **to add up** ou **together** so-

mar, fazer adição. **to add up to** chegar a um resultado ou conclusão, concluir.

ad.dict ['ædikt] *n* viciado. • [əd'ikt] *vt* 1 dedicar(-se), devotar-se. 2 habituar(-se), viciar(-se). **drug addict** viciado em drogas, toxicômano. **to addict oneself** a) dedicar-se. b) entregar-se (a um vício).

ad.dic.tion [əd'ikʃən] *n* 1 inclinação, desejo compulsivo, apego. 2 hábito, vício.

ad.dress [ədr'es; ǽdrəs] *n* 1 endereço. 2 discurso. • [ədr'es] *vt* 1 discursar, dirigir-se a (oralmente ou por escrito). 2 endereçar, indicar o destinatário.

ad.dress bus [ədr'es bʌs] *n Comp* barramento de endereço: conduz dados de endereço entre uma CPU e um dispositivo de memória.

ad.dress.ee [ædrəsi:'] *n* destinatário.

ad.ept ['ædept, əd'ept] *n* perito, prático, conhecedor. • *adj* habilitado, competente, experiente, prático.

ad.e.quate ['ædikwət] *adj* 1 adequado, suficiente. 2 apropriado, satisfatório.

ad.her.ence [ədh'iərəns] *n* 1 aderência, adesão. 2 lealdade, fidelidade.

ad.he.sive [ədh'i:siv] *n* adesivo, cola. • *adj* adesivo, aderente, viscoso, pegajoso.

ad.ja.cent [ədʒ'eisənt] *adj* adjacente, próximo.

ad.min.is.ter [ədm'inistə] *vt+vi* administrar: a) dirigir, governar, gerir. b) aplicar, dispensar, ministrar. c) dar, prover. *the doctor administered a dose of medicine* / o médico deu uma dose de remédio.

ad.min.is.tra.tion [ədministr'eiʃən] *n* 1 administração, gerência, direção. 2 ministério, ministro, funcionários administrativos. 3 *Amer* o presidente e seu gabinete de ministros. 4 *Med* tratamento, ato de dar ou tomar medicamentos.

ad.mi.ral ['ædmərəl] *n* almirante.

ad.mi.ra.tion [ædmər'eiʃən] *n* admiração, reverência, encanto.

ad.mis.sion [ədm'iʃən] *n* entrada, admissão, acesso.

ad.mit [ədm'it] *vt+vi* admitir: a) aceitar, permitir, consentir. b) reconhecer (a verdade), confessar, revelar.

ad.o.les.cent [ædəl'esənt] *n* adolescente. • *adj* adolescente, juvenil.

a.dopt [əd'ɔpt] *vt* adotar: a) aceitar, admitir, abraçar (princípios). b) selecionar livro para uso didático.

a.dop.tion [əd'ɔpʃən] *n* 1 adoção. 2 reconhecimento, aprovação.

a.dore [əd'ɔ:r] *vt* adorar.

a.dult ['ædʌlt; əd'ʌlt] *n* adulto. • *adj* adulto.

a.dul.ter.y [əd'ʌltəri] *n* adultério.

a.dult.hood [əd'ʌlthud] *n* idade da razão, idade adulta, maioridade.

ad.vance [ədv'a:ns; ədv'æns] *n* 1 avanço, progresso. 2 adiantamento, pagamento antecipado. • *vt+vi* 1 avançar, investir. 2 progredir, melhorar. 3 adiantar, pagar antecipadamente. • *adj* avançado. **in advance** na frente, adiantado.

ad.vance.ment [ədv'a:nsmənt; ədv'æns mənt] *n* 1 avanço, adiantamento. 2 promoção.

ad.van.tage [ədv'a:ntidʒ; ədv'æntidʒ] *n* 1 vantagem, superioridade. 2 benefício, lucro • *vt* favorecer, oferecer vantagens, beneficiar. **to take advantage of** a) aproveitar, tirar partido de (uma vantagem). b) impor.

ad.van.ta.geous [ædvənt'eidʒəs] *adj* vantajoso, proveitoso, lucrativo.

ad.ven.ture [ədv'entʃə] *n* 1 aventura. 2 negócio arriscado, especulação. • *vt+vi* aventurar(-se), arriscar(-se), atrever(-se), ousar.

ad.ver.tise ['ædvətaiz] *vt+vi* 1 noticiar, publicar. 2 fazer propaganda, anunciar. **to advertise for** procurar por meio de anúncio.

ad.ver.tis.ing ['ædvətaizin] *n* 1 publicidade, propaganda. 2 anúncio, cartaz.

ad.vice [əd'vais] *n* conselho, recomendação, opinião.

ad.vis.a.ble [əd'vaizəbəl] *adj* 1 aconselhável, recomendável. 2 oportuno. 3 conveniente.

ad.vise [əd'vaiz] *vt+vi* 1 aconselhar, recomendar, advertir. 2 avisar, informar. 3 consultar, assessorar.

ad.vo.cate ['ædvəkeit] *vt* advogar, defender.

a.er.i.al ['eəriəl] *n Tech* antena. • *adj* 1 aéreo. 2 leve, fino, etéreo.

aer.o.bics [εər'oubiks] *n* ginástica aeróbica.

a.er.o.nau.tics [εərou'nɔ:tiks] *n* aeronáutica.

aes.thet.ic [i:sθ'etik] *adj* estético, harmonioso.

af.fair [əf'εə] *n* 1 afazeres de qualquer natureza, ocupação, obrigação. 2 **affairs** negócios (de Estado ou de finanças). 3 acontecimento, incidente, ocorrência. 4 questão, caso particular, assunto reservado. 5 romance.

af.fect[1] [əf'ekt] *vt* fingir, simular, aparentar.

af.fect[2] [əf'ekt] *vt* 1 afetar. 2 causar mudança, abalar. 3 *Med* atacar, contaminar.

af.fec.tion [əf'ekʃən] *n* afeição, simpatia, amizade, amor.

af.fec.tion.ate [əf'ekʃənit] *adj* afetuoso, carinhoso, afável.

af.firm.a.tive [əf'ə:mətiv] *n* afirmativa, confirmação. • *adj* afirmativo, positivo.

af.flict [əfl'ikt] *vt* afligir, entristecer, sofrer de, por.

af.flic.tion [əfl'ikʃən] *n* 1 aflição, angústia. 2 desgraça, calamidade.

af.flu.ent ['æfluənt] *n* afluente. • *adj* 1 afluente. 2 muito rico, opulento.

af.ford [əf'ɔ:d] *vt* 1 poder gastar, ter recursos. 2 proporcionar, propiciar, causar.

a.float [əfl'out] *adj* 1 flutuante. 2 solvente. • *adv* à tona.

a.fraid [əfr'eid] *adj* amedrontado, medroso, receoso, apreensivo. **to be afraid of** ter medo de.

af.ter ['a:ftə; 'æftə] *adj* subsequente, ulterior, posterior, seguinte. • *adv* 1 atrás, detrás, em seguida. 2 após, posteriormente. • *conj* depois que, logo que. • *prep* 1 atrás de, após, depois de. 2 por causa de, em consequência de. 3 abaixo de, inferior a. **after all** afinal. **after hours** após o expediente. **to ask after** perguntar por. **to look after** tomar conta de, cuidar de.

af.ter.noon [a:ftən'u:n] *n* tarde. • *adj* na tarde, de ou relativo à tarde. **good afternoon!** boa tarde! **late afternoon** à noitinha.

af.ter.wards ['a:ftəwədz] *adv* posteriormente, mais tarde.

a.gain [əg'en] *adv* mais uma vez, de novo, novamente, outra vez. **again and again** frequentemente, muitas vezes. **now and again** de vez em quando. **over again** mais uma vez. **time and again** repetidas vezes.

a.gainst [əg'enst] *prep* 1 contra, contrário. 2 defronte, diante. 3 em contraste com, em comparação com.

age [eidʒ] *n* 1 idade. 2 período de vida. 3 velhice. 4 período histórico, era. • *vt+vi* 1 envelhecer. 2 amadurecer. **age bracket** faixa etária. **at a great age** numa idade avançada. **at an early age** bem cedo na vida. **of age** maioridade. **to come of age** atingir a maioridade. **under age** menoridade.

a.gen.cy ['eidʒənsi] *n* agência: a) representação. b) filial de repartição pública, bancária ou comercial.

a.gen.da [ədʒ'endə] *n* pauta, ordem do dia.

a.gent ['eidʒənt] *n* agente, representante.

ag.gres.sive [əgr'esiv] *adj* 1 agressivo, ofensivo. 2 *Amer* ativo, dinâmico.

ag.ile ['ædʒail; 'ædʒəl] *adj* ágil, ativo, vivo, esperto.

a.go [əg'ou] *adj* passado. • *adv* anteriormente, há tempo, atrás (num sentido temporal), desde. **long ago** há muito tempo.

ag.o.ny ['ægəni] *n* agonia.

a.gree [əgr'i:] *vt+vi* **1** concordar, estar de acordo. **2** harmonizar, corresponder (**with** com).

a.gree.a.ble [əgr'iəbəl] *adj* **1** agradável, encantador. **2** de acordo.

a.gree.ment [əgr'i:mənt] *n* **1** consentimento, autorização. **2** entendimento, concordância de opinião. **3** acordo, contrato, pacto, convenção. **gentleman's agreement** acordo de cavalheiros. **to come to an agreement** chegar a um entendimento.

a.head [əh'ed] *adv* **1** à frente, adiante, na dianteira. **2** *coll Amer* bem, em posição vantajosa ou avançada. **3** antes, na frente, primeiro. **go ahead!** avante! **look ahead!** a) cuidado, atenção! b) pense no futuro! **to be ahead** estar à frente. **to get ahead of** tomar a dianteira de, ultrapassar.

aid [eid] *n* **1** ajuda, auxílio, apoio. **2** ajudante, auxiliar. • *vt+vi* ajudar, auxiliar, socorrer. **to come to somebody's aid** prestar auxílio a alguém. **to give aid to** socorrer alguém.

AIDS ['ajdis] *sf Med abbr* **acquired immune deficiency syndrome** (síndrome da deficiência imunológica adquirida).

aim ['eim] *n* **1** pontaria, mira, ato de visar (arma). **2** alvo, objetivo. **3** intenção, propósito, desígnio. • *vt+vi* **1** apontar, visar, fazer pontaria. **2** objetivar, almejar, ansiar.

aim.less ['eimlis] *adj* sem pontaria, sem desígnio, a esmo, incerto.

air ['ɛə] *n* **1** ar, atmosfera. **2** espaço aberto. **3** ar livre. **4** aspecto, aparência. • *vt+vi* **1** arejar, ventilar, expor ao ar. **2** publicar, divulgar, propalar. • *adj* **1** que conduz ou fornece ar. **2** arejado.

air bag ['ɛə bæg] *n* almofada de ar que infla automaticamente, em caso de acidente de carro, para proteger o passageiro.

air con.di.tion.er ['ɛə kəndiʃənə] *n* aparelho de ar condicionado.

air-host.ess ['ɛə houstis] *n* aeromoça, comissária de bordo.

air.less ['ɛəlis] *adj* sem ar fresco, mal ventilado, abafado.

air.line ['ɛəlain] *n* **1** linha aérea. **2** companhia de transportes aéreos.

air.plane ['ɛəplein] *n* avião.

air.port ['ɛəpɔ:t] *n* aeroporto.

air.sick ['ɛəsik] *adj* nauseado devido à viagem aérea.

air ter.mi.nal ['ɛə tə:minəl] *n* terminal aéreo.

air-tight ['ɛə tait] *adj* hermético, à prova de ar.

air-trap ['ɛə træp] *n* sifão (em pias, esgotos etc.).

air.way ['ɛəwei] *n* **1** rota ou linha aérea. **2** canal de ventilação.

aisle ['ail] *n* **1** nave de igreja. **2** corredor, passagem.

a.jar [ədʒ'a:] *adj* entreaberta (porta).

a.kin [ək'in] *adj* semelhante, parecido, similar.

a.larm [əl'a:m] *n* **1** alarme. **2** susto, sobressalto, temor. **3** alerta, rebate, sinal de perigo. • *vt* **1** alarmar, prevenir, alertar. **2** amedrontar, assustar, inquietar. **alarm clock** despertador. **fire alarm** alarme de incêndio. **to be alarmed at (by)** ficar inquieto por causa de.

al.co.hol ['ælkəhɔl] *n* **1** álcool. **2** bebida alcoólica.

al.co.hol.ic [ælkəh'ɔlik] *n* alcoólico, alcoólatra. • *adj* alcoólico.

a.lert [əl'ə:t] *n* **1** alerta, alarme. **2** sinal de prontidão. • *vt* alertar, alarmar, prevenir. • *adj* **1** atento, vigilante, alerta. **2** vivo, ativo, ágil, ligeiro. **to be on the alert** estar de prontidão, precaver-se.

al.i.bi ['ælibai] n álibi.

al.ien ['eiliən] n 1 alienígena, estrangeiro (pej.). 2 extraterrestre • adj alienígeno, estranho, estrangeiro, forasteiro. **alien citizens** cidadãos estrangeiros.

al.ien.ate ['eiliəneit] vt 1 alienar, indispor. 2 alhear, transferir a propriedade.

al.ien.a.tion [eiliən'eiʃən] n 1 alienação, cessão (**from** de), transferência de direitos ou bens. 2 demência, loucura.

a.lign [əl'ain] vt+vi 1 alinhar, enfileirar. 2 aliar-se, aderir.

a.like [əl'aik] adj semelhante, parecido, igual. • adv da mesma maneira, do mesmo modo, do mesmo grau.

a.live [əl'aiv] adj 1 vivo, alegre. 2 ativo, vivaz, vigoroso, intenso, em vigor. **alive and kicking** forte e ativo, cheio de vigor.

all [ɔ:l] n 1 tudo, totalidade. 2 todos os bens (de uma pessoa). • adj 1 todo(s), toda(s), inteiro. 2 cada, todos indistintamente. 3 qualquer, algum, tudo. • adv completamente, inteiramente, totalmente. • pron tudo, todos, todas. **above all** acima de tudo, antes de tudo. **after all** afinal de contas, apesar de tudo. **all at once** de repente. **first of all** primeiramente. **nothing at all** absolutamente nada. **once and for all** de uma vez para sempre, definitivamente. **that is all!** isto é tudo! basta!

al.le.ga.tion [æləg'eiʃən] n alegação, denúncia.

al.le.giance [əl'i:dʒəns] n fidelidade, lealdade

al.lied [əl'aid] adj 1 aliado. 2 associado.

al.lo.cate ['ælәkeit] vt alocar, distribuir.

al.lot [əl'ɔt] vt 1 dividir, repartir. 2 designar, atribuir.

al.low [əl'au] vt+vi 1 permitir, tolerar, possibilitar. 2 admitir, reconhecer. 3 autorizar. 4 levar em conta.

al.low.ance [əl'auəns] n 1 mesada, subsídio. 2 aprovação, reconhecimento. 3 permissão, autorização.

al.ly [əl'ai] n aliado, confederado. • vt+vi aliar(-se), associar(-se).

al.mond ['a:mənd] n amêndoa.

al.most ['ɔ:lmoust] adv quase, aproximadamente, por pouco. **almost never** quase nunca.

a.lone [əl'oun] adj 1 sozinho. 2 único. • adv só, apenas, exclusivamente. **let alone the costs** sem falar das despesas.

a.loud [əl'aud] adv alto, em voz alta.

al.read.y [ɔ:lr'edi] adv já.

al.so ['ɔ:lsou] adv também, além disso, igualmente.

al.ter.a.tion [ɔ:ltər'eiʃən] n alteração, modificação, reforma.

al.ter.na.tive [ɔ:lt'ə:nətiv] n 1 alternativa, opção. 2 preferência por uma entre várias possibilidades. • adj alternativo.

al.though [ɔ:lð'ou] conj apesar de (que), embora, conquanto.

al.to.geth.er [ɔ:ltəg'eðə] n **(the altogether)** o conjunto, o todo. • adv 1 completamente, inteiramente. 2 de modo geral, tudo incluído, ao todo.

al.tru.is.tic [æltru'istik] adj altruístico.

a.lu.min.i.um [æləm'iniəm] n Min alumínio.

al.ways ['ɔ:lwəz] adv sempre, constantemente, continuamente, perpetuamente.

am.a.teur ['æmətə:] n 1 amador 1 Sport atleta ou desportista que não é profissional. • adj amador.

a.maze [əm'eiz] n Poet pasmo, assombro. • vt+vi 1 pasmar, assombrar, maravilhar, surpreender. 2 confundir, aturdir.

a.maz.ing [əm'eiziŋ] adj surpreendente, espantoso, estupendo, maravilhoso.

am.bas.sa.dor [æmb'æsədə] n embaixador.

am.big.u.ous [æmb'igjuəs] adj ambíguo.

am.bi.tion [æmb'iʃən] n ambição, pretensão. • vt ambicionar, cobiçar, desejar ardentemente.

am.bush ['æmbuʃ] n emboscada, tocaia. • vt+vi atacar de tocaia, assaltar.

a.mend.ment [əm'endmənt] *n* **1** emenda (de lei). **2** aperfeiçoamento, melhoramento.

a.mends [əm'endz] *n pl* reparação, compensação (por perdas e danos). **to make amends** indenizar por prejuízos, dar compensação.

a.men.i.ty [əm'i:niti] *n* **1** amenidade, brandura. **2** conforto, instalações (públicas).

a.mi.a.ble ['eimiəbəl] *adj* amável, afável.

am.mu.ni.tion [æmjun'iʃən] *n* munição.

am.nes.ty ['æmnəsti] *n* anistia, perdão geral. • *vt+vi* anistiar, conceder uma anistia.

a.mong [əm'ʌŋ] *prep* (também **amongst**) entre, no meio de (mais de duas coisas). **among other things** entre outras coisas.

a.mount [əm'aunt] *n* **1** soma, quantia, total. **2** quantidade. • *vt* **1** somar, atingir. **2** equivaler.

am.ple ['æmpəl] *adj* **1** amplo. **2** abundante, copioso. **3** grande, extenso.

a.muse [əmj'u:z] *vt+vi* **1** divertir, fazer rir. **2** entreter, distrair, recrear.

a.muse.ment [əmj'u:zmənt] *n* divertimento, distração. **amusement arcade** fliperama. **amusement park** parque de diversões.

a.mus.ing [əmj'u:ziŋ] *adj* divertido, recreativo.

an [æn, ən] *indef art* = **a²**.

an.a.lyse ['ænəlaiz] *vt* **1** analisar, decompor. **2** examinar, estudar minuciosamente.

a.nal.y.sis [ən'æləsis] *n* **1** análise. **2** exame.

an.ces.tor ['ænsistə] *n* antepassado, predecessor.

an.chor ['æŋkə] *n* **1** *Naut* âncora, ferro. **2** *fig* proteção, refúgio. • *vt+vi* **1** ancorar, atracar. **2** fixar, prender.

an.cient ['einʃənt] *adj* antigo.

and [ænd, ən] *conj* **1** e, assim como, também como. **2** e ainda, e além disso. **3** mais.

an.ec.do.te ['ænekdout] *n* anedota, relato curto de um incidente.

an.gel ['eindʒəl] *n* **1** *Theol* anjo. **2** imagem de um anjo.

an.ger ['æŋgə] *n* raiva. • *vt+vi* zangar (-se), irritar(-se), encolerizar(-se). **fit of anger** acesso de cólera.

an.gle ['æŋgəl] *n* **1** *Geom* ângulo. **2** canto. **3** ponto de vista. • *vt+vi* **1** dispor em ângulo. **2** dobrar num ângulo. **3** direcionar.

an.gry ['æŋgri] *adj* **1** irado. **2** indignado, irritado. **to become angry** irar-se, zangar-se.

an.guished ['æŋgwiʃt] *adj* angustiado, aflito.

an.i.mal ['ænəməl] *n* **1** animal, bicho. **2** bruto, besta. **3** *fig* pessoa brutal, brutamontes. • *adj* **1** animal. **2** sensual, carnal.

an.i.mate ['ænimeit] *vt* **1** animar, avivar. **2** incentivar, estimular. • ['ænimit] *adj* animado, vivo, alegre.

an.kle ['æŋkəl] *n* tornozelo.

an.ni.ver.sa.ry [æniv'ə:səri] *n* aniversário, celebração anual de um evento.

an.nounce.ment [ən'aunsmənt] *n* **1** proclamação, notificação. **2** publicação, anúncio.

an.noy [ən'ɔi] *vt+vi* aborrecer, irritar.

an.noy.ance [ən'ɔiəns] *n* **1** aborrecimento, amolação. **2** contrariedade.

a.no.nym.i.ty [ænən'imiti] *n* anonimato.

an.oth.er [ən'ʌðə] *adj* **1** diferente, outro. **2** adicional, mais outro. **3** qualquer. • *pron* um outro, qualquer um(a). **one another** mútuo, recíproco.

an.swer [a:nsə, 'ænsə] *n* **1** resposta. **2** retribuição. **3** contestação. **4** solução, resultado. • *vt+vi* **1** responder. **2** retrucar. **3** atender, servir. **4** corresponder.

an.swer.ing ma.chine [a:nsəriŋ məʃi:n] *n* secretária eletrônica.

an.them ['ænθəm] *n* **1** canção religiosa ou patriótica, hino. **2** antífona, coro litúrgico. **national anthem** hino nacional.

ant.hill ['ænthil] *n* formigueiro.

an.tic.i.pate [ænt'isipeit] *vt* **1** prever, antever. **2** antecipar, introduzir ou realizar antecipadamente.

an.tic.i.pa.tion [æntisip'eiʃən] *n* **1** previsão. **2** conhecimento antecipado. **3** expectativa (agradável).

an.tique [ænt'i:k] *n* antiguidade. • *adj* antigo. **antique shop** loja de antiguidades.

anx.i.e.ty [ænz'aiəti] *n* **1** ansiedade, inquietação, preocupação. **2** anseio. **3** angústia.

anx.ious ['æŋkʃəs] *adj* **1** ansioso, inquieto, preocupado, aflito. **2** desejoso. **3** preocupante, inquietante. **an anxious time** uma época inquietante.

an.y ['eni] *adj* **1** qualquer, quaisquer. **2** algum. **3** cada, todo, todo e qualquer. **4** nenhum, nenhuma, nenhum, sequer. • *adv* de qualquer medida, modo ou grau. • *pron* **1** qualquer um, qualquer parte ou quantidade. **2** algum. **any time** a qualquer hora. **at any rate / in any case** de qualquer forma, em todo o caso.

an.y.how ['enihau] *adv* **1** de qualquer maneira. **2** em qualquer caso, de todo jeito.

an.y.one ['eniwʌn] *pron* qualquer pessoa indiscriminadamente, qualquer um, alguém.

an.y.thing ['eniθiŋ] *n* coisa de qualquer espécie, qualquer coisa. • *adv* de qualquer medida ou modo, de qualquer forma. • *pron* algo, um objeto, ato, estado, acontecimento ou fato qualquer. **anything but** tudo menos. **if anything** se é que. **not for anything** nem por nada.

an.y.way ['eniwei] *adv* **1** de qualquer maneira, de todo jeito, em qualquer caso. **2** negligentemente, descuidadosamente.

an.y.where ['eniwɛə] *adv* em ou para qualquer lugar, em todo lugar, em nenhum lugar.

a.part [əp'a:t] *adj* (empregado só predicativamente) separado, desassociado. • *adv* **1** em fragmentos, em pedaços, em partes. **2** separadamente, à parte. **3** independentemente, individualmente.

ape [eip] *n* macaco, bugio. • *vt* macaquear, imitar.

a.pol.o.gise [əp'ɔlədʒaiz] *vt* apresentar desculpas, exprimir pena ou pesar.

ap.pall [əp'ɔ:l] *vt* assustar, estarrecer.

ap.pa.rat.us [æpər'eitəs] *n* (*pl* **apparatus, apparatuses**) *Lat* **1** aparelho, aparelhamento. **2** instrumento, utensílio, dispositivo.

ap.par.ent [əp'ærənt] *adj* **1** evidente, óbvio. **2** aparente, não real. **3** visível, perceptível.

ap.peal [əp'i:l] *n* **1** atração, simpatia, encanto. **2** apelo, súplica. • *vt* **1** atrair, agradar, causar simpatia. **2** pedir, rogar. **sex appeal** atração sexual.

ap.peal.ing [əp'i:liŋ] *adj* **1** atraente, simpático. **2** suplicante.

ap.pear [əp'iə] *vt+vi* **1** aparecer, surgir, tornar-se visível, mostrar-se. **2** parecer, dar a impressão, afigurar(-se). **3** publicar, lançar no mercado.

ap.pear.ance [əp'iərəns] *n* **1** comparecimento. **2** aspecto, impressão, apresentação. **3** aparência. **to all appearances** ao que tudo indica. **to put in an appearance** comparecer pessoalmente (por curto espaço de tempo).

ap.pe.tiz.ing ['æpitaiziŋ] *adj* apetitoso.

ap.plaud [əpl'ɔ:d] *vt+vi* **1** aplaudir. **2** aprovar, elogiar.

ap.ple ['æpəl] *n* maçã. **apple of discord** pomo da discórdia. **the Apple (the Big Apple)** a cidade de Nova York. **the apple of the eye** a) pupila. b) pessoa ou coisa muito querida, a menina dos olhos.

ap.pli.ance [əpl'aiəns] *n* 1 aplicação, utilização. 2 dispositivo, instrumento, mecanismo, apetrecho. **home appliances** aparelhos elétricos ou a gás usados em residências.

ap.pli.ca.ble [əpl'ikəbəl, 'æplikəbəl] *adj* 1 aplicável, utilizável. 2 apropriado.

ap.pli.cant ['æplikənt] *n* candidato, pretendente, requerente.

ap.ply [əpl'ai] *vt+vi* 1 aplicar: a) apor. b) adaptar, ajustar, acomodar. c) usar, empregar. d) destinar. 2 solicitar, requerer. 3 referir(-se) a, concernir. **to apply for** solicitar. **to apply to** dirigir-se a, recorrer.

ap.point.ment [əp'ɔintmənt] *n* 1 nomeação, designação. 2 cargo, posição. 3 compromisso. **by appointment** com hora marcada.

ap.pre.ci.ate [əpr'i:ʃieit] *vt+vi* 1 apreciar, prezar. 2 sentir gratidão, agradecer. 3 avaliar, estimar.

ap.pre.ci.a.tion [əpri:ʃi'eiʃən] *n* 1 avaliação, estimativa. 2 estima, consideração. 3 reconhecimento.

ap.pre.hend [æprih'end] *vt+vi* 1 deter. 2 compreender, perceber.

ap.pre.hen.sive [æprih'ensiv] *adj* apreensivo, preocupado.

ap.proach [əpr'outʃ] *n* 1 aproximação. 2 abordagem. • *vt* 1 aproximar-se. 2 abordar.

ap.pro.pri.ate [əpr'oupriit] *adj* apropriado, adequado.

ap.prov.al [əpr'u:vəl] *n* 1 aprovação. 2 aplauso.

ap.prove [əpr'u:v] *vt+vi* 1 aprovar. 2 apoiar, favorecer.

ap.prox.i.mate [əpr'ɔksimeit] *vt+vi* 1 aproximar(-se). 2 vir, chegar. • [əpr'ɔksimit] *adj* 1 aproximado, quase correto. 2 semelhante. 3 próximo, perto.

a.pri.cot ['eiprikɔt] *n* damasco.

A.pril ['eipril] *n* abril. **April Fool's Day** dia dos bobos, primeiro de abril.

a.pron ['eiprən] *n* avental.

apt [æpt] *adj* 1 apto, competente. 2 inclinado, tendente.

ap.ti.tude ['æptitju:d] *n* aptidão.

a.quar.i.um [əkw'ɛəriəm] *n* (*pl* **aquariums, aquaria**) aquário.

ar.bi.tra.ry ['a:bitrəri] *adj* 1 arbitrário. 2 despótico, tirânico.

ar.bi.trate ['a:bitreit] *vt+vi* arbitrar.

arc [a:k] *n* arco, no formato de um arco.

ar.cade [a:k'eid] *n* 1 arcada. 2 galeria.

arch [a:tʃ] *n* 1 arco, abóbada. 2 arco: a) peito do pé. b) céu da boca. • *vt+vi* arquear, formar arcos.

arch.er ['a:tʃə] *n* arqueiro, soldado armado de arco e flechas. **the Archer** Sagitário.

ar.chi.tect ['a:kitekt] *n* arquiteto.

ar.chi.tec.ture ['a:kitektʃə] *n* arquitetura.

ar.chive ['a:kaiv] *n* arquivo.

ar.chives ['a:kaivz] *n pl* documentação sobre a história de um país, organização etc.

ar.du.ous ['a:djuəs] *adj* árduo, difícil.

ar.e.a [ɛəriə] *n* área: a) superfície plana. b) extensão. c) região, zona. **area code** prefixo telefônico.

a.re.na [ər'i:nə] *n* (*pl* **arenas, arenae**) arena, estádio.

ar.gu.a.ble ['a:gjuəbəl] *adj* 1 discutível, controverso. 2 defensável, sustentável.

ar.gue [a:gju:] *vt+vi* discutir, argumentar, debater. **to argue someone into** persuadir alguém a fazer algo. **to argue someone out of** dissuadir alguém de fazer algo. **to argue something out** discutir em detalhes todos os aspectos. **to argue with someone** brigar com alguém.

ar.gu.ment ['a:gjumənt] *n* discussão, altercação.

ar.gu.men.ta.tive [a:gjum'entətiv] *adj* 1 argumentativo, lógico. 2 inclinado a discussões.

a.rid ['ærid] *adj* árido, seco, deserto.

a.ris.to.cra.cy [ærist'ɔkrəsi] *n* aristocracia, nobreza.

a.rith.me.tic [ər'iθmətik] *n* aritmética.

ark [a:k] *n Bib* arca. **Noah's ark** arca de Noé. **out of the ark** *coll* muito velho e fora de moda, antediluviano.

arm[1] [a:m] *n* 1 braço. 2 qualquer um dos membros dianteiros dos animais. **at arm's length** a distância, friamente. **to give your right arm for** querer muito alguma coisa. **to twist someone's arm** pressionar alguém a fazer algo, persuadir, induzir.

arm[2] [a:m] *n* arma, armamento.

arm.chair [a:mtʃɛə] *n* poltrona, cadeira de braços.

ar.mor [a:mə] *n* 1 armadura. 2 blindagem. • *vt* blindar.

ar.my [a:mi] *n* exército. **to join the army** alistar-se no exército.

a.round [ər'aund] *adv* 1 ao redor, em volta, em torno. 2 em círculo. 3 de todos os lados, por toda parte. 4 aqui e ali. 5 *coll* perto, por aí. • *prep* 1 ao redor de, em redor de, em torno de. 2 junto de. 3 por todos os lados de. 4 aqui e ali. **all around the world** por todo o mundo. **around Christmas** por volta do Natal. **The other way around** ao contrário.

a.rouse [ər'auz] *vt+vi* 2 provocar, incitar.

ar.range.ment [əreindʒmənt] *n* 1 arranjo. 2 organização. 3 ajuste, acordo. 4 (usualmente no plural) providência.

ar.rest [ər'est] *n* 1 apreensão, embargo. 2 detenção, captura. • *vt* 1 apreender, embargar. 2 deter, aprisionar. **cardiac arrest** parada cardíaca. **to be under arrest** estar detido.

ar.riv.al [ər'aivəl] *n* chegada, advento.

ar.rive [ər'aiv] *vi* 1 chegar, vir. 2 alcançar, atingir (uma resolução, o resultado).

ar.ro.gance [ærəgəns] *n* arrogância, presunção.

ar.row [ærou] *n* flecha, seta.

ar.son [a:sən] *n* incêndio premeditado.

art [a:t] *n* 1 arte. 2 habilidade, perícia. 3 **arts / the arts** humanidades ou belas-artes: letras, pintura, escultura, dança, música etc. **arts and crafts** artes e ofícios. **to have art and part in it** participar tanto na elaboração dos planos como na sua execução. **work of art** obra de arte.

art.ful [a:tful] *adj* 1 astuto, ladino. 2 hábil, engenhoso.

ar.ti.choke [a:titʃouk] *n* alcachofra.

ar.ti.cle [a:tikəl] *n* 1 artigo de jornal ou composição literária. 2 *Gram* artigo. 3 item, artigo de mercadoria. **article of clothing** peça de vestuário.

ar.tic.u.late [a:tikjuleit] *vt* articular, pronunciar nitidamente. • *adj* [a:t'ikjulit] articulado, bem pronunciado.

ar.ti.ler.y [a:t'ilari] *n* artilheria: canhões, armas de fogo pesadas.

ar.ti.san [a:tiz'æn; a:tizən] *n* artesão, artífice.

art.ist [a:tist] *n* artista.

art.work [a:twə:k] *n* ilustrações, arte-final.

as [æz, əz] *adv* 1 tão, igualmente, tanto quanto. 2 por exemplo. • *conj* 1 como, quão, quanto, assim como. 2 enquanto, ao passo que, quando. 3 porque, visto que, já que. • *prep* como, na qualidade de. **as a rule**, em geral. **as... as** tão... como, tanto quanto. **as ever** como sempre. **as far I am concerned** quanto a mim. **as follows** como segue. **as if / as though** como se. **as regards** no que diz respeito. **as soon as** assim que.

as.cend.an.cy [əs'endənsi] *n* ascendência, influência sobre alguém.

as.cent [əs'ent] *n* 1 ascensão. 2 escalada.

as.cer.tain [æsət'ein] *vt* apurar, averiguar.

a.shamed [əʃ'eimd] *adj* envergonhado. **to be ashamed of** ter vergonha de.

a.shore [əʃ'ɔ:] *adj+adv* em terra firme. **to go ashore** desembarcar.

ash.tray [′æʃ trei] *n* cinzeiro.

a.side [əs'aid] *n* aparte. • *adv* **1** ao lado, para um lado. **2** para longe, fora do caminho. **3** à parte, salvo. **aside from / apart from** com exceção de. **to put aside** pôr de lado. **to set aside** reservar.

ask [a:sk; æsk] *vt+vi* **1** perguntar, indagar. **2** solicitar, pedir, exigir. **3** convidar. **to ask for trouble** procurar confusão. **to ask the time** indagar as horas.

a.sleep [əsl'i:p] *adj* adormecido. **to be asleep** estar adormecido. **to fall asleep** adormecer.

as.pi.ra.tion [æspər'eiʃən] *n* aspiração: a) respiração. b) desejo veemente, ambição.

as.sail.ant [əs'eilənt] *n* assaltante, agressor.

as.sas.sin [əs'æsin] *n* assassino.

as.sault [əs'ɔ:lt] *n* ataque, investida. • *vt* atacar, investir, agredir. **sexual assault** violação, estupro.

as.sem.ble [əs'embəl] *vt* **1** ajuntar, agregar, reunir(-se). **2** montar, construir (máquinas etc.).

as.sem.bly [əs'embli] *n* **1** assembleia, reunião. **2** corpo legislativo. **3** montagem, construção.

as.sent [əs'ent] *n* consentimento, aprovação, aceitação (de uma proposta), sanção. • *vt* **1** concordar, outorgar. **2** admitir, aderir. **by common assent** com consentimento geral.

as.sert [əs'ə:t] *vt* afirmar, declarar, asseverar. **to assert oneself** impor-se.

as.sess [əs'es] *vt* **1** avaliar, estimar, calcular (o valor de propriedades, rendas etc. para o cômputo das taxas). **2** fixar, determinar (taxas, tributos, direitos etc.).

as.sets [′æsets] *n pl* **1** bens. **2** cada item do ativo no balanço de uma firma. **assets and liabilities** ativo e passivo.

as.sign [əs'ain] *vt* **1** designar, nomear. **2** determinar, especificar. **3** atribuir, conceder.

as.sign.ment [əs'ainmənt] *n* **1** designação, atribuição. **2** tarefa.

as.sist [əs'ist] *vt* assistir, auxiliar, socorrer.

as.sist.ant [əs'istənt] *n* assistente, ajudante. • *adj* assistente, auxiliar. **shop assistant** balconista.

as.so.ci.ate [əs'ouʃiit] *n* **1** sócio. **2** associado. • [əs'ouʃieit] *vt* associar-se, relacionar. • [əs'ouʃiit] *adj* associado, aliado. **to associate oneself with a thing** associar-se a uma coisa.

as.so.ci.a.tion [əsousi'eiʃən] *n* **1** associação, sociedade, agremiação. **2** parceria, participação.

as.sort.ed [əs'ɔ:tid] *adj* sortido, variado.

as.sume [əsj'u:m] *vt* **1** assumir. **2** supor. **3** simular, fingir.

as.sump.tion [əs'ʌmpʃən] *n* **1** suposição, presunção. **2** hipótese, conjetura.

as.sur.ance [əʃ'uərəns] *n* **1** garantia, afirmação. **2** segurança, confiança.

as.sure [əʃ'uə] *vt* **1** assegurar(-se). **2** garantir, afiançar.

asth.ma [′æsmə] *n* asma.

as.ton.ish.ing [əst'ɔniʃiŋ] *adj* surpreendente, espantoso, assombroso.

as.ton.ish.ment [əst'ɔniʃmənt] *n* **1** grande surpresa, admiração. **2** perplexidade, assombro.

a.stray [əstr'ei] *adj* desviado, perdido. • *adv* desencaminhadamente. **to go astray** extraviar-se, perder-se, desencaminhar-se (também *fig*).

as.trol.o.gy [əstr'ɔlədʒi] *n* astrologia.

as.tron.o.my [əstr'ɔnəmi] *n* astronomia.

a.sy.lum [əs'ailəm] *n* (*pl* **asylums**) asilo: a) manicômio. b) refúgio. **political asylum** asilo político.

at [æt, ət] *prep* **1** em, a. **2** na direção de. **3** por, cada. *I will talk to one at a time* / vou falar com um por vez. **4** usada para indicar um local. *at the door* / à porta.

5 usada como um ponto no tempo. *at 10 o'clock* / às dez horas. **6** usada antes de superlativos. *at best, at the best* / na melhor das hipóteses. **7** usada com preços. *at ten cents each* / a dez centavos cada. **8** usada antes de classe, grau, ordem, posição, velocidade. *at first* / a princípio. **9** usada antes de idade. *at (the age of) 20* / aos 20 anos.

a.the.ist ['eiθiist] *n* **1** ateísta, ateu. **2** descrente.

ath.lete ['æθli:t] *n* atleta, desportista.

at.mo.sphere ['ætməsfiə] *n* **1** atmosfera. **2** ambiente.

at.om ['ætəm] *n* átomo. **atom bomb** bomba atômica

at.tach [ət'ætʃ] *vt* atar, amarrar. **2** juntar, anexar.

at.tack [ət'æk] *n* ataque: a) doença repentina. b) investida, agressão. c) injúria, acusação. • *vt+vi* **1** atacar, assaltar. **2** criticar, injuriar, combater (por escrito ou verbalmente). **attacked by rust** atacado pela ferrugem.

at.tain [ət'ein] *vt* **1** alcançar, atingir. **2** conseguir, realizar.

at.tain.a.ble [ət'einəbəl] *adj* atingível, alcançável.

at.tempt [ət'empt] *n* **1** tentativa. **2** atentado, ataque. • *vt* tentar. **attempt at murder** tentativa de assassínio.

at.tend [ət'end] *vt+vi* **1** estar a serviço de, visitar (médico etc.). **2** comparecer, frequentar (colégio), assistir (às aulas). **to attend a meeting** assistir à reunião.

at.tend.ance [ət'endəns] *n* **1** frequência, comparecimento. **2** assistência.

at.tend.ant [ət'endənt] *n* atendente, encarregado.

at.ten.tion [ət'enʃən] *n* **1** atenção. **2** cuidado, dedicação. **3** cortesia, fineza. **to draw someone's attention to** chamar a atenção de alguém para.

at.ten.tive [ət'entiv] *adj* **1** atencioso, solícito. **2** cortês.

at.tor.ney [ət'ə:ni] *n* **1** procurador. **2** advogado. **power of attorney** procuração.

at.tor.ney gen.e.ral [ətə:ni dʒ'enərəl] *n* **1** procurador-geral. **2** *Amer* ministro da justiça.

at.tract [ətr'ækt] *vt* atrair.

at.trac.tive [ətr'æktiv] *adj* atraente, encantador.

at.trib.ute ['ætribju:t] *n* atributo. • [ə'tribju:t] *vt* atribuir.

auc.tion ['ɔ:kʃən] *n* leilão. • *vt* leiloar.

au.dac.i.ty [ɔ:d'æsiti] *n* **1** audácia, intrepidez. **2** arrogância, insolência.

au.di.ence ['ɔ:diəns] *n* **1** assistência, ouvintes, espectadores. **2** público.

au.di.tion [ɔ:d'iʃən] *n* **1** audição. **2** capacidade de ouvir.

Au.gust ['ɔ:gəst] *n* agosto.

aus.pi.cious [ɔ:sp'iʃəs] *adj* **1** de bom augúrio. **2** venturoso, afortunado.

auster.i.ty [ɔ:st'eriti] *n* **1** austeridade, rigor. **2** (usualmente no plural) princípios rigorosos.

au.then.tic [ɔ:θ'entik] *adj* autêntico, genuíno. **an authentic drawing by Raffael** um desenho original de Rafael.

au.then.ti.cate [ɔ:θ'entikeit] *vt* autenticar, validar.

au.thor ['ɔ:θə] *n* autor.

au.tho.ri.tar.i.an [ɔ:θɔrit'ɛəriən] *n* autoritário. • *adj* autoritário.

au.tho.ri.ta.tive [ɔ:θ'ɔritətiv] *adj* confiável, oficial.

au.tho.ri.ty [ɔ:θ'ɔriti] *n* **1** autoridade. **2** poder, jurisdição. **by authority of** por ordem de, com permissão de. **to have authority to** estar autorizado a.

au.tho.ri.za.tion [ɔ:θəraiz'eiʃən] *n* autorização.

au.tho.rize ['ɔ:θəraiz] *vt* autorizar, permitir.

au.to.bi.og.ra.phy [ɔ:toubai'ɔgrəfi] *n* autobiografia.

au.to.graph ['ɔ:təgræf] *n* autógrafo. • *vt+vi* autografar.

au.to.ma.tic [ɔ:təm'ætik] *n* 1 arma de fogo automática. 2 máquina ou dispositivo automático. • *adj* automático.

au.to.mo.bile ['ɔ:təmoubi:l] *n* automóvel, auto.

au.tumn ['ɔ:təm] *n* 1 outono. 2 *fig* madureza, declínio.

a.vail [əv'eil] *n* 1 proveito, benefício. 2 utilidade. • *vt* 1 ajudar, beneficiar. 2 aproveitar, valer-se. **to no avail** em vão.

a.vail.a.bil.i.ty [əveiləb'iliti] *n* disponibilidade.

av.a.ri.cious [ævər'iʃəs] *adj* avarento, mesquinho, cobiçoso.

a.venge [əv'endʒ] *vt+vi* vingar(-se). **to avenge oneself** vingar-se.

av.e.nue ['ævinju:] *n* 1 avenida. 2 *fig* possibilidade, meio.

av.er.age ['ævəridʒ] *n* média, proporção. • *vt* calcular a média. • *adj* 1 médio, proporcional. 2 mediano. **at an average of four miles an hour** com a velocidade média de quatro milhas por hora.

a.verse [əv'ə:s] *adj* adverso, avesso.

a.ver.sion [əv'ə:ʃən] *n* aversão, repugnância. **to take an aversion to** tomar aversão a.

a.vo.ca.do [ævək'a:dou] *n* abacate.

a.void [əv'ɔid] *vt* 1 evitar. 2 esquivar-se.

a.wake [əw'eik] *vt* (*ps* **awoke**, *pp* **awoken**) 1 acordar, despertar. 2 animar, incitar. 3 alertar. **wide awake** bem desperto.

a.ward [əw'ɔ:d] *n* prêmio, recompensa, distinção. • *vt* premiar, recompensar, conceder.

a.ware [əw'ɛə] *adj* atento. 2 cônscio, a par.

a.ware.ness [əw'ɛənis] *n* consciência, conhecimento.

a.way [əw'ei] *adj* 1 ausente, fora. 2 distante, longe. • *adv* 1 para longe, a distância.
2 longe de. 3 em direção oposta. **far and away / out and away** inteiramente, de longe. **right away!** pronto!, imediatamente! **to do away** anular, abolir.

aw.ful ['ɔ:ful] *adj* muito ruim, desagradável, chocante, feio. **an awful lot of work** uma enorme quantidade de trabalho.

aw.ful.ly ['ɔ:fuli] *adv* 1 imensamente. 2 *coll* muito, excessivamente.

a.while [əw'ail] *adv* pouco tempo, por algum tempo.

awk.ward [ɔ:kwəd] *adj* 1 desajeitado, inábil, inepto. 2 desairoso, deselegante. 3 difícil de manejar, complicado.

awk.ward.ness ['ɔ:kwədnis] *n* 1 inaptidão, inabilidade, desalinho. 2 embaraço.

awn.ing ['ɔ:niŋ] *n* 1 toldo. 2 tenda, barraca. 3 abrigo.

a.wry [ər'ai] *adj* 1 torto, oblíquo, desviado para um lado. 2 errado. • *adv* 1 obliquamente, de esguelha, de viés. 2 erradamente. **to go awry** a) errar, estragar. b) *sl* ir no embrulho. **to look awry** olhar vesgo.

ax [æks] *n* (*pl* **axes**) 1 machado. 2 corte de despesas. • *vt* 1 cortar a machadadas. 2 *coll* demitir. **he has an axe to grind** ele está pessoalmente interessado. **to give / get the axe** *sl* interromper um projeto.

ax.is ['æksis] *n* (*pl* **axes**) eixo: linha imaginária ou real que marca o centro rotativo de um corpo.

ax.le ['æksəl] *n* eixo de rodas. **axle of a hinge** eixo de uma dobradiça.

az.ure ['æʒə] *n* 1 a cor azul-celeste. 2 firmamento, céu azul. 3 índigo, anil ou qualquer outro pigmento azul. • *adj* 1 azul-celeste, cerúleo, cérulo. 2 *fig* sem nuvens, claro, límpido.

b

B, b [bi:] *n* **1** segunda letra do alfabeto, consoante. **2** *Mus* si: sétima nota da escala.

ba.by [b'eibi] *n* **1** bebê. **2** caçula. **3** *coll* tratamento afetuoso, especialmente para moça. **4** filhote de animal.

back [bæk] *n* **1** costas. **2** parte de trás. **3** lombo (de animais). **4** espinha dorsal. **5** parte traseira. **6** encosto de cadeira. **7** *Ftb* zagueiro. • *vt* **1** (geralmente **to backup**) ajudar, auxiliar. **2** mover(-se) para trás. **3** endossar, apoiar. • *vi* recuar, retroceder. • *adj* **1** posterior, traseiro. **2** remoto. • *adv* **1** para trás, atrás. **2** no passado. **3** de volta. **back and forth** para a frente e para trás. **back of the hand** costas da mão. **to back out** retirar-se.

back.bone [b'ækboun] *n* **1** coluna vertebral. **2** determinação, firmeza de caráter.

backdoor [b'æk dɔ:] *n* porta dos fundos. • *adj* clandestino.

back.fire [b'ækfaiə] *n* tiro pela culatra. • *vi coll* ter efeito contrário ao desejado.

back.ground [b'ækgraund] *n* **1** segundo plano. **2** acontecimentos que explica fatos posteriores. **background music** música de fundo.

backpack [b'ækpæk] *n* mochila.

back seat [bæk s'i:t] *n* **1** assento traseiro. **2** *Amer coll* posição de inferioridade. **back seat driver** passageiro que diz ao motorista como dirigir.

back.stage [b'æksteidʒ] *adv* nos bastidores.

back.up [b'ækʌp] *n* **1** ajuda, assistência. **2** *Comp* cópia de segurança, cópia reserva. • *vt* **1** dar suporte, apoiar. **2** *Comp* fazer cópia reserva.

back.ward [b'ækwəd] *adj* **1** para trás. **2** em ordem inversa. **3** de trás para a frente. **4** de desenvolvimento retardado. • *adv* (também **backwards**) **1** para trás. **2** de costas para a frente. **backwards and forwards** para lá e para cá.

bad [bæd] *adj* (compar **worse**, sup **worst**) **1** ruim, mau, inferior. **2** malvado, perverso. **3** ofensivo, injurioso. **4** falso. **5** estragado, podre. **act in bad faith** agir desonestamente. **bad luck** falta de sorte. **from bad to worse** de mal a pior. **in a bad temper** zangado, mal-humorado. **to make the best of a bad job** fazer o melhor possível em circunstâncias difíceis.

badge [bædʒ] *n* **1** distintivo, crachá. **2** símbolo, sinal.

bad.ly [b'ædli] *adv* **1** mal, não bem. **2** *coll* muitíssimo, urgentemente. **3** *coll* muito, ardentemente. **badly off** pobre.

bag [bæg] *n* **1** saco. **2** bolsa. **3** sacola. • *vt* inchar, alargar. **bag and baggage** com armas e bagagens, de mala e cuia. **a bag of bones** um feixe de ossos. **to let the cat out of the bag** revelar um segredo.

bag.gage [b'ægidʒ] *n* bagagem.

bail [beil] *n* fiança, garantia. • *vt* obter liberdade (de uma pessoa presa) por meio de fiança. **to bail out** tirar da cadeia sob fiança. **to go bail for** dar fiança para.

bait [beit] *n* 1 isca. 2 tentação, engodo.

bake [beik] *vt* assar.

bak.er.y [b'eikəri] *n* padaria.

bal.ance [b'æləns] *n* 1 equilíbrio. 2 estabilidade de corpo e mente. • *vt+vi* 1 pesar em balança. 2 equilibrar, contrabalançar. 3 comparar (valor, importância). **balance of mind** equilíbrio mental.

bald [bɔ:ld] *adj* calvo, careca.

ball [bɔ:l] *n* 1 bola, esfera. 2 novelo. 3 baile. **to have a ball** *coll* divertir-se. **to keep the ball rolling** manter a conversa acesa.

bal.let [b'ælei] *n* 1 balé. 2 corpo de baile.

bal.loon [bəl'u:n] *n* balão.

bal.lot [b'ælət] *n* 1 cédula. 2 número total de votos. 3 votação secreta.

ball.point pen [bɔ:lpɔint p'en] *n* caneta esferográfica.

balls [bɔ:lz] *n Amer vulg* 1 testículos, saco. 2 coragem, nervos.

bal.us.trade [bæləstr'eid] *n* 1 corrimão. 2 balaustrada.

ban [bæn] *n* 1 proibição. 2 expulsão. • *vt* banir, proibir por lei.

band [bænd] *n* 1 fita, tira. 2 braçadeira. 3 faixa, atadura. 4 faixa de ondas. 5 banda de música.

band.age [b'ændidʒ] *n* bandagem. • *vt* enfaixar.

bang [bæŋ] *n* 1 pancada, estrondo. 2 golpe violento. • *vt* 1 fazer estrondo, bater. 2 golpear. 3 bater a porta. • *adv coll* bem, exatamente, diretamente. **to go off with a bang** ter sucesso.

ban.ish [b'æniʃ] *vt* banir, expulsar, exilar.

ban.is.ter [b'ænistə] *n* corrimão.

bank [bæŋk] *n* 1 banco. 2 banco de sangue. • *vt* 1 ser banqueiro. 2 depositar em banco. **bank account** conta bancária. **to bank on / upon** contar com.

bank.er [b'æŋkə] *n* banqueiro.

bank loan [b'æŋk loun] *n* empréstimo bancário.

bank over.draft [b'æŋk ouvədra:ft] *n* saque a descoberto.

bank.rupt.cy [b'æŋkrʌptsi] *n* falência. **bankruptcy notice** pedido de falência.

ban.ner [b'ænə] *n* 1 faixa com dizeres. 2 estandarte.

bap.tism [b'æptizəm] *n* batismo. **baptism of fire** batismo de fogo.

bar [ba:] *n* 1 barra. 2 tranca. 3 barreira. 4 bar. • *vt* 1 trancar. 2 bloquear. 3 excluir. 4 proibir. • *prep* exceto. **bar one!** menos um! **behind bars** preso. **to bar out** impedir de entrar. **to bar up** fechar com grade.

bar.be.cue [b'a:bikju:] *n* 1 churrasco. 2 churrasqueira.

barbed wire [ba:bd w'aiə] *n* arame farpado.

bar code [b'a: koud] *n* código de barra.

bare [beə] *vt* 1 descobrir, desnudar. 2 expor. • *adj* 1 nu, despido. 2 vazio, desguarnecido. 3 simples, sem adorno.

bare.foot [b'εəfut] *adj* descalço.

bar.gain [b'a:gin] *n* 1 contrato. 2 barganha, pechincha. • *vt+vi* 1 pechinchar. 2 fazer bom negócio. 3 negociar.

barge [ba:dʒ] *n* barcaça. • *vt+vi* transportar em barcaça. **to barge in** *coll* entrar sem pedir licença. **to barge into** *coll* intrometer-se, irromper.

bar.maid [b'a:meid] *n* garçonete.

bar.man [b'a:mən] *n* atendente de bar, dono de bar.

barn [ba:n] *n* celeiro.

ba.roque [bər'ouk] *n* barroco. • *adj* em estilo barroco.

bar.rack [b'ærək] *n* 1 barraca. 2 **barracks** quartel.

bar.rel [b'ærəl] *n* 1 barril. 2 cano de espingarda.

bar.ren [b'ærən] *adj* estéril, improdutivo.
bar.ri.er [b'æriə] *n* **1** barreira. **2** grade. **3** paliçada. **4** *coll* obstáculo.
base [beis] *n* **1** base (de coluna, parede). **2** fundação, alicerce. **3** pedestal. **4** ingrediente básico. **5** *Gram* raiz. • *vt* **1** basear, fundamentar. **2** servir de base a. • *adj* de base.
base.ball [b'eisbɔ:l] *n Sport* beisebol.
base.ment [b'eismənt] *n* porão.
ba.sic [b'eisik] *adj* de base.
ba.sics [b'eisiks] *n pl* **1** elementos fundamentais. **2** coisas elementares. **back to basics** retornar ao básico.
ba.sil [b'æzil] *n* manjericão.
ba.sis [b'eisis] *n* (*pl* **bases**) **1** base. **2** fundamento. **3** ingrediente principal.
bas.ket.ball [b'a:skitbɔ:l] *n Sport* basquetebol.
bass [beis] *n* **1** som ou tom baixo. **2** *Mus* baixo: a) contrabaixo. b) cantor com voz de baixo. • *adj* baixo, grave, profundo. **bass guitar** baixo elétrico. **bass horn** tuba.
bat [bæt] *n* **1** *Zool* morcego. **(as) blind as a bat** completamente cego. **2** bastão usado em vários jogos para rebater a bola. • *vt* **1** piscar (o olho). **2** esvoaçar.
bath [ba:θ; bæθ] *n* **1** banho. **2** banheira. **3** *coll* banheiro. **4** *baths* banhos, casa de banhos. • *vt+vi* lavar (crianças).
bathe [beið] *n* banho de mar, banho ao ar livre. • *vt+vi* **1** tomar banho, banhar-se (em banheira). **2** banhar alguém, crianças (em banheira).
bath.ing-cos.tume [b'eiðiŋ kɔstju:m] *n* maiô.
bath.room [b'a:θru:m] *n* banheiro.
bat.te.ry [b'ætəri] *n* **1** bateria, pilha. **2** de produção intensiva.
bat.tle [b'ætəl] *n* **1** *fig* guerra, luta. **2** briga. • *vt* **1** combater, batalhar. **2** *fig* lutar, brigar. **to battle it (out)** lutar por, lutar pela decisão.
bat.tle.ship [b'ætəlʃip] *n Naut* couraçado de batalha.

bay win.dow [b'ei windou] *n Archit* janela construída para o lado de fora da casa.
be [bi:] *v aux* (*ps* **was**, *pl* **were**, *pp* **been**). **1** ser, existir, viver, ser realidade. **2** ter lugar, acontecer, realizar-se. **3** permanecer, ficar, continuar. **4** estar, encontrar-se. **here you are** *coll* aqui está. **let me be!** deixe-me em paz! **to be able** ser capaz, poder. **to be like** parecer-se com. **to be long** demorar-se. **to be of no use** ser imprestável. **to be out of one's mind** estar fora de si. **to be over** acabar. **to be short (of something)** estar faltando. **to be worthwhile** valer a pena.
beach [bi:tʃ] *n* praia. • *vt+vi* **1** puxar (barco) para a praia. **2** dar à praia. **beach umbrella** guarda-sol.
bea.con [b'i:kən] *n* **1** boia luminosa. **2** farol. **3** sinal de rádio para aviadores. **4** sinal de advertência.
bead [bi:d] *n* **1** conta (de vidro, metal etc.). **2** gota (de suor). **3 beads** colar de contas, rosário, terço.
beak [bi:k] *n* **1** bico (de ave). **2** bico, ponta.
beam [bi:m] *n* **1** viga, trave. **2** raio ou feixe de luz. • *vt+vi* **1** emitir raios de luz. **2** sorrir radiante. **3** *Radio* transmitir por meio de antena direcional.
bean [bi:n] *n* **1** feijão. **2** fava. **3** grão. **coffee beans** grãos de café. **to be full of beans** estar alegre. **to spill the beans** contar um segredo.
bear[1] [bɛə] *vt+vi* (*ps* **bore**, *pp* **borne**, **born**) **1** transportar. **2** a) sustentar (peso). b) tolerar, aguentar. **3** parir. **to bear a grundge** guardar ressentimento. **to bear in mind** ter em mente. **to bear no ill** não guardar rancor.
bear[2] [bɛə] *n* urso. **teddybear** ursinho de pelúcia.
beard [biəd] *n* barba (também de animais).

beast [bi:st] *n* **1** besta, animal. **2** pessoa cruel, bruto.

beat [bi:t] *n* **1** batida, golpe. **2** pulsação, latejo. **3** *Mus* ritmo, compasso. • *vt (ps beat, pp beaten)* bater: a) remexer, misturar. b) espancar c) soar as horas. d) *Mus* marcar o compasso. e) vencer, derrotar. • *adj* **1** *sl* exausto. **2** *coll* pasmo. **dead beat** inteiramente exausto. **to beat about the bush** usar de rodeios. **to beat the wind** errar o golpe.

beat.ing [b'i:tiŋ] *n* **1** surra. **2** derrota.

beau.ti.ful [bj'u:tiful] *adj* bonito. **the beautiful** o belo. • **beautifully** *adv* maravilhosamente.

beau.ty [bj'u:ti] *n (pl* **beauties)** **1** beleza. **2** beldade. **beauty contest** concurso de beleza. **beauty parlor** salão de beleza. **the beauty and the beast** a bela e a fera.

be.cause [bik'ɔ:z] *conj* porque, desde que.

be.come [bik'ʌm] *vt+vi (ps* **became,** *pp* **become) 1** tornar-se, vir a ser. **2** ficar bem, assentar bem. **become of** acontecer a.

bed [bed] *n* **1** cama, leito. **2** base, alicerce. **3** leito de um rio. **4** canteiro. **in a bed of roses** *fig* em um mar de rosas. **to go to bed** ir dormir. **to go to bed with** fazer sexo.

bed and break.fast [bed ənd br'ekfəst] *n Brit* hotel pequeno e barato só com café da manhã.

bed.clothes [b'edklouðz] *n* roupa de cama.

bed.room [b'edru:m] *n* dormitório, quarto de dormir.

bed-sit.ter [b'ed sitə] *n Brit* apartamento conjugado.

bee [bi:] *n* **1** abelha. **2** *fig* trabalhador diligente. **as busy as a bee** ocupadíssimo.

beef [bi:f] *n (pl* **beeves, beefs)** carne de boi ou de vaca. **corned beef** carne enlatada preservada em salmoura.

bee.hive [b'i:haiv] *n* colmeia.

beer [biə] *n* cerveja.

beet [bi:t] *n* beterraba.

bee.tle [b'i:təl] *n* besouro.

be.fore [bif'ɔ:] *prep* **1** na frente de, perante. **2** anterior. **3** antes que. **4** à frente de. **5** antes de. • *conj* antes que. • *adv* **1** na frente de, antes de. **2** anteriormente. **3** no passado. **the day before yesterday** anteontem. **the question before us** a questão a ser decidida.

be.fore.hand [bif'ɔ:hænd] *adv* anteriormente, antecipadamente.

beg [beg] *vt+vi* **1** mendigar. **2** implorar. **3** solicitar, requerer. **I beg your pardon** desculpe.

be.gin [big'in] *vt+vi (ps* **began,** *pp* **begun) 1** começar. **2** originar. **to begin with** antes de tudo.

be.gin.ner [big'inə] *n* novato.

be.gin.ning [big'iniŋ] *n* **1** começo, princípio. **2** origem. **the beginning of the end** o princípio do fim. **3 beginnings** primórdios, bases.

be.half [bih'a:f; bih'æf] *n* de parte de, em favor de, em nome de, em defesa de.

be.have [bih'eiv] *vt+vi* **1** comportar--se, portar-se. **2** agir. **3** conduzir-se, funcionar.

be.hind [bih'aind] *prep* **1** atrás de. **2** às escondidas. **3** antiquado. **4** atrasado. • *adv* atrás, para trás. **to leave something behind** deixar algo para trás.

being [b'i:iŋ] *n* **1** existência, vida. **2** natureza, essência. **3** ser, ente. • *adj* existente, presente. **for the time being** / por enquanto.

be.lieve [bil'i:v] *vt+vi* **1** acreditar, crer. **2** ter fé, confiar. **3** pensar, julgar. **I believe so** creio que sim. **seeing is believing** ver para crer.

bell [bel] *n* **1** sino. **2** campainha. **it rings a bell** parece familiar.

bel.low [b'elou] *n* **1** berro, urro. **2** grito. • *vi* **1** berrar. **2** vociferar.

be.long [bil'ɔŋ] *vi* **1** ter seu lugar próprio. **2** pertencer a. **3** ser parte de. **4** competir a, dizer respeito a.
be.long.ing [bil'ɔŋiŋ] *n* (geralmente *pl* **belongings**) **1** pertences. **2** propriedades, posses.
be.lov.ed [bil'∧vid] *n* amado, querido. • *adj* querido.
be.low [bil'ou] *prep* **1** abaixo, sob, mais baixo que. **2** inferior. • *adv* **1** abaixo. **2** de grau inferior. **3** abaixo citado.
belt [belt] *n* **1** cinto. **2** correia, tira. **green belt** cinturão verde. **money belt** porta-dinheiro. **to hit below the belt** ser desleal. **to tighten one's belt** economizar.
bench [bentʃ] *n* **1** banco. **2** bancada de carpinteiro. **3** assento dos juízes na corte. **4** cargo de juiz.
ben.e.fit [b'enifit] *n* benefício: a) auxílio, proveito. b) favor, ato de caridade. c) subsídios, seguro. • *vt+vi* **1** beneficiar, favorecer. **2** beneficiar-se. **for the benefit of...** em benefício de... **to give one the benefit of the doubt** em caso de dúvida considerar inocente.
bent [bent] *n* **1** inclinação. **2** propensão. **3** homossexual (*pej.*). • *vt+vi ps, pp* of **bend**. • *adj* **1** curvado, dobrado. **2** inclinado, determinado.
be.side [bis'aid] *prep* ao lado de, perto de, além de, fora de.
be.sides [bis'aidz] *prep* **1** além de. **2** exceto, salvo. • *adv* **1** além disso, também. **2** adicionalmente. **3** outrossim.
best [best] *n* **1** o melhor, a melhor parte. **2** o que é superior a tudo o mais. • *adj* (*sup of* **good**) **1** o melhor, o mais desejável, que tem mais valor, superior. **2** que é mais vantajoso. **3** principal. • *adv* (*sup of* **well**) **1** do melhor modo. **2** no mais alto grau. **make the best of it!** faça o melhor que puder! **the very best** o melhor de todos. **to do one's best** fazer o melhor possível.
bet [bet] *n* **1** aposta. **2** quantia ou coisa apostada. **3** objeto de aposta. • *vt+vi (ps, pp* **bet** or **betted**) apostar. **do you want to bet?** quer apostar? **even bet** aposta equilibrada. **heavy bet** aposta vultosa. **you bet!** *sl* garantido!
be.tray [bitr'ei] *vt* **1** trair. **2** ser desleal. **3** revelar (segredo). **4** trair-se.
bet.ter [b'etə] *n* **1** pessoa ou coisa melhor, estado melhor. **2** vantagem, superioridade. • *vt+vi* melhorar, progredir. • *adj* (*comp of* **good**) melhor, superior. • *adv* (*comp of* **well**) melhor, de maneira superior. **2** em grau mais alto. **all the better / so much the better** tanto melhor. **better and better** cada vez melhor. **for better or for worse** para o que der e vier. **for the better** para melhor. **had better (not)** seria melhor..., melhor não...
be.tween [bitw'i:n] *prep* entre (duas coisas ou duas pessoas): a) no espaço que separa. b) de um a outro. c) em comum, em conjunto. d) no meio de. • *adv* **1** no meio, em posição intermediária. **2** no intervalo. **3** a intervalos. **between now and then** nesse ínterim. **between ourselves** entre nós dois. **in between** no meio.
be.ware [biw'ɛə] *vt+vi* tomar cuidado, guardar-se.
be.yond [bij'ɔnd] *prep* **1** além de. **2** fora de (alcance, compreensão, limite). **beyond measure** / além dos limites. **that is beyond me** isto está além das minhas forças. **3** em adição a, além de. • *adv* além, mais longe.
bi.cy.cle [b'aisikəl] *n* bicicleta.
bid [bid] *n* **1** oferta, proposta, licitação. **2** lance. **3** *Amer coll* convite. **4** tentativa. • *vt+vi (ps* **bade, bid,** *pp* **bidden, bid)** fazer um lance.
big [big] *adj* **1** grande (em tamanho ou extensão), extenso, volumoso. **2** crescido, adulto. **3** *Am coll* importante. **4** gordo, corpulento. • *adv* de modo arrogante. **to look big** a) ter aspecto

bike

arrogante. b) exagerar. **to talk big** contar vantagem, exagerar.
bike [baik] *n coll from* **bicycle:** a) bicicleta. b) motocicleta. • *vi* andar de bicicleta.
bill¹ [bil] *n* bico (de ave).
bill² [bil] *n* **1** conta, fatura. **2** nota, cédula (de dinheiro). **3** notícia, aviso, boletim, anúncio. **4** projeto de lei. • *vt* **1** faturar. **2** anunciar, publicar. **Bill of Rights** Declaração de Direitos. **to foot the bill** pagar a conta para todos. **to settle one's bills** liquidar suas contas. **to top (or head) the bill** ser o primeiro da lista.
bill.board [b'ilbɔ:d] *n* cartaz grande e fixo colocado em ruas (*outdoor*).
bil.liards [b'iljədz] *n* jogo de bilhar.
bill.ing [b'ilin] *n* fatura, faturamento.
bil.lion [b'iljən] *n, adj, pron* bilhão.
bin [bin] *n* caixa, lata. • *vt* guardar, armazenar em caixa, lata etc. **dustbin** lata de lixo.
bind [baind] *n* **1** faixa, cinta, atadura. **2** situação difícil. • *vt* (*ps, pp* **bound**) **1** ligar, atar, amarrar. **2** grudar, colar.
bind.er [b'aində] *n* **1** fichário. **2** encadernador. **3** fita, tira, atadura.
bin.oc.u.lars [bain'ɔkjuləzx] *n* binóculo.
bi.o.chem.is.try [baiouk'emistri] *n* bioquímica.
bi.o.log.i.cal [baiəl'ɔdʒikəl] *adj* biológico.
bi.ol.o.gy [bai'ɔlədʒi] *n* biologia.
bird [bə:d] *n* **1** pássaro, ave. **2** *Amer sl* fulano, sujeito. **3** *Brit sl depr* mulher jovem. **birds of a feather** *fig* farinha do mesmo saco. **bird of prey** ave de rapina. **to be an early bird** ser madrugador.
bird's eye view [b'ə:dz ai vju:] *n* vista aérea, visão geral.
Bi.ro [b'airou] *n Brit* tipo de caneta esferográfica. (*USA* **ballpoint pen**).
birth [bə:θ] *n* **1** nascimento. **2** começo, origem. **3** parto. **4** descendência, família. **5** produto, fruto. **birth certificate**

blackmailer

certidão de nascimento. **birth control** controle da natalidade. **by birth** de nascença. **to give birth to** a) dar à luz. b) ser a origem de.
birth.date [b'ə:θdeit] *n* data de nascimento.
birth.day [b'ə:θdei] *n* aniversário.
birthplace [b'ə:θpleis] *n* **1** lugar de nascimento. **2** *fig* lugar de origem.
bis.cuit [b'iskit] *n* biscoito, bolacha.
bish.op [b'iʃəp] *n* **1** bispo: a) dignitário eclesiástico. b) peça do jogo de xadrez.
bi.son [b'aisən] *n Zool* **1** bisão. **2** auroque.
bis.sex.tile [bis'ekstail] *n* ano bissexto • *adj* bissexto.
bit¹ [bit] *n* freio. • *vt* **1** colocar o freio na boca do cavalo. **2** refrear.
bit² [bit] *n* **1** bocado, partícula. **2** pouquinho. **3** *coll* momentinho. **bit by bit** aos poucos.
bitch [bitʃ] *n* **1** cadela. **2** *depr* meretriz.
bite [bait] *n* **1** bocado, mordida. **2** refeição ligeira. **3** picada de inseto. • *vt* (*ps bit, pp* **bit, bitten**) **1** morder, cortar com os dentes. **2** cortar, perfurar. **3** ferir com os dentes. **4** picar, ferroar.
bit.ing [b'aitin] *adj* **1** cortante. **2** sarcástico, mordaz. **it is biting cold** está um frio cortante.
bit.ter [b'itə] *n* cerveja tipo "bitter". • *adj* **1** amargo. **2** decepcionado. **3** cruel, implacável. **bitter weather** extremamente frio. **to the bitter end** até o amargo fim.
bit.ter.ness [b'itənis] *n* **1** rancor. **2** mágoa.
black [blæk] *n* **1** preto. **2** negro, indivíduo da raça negra. • *vt+vi* pretejar, tornar preto. **to black out** desmaiar (pessoa); ficar às escuras (sem luz). • *adj* **1** preto, negro. **2** sem luz, muito escuro. **3** de luto, vestido de preto.
black.board [bl'ækbɔ:d] *n* quadro-negro.
black.mail.er [bl'ækmeilə] *n* chantagista.

bladder 23 bloom

blad.der [bl'ædə] *n Anat* bexiga.

blame [bleim] *n* 1 responsabilidade, culpa. 2 falta, falha. • *vt* 1 acusar, responsabilizar. 2 censurar, repreender.

blank [blæŋk] *n* espaço em branco. • *adj* 1 em branco. 2 com espaço a ser preenchido. 3 sem expressão. 4 estupefato. **blank cheque** cheque em branco. **in blank** em branco.

blan.ket [bl'æŋkit] *n* 1 cobertor. 2 cobertura. **a blanket of fog** uma nuvem de neblina. • *vt* 1 cobrir com cobertor. 2 encobrir. • *adj* geral, que se aplica a todos.

blast [bla:st; bl'æst] *n* 1 rajada forte de vento. 2 grande explosão. • *vt+vi* dinamitar, explodir, destruir. **to blast off** lançar (foguete). **to blast one's way** abrir o caminho a tiros.

blaze [bleiz] *n* 1 labareda. 2 fogo. 3 incêndio de grandes proporções e chamas. 4 *fig* acesso, arroubo. • *vi* 1 inflamar, queimar. 2 resplandecer, luzir.

blaz.er [bl'eizə] *n* jaqueta.

bleach [bli:tʃ] *n* água sanitária. • *vt+vi* alvejar.

bleed [bli:d] *n* sangria. • *vt+vi* (*ps, pp* **bled**) 1 sangrar. 2 *coll* esfolar, extorquir dinheiro. 3 esvaziar, drenar.

bleed.ing [bl'i:diŋ] *n* hemorragia. • *adj* que está sangrando.

blem.ish [bl'emiʃ] *n* marca, mancha, defeito. • *vt* 1 manchar, marcar, desfigurar. 2 macular, sujar.

blend [blent] *n* mistura. • *vt+vi* (*ps, pp* **blent** or **blended**) 1 misturar. 2 fazer mistura.

blend.er [bl'endə] *n* liquidificador.

bless.ed [bl'esid] *adj* 1 sagrado, santificado. 2 abençoado, bem-aventurado. 3 feliz, bem-sucedido.

bless.ing [bl'esiŋ] *n* 1 invocação, pedido. 2 bênção, graça divina.

blind [blaind] *n* 1 cego. 2 veneziana. • *vt* 1 cegar. 2 escurecer, obscurecer. • *adj* 1 cego. 2 ofuscado. 3 irracional. **blind date** encontro com desconhecido do sexo oposto. **in a blind fury** alucinado de raiva. **stone-blind** totalmente cego. **to turn a blind eye to something** ignorar alguma coisa. **Venetian blind** veneziana.

blind.fold [bl'aindfould] *n* venda, o que tapa os olhos. • *vt* vendar. • *adj* com os olhos vendados.

blink [bliŋk] *n* 1 brilho intermitente. 2 piscadela, piscada. • *vt+vi* pestanejar, piscar os olhos. 3 reluzir. **in the blink of an eye** num piscar de olhos.

blitz [blits] *n* ataque repentino. • *vt* atacar repentinamente.

bliz.zard [bl'izəd] *n* nevasca.

block [blɔk] *n* 1 bloco (de madeira, de metal etc.). 2 obstrução, obstáculo. 3 quarteirão, grupo de prédios, casas. • *vt+vi* 1 impedir a passagem, entupir. 2 bloquear. **to block in** impedir a saída, a passagem. **to block off** fazer um bloqueio.

block.bus.ter [bl'ɔkbʌstə] *n sl* 1 bomba arrasa-quarteirão. 2 livro ou filme de enorme sucesso.

block.head [bl'ɔkhed] *n sl* cabeça-dura, pessoa estúpida.

blond [blɔnd] *n* loiro. • *adj* 1 claro. 2 loiro.

blood [blʌd] *n* 1 sangue. 2 raça ou classe social dos ancestrais. 3 temperamento. **in cold blood** a sangue-frio. **to be out for blood** estar disposto a tudo. **to make one's blood boil** enfurecer. **to make one's blood run cold** fazer o sangue gelar nas veias.

blood.stream [bl'ʌdstri:m] *n* circulação sanguínea.

blood.thirst.y [bl'ʌdθə:sti] *adj* sanguinário, cruel.

blood.y [bl'ʌdi] *adj* 1 sangrento. 2 ensanguentado. 3 sanguinário, cruel.

bloom [blu:m] *n* 1 flor. 2 florescência. 3 vigor, beleza. • *vt+vi* 1 florir. 2 estar

blossom / **bomb**

forte e vigoroso. **in full bloom** em plena floração.

blos.som [bl'ɔsəm] *n* **1** flor (especialmente de planta frutífera). **2** florescência. • *vi* **1** florir. **2** florescer, desenvolver-se, desabrochar. **in full blossom** em plena floração.

blouse [blauz] *n* blusa.

blow¹ [blou] *n* **1** soco, golpe. **2** ataque repentino, golpe de mão. **with a single blow** com um só golpe. **without striking a blow** sem luta.

blow² [blou] *n* **1** sopro. **2** rajada de vento. • *vt+vi* (*ps* **blew**, *pp* **blown**) **1** soprar, assoprar. **2** ventar. **3** ser impelido pelo vento. **to blow down** derrubar (pelo vento). **to blow one's nose** assoar o nariz. **to blow one's own trumpet** elogiar a si mesmo. **to blow out** a) estourar (pneu). b) extinguir, apagar. c) parar de funcionar (máquina elétrica). **to blow up** a) explodir. b) ampliar (fotografia). c) ficar irritado.

blue [blu:] *n* azul. • *adj* **1** azul. **2** triste, deprimido. **navy blue** azul-marinho. **once in a blue moon** muito raramente. **out of the blue** inesperadamente. **the blues** *coll* tristeza.

blun.der [bl'ʌndə] *n* asneira, erro grave. • *vt+vi* **1** errar, fazer uma asneira. **2** estragar, deitar a perder. **to blunder out** expressar-se de forma infeliz.

blunt [blʌnt] *vt+vi* **1** ficar sem corte. **2** cegar. • *adj* **1** sem corte, cego. **2** franco, direto.

blur [blə:] *n* **1** falta de clareza. **2** borrão. • *vt+vi* **1** obscurecer, perturbar a visão. **2** manchar, borrar.

blush [blʌʃ] *n* rubor. • *vi* **1** corar, enrubescer. **2** envergonhar-se. • *adj* corado, rubro.

board¹ [bɔ:d] *n* **1** tábua, prancha. **2** conselho, junta. **board of directors** conselho deliberativo. **3** quadro-negro. **4** tabuleiro (para jogos). • *vt* **1** assoalhar com tábuas. **2** dar pensão. • *adj* feito de tábuas. **bed and board** pensão completa.

board² [bɔ:d] *vt* **1** subir a bordo de. **2** embarcar.

board.ing-card [b'ɔ:diŋ ka:d] *n* = **boarding pass** cartão de embarque.

board.ing school [b'ɔ:diŋ skul] *n* internato.

boast [boust] *n* jactância, ostentação. • *vt+vi* **1** gabar-se, vangloriar-se. **2** alardear.

boat [bout] *n* **1** bote, barco, canoa. **2** navio.

bob.by [b'ɔbi] *n Brit sl* policial, tira.

bod.i.ly [b'ɔdili] *adj* **1** corporal. **2** físico. • *adv* **1** em pessoa. **2** em conjunto.

bod.y [b'ɔdi] *n* **1** corpo. **2** tronco. **3** parte principal. **4** grupo de pessoas, entidade oficial. **heavenly body** corpo celeste. **in a body** em conjunto. **over my dead body** só passando sobre o meu cadáver.

bod.y.guard [b'ɔdiga:d] *n* guarda-costas.

bog [bɔg] *n* pântano. • *vt+vi* atolar. **to get bogged down** *coll* encrencar-se.

boil [bɔil] *n* fervura. • *vt+vi* **1** ferver. **2** ficar nervoso. **on the boil** a) em ebulição. b) *fig* agitado. **to boil down to** *fig* resumir. **to boil over** transbordar durante a fervura.

boi.ler [b'ɔilə] *n* **1** caldeira. **2** aquecedor.

bois.ter.ous [b'ɔistərəs] *adj* vivaz, barulhento.

bold [bould] *adj* **1** corajoso. **2** arrojado. **3** confiante, seguro de si.

bol.ster [b'oulstə] *vt* **1** escorar, amparar. **2** animar. **to bolster up** encorajar, animar.

bolt [boult] *n* **1** pino. **2** parafuso. **3** ferrolho. **4** partida repentina, fuga. • *vt+vi* **1** sair às pressas. **2** correr, fugir. **3** trancar, aferrolhar. • *adv* subitamente.

bomb [bɔm] *n* **1** bomba. **2** acontecimento inesperado. • *vt+vi* colocar uma bomba, bombardear.

bomb.er [b'ɔmə] *n* 1 avião de bombardeio. 2 pessoa que coloca bombas.
bomb.ing [b'ɔmiŋ] *n* 1 bombardeio. 2 atentado por bomba.
bomb.shell [b'ɔmʃel] *n* 1 bomba. 2 notícia inesperada.
bond [bɔnd] *n* 1 elo, vínculo. 2 título, apólice. 3 **bonds** grilhões, restrições. • *vt+vi* 1 ligar, unir. 2 ligar-se.
bone [boun] *n* 1 osso. 2 espinha de peixe. 3 *fig* questão a resolver. **a bag of bones** um feixe de ossos. **bone of contention** pomo de discórdia. **to make no bones about** falar / fazer sem hesitação. **to the bones** até os ossos.
bon.fire [b'ɔnfaiə] *n* fogueira.
bon.net [b'ɔnit] *n* 1 touca. 2 *Brit* capô.
boo.by trap [b'u:bi træp] *n* petardo, bomba plantada.
book [buk] *n* 1 livro. 2 tomo. 3 libreto de ópera. 4 talão. • *vt+vi* 1 registrar. 2 reservar. 3 autuar. **by (the) book** *coll* de acordo com as regras. **to be booked up** estar lotado (hotel etc.). **to be in one's good / bad book** ser benquisto / malquisto por alguém. **to book in** registrar-se (em hotel, balcão de despachos no aeroporto etc.).
book.case [b'ukkeis] *n* estante para livros.
book.ing [b'ukiŋ] *n* reserva (de passagens, de bilhetes etc.).
book.let [b'uklit] *n* folheto.
book.shop [b'ukʃɔp] *n* (também **bookstore**) livraria.
boot [bu:t] *n* 1 bota. 2 porta-malas. **to boot out** pôr para fora, demitir. **to get the boot** *sl* ser demitido. **to lick someone's boots** bajular.
booth [bu:ð; bu:θ] *n* cabine (telefônica, de laboratório de línguas, de votação etc.).
booze [bu:z] *n coll* 1 bebida alcoólica. 2 bebedeira. 3 *sl Braz* birita. • *vi* beber em excesso, embriagar-se.

bor.der [b'ɔ:də] *n* 1 margem, borda. 2 fronteira, limite. 3 canteiro (de jardim). • *vt+vi* 1 fazer fronteira com. 2 *fig* chegar às raias, beirar.
bor.der.line [b'ɔ:dəlain] *adj* 1 linha de fronteira. 2 *fig* limítrofe, duvidoso.
bored [b'ɔ:d] *adj* entediado.
bore.dom [b'ɔ:dəm] *n* enfado, aborrecimento.
bor.ing [b'ɔ:riŋ] *adj* maçante, enfadonho.
born [bɔ:n] *pp* of **bear**. • *adj* nascido. *he is a born poet* / ele é um poeta nato.
bor.row [b'ɔrou] *vt* obter emprestado. **to live on borrowed time** estar em sobrevida.
bos.om [b'uzəm] *n* 1 peito, seios. 2 *fig* âmago, recesso (do lar, da família). • *adj* do peito, de confiança, íntimo. **to take someone to the bosom** tratar com delicadeza.
boss [bɔs] *n* chefe, patrão, empregador. • *vt+vi* dirigir, controlar, mandar.
both [bouθ] *adj* ambos, os dois, as duas. • *pron* ambos, ambas. • *adv* igualmente. • *conj* não só, tanto que. **both he and she** tanto ele como ela. **both his children** seus dois filhos.
both.er [b'ɔ:ðə] *n* 1 preocupação, incômodo. 2 contrariedade. • *vt+vi* 1 aborrecer, incomodar. 2 preocupar-se, incomodar-se. 3 dar-se ao trabalho. **I'll be bothered!** é o cúmulo!
bot.tle [b'ɔtəl] *n* 1 garrafa, frasco. 2 mamadeira. • *vt* engarrafar. **hot water bottle** bolsa de água quente.
bot.tle-feed [b'ɔtəl fi:d] *vt* alimentar com mamadeira.
bot.tle.neck [b'ɔtəlnek] *n* 1 gargalo de garrafa. 2 *fig* passagem estreita, engarrafamento. 3 *fig* condições ou circunstâncias que retardam o progresso.
bot.tom [b'ɔtəm] *n* 1 fundo, parte mais baixa. 2 leito, fundo de rio, mar etc. 3 *Anat* traseiro. 4 origem, causa. **at the**

bottom of it que está por trás disso. **from the bottom of my heart** do fundo do meu coração. **we touched bottom** *fig* chegamos ao fundo do poço.

bounce [bauns] *n* pulo, salto. • *vt+vi* **1** saltar, quicar. **2** devolver cheque por falta de fundos. **3** botar para fora, expulsar.

bounc.er [b'aunsə] *n sl* leão de chácara: segurança de bar, restaurante etc.

bound[1] [baund] *n* (geralmente **bounds**) limite, fronteira. **out of bounds** interditado, proibido.

bound[2] [baund] *adj* com destino a. **where are you bound for?** / para onde você vai?

bound.less [b'aundlis] *adj* **1** ilimitado, infinito. **2** vasto.

bow[1] [bou] *n* **1** arco: a) arma para atirar flechas. b) peça para tocar instrumentos de corda. **2** curva, curvatura. **3** laço. • *vt* curvar, dobrar.

bow[2] [bau] *n* proa (de navio, de avião).

bowl[1] [boul] *n* **1** tigela. **2** tigela como medida. **3** concha acústica em estádios e teatros.

bowl[2] [boul] *n* boliche.

bow-tie [bou t'ai] *n* gravata-borboleta.

box [bɔks] *n* **1** caixa (de madeira, de papelão, de metal etc.), caixote. **2** *Theat* camarote. **3** cabina. **4** estojo. • *vt* encaixotar. **ballot box** urna para votar. **letter box** caixa do correio. **paint box** caixa de tintas para pintura. **PO box** caixa postal. **sentry box** guarita. **the box** televisão.

box.er [b'ɔksə] *n* **1** boxeador, pugilista. **2** boxer, raça de cachorro.

box-of.fice [b'ɔks ɔfis] *n* bilheteria de teatro ou cinema.

boy [bɔi] *n* menino, moço. **be a good boy!** seja bonzinho! **the boys** a) os filhos. b) nossos soldados. **boys will be boys!** as crianças são assim mesmo!

boy.friend [b'ɔifrend] *n* namorado.

boy scout [b'ɔi skaut] *n* escoteiro.

bra [bra:] *n* sutiã.

brace [breis] *n* **1** tira, braçadeira, grampo. **2** reforço, suporte. • *vt+vi* dar força ou firmeza a, suportar. **brace yourself! coragem!**

brac.es [br'eisiz] *n pl* **1** aparelho dentário para alinhar os dentes. **2** *Brit* suspensórios.

braid [breid] *n* **1** trança. **2** fita, cadarço, galão. • *vt* **1** guarnecer com fitas, cadarço ou galão. **2** trançar.

brain [brein] *n* **1** cérebro, miolo. **2** (geralmente **brains**) inteligência, intelecto.

brain.less [br'einlis] *adj fig* desmiolado, desajuizado.

brain.wash.ing [br'einwɔʃiŋ] *n* lavagem cerebral.

brake [breik] *n* freio, breque. • *vt+vi* frear, brecar. **brake hard (suddenly)** brecar subitamente.

bran [bræn] *n* farelo de cereais.

branch [bra:ntʃ; bræntʃ] *n* **1** ramo de árvore. **2** filial, sucursal, agência. **3** área de conhecimento. **to branch off** ramificar-se. **to branch out** ampliar, diversificar (negócios, atividades).

brand [brænd] *n* **1** marca de fábrica, marca registrada. **2** mácula, desonra, estigma. • *vt* marcar, estigmatizar.

brand-new [brænd nj'u:] *adj* novo em folha.

brand.y [br'ændi] *n* conhaque.

brass [bra:s; bræs] *n* **1** latão, metal. **2** *Amer sl* altas patentes militares. **the brass** *Mus* os instrumentos de sopro (de metal).

brave [breiv] *n* bravo: pessoa valente ou corajosa. • *vt* enfrentar perigos e dificuldades corajosamente. • *adj* corajoso.

brav.er.y [br'eivəri] *n* coragem, bravura.

Bra.zil-nut [brəz'il nʌt] *n* castanha-do-pará.

bra.zil.wood [brəz'ilwud] *n* pau-brasil.

breach [bri:tʃ] *n* **1** brecha. **2** ruptura, quebra. **3** infração, transgressão. **breach**

of contract quebra de contrato. **breach of manners** falta de tato, infração contra a moral.

bread [bred] *n* pão. **a loaf of bread** um pão. **a slice of bread** uma fatia de pão. **bread and butter** pão com manteiga. **he was put on bread and water** ele foi posto a pão e água. **pita bread** pão sírio. **rye (brown) bread** pão de centeio. **white bread** pão de forma. **whole wheat bread** pão integral.

bread.win.ner [br'edwinə] *n* a pessoa que sustenta a família.

break [breik] *n* **1** quebra. **2** brecha. **3** fenda. **4** interrupção. **5** pausa, intervalo. • *vt+vi* (*ps* **broke**, *pp* **broken**) **1** quebrar, fraturar, despedaçar. **2** parar, pôr fim, interromper. **3** superar, quebrar (recorde). **4** revelar. **5** ir à falência. **to break down** analisar item a item. **to break in** arrombar. **to break off an engagement** desmanchar um noivado. **to break the news** dar a (má) notícia. **to break through** conseguir sucesso apesar das dificuldades. **to break with** romper relações com.

break.down [br'eikdaun] *n* **1** avaria. **2** colapso. **3** análise, plano detalhado. **nervous breakdown** colapso nervoso.

break-in [br'eik in] *n* assalto, arrombamento.

break.out [br'eikaut] *n* **1** fuga (de prisão ou hospital). **2** *Med* surto, erupção.

breast [brest] *n* **1** peito, tórax. **2** seio, mama.

breath [breθ] *n* **1** respiração. **2** hálito, alento. **3** fôlego. **a breath of fresh air** um sopro de ar fresco. **bad breath** mau hálito. **out of breath /short of breath** esbaforido. **to gasp for breath** ofegar. **to take one's breath away** deixar alguém estupefato.

breathe [bri:ð] *vt+vi* **1** respirar. **2** tomar fôlego. **3** viver, estar vivo. **4** (**in, out**) inspirar, expirar. **to breathe again (or freely)** estar aliviado, sentir-se à vontade.

breath.less [br'əθlis] *adj* **1** esbaforido. **2** aflito.

breed [bri:d] *n* **1** criação. **2** classe, espécie, raça. • *vt+vi* (*ps, pp* **bred**) **1** causar, provocar. **2** procriar, cruzar.

breed.ing [br'i:diŋ] *n* educação, maneiras. **good breeding** boas maneiras.

bribe [braib] *n* suborno. • *vt* subornar. **to take a bribe** deixar-se subornar.

brick [brik] *n* tijolo. • *vt* revestir com tijolos. • *adj* da cor de tijolo. **he dropped a brick** ele disse uma tolice.

brick.lay.er [br'ikleiə] *n* pedreiro.

bride [braid] *n* noiva.

bride.groom [br'aidgru:m] *n* noivo.

bridge [bridʒ] *n* **1** ponte. **2** prótese dentária. **3** jogo de cartas. **footbridge** passagem. **suspension bridge** ponte pênsil. **to bridge the gap** atenuar as diferenças.

brief [bri:f] *n* **1** sumário, síntese. **2** *Jur* depoimento, resumo dos fatos. • *vt* **1** fazer resumo. **2** dar conhecimento. • *adj* **1** breve. **2** resumido. **in brief** em poucas palavras.

brief.case [br'i:fkeis] *n* pasta executiva.

bright [brait] *adj* **1** claro, luminoso, brilhante. **2** inteligente. **3** animado, alegre.

bright.en [br'aitən] *vt+vi* tornar claro, iluminar, animar. **to brighten up a)** tornar agradável. **b)** clarear (tempo).

bril.liant [br'iljənt] *adj* **1** magnífico. **2** *fig* inteligente, genial.

brim [brim] *n* **1** borda, orla. **2** aba. • *vt+vi* encher, estar cheio até à borda.

bring [briŋ] *vt* (*ps, pp* **brought**) **1** trazer, vir com alguém ou com alguma coisa. **2** persuadir. **I brought them together** reconciliei-os. **the subject was brought up** o assunto foi trazido à baila. **to bring into account** levar em conta. **to bring into force** entrar em vigor. **to bring into question** pôr em dúvida, duvidar. **to**

bring up criar, educar. **to bring up-to-date** atualizar.

broad [brɔːd] *adj* 1 largo. 2 amplo, vasto. **a broad outlook** uma ampla perspectiva. **in broad daylight** em plena luz do dia. **it is as broad as it is long** é a mesma coisa, vem a dar no mesmo.

broad.cast [brˈɔːdkaːst] *n* 1 radiodifusão, teledifusão. 2 programa de rádio ou TV. • *vt* (*ps*, *pp* **broadcast**) transmitir pelo rádio ou TV.

broad.mind.ed [brɔːdmˈaindid] *adj* liberal, tolerante, indulgente.

bro.chure [brouʃuə] *n* brochura, folheto.

bro.ken [brˈoukən] *pp of* **break**. • *adj* 1 quebrado. 2 destruído. 3 arruinado, falido. 4 enfraquecido. 5 desanimado.

bro.ker [brˈoukə] *n* corretor, agente. **insurance broker** corretor de seguros. **stock broker** corretor de bolsa de valores.

bronze [brɔnz] *n* 1 bronze. 2 cor de bronze, marrom-avermelhada. • *vt* bronzear-se.

brood [bruːd] *n* 1 ninhada, filhotes. 2 *fig* prole numerosa. • *vt+vi* preocupar-se com alguma coisa. **a brood-hen** uma galinha choca.

broom [bruːm] *n* vassoura. • *vt* varrer. **new brooms sweep clean** *fig* vassouras novas varrem bem.

broth [brɔθ] *n* caldo.

broth.el [brˈɔθəl] *n* bordel.

broth.er [brˈʌðə] *n* 1 irmão. 2 amigo íntimo, companheiro. 3 confrade. **half-brother** meio-irmão.

broth.er.hood [brˈʌðəhud] *n* 1 parentesco de irmãos. 2 espírito de corporação. 3 confraria.

broth.er-in-law [brˈʌðə in lɔː] *n* cunhado.

brow [brau] *n* 1 testa, fronte. 2 sobrancelha. 3 *fig* expressão, fisionomia. **his brow cleared** seu rosto desanuviou-se.

brown [braun] *vt* assar até ficar dourado. • *adj* 1 marrom. 2 castanho (cabelo).

brown bread [braun brˈed] *n* pão de centeio ou pão integral.

brown.ie [brˈauni] *n* 1 bolo ou biscoito de chocolate e nozes. 2 bandeirante (menina).

bruise [bruːz] *n* 1 contusão, pisadura. 2 machucadura (em fruta). • *vt* contundir, machucar.

bru.nette [bruːnˈet] *n* mulher de cabelo escuro. • *adj* 1 morena. 2 de cabelo escuro.

brush [brʌʃ] *n* 1 escova. 2 escovadela. 3 pincel, broxa. • *vt+vi* 1 escovar, limpar. 2 esbarrar, roçar levemente. 3 correr, mover-se rapidamente. **to brush up** recapitular, refrescar a memória.

brute [bruːt] *n* 1 animal irracional. 2 bruto: pessoa bruta ou cruel. • *adj* estúpido, brutal.

bub.ble [bˈʌbəl] *n* 1 bolha, borbulha. 2 algo sem valor. • *vt+vi* 1 fazer bolhas, borbulhar, efervescer. 2 demonstrar alegria ou entusiasmo. **the children blew bubbles** as crianças fizeram bolhas de sabão.

buck[1] [bʌk] *n* macho (animal).

buck[2] [bʌk] *n Amer sl* dólar, dinheiro. **to make a fast buck** ganhar dinheiro fácil.

buck.et [bˈʌkit] *n* balde. • *vt* baldear. **to kick the bucket** *sl* morrer.

bud [bʌd] *n* 1 *Bot* botão de flor. 2 *fig* origem. • *vt+vi* 1 brotar, germinar, florescer. 2 desenvolver-se. **it was nipped in the bud** *fig* foi abafado logo no início.

bud.ding [bˈʌdiŋ] *adj* que está emergindo, ficando famoso. **a budding politician** um político que está começando a ser notado.

budg.et [bˈʌdʒit] *n* 1 orçamento. 2 receita, verba (dinheiro). • *vt* 1 orçar. 2 planejar gastos. **budget deficit** deficit orçamentário. **budget surplus** superávit orçamentário.

buffalo / burn

buf.fa.lo [b'∧fəlou] *n Zool* **1** búfalo. **2** bisão americano. • *vt Amer sl* intimidar.

buf.fet [b'ufei] *n* **1** lanchonete. **2** restaurante com bufê. **3** refeição fria disposta em balcões.

bug [b∧g] *n* **1** bicho, inseto. **2** defeito, falha. **3** grampo, escuta. **4** *Comp* defeito no código de um programa. • *vt* **1** grampear (telefone), colocar escuta. **2** aborrecer, amolar.

bug.gy [b'∧gi] *n* carrinho de bebê.

build [bild] *n* constituição física. • *vt+vi* (*ps*, *pp* **built**) **1** construir, edificar. **2** estabelecer, fundar. **to build up** aumentar, melhorar.

build.er [b'ildə] *n* construtor, empreiteiro.

build.ing [b'ildiŋ] *n* edifício, construção, estrutura.

build.ing-site [b'ildiŋ sait] *n* canteiro de obras.

bulb [b∧lb] *n* **1** *Bot* bulbo. **2** *Electr* lâmpada elétrica.

bulk.y [b'∧lki] *adj* grande, volumoso, corpulento.

bull [bul] *n* **1** touro. **2** macho de elefante, baleia e outros grandes animais. **he took the bull by the horns** *fig* ele enfrentou a dificuldade.

bull.doz.er [b'uldouzə] *n* escavadora para terraplenagem.

bul.let [b'ulit] *n* bala (de arma de fogo). **blank bullet** bala de festim. **rubber bullet** bala de borracha.

bull.ring [b'ulriŋ] *n* praça de touros.

bull.shit [b'ulʃit] *n vulg* conversa mole, papo furado.

bul.ly [b'uli] *n* brigão. • *vt* amedrontar, intimidar.

bump [b∧mp] *n* **1** impacto, baque. **2** batida, pancada. **3** galo, inchaço. • *vt+vi* colidir contra alguma coisa ou alguém. **to bump into** dar de cara com alguém.

bump.er [b'∧mpə] *n* para-choque.

bunch [b∧ntʃ] *n* **1** cacho, maço, penca. **2** grupo, rebanho, bando. **3** *fig* turma. • *vt Amer* **1** juntar-se, agrupar-se. **2** juntar, enfeixar. **bunch of flowers** buquê. **bunch of grapes** cacho de uvas. **bunch of keys** molho de chaves.

bun.dle [b'∧ndəl] *n* **1** pacote, fardo. **2** trouxa, embrulho. **3** maço de papéis. • *vt+vi* embrulhar, empacotar, enfeixar. **a bundle of nerves** pessoa nervosíssima.

bun.gle [b'∧ŋgəl] *n* trabalho malfeito. • *vt* fazer mal, estragar.

bunk [b∧ŋk] *n* beliche. • *vi* **1** *Amer* dormir em beliche. **2** *Brit* fugir, sair correndo.

bun.ny [b'∧ni] *n* **1** coelho (expressão infantil). **2** *sl* garota bonitinha que tem função decorativa.

buoy [bɔi] *n Naut* boia. **to buoy up** manter boiando, fazer flutuar.

buoy.ant [b'ɔiənt] *adj* **1** flutuante. **2** *fig* animado, esperançoso.

bur.den [b'ə:dən] *n* **1** carga, peso. **2** encargo. **3** ônus. • *vt* **1** pôr carga em. **2** *fig* sobrecarregar, oprimir. **beast of burden** burro de carga.

bu.reau [bjuər'ou] *n* (*pl* **bureaux, bureaus**) **1** *Amer* cômoda. **2** escrivaninha. **3** escritório, agência. **4** *Amer* divisão de repartição pública.

burg.er [b'ə:gə] *n coll* hambúrguer.

bur.glar [b'ə:glə] *n* assaltante, arrombador.

bur.gla.ry [b'ə:gləri] *n Jur* arrombamento com a finalidade de roubar, roubo. **insurance against burglary and theft** seguro contra roubo.

bur.i.al [b'eriəl] *n* enterro, sepultamento.

burn [bə:n] *n* **1** queimadura. **2** queimada. • *vt+vi* (*ps*, *pp* **burnt** or **burned**) queimar(-se): a) estar muito quente, em chamas, incandescente, arder. b) acender, pôr fogo. c) incinerar. d) crestar (plantas). **the building burnt out** o prédio foi destruído no incêndio. **to burn out** extinguir, apagar o fogo.

burst [bə:st] *n* estouro, rompimento, explosão. • *vt+vi* (*ps, pp* **burst**) **1** estourar, rebentar, explodir. **2** estar repleto. **3** irromper. **4** abrir(-se) violentamente.

bur.y [b'eri] *vt* **1** enterrar, sepultar. **2** realizar funeral. **3** encobrir. **they buried the hatchet** fizeram as pazes.

bus [bʌs] *n* ônibus.

bush [buʃ] *n* **1** arbusto. **2** mato, moita. **to beat about the bush** usar de rodeios.

busi.ness [b'iznis] *n* **1** serviço, trabalho, profissão, ocupação. **2** assunto, negócio. **3** atividade comercial. **4** empresa, firma. **I mean business** estou falando sério. **it is not his business to do that** não lhe compete fazer isso. **I went about my business** tratei da minha vida, meus negócios. **mind your own business!** ocupe-se da sua própria vida! **monkey business** *sl* maracutaia. **on business** a negócios. **to get down to business** começar a trabalhar.

busi.ness.like [b'iznislaik] *adj* profissional eficiente.

busi.ness.man [b'iznismən] *n* homem de negócios, empresário.

bus.y [b'izi] *vt* pôr(-se) a trabalhar, ocupar-se. • *adj* **1** atarefado. **2** ocupado (telefone). **busy streets** ruas movimentadas.

but [bʌt] *n* objeção, restrição. • *conj* **1** mas, porém. **2** não obstante, embora. **3** todavia, entretanto. • *prep* com exceção de, menos. • *adv* apenas. **but for my good health I should have died** não fosse minha boa saúde, teria morrido. **nothing but misfortunes** nada além de infortúnios. **not only poor but also ill** não somente pobre mas também doente, além de pobre, doente. **the last but one** o penúltimo.

butch.er's *n* açougue.

but.ler [b'ʌtlə] *n* mordomo.

but.ter [b'ʌtə] *n* manteiga. • *vt* **1** passar manteiga. **2** *fig coll* lisonjear, bajular.

but.ter.fly [b'ʌtəflai] *n Ent* borboleta. **to have butterflies in one's stomach** estar muito nervoso.

but.ton [b'ʌtən] *n* **1** botão. **2** dístico, broche. • *vt+vi* abotoar(-se). **I must press a button** *fig* tenho de tomar providências. **it isn't worth a button** não vale um caracol. **to button up** abotoar.

buy [bai] *n* compra, aquisição. • *vt+vi* (*ps, pp* **bought**) **1** comprar, adquirir. **a good buy** uma boa compra. **to buy at** comprar em. **to buy from** comprar de. **to buy on credit** comprar a crédito. **to buy on instalments** comprar a prestações. **2** *coll* subornar.

buy.er [b'aiə] *n* **1** comprador. **2** consumidor.

buzz [bʌz] *n* **1** zumbido, zunido. **2** murmúrio, sussurro. **3** cochicho, rumor. **4** *coll* telefonema. • *vt+vi* **1** zumbir, zunir. **2** murmurar, sussurrar. **3** cochichar, rumorejar. **4** *coll* telefonar. **to buzz off** *sl* a) desaparecer, escapar furtivamente. b) desligar (telefone).

by [bai] *prep* **1** perto de, ao lado de, próximo de. **2** através de, por, via, pelo, pela. **3** por meio de, com, pela ação de. **4** de, da autoria de, da origem de. • *adv* perto, próximo, à mão. **by all means** certamente. **by birth** de nascença. **by chance** por acaso. **by degrees** aos poucos. **by far** de longe. **by heart** de cor. **by next year** no próximo ano, o mais tardar. **by no means** de modo algum. **by oneself** sozinho, sem ajuda. **by the way** a propósito, incidentalmente. **little by little** aos poucos. **side by side** lado a lado.

by.gone [b'aigɔn] *n* coisa do passado. • *adj* passado, antigo. **let bygones be bygones** esqueça o passado.

by.pro.duct [b'aiprɔdʌkt] *n* derivado, subproduto. **oil byproduct** derivado de petróleo.

C

C¹, c [si:] *n* terceira letra da alfabeto, consoante.
C² [si:] *n* **1** *Mus* dó. **2** 100 (algarismo romano).
cab [kæb] *n* táxi. **to call a cab** chamar um táxi.
cab-driv.er [k'æb draivə] *n* taxista.
cab.in [k'æbin] *n* **1** cabana. **2** *Naut* camarote.
cab.i.net [k'æbinət] *n* **1** gabinete, escritório. **2** sala privada. **3** gabinete de ministros, ministério. **4** armário com prateleiras ou gavetas.
ca.ble ['keibəl] *n* cabo, amarra.
cack.le [k'ækəl] *n* **1** cacarejo. **2** tagarelice. **3** gargalhada estridente. • *vi* **1** cacarejar. **2** tagarelar. **3** gargalhar.
cadge [kædʒ] *vt+vi* **1** mendigar, esmolar. **2** *Braz* filar.
caf.e.ter.i.a [kæfət'iəriə] *n* **1** restaurante *self-service*. **2** cantina, bandejão (em universidades, hospitais etc.).
cage [keidʒ] *n* gaiola, jaula. • *vt* engaiolar, enjaular.
ca.jole [kədʒ'oul] *vt+vi* bajular, lisonjear, adular.
ca.lam.i.ty [kəl'æmiti] *n* calamidade, catástrofe.
cal.cium [k'ælsiəm] *n* cálcio.
cal.cu.late [k'ælkjuleit] *vt+vi* **1** calcular, computar, contar. **2** orçar, estimar. **calculated risk** risco calculado.

cal.cu.lat.ing [k'ælkjuleitiŋ] *adj* interesseiro, calculista.
cal.en.dar [k'æləndə] *n* **1** calendário, folhinha. **2** agenda.
call [kɔ:l] *n* **1** grito, berro. **2** canto de chamada, pio, latido, uivo. **3** apelo. **4** visita breve. **5** chamada telefônica. • *vt+vi* **1** nomear, designar, chamar. **2** visitar, entrar de passagem. **an overseas call** uma chamada internacional. **collect call** chamada a cobrar. **phone call** telefonema. **to be within call** a) estar ao alcance da voz. b) estar à disposição. **to call a strike** convocar uma greve. **to call off** revogar, desmarcar. **to call someone names** xingar. **to call the roll** fazer a chamada (de alunos, soldados etc.). **to call up** a) telefonar. b) *Comp* instruir o computador para apresentar informação.
call.er [k'ɔ:lə] *n* **1** visitante, visita. **2** aquele que telefona.
call.ing card [k'ɔ:liŋ ka:d] *n Amer* cartão de visita.
cal.lous [k'æləs] *adj* insensível, empedernido.
calm [ka:m] *n* calma: a) serenidade, tranquilidade. b) quietude, silêncio. • *vt+vi* acalmar(-se), tranquilizar. • *adj* calmo, tranquilo. **to calm down** acalmar-se, tranquilizar-se.
ca.ma.ra.de.rie [kæmər'a:dəri] *n* camaradagem, coleguismo.

cam.ber [k'æmbə] *n* abaulamento, boleamento, arqueamento. • *vt+vi* cambar, curvar(-se), abaular(-se), arquear(-se).

cam.el [k'æməl] *n* 1 *Zool* camelo. 2 cor bege.

cam.e.ra [k'æmərə] *n* câmara: máquina fotográfica ou cinematográfica. **video camera** câmara de vídeo.

camp [kæmp] *n* 1 acampamento. 2 pessoas acampadas. 3 *fig* lado, grupo, partido. • *vi* 1 acampar(-se). 2 alojar-se provisoriamente. • *adj sl* relacionado à cultura gay. **to break camp** levantar acampamento. **to camp it up** *sl* desmunhecar, agir afetadamente.

cam.paign [kæmp'ein] *n* campanha: a) conjunto de operações militares. b) *fig* esforço para conseguir alguma coisa. c) campanha eleitoral. • *vi* tomar parte em campanha.

camp.fire [k'æmpfaiə] *n* 1 fogueira de acampamento. 2 reunião social de escoteiros etc.

cam.pus [k'æmpəs] *n Amer* terreno ou prédios de uma universidade ou faculdade.

can¹ [kæn; kən] *modal verb (ps* **could**) poder, ser capaz de, conseguir, ter a faculdade de, ter a possibilidade de, ter a autorização para, estar em condições de, sentir inclinação para.

can² [kæn] *n* 1 lata, vasilha (de metal). 2 caneca. 3 conteúdo de uma lata. 4 *Amer* prisão. • *vt (ps, pp* **canned**) enlatar. **can opener** abridor de latas. **can that stuff!** *sl* não fale bobagem!

ca.nal [kən'æl] *n Bot* canal (também *Physiol*). **an irrigation canal** um canal de irrigação.

can.cel [k'ænsəl] *n* 1 cancelamento, revogação. 2 matéria suprimida ou cancelada. • *vt+vi (ps, pp* **cancelled** or **canceled**) 1 cancelar, invalidar. 2 anular. **to cancel a debt** liquidar uma dívida.

can.di.da.cy [k'ændidəsi] *n* candidatura.
can.di.date [k'ændideit] *n* candidato.
can.dle [k'ændəl] *n* vela. **he can't hold a candle to** *depr* ele não chega aos pés de. **to burn the candles at both ends** trabalhar exaustivamente.

can.dle.light [k'ændəllait] *n* luz de vela.
can.dle.stick [k'ændəlstik] *n* castiçal.
can.dor [k'ændə] *n* sinceridade, franqueza.

can.dy [k'ændi] *n Amer* 1 doces. 2 bala confeitada, bombom.

cane [kein] *n* 1 *Bot* taquara, caniço, junco. 2 bengala. 3 chibata. 4 vara. • *vt* chibatear. **sugar cane** cana-de-açúcar. **to give the cane** dar uma surra em. **walking cane** bengala.

ca.nine [k'einain] *n* canino: a) dente canino. b) cão. • *adj* canino.

canned [kænd] *adj* 1 enlatado. 2 *sl* gravado (música). 3 *sl* embriagado.

can.ni.bal [k'ænibəl] *n* canibal, antropófago.

can.non [k'ænən] *n* canhão. • *vt* canhonear.

can.ny [k'æni] *adj* 1 engenhoso. 2 cauteloso.

ca.noe.ing [kən'u:iŋ] *n* canoagem.

can.o.py [k'ænəpi] *n* 1 pálio, dossel, abóbada. 2 *fig* abrigo. 3 *fig* abóbada celeste.

can.ta.loup [k'æntəlu:p] *n Bot* espécie de melão.

can.teen [kænt'i:n] *n* 1 *Mil* cantina. 2 cantil. 3 bufê.

can.vas [k'ænvəs] *n* 1 lona usada em velas de navio, barracas etc. 2 tenda, barraca. 3 quadro ou pintura a óleo.

can.vass [k'ænvəs] *n* 1 exame minucioso. 2 pesquisa de opinião. 3 angariação de votos. • *vt+vi* 1 examinar minuciosamente. 2 solicitar votos.

can.yon [k'ænjən] *n Amer* desfiladeiro profundo.

cap [kæp] *n* **1** boné. **2** tampa, tampão. • *vt* **1** tampar. **2** completar, coroar, rematar.

ca.pa.ble [k'eipəbəl] *adj* capaz, competente.

ca.pac.i.ty [kəp'æsiti] *n* **1** capacidade: a) habilidade, aptidão, potencialidade. b) volume, espaço, âmbito. c) cargo, qualidade, posição. **2** produção máxima. **full to capacity** *Theat* lotado. **in his capacity as President** na sua qualidade de Presidente. **in the capacity of** na qualidade de.

cape [keip] *n* **1** cabo, promontório.

ca.per [k'eipə] *n* **1** salto, cambalhota. **2** travessura. **3** *Bot* alcaparra. • *vi* saltar, cambalhotar. **the Watergate caper** a malandragem de Watergate.

cap.i.tal [k'æpitəl] *n* **1** capital: a) sede de governo. b) letra maiúscula. c) *Com* patrimônio. **2** capitalistas (coletivamente). **3** *fig* vantagem, lucro • *adj* fundamental. **block capitals** *Typogr* letras maiúsculas em tipos grossos para títulos. **capital punishment** pena de morte.

cap.size [k'æpsaiz] *vt+vi* soçobrar, capotar, virar de cabeça para baixo.

cap.tain [k'æptin] *n* **1** capitão. **2** comandante de aeronave. • *vt* capitanear, chefiar, comandar.

cap.ti.vat.ing [k'æptiveitiŋ] *adj* cativante, encantador.

cap.tiv.i.ty [kæpt'iviti] *n* cativeiro.

car [ka:] *n* **1** carro, viatura. **2** automóvel. **dining car** vagão-restaurante. **motor car** *Brit* automóvel. **sleeping car** vagão-dormitório. **street car / tram** *Braz* bonde.

car.a.van [k'ærəvæn] *n* **1** caravana, cáfila. **2** trailer (veículo).

car.bo.hy.drate [ka:bouh'aidreit] *n Chem* carboidrato, hidrato de carbônio.

car.bon [k'a:bən] *n* **1** *Chem* carbono. **2** papel-carbono. **carbon copy** cópia de papel-carbono.

car.bon di.ox.ide [ka:bən dai'ɔksaid] *n* gás carbônico.

car.cass, car.case [k'a:kəs] *n* carcaça.

card [ka:d] *n* **1** carta de baralho. **2** cartão de visita. **3** ficha. **a pack of cards** baralho. **game of cards** jogo de cartas. **he has a card up his sleeve** ele tem um trunfo escondido. **to deal the cards** dar as cartas. **to play at cards** jogar baralho. **to put one's cards on the table** *fig* pôr as cartas na mesa. **to shuffle the cards** embaralhar.

car.di.ac ar.rest [k'a:diæk ərest] *n Med* parada cardíaca.

car.di.nal point [ka:dinəl p'ɔint] *n* ponto cardeal.

car.di.nal sin [ka:dinəl sin] *n* pecado capital.

care [kɛə] *n* cuidado: a) atenção, prudência. b) proteção. c) esmero. d) preocupação. • *vt+vi* preocupar-se com, importar-se com. **care of (c/o)** ao cuidado (a/c) de. **free from care** despreocupado. **I couldn't care less** não dou a mínima. **in / under my care** sob meus cuidados. **take care** cuide-se (ao despedir-se). **to care about** ou **for** gostar muito de. **to take care (of)** cuidar (de), encarregar-se.

ca.reer [kər'iə] *n* **1** carreira, profissão. **2** os cargos ocupados por uma pessoa durante sua vida de trabalho. • *vi* sair em disparada.

care.ful [k'ɛəful] *adj* cuidadoso, atento, meticuloso. **be careful!** cuidado!

care.less [k'ɛəlis] *adj* **1** negligente, desleixado. **2** indiferente.

care.tak.er [k'ɛəteikə] *n* zelador, vigia.

car.ni.val [k'a:nivəl] *n* **1** carnaval. **2** *Amer* parque de diversões. **carnival parade** desfile de carnaval.

car.niv.o.rous [ka:n'ivərəs] *adj* carnívoro, que se alimenta de carne.

car.ol [k'ærəl] *n* cântico, hino de Natal.

car.ou.sel [kærəs'el] *n* **1** carrossel. **2** esteira transportadora de bagagem nos aeroportos.

car park [k'a: pa:k] *n* estacionamento.

car.pet [k'a:pit] *n* tapete. • *vt* **1** atapetar. **2** *coll* repreender. **to be on the carpet** ser chamado à ordem pelos seus superiores. **to sweep something under the carpet** esconder, encobrir.

car.riage.way [k'ærɪdʒweɪ] *n Brit* pista de rodovia. **dual carriageway** rodovia de pista dupla.

car.ri.er [k'æriə] *n* **1** portador. **2** firma transportadora. **3** companhia aérea. **4** portador e possível transmissor de doença. **aircraft carrier** porta-aviões.

car.ri.er-pi.geon [k'æriə pidʒən] *n* pombo-correio.

car.rot [k'ærət] *n* **1** cenoura. **2** *fig* incentivo.

car.ry [k'æri] *vt+vi* **1** carregar, levar, transportar. **2** comportar-se, mostrar-se. **3** manter mercadorias em estoque. **to carry a torch for** amar alguém sem ser amado. **to carry away** (geralmente passiva) perder o controle. **to carry off** a) ter sucesso em. b) ganhar prêmios. **to carry on** continuar. **to carry out** a) executar, realizar. b) implementar. **to carry through** conseguir terminar algo apesar das dificuldades.

car-sick [k'a: sik] *adj* enjoado, nauseado pela viagem em carro ou trem.

cart [ka:t] *n* carroça, carrinho de mão. **to cart off** levar alguém a algum lugar a despeito de sua vontade. **to put the cart before the horse** pôr o carro diante dos bois.

car.ton [k'a:tən] *n* **1** caixa de papelão. **2** embalagem longa-vida.

car.toon [ka:t'u:n] *n* **1** caricatura. **2** desenho animado. **3** história em quadrinhos.

car.tridge [k'a:tridʒ] *n* **1** *Mil* cartucho. **2** *Phot* rolo de filmes. **3** *Comp* cartucho.

carve [ka:v] *vt+vi* **1** trinchar carne ou ave à mesa. **2** esculpir, entalhar.

carv.ing [k'a:viŋ] *n* **1** escultura. **2** entalhe, gravura

car.wash [k'a:waʃ] *n* posto de lavar carros.

case¹ [keis] *n* **1** estojo. **2** caixa. **3** mala. **4** qualquer objeto que resguarda ou contém outro. **attaché case** pasta executiva 007. **bookcase** estante de livros. **briefcase** pasta para papéis ou documentos. **lower case** minúsculas. **suitcase** mala. **upper case** maiúsculas. **vanity case** *necessaire*.

case² [keis] *n* **1** caso. **2** causa judicial. **3** paciente, doente. **a lost case** uma causa perdida. **case in point** exemplo característico. **in any case** em todo o caso, seja como for. **in case of need** em caso de necessidade. **just in case** a título de prevenção.

cash [kæʃ] *n* **1** dinheiro. **2** pagamento a vista. • *vt* **1** pagar ou receber a vista. **2** descontar cheque. **cash on delivery (COD)** entrega contra reembolso. **hard cash / cold cash** dinheiro vivo. **out or short of cash** sem dinheiro, desprevenido. **petty cash** caixa pequena. **ready cash** dinheiro em caixa, disponível. **small cash** troco.

cash dis.pens.er [k'æʃ dispensə] *n Brit* caixa automático 24 horas.

cash.ier [kæʃ'iə] *n* encarregado da caixa.

cas.se.role [k'æseroul] *n* caçarola. • *vt* cozinhar alimentos lentamente em um líquido no forno.

cast [ka:st; kæst] *n* **1** lance, arremesso. **2** molde. **3** fundição. **4** *Theat* elenco. **5** *Med* atadura rígida para imobilizar parte do corpo. • *vt+vi* (*ps, pp* **cast**) **1** lançar, jogar. **2** moldar, fundir. **3** *Theat* escalar artistas. • *adj fig* inflexível, rígido. **she cast a spell on me** ela me enfeitiçou. **to cast aside** rejeitar. **to cast a vote (a ballot)** votar.

cast.ing-voice [k'a:stiŋ vɔis], **cast.ing-vote** [k'a:stiŋ vout] *n* voto decisivo em caso de empate, voto de Minerva.

cast.i.ron [k'a:st aiən] *n* ferro fundido. • *adj* de ferro fundido. **2** *fig* rígido, inflexível. **3** robusto.

cas.tle [k'a:səl; k'æsəl] *n* **1** castelo, fortaleza. **2** *chess* torre.

cast-steel [k'a:st sti:l] *n* aço fundido.

cas.u.al [k'æʒuəl] *n* **1** visitante ocasional. **2** trabalhador avulso. • *adj* **1** casual, acidental, fortuito. **2** descuidado. **3** incerto, vago. **5** despreocupado.

cas.u.al.ty[1] [k'æʒuəlti] *n* **1** acidente, desastre, sinistro. **2** infortúnio, desventura. **3** ferimento ou morte por acidente.

cas.u.al.ty[2] [k'æʒuəlti] *n* pronto-socorro, parte do hospital onde são atendidos casos de emergência.

cat [kæt] *n* **1** gato, gata. **2** grandes felinos (tigre, leopardo, leão etc.). **a game of cat and mouse** jogo de gato e rato. **at night all cats are grey** à noite todos os gatos são pardos. **pussy cat** bichaninho. **to live like cat and dog** viver como cão e gato. **tom-cat** gato (macho).

cat.a.log, cat.a.logue [k'ætəlɔg] *n* catálogo. • *vt* catalogar, classificar.

cat.a.ract [k'ætərækt] *n* **1** catarata, salto, cachoeira. **2** dilúvio, aguaceiro. **3** *Med* opacidade do cristalino.

catch [kætʃ] *n* **1** presa boa. **2** resultado da pescaria. **3** pega-pega, pique. **4** lingueta, trameIa. • *vt+vi (ps, pp* **caught**) **1** alcançar, pegar, tomar (trem). **2** compreender, perceber, escutar. **3** pegar de surpresa, surpreender. **4** contrair, ser contagioso, pegar (doença). • *adj* atraente, cativante. **to catch fire** pegar fogo. **to catch one in a lie** apanhar alguém numa mentira. **to catch sight / to catch a glimpse** ver de repente. **to catch someone redhanded** *sl* pegar alguém em flagrante. **to catch up with** alcançar, emparelhar-se, não ficar para trás.

catch.ing [k'ætʃiŋ] *adj* contagioso, infeccioso.

ca.ter.er [k'eitərə] *n* fornecedor de mantimentos para um clube, hotel etc., fornecedor de serviço de bufê em festas.

cat.er.pil.lar [k'ætəpilə] *n* **1** lagarta. **2** *Tech* trator de esteira.

ca.the.dral [kəθ'i:drəl] *n+adj* catedral.

cat's cra.dle [kæts kr'eidəl] *n* brincadeira: cama de gato.

cat's-eye [k'æts ai] *n* **cat's-eyes** olhos de gato.

cat.tle [k'ætəl] *n pl* **1** gado. **2** rebanho. *cattle are grazing.* / o gado está pastando.

cat.tle-breed.ing [k'ætəl bri:diŋ] *n* pecuária.

cat.walk [k'ætwɔ:k] *n* passarela em desfile de modelos.

cause [kɔ:z] *n* **1** causa. **2** origem. **3** motivo. **4** ação judicial. • *vt* **1** causar, ser causa de, ser motivo de. **2** originar-se. **cause for complaint** motivo de queixa. **to gain one's cause** ganhar a demanda ou o processo. **to give cause for** dar ensejo a. **to plead a cause** defender uma causa. **to stand for a just cause** defender uma causa justa.

cau.tion [k'ɔ:ʃən] *n* **1** prudência, cautela, precaução. **2** aviso, advertência, prevenção. **3** admoestação, injunção. • *vt* **1** acautelar. **2** avisar, prevenir de, advertir.

cau.tious [k'ɔ:ʃəs] *adj* cauteloso, precavido, prudente, circunspecto.

cave [keiv] *n* caverna, furna, gruta, toca, antro. • *vt+vi* **(in) 1** desmoronar, desabar. **2** ceder, submeter(-se).

cave-man [k'eiv mæn] *n* **1** troglodita. **2** homem primitivo, rude, inculto.

cav.ern [k'ævən] *n* caverna, gruta, furna.

cav.i.ty [k'æviti] *n* **1** cavidade. **2** *Dent* cárie.

ceil.ing [s'i:liŋ] *n* **1** teto. **2** máximo. **to hit the ceiling** ficar louco da vida.

celebrate — chairperson

cel.e.brate [s'elibreit] *vt+vi* 1 celebrar. 2 festejar. 3 *coll* divertir-se.

cel.e.bri.ty [səl'ebriti] *n* 1 celebridade. 2 notoriedade. 3 pessoa célebre.

cel.lar [s'elə] *n* 1 celeiro, porão. 2 adega.

cell phone [s'el foun], **cel.lu.lar phone** [seljulə foun] *n* telefone celular.

ce.ment [sim'ent] *n* cimento, argamassa. • *vt+vi* cimentar, consolidar(-se).

ce.ment mix.er [sim'ent miksə] *n* 1 máquina de fazer concreto. 2 caminhão de concreto.

cem.e.tery [s'emətri] *n* cemitério.

cen.sor [s'ensə] *n* 1 censor oficial (autoridade). • *vt* censurar oficialmente.

cen.sor.ship [s'ensəʃip] *n* censura: a) cargo ou dignidade de censor. b) atividade de censor.

cen.sure [s'enʃə] *n* repreensão, crítica, desaprovação. • *vt* censurar, repreender, criticar.

cen.ter, centre [s'entə] *n* centro: a) meio. b) núcleo. c) ponto de convergência ou radiação. d) partido político moderado. • *vt+vi* 1 centrar(-se). 2 concentrar, centralizar. 3 atrair. **center of gravity** centro de gravidade. **center of motion** centro de rotação.

cen.ti.me.ter, cen.ti.me.tre [s'entimi:tə] *n* centímetro.

cen.tral [s'entrəl] *n Amer* central telefônica. • *adj* 1 central, relativo ao centro. 2 *fig* principal, fundamental. **central processing unit** *Comp* unidade central de processamento.

cen.tral heat.ing [sentrəl h'i:tiŋ] *n* aquecimento central.

cen.tral.ize [s'entrəlaiz] *vt+vi* 1 centralizar. 2 reunir num centro.

cen.tu.ry [s'entʃəri] *n* século. **the turn of the century** a virada do século.

ce.re.al [s'iəriəl] *n* 1 cereal. 2 grão. 3 alimento feito de flocos de cereais. • *adj* cereal.

cer.e.mo.ny [s'eriməni] *n* 1 cerimônia, etiqueta. 2 solenidade. 3 cortesia, trato de gente não familiar.

cer.tain [s'ə:tən] *n* número ou quantidade indeterminada. • *adj* 1 certo, seguro. 2 claro, evidente. 3 exato. **certainly not!** claro que não! **for certain** com certeza, sem dúvida. **I feel certain** não tenho dúvida. **to a certain extent / to a certain degree** até um certo ponto. **to make certain** certificar-se.

cer.tain.ty [s'ə:tənti] *n* 1 certeza. 2 infalibilidade. 3 convicção. **a dead certainty** certeza absoluta.

cer.tif.i.cate [sət'ifikit] *n* certidão, certificado, atestado, diploma. **birth certificate** certidão de nascimento. **marriage certificate** certidão de casamento.

ces.sion [s'eʃən] *n* cessão: a) ação de ceder, transferência de direitos ou bens. b) renúncia, rendição.

chad.ded [tʃ'ædid] *adj Comp* picotado.

chad.less [tʃ'ædlis] *adj Comp* sem picote total.

chain [tʃein] *n* 1 corrente. 2 grilheta. 3 cordilheira. 4 *fig* série sucessiva. • *vt* acorrentar, escravizar. **chain of operations** série de operações. **chain reaction** reação em cadeia. **to chain up** acorrentar. **to shake off one's chains** livrar-se de seus vínculos.

chain smok.er [tʃ'ein smoukə] *n* fumante inveterado.

chain store [tʃ'ein stɔ:] *n* loja pertencente a uma cadeia (de lojas).

chair [tʃɛə] *n* 1 cadeira. 2 cátedra, magistério, disciplina professada. 3 presidência. 4 *Amer* cadeira elétrica. • *vt* presidir reunião. **easy chair** poltrona. **rocking chair** cadeira de balanço.

chair.man [tʃ'ɛəmən] *n* presidente de uma organização. **chairman of the board** presidente do conselho de administração.

chair.per.son [tʃ'ɛəpə:sən] *n* presidente ou presidenta de uma reunião ou organização.

chal.lenge [tʃ'ælindʒ] *n* 1 desafio, provocação. 2 *Jur* objeção. • *vt* 1 desafiar, provocar, reptar. 2 opor-se a, objetar.

chal.leng.ing [tʃ'ælindʒiŋ] *adj* desafiante, desafiador: diz-se de trabalho que requer grande esforço e determinação para ser cumprido com sucesso.

cham.ber [tʃ'eimbə] *n* 1 câmara, gabinete. 2 compartimento.

cham.pagne [ʃæmp'ein] *n* champanhe.

cham.pi.on [tʃ'æmpiən] *n* campeão, vencedor.

chance [tʃa:ns; tʃæns] *n* 1 oportunidade. 2 possibilidade, chance. 3 probabilidade, eventualidade. • *vt+vi* 1 ocorrer, acontecer acidental ou eventualmente. 2 arriscar, pôr em contingência • *adj* acidental, casual, provável, fortuito. **by chance** por acaso. **don't take chances!** não se arrisque! **not a chance!** sem esperança! **take your chance!** arrisque a sorte!

chan.cel.lor [tʃ'a:nsələ; tʃ'ænsələ] *n* chanceler.

chan.de.lier [ʃændil'iə] *n* lustre.

change [tʃeindʒ] *n* 1 mudança. 2 troca, substituição. 3 variedade. 4 troco (de dinheiro). 5 trocado, moedas de valor baixo. 6 câmbio, conversão. • *vt+vi* 1 alterar ou fazer diferente. 2 trocar (**with** com, **for** por). 3 converter (**from** de, **into** para). **to change one's mind** mudar de opinião, ideia. **to keep the change** ficar com o troco.

change.a.ble [tʃ'eindʒəbəl] *adj* 1 mutável. 2 instável, inconstante.

chan.nel [tʃ'ænəl] *n* canal. • *vt* 1 formar sulcos ou canais. 2 transportar em ou por canais. 3 canalizar.

chant [tʃa:nt; tʃænt] *n* canção, canto. • *vt* 1 cantar. 2 entoar como um salmo.

cha.os [k'eiɔs] *n* 1 caos. 2 *fig* confusão.

cha.ot.ic [kei'ɔtik] *adj* caótico.

chap [tʃæp] *n coll* cara, homem.

chap.el [tʃ'æpəl] *n* capela.

chap.ter [tʃ'æptə] *n* 1 capítulo. 2 parte, seção, divisão.

char.ac.ter [k'æriktə] *n* 1 caráter. 2 personalidade, individualidade. 3 firmeza moral. 4 renome, reputação. 5 bom caráter, boa reputação. 6 personagem.

char.coal [tʃ'a:koul] *n* 1 carvão vegetal. 2 lápis de carvão. 3 carvão: desenho a carvão.

charge [tʃa:dʒ] *n* 1 carga explosiva. 2 cargo, ofício, dever. 3 custódia. 4 pessoa ou coisa sob cuidados de alguém. 5 *Jur* acusação formal. • *vt+vi* 1 carregar. 2 carregar arma de fogo ou bateria. 3 encarregar, confiar. 4 acusar, incriminar. 5 cobrar. **extra charge** despesas extras. **no charge / free of charge** grátis, gratuito. **to be taken in charge** ser preso. **to charge for** cobrar por, pôr na conta. **to take charge of** responsabilizar-se por.

char.i.ta.ble [tʃ'æritəbəl] *adj* 1 caridoso. 2 generoso, liberal. 3 indulgente. **charitable society** sociedade beneficente.

char.i.ty [tʃ'æriti] *n* caridade. **charities** *pl* instituições beneficentes.

charm [tʃa:m] *n* 1 encanto, atrativo. 2 graça, beleza. 3 talismã. 4 feitiço, encantamento. • *vt+vi* 1 cativar. 2 enfeitiçar. **to work like a charm** funcionar como por encanto.

charm.er [tʃ'a:mə] *n fig* encantador.

chart [tʃa:t] *n* mapa, gráfico, quadro. • *vt* mapear. **the charts** parada de sucessos (músicas populares).

char.ter [tʃ'a:tə] *n* 1 carta patente. 2 título, isenção. 3 alvará, licença. 4 fretamento. • *vt* 1 dar carta patente ou título, alvará. 2 fretar.

char.wom.an [tʃ'a:wumən] *n* arrumadeira, faxineira.

chase [tʃeis] *n* 1 caçada. 2 animal caçado. 3 perseguição. • *vt+vi* 1 perseguir. 2 caçar, ir à caça. **to chase away** afugentar.

chas.ti.ty [tʃ'æstəti] *n* 1 castidade. 2 modéstia.

chat [tʃæt] *n* bate-papo. • *vi* 1 conversar, tagarelar. 2 *Port* cavaquear. **to chat up** *Brit coll* passar uma cantada, conversar, flertar. **to have a chat** bater um papo.

chat line [tʃ'æt lain] *n* reunião telefônica.

chat show [tʃ'æt ʃou] *n* programa de rádio ou televisão no qual o entrevistador e entrevistado batem papo.

chat.ter [tʃ'ætə] *n* conversa fiada. • *vi* 1 tagarelar. 2 emitir sons inarticulados. 3 bater os dentes.

chat.ter.box [tʃ'ætə bɔks] *n* tagarela.

cheap [tʃi:p] *adj* 1 barato. 2 econômico. 3 de baixa qualidade. • *adv* a preço baixo, barato.

cheat [tʃi:t] *n* 1 impostor, trapaceiro. 2 fraude, logro. 3 imitação. 4 cola (em exame). • *vt+vi* 1 enganar, trapacear. 2 colar (copiar nos exames).

check [tʃek] *n* 1 controle, supervisão. 2 investigação. 3 chancela, rubrica. 4 *Amer* conta de restaurante. 5 *Amer* cheque. • *vt+vi* 1 controlar(-se). 2 conferir, verificar. 3 rubricar. 4 *Amer* entregar bagagem para despacho. **to check in** a) registrar-se (em hotel). b) apresentar-se no aeroporto para embarque e despacho de bagagem. **to check out** pagar a conta e sair do hotel.

check.book [tʃ'ekbuk] *n Amer* talão de cheques.

check.ered [tʃ'ekəd] *adj* quadriculado.

check.ers [tʃ'ekəz] *n* jogo de damas.

check.out [tʃ'ekaut] *n* caixa de supermercado ou loja de departamentos.

cheek [tʃi:k] *n* 1 face, bochecha. 2 *coll* descaramento. **cheek by jowl** cara a cara, lado a lado. **to cheek it** *coll* ter a cara de pau de. **to dance cheek to cheek** dançar de rosto colado.

cheer [tʃiə] *n* 1 alegria. 2 ânimo. 3 conforto, consolação. • *vt+vi* 1 alegrar(-se). 2 aplaudir, dar vivas. **cheer up!** ânimo!, anime-se! **to cheer up** alegrar-se.

cheer.ful [tʃ'iəful] *adj* 1 alegre. 2 agradável. 3 animado.

cheers [tʃ'iəz] *interj* saúde! à nossa! viva!

cheese [tʃi:z] *n* queijo.

cheesecake [tʃ'i:zkeik] *n* 1 torta de queijo. 2 fotos de belas mulheres com pouca roupa.

chef [ʃef] *n* cozinheiro-chefe.

chem.i.cal weap.ons [kemikəl w'epənz] *n pl* armas químicas.

chem.ist [k'emist] *n* 1 químico. 2 *Brit* farmacêutico.

chem.is.try [k'emistri] *n* química.

chem.ist's [k'emists] *n* farmácia, drogaria.

chem.o.the.ra.py [ki:mouθ'erəpi] *n Med* quimioterapia.

cheque [tʃek] *n Brit* (*Amer* **check**) cheque. **traveller's cheque** cheque de viagem.

cheque-book [tʃ'ek buk] *n Brit* talão de cheques.

cher.ish [tʃ'eriʃ] *vt* 1 estimar. 2 tratar com carinho. 3 lembrar (com prazer).

cher.ry [tʃ'eri] *n* cereja.

chess [tʃes] *n* xadrez. **to play chess** jogar xadrez.

chest [tʃest] *n* 1 peito, tórax, caixa torácica. 2 arca, baú. **chest of drawers** cômoda.

chest.nut [tʃ'esnʌt] *n* 1 *Bot* castanheiro. 2 castanha. 3 madeira do castanheiro. • *adj* de cor castanha.

chew [tʃu:] *vt+vi* 1 mastigar. 2 *fig* remoer, ponderar. **to bite off more than you can chew** *coll* pretender fazer mais do que é capaz. **to chew on/over something** *coll* considerar, pensar cuidadosamente a respeito de algo.

chewi.ng-gum [tʃ'u:iŋ gʌm] *n* goma de mascar, chiclete.

chick [tʃik] *n* 1 pintinho. 2 *sl* moça.

chick.en [tʃ'ikin] *n* 1 *Amer* frango, franguinho, galinha. 2 carne de ave doméstica. **don't count your chickens before they are hatched** *fig* não conte com o ovo antes de a galinha botar. **to chicken out** acovardar-se, desistir.

chick.en-pox [tʃ'ikin pɔks] *n Med* varicela, catapora.

chic.o.ry [tʃ'ikəri] *n Bot* chicória.

chief [tʃi:f] *n* chefe. **too many chiefs and not enough Indians** muito cacique para pouco índio.

child [tʃaild] *n (pl* **children**) 1 criança. 2 menino ou menina. 3 filho ou filha. 4 descendente. **an only child** filho único. **from a child** desde criança.

child.birth [tʃ'aildbə:θ] *n* parto.

child.hood [tʃ'aildhud] *n* infância, meninice.

child.ish [tʃ'aildiʃ] *adj* 1 infantil, pueril. 2 ingênuo, imaturo.

chill [tʃil] *n* 1 frio, friagem. 2 resfriado. • *vt+vi* 1 resfriar-se. 2 refrigerar. • *adj* frio. **to catch a chill** resfriar-se.

chil.ly [tʃ'ili] *adj* frio.

chim.ney [tʃ'imni] *n* chaminé.

chin [tʃin] *n* queixo.

chi.na [tʃ'ainə] *n* 1 porcelana. 2 louça. • *adj* de porcelana, de louça.

chip [tʃip] *n* 1 lasca. 2 objeto lascado. 3 **chips** batatinhas fritas. 4 ficha para o jogo. • *vt+vi* lascar, fazer cavacos. **to chip in** a) *sl* intrometer-se na conversa. b) *Amer sl* contribuir, fazer uma vaquinha.

chip.munk [tʃ'ipmʌŋk] *n Amer* tâmia.

chirp [tʃə:p] *n* 1 gorjeio, trinado, pio. 2 cri-cri, cricrido. • *vt+vi* 1 chilrear, gorjear, trinar. 2 cricrilar.

chirp.y [tʃ'ə:pi] *adj coll* alegre, jovial, vivo.

chis.el [tʃ'izəl] *n* cinzel, talhadeira. • *vt+vi* 1 cinzelar, esculpir. 2 *sl* tapear, lograr.

chiv.al.ry [ʃ'ivəlri] *n* 1 cavalheirismo, bravura. 2 regras de cavalaria. 3 cavalaria.

chlo.rine [klɔ'ri:n] *n Chem* cloro.

chlo.ro.phyl, chlo.ro.phyll [kl'ɔrəfil] *n* clorofila.

choco.late [tʃ'ɔklət] *n* 1 chocolate. 2 cor de chocolate. 3 bombom. • *adj* de chocolate, feito de chocolate.

choice [tʃɔis] *n* escolha. • *adj* o mais fino, melhor. **at choice** à vontade. **by / for / from choice** de preferência, por gosto. **take your choice** escolha à sua vontade. **to have no choice** não ter escolha.

choir [kw'aiə] *n* coro.

choke [tʃouk] *n* 1 asfixia, estrangulação. 2 ruído de sufocação. 3 *Auto* afogador. • *vt+vi* 1 asfixiar, sufocar. 2 engasgar-se, afogar-se, ter falta de ar. 3 *Tech* obstruir.

choose [tʃu:z] *vt+vi (ps* **chose**, *pp* **chosen**) 1 escolher. 2 eleger, preferir. 3 decidir-se, achar melhor. **to choose between** escolher entre. **to pick and choose** escolher cuidadosamente.

chop [tʃɔp] *n* 1 golpe cortante, corte. 2 costeleta. • *vt* 1 cortar. 2 picar, retalhar. **to chop up** cortar em pedaços, picar.

chop.per [tʃ'ɔpə] *n* 1 cutelo, machadinha. 2 *sl* helicóptero.

chop.sticks [tʃ'ɔpstiks] *n pl* pauzinhos para comer.

cho.ral [k'ɔrəl] *n* coral, hino, canto coral. • *adj* coral, relativo a coro.

chore [tʃɔ:] *n* 1 *Amer* pequena tarefa do cotidiano. 2 incumbência difícil ou desagradável. **household chores** afazeres domésticos.

cho.rus [k'ɔrəs] *n* 1 coro. 2 estribilho, refrão. • *vt+vi* cantar ou falar em coro. **in chorus** em coro.

Christ [kraist] *n* Cristo, Jesus Cristo.

chris.ten [kr'isən] *vt* 1 batizar. 2 dar nome, chamar, apelidar.

christ.en.ing [kr'isəniŋ] *n* batismo.

Chris.tian [kr'istʃən] *n* cristão, cristã. • *adj* cristão.

Christ.mas [kr'isməs] *n* (abreviatura: **Xmas**) Natal. • *adj* de Natal, natalino.

chrome [kroum] *n Chem* cromo. • *vt* cromar.

chro.mo.some [kr'oumǝsoum] *n Biol* cromossomo.

chron.ic [kr'onik] *adj Med* crônico.

chron.i.cle [kr'onikəl] *n* crônica, narração cronológica. • *vt* registrar.

chron.o.log.ic [krɔnəl'ɔdʒik] *adj* cronológico.

chro.nom.e.ter [krǝn'ɔmitə] *n* cronômetro.

chrys.an.the.mum [kris'ænθǝməm] *n Bot* crisântemo.

chub.by [tʃ'^bi] *adj* gorducho, bochechudo. **chubby faced** bochechudo.

chuck [tʃ^k] *n sl* demissão, despedida. • *vt* atirar, jogar, arremessar.

chuck.le [tʃ'^kəl] *n* risada silenciosa. • *vi* rir consigo mesmo, silenciosamente.

chunk [tʃ^ŋk] *n coll* **1** pedaço grosso. **2** naco. **3** pessoa ou animal troncudo ou corpulento.

chunk.y [tʃ'^ŋki] *adj* corpulento, entroncado, grosso.

church [tʃə:tʃ] *n* **1** igreja, templo cristão. **2** cristandade, comunidade cristã. • *adj* de ou relativo à igreja. **at / in church** na igreja.

church.yard [tʃ'ə:tʃja:d] *n* **1** terreno em volta da igreja. **2** cemitério.

churn [tʃə:n] *n* batedeira para fazer manteiga. • *vt+vi* **1** fazer manteiga. **2** agitar, bater violentamente.

chute [ʃu:t] *n* **1** *Amer* rampa de emergência para evacuação (aviões), calha de transporte. **2** tobogã em piscina. **3** rampa, ladeira íngreme.

chut.ney [tʃ'^tni] *n* molho picante (de pimenta, frutas e ervas).

ci.ca.da [sik'a:də; sik'eidə] *n* (*pl* **cicadas, cicadae**) *Ent* cigarra.

ci.der [s'aidə] *n* sidra.

ci.gar [sig'a:] *n* charuto.

cig.a.rette [sigər'et] *n* cigarro.

cig.a.rette butt [sigər'et b^t] *n* toco de cigarro.

cin.der [s'ində] *n* **1** escória de carvão ou hulha, cinza. **2 cinders** cinzas. • *vt* incinerar.

cin.e.ma [s'inimə] *n* **1** filme. **2** cinema.

cin.na.mon [s'inəmən] *n* canela. • *adj* aromatizado com canela.

ci.pher, cy.pher [s'aifə] *n* **1** criptograma, escrita enigmática ou secreta. **2** *fig* pessoa ou coisa sem importância.

ci.pher-code [s'aifə koud] *n* cifra.

cir.cle [s'ə:kəl] *n* **1** *Geom* círculo. **2** superfície de círculo. **3** assentos no balcão do teatro. **4** período, ciclo. • *vt+vi* **1** circular. **2** revolver, girar. **3** circundar. **circle of friends** círculo de amizade. **the upper circles** as altas esferas. **to circle in** cercar. **vicious circle** círculo vicioso.

cir.cuit [s'ə:kit] *n* **1** circuito, volta. **2** rota. **3** âmbito, perímetro. • *vt+vi* girar, circundar. **closed circuit** circuito fechado. **short circuit** curto-circuito.

cir.cu.la.tion [sə:kjul'eiʃən] *n* **1** circulação (também *Med*). **2** distribuição de livros ou de revistas. **3** tiragem. **4** ventilação.

cir.cum.cise [s'ə:kəmsaiz] *vt* **1** circuncidar. **2** *fig* purificar.

cir.cum.fer.ence [sək'^mfərəns] *n* circunferência.

cir.cum.stance [s'ə:kəmstæns] *n* **1** circunstância. **2 circumstances** circunstâncias, estado das coisas. • *vt* pormenorizar. **under no circumstances** de modo algum.

cir.cus [s'ə:kəs] *n* **1** circo. **2** praça circular.

cis.tern [s'istən] *n* **1** cisterna. **2** reservatório de água.

cit.a.del [s'itədel] *n* fortaleza, cidadela.

cit.i.zen [s'itizən] *n* cidadão.

cit.i.zen.ship [s'itizənʃip] *n* **1** cidadania. **2** direitos e deveres de cidadão.

cit.y [s'iti] *n* 1 cidade. 2 município. 3 população de uma cidade. • *adj* citadino, de cidade, municipal.

cit.y coun.cil [s'iti kaunsəl] *n Amer* municipalidade, câmara de vereadores.

cit.y hall [siti h'ɔl] *n Amer* prefeitura, governo municipal.

civ.il [s'ivəl] *adj* 1 cívico, relativo aos cidadãos. 2 polido, cortês.

ci.vil.ian [siv'iljən] *n* indivíduo que não é militar. • *adj* civil.

civ.il-serv.ant [sivəl s'ə:vənt] *n Brit* funcionário público.

clad [klæd] *ps, pp* of **clothe**. • *adj* 1 vestido. 2 revestido.

claim [kleim] *n* 1 reivindicação, pretensão. 2 asserção, alegação. • *vt+vi* 1 reclamar, reivindicar, requerer seu direito. 2 alegar, afirmar.

claim.ant [kl'eimənt] *n* 1 demandante. 2 reivindicador.

clam [klæm] *n Zool* marisco, espécie de mexilhão.

clam.ber [kl'æmbə] *vt+vi* 1 subir com dificuldade. 2 *fig* tornar-se proeminente.

clam.my [kl'æmi] *adj* 1 frio e úmido. 2 pegajoso.

clam.our [kl'æmə] *n* clamor. • *vt+vi* 1 gritar, berrar. 2 reclamar, protestar.

clan [klæn] *n* 1 clã. 2 *fig* panelinha.

clang [klæŋ] *n* tinido. • *vt+vi* 1 tinir. 2 fazer tinir ou ressoar.

clank [klæŋk] *n* ruído de correntes. • *vi* tinir de correntes.

clap [klæp] *n* 1 aplauso. 2 estampido do trovão. • *vi+vt* 1 bater uma coisa contra a outra com estrondo. 2 aplaudir. **to clap hands** bater palmas, aplaudir. **to clap someone on the back** dar tapinhas nas costas.

clar.i.fy [kl'ærifai] *vt+vi* 1 clarificar. 2 *fig* esclarecer(-se).

clar.i.ty [kl'æriti] *n* claridade, limpidez.

clash [klæʃ] *n* 1 estrépito, som metálico. 2 choque, colisão. 3 conflito, oposição.
• *vt+vi* 1 colidir, chocar-se com estrondo. 2 discordar, entrar em conflito. 3 destoar (cores).

clasp [kla:sp; klæsp] *n* 1 fecho. 2 abraço. • *vt* 1 apertar. 2 abraçar. **to clasp hands** apertar as mãos. **to clasp one's hands** juntar as mãos.

class [kla:s; klæs] *n* 1 classe, categoria. 2 aula, classe de alunos. 3 curso, aula. 4 *Amer* colegas de turma. • *vt+vi* classificar. • *adj* 1 relativo a classe, de classe. 2 *sl* relativo a qualidade. **first class** de primeira qualidade. **middle-class** classe média. **upper-class** classe alta. **working class** classe trabalhadora.

clas.sic [kl'æsik] *n* 1 obra clássica. 2 autor ou artista clássico. 3 os clássicos, literatura etc. • *adj* 1 de primeira qualidade. 2 clássico. 3 perfeito, sóbrio. 4 típico.

clas.si.cism [kl'æsisizəm] *n* classicismo.

clas.si.fi.ca.tion [klæsifik'eiʃən] *n* classificação.

clas.si.fy [kl'æsifai] *vt* classificar, agrupar.

class.mate [kl'a:smeit] *n Amer* colega de classe.

class.room [kl'a:sru:m] *n* sala de aula.

clat.ter [kl'ætə] *n* 1 ruído como de pratos chocados entre si. 2 tropel. 3 algazarra. • *vt+vi* 1 mover, cair com estrépito. 2 tagarelar. 3 fazer tinir ou ressoar.

claw [klɔ:] *n* 1 unha afiada, garra. 2 pata com unhas afiadas. • *vt+vi* arranhar.

clay [klei] *n* barro, argila.

clean [kli:n] *vt+vi* limpar. • *adj* 1 limpo. 2 honesto, escrupuloso. 3 claro, sem manchas, em branco (papel). 4 simples, enxuto. **to clean up** limpar, pôr em ordem.

clean-cut [kli:n k'ʌt] *adj* claro, nítido, distinto.

clean.er [kl'i:nə] *n* faxineiro. **vacuum cleaner** aspirador de pó.

clean.ers [kl'i:nəz] *n pl* tinturaria.

clean.ing woman [kl'i:niŋ wumən] *n* faxineira, mulher de limpeza.

cleanse [klenz] *vt* 1 limpar. 2 purificar.
cleans.er [kl'enzə] *n* removedor.
clear [kliə] *vt+vi* 1 clarear, iluminar. 2 remover. 3 tirar (a mesa). 4 limpar. 5 desobstruir. • *adj* 1 claro. 2 livre de. 3 evidente. 4 desimpedido. • *adv* claramente. **as clear as crystal** evidente. **to clear out** a) evacuar, desocupar. b) partir, cair fora. **to clear the way** abrir caminho. **to clear up** a) aclarar. b) limpar (o tempo).
clear.ance [kl'iərəns] *n* 1 desobstrução. 2 autorização.
clear.ing [kl'iəriŋ] *n* clareira.
clef [klef] *n Mus* clave.
clench [klentʃ] *vt* cerrar (punho, dentes). **clenched fist** punho cerrado.
cler.gy [kl'ə:dʒ] *n* clero.
cler.gy.man [kl'ə:dʒimən] *n* clérigo.
clerk [kla:k; klə:k] *n* 1 *Amer* balconista. 2 escriturário, escrevente.
clev.er [kl'evə] *adj* 1 inteligente, esperto, engenhoso. 2 hábil.
click [klik] *n* estalo, clique. • *vt+vi* 1 fazer tique-taque, dar estalidos. 2 dar um clique.
cli.ent [kl'aiənt] *n* 1 cliente. 2 freguês.
cliff [klif] *n* penhasco, precipício.
cli.mate [kl'aimit] *n* 1 clima, condições meteorológicas. 2 ambiente.
climb [klaim] *n* 1 subida, escalada. 2 lugar a ser escalado. • *vt+vi* 1 subir, trepar. 2 escalar.
climb.er [kl'aimə] *n* alpinista.
cling [kliŋ] *vi* (*ps, pp* **clung**) agarrar.
clin.ic [kl'inik] *n* clínica.
clink [kliŋk] *n* tinido, som de vidro. • *vt+vi* tinir.
clip [klip] *n* 1 tosquia, corte. 2 grampo de cabelo. 3 clipe. • *vt+vi* 1 tosquiar. 2 aparar. 3 prender com clipe.
clip.ping [kl'ipiŋ] *n Amer* recorte de jornal.
cloak [klouk] *n* 1 capote, manto. 2 *fig* disfarce, pretexto. • *vt* esconder, mascarar.

cloak.room [kl'oukru:m] *n* chapelaria (no teatro, restaurante etc).
clock [klɔk] *n* 1 relógio de mesa ou parede. 2 medidor. 3 taxímetro. • *vt* cronometrar **around the clock** dia e noite. **to beat the clock** terminar uma tarefa antes do tempo previsto. **to clock in (out)** marcar o ponto. **to set the clock** acertar o relógio. **to work against the clock** trabalhar sem parar para cumprir prazo.
clock.wise [kl'ɔkwaiz] *adj+adv* no sentido horário.
clock.work [kl'ɔkwə:k] *n* mecanismo. **like clockwork** com perfeição, como um relógio.
clog [klɔg] *n* 1 entupimento, obstrução. 2 tamanco. • *vt+vi* bloquear, obstruir.
cloister [kl'ɔistə] *n* claustro.
clone [kloun] *n Biol* clone. • *vt+vi* reproduzir em laboratório (animais e vegetais).
close¹ [klouz] *n* 1 término, conclusão. • *vt+vi* fechar, terminar, confinar. **at the close of day** ao crepúsculo. **to close a bargain** fechar um negócio. **to close down** fechar, encerrar as atividades. **to close in** aproximar-se. **to close one's eyes to** não querer enxergar. **to draw to a close** chegar ao fim.
close² [klous] *adj* 1 junto, próximo. 2 apertado. 3 íntimo. 4 rigoroso. 5 abafado. 6 fechado. 7 atento, observador. • *adv* 1 rente. 2 de perto. 3 rigorosamente. **a close hand** a) uma mão fechada. b) *fig* pessoa sovina. **close at hand** iminente. **close by** perto. **keep close!** fique perto de mim! **to stick close to** ficar perto ou próximo de.
clos.et [kl'ɔzit] *n* armário. **to come out of the closet** sair do armário, admitir abertamente uma prática que era um segredo (especialmente a homossexualidade). **water closet** *abbr* **WC** privada.
close-up [kl'ousʌp] *n Amer Cin* close-up: fotografia tirada de bem perto.

clot [klɔt] *n* 1 coágulo. 2 *adj Brit coll* tolo, idiota.

cloth [klɔ:θ] *n* pano, tecido.

clothe [klouð] *vt* (*ps, pp* **clothed** or **clad**) vestir(-se), pôr roupa.

clothes [klouðz] *n pl* roupa, vestuário. **tailored clothes** traje sob medida.

clothes hang.er [kl'ouðz hæŋə] *n* cabide.

cloud [klaud] *n* 1 nuvem. 2 *fig* sombra, tristeza. • *vt+vi* 1 nublar-se. 2 ofuscar. 3 turvar-se. **to cloud over** nublar-se, turvar-se.

cloud.y [kl'audi] *adj* nublado.

clove [klouv] *n* 1 cravo-da-índia. 2 dente (do alho).

clo.ver [kl'ouvə] *n Bot* trevo, trifólio.

clown [klaun] *n* palhaço. • *vi* fazer palhaçadas, bancar o palhaço.

club [klʌb] *n* 1 cacete. 2 *Sport* taco. 3 clube. 4 *Gambling* (geralmente **clubs**) naipe de paus. • *vt+vi* 1 golpear com porrete. 2 associar-se. • *adj* de ou relativo a clube. **to club together** unir-se. **to join the club** *Brit sl* estar na mesma situação.

clue [klu:] *n* indício. **not to have a clue** *coll* não ter uma pista. **to give in clue** dar uma dica.

clum.sy [kl'ʌmzi] *adj* desajeitado.

clus.ter [kl'ʌstə] *n* agrupamento. • *vt+vi* aglomerar-se, apinhar(-se).

clutch [klʌtʃ] *n* 1 embreagem. 2 garra, mão que pega ou aperta. 3 *fig* (geralmente **clutches**) poder, domínio. • *vt* agarrar. **to throw the clutch in** embrear. **to throw the clutch out** desembrear.

clut.ter [kl'ʌtə] *n* desordem, bagunça. • *vt+vi* amontoar desordenadamente.

coach [koutʃ] *n* 1 carruagem. 2 *Amer* vagão, carro de passageiros de estrada de ferro. 3 *Amer* ônibus. 4 *Sport* treinador. • *vt+vi* 1 ensinar, treinar. 2 preparar alguém para exame ou concurso.

coach.ing [k'outʃiŋ] *n* 1 treinamento. 2 instrução.

coal [koul] *n* 1 carvão. 2 brasa.

coarse [kɔ:s] *adj* 1 grosso. 2 áspero. 3 vulgar.

coast [koust] *n* 1 beira-mar. 2 litoral. • *vi* descer uma ladeira de bicicleta ou automóvel em ponto morto. **from coast to coast** de costa a costa. **on the coast** na costa. **the coast is clear** *fig* passou o perigo.

coast-guard [k'oust ga:d] *n* guarda costeira.

coat [kout] *n* 1 casaco. 2 pelo, plumagem. 3 demão (de tinta). • *vt* cobrir com camada, pintar, revestir. **fur coat** casaco de pele. **waistcoat** colete.

coat.ing [k'outiŋ] *n* revestimento, cobertura.

coax [kouks] *vt* persuadir, influenciar.

cob.web [k'ɔbweb] *n* teia de aranha.

co.caine [kouk'ein] *n* cocaína.

cock [kɔk] *n* 1 galo, frango. 2 ave macho. **cock-and-bull story** conto da carochinha.

cock.eyed [kɔk'aid] *adj sl* 1 vesgo. 2 improvável.

cock.pit [k'ɔkpit] *n* 1 *Aeron* cabina de comando. 2 compartimento do piloto em carro de corrida.

cock.roach [k'ɔkroutʃ] *n* barata.

cock.tail [k'ɔkteil] *n* coquetel.

co.coa [k'oukou] *n* 1 cacau. 2 bebida quente de chocolate e leite ou água.

co.co.nut [k'oubənʌt] *n Bot* coco.

co.coon [kək'u:n] *n* casulo (de inseto).

cod [kɔd] *n Ichth* bacalhau. **dried cod** bacalhau seco.

code [koud] *n* código. **code name** codinome. **post code / zip code** código de endereçamento postal (CEP).

cof.fee [k'ɔfi] *n* 1 café. 2 cor de café.

cof.fee break [k'ɔfi breik] *n* hora do cafezinho durante o expediente.

cof.fee shop [k'ɔfi ʃɔp] *n* café (bar).

cof.fin [k'ɔfin] *n* caixão, esquife.

cog [kɔg] *n Mech* dente de roda dentada.

cog.ni.tion [kɔgn'iʃən] *n* 1 cognição. 2 percepção.

co.her.ent [kouh'iərənt] *adj* coerente: logicamente consistente ou ligado.

coil [kɔil] *n* 1 bobina (também *Electr*). 2 rolo. 3 DIU: dispositivo intrauterino. • *vt* enrolar, bobinar.

coin [kɔin] *n* moeda. • *vt+vi* 1 cunhar moeda. 2 *fig* inventar.

coke [kouk] *n Amer coll sl* 1 cocaína. 2 *abbr* Coca-Cola.

col.an.der [k'ɔləndə] *n* escorredor de macarrão.

cold [kould] *n* 1 frio. 2 resfriado. • *adj* 1 frio. 2 gélido. 3 insensível. **in cold blood** a sangue frio. **to get (become) cold** ficar frio, esfriar.

cold feet [kould f'i:t] *n coll* timidez. **to get cold feet** perder a coragem.

col.lapse [kəl'æps] *vt+vi* 1 cair, ruir, desmoronar. 2 desmaiar. 3 perder as forças, ceder.

col.lar [k'ɔlə] *n* 1 colarinho. 2 coleira (de cães). • *vt coll* pegar, segurar alguém. **blue collar** operário de produção. **white collar** funcionário administrativo.

col.league [k'ɔli:g] *n* colega.

col.lect [k'ɔlekt] *vt+vi* 1 colecionar. 2 coletar, reunir. 3 arrecadar, angariar. 4 cobrar. **collect call** chamada telefônica a cobrar.

col.lec.tion [kəl'ekʃən] *n* 1 coleção. 2 coleta. 3 cobrança. 4 arrecadação. 5 acúmulo.

col.lege [k'ɔlidʒ] *n* 1 estabelecimento de ensino superior. 2 *Brit* faculdade. 3 *Amer* ensino médio.

col.lide [kɔl'aid] *vi* colidir.

col.li.sion [kəl'iʒən] *n* colisão.

colo.nel [k'ə:nəl] *n* coronel.

col.o.ni.za.tion [kɔlənaiz'eiʃən] *n* colonização.

col.o.ny [k'ɔləni] *n* 1 colônia. 2 povoação ou estabelecimento de colonos ou colonizadores.

col.or, col.our [k'∧lə] *n* 1 cor, colorido.
2 tinta. 3 caráter, feição. • *vt+vi* colorir. • *adj* em cores, de cor. **off colour** *coll* exausto, indisposto. **primary colours** cores primárias. **to change colour** empalidecer ou corar.

col.or-blind [k∧lə bl'aind] *adj* daltônico.

col.or.ful [k'∧ləful] *adj* colorido, com várias cores.

colt [koult] *n* potro (macho).

col.umn [k'ɔləm] *n* coluna.

col.um.nist [k'ɔləmnist] *n* colunista de jornal.

comb [koum] *n* 1 pente. 2 crista (de ave, de onda ou de montanha). 3 favo (de mel). • *vt+vi* 1 pentear. 2 vasculhar.

com.bat [k'ɔmbæt] *n* combate. • *adj* relativo a combate. • *vt+vi* lutar, combater (**with** com, **against** contra). **close combat** luta corpo a corpo.

com.bat.ant [k'ɔmbətənt] *n* combatente.

com.bi.na.tion [kɔmbin'eiʃən] *n* 1 associação. 2 combinação.

com.bine [kəmb'ain] *vt+vi* unir(-se) a, associar(-se) a.

come [k∧m] *vt+vi (ps* came, *pp* come) 1 vir, aproximar(-se). 2 chegar. 3 surgir. 4 atingir. 5 acontecer. 6 redundar. 7 *coll* ter um orgasmo. **come along!** venha comigo!, vamos! **come in!** entre! **come on!** venha!, vamos! **how come?** por quê?, como? **let's come to the point!** vamos ao assunto (principal). **to come across** a) encontrar, deparar-se com. b) *Amer coll* ser compreendido (um discurso). c) *Amer coll* dizer a verdade, confessar. **to come back** voltar. **to come behind** a) vir atrás. b) ficar atrás de. **to come down** descer. **to come off** a) soltar-se, desprender-se, sair (mancha). b) ter bom resultado. **to come round/around** a) fazer uma visita, aparecer. b) recuperar os sentidos. c) pensar melhor.

come.back [k'∧mbæk] *n coll* retorno.

co.me.di.an [kəm'i:diən] *n* comediante.
co.me.dy [k'ɔmidi] *n* comédia.
com.er [k'ʌmə] *n* pessoa promissora, de futuro. **new comer** recém-chegado, novato.
com.fort [k'ʌmfət] *n* 1 conforto. 2 bem-estar. • *vt* 1 confortar. 2 animar. **to take comfort in** ficar confortado por (algum fato ou pensamento).
com.fort.a.ble [k'ʌmfətəbəl] *adj* 1 confortável. 2 cômodo. 3 à vontade. 4 *coll* com meios suficientes, sem necessidades. **to make oneself comfortable** pôr-se à vontade.
com.fort.er [k'ʌmfətə] *n* edredon.
com.ic [k'ɔmik] *n* 1 comicidade. 2 **comics** *coll* histórias em quadrinhos. • *adj* cômico, engraçado.
com.ma [k'ɔmə] *n Gram* vírgula. **inverted commas** aspas.
com.mand [kəm'a:nd] *n* 1 comando, ordem. 2 autoridade. • *vt+vi* 1 comandar. 2 dirigir. 3 ordenar.
com.mand.ment [kəm'a:ndmənt] *n* mandamento, preceito. **the Ten Commandments** os Dez Mandamentos.
com.mend [kəm'end] *vt+vi* 1 elogiar. 2 recomendar.
com.ment [k'ɔment] *n* comentário. • [kɔm'ent] *vt+vi* comentar. **no coment** sem comentário.
com.merce [k'ɔmə:s] *n* comércio.
com.mer.cial.ize [kəm'ə:ʃəlaiz] *vt* comercializar.
com.mis.er.a.tion [kəmizər'eiʃən] *n* compaixão.
com.mis.sion [kəm'iʃən] *n* 1 comissão. 2 cargo, posto. 3 encomenda. • *vt* 1 comissionar, encarregar, incumbir. 2 encomendar.
com.mis.sion.er [kəm'iʃənə] *n* comissário.
com.mit [kəm'it] *vt+vi* 1 consignar. 2 confinar, encerrar. 3 cometer ato ilegal. 4 empenhar(-se), comprometer(-se).
com.mit.ment [kəm'itmənt] *n* compromisso, promessa.
com.mit.tee [kəm'iti] *n* comitê.
com.mod.i.ty [kəm'ɔditi] *n* mercadoria, bem consumível.
com.mon [k'ɔmən] *n* área verde comunitária em vilarejos ou pequenas cidades. • *adj* 1 comum. 2 popular. 3 usual. 4 notório. 5 trivial.
common ground [kɔmən gr'aund] *n* crença ou interesse compartilhado.
com.mon.place [k'ɔmənpleis] *n* lugar-comum, ideia já muito batida. • *adj* trivial, banal.
common sense [kɔmən s'ens] *n* bom senso, juízo.
com.mon.wealth [k'ɔmənwelθ] *n* 1 comunidade, povo, cidadãos. 2 grupo de pessoas, nações etc. ligadas por interesses comuns.
com.mo.tion [kəm'ouʃən] *n* distúrbio, tumulto.
com.mu.ni.cate [kəmj'u:nikeit] *vt+vi* comunicar(-se).
com.mu.ni.ca.tive [kəmj'u:nikətiv] *adj* 1 comunicativo. 2 relativo a comunicação.
com.mun.i.on [kəmj'u:niən] *n* 1 comunhão, participação. 2 **Communion** comunhão: sacramento da Eucaristia.
com.mu.nist [k'ɔmjunist] *n* comunista.
com.mu.ni.ty [kəmj'u:niti] *n* 1 comunidade, grupo de pessoas ou habitantes. 2 público, povo.
com.mute [kəmj'u:t] *vt+vi* 1 comutar. 2 viajar grande distância diariamente de casa para o trabalho e de volta para casa.
com.mut.er [kəmj'u:tə] *n Amer* pessoa que viaja diariamente entre a casa e o trabalho.
com.pact [k'ɔmpækt] *n* estojo de pó de arroz ou ruge. • [kɔmp'ækt] *vt+vi* 1 comprimir, compactar. 2 condensar, resumir. • [kɔmp'ækt] *adj* 1 compacto. 2 conciso. 3 maciço, sólido. **compact video disc** disco a *laser* que produz som e imagem.

com.pan.ion [kəmp'ænjən] *n* 1 companheiro. 2 companheiro de viagem.

com.pan.ion.ship [kəmp'ænjənʃip] *n* camaradagem, companheirismo.

com.pa.ny [k'∧mpəni] *n* 1 companhia. 2 grupo de pessoas. 3 hóspede, visitante. • *vt+vi* fazer companhia a, acompanhar. **two's company, three's a crowd** dois é bom, três é demais.

com.pare [kəmp'ɛə] *n* comparação. • *vt+vi* 1 comparar(-se), confrontar. 2 igualar(-se).

com.par.i.son [kəmp'ærisən] *n* comparação. **by comparison** em comparação. **in comparison with** em comparação com, comparado com.

com.part.ment [kəmp'a:tmənt] *n* compartimento.

com.pass [k'∧mpəs] *n* 1 bússola. 2 compasso. 3 limite. **to keep within compass** manter-se dentro dos limites.

com.pas.sion [kəmp'æʃən] *n* compaixão, piedade.

com.pat.i.ble [kəmp'ætəbəl] *adj* compatível, conciliável.

com.pel [kəmp'el] *vt* 1 compelir, forçar. 2 sentir-se na obrigação moral de.

com.pel.ling [kəmp'eliŋ] *adj* 1 persuasivo. 2 irresistível.

com.pen.sate [k'ɔmpenseit] *vt+vi* 1 compensar. 2 contrabalançar. 3 indenizar.

com.pen.sa.tion [kɔmpəns'eiʃən] *n* compensação.

com.pete [kəmp'i:t] *vt* 1 competir. 2 contender, lutar (**for**).

com.pe.tence [k'ɔmpitəns] *n* competência, habilidade.

com.pe.ti.tion [kɔmpit'iʃən] *n* competição: a) concorrência, rivalidade. b) disputa esportiva.

com.pile [kəmp'ail] *vt* compilar, colecionar, ajuntar.

com.pla.cen.cy [kəmpl'eisənsi] *n* complacência.

com.plaint [kəmpl'eint] *n* 1 queixa, denúncia. 2 doença, enfermidade.

com.ple.ment [k'ɔmplimənt] *n* 1 complemento. 2 aperfeiçoamento. • *vt* complementar uma coisa com outra, aperfeiçoar a totalidade.

com.plete [kəmpl'i:t] *vt* 1 completar, perfazer. 2 terminar, concluir. • *adj* 1 completo, inteiro, total, pleno. 2 perfeito. 3 concluído, acabado.

com.ple.tion [kəmpl'i:ʃən] *n* acabamento, conclusão.

com.plex [k'ɔmpleks] *n* complexo. • *adj* 1 complexo. 2 complicado.

com.plex.ion [kəmpl'ekʃən] *n* 1 tez, cútis. 2 compleição, caráter, natureza.

com.plex.i.ty [kəmpl'eksiti] *n* complexidade.

com.pli.ance [kəmpl'aiəns] *n* 1 obediência ao estabelecido, à lei ou contrato. 2 aquiescência. **in compliance with** conforme, em conformidade com.

com.pli.ant [kəmpl'aiənt] *adj* concordante, dócil.

com.pli.cate [k'ɔmplikeit] *vt+vi* 1 complicar(-se). 2 piorar. • *adj* complicado, complexo.

com.plic.i.ty [kəmpl'isiti] *n* cumplicidade.

com.pli.ment [k'ɔmplimənt] *n* 1 elogio. 2 homenagens. • [k'ɔmpliment] *vt* 1 felicitar, congratular. 2 lisonjear, elogiar. **to return a compliment** retribuir uma gentileza. **with my compliments** com minhas saudações.

com.ply [kəmpl'ai] *vt+vi* 1 aquiescer, concordar. 2 cumprir, obedecer, estar de acordo. **to comply with** aquiescer, sujeitar-se a.

com.pose [kəmp'ouz] *vt+vi* compor. **it is composed of** é composto de. **to compose oneself** acalmar-se.

com.posed [kəmp'ouzd] *adj* calmo, tranquilo.

com.po.si.tion [kɔmpəz'iʃən] *n* composição.

com.post [k'ɔmpɔst] *n* 1 compostagem. 2 adubo.

com.po.sure [kəmp'ouʒə] *n* compostura.

com.pound [k'ɔmpaund] *n* composto, combinação (de vários elementos). • [kəmpaund] *vt+vi* 1 compor, misturar. 2 fazer um acordo, ajustar. 3 agravar. • *adj* constituído por dois ou mais elementos, composto.

com.pre.hend [kɔmprih'end] *vt* compreender, entender, perceber.

com.pre.hen.sion [kɔmprih'enʃən] *n* 1 compreensão. 2 inclusão. 3 extensão, amplitude.

com.pre.hen.sive [kɔmprih'ensiv] *adj* 1 inclusivo. 2 abrangente.

com.press [k'ɔmpres] *n Med* compressa. • [kəmpr'es] *vt+vi* 1 comprimir. 2 condensar, reduzir. 3 resumir.

com.pres.sion [kəmpr'eʃən] *n* compressão.

com.prise [kəmpr'aiz] *vt* 1 incluir, compreender, abranger. 2 consistir de.

com.pro.mise [k'ɔmprəmaiz] *n* conciliação. • *vt+vi* 1 entrar em acordo fazendo concessões. 2 transigir, fazer concessões desonrosas.

com.pul.sion [kəmp'ʌlʃən] *n* compulsão. **under compulsion / upon compulsion** sob coação, à força. **compulsory military service** *n* serviço militar obrigatório.

com.pul.so.ry [kəmp'ʌlsəri] *adj* compulsório, obrigatório.

com.pu.ta.tion [kɔmpjut'eiʃən] *n* computação, cálculo.

com.put.er [kəmpj'u:tə] *n* computador. **personal computer** (abreviatura: PC) computador pessoal.

com.pu.ter.ized [kəmpj'u:tərаizd] *adj* informatizado.

com.put.ing [kəmpj'u:tiŋ] *n Comp* informática, computação.

com.rade [k'ɔmrid] *n* camarada, companheiro.

con.ceal [kəns'i:l] *vt+vi* 1 esconder, ocultar. 2 guardar segredo, calar. 3 dissimular.

con.ceal.ment [kəns'i:lmənt] *n* 1 encobrimento, ato de esconder. 2 segredo.

con.cede [kəns'i:d] *vt+vi* 1 admitir, reconhecer. 2 ceder, consentir. 3 *Sport* dar vantagem.

con.ceit [kəns'i:t] *n* vaidade, presunção.

con.ceit.ed [kəns'i:tid] *adj* presunçoso, vaidoso.

con.ceiv.a.ble [kəns'i:vəbəl] *adj* concebível.

con.ceive [kəns'i:v] *vt+vi* conceber.

con.cen.trate [k'ɔnsəntreit] *n* concentrado, produto concentrado. • *vt+vi* 1 concentrar. 2 concentrar-se (**upon, on** em). • *adj* concentrado.

con.cept [k'ɔnsept] *n* conceito.

con.cern [kəns'ə:n] *n* 1 interesse. 2 inquietação, preocupação. 3 companhia, empresa. • *vt+vi* 1 concernir, dizer respeito a. 2 interessar. 3 preocupar, inquietar. **to be concerned about a thing ou for a person** estar preocupado com uma coisa ou por causa de uma pessoa. **to whom it may concern** *Jur* a quem possa interessar.

con.cerned [kəns'ə:nd] *adj* 1 preocupado, aflito (**for** com, por). 2 interessado, participante. **as far as I am concerned** no que me diz respeito.

con.cert [k'ɔnsət] *n Mus* concerto. • [kəns'ə:t] *vt+vi* combinar. **to act in concert** agir em conjunto, ação conjunta.

con.cil.i.ate [kəns'ilieit] *vt+vi* conciliar, pacificar.

con.cil.i.a.tion [kənsili'eiʃən] *n* conciliação.

con.cise [kəns'ais] *adj* conciso.

con.clude [kənkl'u:d] *vt+vi* 1 concluir. 2 deduzir, inferir.

con.clu.sion [kənkl'u:ʒən] *n* conclusão. **in conclusion** finalmente, em conclusão. **to draw the conclusion** tirar a conclusão. **to jump to conclusions** tirar conclusões precipitadas.

con.cord [k'ɔnkɔ:d] *n* acordo.
con.crete [k'ɔnkri:t] *n* concreto. • *adj* 1 concreto. 2 de concreto.
con.cur [kənk'ə:] *vt+vi* 1 concordar. 2 coincidir.
con.cur.rence [kənk'ʌrəns] *n* conformidade de opiniões, acordo.
con.cur.rent [kənk'ʌrənt] *adj* simultâneo.
con.cus.sion [kənk'ʌʃən] *n* concussão.
con.demn [kənd'em] *vt* condenar.
con.den.sa.tion [kɔndəns'eiʃən] *n* condensação.
con.de.scend [kɔndis'end] *vt+vi* condescender.
con.de.scend.ing [kɔndis'endiŋ] *adj* condescendente.
con.di.tion [kənd'iʃən] *n* condição. • *vt* condicionar. **in (good) condition** em (boas) condições. **in no condition to do something** sem condições para fazer algo (bêbado, doente demais). **on no condition** nunca. **on / upon (the) condition that** sob ou com a condição de.
con.di.tion.er [kənd'iʃənə] *n* 1 condicionador (de cabelos). 2 amaciante (de roupas).
con.di.tion.ing [kənd'iʃəniŋ] *n* condicionamento.
con.dom [k'ɔndəm] *n* preservativo, camisinha.
con.duct [k'ɔndʌkt] *n* 1 conduta, procedimento. 2 gestão, gerência. • [kənd'ʌkt] *vt+vi* 1 dirigir, administrar. 2 reger (uma orquestra). 3 liderar. 4 comportar-se.
con.duc.tor [kənd'ʌktə] *n* 1 condutor, líder. 2 maestro. 3 *Amer* chefe de trem.
con.fed.er.a.tion [kənfedər'eiʃən] *n* 1 confederação, federação. 2 liga.
con.fer [kənf'ə:] *vt+vi* 1 deliberar, trocar ideias. 2 outorgar.
con.fer.ence [k'ɔnfərəns] *n* conferência.
con.fess [kənf'es] *vt+vi* confessar.
con.fi.dant [k'ɔnfidænt] *n* confidente, amigo íntimo.
con.fide [kənf'aid] *vt+vi* confiar.
con.fi.dence [k'ɔnfidəns] *n* confiança. **in strict confidence** estritamente confidencial. **self-confidence** autoconfiança.
con.fi.dent [k'ɔnfidənt] *adj* 1 confiante, certo, seguro. 2 confiante em si mesmo.
con.fi.den.tial [kənfid'enʃəl] *adj* 1 confidencial. 2 secreto.
con.fig.u.ra.tion [kənfigjur'eiʃən] *n* configuração.
con.fine [kənf'ain] *n* (geralmente **confines**) limites. • *vt* 1 confinar, limitar-se. 2 encarcerar, pôr na cadeia.
con.fine.ment [kənf'ainmənt] *n* confinamento.
con.firm [kənf'ə:m] *vt* 1 confirmar. 2 aprovar, ratificar. 3 corroborar.
con.fir.ma.tion [kɔnfəm'eiʃən] *n* confirmação.
con.firmed [kənf'ə:md] *adj* 1 confirmado. 2 inveterado, incorrigível.
con.flict [k'ɔnflikt] *n* conflito. • [kənfl'ikt] *vt+vi* 1 lutar, combater. 2 discordar, ser antagônico. **to come into conflict with** entrar em conflito com.
con.flict.ing [kənfl'iktiŋ] *adj* irreconciliável, conflitante.
con.form [kənf'ɔ:m] *vt+vi* 1 obedecer, estar de acordo, sujeitar-se. 2 corresponder (a especificações). 3 adaptar (-se). • *adj* conforme.
con.form.i.ty [kənf'ɔ:miti] *n* conformidade. **in conformity to** de acordo ou em conformidade com.
con.found [kənf'aund] *vt* desconcertar, causar perplexidade.
con.front [kənfr'ʌnt] *vt* 1 confrontar. 2 afrontar.
con.fuse [kənfj'u:z] *vt* 1 confundir, misturar. 2 aturdir, embaraçar, desconcertar.
con.fu.sion [kənfj'u:ʒən] *n* confusão.
con.geal [kənd3'i:l] *vt+vi* 1 congelar (-se). 2 solidificar(-se). 3 coagular.

con.gen.i.tal [kəndʒ'enitəl] *adj* congênito, inato.

con.grat.u.late [kəngr'ætʃuleit] *vt+vi* congratular(-se), dar parabéns (**on, upon something** pelo, por alguma coisa).

con.grat.u.la.tion [kəngrætʃul'eiʃən] *n* congratulação, felicitação. **congratulations** parabéns.

con.gre.gate [k'ɔŋgrigeit] *vt+vi* congregar(-se), reunir(-se). • [k'ɔŋgrigit] *adj* congregado, reunido.

con.gre.ga.tion [kɔŋgrig'eiʃən] *n* congregação.

con.gress [k'ɔŋgres] *n* congresso, assembleia legislativa.

con.ju.ga.tion [kɔndʒug'eiʃən] *n* conjugação.

con.junc.tion [kəndʒ'ʌŋkʃən] *n* conjunção. **in conjunction with** em combinação com.

con.junc.ture [kəndʒ'ʌŋktʃə] *n* conjuntura.

con.jure [k'ʌndʒə] *vt+vi* **1** conjurar, adjurar. **2** invocar espíritos. **3** praticar a magia. **to conjure up** a) trazer à lembrança, evocar. b) *fig* fazer surgir como por encanto.

con.jur.er [k'ʌndʒərə] *n* **1** prestidigitador. **2** mágico.

con.nect [kən'ekt] *vt+vi* **1** unir(-se), conectar(-se). **2** associar. **3** relacionar-se, estabelecer relação.

con.no.ta.tion [kɔnət'eiʃən] *n* conotação, implicação.

con.quer [k'ɔŋkə] *vt+vi* conquistar, vencer.

con.quer.ing [k'ɔŋkəriŋ] *adj* conquistador, vitorioso.

con.quest [k'ɔŋkwest] *n* conquista (também *fig*).

con.science [k'ɔnʃəns] *n* consciência. **a matter of conscience** questão de consciência. **for conscience's sake** por desencargo de consciência. **freedom of conscience** liberdade de escolha. **to be on one's conscience** pesar na consciência.

con.sci.en.tious [kɔnʃi'enʃəs] *adj* consciencioso.

con.scious [k'ɔnʃəs] *adj* **1** consciente. **2** cônscio, ciente.

con.script [k'ɔnskript] *n* recruta. • [kənskr'ipt] *vt* recrutar para serviço militar obrigatório. • [k'ɔnskript] *adj* conscrito, recrutado.

con.se.crate [k'ɔnsikreit] *vt* consagrar. • *adj* consagrado, sagrado.

con.sent [kəns'ent] *n* **1** consentimento. **2** aquiescência. • *vi* consentir, concordar com. **silence gives consent** quem cala consente.

con.se.quence [k'ɔnsikwəns] *n* **1** consequência. **2** conclusão, inferência. **3** importância. **in consequence** consequentemente. **of no consequence** sem importância.

con.serv.a.tive [kəns'ə:vətiv] *n* (também *Pol*) conservador. • *adj* conservador.

con.serv.a.to.ry [kəns'ə:vətəri] *n* **1** estufa. **2** conservatório de música.

con.serve [kəns'ə:v] *n Cook* conserva de frutas. • *vt* **1** conservar. **2** fazer conservas.

con.sid.er [kəns'idə] *vt+vi* **1** considerar, refletir. **2** estudar. **3** levar em consideração. **consider yourself at home** faça como se estivesse em casa.

con.sid.er.ate [kəns'idərit] *adj* atencioso.

con.sid.er.a.tion [kənsidər'eiʃən] *n* **1** consideração. **2** respeito, estima. **3** importância. **on further consideration** pensando bem.

con.sid.er.ing [kəns'idəriŋ] *prep* levando em conta, considerando que, em vista de.

con.sign [kəns'ain] *vt+vi* **1** consignar, enviar, despachar. **2** entregar, confiar. **3** destinar.

con.sign.ment [kəns'ainmənt] *n* **1** consignação (remessa). **2** mercadorias em consignação.

con.sist [kəns'ist] *vt* consistir.

con.sist.ent [kəns'istənt] *adj* 1 consistente. 2 compatível. 3 coerente. **to be consistent with** condizer com.
con.so.la.tion [kənsəl'eiʃən] *n* consolação, consolo.
con.sole [kəns'oul] *vt* consolar, confortar.
con.sol.i.date [kəns'ɔlideit] *vt+vi* 1 consolidar-se. 2 incorporar (empresas).
con.so.nant [k'ɔnsənənt] *n Gram* consoante. • *adj* consoante, harmonioso.
con.spic.u.ous [kənsp'ikjuəs] *adj* evidente, visível.
con.spir.a.cy [kənsp'irəsi] *n* conspiração.
con.spire [kənsp'aiə] *vt+vi* conspirar.
con.sta.ble [k'ɔnstəbəl] *Brit* policial. **Chief Constable** chefe de polícia.
con.stan.cy [k'ɔnstənsi] *n* constância.
con.sti.pa.tion [kɔnstip'eiʃən] *n* prisão de ventre.
con.stit.u.ent [kənst'itjuənt] *n* eleitor. • *adj* constituinte, componente.
con.sti.tute [k'ɔnstitju:t] *vt* constituir.
con.sti.tu.tion [kɔnstitj'u:ʃən] *n* constituição.
con.strain [kənstr'ein] *vt* 1 constranger, obrigar. 2 restringir.
con.straint [kənstr'eint] *n* 1 coação. 2 confinamento. 3 restrição.
con.strict [kənstr'ikt] *vt+vi* comprimir, apertar.
con.struc.tion [kənstr'ʌkʃən] *n* construção. **under construction** em construção.
con.struc.tive [kənstr'ʌktiv] *adj* construtivo, útil.
con.strue [kənstr'u:] *vt+vi* 1 explicar, interpretar. 2 traduzir (fragmento por fragmento).
con.su.late [k'ɔnsjulit] *n* consulado.
con.sult [kəns'ʌlt] *vt+vi* 1 consultar. 2 prestar consultoria.
con.sume [kəns'ju:m] *vt+vi* consumir.
con.sum.er [kəns'ju:mə] *n* consumidor. **consumer goods** bens de consumo.
con.sump.tion [kəns'ʌmpʃən] *n* consumo.
con.tact [k'ɔntækt] *n* o contato (também *Math, Electr*). • *vt+vi* 1 entrar ou pôr em contato com. 2 comunicar-se com. **to make contact with** estabelecer contato com. **contact lens** lente de contato.
con.ta.gious [kənt'eidʒəs] *adj* contagioso.
con.tain [kənt'ein] *vt+vi* conter.
con.tained [kənt'eind] *adj* contido, calmo.
con.tain.er [kənt'einə] *n* contêiner, recipiente.
con.tam.i.nate [kənt'æmineit] *vt* contaminar.
con.tem.plate [k'ɔntəmpleit] *vt+vi* contemplar.
con.tem.pla.tion [kɔntəmpl'eiʃən] *n* contemplação.
con.tem.po.rar.y [kənt'empərəri] *n* contemporâneo. • *adj* contemporâneo.
con.tempt [kənt'empt] *n* desprezo, desdém. **to feel contempt for** desprezar.
con.tempt.i.ble [kənt'emptəbəl] *adj* desprezível.
con.temp.tu.ous [kənt'emptjuəs] *adj* que despreza, desdenhoso.
con.tend [kənt'end] *vt+vi* 1 contender, lutar, combater. 2 competir, disputar. 3 afirmar.
con.tend.er [kənt'endə] *n* adversário.
con.tent[1] [k'ɔntənt] *n* (geralmente **contents**) conteúdo.
con.tent[2] [kənt'ent] *n* contentamento. • *vt* contentar(-se), agradar. • *adj* 1 contente. 2 com boa vontade. **to your heart's content** à vontade.
con.ten.tion [kənt'enʃən] *n* 1 disputa, contenda. 2 altercação. 3 controvérsia, discórdia. **bone of contention** *fig* objeto de contenda, pomo da discórdia.
con.ten.tious [kənt'enʃəs] *adj* contencioso, litigioso.
con.test [k'ɔntest] *n* 1 torneio. 2 disputa pelo poder.
con.tes.ta.tion [kɔntest'eiʃən] *n* 1 contestação. 2 litígio. 3 controvérsia, disputa.

con.tig.u.ous [kənt'igjuəs] *adj* contíguo, adjacente.
con.ti.nence [k'ɔntinəns] *n* **1** moderação. **2** abstinência.
con.tin.gence [kənt'indʒəns] *n* **1** contato. **2** = **contingency**.
con.tin.gen.cy [kənt'indʒənsi] *n* incerteza, contingência.
con.tin.gent [kənt'indʒənt] *n* **1** contingente (de soldados). **2** eventualidade, contingência. • *adj* **1** eventual, acidental. **2** dependente.
con.tin.u.a.tion [kəntinju'eiʃən] *n* continuação.
con.tin.ue [kənt'inju:] *vt+vi* continuar, prosseguir.
con.ti.nu.i.ty [kɔntinj'u:iti] *n* continuidade.
con.tin.u.ous [kənt'injuəs] *adj* contínuo.
con.tort [kənt'ɔ:t] *vt+vi* contorcer(-se).
con.tor.tion.ist [kənt'ɔ:ʃənist] *n* contorcionista.
con.tour [k'ɔntuə] *n* **1** contorno. **2** curva de nível.
con.tra.cep.tion [k'ɔntrəs'epʃən] *n* contracepção.
con.tra.cep.tive [k'ɔntrəs'eptiv] *n* anticoncepcional.
con.tract [k'ɔntrækt] *n* contrato. • [kɔntr'ækt] *vt+vi* **1** contrair(-se), encolher. **2** contrair (doença). **3** contratar. **4** assumir compromisso.
con.trac.tion [kəntr'ækʃən] *n* contração.
con.trac.tor [kəntr'æktə] *n* empreiteiro.
con.tra.dict [kɔntrəd'ikt] *vt+vi* **1** contradizer, contestar. **2** discordar, opor-se.
con.tra.dic.tion [kɔntrəd'ikʃən] *n* contradição.
con.tra.ry [k'ɔntrəri] *n* contrário, oposto. • *adj* **1** desfavorável, adverso. **2** teimoso. **contrary to nature** contra a natureza. **on the contrary** ao contrário.
con.trast [k'ɔntrɑ:st; k'ɑ:ntræst] *n* contraste. • [kəntr'ɑ:st; kɔntr'æst] *vt+vi* **1** contrastar. **2** comparar. **3** destacar-se.

con.tra.ven.tion [kɔntrəv'enʃən] *n* transgressão.
con.trib.ute [kəntr'ibju:t] *vt+vi* contribuir.
con.tri.bu.tion [kɔntribj'u:ʃən] *n* **1** contribuição. **2** donativo. **3** artigo escrito para jornal ou revista. **4** taxa, tributo.
con.trite [k'ɔntrait] *adj* contrito, arrependido.
con.trite.ness [k'ɔntraitnis], **con.tri.tion** [kəntr'iʃən] *n* contrição, arrependimento.
con.triv.ance [kəntr'aivəns] *n* **1** aparelho, dispositivo. **2** ideia, habilidade de invenção.
con.trive [kəntr'aiv] *vt+vi* **1** planejar, projetar. **2** dar um jeito.
con.trol [kəntr'oul] *n* **1** controle, supervisão. **2** autoridade. **3** restrição. **4** fiscalização. **5** comando (de uma máquina). • *vt* **1** dirigir. **2** controlar. **out of control** descontrolado. **to be in control** deter o controle de algo. **under control** sob controle.
con.tro.ver.sial [kɔntrəv'ə:ʃəl] *adj* controverso, polêmico.
con.vene [kənv'i:n] *vt+vi* **1** reunir-se. **2** intimar.
con.ve.ni.ence [kənv'i:niəns] *n* **1** conveniência. **2** comodidade. **any time that suits your convenience** a hora que melhor lhe convier. **at your convenience** à vontade, como quiser. **public convenience** mictório público. **suit your own convenience** faça como quiser.
con.ve.ni.ence store [kənv'i:niəns stɔ:] *n* loja de conveniência.
con.ven.i.ent [kənv'i:niənt] *adj* **1** conveniente. **2** fácil, simples. **3** acessível.
con.ven.tion [kənv'enʃən] *n* convenção.
con.ven.tion.al [kənv'enʃənəl] *adj* convencional.
con.verge [kənv'ə:dʒ] *vt+vi* convergir.
con.ver.gence [kənv'ə:dʒəns] *n* convergência.
con.ver.sa.tion [kɔnvəs'eiʃən] *n* conversação, conversa.

con.ver.sa.tion.al [kɔnvəsˈeiʃənəl] *adj* coloquial.
con.verse¹ [kənvˈəːs] *vi* conversar, palestrar.
con.verse² [kˈɔnvəːs] *n* 1 coisa oposta ou contrária. 2 proposição inversa. • *adj* 1 oposto. 2 recíproco, complementar.
con.verse.ly [kˈɔnvəːsli] *adv* 1 de modo inverso ou oposto. 2 reciprocamente.
con.ver.sion [kənvˈəːʃən] *n* 1 conversão, troca. 2 câmbio (de moeda).
con.vert [kˈɔnvəːt] *n* convertido. • [kənvˈəːt] *vt+vi* 1 converter. 2 mudar de religião ou de partido.
con.vert.i.ble [kənvˈəːtəbəl] *n* carro conversível. • *adj* convertível, conversível.
con.vey [kənvˈei] *vt* 1 levar, conduzir. 2 transmitir. 3 comunicar, tornar conhecido.
con.vict [kˈɔnvikt] *n* condenado, criminoso. • [kənvˈikt] *vt* 1 provar a culpa de um réu. 2 declarar culpado, condenar.
con.vince [kənvˈins] *vt* convencer.
con.vinc.ing [kənvˈinsiŋ] *adj* convincente.
con.vulse [kənvˈʌls] *vt* convulsionar, agitar.
con.vul.sion [kənvˈʌlʃən] *n* convulsão, contração muscular violenta, espasmo.
cook [kuk] *n* cozinheiro, cozinheira. • *vt+vi* cozinhar. **to cook up** *fig* imaginar, inventar, maquinar. **what's cooking?** *Amer coll* que há de novo?
cook.book [kˈuk buk] *n* livro de receitas culinárias.
cook.er [kˈukə] *n* fogão.
cook.e.ry [kˈukəri] *n* arte culinária.
cook.ie [kˈuki] *n Amer* biscoito.
cool [kuːl] *n* 1 lugar fresco. 2 pose, compostura. • *vt+vi* 1 esfriar, resfriar. 2 resfriar-se, ficar frio. 3 acalmar(-se). • *adj* 1 fresco. 2 calmo. 3 afrontado. 4 *sl* excelente, legal. • *adv* de modo distanciado, sem envolvimento. **cool as a cucumber** *fig* frio, de sangue-frio, calmo. **to cool down** acalmar-se.

cool-head.ed [kuːl hˈedid] *adj* de sangue-frio, calmo, sereno.
cool.ing [kˈuːliŋ] *adj* refrescante.
co-op.e.rate [kouˈɔpəreit] *vt* cooperar, colaborar.
co-op.e.ra.tion [kouɔpərˈeiʃən] *n* cooperação.
cop [kɔp] *n coll* tira.
cope [koup] *vt+vi* lutar, competir (**with** com) (com sucesso ou em condições de igualdade), enfrentar, poder com.
cop.i.er [kˈɔpiə] *n* 1 copiador. 2 copista. 3 copiadora (máquina).
co.pi.ous [kˈoupiəs] *adj* copioso, abundante.
cop.per [kˈɔpə] *n* 1 cobre. 2 tira, policial.
cop.y [kˈɔpi] *n* 1 cópia. 2 material. 3 reprodução. 4 exemplar (de livro, revista ou jornal). • *vt* reproduzir. **rough copy** rascunho. **to make a fair copy of** passar a limpo.
cop.y.book [kˈɔpibuk] *n* 1 caderno. 2 *Com* copiador.
cop.y.right [kˈɔpirait] *n* direitos autorais.
cor.al.line [kˈɔrəlain] *n* coralina, alga marinha. • *adj* 1 coralíneo. 2 coralino.
cor.al-reef [kɔrəl rˈiːf] *n* recife de coral.
cord [kɔːd] *n* 1 corda, cordão. 2 **cords** *fig* laços. 3 *Electr* fio elétrico. • *vt* encordoar, amarrar, ligar com corda. **spinal cord** medula espinhal. **vocal cords** cordas vocais.
cor.don [kˈɔːdən] *n* cordão de isolamento ou de guarda. • *vt* cercar, formar cordão em torno de. **to cordon off** isolar com cordão.
core [kɔː] *n* 1 caroço, miolo de frutas. 2 centro. 3 âmago, essência. • *vt* descaroçar.
cork [kɔːk] *n* 1 cortiça. 2 rolha de cortiça. • *vt* 1 tampar com rolha. 2 reter, refrear. • *adj* cortiço, de cortiça. **to cork up** a) arrolhar. b) *fig* reprimir sentimentos.
cork.screw [kˈɔːkskruː] *n* saca-rolhas.
corn¹ [kɔːn] *n* 1 *Brit* cereal. 2 *Amer* milho. **Indian corn** *Amer* milho.

corn² [kɔ:n] *n* calo, calosidade.
corn-bread [k'ɔ:n bred] *n* **1** bolo de fubá. **2** broa de fubá.
corn-cob [k'ɔ:n kɔb] *n Amer* espiga de milho.
cor.ne.a [k'ɔ:niə] *n Anat* córnea.
corned [kɔ:nd] *adj* **1** conservado em salmoura ou sal. **2** *sl* bêbado, embriagado.
corned beef [kɔ:nd b'i:f] *n* carne enlatada.
cor.ner [k'ɔ:nə] *n* **1** canto. **2** ângulo. **3** esquina. **4** escanteio. • *vt+vi* **1** *Amer* encostar na parede. **2** *Amer coll* colocar em posição difícil. **3** *Amer* monopolizar. **4** *Amer* encontrar-se numa esquina. • *adj* de canto, de esquina. **at the corner** na esquina. **every corner of the earth** todos os cantos do mundo.
corn-field [k'ɔ:n fi:ld] *n* **1** trigal. **2** milharal.
corn.flakes [k'ɔ:nfleiks] *n pl* flocos de milho.
corn-flour [k'ɔ:n flauə] *n Brit* amido de milho, maisena.
corn meal [k'ɔ:n mi:l] *n Amer* fubá.
corn.starch [k'ɔ:nsta:tʃ] *n Amer* amido de milho, maisena.
corn syr.up [k'ɔ:n sirəp] *n* glucose de milho.
corn.y [k'ɔ:ni] *adj* **1** caloso. **2** *sl* banal. **3** *sl* sentimental. **4** *Mus sl* brega, cafona.
cor.o.na.ry [k'ɔrənəri] *adj* coronário, coronariano.
cor.o.na.tion [kɔrən'eiʃən] *n* coroação de soberano.
cor.o.ner [k'ɔrənə] *n* **1** juiz investigador de casos de morte suspeita. **2** médico-legista.
cor.po.ral [k'ɔ:pərəl] *n Mil* cabo. • *adj* corporal.
corps [kɔ:] *n pl* **1** *Mil* corpo de exército, unidade militar. **2** corporação.
corpse [kɔ:ps] *n* cadáver, defunto.
cor.rect [kər'ekt] *vt* **1** corrigir. **2** rever, revisar (provas). **3** repreender. **4** castigar. • *adj* **1** correto, certo, exato. **2** próprio, justo. **to be correct** ter razão, estar certo.
cor.rect.ing flu.id [kər'ektiŋ fluid] *n* líquido corretivo.
cor.rec.tion [kər'ekʃən] *n* correção.
cor.res.pond [kɔrisp'ɔnd] *vi* **1** corresponder. **2** trocar correspondência.
cor.ri.dor [k'ɔridɔ:] *n* corredor, passagem.
cor.rob.o.rate [kər'ɔbəreit] *vt* corroborar, certificar, confirmar.
cor.rob.o.ra.tion [kərɔbər'eiʃən] *n* corroboração, confirmação.
cor.rode [kər'oud] *vt+vi* corroer.
cor.ro.sive [kər'ousiv] *n* corrosivo, agente corrosivo. • *adj* corrosivo, cáustico.
cor.rupt [kər'ʌpt] *vt+vi* corromper(-se). • *adj* corrupto, pervertido. **2** desonesto.
cor.rup.tion [kər'ʌpʃən] *n* corrupção.
cor.set [k'ɔ:sit] *n* cinta feminina, corpete.
cos.me.ti.cian [kɔzmət'iʃən] *n* esteticista.
cos.met.ic sur.ge.ry [kɔzmetik s'ə:dʒəri] *n Med* cirurgia plástica.
cos.mic [k'ɔzmik] *adj* cósmico.
cos.mo.pol.i.tan [kɔzməp'ɔlitən] *adj* cosmopolita.
cost [kɔst, k'ɔ:st] *n* **1** custo. **2** valor, preço. **3 costs** despesas. • [kɔst] *vt+vi (ps, pp* **cost**) **1** custar. **2** orçar, determinar o custo de. **at any cost / at all costs** a qualquer preço/custo. **at my cost** por minha conta, às minhas custas. **cost of living** custo de vida.
cos.tume [k'ɔstju:m] *n* roupa, traje. **tailor-made costume** roupa feita sob medida.
co.sy [k'ouzi] *adj* confortável, aconchegante.
cot [kɔt] *n* **1** cama estreita e portátil feita de lona. **2** berço.
cot.tage [k'ɔtidʒ] *n* **1** cabana, casa pequena, chalé. **2** casa de campo ou de verão.
cot.tage cheese [kɔtidʒ tʃ'i:z] *n Amer* queijo *cottage*.

cot.ton [k'ɔtən] *n* algodão. • *adj* de algodão. **to cotton on** perceber.

cot.ton-cand.y [kɔtən k'ændi] *n* algodão-doce.

couch [kautʃ] *n* divã, sofá. • *vt+vi* expressar alguma ideia em determinada linguagem, estilo.

couch po.ta.to [k'autʃ pəteitou] *n sl* pessoa inativa, que passa o tempo todo em frente à TV.

cou.gar [k'u:gə] *n Zool* puma.

cough [kɔf] *n* 1 tossidela. 2 tosse. • *vt* tossir. **to cough down** fazer calar mediante tosse simulada. **to cough up** *sl* soltar (dinheiro), pagar.

cough-drop [k'ɔf drɔp] *n* pastilha contra a tosse.

cough-mix.ture [k'ɔf mikstʃə] *n* xarope contra a tosse.

could [kud] *ps of* **can**.

coun.cil [k'aunsəl] *n* 1 conselho, assembleia. 2 *Brit* grupo de pessoas eleitas para administrar uma cidade: câmara de vereadores.

coun.cil.lor [k'aunsələ] *n Brit* vereador.

coun.sel [k'aunsəl] *n* conselho. • *vt+vi* 1 aconselhar. 2 recomendar.

coun.se.lor, coun.sel.lor [k'aunsələ] *n* conselheiro, consultor.

count¹ [kaunt] *n* 1 contagem, conta. 2 soma, conta total. 3 *Jur* **counts** uma ou mais acusações em juízo contra a mesma pessoa. • *vt+vi* 1 contar. 2 ser incluído, ser tomado em consideração. 3 contar com. 4 calcular, estimar. 5 ter influência, ter valor. **count me in!** conte comigo! **count me out!** não conte comigo! **to count on** contar com alguém, algo.

count² [kaunt] *n* conde.

count.down [k'auntdaun] *n* contagem regressiva.

coun.ter¹ [k'auntə] *n* balcão (de banco, restaurante ou loja). **under the counter** por baixo do pano (ilegalmente).

coun.ter² [k'auntə] *n* oposto, contrário. • *vt+vi* opor, contrariar, agir contra. • *adj* oposto, contrário.

coun.ter.feit [k'auntəfit] *vt* 1 falsificar. 2 imitar. • *adj* falsificado, forjado, falso.

coun.ter.part [k'auntəpa:t] *n* 1 duplicata, cópia, fac-símile. 2 sósia. 3 contrapartida.

coun.ter.point [k'auntəpɔint] *n Mus* contraponto.

count.ess [k'auntis] *n* condessa.

count.less [k'auntlis] *adj* inúmero, incontável.

coun.try [k'∧ntri] *n* 1 país. 2 zona, região, território. 3 povo, nação. 4 interior, campo, região rural. • *adj* 1 rural. 2 rústico. **all over the country** em todo o país.

coun.try.man [k'∧ntrimən] *n* compatriota.

coun.try.side [k'∧ntrisaid] *n* zona rural.

coun.ty [k'aunti] *n Amer* comarca.

cou.ple [k'∧pəl] *n* 1 par, casal. 2 dupla, parelha. • *vt* 1 juntar, unir, ligar. 2 *Electr* acoplar.

cou.pon [k'u:pɔn] *n* 1 *Com* cupom. 2 bilhete, talão.

cour.age [k'∧ridʒ] *n* coragem, bravura. **take courage!** coragem! **to take courage** criar coragem.

cou.ra.geous [kər'eidʒəs] *adj* corajoso, valente.

cour.gette [kuəʒ'et] *n* abobrinha.

cou.ri.er [k'uriə] *n* 1 mensageiro. 2 guia.

course [kɔ:s] *n* 1 curso. 2 prato. 3 pista, lugar de corrida. 4 forma, linha. • *vt+vi* 1 correr, percorrer. 2 rumar, seguir. **course of action** modo de ação. **course of life** transcurso da vida. **course of nature** andamento natural das coisas. **in due course** na ocasião oportuna. **in the course of** no decurso de. **of course** naturalmente.

court [kɔ:t] *n* 1 corte de justiça, tribunal. 2 área, quadra para jogos. 3 corte. 4

courteous · crash

residência real. • *vt+vi* **1** paquerar. **2** namorar. **court of justice** tribunal de justiça. **court of law** tribunal de justiça. **in court** no tribunal, perante um tribunal. **to bring into court** processar. **to come to court** ser julgado (processo).

cour.te.ous [k'ɔ:tiəs] *adj* cortês, amável.

cour.te.sy [k'ɔ:tisi] *n* **1** cortesia. **2** favor, obséquio. **by courtesy** por obséquio.

cous.in [k'ʌzən] *n* primo, prima. **first cousins** primos irmãos.

cove [kouv] *n* **1** angra. **2** abrigo.

cov.er [k'ʌvə] *n* **1** coberta, cobertura. **2** tampa. **3** cobertor. **4** invólucro, envoltório. **5** capa de livro. • *vt+vi* **1** cobrir, tampar. **2** abrigar, proteger. **from cover to cover** do começo ao fim. **to cover up** encobrir, ocultar. **under cover** **a)** embrulhado. **b)** anexo (a uma carta). **c)** em segredo, escondido. **under cover of** sob a cobertura de.

cov.er.age [k'ʌvəridʒ] *n* **1** cobertura. **2** riscos cobertos por um contrato de seguro. **3** lastro.

cov.er.ing [k'ʌvəriŋ] *n* **1** cobertura. **2** vestuário, capa. **3** *fig* pretexto. • *adj* que cobre, que protege.

cov.et [k'ʌvit] *vt* desejar, cobiçar.

cow [kau] *n* **1** vaca. **2** fêmea de outros grandes mamíferos (como do elefante, rinoceronte, baleia etc.).

cow.ard [k'auəd] *n* covarde. • *adj* covarde, medroso.

cow.ard.ice [k'auədis] *n* covardia.

cow.boy [k'auboi] *n* **1** *Amer* vaqueiro, boiadeiro. **2** trambiqueiro, picareta.

coy [kɔi] *adj* **1** reservado, tímido. **2** (que se faz de) tímido. **3** pudico, recatado.

co.zy, co.sy [k'ouzi] *adj* aconchegante, confortável.

crab [kræb] *n* caranguejo, siri.

crack [kræk] *n* **1** fenda, rachadura, ruptura. **2** estalo. **3** craque (esportista). **4** droga à base de cocaína. • *vt+vi* **1** rachar, fender(-se), trincar. **2** estalar. **3** estourar. **4** bater. **5** ficar áspero e agudo, falhar, mudar de voz. **at the crack of dawn** no raiar do dia. **in a crack** num instante. **to crack down on** tomar medidas severas. **to crack up a)** exaltar, elogiar. **b)** sofrer um colapso físico ou mental.

crack.down [kr'ækdaun] *n coll* medida severa ou enérgica.

crack.er [kr'ækə] *n* **1** biscoito de água e sal. **2** busca-pé, bombinha.

crack.le [kr'ækəl] *n* estalido, crepitação. • *vt+vi* crepitar.

cra.dle [kr'eidəl] *n* **1** berço. **2** lugar de origem, terra natal. • *vt+vi* pôr ou balançar no berço, embalar. **from the cradle** desde a infância.

craft [kra:ft; kræft] *n* **1** artesanato. **2** arte, destreza. **3** ofício, profissão.

crafts.man [kr'a:ftsmən; kr'æftsmən] *n* artesão.

crafts.man.ship [kr'a:ftsmənʃip; kr'æftsmənʃip] *n* **1** artesanato. **2** habilidade, arte.

craft.y [kr'a:fti; kr'æfti] *adj* astuto, esperto.

crag [kræg] *n* rochedo, penhasco.

cram [kræm] *n* abarrotamento, empanturramento. • *vt+vi* **1** abarrotar, encher. **2** forçar, meter à força. **3** fartar(-se), empanturrar(-se). **cram it in!** *vulg* enfia naquele lugar! **crammed with** repleto de, abarrotado com.

cramp [kræmp] *n* cãibra. **cramps** cólicas. • *vt* **1** provocar cãibras ou espasmos. **2** impedir.

crane [krein] *n* guindaste, grua. • *vt+vi* esticar o pescoço (para ver algo).

crank [kræŋk] *n* **1** manivela. **2** *Amer coll* pessoa excêntrica.

crank.y [kr'æŋki] *adj* **1** esquisito, excêntrico. **2** irritável, mal-humorado.

crash [kræʃ] *n* **1** estrondo. **2** colisão, batida (de carro). **3** acidente de avião. • *vt+vi* **1** bater o carro, sofrer um acidente. **2** arrebentar, romper-se com ruído. **3** *Amer sl* penetrar, furar uma festa. • *adj* intensivo.

crass [kræs] *adj* grosseiro, estúpido.
crate [kreit] *n* engradado. • *vt* engradar, encaixotar.
cra.ter [kr'eitə] *n* cratera.
crave [kreiv] *vt+vi* almejar.
crav.ing [kr'eivin] *n* 1 desejo ardente, ânsia. 2 súplica.
crawl [krɔ:l] *n* 1 rastejo, rastejamento. 2 estilo de natação. • *vt+vi* 1 rastejar, arrastar-se pelo chão. 2 andar de gatinhas. 3 mover-se lentamente. **to be crawling with** ferviolhar de, estar cheio de. **to crawl to someone** fazer mimos a, bajular, papariciar alguém.
cray.fish [kr'eifiʃ] *n* lagostim.
craze [kreiz] *n* moda, febre ou interesse passageiro.
cra.zy [kr'eizi] *adj* 1 louco, demente, desequilibrado. 2 *coll* obcecado, louco (**about** por).
creak [kri:k] *n* rangido, chiado. • *vi* ranger, chiar.
cream [kri:m] *n* 1 nata, creme. 2 pomada, cosmético. 3 *fig* melhor parte, nata, flor. • *vt+vi* 1 cobrir de creme. 2 bater, misturar para formar creme. • *adj* 1 de creme. 2 amarelo-claro, da cor do creme. **shaving cream** creme de barbear. **the cream of society** a nata da sociedade. **to cream off** selecionar, escolher (as melhores pessoas ou coisas). **whipped cream** creme *chantilly*.
cream cheese [kri:m tʃ'i:z] *n* queijo cremoso.
cream.y [kr'i:mi] *adj* cremoso, rico em nata.
crease [kri:s] *n* prega, vinco, dobra. • *vt+vi* 1 dobrar, vincar. 2 enrugar-se.
cre.ate [kri'eit] *vt* 1 criar, produzir. 2 provocar, ocasionar.
cre.a.tion [kri'eiʃən] *n* 1 criação. 2 universo, conjunto de seres criados.
cre.a.tive [kri'eitiv] *adj* 1 criativo, inventivo. 2 produtivo.

cre.a.tiv.i.ty [kri:eit'iviti] *n* criatividade.
crea.tor [kri'eitə] *n* criador, autor.
crea.ture [kr'i:tʃə] *n* 1 criatura, ser humano. 2 animal.
crea.ture com.forts [kri:tʃə k'ʌmfəts] *n* necessidades básicas: alimentação, habitação, vestuário.
cred.i.bil.i.ty [kredib'iliti] *n* credibilidade.
cred.i.ble [kr'edəbəl] *adj* 1 crível, acreditável. 2 de confiança, digno de crédito.
cred.it [kr'edit] *n* 1 crédito, empréstimo. 2 honra, mérito. 3 **credits** créditos (filmes). • *vt* 1 acreditar. 2 dar crédito bancário ou comercial. 3 creditar em conta. **to do someone credit** dar o devido valor a alguém. **to give credit** dar crédito (**for** para).
cred.it.a.ble [kr'editəbəl] *adj* 1 honroso, respeitável. 2 digno de crédito.
cred.i.tor [kr'editə] *n* credor.
creed [kri:d] *n* 1 credo. 2 doutrina, crença.
creek [kri:k] *n* 1 córrego, riacho. 2 *Brit* enseada.
creep [kri:p] *n* 1 rastejamento, arrastamento. 2 **creeps** arrepio, calafrio. 3 bajulador. • *vi* (*ps, pp* **crept**) 1 mover-se lentamente para não ser percebido. 2 rastejar. 3 trepar (plantas). **to creep up** aproximar-se arrastando. **to give someone the creeps** dar calafrios em alguém.
creep.er [kr'i:pə] *n* planta rasteira ou trepadeira.
cre.ma.tion [krim'eiʃən] *n* cremação.
cre.pus.cule [kr'epəskju:l] *n* crepúsculo.
cres.cent [kr'esənt] *n* 1 quarto crescente da lua. 2 qualquer objeto em forma de meia-lua.
cress [kres] *n* agrião.
crest [krest] *n* 1 crista. 2 topo, cume. 3 *Her* timbre.
crest.fal.len [kr'estfɔ:lən] *adj* desanimado, abatido.

crev.ice [kr'evis] *n* fenda, fissura.
crew [kru:] *n* **1** tripulação. **2** grupo de trabalhadores.
crew cut [k'ru: kʌt] *n* escovinha: corte de cabelo masculino.
crib [krib] *n* **1** berço com grades altas. **2** manjedoura. **3** *coll* cópia (cola) usada clandestinamente nos exames. • *vt+vi* **1** *coll* plagiar. **2** colar (nos exames).
crick.et [kr'ikit] *n* **1** críquete. **2** grilo.
crime [kraim] *n* **1** crime, delito. **2** delinquência.
crim.i.nal [kr'iminəl] *n* criminoso. • *adj* **1** criminoso. **2** criminal, penal. **3** imoral.
crim.son [kr'imzən] *n* carmesim, vermelho.
cringe [krindʒ] *vi* **1** encolher-se (de medo, dor ou repugnância). **2** morrer de vergonha.
crin.kle [kr'iŋkəl] *n* **1** ruga, dobra. **2** amassadura (de papel). • *vt+vi* **1** fazer dobras. **2** enrugar(-se).
crip.ple [kr'ipəl] *n* aleijado. • *vt* **1** mutilar, aleijar. **2** incapacitar, enfraquecer.
crip.pled [kr'ipəld] *adj* mutilado, aleijado.
cri.sis [kr'aisis] *n* (*pl* **crises**) crise.
crisp [krisp] *n* **crisps** batata frita (em fatias). • *adj* **1** crocante. **2** refrescante. **3** incisivo.
crisp.y [kr'ispi] *adj* crocante.
criss.cross [kr'iskrɔs] *vt+vi* marcar, riscar, cobrir com linhas cruzadas. • *adj* cruzado, riscado com linhas cruzadas.
cri.te.ri.on [krait'iəriən] *n* critério (*pl* **criteria**).
crit.ic [kr'itik] *n* **1** crítico. **2** difamador.
crit.i.cism [kr'itisizəm] *n* crítica. **open to criticism** sujeito a críticas.
crit.i.cize, crit.i.cise [kr'itisaiz] *vt+vi* criticar, censurar.
croak [krouk] *n* coaxo. • *vt+vi* coaxar.
crock [krɔk] *n* pote, jarro de barro.
crock.er.y [kr'ɔkəri] *n* louça de barro.
croc.o.dile [kr'ɔkədail] *n* crocodilo.
crocodile tears lágrimas de crocodilo.

cro.cus [kr'oukəs] *n* (*pl* **crocuses, croci**) *Bot* açafrão.
cro.ny [kr'ouni] *n pej* camarada.
crook [kruk] *n* **1** *coll* pessoa desonesta, trapaceiro. **2** dobra, curva.
crook.ed [kr'ukid] *adj* **1** torto. **2** desonesto.
crop [krɔp] *n* **1** colheita. **2** safra. **3** grupo, coleção. • *vt* **1** cortar. **to crop up** brotar, surgir.
cro.quet [kr'oukei] *n* croqué: jogo de campo.
cross [krɔs; krɔ:s] *n* **1** cruz. **2 Cross** cruz de Cristo. **3** símbolo escrito igual à letra X. **4** cruzamento. • *vt+vi* **1** atravessar. **2** cruzar, dispor em cruz. **3** formar cruzamento (ruas). **4** marcar com cruz. • *adj* zangado, irritadiço. **the idea crossed my mind** veio-me a ideia de... **to cross off / out** riscar, apagar, cortar. **to cross over** atravessar. **to take up one's cross** carregar sua cruz. **with crossed arms** de braços cruzados.
cross.bar [kr'ɔsba:] *n* **1** barra (de bicicleta). **2** *Tech* trave (também *Ftb*).
cross-coun.try [krɔs k'ʌntri] *adj* através de bosques, campos e trilhas, evitando-se as estradas.
cross-ex.am.ine [krɔs igz'æmin] *vt* interrogar, examinar novamente uma declaração contraditória.
cross-eyed [krɔs 'aid] *adj* vesgo, estrábico.
cross.fire [kr'ɔsfaiə] *n Mil* fogo cruzado.
cross.ing [kr'ɔsiŋ] *n* **1** cruzamento. **2** viagem através de. **3** passagem de nível. **zebra crossing** faixa para pedestres.
cross.o.ver [kr'ɔs ouvə] *n* **1** passagem. **2** interseção.
cross-ref.er.ence [krɔs r'efərəns] *n* referência, citação de uma parte (de um livro etc.) em outro local.
cross.road [kr'ɔsroud] *n* cruzamento. **crossroads** encruzilhada, impasse, ponto crucial.

cross.word puz.zle [krˈɔswəːd pʌzəl] *n* palavras cruzadas.

crotch [krɔtʃ] *n* virilha.

crouch [krautʃ] *vt+vi* agachar-se, abaixar-se.

crow¹ [krou] *vi* (*ps* **crew, crowed**, *pp* **crowed**) 1 cantar (galo). 2 vangloriar-se.

crow² [krou] *n Ornith* corvo, gralha.

crow.bar [krˈouba:] *n* alavanca, pé de cabra.

crowd [kraud] *n* 1 multidão. 2 *coll* grupo. 3 público. • *vt+vi* aglomerar(-se), amontoar(-se). **the crowds** o povo, a massa. **to crowd in** abrir caminho, infiltrar-se.

crowd.ed [krˈaudid] *adj* abarrotado, cheio, repleto.

crown [kraun] *n* 1 coroa. 2 topo da cabeça. 3 copa de árvore. 4 copa de chapéu. 5 *Dent* coroa, dente artificial. • *vt* 1 coroar. 2 tornar perfeito. 3 *Dent* colocar uma coroa. • *adj* pertencente ou relativo à coroa. **the Crown** o poder real.

cru.ci.fix [krˈu:sifiks] *n* crucifixo.

cru.ci.fy [krˈu:sifai] *vt* crucificar.

crude [kru:d] *adj* 1 bruto, cru. 2 simples, incipiente. 3 rude, grosseiro.

cru.el.ty [krˈu:əlti] *n* crueldade.

cruise [kru:z] *n* cruzeiro. • *vt+vi* fazer um cruzeiro.

cruis.er [krˈu:zə] *n* transatlântico.

crumb [krʌm] *n* 1 migalha de pão. 2 miolo de pão. **a crumb of** um pouco de.

crum.bly [krˈʌmbli] *adj* friável, que se esfarela com facilidade.

crum.ple [krˈʌmpəl] *vt+vi* amarrotar, amassar, enrugar. **to crumple up** enrugar-se.

crunch [krʌntʃ] *vt+vi* 1 mastigar ruidosamente. 2 moer, triturar ruidosamente.

crunch.y [krˈʌntʃi] *adj* crocante.

cru.sade [kru:sˈeid] *n* 1 (também **Crusade**) cruzada. 2 campanha vigorosa.

crush [krʌʃ] *n* 1 *Amer* multidão de gente, aglomeração, aperto. 2 *sl* paixão intensa e passageira. • *vt+vi* 1 esmagar. 2 espremer, prensar. 3 despedaçar(-se). 4 triturar. **to be crushed** estar desapontado, incomodado. **to have a crush on** estar apaixonado por.

crust [krʌst] *n* 1 crosta do pão. 2 casca, crosta torrada (torta, pão).

crust.y [krˈʌsti] *adj* crocante (casca).

crutch [krʌtʃ] *n* 1 muleta. 2 (também *fig*) apoio, suporte.

crux [krʌks] *n* ponto crucial. **the crux of the matter** o x da questão.

cry [krai] *n* 1 grito. 2 choro. 3 voz de certos animais. • *vt+vi* 1 chorar. 2 gritar. 3 exclamar. **it's no use crying over spilt milk** não adianta chorar pelo leite derramado. **to cry off** desistir de, cancelar. **to cry out for** pedir por, exigir. **to cry up** elogiar, exaltar, louvar. **to cry wolf** alarmar sem motivo.

cry.ing [krˈaiiŋ] *n* choro, pranto, choradeira.

crypt [kript] *n* cripta.

cryp.tic [krˈiptik] *adj* 1 escondido, secreto, oculto. 2 misterioso, obscuro.

crys.tal [krˈistəl] *n* cristal.

crys.tal.line [krˈistəlain] *adj* cristalino.

crys.tal.lize [krˈistəlaiz] *vt+vi* 1 cristalizar(-se) (também *fig*). 2 cobrir com açúcar.

cub [kʌb] *n* 1 filhote de urso, raposa, leão etc. 2 lobinho (escoteiro principiante).

cube [kju:b] *n* 1 *Geom* cubo. 2 cubo (de açúcar). 3 *Math* terceira potência.

cu.bi.cle [kjˈu:bikəl] *n* 1 cubículo. 2 provador, vestiário.

cuck.oo [kˈuku:] *n Ornith* cuco.

cu.cum.ber [kjˈu:kəmbə] *n* pepino.

cud.dle [kˈʌdəl] *n* abraço. • *vt* abraçar, acariciar, afagar.

cud.dly [kˈʌdli] *adj* fofo, macio.

cue¹ [kju:] *n* 1 sugestão, dica. 2 *Theat* deixa. • *vt* dar sugestão, palpite ou dica.

cue² [kju:] *n* taco de bilhar.

cuff [kʌf] n 1 punho de manga. 2 tapa, soco. **off the cuff** de improviso.

cuff link [k'ʌf liŋk] n abotoadura.

cul.mi.nate [k'ʌlmineit] vt+vi culminar, atingir o ponto culminante.

cul.mi.na.tion [kʌlmin'eiʃən] n auge, clímax.

cu.lotte [kju:l'ɔt] n pl saia-calça.

cul.pa.ble [k'ʌlpəbəl] adj culpável, censurável.

cul.prit [k'ʌlprit] n 1 culpado. 2 acusado.

cult [kʌlt] n 1 culto. 2 grupo religioso secreto. 3 na moda, popular.

cul.ti.vate [k'ʌltiveit] vt cultivar.

cul.ti.vat.ed [k'ʌltiveitid] adj 1 culto (pessoa). 2 refinado. 3 cultivado, fertilizado.

cul.ti.va.tion [kʌltiv'eiʃən] n cultivo.

cul.ture [k'ʌltʃə] n 1 cultura. 2 Biol cultura (de micro-organismos).

cum.ber.some [k'ʌmbəsəm] adj 1 incômodo, desajeitado. 2 moroso, complicado, ineficiente.

cu.mu.late [kju:mjuleit] vt+vi acumular, amontoar, cumular. • [kju:mjulit] adj acumulado, amontoado.

cu.mu.la.tive [kju:mjulətiv] adj 1 cumulativo. 2 total, acumulado.

cun.ning [k'ʌniŋ] n astúcia, malícia. • adj esperto, astuto.

cunt [kʌnt] n vulg boceta, xoxota.

cup [kʌp] n 1 xícara, chávena. 2 xicarada: o que cabe numa xícara. 3 copa, taça (prêmio esportivo). • vt dar forma de cálice ou xícara a.

cup.board [k'ʌbəd] n armário.

cup.ful [k'ʌpful] n xicarada: o que cabe numa xícara.

cu.rate [kju'ərit] n cura, pároco auxiliar.

cu.ra.tor [kjuər'eitə] n curador.

curb [kə:b] n freio, restrição. • vt restringir, refrear.

cur.dle [k'ə:dəl] vt+vi 1 coalhar. 2 engrossar, solidificar.

cure [kjuə] n 1 cura. 2 remédio. • vt+vi 1 curar. 2 tratar, medicar. 3 livrar-se de.
4 curar, defumar. **to undergo a cure** submeter-se a um tratamento. **under cure** sob tratamento.

cu.ri.os.i.ty [kjuəri'ɔsiti] n curiosidade.

cu.ri.ous [kj'uəriəs] adj curioso.

curl [kə:l] n 1 cacho. 2 espiral. • vt+vi enrolar, espiralar. **to curl up** a) enrolar (cabelo). b) deitar, sentar encolhido.

curl.y [k'ə:li] adj ondulado.

cur.rant [k'ʌrənt] n 1 (também **dried currant**) passa de Corinto. 2 groselha.

cur.ren.cy [k'ʌrənsi] n 1 moeda corrente. 2 uso geral, aceitação.

cur.rent [k'ʌrənt] n 1 corrente. 2 corrente elétrica. 3 direção geral, tendência. • adj 1 circulante. 2 atual. 3 de uso comum.

cur.rent ac.count [k'ʌrənt əkaunt] n Com conta corrente.

cur.ry [k'ʌri] n 1 caril, curry. 2 prato preparado com caril.

curse [kə:s] n 1 maldição, praga. 2 ofensa. • vt+vi 1 amaldiçoar, rogar praga contra. 2 xingar.

curt [kə:t] adj rude, abrupto.

cur.tail [kə:t'eil] vt reduzir, encurtar.

cur.tain [k'ə:tən] n 1 cortina. 2 pano de boca de teatro.

curt.sy [k'ə:tsi] n reverência (feita somente por mulheres). • vi fazer reverência.

curve [kə:v] n 1 curva. • vt 1 curvar(-se). 2 fazer curva. • adj curvado.

cush.ion [k'uʃən] n 1 almofada. 2 amortecedor. • vt amortecer, proteger contra choques.

cush.y [k'uʃi] adj sl confortável. 2 bom, fácil.

cus.tard [k'ʌstəd] n manjar, pudim, iguaria feita de leite, ovos e baunilha.

cus.to.dy [k'ʌstədi] n 1 custódia, proteção, tutela.

cus.tom [k'ʌstəm] n 1 costume, hábito. 2 costumes, comportamento. 3 **customs** alfândega.

cus.tom.a.ry [k'ʌstəməri] *adj* habitual, costumeiro.

cus.tom.er [k'ʌstəmə] *n* **1** cliente. **2** *coll* indivíduo, pessoa. **regular customer** freguês habitual.

cut [kʌt] *n* **1** corte. **2** redução. **3** porcentagem. • *vt+vi* (*ps, pp* **cut**) **1** cortar(-se). **2** dividir. **3** desbastar. **4** reduzir. **5** fazer corte em (manuscrito, peça). **6** lapidar. • *adj* **1** cortado. **2** gravado, lapidado. **3** ferido. **4** reduzido, remarcado (preço). **cut it out!** *coll* corta essa! **cut the cackle!** *sl* deixe de conversa! **short cut** atalho. **to cut across** a) encurtar o caminho. b) atravessar. **to cut a long story short** para resumir. **to cut back** reduzir gastos. **to cut down** a) derrubar. b) reduzir (despesas). c) resumir (manuscrito). **to cut off** a) cortar, remover. b) romper (relações). c) interromper (fornecimento ou comunicações). **to cut out** recortar.

cut.back [k'ʌtbæk] *n* redução.

cute [kju:t] *adj* atraente, engraçadinho.

cu.ti.cle [kj'u:tikəl] *n* cutícula.

cut.ler.y [k'ʌtləri] *n* talheres.

cut.let [k'ʌtlit] *n* **1** costeleta. **2** posta.

cut.off [k'ʌtɔf] *n* atalho.

cut.ting [k'ʌtiŋ] *n* **1** recorte de jornal ou de revista. **2 cuttings** retalhos, cavacos, refugo. • *adj* **1** cortante, afiada. **2** mordaz, sarcástico.

cy.cle [s'aikəl] *n* **1** ciclo. **2** circuito. **3** bicicleta, motocicleta. • *vi* andar de bicicleta.

cy.clic [s'aiklik] *adj* cíclico.

cy.clist [s'aiklist] *n* ciclista.

cy.clone [s'aikloun] *n* ciclone.

cyl.in.der [s'ilində] *n* **1** *Geom* cilindro. **2** cilindro de motor ou outra máquina.

cym.bals [s'imbəls] *n pl Mus* pratos.

cyn.ic [s'inik] *n* **1** cínico. **2** céptico.

cyn.i.cal [s'inikəl] *adj* **1** cínico. **2** céptico.

cyn.i.cism [s'inisizəm] *n* **1** cinismo (também *Philos*). **2** cepticismo.

cy.press [s'aipris] *n Bot* cipreste.

cyst [sist] *n Med* cisto, quisto.

czar [za:] *n Hist* (também **tsar, tzar**) czar, imperador da Rússia.

cza.ri.na [za:r'i:nə] *n Hist* (também **tsarina, tzarina**) czarina: imperatriz da Rússia.

D, d [di:] *n* 1 quarta letra do alfabeto, consoante. 2 *Mus* ré: segunda nota musical.

d' *v* 1 forma contraída informal de **do** na linguagem oral e escrita. 2 forma contraída de **would** na linguagem oral e na escrita informal. 3 forma contraída de **had** quando for auxiliar, na linguagem oral e na escrita informal.

dachs.hund [d'ækshund] *n* bassê: raça de cachorro de pernas curtas e orelhas pendentes.

dad [dæd], **dad.dy** [d'ædi] *n* papai.

daf.fo.dil [d'æfədil] *n Bot* narciso silvestre, narciso amarelo.

daf.fy [d'æfi], **daft** [da:ft; dæft] *adj coll* tolo, maluco.

dag.ger [d'ægə] *n* punhal, adaga.

dai.ly [d'eili] *n* diário, jornal diário. • *adj* diário, cotidiano. • *adv* diariamente.

dain.ty [d'einti] *adj* 1 delicado, delicioso. 2 gracioso. 3 caprichoso, extremamente delicado.

dai.ry [d'ɛəri] *n* 1 leiteria, fábrica de laticínios. 2 estabelecimento de laticínios.

dai.ry farm [d'ɛəri fa:m] *n* fazenda de gado leiteiro.

dai.ry prod.ucts [d'ɛəri prɒdʌkts] *n pl* leite e seus derivados como manteiga, queijo etc.

dai.sy [d'eizi] *n Bot* margarida.

dam [dæm] *n* represa, dique. • *vt* represar.

da.ma.ge [d'æmidʒ] *n* 1 dano, prejuízo.
2 injúria. 3 *sl* despesa, preço. • *vt+vi* 1 prejudicar. 2 estragar-se. 3 danificar.

dame [deim] *n* 1 *sl* mulher. 2 dama, título honorífico.

damn [dæm] *n* 1 maldição, praga. 2 importância insignificante. • *adj sl* maldito, droga de. • *vt+vi* 1 condenar. 2 amaldiçoar. • *interj* **damn!** droga! **I don't give a damn / I don't care a damn** não ligo a mínima. **it isn't worth a damn** *sl* não vale nada.

dam.na.tion [dæmn'eiʃən] *n* condenação.

damned [dæmd] *n* os condenados ao inferno. • *adj* 1 danado, condenado. 2 maldito. • *adv* 1 execravelmente. 2 muito (indicando raiva).

damp [dæmp] *n* 1 umidade. 2 desânimo. • *vt* 1 umedecer levemente. 2 desanimar. 3 amortecer, apagar. • *adj* 1 levemente úmido. 2 desanimado. **to damp down** reduzir, extinguir.

damp.en [d'æmpən] *vt+vi* umedecer (-se), tornar úmido.

damp.er [d'æmpə] *n* abafador, amortecedor. **to act as a damper / to put a damper on** desencorajar.

dance [da:ns; dæns] *n* 1 dança. 2 baile. • *vt+vi* dançar. **to dance to someone's tune** conformar-se com os desejos de alguém, dançar conforme a música.

dan.cer [d'a:nsə; d'ænsə] *n* dançarino, dançarina.

dan.cing [d'a:nsiŋ; d'ænsiŋ] *n* dança, ação e arte de dançar. • *adj* dançante.

dan.de.li.on [d'ændilaiən] *n Bot* dente-de-leão.

dan.druff [d'ændrəf] *n* caspa.

dan.ger [d'eindʒə] *n* perigo, risco. **in danger of** sujeito a, a ponto de. **out of danger** livre de perigo, a salvo.

dan.ger.ous [d'eindʒərəs] *adj* perigoso, arriscado.

dan.gle [d'æŋgəl] *vt* balançar(-se).

dare [d'eə] *n* **1** desafio. **2** ousadia, coragem. • *vt+vi* **1** ousar, atrever-se. **2** ter coragem para. **3** desafiar, afrontar. **how dare you!** como ousa! **you dare, don't you dare** (expressando raiva) tente, não ouse.

dare.say [dɛəs'ei] (usado somente na 1.ª pessoa do singular do presente do indicativo) (eu) suponho (que); talvez. *I daresay you are right* / talvez você esteja certo.

dar.ing [d'eriŋ] *n* audácia, ousadia. • *adj* atrevido.

dark [da:k] *n* **1** escuridão. **2** obscuridade. **3** sombra. **4** noite, trevas. • *adj* **1** escuro, sombrio. **2** moreno. **3** ambíguo, obscuro. **4** triste. **after dark** depois do anoitecer. **in the dark** no escuro, sem informação. **to keep dark** a) ficar quieto. b) não divulgar o que se sabe, *sl* esconder o leite.

dark.en [d'a:kən] *vt+vi* escurecer.

dark.ness [d'a:knis] *n* **1** escuridão. **2** obscuridade, trevas. **3** *fig* escuridão, ignorância.

dar.ling [d'a:liŋ] *n* **1** querido, querida, pessoa bem amada. • *adj* **1** querido, querida. **2** meigo, doce.

dart [da:t] *n* dardo, flecha. • *vt+vi* **1** arremessar, dardejar. **2** correr ou mover-se rápida e bruscamente. **3** olhar rapidamente.

dash [dæʃ] *n* **1** uma pequena corrida. **2** pequena porção, um pouco. **3** travessão (sinal de pontuação). • *vt+vi* **1** apressar-se. **2** colidir, chocar-se, quebrar(-se). **3** arremessar, lançar com força e ímpeto. **4** dispersar, correr. **to dash into** chocar-se contra, entrar precipitadamente. **to dash off** partir depressa. **to dash out** a) sair precipitadamente. b) dar coices, quebrar, despedaçar.

da.ta [d'eitə] *n (pl of* datum*)* dados, informações.

da.ta.base [d'eitəbeis] *n Comp* banco de dados.

da.ta proc.es.sing [d'eitə pr'ousesiŋ] *n Comp* processamento de dados.

date¹ [deit] *n* **1** data. **2** época. **3** *coll* encontro. • *vt+vi* **1** datar. **2** ser datado, pertencer a determinado período. **3** *Amer* marcar um encontro com uma pessoa. **blind date** encontro às escuras. **out of date** obsoleto, fora da moda, antiquado. **up to date** a) em dia. b) até o presente, até o momento. c) moderno, recente, atual.

date² [deit] *n Bot* tâmara.

dat.ed [d'eitid] *adj* obsoleto, antiquado.

daugh.ter [d'ɔ:tə] *n* filha.

daugh.ter-in-law [d'ɔ:tə-in-lɔ:] *n* nora.

daunt [dɔ:nt] *vt* atemorizar, amedrontar, intimidar.

dawn [dɔ:n] *n* **1** madrugada, amanhecer. **2** *fig* começo. • *vi* **1** amanhecer. **2** aparecer, começar a manifestar-se. **at dawn** ao amanhecer, de madrugada.

day [dei] *n* **1** dia. **2** dia de trabalho. **all day long** o dia inteiro. **All Soul's Day** Dia de Finados. **day after** dia a dia. **day by day / day in day out** dia a dia. **every day** todos os dias. **every other day** dia sim, dia não. **from this day on** de hoje em diante. **on the following day** no dia seguinte. **the day after** no dia seguinte. **the day after tomorrow** depois de amanhã. **the day before yesterday** anteontem. **up to this day** até o dia de hoje.

day-care cen.ter [d'ei kεə sentə] *n* creche.
day-dream [d'ei dri:m] *n* devaneio. • *vi* sonhar acordado.
day-dream.er [d'ei dri:mə] *n* sonhador.
day.light [d'eilait] *n* luz do dia. **in broad daylight** à luz do dia, em pleno dia.
day off [dei 'ɔf] *n* dia de folga.
day-to-day [dei tə d'ei] *adj* cotidiano.
daze [d'eiz] *vt* ficar aturdido. **in a daze** confuso.
daz.zle [d'æzəl] *n* 1 deslumbramento. 2 *fig* fascinação. • *vt* 1 deslumbrar, turvar a vista momentaneamente pela ação de muita luz. 2 fascinar, encantar, maravilhar-se.
daz.zling [d'æzliŋ] *adj* 1 deslumbrante, ofuscante. 2 fascinante.
dead [ded] *n* morto, (precedido de **the**) os mortos. • *adj* 1 morto (pessoa, animal). 2 seco (planta). 3 descarregado (bateria). 4 mudo (telefone). 5 silencioso, tranquilo. 6 dormente (falando de pé ou de mão). • *adv* 1 completamente. 2 imediatamente. **over my dead body** somente sobre o meu cadáver.
dead-end [ded 'end] *n* beco sem saída.
dead-line [d'ed lain] *n* último prazo para fazer algo.
dead.lock [d'edlɔk] *n* 1 impasse. 2 *fig* beco sem saída.
dead.ly [d'edli] *adj* 1 mortal, fatal. 2 implacável, irreconciliável. 3 *coll* extremo, intenso. 3 maçante. • *adv* muito, bem.
deaf [def] *adj* 1 surdo. 2 que não quer ouvir, desatento. **as deaf as a post** surdo como uma porta. **deaf-aid** *Brit* aparelho de surdez. **deaf and dumb** surdo-mudo. **stone-deaf** surdo como uma porta. **the deaf** os surdos. **to turn a deaf ear** fingir que surdo.
deaf.en [d'efən] *vt+vi* ensurdecer, tornar surdo.
deaf.ness [d'efnis] *n* surdez.
deal [di:l] *n* 1 quantidade, porção. 2 negociação, acordo. 3 mão, em jogo de cartas. • *vt+vi* (*ps, pp* **dealt**) 1 desferir. 2 dar as cartas. 3 negociar. 4 tratar. 5 lidar com. **it's a deal** negócio fechado! combinado! **to deal in** negociar com. **to deal out** dispensar.
deal.er [d'i:lə] *n* 1 negociante, revendedor. 2 jogador que dá as cartas. 3 *sl* traficante de drogas.
deal.ings [d'i:liŋz] *n pl* 1 procedimento, conduta. 2 negócio, transação.
dean [di:n] *n* 1 deão. 2 reitor de uma faculdade. 3 decano.
dear [diə] *n* querido, querida. • *adj* 1 querido, caro, estimado. 2 prezado (tratamento). • *adv* 1 a preço elevado. 2 afetuosamente, com ternura. **dear!** *interj* meu Deus!
death [deθ] *n* 1 morte. 2 decadência, destruição.
death-bed [d'eθ bed] *n* leito de morte.
death.ly[1] [d'eθli] *adj* mortal, fatal.
death.ly[2] [d'eθli] *adv* 1 mortalmente, como morte. 2 extremamente.
de.ba.te [dib'eit] *n* debate, discussão. • *vt+vi* debater, discutir.
deb.au.ched [dib'ɔ:tʃt] *adj* devasso, depravado, libertino, tarado.
de.bauch.er.y [dib'ɔ:tʃəri] *n* devassidão, libertinagem.
de.bil.i.ty [dib'iliti] *n* debilidade.
deb.it [d'ebit] *n* 1 débito, dívida. 2 conta de débito. • *vt* debitar.
de.bris [d'ebri:] *n* escombros.
debt [det] *n* dívida. **in debt** endividado. **to clear all debts** pagar as suas dívidas. **to run/get into debt** endividar-se, contrair dívidas.
debt.or [d'etə] *n* devedor.
dec.ade [d'ekeid] *n* década.
de.ca.dence [d'ekədəns] *n* decadência.
de.caf.fe.in.at.ed cof.fee [di:kæfineitid k'ɔfi] *n* café descafeinado.
de.cay [dik'ei] *n* 1 decadência. 2 deterioração. 3 cárie. • *vt+vi* 1 decair. 2

enfraquecer-se. **3** cariar. **tooth decay** cárie dentária.

de.ceased [dis'i:st] *n* morto, falecido. • *adj* falecido.

de.ceit [dis'i:t] *n* **1** engano, fraude. **2** falsidade, decepção.

de.ceit.ful [dis'i:tful] *adj* **1** mentiroso. **2** desonesto. **3** enganoso.

de.ceive [dis'i:v] *vt+vi* enganar, iludir.

De.cem.ber [di'sembə] *n* dezembro.

de.cen.cy [d'i:sənsi] *n* decência, decoro.

de.cent [d'i:sənt] *adj* decente, apropriado, bondoso, aceitável.

de.cep.tion [dis'epʃən] *n* fraude.

de.cep.tive [dis'eptiv] *adj* enganoso.

de.cide [dis'aid] *vt+vi* **1** decidir, resolver. **2** julgar. **3** chegar à conclusão.

de.cid.ed [dis'aidid] *adj* **1** decidido, resolvido. **2** evidente.

dec.i.mal [d'esiməl] *n* fração decimal. • *adj* decimal.

de.ci.pher [dis'aifə] *vt* **1** decifrar. **2** interpretar.

de.ci.sion [dis'iʒən] *n* decisão, resolução.

de.ci.sive [dis'aisiv] *adj* **1** decisivo. **2** resoluto, decidido.

deck [dek] *n* **1** *Naut* convés. **2** andar de um ônibus. **3** *coll* pacote de cocaína ou heroína de venda ilícita. **4** prato de toca-discos. • *vt+vi* ornar, enfeitar. **double decker** ônibus de dois andares.

de.claim [dikl'eim] *vt+vi* declamar, recitar.

dec.la.ra.tion [deklər'eiʃən] *n* declaração.

de.clare [dikl'eə] *vt+vi* declarar.

de.cline [dikl'ain] *n* **1** declínio, decadência. **2** deterioração. • *vt+vi* **1** recusar. **2** baixar (os preços), diminuir. **3** decair. **4** deteriorar.

de.code [dik'oud] *vt* decifrar pelo código, descodificar.

de.com.pose [di:kəmp'ouz] *vt+vi* **1** decompor(-se). **2** apodrecer.

dec.o.rate [d'ekəreit] *vt* decorar.

dec.o.ra.tion [dekər'eiʃən] *n* decoração.

dec.o.ra.tive [d'ekərətiv] *adj* decorativo, ornamental.

dec.o.ra.tor [d'ekəreitə] *n* decorador.

de.co.rum [dik'ɔ:rəm] *n* decoro, decência.

de.coy [di:k'ɔi] *n* isca. • *vt+vi* enganar, atrair com engano.

de.crease [d'i:kri:s] *n* diminuição, redução. • [dikr'i:s] *vt+vi* diminuir, reduzir.

de.cree [dikr'i:] *n* decreto. • *vt+vi* decretar.

de.crep.it [dikr'epit] *adj* decrépito, caduco.

de.cry [dikr'ai] *vt* depreciar, censurar publicamente.

ded.i.cate [d'edikeit] *vt* dedicar(-se), consagrar(-se).

ded.i.ca.tion [dedik'eiʃən] *n* **1** dedicação. **2** dedicatória.

de.duce [didj'u:s] *vt* deduzir, tirar uma conclusão, inferir.

de.duct [did'∧kt] *vt* subtrair, diminuir, tirar de.

de.duc.tion [did'∧kʃən] *n* dedução.

deed [di:d] *n* **1** ação, obra. **2** fato, realidade. **3** escritura.

deep [di:p] *adj* **1** profundo, fundo. **2** grave (som). **3** secreto, complexo. • *adv* **1** há muito, remotamente. **2** profundamente. **to feel something deep inside / to feel something deep down** sentir algo de maneira profunda. **to go / run deep** estar enraizado.

deep.en [d'i:pən] *vt+vi* **1** aprofundar. **2** afundar. **3** aumentar. **4** agravar.

deep freeze [di:p fr'i:z] *n* *freezer*. • *vt* congelar.

deep-fry [di:p fr'ai] *vt* fritar em grande quantidade de óleo.

deep.ly [d'i:pli] *adv* **1** profundamente. **2** muito. **3** completamente.

deep-root.ed [di:p r'u:tid] *adj* enraizado.

deer [diə] *n* *Zool* cervo.

def.a.ma.tion [defəm'eiʃən] *n* difamação, calúnia.

de.fault [dif'ɔ:lt] *n* falta, descuido, omissão.

de.feat [difˈiːt] *n* **1** derrota. **2** frustração, malogro. • *vt* **1** derrotar. **2** frustrar.

def.e.cate [ˈdefikeit] *vt+vi* defecar.

de.fect [difˈekt] *n* defeito, imperfeição, deficiência.

de.fec.tive [difˈektiv] *adj* defectivo, defeituoso.

de.fence.less [difˈenslis] *adj* indefeso, desamparado.

de.fend [difˈend] *vt* (**against, from**) **1** defender, proteger. **2** justificar, fazer defesa.

de.fend.ant [difˈendənt] *n* réu, acusado. • *adj* de defesa.

de.fend.er [difˈendə] *n* **1** defensor. **2** advogado de defesa.

de.fense, de.fence [difˈens] *n* **1** defesa. **2** proteção. **3** justificação. **4** defesa (futebol).

de.fen.sive [difˈensiv] *n* defensiva. • *adj* defensivo.

de.fer [difˈəː] *vi* submeter-se, acatar a.

def.er.ence [ˈdefərəns] *n* **1** deferência. **2** consideração.

de.fi.ance [difˈaiəns] *n* **1** desafio. **2** rebeldia.

de.fi.ant [difˈaiənt] *adj* desafiador.

de.fi.cien.cy [difˈiʃənsi] *n* deficiência.

de.fine [difˈain] *vt* definir, explicar.

def.i.ni.tion [definˈiʃən] *n* definição.

de.fin.i.tive [difˈinətiv] *adj* definitivo.

de.flate [difˈleit] *vt* **1** esvaziar, desinflar. **2** *Econ* deflacionar.

de.fla.tion [difˈleiʃən] *n* **1** esvaziamento. **2** *Econ* deflação.

de.flect [difˈlekt] *vt+vi* desviar(-se).

de.for.es.ta.tion [difɔristˈeiʃən] *n* desflorestamento, desmatamento.

de.form [difˈɔːm] *vt+vi* deformar, desfigurar.

de.form.i.ty [difˈɔːmiti] *n* deformidade.

de.frost [diːfrˈɔst] *vt* degelar, descongelar.

deft [deft] *adj* hábil, perito.

de.fuse [diːfjˈuːz] *vt* **1** neutralizar, acalmar (diz-se de situações tensas ou perigosas). **2** desarmar, desativar.

de.fy [difˈai] *vt* desafiar.

de.gen.er.ate [didʒˈenəreit] *vt+vi* degenerar. • [didʒˈenərit] *adj* degenerado, corrompido.

de.gen.er.a.tion [didʒenərˈeiʃən] *n* degeneração.

de.gra.da.tion [degrədˈeiʃən] *n* degradação.

de.grade [digrˈeid] *vt+vi* **1** degradar. **2** rebaixar, aviltar.

de.gree [digrˈiː] *n* **1** degrau. **2** grau, estágio, classe. **3** título, diploma.

de.hy.drate [diːhˈaidreit] *vt* desidratar.

de.hy.dra.tion [diːhaidrˈeiʃən] *n* desidratação.

de.i.ty [dˈiːiti] *n* deidade, divindade.

de.ject.ed [didʒˈektid] *adj* abatido, desanimado.

de.jec.tion [didʒˈekʃən] *n* abatimento, desânimo.

de.lay [dilˈei] *n* demora, atraso. • *vt+vi* demorar(-se), adiar, retardar, atrasar, procrastinar.

del.e.gate [ˈdeligit] *n* delegado, representante. • [ˈdeligeit] *vt* **1** delegar. **2** transmitir poderes por delegação. **3** encarregar.

de.lete [dilˈiːt] *vt* *Comp* delir, apagar, riscar, excluir.

de.le.tion [dilˈiːʃən] *n* apagamento, anulação.

de.lib.er.ate [dilˈibəreit] *vt+vi* deliberar. • [dilˈibərit] *adj* **1** deliberado. **2** intencional. **3** vagaroso.

de.lib.er.a.tion [dilibərˈeiʃən] *n* **1** deliberação. **2** discussão. **3** cautela.

del.i.ca.cy [ˈdelikəsi] *n* **1** delicadeza. **2** iguaria.

del.i.ca.tes.sen [delikətˈesən] *n* casa de mercearias finas.

de.li.cious [dilˈiʃəs] *adj* delicioso, gostoso, saboroso.

de.light [dilˈait] *n* delícia, deleite, encanto, prazer. • *vt+vi* deleitar-se, encantar, deliciar(-se), ter grande prazer em. **to take delight in** deleitar-se com, ter prazer em.

delightful / **depend**

de.light.ful [dil'aitful] *adj* encantador, agradável.
de.lin.quen.cy [dil'iŋkwənsi] *n* delinquência.
de.lir.i.ous [dil'iriəs] *adj* delirante.
de.liv.er [dil'ivə] *vt+vi* **1** distribuir (cartas, jornais etc.). **2** proferir (uma sentença, um discurso), recitar. **3** desferir (um golpe). **4** entregar. **5** partejar, servir de parteira. **to deliver the goods** a) entregar a mercadoria. b) *fig* cumprir uma promessa.
de.liv.er.y [dil'ivəri] *n* **1** entrega. **2** distribuição (de cartas etc.), expedição. **3** parto. **4** pronunciamento.
de.lude [dil'u:d] *vt* iludir, enganar.
del.uge [d'elju:dʒ] *n* **1** dilúvio. **2** grande chuva. **3** avalanche. • *vt* inundar, alagar.
de.lu.sion [dil'u:ʒən] *n* ilusão, desilusão.
de.mand [dim'a:nd] *n* **1** demanda. **2** reivindicação. • *vt* **1** exigir, requerer. **2** perguntar, demandar. **demand and supply** oferta e procura. **in demand / in great demand** muito procurado.
de.mand.ing [dim'a:ndiŋ] *adj* exigente.
dem.o [d'emou] *abbr* demonstration *n* **1** manifestação pública, passeata. **2** demonstração.
de.moc.ra.cy [dim'ɔkrəsi] *n* democracia.
dem.o.crat [d'eməkræt] *n* democrata.
dem.o.crat.ic [deməkr'ætik] *adj* democrático.
de.mol.ish [dim'ɔliʃ] *vt* **1** demolir, destruir. **2** arruinar.
dem.o.li.tion [deməl'iʃən] *n* demolição, destruição.
de.mon [d'i:mən] *n* demônio, espírito maligno, gênio do mal.
de.mon.ic [dim'ɔnik] *adj* possesso, endiabrado, demoníaco.
de.mon.strate [d'emənstreit] *vt* **1** demonstrar. **2** participar de uma manifestação pública.
dem.on.stra.tion [demənstr'eiʃən] *n* **1** demonstração. **2** manifestação, comício, passeata.

de.mon.stra.tive [dim'ɔnstrətiv] *adj* **1** expressivo, carinhoso. **2** demonstrativo.
dem.o.ns.tra.tor [d'emənstreitə] *n* **1** demonstrador. **2** manifestante.
de.mor.al.i.za.tion, de.mor.al.i.sa.tion [dimɔrəlaiz'eiʃən] *n* desmoralização.
de.mor.al.ize, de.mor.al.i.se [dim'ɔrəlaiz] *vt* desmoralizar.
de.mure [dimj'uə] *adj* sério, reservado.
den [den] *n* toca, covil.
de.ni.al [din'aiəl] *n* **1** negação. **2** recusa.
den.im [d'enim] *n* tecido forte de algodão usado na confecção de calças e saias, brim.
de.note [din'out] *vt* denotar, significar, indicar.
de.nounce [din'auns] *vt* denunciar, delatar.
dense [dens] *adj* **1** denso. **2** *fig* estúpido.
den.si.ty [d'ensiti] *n* densidade.
dent [dent] *vt* amassar.
den.tal [d'entəl] *adj* dental.
den.tal floss [dentəl fl'ɔs] *n* fio dental.
den.tist [d'entist] *n* dentista.
den.tis.try [d'entistri] *n* odontologia.
den.tist's [d'entists] *n* consultório ou clínica dentária.
de.nun.ci.a.tion [dinʌnsi'eiʃən] *n* denúncia, acusação.
de.ny [din'ai] *vt+vi* **1** negar. **2** recusar, não conceder, não reconhecer.
de.o.dor.ant [di:'oudərənt] *n* desodorante.
de.part [dip'a:t] *vt+vi* **1** partir, sair. **2** afastar-se de, apartar-se de.
de.part.ed [dip'a:tid] *adj* **1** morto. **2** ido, passado. **the departed** os mortos.
de.part.ment [dip'a:tmənt] *n* **1** departamento, seção. **2** *Amer* ministério, secretaria.
de.part.ment store [dip'a:tmənt stɔ:] *n* loja de departamentos.
de.par.ture [dip'a:tʃə] *n* partida, saída.
de.pend [dip'end] **(on, upon)** *vt+vi* **1** depender de alguém ou de alguma coisa. **2** contar com, confiar em. **that depends** isso depende, talvez.

de.pend.a.ble [dip'endəbəl] *adj* fidedigno, de confiança, seguro.

de.pend.ance [dip'endəns], **de.pend.ence** [dip'endəns] *n* 1 dependência. 2 confiança.

de.pend.ant [dip'endənt] *n* dependente.

de.pend.ent [dip'endənt] *adj* (**on**) dependente.

de.pict [dip'ikt] *vt* pintar, descrever, representar.

de.pic.tion [dip'ikʃən] *n* retrato, pintura.

de.plete [dipl'i:t] *vt* esvaziar, reduzir.

de.plore [dipl'ɔ:] *vt* deplorar, lastimar-se.

de.port [dip'ɔ:t] *vt* deportar, exilar.

de.por.ta.tion [dipɔ:t'eiʃən] *n* deportação.

de.pose [dip'ouz] *vt+vi* depor, destituir, despojar de cargo, ofício ou dignidade.

de.pos.it [dip'ɔzit] *n* 1 depósito. 2 fiança. 3 sinal, entrada (para comprar algo). 4 sedimento, depósito. • *vt+vi* 1 depositar. 2 precipitar, sedimentar.

de.pot [dep'ou; d'i:pou] *n* 1 *Amer* estação ferroviária. 2 armazém, depósito. 3 estação rodoviária. 4 garagem onde ficam guardados ônibus.

de.pre.ci.ate [dipr'i:ʃieit] *vt+vi* depreciar(-se).

de.pre.ci.a.tion [dipri:ʃi'eiʃən] *n* depreciação.

de.press [dipr'es] *vt* deprimir.

de.press.ing [dipr'esiŋ] *adj* depressivo, deprimente, desanimador.

de.pres.sion [dipr'eʃən] *n* depressão.

dep.ri.va.tion [depriv'eiʃən] *n* 1 privação. 2 pobreza.

de.prive [dipr'aiv] *vt* 1 (**of**) privar, desapossar. 2 destituir. 3 impedir alguém de ter ou fazer alguma coisa.

depth [depθ] *n* 1 profundidade, profundeza. 2 fundo. 3 **depths** mar, oceano. **in depth** a fundo, em profundidade.

dep.u.tize, de.pu.tise [d'epjutaiz] *vt* representar (alguém ou um grupo de pessoas).

dep.u.ty [d'epjuti] *n* 1 deputado, delegado. 2 representante, agente.

de.ri.sion [dir'iʒən] *n* menosprezo.

de.ri.sive [dir'aisiv] *adj* zombeteiro.

de.ri.so.ry [dir'aisəri] *adj* ridículo.

der.i.va.tion [deriv'eiʃən] *n* derivação.

de.riv.a.tive [dir'ivətiv] *n* derivado. • *adj* derivado.

de.rive [dir'aiv] *vt+vi* 1 derivar. 2 obter. 3 originar-se, proceder.

der.o.gate [d'erəgeit] *vt+vi* abaixar-se, rebaixar, depreciar.

de.rog.a.tive [dir'ɔgətiv] *adj* derrogativo, depreciativo, pejorativo.

de.scend [dis'end] *vt+vi* descer, aterrissar.

de.scend.ing [dis'endiŋ] *adj* descendente.

de.scent [dis'ent] *n* 1 descida. 2 queda. 3 descendência, linhagem.

de.scribe [diskr'aib] *vt* descrever.

de.scrip.tion [diskr'ipʃən] *n* descrição.

des.ert[1] [d'ezət] *n* deserto.

des.ert[2] [diz'ə:t] *vt+vi* 1 desertar (do exército). 2 abandonar (seus deveres). 3 ausentar-se sem licença.

de.serve [diz'ə:v] *vt+vi* merecer.

de.serv.ing [diz'ə:viŋ] *adj* meritório, digno, merecedor.

de.sign [diz'ain] *n* 1 projeto. 2 desenho, esboço. 3 intenção. • *vt+vi* 1 projetar, planejar. 2 desenhar, traçar.

des.ig.nate [d'ezigneit] *vt* designar. • *adj* designado, nomeado.

des.ig.na.tion [dezign'eiʃən] *n* designação.

de.sign.er [diz'ainə] *n* 1 desenhista. 2 projetista. **fashion designer** estilista de modas.

de.sir.a.ble [diz'airəbəl] *adj* desejável.

de.sire [diz'aiə] *n* 1 desejo. 2 coisa desejada. 3 cobiça sexual, paixão. • *vt+vi* 1 desejar, cobiçar. 2 ter irrefreável desejo sexual.

de.sist [diz'ist] *vt* (**from**) desistir.

desk [d'esk] *n* 1 escrivaninha, carteira escolar. 2 balcão.

des.o.late [d'esəlit] *adj* 1 desolado, triste. 2 abandonado, desconsolado. 3 deserto, despovoado.

des.o.la.tion [desəl'eiʃən] *n* 1 desolação, devastação. 2 deserto.

de.spair [disp'ɛə] *n* desespero. • *vi* desesperar, tirar a esperança a.

de.spair.ing [disp'ɛəriŋ] *adj* desesperador.

des.patch [disp'ætʃ] *vt* = **dispatch**.

des.per.ate [d'espərit] *adj* 1 desesperado. 2 desesperador.

des.pi.ca.ble [disp'ikəbəl] *adj* vil, desprezível.

des.pise [disp'aiz] *vt* desprezar.

des.pite [disp'ait] *prep* apesar de. **in despite of** apesar de, não obstante.

des.pot [d'espot] *n* déspota.

des.pot.ic [disp'otik] *adj* despótico, tirânico, arbitrário.

des.sert [diz'ə:t] *n* sobremesa.

des.ti.na.tion [destin'eiʃən] *n* destino, destinação.

des.tine [d'estin] *vt* (**for, to**) destinar. **destined for** destinado a.

des.ti.ny [d'estini] *n* destino.

des.ti.tute [d'estitju:t] *adj* destituído.

des.ti.tu.tion [destitj'u:ʃən] *n* destituição.

de.stroy [distr'ɔi] *vt* destruir.

de.stroy.er [distr'ɔiə] *n* 1 destruidor, exterminador. 2 *Naut* destróier, navio torpedeiro.

de.struc.tion [distr'ʌkʃən] *n* destruição.

de.struc.tive [distr'ʌktiv] *adj* destrutivo.

de.tach [dit'ætʃ] *vt* 1 separar, destacar. 2 desligar-se.

de.tached [dit'ætʃt] *adj* 1 destacado, separado. 2 desinteressado. 3 isolada (casa).

de.tail [d'i:teil] *n* detalhe. • *vt* 1 detalhar. 2 distribuir serviços militares. **in detail** detalhadamente. **to go into detail** entrar em detalhes.

de.tain [dit'ein] *vt* 1 deter, reter. 2 impedir.

de.tect [dit'ekt] *vt* 1 descobrir (o crime, o engano ou desígnio de alguém). 2 detectar.

de.tec.tion [dit'ekʃən] *n* descoberta (de crimes), detecção.

de.tec.tive [dit'ektiv] *n* detetive, investigador.

de.tec.tor [dit'ektə] *n* 1 denunciador. 2 detector. **lie detector** detector de mentira.

de.ter [dit'ə:] *vt* intimidar, dissuadir.

de.ter.gent [dit'ə:dʒənt] *n* detergente.

de.te.ri.o.rate [dit'iəriəreit] *vt+vi* deteriorar(-se), estragar.

de.te.ri.o.ra.tion [ditiəriər'eiʃən] *n* deterioração.

de.ter.mi.na.tion [ditə:min'eiʃən] *n* determinação.

de.ter.mine [dit'ə:min] *vt+vi* 1 determinar, estabelecer, decidir. 2 resolver.

de.ter.min.er [dit'ə:minə] *n* determinante.

de.ter.rent [dit'erənt] *n* impedimento, estorvo.

de.test [dit'est] *vt* detestar, odiar, abominar.

det.o.nate [d'etəneit] *vt+vi* detonar, explodir.

de.tour [di:t'uə] *n* desvio.

de.tract [ditr'ækt] *vt+vi* 1 diminuir. 2 prejudicar.

det.ri.ment [d'etrimənt] *n* dano. **to the detriment of** com prejuízo de.

de.val.u.a.tion [di:vælju'eiʃən] *n* desvalorização (da moeda).

de.va.lue [di:v'ælju:] *vt* desvalorizar.

dev.as.tate [d'evəsteit] *vt* devastar, arruinar.

dev.as.tat.ing [d'evəsteitiŋ] *adj* devastador, destruidor.

dev.as.ta.tion [devəst'eiʃən] *n* devastação, destruição.

de.vel.op [div'eləp] *vt+vi* 1 desenvolver(-se), progredir. 2 contrair. 3 fomentar. 4 *Phot* revelar um filme.

de.vel.op.er [div'eləpə] *n* 1 fomentador. 2 *Phot* revelador. 3 incorporador (pessoa) ou incorporadora (companhia) imobiliária, construtor, construtora.

de.vel.op.ment [div'eləpmənt] *n* 1 desenvolvimento, evolução. 2 *Phot* revelação.

de.vi.ate [d'i:vieit] *vt+vi* desviar-se (da virtude etc.), divergir.

de.vice [div'ais] *n* artifício, dispositivo, aparelho, instrumento.

dev.il [devəl] *n* diabo, demônio. **to play the devil** fazer mal a. **what the devil!** que diabo! com o diabo!

dev.il.ish [d'evəliʃ] *adj* 1 diabólico. 2 maligno.

de.vise [div'aiz] *vt+vi* imaginar, inventar.

de.void [div'ɔid] *adj* (**of**) destituído, privado de.

de.vote [div'out] *vt* devotar, dedicar. **to devote oneself** dedicar-se, entregar-se.

de.vo.tee [devout'i:] *n* 1 devoto. 2 fã.

de.vo.tion [div'ouʃən] *n* devoção.

de.vour [div'auə] *vt* devorar.

de.vout [div'aut] *adj* 1 devoto. 2 sincero, dedicado.

dew [dj'u:, du:] *n* orvalho.

dex.ter.i.ty [dekst'eriti] *n* destreza, habilidade.

dex.ter.ous [d'ekstərəs] *adj* ágil, hábil.

di.a.be.tes [daiəb'i:ti:z] *n* diabetes, diabete.

di.a.bet.ic [daiəb'etik] *n* diabético, diabética. • *adj* diabético.

di.ag.nose [d'aiəgnouz] *vt Med* diagnosticar.

di.ag.no.sis [daiəgn'ousis] *n* (*pl* **diagnoses**) *Med* diagnóstico.

di.ag.o.nal [dai'ægənəl] *adj* diagonal.

di.a.gram [d'aiəgræm] *n* diagrama.

di.al [d'aiəl] *n* 1 mostrador ou face de relógio, de rádio, de bússola etc. 2 indicador. 3 disco: peça dos aparelhos telefônicos automáticos com os números. • *vt+vi* discar.

di.a.log, di.a.logue [d'aiɔlɔg] *n* diálogo. • *vt+vi* dialogar.

di.am.e.ter, di.am.e.tre [dai'æmitə] *n* diâmetro.

di.a.mond [d'aiəmənd] *n* 1 diamante. 2 brilhante. 3 losango. 4 **diamonds** ouros (no jogo de cartas).

di.a.per [d'aiəpə] *n* fralda.

di.a.phragm [d'aiəfræm] *n* diafragma.

di.ar.rh.ea [daiər'iə], **di.ar.rhoe.a** [daiər'iə] *n* diarreia.

di.a.ry [d'aiəri] *n* 1 diário. 2 agenda. **to keep a diary** fazer um diário.

dice [dais] *n pl* 1 dados. 2 jogo de dados. 3 pequenos cubos. • *vt+vi* 1 jogar dados. 2 cortar em cubos.

dict.ate [dikt'eit, d'ikteit] *vt+vi* 1 ditar. 2 dar ordens, impor.

dic.ta.tion [dikt'eiʃən] *n* 1 ditado. 2 ordem, preceito.

dic.ta.tor [dikt'eitə] *n* ditador.

dic.ta.tor.ship [dikt'eitəʃip] *n* 1 ditadura. 2 *fig* despotismo.

dic.tion [d'ikʃən] *n* dicção.

dic.tion.a.ry [d'ikʃənəri] *n* dicionário.

did [did] *ps of* **do**.

di.dac.tic [daid'æktik] *adj* didático, instrutivo.

didn't [didnt] *contr* of **did not**.

die¹ [dai] *n* (*pl* **dice, dies**) 1 dado. 2 azar, sorte, destino. 3 jogo de dados.

die² [dai] *vi* 1 morrer (**from, of**). 2 perder a força ou a vitalidade, definhar. 3 desaparecer. 4 estar louco por. **to be dying to** desejar ardentemente fazer algo. **to die away** a) definhar. b) desaparecer. **to die for** a) almejar. b) sacrificar-se por, morrer por. **to die hard** demorar para morrer, lutar contra a morte. **to die out** extinguir(-se), desaparecer.

di.et [d'aiət] *n* 1 dieta, regime. 2 alimento, sustento, ração diária. • *adj* dietético. **to be on a diet / to be dieting** estar de dieta.

di.et.a.ry [d'aiətəri] *adj* dietético.
dif.fer [d'ifə] *vt* 1 (**from**) diferir. 2 (**with**) divergir, discordar.
dif.fer.ence [d'ifərəns] *n* diferença.
dif.fer.ent [d'ifərənt] *adj* diferente (**from, than**), distinto.
dif.fer.en.ti.ate [difər'enʃieit] *vt+vi* diferenciar.
dif.fer.en.ti.a.tion [difərenʃi'eiʃən] *n* diferenciação.
dif.fi.cult [d'ifikəlt] *adj* difícil.
dif.fi.cul.ty [d'ifikəlti] *n* 1 dificuldade. 2 **difficulties** embaraço financeiro.
dif.fuse [difj'u:z] *vt+vi* difundir.
dig [dig] *n* 1 ação de cavar, escavação. 2 observação sarcástica. 3 cutucão. • *vt+vi* (*ps, pp* **dug**) 1 cavar. 2 empurrar, fincar. 3 *Amer sl* labutar, trabalhar ou estudar arduamente.
di.gest [d'aidʒest] *n* sumário, condensação. • [daidʒ'est] *vt+vi* digerir.
di.gest.i.ble [daidʒ'estəbəl] *adj* digestível.
di.ges.tion [daidʒ'estʃən] *n* digestão.
dig.it [d'idʒit] *n* dígito.
dig.ni.fied [d'ignifaid] *adj* digno.
dig.ni.fy [d'ignifai] *vt* dignificar.
dig.ni.ty [d'igniti] *n* dignidade.
di.gress [daigr'es] *vi* divagar, fazer uma digressão.
di.gres.sion [daigr'eʃən] *n* digressão.
di.late [dail'eit] *vt+vi* dilatar(-se).
dil.i.gence [d'ilidʒəns] *n* zelo, atenção, diligência.
dil.i.gent [d'ilidʒənt] *adj* diligente, aplicado, zeloso.
di.lute [dail'u:t] *vt+vi* diluir.
dim [dim] *vt+vi* ofuscar, turvar a vista. • *adj* escuro, turvo, embaçado.
dime [daim] *n Amer* moeda de prata de dez *cents* (a décima parte de um dólar).
di.men.sion [daim'enʃən] *n* dimensão.
di.min.ish [dim'iniʃ] *vt+vi* diminuir, reduzir.
di.min.ish.ing [dimin'iʃiŋ] *n* diminuição, redução. • *adj* diminuidor, redutor.

di.min.u.tive [dim'injutiv] *adj* diminutivo.
dim.ple [d'impəl] *n* covinha (nas faces ou no queixo).
dim.pled [d'impəld] *adj* que tem covinhas.
din [din] *n* estrondo, ruído contínuo.
dine [dain] *vt+vi* 1 jantar. 2 dar jantar a. **to dine out** jantar fora de casa.
din.er [d'ainə] *n* 1 aquele que janta. 2 restaurante que imita um vagão-restaurante.
din.ghy [d'iŋgi] *n* 1 barco, bote. 2 barco inflável.
din.gy [d'indʒi] *adj* sujo, sombrio, desbotado.
din.ing [d'ainiŋ] *n* jantar, ato de jantar.
din.ing-room [d'ainiŋ ru:m] *n* sala de jantar.
din.ner [d'inə] *n* 1 jantar 2 banquete. 3 ceia.
di.no.saur [d'ainəsɔ:] *n* dinossauro.
dip [dip] *n* 1 mergulho. 2 declive. 3 banho (especialmente de mar). 4 molho cremoso. 5 banho de imersão. • *vt+vi* (*ps, pp* **dipped, dipt**) 1 mergulhar. 2 baixar os faróis. 3 desaparecer.
diph.the.ri.a [difθ'iəriə] *n Path* difteria.
diph.thong [d'ifθɔŋ] *n Gram* ditongo.
di.plo.ma.cy [dipl'ouməsi] *n* 1 diplomacia. 2 habilidade.
dip.lo.mat [d'ipləmæt] *n* diplomata.
dire [d'aiə] *adj* 1 terrível. 2 fatal.
di.rect [dir'ekt] *vt+vi* 1 dirigir. 2 ordenar. 3 indicar o caminho a. • *adj* 1 direto. 2 franco, claro. 3 absoluto. • *adv* diretamente.
di.rec.tion [dir'ekʃən] *n* 1 direção, sentido. 2 instrução, orientação. **in this direction** neste sentido. **sense of direction** senso de direção.
di.rec.tions [dir'ekʃənz] *n pl* instruções.
di.rect.or [dir'ektə] *n* diretor. **board of directors** diretoria.
di.rect.o.ry [dir'ektəri] *n* catálogo, lista telefônica.

dirt [də:t] *n* sujeira.
dirt.y [d'ə:ti] *vt+vi* sujar, emporcalhar, manchar. • *adj* **1** sujo. **2** vil, sórdido, obsceno. **3** mau (tempo).
dis.a.bil.i.ty [disəb'iliti] *n* **1** incapacidade. **2** deficiência.
dis.a.ble [dis'eibəl] *vt* **1** incapacitar. **2** mutilar.
dis.a.bled [dis'eibəld] *adj* inválido. **the disabled** os deficientes.
dis.ad.van.tage [disədv'a:ntidʒ; disəd'æntidʒ] *n* desvantagem.
dis.ad.van.ta.geous [disædvənt'eidʒəs] *adj* prejudicial, desfavorável.
dis.a.gree [disəgr'i:] *vi+vt* **1** discordar. **2** desaver-se com alguém. **3** fazer mal ao estômago.
dis.a.gree.a.ble [disəgr'i:əbəl] *adj* desagradável, enfadonho.
dis.a.gree.ment [disəgr'i:mənt] *n* **1** discordância, divergência. **2** desavença.
dis.al.low [disəl'au] *vt* desaprovar, proibir.
dis.ap.pear [disəp'iə] *vi* desaparecer.
dis.ap.pear.ance [disəp'iərəns] *n* desaparecimento.
dis.ap.point [disəp'ɔint] *vt* desapontar, decepcionar.
dis.ap.point.ing [disəp'ɔintiŋ] *adj* decepcionante.
dis.ap.point.ment [disəp'ɔintmənt] *n* decepção.
dis.ap.prov.al [disəpr'u:vəl] *n* desaprovação.
dis.ap.prove [disəpr'u:v] *vt+vi* desaprovar, reprovar.
dis.arm [dis'a:m] *vt+vi* desarmar.
dis.arm.a.ment [dis'a:məmənt] *n* desarmamento.
dis.arm.ing [dis'a:miŋ] *adj fig* afável, irresistível.
dis.ar.range [disər'eindʒ] *vt* desarranjar, desordenar.
dis.ar.ray [disər'ei] *n* desordem.
dis.as.so.ci.ate [disəs'ouʃieit] *vt* dissociar.

dis.as.ter [diz'a:stə] *n* desastre, calamidade.
dis.as.trous [diz'a:strəs] *adj* desastroso.
dis.be.lief [disbil'i:f] *n* descrença.
dis.be.lieve [disbil'i:v] *vt+vi* descrer, não acreditar.
disc [disk] *n* disco.
dis.card [disk'a:d] *vt+vi* descartar.
dis.cern [dis'ə:n] *vt+vi* discernir.
dis.charge [distʃ'a:dʒ] *n* **1** descarga. **2** exoneração. **3** descarga elétrica. • *vt+vi* **1** descarregar. **2** dispensar. **3** cumprir. **4** dar alta.
dis.ci.ple [dis'aipəl] *n* discípulo.
dis.ci.pline [d'isiplin] *n* disciplina. • *vt* disciplinar.
disc jock.ey, disk jock.ey [d'isk dʒɔki] *n* locutor de rádio de programas musicais ou pessoa que seleciona e apresenta a programação musical nas rádios e/ou casas noturnas.
dis.claim [diskl'eim] *vt* **1** negar. **2** renunciar.
dis.close [diskl'ouz] *vt* revelar.
dis.clo.sure [diskl'ouʒə] *n* revelação.
dis.col.or, dis.co.lour [disk'ʌlə] *vt+vi* desbotar(-se).
dis.com.fort [disk'ʌmfət] *n* desconforto, incômodo.
dis.con.cert [diskəns'ə:t] *vt* desconcertar.
dis.con.nect [diskən'ekt] *vt* **1** (**from, with**) desconectar. **2** *Tech* desligar, cortar.
dis.con.tent [diskənt'ent] *n* descontentamento.
dis.con.tent.ed [diskənt'entid] *adj* descontente.
dis.con.tin.ue [diskənt'inju:] *vt+vi* interromper.
dis.cord [d'iskɔ:d] *n* **1** discórdia. **2** *Mus* dissonância.
dis.cord.ant [disk'ɔ:dənt] *adj* dissonante.
dis.count [d'iskaunt] *n* desconto. • [diskount] *vt+vi* **1** descontar. **2** não levar em conta.

dis.cour.age [disk'ʌridʒ] vt 1 desanimar. 2 desestimular.
dis.cour.age.ment [disk'ʌridʒmənt] n desânimo, desencorajamento.
dis.cour.a.ging [disk'ʌridʒiŋ] adj desanimador, desencorajador.
dis.course [disk'ɔ:s] n discurso.
dis.cour.te.ous [disk'ə:tiəs] adj indelicado.
dis.cov.er [disk'ʌvə] vt descobrir.
dis.cov.er.y [disk'ʌvəri] n descoberta, descobrimento.
dis.cred.it [diskr'edit] n descrédito. • vt 1 desabonar. 2 descrer.
dis.creet [diskr'i:t] adj discreto.
dis.cre.tion [diskr'eʃən] n 1 discrição. 2 juízo, entendimento. **at the discretion of** à discrição de, sem restrições de.
dis.crim.i.nate [diskr'imineit] vt+vi 1 **(between)** discriminar. 2 **(from)** separar.
dis.crim.i.na.tion [diskrimin'eiʃən] n discriminação.
dis.cuss [disk'ʌs] vt discutir, examinar.
dis.cus.sion [disk'ʌʃən] n discussão.
dis.dain [disd'ein] n desdém. • vt desdenhar.
dis.ease [diz'i:z] n doença, enfermidade.
dis.eased [diz'i:zd] adj doente, enfermo.
dis.em.bark [disimb'a:k] vt+vi desembarcar.
dis.en.chant.ment [disintʃ'a:ntmənt] n desencanto.
dis.en.gage [dising'eidʒ] vt+vi 1 desembaraçar(-se). 2 separar(-se). 3 soltar.
dis.fa.vor, dis.fa.vour [disf'eivə] n desfavor, desgosto.
dis.fig.ure [disf'igə] vt desfigurar.
dis.grace [disgr'eis] n 1 desgraça. 2 vergonha. • vt 1 desgraçar. 2 desonrar.
dis.grace.ful [disgr'eisful] adj vergonhoso.
dis.guise [disg'aiz] n 1 disfarce. 2 dissimulação. • vt 1 disfarçar. 2 fingir. **in disguise** mascarado, disfarçado.
dis.gust [disg'ʌst] n **(at, for)** desgosto, aversão. • vt causar aversão, repugnar.

dis.gust.ed [disg'ʌstid] adj aborrecido, enfastiado.
dis.gust.ing [disg'ʌstiŋ] adj desgostoso, repulsivo.
dish [diʃ] n 1 prato, iguaria. 2 travessa, tigela. 3 **dishes** utensílios para servir à mesa. • vt+vi pôr ou servir numa travessa ou prato. **side dish** prato que acompanha o prato principal. **to do the dishes** lavar a louça.
dis.heart.en [dish'a:tən] vt desalentar, desanimar.
di.shev.elled [diʃ'evəld] adj desalinhado.
dis.hon.est [dis'ɔnist] adj desonesto.
dis.hon.es.ty [dis'ɔnisti] n desonestidade.
dis.hon.or, dis.hon.our [dis'ɔnə] n desonra. • vt desonrar.
dish.wash.er [d'iʃwɔʃə] n máquina de lavar louça.
dis.il.lu.sion [disil'u:ʒən] n desilusão. • vt desiludir.
dis.il.lu.sion.ment [disil'u:ʒənmənt] n desilusão, decepção.
dis.in.fect [disinf'ekt] vt desinfetar.
dis.in.fect.ant [disinf'ektənt] n desinfetante.
dis.in.te.grate [dis'intigreit] vt+vi desintegrar(-se).
dis.in.terest.ed [dis'intristid] adj desinteressado.
dis.joint.ed [disdʒ'ɔintid] adj deslocado, desarticulado.
disk [disk] n disco. **hard disk / winchester** Comp disco rígido.
dis.like [disl'aik] n aversão, antipatia. • vt não gostar de, ter aversão a.
dis.lo.cate [d'isloukeit] vt deslocar.
dis.lodge [disl'ɔdʒ] vt+vi desalojar(-se).
dis.loy.al [disl'ɔiəl] adj desleal, infiel.
dis.mal [d'izmal] adj escuro, sombrio.
dis.man.tle [dism'æntəl] vt desmontar.
dis.may [dism'ei] vt desanimar.
dis.mem.ber [dism'embə] vt desmembrar.
dis.miss [dism'is] vt 1 despedir, demitir. 2 rejeitar. 3 encerrar.

dis.miss.al [dism'isəl] *n* demissão.
dis.mount [dism'aunt] *vt+vi* **1** desmontar. **2** apear.
dis.o.bey [disəb'ei] *vt+vi* desobedecer.
dis.or.der [dis'ɔ:də] *n* desordem.
dis.or.gan.i.za.tion, dis.or.gan.i.sa.tion [dis'ɔ:gənaizeiʃən] *n* desorganização.
dis.or.gan.ize, dis.or.gan.ise [dis'ɔ:gənaiz] *vt* desorganizar.
dis.or.i.en.tat.ed [disɔ:riənt'eitid] *adj* desorientado.
dis.own [dis'oun] *vt* repudiar.
dis.pa.rate [d'ispərit] *adj* diferente, discrepante.
dis.par.i.ty [disp'æriti] *n* disparidade.
dis.patch [disp'ætʃ] *n* despacho. • *vt* despachar.
dis.pel [disp'el] *vt+vi* dissipar-se.
dis.pen.sa.ble [disp'ensəbəl] *adj* dispensável.
dis.pense [disp'ens] *vt* dispensar.
dis.perse [disp'ə:s] *vt+vi* **1** dispersar (-se). **2** disseminar
dis.pir.it.ed [disp'iritid] *adj* desanimado, deprimido.
dis.place [displ'eis] *vt* **1** deslocar. **2** substituir.
dis.place.ment [displ'eismənt] *n* **1** deslocação. **2** destituição.
dis.play [displ'ei] *n* **1** exibição, exposição. **2** manifestação. **3** desfile. • *vt* **1** exibir, expor. **2** revelar. **3** ostentar, mostrar pompa.
dis.please [displ'i:z] *vt+vi* desagradar.
dis.pleased [displ'i:zd] *adj* insatisfeito, descontente.
dis.pleas.ure [displ'eʒə] *n* desgosto, aborrecimento.
dis.pos.a.ble [dip'ouzəbəl] *adj* **1** descartável. **2** disponível.
dis.pos.al [disp'ouzəl] *n* disposição, disponibilidade. **at / in one's disposal** ao dispor, à disposição de alguém.
dis.pose [disp'ouz] *vt+vi* **1** dispor. **2** colocar em posição.
dis.po.si.tion [dispəz'iʃən] *n* temperamento.
dis.pute [dispj'u:t] *n* disputa. • *vt+vi* **1** disputar. **2** discutir. **3** questionar.
dis.qual.i.fy [diskw'ɔlifai] *vt* desqualificar.
dis.qui.et [diskw'aiət] *n* inquietação.
dis.re.gard [d'isrig'a:d] *n* desconsideração. • *vt* desconsiderar.
dis.re.pute [disripj'u:t] *n* infâmia, má reputação.
dis.re.spect [disrisp'ekt] *n* falta de respeito. • *vt* desrespeitar.
dis.re.spect.ful [disrisp'ektful] *adj* desrespeitoso.
dis.rupt [disr'ʌpt] *vt+vi* romper, interromper.
dis.rup.tion [disr'ʌpʃən] *n* rompimento, interrupção.
dis.rupt.ive [disr'ʌptiv] *adj* disruptivo, perturbador.
dis.sat.is.fac.tion [dissætisf'ækʃən] *n* descontentamento.
dis.sat.is.fy [diss'ætisfai] *vt* descontentar, não satisfazer.
dis.sec.tion [dis'ekʃən] *n* **1** dissecação. **2** *fig* exame rigoroso.
dis.sem.i.nate [dis'emineit] *vt* disseminar.
dis.sem.i.na.tion [disemin'eiʃən] *n* disseminação.
dis.sent [dis'ent] *n* dissensão, discordância.
dis.sent.ing [dis'entiŋ] *adj* discordante, dissidente.
dis.ser.ta.tion [disət'eiʃən] *n* dissertação.
dis.si.dent [d'isidənt] *n* dissidente. • *adj* dissidente.
dis.sim.i.lar [dis'imilə] *adj* diferente.
dis.sim.u.late [dis'imjuleit] *vt+vi* dissimular, fingir.
dis.sim.u.la.tion [disimjul'eiʃən] *n* dissimulação.
dis.si.pate [d'isipeit] *vt+vi* dissipar.

dis.so.ci.ate [dis'ouʃieit] *vt+vi* **1** dissociar. **2** separar-se.
dis.so.lu.tion [disəl'u:ʃən] *n* **1** dissolução. **2** separação.
dis.solve [diz'ɔlv] *vt+vi* **1** dissolver(-se). **2** separar, dissolver (casamento, sociedade).
dis.suade [disw'eid] *vt* dissuadir.
dis.tance [d'istəns] *n* distância.
dis.taste [dist'eist] *n* aversão, repugnância.
dis.taste.ful [dist'eistful] *adj* desagradável.
dis.tend.ed [dist'endid] *adj* distendido, dilatado, inchado.
dis.till, dis.til [dist'il] *vt+vi* destilar.
dis.til.ler.y [dist'iləri] *n* destilaria.
dis.tinct [dist'iŋkt] *adj* distinto.
dis.tinc.tion [dist'iŋkʃən] *n* distinção.
dis.tinc.tive [dist'iŋktiv] *adj* distintivo, particular.
dis.tin.guish [dist'iŋgwiʃ] *vt+vi* distinguir.
dis.tin.guished [dist'iŋgwiʃt] *adj* distinto, famoso.
dis.tort [dist'ɔ:t] *vt* deformar, distorcer.
dis.tract [distr'ækt] *vt* distrair.
dis.tract.ed [distr'æktid] *adj* **1** distraído. **2** preocupado.
dis.trac.tion [distr'ækʃən] *n* diversão.
dis.tress [distr'es] *n* aflição. • *vt* afligir.
dis.tress.ing [distr'esiŋ] *adj* penoso.
dis.trib.ute [distr'ibju:t] *vt* distribuir.
dis.tri.bu.tion [distribj'u:ʃən] *n* distribuição.
dis.trib.u.tor [distr'ibjutə] *n* distribuidor.
dis.trict [d'istrikt] *n* **1** distrito, região, bairro. **2** comarca, jurisdição.
dis.trust [distr'ʌst] *n* desconfiança. • *vt* desconfiar.
dis.trust.ful [distr'ʌstful] *adj* desconfiado.
dis.turb [dist'ə:b] *vt* perturbar, incomodar.
dis.turb.ance [dist'ə:bəns] *n* **1** perturbação. **2** desordem mental.
dis.turb.ing [dist'ə:biŋ] *adj* perturbador, inquietante.
dis.use [disj'u:s] *n* desuso.
dis.used [disj'u:zd] *adj* fora de uso.
ditch [ditʃ] *n* fosso, vala. • *vt+vi* **1** livrar-se. **2** terminar o relacionamento com.
di.van [div'æn; d'aivæn] *n* divã.
dive [daiv] *n* mergulho. • *vt+vi* (*ps* **dived**, **dove**, *pp* **dived**) mergulhar(-se).
div.er [d'aivə] *n* mergulhador.
di.verge [daiv'ə:dʒ] *vi* divergir, separar-se.
di.ver.gent [daiv'ə:dʒənt] *adj* divergente.
di.ver.sion [daiv'ə:ʃən; div'ə:ʒən] *n* **1** desvio. **2** distração, divertimento.
di.ver.si.ty [daiv'ə:siti; div'ə:siti] *n* diversidade.
di.vert [daiv'ə:t; div'ə:t] *vt* **1** redirecionar. **2** distrair(-se), recrear(-se), divertir(-se).
di.vide [div'aid] *n* divisão. • *vt+vi* **1** dividir(-se), separar(-se) em diversas partes. **2** distribuir, repartir, partilhar. **3** demarcar, estabelecer limite entre. **4** *Math* fazer a operação de divisão. **to divide up** separar em partes iguais, repartir.
div.ing [d'aiviŋ] *n* mergulho (esporte aquático, saltos ornamentais).
div.ing board [d'aiviŋ bɔ:d] *n* trampolim.
di.vi.sion [div'iʒən] *n* **1** divisão. **2** seção, departamento.
di.vorce [div'ɔ:s] *n* divórcio. • *vt+vi* divorciar-se de.
diz.zy [d'izi] *vt* **1** causar desmaios ou vertigens, atordoar. **2** confundir, desconcertar. • *adj* tonto, vertiginoso.
do [du:] *vt+vi* (*ps* **did**, *pp* **done**, *pres p* **doing**) **1** fazer, executar, efetuar, trabalhar. **2** acabar, pôr fim a. **3** preparar. **4** interpretar. **5** criar. **6** causar. **do as you like** faça como quiser. **dos and don'ts** o que se pode e não se pode fazer. **that will do** está bom, isto chega, basta. **that won't do** isto não serve, não está bom. **to be done**

docile

Amer coll a) estar liberado, dispensado. b) completar uma tarefa. **to do a favour** fazer um favor. **to do badly** fazer maus negócios. **to do better** sair-se melhor. **to do business with** negociar com. **to do justice** fazer justiça. **to do one's best** esforçar-se, fazer o possível. **to do over** refazer, repetir. **to do the dishes** lavar a louça. **to do the garden** cuidar do jardim. **to do the washing** lavar a roupa. **to have to do with** ter negócio com, ter a ver com. **well done** a) muito bem. b) bem cozido, bem passado.

do.cile [d'ousail; d'a:səl] *adj* dócil.

dock [dɔk] *n* doca. • *vt+vi* pôr um navio no estaleiro, fazer um navio entrar em doca ou estaleiro.

dock-charg.es [d'ɔk tʃa:dʒiz] *n pl* despesas ou taxas de doca, taxa portuária.

doc.tor [d'ɔktə] *n* 1 doutor, médico, cirurgião dentista. 2 qualquer pessoa que recebeu o mais elevado grau de uma faculdade. • *vt+vi* 1 medicar(-se). 2 exercer clínica médica. 3 tratar com medicamentos.

doc.tor.ate [d'ɔktərit] *n* doutorado.

doc.trine [d'ɔktrin] *n* doutrina.

doc.u.ment [d'ɔkjumənt] *n* documento. • *vt* documentar.

doc.u.men.ta.ry [dɔkjum'entəri] *adj* documentário.

dodge [dɔdʒ] *vt* 1 esquivar-se ao encontro, evitar, fugir de pessoa ou coisa que nos ameaça. 2 evadir, usar de rodeios.

dodg.y [d'ɔdʒi] *adj* 1 astucioso, manhoso, ladino. 2 arriscado.

doe [dou] *n* corça, gama, fêmea do antílope, do coelho e de outros animais.

does [dʌz, dəz] *vt* terceira pessoa do singular do presente do indicativo do verbo **to do**.

does.n't [d'ʌznt] *vt* contração de **does not**.

dog [dɔg] *n* 1 cão. 2 macho de outros animais (raposa, lobo, chacal etc.). • *vt* 1 perseguir, seguir insistentemente. 2 atormentar. **barking dogs don't bite** cão que ladra não morde. **to lead a dog's life** ter vida de cachorro.

dog.ged [d'ɔgid] *adj* obstinado, cabeçudo.

do-it-your.self [du: itjəs'elf] *n* atividade do tipo "faça você mesmo".

dole [d'oul] *n* seguro-desemprego. • *vt* distribuir, repartir com os pobres. **to be on the dole** *coll* receber auxílio-desemprego, estar desempregado. **to dole out** servir, distribuir.

doll [dɔl] *n* boneca, brinquedo de criança. • *vt* **to doll up** *sl* embonecar(-se), enfeitar(-se).

dol.lar [d'ɔlə] *n* dólar.

dol.phin [d'ɔlfin] *n* golfinho.

do.main [dəm'ein] *n* domínio: a) propriedade. b) âmbito de uma arte ou ciência.

dome [doum] *n* cúpula, abóbada, domo.

do.mes.tic [dəm'estik] *adj* 1 doméstico, caseiro, familiar. 2 nacional, do país, interno.

dom.i.nate [d'ɔmineit] *vt+vi* dominar.

dom.i.neer.ing [dɔmin'iəriŋ] *adj* dominador.

do.min.ion [dəm'injən] *n* domínio.

do.nate [doun'eit] *vt* doar, fazer donativo, contribuir.

done [dʌn] *pp* de **do**. • *adj* 1 acabado, completo, feito, executado, concluído. 2 cozido, assado, pronto. • *interj* está feito! topo! **done with** acabado, terminado. **easier said than done** falar é fácil, fazer é que são elas. **no sooner said than done** dito e feito. **well done!** bravo! bem feito! **what's done cannot be undone** o que está feito não tem mais jeito.

don.key [d'ɔŋki] *n* 1 burro, asno. 2 pessoa ignorante. **for donkey's years** por muito tempo.

do.nor [d'ounə] *n* doador.

don't [dount] *vt* contração de **do not**.

do.nut, dough.nut [d'ounʌt] *n* doce tipo sonho.

doom [du:m] *n* perdição. • *vt* julgar, destinar, predestinar.

door [dɔ:] *n* porta, entrada, acesso. **from door to door** de porta em porta. **in doors** em casa, dentro da casa. **next door** a casa ao lado, a porta do lado. **out of doors / outdoors** fora de casa, ao ar livre. **the blame lies at your door** a culpa é sua. **to leave the door open** deixar uma porta aberta, permitir uma possibilidade.

door.bell [d'ɔ: bel] *n* campainha de porta.

door.man [d'ɔ:mən] *n* porteiro.

door.mat [d'ɔ: mæt] *n* capacho.

dope [doup] *n* **1** droga (especialmente maconha). **2** informações confidenciais, particulares, pormenores. **3** *sl* tolo, estúpido (pessoa). • *vt* drogar, dopar.

dor.mi.to.ry [d'ɔ:mitəri] *n* **1** dormitório (especialmente de escolas e colégios internos). **2** alojamento estudantil.

dose [dous] *n* **1** dose. **2** dosagem. **3** *fig* pílula, coisa desagradável ou custosa de suportar. • *vt* dosar, medicamentar por dose, administrar em doses.

dot [dɔt] *n* **1** ponto. **2** ponto sobre as letras i, j etc. **3** pingo, pinta, salpico, borrão, mancha. **4** *Math* a) ponto decimal. b) símbolo da multiplicação. • *vt+vi* **1** pontear, marcar com pontos, pontilhar. **2** salpicar, semear, mosquear. **on the dot** *coll* em ponto, na hora exata. **polka dots** salpicos, pontinhos de cores (em tecidos).

dou.ble [d'∧bəl] *n* **1** dobro, duplo. **2** cópia duplicada, duplicata. **3** sósia, retrato. **4** *Theat, Cin* dublê. • *vt+vi* **1** dobrar, duplicar, multiplicar por dois. **2** desempenhar dois papéis ou funções, ser o substituto. **3** fazer dobras em. • *adj* dobro, dobrado, duplo. • *adv* duplicadamente.

dou.ble bed [d∧bəl b'ed] *n* cama de casal.

dou.ble-breast.ed [d∧bəl br'estid] *adj* que tem duas fileiras de botões (casacos, coletes etc.), transpassados.

dou.ble.deck.er [d∧bəl d'ekə] *n* ônibus de dois andares.

doubt [daut] *n* dúvida, questão duvidosa, incerteza, indecisão, hesitação. • *vt+vi* duvidar, não acreditar, hesitar, desconfiar, suspeitar. **I make no doubt** não duvido disso. **in doubt** em dúvida. **without doubt / beyond doubt / no doubt** sem dúvida, certamente.

doubt.ful [d'autful] *adj* **1** duvidoso. **2** incerto. **3** ambíguo. **4** suspeito.

dough [dou] *n* **1** massa. **2** *sl* dinheiro.

dove [d∧v] *n* pomba.

down [daun] *n* penugem, penas. • *vt+vi coll* engolir. • *adj* **1** abatido, desanimado, deprimido. **2** em estado ou condição inferior. **3** doente, adoentado. **4** *Comp* fora do ar, inoperante. • *adv* **1** abaixo, para baixo. **2** *Comp* em pane. • *prep* abaixo, para baixo. • *interj* abaixo! deita! senta! **the ups and downs at life** as vicissitudes da vida. **to calm down** acalmar. **to come down** vir abaixo, descer, *fig* baixar, abater-se. **to get down** a) descer. b) engolir. **to kneel down** ajoelhar-se. **to knock down** atropelar. **to let someone down** a) humilhar. b) deixar ao desamparo. **to lie down** deitar-se. **to put down** a) depor. b) assentar por escrito, registrar. **to sit down** sentar-se. **to step down** descer. **to write down** assentar por escrito, registrar. **up and down** aqui e acolá, de lá para cá, para baixo e para cima, por toda parte. **upside down** de cabeça para baixo.

down-grade [d'aun greid] *vt Amer* rebaixar.

down.hill [daunh'il] *n* **1** declive. **2** declínio, decadência. • *adj* em declive. • *adv* **1** em declive, costa abaixo. **2** pior, em decadência.

down pay.ment [daun p'eimənt] *n* pagamento inicial, entrada.

down.pour [d'aunpɔ:] *n* aguaceiro, chuvarada, toró.

down.size [d'aunsaiz] *vt* reduzir em tamanho.

down.stairs [daunst'ɛəz] *n* térreo, andar térreo. • *adj* de baixo, do andar inferior. • *adv* embaixo, para baixo.

down.town [daunt'aun] *n Amer* centro da cidade. • *adj, adv Amer* em direção do, perto do, no centro da cidade.

down.ward [d'aunwəd] *adj* para baixo. • *adv* (também **downwards**) **1** para baixo, abaixo. **2** rio abaixo. **3** de superior a inferior, de anterior a posterior, sucessivamente (de pai para filho, de filho para neto etc.).

doze [douz] *n* soneca, cochilo. • *vt+vi* cochilar, dormir levemente. **doze off** dormitar involuntariamente.

doz.en [d'ʌzən] *n* **1** dúzia (não tem *plural* tomado quantitativamente). **2** (*pl* **dozens**) muitos, muitas, vários. **dozens of times** várias vezes. **to talk nineteen to the dozen** falar pelos cotovelos.

doz.y [d'ouzi] *adj* **1** sonolento. **2** *Brit coll* estúpido, de entendimento retardado.

draft [dra:ft; dræft] *n* **1** desenho, esboço, rascunho. **2** saque, ordem de pagamento, título, letra de câmbio. **3** convocação para servir nas Forças Armadas. **4** corrente de ar. • *vt* **1** esboçar, rascunhar. **2** *Mil* recrutar.

draft.y [dr'a:fti; dr'æfti] *adj* ventoso, que provoca corrente de ar.

drag [dræg] *n* **1** chato (pessoa). **2** tragada (cigarro). **3** obstáculo, empecilho. **4** roupa de mulher usada por homens. • *vt+vi* **1** arrastar(-se), puxar à força. **2** dragar. **3** prolongar(-se), tardar. **to drag along / drag on** arrastar-se, demorar. **to drag away** mover-se ou partir sem vontade. **to drag by** passar vagarosamente. **to drag one's feet** não se esforçar, retardar, fazer corpo mole.

drag.on.fly [dr'ægən flai] *n Ent* libélula.

drain [drein] *n* **1** esgoto. **2** bueiro. • *vt+vi* **1** drenar. **2** escoar, deixar escorrer pouco a pouco. **3** esgotar-se, exaurir-se. **to drain away/off/out** a) enfraquecer. b) esvair. **to go down the drain** descer pelo ralo, desperdiçar.

drain.er [dr'einə] *n* escorredor de prato.

drain.pipe [dr'einpaip] *n* cano de esgoto.

dram.a.tize, dramatise [dr'æmətaiz] *vt* dramatizar.

drape [dreip] *vt+vi* **1** jogar algo sobre algo. **2** vestir, cobrir de pano.

dra.per.y [dr'eipəri] *n* **1** tecidos em geral. **2** cortinas, tapeçaria, ornatos de pano.

draught [dra:ft; dræft] *n* **1** corrente de ar. **2** gole, trago. **3** *Naut* calado. **4** jogo de damas. **5** desenho, esboço.

draughts [dra:fts; dræfts] *n pl* jogo de damas.

draw [drɔ:] *n* **1** empate (no jogo). **2** atração. **3** sorteio. **4** ato de puxar uma arma. • *vt+vi* (*ps* **drew**, *pp* **drawn**) **1** desenhar. **2** aproximar(-se), retirar(-se) de algum lugar. **3** puxar, arrastar. **4** extrair, tirar (dinheiro do banco). **5** provocar, causar. **6** empatar (jogo). **7** receber (pensão, salário). **to draw a gun** sacar um revólver. **to draw near** aproximar-se. **to draw off** apartar, retirar(-se). **to draw someone into / to** persuadir alguém a. **to draw the attention of** chamar a atenção de. **to draw the attention to** chamar a atenção a. **to draw the curtain** correr, puxar a cortina.

draw.back [dr'ɔ:bæk] *n* desvantagem, estorvo, inconveniência.

draw.er [dr'ɔ:ə] *n* gaveta. **chest of drawers** cômoda.

draw.ing [dr'ɔ:iŋ] *n* **1** desenho. **2** sorteio. **3** saque, retirada.

draw.ing-room [dr'ɔ:iŋ ru:m] *n* sala de visitas.

drawn [drɔ:n] *pp* of **draw**. • *adj* **1** empatado (jogo). **2** cansado, contraído. **3** puxado.

dread [dred] *n* medo (de), temor. • *vt+vi* temer.

dread.ful [dr'edful] *adj* **1** terrível, horrível, temível. **2** extremo, excessivo.

dream [dri:m] *n* **1** sonho. **2** quimera, utopia, fantasia. **3** meta, ideal. • *vt+vi (ps, pp* **dreamt** or **dreamed**). **1** sonhar. **2** imaginar, fantasiar. **a bad dream** um pesadelo. **a dream come true** um sonho que se tornou realidade. **daydream** devaneio. **never dreamt** nunca teria imaginado. **to dream up** inventar.

dream.er [dri'imə] *n* sonhador.

drear.y [dr'iəri] *adj* triste, melancólico, monótono, deprimente.

drench [drentʃ] *n* banho, ensopamento. • *vt* encharcar.

dress [dres] *n* **1** vestido. **2** traje, roupa, vestuário. • *vt+vi* **1** vestir-se. **2** enfeitar, ornar(-se), compor com alinho e asseio. **3** limpar uma ferida, fazer curativo. **dressed to kill** vestido de forma atraente. **to dress up** a) arrumar-se, vestir-se com elegância. b) disfarçar, vestir-se com traje de mascarado. **to get dressed** vestir-se.

dress.ing [dr'esiŋ] *n* **1** tempero, condimento. **2** curativo.

dress.ing ta.ble [dr'esiŋ teibəl] *n Brit* penteadeira.

dried [draid] *ps, pp* of **dry**.

dri.er, dry.er [dr'aiə] *n* **1** secador, aparelho de secar. **2** secadora de roupa.

drill [dril] *n* **1** broca. **2** exercício de recrutas, manobra, treino, exercício ou instrução repetida. • *vt+vi* **1** furar, perfurar. **2** exercitar os soldados, treinar. **hand drill** furadeira manual. **pneumatic drill** máquina pneumática de furar, britadeira, perfuratriz.

drink [driŋk] *n* **1** bebida, bebida alcoólica. **2** gole, trago. • *vt+vi (ps* **drank**, *pp* **drunk**). **1** beber. **2** embeber(-se), embriagar(-se). **soft drink** refrigerante. **to drink oneself drunk** beber até embriagar(-se). **to drink to someone's health** ou **to drink to** brindar a, beber à saúde de. **to drink up** beber tudo, esvaziar.

drink.a.ble [dr'iŋkəbəl] *adj* potável, que se pode beber, que é bom para beber.

drink.ing [dr'iŋkiŋ] *n* ação de beber álcool.

drip [drip] *n* **1** gotejamento. **2** *Archit* goteira. **3** *Med* gotejamento, tubo (ou líquido) para administração gota a gota em um vaso sanguíneo. • *vt+vi* gotejar, pingar, estar ensopado.

drive [draiv] *n* **1** passeio de carro, auto etc. **2** percurso, distância a percorrer de carro etc. **3** estrada para carros. **4** entrada para carros em moradias. **5** esforço, energia, impulso, dinamismo, ímpeto. • *vt+vi (ps* **drove**, *pp* **driven**). **1** conduzir, dirigir (cavalos, carro, navio etc.), levar. **2** ir de carro, auto etc. **3** impulsionar, forçar. **4** perfurar, pregar. **to drive a nail in** cravar um prego. **to drive away** afastar-se, partir em carro. **to drive in / into** inserir à força, fazer entrar a marteladas. **to drive out** a) expulsar, fazer sair. b) sair ou passear em carro etc. **to drive someone mad / crazy** enlouquecer, levar à loucura.

driv.en [dr'ivən] *pp* of **drive**. • *adj* **1** compulsivo. **2** impulsionado, movido.

driv.er [dr'aivə] *n* quem ou aquele que leva, conduz, motorista, maquinista (de locomotiva).

driv'er's li.cense, driving licence [dr'aivəz laisəns] *n* carteira de motorista.

driv.ing school [dr'aiviŋ sku:l] *n* autoescola.

driz.zle [dr'izəl] *n* garoa. • *vt+vi* garoar.

drone [droun] *n* zumbido, zunido. • *vt+vi* zumbir, zunir. **to drone away the time** matar o tempo.

drop [drɔp] *n* **1** gota, pingo. **2** porção ínfima, pequena quantidade de líquido.

drought

3 queda, descida. 4 *n pl* gotas medicinais (colírio). 5 bala (doce) 6 pendente, brinco. • *vt+vi (ps, pp* **dropped**) 1 deixar cair alguma coisa, cair. 2 diminuir, baixar. 3 desprender-se, soltar. 4 pingar, gotejar. **to drop a line** escrever uma carta, mandar notícias. **to drop ask** cair no sono. **to drop by/in/over** aparecer sem avisar, fazer uma visita informal. **to drop dead** cair morto.

drought [draut] *n* seca.

drown [draun] *vt+vi (ps, pp* **drowned**) 1 afogar(-se). 2 inundar, transbordar. 3 abafar a voz, o som. 4 *fig* mergulhar, interessar-se profundamente. **drowned in debts** carregado de dívidas. **drowned in tears** banhado em lágrimas. **to drown out** a) afugentar pela inundação. b) abafar o som.

drowse [drauz] *vt+vi* cochilar, dormitar. **to drowse away the time** passar o tempo sonhando.

drow.sy [dr'auzi] *adj* sonolento.

drug [drʌg] *n* 1 remédio, medicamento. 2 droga. • *vt+vi* 1 ministrar drogas. 2 ingerir drogas.

drug-ad.dict [dr'ʌg ædikt] *n* viciado em entorpecentes, toxicômano.

drug.store [dr'ʌgstɔ:] *n* drogaria, farmácia, *Amer* drogaria que vende também cosméticos, revistas, balas, sorvetes etc.

drum [drʌm] *n* 1 tambor, bateria. 2 barril, tambor. 3 *Anat* tímpano do ouvido, tambor. • *vt+vi* 1 rufar, tocar tambor. 2 tamborilar, tocar com os dedos ou outro objeto imitando o rufar do tambor.

drum.mer [dr'ʌmə] *n* baterista.

drunk [drʌŋk] *pp* de **drink**. • *adj* bêbado, embriagado. **drunk with power** embriagado pelo poder. **to get drunk** embriagar-se.

drunk.ard [dr'ʌŋkəd] *n* bêbado.

drunk.en [dr'ʌŋkən] *adj* 1 embriagado, de porre. 2 dado à bebedeira. 3 caracterizado por ou resultante de bebedeira.

dull

dry [drai] *vt+vi* 1 secar(-se), enxugar(-se). 2 murchar. 3 definhar-se. • *adj (compar* **drier**, *sup* **driest**) 1 seco. 2 árido. 3 sedento, sequioso. 4 seco, de poucas palavras, áspero, rude, sarcástico. **to dry out** secar(-se). **to dry up** a) secar. b) deixar de fluir. c) *coll* esquecer o diálogo (ator).

dry-clean [drai kl'i:n] *vt+vi* lavar a seco.

dry clean.er's [drai kl'i:nəz] *n* lavanderia.

dry milk [dr'ai milk] *n* leite em pó.

du.bi.ous [dju:biəs] *adj* duvidoso, incerto, vago, suspeito. **dubious about** irresoluto (em), indeciso (sobre).

duch.ess [d'ʌtʃis] *n* duquesa.

duck¹ [dʌk] *n* pato, pata. **to take to something like duck to water** aprender ou habituar-se facilmente a alguma coisa.

duck² [dʌk] *vt+vi* 1 mergulhar. 2 desviar rapidamente a cabeça ou o corpo, esquivar-se. 3 fazer profunda reverência. **to duck out of** esquivar(-se) de (responsabilidades).

due [dju:] *n* 1 dívida, obrigação. 2 direito, tributo. 3 direitos, impostos, dívida. 4 mensalidades (de clubes etc.). • *adj* 1 que se deve, vencido, pagável. 2 devido, conforme, adequado. 3 justo, exato. • *adv* exatamente, diretamente. **due date** data do vencimento. **due to** devido a, por causa de. **in due course** a tempo, em seu devido tempo. **in due time** no devido tempo, em tempo oportuno. **long past due** vencido há muito tempo. **to become / to fall due** vencer-se, ser pagável.

du.el [dj'u:əl] *n* duelo.

dull [dʌl] *vt+vi* 1 tornar(-se) estúpido. 2 pôr em estado de inércia física e moral, tirar a energia. 3 tirar o brilho de. • *adj* 1 chato, monótono. 2 vagaroso, moroso, lerdo. 3 triste, insensível, maçante, enfadonho. 4 escuro, nublado, sombrio. 5 cego, sem corte. 6 estúpido, grosseiro. 7 abafado (som).

dumb [dʌm] *vt* emudecer, silenciar, fazer calar. • *adj* **1** mudo. **2** calado, taciturno, silencioso. **3** *Amer coll* estúpido, bobo. **to strike dumb** emudecer de susto.

dum.my [d'ʌmi] *n* **1** chupeta (para crianças). **2** manequim, boneco. **3** simulacro, imitação. **4** *Amer coll* pateta, estúpido. • *adj* simulado, postiço, falsificado. **to dummy up** *sl* recusar-se a falar, ficar de boca fechada.

dump [dʌmp] *n* **1** depósito de lixo ou de entulho. **2** lugar sujo, espelunca. • *vt+vi* **1** esvaziar, descarregar lixo etc. **2** liquidar, vender ou exportar a preço abaixo do mercado. **3** livrar-se de sobras ou de pessoas indesejáveis. **city dump** depósito ou entulho municipal.

dung [dʌŋ] *n* esterco.

dun.ga.ree [dʌŋgər'i:] *n* espécie de brim (usado para macacões, calças, velas), denim azul. **dungarees** macacão, jardineira (roupa).

dun.geon [d'ʌndʒən] *n* calabouço, masmorra.

dupe [dju:p] *n* ingênuo. • *vt* enganar. **to be the dupe of someone** deixar-se enganar por alguém.

du.plex [dj'u:pleks] *n* **1** casa para duas famílias. **2** apartamento dúplex. • *adj* dúplex, dúplice, dupla.

du.pli.cate [dj'u:plikit] *n* **1** duplicata, cópia exata, réplica. • *vt+vi* **1** duplicar. **2** copiar, reproduzir. • *adj* **1** duplicado, reproduzido exatamente. **2** duplo. **in duplicate** em duplicata.

du.ra.tion [djuər'eiʃən] *n* duração.

dur.ing [dj'uəriŋ] *prep* durante, no tempo de.

dusk [dʌsk] *n* **1** crepúsculo, anoitecer. **2** sombra, escuridão. • *adj* obscuro, sombrio. **after dusk** após o escurecer.

dusk.y [d'ʌski] *adj* **1** sombrio, escuro. **2** *fig* triste, sombrio.

dust [dʌst] *n* **1** pó. **2** poeira. • *vi* varrer o pó, tirar o pó. **to bite the dust** *fig* a) ser morto. b) ser derrotado, malograr. **to raise / make** ou **kick up a dust** *fig* levantar poeira, fazer grande alarde. **to turn to dust and ashes** *fig* reduzir a cinzas. **when the dust has settled** quando a poeira baixar.

dust.bin [d'ʌstbin] *n* lata de lixo.

dust.er [d'ʌstə] *n* **1** pano de pó. **2** pessoa que tira o pó. **3** *Amer* guarda-pó, casaco leve e comprido.

dust.man [d'ʌstmən] *n* lixeiro.

dust.pan [d'ʌstpæn] *n* pá de lixo.

dust.y [d'ʌsti] *adj* empoeirado.

du.ti.ful [dj'u:tiful] *adj* obediente, respeitoso.

du.ty [dj'u:ti] *n* (*pl* **duties**) **1** dever, obrigação. **2** função, tarefa, cargo. **3** direito aduaneiro, imposto, taxa. **in duty** por respeito a. **to be off duty** estar de folga. **to be on duty** estar de plantão, estar de serviço. **to do duty for** substituir, pôr ou ser posto em lugar de outra pessoa a título provisório.

duty-free [dju:ti fr'i:] *adj* isento de taxas aduaneiras.

dwarf [dwɔ:f] *n* (*pl* **dwarfs, dwarves**) anão, anã, pigmeu, pigméia. • *vt+vi* impedir o crescimento ou desenvolvimento de. • *adj* anão, pequenino.

dwell [dwel] *vi* (*ps, pp* **dwelt** or **dwelled**) habitar, morar, viver, residir. **to dwell on / upon** estender(-se), escrever ou discorrer longamente (sobre um assunto), demorar(-se).

dwell.ing [dw'eliŋ] *n* habitação, moradia, residência.

dye [dai] *n* **1** tintura. **2** tom, cor obtida por tintura. • *vt+vi* tingir(-se).

dy.ing [d'aiiŋ] *n* ato de morrer. • *adj* **1** moribundo, agonizante. **2** mortal, perecível, extinguível. **to be in a dying condition** estar para morrer.

dys.en.ter.y [d'isəntəri] *n Med* disenteria.

E

E, e [i:] *n* **1** quinta letra do alfabeto, vogal. **2** *Mus* mi.

each [i:tʃ] *adj* cada. • *pron* cada, cada qual, todos. • *adv* cada um, para cada um. **each and every** todos. **each one** cada um. **each other** um ao outro (mutuamente). **for each other** um para o outro.

ea.ger ['i:gə] *adj* ansioso, ávido.

ea.gle ['i:gəl] *n* águia.

ear[1] [iə] *n* **1** ouvido. **2** orelha. **3** audição. **an ear for music** um ouvido para música. **it came to his father's ears** chegou ao conhecimento de seu pai. **to be all ears** ser todo ouvidos. **to box one's ears** esbofetear alguém. **to fall on deaf ears** não ser atendido. **to give ear** dar ouvidos. **to go in one ear and out the other** entrar por um ouvido e sair pelo outro. **to lend an ear** escutar, prestar atenção. **to make someone's ears burn** falar de alguém na sua ausência. **to play by ear** tocar de ouvido.

ear[2] [iə] *n* espiga. • *vi* espigar.

ear.ache ['iəreik] *n* dor de ouvido.

ear.ly ['ə:li] *adj* **1** matinal, de manhã, matutino. **2** precoce, prematuro, antecipado. • *adv* **1** cedo. **2** antecipadamente, prematuramente. **3** no princípio. **an early reply** uma resposta rápida. **as early as 1200** já no ano 1200. **at the earliest** não antes de. **in early life** na infância. **in early times** nos tempos antigos. **to be early** chegar cedo. **to keep early hours** levantar e deitar-se cedo.

earn [ə:n] *vt* **1** ganhar. **2** merecer. **3** tornar-se merecedor.

ear.nest ['ə:nist] *adj* **1** sério. **2** sincero, zeloso. **in earnest / in real earnest / in good earnest** de fato, a sério, com sinceridade, intensamente.

earn.ings ['ə:niŋz] *n pl* salário, ordenado. **gross earnings** receita bruta.

ear.phone ['iəfoun] *n* fone de ouvido.

ear.ring ['iəriŋ] *n* brinco.

earth [ə:θ] *n* **1** terra. **2** globo terrestre, Terra. **3** fio terra. **to cost the earth** custar muito dinheiro. **why on earth do you want that?** mas por que cargas-d'água você quer aquilo?

earth.quake ['ə:θkweik] *n* terremoto.

ease [i:z] *n* **1** bem-estar físico ou espiritual, tranquilidade. **2** alívio, conforto. **3** facilidade. • *vt+vi* **1** aliviar. **2** diminuir, minorar. **3** acalmar. **4** relaxar, afrouxar. **at ease** à vontade, em paz. **ill at ease** constrangido, pouco à vontade. **take your ease** esteja à vontade. **with ease** facilmente.

east [i:st] *n* **1** leste, oriente, levante. **2 East** regiões situadas a leste, o oriente, os países asiáticos. • *adj* oriental, oriundo do ou em direção ao leste. • *adv* rumo a leste, no leste. **Far East** Extremo Oriente. **Middle East** Oriente Médio, os países do Levante (Mediterrâneo oriental). **Near East** Oriente Próximo.

East.er ['i:stə] *n* Páscoa. **Easter egg** ovo de Páscoa.

east.ward ['i:stwəd] *adv* em direção ao Oriente, para leste.

eas.y ['i:zi] *adj* 1 fácil. 2 tranquilo. • *adv* facilmente, suavemente. • *interj* devagar! cuidado! **easier said than done** mais fácil falar do que fazer. **easy come/easy go** fácil vem, fácil vai. **easy on the ear/eye** agradável aos ouvidos/olhos. **take it easy** calma! não se afobe! **to go easy on** ir com calma.

eas.y chair [i:zi tʃ'eə] *n* poltrona, espreguiçadeira.

eas.y.go.ing [i:zig'ouiŋ] *adj* 1 calmo. 2 à vontade, despreocupado. 3 natural, desembaraçado. 4 tolerante.

eat [i:t] *vt+vi* (*ps* ate, *pp* eaten) comer. **to be eaten up by (with)** sentir remorsos. **to be eaten up with** estar corroído de (algum sentimento). **to eat humble pie** ser obrigado a admitir erro ou mentira. **to eat in** comer em casa. **to eat one's heart out** consumir-se, sofrer em silêncio. **to eat one's words** retirar o que disse, desmentir as próprias palavras. **to eat out** comer fora de casa. **to eat up** comer tudo. **what's eating you?** o que o está preocupando?

ebb [eb] *n* 1 maré baixa, vazante da maré. 2 *fig* decadência. • *vi* 1 vazar (a maré), estar na vazante. 2 diminuir, enfraquecer. **ebb and flow** fluxo e refluxo. **to be at a low ebb** estar numa situação ruim, estar em maré baixa.

eb.on.y ['ebəni] *n* ébano.

ech.o ['ekou] *n* (*pl* **echoes**) eco: a) repetição de som, repercussão. b) *fig* imitador. • *vt+vi* 1 ecoar: a) ressoar. b) repetir, repercutir. 2 *fig* arremedar.

e.co.nom.ics [i:kən'omiks] *n* economia (ciência). **home economics** economia doméstica.

e.con.o.mize, e.con.o.mise [ik'ɔnəmaiz] *vt+vi* economizar, poupar.

e.con.o.my [ik'ɔnəmi] *n* economia. • *adj* econômico.

ec.sta.sy ['ekstəsi] *n* êxtase.

ed.dy ['edi] *n* redemoinho.

edge [edʒ] *n* 1 fio, corte. 2 canto, extremidade, margem, beira, borda. 3 aresta. • *vt+vi* 1 margear, emoldurar, cercar, circundar. 2 mover pouco a pouco. 3 afiar, amolar. **on edge** a) nervoso, agitado. b) ansioso, impaciente. **to be on edge** estar com os nervos à flor da pele. **to be on the very edge of doing something** estar prestes a fazer alguma coisa. **to put someone on edge** irritar alguém.

ed.i.ble ['edəbəl] *adj* comestível.

ed.i.fy ['edifai] *vt* 1 instruir, aperfeiçoar moralmente, fortificar em virtudes. 2 edificar.

ed.it ['edit] *n* edição, revisão. • *vt* 1 editar. 2 revisar.

e.di.tion [id'iʃən] *n* edição, publicação.

ed.u.cate ['edjukeit; 'edʒəkeit] *vt+vi* educar, ensinar, instruir.

ed.u.ca.tion [edjuk'eiʃən; edʒəkeiʃən] *n* educação, ensino, estudo.

eel [i:l] *n* enguia.

eer.ie ['iəri] *adj* 1 misterioso. 2 assustador.

ef.fect [if'ekt] *n* 1 efeito, resultado, consequência. 2 impressão (moral ou material) causada. 3 *pl* bens, propriedades. • *vt* efetuar, executar. **in effect** a) realmente. b) em funcionamento. **to (ou of) no effect** em vão, inútil. **to take effect** a) entrar em vigor. b) fazer efeito (remédio). **to the following effect** do seguinte teor. **to the same effect** no mesmo sentido. **without effect** sem efeito, inválido.

ef.fec.tive [if'ektiv] *adj* 1 eficaz, útil. 2 real. 3 impressionante, de grande efeito. 4 em vigor.

ef.fi.ca.cy ['efikəsi] *n* eficácia.

ef.fi.cien.cy [if'iʃənsi] *n* eficiência.

effort — elocution

ef.fort ['efət] *n* 1 esforço. 2 realização, conquista. **to make an effort** fazer um esforço.

ef.fort.less ['efətlis] *adj* sem esforço, fácil.

e.gal.i.tar.i.an [igælit'εəriən] *n, adj* igualitário.

egg [eg] *n* ovo, *Biol* óvulo, germe. **as sure as eggs** *sl* com toda a certeza. **fried eggs** ovos estrelados, fritos. **good egg** *sl* bom sujeito. **hard boiled eggs** ovos cozidos. **old egg** velho amigo. **scrambled eggs** ovos mexidos. **soft boiled eggs** ovos cozidos moles. **the white of an egg** a clara do ovo. **the yolk of an egg** a gema do ovo. **to lay an egg** *Amer sl* fracassar, falhar. **to put all eggs into one basket** arriscar tudo, colocar todo o dinheiro em um único jogo. **to teach your grandmother to suck eggs** ensinar o padre-nosso ao vigário. **to tread upon eggs** pisar em ovos.

egg.plant ['egpla:nt] *n Bot* berinjela.

egg.shell ['egʃel] *n* casca de ovo.

eight [eit] *n, adj, pron* oito.

ei.ther ['aiðə; 'i:ðə] *adj* 1 um ou outro. 2 qualquer um dos dois, cada. 3 ambos. 4 (sentença negativa) nenhum dos dois. • *adv* 1 igualmente não, tampouco, também não. 2 também, de modo idêntico. 3 em vez de. • *conj* **either... or...** ou... ou... • *pron* 1 um ou outro, qualquer. 2 nenhum. 3 cada um.

e.ject [idʒ'ekt] *vt* 1 ejetar, expelir. 2 expulsar.

e.lab.o.rate [il'æbəreit] *vt+vi* 1 elaborar. 2 detalhar. • *adj* [il'əbərit] 1 elaborado, bem trabalhado, esmerado. 2 complicado.

e.las.tic [il'æstik] *n* elástico, fita elástica. • *adj* 1 elástico, flexível. 2 adaptável.

e.late [il'eit] *vt* alegrar, encher de felicidade ou orgulho.

el.bow ['elbou] *n* cotovelo. • *vt+vi* acotovelar, empurrar, abrir caminho com os cotovelos. **at one's elbow** à mão, ao alcance. **to elbow one's way (in/ out/ through)** abrir caminho às cotoveladas. **to give someone the elbow** terminar uma relação ou parceria. **up to the elbows** a) ocupadíssimo, cheio de serviço. b) muito envolvido.

eld.er ['eldə] *adj* mais velho.

eld.er.ly ['eldəli] *n* pessoas idosas. • *adj* 1 de idade avançada. 2 ultrapassado.

eld.est ['eldist] *adj sup* o mais velho.

e.lect [il'ekt] *vt+vi* 1 eleger. 2 escolher. • *adj* eleito, escolhido.

e.lec.tion [il'ekʃən] *n* eleição, votação.

e.lec.tric [il'ektrik] *adj* 1 elétrico. 2 *fig* vibrante, eletrizante.

e.lec.tri.cian [ilektr'iʃən] *n* eletricista.

e.lec.tric.i.ty [ilektr'isiti] *n* eletricidade.

e.lec.tri.fy [il'ektrifai] *vt* 1 eletrificar. 2 excitar, eletrizar.

e.lec.tro.cute [il'ektrəkju:t] *vt* eletrocutar.

e.lec.tron.ic [ilektr'ɔnik] *adj* eletrônico.

e.lec.tron.ic mail [ilektrɔnik m'eil] *n Comp* correio eletrônico (sistema de troca de correspondência via computador e por meio de linha telefônica).

el.e.gant ['eligənt] *adj* 1 elegante, gracioso. 2 fino, gracioso.

el.e.ment ['elimənt] *n* elemento. **elements** conhecimentos básicos.

el.e.men.ta.ry [elim'entəri] *adj* elementar.

el.e.phant ['elifənt] *n* elefante.

el.e.va.tor ['eliveitə] *n Amer* elevador.

e.lev.en [il'evən] *n, adj, pron* onze.

e.lic.it [il'isit] *vt* extrair, obter.

el.i.gi.ble [el'idʒəbəl] *adj* 1 elegível, qualificado. 2 desejável, conveniente. 3 aceitável, permitido.

e.lim.i.nate [il'imineit] *vt* 1 eliminar, expulsar. 2 omitir, livrar(-se). 3 erradicar.

elk [elk] *n Zool* alce.

elm [elm] *n Bot* olmo.

el.o.cu.tion [eləkj'u:ʃən] *n* elocução, dicção.

e.lope [il'oup] *vi* fugir de casa com o/a namorado/a, fugir para casar.

else [els] *adj* (frequentemente usado após um pronome indefinido ou interrogativo) **1** outro, diverso, diferente. **2** além disso, ainda mais. • *adv* **1** em vez de. **2** do contrário, senão. • *conj* ou, senão. **or else** / ou então.

else.where ['elswɛə] *adv* em outra parte, para outro(s) lugar(es).

e.lude [ilj'u:d] *vt* **1** esquivar(-se), evadir. **2** escapar, fugir à memória.

e.lu.sion [il'u:ʒən] *n* ardil, artifício, estratagema, subterfúgio.

e.lu.sive [il'u:siv] *adj* **1** enganoso. **2** indefinível, difícil de compreender. **3** evasivo, esquivo.

e.ma.ci.ate [im'eiʃieit] *vt+vi* emaciar, emagrecer, definhar.

e.ma.nate ['eməneit] *vt+vi* emanar, exalar.

e.man.ci.pate [im'ænsipeit] *vt* emancipar, livrar(-se).

em.bank.ment [imb'æŋkmənt] *n* dique, aterro.

em.bark [imb'a:k] *vt+vi* **1** embarcar. **2** envolver(-se) em negócios.

em.bar.rass [imb'ærəs] *vt* **1** envergonhar, atrapalhar. **2** complicar, dificultar.

em.bar.rass.ing [imb'ærəsiŋ] *adj* embaraçoso, desagradável.

em.bar.rass.ment [imb'ærəsmənt] *n* **1** vergonha. **2** estorvo, obstáculo.

em.bas.sy ['embəsi] *n* embaixada.

em.bed [imb'ed] *vt+vi* **1** enterrar. **2** encaixar. **3** embutir, fixar, incrustar.

em.bel.lish [imb'eliʃ] *vt* embelezar, adornar, enfeitar.

em.bez.zle.ment [imb'ezəlmənt] *n* desfalque, desvio.

em.bit.tered [imb'itəd] *adj* amargo, cínico.

em.brace [imbr'eis] *n* abraço. • *vt+vi* **1** abraçar. **2** adotar, aceitar. **3** incluir. **4** envolver. **5** aproveitar (oportunidade).

em.broid.er [imbr'ɔidə] *vt+vi* bordar, enfeitar.

em.broid.er.y [imbr'ɔidəri] *n* bordado.

em.bry.o [embriou] *n* **1** *Zool* embrião. **2** *Med* feto. **3** *fig* estado embrionário.

e.mend [im'end] *vt* corrigir, retificar.

e.mer.ald ['emərəld] *n* esmeralda.

e.merge [im'ə:dʒ] *vi* **1** emergir, aparecer. **2** *fig* desenvolver-se, surgir.

e.mer.gen.cy [im'ə:dʒənsi] *n* emergência.

em.i.grate ['emigreit] *vi* emigrar.

em.is.sa.ry ['emisəri] *n* emissário, mensageiro.

e.mis.sion [im'iʃən] *n* emissão.

e.mit [im'it] *vt* **1** emitir. **2** liberar.

e.mo.tion [im'ouʃən] *n* **1** emoção, comoção. **2** *Psych* sentimento.

em.per.or ['empərə] *n* imperador.

em.pha.sis, em.pha.sise ['emfəsis] *n* **1** ênfase. **2** acentuação, tonicidade.

em.pha.size, em.pha.sise ['emfəsaiz] *vt* dar ênfase, acentuar, enfatizar.

em.pire ['empaiə] *n* império.

em.ploy [impl'ɔi] *n* **1** emprego, serviço, ocupação. **2** uso, aplicação. • *vt* **1** empregar. **2** usar, aplicar.

em.ploy.ee [emplɔi'i:] *n* empregado, funcionário.

em.ploy.er [impl'ɔiə] *n* empregador, patrão.

em.ploy.ment [impl'ɔimənt] *n* emprego, trabalho.

empt.y ['empti] *vt+vi* **1** esvaziar, desocupar. **2** despejar. • *adj* **1** vazio. **2** vão, inútil.

en.a.ble [in'eibəl] *vt* habilitar, capacitar, tornar apto.

en.act [in'ækt] *vt* **1** decretar, legalizar. **2** desempenhar um papel, representar (em teatros).

en.am.el [in'æməl] *n* esmalte.

en.chant [intʃ'a:nt; intʃænt] *vt* **1** encantar, maravilhar. **2** enfeitiçar.

en.cir.cle [ins'ə:kəl] *vt* **1** cercar, envolver, circundar. **2** *fig* abraçar.

en.close [inkl'ouz] *vt* **1** circundar. **2** cercar. **3** anexar.

en.coun.ter [ink'auntə] *n* **1** encontro (casual). **2** conflito, combate. **3** duelo. • *vt+vi* **1** encontrar(-se) casualmente, deparar-se com alguém. **2** enfrentar, entrar em conflito.

en.cour.age [ink'∧ridʒ] *vt* **1** encorajar, animar. **2** apoiar, promover. **3** incitar.

en.cour.age.ment [ink'∧ridʒmənt] *n* encorajamento.

end [end] *n* **1** fim, final, extremo. **2** propósito, fim. • *vt+vi* **1** acabar, concluir, terminar. **2** finalizar, parar. **3** matar, morrer. • *adj* final. **from one end to the other** do começo ao fim. **his hair stands on end** ele está de cabelo em pé (medo). **in the end** no fim, finalmente. **to end up in** ir parar em. **to make an end of** encerrar. **to make both ends meet** viver de acordo com suas rendas, equilibrar o orçamento. **to no end** em vão, inútil. **to put an end to** pôr fim.

en.dan.ger [ind'eindʒə] *vt+vi* pôr em perigo, arriscar.

en.dear.ment [ind'iəmənt] *n* **1** estima, carinho. **2** agrado, apreço.

en.deav.or, en.deav.our [ind'evə] *n* esforço, empenho. • *vt+vi* esforçar-se, empenhar-se.

end.ing ['endiŋ] *n* fim, final, término.

end.less ['endlis] *adj* **1** infinito, infindável. **2** interminável, perpétuo.

en.dorse.ment [ind'ɔ:smənt] *n* **1** endosso. **2** aprovação.

en.dow [ind'au] *vt* doar, dotar.

en.dow.ment [ind'aumənt] *n* doação.

en.dure [indj'uə] *vt+vi* **1** suportar. **2** resistir.

en.e.my ['enimi] *n* inimigo.

en.er.gy ['enədʒi] *n* energia, resistência.

en.force.ment [inf'ɔ:smənt] *n* **1** coação. **2** execução de uma ordem ou lei. **3** reforço.

en.gage [ing'eidʒ] *vt+vi* **1** empenhar, dar a palavra, comprometer(-se). **2** combinar noivado, contratar casamento. **3** encarregar. **4** entregar-se ao trabalho, dedicar-se. **5** ocupar. **6** empregar, contratar.

en.gaged [ing'eidʒd] *adj* **1** noivo(a). **2** ocupado (telefone). **3** utilizado, usado, empregado.

en.gage.ment [ing'eidʒmənt] *n* **1** compromisso, obrigação, promessa. **2** noivado. **3** encontro marcado.

en.gine ['endʒin] *n* **1** motor (de combustão). **2** locomotiva.

en.gi.neer [endʒin'iə] *n* **1** engenheiro. **2** técnico. **3** mecânico. **4** maquinista de locomotiva. • *vt* **1** construir, executar, projetar. **2** *fig* planejar.

en.gi.neer.ing [endʒin'iəriŋ] *n* engenharia.

en.grave [ingr'eiv] *vt* **1** gravar, esculpir. **2** entalhar. **3** estampar. **4** *fig* gravar na memória, inculcar.

en.hance [inh'a:ns; inh'æns] *vt* **1** aumentar. **2** melhorar. **3** realçar.

en.joy [indʒ'ɔi] *vt* **1** desfrutar, deleitar (-se), gostar, apreciar, divertir(-se), ter prazer. **2** possuir.

en.joy.a.ble [indʒ'ɔiəbəl] *adj* **1** agradável. **2** divertido.

en.joy.ment [indʒ'ɔimənt] *n* prazer, alegria, divertimento, satisfação.

en.large [inl'a:dʒ] *vt+vi* **1** alargar(-se). **2** dilatar(-se). **3** aumentar. **4** ampliar.

en.large.ment [inl'a:dʒmənt] *n* **1** ampliação, aumento. **2** dilatação, expansão.

en.light.en [inl'aitən] *vt* esclarecer, instruir.

en.light.en.ment [inl'aitənmənt] *n* **1** iluminação. **2** esclarecimento. **3** **Enlightenment** *Hist* Iluminismo.

en.list [inl'ist] *vt* **1** *Mil* alistar(-se), recrutar. **2** inscrever(-se). **3** registrar. **4** atrair, interessar.

en.mi.ty [enmiti] *n* animosidade, aversão.

e.nor.mous [in'ɔ:məs] *adj* enorme.
e.nough [in'ʌf] *n* bastante, suficiente. • *adj* bastante, suficiente. • *adv* suficientemente, adequadamente. • *interj* basta! chega! **enough and to spare** mais do que o suficiente.
en.rage [inr'eidʒ] *vt* enfurecer.
en.rich [inr'itʃ] *vt* enriquecer.
en.rol, en.roll [inr'oul] *vt+vi* **1** registrar (-se), matricular(-se). **2** inscrever(-se). **3** *Mil* alistar(-se).
en.sure [inʃ'uə] *vt* **1** assegurar. **2** segurar. **3** garantir, proteger (**against, for, from** contra, de).
en.tan.gled [int'æŋgəld] *adj* emaranhado, intricado, embaraçado.
en.ter ['entə] *vt+vi* **1** entrar. **2** dirigir-se, introduzir-se. **3** matricular-se, alistar-se, ingressar. **4** admitir, introduzir. **5** começar, iniciar, vir ao pensamento. **to enter into** a) iniciar algo. b) influenciar. c) ter a ver com.
en.ter.prise ['entəpraiz] *n* **1** empreendimento, empresa. **2** espírito empreendedor.
en.ter.pri.sing ['entəpraiziŋ] *adj* **1** empreendedor, ativo. **2** ousado, corajoso.
en.ter.tain [entət'ein] *vt+vi* **1** entreter, divertir, distrair. **2** receber visita. **3** oferecer festas, celebrar. **4** cogitar, nutrir (ideias, planos). **5** manter correspondência.
en.ter.tain.ment [entət'einmənt] *n* entretenimento, diversão.
en.thu.si.asm [inθ'ju:ziæzəm] *n* entusiasmo.
en.thu.si.as.tic [inθju:zi'æstik] *adj* entusiástico, muito interessado.
en.tice [int'ais] *vt* **1** atrair, seduzir. **2** incitar, instigar (**to do, into doing** a, a fazer).
en.tire [int'aiə] *adj* inteiro, completo, todo.
en.ti.tle [int'aitəl] *vt* **1** intitular. **2** dar um direito, autorizar.

en.ti.tle.ment [int'aitəlmənt] *n* direito de posse.
en.ti.ty [entiti] *n* **1** entidade. **2** ente.
en.trails [entreilʒ] *n pl* **1** entranhas. **2** intestinos, vísceras.
en.tran.ce ['entrəns] *n* **1** entrada, permissão para entrar. **2** ação de entrar. **3** porta, abertura, portão. **4** *Theat* entrada em cena.
en.trust [intr'ʌst] *vt* **1** confiar. **2** incumbir, encarregar. **3** entregar aos cuidados.
en.try ['entri] *n* **1** entrada, ingresso. **2** apontamento. **3** verbete (dicionário).
en.twine [intw'ain] *vt+vi* entrelaçar(-se).
e.nun.ci.ate [in'ʌnsieit, in'ʌnʃieit] *vt+vi* **1** enunciar. **2** manifestar, anunciar.
en.vel.op [inv'eləp] *vt* envolver.
en.vi.ous ['enviəs] *adj* invejoso.
en.vi.ron.ment [inv'aiərənmənt] *n* meio ambiente.
en.vi.ron.men.tal.ist [invaiərənm'entəlist] *n* ambientalista.
en.voy ['envɔi] *n* enviado.
en.vy ['envi] *n* inveja, cobiça, ciúme. • *vt+vi* invejar, cobiçar, desejar.
ep.ic ['epik] *n* epopeia. • *adj* épico, heroico.
ep.i.graph ['epigra:f, 'epigræf] *n* epígrafe, inscrição.
ep.i.lep.sy ['epilepsi] *n Med* epilepsia.
ep.i.taph ['epita:f, 'epitæf] *n* epitáfio, inscrição tumular.
ep.och ['i:pɔk] *n* época, era, período.
e.qual ['i:kwəl] *n* igual, semelhante, qualidade ou quantidade igual. • *vt* igualar(-se), compensar, equiparar. • *adj* **1** igual, equivalente. **2** uniforme, constante. **3** capaz, à altura de. **to be on equal terms** ter uma relação de igual para igual.
e.qual.i.ty [ikw'ɔliti] *n* igualdade.
e.quate [ikw'eit] *vt+vi* **1** igualar. **2** comparar. **3** equiparar.
e.qua.tion [ikw'eiʒən] *n* **1** igualdade. **2** *Astr, Math, Chem* equação.

e.qua.tor [ikw'eitə] *n* equador.
e.ques.tri.an [ikw'estriən] *n* 1 cavaleiro. 2 equitador. • *adj* equestre.
e.qui.nox ['i:kwinɔks] *n* equinócio.
e.quip [ikw'ip] *vt* equipar, prover, preparar.
e.quip.ment [ikw'ipmənt] *n* equipamento, aparelhamento.
e.ra ['iərə] *n* era, época.
e.rad.i.cate [ir'ædikeit] *vt* exterminar, erradicar.
e.rad.i.ca.tion [irædik'eiʃən] *n* erradicação, exterminação.
e.rase [ir'eiz; ir'eis] *vt+vi* 1 apagar. 2 extinguir.
e.ras.er [ir'eizə; ir'eisə] *n* 1 borracha. 2 apagador.
e.rect [ir'ekt] *vt* 1 erigir, erguer, levantar. 2 edificar, construir. 3 instalar. 4 fundar. 5 estabelecer. • *adj* ereto, reto, direito, erguido, em pé.
e.rec.tion [ir'ekʃən] *n* ereção.
e.rode [ir'oud] *vt+vi* erodir, corroer, roer, desgastar(-se), sofrer erosão.
e.ro.sion [ir'ouʒən] *n* 1 corrosão, desgaste. 2 erosão, desagregação.
e.rot.ic [ir'ɔtik] *adj* erótico, sensual, libidinoso, lascivo.
err [ə:] *vi* 1 errar. 2 enganar-se, falhar. 3 cair em culpa, pecar. 4 transgredir as normas.
er.rand ['erənd] *n* mensagem, incumbência, missão, recado. **fool's errand** caminhada inútil.
er.rand boy ['erənd bɔi] *n* menino de recados, mensageiro.
er.rat.ic [ir'ætik] *adj* 1 errático, irregular. 2 esquisito, excêntrico, estrambótico. 3 errante.
er.ro.ne.ous [ir'ouniəs] *adj* errôneo, errado, falso, incorreto.
er.ror ['erə] *n* 1 erro, engano, equívoco, desacerto, inexatidão. 2 pecado, culpa, falta. 3 aberração, desvio. **writ of error** *Jur* apelação à instância superior por erro processual.

e.ruct [ir'ʌkt] *vt+vi* eructar, arrotar.
er.u.dite ['erudait] *adj* erudito, sábio, culto, letrado.
e.rupt [ir'ʌpt] *vt+vi* sair com ímpeto, estourar.
e.rup.tion [ir'ʌpʃən] *n* 1 erupção, explosão. 2 *Med* erupção cutânea.
es.ca.la.tor ['eskəleitə] *n* escada rolante.
es.ca.pade [eskəp'eid] *n* 1 escapada, fuga, escapadela. 2 travessura, traquinice, traquinada.
es.cape [isk'eip] *n* 1 fuga, evasão. 2 libertação, salvação, salvamento. 3 escape, escapamento, saída (água, gás). • *vt+vi* 1 escapar, evadir(-se), fugir. 2 livrar(-se), libertar-se, desvencilhar(-se). 3 salvar(-se), safar(-se), sobreviver.
es.cape lad.der [isk'eip lædə] *n* escada de emergência.
es.cape pipe [isk'eip paip] *n Tech* cano de escape, cano de descarga.
es.cort ['eskɔ:t] *n* 1 escolta, cobertura, comboio, séquito. 2 acompanhante (geralmente um homem levando uma mulher a uma festa). • *vt* escoltar, acompanhar.
es.pi.o.nage ['espiəna:ʒ] *n* espionagem.
es.say ['esei] *n* 1 ensaio (peça literária). 2 ensaio, teste, experiência. 3 trabalho analítico ou interpretativo. • *vt* tentar, experimentar.
es.sence ['esəns] *n* 1 essência, essencialidade, alma. 2 âmago. 3 entidade espiritual. 4 *Chem* essência, concentração. 5 perfume.
es.sen.tial [is'enʃəl] *n* 1 qualidade ou elemento indispensável. 2 princípios básicos. • *adj* essencial, substancial.
es.tab.lish [ist'æbliʃ] *vt+vi* estabelecer: a) fundar, instituir. b) fixar, assentar, firmar. c) determinar, decretar. d) organizar. e) introduzir.
es.tab.lish.ment [ist'æbliʃmənt] *n* 1 estabelecimento, instituição, fundação. 2 casa

estate | 88 | **event**

ou estabelecimento comercial, negócio. **3** efetivo militar. **the Establishment** a) as autoridades (públicas e privadas) estabelecidas. b) *Pol* sistema governante.

es.tate [ist'eit] *n* **1** propriedade rural. **2** espólio: conjunto de bens de uma pessoa por ocasião da sua morte. **3** posição, situação, classe, nível. **4** posses, bens, patrimônio. **man's estate** idade viril do homem. **at marriage estate** em idade de casar.

es.tate a.gent [ist'eit eidʒənt] *n* corretor de imóveis.

es.teem [ist'i:m] *n* **1** estima, consideração, apreço. **2** opinião favorável. **3** estimativa, avaliação, cálculo, cômputo. • *vt* **1** estimar. **2** avaliar, considerar.

es.ti.mate ['estimət] *n* **1** estimativa, avaliação. **2** opinião, julgamento. • ['estimeit] *vt* **1** estimar, avaliar, calcular, orçar. **2** julgar, considerar. **rough estimate** orçamento aproximado.

es.tranged [istr'eindʒd] *adj* afastado, alienado, marginalizado.

es.trange.ment [istr'eindʒmənt] *n* alienação, desavença, malquerença.

es.tu.ar.y ['estjuəri] *n* estuário, esteiro.

e.ter.nal [it'ə:nəl] *adj* **1** eterno, perpétuo. **2** imortal. **3** perdurável, incessante, constante.

e.ter.ni.ty [it'ə:niti] *n* eternidade, perpetuidade, perenidade, imortalidade.

e.ther ['i:θə] *n* éter: a) *Chem* líquido volátil, produto da destilação do álcool com um ácido. b) fluido sutil cuja existência é admitida em todos os vãos do universo. c) espaço celeste, atmosfera rarefeita em que se movem os corpos celestes.

eth.ics ['eθiks] *n pl* **1** ética, sistema moral. **2** princípios da ética.

e.ti.ol.o.gy [i:ti'ɔlədʒi] *n* etiologia: a) ciência que estuda a origem das coisas. b) *Med* teoria sobre a origem das doenças.

et.y.mol.o.gy [etim'ɔlədʒi] *n* etimologia: o estudo da origem das palavras.

eu.phe.mism [j'u:fimizəm] *n* eufemismo.

eu.pho.ri.a [ju:f'ɔ:riə] *n* euforia, sentimento de alegria e excitação.

eu.phor.ic [ju:f'ɔrik] *adj* eufórico.

e.vac.u.ate [iv'ækjueit] *vt+vi* **1** evacuar, desocupar, abandonar, retirar(-se). **2** despejar, esvaziar.

e.vade [iv'eid] *vt+vi* **1** evadir(-se), iludir, escapar, fugir, livrar-se, esquivar(-se), evitar. **2** *fig* sofismar, usar subterfúgios, burlar, contornar uma lei.

e.val.u.ate [iv'æljueit] *vt* avaliar, estimar o valor.

e.vap.o.rate [iv'æpəreit] *vt+vi* **1** evaporar(-se), evaporizar. **2** secar. **3** dissipar(-se), desaparecer.

e.va.sion [iv'eiʒən] *n* evasão: a) subterfúgio, evasiva. b) fuga, escusa.

eve [i:v] *n* **1** noite. **2** véspera. **Christmas Eve** véspera de Natal. **New Year's Eve** véspera de Ano-Novo, noite de São Silvestre.

e.ven ['i:vən] *vt+vi* **1** igualar, aplainar, nivelar. **2** emparelhar, equilibrar, compensar. **3** comparar-se, equiparar. **4** tirar desforra. • *adj* **1** plano, chato, liso. **2** nivelado, alinhado, no mesmo nível ou plano. **3** inalterável, invariável, regular, uniforme. **4** quite, sem saldo, sem compromisso. • *adv* até, mesmo. **even in Brazil** mesmo no Brasil. **even so** ainda assim, todavia, mesmo que. **even though (even if)** ainda que, mesmo que. **odd and even** ímpar e par. **of even date** da mesma data. **to be even** estar em paz, não dever nada. **to make even** a) saldar, liquidar. b) *Typogr* espaçar, ajustar as linhas.

e.ven.ing ['i:vəniŋ] *n* **1** noite, anoitecer. **2** (no sul dos EUA) tarde, véspera. **3** *fig* velhice. • *adj* vespertino. **good evening!** boa noite! **of an evening** *Poet* certa noite.

e.vent [iv'ent] *n* **1** evento, acontecimento, incidente, ocorrência. **2** eventualidade, caso. **3** consequência, resultado. **4**

número de um programa. **in any event / at all events** em todo o caso, aconteça o que acontecer, suceda o que suceder. **in the event of** no caso de.

e.vent.ful [iv'entful] *adj* 1 acidentado, agitado, cheio de acontecimentos. 2 importante, significativo, memorável.

e.ven.tu.al [iv'entʃuəl] *adj* 1 eventual, contingente, possível. 2 consequente, conclusivo, final.

ev.er ['evə] *adv* 1 sempre, constantemente, eternamente, continuamente. 2 jamais, nunca. 3 já, alguma vez. **ever after / ever afterwards / ever since** desde então, depois que, desde, desde o tempo que. **ever and again** continuamente, sempre, de novo. **for ever** para sempre. **hardly ever** quase nunca. **if I were ever so rich** por mais rico que eu fosse. **who ever can it be?** quem poderia ser?

ev.er.green ['evəgri:n] *n Bot* 1 sempre-viva. 2 ramos de sempre-viva. • *adj* perene.

ev.er.last.ing [evəl'a:stiŋ] *n* 1 *Bot* perpétua. 2 eternidade. • *adj* perpétuo, eterno, durável, sólido. **The Everlasting** Deus, o Eterno.

ev.e.ry ['evri] *adj* cada (um), todo, todos. **every day** diariamente, todos os dias. **every now and then** de vez em quando. **every one** cada um isoladamente. **every other day** dia sim, dia não. **every ten days** de dez em dez dias. **every time** a cada momento, em qualquer oportunidade.

eve.ry.bod.y ['evribɔdi] *pron* todos, toda gente, todo o mundo, cada um, cada qual.

eve.ry.day [evrid'ei] *adj* 1 diário, cotidiano. 2 para uso diário. 3 comum, medíocre.

eve.ry.one ['evriwʌn] *pron* = **everybody**.

eve.ry.thing ['evriθiŋ] *n* 1 tudo. 2 a situação toda. • *pron* tudo.

eve.ry.where ['evriweə] *adv* em toda parte, em todo lugar.

e.vict [iv'ikt] *vt* 1 *Jur* desapropriar judicialmente. 2 desapossar, despejar, expulsar.

e.vic.tion or.der [iv'ikʃən ɔ:də] *n Jur* ordem de despejo.

ev.i.dence ['evidəns] *n* 1 evidência, prova, indício. 2 sinal, indicação, mostra. 3 testemunho, depoimento de testemunha.

e.vil [i:vəl] *n* 1 mal, maldade. 2 infortúnio, dano, pecado, desgraça. • *adj* 1 mau, malvado, miserável. 2 infeliz. 3 daninho, malfazejo, prejudicial, nocivo. **The Evil one** demônio, diabo.

ev.o.lu.tion [i:vəl'u:ʃən] *n* 1 evolução, desenvolvimento, desdobramento. 2 *Math* extração da raiz de um número.

e.volve [iv'ɔlv] *vt+vi* 1 desenvolver (-se), evoluir, expandir. 2 *Chem* emitir. 3 deduzir, derivar.

ewe [ju:] *n* ovelha.

ex.act [igz'ækt] *vt* 1 extorquir, cobrar, arrecadar. 2 exigir, obrigar. • *adj* 1 exato, preciso, correto, justo, certo, acertado. 2 pontual. 3 direito, escrupuloso, consciencioso, minucioso, cuidadoso.

ex.ag.ger.ate [igz'ædʒəreit] *vt+vi* 1 exagerar. 2 encarecer. 3 agravar, piorar.

ex.am [igz'æm] *n* exame.

ex.am.i.na.tion [igzæmin'eiʃən] *n* 1 exame, prova, teste. 2 interrogatório. 3 investigação.

ex.am.ine [igz'æmin] *vt* 1 examinar, averiguar, investigar. 2 considerar, ponderar. 3 interrogar, inquirir. 4 inspecionar.

ex.am.ple [igz'a:mpəl; igz'æmpəl] *n* exemplo. **for example** por exemplo.

ex.as.per.ate [igz'æspəreit] *vt* 1 exasperar, irritar(-se), excitar(-se). 2 provocar.

ex.ca.vate ['ekskəveit] *vt+vi* 1 escavar. 2 cavar. 3 desenterrar (também *fig*), descobrir.

ex.ceed [iks'i:d] *vt+vi* 1 exceder, sobre-

excel   90   **exhibit**

pujar, superar, ultrapassar. **2** distinguir-se, celebrizar-se.

ex.cel [iks'el] *vt+vi* exceder, avantajar-se, sobrepujar, distinguir-se, primar, sobressair.

ex.cel.lence ['eksəlɔns] *n* excelência, superioridade, qualidade superior, mérito.

ex.cept [iks'ept] *vt+vi* excetuar, omitir, isentar, valer, excluir. • *prep* exceto, fora, salvo, menos, com exclusão de, à exceção de. • *conj* a menos que, senão, a não ser que.

ex.cep.tion [iks'epʃən] *n* **1** exceção, exclusão. **2** privilegiado, pessoa ou coisa excluída. **3** acontecimento fora do comum. **4** *Jur* objeção.

ex.cess [iks'es] *n* excesso: a) demasia. b) excedente, sobejo, sobra. c) intemperança, imoderação. d) abuso, violência. e) desmando, desregramento. **to excess** em demasia.

ex.ces.sive [iks'esiv] *adj* excessivo: a) demasiado, exorbitante. b) imoderado, desmesurado, exagerado.

ex.change [ikstʃ'eindʒ] *n* **1** troca, permuta. **2** câmbio, operações cambiais. **3** Bolsa, central de corretagens ou valores. • *vt+vi* trocar, cambiar, permutar. *Mil* transferir.

ex.cite [iks'ait] *vt* excitar: a) despertar, estimular, incitar. b) provocar, irritar. c) emocionar, animar.

ex.cite.ment [iks'aitmənt] *n* **1** excitamento, excitação. **2** instigação, incitamento. **3** irritação, provocação, agitação. **4** estímulo, exaltação.

ex.cit.ing [iks'aitiŋ] *adj* **1** excitante. **2** emocionante, empolgante. **3** estimulante.

ex.claim [ikskl'eim] *vt+vi* exclamar, chamar, gritar.

ex.clude [ikskl'u:d] *vt* **1** excluir. **2** excetuar, rejeitar. **3** eliminar.

ex.clu.sion [ikskl'u:ʒən] *n* **1** exclusão. **2** rejeição. **3** expulsão.

ex.clu.sive [ikskl'u:siv] *adj* **1** exclusivo. **2** único. **3** privativo. **4** restrito.

ex.cur.sion [iksk'ə:ʃən; iksk'ʒən] *n* excursão, viagem de recreio, passeio.

ex.cuse [iskj'u:s] *n* **1** escusa, desculpa, apologia, perdão. **2** pretexto, alegação. **3** justificativa. • [ikskj'u:z] *vt* **1** desculpar, escusar, perdoar. **2** justificar. **3** dispensar, isentar.

ex.e.cute ['eksikju:t] *vt* executar: a) efetuar, cumprir, desempenhar. b) fazer, realizar, levar a efeito. c) exercer, praticar. d) tocar.

ex.e.cu.tion [eksikj'u:ʃən] *n* execução: a) realização. b) *Jur* exação, penhora, sequestro, embargo. c) despacho. d) *Mus* execução, peça, recital. e) suplício, pena de morte. **to do great execution upon the enemy** causar grandes estragos ao inimigo.

ex.empt [igz'empt] *n* pessoa privilegiada, isenta de certo dever. • *vt* isentar, libertar, dispensar, eximir. • *adj* isento, livre, liberto.

ex.er.cise ['eksəsaiz] *n* **1** exercício: a) treino, adestramento, ensaio. b) prática, execução. c) ginástica, educação física. d) lição, tema escolar. **2** uso, emprego, aplicação. • *vt+vi* exercitar: a) praticar. b) adestrar, ensaiar, treinar. c) instruir recrutas. d) empregar, usar. **acqua exercises** hidroginástica. **written exercise** exercício escrito.

ex.ert [igz'ə:t] *vt* **1** mostrar, externar, manifestar. **2** exercer. **3** empregar, aplicar. **4** esforçar(-se), empenhar(-se).

ex.haust [igz'ɔ:st] *n* **1** escape, escapamento, descarga. **2** vapor ou gás de escape. • *vt+vi* **1** esvaziar, despejar. **2** gastar, consumir. **3** fatigar, esgotar. **4** exaurir, extenuar.

ex.haust.ing [igz'ɔ:stiŋ] *adj* exaustivo, fatigante.

ex.hib.it [igz'ibit] *n* **1** exibição, apresentação, exposição. **2** *Jur* prova, documento, testemunho. • *vt+vi* **1** exibir, expor, apresentar. **2** mostrar, revelar. **3** *Jur* apresentar provas.

ex.hi.bi.tion [eksib'iʃən] *n* 1 exposição, mostra. 2 exibição pública. 3 explicação, explanação. **to make an exhibition of oneself** fazer figura ridícula, tornar-se ridículo em público.

ex.hil.a.ra.ting [igz'iləreitiŋ] *adj* divertido, hilariante.

ex.hort [igz'ɔ:t] *vt+vi* exortar: a) incitar, alentar, animar, estimular. b) aconselhar.

ex.ile ['eksail] *n* 1 exílio, desterro, banimento, degredo, expatriação. 2 *fig* retiro, solidão. 3 exilado, desterrado, degredado, expatriado. • *vt* (**from**) de) exilar, desterrar, banir, expatriar.

ex.ist [igz'ist] *vi* existir: a) viver. b) subsistir.

ex.ist.ence [igz'istəns] *n* existência, vida, ser, tudo que existe, ocorrência. **to call into existence** criar, inventar, fundar.

ex.it [´eksit] *n* 1 saída: a) ato ou efeito de sair. b) lugar por onde se sai. 2 *fig* morte. • *vi* 1 sair. 2 *fig* morrer.

ex.ot.ic [egz'ɔtik] *n* 1 estrangeirismo. 2 planta ou qualquer coisa exótica. • *adj* 1 exótico, estranho, estrangeiro. 2 raro, invulgar.

ex.pand [iksp'ænd] *vt+vi* 1 expandir(-se), dilatar(-se), ampliar. 2 desenvolver(-se). 3 espalhar(-se), estender(-se), alargar(-se), prolongar(-se). **to expand on** desenvolver.

ex.pan.sion [iksp'ænʃən] *n* 1 expansão, dilatação, extensão. 2 propagação, ampliação.

ex.pect [iksp'ekt] *vt+vi* 1 esperar, aguardar, contar com. 2 *coll* pensar, supor, presumir. **to be expecting (a baby)** estar grávida.

ex.pect.ant [iksp'ektənt] *n* expectante. • *adj* 1 expectante, esperançoso, prometedor. 2 grávida. *heir expectant* / herdeiro presumível (da coroa).

ex.pec.ta.tion [ekspekt'eiʃən] *n* 1 expectativa. 2 perspectiva. 3 esperança. 4 suposição.

ex.pe.di.tion [ekspid'iʃən] *n* expedição: a) viagem (especialmente para exploração). b) *Mil* campanha militar.

ex.pel [iksp'el] *vt* 1 expelir, expulsar. 2 deportar. 3 *Tech* expelir, arremessar.

ex.pense [iksp'ens] *n* 1 despesa, gasto. 2 custo, dispêndio. 3 perda, sacrifício. **at an expense of** pelo preço de. **expenses covered** franco ou isento de despesas. **petty expenses** despesas miúdas. **to laugh at one's expense** rir à custa de alguém. **travelling expenses** despesas de viagem. **working expenses** despesas de produção.

ex.pen.sive [iksp'ensiv] *adj* dispendioso, caro, custoso.

ex.pe.ri.ence [iksp'iəriəns] *n* 1 experiência, prática. 2 peripécia, aventura. 3 ensaio, treinamento. 4 conhecimento, perícia. **by my own experience** pela minha própria experiência. **experience in teaching** prática no magistério. • *vt* 1 experimentar, experienciar, conhecer, saber por experiência. 2 sofrer, sentir, padecer, suportar.

ex.per.i.ment [iksp'erimənt] *n* experiência, experimentação, tentativa, prova, experimento, ensaio. • *vi* experimentar, tentar, ensaiar, fazer experiências.

ex.pert [´ekspə:t] *n* perito, técnico, especialista. • *adj* [eksp'ə:t] perito, experimentado, versado, hábil, prático, conhecedor.

ex.pire [iksp'aiə] *vt+vi* expirar: a) expelir, exalar. b) *fig* morrer. c) terminar, vencer (prazo).

ex.plain [ikspl'ein] *vt+vi* 1 explicar, esclarecer, elucidar, ilustrar. 2 interpretar. 3 motivar, fundamentar. **to explain away** dar satisfação (geralmente sobre atitudes ou ações erradas).

ex.pla.na.tion [eksplən'eiʃən] *n* 1 explanação, explicação, exposição, esclarecimento. 2 discussão, interpretação. 3 reconciliação, entendimento.

ex.plode [ikspl'oud] *vt+vi* 1 explodir, detonar. 2 demolir, destruir. 3 estourar, rebentar, dar vazão (a sentimentos).

ex.ploit¹ ['eksploit] *n* bravura, ato de heroísmo, feito heroico, façanha, proeza.

ex.ploit² [ikspl'ɔit] *vt* explorar, aproveitar(-se), tirar partido, utilizar.

ex.ploi.ta.tion [eksploit'eiʃən] *n* exploração, utilização, aproveitamento.

ex.plore [ikspl'ɔ:] *vt+vi* explorar, investigar, examinar.

ex.plo.sion [ikspl'ouʒən] *n* 1 explosão, estouro. 2 detonação, erupção. 3 *fig* manifestação violenta de sentimentos.

ex.port ['eksp:t] *n* 1 exportação. 2 produto da exportação. 3 total de material exportado. • [eksp'ɔ:t] *vt* exportar.

ex.pose [iksp'ouz] *vt* 1 expor, exibir. 2 descobrir. 3 deixar desabrigado. 4 apresentar para venda. 5 desmascarar, evidenciar, patentear. 6 *Phot* expor à luz.

ex.po.sure [iksp'ouʒə] *n* 1 exposição, exibição. 2 abandono ao ar, à água ou às intempéries. 3 comprometimento, revelação. 4 *Phot* tempo de exposição à luz.

ex.press¹ [ikspr'es] *n* 1 mensagem urgente, carta ou encomenda expressa. 2 *Amer* empresa de remessas rápidas de dinheiro, valores e encomendas. 3 expresso: trem rápido. • *vt* despachar como encomenda, enviar por mensageiro, remeter com urgência. • *adj* expresso, claro, definido, categórico, explícito. • *adv* por via expressa.

ex.press² [ikspr'es] *vt* 1 expressar, enunciar por palavras ou gestos. 2 simbolizar, representar. 3 manifestar, externar. **to express oneself** dar vazão aos seus sentimentos, manifestar sua opinião.

ex.pres.sion [ikspr'eʃən] *n* 1 expressão, manifestação, declaração. 2 fraseado, locução. 3 fórmula algébrica.

ex.pul.sion [iksp'ʌlʃən] *n* expulsão, exclusão.

ex.qui.site ['ikskwizit] *adj* seleto, apurado, requintado.

ex.tend [ikst'end] *vt+vi* 1 estender: a) prolongar(-se), alongar(-se). b) ampliar(-se), aumentar, amplificar. c) alargar, dilatar, expandir. d) prorrogar (prazo). 2 oferecer, dar, conceder.

ex.ten.sion [ikst'enʃən] *n* extensão: a) ampliação, amplificação. b) alongamento, prolongamento. c) dilatação, expansão. d) aumento. e) ramal de telefone.

ex.ten.sive [ikst'ensiv] *adj* extensivo, extenso, largo, vasto, amplo, espaçoso.

ex.tent [ikst'ent] *n* 1 extensão: altura, largura, comprimento, tamanho, volume. 2 amplitude, alcance, âmbito, grau. **extent of tolerance** margem de tolerância. **the extent of the forest** a amplidão da floresta. **to a certain extent** até certo ponto. **to a great extent** em grande escala ou proporção. **to its full extent** inteiramente. **writ of extent** *Jur* mandado de penhora.

ex.ter.nal [ekst'ə:nəl] *adj* 1 externo, exterior. 2 estranho. 3 visível, material, físico, corporal.

ex.tin.guish [ikst'iŋgwiʃ] *vt* 1 extinguir, apagar. 2 aniquilar, destruir. 3 matar. 4 abolir, eliminar.

ex.tin.guish.er [ikst'iŋgwiʃə] *n* extintor.

ex.tort [ikst'ɔ:t] *vt* extorquir, arrebatar, forçar.

ex.tra ['ekstrə] *n* 1 extraordinário. 2 acréscimo, aumento. 3 edição extra de jornais. 4 figurante em teatro ou filme, operário diarista. 5 **extras** gastos extraordinários, despesas suplementares, taxa suplementar. • *adj* 1 extra, extraordinário, especial, inusitado. 2 superior. 3 suplementar. • *adv* super, extra.

ex.tract ['ekstrækt] *n* extrato, resumo, sumário. • [ikstr'ækt] *vt* 1 extrair, arrancar, tirar. 2 *Chem* precipitar, destilar. 3 transcrever. 4 publicar um extrato (trecho de algo escrito).

ex.traor.di.na.ry [ikstr'ɔ:dənəri] *adj* extraordinário, raro, notável, singular.
ex.trav.a.gance [ikstr'ævəgəns] *n* **1** extravagância, gasto excessivo. **2** excesso, exagero.
ex.trav.a.gant [ikstr'ævəgənt] *adj* **1** gastador, perdulário. **2** excessivo, exagerado.
ex.treme [ikstr'i:m] *n* **1** extremo. **2** extremidade. **3** excesso, descomedimento, exagero. • *adj* **1** extremo. **2** derradeiro, último. **3** sumo, supremo. **4** grandíssimo, extremado.
ex.trem.i.ties [ikstr'emitiz] *n pl* **1** extremidades. **2** extrema miséria, necessidade, situação desesperadora ou aflitiva. **reduced to extremities** inteiramente arruinado. **3** medidas extremas.
eye [ai] *n* **1** olho, vista. **2** visão, percepção. **3** olhar, olhadela. **4** *Bot* botão, broto. **5** clarabóia. **6** orifício da agulha, colchete. • *vt* olhar, observar, mirar, examinar. **a private eye** detetive particular. **the evil eye** mau-olhado. **the sight relieves the eyes** o espetáculo deleita a vista. **to be up to the eyes with work** estar sobrecarregado de trabalho. **to cast an eye on something** dar uma olhada. **to catch someone's eye** chamar a atenção de alguém. **to eye somebody from top to toe** olhar alguém dos pés à cabeça. **to keep an eye on** ficar de olho. **to shut one's eyes** fingir que não vê.
eye.ball ['aibɔ:l] *n* globo ocular.
eye.brow ['aibrau] *n* sobrancelha.
eye-catch.ing ['ai kætʃiŋ] *adj* que chama a atenção, vistoso.
eyed [aid] *adj* que tem olhos. **blue eyed** / de olhos azuis.
eye.glass ['aigla:s] *n* **1** lente. **2** óculos. **3** monóculo.
eye.lash ['ailæʃ] *n* pestana, cílio.
eye.let ['ailit] *n* **1** ilhó. **2** furo, orifício.
eye.lid ['ailid] *n* pálpebra.
eye.sight ['aisait] *n* vista, visão.
eye sock.et ['ai sɔkit] *n* órbita ocular.
eye.wit.ness ['aiwitnis] *n* testemunha ocular.

f

F, f [ef] *n* 1 sexta letra do alfabeto, consoante. 2 *Mus* fá: quarta nota da escala musical.

fa.ble [feibəl] *n* 1 fábula, narração alegórica, lenda, mito. 2 história inventada, mentirosa. 3 enredo de poema, romance ou drama. • *vt* contar ou criar fábulas.

fab.ric [fæbrik] *n* tecido, pano.

fab.ri.ca.tion [fæbrik'eiʃən] *n* 1 fabricação. 2 construção. 3 invenção, mentira.

fab.u.lous [fæbjuləs] *adj* 1 fabuloso, lendário, alegórico, mitológico. 2 falso, imaginário, inventado, fictício. 3 incrível, admirável, prodigioso, grandioso.

fa.çade [fəsa:d] *n* 1 *Archit* fachada, frontispício. 2 *fig* fachada: falsa aparência.

face [feis] *n* 1 face: a) cara, rosto. b) fisionomia, semblante. 2 expressão de atitude moral: a) descaramento, audácia, atrevimento. b) dignidade, prestígio. 3 lado: a) anverso de cristais ou moedas. b) mostrador de relógio. • *vt* 1 encarar, enfrentar, afrontar, apresentar-se. 2 fazer face a, opor-se, resistir. 3 defrontar-se com. **face to face** a) cara a cara. b) pessoalmente. **in the face of** diante de, em face de, em virtude de. **in the face of the day** às claras, abertamente. **she made up her face** ela maquiou o rosto. **to carry two faces** ter duas caras, ser ambíguo. **to look a person in the face** encarar alguém. **to make faces** fazer caretas. **to save one's face** salvar as aparências. **to shut the door in a person's face** bater a porta na cara de alguém.

face.less [f'eislis] *adj* 1 sem rosto. 2 sem personalidade.

fac.et [f'æsit] *n* faceta.

fa.ce.tious [fəs'i:ʃəs] *adj* que faz brincadeiras ou zombarias inoportunas.

fac.ile [f'æsail; f'æsəl] *adj* fácil, simples, de fácil compreensão.

fa.cil.i.ties [fæs'ilitiz] *n pl* 1 facilidades. 2 instalações. 3 recursos.

fa.cil.i.ty [fəs'iliti] *n* 1 facilidade. 2 simplicidade. 3 flexibilidade. 4 habilidade, desembaraço.

fact [fækt] *n* fato: a) coisa ou ação feita. b) caso, acontecimento, ocorrência, sucesso, ato. c) realidade, verdade. **a matter-of-fact person** uma pessoa sensata, prática, objetiva. **as a matter of fact** o fato é que, em verdade, para dizer a verdade, realmente. **fact of life** aspecto fatual da vida humana. **facts of life** fatos relativos a sexo, reprodução, parto. **hard facts** crua realidade. **in fact** de fato, para dizer a verdade.

fac.to.ry [f'æktəri] *n* fábrica, manufatura, usina.

fac.ul.ty [f'ækəlti] *n* 1 faculdade: a) poder de fazer. b) capacidade, habilidade.

2 faculdade de uma universidade. **3** membros de um departamento de uma universidade. **faculty members** corpo docente e técnicos de um departamento acadêmico.

fade [feid] *vt+vi* **1** murchar, estiolar. **2** enfraquecer, desmaiar, desfalecer. **3** desbotar, descolorir. **to fade away** desvanecer-se, esmorecer, passar, desaparecer.

fad.ing [f'eidiŋ] *n* **1** desvanecimento, desaparecimento gradual. **2** *Radio* variação do volume. • *adj* **1** passageiro, transitório, efêmero. **2** que murcha, definha ou desbota.

fail [feil] *n* reprovação, falta (só na expressão): **without fail** sem falta. • *vt+vi* **1** faltar, haver falta, ser insuficiente ou deficiente. **2** minguar, acabar-se, extinguir-se, desvanecer-se. **3** definhar, enfraquecer, declinar, decair. **4** fracassar, malograr, ser malsucedido. **5** falir, ir à bancarrota. **to fail a friend in need** abandonar um amigo na desgraça. **to fail of one's word** faltar à palavra.

fail.ing [f'eiliŋ] *n* **1** falta (na perfeição): defeito, deficiência, imperfeição, fraqueza, ponto fraco. **2** falta (na execução): ausência, negligência, culpa. **3** fracasso, quebra, bancarrota, falência. • *adj* que falta ou falha: deficiente, enfraquecido, debilitado, combalido, desistente, negador. • *prep* à falta de, na falta de.

fail.ure [f'eiljə] *n* **1** falta, carência, falha, deficiência. **2** insucesso, malogro, fracasso. **3** declínio, enfraquecimento, decadência. **failure of crops** má colheita.

faint [feint] *n* desmaio, desfalecimento. • *adj* fraco: a) débil, lânguido, abatido, desmaiado, desfalecido, frouxo. b) zonzo, tonto. c) indistinto, leve, ligeiro. d) desbotado, pálido, desmaiado (cor). • *vi* desmaiar, desfalecer. **dead faint** desmaio profundo. **faint heart** **never won fair lady** quem não arrisca não petisca.

faint-heart.ed [feint h'a:tid] *adj* covarde, medroso, tímido, frouxo.

fair [fɛə] *n* **1** feira. **2** feira de amostras. **3** *Amer* bazar de caridade. • *adj* **1** regular, satisfatório. **2** uniforme, suave. **3** formoso, belo. **4** claro, louro (cabelo, face). **5** limpo, íntegro. **6** sereno (céu). **7** bom, favorável (vento). **fair and square** honesto, justo. **fair play** jogo limpo. **fair water** água límpida. **the belly is not filled with fair words** palavras bonitas não enchem barriga. **to give someone fair warning** avisar em tempo. **to stand fair with a person** estar em bons entendimentos com alguém.

fair.ly [f'ɛəli] *adv* **1** regularmente, razoavelmente. **2** completamente, absolutamente. **3** justamente, honestamente. **4** bastante.

fair.y [f'ɛəri] *n* fada.

faith [feiθ] *n* fé: fé, crença ou convicção religiosa. • *interj* de fato, na verdade! **on the faith of** confiando em. **to break faith** quebrar a fé. **to keep faith with** ser leal, fiel a. **to keep one's faith** cumprir a palavra. **to pin one's faith to** (ou **upon**) ter fé e confiança, não dar ouvidos a argumentos. **to put faith in** dar fé, acreditar, confiar.

faith.ful [f'eiθful] *adj* fiel, leal.

fake [feik] *n* **1** fraude, algo ou alguém que é falso, falsificação. **2** impostor, charlatão, farsante. • *vt+vi* **1** falsificar, imitar falsificando. **2** fingir, disfarçar. • *adj Amer* falso, falsificado, afetado.

fall [fɔ:l] *n* **1** queda, caída, tombo, declive. **2** queda d'água, catarata, desaguamento, desembocadura de rio, precipitação de chuva ou de neve e sua quantidade. **3** desmoronamento, desabamento (ruínas, destruição), capitulação de praças, rendição, tomada, derrota. **4** corte de árvores, derrubada. **5** *Amer* outono. • *vt+vi* (ps

fell, *pp* **fallen**) **1** cair, tombar, descer sobre a terra, correr. **2** desaguar, desembocar. **3** abater-se, esmorecer, fraquejar, decair. **4** desmoronar, desabar, ruir. **5** abater, derrubar. **6** baixar, decrescer, diminuir (temperatura, maré, preço). **to fall apart** ficar em pedaços, desintegrar-se. **to fall behind** ficar para trás, perder terreno. **to fall down** desmoronar. **to fall for** engraçar-se, enamorar-se. **to fall in** desabar, ruir, cair, abater-se, *Mil* entrar em forma. **to fall in love with** apaixonar-se por. **to fall into conversation** começar uma conversa. **to fall into disuse** cair em desuso. **to fall into oblivion** cair em esquecimento. **to fall off** descrescer, diminuir. **to fall out of flesh** emagrecer. **to fall to pieces** desabar, despedaçar-se, desagregar-se. **to fall under one's displeasure** cair no desagrado de alguém.

fal.len [f'ɔ:lən] *pp* of **fall** *adj* caído.

false.hood [f'ɔ:lshud] *n* falsidade: a) erro, inexatidão. b) calúnia, impostura, hipocrisia.

fal.si.fy [f'ɔ:lsifai] *vt* falsificar, imitar ou alterar com fraude.

fame [feim] *n* fama.

fa.mil.i.ar [fəm'iliə] *n* familiaridade. • *adj* **1** familiar. **2** familiarizado, versado. **3** conhecido. **to be on familiar terms with** ter relações amistosas com alguém. **to make oneself familiar with** familiarizar-se com.

fa.mil.i.ar.i.ty [fəmili'æriti] *n* familiaridade.

fam.i.ly [f'æmili] *n* família: a) pais e filhos, lar. b) grupo de pessoas que formam um lar, inclusive parentes e criados. c) descendência, estirpe.

fam.ine [f'æmin] *n* fome, inanição.

fa.mous [f'eiməs] *adj* **1** famoso, afamado, célebre, ilustre, insigne, notável. **2** *coll* ótimo, excelente, de primeira.

fan[1] [fæn] *n* **1** leque, abanico. **2** ventarola, ventoinha, ventilador, abano. • *vt+vi* **1** abanar, agitar o ar com o leque, refrescar, movendo abano ou leque. **2** ventilar, aventar, arejar. **3** *fig* atiçar, excitar, inflamar.

fan[2] [fæn] *n* (*abbr* **fanatic**) *coll* fã, admirador, torcedor.

fan.ci.ful [f'ænsiful] *adj* fantástico, caprichoso, esquisito, extravagante.

fan.cy [f'ænsi] *n* fantasia, capricho, extravagância, veneta. • *vt+vi* **1** imaginar, fantasiar, planejar na fantasia. **2** julgar, reputar, crer, não saber com certeza, supor. **just fancy that!** imagine só! **to take someone's fancy** cair nas graças de alguém.

fan.cy dress [fænsi dr'es] *n* fantasia. **fancy dress ball** baile à fantasia.

fan.ta.sy [f'æntəsi] *n* fantasia.

far [fa:] *adj* (*compar* **farther, further**, *sup* **farthest, furthest**) **1** remoto, distante, afastado, longínquo. **2** adiantado, avançado. **3** muito longe. • *adv* **1** longe, ao longe, a grande distância. **2** muito, decididamente, em alto grau, em grande parte. **3** fundo, profundo. **4** demasiado. **as far as I am concerned** no que me toca. **as far as there** até ali. **as far as we know** tanto quanto sabemos. **far back** muito atrás, remoto, há muito tempo. **far better** muito melhor. **how far?** a que distância, até onde, até que ponto? **in the farthest corner** no canto mais remoto. **she is far from strong** ela está longe de ser forte. **so far** até agora, por enquanto. **so far, so good** até aqui tudo bem. **thus far** até aqui. **to carry a thing too far** levar uma coisa ao extremo.

far-a.way, far.a.way [fa:rəw'ei] *adj* **1** distante, remoto, longínquo. **2** distraído, pensativo, sonhador.

fare [fɛə] *n* tarifa, preço de passagem. • *vi* **1** passar bem ou mal, ter ou não ter sorte. **2** acontecer, suceder, sair (bem ou mal).

fare.well [fɛəw'el] *n* adeus, despedida. • *adj* de despedida. • *interj* adeus! felicidades! **to bid farewell** dizer adeus, despedir-se.

farm [fa:m] *n* fazenda, granja, chácara, herdade, quinta, propriedade rústica, sítio. • *vt+vi* 1 cultivar, amanhar, lavrar (terra), criar gado. 2 cultivar uma fazenda, ser fazendeiro. **fat farms** *coll* spa: clínica de emagrecimento. **funny farms** *sl* a) hospício. b) clínica de tratamento de alcoólatras, drogados etc.

farm.er [f'a:mə] *n* fazendeiro, granjeiro, quinteiro, lavrador.

farm.ing [f'a:miŋ] *n* lavoura, agricultura, exploração agrícola, cultivo. **small farming** cultura em pequena escala.

far-sight.ed [fa: s'aitid] *adj* 1 presbita, hipermétrope. 2 perspicaz, previdente, acautelado, sagaz.

far.ther [f'a:ðə] *adj* (*compar* of **far**) 1 mais distante, mais remoto, mais afastado, mais longe. 2 adicional, mais. • *adv* 1 mais longe, mais completo, mais adiantado, mais avançado. 2 além disso, também, demais.

far.thest [f'a:ðist] *adj* (*sup* of **far**) o mais distante, o mais remoto, o mais afastado. • *adv* 1 mais. 2 a maior distância.

fas.ci.nat.ing [f'æsineitiŋ] *adj* fascinante, cativador, sedutor, atraente.

fash.ion [f'æʃən] *n* 1 moda, uso, costume, bom-tom. 2 talhe, corte (do vestido). 3 maneira, modo. • *vt* 1 formar, dar feitio. 2 moldar, amoldar, talhar, modelar.

fash.ion.a.ble [f'æʃənəbəl] *adj* na moda, que segue a moda, de bom-tom, de bom gosto, elegante, moderno.

fast¹ [fa:st; fæst] *n* 1 jejum, abstenção, abstinência. 2 período de jejum. • *vi* jejuar. **to break fast** quebrar o jejum.

fast² [fa:st; fæst] *adj* 1 veloz, rápido. 2 firme, fixo, seguro. • *adv* 1 velozmente, rapidamente. 2 firmemente, fixamente,

fortemente, muito. **fast asleep** profundamente adormecido. **my watch (clock) is fast** meu relógio está adiantado. **to hold fast** segurar com firmeza. **to make a fast buck** enriquecer rapidamente de maneira desonesta.

fas.ten [f'a:sən; f'æsən] *vt+vi* 1 firmar, fixar, segurar, pregar, parafusar, cavilhar. 2 atar, prender, ligar, apertar, amarrar. 3 trancar, aferrolhar, fechar bem. **to fasten up** abotoar, fechar. **to fasten your attention on / to fasten upon** não conseguir pensar em outra coisa.

fat [fæt] *n* 1 gordura, banha, graxa, adiposidade, unto, sebo. 2 obesidade. • *adj* 1 gordo, corpulento, obeso, adiposo, carnudo, rechonchudo, cevado. 2 gorduroso, oleoso. **a fat lot of good!** nada bom!

fa.tal.i.ty [fət'æliti] *n* 1 fatalidade. 2 calamidade, desgraça, ruína, acidente mortal, ocorrência fatal, morte por acidente. **fatality rate** coeficiente de letalidade.

fate [feit] *n* fado, destino, sorte.

fa.ther [f'a:ðə] *n* pai. • *vt* 1 gerar, procriar. 2 *fig* criar, originar.

fa.ther-in-law [f'a:ðə in lɔ:] *n* sogro.

fa.ther.less [f'a:ðəlis] *adj* órfão, órfã, *fig* anônimo.

fa.tigue [fət'i:g] *n* fadiga, exaustão, cansaço. • *vt* fatigar(-se), exaurir-se.

fat.ten [fætən] *vt+vi* 1 engordar, cevar. 2 enriquecer.

fat.ty [f'æti] *n sl* gorducho, gordo, pessoa gorda. • *adj* 1 gorduroso, oleoso. 2 adiposo.

fau.cet [f'ɔ:sit] *n Amer* torneira.

fault [fɔ:lt] *n* falta: a) defeito, imperfeição, falha. b) culpa leve, deslize, defeito moral. • *vt Geol* 1 formar falha, causar defeito. 2 culpar, encontrar falha.

fault.y [f'ɔ:lti] *adj* defeituoso, imperfeito, errado, errôneo.

fa.vor, fa.vour [f'eivə] *n* favor, obséquio, benefício, ato de generosidade, fineza. • *vt* favorecer, proteger, facilitar.

favorite, favourite / fellow

fa.vor.ite, fa.vour.ite [f'eivərit] *n* favorito, protegido, predileto. • *adj* favorito, predileto.

fawn [fɔ:n] *n* corço, cervo. • *adj* castanho-amarelado, bege.

fear [fiə] *n* medo, temor, susto, receio, apreensão. • *vt+vi* temer, recear.

fear.ful [f'iəful] *adj* terrível, temível, horrendo, pavoroso, medonho. **a fearful noise** um barulho terrível.

fear.less [f'iəlis] *adj* destemido, impávido, intrépido, audaz.

fea.si.ble [f'i:zəbəl] *adj* viável, factível, exequível.

feast [fi:st] *n* 1 festa, festividade. 2 festim, banquete. 3 regalo, regozijo, deleite. • *vt+vi* 1 banquetear(-se), comer. **to feast your eyes on (ou upon) something** deleitar-se, encher os olhos com alguma coisa muito agradável.

feat [fi:t] *n* feito, façanha, proeza.

feath.er [f'eðə] *n* 1 pena, pluma. 2 **feathers** a) plumagem. b) roupagem. 3 penacho. • *vt+vi* empenar, emplumar(-se), cobrir(-se) de penas. **birds of a feather** gente da mesma laia. **birds of a feather flock together** cada ovelha com a sua parelha, cada qual com o seu igual. **light as a feather** leve como uma pena. **to make the feathers fly** provocar briga, armar confusão.

fea.ture [f'i:tʃə] *n* 1 feição, traço, aspecto, caráter, distintivo. 2 **features** (*pl*) feições, feições fisionômicas, rosto, lineamentos. 3 característica. 4 filme de longa-metragem. 5 artigos ou reportagem de destaque. • *vt+vi* 1 caracterizar. 2 retratar, delinear ou traços de, esboçar. 3 atuar, representar em um filme.

Feb.ru.a.ry [f'ebruəri] *n* fevereiro.

fed [fed] *ps, pp* of **feed**. **fed up with** farto de, enfastiado, aborrecido, de saco cheio. **underfed** mal alimentado, subnutrido.

fee [fi:] *n* 1 joia, propina, taxa de matrícula, de exame. 2 paga, remuneração, emolumento, honorários. **enrollment fee** taxa de matrícula.

fee.ble [f'i:bəl] *adj* 1 fraco, débil, delicado, frágil, tênue. 2 medíocre, insignificante. 3 ineficaz.

feed [fi:d] *n* 1 alimentação, nutrição. 2 *coll* comida, refeição, ração, sustento. • *vt+vi* (*ps, pp*, **fed**) 1 alimentar, nutrir, dar de comer a, comer. 2 sustentar, dar sustento a, manter. 3 suprir, abastecer. **chicken feed** *sl* mixaria, pouco dinheiro. **to bite the hand that feeds** ser mal-agradecido. **to feed out of someone's hand** comer pela mão de alguém.

feed.back [f'i:dbæk] *n* 1 *Electr* regeneração, realimentação. 2 resposta.

feel [fi:l] *vt+vi* (*ps, pp* **felt**) 1 sentir, perceber, notar. 2 ter, experimentar (sentimento, sensação física ou moral). 3 ter consciência de. 4 tocar, examinar pelo tato, apalpar, tatear. **by the feel** pelo tato. **feel free!** fique à vontade! **to feel angry** irar-se. **to feel cold** estar com frio. **to feel good** sentir-se bem, *coll* estar levemente bêbado. **to feel grieved** estar aflito. **to feel like doing something** / estar com vontade de fazer algo. **to feel lonely** sentir-se sozinho. **to feel sorry for** ter pena de.

feel.ing [f'i:liŋ] *n* 1 tato, sentido do tato. 2 sensibilidade, ternura. 3 sentimento, amor. 4 sensação. 5 opinião. **a feeling for music** o dom, o gosto da música. **hard feelings** maus sentimentos. **no ill feelings!** não lhe guardo rancor por isso. **to have mixed feelings** estar dividido, não ter certeza. **to hurt someone's feelings** ferir os sentimentos de alguém.

fel.low [f'elou] *n* 1 companheiro, camarada, colega, sócio, confrade, associado. 2 membro do conselho de certas universidades. 3 usufruidor de bolsa de estudos. 4 *coll* sujeito, indivíduo, cara. **a good fellow** um bom rapaz, um

fellowship

homem jovial. **a naughty** (ou **saucy**) **fellow** um velhaco. **best fellow** melhor amigo. **old fellow** *coll* meu velho. **poor fellow** coitado! **what can a fellow do?** que se pode fazer? que posso fazer?

fel.low.ship [fˈelouʃip] *n* **1** coleguismo, companheirismo. **2** sociedade, companhia, corporação. **3** bolsa de estudos concedida a um graduado universitário para pesquisas. **good fellowship** camaradagem.

felt [felt] *n* feltro. • *ps, pp* of **feel**.

fe.male [fˈi:meil] *n* fêmea. • *adj* **1** feminino. **2** fêmea. **a young female** uma moça. **female friend** amiga. **female labour** trabalho feminino. **female servant** criada. **males and females** homens e mulheres. **the female clerk** a auxiliar de escritório. **the female student** a estudante.

fence [fens] *n* **1** cerca, grade, cercado. **2** tapada, sebe, tapume, muro. • *vt+vi* **1** cercar, rodear, murar, fortificar. **2** esgrimir, jogar as armas, parar, rechaçar. **fence of pales** paliçada, estacada. **to fence off** repelir, evitar, desviar, defender-se, isolar, deter. **to fence in** cercar. **to sit / stand on the fence** aguardar, hesitar, ficar em cima do muro.

fen.cing [fˈensiŋ] *n* **1** esgrima. **2** cercas, estacaria.

fend [fend] *vt+vi* afastar, desviar, rechaçar (um golpe etc.). **to fend for oneself** arranjar-se, prover a própria subsistência.

fend.er [fˈendə] *n* **1** guarda-fogo de lareira. **2** para-lama, guarda-lama. **3** limpa-trilhos.

fer.ment [fˈə:mənt] *n* fermento. • [fəmˈent] *vt+vi* fermentar: a) produzir fermentação em. b) levedar.

fern [fə:n] *n Bot* feto, samambaia.

fer.ry [fˈeri] *n* **1** balsa, barco de passagem. **2** embarcadouro, desembarcadouro. • *vt+vi* transportar em barco ou balsa através de um rio etc.

fiddle

fer.ti.lize, fer.ti.lise [fˈə:tilaiz] *vt* **1** fertilizar, adubar. **2** fecundar.

fer.vent [fˈə:vənt] *adj* férvido, fervente, ardente, abrasador, muito quente.

fes.tiv.i.ty [festˈiviti] *n* **1** festividade, solenidade, alegria, festejo, regozijo. **2** **festivities** celebrações.

fetch [fetʃ] *vt+vi* **1** ir buscar, ir para trazer, mandar vir. **2** alcançar (preço), valer, ser vendido por. **far-fetched** irreal, improvável. **to fetch a blow** dar uma pancada. **to fetch a deep breath** respirar profundamente.

feud [fju:d] *n* contenda, rixa, hostilidade, animosidade. • *vi* brigar, digladiar-se por um longo tempo.

fe.ver [fˈi:və] *n* **1** *Med* febre. **2** *fig* febre, exaltação, perturbação de espírito, agitação. • *vt+vi* febrilizar, febricitar, causar febre a. **hay fever** febre do feno (tipo de alergia). **scarlet fever** escarlatina. **yellow fever** febre amarela.

few [fju:] *n* pequeno número. • *adj* poucos, poucas. • *pron* poucos, poucas, raros, raras. **a few** alguns, algumas. **a few of my things** algumas das minhas coisas. **as few as** somente. **I have had a few (too many)** eu bebi demais. **not a few** não poucos. **precious few** quase nenhum. **quite a few** um número regular. **some few** alguns, poucos. **the few** a minoria, os eleitos.

few.er [fjˈu:ə] *comp* of **few**: menos. **fewer lessons** menos aulas. **no fewer than ten** nada menos que dez.

few.est [fjˈu:ist] *sup* of **few**. **the fewest** o menor número, a menor quantidade.

fi.ber, fi.bre [fˈaibə] *n* **1** fibra, filamento. **2** força, caráter.

fi.brous [fˈaibrəs] *adj* fibroso. **fibrous tissue** *Med* tecido fibroso. **fibrous tumour** fibroma.

fic.tion [fˈikʃən] *n* **1** ficção, literatura de ficção. **2** novela, romance.

fid.dle [fˈidəl] *n* **1** violino, rabeca. **2**

fidelity — **fine¹**

trapaça. • *vt+vi* 1 tocar rabeca, tocar violino. 2 mexer ou tocar nervosamente um objeto. 3 burlar, trapacear, fraudar. **fit as a fiddle** em boa forma, bem-disposto. **to play second fiddle** ocupar uma posição menos importante, ser subordinado a.

fi.del.i.ty [fid'eliti] *n* fidelidade, lealdade.

field [fi:ld] *n* 1 campo. 2 esfera de ação.

fiend [fi:nd] *n* 1 demônio, diabo, espírito maligno. 2 *coll* viciado, fanático. **dope fiend** toxicômano. **football fiend** fanático por futebol.

fierce [fiəs] *adj* 1 feroz, fero, selvagem, bravio. 2 impetuoso, ardente.

fif.teen [fif't i:n] *n, adj, pron* quinze.

fif.ty [f'ifti] *n, adj, pron* cinquenta. **a fifty year old man** um quinquagenário. **a man in his fifties** um cinquentão. **fifty-one** cinquenta e um.

fig [fig] *n* 1 figo. 2 *Bot* figueira. 3 *fig* ninharia, coisa sem valor, bagatela.

fight [fait] *n* batalha, peleja, briga, rixa, luta, combate. • *vt+vi (ps, pp* fought) 1 batalhar, pelejar, guerrear, lutar, combater. 2 brigar, disputar. **to fight fire with fire** responder com a mesma moeda. **to fight one's way** abrir caminho empregando esforço. **to have a fight** bater-se, brigar.

fight.er [f'aitə] *n* 1 lutador, batalhador, combatente, guerreiro. 2 *Aeron* avião de combate.

fig.ure [f'igə] *n* 1 figura, imagem, forma, aparência, contorno, vulto. 2 corpo, talhe, parte. 3 algarismo, cifra aritmética, número. • *vt+vi* 1 figurar, formar uma imagem de, desenhar, simbolizar. 2 formar uma ideia ou imagem mental de, imaginar. 3 numerar, marcar por meio de números ou algarismos, computar, calcular. **figure of speech** figuras de linguagem (metáfora, antítese, personificação etc.). **to figure out** calcular, imaginar. **to keep one's figure** conservar-se esbelto. **to lose one's figure** engordar, perder a linha.

file¹ [fail] *n* 1 pasta de papéis, pasta suspensa. 2 fichário, arquivo, pasta registradora. 3 fila. • *vt+vi* 1 arquivar, fichar, pôr em ordem. 2 desfilar, marchar em fila. **Indian file** fila coluna por um. **in file** em fila. **on file** fichado, no arquivo.

file² [fail] *n* lima (ferramenta). • *vt+vi* limar, polir, desgastar, *fig* esmerar, aperfeiçoar. **nail file** lixa de unhas. **rough file** lima de desbastar. **smooth file** lima murça.

fill [fil] *vt+vi* 1 encher. 2 executar. 3 preencher, desempenhar (cargo). 4 obturar. **a puff of tobacco** uma cachimbada. **to fill a prescription** aviar uma receita. **to fill in** a) preencher (tempo, formulários). b) completar (desenhos). c) substituir (alguém impedido de trabalhar). **to fill out a form** preencher um formulário.

fill.ing [f'iliŋ] *n* 1 recheio. 2 *Dent* obturação.

film [film] *n* 1 filme, película, fita de cinema. 2 membrana, pele fina, filamento delicado. 3 véu, névoa. • *vt+vi* 1 filmar. 2 cobrir com véu ou membrana fina.

fil.ter [f'iltə] *n* 1 filtro. 2 purificador. • *vt+vi* filtrar, purificar.

filth.y [f'ilθi] *adj* imundo, corrupto, obsceno. **filthy weather** tempo muito ruim (com muita chuva ou neve). **he is filthy rich** ele é muito rico.

fin [fin] *n* 1 barbatana, nadadeira, asa (de peixe). 2 asa de avião, estabilizador.

find [faind] *n* achado, descoberta. • *vt+vi (ps, pp* found) 1 achar, encontrar. 2 descobrir, verificar, perceber, notar, constatar. 3 julgar. **to find fault with** repreender. **to find out** descobrir, decifrar, desmascarar.

fine¹ [fain] *n* 1 multa, pena, penalidade. 2 *Mus* fim. • *vt* multar.

fine² [fain] *adj* (*compar* **finer**, *sup* **finest**) 1 fino, de excelente qualidade, puro. 2 belo, lindo, excelente, bom, ótimo, agradável. 3 leve, delicado. 4 claro. • *interj* ótimo! excelente!

fin.ger [f'iŋgə] *n* 1 dedo. 2 qualquer peça saliente de pequeno porte, semelhante a um dedo. • *vt+vi* 1 tocar com os dedos. 2 manusear, apalpar. **to get your fingers burnt** ou **to burn your fingers** dar com os burros n'água, queimar-se. **to have a finger in the pie** meter o dedo, intrometer-se em um negócio. **to put a finger on someone's weak spot** pôr o dedo na ferida, encontrar o calcanhar de aquiles. **to twist someone round your little finger** fazer gato e sapato de alguém.

fin.ger-nail [f'iŋgə neil] *n* unha.

fin.ish [f'iniʃ] *n* 1 fim, termo, remate, acabamento, conclusão. 2 aperfeiçoamento, retoque, polimento, última demão. • *vt+vi* 1 acabar, terminar, completar. 2 aperfeiçoar, retocar. 3 fenecer, chegar ao fim, cessar, expirar, morrer.

fire [f'aiə] *n* 1 fogo, fogueira. 2 incêndio. 3 tiroteio. • *vt+vi* 1 atear fogo a, incendiar, inflamar, queimar, abrasar. 2 explodir, disparar. 3 demitir, despedir, destituir de emprego. **out of the frying pan into the fire** pular da frigideira para o fogo, sair de uma situação ruim para outra pior. **to catch fire** pegar fogo. **to cease fire** cessar fogo. **to fight fire with fire** responder na mesma moeda. **to play with fire** brincar com fogo, correr risco. **to pour oil on the fire** deitar lenha no fogo. **to set fire** atear fogo.

fire en.gine [f'aiə endʒin] *n* carro de bombeiros.

fire-es.cape [f'aiə i'skeip] *n* saída de emergência, escada salva-vidas contra incêndio.

fire.man [f'aiəmən] *n* bombeiro.

fire.place [f'aiəpleis] *n* lareira.

firm¹ [fə:m] *n* firma comercial, empresa.

firm² [fə:m] *vt+vi* 1 firmar, fixar. 2 confirmar. • *adj* 1 firme, seguro, sólido. 2 tenaz. 3 imóvel.

first [fə:st] *n* 1 primeiro. 2 começo, princípio. • *adj* 1 primeiro. 2 primitivo, anterior. 3 em primeiro lugar. 4 principal, fundamental, essencial. • *adv* 1 antes de tudo. 2 primeiramente. 3 antes. 4 pela primeira vez. **at first** inicialmente. **first come, first served** quem chega primeiro será atendido primeiro. **first of all** antes de mais nada. **first things first** primeiro as coisas mais importantes. **in the first place** em primeiro lugar.

first aid [fə:st 'eid] *n* primeiros socorros.

first floor [fə:st fl'ɔ:] *n* 1 *Amer* andar térreo (de um prédio), rés do chão. 2 *Brit* primeiro andar, primeiro pavimento.

fish [fiʃ] *n* peixe, pescado. • *vt+vi* 1 pescar. 2 lançar a isca, pesquisar, procurar obter. **fish and chips** peixe frito com batatas fritas (comida típica inglesa). **fried fish** peixe frito. **he drinks like a fish** ele é um beberrão. **to feel like a fish out of water** sentir-se fora de seu elemento (ambiente).

fish.er.man [f'iʃəmən] *n* pescador.

fish.ing [f'iʃiŋ] *n* pesca, pescaria.

fish.mon.ger [f'iʃmʌŋgə] *n* peixeiro.

fist [fist] *n* punho, mão fechada.

fit¹ [fit] *adj* 1 bom, próprio, conveniente, ajustado, justo. 2 preparado, apto, digno, capaz. 3 saudável. • *vt+vi* (*ps, pp* **fitted**) 1 caber, ajustar, adaptar. 2 suprir, prover, equipar, aparelhar. 3 *Tech* encaixar, engatar. 4 *Mech* montar. **if the cap fits** se a carapuça servir. **it fits like a glove** assenta como uma luva. **to keep fit** manter-se em forma.

fit² [fit] *n* 1 acesso, ataque, espasmo. 2 desmaio, colapso, síncope, convulsão. **fit of rage** ataque de cólera. **to have a fit** ter um ataque.

fit.ness [f'itnis] *n* 1 aptidão, conveniência. 2 bom estado físico.

fit.ting [fítiŋ] *n* **1** peça, acessório, componente. **2** prova (roupa). • *adj* conveniente, adequado, próprio, apropriado.

five [faiv] *n, adj, pron* cinco.

fix [fiks] *n* **1** dificuldade, posição difícil, apuro, embaraço, dilema. • *vt+vi* **1** fixar, prender, ligar, firmar, pregar, cravar. **2** estabelecer, determinar. **3** ajustar. **4** consertar. **5** *coll* pôr em ordem, arrumar. **6** preparar (refeição). **to fix a meal** preparar uma refeição. **to fix the eyes upon** cravar os olhos em. **to fix up** *coll* a) consertar. b) acomodar.

fiz.zy [fízi] *adj* efervescente, espumante.

flab.by [fl'æbi] *adj* frouxo, lasso, mole, balofo.

flag [flæg] *n* **1** bandeira, pavilhão. **2** emblema. • *vt+vi* **1** transmitir sinais com bandeiras. **2** enfeitar com bandeiras, embandeirar. **to hang the flag half-mast high** hastear a bandeira a meio pau. **to hoist the flag** içar a bandeira. **to show the white flag** mostrar a bandeira branca, render-se.

flake [fleik] *n* **1** floco. **2** lasca, lâmina, camada. • *vt+vi* **1** escamar. **2** lascar (-se), fender-se em lascas. **3** cobrir de flocos. **to flake off** descascar-se.

flame [fleim] *n* **1** chama, fulgor, fogo, brilho, lume. **an old flame** uma antiga paixão. **in flames** em chamas. **to burst into flames** fazer-se em chamas. **to fan the flames / add fuel to the flames** encorajar, tornar uma situação mais intensa ou extrema. **to go up in flames** incendiar-se rapidamente.

flank [flæŋk] *n* **1** flanco. **2** ala. **3** *Mil* flanco: parte de uma posição fortificada. • *vt* flanquear, atacar de flanco.

flan.nel [fl'ænəl] *n* **1** flanela. **2** toalhinha de rosto. **3 flannels** calça de homem.

flap [flæp] *n* **1** aba, ponta, fralda, borda, orla, orelha. **2** *Aeron* flape, freio aerodinâmico. • *vt+vi* (*ps, pp* **flapped**) **1** bater, agitar, oscilar, vibrar. **2** deixar cair, abaixar.

flare [fleə] *n* **1** chama trêmula, labareda, luz. **2** dilatação, alargamento em forma de sino para a parte de fora. **3** *fig* explosão, arroubo (de ira, de cólera). • *vt+vi* **1** chamejar, tremeluzir, cintilar, rutilar, fulgurar, resplandecer. **2** irar-se, enfurecer-se.

flash [flæʃ] *n* **1** lampejo, clarão ou brilho repentino e passageiro, sinal luminoso, relâmpago. **2** forma abreviada de **flashlight**. **3** boletim ou notícia breve. • *vt+vi* **1** flamejar, chamejar. **2** reluzir, lampejar, faiscar, cintilar, rutilar. **a flash of lightning** relâmpago. **in a flash** instantaneamente, enquanto o diabo esfrega o olho. **quick as a flash** rápido como um raio.

flash.light [fl'æʃlait] *n* lanterna elétrica. **2** holofote.

flask [fla:sk; flæsk] *n* **1** frasco. **2** garrafa térmica. **3** retorta.

flat [flæt] *n* **1** apartamento. **2** superfície plana, achatada. **3** baixo, baixio, pântano. **4** *Mus* bemol. • *adj* **1** liso, plano, chato, sem relevo. **2** raso, pouco fundo, achatado. **3** vazio, furado. **4** maçante, monótono, insípido. • *adv* **1** horizontalmente, de modo plano, chato. **2** positivamente, redondamente. **3** completamente, exatamente. **flat against the wall** encostado à parede. **flat on the ground** rente ao chão.

flat.ten [fl'ætən] *vt+vi* **1** aplainar, achatar, nivelar, alisar. **2** tornar ou ficar insípido, monótono.

flat.ter [fl'ætə] *vt+vi* **1** lisonjear, elogiar com excesso, incensar, exaltar, bajular, adular, cortejar. **2** favorecer.

flat.ter.ing [fl'ætəriŋ] *adj* lisonjeiro, satisfatório. **2** adulador.

fla.vor, fla.vour [fl'eivə] *n* **1** sabor, gosto. **2** condimento, tempero. **3** aroma, odor, fragrância. • *vt* **1** temperar, condimentar. **2** dar sabor, dar gosto. **3** perfumar, aromatizar.

flaw [flɔ:] *n* **1** falha, racha, fenda. **2** imperfeição, defeito.

flea [fli:] *n* pulga.

flee [fli:] *vt+vi* (*ps, pp* **fled**) **1** fugir, escapar, procurar refúgio correndo. **2** evitar, esquivar, abandonar.

fleet [fli:t] *n* **1** frota, esquadra. **2** *Aeron* esquadrilha.

flesh [fleʃ] *n* **1** carne do homem e dos animais e polpa das frutas. **flesh and blood** a natureza humana. **in the flesh** em carne e osso, em pessoa. **to lose flesh** emagrecer.

flex [fleks] *n Electr* cabo, condutor, fio flexível. • *vt + vi* dobrar-se, curvar-se, flexionar.

flight [flait] *n* **1** voo, ato, processo ou poder de voar. **2** revoada, bando, enxame, migração. **3** fuga, retirada precipitada. **flight of fancy** voo da imaginação. **flight of stairs** lance de escada. **flight of steps** escada, andar. **the flight of time** o voo do tempo. **to put to flight** afugentar, debandar. **to take flight** pôr-se em fuga.

flim.sy [fl'imzi] *adj* **1** delgado, fino. **2** frágil, fraco.

fling [fliŋ] *n* **1** arremesso, lanço repentino. **2** folia, farra. • *vt+vi* (*ps, pp* **flung**) **1** arremessar, atirar com ímpeto, lançar, arrojar. **2** arremessar-se, atirar-se, precipitar-se, correr, arremeter-se. **3** entregar-se inteiramente, aventurar-se.

flint [flint] *n* **1** pederneira. **2** coisa muito dura. **3** pedra de isqueiro. **a heart of flint** coração de pedra. **like a flint** firmemente, resolutamente.

flip.per [fl'ipə] *n* **1** barbatana. **2** membro natatório (das focas, tartarugas), nadadeira (de baleia). **3** *Brit* pé de pato.

flirt [flə:t] *n* namoradeira, coquete. • *vt+vi* **1** flertar, namorar por passatempo, coquetear. **2** brincar com, divertir-se com, folgar.

float [flout] *n* flutuação, ato de boiar. **2** boia, salva-vidas, flutuador. **3** carro raso, carro-plataforma, carro alegórico para desfile. **4** cortiça da linha de pescar. • *vt+vi* flutuar, sobrenadar, boiar, estar suspenso no ar ou em líquido.

flock [flɔk] *n* **1** rebanho, manada, revoada, bando de pássaros. • *vi* andar em bandos, concorrer em multidão, afluir, reunir-se, congregar-se. **birds of a feather flock together** cada qual com seu igual. **flock of birds** bando de pássaros. **flock of sheep** rebanho de carneiros.

flood [flʌd] *n* **1** inundação, enchente, cheia, dilúvio. **2** aguaceiro, grande abundância, chuvarada. • *vt+vi* **1** inundar, submergir, alagar, transbordar. **2** afogar (motor do carro). **a flood of tears** torrente de lágrimas. **a flood of words** fluxo de palavras. **they come in floods** eles vêm em bandos.

flood.gate [fl'ʌdgeit] *n* comporta, dique.

flood.ing [fl'ʌdiŋ] *n* inundação.

floor [flɔ:] *n* **1** piso, assoalho, chão. **2** andar, pavimento. **3** fundo (do navio, de mar etc.). • *vt* pavimentar, assoalhar. **basement floor** subsolo. **boarded floor** assoalho de tábuas. **first floor** primeiro andar, *Amer* andar térreo, rés do chão. **ground-floor** *Brit* andar térreo. **inlaid floor** assoalho de tacos. **top floor** último andar.

flop.py [fl'ɔpi] *adj coll* frouxo, mole, bambo, caído, desajeitado, desengonçado, desleixado, desmazelado.

flo.rist [fl'ɔ:rist] *n* floricultor, florista.

floss [flɔs] *n* **1** fios de seda. **candy floss** *Brit* algodão-doce. **dental floss** *Dent* fio-dental.

flour [fl'auə] *n* flor de farinha, farinha fina, farinha de trigo.

flour.ish [fl'ʌriʃ] *vi* **1** florescer, prosperar, medrar, vicejar. **2** brandir, menear, agitar.

flow [flou] *n* **1** fluência, ação de correr líquido, escoamento, fluidez. **2** fluxo, circulação. • *vt* **1** fluir, manar, circular. **2** derramar-se, escorrer, brotar.

flow.er [fl'auə] *n* flor. • *vt+vi* florescer, desabrochar, florir, produzir flores. **flowers of speech** flores de retórica. **no flowers** pede-se não enviar flores.

flow.er bed [fl'auə bed] *n* canteiro de flores.

flow.er shop [fl'auə ʃɔp] *n* loja de flores, floricultura.

flu [flu:] *n coll* influenza, gripe.

flu.en.cy [fl'uənsi] *n* fluência, abundância, espontaneidade de estilo, facilidade de linguagem.

flu.ent [fl'uənt] *adj* 1 fluido, fluente, líquido. 2 corrente, copioso, natural, espontâneo. 3 verboso, eloquente.

fluff [fl^f] *n* penugem, felpa, lanugem, buço. • *vt+vi* 1 afofar. 2 tornar-se fofo ou felpudo. **the bird fluffed up its feathers** a ave arrepiou-se.

fluff.y [fl'^fi] *adj* fofo, leve, macio, peludo, penuginoso, solto (arroz).

flu.id [fl'u:id] *n* fluido, líquido. • *adj* 1 fluido, fluente, líquido. 2 leve, gracioso (movimento). 3 variável, mutável, não fixo.

flur.ry [fl'^ri] *n* 1 lufada, refrega, rajada de vento. 2 pancada de chuva, aguaceiro. 3 comoção, agitação nervosa, excitação, afobação. • *vt* excitar, agitar, confundir, embasbacar, perturbar, aturdir, atrapalhar, atarantar. **flurry of snow** nevada. **in a flurry** excitado, alvoroçado.

flush [fl^ʃ] *n* 1 rubor, vermelhidão. 2 resplender, cor ou luz viva, intensa. 3 jato, jorro, esguicho, fluxo de água, descarga de aparelho sanitário. • *vt+vi* 1 corar, enrubescer, ruborizar-se, vermelhar, afoguear. 2 esguichar, correr com ímpeto, jorrar. 3 lavar ou limpar com jato de água, enxaguar. **blood flushed to her cheeks** o sangue afluiu-lhe ao rosto. **flushed with anger** rubro de cólera. **flushed with joy** radiante de alegria. **to be flush of money** estar bem de dinheiro.

flute [flu:t] *n Mus* flauta, registro de flauta em órgão.

flut.ter [fl'^tə] *n* 1 adejo, ato de esvoaçar, palpitação, agitação, vibração. 2 confusão, excitação, comoção, alvoroço, nervosismo. • *vt+vi* 1 tremular, flutuar, drapejar, ondear. 2 bater as asas, esvoaçar, voejar, pestanejar. 3 menear, voltear, saracotear, remexer-se excitadamente. 4 azafamar-se, estar irrequieto ou alvoroçado. **all in a flutter** todo agitado.

fly [flai] *n* (*pl* **flies**) 1 *Zool* mosca vulgar ou doméstica. 2 qualquer inseto díptero. 3 braguilha. 4 anzol dissimulado por penas. • *vt+vi* (*ps* **flew**, *pp* **flown**) 1 voar, esvoaçar, mover-se no ar por meio de asas. 2 flutuar, ondear, drapejar, agitar-se no ar, desfraldar. 3 viajar pelo ar. 4 dirigir, pilotar (avião). 5 fugir, escapar-se. **to die/drop like flies** morrer como moscas. **to find a fly in the ointment** *fig* procurar pelo em casca de ovo. **to fly a kite** soltar um papagaio, *fig* lançar um balão de ensaio.

fly.o.ver [fl'aiouvə] *n* 1 viaduto: estrutura que sustenta uma estrada sobre outra num cruzamento. 2 passarela.

fly.sheet [fl'aifi:t] *n* 1 folheto, prospecto, volante. 2 cobertura impermeável adicional de uma barraca, para proteção contra a chuva.

foam [foum] *n* espuma, escuma. • *vt+vi* 1 espumar, escumar. 2 fazer espumar. 3 encrespar-se (o mar).

fo.cus [f'aukəs] *n* (*pl* **foci**) 1 foco (também *Phys, Geom, Opt*). 2 distância focal. 3 focagem, focalização (de lente), acomodação (do olho). 4 centro, ponto de convergência, sede. • *vt+vi* (*ps, pp* **focused, focussed**) 1 focar, enfocar, pôr em foco, focalizar sobre. 2 pôr em evidência. **in focus** em foco, claro, distinto. **out of focus** turvo, opaco, indistinto, fosco.

fod.der [fˈɔdə] *n* forragem. • *vt* dar forragem a, alimentar (gado etc.).

foe [fou] *n* inimigo, antagonista, adversário.

fog [fɔg] *n* 1 nevoeiro, cerração, bruma, neblina, névoa. 2 obscuridade, sombra. **in a fog** confuso, perplexo.

fog.gy [fˈɔgi] *adj* 1 nebuloso, nevoento, cerrado, enevoado, brumoso. 2 obscuro, indistinto, velado. 3 confuso, perplexo, obscuro. 4 *Phot* velado. **I haven't the foggiest idea** *coll* não sei de nada, não tenho a menor ideia.

foil [fɔil] *n* 1 folha metálica, chapa, lâmina delgada de metal, ouropel. 2 contraste, realce. **it acts as a foil to her** isso lhe dá destaque. **to be a foil to** dar realce a, realçar.

fold [fould] *n* 1 dobra, prega, ruga, vinco, *Mech* rebordo. 2 envoltório, embrulho. • *vt+vi* 1 dobrar(-se), preguear(-se). 2 cruzar (os braços), entrelaçar (os dedos). 3 abraçar, abarcar, enlaçar, cercar, juntar, rodear.

fold.er [fˈouldə] *n* pasta de papéis, envoltório.

folk [fouk] *n* 1 povo. 2 tribo, nação. 3 gente, pessoa, parentes. 4 música folclórica. • *adj* popular, comum, folclórico. **hello, folks!** alô, pessoal! **my folks** meus parentes, minha família.

fol.low [fˈɔlou] *vt+vi* 1 seguir, ir atrás de, marchar ou caminhar após, suceder, vir depois. 2 resultar, seguir-se. **follow-up letter** carta lembrete. **I don't follow you** não o compreendo. **to follow about/around/round** seguir por toda parte. **to follow in someone's steps** seguir os passos, ir na cola de alguém. **to follow one's nose** ir pelo faro.

fol.low.ing [fˈɔlouiŋ] *adj* seguinte, que segue ou se segue, imediato, próximo. • *prep* depois. *following her visit she...* / depois da sua visita ela... **the following day / the day following** no dia seguinte.

fond [fɔnd] *adj* 1 amigo, aficionado, afeiçoado, que tem gosto ou predileção por. 2 afetuoso, carinhoso, terno, amoroso, caro, favorito. **a fond look** um olhar carinhoso. **to be fond of** gostar muito de alguma pessoa ou de alguma coisa.

food [fu:d] *n* alimento, sustento, pasto, ração, comida. **to be off one's food** estar sem apetite.

food proc.es.sor [fˈu:d prousesə] *n* multiprocessador de alimentos.

food.stuff [fˈu:dstʌf] *n* gêneros alimentícios, víveres.

fool [fu:l] *n* 1 louco, bobo, tolo, néscio, parvo, insensato, imbecil. • *vt+vi* 1 bobear, fazer o papel de tolo, doidejar, brincar, desapontar. 2 fazer de tolo, fazer escárnio de, chasquear, zombar de. **a fool and his money are soon parted** o tolo e seu dinheiro logo se separam. **April Fool's Day / All Fool's Day** dia primeiro de abril, dia da mentira. **to be nobody's fool** ser esperto, ser astuto. **to fool on someone** pregar uma peça a alguém. **to make a fool of** fazer de tolo. **to make a fool of oneself** fazer-se ridículo, fazer asneira. **to play the fool** fazer papel de bobo.

fool.ish [fˈu:liʃ] *adj* 1 tolo, bobo, néscio, insensato. 2 ridículo.

fool.ish.ness [fˈu:liʃnis] *n* loucura, tolice, doidice, insensatez, estouvamento.

foot [fut] *n* (*pl* **feet**) 1 pé. 2 base, suporte. 3 sopé, fundo, rodapé. 4 margem inferior (de uma página). 5 pé: medida de comprimento equivalente a doze polegadas ou 30,48 cm. 6 *Poet* pé: divisão de um verso. **at his feet** aos pés dele. **at the foot of the hill** no sopé da colina. **foot by foot** pé ante pé, passo a passo. **to get off on the wrong foot** começar mal. **to go on foot** andar a pé. **to have one foot in the grave** estar com os pés na cova. **to put one's foot in one's mouth** falar o que não deve, dar um fora. **to stand on one's own two**

feet ser independente, ser dono do seu nariz. **to start off on the right/left foot** começar com o pé direito/esquerdo.

foot.ball [f'utbo:l] *n* 1 futebol. 2 bola de futebol. 3 qualquer jogo ou bola como a de futebol.

foot.ed [f'utid] *adj* que tem pés, que tem determinado número de pés. **barefooted** descalço, de pés descalços. **cloven footed** fissípede, que tem o pé ou o casco fendido. **flat-footed** que tem pé chato. **four footed** quadrúpede. **swift footed** de pé ligeiro.

foot.man [f'utmən] *n* 1 lacaio, criado de libré. 2 soldado de infantaria. 3 trempe para chaleira.

foot.mark [f'utma:k] *n* pegada, pisada.

foot.note [f'utnout] *n* nota ao pé de uma página, nota de rodapé.

foot.step [f'utstep] *n* 1 pegada. 2 passo. **to follow in someone's footsteps** seguir as pisadas de alguém, seguir-lhe o exemplo.

foot.wear [f'utwɛə] *n* calçado, calçados.

for [fɔ:] *prep* 1 por, em lugar de, em vez de. 2 por, em prol de, em defesa de, a favor de. 3 de, representante de, em nome de. 4 para, a fim de, no intuito de. 5 para, com destino a. • *conj* pois, visto que, desde que, já que. **for certain** com certeza. **for example** por exemplo. **for fear of** por medo de. **for how long?** por quanto tempo? **for nothing** de graça, gratuitamente. **for sure** com certeza. **for the present / for the time being** por ora, por enquanto. **what for?** para quê?

for.bid [fəb'id] *vt* (*ps* **forbade**, **forbad**, *pp* **forbidden**) proibir, ordenar que não se faça, impedir, vedar, interditar.

for.bid.ding [fəb'idiŋ] *adj* proibitivo, medonho, que causa medo, horror ou aversão, ameaçador.

force [fɔ:s] *n* 1 força, robustez, energia, vigor. 2 poder. 3 agremiação, turma de empregados. 4 força militar, naval ou policial. • *vt* 1 forçar, compelir, coagir, conseguir, obter por força. 2 violentar, violar, estuprar, deflorar. 3 arrebatar, arrancar, tirar, tomar. **by force of** à força de, por meio de. **force of habit** força do hábito. **the law came into force** a lei entrou em vigor. **to force back** repelir, rechaçar. **to force down** obrigar a baixar, fazer descer. **to force one's way** abrir caminho.

ford [fɔ:d] *n* vau: lugar pouco fundo do rio onde se pode transitar a pé ou a cavalo. • *vt* vadear, passar a vau.

fore [fɔ:] *n* parte dianteira, frente, proa. • *adj* dianteiro, anterior, antecedente, prévio, primeiro. • *adv* anteriormente, na frente, adiante, à proa.

fore.arm [f'ɔ:ra:m] *n* antebraço.

fore.cast [f'ɔ:ka:st; f'ɔ:kæst] *n* 1 previsão, profecia, prognóstico. 2 prevenção, premeditação, providência, projeto, plano, cálculo. • *vt* [fɔ:k'a:st; fɔ:k'æst] *vt* (*ps*, *pp* **forecast** or **forecasted**) 1 prever, prognosticar, predizer. 2 premeditar, prevenir. **weather forecast** previsão do tempo.

fore.fin.ger [f'ɔ:fiŋgə] *n* índex, dedo indicador.

fore.front [f'ɔ:frʌnt] *n* vanguarda, frente, testa.

fore.head [f'ɔrid] *n* testa, fronte.

for.eign [f'ɔrin] *adj* 1 estrangeiro. 2 alienígena, adventício, peregrino. 3 externo, exterior. 4 forasteiro, exótico, alheio. 5 estranho.

for.eign.er [f'ɔrinə] *n* estrangeiro, forasteiro, produto, artigo ou animal importado.

fore.leg [f'ɔ:leg] *n* perna dianteira.

fore.man [f'ɔ:mən] *n* 1 capataz, contramestre, feitor. 2 chefe de turma, de seção (em oficina). 3 *Jur* primeiro jurado.

fore.most [f'ɔ:moust] *adj* dianteiro, primeiro (em lugar, tempo, ordem etc.), o principal, o mais notável. • *adv* em primeiro lugar, primeiramente, à frente. **first and foremost** primeiramente, antes de tudo.

fore.run.ner [fɔ:r'ʌnə] *n* 1 precursor. 2 antepassado, ascendente.

fore.see [fɔ:s'i:] *vt+vi* (*ps* foresaw, *pp* foreseen) prever, antever, calcular, pressupor, pressagiar.

fore.sight [f'ɔ:sait] *n* 1 presciência, previsão. 2 previdência, prevenção, precaução.

for.est [fɔrist] *n* floresta, mata, selva, bosque. • *vt* arborizar, reflorestar.

fore.tell [fɔ:t'el] *vt* (*ps*, *pp* foretold) predizer, vaticinar, prognosticar, profetizar, pressagiar, prenunciar.

fore.thought [f'ɔ:θɔ:t] *n* 1 premeditação, prevenção, disposição prévia, antecipação. 2 previdência, providência, prudência.

for.ev.er [fər'evə] *n Poet* eternidade. • *adv* (*Brit* **for ever**) 1 para sempre, eternamente. 2 incessantemente, continuamente, sempre. **forever and ever** para todo o sempre.

fore.warn [fɔ:w'ɔ:n] *vt* avisar antecipadamente, prevenir, precaver.

fore.word [f'ɔ:wə:d] *n* prefácio, introdução.

forge¹ [fɔ:dʒ] *n* 1 forja, fornalha, frágua, forno de refinação. 2 oficina de ferreiro, ferraria. 3 fundição, usina siderúrgica. • *vt+vi* 1 forjar, aquecer e trabalhar na forja. 2 fazer, fabricar, inventar. 3 falsificar, contrafazer, dissimular.

forge² [fɔ:dʒ] *vi* avançar gradual mas constantemente, impelir para a frente, progredir. **to forge ahead** avançar, tomar a dianteira.

for.ger.y [f'ɔ:dʒəri] *n* falsificação (de assinatura), contrafação, *fig* invenção, ficção, mentira.

for.get [fəg'et] *vt+vi* (*ps* forgot, *pp* forgotten) 1 esquecer, olvidar. 2 omitir. **forget it!** nem pense mais nisto!

for.give [fəg'iv] *vt+vi* (*ps* forgave, *pp* forgiven) perdoar, desculpar.

fork [fɔ:k] *n* garfo.

form [fɔ:m] *n* 1 forma, formato. 2 formulário. • *vt+vi* formar, moldar.

form.er [f'ɔ:mə] *adj* 1 anterior. 2 passado.

for.sake [fəs'eik] *vt* (*ps* forsook, *pp* forsaken) renunciar a, desistir de, abandonar, desamparar, desertar, deixar.

fort [fɔ:t] *n* 1 forte, castelo, fortim, fortaleza, fortificação. 2 *Hist, Amer* base fortificada com entreposto comercial. **to hold the fort** *coll* aguentar firme, aguentar a posição.

forth [fɔ:θ] *adv* adiante, para a frente, em diante, diante de. **and so forth** e assim por diante. **back from forth** para a frente e para trás. **from this day forth** de hoje em diante. **to bring forth** mandar sair, fazer nascer. **to go forth** sair, partir. **to put / set forth** divulgar, publicar. **to set forth on an expedition** partir em expedição.

forth.com.ing [fɔ:θk'ʌmiŋ] *adj* 1 prestes a aparecer, que está para aparecer, por vir, vindouro, próximo, futuro. 2 à mão, disponível, acessível.

forth.right [fɔ:θr'ait] *adj* franco, sincero, direto, reto, sem rodeios.

forth.with [fɔ:θwiθ] *adv* em seguida, sem demora, incontinenti, imediatamente.

for.ti.tude [f'ɔ:titju:d] *n* fortaleza, coragem.

fort.night [f'ɔ:tnait] *n* quinzena.

for.tune [f'ɔ:tʃən] *n* 1 fortuna. 2 sina, sorte. **ill fortune** má sorte.

for.tune.tell.er [f'ɔ:tʃəntelə] *n* adivinho, adivinhador, cartomante, quiromante.

for.ty [f'ɔ:ti] *n, adj, pron* quarenta.

for.ward [f'ɔ:wəd] *vt* enviar, expedir. • *adv* adiante, para a frente. **to go forward** ir para a frente. **to look forward to** esperar, aguardar.

fos.ter [f'ɔstə] *adj* adotivo. **foster parents** pais adotivos.

foul [faul] *n* infração, falta. *adj* ilícito, desonesto. **foul play** desonestidade. **to play foul** atraiçoar.

foun.tain [f'auntin] *n* 1 fonte. 2 bebedouro. **fountain-pen** caneta-tinteiro.

four [fɔ:] *n, adj, pron* quatro.

fox [fɔks] *n* 1 raposa. 2 *fig* pessoa astuta.

frag.ile [fr'ædʒail; fr'ædʒəl] *adj* frágil, quebradiço, delicado.

frag.ment [fr'ægmənt] *n* fragmento, fração, parte de um todo. • *vt+vi* fragmentar(-se).

fra.grance [fr'eigrəns] *n* fragrância, aroma.

frail [freil] *adj* frágil, delicado.

frail.ty [fr'eilti] *n* 1 fragilidade, disposição para facilmente se quebrar, delicadeza. 2 fraqueza, debilidade, tibieza.

frame [freim] *n* 1 armação (também de óculos), moldura. • *vt* enquadrar, emoldurar.

frank.ness [fr'æŋknis] *n* franqueza, sinceridade.

fran.tic [fr'æntik] *adj* frenético, furioso.

fraud [frɔ:d] *n* fraude, engano.

freck.le [fr'ekəl] *n* sarda (na pele).

free [fri:] *vt* (*ps, pp* **freed**) 1 livrar, libertar. 2 desobstruir, franquear. • *adj* 1 livre, autônomo. 2 solto, desatado. 3 absolvido, inocente. 4 gratuito. • *adv* grátis. **duty-free** isento de taxa alfandegária. **for free** *coll* grátis. **free will** livre-arbítrio.

freed.om [fr'i:dəm] *n* liberdade, autonomia.

free.lance [fri: la:ns] *n* trabalhador autônomo.

freeze [fri:z] *vt+vi* (*ps* **froze**, *pp* **frozen**) refrigerar, congelar(-se). **to freeze the wages and the prices** congelar os salários e os preços. **to freeze to death** morrer de frio.

freight [freit] *n* 1 frete. 2 carga.

fre.quen.cy [fr'i:kwənsi] *n* frequência (também *Electr, Phys*). **high frequency** alta frequência.

fre.quent [fr'i:kwənt] *vt* frequentar, ir ou visitar amiudadas vezes. • *adj* 1 frequente, amiudado, repetido, continuado. 2 numeroso, abundante. **frequent caller** visita frequente.

fresh [freʃ] *adj* fresco: a) novo, recente. b) não enlatado. c) viçoso. d) moderadamente frio. **fresh fish** peixe fresco.

Fri.day [fr'aidei] *n* sexta-feira. **Good Friday** sexta-feira da Paixão.

fried [fraid] *ps, pp* of **fry**. • *adj* frito.

friend [frend] *n* amigo. **close friend** amigo íntimo.

friend.ly [fr'endli] *adj* amigável, amigo, benévolo. **they are on friendly terms** eles mantêm relações amigáveis.

friend.ship [fr'endʃip] *n* amizade.

fright.ened [fr'aitənd] *adj* amedrontado, aterrorizado.

fright.eni.ng [fr'aitəniŋ] *adj* amedrontador, assustador.

fright.ful [fr'aitful] *adj* 1 assustador, espantoso, pavoroso. 2 *coll* tremendo.

fringe [frindʒ] *n* franja.

frog [frɔg] *n Zool* rã. **frogman** homem-rã.

from [frɔm, frəm] *prep* 1 de. 2 proveniente de. 3 para longe de, para fora de, a partir de. 4 desde. 5 afastado de, distante de. **apart from** salvo, exceto. **from bad to worse** de mal a pior. **from now on** de agora em diante, doravante. **from the beginning** desde o início.

frost [frɔst] *n* geada. • *vt+vi* 1 gear. 2 polvilhar com açúcar, cobrir (bolo) de glacê.

fro.zen [fr'ouzən] *pp* of **freeze**. • *adj* congelado.

fruit [fru:t] *n* fruta. **dried fruit** frutas secas. **fruit-cake** bolo de frutas (secas).

fry [frai] *vt+vi* fritar.

fry.ing-pan [fr'aiiŋ pæn] *n* frigideira.

fuck [fʌk] *n sl vulg* 1 trepada, transada. 2 parceiro sexual. 3 **coloq** a mínima importância. • *vt+vi vulg* 1 trepar, transar. 2 prejudicar.

fu.el [fju'əl] *n* combustível. • *vt+vi* (*ps, pp* **fuelled / fueled**) **1** abastecer com combustível. **2** inflamar, acender.

ful.fill, ful.fil [fulf'il] *vt* (*ps* **fulfilled**) cumprir: a) cumprir (palavra, promessa etc.). b) satisfazer (pedido, desejo etc.).

ful.fill.ment, ful.fil.ment [fulf'ilmənt] *n* cumprimento, realização.

full [ful] *adj* **1** cheio. **2** lotado, ocupado. **3** inteiro, completo. **4** satisfeito, saciado. • *adv* **1** completamente, totalmente, integralmente. **2** diretamente, em cheio. **a full hour** uma hora inteira. **at full speed** a toda velocidade. **in full** completamente.

fun [f∧n] *n* **1** brincadeira, pilhéria, gracejo. **2** diversão, prazer. • *adj* divertido, engraçado. **for fun, in/for the fun of it** por brincadeira, por prazer. **to have fun** divertir-se.

func.tion [f'∧ŋkʃən] *n* **1** função. **2** espetáculo, solenidade. • *vi* funcionar, trabalhar.

fun.ny [f'∧ni] *adj* **1** engraçado, divertido. **2** esquisito, estranho.

fur [fə:] *n* **1** pelo (de animal). **2** (geralmente **furs**) peles, peliça.

fur.nish [f'ə:niʃ] *vt* **1** mobiliar. **2** suprir.

fur.ni.ture [f'ə:nitʃə] *n* mobília, móveis.

fur.ther [f'ə:ðə] *adj* **1** mais distante. **2** adicional, outro. • *adv* mais, além, mais longe, além disso. **till further notice** até novas notícias.

fur.thest [f'ə:ðist] *adj, adv sup* de **far** o mais distante.

fu.ry [fj'uəri] *n* fúria (também *Myth*): a) furor, frenesi, raiva. b) violência, agitação violenta, ferocidade, impetuosidade.

fu.sion [fj'u:ʒən] *n* fusão: a) derretimento, fundição. b) liga, mistura, combinação.

fuss [f∧s] *n* **1** espalhafato, espavento, rebuliço, barulho, bulha, agitação. **2** pessoa exagerada, irrequieta, nervosa, exigente ou meticulosa demais. • *vi* exagerar, espalhafatar, excitar-se, inquietar-se, alvoroçar-se, ocupar-se com ninharias. **don't make a fuss** não se exalte, não faça tanto estardalhaço. **to make a fuss of** tratar com atenção ou demonstrações de afeto exageradas.

fuss.y [f'∧si] *adj* **1** atarantado, nervoso, irrequieto, irritável. **2** exigente, meticuloso, escrupuloso, muito particular. **3** espalhafatoso, exagerado.

fu.tile [fj'u:tail; fj'u:təl] *adj* fútil: a) vão, inútil, infrutífero. b) frívolo, sem importância, trivial.

fu.ture [fj'u:tʃə] *n* futuro: a) porvir. b) destino, fado, perspectivas, esperanças. c) *Gram* tempo futuro. • *adj* futuro (também *Gram*), vindouro. **for / in the future** futuramente, no ou para o futuro. **in the near future** dentro em breve, brevemente.

fuze, fuse[1] [fju:z] *n* **1** *Electr* fusível. **2** estopim, pavio, rastilho, detonador, mecha, espoleta. **to blow a fuse** queimar um fusível.

fuze, fuse[2] [fju:z] *vt+vi* **1** fundir(-se), derreter(-se), queimar(-se). **2** soldar-se, unir-se, amalgamar(-se).

fuzz [f∧z] *n* flocos, partículas finas (de fibra vegetal etc.), cotão, felpa, penugem, lanugem.

fuzz.y [f'∧zi] *adj* **1** flocoso, penugento, felpudo. **2** vago, indistinto.

g

G, g [dʒi:] *n* sétima letra do alfabeto, consoante.

gadg.et [g'ædʒit] *n coll* equipamento eletrônico (em geral pequeno e moderno).

gai.e.ty [g'eiəti] *n* alegria, júbilo, divertimento, folia.

gain [gein] *n* lucro, benefício, ganho, renda. • *vt+vi* 1 ganhar, obter, adquirir. 2 beneficiar-se, lucrar.

gale [geil] *n* vento forte, temporal.

gam.ble [g'æmbəl] *vt+vi* 1 jogar jogos de azar. 2 arriscar, aventurar-se.

game [geim] *n* 1 jogo. 2 partida. 3 caça, animais que são caçados.

gang [gæŋ] *n* bando, turma.

gap [gæp] *n* 1 abertura, fenda, brecha. 2 lacuna.

ga.rage [g'æra:ʒ, gər'a:ʒ] *n* garagem. **garage sale** liquidação de artigos domésticos usados.

gar.bage [g'a:bidʒ] *n* lixo. **garbage can** lata de lixo.

gar.den [g'a:dən] *n* jardim, horta. • *vt+vi* cuidar de jardim.

gar.den.ing [g'a:dəniŋ] *n* jardinagem, horticultura.

gar.lic [g'a:lik] *n* alho. **clove of garlic** dente de alho.

gas [gæs] *n* 1 gás: corpo gasoso, combustível, iluminação, mistura de gases, arma de guerra. 2 *Amer coll* gasolina.

gasp [ga:sp; gæsp] *n* respiração penosa, ofego. • *vt+vi* respirar com dificuldade, ofegar, arfar. **to gasp for breath** ofegar.

gas-sta.tion [g'æs steiʃən] *n* posto de gasolina.

gate [geit] *n* portão, porta, cancela.

gath.er.ing [g'æðəriŋ] *n* encontro, reunião.

gaze [geiz] *n* olhar fixo. • *vi* olhar fixamente, encarar.

gear [giə] *n* 1 engrenagem. 2 equipamento. • *vt+vi* 1 engrenar. 2 engatar marcha. **fishing gear** equipamento de pesca.

gen.er.al [dʒ'enərəl] *n Mil* general. • *adj* 1 geral. 2 comum, usual. **as a general rule** como regra geral.

gen.er.ate [dʒ'enəreit] *vt* gerar, produzir, causar.

gen.er.a.tion [dʒenər'eiʃən] *n* 1 geração, criação, produção. 2 descendência. 3 *Math* formação.

gen.er.os.i.ty [dʒenər'ositi] *n* generosidade.

gen.er.ous [dʒ'enərəs] *adj* 1 generoso, liberal. 2 nobre, magnânimo. 3 amplo, abundante.

ge.ni.al [dʒ'i:niəl] *adj* cordial, amável, brilhante.

gen.i.tals [dʒ'enitəlz] *n pl* órgãos genitais.

ge.ni.us [dʒ'i:niəs] *n* (*pl* **genii, geniuses**) gênio: a) capacidade, talento. b) pessoa genial. **a man of genius** um gênio.

gen.re [ʒ'ɔnrə] *n* gênero, espécie.

gen.tle [dʒ'entəl] *adj* 1 suave, brando. 2 moderado. 3 humano, meigo, amável. 4 nobre, digno.

gen.tle.man [dʒ'entəlmən] *n* (*pl* **gentlemen**) cavalheiro.

gents [dʒentz] *n* banheiro masculino.

ges.ture [dʒ'estʃə] *n* 1 gesto. 2 ato. • *vt+vi* gesticular. **a fine gesture** um gesto bonito.

get [get] *vt+vi* (*ps* **got**, *pp* **got**, *Amer* **gotten**) 1 receber, obter. 2 ficar, tornar-se. 3 adquirir, contrair. 4 conseguir. 5 induzir, persuadir. 6 mandar fazer, providenciar. 7 chegar, vir, ir. 8 compreender, entender. 9 ter, possuir. **to get along** dar-se bem com alguém. **to get away** escapar, fugir. **to get dressed** vestir-se. **to get drunk** embriagar-se. **to get home** chegar em casa. **to get married** casar-se. **to get over** restabelecer-se de. **to get up** levantar da cama. **to have got** ter. **to have got to** ter de.

ghost [goust] *n* 1 espírito. 2 fantasma.

gi.ant [dʒ'aiənt] *n* gigante. • *adj* gigantesco.

gift [gift] *n* 1 presente. 2 talento, dom.

girl [gə:l] *n* 1 moça, menina. 2 namorada.

girl.friend [g'ə:lfrend] *n* 1 namorada. 2 amiga.

give [giv] *vt+vi* (*ps* **gave**, *pp* **given**) 1 dar, presentear, conceder. 2 entregar, ceder. 3 oferecer. 4 fornecer, prover. **to give away** a) dar de presente, doar. b) delatar. c) revelar. **to give back** devolver. **to give in** entregar-se, ceder. **to give out** a) distribuir para as pessoas. b) parar de funcionar. **to give up** abandonar.

glad [glæd] *adj* alegre, contente.

glam.or.ous [gl'æmərəs] *adj* fascinante, glamouroso.

glance [gla:ns; glæns] *n* relance, olhadela. • *vt+vi* passar os olhos. **at a glance** só de olhar. **at first glance** à primeira vista.

glare [gleə] *n* 1 clarão, luz forte e ofuscante. 2 olhar penetrante. • *vt+vi* 1 resplandecer, luzir, cegar. 2 olhar de modo penetrante, encarar, olhar com raiva.

glass [gla:s; glæs] *n* 1 vidro. 2 copo. 3 coisa feita de vidro, vidraça, espelho, vidro de relógio, óculos, binóculo. **magnifying glass** lupa, lente.

glimpse [glimps] *n* olhar rápido, vislumbre, relance. • *vt+vi* olhar rapidamente, vislumbrar, ver de relance. **to catch a glimpse at / of** perceber de relance.

glit.ter.ing [gl'itəriŋ] *adj* brilhante, resplandecente.

gloom.y [gl'u:mi] *adj* 1 escuro, obscuro. 2 triste, sombrio. 3 deprimente, sombrio.

glo.ri.ous [gl'ɔ:riəs] *adj* glorioso, ilustre, magnífico. **a glorious view** uma vista maravilhosa.

glo.ry [gl'ɔ:ri] *n* 1 glória, exaltação. 2 beleza, resplendor.

gloss [glɔs] *n* 1 lustro, brilho, 2 brilho para os lábios (cosmético).

glove [glʌv] *n* luva, luva de boxe. **glove compartment** porta-luvas.

glow [glou] *n* brasa, brilho. • *vi* arder, brilhar intensamente.

go [gou] *vt+vi* (*ps* **went**, *pp* **gone**) 1 ir, prosseguir. 2 sair, partir. 3 funcionar (máquinas). 4 tornar-se, vir a ser. 5 deixar de existir, desaparecer. **let me go!** solte-me! **to go abroad** viajar para o exterior. **to go against** ir contra. **to go ahead** continuar, ir adiante. **to go away** partir. **to go back** voltar. **to go in** entrar. **to go on** continuar. **to go on** dar errado, falhar, fracassar.

goal [goul] *n* 1 meta, objetivo. 2 *Ftb* gol.

goal.keep.er [g'oulki:pə] *n Ftb* goleiro.

goat [gout] *n* 1 cabra, bode. 2 **Goat** *Astr* Capricórnio.

god [gɔd] *n* 1 deus, ídolo. 2 **God** Deus. **for God's sake** pelo amor de Deus. **thank God** graças a Deus.

god.child [g'ɔdtʃaild] *n* afilhado (de batismo).

god.fa.ther [g'ɔdfa:ðə] *n* padrinho (de batismo).

god.moth.er [g'ɔdmʌðə] *n* madrinha (de batismo).

god.par.ent [g'ɔdpeərənt] *n* padrinho, madrinha.

god.son [g'ɔdsʌn] *n* afilhado.

gog.gle [g'ɔgəl] *n* (geralmente **goggles**) óculos de proteção, óculos de natação.

gold [gould] *n* 1 ouro. 2 dinheiro, riqueza. • *adj* 1 feito de ouro, como ouro. 2 amarelo-ouro. **a heart of gold** um coração de ouro. **gold watch** relógio de ouro.

gold.en [g'ouldən] *adj* 1 de ouro, como ouro. 2 amarelo-ouro. 3 excelente.

gone [gɔn] *pp* of **go**.

good [gud] *n* 1 bem, benefício. 2 justo, útil. 3 bem-estar, prosperidade. • *adj* (*compar* **better**, *sup* **best**) 1 bom, desejável. 2 justo, próprio. 3 comportado. 4 virtuoso. 5 sincero, verdadeiro. 6 pleno. 7 agradável. 8 saudável. 9 fresco, não deteriorado. • *interj* bom! bem! **for good** para sempre. **good afternoon** boa tarde. **good breeding** boa educação. **good evening** boa noite. **good luck** boa sorte. **good morning** bom dia. **good night** boa noite.

good-by, good-bye [gud b'ai] *interj contr* for **God be with ye** adeus!

good-look.ing [gud l'ukiŋ] *adj* bonito, vistoso.

good-na.tured [gud n'eitʃəd] *adj* afável, agradável, bondoso, benévolo.

good.ness [g'udnis] *n* bondade, afabilidade. • *interj* Deus! **for goodness sake!** pelo amor de Deus! **goodness gracious!** meu Deus!

goods [gudz] *n pl* 1 posses, bens. 2 mercadoria, carga.

goose [gu:s] *n* (*pl* **geese**) ganso.

gor.geous [g'ɔ:dʒəs] *adj* deslumbrante, esplêndido.

gos.sip [g'ɔsip] *n* 1 bisbilhotice, mexerico, fofoca. 2 bisbilhoteiro, mexeriqueiro. • *vi* bisbilhotar, mexericar.

gov.ern [g'ʌvən] *vt+vi* 1 governar, dirigir, administrar. 2 determinar. 3 controlar.

gov.ern.ment [g'ʌvənmənt] *n* governo: a) autoridade, administração. b) controle, direção. c) sistema político, governo.

grab [græb] *vt+vi* agarrar, arrebatar.

grace [greis] *n* 1 graça, beleza. 2 favor. 3 perdão. 4 graça divina.

grace.ful [gr'eisful] *adj* gracioso, elegante.

grade [greid] *n* 1 grau de qualidade, classe, categoria. 2 série, nota. • *vt+vi* 1 classificar. 2 nivelar.

grad.u.ate [gr'ædʒueit] *n* pessoa diplomada. • *vt+vi* receber diploma de universidade. • *adj* graduado, diplomado.

gram, gramme [græm] *n* grama: unidade de massa.

gran.dad [gr'ændæd], **grand.dad.y** [gr'ændædi] *n coll* vovô.

grand.aunt [gr'ænda:nt] *n* tia-avó.

grand.child [græn'tʃaild] *n* neto, neta.

grand.daugh.ter [gr'ændɔ:tə] *n* neta.

grand.fa.ther [gr'ændfa:ðə] *n* avô.

grand.ma [gr'ændma:] *n* vovó.

grand.moth.er [gr'ændmʌðə] *n* avó. **to teach your grandmother to suck eggs** ensinar o padre-nosso ao vigário.

grand.pa [gr'ændpa:] *n* vovô.

grand.par.ents [gr'ændpeərənts] *n pl* avós.

grand.son [gr'ændsʌn] *n* neto.

grant [gra:nt; grænt] *n* concessão, doação. • *vt* conceder.

grape [greip] *n* uva, videira. **a bunch of grapes** um cacho de uvas.

grasp [gra:sp; græsp] *n* 1 força de pegar e segurar. 2 compreensão. 3 alcance. •

grass

vt+vi **1** agarrar, pegar. **2** compreender. **beyond my grasp** incompreensível para mim. **within my grasp** ao meu alcance.

grass [gra:s; græs] *n* grama, gramado.

grass.hop.per [gr'a:shɔpə; gr'æshɔpə] *n* gafanhoto.

grate.ful [gr'eitful] *adj* grato, agradecido.

grat.i.tude [gr'ætitju:d] *n* gratidão.

gra.tu.i.tous [grətj'u:itəs] *adj* **1** gratuito. **2** sem fundamento.

grave[1] [greiv] *n* sepultura, túmulo. **at the grave-side of** na sepultura de. **to have one foot in the grave** estar com um pé na cova.

grave[2] [greiv] *adj* **1** grave, sério. **2** solene.

grav.el [gr'ævəl] *n* pedregulho, cascalho.

grave.yard [gr'eivja:d] *n* cemitério.

grav.i.ty [gr'æviti] *n* **1** gravidade. **2** sobriedade, seriedade, gravidade.

gra.vy [gr'eivi] *n* molho ou caldo de carne.

gray [grei] *n* cinza.

grease [gri:s] *n* banha, graxa, brilhantina. • *vt* engraxar, untar.

great [greit] *adj* **1** grande, vasto. **2** importante, famoso. **3** formidável, magnífico. **4** muito. **that is great** isto é formidável. **the great majority** a grande maioria.

great-grand.daugh.ter [greit gr'ænd'ɔ:tə] *n* bisneta.

great-grand.fa.ther [greit gr'ændfa:ðə] *n* bisavô.

great-grand.moth.er [greit gr'ændmʌðə] *n* bisavó.

great-grand.son [greit gr'ændsʌn] *n* bisneto.

greed.y [gr'i:di] *adj* ganancioso, guloso.

green [gri:n] *n* **1** verde. **2 greens** verdura. • *adj* **1** verde. **2** coberto de verde, de grama. **3** fresco, cru, natural. **4** não maduro. **5** inexperiente.

green.gro.cer [gr'i:ngrousə] *n* verdureiro, quitandeiro.

green.house [gr'i:nhaus] *n* estufa para plantas.

greet [gri:t] *vt* cumprimentar, saudar.

greet.ing [gr'i:tiŋ] *n* saudação, cumprimento.

grey [grei] *n* cor cinza. • *adj* **1** cinzento. **2** grisalho. **grey-headed** *adj* grisalho.

grid [grid] *n* **1** grade. **2** grelha.

grief [gri:f] *n* **1** aflição, tristeza, mágoa, pesar. **2** desgraça, revés.

grill [gril] *n* **1** grelha. **2** restaurante de grelhados. • *vt* grelhar.

grind [graind] *vt* (*ps, pp* **ground**) **1** moer, triturar. **2** ranger, rilhar. **to grind the teeth** ranger os dentes.

grip [grip] *n* **1** ação de agarrar. **2** força da mão. **3** cabo, alça. • *vt* agarrar, apanhar. **to come to grips** engalfinhar-se, atracar-se.

groan [groun] *n* gemido, suspiro. • *vt+vi* gemer, suspirar.

gro.cer [gr'ousə] *n* **1** dono de mercearia. **2 grocer's** mercearia, armazém.

gro.cer.y [gr'ousəri] *n* armazém, empório, mercearia.

groin [grɔin] *n* virilha.

ground [graund] *n* **1** terra, chão, solo. **2** terreno, área, região. **3** campo de esporte. **4** base, fundamento. • *vt* estabelecer, fundamentar, basear.

ground.less [gr'aundlis] *adj* **1** sem motivo, sem razão. **2** *fig* infundado. **groundless fear** medo infundado.

grow [grou] *vt+vi* (*ps* **grew**, *pp* **grown**) **1** crescer, aumentar, florescer. **2** germinar. **3** vir a ser, nascer. **4** tornar-se, ficar. **5** deixar crescer. **he grew a beard** ele deixou crescer a barba. **to grow into a habit** tornar-se hábito. **to grow old** envelhecer. **to grow up** crescer.

grown-up [gr'oun ʌp] *n* pessoa adulta. • *adj* [groun 'ʌp] adulto, adulta.

growth [grouθ] *n* **1** crescimento. **2** aumento. **3** cultivo.

guard [ga:d] *n* **1** guarda, vigia. **2** proteção, defesa. • *vt* **1** guardar, vigiar, proteger. **2** conservar, preservar. **body-guard** guarda-costas.

guard.i.an [g'a:diən] *n* **1** guardião, protetor. **2** tutor. **guardian angel** anjo da guarda.
gua.va [gw'a:və] *n Bot* goiaba.
guess [ges] *n* suposição. • *vt+vi* **1** adivinhar. **2** supor, crer.
guest [gest] *n* hóspede, convidado.
guide [gaid] *n* **1** guia. **2** marco. **3** roteiro. **4** manual. • *vt+vi* **1** guiar, indicar. **2** controlar, dirigir. **a guide to London** um guia de Londres.
guide.line [g'aidlain] *n* diretriz, norma de procedimento.
guilt [gilt] *n* culpa.
guilt.y [g'ilti] *adj* culpado.
guin.ea-pig [g'ini pig] *n* cobaia.
gui.tar [git'a:] *n* violão, guitarra. **acoustic guitar** violão acústico. **electric guitar** guitarra elétrica.

gulp [gʌlp] *n* ato de engolir, gole, trago. • *vt* tragar, engolir, devorar. **at one gulp** de um só trago. **to gulp the disappointment** dominar a decepção. **to gulp up** regurgitar.
gum¹ [gʌm] *n* **1** látex, goma. **2** cola. **3** goma de mascar. **chewing gum** chiclete.
gum² [gʌm] *n* (geralmente **gums** *pl*) gengiva.
gun [gʌn] *n* qualquer arma de fogo: revólver, pistola. • *vt+vi* atirar, matar a tiro.
gut [gʌt] *n* **1** intestino, tripa. **2 guts** *fig* a) coragem. b) entranhas. **3** fio feito de tripa.
guy [gai] *n Amer coll* rapaz, sujeito, cara. **hi guys!** oi, pessoal!
gym.nas.tics [dʒimn'æstiks] *n* ginástica, exercícios físicos.

h

H, h [eitʃ] *n* oitava letra do alfabeto, consoante.

hab.it [h'æbit] *n* 1 hábito, costume. 2 vício. 3 hábito (religioso).

hack.er [h'ækə] *n Comp* pessoa que usa seu conhecimento técnico para ganhar acesso a sistemas privados.

had [hæd] *ps, pp* of **have**.

hadn't [h'ædənt] *contr* of **had not**.

hail [heil] *n* granizo. • *vi* chover granizo. **hail storm** tempestade de granizo.

hair [hɛə] *n* 1 cabelo, pelo. 2 *fig* algo muito pequeno ou fino.

hair.brush [h'ɛəbrʌʃ] *n* escova de cabelo.

hair.cut [h'ɛəkʌt] *n* corte de cabelo.

hair.do [h'ɛədu:] *n coll* penteado.

hair.dress.er [h'ɛədrɛsə] *n* cabeleireiro.

hair dry.er [h'ɛə draiə] *n* secador de cabelo.

half [ha:f; hæf] *n* (*pl* **halves**) 1 metade, meio. 2 semestre. 3 *Sport* tempo, parte. • *adj* 1 meio. 2 bastante, quase. 3 incompleto, parcial. • *adv* 1 meio, em parte. 2 consideravelmente. **half a dozen** meia dúzia. **half hour** meia hora. **half-price** a) metade do preço. b) meia-entrada. **half-sister** meia-irmã.

hall [hɔ:l] *n* 1 saguão. 2 sala de reunião. 3 *Amer* alojamento para estudantes. 4 entrada de um edifício.

ham [hæm] *n* presunto.

ham.mer [h'æmə] *n* martelo. • *vt+vi* 1 martelar, bater. 2 elaborar com muito esforço. 3 forçar.

ham.mer-smith [h'æmə smiθ] *n* ferreiro.

ham.mock [h'æmək] *n* rede (para dormir).

hand [hænd] *n* 1 mão. 2 caligrafia. 3 assinatura. 4 palmo (de comprimento). 5 ponteiro de relógio. • *vt* dar, entregar. **at hand** à mão. **by hand** manual. **to hand in** entregar algo a (alguém). **to hand out** distribuir. **to shake hands** dar um aperto de mão.

hand.bag [h'ændbæg] *n* 1 bolsa feminina. 2 maleta para viagem.

hand.book [h'ændbuk] *n* manual, guia.

hand.cuff [h'ændkʌf] *n* algema. • *vt* algemar.

hand.ful [h'ændful] *n* 1 punhado. 2 pessoa difícil.

hand.i.cap [h'ændikæp] *n* 1 deficiência física. 2 obstáculo. • *vt* ter ou impor desvantagens.

hand.i.craft [h'ændikra:ft] *n* artesanato.

hand.i.work [h'ændiwə:k] *n* trabalho manual.

hand.ker.chief [h'æŋkətʃif] *n* lenço (de bolso).

han.dle [h'ændəl] *n* 1 asa, alça, cabo. 2 maçaneta. • *vt* 1 manobrar, controlar. 2 manusear. 3 lidar com.

hand lug.gage [h'ænd l∧gidʒ] *n* bagagem de mão.
hand.made [hændm'eid] *adj* feito à mão.
hand.shake [h'ændʃeik] *n* aperto de mão.
hand.some [h'ænsəm] *adj* 1 atraente, bonitão. 2 generoso.
hand.writ.ten [hændr'itən] *adj* manuscrito, escrito à mão.
hand.y [h'ændi] *adj* 1 à mão, acessível. 2 cômodo. 3 conveniente.
hand.y.man [h'ændimən] *n* faz-tudo: pessoa habilidosa.
hang[1] [hæŋ] *vt/vi* (*ps, pp* **hung**) 1 pendurar. 2 suspender(-se), estar suspenso.
hang[2] [hæŋ] (*ps, pp* **hanged**) 1 enforcar (-se), ser enforcado. 2 pairar.
hang glid.er [h'æŋ glaidə] *n* asa-delta.
hang glid.ing [h'æŋ glaidiŋ] *n Sport* voo livre (asa-delta).
hang.o.ver [h'æŋouvə] *n* ressaca (de bebedeira).
hap.pen [h'æpən] *vi* acontecer, ocorrer.
hap.pen.ing [h'æpəniŋ] *n* acontecimento, ocorrência.
hap.pi.ness [h'æpinis] *n* felicidade, alegria.
hap.py [h'æpi] *adj* feliz, contente, satisfeito.
har.ass [h'æræs] *vt* atormentar, assediar.
har.ass.ment [h'ærəsmənt] *n* tormento, assédio. **sexual harassment** assédio sexual.
har.bor, har.bour [h'a:bə] *n* 1 porto, ancoradouro. 2 abrigo, refúgio. • *vt* 1 abrigar, proteger. 2 nutrir.
hard [ha:d] *adj* 1 duro, sólido. 2 difícil. 3 severo, inflexível. 4 fatigante. • *adv* 1 duramente, fortemente. 2 com empenho. **hard worker** trabalhador eficiente.
hard.ly [h'a:dli] *adv* 1 dificilmente. 2 apenas, mal. **hardly ever** raramente, quase nunca.
hard.ware [h'a:dweə] *n* ferragens.
hard-work.ing [ha:d w'ə:kiŋ] *adj* aplicado, trabalhador.

hare [hɛə] *n* lebre.
harm [ha:m] *n* 1 mal, dano. 2 injustiça. • *vt* 1 prejudicar. 2 injuriar, ofender. 3 causar dano. **to mean no harm** não ter más intenções.
harm.ful [h'a:mful] *adj* prejudicial, nocivo.
harm.less [h'a:mlis] *adj* 1 inofensivo. 2 inocente.
har.mon.i.ca [ha:m'ɔnikə] *n Mus* gaita de boca.
har.mo.nize [h'a:mənaiz] *vt/vi* 1 harmonizar. 2 conciliar, concordar.
har.mo.ny [h'a:məni] *n* harmonia: a) concordância. b) simetria.
har.ness [h'a:nis] *n* arreio. • *vt* 1 arrear (to a). 2 aproveitar (**by** por meio de).
harsh [ha:ʃ] *adj* 1 áspero. 2 berrante (cor). 3 rude, ríspido. 4 cruel.
har.vest [h'a:vist] *n* colheita, safra. • *vt/vi* colher, ceifar.
has [hæz] terceira pessoa do singular do presente do indicativo de **to have**.
hasn't [hæznt] *contr* of **has not**.
haste [heist] *n* 1 pressa, ligeireza. 2 precipitação • *vt/vi* apressar, ir ou andar depressa. **in haste** apressadamente.
hat [hæt] *n* chapéu.
hate [heit] *n* ódio, aversão. • *vt/vi* odiar, detestar.
ha.tred [h'eitrid] *n* ódio, aversão.
haunted [hɔ:ntid] *adj* assombrado. **haunted house** casa assombrada.
have [hæv; həv] *vt/vi* (*ps, pp* **had**) 1 ter, possuir. 2 reter (na memória). 4 conter, compreender. 5 precisar, dever. 6 tolerar, admitir. 7 tomar, beber. 8 comer. **have a nice trip!** boa viagem! **to have dinner** jantar.
haven't [hævnt] *contr* of **have not**.
ha.zel.nut [h'eizln∧t] *n* avelã.
he [hi:; hi] *pron* ele.
head [hed] *n* 1 cabeça. 2 cabeça de prego, alfinete, alho etc. 3 parte superior, ponta, topo. 4 chefe. 5 **heads** face de

uma moeda. • *vt+vi* 1 encabeçar, liderar. 2 ir na dianteira. **heads or tails** cara ou coroa. **to head for** rumar, seguir.

head.ache [h'edeik] *n* dor de cabeça.

head.ing [h'ediŋ] *n* título, cabeçalho.

head.lights [h'edlaits] *n pl* faróis (de automóvel).

head.line [h'dlain] *n* título, manchete (de jornal).

head.mas.ter [h'edma:stə] *n* diretor (de escola).

head.phones [h'edfoun] *n pl* fones de ouvido.

heal [hi:l] *vt+vi* 1 curar, sarar. 2 cicatrizar.

health [helθ] *n* saúde. **health care** serviço de saúde.

health.y [h'elθi] *adj* saudável, salubre.

hear [hiə] *vt* (*ps, pp* **heard**) 1 ouvir. 2 escutar. 3 ter notícia (**about** sobre, **of, from** de).

hear.ing [h'iəriŋ] *n* 1 audição. 2 audiência.

hear.say [h'iəsei] *n* boato, rumor.

heart [ha:t] *n* 1 coração. 2 âmago, centro. 3 alma. 4 amor. 5 ânimo. **heart attack** ataque cardíaco. **the heart of the matter** o essencial da questão. **to learn by heart** decorar. **to put the heart in** empenhar-se de corpo e alma em.

heart.less [h'a:tlis] *adj* cruel, insensível.

heat [hi:t] *n* 1 calor. 2 temperatura elevada. • *vt+vi* 1 aquecer, esquentar. 2 inflamar. 3 excitar(-se). **heat wave** onda de calor. **in the heat of an argument** no calor de uma discussão.

heat.er [h'i:tə] *n* aquecedor.

heat.ing [h'i:tiŋ] *n* aquecimento, calefação.

heav.en [h'evən] *n* 1 céu, firmamento. 2 paraíso. **for heaven's sake!** pelo amor de Deus!

heav.y [h'evi] *adj* 1 pesado. 2 de grande quantidade. 3 forte. 4 carregado (**with** com).

he'd [hi:d, hid] *contr* of **he had, he would**.

heel [hi:l] *n* 1 calcanhar. 2 salto do sapato.

height [hait] *n* 1 altura. 2 alto, cume. 3 apogeu. 4 estatura.

hell [hel] *n* inferno (também *fig*). **what the hell!** que diabo!

hel.lo [hel'ou] *interj* olá, alô, oi.

hel.met [h'elmit] *n* elmo, capacete.

help [help] *n* 1 ajuda, auxílio. 2 remédio. 3 alívio, socorro. • *vt+vi* 1 ajudar, assistir (**with** com, **in** em). 2 socorrer, amparar. 3 remediar. 4 evitar, impedir. 5 abster-se. 6 servir(-se) (à mesa).

help.ful [h'elpful] *adj* 1 útil. 2 que ajuda.

help.less [h'elplis] *adj* 1 desamparado. 2 indefeso. 3 incapaz.

hen [hen] *n* galinha.

her [hə:] *pron* lhe, a ela, seu, sua, a.

herb [hə:b] *n* 1 erva. 2 planta de propriedades medicinais ou culinárias.

here [hiə] *n* este lugar, tempo ou estado. • *adv* 1 aqui, neste lugar, cá, para cá. 2 neste momento, agora. • *interj* presente!

hers [hə:z] *possessive pron* seu, sua, seus, suas, dela.

her.self [hə:s'elf] *pron* ela mesma, se, si mesma. **by herself** sozinha.

he's [hi:z, hiz] *contr* of **he is, he has**.

hid.den [h'idən] *pp* of **hide**. • *adj* escondido, secreto, obscuro.

hide [haid] *vt+vi* (*ps* **hid**, *pp* **hidden, hid**) 1 esconder(-se), ocultar, encobrir. 2 sair, afastar-se. **hide and seek** jogo de esconde-esconde.

hid.e.ous [h'idiəs] *adj* horrível, medonho, terrível.

hi.er.o.glyph.ics [haiərəgl'ifik] *n* hieróglifo. • *adj* 1 hieroglífico. 2 enigmático.

high [hai] *adj* 1 elevado, alto. 2 superior. 3 principal. 4 excelente, eminente. 5 caro, dispendioso. • *adv* 1 altamente, fortemente. 2 em alto grau. **it is high time** está mais do que na hora.

high school

high school [h'ai sku:l] *n Amer* escola secundária.
high street [h'ai str:it] *n* rua principal.
hi.jack [h'aidʒæk] *vt* sequestrar (avião etc.) em trânsito.
hi.jack.er [h'aidʒækə] *n* sequestrador.
hike [haik] *n* caminhada, passeio a pé. • *vt+vi* caminhar grandes distâncias.
hill [hil] *n* 1 morro, colina. 2 ladeira.
him [him] *pron* lhe, a ele, o.
him.self [hims'elf] *pron* ele mesmo, se, si mesmo. **by himself** sozinho, só.
hint [hint] *n* sugestão, palpite. • *vt+vi* sugerir, dar a entender.
hip [hip] *n* quadril.
hire [haiə] *n* aluguel, arrendamento. • *vt+vi* alugar, arrendar. **on hire** a) para alugar. b) empregado.
his [hiz] *pron* dele, seu, sua, seus, suas.
his.to.ry [h'istəri] *n* história.
hit [hit] *n* 1 golpe, pancada. 2 sucesso, sorte. 3 ataque, crítica. • *vt+vi* (*ps, pp* **hit**) 1 dar um golpe, dar uma pancada (**at** em). 2 acertar, atingir.
hitch.hike [h'itʃhaik] *vi* viajar pedindo carona.
hold [hould] *n* 1 ação de segurar ou agarrar. 2 ponto de se pega (cabo, alça etc.). 3 forte influência. • *vt+vi* (*ps, pp* **held**) 1 pegar, agarrar, segurar. 2 reter. 3 manter. 4 defender. 5 ocupar (cargo). • *interj* pare!, quieto!, espere! **to hold hands** ficar de mãos dadas.
hold-up [h'ould ʌp] *n* 1 assalto à mão armada. 2 engarrafamento (trânsito).
hole [houl] *n* 1 buraco, orifício. 2 cova, toca. 3 embaraço, dificuldade.
hol.i.day [h'ɔlədei] *n* 1 dia santo, feriado. 2 férias. • *adj* 1 de ou relativo a feriado. 2 alegre, festivo. **on holiday** de férias.
hol.low [h'ɔlou] *n* 1 buraco. 2 espaço vazio. 3 cavidade. • *vt* tornar oco. • *adj* 1 oco, vazio. 2 côncavo. 3 profundo.

horror

ho.ly [h'ouli] *n* santuário, lugar sagrado. • *adj* santo, sagrado, divino. **Holy Thursday** Quinta-feira Santa.
home [houm] *n* 1 lar, casa. 2 asilo de idosos. 3 pátria, terra natal. 4 hábitat. • *adv* 1 para casa, rumo à pátria, de retorno. 2 em casa. **at home** a) em casa. b) na pátria. c) à vontade.
home.less [h'oumlis] *adj* sem lar.
home.sick [h'oumsik] *adj* saudoso da pátria, do lar. **to be homesick** sentir saudade da pátria.
home.town [houmt'aun] *n* cidade natal.
home.work [h'oumwə:k] *n* lição de casa.
hon.es.ty [ɔ'nisti] *n* honestidade, integridade.
hon.ey [h'ʌni] *n* 1 mel. 2 *Amer coll* amor, querida.
hon.ey.moon [h'ʌni mu:n] *n* lua de mel. • *vi* estar em lua de mel.
hon.or [ɔ'nə] *n* 1 honra, dignidade. 2 reputação, fama. 3 lealdade. • *vt* 1 honrar, respeitar. 2 exaltar. 3 condecorar. **affair of honor** questão de honra.
hood [hud] *n* 1 capuz. 2 capô. 3 toldo.
hook [huk] *n* 1 gancho. 2 anzol. • *vt+vi* 1 enganchar, prender. 2 pescar, fisgar.
hoo.li.gan [h'u:ligən] *n* desordeiro, vândalo.
hope [houp] *n* esperança, expectativa. • *vt+vi* esperar (**for** por), ter esperança (**in** em). **I hope so** assim espero. **to hope for the best** esperar o melhor. **to raise hopes** encorajar, dar esperanças.
hope.ful [h'oupful] *adj* 1 esperançoso. 2 auspicioso.
hope.less [h'ouplis] *adj* 1 desesperado. 2 incorrigível. 3 inútil.
horn [hɔ:n] *n* 1 chifre. 2 buzina. • *adj* feito de chifre. **shoe horn** calçadeira.
hor.ri.ble [h'ɔrəbəl] *adj* 1 horrível, terrível. 2 deplorável.
hor.ror [h'ɔrə] *n* 1 horror, pavor. 2 repugnância. **horror film** filme de terror.

horse [hɔ:s] *n* **1** cavalo. **2** suporte de madeira para exercícios e ginástica.

horse.back [h'ɔ:sbæk] *adv* a cavalo. **to ride on horseback** montar a cavalo.

hose [houz] *n* mangueira. • *vt* esguichar, regar (com mangueira).

ho.sier.y [h'ouʒəri; h'ouʒəri] *n* departamento de loja para venda de meias em geral.

hos.pice [h'ɔspis] *n* asilo de doentes à beira da morte.

host [houst] *n* **1** apresentador (TV). **2** anfitrião. • *vt* hospedar, receber.

hos.tage [h'ɔstidʒ] *n* refém.

hos.tel [h'ɔstəl] *n* albergue, hospedaria. **youth hostel** albergue da juventude.

host.ess [h'oustis] *n* **1** anfitriã. **2** recepcionista (restaurantes etc.).

hos.tile [h'ɔstail; h'æstəl] *adj* hostil, inimigo.

hot [h'ɔt] *adj* **1** quente. **2** apimentado, picante. **3** excitado, fogoso. **4** acalorado. **5** difícil, árduo. • *adv* **1** de modo quente. **2** ansiosamente. **3** furiosamente.

hour ['auə] *n* **1** hora. **2** tempo. **3** período. **4** momento. **at all hours** o tempo todo.

house [haus] *n* **1** casa, lar. **2** edifício. • [hauz] *vt+vi* **1** morar. **2** abrigar.

house.work [h'auswə:k] *n* serviço doméstico.

how [hau] *adv* como, de que maneira. **how about having tea?** que tal tomar um chá? **how are you?** como vai? **how many?** quantos? **how much?** quanto?

how.e.ver [hau'evə] *adv* **1** de qualquer modo, por qualquer meio. **2** por mais que. • *conj* porém, não obstante, contudo, todavia, entretanto.

hug [hʌg] *n* abraço. • *vt* **1** abraçar. **2** acariciar.

huge [hju:dʒ] *adj* imenso, enorme.

hul.lo [hʌl'ou] *interj* = **hello**.

hu.man [hj'u:mən] *n* ser humano, homem. • *adj* humano. **human being** ser humano.

hu.mane [hju:m'ein] *adj* humano, humanitário.

hu.man.i.ty [hju:m'æniti] *n* **1** humanidade. **2** humanitarismo.

hum.ble [h'ʌmbəl] *vt* humilhar, rebaixar. • *adj* **1** humilde, modesto. **2** pobre. **3** submisso.

hu.mil.i.ate [hju:m'ilieit] *vt* humilhar, rebaixar.

hu.mor, hu.mour [hj'u:mə] *n* **1** humor, graça. **2** temperamento. • *vt* condescender, ceder a. **good humor** bom humor. **ill humor** mau humor.

hun.dred [h'ʌndrəd] *n* cem, cento, centena. • *adj, pron* cem, cento. **by the hundred** às centenas.

hun.ger [h'ʌŋgə] *n* **1** fome, apetite. **2** desejo (**for, after** de). • *vt+vi* **1** ter fome. **2** desejar, ansiar.

hun.gry [h'ʌŋgri] *adj* **1** com fome, faminto. **2** ansioso, ávido (**for** de).

hunt [hʌnt] *n* **1** caça, caçada. **2** perseguição. • *vt+vi* **1** caçar. **2** perseguir. **3** procurar.

hur.ri.cane [h'ʌrikən; h'ə:rikein] *n* furacão, ciclone. **2** *fig* situação violenta.

hur.ry [h'ʌri] *n* pressa. • *vt+vi* apressar, apressar-se. **hurry up!** depressa! **to be in a hurry** estar com pressa.

hurt [hə:t] *vt+vi* (*ps, pp* **hurt**) **1** ferir. **2** magoar, ofender. **3** prejudicar. **4** doer.

hus.band [h'ʌzbənd] *n* marido.

hush [hʌʃ] *n* silêncio. • *vt+vi* silenciar. • *interj* quieto!, silêncio! **to hush up** encobrir (escândalo).

hymn [him] *n* hino. • *vt+vi* cantar hinos.

hy.phen [h'aifən] *n* hífen: traço de união.

hyp.no.tism [h'ipnətizəm] *n* hipnotismo.

hyp.no.tize, hyp.no.tise [h'ipnətaiz] *vt* **1** hipnotizar. **2** *coll* dominar por meio de sugestão.

hys.ter.ics [hist'eriks] *n* histeria.

i

I¹, i [ai] nona letra do alfabeto, vogal.
I² [ai] *n, pron* eu.
ice [ais] *n* **1** gelo. **2** sorvete. • *vt+vi* **1** gelar, congelar. **2** cobrir com glacê.
ice.berg ['aisbə:g] *n* iceberg: monte de gelo flutuante.
ice.box ['ais bɔks] *n Amer* geladeira.
ice-cream ['ais kri:m] *n* sorvete.
ice skate ['ais skeit] *n* patim. • **ice-skate** *vi* patinar no gelo.
i.cing ['aisiŋ] *n* cobertura de açúcar, glacê.
i.cy ['aisi] *adj* **1** gelado, congelado. **2** *fig* indiferente.
I'd [aid] *contr* of **I should, I had, I would.**
i.de.a [aid'iə] *n* **1** ideia, plano, conceito. **2** opinião. **3** noção. **to have no idea** não ter a menor ideia. **what's the big idea?** que negócio é esse?
i.de.al [aid'iəl] *n* **1** ideal, ídolo. **2** perfeição. • *adj* **1** ideal, imaginário. **2** perfeito.
i.den.tic.al [aid'entikəl] *adj* idêntico, equivalente, igual.
i.den.ti.fi.ca.tion [aidentifik'eiʃən] *n* **1** identificação. **2** empatia.
i.den.ti.fy [aid'entifai] *vt+vi* identificar.
i.den.ti.ty [aid'entiti] *n* **1** identidade, igualdade. **2** individualidade.
id.i.om ['idiəm] *n* **1** idioma, língua. **2** modo peculiar de expressão. **3** expressão idiomática.
id.i.ot ['idiət] *n* idiota, ignorante, estúpido.

i.dle ['aidəl] *vt+vi* ficar à toa. • *adj* **1** desocupado. **2** indolente, preguiçoso.
i.dyl.lic [id'ilik; aid'ilik] *adj* idílico.
if [if] *conj* se, caso, sempre que, ainda que. **if I were you** se eu fosse você. **if so** neste caso.
ig.no.rance ['ignərəns] *n* ignorância.
ig.nore [ign'ɔ:] *vt* **1** ignorar. **2** negligenciar.
I'll [ail] *contr* of **I will, I shall.**
ill [il] *n* mal, desgosto. • *adj* **1** doente, indisposto. **2** ruim, desfavorável. **3** maligno. • *adv* **1** mal. **2** erradamente. **ill at ease** a) desconfortável. b) inquieto, intranquilo.
ill-bred [il br'ed] *adj* malcriado, mal-educado.
il.leg.i.ble [il'edʒəbəl] *adj* ilegível.
il.le.git.i.mate [ilidʒ'itimit] *adj* ilegítimo, bastardo.
il.lit.er.ate [il'itərit] *adj* iletrado, analfabeto, ignorante.
ill-na.tured [il n'eitʃəd] *adj* mau, malvado.
ill.ness ['ilnis] *n* **1** doença. **2** indisposição.
il.lu.mi.nate [il'u:mineit] *vt+vi* **1** iluminar. **2** esclarecer. • *adj* **1** iluminado. **2** culto.
il.lu.mi.na.tion [ilu:min'eiʃən] *n* **1** iluminação, luz. **2** esplendor. **3** iluminura.
il.lu.sion [il'u:ʒən] *n* **1** ilusão. **2** decepção.
il.lu.so.ry [il'u:səri] *adj* ilusório, enganador.

il.lus.trate ['iləstreit] *vt* 1 esclarecer, elucidar. 2 ilustrar (revista, livro). • *adj* ilustre, renomado.

il.lus.tri.ous [il'∧striəs] *adj* ilustre, renomado.

I'm [aim] *contr* of **I am**.

im.age ['imidʒ] *n* 1 imagem, estátua. 2 símbolo. 3 ideia.

im.ag.i.na.tion [imædʒin'eiʃən] *n* imaginação.

im.ag.i.na.tive [im'ædʒinətiv] *adj* 1 imaginativo. 2 construtivo, criador.

im.ag.ine [im'ædʒin] *vt+vi* 1 imaginar. 2 pensar, supor. **just imagine!** imagine!

im.i.tate ['imiteit] *vt* imitar, copiar.

im.me.di.ate.ly [im'i:diətli] *adv* 1 imediatamente. 2 diretamente.

im.mense [im'ens] *adj* imenso, enorme.

im.merse [im'ə:s] *vt* imergir, afundar.

im.mi.nent ['iminənt] *adj* iminente, pendente.

im.mo.bile [im'oubail] *adj* imóvel, inalterável.

im.mor.al [im'ɔrəl] *adj* imoral, desonesto.

im.mo.ral.i.ty [imər'æliti] *n* imoralidade.

im.mor.tal.i.ty [imɔ:t'æliti] *n* imortalidade.

im.mune [imj'u:n] *adj* imune, protegido.

im.mu.ni.ty [imj'u:niti] *n* 1 imunidade. 2 isenção (de direitos, de penalidades).

im.pact ['impækt] *n* impacto, colisão.

im.pair [imp'ɛə] *vt* 1 prejudicar. 2 enfraquecer.

im.par.tial [imp'a:ʃəl] *adj* imparcial, neutro.

im.pas.sive [imp'æsiv] *adj* impassível, insensível.

im.pa.tience [imp'eiʃəns] *n* 1 impaciência. 2 intolerância.

im.peach.ment [imp'i:tʃmənt] *n* 1 *Pol* impedimento legal de exercer mandato, de ocupar cargo. 2 contestação.

im.ped.i.ment [imp'edimənt] *n* impedimento, obstáculo.

im.pel [imp'el] *vt* 1 impelir. 2 incitar.

im.pen.e.tra.ble [imp'enitrəbəl] *adj* impenetrável, insondável.

im.per.a.tive [imp'erətiv] *n* imperativo. • *adj* imperativo, autoritário, premente.

im.per.fect [imp'ə:fikt] *n* imperfeito. • *adj* imperfeito, defeituoso.

im.per.son.al [imp'ə:sənəl] *adj* impessoal.

im.per.son.ate [imp'ə:səneit] *vt* 1 personificar. 2 representar. 3 fingir.

im.per.ti.nent [imp'ə:tinənt] *adj* 1 inoportuno. 2 insolente.

im.pet.u.ous [imp'etjuəs] *adj* impetuoso, violento.

im.plant [impl'a:nt; impl'ænt] *n* implante. • *vt* implantar, enxertar.

im.ple.men.ta.tion [implimənt'eiʃən] *n* 1 execução. 2 implementação.

im.pli.cate ['implikeit] *vt* enredar, envolver.

im.ply [impl'ai] *vt* 1 inferir, deduzir. 2 sugerir. **it is implied from** isto se deduz de.

im.po.lite [impəl'ait] *adj* indelicado, grosseiro.

im.port [imp'ɔ:t] *vt+vi* importar.

im.por.tance [imp'ɔ:təns] *n* importância. **of great importance** de grande importância.

im.por.tune [impɔ:tj'u:n] *vt* importunar, estorvar, molestar.

im.pose [imp'ouz] *vt+vi* 1 impor, ordenar. 2 impor-se a.

im.pos.ing [imp'ouziŋ] *adj* imponente, grandioso.

im.pos.si.ble [imp'ɔsəbəl] *adj* 1 impossível. 2 incrível, inacreditável. 3 insuportável.

im.pov.er.ished [imp'ɔvəriʃt] *adj* empobrecido.

im.prac.ti.ca.ble [impr'æktikəbəl] *adj* impraticável, impossível.

im.preg.nate ['impregneit] *vt* impregnar. • [impr'egnit] *adj* impregnado.

im.press [impr'es] [impr'es] *vt* 1 impressionar, afetar. 2 incutir.

im.pres.sion [impr'eʃən] *n* 1 impressão, sentimento. 2 ideia, noção.

im.pres.sive [impr'esiv] *adj* comovente, impressionante.

im.pris.on.ment [impr'izənmənt] *n* prisão, detenção.

im.prob.a.ble [impr'ɔbəbəl] *adj* 1 improvável, implausível. 2 fantástico.

im.prop.er [impr'ɔpə] *adj* 1 impróprio, inconveniente. 2 inexato.

im.prove [impr'u:v] *vt+vi* 1 melhorar, aperfeiçoar. 2 restabelecer-se (de doença).

im.prove.ment [impr'u:vmənt] *n* 1 melhora, melhoria. 2 progresso.

im.pro.vise ['imprəvaiz] *vt+vi* improvisar.

im.pulse ['impʌls] *n* impulso, ímpeto.

im.pu.ni.ty [impj'u:niti] *n* impunidade.

im.pure [impj'uə] *adj* impuro, adulterado.

in [in] *adj* interno, na moda, por dentro. • *adv* dentro (casa, trabalho). • *prep* em, dentro, durante, por, de, a, para. **in pairs** em pares. **in spring** na primavera. **in town** na cidade. **in trouble** com problemas.

in.ac.cu.rate [in'ækjurit] *adj* inexato, incorreto.

in.ad.e.quate [in'ædikwit] *adj* inadequado, impróprio.

in.an.i.mate [in'ænimit] *adj* inanimado.

in.au.gu.rate [in'ɔ:gjureit] *vt* 1 inaugurar. 2 empossar.

in.cal.cu.la.ble [ink'ælkjuləbəl] *adj* incalculável, inestimável.

in.ca.pa.ble [ink'eipəbəl] *adj* 1 incapaz, inábil. 2 incapacitado.

in.ca.pac.i.ty [inkəp'æsiti] *n* incapacidade, incompetência.

in.cen.tive [ins'entiv] *n* incentivo, estímulo. • *adj* incentivador, estimulante.

in.ces.tu.ous [ins'estjuəs] *adj* incestuoso.

inch [intʃ] *n* 1 polegada: 2,54 cm. 2 distância pequena. • *vt+vi* avançar ou mover lentamente. **by inches** passo a passo.

in.ci.dent ['insidənt] *n* incidente, acontecimento. **without incident** sem incidentes.

in.ci.sive [ins'aisiv] *adj* incisivo.

in.cline [inkl'ain] *n* inclinação, declive. • *vt+vi* 1 inclinar-se, ter tendência para. 2 inclinar, curvar.

in.clude [inkl'u:d] *vt* incluir, abranger.

in.clu.sive [inkl'u:siv] *adj* inclusive, abrangendo.

in.co.her.ent [inkouh'iərənt] *adj* incoerente, contraditório.

in.come ['inkʌm] *n* renda, salário. **income tax** imposto de renda.

in.com.pe.tence [ink'ɔmpitəns] *n* incompetência, inabilidade.

in.com.plete [inkəmpl'i:t] *adj* incompleto, imperfeito.

in.con.ceiv.a.ble [inkəns'i:vəbəl] *adj* incompreensível, inconcebível.

in.con.ven.i.ent [inkənv'i:niənt] *adj* inconveniente, inoportuno.

in.cor.po.rate [ink'ɔ:pəreit] *vt+vi* incorporar, unir. • [ink'ɔ:pərit] *adj* incorporado, unido.

in.cor.rect [inkər'ekt] *adj* 1 incorreto, errado. 2 impróprio.

in.crease ['inkri:s] *n* aumento, crescimento. • [iŋkr'i:s] *vt+vi* aumentar, crescer, ampliar.

in.cred.i.ble [inkr'edəbəl] *adj* 1 inacreditável. 2 fantástico, maravilhoso.

in.cred.u.lous [inkr'edjuləs] *adj* incrédulo.

in.crim.i.nate [inkr'imineit] *vt+vi* incriminar, culpar.

in.cur [ink'ə:] *vt* incorrer, atrair sobre si. **to incur a penalty** ficar sujeito a penalidade.

in.de.ci.sive [indis'aisiv] *adj* indeciso, hesitante.

in.deed [ind'i:d] *adv* de fato, realmente, na verdade. • *interj* realmente!, é mesmo! **thank you very much indeed!** muito obrigado!

in.de.pend.ent [indip'əndənt] *adj* 1

independente, livre. **2** autossuficiente. **3** imparcial.

in.de.ter.mi.nate [indit'ə:minit] *n* indeterminado, indefinido, vago.

in.dex ['indeks] *n* (*pl* **indexes, indices**) índice, índica, tabela. • *vt* **1** prover de índice. **2** incluir em índice. **3** indexar.

in.di.cate ['indikeit] *vt* **1** indicar, aludir, mostrar. **2** sinalizar (com pisca-pisca).

in.di.ca.tors ['indikeitəz] *n pl* pisca-pisca (do carro).

in.dif.fer.ence [ind'ifərəns] *n* **1** indiferença, imparcialidade. **2** negligência.

in.dif.fer.ent [ind'ifərənt] *adj* **1** indiferente, apático. **2** regular, passável.

in.dig.nant [ind'ignənt] *adj* indignado, furioso.

in.dig.na.tion [indign'eiʃən] *n* indignação.

in.di.go ['indigou] *adj* azul-escuro.

in.di.rect [indir'ekt] *adj* **1** indireto. **2** secundário.

in.dis.creet [indiskr'i:t] *adj* indiscreto, imprudente.

in.dis.pen.sa.ble [indisp'ensəbəl] *adj* indispensável, necessário.

in.dis.tinct [indist'iŋkt] *adj* indistinto, confuso.

in.di.vid.u.al [indiv'idjuəl] *n* indivíduo. • *adj* individual, pessoal, característico.

in.di.vid.u.al.i.ty [individju'æliti] *n* individualidade, personalidade.

in.door [ind'ɔ:] *adj* interno, interior. **indoor garden** jardim interno.

in.doors ['indɔ:z] *adv* dentro de casa, em casa, ao abrigo.

in.duce [indj'u:s] *vt* **1** induzir, persuadir. **2** provocar.

in.dul.gent [ind'ʌldʒənt] *adj* indulgente, tolerante.

in.dus.tri.a.lize, in.dus.tri.a.lise [ind'ʌstriəlaiz] *vt* industrializar.

in.dus.tri.ous [ind'ʌstriəs] *adj* laborioso, diligente. • *adv* diligentemente.

in.dus.try ['indəstri] *n* **1** indústria, fábrica. **2** diligência, esforço.

in.ed.i.ble [in'edəbəl] *adj* não comestível.

in.ef.fect.ive [inif'ektiv] *adj* ineficaz, ineficiente.

in.ept.i.tude [in'eptitju:d] *n* inépcia, incompetência.

in.ert [in'ə:t] *adj* inerte.

in.ex.cus.a.ble [inikskj'u:zəbəl] *adj* indesculpável, imperdoável.

in.ex.pens.ive [iniksp'ensiv] *adj* barato.

in.ex.pe.ri.enced [iniksp'iəriənst] *adj* inexperiente.

in.fa.mous ['infəməs] *adj* infame, abjeto.

in.fan.cy [inf'ənsi] *n* **1** infância. **2** começo.

in.fant ['infənt] *n* criança (nos primeiros anos de vida).

in.fan.tile [inf'əntail; 'infəntəl] *adj* infantil.

in.fect.ed [inf'ektid] *adj* infetado, contagiado.

in.fec.tion [inf'ekʃən] *n* infecção.

in.fec.tious [inf'ekʃəs] *adj* infeccioso, contagioso.

in.fer [inf'ə:] *vt+vi* inferir, deduzir.

in.fe.ri.or [inf'iəriə] *n* subordinado, subalterno. • *adj* **1** inferior, subordinado. **2** pior, que vale menos. **3** insignificante.

in.fi.del.i.ty [infid'eliti] *n* **1** adultério. **2** deslealdade.

in.fil.trate ['infiltreit] *vt+vi* infiltrar, penetrar.

in.fi.nite ['infinit] *adj* infinito, ilimitado.

in.firm [inf'ə:m] *adj* **1** fraco, débil. **2** irresoluto.

in.flamed [infl'eimd] *adj* **1** inflamado. **2** exaltado.

in.flam.ma.tion [infləm'eiʃən] *n* inflamação.

in.flate [infl'eit] *vt+vi* inflar, encher de ar.

in.fla.tion [infl'eiʃən] *n* inflação.

in.flict [infl'ikt] *vt* infligir, impor.

in.flu.ence ['influəns] *n* influência, prestígio. • *vt* **1** influenciar, influir. **2** persuadir, manipular. **to be under the influence of** estar sob a influência de.

in.flu.en.tial [influ'enʃəl] *adj* que exerce influência, influente.

in.form [inf'ɔ:m] *vt+vi* 1 informar, instruir. 2 denunciar.

in.form.al [inf'ɔ:məl] *adj* 1 informal. 2 sem cerimônias. 3 em traje informal.

in.form.ant [inf'ɔ:mənt] *n* informante.

in.for.ma.tion [infəm'eiʃən] *n* 1 informação, notícia. 2 instrução. 3 dado.

in.frac.tion [infr'ækʃən] *n* infração, violação.

in.fringe [infr'indʒ] *vt* infringir, transgredir, violar.

in.fu.ri.ate [infj'uərieit] *vt* enraivecer, enfurecer. • *adj* enfurecido, enraivecido.

in.gen.i.ous [indʒ'i:niəs] *adj* 1 engenhoso, habilidoso. 2 bem planejado.

in.grained [ingr'eind] *adj* arraigado.

in.grat.i.tude [ingr'ætitju:d] *n* ingratidão.

in.hab.i.tant [inh'æbitənt] *n* habitante, cidadão, morador, residente.

in.hale [inh'eil] *vt+vi* inalar, aspirar.

in.her.ent [inh'iərənt] *adj* inerente, inato, próprio, pertencente.

in.her.it [inh'erit] *vt+vi* herdar.

in.hib.it [inh'ibit] *vt* 1 inibir, impedir. 2 dificultar.

in.i.tial [in'iʃəl] *vt* rubricar. • *adj* inicial, no princípio.

in.i.ti.a.tion [iniʃi'eiʃən] *n* iniciação, inauguração, posse.

in.i.ti.a.tive [in'iʃiətiv] *n* iniciativa. • *adj* iniciativo, inicial. **to take the initiative** tomar a iniciativa.

in.jec.tion [indʒ'ekʃən] *n* injeção.

in.jured [indʒ'əd] *adj* ferido, machucado.

in.jus.tice [indʒ'ʌstis] *n* injustiça.

ink [iŋk] *n* tinta de escrever ou de imprimir.

in-laws [in lɔ:z] *n pl* parentes por afinidade. **mother-in-law** sogra.

inn [in] *n* estalagem, pousada.

in.ner ['inə] *adj* interior, íntimo.

in.no.cence ['inəsəns] *n* inocência, simplicidade.

in.noc.u.ous [in'ɔkjuəs] *adj* inócuo, inofensivo.

in.no.va.tion [inəv'eiʃən] *n* inovação, novidade.

in.op.por.tune [in'ɔpətju:n] *adj* inoportuno, inconveniente.

in-pa.tient ['in peiʃənt] *n* paciente internado.

in.put ['input] *n* 1 entrada, contribuição. 2 produção. • *vt Comp* alimentar o computador com informação.

in.quire [inkw'aiə] *vt+vi* perguntar (por), informar-se, investigar.

in.sane [ins'ein] *adj* 1 insano, demente. 2 *coll* tolo, inconsequente.

in.sa.tia.ble [ins'eiʃəbəl] *adj* insaciável, ávido.

in.scrip.tion [inskr'ipʃən] *n* 1 inscrição. 2 dedicatória.

in.scru.ta.ble [inskr'u:təbəl] *adj* inescrutável, impenetrável.

in.sect ['insekt] *n* 1 inseto. 2 *fig* pessoa desprezível.

in.se.cure [insikj'uə] *adj* inseguro, incerto.

in.sen.si.tive [ins'ensitiv] *adj* insensível, insensitivo, impassível.

in.sert [ins'ə:t] *vt* inserir, introduzir.

in.ser.tion [ins'ə:ʃən] *n* 1 inserção. 2 anúncio.

in.side ['insaid] *n* interior. • *adj* 1 que está dentro, interior. 2 secreto, confidencial. • [ins'aid] *adv* dentro, no meio, para dentro. • *prep* dentro, dentro dos limites.

in.sight ['insait] *n* discernimento.

in.sin.cere [insins'iə] *adj* insincero, falso.

in.sin.u.a.ting [ins'injueitiŋ] *adj* insinuante.

in.sist [ins'ist] *vt+vi* insistir, persistir. *I insist on your coming* / insisto em sua vinda.

in.spect [insp'ekt] *vt* 1 inspecionar. 2 vistoriar.

in.spec.tor [insp'ektə] *n* 1 inspetor. 2 oficial de polícia.

in.spi.ra.tion [inspər'eiʃən] *n* inspiração.

in.sta.bil.i.ty [instəb'iliti] *n* instabilidade, inconstância.

in.sta.ble [inst'eibəl] *adj* instável, inseguro.

in.stall [inst'ɔ:l] *vt* instalar.

in.stal.ment, in.stall.ment [inst'ɔ:lmənt] *n* 1 prestação. 2 capítulo (livro, TV). **on installments** em prestações.

in.stance ['instəns] *n* exemplo, caso. • *vt* exemplificar. **for instance** por exemplo. **in her instance** no caso dela.

in.stant ['instənt] *n* momento, instante. • *adj* 1 imediato. 2 urgente.

in.stan.ta.ne.ous [instənt'einiəs] *adj* instantâneo, rápido.

in.stant cof.fee [instənt k'ɔfi] *n* café solúvel.

in.stead [inst'ed] *adv* em vez, em lugar (**of** de).

in.stinct ['instiŋkt] *n* 1 instinto. 2 talento.

in.stinc.tive [inst'iŋktiv] *adj* instintivo, espontâneo.

in.sti.tute ['institju:t] *n* instituição, associação. • *vt* 1 instituir, criar, fundar. 2 iniciar.

in.stit.u.tion [institj'u:ʃən] *n* 1 instituição, organização, instituto. 2 costume, praxe.

in.struct [instr'ʌkt] *vt* 1 instruir, informar. 2 ensinar.

in.struc.tion [instr'ʌkʃən] *n* 1 instrução, regulamento. 2 ensino. **instructions for use** modo de usar.

in.struct.ive [instr'ʌktiv] *adj* instrutivo, educativo.

in.struct.or [instr'ʌktə] *n* instrutor, professor.

in.stru.ment ['instrumənt] *n* 1 instrumento. 2 instrumento musical. • *vt* instrumentar.

in.sult ['insʌlt] *n* insulto, afronta. • [ins'ʌlt] *vt* insultar, injuriar, ofender.

in.sult.ing [ins'ʌltiŋ] *adj* insultante,
insultuoso. **insulting language** palavrões.

in.sur.ance [inʃ'uərəns] *n* seguro, prêmio de seguro. **life insurance** seguro de vida.

in.te.gral ['intigrəl] *n* 1 *Math* integral. 2 total. • *adj* 1 integrante. 2 integral.

in.te.grate ['intigreit] *vt+vi* 1 integrar. 2 incorporar. • *adj* completo, inteiro.

in.teg.ri.ty [int'egriti] *n* 1 integridade, honestidade. 2 totalidade.

in.tel.li.gi.ble [int'elidʒəbəl] *adj* inteligível, compreensível.

in.tend [int'end] *vt+vi* 1 pretender, planejar, tencionar. 2 destinar.

in.ten.si.fy [int'ensifai] *vt+vi* intensificar, reforçar.

in.ten.si.ty [int'ensiti] *n* intensidade, força.

in.ten.sive [int'ensiv] *adj* 1 intensivo, intenso, ativo. 2 enfático. **intensive care unit** (ICU) unidade de terapia intensiva (UTI).

in.tent [int'ent] *n* intenção, propósito.

in.ten.tion [int'enʃən] *n* 1 intenção, propósito. 2 significação. 3 **intentions** intenções (de casamento).

in.ter.ac.tion [intər'ækʃən] *n* interação.

in.ter.ac.tive [intər'æktiv] *adj* interativo.

in.ter.cept [intəs'ept] *vt* interceptar.

in.ter.change ['intətʃeindʒ] *n* permuta, intercâmbio. • [intətʃ'eindʒ] *vt+vi* permutar, intercambiar.

in.ter.com ['intəkɔm] *n coll* (*abbr* **intercommunication system**) 1 sistema de comunicação interna. 2 interfone.

in.ter.course ['intəkɔ:s] *n* relações sexuais.

in.terest ['intrist] *n* 1 interesse, atração. 2 vantagem. 3 juros. • *vt* 1 interessar, atrair. 2 provocar interesse em alguém. **interest free** sem juros.

in.terest.ing ['intristiŋ] *adj* interessante, atraente.

in.ter.fere [intəˈfiə] *vt+vi* **1** interferir, intervir. **2** intrometer-se.

in.te.ri.or [intˈiəriə] *n* interior: a) parte interna. b) parte interior de um país. • *adj* **1** interior, interno. **2** afastado da costa. **3** doméstico.

in.ter.lace [intəlˈeis] *vt+vi* entrelaçar (-se), entretecer(-se).

in.ter.lude [ˈintəluːd] *n* intervalo.

in.ter.me.di.a.ry [intəmˈiːdiəri] *n* intermediário, mediador. • *adj* intermediário.

in.ter.me.di.ate [intəmˈiːdiit] *adj* intermediário. • [intəmˈiːdieit] *vi* intermediar, intervir.

in.tern [ˈintəːn] *n* médico interno. • [intˈəːn] *vt+vi* internar.

in.ter.pret [intəˈprit] *vt+vi* **1** aclarar, elucidar. **2** representar. **3** interpretar, traduzir.

in.ter.rupt [intərˈʌpt] *vt+vi* interromper, fazer parar.

in.ter.rup.tion [intərˈʌpʃən] *n* interrupção, suspensão.

in.ter.sec.tion [intəsˈekʃən] *n* cruzamento (de rodovias ou ruas).

in.ter.ven.tion [intəvˈenʃən] *n* **1** intervenção. **2** interferência.

in.ter.view [ˈintəvjuː] *n* entrevista. • *vt* entrevistar.

in.ter.view.ee [intəvjuːˈiː] *n* pessoa entrevistada.

in.ter.view.er [ˈintəvjuːə] *n* entrevistador.

in.tes.tine [intˈestin] *n* (geralmente **intestines**) intestino. **large intestine** / intestino grosso. **small intestine** intestino delgado.

in.ti.ma.cy [ˈintiməsi] *n* intimidade, familiaridade.

in.tim.i.date [intˈimideit] *vt* intimidar.

in.tim.i.da.ting [intˈimideitiŋ] *adj* ameaçador, assustador.

in.to [ˈintu] *prep* **1** dentro, de fora para dentro. *the window looks into the street* / a janela dá para a rua. **2** em. **3** na direção de. **4** passagem de um estado para outro. *the vase broke into pieces* / o vaso quebrou em pedaços.

in.tol.er.ant [intˈɔlərənt] *n* pessoa intolerante. • *adj* intolerante.

in.to.na.tion [intənˈeiʃən] *n* entoação.

in.tox.i.cat.ed [intˈɔksikeitid] *adj* **1** embriagado. **2** excitado.

in.tox.i.ca.ting [intɔksikˈeitiŋ] *adj* **1** que embriaga. **2** inebriante.

in.tri.cate [ˈintrikit] *adj* intricado, complicado.

in.trigue [intrˈiːg] *n* intriga. • *vt+vi* intrigar, conspirar.

in.tri.guing [intrˈiːgiŋ] *adj* intrigante.

in.trin.sic [intrˈinsik] *adj* intrínseco, inerente.

in.tro.duce [intrədjˈuːs] *vt+vi* **1** trazer, inserir. **2** introduzir, fazer adotar. **3** apresentar.

in.trude [intrˈuːd] *vt+vi* incomodar, intrometer(-se).

in.trud.er [intrˈuːdə] *n* intruso.

in.un.date [ˈinʌndeit] *vt* inundar.

in.un.da.tion [inʌndˈeiʃən] *n* inundação.

in.vade [invˈeid] *vt* **1** invadir, tomar. **2** violar.

in.val.u.a.ble [invˈæljuəbəl] *adj* inestimável.

in.va.sion [invˈeiʒən] *n* **1** invasão. **2** violação, intromissão.

in.ven.tion [invˈenʃən] *n* invenção.

in.ven.tive [invˈentiv] *adj* inventivo, engenhoso.

in.ven.tor [invˈentə] *n* inventor.

in.vert [invˈəːt] *vt* **1** inverter, virar. **2** converter. **3** virar de cabeça para baixo.

in.vest [invˈest] *vt+vi* **1** investir. **2** dar autoridade.

in.ves.ti.gate [invˈestigeit] *vt+vi* investigar, pesquisar.

in.ves.ti.ga.tive [invˈestigətiv] *adj* investigativo.

in.vest.ment [invˈestmənt] *n* investimento.

in.vig.i.late [invˈidʒileit] *vi* vigiar.

in.vig.or.at.ing [inv'igəreitiŋ] *adj* revigorante.
in.vin.ci.ble [inv'insəbəl] *adj* invencível, indômito.
in.vi.ta.tion [invit'eiʃən] *n* convite.
in.vite [inv'ait] *vt* 1 convidar. 2 pedir, solicitar.
in.volve [inv'ɔlv] *vt* 1 envolver, incluir. 2 implicar, comprometer.
i.ras.ci.ble [ir'æsəbəl] *adj* irascível, irritável.
i.rate [air'eit] *adj* irado, colérico.
i.ron [ai'ən] *n* 1 ferro. 2 firmeza, dureza. 3 ferro de passar roupa. • *vt* passar a ferro (roupa). • *adj* 1 feito de ferro. 2 duro, firme. 3 cruel.
i.ron.y [ai'rəni] *n* ironia, sarcasmo.
ir.ref.u.ta.ble [ir'efjutabəl] *adj* irrefutável.
ir.reg.u.lar [ir'egjulə] *adj* 1 irregular, contra a regra. 2 áspero, desigual.
ir.rep.a.ra.ble [ir'epərəbəl] *adj* irreparável, irremediável.
ir.re.place.a.ble [iripl'eisəbəl] *adj* insubstituível.
ir.rep.re.hen.si.ble [ireprih'ensəbəl] *adj* irrepreensível, correto.
ir.re.spon.si.bil.i.ty [irispɔnsəb'iliti] *n* irresponsabilidade.
ir.re.spon.si.ble [irisp'ɔnsəbəl] *n* pessoa irresponsável. • *adj* irresponsável.
ir.rev.er.ence [ir'evərəns] *n* irreverência, desrespeito.
ir.re.vers.i.ble [iriv'ə:səbəl] *adj* irrevogável, irreversível.
ir.rev.o.ca.ble [ir'evəkəbəl] *adj* irrevogável, inalterável.
ir.ri.gate ['irigeit] *vt* irrigar.
ir.ri.ta.ble ['iritəbəl] *adj* irritável, impaciente.
ir.ri.tate ['iriteit] *vt* 1 irritar. 2 provocar.
ir.ri.tat.ing ['iriteitiŋ] *adj* irritante, perturbador.
is [iz] terceira pessoa do singular do presente do indicativo de **to be**.
is.land ['ailənd] *n* ilha.
isn't ['izənt] *contr* of **is not**.
i.so.la.ted ['aisəleitid] *adj* isolado, único.
is.sue ['iʃu:] *n* 1 emissão, edição, tiragem. 2 assunto, questão. • *vt+vi* 1 emitir, pôr em circulação. 2 publicar, editar. **a big issue** um problema crucial.
it [it] *n* 1 objeto indefinido em expressões idiomáticas. 2 atrativo pessoal. 3 ponto, questão. • *pron* 1 ele, ela, o, a, lhe. 2 isso, isto.
i.tal.i.cs [it'æliks] *n* impressão em letras itálicas. • *adj* itálico, grifo. **in italics** em caracteres itálicos.
itch [itʃ] *n* 1 coceira. • *vt+vi* 1 coçar. 2 desejar, ansiar.
it'd ['itəd] *contr* of **it would, it had**.
i.tin.er.a.ry [ait'inərəri] *n* itinerário, roteiro.
it'll ['itəl] *contr* of **it will**.
its [its] *pron* seu, sua, seus, suas, dele, dela: indica que algo pertence a uma coisa, lugar, animal, criança etc. *the dog's tail – its tail* / a cauda do cão – sua cauda.
it's [its] *contr* of **it is, it has**.
it.self [its'elf] *pron* si mesmo, o próprio, a própria, propriamente dito. **by itself** por si mesmo, sozinho. **in itself** em si mesmo.
I've [aiv] *contr* of **I have**.
i.vo.ry ['aivəri] *n* marfim. • *adj* 1 de marfim. 2 da cor de marfim.

j

J, j [dʒei] *n* décima letra do alfabeto, consoante.

jack [dʒæk] *n* **1** *Tech* macaco, guindaste. **2** valete: carta de baralho. • *vt* içar, levantar. **to jack up** levantar (com macaco).

jack.al [dʒ'ækɔ:l, dʒ'ækəl] *n* chacal.

jack.et [dʒ'ækit] *n* **1** jaqueta. **3** sobrecapa (livro). **bomber jacket** blusão. **jacket potato** batata assada com casca.

jail [dʒeil] *n Amer* cadeia, prisão. • *vt* encarcerar.

jam [dʒæm] *n* **1** geleia. **2** congestionamento (trânsito). **3** situação difícil. **4** *Comp* aglomeração, congestionamento. • *vt+vi* **1** amontoar-se. **2** emperrar. **jam session** sessão de *jazz*. **to be in a jam** estar em apuros. **traffic jam** congestionamento de trânsito.

jan.i.tor [dʒ'ænitə] *n* zelador de prédio.

Jan.u.ar.y [dʒ'ænjuəri] *n* janeiro.

jar [dʒa:] *n* pote.

jaw [dʒɔ:] *n* **1** maxila. **2 jaws** mandíbula.

jeal.ous [dʒ'eləs] *adj* ciumento.

jeal.ous.y [dʒ'eləsi] *n* ciúme.

jeans [dʒi:nz] *n jeans*: calças de brim azul.

jel.ly [dʒ'eli] *n* **1** geleia. **2** gelatina.

jeop.ard.ize, jeop.ard.ise [dʒ'epədaiz] *vt* aventurar, pôr em perigo.

jerk [dʒə:k] *n* empurrão, solavanco, puxão. • *vt+vi* **1** arrancar, retirar depressa. **2** mover-se aos arrancos. **by jerks** aos trancos.

jet [dʒet] *n* **1** jato, jorro. **2** avião a jato.

jet.lag [dʒ'etlæg] *n* fadiga de voo.

jew.el [dʒ'u:əl] *n* **1** joia. **2** gema. **3** *fig* pessoa ou coisa de grande valor.

jew.el.ery, jew.el.lery [dʒ'u:əlri] *n* joias. **costume jewelery** bijuteria.

Jew.ish [dʒ'u:iʃ] *adj* judaico, hebreu, israelita.

jig.saw [dʒ'igsɔ:] *n* jogo de quebra-cabeça.

jit.ter.y [dʒ'itəri] *adj Amer sl* nervoso, ansioso.

job [dʒɔb] *n* **1** empreitada, tarefa. **2** emprego. **3** trabalho. **bad job** mau negócio.

job.less [dʒ'ɔblis] *adj* desempregado.

jog.ger [dʒ'ɔgə] *n* corredor.

jog.ging [dʒ'ɔgiŋ] *n* corrida, *jogging*.

join [dʒɔin] *vt+vi* **1** juntar(-se), unir (-se). **2** confluir, encontrar(-se). **3** participar, aderir, tomar parte. **4** casar (-se). **5** concordar. **to join a club** entrar para um clube.

join.er [dʒ'ɔinə] *n* marceneiro.

joint [dʒɔint] *n* **1** junta, junção. **2** articulação. **3** encaixe. **4** dobradiça. **5** *sl* baseado, cigarro de maconha. • *adj* **1** reunido, ligado. **2** conjunto.

joke [dʒouk] n 1 gracejo, brincadeira. 2 piada. • vt+vi 1 troçar, gracejar. 2 ridicularizar, zombar. **a practical joke** travessura. **to tell a joke** contar uma anedota.

jok.er [dʒ'oukə] n 1 brincalhão, gracejador. 2 *Cards* curinga.

jol.ly [dʒ'ɔli] adj alegre, divertido. • adv *coll* bastante, muito. **a jolly good fellow** um rapaz extraordinário.

jolt [dʒoult] n 1 solavanco. • vt+vi sacudir, sacolejar.

jour.nal [dʒ'ə:nəl] n 1 diário. 2 revista especializada.

jour.ney [dʒ'ə:ni] n 1 viagem, jornada. 2 excursão. 3 trajeto. • vi viajar, excursionar.

joy [dʒɔi] n 1 alegria. 2 felicidade.

joy.ful [dʒ'ɔiful] adj jovial, alegre.

joy stick [dʒ'ɔi stik] n alavanca de controle de avião, *video game*, computador etc.

judge [dʒʌdʒ] n 1 juiz. 2 árbitro. 3 perito, especialista. • vt+vi 1 julgar, sentenciar. 2 avaliar. 3 criticar, censurar. **as far as I can judge** segundo meu modo de pensar.

judge.ment [dʒ'ʌdʒmənt] n 1 julgamento. 2 sentença. 3 opinião, apreciação. 4 crítica, reprovação. **in my judgement** a meu modo de ver.

jug [dʒʌg] n jarro, jarra.

jug.gle [dʒ'ʌgəl] vt+vi 1 fazer prestidigitações. 2 lograr, burlar.

jug.gler [dʒ'ʌglə] n prestidigitador.

juice [dʒu:s] n suco.

jui.cy [dʒ'u:si] adj 1 sumarento, suculento. 2 *fig* interessante, picante.

Ju.ly [dʒul'ai] n julho.

jum.ble [dʒ'ʌmbəl] n desordem, confusão. • vt misturar, criar confusão.

jum.ble-sale [dʒ'ʌmbəl seil] n venda de artigos em saldos ou bazar de caridade.

jum.bo [dʒ'ʌmbou] adj gigantesco.

jump [dʒʌmp] n 1 salto, pulo. 2 *Sport* obstáculo. 3 sobressalto. 4 subida repentina de preço. • vt+vi 1 saltar, pular. 2 sobressaltar. 3 subir (preços). **to jump at** aceitar avidamente. **to jump at / to conclusions** tirar conclusões precipitadas. **to jump the queue** furar a fila.

jump.er [dʒ'ʌmpə] n 1 malha de lã, suéter. 2 vestido tipo avental.

junc.tion [dʒ'ʌŋkʃən] n entroncamento, cruzamento.

June [dʒu:n] n junho.

jun.gle [dʒ'ʌŋgəl] n selva.

ju.ni.or [dʒ'u:niə] n 1 pessoa mais moça. 2 iniciante na profissão. 3 *Amer* estudante da penúltima série do ensino médio. 4 *Brit* aluno do primário. • adj 1 júnior: mais moço. 2 filho com o mesmo nome do pai. 3 profissional iniciante.

junk [dʒʌŋk] n 1 velharia, refugo. 2 material de má qualidade.

junk food [dʒ'ʌŋk fu:d] n alimento de baixo valor nutritivo.

ju.ry [dʒ'uəri] n júri.

just [dʒʌst] adj 1 justo. 2 íntegro. 3 merecido. 4 correto, exato. • adv 1 exatamente. 2 quase. 3 há pouco. **he's just gone** / ele acaba de sair. 4 somente. 5 realmente. 6 no mesmo momento. **just about** quase. **just a moment** espere um minuto. **just like** igualzinho. **just now** agora mesmo.

just.ice [dʒ'ʌstis] n 1 justiça, imparcialidade. 2 honestidade, retidão. 3 legalidade. 4 juiz, magistrado. **to bring to justice** levar aos tribunais. **to do justice to** fazer justiça a.

jus.ti.fi.ca.tion [dʒʌstifik'eiʃən] n 1 justificativa. 2 causa.

jus.ti.fy [dʒ'ʌstifai] vt+vi justificar.

ju.ve.nile [dʒ'u:vənail; dʒ'u:vənəl] n jovem menor de idade. • adj 1 juvenil, jovem. 2 imaturo, infantil.

jux.ta.pose [dʒʌkstəp'ouz] vt justapor.

jux.ta.po.si.tion [dʒʌkstəpəz'iʃən] n justaposição.

k

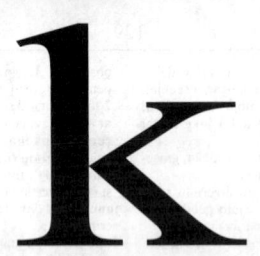

K, k [kei] *n* décima primeira letra do alfabeto, consoante.
kan.ga.roo [kæŋgəˈru:] *n Zool* canguru.
keel [ki:l] *n* quilha. • *vt+vi* **keel over 1** *fig* tombar, virar. **2** *Amer coll* desmaiar.
keen [ki:n] *adj* **1** agudo, aguçado. **2** mordaz. **3** penetrante, perspicaz. **4** vivo. **5** sutil, fino. **6** entusiástico, muito interessado. **to be keen on** *coll* ser, estar muito interessado, gostar de alguém.
keep [ki:p] *n* sustento, manutenção. • *vt+vi* (*ps, pp* **kept**) **1** ter, possuir. **2** conservar, reter. **3** manter. **4** preservar, durar. **5** continuar, prolongar. **6** ter um negócio. **keep distance** mantenha distância. **keep going!** continue! **keep off!** mantenha distância.!, cuidado! **keep out!** entrada proibida! **to keep a low profile** *sl* tentar não chamar a atenção. **to keep an eye on** *coll* vigiar, tomar conta. **to keep away** a) conservar-se afastado. b) abster-se. **to keep fit** conservar a forma. **to keep in mind** ter em mente, lembrar-se. **to keep on** a) continuar, prosseguir. b) avançar, seguir.
keep.er [ˈki:pə] *n* **1** guarda. **2** zelador. **bookkeeper** guarda-livros. **goalkeeper** goleiro.
keep.ing [ˈki:piŋ] *n* **1** manutenção, sustento. **2** cuidado, custódia. • *adj* que se mantém guardado, cuidadosamente protegido. **in keeping with** de acordo com. **out of keeping with** em desacordo com.
ken.nel [ˈkenəl] *n* canil.
kerb [kə:b] *n* (*Amer* **curb**) *Brit* meio-fio.
ket.tle [ˈketəl] *n* chaleira.
key [ki:] *n* **1** chave. **2** código. **3** solução. **4** posição-chave. **5** pessoa ou coisa indispensável. **6** tecla. • *vt Comp* digitar informações, dados. • *adj* essencial, fundamental. **master key** chave-mestra. **to key in** *Comp* introduzir dados através da digitação.
key.board [ˈki:bɔ:d] *n* teclado.
key.hole [ˈki:houl] *n* buraco de fechadura.
key word [ˈki: wə:d] *n* palavra-chave.
kick [kik] *n* **1** pontapé. **2** chute. **3** coice. **4** *Amer sl* emoção, excitação. • *vt+vi* **1** dar pontapés, espernear. **2** *Sport* chutar. **to kick off** *Ftb* dar o chute inicial.
kid[1] [kid] *n* **1** *coll* garoto. **2** cabrito. • *adj coll* mais moço (irmão ou irmã). **my kid sister** / minha irmã mais moça.
kid[2] [kid] *vt+vi* caçoar, zombar, arreliar. **no kidding!** não brinque! **to kid oneself** enganar a si mesmo.
kid.nap [ˈkidnæp] *vt* raptar, sequestrar.
kid.nap.per [ˈkidnæpə] *n* sequestrador.
kid.nap.ping [ˈkidnæpiŋ] *n* rapto, sequestro.
kid.ney [ˈkidni] *n* rim.
kill [kil] *n* **1** matança. **2** animais abatidos na caça. • *vt+vi* **1** matar, abater. **2** assassinar. **3** gastar (tempo). **dressed to kill** vestido para arrasar. **to kill oneself**

killer — knuckle

fazer um grande esforço. **to kill time** matar o tempo.

kill.er [k'ilə] *n* assassino. **serial killer** assassino em série.

kill.ing [k'iliŋ] *n* 1 quantidade de animais abatidos numa caçada. 2 assassínio, matança. • *adj* 1 mortal, mortífero. 2 exaustivo.

kilt [kilt] *n kilt:* a) saiote usado pelos homens da Escócia. b) saia pregueada.

kin [kin] *n* parentes, parentela, consanguinidade. **next of kin** o parente mais próximo.

kind¹ [kaind] *n* 1 espécie, grupo, gênero. 2 tipo. 3 modo. **a strange kind of behaviour** um comportamento estranho. **nothing of the kind** nada disso.

kind² [kaind] *adj* 1 amável. 2 gentil.

kind.ness [k'aindnis] *n* 1 bondade. 2 benevolência. 3 favor, gentileza.

king [kiŋ] *n* 1 rei. 2 líder. • *adj* 1 principal. 2 *sl* excelente.

king.dom [k'iŋdəm] *n* 1 reino. 2 monarquia. 3 domínio.

kin.ship [k'inʃip] *n* 1 parentesco. 2 afinidade. 3 semelhança.

kiss [kis] *n* beijo. • *vt+vi* beijar. **kiss of life** respiração boca a boca.

kit [kit] *n* 1 estojo. 2 conjunto de instrumentos. 3 *coll* conjunto.

kitch.en [k'itʃən] *n* cozinha.

kitch.en.ware [k'itʃənweə] *n* utensílios de cozinha.

kite [kait] *n* papagaio de papel, pipa.

kit.ten [k'itən] *n* gatinho.

kit.ty [k'iti] *n coll* vaquinha (dinheiro).

knap.sack [n'æpsæk] *n* mochila.

knead [ni:d] *vt* amassar, sovar (pão).

knee [ni:] *n* joelho. **to be down on one's knees** ficar de joelhos. **to sit on someone's knee** sentar no colo.

knee.cap [n'i:kæp] *n Anat* rótula, patela.

kneel [ni:l] *vi* (*ps, pp* **knelt** or **kneeled**) 1 ajoelhar(-se). 2 ficar de joelhos.

knee.pad [n'i:pæd] *n* joelheira.

knick.ers [n'ikəz] *n pl Brit* calcinha de mulher.

knife [naif] *n* (*pl* **knives**) 1 faca. 2 coisa semelhante em forma ou função, como: punhal, canivete, navalha. • *vt+vi* esfaquear.

knight [nait] *n* 1 cavaleiro, fidalgo. 2 cavalo no jogo de xadrez. • *vt* conferir título de cavaleiro (Sir).

knit [nit] *vt+vi* (*ps, pp* **knit** or **knitted**) 1 tricotar. 2 ligar, unir, entrelaçar.

knit.ting [n'itiŋ] *n* trabalho de tricô ou malha.

knob [nɔb] *n* 1 botão (TV, rádio), maçaneta (porta), puxador (armário).

knock [nɔk] *n* 1 batida. 2 som de pancada. • *vt+vi* 1 bater. 2 derrubar batendo. 3 criticar, censurar. **to knock down** a) abater, derrubar com uma pancada. b) *fig* deixar perplexo. **to knock out** a) *Sport* eliminar. b) *Box* nocautear. c) *coll* surpreender.

knot [nɔt] *n* 1 nó. 2 aglomeração. 3 nó de madeira • *vt+vi* 1 amarrar, atar. 2 fazer um nó. 3 *fig* complicar(-se).

know [nou] *vt* (*ps* **knew**, *pp* **known**) 1 saber, conhecer, entender. 2 reconhecer, identificar. 3 estar ciente, estar informado. 4 ter certeza. 5 conhecer pessoalmente. **for all I know** que eu saiba. **to know by heart** saber de cor. **to know oneself** conhecer a si mesmo.

know.ing [n'ouiŋ] *adj* 1 instruído. 2 hábil, astuto. 3 consciente, intencional.

knowl.edge [n'ɔlidʒ] *n* 1 conhecimento, entendimento. 2 saber, sabedoria. 3 instrução. 4 compreensão. **general knowledge** cultura geral.

known [noun] *pp* of **know**. **well-known for** afamado por.

knuck.le [n'ʌkəl] *n* nó dos dedos, articulação.

L, l [el] *n* décima segunda letra do alfabeto, consoante.

lab [læb] *n coll* laboratório.

la.bel [l'eibəl] *n* 1 rótulo, etiqueta. 2 marca. 3 selo adesivo. • *vt* 1 etiquetar. 2 qualificar, marcar. **designer label** etiqueta de grife.

la.bor, la.bour [l'eibə] *n* 1 trabalho, mão de obra. 2 trabalho de parto. • *vt+vi* 1 trabalhar, lidar. 2 estar em trabalho de parto.

lab.o.ra.to.ry [ləb'ɔrətəri; æbərətɔri] *n* laboratório.

laborer [l'eibərə] *n* trabalhador.

la.bo.ri.ous [ləbɔ:'riəs] *adj* laborioso: a) ativo. b) difícil, árduo.

lab.y.rinth [l'æbərinθ] *n* 1 labirinto. 2 confusão.

lace [leis] *n* 1 cordão (sapato). 2 renda. • *vt+vi* atar cordões.

lack [læk] *n* falta, carência, ausência. • *vt+vi* faltar, necessitar, carecer de. **for lack of money** por falta de dinheiro.

lad [læd] *n* 1 rapaz, moço. 2 *coll* camarada, sujeito.

lad.der [l'ædə] *n* 1 escada de mão. 2 meio usado para ascensão social. 3 desfiado em meia. • *vt* correr (malhas ou pontos de tecido).

la.dies [l'eidiz], **la.dies' room** [l'eidiz ru:m] *n* banheiro feminino.

la.dle [l'eidəl] *n* concha (cozinha).

la.dy [l'eidi] *n* (*pl* **ladies**) 1 senhora. 2 esposa, dona da casa. 3 **Lady** título de nobreza.

la.dy.bird [l'eidibə:d] *n* joaninha (inseto).

lag [læg] *n* 1 atraso, demora. 2 defasagem. • *vt+vi* retardar-se, demorar-se, atrasar-se.

la.goon [ləg'u:n] *n* lagoa.

laid up [leid'∧p] *adj* acamado.

lain [lein] *pp* of **lie.**

lake [l'eik] *n* lago.

lamb [læm] *n* 1 cordeiro. 2 carne de cordeiro. 3 pessoa inocente.

lame [l'eim] *adj* 1 manco. 2 imperfeito, defeituoso. 3 pouco convincente. **lame duck** político que tinha um mandato e não conseguiu reeleger-se. **lame excuse** desculpa esfarrapada.

la.ment [ləm'ent] *n* 1 lamentação. 2 elegia. 3 pessoa a lamentar. • *vt+vi* lamentar, prantear.

lamp [læmp] *n* lâmpada, lanterna.

lamp.shade [l'æmpʃeid] *n* abajur.

land [lænd] *n* 1 terra. 2 região, país. 3 terras, solo. • *vt+vi* aportar, desembarcar. 2 aterrissar.

land.ing [l'ændiŋ] *n* 1 desembarque. 2 aterrissagem. 3 desembarcadouro. 4 patamar (escada).

land.la.dy [l'ændleidi] *n* 1 proprietária. 2 senhoria.

land.lord [l'ændlɔ:d] *n* 1 proprietário. 2 senhorio.

landmark / lavatory

land.mark [l'ændma:k] *n* marco, ponto de referência.

land.mine [l'ændmain] *n* mina terrestre (explosivo).

land.own.er [l'ændounə] *n* proprietário de terras.

land.scape [l'ændskeip] *n* paisagem, panorama, cenário.

lane [lein] *n* **1** vereda. **2** alameda. **3** pista (em rua, estrada). **4** pista (boliche). **5** *Sport* raia.

lan.guage [l'æŋgwidʒ] *n* **1** língua, idioma. **2** linguagem (também *Comp*). **3** estilo de falar ou escrever. **bad language** xingamento.

lap¹ [læp] *n* regaço, colo.

lap² [læp] *n* **1** lambida. **2** ação de beber (cães e gatos). • *vt+vi* **1** beber às lambidas. **2** marulhar. **to lap up** *coll* escutar avidamente.

la.pel [ləp'el] *n* lapela.

lapse [læps] *n* **1** espaço de tempo, intervalo. **2** lapso, descuido. **3** deslize. **4** prescrição. • *vt+vi* **1** escoar, decorrer. **2** errar. **3** decair, diminuir. **4** *Jur* prescrever, caducar.

lard [la:d] *n* toicinho, banha de porco.

large [la:dʒ] *adj* **1** grande. **2** largo, extenso. **3** abundante. • *adv* largamente, abundantemente. **at large** a) livremente. b) livre. **by and large** no geral.

large.ly [l'a:dʒli] *adv* **1** basicamente. **2** em grande medida.

lark [la:k] *n* cotovia.

la.ser [l'eizə] *n abbr* **l**ight **a**mplification by **s**timulated **e**mission of **r**adiation (amplificação de luz por radiação estimulada), raio *laser*.

lash [læʃ] *n* chicotada. • *vt+vi* **1** chicotear, açoitar. **2** mover repentinamente. **to lash out** a) dar coices, bater em ou contra. b) atacar severamente.

last¹ [la:st; læst] *n* **1** último. **2** fim, final. • *adj* **1** último, derradeiro, final, extremo. **2** passado, anterior. **3** mais recente. **4** conclusivo. **at last** finalmente. **last night** a noite passada. **the last time** a última vez.

last² [la:st; læst] *vt+vi* **1** durar, continuar. **2** perseverar, aguentar.

last.ing [l'a:stiŋ, l'æstiŋ] *adj* durável, duradouro.

latch [lætʃ] *n* trinco, ferrolho. • *vt* aferrolhar, trancar.

late [l'eit] *adj* **1** tardio. **2** atrasado. **3** perto do fim. **4** último, recente. **5** recém-falecido. • *adv* **1** tarde. **2** até tarde. **3** no fim. **4** recentemente. **better late than never** antes tarde do que nunca. **later on** mais tarde. **of late** ultimamente. **the late teacher** o antigo professor. **to be late** estar atrasado.

late.com.er [l'eitkʌmə] *n* retardatário.

late.ly [l'eitli] *adv* **1** ultimamente, nos últimos tempos. **2** recentemente.

lath.er [l'a:ðə; l'æðə] *n* espuma (sabão). • *vt+vi* **1** espumar. **2** cobrir ou estar coberto com espuma.

lat.ter [l'ætə] *adj* último, mencionado em segundo lugar. • *pron* **the latter** este último.

laugh [la:f; læf] *n* **1** riso, risada. **2** escárnio. **3** piada, coisa engraçada. • *vt+vi* **1** rir, gargalhar. **2** escarnecer. **to have the last laugh** rir por último. **to laugh at** rir-se de.

laugh.ter [l'a:ftə; l'æftə] *n* risada, riso. **roars of laughter** gargalhadas. **to break into a fit of laughter** cair numa gargalhada.

launch¹ [lɔ:ntʃ] *n* **1** lançamento. **2** inauguração. • *vt+vi* **1** lançar (navio, foguete etc.). **2** *Com* começar (um negócio). **3** arremessar. **4** *Com* lançar (produto).

launch² [lɔ:ntʃ] *n* lancha.

laun.dry [l'ɔ:ndri] *n* **1** lavanderia. **2** roupa para lavar.

lav.a.to.ry [l'ævətəri] *n* lavatório, banheiro.

lav.en.der [l'ævəndə] *n* lavanda, alfazema. • *vt* perfumar, borrifar com lavanda. • *adj* da cor da alfazema.

law [lɔ:] *n* 1 lei. 2 direito. 3 regulamento. 4 regra. 5 advocacia. 6 *coll* policial, polícia. **civil law** direito civil. **to take the law into one's hands** fazer justiça pelas próprias mãos.

law court [l'ɔ: kɔ:t] *n* tribunal de justiça.

law.ful [l'ɔ:ful] *adj* legal, legítimo, lícito.

lawn [lɔ:n] *n* gramado, relvado.

lawn mow.er [l'ɔ:n mouə] *n* cortador de grama.

law.suit [l'ɔ:su:t] *n* processo, ação judicial.

law.yer [l'ɔ:jə] *n* advogado.

lay¹ [lei] *vt+vi (ps, pp* **laid**) 1 derrubar, deitar, abater. 2 pôr, colocar, assentar. 3 dispor, arranjar. 4 imputar, atribuir. **to lay eggs** pôr ovos. **to lay hands on** a) pôr mãos à obra. b) tocar. c) assaltar. d) agarrar. **to lay the blame on someone** imputar responsabilidade a alguém. **to lay the table** pôr a mesa.

lay² [lei] *ps* of **lie**².

lay.er [l'eiə] *n* 1 camada. 2 *Geol* estrato. **layer cake** bolo de várias camadas, bolo recheado.

lay.man [l'eimən] *n* leigo.

la.zi.ness [l'eizinis] *n* preguiça, indolência.

la.zy [l'eizi] *adj* preguiçoso, indolente, vadio.

lead¹ [led] *n* 1 chumbo. 2 grafita. • *adj* de chumbo.

lead² [li:d] *n* 1 comando, liderança. 2 vanguarda. 3 exemplo, precedente. 4 *Theat* papel principal. 5 *Theat* ator principal. • *vt+vi (ps, pp* **led**) 1 encabeçar. 2 conduzir. 3 dirigir, comandar. 4 levar, passar (a vida). **to have the lead** ser o líder. **to live a healthy life** levar uma vida saudável. **to lead the way** mostrar o caminho. **to take the lead** a) assumir o comando. b) tomar a iniciativa.

lead.er [l'i:də] *n* 1 guia. 2 líder, chefe.

lead.er.ship [l'i:dəʃip] *n* liderança, chefia, comando.

lead.ing [l'i:diŋ] *n* 1 chefia. 2 direção. • *adj* 1 principal, primeiro. 2 condutor.

leaf [li:f] *n (pl* **leaves**) 1 folha (planta, livro, porta). 2 folhagem. 3 pétala de uma flor. **to leaf through** folhear rapidamente (livro, revista).

league [li:g] *n* 1 liga, aliança. 2 liga (grupo de associações). **to be in league with** estar em conluio.

leak [li:k] *n* 1 fenda. 2 vazamento. 3 goteira. • *vt+vi* 1 escoar. 2 vazar. **to leak out** tornar público, transpirar.

lean¹ [li:n] *vt+vi (ps, pp* **leant** or **leaned**) 1 inclinar(-se), curvar(-se), recostar (-se). 2 apoiar(-se).

lean² [li:n] *n* carne magra. • *adj* 1 magro. 2 delgado (animal).

lean.ing [l'i:niŋ] *n* 1 inclinação, propensão. 2 parcialidade. • *adj* 1 inclinado. 2 propenso. **the leaning tower of Pisa** a torre inclinada de Pisa.

leap [li:p] *n* 1 salto. 2 transição súbita. • *vt+vi (ps, pp* **leapt** or **leaped**) 1 pular, saltar. 2 fazer pular. **a leap in the dark** ação de consequências imprevisíveis, um salto no escuro.

leap year [l'i:p jiə] *n* ano bissexto.

learn [lə:n] *vt+vi (ps, pp* **learned** or **learnt**) 1 aprender, instruir-se. 2 ter conhecimento. 3 fixar na memória. 4 ficar sabendo. **to learn by heart** memorizar.

learn.er [l'ə:nə] *n* aluno, aprendiz.

learn.ing [l'ə:niŋ] *n* 1 aprendizagem. 2 erudição, saber.

lease [li:s] *n* 1 arrendamento, aluguel. 2 contrato ou período de arrendamento. • *vt* arrendar, alugar. **to take on lease** tomar em arrendamento, em aluguel.

least [li:st] *n* 1 a menor parcela, o mínimo. • *adj* menor, mínimo. • *adv* menos. **at least** ao menos. **at the least** no mínimo. **in the least** de maneira alguma.

leath.er [l'əðə] *n* couro.
leave¹ [li:v] *n* **1** licença. **2** partida. **on leave** de licença.
leave² [li:v] *vt+vi (ps, pp left)* **1** partir. **2** abandonar. **3** retirar-se, sair. **4** cessar. **5** desistir. **6** deixar. **7** legar. **8** sobrar. **to leave alone** deixar em paz. **to leave something up to somebody** deixar alguma coisa por conta de alguém.
lec.ture [l'ektʃə] *n* **1** preleção, conferência. **2** repreensão. **3** aula expositiva. • *vt+vi* **1** fazer preleções ou conferências. **2** repreender.
lec.tur.er [l'ektʃərə] *n* **1** conferencista. **2** palestrista.
leek [li:k] *n* alho-porro.
left [left] *n* lado esquerdo. • *adj* esquerdo. • *adv* à esquerda. **to the left** à esquerda. • *ps, pp* of **leave**.
left-hand [left hænd] *adj* à esquerda, da esquerda.
left-hand.ed [left h'ændid] *adj* **1** canhoto. **2** feito para uso pela mão esquerda.
left.o.vers [l'eftouvəz] *n pl* sobras (comida). • *adj* restante.
leg [leg] *n* **1** perna. **2** pata. **3** pé (de mesa, cama etc). **4** cano (de bota).
leg.a.cy [l'egəsi] *n* legado, herança.
le.gal.ize, le.gal.ise [l'i:gəlaiz] *vt* legalizar.
leg.end [l'edʒənd] *n* **1** lenda. **2** inscrição, legenda.
leg.gings [l'eginz] *n pl* **1** perneiras. **2** fusô (calça justa de malha ou Lycra).
le.gion [l'i:dʒən] *n* **1** legião. **2** multidão. • *adj* numeroso.
leg.is.late [l'edʒisleit] *vt+vi* legislar.
leg.is.la.tion [ledʒisl'eiʃən] *n* legislação.
leg.is.la.ture [l'edʒisleitʃə] *n* assembleia legislativa.
le.git.i.mate [lidʒ'iɔimeit] *vt* legitimar, legalizar. • [lidʒ'itimit] *adj* legítimo, autêntico, legal.
lei.sure [l'eʒə; l'i:ʒə] *n* lazer, folga. • *adj* desocupado, livre.

lem.on [l'emən] *n* **1** limão. **2** *sl* pessoa desagradável. • *adj* **1** da cor do limão (amarelo-pálido). **2** referente ao limão.
lem.on.ade [lemən'eid] *n* limonada.
lend [lend] *vt+vi (ps, pp lent)* emprestar, fazer empréstimo. **to lend a hand** auxiliar, ajudar. **to lend an ear** prestar atenção, dar ouvidos.
length [leŋθ] *n* **1** comprimento. **2** extensão. **3** duração. **4** grau. **at full length** estendido, esticado. **at length** a) finalmente. b) detalhadamente.
length.en [l'eŋθən] *vt+vi* **1** encompridar. **2** estirar. **3** prolongar.
lens [lens] *n* **1** lente. **2** *Anat* cristalino. **3** objetiva.
Lent [lent] *n Rel* quaresma. • **lent** *ps, pp* of **lend**.
len.til [l'entil] *n* lentilha.
Le.o [l'i:ou] *n* Leão (signo).
less [les] *adj* **1** menos. **2** menor. **3** inferior. • *adv* menos. • *prep* menos. **in less than no time** imediatamente. **more or less** mais ou menos.
less.en [l'esən] *vt+vi* **1** diminuir, reduzir. **2** depreciar.
les.son [l'esən] *n* **1** lição. **2** repreensão. **3** aula.
let¹ [let] *vt+vi (ps, pp let)* **1** permitir, deixar. **2** causar. **let's go** vamos. **to let be** não interferir, deixar em paz. **to let down** a) baixar. b) deixar cair. c) desapontar. **to let go** soltar, largar. **to let loose** largar, soltar. **to let out** a) deixar sair. b) deixar escapar. c) divulgar.
let² [let] *vt+vi (ps, pp let)* alugar.
le.thal [l'i:θəl] *adj* **1** letal, mortal. **2** *fig* devastador.
let's [lets] *contr* of **let us**.
let.ter [l'etə] *n* **1** letra. **2** carta. **3** o sentido exato. **letter of introduction** carta de recomendação. **to the letter** exato, ao pé da letra.
let.ter.box [l'etəbɔks] *n* caixa postal.
let.tuce [l'etis] *n* alface.

lev.el ['lɛvəl] *n* **1** nível. **2** superfície plana. **3** nível social ou cultural. • *vt+vi* **1** nivelar. **2** dirigir (crítica). **3** demolir. • *adj* **1** plano. **2** horizontal. **3** nivelado, liso. **4** em pé de igualdade. **to level against** levantar crítica contra (alguém).

lev.el cros.sing [lɛvəl kr'ɔsiŋ] *n* passagem de nível.

lev.er ['lɛvə; l'i:və] *n* alavanca. • *vt* **1** erguer com alavanca. **2** usar como alavanca.

li.a.bil.i.ty [laiəb'iliti] *n* (*pl* **liabilities**) **1** responsabilidade civil. **2** compromissos financeiros.

li.a.ble [l'aiəbəl] *adj* **1** sujeito a. **2** responsável por. **3** propenso. **to be liable for** ser responsável por.

li.ar [l'aiə] *n* mentiroso.

lib.er.ty [l'ibəti] *n* (*pl* **liberties**) **1** liberdade. **2** permissão. **3** regalias, imunidades. **to take liberties** tomar liberdades.

li.brar.i.an [laibr'ɛəriən] *n* bibliotecário.

li.brar.y [l'aibrəri] *n* biblioteca.

lice [lais] *n pl* of **louse**.

li.cense [l'aisəns] *n* **1** licença, permissão. **2** demasiada liberdade ou abuso da liberdade. **3** licenciosidade. • *vt* licenciar, permitir, autorizar. **driver's license** carta de motorista.

li.cense plate [l'aisəns pleit] *n Auto* placa de automóvel.

lick [lik] *n* lambida. • *vt+vi* lamber. **to lick one's shoes** mostrar-se servil.

lid [lid] *n* tampa. • *vt* tampar.

lie[1] [lai] *n* mentira. • *vt+vi* (*ps, pp* **lied**) mentir. **an out-and-out lie** uma mentira deslavada.

lie[2] [lai] *vt+vi* (*ps* **lay**, *pp* **lain**) **1** jazer. **2** estar deitado. **3** encontrar-se. **4** ficar. **to lie about** viver na ociosidade. **to lie behind** ser a razão (oculta para algo). **to lie down** deitar-se. **to lie in the way** ser um obstáculo.

life [laif] *n* **1** vida. **2** duração. **3** conduta. **4** vivacidade. **5** biografia. **a matter of life and death** uma emergência. **for life** para o resto da vida. **to lead a double life** levar vida dupla. **to take one's life** suicidar-se.

life belt [l'aif belt] *n* cinto salva-vidas.

life.guard [l'aifga:d] *n* salva-vidas.

life-jack.et [l'aif dʒækit] *n* colete salva-vidas.

life.long [l'aiflɔŋ] *adj* vitalício.

life.time [l'aiftaim] *n* vida, existência. • *adj* vitalício.

lift [lift] *n* **1** ação de levantar. **2** elevador (*Brit*). **3** carona. **4** furto. • *vt+vi* **1** erguer, içar. **2** surgir (no horizonte). **3** retirar, revogar. **4** furtar. **to give someone a lift** dar carona a alguém.

light[1] [lait] *n* **1** luz, claridade. **2** fonte de luz (lâmpada, vela etc.). **3** *fig* exposição. **4** compreensão. **5** luz interior. **6** sinal de trânsito. • *vt+vi* (*ps, pp* **lit** or **lighted**) iluminar, acender. • *adj* brilhante, claro, luminoso. **against the light** contra a luz. **in the light of** considerando. **to see the light** compreender.

light[2] [lait] *adj* **1** leve. **2** fácil. **3** rápido, ágil. **4** de digestão fácil (comida). • *adv* **1** levemente. **2** facilmente. **light in the head** a) tonto. b) bobo. c) louco.

light bulb [l'ait bʌlb] *n* lâmpada.

light.en[1] [l'aitən] *vt+vi* **1** iluminar, acender. **2** relampejar. **3** emitir luz, brilhar. **4** tornar-se claro.

light.en[2] [l'aitən] *vt+vi* **1** tornar mais leve. **2** aliviar. **3** alegrar.

light.er [l'aitə] *n* isqueiro.

light.house [l'aithaus] *n* farol.

light.ing [l'aitiŋ] *n* **1** iluminação. **2** ignição.

light.ning [l'aitniŋ] *n* relâmpago, raio. • *vi* relampejar. • *adj* rápido, de surpresa.

like[1] [laik] *n* **1** igual. **2** semelhante. • *adj* **1** semelhante, igual. **2** relacionado. **3** característico. • *adv* **1** provavelmente. **2** por assim dizer. **3** aproximadamente.

like² 4 tal como. • *conj* como, como se. • *prep* 1 como. 2 típico de. **to feel like** ter vontade de. **to look like** parecer.

like² [laik] *vt+vi* 1 gostar de, achar bom. 2 querer, desejar. 3 convir, agradar. **as you like** como queira. **how do you like it?** o que você acha disso? **to like better** gostar mais.

like.ly [l'aikli] *adj* 1 provável, plausível. 2 apto, apropriado. • *adv* provavelmente. **as likely as not** provavelmente. **most likely** muito provavelmente. **not likely** provavelmente não.

like.ness [l'aiknis] *n* 1 semelhança, similitude. 2 retrato, imagem. 3 forma, aparência.

like.wise [l'aikwaiz] *adv, conj* 1 do mesmo modo, igualmente. 2 também.

lik.ing [l'aikiŋ] *n* inclinação, amizade, preferência. **to one's liking** a seu gosto. **to take a liking to** simpatizar com.

lil.y [l'ili] *n* lírio.

limb [lim] *n* membro (braço, perna etc.).

lime [laim] *n* limão-galego.

lim.it [l'imit] *n* 1 limite, marco, extremo. 2 fronteira. • *vt* 1 limitar, restringir. 2 demarcar. 3 confinar. **off limits** proibida a entrada. **within limits** com moderação.

lim.it.less [l'imitlis] *adj* ilimitado, irrestrito.

limp [limp] *n* claudicação. • *vi* 1 coxear. 2 *fig* prosseguir ou avançar com dificuldade.

line¹ [lain] *n* 1 linha. 2 corda. 3 arame. 4 fila. 5 via, direção. 6 ramo de negócio. • *vt+vi* 1 riscar. 2 formar fila. **busy / engaged line** *Teleph* linha ocupada. **hot line** linha direta. **in line for** prestes a. **in line with** de acordo com. **off line** desligado, desconectado. **on line** ligado, conectado com. **to read between the lines** ler nas entrelinhas.

line² [lain] *vt* revestir, forrar.

lin.en [l'inən] *n* 1 linho. 2 roupa branca (de cama). • *adj* feito de linho.

lin.ger [l'iŋgə] *vt+vi* 1 demorar-se, deixar-se ficar. 2 protelar. 3 persistir.

lin.ing [l'ainiŋ] *n* forro, revestimento.

link [liŋk] *n* 1 elo. 2 conexão. 3 ligação, vínculo. • *vt* encadear, unir. **to link up** unir-se.

li.on [l'aiən] *n* leão. **the lion's share** a maior parte, a parte do leão.

lip [lip] *n* lábio, beiço.

lip.stick [l'ipstik] *n* batom.

li.queur [likj'uə; lik'ə:] *n* licor.

liq.uid [l'ikwid] *n* líquido, fluido. • *adj* 1 líquido, fluido. 2 *fig* claro. 3 fluente.

liq.uid.iz.er, liq.uid.is.er [l'ikwidaizə] *n* liquidificador.

liq.uor [l'ikə] *n* bebida alcoólica.

list [list] *n* lista, rol. • *vt+vi* listar, arrolar, registrar.

lis.ten [l'isən] *vt+vi* 1 escutar, prestar atenção. 2 obedecer. **to listen in** escutar a conversa de outros (telefone). **to listen to** escutar (alguém, algo).

lis.ten.er [l'isənə] *n* ouvinte.

li.ter, li.tre [l'i:tə] *n* litro.

lit.er.a.cy [l'itərəsi] *n* alfabetização.

lit.er.ate [l'itə'rit] *adj* alfabetizado.

lit.er.a.ture [l'itərətʃə] *n* 1 literatura. 2 *coll* folheto, matéria impressa.

lit.ter [l'itə] *n* 1 lixo. 2 ninhada (animais). • *vt+vi* 1 colocar em desordem. 2 atirar lixo em lugares públicos.

lit.tle [l'itəl] *adj* 1 pequeno. 2 novo (de idade). 3 curta (distância). • *adv* 1 em pequena escala. 2 escassamente. 3 de modo algum. **little by little** pouco a pouco. **little or nothing** quase nada. **not a little** nem um pouco. **the little ones** as crianças. **to go a little way** durar pouco.

live¹ [laiv] *adj* 1 vivo. 2 ativo, esperto. 3 ao vivo (transmissão). 4 carregado com eletricidade (fio). 5 vivo, brilhante (cor). 6 *fig* eficaz, cheio de energia. • *adv* ao vivo.

live² [liv] *vt+vi* **1** viver, existir. **2** subsistir. **3** morar, habitar. **4** ganhar a vida. **5** gozar a vida. **to live and let live** cuidar da própria vida e deixar os outros em paz. **to live off** viver à custa de. **to live to a great age** atingir uma idade avançada. **to live up to** a) viver à altura de. b) corresponder às expectativas.

live.ly [l'aivli] *adj* **1** vivo, vívido. **2** animado. **3** ativo. **4** vivaz. **5** jovial. • *adv* **1** vivamente. **2** alegremente. **3** vigorosamente.

liv.er [l'ivə] *n* **1** fígado. **2** vivente, habitante.

live.stock [l'aivstok] *n* gado.

liv.ing [l'iviŋ] *n* **1** sustento. **2** existência. **3** modo de vida. • *adj* vivo. **living and learning** vivendo e aprendendo. **to make a living** ganhar a vida.

liv.ing-room [l'iviŋ ru:m] *n* sala de estar.

liz.ard [l'izəd] *n* lagarto, lagartixa.

load [loud] *n* **1** carga. **2** carregamento. **3** fardo. **4** opressão. **5 loads** *coll* grande quantidade. • *vt+vi* **1** carregar. **2** tornar mais pesado. **3** oprimir. **4** encher até as bordas. **5** acumular. **6** adulterar. **7** *Comp* carregar.

loaf [louf] *n* (*pl* **loaves**) **1** filão de pão. **2** cubos de açúcar refinado. **loaf sugar** açúcar em cubinhos.

loan [loun] *n* empréstimo. • *vt* emprestar. **on loan** por empréstimo.

lob.by [l'ɔbi] *n* **1** vestíbulo, saguão. **2** *Pol* grupo que influencia legisladores. **3** grupo de pessoas que se unem a favor ou contra alguma ação. • *vt+vi* **1** fazer *lobby*, pressionar a aprovação de um projeto ou de uma lei. **2** tentar influenciar.

lob.ster [l'ɔbstə] *n* lagosta.

lo.cal [l'oukəl] *n* habitante local. • *adj* local.

lo.cate [louk'eit] *vt+vi* **1** situar. **2** determinar a situação ou posição de algo.

lo.ca.tion [louk'eiʃən] *n* **1** posição, local. **2** paradeiro. **on location** no local.

lock [lɔk] *n* **1** fechadura. **2** fecho. **3** cadeado. • *vt+vi* **1** fechar à chave. **2** trancar. **under lock and key** a) preso a sete chaves. b) guardado a sete chaves.

lock.er [l'ɔkə] *n* armário com chave.

lodge [lɔdʒ] *n* **1** alojamento. **2** cabana, chalé. • *vt+vi* **1** alojar, hospedar, abrigar. **2** depositar. **3** fixar. **4** alojar-se.

lodg.ing, lodg.ings [l'ɔdʒiŋ] *n* alojamento, aposento.

loft [lɔft] *n* **1** sótão. **2** apartamento pequeno e requintado.

log [lɔg] *n* tora, lenha. • *vt+vi* **1** cortar em toras. **2** *Comp* conectar. **to log in** *Comp* registrar, conectar. **to log out / off** *Comp* desligar, desconectar. **to sleep like a log** dormir profundamente.

lol.li.pop [l'ɔlipɔp] *n* pirulito.

lone [loun] *adj* **1** solitário. **2** retirado. **3** desabitado.

lone.li.ness [l'ounlinis] *n* solidão, isolamento.

lone.ly [l'ounli] *adj* **1** solitário, só. **2** abandonado. **3** isolado, desolado.

long¹ [lɔŋ] *adj* longo: a) comprido, extenso. b) muito tempo. • *adv* **1** durante. **2** por longo tempo. **3** longamente. **as long as** contanto que. **before long** logo, em breve. **for long** por muito tempo. **how long...?** há quanto tempo...? **long since** há muito tempo. **so long até logo.

long² [lɔŋ] *vt* cobiçar, ansiar. *the children are longing for ice-cream* / as crianças estão loucas por sorvete.

long-dis.tance call [lɔŋ distəns k'ɔ:l] *n* ligação interurbana.

long.ing [l'ɔŋiŋ] *n* desejo, ânsia, saudade.

long-run [lɔŋ r'∧n] *adj* de longo prazo. **in the long-run** a longo prazo.

long.stand.ing [l'ɔŋstændiŋ] *adj* existente há muito tempo.

long-suf.fer.ing [lɔŋ s'∧fəriŋ] *adj* resignado, paciente.

long-term [lɔŋ t'ə:m] *adj* de longo prazo. **long-term investment** investimento de longo prazo.

loo [lu:] *n Brit coll* banheiro, toalete.

look [luk] *n* 1 olhar, olhada, olhadela. 2 expressão, aspecto. • *vt+vi* 1 olhar. 2 contemplar. 3 considerar. 4 prestar atenção. 5 parecer. **look out!** cuidado! **to look about** a) olhar em torno. b) estar vigilante. **to look about for** procurar. **to look after** a) procurar. b) cuidar. **to look back** rememorar. **to look for** a) procurar. b) esperar. c) antecipar. **to look forward to** aguardar com interesse. **to look like** parecer. **to look over** examinar superficialmente.

look.ing [l'ukiŋ] *adj* aspecto ou aparência. **bad looking** de má aparência. **good looking** de boa aparência.

loon.y [l'u:ni] *n, adj* maluco, lunático.

loop [lu:p] *n* 1 laço, laçada. 2 presilha. 3 acrobacia aérea. • *vt+vi* 1 dar laços ou laçadas. 2 prender com presilha. 3 fazer *loop* (acrobacia aérea).

lord [lɔ:d] *n* 1 lorde: a) título de nobreza na Grã-Bretanha. b) título conferido aos que exercem determinados cargos públicos na Grã-Bretanha. c) indivíduo rico que vive com ostentação. 2 soberano, amo. 3 *coll* marido. **good Lord!** meu Deus! **to live like a lord** viver no luxo.

lor.ry [l'ɔri] *n Brit* caminhão.

lose [lu:z] *vt+vi (ps, pp* lost) 1 perder. 2 ser privado de. 3 fazer perder. 4 desperdiçar. 5 extraviar-se. **to lose ground** perder terreno. **to lose one's head** perder a cabeça. **to lose one's mind** enlouquecer.

los.er [l'u:zə] *n* perdedor, vencido.

loss [lɔs] *n* 1 perda, prejuízo. 2 esforço inútil. **dead loss** perda total. **to bear a loss** perder sem demonstrar contrariedade. **to be at a loss** estar desorientado.

lost [lɔst] *ps, pp* de **lose**. • *adj* 1 perdido. 2 desperdiçado. 3 desorientado. 4 desnorteado. **lost and found office** departamento de achados e perdidos. **to get lost** perder-se, extraviar-se.

lot [lɔt] *n* 1 sorte, sina. 2 lote. 3 terreno. 4 grande quantidade. • *pron* muito. • *vt+vi* lotear, dividir. • *adv* em grande parte, muito.

loud [laud] *adj* 1 alto, sonoro. 2 barulhento. 3 espalhafatoso. • *adv* 1 em voz alta. 2 ruidosamente. 3 espalhafatosamente.

loud.speak.er [l'audspi:kə] *n* alto-falante.

lounge [laundʒ] *n* saguão de hotel ou prédio. • *vi* passar o tempo ociosamente.

louse [laus] *n (pl* lice) piolho.

lous.y [l'auzi] *adj* 1 vil, torpe. 2 ruim, malfeito.

lov.a.ble [l'ʌvəbəl] *adj* 1 amável. 2 digno de amor.

love [lʌv] *n* 1 amor, forte afeição. 2 pessoa amada. 3 *Sport* pontuação zero (no tênis). • *vt+vi* amar, querer, gostar de. **for love of one's country** por amor à pátria. **for love or money** de qualquer maneira. **to fall in love** apaixonar-se. **to make love to** fazer amor.

love-af.fair [l'ʌv əfeə] *n* caso de amor.

love.ly [l'ʌvli] *adj* encantador, gracioso, atraente, adorável, fascinante. • *adv* graciosamente.

lov.er [l'ʌvə] *n* 1 amante, amado. 2 namorado.

lov.ing [l'ʌviŋ] *adj* amoroso, afetuoso, carinhoso.

low [lou] *adj* 1 baixo. 2 pequeno. • *adv* 1 baixo. 2 humildemente. 3 profundamente. 4 em voz baixa. 5 suavemente. 6 fracamente, debilmente. **to keep a low profile** passar despercebido. **to lie low** a) agachar-se. b) estar prostrado. c) passar despercebido.

low.er [l'ouə] *vt+vi* **1** abaixar, baixar. **2** baratear. • *adj compar* of **low**.
low.est [l'ouist] *adj sup* of **low**.
low pro.file [lou pr'oufail] *n* pessoa discreta.
loy.al [l'ɔiəl] *adj* leal, fiel.
loy.al.ty [l'ɔiəlti] *n* lealdade, fidelidade.
luck [lʌk] *n* **1** acaso. **2** sorte. **3** sucesso. • *vi* prosperar, ter sucesso. **a great piece of luck** muita sorte. **bad / ill luck** azar. **to be down one's luck** ter má sorte. **to try one's luck** tentar a sorte.
luck.y [l'ʌki] *adj* **1** afortunado, com sorte. **2** auspicioso. **to be lucky** ter sorte.
lug.gage [l'ʌgidʒ] *n* bagagem.
luke.warm [l'u:kwɔ:m] *n* pessoa indiferente ou desinteressada. • *adj* **1** morno, tépido. **2** indiferente, desanimado.
lull.a.by [l'ʌləbai] *n* canção de ninar. • *vt* ninar.
lum.ber¹ [l'ʌmbə] *n* **1** madeira serrada. **2** trastes, cacarecos. **3** gordura supérflua.
lum.ber² [l'ʌmbə] *vi* **1** mover-se com dificuldade. **2** fazer um ruído surdo.
lump [lʌmp] *n* **1** massa informe. **2** inchaço. **3** *Med* caroço. **4** torrão de açúcar. • *vt+vi* **1** amontoar. **2** mover-se pesadamente. **3** embolar, empelotar. **to have a lump in the throat** sentir um nó na garganta.
lunch [lʌntʃ] *n* almoço. • *vt+vi* almoçar.
lunch time [l'ʌntʃ taim] *n* hora do almoço.
lung [lʌŋ] *n* pulmão.
lurch [lə:tʃ] *n* **1** desamparo, abandono. **2** guinada. • *vi* **1** balançar, jogar (navio). **2** cambalear. **to leave in the lurch** deixar em apuros.
lure [ljuə] *n* isca, chamariz. • *vt* engodar, atrair, seduzir.
lust [lʌst] *n* **1** luxúria, lascívia. **2** entusiasmo, avidez. • *vt+vi* **1** cobiçar. **2** entregar-se à luxúria. **to lust for** desejar ardentemente (sexo).
lust.y [l'ʌsti] *adj* **1** robusto, vigoroso. **2** sensual.
lux.u.ry [l'ʌkʃəri] *n* luxo, fausto.
ly.ing [l'aiiŋ] *pres p* of **lie.**
lynch [lintʃ] *vt* linchar.
lyr.ics [l'iriks] *n* **1** versos de uma composição lírica. **2** letra de música.

m

M, m [em] *n* décima terceira letra do alfabeto, consoante.

ma.chine [məʃ'i:n] *n* **1** máquina. **2** *fig* pessoa que age automaticamente. **3** motocicleta.

ma.chine.gun [məʃ'i:ŋʌn] *n* metralhadora.

ma.chin.er.y [məʃ'i:nəri] *n* **1** maquinismo. **2** maquinaria.

mad [mæd] *adj* **1** louco. **2** furioso. **3** insensato. **like mad** a) furiosamente. b) muito rapidamente. **to be mad about someone** gostar demais de alguém. **to drive somebody mad** irritar demais. **to go mad** ficar enfurecido.

mad.am [m'ædəm] *n Fr* (*pl* **mesdames**) senhora.

mad.den.ing [m'ædəniŋ] *adj* **1** louco, furioso. **2** de enlouquecer, exasperante.

made [meid] *ps, pp* of **make**. • *adj* **1** feito, fabricado. **2** terminado. **3** artificialmente produzido. **a made man** um homem feito.

mad.ness [m'ædnis] *n* **1** loucura. **2** raiva. **3** tolice.

mag.a.zine [mægəz'i:n] *n* revista, periódico.

ma.gic [m'ædʒik] *n* magia: a) mágica, feitiço. b) simpatia, encanto. • *adj* mágico. **black magic** magia negra.

mag.is.trate [m'ædʒistreit] *n* magistrado, juiz.

mag.nif.i.cent [mægn'ifisənt] *adj* **1** magnífico, grandioso, esplêndido. **2** *coll* de qualidade superior, excelente.

mag.ni.fy.ing glass [m'ænifaiiŋ gla:s] *n* lupa, lente de aumento.

maid [meid] *n ant* **1** donzela, mulher solteira. **2** criada. **house maid** criada. **maid of all work** criada para todos os serviços.

maid.en [m'eidən] *n ant* **1** donzela. **2** mulher solteira. • *adj* solteira.

mail [meil] *n* **1** correio. **2** correspondência. • *vt* enviar pelo correio. **air mail** via aérea. **snail mail** apelido dado pelos usuários do *e-mail* ao correio tradicional.

mail.box [m'eilbɔks] *n* caixa de correio.

mail.ing list [m'eiliŋ list] *n* lista de mala--direta.

mail.man [m'eilmæn] *n* carteiro.

mail or.der [m'eil ɔ:də] *n* pedido por reembolso postal.

maim [meim] *n* **1** mutilação. **2** deformidade. • *vt* **1** mutilar. **2** desfigurar.

main [mein] *n* esgoto principal, cano mestre. • *adj* principal, essencial. **with might and main** com toda a força.

main course [m'ein kɔ:s] *n* prato principal.

main.ly [m'einli] *adv* principalmente, essencialmente.

main.stream [m'einstri:m] *adj* corrente em voga, tendência atual.

main.tain [meint'ein] *vt* 1 manter, sustentar. 2 preservar. 3 suportar. 4 afirmar.
main.te.nance [m'eintinəns] *n* 1 manutenção. 2 subsistência. 3 apoio.
maize [meiz] *n* milho.
maj.es.ty [m'ædʒisti] *n* 1 majestade, grandiosidade. 2 poder supremo. 3 título de rei ou imperador.
ma.jor [m'eidʒə] *n* 1 *Mil* major. 2 *Jur* maior de idade. 3 *Mus* a clave maior. • *vi Educ* formar-se, especializar-se. • *adj* maior, principal.
ma.jor.i.ty [mədʒ'ɔriti] *n* 1 maioria. 2 maioridade.
make [meik] *n* 1 feitura. 2 marca. 3 fabricação. • *vt+vi (ps, pp made)* 1 fazer. 2 construir. 3 criar. 4 elaborar. 5 compor. 6 efetuar. 7 preparar. 8 promover. **to make a call** dar um telefonema. **to make acquaintance** travar relações. **to make fun of** ridicularizar. **to make love to** fazer amor. **to make room for** espaço. **to make sure** certificar-se. **to make up for** compensar. **to make up one's mind** decidir-se. **to make way** a) abrir caminho. b) progredir.
mak.er [m'eikə] *n* 1 fabricante. 2 tomador de empréstimo, que assina nota promissória.
make.shift [m'eikʃift] *adj* temporário, provisório.
make-up [m'eik ʌp] *n* 1 composição. 2 maquiagem. 3 constituição física e moral.
mak.ing [m'eikiŋ] *n* 1 fabricação. 2 criação. 3 qualidades essenciais. 4 potencialidade. 5 **makings** lucros, ganhos. **in the making** em formação.
male [meil] *n* macho. • *adj* masculino, macho. 2 viril.
mal.func.tion [mælf'ʌŋkʃən] *n* 1 mau funcionamento, disfunção. • *vi* funcionar de modo falho.
ma.li.cious [məl'iʃəs] *adj* 1 malicioso. 2 maligno. 3 mal-intencionado.

mall [mæl, mɔ:l] *n* (de **shopping mall**) centro comercial, *shopping center*.
mam.mal [m'æməl] *n* mamífero.
man [mæn] *n (pl* **men**) 1 homem. 2 ser humano. 3 gênero humano. 4 pessoa, indivíduo. 5 *coll* marido, amante, namorado. 6 peão (no jogo de xadrez). • *vt* funcionar, operar pela ação do homem. • *interj* nossa! **every man for himself** cada um por si. **man in the street** homem comum.
man.age [m'ænidʒ] *vt+vi* 1 administrar, gerenciar. 2 conseguir fazer. 3 conseguir arranjar-se (dinheiro).
man.age.a.ble [m'ænidʒəbəl] *adj* 1 manejável, controlável. 2 dócil.
man.age.ment [m'ænidʒmənt] *n* 1 administração, gerência. 2 manejo. 3 conduta. 4 corpo de diretores.
man.a.ger [m'ænidʒə] *n* administrador, gerente. **file manager** *Comp* gerenciador de arquivos.
man.date [m'ændeit] *n Jur* mandato, ordem.
man.da.to.ry [m'ændətəri] *adj* obrigatório.
mane [mein] *n* 1 crina. 2 juba.
ma.neu.ver [mən'u:və] *n* manobra. • *vt+vi* manobrar.
man.hood [m'ænhud] *n* 1 virilidade, masculinidade. 2 coragem.
ma.ni.ac [m'einiæk] *adj* maníaco.
man.i.cure [m'ænikjuə] *n* manicure. • *vt* cuidar das unhas.
man.i.fest [m'ænifest] *n* manifesto. • *vt* 1 manifestar. 2 demonstrar. • *adj* manifesto, evidente.
man.i.fold [m'ænifould] *adj* múltiplo.
ma.nip.u.late [mən'ipjuleit] *vt* manipular, manejar.
man.kind [mænk'aind] *n* gênero humano, humanidade.
man.ly [m'ænli] *adj* másculo, valoroso.
man-made [mæn m'eid] *adj* artificial.
man.ner [m'ænə] *n* 1 maneira, modo.

2 uso. 3 estilo. **4 manners** conduta, modos. **in a manner** a) até certo ponto. b) por assim dizer.
man pow.er, man.pow.er [m'ænpauə] *n* **1** corpo de trabalhadores. **2** mão de obra.
man.sion [m'ænʃən] *n* mansão, solar.
man.slaugh.ter [m'ænslɔ:tə] *n* homicídio culposo (sem intenção).
man.tel.piece [m'æntəlpi:s] *n* consolo da lareira.
man.u.fac.ture [mænjuf'æktʃə] *n* manufatura, fabricação. • *vt+vi* **1** manufaturar, fabricar. **2** inventar.
man.u.fac.tur.er [mænjuf'æktʃərə] *n* produtor, fabricante.
ma.nure [mənj'uə] *n* adubo, esterco.
man.y [m'eni] *adj, pron* muitos, muitas, numerosos. **to be one too many there** estar sobrando. **too many** demasiado.
map [mæp] *n* mapa (geográfico, de cidade, de rodovias). • *vt* **1** mapear. **2** planejar pormenorizadamente. **off the map** a) sem importância. b) obsoleto. **on the map** importante, atual.
mar.ble [m'a:bəl] *n* **1** mármore. **2** escultura em mármore. **3 marbles** bolinha de gude.
March¹ [ma:tʃ] *n* março.
march² [ma:tʃ] *n* passeata. • *vi* **1** marchar. **2** ir em passeata.
mare [m'εə] *n* égua.
mar.gin [m'a:dʒin] *n* margem (rio, papel, erro).
ma.rine [mər'i:n] *n* **1** marinha. **2 marines** fuzileiros navais. • *adj* **1** marinho, marítimo. **2** náutico.
mark [ma:k] *n* **1** marca, sinal. **2** símbolo. **3** alvo. **4** nota escolar. **5** marco: unidade monetária alemã. • *vt+vi* **1** marcar, assinalar. **2** distinguir. **3** indicar. **4** tomar nota. **mark my words!** ouça o que lhe digo! **to make one's mark** ganhar prestígio. **to mark down / up** aumentar ou reduzir preços.

marked [m'a:kt] *adj* marcado.
mark.er [m'akə] *n* **1** marcador (caneta). **2** sinalizador.
mar.ket [m'a:kit] *n* mercado. • *vt+vi* comercializar, colocar no mercado. **black market** câmbio negro. **to come into / put on the market** estar no mercado. **to meet with a ready market** ter boa saída.
mar.ket.place [m'a:kitpleis] *n* mercado.
mar.ma.lade [m'a:məleid] *n* geleia de laranja ou limão.
mar.riage [m'æridʒ] *n* casamento. **civil marriage** casamento civil.
mar.ried [m'ærid] *adj* casado, casada. **to get married** casar.
mar.row [m'ærou] *n* **1** tutano. **2** medula.
mar.ry [m'æri] *vt+vi* casar.
marsh [ma:ʃ] *n* pântano.
mar.shal [m'a:ʃəl] *n* **1** marechal. **2** delegado da polícia em algumas cidades dos EUA. • *vt* tomar posições (tropas etc.) para combate.
mar.tial [m'a:ʃəl] *adj* marcial.
mar.tyr [m'a:tə] *n* mártir.
mar.tyr.dom [m'a:tədəm] *n* **1** martírio. **2** tormento.
mar.vel [m'a:vəl] *n* **1** maravilha. **2** prodígio. • *vt+vi* **1** maravilhar-se. **2** admirar-se (**at** de).
mar.vel.ous, mar.vel.lous [m'a:vələs] *adj* **1** maravilhoso. **2** admirável. **3** incrível.
mas.ca.ra [mæsk'a:rə] *n* rímel.
mas.cu.line [m'æskjulin] *n* gênero masculino. • *adj* masculino, viril.
mas.cu.lin.i.ty [mæskjul'initi] *n* masculinidade.
mash [mæʃ] *n coll* purê de batata. • *vt* **1** triturar. **2** esmagar. **mashed potatoes** purê de batata.
mask [ma:sk] *n* **1** máscara. **2** disfarce. • *vt+vi* **1** mascarar. **2** dissimular, encobrir. **3** mascarar-se.

ma.son [m'eisən] *n* 1 pedreiro. 2 maçom. • *vt* executar trabalhos de alvenaria, de pedreiro.

ma.son.ic [məs'ɔnik] *adj* maçônico.

ma.son.ry [m'eisənri] *n* alvenaria.

Mass¹ [mæs] *n* missa. **all souls Mass** missa de finados. **Mass book** missal. **to say Mass** celebrar a missa.

mass² [mæs] *n* 1 massa. 2 grande número. 3 a maioria. 4 multidão. • *vt+vi* 1 amontoar, reunir em massa. 2 concentrar (tropas). • *adj* 1 para o povo em geral. 2 em massa. 3 total.

mas.sage [m'æsa:ʒ; məs'a:ʒ] *n* massagem. • *vt* fazer massagens.

mas.sive [m'æsiv] *adj* 1 maciço. 2 sólido. 3 enorme.

mass me.di.a [mæs m'i:diə] *n* meios de comunicação de massa.

mast [ma:st; mæst] *n* 1 mastro. 2 poste.

mas.ter [m'a:stə; m'æstə] *n* 1 dono. 2 patrão. 3 professor. 4 chefe. 5 título honorífico nas universidades. • *vt* 1 controlar. 2 dominar a fundo. 3 ser perito em. • *adj* 1 magistral. 2 principal. **master bedroom** quarto principal de uma residência. **Master of Arts** *Educ* mestre em Ciências Humanas.

mas.ter.piece [m'a:stəpi:s] *n* 1 obra-prima. 2 trabalho brilhante.

mas.ter.y [m'a:stəri] *n* 1 domínio. 2 controle.

mat [mæt] *n* 1 capacho. 2 tapete.

match¹ [mætʃ] *n* 1 igual. 2 companheiro. 3 partida, jogo. • *vt+vi* 1 combinar. 2 unir. 3 equiparar. 4 igualar-se. **an even match** competição equilibrada. **football match** jogo de futebol. **to be a match for** estar à altura. **to match a color to another** combinar uma cor com outra.

match² [mætʃ] *n* fósforo (palito). **to light a match** acender um fósforo.

match.box [m'ætʃbɔks] *n* caixa de fósforos.

mate [meit] *n* 1 companheiro, colega. 2 cônjuge. 3 macho ou fêmea (de animais). • *vt+vi* acasalar.

ma.te.ri.al [mət'iəriəl] *n* 1 material, substância. 2 tecido. 3 dados para trabalho acadêmico. • *adj* 1 material. 2 importante, essencial.

ma.ter.ni.ty [mət'ə:niti] *n* maternidade.

math.e.mat.ics [mæθəm'ætiks] *n* matemática: a) ciência. b) processos matemáticos.

matt, matte [mæt] *adj* fosco (tinta, acabamento).

mat.ter [m'ætə] *n* 1 matéria, substância. 2 assunto. 3 questão, causa. • *vi* importar, significar. **no matter** não importa. **what is the matter?** o que há?

mat.ter-of-fact [mætə əv f'ækt] *adj* 1 prático. 2 prosaico.

mat.tress [m'ætris] *n* colchão. **spring mattress** colchão de molas.

ma.ture [mətʃ'uə] *vt+vi* amadurecer. • *adj* 1 maturo, maduro. 2 desenvolvido.

max.i.mize, max.i.mise [m'æksimaiz] *vt+vi* 1 maximizar. 2 interpretar num sentido amplo.

may¹ [mei] *modal verb* (*ps* **might**) 1 poder, ter faculdade ou permissão. 2 ser possível ou admissível. **come what may** aconteça o que acontecer. **may all be well** que tudo esteja bem.

May² [mei] *n* maio.

may.be [m'eibi] *adv* talvez, possivelmente.

may.or [mɛə; m'eiə] *n* prefeito.

may.or.ess [m'ɛəris] *n* 1 esposa do prefeito. 2 prefeita.

maze [meiz] *n* 1 labirinto. 2 estado de encantamento ou perplexidade. 3 confusão. • *vt* confundir, embaraçar.

me [mi:, mi] *pron* me, mim. **dear me!** valha-me Deus! **for me / to me** para mim. **poor me!** pobre de mim! **tell me** diga-me.

mead.ow [m'edou] *n* prado.

mea.ger, mea.gre [m'i:gə] *adj* **1** magro. **2** escasso.

meal [mi:l] *n* refeição.

mean¹ [mi:n] *n* **1** meio, média. **2 means** forma, expediente, recursos. • *vt+vi (ps, pp* **meant**) **1** significar. **2** pretender, tencionar. **3** destinar. **4** dispor-se a. **a man of means** homem de recursos, abastado. **by all means** certamente, sem dúvida.

mean² [mi:n] *adj* **1** baixo, vil. **2** sovina. **3** egoísta. **4** malvado. **5** *sl* ótimo, excelente.

mean.ing [m'i:niŋ] *n* **1** significado. **2** propósito. • *adj* significativo, expressivo.

mean.ing.ful [m'i:niŋful] *adj* significativo.

mean.ing.less [m'i:niŋlis] *adj* sem sentido, inexpressivo.

mean.time [m'i:ntaim] *adv* entrementes, entretanto.

mean.while [m'i:nwail] *adv* = **meantime**.

mea.sles [m'i:zəlz] *n* sarampo.

meas.ure [m'eʒə] *n* **1** medida. **2** extensão. **3** quantidade. • *vt+vi* **1** medir. **2** comparar. **3** pesar. **4** tomar medidas (costura). **to make something to measure** fazer algo sob medida. **to measure up** estar à altura. **to take one's measure** tirar medida para roupa.

meas.ure.ment [m'eʒəmənt] *n* medição, medida.

meat [mi:t] *n* carne (alimento).

me.chan.ic [mik'ænik] *n* mecânico. • *adj* mecânico.

me.chan.i.cal [mik'ænikəl] *adj* **1** mecânico. **2** maquinal. **3** automático. **4** feito à máquina.

mech.a.nism [m'ekənizəm] *n* mecanismo.

med.al [m'edəl] *n* medalha.

me.di.a [m'i:diə] *n* mídia: meio de comunicação.

med.i.ca.tion [medik'eiʃən] *n* medicação.

med.i.cine [m'edsən] *n* **1** medicina. **2** medicamento, remédio.

med.i.ta.tion [medit'eiʃən] *n* meditação, reflexão.

me.di.um [m'i:diəm] *n* **1** meio-termo, média. **2** agente. **3** ambiente. **4** meio de comunicação. **5** médium: pessoa que se comunica com os espíritos. • *adj* **1** médio, intermediário. **2** moderado.

meek [mi:k] *adj* **1** meigo, manso. **2** submisso.

meet [mi:t] *vt+vi (ps, pp* **met**) **1** encontrar, encontrar-se. **2** satisfazer (um compromisso). **3** travar conhecimento. **4** reunir-se, agrupar-se.

meet.ing [m'i:tiŋ] *n* **1** reunião, assembleia. **2** encontro. **meeting place / meeting point** ponto de encontro.

mel.an.chol.y [m'elənkəli] *n* melancolia, tristeza, depressão. • *adj* melancólico, triste.

mel.low [m'elou] *adj* **1** maduro **2** envelhecido. **3** alegre, jovial. **4** relaxado. • *vt* **1** amadurecer, sazonar. **2** abrandar.

mel.on [m'elən] *n* melão.

melt [melt] *vt+vi (ps* **melted**, *pp* **melted, molten**) **1** fundir, derreter. **2** dissolver, liquefazer. **3** enternecer, comover. **to melt into tears** desfazer-se em lágrimas.

melt.ing-pot [m'eltiŋ pɔt] *n* **1** cadinho. **2** mistura racial e assimilação cultural. **in the melting-pot** *fig* de futuro incerto.

mem.ber [m'embə] *n* **1** membro (do corpo). **2** parte de um todo. **3** sócio, associado.

mem.ber.ship [m'embəʃip] *n* **1** condições de membro ou sócio. **2** número de sócios. **3** quadro de membros ou associados.

men [men] *n pl (pl* of **man**) gênero humano.

men.ace [m'enəs] *n* ameaça. • *vt* ameaçar.

men.a.cing [m'enəsiŋ] *adj* ameaçador.

mend [mend] *vt+vi* consertar, remendar. **to be on the mend** estar melhorando (doença). **to mend one's way** corrigir-se.

men's room [m'enz ru:m] *n* lavatório ou banheiro masculino.

menswear [m'enz wɛə] *n* roupa de homem.

men.tion [m'enʃən] *n* menção, alusão, referência. • *vt* mencionar, aludir, referir-se a, citar. **don't mention it** *coll* não há de quê.

mer.chan.dise [m'ə:tʃəndaiz] *n* mercadoria.

mer.chan.dis.ing [m'ə:tʃəndaiziŋ] *n* mercadização: propaganda de produtos ou marcas.

mer.chant [m'ə:tʃənt] *n* comerciante (especialmente de atacado). • *adj* mercantil, mercante.

mer.ci.ful [m'ə:siful] *adj* misericordioso, clemente, indulgente.

mer.ci.less [m'ə:silis] *adj* impiedoso, inclemente, inexorável.

mer.cy [m'ə:si] *n* 1 mercê, clemência, piedade. 2 sorte, fortuna. **at the mercy of** à mercê de.

me.re [miə] *adj* mero, simples.

mer.it [m'erit] *n* 1 mérito, merecimento. 2 **merits** méritos, virtudes. • *vt* merecer, ser digno de.

mer.maid [m'ə:meid] *n* sereia.

mer.ry [m'eri] *adj* alegre, divertido. **Merry Christmas!** Feliz Natal! **to make merry** divertir-se.

mer.ry-go-round [m'eri gou raund] *n* carrossel.

mesh [meʃ] *n* 1 malha. 2 aramado. 3 rede. • *vt+vi* 1 encaixar. 2 enredar.

mess [mes] *n* desordem, bagunça. • *vt+vi* promover desordem, bagunça. **to make a mess** fazer desordem. **to mess around / about** mexer em tudo, fazer asneiras.

mes.sage [m'esidʒ] *n* 1 mensagem. 2 recado. **to get the message** perceber, *coll* sacar.

mes.sen.ger [m'esindʒə] *n* mensageiro.

mess.y [m'esi] *adj* 1 confuso, desordenado. 2 sujo.

met.al.work [m'etəlwə:k] *n* trabalho em metal.

met.a.mor.phose [metəm'ɔ:fouz] *vt+vi* metamorfosear.

met.a.mor.pho.sis [metəm'ɔ:fəsis] *n* (*pl* **metamorphoses**) metamorfose, transformação.

met.a.phor [m'etəfə] *n* metáfora.

met.a.phys.ics [metəf'iziks] *n* metafísica.

me.ter, me.tre [m'i:tə] *n* 1 metro. 2 métrica. 3 medidor de água ou líquidos. 4 relógio para medir consumo de eletricidade. **gas meter** medidor de gás. **parking meter** parquímetro.

meth.od [m'eθəd] *n* método.

meth.od.ol.o.gy [meθəd'ɔlədʒi] *n* metodologia.

me.tic.u.lous [mət'ikjuləs] *adj* meticuloso, escrupuloso.

me.trop.o.lis [mətr'ɔpəlis] *n* metrópole.

met.ro.pol.i.tan [metrəp'ɔlitən] *adj* metropolitano.

mew [mju:] *n* miado. • *vt+vi* miar.

mice [mais] *n pl of* **mouse** (camundongo).

mi.crobe [m'aikroub] *n* micróbio.

mi.cro.or.gan.ism [maikrou'ɔ:gənizəm] *n* microrganismo.

mi.cro.phone [m'aikrəfoun] *n* microfone.

mi.cro.scope [m'aikrəskoup] *n* microscópio.

mi.cro.wave [m'aikrouweiv] *n* micro-onda.

mid [mid] *adj* meio, médio. • *pref* semi. **in mid air** no ar. **in mid May** em meados de maio.

mid.day [midd'ei] *n* meio-dia. • *adj* do meio-dia.

mid.dle [m'idəl] *n* 1 meio. 2 centro. 3 cintura. • *adj* 1 meio, médio. 2 intermediário. 3 central.

mid.dle age [midəl 'eidʒ] *n* meia-idade.

mid.dle-aged [midəl 'eidʒd] *adj* de meia-idade.

mid.dle fin.ger [midəl f'iŋgə] *n* dedo médio.

mid.dle-sized [midəl s'aizd] *adj* de tamanho médio.
mid.night [m'idnait] *n* meia-noite. • *adj* relativo à meia-noite. **midnight sun** sol da meia-noite.
midst [midst] *n* meio, centro. • *adv*, *prep* no meio, entre. **in the midst of** no meio de.
mid.way [m'idwei] *n* meio de caminho. • *adv* a meio caminho.
mid.wife [m'idwaif] *n* parteira.
might [mait] *ps of* **may**. • *n* força, poder. **with might and main** com toda a força.
might.y [m'aiti] *adj* 1 poderoso, forte. 2 imenso. • *adv* muitíssimo, extremamente.
mi.graine [m'i:grein; m'aigrein] *n* enxaqueca.
mi.grate [maigr'eit] *vi* 1 migrar. 2 emigrar.
mild [m'aild] *adj* 1 suave, brando. 2 tenro. 3 moderado. 4 compassivo.
mile [m'ail] *n* 1 milha. 2 *fig* grande distância. **to be miles away** *coll* estar com o pensamento em outro lugar.
mile.stone [m'ailstoun] *n* 1 marco miliário. 2 marco (situação, data de muita importância).
mil.i.tar.y [m'ilitəri] *n* exército. • *adj* 1 militar. 2 bélico. 3 marcial.
milk [milk] *n* 1 leite. 2 suco leitoso. • *vt+vi* 1 ordenhar. 2 explorar, esfolar. 3 dar leite. **condensed milk** leite condensado. **dried milk** leite em pó. **evaporated milk** leite evaporado. **skimmed milk** leite desnatado. **to cry over spilt milk** chorar pelo leite derramado.
milks.man [m'ilkmən] *n* leiteiro.
milk-tooth [m'ilk tuθ] *n* dente de leite.
milk.y [m'ilki] *adj* 1 leitoso, lácteo. 2 que contém muito leite.
Milk.y Way [milki w'ei] *n* Via Láctea.
mill [mil] *n* 1 moinho: engenho para moer. 2 fábrica (em geral). • *vt+vi* 1 moer, triturar. 2 fabricar. **paper-mill** fábrica de papel. **sugar-mill** engenho de açúcar. **to mill around / about** mover-se sem destino e de maneira confusa (multidão de pessoas). **to put someone through the mill** pôr à prova. **windmill** moinho de vento.
mil.lion [m'iljən] *n* 1 milhão. 2 grande quantidade. • *adj*, *pron* milhão.
mil.lion.aire [miljən'εə] *n* milionário.
mime [m'aim] *n* mímica. • *vt+vi* 1 fazer mímica. 2 mimicar, gesticular.
mim.ic [m'imik] *n* imitador. • *adj* 1 mímico. 2 imitativo. • *vt* imitar, arremedar.
mince [mins] *n* picadinho de carne. *vt* 1 moer carne. 2 não medir palavras.
mind [maind] *n* 1 mente, intelecto. 2 memória, lembrança. 3 opinião. • *vt+vi* 1 concentrar-se. 2 dedicar-se a, cuidar de. 3 objetar a. 4 alertar. **never mind** não tem importância, não faz mal. **out of sight, out of mind** longe dos olhos, longe do coração. **to change one's mind** mudar de opinião. **to make up one's mind** decidir-se. **to mind one's own business** não se meter onde não é chamado.
mind.ful [m'aindful] *adj* atento, cuidadoso.
mind.less [m'aindlis] *adj* 1 descuidado. 2 estúpido.
mine¹ [main] *pron* meu, meus, minha, minhas. **a friend of mine** um amigo meu.
mine² [main] *n* mina: a) de minérios. b) bomba terrestre. c) *fig* manancial, fonte. • *vt+vi* 1 minerar, extrair minério. 2 minar, solapar. 3 colocar minas.
min.er [mainə] *n* mineiro.
min.er.al, min.er.als [m'inərəl] *n* 1 mineral. 2 minério. • *adj* mineral. **mineral coal** carvão mineral.
min.gle [m'ingəl] *vt+vi* 1 misturar. 2 matizar. 3 entrar em contato (com pessoas), conhecer.

min.i.bus [m'inibʌs] *n* micro-ônibus.

min.i.mize, min.i.mise [m'inimaiz] *vt* 1 reduzir ao mínimo. 2 fazer pouco, subestimar.

min.i-skirt [m'iniskə:t] *n* minissaia.

min.is.ter [m'inistə] *n* 1 ministro: membro de um ministério. 2 sacerdote. 3 clérigo, pastor. • *vt+vi* ministrar, servir. 2 oficiar.

min.is.try [m'inistri] *n* 1 ministério. 2 clero.

mink [miŋk] *n* marta, visom.

mi.nor [m'ainə] *n* menor (de idade). • *adj* 1 de pouca importância. 2 secundário.

mi.nor.i.ty [main'ɔriti] *n* 1 minoria. 2 menoridade. **minority group** grupo minoritário.

mint [mint] *n* 1 hortelã. 2 bala de hortelã. **mint sauce** molho de hortelã.

mi.nus [m'ainəs] *n* desvantagem. • *prep, adj* 1 menos. 2 negativo. 3 desprovido de.

mi.nute[1] [m'init] *n* 1 minuto. 2 momento, instante. 3 minuta, rascunho. **4 minutes** atas, protocolos. • *vt* 1 minutar. 2 anotar. 3 cronometrar. **up to the minute** em dia. **within minutes** logo depois.

min.ute[2] [mainj'u:t] *adj* 1 miúdo, minúsculo. 2 preciso, exato.

mir.a.cle [m'irəkəl] *n* 1 milagre. 2 maravilha.

mi.rage [mir'a:ʒ] *n* 1 miragem. 2 ilusão.

mir.ror [m'irə] *n* 1 espelho. 2 exemplo, modelo. • *vt* 1 espelhar. 2 ver-se em espelho.

mis.be.have [misbih'eiv] *vt+vi* portar-se mal.

mis.be.hav.i.our [misbih'eivə] *n* mau comportamento, má conduta.

mis.cal.cu.la.tion [miskælkjul'eiʃən] *n* 1 erro de cálculo. 2 orçamento falho.

mis.car.riage [misk'æridʒ] *n* aborto espontâneo.

mis.chief [m'istʃif] *n* 1 prejuízo, injúria. 2 travessura.

mis.con.duct [misk'ɔndʌkt] *n* 1 conduta imprópria, especialmente adultério. 2 má administração.

mi.ser [m'aizə] *n* avarento, sovina.

mis.er.a.ble [m'izərəbəl] *adj* desgraçado, infeliz, desprezível. **to feel miserable** sentir-se infeliz, indisposto.

mis.er.y [m'izəri] *n* 1 miséria, penúria. 2 tristeza, aflição.

mis.for.tune [misf'ɔ:tʃən] *n* infortúnio, azar.

mis.judge [misdʒ'ʌdʒ] *vt+vi* julgar mal.

mis.lead [misl'i:d] *vt (ps, pp* **misled)** 1 desencaminhar. 2 enganar, iludir.

mis.place [mispl'eis] *vt* 1 colocar fora de lugar. 2 extraviar. 3 aplicar mal, empregar mal.

Miss[1] [mis] *n* 1 senhorita. 2 *coll* moça.

miss[2] [mis] *n* 1 falha, erro. • *vt+vi* 1 errar, não acertar (o alvo). 2 faltar (aula). 3 perder (trem etc.). 4 ter saudade. **to miss a chance** perder uma chance. **to miss out** omitir, não incluir. **to miss the bus** perder o ônibus. **to miss the meaning** não entender o significado.

miss.ing [m'isiŋ] *adj* 1 que falta. 2 extraviado, perdido. 3 ausente.

mis.sion [m'iʃən] *n* missão: a) encargo. b) desígnio. c) embaixada ou legação. d) estabelecimento de missionários. e) trabalho de missionários.

mist [mist] *n* névoa, neblina. • *vt+vi* cobrir de nevoeiro, obscurecer.

mis.take [mist'eik] *n* engano, erro. • *vt+vi (ps* **mistook,** *pp* **mistaken)**. 1 enganar-se, equivocar-se. 2 interpretar mal. 3 confundir, errar. **by mistake** por engano. **to make a mistake** errar, cometer um erro.

mis.tak.en [mist'eikən] *pp* of **mistake.** • *adj* 1 enganado, equivocado. 2 errado.

Mis.ter [m'istə] *n* (abreviatura: **Mr.)** senhor (título).

mis.treat [mistr'i:t] *vt* maltratar.

mis.treat.ment [mistr'i:tmənt] *n* 1 maus-tratos. 2 abuso.

mis.tress [m'istris] *n* 1 patroa. 2 amante. 3 professora.

mis.trust [mistr'∧st] *n* desconfiança, suspeita. • *vt+vi* desconfiar, suspeitar.

mist.y [m'isti] *adj* 1 nebuloso. 2 sombrio. 3 obscuro. 4 vago, indistinto. **misty eyes** olhos enevoados (de lágrimas).

mis.un.der.stand [mis∧ndəst'ænd] (*ps, pp* **misunderstood**) *vt+vi* 1 entender mal. 2 interpretar mal.

mis.un.der.stand.ing [mis∧ndəst'ændiŋ] *n* 1 equívoco, engano. 2 divergência.

mis.use [misj'u:s] *n* abuso, uso errado. • *vt* [misj'u:z] abusar, fazer mau uso.

mix [miks] *n* 1 mistura. 2 *coll* confusão. • *vt+vi* 1 misturar, mesclar. 2 relacionar-se. **cake mix** mistura para bolo. **to mix up** confundir, atrapalhar.

mixed-up [mikst '∧p] *adj* 1 confuso. 2 envolvido.

mix.er [m'iksə] *n* 1 misturador, batedeira. 2 intruso. 3 pessoa sociável. 4 mixador: especialista em mixagens e efeitos especiais.

mix.ture [m'ikstʃə] *n* mistura, composição.

mix-up [m'iks ∧p] *n* 1 confusão. 2 desordem.

moan [moun] *n* gemido, lamento. • *vt+vi* 1 gemer, lamentar-se. 2 *coll* queixar-se.

mob [mɔb] *n* turba, multidão, ralé. • *vt* tumultuar, amotinar.

mo.bi.lize, mo.bi.lise [m'oubilaiz] *vt+vi* mobilizar.

mock [mɔk] *n* 1 escárnio, zombaria. 2 imitação. • *vt+vi* 1 escarnecer, zombar. 2 arremedar. • *adj* 1 falso, simulado. 2 imitado.

mock.er.y [m'ɔkəri] *n* 1 escárnio, zombaria. 2 imitação, arremedo.

mode [moud] *n* 1 modo, método. 2 uso, hábito. 3 *Comp* modo de operação.

mod.el [m'ɔdəl] *n* 1 modelo: a) molde. b) maquete. c) figurino. d) exemplo.

e) padrão. • *vt+vi* 1 modelar, moldar. 2 exibir. • *adj* perfeito, ideal.

mod.er.ate [m'ɔdərit] *n* indivíduo moderado. • *vt+vi* 1 moderar, acalmar, abrandar. 2 restringir. 3 acalmar-se, moderar-se. • *adj* 1 moderado, comedido. 2 calmo. 3 médio.

mod.er.a.tion [mɔdər'eiʃən] *n* 1 moderação, comedimento. 2 temperança.

mod.ern [m'ɔdən] *adj* 1 moderno, recente, atual. 2 progressista. 3 contemporâneo.

mod.ern.ism [m'ɔdənizəm] *n* modernismo.

mo.der.ni.ty [mɔd'ə:niti] *n* 1 modernidade, condição de moderno, atual. 2 novidade. 3 inovação.

mod.est [m'ɔdəst] *adj* 1 modesto, despretensioso. 2 moderado. 3 recatado.

mod.est.y [m'ɔdəsti] *n* 1 modéstia, moderação. 2 recato. 3 humildade.

mod.i.fy [m'ɔdifai] *vt+vi* 1 modificar, transformar. 2 adaptar.

mo.gul [m'ougəl] *n* magnata.

moist [mɔist] *adj* 1 úmido. 2 chuvoso. 3 hidratado.

mois.ten [m'ɔisən] *vt+vi* 1 umedecer. 2 hidratar.

mois.tur.iz.er, mois.tur.is.er [m'ɔistʃəraizə] *n* creme hidratante (para pele).

mold, mould [mould] *n* 1 mofo. 2 forma.

mole [moul] *n* toupeira.

mol.e.cule [m'ɔlikju:l] *n* 1 molécula. 2 partícula pequena.

mo.lest [moul'est] *vt* 1 abusar sexualmente. 2 molestar, perturbar. 3 agredir.

mol.ten [m'oultən] *pp of* **melt**. • *adj* fundido, derretido.

mom [mɔm] *n coll* mamãe.

mo.men.tar.y [m'ouməntəri] *adj* momentâneo, transitório, passageiro.

mom.my [m'ɔmi, m'a:mi] *n* mamãe.

mon.arch.y [m'ɔnəki] *n* monarquia.

mon.as.ter.y [m'ɔnəstəri] *n* mosteiro, convento.

mo.nas.tic [mənˈæstik] *adj* monástico.

Mon.day [ˈmʌndei] *n* segunda-feira.

mon.e.tar.y [ˈmʌnitəri] *adj* monetário. **monetary policy** política monetária.

mon.ey [ˈmʌni] *n* dinheiro, moeda. **pocket money** dinheiro para pequenos gastos. **time is money** tempo é dinheiro.

mon.i.tor [ˈmɔnitə] *n* 1 *Comp* monitor. 2 vídeo, tela. 3 operador (TV, rádio). • *vt* 1 controlar, supervisionar. 2 *Comp* supervisionar um programa. 3 acompanhar, controlar.

monk [mʌŋk] *n* monge, frade.

mon.key [ˈmʌŋki] *n* 1 macaco. 2 traquinas (criança).

mon.o.lingual [mɔnəlˈiŋgwəl] *adj* que fala ou utiliza uma só língua.

mon.o.log, mon.o.logue [ˈmɔnəlɔg] *n* 1 monólogo. 2 solilóquio.

mo.nop.o.ly [mənˈɔpəli] *n* monopólio.

mon.o.syl.lab.ic [mɔnəsilˈæbik] *adj* monossilábico.

mon.o.syl.la.ble [ˈmɔnəsiləbəl] *n* monossílabo.

mon.stros.i.ty [mɔnstrˈɔsiti] *n* 1 monstruosidade. 2 monstro.

mon.strous [ˈmɔnstrəs] *adj* monstruoso, disforme, horrendo.

month [mʌnθ] *n* mês. **lunar month** mês lunar. **month after month** todo mês. **month by month** a cada mês.

month.ly [ˈmʌnθli] *n* publicação mensal. • *adj* mensal. • *adv* mensalmente.

mood [mu:d] *n* disposição, humor. **in no mood for something** sem disposição para fazer algo. **in the mood** disposto a. **to be in a mood** estar bravo e impaciente com todos.

mood.y [ˈmu:di] *adj* 1 mal-humorado, taciturno. 2 de humor instável.

moon [mu:n] *n* 1 lua. 2 satélite. • *vi* 1 andar ao olhar de modo desatento. 2 *Braz* estar no mundo da lua. **full moon** lua cheia. **new moon** lua nova.

moon-faced [ˈmu:n feist] *adj* que tem cara de lua, redonda.

moon.light [ˈmu:nlait] *n* luar.

mop [mɔp] *n* 1 esfregão. 2 madeixa(s). • *vt* esfregar, lavar.

mor.al [ˈmɔrəl] *n* 1 moral: a) máxima, princípio moral. b) ética. 2 **morals** moralidade, costumes, conduta. • *adj* 1 digno. 2 edificante.

mo.ral.i.ty [mərˈæliti] *n* moralidade, decência.

mor.al.ize, mor.al.ise [ˈmɔrəlaiz] *vt* moralizar.

more [mɔ:] *adj* (*compar* of **much**) 1 mais. 2 adicional, extra. • *adv* 1 além do mais. 2 ainda. **more and more** cada vez mais, mais e mais. **more or less** mais ou menos. **never more** nunca mais. **no more / not any more** não mais. **once more** mais uma vez.

more.o.ver [mɔ:ˈrouvə] *adv* além disso, além do mais.

morgue [mɔ:g] *n* necrotério.

morn.ing [ˈmɔ:niŋ] *n* manhã. • *adj* matutino. **early in the morning** de manhã bem cedo. **good morning** bom dia. **on Friday morning** sexta-feira de manhã. **on the morning of April 1st** na manhã do dia 1.º de abril. **this morning** esta manhã. **yesterday morning** ontem de manhã.

mor.tal.i.ty [mɔ:tˈæliti] *n* mortalidade.

mor.tar [ˈmɔ:tə] *n* 1 argamassa. 2 pilão.

mort.gage [ˈmɔ:gidʒ] *n* 1 hipoteca. 2 empréstimo para compra de imóvel. • *vt* hipotecar.

mor.ti.fy [ˈmɔ:tifai] *vt+vi* 1 mortificar. 2 envergonhar(-se). 3 constranger(-se).

mor.tu.ar.y [ˈmɔ:tjuəri] *n* necrotério.

most [moust] *n* 1 a maior parte, o maior número. 2 a maioria. 3 máximo. • *adj* (*sup* of **much** and **many**). a maioria de, a maior parte de, o (a) mais, os (as) mais. • *adv* 1 o(a) mais, os(as) mais. 2 muitíssimo. **at most** quando muito. **for the most part** geralmente.

moth [mɔθ] *n* 1 traça. 2 mariposa.

moth.er [m'ʌðə] *n* 1 mãe. 2 madre, freira. 3 matriz, fonte, origem. **mother country** país de nascimento, pátria. **motherhood** maternidade. **mother language** língua pátria.

moth.er-in-law [m'ʌðə in lɔ:] *n* sogra.

mo.tion [m'ouʃən] *n* 1 movimento. 2 moção, proposta. • *vt+vi* 1 guiar por gestos. 2 acenar.

mo.tor [m'outə] *n* motor (geralmente a eletricidade). • *vi* viajar, passear de automóvel.

mo.tor.bike [m'outəbaik] *n coll* motocicleta.

mo.tor.boat [m'outəbout] *n* lancha.

mo.tor.car [m'outəka:] *n* automóvel.

mo.tor.cy.cle [m'outəsaikəl] *n* motocicleta.

mo.tor.way [m'outəwei] *n Brit* via expressa: rodovia de alta velocidade. **orbital motorway** anel viário.

moun.tain [m'auntin] *n* 1 montanha, serra. 2 grande quantidade.

moun.tain range [m'auntin reindʒ] *n* cordilheira.

mourn [mɔ:n] *vt+vi* 1 prantear. 2 condoer-se. 3 pôr luto.

mourn.ing [m'ɔ:niŋ] *n* luto. • *adj* enlutado. **in mourning** de luto.

mouse[1] [maus] *n (pl mice)* 1 camundongo. 2 pessoa tímida, quieta.

mouse[2] *n Comp* mouse.

mous.tache [məst'a:ʃ; m'ʌstæʃ] *n* bigode.

mouth [mauθ] *n* 1 boca. 2 foz. **shut your mouth** cale a boca.

mov.a.ble [m'u:vəbəl] *n* 1 móvel. 2 **movables** bens móveis. • *adj* móvel, móbil.

move [m'u:v] *n* 1 movimento. 2 mudança. 3 lance. • *vt+vi* 1 mover(-se), deslocar (-se). 2 acionar. 3 induzir, incitar. 4 emocionar(-se), comover(-se). 5 agir. 6 mudar-se. **get a move on** apresse-se. **on the move** a caminho, em viagem.

to make a move fazer um lance. **to move heaven and earth** mover céus e terra. **to move on / away** mudar (para algo novo). **to move to tears** comover até as lágrimas.

move.ment [m'u:vmənt] *n* 1 movimento, ação. 2 grupo de pessoas com idênticos objetivos.

mov.ie [m'u:vi] *n Amer* 1 filme cinematográfico. 2 **movies** cinema.

mov.ing [m'u:viŋ] *adj* comovente, tocante.

mow [mou] *vt+vi (ps mowed, pp mown, mowed)* aparar, cortar rente.

Mr. [m'istə] *abbr* **Mister** (senhor).

Mrs. [m'isiz] *abbr* **Misstress** (senhora, usado antes do nome de uma mulher casada).

Ms. [miz] *abbr* **Miss** (abreviação usada antes do nome de uma mulher ao referir-se a ela por escrito; esta abreviação não especifica se ela é casada ou não).

much [mʌtʃ] *n* grande quantidade. • *adj* muito. • *adv* muito. **as much as** tanto quanto. **how much?** quanto? **so much** tanto.

muck [mʌk] *n* 1 sujeira. 2 *fig* qualquer coisa desagradável.

mud [mʌd] *n* lama, barro, lodo. **to throw mud at** caluniar, difamar.

mud.dle [m'ʌdəl] *n* confusão, desordem. • *vt+vi* 1 confundir, desorganizar. 2 desnortear.

mud.dy [m'ʌdi] *vt* 1 enlamear. 2 aumentar a confusão. • *adj* barrento, turvo, enlameado.

mud.guard [m'ʌdga:d] *n* para-lama.

muf.fler [m'ʌflə] *n* 1 cachecol. 2 *Amer* silenciador do escapamento.

mug [mʌg] *n* 1 caneca. 2 quantidade de líquido contida em uma caneca. 3 *sl* careta. 4 otário. • *vt+vi* praticar assaltos.

mul.ber.ry [m'ʌlbəri] *n* amora.

mule [mju:l] *n* 1 mulo, mula. 2 teimoso. 3 sapato ou chinelo aberto no calcanhar.

mul.ish [mjˈuːliʃ] adj teimoso, obstinado.

mul.ti.ple [mˈʌltipəl] n, adj múltiplo.

mul.ti.ple-choice [mˈʌltipəl tʃˈɔis] n múltipla escolha, teste de escolha múltipla.

mul.ti.pli.ca.tion [mˈʌltiplikˈeiʃən] n Math multiplicação.

mul.ti.plic.i.ty [mˈʌltiplˈisiti] n Math multiplicidade.

mul.ti.ra.cial [mˈʌltirˈeiʃəl] adj multirracial.

mul.ti.tude [mˈʌltitjuːd] n 1 multidão. 2 turba.

mum [mʌm] n coll mamãe.

mum.ble [mˈʌmbəl] n resmungo. • vt+vi resmungar.

mum.my¹ [mˈʌmi] n múmia.

mum.my² [mˈʌmi] n coll mamãe.

mumps [mʌmps] n Path parotidite, caxumba.

munch [mʌntʃ] vt+vi mastigar sem parar e ruidosamente.

mur.der [mˈəːdə] n assassinato, homicídio. • vt+vi assassinar, matar. **murder in the first degree** homicídio doloso. **murder in the second degree** homicídio culposo.

mur.der.er [mˈəːdərə] n assassino, homicida.

mur.mur [mˈəːmə] n murmúrio. • vt+vi 1 murmurar, sussurrar. 2 segredar.

mus.cle [mˈʌsəl] n músculo. **to muscle in / muscle your way in** coll internar-se, forçar a barra. **to muscle out** sair (usando força).

muse [mjuːz] n musa. • vt+vi 1 meditar. 2 escrever e falar os pensamentos ao mesmo tempo.

mu.se.um [mjuːzˈiəm] n museu.

mush.room [mˈʌʃruːm] n 1 cogumelo, fungo. 2 nuvem após explosão atômica. • vi crescer com grande rapidez. • adj semelhante a um cogumelo.

mu.sic [mjˈuːzik] n 1 música. 2 arte de produzir música. 3 partitura. • adj musical.

mu.si.cian [mjuːzˈiʃən] n músico.

musk [mʌsk] n 1 almíscar. 2 odor de almíscar.

mus.sel [mˈʌsəl] n mexilhão.

must [mʌst] n 1 obrigação, dever, necessidade. 2 coisa que deve ser feita, ouvida, vista etc.. • v aux ser obrigado a, ser forçado a, dever, ter de.

mustn't [mˈʌsənt] contr of **must not**.

mu.ta.tion [mjuːtˈeiʃən] n 1 mutação. a) alteração. b) Zool, Bot variação devida à alteração de fatores hereditários. 2 variedade nova resultante de mutação.

mute [mjuːt] vt 1 diminuir o volume (barulho, som). 2 silenciar (sentimentos, emoções). • adj mudo, calado.

mu.ti.late [mjˈuːtileit] vt 1 mutilar. 2 truncar. 3 adulterar (documento ou mensagem).

mu.ti.ny [mjˈuːtini] n motim, rebelião. • vi amotinar-se, revoltar-se.

mut.ton [mˈʌtən] n carne de carneiro.

mu.tu.al [mjˈuːtʃuəl] adj 1 mútuo, recíproco. 2 comum. **on mutual terms** em termos de reciprocidade. **our mutual friend** nosso amigo comum.

muz.zle [mˈʌzəl] n 1 focinho. 2 mordaça, focinheira. 3 boca de arma de fogo. • vt 1 amordaçar. 2 compelir alguém a guardar silêncio.

my [mai] pron meu, minha, meus, minhas. • interj 1 caramba! 2 meu Deus!

my.op.ic [maiˈɔpik] adj míope.

my.self [maisˈelf] pron 1 eu mesmo. 2 me, a mim mesmo.

mys.ter.y [mˈistəri] n mistério, enigma, segredo.

myth [miθ] n 1 mito, fábula. 2 pessoa ou coisa imaginária. 3 ilusão.

n

N, n [en] *n* décima quarta letra do alfabeto, consoante.

nail [neil] *n* **1** prego. **2** unha. **3** garra. • *vt* **1** pregar. **2** cravar. **3** agarrar. **hard as nails** frio, sem emoções. **to hit the nail on the head** acertar.

na.ïve [nai'i:v] *adj Fr* ingênuo, simples, cândido.

na.ked [n'eikid] *adj* **1** nu. **2** exposto. **3** desprotegido.

name [neim] *n* **1** nome. **2** título. **3** reputação, fama, renome. • *vt* **1** dar nome a. **2** dar nome a. **3** mencionar, citar. **4** designar. **5** nomear, indicar. **brand name** marca registrada. **Christian name** nome de batismo, prenome. **in the name of** em nome de. **maiden name** sobrenome de solteira. **the above named** o acima mencionado. **to call names** xingar, dizer insultos.

name.ly [n'eimli] *adv* a saber, isto é.

name.sake [n'eimseik] *n* homônimo, xará.

nan.ny [n'æni] *n Brit* babá.

nap [næp] *n* soneca, cochilo. • *vi* **1** dormitar, cochilar. **2** estar desprevenido ou descuidado. **to catch someone napping** pegar alguém desprevenido, de calças curtas. **to take a nap** tirar uma soneca.

nape [neip] *n* nuca: parte de trás do pescoço.

nap.kin [n'æpkin] *n* guardanapo.

nap.py [n'æpi] *n Brit* fralda (também *Amer* diaper).

nar.ra.tive [n'ærətiv] *n* narrativa, conto, história. • *adj* narrativo.

nar.row [n'ærou] *vt+vi* **1** estreitar. **2** limitar, restringir. • *adj* **1** apertado. **2** limitado, exíguo. **3** insuficiente. **to have a narrow escape** escapar por pouco.

nar.row-mind.ed [nærou m'aindid] *adj* tacanho.

nas.ty [n'a:sti, n'æsti] *adj* **1** desagradável. **2** repugnante. **3** vexatório, odioso. **don't be nasty** não seja malcriado.

na.tion [n'eiʃən] *n* **1** nação, país. **2** raça.

na.tion.al.i.ty [næʃən'æliti] *n* nacionalidade, nacionalismo.

na.tion.al.ize, na.tion.al.ise [n'æʃənəlaiz] *vt+vi* nacionalizar(-se), naturalizar(-se).

na.tion.wide [neiʃənw'aid] *adj* de âmbito nacional.

na.tive [n'eitiv] *n* **1** nativo, natural. **2** indígena. • *adj* nativo, natural. **native speaker of English** pessoa que fala inglês como primeira língua.

na.tive coun.try [neitiv k'∧ntri] *n* pátria.

nat.u.ral.ize, nat.u.ral.ise [n'ætʃərəlaiz] *vt+vi* naturalizar(-se).

na.ture [n'eitʃə] *n* **1** natureza, universo. **2** caráter. **3** índole. **back to nature** volta à natureza. **beyond nature** sobrenatural. **by nature** inato. **call of nature** necessidade de ir ao banheiro. **good-natured** de boa índole.

naught [nɔ:t] *n* 1 nada, zero. 2 cifra (0).
naugh.ty [n'ɔ:ti] *adj* 1 desobediente. 2 malcriado.
nau.ti.cal [n'ɔ:tikəl] *adj* 1 náutico. 2 marítimo.
na.vel [n'eivəl] *n* umbigo.
nav.i.ga.tion [nævig'eiʃən] *n* 1 navegação, pilotagem. 2 náutica. 3 comércio marítimo.
na.vy [n'eivi] *n* 1 conjunto de forças navais. 2 **the Navy** a Marinha.
na.vy blue [neivi bl'u:] *n, adj* azul-marinho.
near [niə] *adj* 1 próximo. 2 vizinho. 3 íntimo, familiar. • *adv* 1 perto, a pouca distância. 2 quase. 3 escassamente. • *prep* 1 junto a. 2 perto de. **in the near future** num futuro próximo. **near at hand** perto, à mão. **nearest to me** o mais próximo de mim.
near.by [niəb'ai] *adj* próximo, perto, vizinho. • *adv* próximo, perto, à mão.
near.ly [n'iəli] *adv* aproximadamente. **not nearly** nem de longe.
near.sight.ed [niəs'aitid] *adj* míope.
neat [ni:t] *adj* 1 limpo, asseado. 2 caprichado. 3 puro, não diluído (líquidos, bebida). 4 hábil. 5 *sl* maravilhoso.
nec.es.sar.y [n'esəsəri] *adj* 1 necessário, indispensável. 2 inevitável.
ne.ces.si.ty [nis'esiti] *n* 1 necessidade, carência. 2 coisa insubstituível.
neck [nek] *n* 1 pescoço, colo. 2 gargalo. • *vi sl Amer* ficar de agarramento, dar um amasso. **by a neck** (ganhar ou perder) por pouco. **stiff neck** torcicolo. **to break one's neck** dar duro para conseguir algo. **to risk one's neck** arriscar o pescoço. **up to the neck** até o pescoço.
neck.lace [n'eklis] *n* colar.
neck.tie [n'ektai] *n* gravata.
need [ni:d] *n* 1 necessidade, carência. 2 dificuldade, emergência. 3 indigência, pobreza. • *vt+vi* 1 necessitar, carecer de. 2 ter de, dever. **if need be** se for preciso.

in case of need em caso de necessidade.
nee.dle [n'i:dəl] *n* agulha (de costura, bússola, fonógrafo etc.). • *vt coll* alfinetar, irritar alguém.
need.less [n'i:dlis] *adj* desnecessário, supérfluo. **needless to say** obviamente, não é preciso dizer.
need.y [n'i:di] *adj* indigente, paupérrimo, necessitado.
ne.glect [nigl'ekt] *n* 1 negligência, desleixo. 2 omissão. • *vt* 1 negligenciar, descuidar. 2 omitir.
neigh.bor, neigh.bour [n'eibə] *n* 1 vizinho. 2 próximo. • *adj* vizinho, contíguo, confinante. **next door neighbor** vizinho do lado.
neigh.bor.hood, neigh.bour.hood [n'eibəhud] *n* 1 vizinhança. 2 bairro, área, zona, região.
nei.ther [n'aiðə, n'i:ðə] *pron* 1 nenhum. 2 nem um nem outro. • *adv* tampouco. • *conj* nem. **neither here nor there** não tem importância, não é relevante.
neph.ew [n'efju:] *n* sobrinho.
nerve [nə:v] *n* 1 nervo. 2 vigor, energia. 3 ousadia. 4 **nerves** nervosismo. **a fit of nerves** um ataque de nervos.
nerv.ous [n'ə:vəs] *adj* 1 nervoso. 2 excitável, ansioso.
nest [nest] *n* 1 ninho. 2 covil, toca. • *vi* fazer ninho.
net[1] [net] *n* 1 rede. 2 malha. 3 rede de proteção. • *vt+vi* apanhar (a presa).
net[2] [net] *vt* obter um lucro líquido de. • *adj* líquido, livre de taxas. **net profit** lucro líquido.
net.work [n'etwə:k] *n* 1 rede (ferroviária, hospitalar etc.). 2 rede de comunicações (rádio e TV). 3 *Comp* rede: vários computadores ligados entre si.
neu.ron [nj'uərɔn] *n* neurônio.
neu.ter [nj'u:tə] *adj* neutro, assexuado. • *vt* capar.

neu.tral [nj'u:trəl] *n* 1 nação neutra. 2 indivíduo neutro. • *adj* 1 imparcial. 2 neutro, indefinido.

nev.er [n'evə] *adv* nunca, jamais. **it will / would never do** não vai funcionar, não é bom o suficiente. **never fear** não tenha medo. **never mind** a) não faça caso. b) não tem importância.

nev.er.the.less [nevəðəl'es] *adv, conj* todavia, não obstante.

new [nju:, nu:] *adj* 1 novo, não usado. 2 recente, moderno. 3 original. 4 desconhecido. • *adv* 1 novamente, de novo. 2 recentemente. **as good as new** como novo. **brand new** novinho em folha.

new.born [nj'u:bɔ:n] *adj* recém-nascido.

news [nju:z; nu:z] *n sing* 1 notícia, nova. 2 noticiário.

news.pa.per [nj'u:zpeipə] *n* jornal, gazeta, diário.

news.stand [nj'u:zstænd] *n* banca de jornais.

New Year [nju: j'iə] *n* Ano-Novo.

next [nekst] *n* próximo. • *adj* seguinte, próximo. • *adv* logo, em seguida. • *prep* junto a, pegado. **next but one** segundo. **next door** ao lado (casa, apartamento). **next door to** vizinho do lado.

nib.ble [n'ibəl] *n Comp nibble*: meio *byte*. • *vt+vi* 1 mordiscar. 2 beliscar (alimento).

nice [nais] *adj* 1 bonito. 2 amável, bondoso. 3 agradável. 4 gentil. 5 simpático. **how nice of you** muito amável de sua parte.

nice-look.ing [n'ais lukiŋ] *adj* fisicamente atraente.

nick.name [n'ikneim] *n* apelido. • *vt* apelidar.

niece [ni:s] *n* sobrinha.

nig.gard [n'igəd] *adj* avaro, mesquinho.

night [nait] *n* noite, anoitecer. **at night / by night / during the night / in the night** à noite, de noite. **good night!** boa noite!

night.club [n'aitkl∧b] *n* boate.

night.mare [n'aitmeə] *n* pesadelo.

nil [nil] *n* nada, zero.

nine [nain] *n, adj, pron* nove. **nine days' wonder** sensação do momento.

nip [nip] *n* 1 beliscão, mordidela leve. 2 um gole de bebida alcoólica. • *vt+vi* 1 beliscar. 2 ir rápido até algum lugar.

nip.ple [n'ipəl] *n* 1 mamilo. 2 bico de mamadeira.

no [nou] *n* 1 não. 2 recusa. 3 voto negativo. • *pron* nenhum, nenhuma. • *adv* 1 não, nenhum (antes de substantivo). *I can drink no more* / não posso beber mais. 2 de modo algum. **by no means** de forma alguma. **no big deal** nada importante. **no doubt** não há dúvida. **no smoking** é proibido fumar.

no.bil.i.ty [noub'iliti] *n* 1 nobreza, aristocracia. 2 grandeza.

no.ble.man [n'oubəlmən] *n* (*pl* **noblemen**) nobre, fidalgo, aristocrata.

no.bod.y [n'oubədi] *n* joão-ninguém. *she regarded me as a nobody* / ela me via como um joão-ninguém. • *pron* ninguém.

nod [nɔd] *n* 1 aceno de cabeça (indicando aquiescência). 2 *fig* comando, ordem. • *vt+vi* 1 acenar com a cabeça aquiescendo ou indicando uma direção. 2 sentir sonolência.

noise [nɔiz] *n* 1 alarido, barulho, som. 2 rumor. **to make a noise** fazer barulho.

noise.less [n'ɔizlis] *adj* silencioso.

nois.y [n'ɔizi] *adj* ruidoso, barulhento.

nom.i.nee [nɔmin'i:] *n* pessoa nomeada.

non.con.form.ist [nɔnkənf'ɔ:mist] *n* dissidente, rebelde.

none [n∧n] *adj* 1 nenhum. 2 ninguém. 3 nada. • *adv* de modo algum, em absoluto. • *pron* 1 nenhum. 2 ninguém. 3 nada. **I will have none of it** eu me recuso a tolerar isto. **none but** somente. **this is none of your business** isto não é de sua conta.

none.the.less [nʌnðəl'es] *adv, conj* = **nevertheless**.

non.ex.ist.ent [nɔnigz'istənt] *adj* inexistente.

non.sense [n'ɔnsəns] *n* absurdo, besteira. • *interj* tolice!, bobagem!

non.stop [nɔnst'ɔp] *adj* 1 contínuo. 2 sem parada.

no park.ing [nou p'a:kiŋ] *n* estacionamento proibido.

nor [nɔ:] *conj* nem, também não. *neither you nor he* / nem você nem ele.

norm [nɔ:m] *n* norma, padrão, modelo.

north [nɔ:θ] *n* 1 norte. **2 the north, the North** parte de um país, continente etc. que fica mais no norte do que outras partes. • *adj* norte, setentrional. • *adv* em direção ao norte.

north.east, north-east [nɔ:θi'i:st] *n, adj* nordeste. • *adj* para o nordeste.

north.ern.er [n'ɔ:ðənə] *n* nortista.

north.west [nɔ:θw'est] *n, adj* noroeste. • *adj* para o noroeste.

nose [nouz] *n* 1 nariz. 2 focinho. 3 faro. 4 proa. • *vt+vi* 1 farejar. 2 cheirar. 3 procurar. **to blow one's nose** assoar o nariz.

nos.tal.gic [nɔst'ældʒik] *adj* nostálgico, emotivo.

nos.tril [n'ɔstril] *n* narina.

nos.y [n'ouzi] *adj coll* curioso, abelhudo, intrometido.

not [nɔt] *adv* não. **not at all** de forma alguma. **not even** nem sequer. **not long ago** há pouco tempo. **not so much** nem sequer. **not yet** ainda não. **why not?** por que não?, como não?

no.ta.ry [n'outəri] *n* notário, tabelião.

note [nout] *n* 1 nota, apontamento. 2 bilhete, lembrete. 3 sinal, marca. 4 cédula, dinheiro. • *vt* 1 anotar. 2 observar, prestar atenção. 3 mencionar.

note.book [n'outbuk] *n* 1 caderno. 2 *Comp* computador portátil.

note.wor.thy [n'outwə:ði] *adj* digno de nota.

noth.ing [n'ʌθiŋ] *n* 1 nada, coisa nenhuma. 2 ninharia. 3 nulidade, zero. • *adv* de modo algum, absolutamente. **for nothing** de graça, em vão. **good for nothing** imprestável. **nothing at all** de forma alguma. **nothing else** nada mais, apenas isto, só. **to come to nothing** falhar.

no.tice [n'outis] *n* 1 anúncio. 2 notificação, aviso, letreiro. • *vt* 1 notar, perceber, reparar. 2 avisar, advertir. 3 notificar. **a thirty day's notice** aviso prévio de trinta dias. **eviction notice** notificação de despejo.

no.tice.a.ble [n'outisəbəl] *adj* perceptível, visível.

no.tice board [n'outisə bɔ:d] *n* quadro de avisos.

no.tion [n'ouʃən] *n* 1 ideia. 2 opinião, conceito. 3 intenção. 4 teoria. **5 notions** *Amer* pequenos artigos úteis, como agulhas, alfinetes, linha etc.

no.to.ri.ous [nout'ɔ:riəs] *adj* 1 notório, público, manifesto, evidente. 2 infame, de má reputação.

not.with.stand.ing [nɔtwiðst'ændiŋ] *prep* não obstante, apesar de. • *adv* entretanto, não obstante.

nought [nɔ:t] *n* nada, zero.

noun [nawn] *n Gram* substantivo.

nour.ish [n'ʌriʃ] *vt* 1 nutrir, alimentar (**on** de). 2 manter, fomentar.

nour.ish.ing [n'ʌriʃiŋ] *adj* nutritivo.

nov.el [n'ɔvəl] *n* romance.

nov.el.ty [n'ɔvəlti] *n* 1 novidade. 2 inovação.

now [nau] *adv* 1 agora, presentemente. 2 já, imediatamente. • *conj* assim sendo. **from now on** de agora em diante. **just now** agora mesmo, há pouco. **now and again / now and then** de vez em quando. **now or never** agora ou nunca. **right now** já, imediatamente.

now.a.days [n'auədeiz] *adv* no momento atual, atualmente.

no.where [n'ouwɛə] *adv* em lugar nenhum. **nowhere else** em nenhum outro lugar.

nu.cle.us [nj'u:kliəs, n'u:kliəs] *n* (*pl* **nuclei**) núcleo.

nude [nju:d; nu:d] *n* nu (arte). • *adj* nu, despido.

nudge [nʌdʒ] *n* cutucada. • *vt* cutucar levemente (com o cotovelo).

nu.di.ty [nj'u:diti] *n* nudez.

nui.sance [nj'u:səns, n'u:səns] *n* 1 incômodo, aborrecimento, estorvo. 2 pessoa aborrecida, chato.

numb [nʌm] *adj* entorpecido, dormente. • *vt* 1 entorpecer. 2 atenuar a dor.

num.ber [n'ʌmbə] *n* número, algarismo. • *vt* 1 numerar. 2 contar. **a number of** diversos. **even number** *Math* número par. **odd number** *Math* número ímpar.

nu.mer.ous [nj'u:mərəs] *adj* numeroso, abundante.

nun [nʌn] *n* freira, monja.

nurse [nə:s] *n* enfermeira. • *vt+vi* trabalhar como enfermeira. **male nurse** enfermeiro.

nurse.maid [n'ə:smeid] *n* babá.

nurs.er.y [n'ə:səri] *n* 1 quarto de crianças. 2 viveiro de mudas. 3 berçário. 4 creche.

nurs.er.y school [n'ə:səri sku:l] *n* creche, jardim de infância, escola maternal.

nursi.ng-home [n'ə:siŋ houm] *n* 1 casa de saúde. 2 clínica de repouso.

nut [nʌt] *n* 1 noz. 2 porca (de parafuso). 3 *fig* problema difícil. 4 *sl* louco.

nut.meg [n'ʌtmeg] *n* noz-moscada.

nu.tri.tious [nju:tr'iʃəs] *adj* nutritivo, alimentício.

nuts [nʌts] *adj* louco, desequilibrado.

nut.shell [n'ʌtʃel] *n* casca de noz. **in a nutshell** laconicamente, em poucas palavras.

O

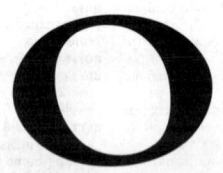

O, o [ou] *n* décima quinta letra do alfabeto, vogal.
oar [ɔ:] *n* remo.
o.a.sis [ou'eisis] *n sg+pl* oásis.
oat [out] *n* aveia.
oath [ouθ] *n* 1 juramento. 2 praga, blasfêmia.
o.bese [oub'i:s] *adj* obeso, pançudo.
o.bey [əb'ei] *vt* obedecer.
ob.ject ['ɔbdʒikt] *n* 1 objeto, coisa. 2 assunto, matéria. • *vt+vi* 1 objetar. 2 opor-se. 3 desaprovar.
ob.jec.tive [əbdʒ'ektiv] *n* 1 objetivo, propósito. 2 objetiva. • *adj* objetivo, impessoal.
ob.li.ga.tion [ɔblig'eiʃən] *n* 1 obrigação. 2 compromisso.
o.blige [əbl'aidʒ] *vt* 1 obrigar. 2 favorecer.
ob.scure [əbskj'uə] *vt* obscurecer. • *adj* 1 obscuro, vago. 2 duvidoso, incerto.
ob.ser.va.tion [ɔbzəv'eiʃən] *n* observação, exame.
ob.ses.sion [əbs'eʃən] *n* obsessão, ideia fixa.
ob.ses.sive [əbs'esiv] *n* obsessivo, pessoa que tem obsessão. • *adj* obsessivo, obsessor.
ob.sta.cle ['ɔbstəkəl] *n* obstáculo, empecilho.
ob.sti.nate ['ɔbstinit] *adj* obstinado, teimoso.
ob.struc.tion [əbstr'ʌkʃən] *n* obstrução, obstáculo.
ob.tain [əbt'ein] *vt+vi* 1 obter. 2 adquirir.
ob.vi.ous ['ɔbviəs] *adj* óbvio, evidente.
oc.ca.sion [ək'eiʒən] *n* 1 ocasião, oportunidade. 2 ensejo. • *vt* ocasionar, causar. **on occasion** de vez em quando.
oc.ca.sion.al [ək'eiʒənəl] *adj* esporádico, eventual.
oc.cult [ɔkʌlt; ək'ʌlt] *adj* 1 oculto, secreto. 2 místico.
oc.cu.pa.tion [ɔkjup'eiʃən] *n* ofício, profissão.
oc.cur [ək'ə:] *vt* 1 ocorrer. 2 lembrar.
o.cean ['ouʃən] *n* 1 oceano. 2 *fig* imensidade.
o'clock [əkl'ɔk] *abbr* **of the clock** do relógio.
oc.to.pus ['ɔktəpəs] *n* polvo.
odd ['ɔd] *adj* 1 ímpar. 2 desemparelhado. 3 ocasional, casual. 4 estranho, bizarro. **how odd** que estranho. **odd number** número ímpar.
odds [ɔdz] *n pl* 1 vantagem. 2 probabilidades (contra / a favor).
o.dor, o.dour ['oudə] *n* 1 odor, cheiro, aroma. 2 fragrância, perfume.
of [ɔv; ʌv] *prep* 1 de. 2 do, da (denota conexão ou relação em casos de: situação, ponto de partida, separação, origem, substância ou material, posse etc.).
off [ɔf] *adj* 1 desligado. 2 desocupado, livre. 3 mais distante. 4 cancelado.

- *adv* 1 embora. *he saw her off* / ele acompanhou-a até a estação etc. 2 fora, ausente. • *prep* 1 fora. 2 distante. • *interj* saia! fora! **an off street** rua lateral.

of.fend [əf'end] *vt+vi* 1 ofender. 2 melindrar. 3 transgredir.

of.fense, of.fence [əf'ens] *n* 1 ofensa. 2 pecado, transgressão. **to give offense** ofender, insultar.

of.fen.sive [əf'ensiv] *n* ofensiva, ataque. • *adj* 1 ofensivo. 2 agressivo. 3 repulsivo.

of.fer ['ɔfə] *n* 1 oferta. 2 oferenda. 3 proposta. • *vt+vi* 1 ofertar, presentear. 2 oferecer. 3 propor.

of.fice ['ɔfis] *n* 1 escritório, gabinete, consultório (de médico ou dentista). 2 profissão.

of.fic.er ['ɔfisə] *n* 1 *Mil* oficial. 2 alto funcionário público. 3 policial.

of.fi.cial [əf'iʃəl] *adj* oficial, autorizado.

off-line [ɔf l'ain] *adj Comp* fora de rede.

of.ten ['ɔ:fən] *adv* frequentemente. **how often?** com que frequência?

oil [ɔil] *n* 1 óleo. 2 petróleo. 3 azeite. • *vt* lubrificar.

o.kay [ouk'ei] *n Amer* O.K. • *vt* aprovar. • *adj* correto.

o.kra [' oukrə] *n* quiabo.

old [ould] *adj* 1 velho. 2 idoso. 3 antigo. **how old are you?** quantos anos você tem? **to grow old** envelhecer.

old age [ould e'idʒ] *n* velhice.

old-fash.ioned [ouldf'æʃənd] *adj* antiquado.

o.live ['ɔliv] *n* azeitona. **olive-oil** azeite de oliva.

o.men ['oumən] *n* agouro, presságio.

o.mis.sion [oum'iʃən] *n* omissão, falta, lacuna.

o.mit [oum'it] *vt* 1 omitir, excluir. 2 negligenciar, desprezar.

on [ɔn] *adj* posto, colocado. • *adv* 1 sobre, por cima de. 2 em diante, a partir de. 3 adiante, a frente. 4 em andamento, em ação. • *prep* 1 sobre, em cima de. 2 em, no, nos, na, nas. 3 por meio de. 4 a respeito de. **and so on** e assim por diante. **come on!** venha, vamos. **go on!** prossiga. **later on** mais tarde. **on foot** a pé. **on holiday** em férias. **on time** na hora.

once [wʌns] *n* uma vez. • *adv* 1 uma vez. 2 outrora, no passado. 3 algum dia. 4 logo que. • *conj* uma vez que, desde que. **at once** imediatamente. **once upon a time...** era uma vez...

one [wʌn] *n* 1 um, uma. 2 o número um, unidade, o todo. • *num* 1 um, uma. 2 algum, alguma. 3 o mesmo, a mesma. 4 um certo, um tal. 5 só. 6 único. • *pron* 1 um, uma. 2 alguém, algum.

one.self [wʌns'elf] *pron* si mesmo, si próprio. **by oneself** por si mesmo, sozinho.

one-sid.ed [wʌn s'aidid] *adj* 1 unilateral. 2 parcial.

one-way street [wʌn wei str'i:t] *n* rua de mão única.

on.go.ing ['ɔngouiŋ] *n+adj* em andamento.

on.ion ['ʌnjən] *n* cebola.

on.look.er ['ɔnlukə] *n* espectador, assistente.

on.ly ['ounli] *adj* 1 único. 2 só. 3 solitário. • *adv* somente, apenas, simplesmente. • *conj* exceto.

o.pen ['oupən] *n* 1 clareira. 2 ar livre. 3 abertura. • *vt+vi* 1 abrir. 2 destampar. 3 tornar acessível. 4 esclarecer. 5 inaugurar. • *adj* 1 aberto. 2 acessível. 3 público, notório. 4 evidente. 5 franco, direto. **open-minded** sem preconceitos, liberal.

o.pen.ing ['oupəniŋ] *n* 1 passagem. 2 início. 3 inauguração. 4 vaga. 5 abertura inicial.

op.er.ate ['ɔpəreit] *vt+vi* 1 acionar, operar, executar. 3 agir. 4 gerir, administrar. **to operate on** operar (fazer uma cirurgia).

op.er.a.tion [ɔpər'eiʃən] *n* 1 operação. 2 funcionamento. 3 processo. 4 intervenção cirúrgica.

op.er.a.tor ['opəreitə] *n* pessoa que opera uma máquina.

o.pin.ion [əp'injən] *n* 1 opinião, juízo, conceito. 2 impressão. 3 ponto de vista. 4 parecer.

op.po.nent [əp'ounənt] *n* oponente, antagonista. • *adj* oposto, contrário.

op.por.tune ['opətjuːn] *adj* oportuno, propício.

op.por.tu.ni.ty [opətj'uːniti] *n* oportunidade, ensejo.

op.pose [əp'ouz] *vt+vi* 1 opor-se. 2 objetar.

op.po.site ['opəzit] *n* oposto, o contrário. • *adj* 1 fronteiro. 2 contrário. 3 antagônico. • *adv* defronte, frente a frente. • *prep* defronte, em frente de.

op.po.si.tion [opəz'iʃən] *n* oposição, resistência.

op.pres.sion [əpr'eʃən] *n* opressão, tirania.

op.pres.sive [əpr'esiv] *adj* 1 opressivo. 2 sufocante.

opt [opt] *vt* optar, escolher.

op.ti.mis.tic [optim'istik] *adj* otimista.

op.tion ['opʃən] *n* 1 opção. 2 preferência. 3 alternativa.

op.tion.al ['opʃənəl] *adj* facultativo, optativo.

or [ɔː] *conj* 1 ou. 2 senão. **either you or he** você ou ele.

or.ange ['orindʒ] *n* laranja. • *adj* alaranjado.

or.chard ['oːtʃəd] *n* pomar.

or.ches.tra [ɔː'kistrə] *n Mus* orquestra.

or.chid ['oːkid] *n* orquídea.

or.deal [ɔːd'iːl] *n* provação.

or.der [ɔː'də] *n* 1 ordem, sequência. 2 regra. 3 condição, estado. 4 categoria. 5 pedido, encomenda. • *vt+vi* 1 ordenar, arranjar. 2 mandar 3 regular. 4 pedir, encomendar.

or.di.nar.y ['oːdənəri] *adj* costumeiro, usual.

or.gan.ic [ɔː'gænik] *adj* orgânico.

or.gan.i.za.tion [ɔːgənaiz'eifən] *n* 1 organização. 2 sociedade.

or.gan.ize ['oːgənaiz] *vt+vi* 1 organizar (-se), constituir(-se). 2 ordenar, formar (-se), dispor.

or.gy ['oːdʒi] *n* orgia, bacanal.

o.ri.ent ['oːriənt] *n* oriente. • *vt+vi* orientar. **to orient oneself** orientar-se.

o.ri.en.ta.tion [oːrient'eiʃən] *n* orientação.

or.i.gin ['oridʒin] *n* 1 origem. 2 início.

o.rig.i.nal [ər'idʒənəl] *n* original, texto. • *adj* 1 original, único. 2 inicial.

o.rig.i.nal.i.ty [əridʒən'æliti] *n* originalidade.

or.na.ment ['oːnəmənt] *n* ornamento, adorno. • *vt* ornamentar, adornar.

or.phan ['oːfən] *n* órfão. • *adj* órfão.

or.phan.age ['oːfənidʒ] *n* 1 orfandade. 2 orfanato.

os.trich ['ostritʃ] *n* avestruz.

oth.er ['ʌðə] *adj* 1 outro, outra, outros, outras. 2 diferente. 3 alternado. • *pron* outro, outra, outros, outras. • *adj* de outra maneira. **every other day** dia sim, dia não.

oth.er.wise ['ʌðəwaiz] *adv* 1 de outra maneira. 2 diferentemente, diversamente. • *conj* 1 caso contrário. 2 também.

ot.ter ['otə] *n* lontra.

ought [ɔːt] *v aux* (seguido de infinitivo com **to**) dever, convir, ser necessário. **you ought to have written** você devia ter escrito.

our ['auə] *adj* nosso, nossa, nossos, nossas.

ours ['auəz] *pron* nosso, nossa, nossos, nossas. **ours is a poor country** o nosso é um país pobre.

our.selves [auəs'elvz] *pron* nós mesmos, nos.

out [aut] *vt+vi* 1 colocar para fora. 2 sair. • *adj* fora de moda. • *adv* fora, para fora. • *prep* de dentro de... para fora. • *interj* fora! saia! **out of money** sem dinheiro. **out of question** fora de cogitação. **way out** saída.

out.break ['autbreik] *n* 1 erupção. 2 insurreição. 3 afloramento.

out.burst ['autbə:st] *n* irrupção, explosão, acesso (de raiva etc.).

out.come ['autkʌm] *n* resultado, efeito, consequência.

out.dat.ed [autd'eitid] *adj* antiquado, obsoleto.

out.door ['autdɔ:] *adj* ao ar livre, do lado de fora.

out.doors ['autdɔ:z] *n* o ar livre, mundo exterior, campo.

out.fit ['autfit] *n* 1 equipamento, aparelhamento. 2 roupa. • *vt* equipar.

out.ing ['autiŋ] *n* passeio, excursão.

out.law ['autlɔ:] *n* proscrito.

out.let ['autlet] *n* 1 passagem, saída. 2 ponto de revenda. 3 tubo de descarga. 4 tomada (de eletricidade). **outlet center** loja de ponta de estoque.

out.line ['autlain] *n* 1 contorno. 2 esboço, croqui. • *vt* 1 esboçar, delinear. 2 resumir.

out.live [autl'iv] *vt* sobreviver.

out.look ['autluk] *n* 1 perspectiva, previsão. 2 panorama. 3 ponto de vista.

out.put ['autput] *n* 1 produção. 2 *Econ output*: produto.

out.rage ['autreidʒ] *n* ultraje, afronta. • *vt* ultrajar, insultar.

out.ra.geous [autr'eidʒəs] *adj* ultrajante, chocante.

out.right [autr'ait] *adj* 1 direto. 2 completo, total. • *adv* 1 completamente, diretamente. 2 imediatamente.

out.set ['autset] *n* início.

out.side [auts'aid] *n* 1 exterior. 2 aparência. • *adj* externo. • *adv* do lado de fora.

out.skirts ['autskə:ts] *n* cercanias.

out.source [auts'ɔ:s] *vt* terceirizar.

out.sourc.ing [auts'ɔ:siŋ] *n Com* terceirização.

out.spo.ken [autsp'oukən] *adj* franco, sincero.

out.stand.ing [auts'ændiŋ] *adj* notável, proeminente.

o.va.ry ['ouvəri] *n* ovário.

ov.en ['ʌvən] *n* forno.

ov.en.proof ['ʌvənpru:f] *adj* refratário: resistente a altas temperaturas.

o.ver ['ouvə] *adj* 1 excedente. 2 superior. 3 terminado, acabado. • *adv* 1 de novo, novamente. 2 completamente. • *prep* 1 demasiado. 2 sobre. 3 no decurso de. 4 virado. **all over** a) completamente. b) por toda parte. **over there** lá adiante.

o.ver.all [ouvər'ɔ:l] *adj* 1 geral, abrangente. 2 absoluto.

o.ver.alls [ouvər'ɔ:lz] *n pl* macacão.

o.ver.coat ['ouvəkout] *n* sobretudo, capote.

o.ver.come [ouvək'ʌm] *vt* (*ps* **overcame**, *pp* **overcome**) superar, conquistar.

o.ver.do [ouvəd'u:] *vt+vi* (*ps* **overdid**, *pp* **overdone**) exceder, exagerar.

o.ver.dose ['ouvedous] *n* dose excessiva.

o.ver.es.ti.mate [ouvər'estimeit] *vt* superestimar, sobrestimar.

o.ver.flow ['ouvəflou] *n* 1 inundação, alagamento. 2 superabundância. • [ouvəfl'ou] *vt+vi* inundar, transbordar.

o.ver.load ['ouvəloud] *n* sobrecarga. • [ouvəl'oud] *vt* sobrecarregar.

o.ver.look [ouvəl'uk] *vt* 1 supervisionar. 2 negligenciar.

o.ver.night ['ouvənait] *adj* noturno. • *adv* 1 durante a noite. 2 da noite para o dia.

o.ver.weight ['ouvəweit] *n* obesidade. • *adj* com excesso de peso.

o.ver.work ['ouvəwə:k] *n* trabalho excessivo. • *vt+vi* esfalfar, extenuar(-se).

owe [ou] *vt+vi* dever, ter dívidas.

own [oun] *vt* 1 possuir, ter. 2 reconhecer. • *adj* próprio. **on one's own** por iniciativa própria.

own.er ['ounə] *n* proprietário, dono.

oy.ster ['ɔistə] *n* ostra.

o.zone ['ouzoun] *n* o ozônio. **ozone layer** camada de ozônio.

p

P, p [pi:] *n* décima sexta letra do alfabeto, consoante.
pace [peis] *n* 1 passo. 2 compasso, ritmo. • *vt+vi* andar a passo.
pace-mak.er [p'eis meikə] *n* marca-passo.
pac.i.f.ier [p'æsifaiə] *n* chupeta.
pack [pæk] *n* 1 mochila, pacote, embrulho. 2 bando, quadrilha. 3 matilha: *a pack of dogs*. 4 alcateia: *a pack of wolves*. 5 baralho: *a pack of cards*. 6 maço (de cigarros). • *vt+vi* 1 empacotar, fazer as malas, acondicionar. 2 *Comp* condensar, compactar.
pack.age [p'ækidʒ] *n* 1 pacote, embrulho. 2 *Comp* pacote: conjunto de programas.
pact [pækt] *n* pacto, tratado.
pad [pæd] *n* 1 material de enchimento, chumaço. 2 *Sports* caneleira. 3 bloco. • *vt* colocar enchimento. **ink pad** almofada de carimbo.
pad.lock [p'ædlɔk] *n* cadeado.
pa.gan [p'eigən] *n* pagão. • *adj* pagão.
page [peidʒ] *n* 1 pajem. 2 mensageiro. 3 página. • *vt* 1 anunciar por alto-falante. 2 localizar.
paid [peid] *ps, pp* of **pay**. • *adj* pago.
pail [peil] *n* balde.
pain [pein] *n* 1 dor, sofrimento. 2 esforço, trabalho. • *vt+vi* 1 causar dor a, doer. 2 esforçar-se, empenhar-se.
pain.ful [p'einful] *adj* 1 doloroso, penoso. 2 difícil, trabalhoso.
pain.kil.ler [p'einkilə] *n coll* analgésico.
pain.less [p'einlis] *adj* indolor.
paint [peint] *n* 1 pintura. 2 tinta. • *vt+vi* 1 pintar, colorir. 3 *fig* descrever, relatar.
paint.box [p'eintbɔks] *n* estojo de tintas.
paint.brush [p'eintbrʌʃ] *n* pincel, broxa.
paint.er [p'eintə] *n* pintor (de quadros, de parede).
pair [pɛə] *n* 1 par. 2 dupla. 3 parelha. 4 casal. • *vt+vi* 1 juntar, unir. 2 acasalar-se. **a pair of gloves** um par de luvas. **a pair of scissors** uma tesoura. **in pairs** aos pares.
pa.jam.as [pədʒ'a:məz] *n pl* (também **pyjamas**) pijama.
pal [pæl] *n* camarada, companheiro.
pale [peil] *vt+vi* 1 empalidecer. 2 *fig* apagar-se, perder a importância. • *adj* pálido, lívido. **to grow/turn pale** empalidecer.
palm[1] [pa:m] *n* 1 palma da mão. 2 palmo (medida). • *vt* 1 *sl* subornar. 2 esconder na palma.
palm[2] [pa:m] *n* palma, palmeira.
pal.sy [p'ɔ:lzi] *n* paralisia.
pan [pæn] *n* caçarola, panela. **baking pan** assadeira.
pan.cake [p'ænkeik] *n* panqueca.
pan.el [p'ænəl] *n* 1 painel, almofada de porta. 2 quadro, painel.

pan.el dis.cus.sion [p'ænəl disk∧ʃən] *n* mesa-redonda.

pang [paŋ] *n* 1 pontada, dor aguda e repentina. 2 ânsia, aflição.

pan.ic [p'ænik] *n* pânico. • *vt+vi* apavorar(-se), entrar em pânico.

pant [pænt] *vt+vi* arquejar, ofegar.

pan.ther [p'ænθə] *n* pantera.

pant.ies [p'æntiz] *n pl* calcinha de crianças e mulheres.

pan.try [p'æntri] *n* 1 despensa. 2 copa.

pants [pænts] *n pl coll* calças.

pa.pa.ya [pəp'aiə] *n* mamão.

pa.per [p'eipə] *n* 1 papel. 2 documentos. 3 jornal. • *vt* empapelar. • *adj* 1 de papel. 2 fictício, teórico. **toilet paper** papel higiênico.

pa.per.back [p'eipəbæk] *n coll* brochura, livro de capa mole.

pa.per.work [p'eipəwə:k] *n* papelada.

par.a.chute [p'ærəʃu:t] *n* paraquedas. • *vt+vi* saltar de paraquedas.

pa.rade [pər'eid] *n* 1 parada, desfile. 2 passeata. • *vt+vi* 1 desfilar. 2 exibir-se. **hit parade** parada de sucesso.

par.a.dise [p'ærədais] *n* 1 paraíso. 2 lugar aprazível.

par.a.graph [p'ærəgra:f; p'ærəgræf] *n* parágrafo, alínea.

par.al.lel [p'ærələl] *n* 1 linha paralela. 2 paralelo, confronto. • *vt* 1 comparar, confrontar. 2 igualar, assemelhar. • *adj* 1 paralelo. 2 semelhante.

par.cel [p'a:səl] *n* 1 quantidade. 2 pacote, embrulho. • *vt* embrulhar, empacotar. • *adj* em parcelas.

par.don [pa:dən] *n* perdão, indulto. • *vt* 1 perdoar. 2 absolver. **I beg your pardon** perdoe-me, desculpe-me.

par.ent [p'ɛərənt] *n* pai ou mãe. • *adj* paterno ou materno. **the parents** os pais.

par.ents-in-law [p'ɛərənts in lɔ:] *n pl* sogros.

park [pa:k] *n* 1 parque. 2 estacionamento de veículos. • *vt+vi* estacionar (veículos).

par.lia.ment [p'a:ləmənt] *n* parlamento.

par.rot [p'ærət] *n* papagaio.

part [pa:t] *n* 1 parte, pedaço, trecho. 2 peça. 3 membro. 4 *Theat* papel. • *vt+vi* 1 partir. 2 repartir. 3 quebrar(-se). 4 ir-se embora. 5 separar-se de.

par.tic.i.pate [pa:t'isipeit] *vt+vi* participar, compartilhar.

par.ti.cle [p'a:tikəl] *n* partícula.

par.tic.u.lar [pət'ikjulə] *n* 1 particularidade. 2 *sl* peculiaridade. 3 dados, detalhes. • *adj* 1 particular, específico. 2 exigente. **in particular** especialmente.

par.ti.tion [pa:t'iʃən] *n* 1 divisão. 2 divisória.

part.ly [p'a:tli] *adv* em parte.

part.ner [p'a:tnə] *n* 1 sócio. 2 parceiro. 3 par (de dança). 4 cúmplice.

part-time job [p'a:t taim taim dʒɔb] *n* serviço de meio expediente.

par.ty [p'a:ti] *n* 1 partido, grupo. 2 festa. 3 parte.

pass [pa:s; pæs] *n* 1 desfiladeiro. 2 passe: a) licença, salvo-conduto. b) bilhete gratuito. c) passe de mágica. 3 aprovação em exame. • *vt* passar.

pas.sage [p'æsidʒ] *n* 1 passagem. 2 episódio, incidente. 3 travessia, viagem.

pas.sen.ger [p'æsindʒə] *n* passageiro, viajante.

pass.er.by [p'a:səbai] *n* transeunte, caminhante.

pas.sion [p'æʃən] *n* paixão, entusiasmo.

pas.sion.ate [p'æʃənit] *adj* apaixonado, veemente.

pas.sion fruit [p'æʃən fru:t] *n* maracujá.

pass.port [p'a:spɔ:t] *n* passaporte.

pass.word [p'a:swə:d; p'æswə:d] *n* senha.

past [pa:st, pæst] *n* passado. • *adj* 1 passado, decorrido. *she is past thirty* / ela passou dos trinta. 2 anterior. • *prep* 1 além, adiante de. 2 após.

pas.time [p'a:staim] *n* passatempo.

pas.try [p'eistri] *n* 1 doce. 2 massa para torta.

pat [pæt] *n* tapinha, afago. • *vt+vi* bater de leve.

patch [pætʃ] *n* 1 remendo. 2 esparadrapo colocado sobre uma ferida. 3 trecho. • *vt+vi* 1 remendar. 2 fazer às pressas. 3 reconciliar. **patchwork** trabalho feito de retalhos.

path [pa:θ; pæθ] *n* 1 atalho, passagem. 2 rota, trajetória.

pa.thet.ic [pəθ'etik] *adj* 1 patético. 2 digno de pena.

pa.tience [p'eiʃəns] *n* paciência, perseverança.

pa.tient [p'eiʃənt] *n* paciente. • *adj* paciente, perseverante.

pat.ri.mo.ny [p'ætriməni] *n* patrimônio.

pa.tri.ot [p'ætriət; p'eitriət] *n* patriota. • *adj* patriota.

pa.trol car [pətr'oul ka:] *n* carro da polícia, *Braz coll* radiopatrulha.

pa.trolman [pətr'oul mæn] *n* patrulheiro, policial, soldado.

pat.tern [p'ætən] *n* 1 padrão. 2 molde. 3 desenho, estampa (em tecido etc.). • *vt* 1 modelar. 2 decorar com desenho. • *adj* estampado.

paunch [pɔ:ntʃ] *n* pança, barriga.

pau.per [p'ɔ:pə] *n* indigente.

pause [pɔ:z] *n* pausa. • *vi* pausar.

pave [peiv] *vt* pavimentar. **to pave the way for** abrir caminho para algo ou alguém.

pave.ment [p'eivmənt] *n* 1 pavimento, pavimentação. 2 calçada.

pawn [pɔ:n] *n* penhor. • *vt* penhorar, empenhar.

pay [pei] *n* 1 pagamento, remuneração. 2 salário, ordenado. 3 recompensa. • *vt+vi* (*ps, pp* **paid**) pagar: a) remunerar. b) satisfazer um débito. c) expiar. d) retribuir. **to pay attention** prestar atenção.

pay.check [p'eitʃek] *n* cheque de pagamento.

pay.ment [p'eimənt] *n* pagamento.

pay-per-view [pei pə vj'u:] *n TV* taxa cobrada por programa escolhido individualmente.

pay.roll [p'eiroul] *n* folha de pagamento.

pea [pi:] *n* ervilha. **chick pea** grão-de-bico.

peace [pi:s] *n* 1 paz. 2 paz de espírito. **at peace with** em paz.

peace.ful [p'i:sful] *adj* 1 sereno. 2 pacato.

peach [pi:tʃ] *n* pêssego.

pea.cock [p'i:kɔk] *n* pavão. • *vt+vi* pavonear(-se).

peak [pi:k] *n* 1 pico, cume. 2 ponta. 3 auge. 4 *Tech* máximo. • *vt+vi* chegar (ou levar) ao ponto máximo. • *adj* máximo. **peak time** horário de maior audiência (TV, rádio).

pea.nut [p'i:nʌt] *n* 1 amendoim. 2 *Amer sl pl* quantia insignificante (**peanuts**).

pear [peə] *n* pera.

pearl [p'ə:l] *n* 1 pérola. 2 pessoa muito estimada ou especial.

peas.ant [p'ezənt] *n* 1 camponês, agricultor. 2 pessoa rústica, caipira.

peb.ble [p'ebəl] *n* seixo.

peck [pek] *n* 1 bicada. 2 *coll* beijo ligeiro. • *vt+vi* 1 bicar. 2 *coll* mordiscar. 3 beijar de forma apressada.

peck.ish [p'ekiʃ] *adj* faminto.

ped.al [p'edəl] *n* pedal. • *vt+vi* pedalar, andar de bicicleta.

pe.dan.tic [pid'æntik] *adj* pedante, pretensioso.

pe.des.tri.an [ped'estriən] *n* pedestre.

pe.des.tri.an cross.ing [ped'estriən kr'ɔsiŋ] *n* faixa de pedestre.

pe.di.a.tri.cian [pi:diətr'iʃən] *n Med* pediatra.

ped.i.gree [p'edigri:] *n* 1 linhagem. 2 raça pura.

pee [pi:] *vi sl* urinar, fazer xixi. • *n* urina, xixi.

peel [pi:l] *n* casca (de fruta). • *vt+vi* descascar.

peep [pi:p] *n* olhadela, espiada. • *vt+vi* espreitar, espiar.

peg [peg] *n* 1 pino. 2 gancho de parede. 3 pregador de roupa. • *vt* prender (roupas no varal).

pen [pen] *n* caneta. **ballpoint pen** caneta esferográfica.

pen.al.ty [p'enəlti] *n* 1 penalidade. 2 *Ftb* pênalti.

pence [pens] *n pl* of **penny**.

pen.cil [p'ensəl] *n* lápis. • *vt* desenhar, traçar ou esboçar a lápis.

pen.cil sharp.en.er [p'ensəl ʃa:pənə] *n* apontador de lápis.

pen.e.trat.ing [p'enətreitiŋ] *adj* 1 penetrante. 2 perspicaz.

pen.knife [p'ennaif] *n* canivete.

pen name [p'en neim] *n* pseudônimo (de escritor).

pen.ny [p'eni] *n* (*pl* **pennies, pence**) 1 pêni: moeda divisionária inglesa (1/100 da libra). 2 *Amer coll* centavo. **the penny dropped!** *Braz* a ficha caiu!

pen.sion [p'enʃən] *n* pagamento a pensionista.

pent.house [p'enthaus] *n* apartamento de cobertura.

peo.ple [p'i:pəl] *n* 1 povo. 2 nação, raça. 3 gente, público. 4 multidão. 5 habitantes. • *vt* 1 povoar. 2 habitar.

pep.per [p'epə] *n* 1 pimenta. 2 pimentão. • *vt* temperar com pimenta.

pep.per.mint [p'epəmint] *n* 1 hortelã-pimenta. 2 bala de hortelã.

pep.per.o.ni [pepər'ouni] *n* linguiça calabresa.

per.ceive [pəs'i:v] *vt* 1 perceber. 2 distinguir. 3 compreender.

per.cen.tage [pəs'entidʒ] *n* 1 porcentagem. 2 *fig* parte, proporção. 3 *sl* quinhão.

per.cep.tion [pəs'epʃən] *n* 1 percepção, discernimento. 2 noção, ideia.

per.fect [pəf'ekt] *vt* 1 aperfeiçoar(-se). 2 melhorar. • [p'ə:fikt] *adj* 1 perfeito. 2 impecável.

per.form [pəf'ɔ:m] *vt+vi* 1 realizar. 2 efetuar. 3 executar. 4 desempenhar(-se).

per.for.mance [pəf'ɔ:məns] *n* 1 execução, desempenho. 2 atuação (de artista, atleta etc.).

per.fume [p'ə:fju:m] *n* perfume. • [pəfj'u:m] *vt* perfumar.

per.haps [pəh'æps] *adv* talvez.

pe.ri.od [p'iəriəd] *n* 1 período. 2 época, era, idade. 3 *Gram* ponto final. 4 fim, termo, limite.

per.ish [p'eriʃ] *vt+vi* 1 perecer, morrer, sucumbir. 2 deteriorar, estragar.

per.mis.si.ble [pəm'isəbəl] *adj* permissível, admissível.

per.mis.sion [pəm'iʃən] *n* permissão, autorização.

per.mit [p'ə:mit] *n* passe, autorização. • [pəm'it] *vt+vi* permitir, autorizar.

per.ni.cious [pəːn'iʃəs] *adj* 1 pernicioso, nocivo. 2 mortal, fatal.

per.plexed [pəpl'ekst] *adj* perplexo, desorientado.

per.se.cute [p'ə:sikju:t] *vt* 1 perseguir. 2 atormentar.

per.se.vere [pəːsiv'iə] *vt+vi* perseverar, persistir.

per.sist [pəs'ist] *vt+vi* 1 persistir. 2 subsistir.

per.son [p'ə:sən] *n* 1 pessoa, indivíduo, homem ou mulher. 2 presença pessoal. **in person** pessoalmente.

per.son.al [p'ə:sənəl] *n, adj* pessoal, particular.

per.son.i.fy [pəs'ɔnifai] *vt* personificar.

per.son.nel [pə:sən'el] *n* pessoal: quadro de funcionários.

per.spec.tive [pəsp'ektiv] *n* 1 perspectiva. 2 visão abrangente. • *adj* perspectivo.

per.suade [pəsw'eid] *vt* persuadir, convencer.

per.ver.sion [pəv'ə:ʃən] *n* perversão.

pes.si.mis.tic [pesim'istik] *adj* pessimista.

pet [pet] *n* 1 animal de estimação. 2 favorito. • *adj* 1 bonzinho. 2 de estimação.

pet.al [p'etəl] *n* pétala.

pe.trol [p'etrəl] *n* gasolina.

pe.trol sta.tion [p'etrəl stei∫ən] *n* posto de gasolina.

pet.ti.coat [p'etikout] *n* anágua.

pet.ty [p'eti] *adj* 1 trivial. 2 mesquinho.

pew [pju:] *n* banco de igreja.

phan.tom [fæntəm] *n* fantasma, aparição. • *adj* ilusório, fictício.

phar.ma.cy [f'a:məsi] *n* farmácia, drogaria.

phase [feiz] *n* 1 fase. 2 período. • *vt* 1 sincronizar. 2 planejar em fases.

phi.los.o.pher [fil'ɔsəfə] *n* filósofo.

phi.los.o.phy [fil'ɔsəfi] *n* filosofia.

phone.booth [f'ounbu:ð] *n* cabine telefônica.

pho.ny [f'ouni] *n Amer sl* 1 impostor. 2 imitação, falsificação. • *adj* falso.

pho.to [f'outou] *n* foto, fotografia. • *vt+vi* fotografar. • *adj* fotográfico.

pho.to.cop.y [f'outoukɔpi] *n* fotocópia. • *vt* fotocopiar.

pho.to.graph [f'outəgra:f; f'outəgræf] *n* fotografia. • *vt* fotografar.

pho.tog.ra.pher [fət'ɔgrəfə] *n* fotógrafo.

pho.tog.ra.phy [fət'ɔgrəfi] *n* arte fotográfica.

phrase [freiz] *n* 1 *Gram, Mus* frase. 2 expressão. 3 expressão idiomática. • *vt* frasear, expressar.

phys.i.cal [f'izikəl] *adj* físico: material, natural.

phy.si.cian [fiz'i∫ən] *n* médico.

phys.i.cist [f'izisist] *n* físico.

phys.ics [f'iziks] *n pl* física.

pi.an.ist [p'i:ənist; pi'ænist] *n* pianista.

pick [pik] *n* 1 escolha, seleção. 2 a fina flor. • *vt+vi* 1 esburacar, abrir buracos em. 2 apanhar com o bico. 3 colher (frutas, flores).

pick.pock.et [p'ikpɔkit] *n* batedor de carteiras.

pick.up [p'ikʌp] *n* caminhonete de plataforma baixa.

pic.ture [p'ikt∫ə] *n* 1 pintura, retrato, quadro. 2 desenho, ilustração. 3 filme cinematográfico. **4 pictures** *Brit* cinema.

pie [pai] *n* 1 torta, pastelão. 2 torta de frutas.

piece [pi:s] *n* 1 peça, pedaço, fragmento. *a piece of cake* / fatia de bolo. 2 parte de uma coleção. 3 composição literária. 4 composição musical. 5 obra, trabalho. • *vt* juntar, unir. • *adj* por peça. **a piece of advice** um conselho. **a piece of furniture** um móvel.

pier [piə] *n* 1 píer. 2 embarcadouro.

pierce [piəs] *vt+vi* furar, penetrar, trespassar com objeto pontiagudo.

pierc.ing [p'iəsiŋ] *n* aplicação de adereços (brincos, anéis etc.) nos lóbulos das orelhas e em outras partes do corpo. • *adj* 1 perfurante, cortante. **piercing words** / palavras cortantes, incisivas. 2 penetrante. *a piercing look* / um olhar penetrante. 3 agudo, lancinante.

pi.e.ty [p'aiəti] *n* piedade, compaixão.

pig [pig] *n* porco, leitão.

pig.tail [p'igteil] *n* (also **pigtails**) penteado maria-chiquinha.

pile [pail] *n* pilha, montão. • *vt+vi* empilhar, amontoar.

pil.grim.age [p'ilgrimid3] *n* peregrinação, romaria.

pill [pil] *n* 1 pílula. 2 *fig* coisa desagradável.

pil.low [p'ilou] *n* travesseiro.

pi.lot [p'ailət] *n* 1 *Naut, Aeron* piloto. 2 navegador. 3 piloto: primeiro de uma série. • *vt* 1 pilotar. 2 guiar, conduzir.

pim.ple [p'impəl] *n* espinha.

pin [pin] *n* 1 alfinete. 2 pino. • *vt* 1 prender com alfinetes. 2 atribuir. 3 segurar, prender.

pin.ball [p'inbɔ:l] *n* fliperama.

pinch [pint∫] *n* 1 beliscão. 2 apuros. 3 *sl* roubo, furto. • *vt+vi* 1 beliscar. 2 *sl* roubar, furtar.

pine [pain] *n* pinheiro.

pine.ap.ple [p'ainæpəl] *n* abacaxi.

ping-pong [p'iŋ pɔŋ] *n* pingue-pongue, tênis de mesa.

pink [piŋk] *n* cor-de-rosa.

pi.o.neer [paiən'iə] *n* pioneiro, precursor. • *vi* abrir caminho, agir como pioneiro.

pi.ous [p'aiəs] *adj* pio, devoto.

pipe [paip] *n* 1 cano, tubo. 2 cachimbo.

pipe.line [p'aiplain] *n* 1 oleoduto. 2 *fig* fonte de informações.

pi.ra.cy [p'airəsi] *n* 1 pirataria. 2 plágio.

pi.rate [p'airət] *n* 1 pirata, corsário. 2 plagiário. • *vt+vi* piratear.

piss [pis] *n vulg* mijo, urina. • *vi vulg* mijar, urinar.

pis.tol [p'istəl] *n* pistola (arma de fogo).

pit.i.ful [p'itiful] *adj* 1 lamentável, deplorável. 2 que inspira compaixão.

pit.i.less [p'itilis] *adj* desapiedado, cruel.

pit.y [p'iti] *n* piedade, compaixão, pena, dó. • *vt* compadecer-se de. **what a pity!** que pena!

place [pleis] *n* 1 localidade, cidade, região etc. 2 local, ponto. • *vt+vi* colocar, pôr, depositar. **out of place** fora de propósito. **to take place** ter lugar, realizar-se.

plain [plein] *n* 1 planície. **2 plains** *Amer* prado, campina. • *adj* 1 plano, raso. 2 claro, evidente. 3 simples, modesto.

plan [plæn] *n* plano: a) planta, projeto. b) gráfico. • *vt+vi* 1 planejar, projetar. 2 *coll* idear.

plant [pla:nt, plænt] *n* 1 planta, vegetal. 2 fábrica, usina. • *vt+vi* 1 plantar. 2 fincar. 3 implantar.

plan.ta.tion [plaint'eiʃən; plænt'eiʃən] *n* plantação.

plas.ter [pl'a:stə; pl'æstə] *n* 1 argamassa. 2 gesso. **plaster of Paris** gesso.

plas.tic arts [plæstik 'a:ts] *n pl* artes plásticas.

plas.tic mon.ey [plæstik m'∧ni] *n* cartão de crédito, cartão de banco.

plate [pleit] *n* 1 chapa, lâmina. 2 placa.

plat.form [pl'ætfɔ:m] *n* plataforma.

plau.si.ble [pl'ɔ:zəbəl] *adj* plausível, razoável, aceitável.

play [plei] *n* 1 jogo, partida, disputa. 2 divertimento. 3 peça teatral ou cinematográfica. **a play of Shaw** (ou **by Shaw**) / uma peça de Shaw. **4** *Mus* execução, interpretação. • *vt+vi* 1 jogar, disputar. 2 brincar, divertir-se. 3 tocar (instrumentos musicais), executar. 4 representar, desempenhar.

play.boy [pl'eibɔi] *n Amer playboy*: homem de família rica que desfruta os prazeres da vida.

play.er [pl'eiə] *n* 1 jogador. 2 músico. 3 ator, atriz.

play.ground [pl'eigraund] *n playground*.

play.wright [pl'eirait] *n* dramaturgo, teatrólogo.

pleas.ant [pl'ezənt] *adj* 1 agradável. 2 amável. 3 ameno, calmo (tempo).

please [pli:z] *adv* por favor. • *vt+vi* agradar.

plea.sure [pl'eʒə] *n* 1 prazer, gosto, satisfação. 2 desejo. 3 favor, obséquio. • *vt+vi* aprazer.

plen.ti.ful [pl'entiful] *adj* abundante, copioso.

plen.ty [pl'enti] *n* abundância, fartura. • *adj* abundante, copioso, farto.

pli.ers [pl'aiəz] *n pl* alicate. **a pair of pliers** um alicate.

plot [plɔt] *n* 1 terreno para construção. 2 mapa, plano. 3 conspiração, conluio. 4 enredo. • *vt+vi* 1 delinear, demarcar. 2 representar graficamente. 3 tramar, conspirar.

plough [plau] *n* arado. • *vt* arar, lavrar.

pluck [pl∧k] *n* 1 puxão. 2 coragem, determinação. • *vt+vi* 1 colher. 2 depenar. 3 puxar.

plug [pl∧g] *n* tampão, plugue. • *vt* tampar, arrolhar, tapar.

plum [pl∧m] *n* ameixa.

plumb.er [pl'∧mə] *n* encanador, bombeiro hidráulico.

plus [plʌs] *n* 1 sinal de adição (+). 2 qualidade positiva (**a plus**). 3 saldo positivo. • *adj* 1 positivo. 2 adicional, extra. • *prep* mais, acrescido de.

plush [plʌʃ] *n* pelúcia. • *adj* de pelúcia.

P. O. Box [pi: ou b'ɔks] *abbr* **Post Office Box** (caixa postal).

pock.et [p'ɔkit] *n* bolso. • *vt* 1 embolsar, pôr no bolso. 2 apropriar-se de dinheiro. • *adj* 1 de bolso. 2 pequeno.

pock.et.book [p'ɔkitbuk] *n* livro de bolso.

pock.et.knife [p'ɔkitnaif] *n* canivete.

pock.et mon.ey [p'ɔkit mʌni] *n* 1 dinheiro para pequenos gastos. 2 *Braz coll* mesada.

po.et [p'ouit] *n* poeta.

po.et.ry [p'ouitri] *n* poesia, forma de arte literária.

point [pɔint] *n* 1 ponto: a) sinal. b) pormenor. c) *Sports* tento. d) consideração relevante. e) local. f) propósito, objetivo. *what's the point of discussing this now?* / qual é o propósito, o que adianta, discutirmos isso agora? 2 extremidade aguçada, ponta. • *vi+vt* 1 fazer ponta em, aguçar. 2 indicar. 3 salientar, evidenciar. **point of view** ponto de vista.

poi.son [p'ɔizən] *n* veneno. • *vt+vi* envenenar, corromper.

poi.son.ous [p'ɔizənəs] *adj* 1 venenoso, tóxico, peçonhento. 2 nocivo, pernicioso.

poker [p'oukə] *n* pôquer. **poker face** fisionomia inexpressiva, cara de pau.

pole [poul] *n* 1 poste, estaca. 2 mastro. 3 vara. 4 polo.

po.lice [pəl'i:s] *n* polícia. • *vt* 1 policiar. 2 manter a ordem.

po.lice of.fi.cer [pəl'i:s ɔfisə] *n* policial.

po.lice head.quar.ters [pəl'i:s hedkwɔ:təz] *n* delegacia, quartel, central de polícia.

po.lice.man [pəl'i:smən] *n* policial.

po.lice sta.tion [pəl'i:s steiʃən] *n* distrito policial, delegacia de polícia.

pol.i.cy [p'ɔlisi] *n* 1 prática, tática. 2 orientação política, programa de ação, diretriz. **foreign policy** política externa.

pol.ish [p'ɔliʃ] *n* 1 lustro, brilho. 2 *fig* refinamento. 3 acabamento. 4 graxa para sapatos. • *vt+vi* polir, lustrar. 2 engraxar (sapatos).

po.lite [pəl'ait] *adj* polido, cortês.

pol.i.ti.cian [pɔlit'iʃən] *n* político.

pol.i.tics [p'ɔlitiks] *n pl* 1 (verbo no singular) política. 2 (verbo no singular) interesse partidário. 3 (verbo no plural) opiniões políticas. *what are his politics?* / qual é a sua opinião política? **to talk politics** discutir questões políticas.

poll [poul] *n* 1 pesquisa de opinião pública. 2 número total de votos.

pol.lute [pəl'u:t] *vt* poluir.

pol.lu.tion [pəl'u:ʃən] *n* poluição, contaminação.

pond [pɔnd] *n* 1 tanque. 2 lagoa. 3 açude. **fish pond** viveiro de peixes.

pon.der [p'ɔndə] *vt+vi* ponderar, considerar, refletir.

po.ny [p'ouni] *n* pônei.

po.ny.tail [p'ouniteil] *n* rabo de cavalo (penteado).

pool¹ [pu:l] *n* 1 poça. 2 tanque, reservatório. **swimming pool** piscina.

pool² [pu:l] *n* 1 combinação de recursos. **car pool** rodízio de usuários de carro.

poor [puə] *n* **the poor** os pobres. • *adj* 1 pobre. 2 inferior, medíocre. **poor me!** coitado de mim!

poor.ly [p'uəli] *adj* adoentado, indisposto. • *adv* insuficientemente.

pope [poup] *n* papa, sumo pontífice.

pop.py [p'ɔpi] *n* papoula.

pop.u.lar [p'ɔpjulə] *adj* 1 popular. 2 barato. 3 estimado. 4 de moda.

pop.u.lar.i.ty [pɔpjul'æriti] *n* popularidade.

porce.lain [p'ɔ:slin] *n* porcelana. • *adj* de porcelana.

porch [pɔ:tʃ] *n* **1** alpendre. **2** *Amer* varanda. **3** entrada, vestíbulo.

pore [pɔ:] *n* poro.

pork [pɔ:k] *n* carne de porco.

por.nog.ra.phy [pɔ:n'ɔgrəfi] *n* pornografia.

po.rous [p'ɔ:rəs] *adj* poroso.

por.ridge [p'ɔridʒ] *n* mingau de cereal.

port [pɔ:t] *n* **1** porto, ancoradouro. **2** abrigo, refúgio.

por.ter [p'ɔ:tə] *n Brit* porteiro. **2** carregador.

por.tion [p'ɔ:ʃən] *n* porção, parcela, fração.

por.trait [p'ɔ:trit] *n* retrato.

posh [pɔʃ] *adj sl* bacana, chique.

po.si.tion [pəz'iʃən] *n* **1** situação, postura. **2** situação social ou econômica. **3** emprego, cargo. • *vt* posicionar.

pos.i.tive [p'ɔzitiv] *adj* **1** inegável, indiscutível. **2** categórico.

pos.sess [pəz'es] *vt* **1** possuir. **2** apoderar-se, controlar. **3** ser fortemente influenciado.

pos.si.bil.i.ty [pɔsib'iliti] *n* **1** possibilidade. **2 possibilities** *pl* capacidades, valor potencial.

pos.si.ble [p'ɔsəbəl] *n* possível. • *adj* **1** possível, realizável, praticável. **2** potencial.

post[1] [poust] *n* poste, mourão, pilar.

post[2] [poust] *n* correio, agência postal. *by return of the post /* por volta do correio. • *vi+vt* postar: pôr no correio.

post.card [p'oustka:d] *n* cartão-postal.

post.code [p'oustkoud] *n Brit* código de endereçamento postal (CEP).

post.grad.u.ate [poustgr'ædjuit] *n* estudante de pós-graduação. • *adj* relativo a estudos de pós-graduação.

post.man [p'oustmən] *n* (*pl* **postmen**) carteiro.

post.of.fice [p'oust ɔfis] *n* **1** departamento dos correios e telégrafos. **2** correio, agência postal.

post of.fice box [p'oust ɔfis bɔks] *n* caixa postal.

post.pone [poustp'oun] *vt* adiar, procrastinar.

pot [pɔt] *n* **1** panela. **2** *sl* maconha.

po.ta.to [pət'eitou] *n* (*pl* **potatoes**) batata. **baked potato** batata assada. **mashed potatoes** purê de batatas.

pot.ter.y [p'ɔtəri] *n* **1** olaria. **2** cerâmica. **3** louça de barro.

poul.try [p'oultri] *n* aves domésticas.

pound [paund] *n* **1** libra: a) medida de peso. b) libra esterlina: unidade monetária inglesa.

pour [pɔ:] *n* chuvarada. • *vt+vi* **1** despejar. **2** emanar, brotar. **3** servir em xícara etc. **4** chover.

pov.er.ty [p'ɔvəti] *n* pobreza, miséria, indigência.

pow.der [p'audə] *n* **1** pó. **2** pólvora. • *vt+vi* **1** polvilhar. **2** empoar. **3** reduzir (-se) a pó.

pow.er [p'auə] *n* **1** poder: a) capacidade. b) autoridade, controle. c) governo. d) ascendência. e) recurso. **2** força. **3** potência: a) nação. b) força. c) alcance. • *vt* prover de energia. • *adj* força.

pow.er.ful [p'auəful] *adj* **1** poderoso, forte. **2** eficaz. **3** influente.

pow.er plant [p'auə pla:nt] *n* usina de força.

prac.ti.cal [pr'æktikəl] *adj* **1** prático. **2** experiente. **3** fácil, útil.

prac.tice [pr'æktis] *n* **1** prática: a) uso, costume. b) experiência. c) exercício. d) desempenho de uma profissão. **2** clínica. • *vt+vi* (também **practise**) **1** executar, fazer. **2** exercer, desempenhar. **3** exercitar(-se), treinar.

praise [preiz] *n* louvor, elogio. • *vt+vi* **1** louvar, elogiar. **2** vangloriar-se.

prawn [prɔ:n] *n* pitu: camarão grande.

pray [prei] *vt+vi* 1 rezar, orar. 2 suplicar. 3 interceder por.

prayer [preə] *n* 1 oração, reza. 2 súplica, rogo.

preach [pri:tʃ] *n coll* prédica, sermão. • *vt+vi* pregar: a) proclamar o Evangelho. b) pronunciar sermões.

preach.er [pr'i:tʃə] *n* pastor.

pre.cau.tion [prik'ɔ:ʃən] *n* precaução, prevenção.

pre.cede [pris'i:d] *vt+vi* preceder: a) anteceder. b) chegar antes de.

pre.cious [pr'eʃəs] *adj* 1 precioso, valioso. 2 querido.

prec.i.pice [pr'esipis] *n* 1 precipício. 2 *fig* situação difícil, ruína.

pre.cip.i.ta.tion [prisipit'eiʃən] *n* precipitação: a) queda. b) pressa irrefletida. c) *Meteor* queda de chuva, neve, granizo etc.

pre.cise [pris'ais] *adj* preciso, exato, meticuloso.

pre.co.cious [prik'ouʃəs] *adj* precoce, prematuro.

pre.dict [prid'ikt] *vt+vi* predizer, prognosticar.

pre.dic.tion [prid'ikʃən] *n* predição, vaticínio, prognóstico.

pre.dom.i.nant [prid'ɔminənt] *adj* predominante.

pref.ace [pr'efis] *n* prefácio. • *vt+vi* prefaciar (**by** / **with** com).

pre.fer [prif'ə:] *vt* preferir, escolher. *they preferred going home* / preferiram voltar para casa.

pref.er.a.bly [pr'efərəbli] *adv* preferivelmente, de preferência.

preg.nan.cy [pr'egnənsi] *n* gravidez, gestação.

preg.nant [pr'egnənt] *adj* grávida.

prej.u.dice [pr'edʒudis] *n* 1 discriminação. 2 preconceito. *minorities are usually the victims of prejudice* / as minorias geralmente são vítimas de preconceito. • *vt* 1 prejudicar, lesar. 2 predispor.

prej.u.diced [pr'edʒudist] *adj* preconceituoso.

pre.ma.ture [pr'emətʃə] *adj* 1 prematuro. 2 precipitado.

prem.i.er [pr'emiə; prim'iə] *n Fr* primeiro-ministro. • *adj* principal.

pre.mi.um [pr'i:miəm] *n* prêmio de seguro.

pre.oc.cu.pied [pri'ɔkjupaid] *adj* preocupado, absorto (**with** com).

pre.pare [prip'ɛə] *vt+vi* 1 preparar(-se), aprontar(-se). 2 equipar.

pre.pos.ter.ous [prip'ɔstərəs] *adj* 1 irracional, ilógico. 2 absurdo, ridículo.

pres.age [pr'esidʒ] *n* presságio, augúrio. • *vt+vi* pressagiar, prognosticar.

pre.scribe [priskr'aib] *vt+vi* 1 determinar, ordenar. 2 receitar.

pre.scrip.tion [priskr'ipʃən] *n* receita médica.

pre.sent [pr'ezənt] *n* 1 presente, atualidade. 2 oferta, presente. • *vt+vi* 1 apresentar. 2 submeter à consideração de. 3 presentear, ofertar. • *adj* 1 presente, que comparece. 2 existente. 3 atual, contemporâneo. **at present** no momento.

pres.en.ta.tion [prizent'eiʃən] *n* 1 apresentação. 2 explicação, descrição. 3 oferecimento, doação.

pres.ent.ly [pr'ezntli] *adv* 1 logo, em breve, daqui a pouco. 2 agora, num instante.

pre.serve [priz'ə:v] *n* (geralmente **preserves** *pl*) conserva, compota. • *vt+vi* preservar: a) proteger. b) pôr em conserva.

pre.side [priz'aid] *vt* 1 presidir. 2 *fig* ocupar posição de destaque.

pres.i.den.cy [pr'ezidənsi] *n* presidência.

pres.i.dent [pr'ezidənt] *n* 1 presidente. 2 presidente de empresa.

press [pres] *n* 1 prelo, máquina de impressão. 2 imprensa, jornalismo. • *vt+vi* 1 comprimir, prensar. 2 pressionar, forçar. 3 oprimir. 4 passar a ferro.

press a.gent [pr'es eidʒənt] *n* assessor de imprensa.
press con.fe.rence [pr'es kɔnfərəns] *n* entrevista coletiva à imprensa.
press.ing [pr'esiŋ] *adj* urgente, premente.
press re.lease [pr'es rili:s] *n Jour* matéria liberada para publicação.
pres.sure [pr'eʃə] *n* 1 pressão. 2 urgência, premência. **blood pressure** pressão sanguínea.
pres.tige [prest'i:ʒ] *n* 1 prestígio, renome, admiração. 2 influência.
pre.sume [prizj'u:m] *vt+vi* 1 presumir, supor. 2 inferir, deduzir.
pre.tence [prit'ens] *n* 1 pretexto, escusa. 2 simulação, fingimento.
pre.tend [prit'end] *vt+vi* 1 fingir, simular. *he pretended illness* / ele fingiu que estava doente. 2 ter pretensões. **I don't pretend to be an artist** não me julgo um artista.
pre.text [pr'i:tekst] *n* pretexto. • *vt* pretextar, alegar.
pret.ty [pr'iti] *adj* 1 bonito. 2 atraente (somente pessoa do sexo feminino). 3 bom, fino, agradável. • *adv* (só antes de *adj* ou *adv*) bastante. *they get along pretty well* / eles se dão bastante bem. **pretty good** razoável.
pre.vail [priv'eil] *vi* prevalecer. *our argument prevailed* / nosso argumento prevaleceu.
pre.vail.ing [priv'eiliŋ] *adj* predominante.
pre.vent [priv'ent] *vt+vi* frustrar, impedir.
pre.ven.tion [priv'enʃən] *n* cautela, prevenção.
pre.view [pr'i:vju:] *n* pré-estreia.
pre.vi.ous [pr'i:viəs] *adj* prévio, anterior.
price [prais] *n* preço: a) custo, esforço. *I shall get it at any price* / vou consegui-lo a qualquer custo. b) valor, valia. • *vt* 1 fixar o preço de. 2 avaliar. **at any price** custe o que custar.
price.less [pr'aislis] *adj* inestimável.

pride [praid] *n* 1 orgulho, soberba. 2 brio, dignidade. • *vt* vangloriar-se, orgulhar-se.
priest [pri:st] *n* sacerdote, padre.
pri.ma.ry [pr'aiməri] *n+adj* primário: a) primitivo. b) principal, fundamental.
primary school escola primária.
prime time [pr'aim taim] *n Radio, TV* horário nobre.
prim.i.tive [pr'imitiv] *adj* primitivo, rudimentar.
prince [prins] *n* príncipe.
princ.ess [prins'es, pr'insəs] *n* princesa.
prin.ci.pal [pr'insəpəl] *n* 1 chefe, dirigente. 2 *Amer* diretor de colégio. • *adj* principal, o mais importante.
prin.ci.ple [pr'insipəl] *n* 1 princípio. 2 caráter, essência. *he is a man of sound principles* / ele é um homem de sólidos princípios.
print [print] *n* 1 impressão: marca, sinal. 2 estampa. 3 impresso, publicação. • *vt+vi* 1 imprimir, estampar, cunhar, gravar. 2 imprimir. 3 publicar, editar. 4 *Phot* copiar. **fingerprints** impressões digitais.
print.er [pr'intə] *n Comp* impressora.
laser printer impressora a laser.
pri.or [pr'aiə] *adj* anterior, prévio. **prior to** antes de.
pri.or.i.ty [prai'ɔriti] *n* prioridade.
pris.on [pr'izən] *n* 1 prisão, cadeia. 2 *Amer* penitenciária. • *vt Poet* prender, encarcerar.
pris.on.er [pr'izənə] *n* preso, detento.
pri.va.cy [pr'aivəsi] *n* privacidade.
pri.vate [pr'aivit] *n* soldado raso. • *adj* 1 particular, privado. 2 pessoal. **in private** em particular.
priv.i.lege [pr'ivilidʒ] *n* privilégio, prerrogativa. • *vt* privilegiar.
prize [praiz] *n* 1 prêmio, recompensa. 2 prêmio lotérico. • *vt* estimar, apreciar. • *adj* 1 premiado. 2 digno de um prêmio.
prob.a.bil.i.ty [prɔbəb'iliti] *n* probabilidade. **in all probability** com toda a probabilidade.

pro.ba.tion [prəb'eiʃən] *n* período de experiência. **on probation** em liberdade.

prob.lem [pr'ɔbləm] *n* problema, questão. • *adj* problema. **a problem child** uma criança-problema.

pro.ce.dure [prəs'i:dʒə] *n* 1 procedimento, método. 2 uso, norma.

pro.cess¹ [pr'ouses; prʌ'ases] *n* processo, técnica, sistema • *vt* beneficiar, manipular. • *adj* manipulado, processado. **in process** em curso, em andamento.

proc.ess² [pr'ouses; prʌ'ases] *n* Comp processo: operações efetuadas com dados, segundo um procedimento estabelecido. • *vt* Comp processar.

pro.ces.sing [pr'ousesiŋ] *n* Comp processamento. **data processing** processamento de dados.

pro.claim [prəkl'eim] *vt* proclamar, decretar.

pro.duce [pr'ɔdju:s] *n* produtos agropecuários. • [prədj'u:s] *vt* produzir: a) apresentar. b) gerar, originar. c) fabricar. d) fazer, realizar. *a photograph produced by my sister* / uma fotografia feita por minha irmã. **produce of the country** produtos agrícolas.

prod.uct [pr'ɔdʌkt] *n* produto. **perishable products** produtos perecíveis.

pro.duc.tion [prəd'ʌkʃən] *n* produção.

pro.fes.sion [prəf'eʃən] *n* profissão. **by profession** de profissão.

pro.fes.sion.al [prəf'eʃənəl] *n* profissional. • *adj* profissional.

pro.fi.cien.cy [prəf'iʃənsi] *n* proficiência, competência.

pro.file [pr'oufail] *n* 1 perfil. 2 contorno.

prof.it [pr'ɔfit] *n* 1 lucro. *they made a profit* / obtiveram lucro. 2 benefício. *it's for your own profit* / é para seu próprio bem. • *vt+vi* 1 tirar proveito de. *he profited from an opportunity* / ele se aproveitou de uma oportunidade. 2 lucrar. 3 beneficiar(-se).

prof.it.a.ble [pr'ɔfitəbəl] *adj* 1 proveitoso 2 lucrativo.

pro.gram [pr'ougræm] *n Amer* 1 programa. 2 projeto, plano. 3 *Comp* programa. • *vt* programar.

pro.gram.ming [pr'ougræmiŋ] *n Comp* programação. **language programming** linguagem artificial para expressar programas de computação.

prog.ress [pr'ougres, prʌ'gres] *n* progresso: a) trajetória, avanço. b) aperfeiçoamento, melhoria. • [prəgr'es] *vi* progredir: 1 evoluir. 2 prosseguir. **in progress** em desenvolvimento.

proj.ect [pr'ɔdʒekt] *n* projeto: a) plano. b) esboço, planta. • [prədʒ'ekt] *vt+vi* projetar: a) arremessar, lançar. b) planejar.

prom.ise [pr'ɔmis] *n* promessa: compromisso, palavra. *she made (gave) a solemn promise* / ela fez uma solene promessa. • *vt+vi* prometer: a) empenhar a palavra. b) assegurar.

pro.mote [prəm'out] *vt* promover.

pro.mo.tion [prəm'ouʃən] *n* 1 promoção: a) elevação à situação superior. b) estímulo. 2 *Amer* aumento de vendas mediante propaganda.

pro.noun [pr'ounaun] *n Gram* pronome.

pro.nounce [prən'auns] *vt+vi* pronunciar.

proof [pru:f] *n* 1 prova, evidência, comprovação. • *adj* 1 à prova de. 2 de prova.

prop.a.gan.da [prɔpəg'ændə] *n* propaganda política.

pro.pel.ler [prəp'elə] *n* hélice.

pro.pen.si.ty [prəp'ensiti] *n* propensão, tendência.

prop.er [pr'ɔpə] *adj* próprio: a) apropriado, oportuno. b) correto. **at the proper time** na ocasião oportuna.

prop.er.ty [pr'ɔpəti] *n* propriedade: a) qualidade inerente. b) pertence, posses. c) bens.

proph.et [pr'ɔfit] *n* profeta.

pro.por.tion [prəp'ɔ:ʃən] *n* 1 proporção: a) relação (de uma coisa com outra). b) tamanho. **2 proportions** dimensões. **in due proportion** na justa proporção.

pro.pos.al [prəp'ouzəl] *n* **1** proposta formal, moção. **2** pedido de casamento.
pro.pri.e.tor [prəpr'aiətə] *n* proprietário, dono.
pros.pect [pr'ɔspekt] *n* **1** perspectiva. **2** probabilidade. **3 prospects** chance de futuro sucesso.
pros.per [pr'ɔspə] *vi* prosperar.
pros.per.ous [pr'ɔspərəs] *adj* **1** próspero. **2** auspicioso.
pros.ti.tute [pr'ɔstitju:t] *n* prostituta, meretriz.
pros.ti.tu.tion [prɔstitju'uːʃən] *n* prostituição, meretrício.
pro.tect [prət'ekt] *vt* proteger, defender.
pro.tec.tion [prət'ekʃən] *n* proteção.
pro.test [pr'outest] *n* **1** protesto. **2** objeção. • [prət'est] *vt+vi* **1** reclamar, queixar-se. **2** insurgir-se. **under protest** sob protesto.
Prot.es.tant [pr'ɔtistənt] *n Rel* protestante. • *adj Rel* protestante.
pro.to.type [pr'outətaip] *n* protótipo.
proud [praud] *adj* **1** orgulhoso, arrogante. **2** magnífico, imponente. **to be proud of** orgulhar-se de.
prove [pru:v] *vt+vi* (*ps* **proved**, *pp* **proved, proven**) provar: a) submeter à prova. b) comprovar.
pro.vide [prəv'aid] *vt+vi* **1** prover. **2** estabelecer, estipular. **to provide for** sustentar (com comida, dinheiro etc).
pro.vid.ed [prəv'aidid] *conj* contanto que, desde que.
prov.i.dence [pr'ɔvidəns] *n* providência.
pro.vid.er [prəv'aidə] *n* provedor, mantenedor.
pro.voke [prəv'ouk] *vt* provocar: a) desafiar, afrontar. b) ocasionar, causar.
prune [pru:n] *n* ameixa seca.
pry [prai] *vi* **1** inquirir, indagar (**into**). **2** intrometer-se.
psalm [sa:m] *n* salmo.
psy.chi.a.trist [saik'aiətrist] *n Med* psiquiatra.

psy.chi.a.try [saik'aiətri] *n Med* psiquiatria.
psy.chic [s'aikik] *n* médium, sensitivo, paranormal. • *adj* **1** psíquico, mental. **2** sobrenatural.
psy.cho.a.nal.y.sis [saikouən'ælisis] *n* psicanálise.
psy.chol.o.gist [saik'ɔlədʒist] *n* psicólogo.
psy.chol.o.gy [saik'ɔlədʒi] *n* psicologia.
pub [p∧b] *n abbr coll* **public-house** taverna, bar (típico do Reino Unido).
pub.lic [p'∧blik] *n* público: a) povo. b) auditório, assistência. • *adj* público: a) comum. b) popular. c) notório, conhecido.
pub.li.ca.tion [p∧blik'eiʃən] *n* publicação: a) editoração. b) livro, jornal, folheto, revista, matéria impressa.
pub.lic.i.ty [p∧bl'isiti] *n* publicidade: a) notoriedade. b) anúncios.
pub.lish [p'∧bliʃ] *vt+vi* publicar, divulgar, difundir. **desktop publishing** *Comp* editoração eletrônica.
pub.lish.er [p'∧bliʃə] *n* editor.
pud.ding [p'udiŋ] *n* **1** pudim. **2** *Brit* sobremesa.
puff [p∧f] *n* **1** sopro, baforada de fumo. **2** lufada (de vento ou fumaça) • *vt+vi* **1** soprar, bufar, ofegar. **2** fumar.
pull [pul] *n* **1** puxão. **2** atração. **3** gole. */he took a pull at the bottle /* ele tomou um trago da garrafa. • *vt+vi* **1** puxar. **2** extrair (dentes). **3** *sl* sacar. */he pulled a pistol /* ele sacou de um revólver.
pull.o.ver [p'ulouvə] *n* pulôver.
pulp [p∧lp] *n* polpa.
pulse [p∧ls] *n* **1** pulso. **2** vibração, trepidação. • *vi* pulsar, palpitar, latejar.
pump [p∧mp] *n* **1** bomba de ar, de água ou de gasolina. • *vt+vi* **1** bombear. **2** pressionar por informações. **3** latejar, pulsar. **gas / petrol pump** bomba de gasolina.
pump.kin [p'∧mpkin] *n* abóbora, jerimum.

punch [pʌntʃ] *n* **1** soco, murro. **2** *coll* vigor, ímpeto. • *vt+vi* **1** esmurrar, socar.
punc.ture [p'ʌnktʃə] *n* furo no pneu. • *vt+vi* **1** perfurar. **2** furar.
pun.ish [p'ʌniʃ] *vt* punir, infligir pena a.
pun.ish.ment [p'ʌniʃmənt] *n* punição, castigo.
pu.pil [pj'u:pəl] *n* pupilo: aluno, educando.
pup.pet [p'ʌpit] *n* **1** marionete, títere. **2** pessoa que age influenciada por terceiros.
pup.py [p'ʌpi] *n* filhote de cachorro.
pur.chase [p'ə:tʃəs] *n* compra, aquisição. • *vt* comprar, adquirir.
pure [pjuə] *adj* puro: a) genuíno. b) simples. c) castiço. d) imaculado.
pu.ri.fy [pj'uərifai] *vt+vi* purificar.
pur.ple [p'ə:pəl] *n* roxo. • *adj* purpúreo, arroxeado.
pur.pose [p'ə:pəs] *n* propósito, finalidade. **on purpose** de propósito.
purr [pə:] *vt+vi* ronronar.
purse [pə:s] *n* **1** bolsa, carteira de mulher. **2** coleta, dinheiro. • *vt* enrugar, franzir.
push [puʃ] *n* **1** empurrão. **2** esforço, tentativa. **3** arremetida, investida. • *vt+vi* **1** empurrar. **2** arremeter, investir. **3** pressionar. **4** *coll* vender drogas. **to push ahead** progredir. **to push aside** não dar importância.
push-cart [p'uʃka:t] *n* carrinho de mão.
puss.y [p'usi] *n* **1** bichano. **2** gatinha. **pussy cat** *sl* pessoa delicada e agradável.
put [put] *vt+vi* (*ps, pp* **put**) **1** pôr, colocar. **2** expressar. **3** formular, propor. **to put across** conseguir explicar algo. **to put away** a) descartar, dispor de. b) economizar. **to put off** adiar, protelar. **to put on** vestir, calçar. **to put up with** tolerar, aguentar.
puz.zle [p'ʌzəl] *n* **1** quebra-cabeça, enigma. **2** perplexidade, embaraço. **3** jogo de quebra-cabeça. • *vt+vi* confundir, desconcertar.
py.jam.as [pədʒ'a:məz] *n pl* pijama.

q

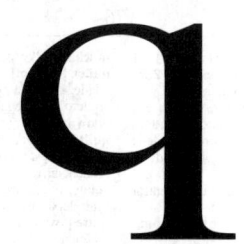

Q, q [kju:] *n* décima sétima letra do alfabeto, consoante.
quack [kwæk] *n* **1** charlatão, curandeiro. **2** grasnido, grasno. • *vt* **1** grasnar. **2** charlatanear, praticar curandeirismo.
quad.ru.ple [kw'ɔdrupəl] *n* quádruplo. • *vt+vi* quadruplicar. • *adj* quádruplo.
quag.mire [kw'ægmaiə] *n* **1** pântano, charco. **2** situação difícil.
quail [kweil] *n Ornith* codorniz. • *vi* ceder, temer.
quaint [kweint] *adj* estranho, esquisito, fantástico.
quake [kweik] *n* tremor. • *vi* tremer, estremecer.
qual.i.fy [kw'ɔlifai] *vt+vi* **1** qualificar, estar qualificado, classificar(-se). **2** capacitar, habilitar. **3** modificar. **to qualify oneself** qualificar-se, habilitar-se.
qual.i.ty [kw'ɔliti] *n* **1** qualidade, propriedade. **2** condição, caráter.
quan.ti.ty [kw'ɔntiti] *n* quantidade, soma.
quar.rel [kw'ɔrəl] *n* briga, rixa. • *vi* brigar (**about, at, with**).
quar.rel.some [kw'ɔrəlsəm] *adj* briguento.
quar.ter [kw'ɔ:tə] *n* **1** quarto, quarta parte, trimestre. **2** quarteirão. **3** abrigo. **4** moeda de um quarto de dólar (EUA ou Canadá). • *vt+vi* **1** esquartejar. **2** repartir em quatro partes iguais. **a quarter past six** seis horas e quinze minutos. **a quarter to three** quinze para as três.
quar.ter.fi.nal [kw'ɔ:təfainəl] *n Sport* quartas de final.
quar.ter.ly [kw'ɔ:təli] *n* periódico publicado trimestralmente. • *adj* trimestral. • *adv* por trimestre.
quash [kwɔʃ] *vt* **1** anular. **2** aniquilar. **3** esmagar.
quay [ki:] *n* cais, molhe.
queen [kwi:n] *n* **1** rainha. **2** *Chess, Cards* dama. **3** *sl* homossexual. **closet queen** *sl* bicha enrustida. **drag queen** *sl* travesti caricata, não necessariamente homossexual.
queer [kwiə] *adj* **1** esquisito, fantástico, estranho. **2** *sl* homossexual.
quench [kwentʃ] *vt* **1** debelar. **2** satisfazer, saciar.
que.ry [kw'iəri] *n* **1** pergunta. **2** dúvida. • *vt* perguntar, indagar.
quest [kwest] *n* procura, busca.
ques.tion [kw'estʃən] *n* **1** pergunta, questão. **2** exame. **3** discussão. **4** dúvida. • *vt+vi* **1** indagar. **2** desconfiar. **3** debater. **beyond question** sem dúvida. **in question** em questão, em consideração. **out of question** sem qualquer dúvida. **that's open to question** isto é questão de opinião.
ques.tion.a.ble [kw'estʃənəbəl] *adj* **1** incerto. **2** duvidoso, suspeito.

ques.tion mark [kw'estʃən ma:k] **1** *Phon* ponto de interrogação: ?. **2** *fig* ponto de interrogação, incerteza.

ques.tion tag [kw'estʃən tæg] *n* expressão interrogativa acrescentada a uma afirmativa, para reforço da ideia. *you can go, can't you?* / você pode ir, não pode?

queue [kju:] *n* fila. • *vi* **queue up** entrar ou ficar na fila.

queue-jump [kj'u: dʒʌmp] *vt+vi* furar a fila.

quick [kwik] *adj* **1** ligeiro. *she is quick of foot* / ela é veloz. **2** irritável. *he has a quick temper* / ele tem pavio curto, fica nervoso facilmente. • *adv* (também **quickly**) sem demora, rapidamente. *he is quick at learning* / ele aprende rapidamente.

quick.en [kw'ikən] *vt+vi* acelerar(-se).

quick.ness [kw'iknis] *n* **1** velocidade. **2** vivacidade, atividade.

quick.sand [kw'iksænd] *n* areia movediça.

qui.et [kw'aiət] *n* quietude, tranquilidade. • *vt+vi* aquietar, acalmar. • *adj* **1** quieto. **2** sossegado. **3** secreto. **to quiet down** acalmar.

quilt [kwilt] *n* acolchoado.

quit [kwit] *vt+vi* (*ps, pp* **quitted** or **quit**) renunciar, desistir, quitar (dívidas). • *adj* quite, livre, desembaraçado. **to quit a job** deixar um emprego.

quite [kwait] *adv* **1** completamente, totalmente. **2** relativamente. **3** muito, um bocado. **4** realmente, verdadeiramente. **quite so** sim, concordo.

quiv.er [kw'ivə] *n* **1** tremor, estremecimento. **2** aljava: estojo para setas levado ao ombro. • *vt+vi* estremecer, tremer.

quo.ta.tion [kwout'eiʃən] *n* **1** citação. **2** orçamento.

quo.ta.tion marks [kwout'eiʃən ma:ks] *n pl* aspas.

quote [kwout] *vt+vi* citar.

r

R, r [a:] *n* décima oitava letra do alfabeto, consoante.
rab.bit [r'æbit] *n* coelho.
race [reis] *n* **1** corrida. **2** competição, rivalidade. **3** raça humana. • *vt+vi* **1** competir numa corrida. **2** correr em disparada. **a race against time** corrida contra o tempo. **car race** corrida automobilística. **rat race** competição extremada no trabalho.
race-horse [r'eis hɔ:s] *n* cavalo de corridas.
race-track [reis træk] *n* pista de corridas.
ra.cial [r'eiʃəl] *adj* racial.
ra.cist [r'eisist] *n* racista. • *adj* racista.
rack [ræk] *n* **1** prateleira. **2** bagageiro. **book-rack** estante para livros.
rack.et [r'ækit] *n* raquete (para jogar tênis, pingue-pongue etc.).
ra.dar [r'eida:] *n* radar. **radar traffic control** controle de tráfego por radar.
ra.di.a.tor [r'eidieitɔr] *n* radiador.
ra.di.o [r'eidiou] *n* aparelho transmissor ou receptor. • *vt+vi* transmitir por rádio. • *adj* de ou relativo ao rádio.
ra.di.o sta.tion [r'eidiou steiʃən] *n Radio* emissora de rádio.
rad.ish [r'ædiʃ] *n Bot* rabanete.
raf.fle [r'æfəl] *n* rifa. • *vt* rifar.
raft [ra:ft; ræft] *n* **1** jangada, balsa. **2** bote inflável.
rag [ræg] *n* **1** trapo, farrapo. **2** pano de limpeza.
rage [reidʒ] *n* **1** raiva, ira, fúria. **2** violência, intensidade extrema. **3** *fig* moda, voga. • *vi* **1** enraivecer-se. **2** assolar, devastar.
raid [reid] *n* **1** reide, ataque repentino. **2** batida da polícia etc. • *vt* fazer uma incursão. **air raid** ataque aéreo.
rail [reil] *n* **1** grade, parapeito, balaústre, barreira. **2** corrimão. **3** trilho.
rail.road [r'oilroud] *n Amer* ferrovia. **railroad crossing** passagem de nível.
rail.way [r'eilwei] *n* ferrovia.
rain [r'ein] *n* chuva. • *vt+vi* chover. **to rain cats and dogs** chover a cântaros.
rain.bow [r'einbou] *n* arco-íris. **to chase rainbows** perseguir objetivos impossíveis.
rain.coat [r'einkout] *n* capa impermeável.
rain.fall [r'einfɔ:l] *n* chuva, aguaceiro.
rain for.est [r'ein fɔrist] *n* floresta tropical.
rain.y [r'eini] *adj* chuvoso.
raise [reiz] *n* **1** aumento. **2** subida, elevação. • *vt+vi* **1** levantar, erguer. **2** elevar, aumentar. **3** criar, cultivar, plantar. **4** criar, educar. **5** suscitar. **6** angariar fundos.
rai.sin [r'eizən] *n* uva passa.
ramp [r'æmp] *n* rampa, declive, ladeira.
ranch [ræntʃ] *n Amer* fazenda, estância de gado, ovinos etc.
ran.dom [r'ændəm] *n* **1** acaso. **2** impetuosidade. • *adj* feito ao acaso,

aleatório. **at random** sem propósito, ao acaso.

range [reindʒ] *n* **1** extensão, distância. **2** raio de ação, âmbito. **3** alcance, calibre. **4** percurso. **5** cadeia de montanhas, cordilheira. • *vt+vi* **1** agrupar, ordenar. **2** estender-se (de lado a lado). **at close range** à queima-roupa.

rank [ræŋk] *n* **1** fileira. **2** grau, classe. **3** qualidade, distinção, posição. • *vt+vi* **1** enfileirar(-se). **2** ter certo grau ou posição. **3** classificar, avaliar. **a man of rank** um homem de posição.

ran.som [r'ænsəm] *n* resgate.

rape [reip] *n* estupro. • *vt* estuprar.

rap.er [r'eipə] *n* estuprador.

rap.id [r'æpid] *n* corredeira. • *adj* rápido.

rare[1] [rɛə] *adj* **1** raro, não frequente, fora do comum. **2** excelente.

rare[2] [rɛə] *adj Cook* malpassado (carne). **rare meat** carne malpassada.

rash[1] [ræʃ] *n Med* erupção da pele, exantema. **nettle-rash** urticária.

rash[2] [ræʃ] *adj* precipitado, impetuoso, imprudente.

rasp.ber.ry [r'a:zbəri; r'æzberi] *n Bot* framboesa.

rat [ræt] *n* **1** *Zool* rato, ratazana. **2** *fig* pessoa vil, desleal, vira-casaca. **as poor as a rat** pobre como um rato.

rate [reit] *n* **1** índice, razão, proporção. **2** grau de velocidade ou marcha. *they proceeded with the march at the rate of 10 km per hour* / eles prosseguiram com a marcha a 10 km por hora. **3** valor, taxa. • *vt+vi* **1** fixar preço ou taxa, estimar, avaliar. **2** impor uma contribuição ou direito. **3** ser classificado. **at any rate** em qualquer caso. **at the rate of** à razão de. **death rate** índice de mortalidade. **first rate** de primeira ordem. **exchange rate** câmbio.

rath.er [r'a:ðə; r'æðə] *adv* **1** preferivelmente. *I would rather stay* / eu preferia ficar. **2** um tanto, um pouco, quiçá, muito. *it is rather cold* / está um tanto frio. *it is rather late* / é um tanto tarde. **rather old** idoso. **rather too much** excessivo.

rat.ing [r'eitiŋ] *n* avaliação, índice de popularidade ou qualidade.

rat.ings [r'eitiŋz] *n pl* estatísticas de audiência de programas de televisão.

ra.tion.al.ize, ra.tion.al.ise [r'æʃənəlaiz] *vt+vi* ponderar, apresentar razões.

rat.tle [r'ætəl] *n* **1** matraca, chocalho, guizo. **2** algazarra, tagarelice. • *vt+vi* **1** chocalhar, matraquear, agitar ruidosamente. **2** fazer algazarra, tagarelar.

rat.tle.snake [r'ætəlsneik] *n Zool* cascavel.

rav.a.ge [r'ævidʒ] *n* devastação, desolação. • *vt+vi* assolar, saquear, devastar.

rave [reiv] *n* **1** moda passageira, novidade. **2** *Brit* festa animada. • *vi* **1** delirar, proferir palavras incoerentes. **2** falar com grande entusiasmo, elogiar exageradamente.

ra.ven [r'eivən] *n Ornith* corvo. • *adj* da cor do corvo, negro, preto.

raw [rɔ:] *adj* **1** cru. **2** em estado natural, bruto. **3** inexperiente. **in the raw** ao natural, nu. **raw flesh** em carne viva. **raw materials** matéria-prima.

ray [rei] *n* raio (de luz, calor). **cosmic rays** raios cósmicos. **Roentgen, X rays** raios X. **sun ray** raio solar.

ra.zor [r'eizə] *n* navalha. **a blunt-edge razor** uma navalha cega. **a sharp-edge razor** uma navalha afiada. **safety razor** *Brit* gilete, lâmina de barbear.

ra.zor blade [r'eizə bleid] *n* lâmina de barbear.

reach [ri:tʃ] *n* **1** alcance. **2** ação de agarrar, apanhar, estender. • *vt+vi* **1** alcançar. **2** passar. *will you reach me that book?* / quer passar-me aquele livro? **beyond reach** fora de alcance. **out of one's reach** fora de alcance.

re.act [ri'ækt] *vi* **1** reagir. **2** *Chem* reagir, combinar. **to react against** rebelar-se.

re.ac.tion [ri'ækʃən] *n* reação (frequentemente usado em substituição às palavras **opinion, attitude, response, feeling**), resposta.

read [ri:d] *n* leitura (também *Comp*). • *vt+vi* (*ps, pp* **read** [red]) **1** ler. **2** compreender uma significação. **3** dizer (texto), estar escrito. **the text reads as follows** o texto é o seguinte. **to read aloud** ler em voz alta. **to read between the lines** ler as entrelinhas. **to read someone's mind** ler o pensamento de alguém. **to read through** ler do princípio ao fim.

read.er [ri:də] *n* **1** leitor. **2** livro de leitura escolar.

read.y [r'edi] *adj* **1** preparado, disposto. **2** inclinado, propenso. **3** vivo, esperto. **4** fácil, à mão. **5** acabado, terminado. **to get / make ready** preparar, aprontar.

read.y-made [redi m'eid] *n* roupa feita. • *adj* já feito (roupas etc.).

re.al [r'iəl] *adj* **1** real. **2** legítimo, autêntico.

re.al es.tate [r'iəl isteit] *n* bens imóveis. **real estate agent** *Brit* corretor de imóveis.

re.al.i.ty [ri'æliti] *n* realidade, verdade, veracidade. **in reality** na verdade.

re.al.i.za.tion [riəlaiz'eiʃən] *n* realização, compreensão.

re.al.ize, re.al.ise [r'iəlaiz] *vt* **1** perceber, dar-se conta, compreender. **2** realizar, concretizar.

re.al.ly [r'iəli] *adv* **1** realmente, de fato. **2** honestamente. **3** muito. **4** sem dúvida. **really?** é mesmo?

realm [relm] *n* **1** reino. **2** campo, terreno. **3** *Zool, Bot* hábitat.

reap [ri:p] *vt+vi* **1** segar, colher. **2** *fig* obter ou tirar proveito, colher os frutos.

re.ap.pear [ri:əp'iə] *vi* reaparecer.

rear [riə] *n* **1** a parte traseira, o fundo. **2** retaguarda. **3** *sl* traseiro, assento. • *vt+vi* **1** criar, educar, cultivar. **2** empinar-se, levantar-se nas patas traseiras.

rea.son [r'i:zən] *n* **1** razão, motivo. **2** bom senso. **3** equidade, justiça. • *vt+vi* **1** raciocinar, pensar, concluir. **2** argumentar. **to reason out** chegar a uma conclusão. **to stand to reason** ser justo, razoável, lógico.

rea.son.a.ble [r'i:zənəbəl] *adj* **1** razoável, justo. **2** racional.

re.as.sure [ri:əʃ'uə] *vt* **1** tranquilizar. **2** renovar a confiança de.

reb.el [r'ebəl] *n* rebelde, revoltoso. • [rib'el] *vi* rebelar(-se), revoltar(-se), sublevar(-se).

re.bel.lion [rib'eljən] *n* rebelião, revolta, sublevação.

re.birth [r'i:bə:θ] *n* renascimento.

re.buke [ribj'u:k] *n* repreensão, censura. • *vt* repreender, reprovar.

re.call [rik'ɔ:l] *n* **1** recordação, lembrança. **2** recolha de produtos defeituosos. • *vt* recordar. **beyond recall** impossível de lembrar.

re.ceipt [ris'i:t] *n* **1** recibo, quitação. **2** recebimento. • *vt* passar, dar recibo ou quitação. **to write out a receipt** passar recibo.

re.ceive [ris'i:v] *vt+vi* **1** receber. **2** acolher. **3** conter, ter capacidade para.

re.ceiv.er [ris'i:və] *n* **1** destinatário, depositário, consignatário. **2** *Radio, Telegr* aparelho receptor. **3** *Brit* fone.

re.cep.tion [ris'epʃən] *n* **1** recepção. **2** audiência. **3** recepção: festa formal.

re.cess [ris'es] *n* **1** intervalo, pausa (para descanso). **2** rebaixo, reentrância. • *vt+vi* entrar em recesso, parar temporariamente.

rec.i.pe [r'esipi] *n* receita culinária.

re.cip.i.ent [ris'ipiənt] *n* a pessoa que recebe, destinatário.

reck.less [r'eklis] *adj* **1** despreocupado, descuidado. **2** temerário.

reck.on [r'ekən] *vt+vi* **1** calcular, computar. **2** considerar. **3** *coll* supor. *I reckon you are right* / suponho que você tenha razão.

re.claim [rikl'eim] *vt* **1** recuperar, reabilitar. **2** exigir em devolução. **3** regenerar (materiais).

re.cline [rikl'ain] *vt+vi* **1** reclinar(-se), recostar(-se). **2** repousar.

rec.og.ni.tion [rekəgn'iʃən] *n* reconhecimento, identificação.

rec.og.nize, rec.og.nise [r'ekəgnaiz] *vt* **1** reconhecer, identificar, admitir. **2** admitir como legal ou verdadeiro.

rec.ol.lect [rekəl'ekt] *vt+vi* lembrar, relembrar.

rec.om.mend [rekəm'end] *vt* **1** recomendar. **2** sugerir, lembrar. **3** aconselhar, advertir. **4** louvar.

rec.om.pense [r'ekəmpens] *n* recompensa. • *vt* recompensar alguém por alguma perda, dificuldade ou empenho.

rec.on.struct [ri:kənstr'∧kt] *vt* reconstruir, restabelecer, reedificar.

re.cord [r'ekɔ:d] *n* **1** registro, inscrição, anotação (também *Comp*). **2** ata, protocolo, relatório. **3** relação, crônica, história. **4** records cadastro, arquivo, anais. **5** ficha, folha corrida. **6** testemunho, evidência. **7** *Sport* recorde. **8** disco de vinil. • [rik'ɔ:d] *vt+vi* **1** registrar, assentar, inscrever, anotar. **2** protocolar. **3** gravar na memória. **4** gravar em disco ou fita magnética. **off the record** confidencial. **on record** registrado, protocolado, conhecido publicamente.

re.cord play.er [r'ekɔ:d pleiə] *n* toca-discos.

re.cov.er [rik'∧və] *vt+vi* **1** recuperar, reaver. **2** recobrar. **3** salvar, aproveitar.

re.cov.er.y [rik'∧vəri] *n* **1** recuperação, restauração (também *Comp*). **2** restabelecimento. **3** adjudicação.

rec.re.a.tion [rekri'eiʃən] *n* recreação, divertimento.

re.cruit [rikr'u:t] *vt+vi* recrutar, alistar.

re.cur [rik'ə:] *vi* **1** ocorrer periodicamente. **2** tornar a suceder, suceder repetidamente.

re.cy.cle [ri:s'aikəl] *vt* reciclar.

re.cy.cling [ris'aikliŋ] *n* reciclagem.

red [red] *n* **1** cor vermelha. **2** rubor, vermelhidão. **3** comunista, esquerdista. • *adj* **1** vermelho encarnado, escarlate. **2** ruivo. **in the red** *Amer* estar endividado, estar no vermelho. **red herring** pista falsa.

red.dish [r'ediʃ] *adj* avermelhado.

re.deem [rid'i:m] *vt* **1** remir, redimir, resgatar, libertar, salvar. **2** compensar, indenizar.

re.demp.tion [rid'empʃən] *n* **1** redenção, resgate, libertação, salvação. **2** expiação, penitência. **3** amortização (de uma dívida).

re.de.vel.op.ment [ri:div'eləpmənt] *n* ato de desenvolver novamente, renovação de área deteriorada.

red-haired [red h'ɛəd] *adj* ruivo, de cabelos vermelhos.

red-hot [red h'ɔt] *adj* **1** incandescente, em brasa. **2** *fig* excitado, furioso.

red.ness [r'ednis] *n* vermelhidão.

re.do [ri:d'u:] *vt* (*ps* redid, *pp* redone) *vt* refazer, fazer novamente.

red pep.per [red p'epə] *n Bot* **1** malagueta. **2** pimentão.

red-tape [red t'eip] *n* formalidades, rotina burocrática. • *adj* cheio de formalidades e burocracia.

re.duce [ridj'u:s] *vt+vi* **1** reduzir, diminuir, abreviar, contrair. **2** rebaixar, degradar. **to reduce to ashes** reduzir a cinzas. **to reduce to nothing** reduzir a nada.

re.duc.tion [rid'∧kʃən] *n* **1** redução, diminuição, abreviação, corte. **2** abatimento, desconto.

re.dun.dance [rid'∧ndəns] *n* redundância: a) superabundância, excesso,

superfluidade. b) *Gram* pleonasmo. c) demissão de funcionários por excesso de pessoal.

re.dun.dant [rid'ʌndənt] *adj* 1 redundante, superabundante, excessivo, desnecessário, supérfluo. 2 *Brit* desempregado.

reed [ri:d] *n Bot* cana, junco ou plantas semelhantes (bambu, caniço).

reef [ri:f] *n* recife, escolho, rochedo ou banco de areia.

reek [ri:k] *n* cheiro forte, desagradável. • *vt+vi* emitir um cheiro forte e desagradável. **to reek of** cheirar a.

reel¹ [ri:l] *n* 1 carretel, sarilho, bobina. 2 molinete (de linha de pescar). • *vt* bobinar, enrolar em carretel ou bobina.

reel² [ri:l] *n* movimento vacilante ou cambaleante. • *vt+vi* vacilar, cambalear.

re-en.force [ri:inf'ɔ:s] *vt* reforçar, fortificar.

re-es.tab.lish [ri:ist'æbliʃ] *vt* restabelecer, restaurar.

re.fer [rif'ə:] *vt+vi (ps, pp referred)* 1 referir, aludir, reportar. 2 encaminhar, dirigir, apresentar. 3 recorrer. 4 atribuir. 5 aplicar.

ref.er.ee [refər'i:] *n* 1 árbitro, juiz (também *Sport*). 2 julgador: pessoa que aprecia, julga algo. • *vt* arbitrar, agir como juiz, *Sport* apitar uma partida (de futebol, basquetebol, voleibol etc.).

ref.er.ence [r'efərəns] *n* referência, relação, respeito, alusão, menção. • *adj* que serve para referência ou consulta. **in/with reference to** em/com referência a. **reference book / work of reference** livro de consulta, dicionário etc.

re.fill [r'i:fil] *n* carga ou material que serve para encher ou suprir de novo, refil. • [ri:f'il] *vt* encher ou suprir novamente, reabastecer.

re.fine [rif'ain] *vt+vi* 1 refinar(-se), purificar. 2 aperfeiçoar, educar, cultivar.

re.fine.ment [rif'ainmənt] *n* 1 refinação ou refinamento. 2 requinte.

re.fin.er.y [rif'ainəri] *n* refinaria.

re.flect [rifl'ekt] *vt+vi* 1 refletir ou fazer refletir, espelhar. 2 ponderar, pensar bem, meditar.

re.flec.tion [rifl'ekʃən] *n* 1 reflexão, reflexo, repercussão. 2 ponderação, estudo minucioso, consideração, meditação. **upon reflection** depois de muito refletir.

re.flex [r'i:fleks] *n* reflexo, reflexão. • [rifl'eks] *vt* recurvar. • [r'i:fleks] *adj* reflexivo, refletivo.

re.frain¹ [rifr'ein] *vt+vi* 1 refrear, conter, reprimir, deter. 2 abster-se. *to refrain from smoking and drinking* / abster-se de fumar e beber.

re.frain² [rifr'ein] *n* estribilho, refrão.

re.fresh [rifr'eʃ] *vt+vi* 1 refrescar. 2 revigorar, restaurar as forças, reanimar. 3 reabastecer.

re.fresh.ing [rifr'eʃiŋ] *adj* 1 refrescante. 2 restaurador, reanimador. 3 agradável pela surpresa ou novidade.

re.fresh.ment [rifr'eʃmənt] *n* 1 refresco, ligeira refeição. 2 descanso, repouso.

re.frig.er.ate [rifr'idʒəreit] *vt* refrigerar, refrescar.

re.frig.er.a.tor [rifr'idʒəreitə] *n* refrigerador, geladeira.

ref.uge [r'ef ju:dʒ] *n* 1 refúgio, asilo, abrigo, albergue. 2 amparo, proteção.

ref.u.gee [refju:dʒ'i:] *n* refugiado.

re.fund [r'i:fʌnd] *n* reembolso. • [rif'ʌnd] *vt* reembolsar, restituir.

re.fus.al [rifju:z'əl] *n* recusa, repulsa, resposta negativa, rejeição.

ref.use¹ [r'efju:s] *n* refugo, rebotalho, resíduo, lixo.

re.fuse² [rifj'u:z] *vt* recusar, negar, rejeitar.

re.fute [rifj'u:t] *vt* 1 refutar, impugnar. 2 contradizer, contestar.

re.gain [rig'ein] *n* recuperação, reconquista. • *vt* recuperar, tornar a alcançar ou ganhar.

re.gal [r'i:gəl] *n* realeza, magnificência. • *adj* real, régio.

re.gard [rig'a:d] *n* 1 consideração, atenção, respeito. 2 olhar firme. 4 *pl* **regards** cumprimentos, saudações, lembranças. • *vt+vi* 1 considerar, julgar, ter como. 2 respeitar, acatar, dar atenção. 3 olhar, observar atentamente. 4 dizer respeito, ter relação, concernir. 5 estimar, venerar. **in this regard** sob esse aspecto. **in/with regard to** com referência a, relativamente, quanto a.

re.gard.ing [rig'a:diŋ] *prep* com relação a, a respeito de, com referência a.

re.gard.less [rig'a:dlis] *adj* 1 que não tem consideração ou respeito. 2 descuidado, desatento, negligente. **regardless of** não obstante, independente de, indiferente a.

reg.i.ment [r'edʒimənt] *n* regimento. • *vt* arregimentar.

re.gion [r'i:dʒən] *n* região, zona, distrito, área, território.

reg.is.ter [r'edʒistə] *n* 1 *Comp*, *Mus*, *Typogr* registro. 2 inscrição, matrícula. 3 lista, controle, arquivo, rol. • *vt+vi* 1 registrar, inscrever, assentar, anotar, lançar, protocolar. 2 alistar, matricular. **to register oneself** alistar-se, dar entrada em seu nome.

reg.is.ter of.fice [r'edʒistə ɔfis] *n* cartório.

reg.is.tra.tion [redʒistr'eiʃən] *n* registro, inscrição, matrícula.

reg.is.tra.tion num.ber [redʒistr'eiʃən nʌmbə] *n* número de licença (de um veículo).

re.gret [rigr'et] *n* 1 pesar, sentimento de perda, tristeza, pena. 2 arrependimento, remorso. • *vt* 1 sentir, lastimar, lamentar, deplorar. 2 arrepender-se, afligir-se por alguma coisa.

reg.u.lar [r'egjulə] *adj* 1 regular, segundo o hábito ou a regra, normal, comum, corrente, certo. 2 exato, pontual. 3 ordeiro, metódico, uniforme.

reg.u.late [r'egjuleit] *vt* regular, regularizar, ajustar, dispor, ordenar, pôr em ordem, acertar (o relógio).

reg.u.la.tion [regjul'eiʃən] *n* regulamento, regra, ordem, direção.

re.hears.al [rih'ə:səl] *n* 1 *Theat* ensaio, prova. 2 repetição. **dress rehearsal** ensaio geral.

re.hearse [rih'ə:s] *vt+vi* 1 ensaiar, exercitar, treinar. 2 repetir.

reign [rein] *n* 1 reino, reinado. 2 poder, soberania, domínio. 3 prevalência, predomínio. • *vt+vi* 1 reinar, imperar. 2 prevalecer, predominar. **in the reign of** durante o reinado de.

re.im.burse [ri:imb'ə:s] *vt* reembolsar, pagar, compensar.

re.im.burse.ment [ri:imb'ə:smənt] *n* reembolso.

rein [rein] *n* 1 rédea. 2 *fig* freio, controle, refreamento. • *vt+vi* 1 levar as rédeas. 2 *fig* governar, controlar. **to take the reins** assumir o controle.

re.in.force [ri:inf'ɔ:s] *n* reforço (também *Psych*). • *vt* reforçar.

re.in.forced con.crete [ri:infɔ:st k'ɔŋkrit] *n* concreto armado.

re.in.force.ment [ri:inf'ɔ:smənt] *n* reforço.

re.in.state [ri:inst'eit] *vt* empossar novamente, reintegrar, reinstalar, restabelecer.

re.ject [ridʒ'ekt] *n* refugo, rebotalho, rejeito. • *vt* 1 rejeitar, recusar, repelir, desprezar. 2 expelir, vomitar.

re.jec.tion [ridʒ'ekʃən] *n* 1 rejeição, recusa. 2 rebotalho, refugo. 3 *pl* excrementos, fezes.

re.joice [ridʒ'ois] *vt* regozijar-se, alegrar(-se), exultar.

re.join [ri:dʒ'ɔin] *vt+vi* **1** reunir, tornar a reunir, ajuntar, tornar a ajuntar. **2** reingressar (numa sociedade). **3** retorquir, replicar.

re.lapse [ril'æps] *n* **1** reincidência, recaída. **2** *Med* recidiva. • *vt* recair, reincidir, ser relapso.

re.late [ril'eit] *vt+vi* **1** relatar, contar, narrar (**to** a). **2** referir, dizer respeito (**to** a). **to relate to** relacionar(-se) com.

re.lat.ing [ril'eitiŋ] *adj* relativo (**to** a).

re.la.tion [ril'ei∫ən] *n* **1** relação. **2** relacionamento, ligação. **3** parente, parentela. *is he a relation of yours?* / é seu parente? **4** referência, alusão. **distant relation** parente afastado. **in/with relation to** com referência a, com respeito a. **near relation** parente próximo. **to bear no relation to** não ter nada a ver com. **to have relations with** *coll* fazer sexo com, ter relações sexuais com.

re.la.tion.ship [ril'ei∫ən∫ip] *n* **1** parentesco. **2** conexão, afinidade, relacionamento, relação, ligação.

rel.a.tive [r'elətiv] *n* **1** parente. **2** pronome, adjetivo ou advérbio relativos. • *adj* relativo, referente, concernente.

re.lax [ril'æks] *vt+vi* **1** relaxar, afrouxar. **2** diminuir a tensão, moderar, mitigar, abrandar. **3** pôr-se à vontade, descansar, repousar.

re.lax.a.tion [ri:læks'ei∫ən] *n* **1** relaxamento, afrouxamento. **2** descanso.

re.lax.ing [ril'æksiŋ] *adj* relaxante, calmante.

re.lease [ril'i:s] *n* **1** libertação, soltura, livramento. **2** relaxamento, diminuição (de dor, sofrimento), alívio. **3** liberdade de publicação. **4** lançamento (de disco ou vídeo). **5** exibição (de filme). • *vt* **1** soltar, libertar, livrar, liberar. **2** desobrigar. **3** licenciar, lançar (publicação pela imprensa ou exibição cinematográfica).

re.lent.less [ril'entlis] *adj* inexorável, implacável, inflexível, impiedoso.

rel.e.vance [r'elivəns] *n* **1** relevância, importância, pertinência. **2** aplicabilidade, relação.

re.li.a.bil.i.ty [rilaiəb'iliti] *n* confiança, confiabilidade, fidedignidade.

re.li.a.ble [ril'aiəbəl] *adj* de confiança, seguro, confiável, fidedigno.

rel.ic [r'elik] *n* **1** relíquia. **2** *pl* restos mortais. **3** *pl* ruínas.

re.lief¹ [ril'i:f] *n* **1** alívio. **2** assistência, socorro, ajuda. **3** remédio.

re.lief² [ril'i:f] *n* **1** relevo, saliência. **2** *Archit* saliência. **3** *Geol* elevação de terreno, parte montanhosa. **in relief** em relevo.

re.lieve [ril'i:v] *vt* **1** aliviar, mitigar, abrandar. **2** assistir, ajudar, socorrer. **3** substituir, revezar (turmas, sentinelas). **4** liberar, soltar, libertar.

re.li.gion [ril'idʒən] *n* **1** religião. **2** ordem religiosa. **3** fé, crença.

re.li.gious [ril'idʒəs] *n* religioso, frade, freira. • *adj* religioso, devoto, pio.

re.lin.quish [ril'iŋkwi∫] *vt* **1** abandonar, desistir de. **2** ceder. **3** renunciar a.

rel.ish [r'eli∫] *n* **1** gosto, sabor, paladar. **2** condimento, tempero. **3** apetite, deleite. • *vt+vi* **1** dar bom gosto ou sabor a. **2** gostar de, participar com prazer. **3** condimentar, temperar.

re.luc.tance [ril'∧ktəns] *n* relutância, repugnância, resistência, aversão.

re.ly [ril'ai] *vi* confiar em, fiar-se, contar com. *may I rely on him?* / posso confiar nele?

re.main [rim'ein] *vi* **1** ficar, permanecer. **2** sobrar, restar. **3** perdurar, continuar, persistir. **4** sobreviver.

re.main.der [rim'eində] *n* resto, sobra, restante, resíduo. • *vt* vender saldo (de livros) por preço mais baixo.

re.main.ing [rim'einiŋ] *adj* restante, remanescente.

re.mains [rim'einz] *n pl* sobras, ruínas, restos, resíduos.

re.make [ri:m'eik] *n Cin* refilmagem. • *vt* (*ps, pp* **remade**) 1 refazer. 2 refilmar.

re.mand [rim'a:nd; rim'ænd] *n* 1 devolução. 2 *Jur* ação de tornar a pôr sob detenção preventiva. • *vt* 1 devolver. 2 mandar voltar.

re.mark [rim'a:k] *n* observação, anotação, nota, reparo, comentário. • *vt+vi* observar, notar, reparar.

re.mark.a.ble [rim'a:kəbəl] *adj* 1 notável, digno de nota. 2 fora do comum, extraordinário, singular.

rem.e.dy [r'emidi] *n* 1 remédio, curativo, medicamento. 2 reparação, corretivo. 3 *Jur* recurso, solução jurídica, direito de ação. 4 solução. • *vt* 1 curar, remediar. 2 reparar, melhorar, corrigir.

re.mem.ber [rim'embə] *vt+vi* 1 lembrar, recordar. *do you remember him?* / você se lembra dele? 2 guardar, ter em mente, conservar na memória. **if I remember rightly** se bem me lembro. 3 prestar (favor, homenagem, serviços etc.).

re.mem.brance [rim'embrəns] *n* 1 lembrança, recordação. 2 objeto de lembrança. 3 *pl* **remembrances** lembranças, saudações, cumprimentos.

re.mind [rim'aind] *vt+vi* fazer lembrar, trazer à memória. **it reminds me of...** faz-me lembrar de... **this is to remind you that...** isto é para lembrá-lo de que...

re.mind.er [rim'aində] *n* lembrança, lembrete.

rem.i.nis.cence [remin'isəns] *n* reminiscência, lembrança, recordação.

rem.nant [r'emnənt] *n* 1 sobra, resto, restante. 2 retalho, resíduo. 3 refugo. 4 vestígio, indício.

re.morse [rim'ɔ:s] *n* remorso, contrição, arrependimento.

re.morse.ful [rim'ɔ:sful] *adj* arrependido, contrito, que tem remorso.

re.morse.less [rim'ɔ:slis] *adj* sem remorsos, desapiedado, desumano.

re.mote [rim'out] *adj* 1 remoto, afastado, distante, retirado, segregado. 2 improvável. 3 indireto, mediato. 4 mínimo, vago, leve.

re.mov.a.ble [rim'u:vəbəl] *adj* removível, desmontável.

re.mov.al [rim'u:vəl] *n* 1 remoção. 2 mudança. 3 demissão, destituição.

re.move [rim'u:v] *n* remoção, transferência, deslocamento. • *vt+vi* 1 remover, transferir, mudar de lugar ou posição. 2 retirar, tirar, livrar-se de, afastar(-se), eliminar. 3 demitir, afastar.

ren.der [r'endə] *n* retribuição. • *vt* 1 retribuir, restituir, devolver. 2 entregar-se, capitular. 3 dar, conferir, pagar, suprir. 4 reproduzir, exprimir, representar, interpretar. 5 traduzir, verter. 6 prestar (favor, homenagem, serviços etc.).

ren.e.gade [r'enigeid] *n* 1 renegado, apóstata. 2 desertor, traidor, vira-casaca. • *adj* 1 renegador, apóstata. 2 traidor.

re.new [rinj'u:] *vt+vi* 1 renovar, refazer. 2 regenerar, reanimar, reavivar.

re.new.al [rinj'u:əl] *n* 1 renovação. 2 prorrogação.

re.nounce [rin'auns] *vt* 1 renunciar, desistir, abandonar. 2 rejeitar, repudiar. 3 abjurar, renegar.

re.nown [rin'aun] *n* renome, fama, reputação, celebridade. • *vt* tornar renomado ou famoso.

re.nowned [rin'aund] *adj* renomado, famoso, reputado.

rent [rent] *n* 1 aluguel. 2 renda, arrendamento. • *vt+vi* alugar. **for rent** para alugar.

rent boy [r'ent bɔi] *n* garoto de programa: rapaz que se entrega à prostituição.

re.pair [rip'ɛə] *n* conserto, reparo. • *vt* 1 reparar, consertar, remendar, emendar, corrigir. 2 indenizar. **beyond repair** sem conserto. **under repair** em conserto.

re.pay [ri:p'ei] *vt+vi* (*ps, pp* **repaid**) 1 reembolsar, recompensar. 2 retribuir, corresponder.

re.pay.ment [ri:p'eimənt] *n* retribuição, reembolso.

re.peat [rip'i:t] *n* repetição, retransmissão. • *vt+vi* 1 repetir, reiterar. 2 reproduzir, imitar.

repel [rip'el] *vt+vi* 1 repelir, repulsar, rechaçar, rebater. 2 rejeitar, repudiar.

re.pel.lent [rip'elənt] *n* repelente, insetífugo, tecido impermeável. • *adj* repelente, repulsivo.

re.pent [rip'ent] *vt+vi* arrepender-se.

re.pent.ance [rip'entəns] *n* arrependimento, pesar, contrição.

re.per.cus.sion [ri:pək'∧ʃən] *n* repercussão, reverberação.

rep.er.to.ry [r'epətəri] *n* 1 repertório. 2 coleção. 3 inventário, lista, índice.

re.pet.i.tive [rip'etitiv] *adj* repetitivo.

re.place [ripl'eis] *vt* 1 repor, tornar a pôr no mesmo lugar. 2 substituir (**by** por), tomar o lugar de.

re.place.ment [ripl'eismənt] *n* 1 substituição. 2 reposição.

re.play [r'i:plei] *n* 1 partida decisiva (de futebol) entre dois times empatados. 2 *replay*: repetição de gravação em vídeo. • [ri:pl'ei] *vt* 1 tornar a disputar uma partida (por dois times empatados). 2 repetir uma imagem de vídeo ou filme. 3 tocar de novo, executar novamente.

re.ply [ripl'ai] *n* resposta, réplica. • *vt+vi* 1 responder, replicar, retorquir. 2 *Jur* contestar uma ação.

re.port [rip'ɔ:t] *n* 1 relatório, informação, notícia. 2 rumor, boato. 3 resenha, descrição. • *vt+vi* relatar, fazer relatório, informar, contar, noticiar, comunicar. **to report on** informar a respeito de.

re.port.ed.ly [rip'ɔ:tidli] *adv* segundo notícias ou boatos, segundo consta, pelo que fala o povo.

re.port.er [rip'ɔ:tə] *n* relator, repórter, informante, correspondente de jornal.

rep.re.hen.sion [repriħ'enʃən] *n* repreensão, censura.

rep.re.sent [repriz'ent] *vt* 1 retratar, pintar, descrever, representar. 2 tipificar, simbolizar. 3 expressar, significar, descrever, expor.

rep.re.sen.ta.tion [reprizent'eiʃən] *n* 1 representação. 2 imagem, retrato, desenho.

rep.re.sent.a.tive [repriz'entətiv] *n* 1 representante. 2 deputado, agente, delegado. • *adj* 1 representativo, representante. 2 típico, característico.

re.press [ripr'es] *vt* 1 reprimir, conter. 2 suprimir, sufocar, subjugar.

re.pres.sion [ripr'eʃən] *n* 1 repressão. 2 recalque (também *Psych*).

re.pri.mand [r'eprima:nd; r'eprimænd] *n* repreenda, repreensão, admoestação. • *vt* repreender, censurar, admoestar.

re.pri.sal [ripr'aizəl] *n* represália, retaliação.

re.proach [ripr'outʃ] *n* 1 repreensão, censura, reprovação. 2 vergonha, desgraça, mancha, opróbrio. • *vt* 1 repreender, exprobrar, censurar, increpar. 2 acusar, vituperar, difamar.

re.pro.duce [ri:prədj'u:s] *vt+vi* 1 reproduzir, tornar a produzir. 2 copiar, imitar, retratar.

re.pro.duc.tion [ri:prəd'∧kʃən] *n* 1 reprodução (também *Biol*). 2 cópia, imitação, fac-símile.

re.prov.al [ripr'u:vəl] *n* censura, reprovação.

re.prove [ripr'u:v] *vt* reprovar, censurar, repreender, criticar.

rep.tile [r'eptail; r'eptəl] *n* réptil. 2 *fig* rasteiro, vil.

re.pub.lic [rip'∧blik] *n* república.

re.pub.li.can [rip'∧blikən] *n* republicano. • *adj* 1 republicano, partidário da república. 2 (Republican) republicano, partidário, membro ou eleitor de um partido republicano.

re.pul.sive [rip'∧lsiv] *adj* repulsivo, repelente, repugnante.

rep.u.ta.ble [r'epjutəbəl] *adj* honrado, respeitável, bem conceituado.

rep.u.ta.tion [repjut'eiʃən] *n* 1 reputação, conceito, renome, crédito. 2 fama, celebridade. **to enjoy good reputation** gozar de bom conceito.

re.pute [ripj'u:t] *n* reputação, fama, renome. • *vt* reputar, ter em conta de, considerar, julgar.

re.pu.ted [ripj'u:tid] *adj* reputado, suposto, pretenso, renomado.

re.quest [rikw'est] *n* 1 petição, requerimento, requisição. 2 *Com* pedido, demanda, solicitação. • *vt* requerer, pedir, rogar, solicitar.

re.quire [rikw'aiə] *vt+vi* 1 requerer, exigir, pedir, solicitar. 2 precisar, necessitar. **it is required** é preciso.

re.quire.ment [rikw'aiəmənt] *n* 1 exigência, necessidade. 2 condição essencial, requisito.

res.cue [r'eskju:] *n* livramento, salvamento, resgate. • *vt* livrar, salvar, socorrer, resgatar.

res.cu.er [r'eskju:ə] *n* libertador, salvador.

re.search [ris'ə:tʃ] *n* pesquisa, busca, indagação, investigação, exame. *he makes researches* / ele faz pesquisas. • *vt+vi* pesquisar, indagar, investigar, examinar (**for, after, on**).

re.search.er [ris'ə:tʃə] *n* pesquisador, investigador.

re.sem.blance [riz'embləns] *n* semelhança, parecença. **close resemblance** perfeita semelhança, analogia.

re.sem.ble [riz'embəl] *vt* assemelhar-se, ser parecido com.

re.sent [riz'ent] *vt* ressentir-se, ofender-se, guardar rancor.

re.sent.ful [riz'entful] *adj* ressentido, que se ofende facilmente, rancoroso.

re.sent.ment [riz'entmənt] *n* ressentimento, indignação, rancor.

res.er.va.tion [rezəv'eiʃən] *n* 1 reserva (lugar reservado). 2 restrição, reserva (dúvida).

re.serve [riz'ə:v] *n* 1 *Com, Mil* reserva. 2 restrição, ressalva. 3 circunspeção, discrição. • *vt* 1 reservar, guardar. 2 reter, conservar. 3 apartar, excluir, excetuar.

re.served [riz'ə:vd] *adj* 1 reservado, guardado. 2 discreto. 3 taciturno.

res.i.dence [r'ezidəns] *n* residência, morada, habitação, domicílio.

re.sign [riz'ain] *vt+vi* 1 resignar-se, renunciar. 2 conformar-se, submeter-se. 3 demitir-se. **to resign from office** demitir-se de seu cargo.

res.ig.na.tion [rezign'eiʃən] *n* 1 resignação, renúncia, demissão, exoneração. 2 pedido de demissão (por escrito).

re.sist [riz'ist] *vt+vi* 1 resistir, opor-se, repelir. 2 frustrar, impedir, deter.

re.sist.ance [riz'istəns] *n* 1 resistência, oposição. 2 capacidade de resistência. 3 *Med* imunidade. 4 *Electr* resistência.

res.o.lu.tion [rezəl'u:ʃən] *n* 1 resolução (também *Comp*), decisão, determinação. 2 constância, firmeza. 3 solução de um problema.

re.solve [riz'ɔlv] *vt+vi* 1 decompor, dissolver, desintegrar, reduzir a suas partes elementares, separar, analisar. 2 resolver, solucionar, esclarecer, explicar.

re.sort [riz'ɔ:t] *n* 1 lugar muito frequentado. *a park is a place of public resort* / um parque é um lugar frequentado pelo público. 2 lugar, local (de diversão, de férias, de veraneio). 3 recurso, refúgio. • *vt* 1 ir, dirigir-se a, frequentar. 2 recorrer, lançar mão, valer-se de. **as a last resort** como último recurso. **seaside resort** estância balneária. **to resort to** recorrer a, apelar a.

re.sound.ing [riz'aundiŋ] *adj* ressonante, retumbante.

re.source [riz'ɔ:s] *n* 1 recurso, meio, expediente. 2 **resources** recursos, riquezas (de um país).

re.source.ful [riz'ɔ:sful] *adj* desembaraçado, expedito, despachado.

re.spect [risp'ekt] *n* respeito, deferência, consideração, apreço, acatamento. *he is held in high respect* / ele goza de muito respeito ou consideração. • *vt* **1** respeitar, acatar, honrar. **2** dizer respeito a, relacionar-se com, concernir, referir-se a. **in respect to** a respeito de. **out of respect for** por respeito a.

re.spec.ta.ble [risp'ektəbəl] *adj* **1** respeitável, venerável, estimável, honorável. **2** apreciável. **3** digno, honrado, decente. **4** considerável.

re.spect.ful.ly [risp'ektfuli] *adv* respeitosamente, atenciosamente. **yours respectfully** (em fechos de cartas) atenciosamente, respeitosamente.

re.spire [risp'aiə] *vi* **1** *fig* tomar fôlego, reanimar-se. **2** exalar, emanar. **3** respirar.

res.pite [r'espait; r'espit] *n* **1** repouso, intervalo, pausa, folga. **2** adiamento, prorrogação, mora. • *vt* prorrogar, adiar.

re.spond [risp'ɔnd] *n* responso. • *vt* **1** responder, replicar. **2** *Psych, Physiol* reagir, ser suscetível, corresponder. **3** responder por.

re.sponse [risp'ɔns] *n* **1** resposta, réplica. **2** *Psych, Physiol* reação, efeito. **in response to your request** em atenção a seu pedido.

re.spon.si.bil.i.ty [rispɔnsəb'iliti] *n* **1** responsabilidade. **2** encargo, incumbência.

re.spon.si.ble [risp'ɔnsəbəl] *adj* **1** responsável, prudente, equilibrado. **2** respeitável, de confiança, confiável.

rest[1] [rest] *n* **1** descanso, repouso, folga, sossego. *Sunday is a day of rest* / domingo é dia de descanso. **2** suporte, apoio, pedestal. • *vt+vi* **1** descansar (**from** de), repousar, estar parado, ficar quieto. **2** ser apoiado ou apoiar-se (**on**, **against** sobre, em), basear-se (**upon** sobre), motivar-se (**in** em). **to be at rest** a) estar dormindo. b) estar parado.

to let the matter rest dar o assunto por liquidado. **to take a rest** descansar.

rest[2] [rest] *n* **1** resto, restante, sobra, resíduo. **2** saldo, reserva. • *vt+vi* restar, sobrar, sobejar. **for the rest** demais, além disso.

rest.ful [r'estful] *adj* tranquilo, quieto, descansado, sossegado.

rest.ing-place [r'estiŋ pleis] *n* **1** lugar de descanso. **2** túmulo.

rest.less [r'estlis] *adj* impaciente, agitado, desassossegado, indócil.

res.to.ra.tion [restər'eiʃən] *n* **1** restauração, reintrodução. **2** restituição, reposição, reintegração. **3** restabelecimento, cura.

re.store [rist'ɔ:] *vt* **1** restaurar, reparar, reconstruir. **2** recolocar, repor, restituir, devolver. **3** restabelecer, curar, recuperar. **4** reintegrar.

re.strain [ristr'ein] *vt* conter, reter, reprimir, refrear, retrair.

re.straint [ristr'eint] *n* **1** restrição, limitação. **2** comedimento, moderação, prudência, controle.

re.strict [ristr'ikt] *vt* restringir, limitar, confinar.

re.stric.tion [ristr'ikʃən] *n* restrição, limitação, reserva.

rest room [r'est ru:m] *n Amer* toalete, banheiro (em restaurantes, hotéis etc.).

re.sult [riz'ʌlt] *n* resultado, consequência, efeito. • *vt* resultar, provir, originar-se (**from** de).

re.sume [rizj'u:m] *vt* **1** retomar, reocupar, reassumir. **2** recuperar. **3** prosseguir, recomeçar. **4** reiterar.

ré.su.mé [r'ezjumei] *n Fr* **1** *curriculum vitae*, currículo profissional. **2** resumo, sumário, epítome.

res.ur.rect [rezər'ekt] *vt* **1** ressuscitar. **2** trazer de volta, fazer reaparecer.

res.ur.rec.tion [rezər'ekʃən] *n* **1** ressurreição. **2** restabelecimento, ressurgimento.

re.sus.ci.tate [ris'ʌsiteit] *vt+vi* **1** ressuscitar, reanimar. **2** voltar a viver, renascer. **3** *fig* renovar, revitalizar.

re.tail [r'i:teil] *n* varejo, venda a varejo. • *vt+vi* vender a varejo. • [r'i:teil] *adj* de varejo, varejista, retalhista. • *adv* no varejo. **at retail** / **by retail** no varejo. **retail goods** mercadorias de varejo. **retail trade** comércio varejista

re.tail.er [r'i:teilə] *n* varejista.

re.tain [rit'ein] *vt* 1 reter, conservar, manter. 2 conservar na memória.

re.take [r'i:teik] *n Cin, TV* retomada, refilmagem de uma cena. • [ri:t'eik] *vt* (*ps* **retook**, *pp* **retaken**) 1 retomar. 2 recapturar. 3 *Cin, TV* tornar a filmar (uma cena).

re.tal.i.ate [rit'ælieit] *vt* retaliar, revidar, desforrar-se.

re.tal.i.a.tion [ritæli'eiʃən] *n* retaliação, represália, desforra.

re.tard [rit'a:d] *n* demora, atraso. • *vt+vi* 1 retardar-se, demorar-se, atrasar-se. 2 impedir, deter.

retch [retʃ] *n* ânsia de vômito. • *vt* fazer esforço para vomitar.

re.ten.tion [rit'enʃən] *n* 1 retenção. 2 fixação.

re.think [ri:θ'iŋk] *n* reconsideração. • *vt+vi* 1 reconsiderar. 2 repensar.

re.tire [rit'aiə] *vt+vi* 1 retirar(-se), afastar(-se), apartar(-se). 2 reformar(-se), aposentar(-se). *he retired from business* / ele aposentou-se. 3 ir dormir.

re.tired [rit'aiəd] *adj* 1 retirado, afastado, isolado. 2 aposentado, reformado.

re.tire.ment [rit'aiəmənt] *n* 1 aposentadoria, reforma. 2 retiro, lugar retirado. **retirement pension** pagamento de aposentadoria, pensão.

re.tort [rit'ɔ:t] *n* réplica mordaz, resposta ao pé da letra. • *vt+vi* replicar, retrucar, retorquir.

re.trace [ritr'eis] *vt* 1 remontar à origem ou ao princípio, refazer. 2 voltar, volver pelo mesmo caminho.

re.tract [ritr'ækt] *vt* 1 retrair, recolher, encolher. 2 retratar(-se), desdizer(-se).

re.treat [ritr'i:t] *n* 1 retirada (especialmente em sentido militar). 2 toque de recolher, retreta. 3 retiro, asilo, abrigo, refúgio. • *vt+vi* 1 retirar-se, retroceder, afastar-se, fugir. 2 refugiar-se, procurar asilo. **to beat a retreat** bater em retirada.

ret.ri.bu.tion [retribj'u:ʃən] *n* 1 retribuição, recompensa. 2 desforra, vingança, castigo.

re.trieve [ritr'i:v] *n* ato de reaver, recobrar etc. • *vt* 1 recobrar, recuperar, reaver. 2 restabelecer, restaurar, corrigir, reparar.

ret.ro.spect [r'etrəspekt] *n* retrospecto, retrospecção. • *vt+vi* volver para o passado, rever, considerar as coisas do passado.

re.turn [rit'ə:n] *n* 1 volta, regresso, retorno. 2 devolução, restituição. 3 retribuição, paga, compensação. 4 réplica, resposta. 5 *Brit* passagem de ida e volta (*Amer* **round-trip ticket**). • *vt+vi* 1 voltar, regressar, retornar. 2 repetir-se, recorrer. 3 replicar, responder, retorquir. 4 devolver, restituir. 5 retribuir, recompensar, reciprocar. • *adj* 1 em devolução. 2 de regresso. **on his return** por ocasião de seu regresso. **on sale or return** *Com* em consignação.

re.turn.ing [rit'ə:niŋ] *n* 1 volta, regresso. 2 devolução, restituição, retribuição. • *adj* 1 de regresso. 2 em devolução.

re.un.ion [ri:j'u:njən] *n* 1 reunião, reencontro. 2 reconciliação.

re.u.nite [ri:ju:n'ait] *vt* 1 reunir(-se). 2 tornar a unir. 3 reconciliar(-se).

re.val.ue [ri:v'ælju:] *vt* 1 valorizar (moeda), revalorizar. 2 reavaliar.

re.veal [riv'i:l] *vt* 1 revelar, descobrir. 2 exibir, mostrar.

re.veal.ing [riv'i:liŋ] *n* revelação, ato de revelar. • *adj* revelador, esclarecedor.

rev.el [r'evəl] *vt* 1 fazer folias, divertir-se, festejar. 2 deleitar-se, ter satisfação intensa.

rev.el.ry [r′evəlri] *n* festança, folia.

re.venge [riv′end3] *n* vingança, desforra, desagravo, represália. *I took (my) revenge* / vinguei-me. • *vt* vingar-se, retaliar.

rev.e.nue [r′evənju:] *n* receita bruta, renda, rendimento.

re.ver.ber.ate [riv′ə:bəreit] *vt+vi* reverberar, refletir, ecoar, repercutir.

re.vere [riv′iə] *vt* honrar, respeitar, acatar, venerar.

rev.er.ence [r′evərəns] *n* reverência, respeito, veneração. • *vt* **1** reverenciar, honrar, respeitar. **2** saudar respeitosamente.

re.verse [riv′ə:s] *n* **1** reverso, contrário, oposto, avesso, inverso. **2** revés, mudança completa, reviravolta, contratempo, derrota. • *vt+vi* **1** inverter, virar em sentido contrário, virar do lado avesso. **2** transpor, colocar um em lugar do outro. • *adj* **1** inverso, oposto, contrário, invertido, reverso, virado de ponta cabeça. **2** anulado, revogado.

re.verse gear [riv′ə:s giə] *n* marcha à ré.

re.vert [riv′ə:t] *vi* **1** reverter. **2** voltar, retroceder. **3** voltar ao estado primitivo, recair, retrogradar.

re.view [riv′ju:] *n* **1** revista, inspeção (de tropas). **2** rememoração, recapitulação, retrospecto. **3** crítica literária, resenha. **4** revisão. **5** peça teatral, revista. • *vt+vi* **1** rever, recapitular, repassar. **2** escrever ou publicar críticas ou resenhas. **3** *Mil* passar em revista.

re.view.er [rivj′u:ə] *n* **1** revisor. **2** crítico, examinador (especialmente de livros).

re.vise [riv′aiz] *vt* **1** revisar, examinar, rever. **2** corrigir, emendar (por exemplo, provas tipográficas), alterar, modificar. **revised edition** edição revista ou melhorada.

re.vi.sion [riv′iʒən] *n* **1** revisão. **2** edição revista.

re.viv.al [riv′aivəl] *n* **1** restabelecimento, renovação. **2** reflorescimento, renascimento. **3** nova montagem ou publicação (de peça ou livro antigo).

re.vive [riv′aiv] *vt+vi* **1** ressuscitar, reviver. **2** despertar, avivar. **3** animar, excitar, reanimar, encorajar de novo.

re.voke [riv′ouk] *vt* **1** revocar. **2** anular, cancelar, revogar.

re.volt [riv′oult] *n* revolta, levante, rebelião, motim, sublevação. • *vt+vi* revoltar(-se), levantar(-se), rebelar(-se), amotinar(-se), sublevar(-se).

re.volt.ing [riv′oultiŋ] *adj* **1** revoltante, insurgente. **2** desgostoso, repulsivo.

rev.o.lu.tion [revəl′u:ʃən] *n* **1** revolução, levante, insurreição. **2** rotação, volta em torno de um eixo.

re.volve [riv′ɔlv] *vt* **1** revolver, girar. **2** pensar, refletir, analisar sob diversos pontos de vista.

re.volv.er [riv′ɔlvə] *n* revólver, pistola.

re.volv.ing door [rivɔlviŋ d′ɔ:] *n* porta giratória.

re.ward [riw′ɔ:d] *n* recompensa, retribuição, prêmio. • *vt* recompensar, retribuir, premiar.

re.ward.ing [riw′ɔ:diŋ] *adj* recompensador, gratificante, satisfatório.

re.write [ri:r′ait] *vt* (*ps* **rewrote**, *pp* **rewritten**) **1** tornar a escrever, reescrever. **2** revisar, copidescar.

rhi.noc.e.ros [rain′ɔsərəs] *n Zool* rinoceronte.

rhu.barb [r′u:ba:b] *n Bot* ruibarbo.

rhyme, rime [raim] *n* rima, verso, poesia. • *vt* rimar, fazer versos, versificar, versejar. **nursery rhyme** canção de criança, canção de ninar.

rhythm [r′iðəm] *n* ritmo, cadência, compasso, harmonia.

rib [rib] *n Anat, Zool* costela.

rib.bon [r′ibən] *n* **1** fita. **2** tira, cinta. **3** banda, faixa. • *vt* guarnecer ou ornar com fitas. • *adj* em forma ou disposição de fitas, tiras.

rice [rais] *n* arroz. **brown rice** arroz integral. **rice-paper** papel-arroz. **rice-pudding** arroz-doce.

rice pow.der [r'ais paudə] *n* pó de arroz.

rich [ritʃ] *n* **the rich** os ricos. • *adj* **1** rico, opulento, abastado. **2** suntuoso, magnífico, esplêndido. **3** valioso, precioso. **4** abundante, fértil, copioso. **5** saboroso, delicioso, suculento, substancioso. **6** brilhante, vivo (falando de cores). **7** melodioso, harmonioso, sonoro.

rich.es [r'itʃiz] *n pl* riquezas, grandes cabedais, bens, opulência, propriedades.

rich.ness [r'itʃnis] *n* **1** riqueza, opulência, abundância, fertilidade. **2** excelência. **3** viveza (de cores).

rick.et.y [r'ikiti] *adj* **1** raquítico, fraco, débil. **2** instável, sem firmeza, bambo.

rid [rid] *vt* (*ps* **rid** or **ridded**, *pp* **rid**) libertar, desembaraçar, livrar(-se), desfazer-se, deixar de. **we got well rid of it** livramo-nos em boa hora.

rid.dle¹ [r'idəl] *n* **1** enigma, mistério, charada, adivinhação. **2** pessoa ou coisa de natureza ambígua ou misteriosa.

rid.dle² [r'idəl] *n* crivo, ciranda, joeira, peneira grossa. • *vt* **1** joeirar, peneirar, cirandar. **2** *fig* perfurar, furar com tiros, crivar. **3** *fig* permear, encher de.

ride [raid] *n* **1** passeio (a cavalo ou de bicicleta etc.). **2** cavalgada. **3** carona. **4** trajeto, percurso, estrada. • *vt* (*ps* **rode**, *pp* **ridden**) **1** montar a cavalo. **2** viajar por qualquer meio de transporte. **to give him a ride** dar-lhe uma carona. **to ride on horseback** um passeio a cavalo. **to ride on a bicycle** andar de bicicleta. **to ride on a train** viajar de trem.

rid.er [r'aidə] *n* **1** cavaleiro, ginete. **2** picador, peão. **3** ciclista. **4** viajante, passageiro.

ridge [ridʒ] *n* **1** espinhaço, cume, cimo. **2** serrania, cordilheira, cadeia. **3** cumeeira.

rid.i.cule [r'idikju:l] *n* zombaria, ridículo, escárnio. • *vt* ridicularizar, zombar, escarnecer.

rid.ing [r'aidiŋ] *n* **1** equitação, cavalgada. **2** passeio a cavalo ou de carro.

rife [raif] *adj* **1** predominante, reinante. **2** comum, abundante, frequente, bem provido de.

ri.fle [r'aifəl] *n* rifle, carabina ou espingarda que tem o cano raiado.

rift [rift] *n* greta, racha, abertura, fenda, brecha, fissura, rombo. • *vt+vi* rachar (-se), abrir(-se), fender, rasgar.

rig [rig] *n* **1** fraude, burla. **2** brincadeira, peça. • *vt* manipular ou arranjar fraudulentamente.

right [rait] *n* **1** direito, o que é justo ou correto. **2** justiça, equidade. **3** lado direito ou o que fica no lado direito, mão direita. **4** direita: o partido conservador. • *vt+vi* **1** corrigir, regularizar, endireitar. **2** fazer justiça, reabilitar, defender. • *adj* **1** direito, certo, reto. **2** correto, justo, honesto. **3** exato, correto. **4** à direita, do lado direito. **5** externo, superior (lado de um tecido etc.). • *adv* **1** corretamente, justamente, propriamente. **2** exatamente, corretamente, bem. **3** diretamente, em linha reta, de modo reto. **all right** muito bem, está certo, está em ordem. **by right of** por força de. **on the right** à direita. **right ahead!** para a frente! para diante! **right away** imediatamente. **right here** aqui mesmo. **right now** agora mesmo. **right there** aí, ali ou lá mesmo.

right.eous [r'aitʃəs] *adj* justo, honrado, reto, íntegro, virtuoso, idôneo.

right.ful [r'aitful] *adj* **1** por direito, legítimo. **2** reto, justo, probo.

right hand [rait h'ænd] *n* **1** mão direita. **2** lado direito. **3** auxiliar indispensável ou de confiança, braço direito. • *adj* **right-hand 1** da mão direita. **2** do lado direito. **3** no sentido horário.

right-hand.ed [rait h'ændid] *adj* destro.
right-mind.ed [rait m'aindid] *adj* **1** reto, honrado, honesto. **2** adequado, correto.
right.ness [r'aitnis] *n* **1** retidão, justiça, probidade, equidade. **2** exatidão, correção.
right wing [rait w'iŋ] *n Pol* ala direitista, direita.
rig.id [r'idʒid] *adj* **1** rígido. **2** rigoroso, inflexível, severo.
rig.or, rig.our [r'igə] *n* **1** rigor, severidade. **2** austeridade, inclemência, aspereza.
rig.or.ous [r'igərəs] *adj* rigoroso, severo, inclemente.
rim [rim] *n* **1** borda, beira, margem. **2** aba (de chapéu), aro. • *vt+vi* **1** formar ou guarnecer com aro. **2** rodear, cercar, orlar.
rimmed [rimd] *adj* que tem bordos, beiras, margens ou abas. **rimmed glasses** óculos com aros.
rind [raind] *n* casca, crosta, pele, película, couro (de toicinho). • *vt* descascar.
ring[1] [riŋ] *n* **1** anel, círculo, aro, roda. **2** circo, arena, pista, picadeiro. **3** ringue. • *vt+vi* prover de ou guarnecer com um anel ou aro. **wedding ring** aliança.
ring[2] [riŋ] *n* **1** toque de campainha ou sino. **2** badalada. **3** chamada telefônica. **give me a ring** / me dê uma ligada (telefônica). • *vt+vi* (*ps* **rang**, *pp* **rung**) **1** tocar (campainha), soar, repicar, badalar, retinir (sinos). **2** ressoar, reverberar, retumbar. **3** soar como, parecer. *it rings true (false)* / soa bem (mal), parece ser verdadeiro (falso). **4** *Brit* telefonar.
ring fin.ger [r'iŋ fiŋgə] *n* dedo anular.
ring road [r'iŋ roud] *n Brit* anel viário.
rink [riŋk] *n* pista de patinação.
rinse [rins] *n* **1** enxaguadura, enxágue. **2** rinçagem (para tingir cabelos). • *vt* **1** enxaguar, lavar. **2** passar rinçagem nos cabelos.
ri.ot [r'aiət] *n* **1** distúrbio, tumulto, agitação. **2** desordem violenta, levante, motim, revolta. • *vt+vi* **1** provocar distúrbios, desordens. **2** levantar(-se), amotinar(-se), revoltar(-se).
ri.ot.ous [r'aiətəs] *adj* **1** revoltoso, tumultuoso, turbulento. **2** desenfreado, descomedido.
rip [rip] *n* rasgo, rasgão, fenda. • *vt+vi* rasgar, abrir à força, fender, romper, rachar, arrancar (**out, off, up**).
ripe [raip] *vt+vi* = **ripen**. • *adj* **1** maduro, sazonado. **2** desenvolvido, perfeito. **3** pronto, preparado.
rip.en [r'aipən] *vt+vi* **1** amadurecer. **2** aprimorar.
rip-off [r'ip ɔf] *n sl* **1** *Amer* roubo. **2** exploração, ato de cobrar caro demais.
rip.ple [r'ipəl] *n* **1** ondulação, agitação. **2** sussurro, murmúrio. **3** ripples reverberações. • *vt+vi* **1** encrespar-se, ondular, agitar-se. **2** sussurrar, murmurar. **3** enrugar.
rise [raiz] *n* **1** ação de levantar ou subir. **2** ascensão, elevação. **3** colina, aclive, ladeira, rampa. **4** promoção, avanço, progresso. **5** subida. **6** *Brit* aumento (de salário). **7** aria, encarecimento. • *vi* (*ps* **rose**, *pp* **risen**) **1** subir, ir para cima. **2** levantar(-se), erguer(-se), pôr-se de pé, sair da cama. **3** aumentar (salários, preços). **4** nascer, surgir (sol). **5** revoltar-se, rebelar-se, insurgir-se contra. **rise in (of) prices** aumento de preços. **to give rise to** originar, produzir, causar.
ris.er [r'aizə] *n* o que se levanta. **an early riser** um madrugador.
ris.ing [r'aiziŋ] *n* **1** ação de levantar. **2** subida, ascensão, elevação. **3** revolta, insurreição. **4** nascer (do sol). • *adj* **1** ascendente. **2** nascente. **3** progressivo, que progride.
risk [risk] *n* risco, perigo. *do it at your own risk* / faça-o por sua conta e risco. • *vt* arriscar, expor ao perigo, aventurar-se. **at risk** em perigo. **to run a risk** correr um perigo.
rite [rait] *n* rito, ritual.

riv.al [r'aivəl] *n* rival, concorrente, antagonista. • *vt+vi* rivalizar, concorrer, competir. • *adj* rival, competidor.

ri.val.ry [r'aivəlri] *n* rivalidade, concorrência, disputa.

rive [raiv] *n* rocha, fenda. • *vt* (*ps* **rived**, *pp* **riven**) rachar, fender, rasgar.

riv.er [r'ivə] *n* 1 rio. 2 *fig* abundância. • *adj* 1 fluvial. 2 ribeirinho. **down the river** rio abaixo. **river bed** leito fluvial. **riverhead** nascente de rio. **river-mouth** foz, embocadura, estuário. **up the river** rio acima.

riv.er.hog [r'ivə hɔg] *n Zool* capivara.

riv.er-horse [r'ivə hɔ:s] *n Zool* hipopótamo.

roach [routʃ] *n Amer* barata.

road [roud] *n* 1 estrada, rodovia. 2 caminho, curso. 3 *Amer* estrada de ferro. **crossroad** encruzilhada. **high road** estrada principal, rodovia. **one for the road** saideira, a última bebida antes de partir. **on the road** a caminho, de passagem, viajando, excursionando.

road.block [r'oudblɔk] *n* barreira, obstáculo na estrada. • *vt* obstruir, fazer parar.

road.way [r'oudwei] *n* 1 leito da rua. 2 pista da estrada ou rodovia.

roam [roum] *n* perambulação, passeio ou viagem sem fim definido. • *vt+vi* 1 vagar, perambular, andar a esmo. 2 passear, viajar.

roar [rɔ:] *n* 1 rugido, bramido, urro. 2 mugido, berro. • *vt+vi* 1 rugir, bramir, zunir, uivar (mar, tempestade). 2 urrar, bradar.

roar.ing [r'ɔ:riŋ] *n* rugido, bramido, estrondo. • *adj* 1 barulhento, estrondoso, atroador. 2 *coll* vivo, animado.

roast [roust] *n* 1 assado, carne assada. 2 *Amer* churrasco. • *vt+vi* assar, torrar, tostar. • *adj* (também **roasted**) assado, torrado. **roast beef** rosbife, carne assada.

rob [rɔb] *vt+vi* 1 roubar. 2 pilhar. 3 despojar, privar.

rob.ber [r'ɔbə] *n* ladrão, assaltante. **sea robber** pirata.

rob.ber.y [r'ɔbəri] *n* 1 roubo, furto, rapina. 2 saque, pilhagem.

robe [roub] *n* 1 manto. 2 roupão, robe. • *vt+vi* 1 vestir trajes cerimoniais, paramentar. 2 vestir.

rock[1] [rɔk] *n* 1 rocha, rochedo. 2 penhasco, recife, escolho. 3 pedra. • *adj* rochoso, pétreo. **on the rocks** a) em dificuldades. b) falido. c) com cubos de gelo (bebida).

rock[2] [rɔk] *n* 1 embalo, balanço. 2 *Mus* rock: dança de origem norte-americana, de compasso quaternário, surgida na década de 50. • *vt+vi* 1 balançar. 2 embalar, acalentar. 3 agitar, tremer, sacudir, abalar.

rock.et [r'ɔkit] *n* 1 foguete. 2 rojão. • *vt+vi* 1 subir (voar) verticalmente. 2 subir rápida e vertiginosamente (preços etc.).

rock.ing [r'ɔkiŋ] *n* ação de balançar, embalar ou agitar, balanço. • *adj* de balanço.

rock.ing chair [r'ɔkiŋ tʃɛə] *n* cadeira de balanço.

rock.y[1] [r'ɔki] *adj* 1 rochoso. 2 *fig* firme, sólido. 3 duro, insensível, empedernido.

rock.y[2] [r'ɔki] *adj* 1 que balança. 2 instável, agitado, trêmulo.

rod [rɔd] *n* 1 vara, varinha, vareta, haste. 2 caniço, vara de pesca.

ro.dent [r'oudənt] *n* roedor. • *adj* roedor.

roe [rou] *n* 1 ova (de peixe). 2 corça, cerva.

rogue [roug] *n* 1 velhaco, embusteiro, tratante, enganador, mentiroso. • *vi* 1 usar de velhacaria. 2 fraudar. • *adj* 1 perigoso, selvagem (animal separado da manada). 2 nocivo, pernicioso, danoso. 3 brincalhão.

ro.guer.y [r′ougəri] *n* 1 velhacaria, patifaria, malandragem. 2 travessura, peça, brincadeira.

role, rôle [roul] *n Fr* 1 *Cin, Theat* papel, parte. 2 função ou posição na vida real. **to play the role of** fazer o papel de.

roll [roul] *n* 1 rolo (de arame, papel etc.). 2 cilindro ou qualquer forma aproximadamente cilíndrica. 3 rufar de tambor. 4 lista, rol, catálogo, registro, relação. 5 pãozinho, pão francês. • *vt* 1 rolar, fazer rolar. 2 enrolar, dar forma de rolo a. 3 girar, revolver. 4 preparar massas alimentícias com o rolo. 5 rodar (carro). **pay roll** folha de pagamento.

roll call [r′oul kɔ:l] *n* 1 chamada. 2 toque para reunir.

roll.er [r′oulə] *n* rolo, cilindro, tambor.

rol.ler coast.er [r′oulə koustə] *n* montanha-russa.

rol.ler skate [r′oulə skeit] *n* patim de rodas. • *vi* patinar (com patins de rodas).

rol.ler-skat.ing [r′oulə skeitiŋ] *n* patinação.

roll.ing [r′ouliŋ] *n* ação de rolar, rodar ou girar. • *adj* 1 rolante, rodante, giratório. 2 ondulado.

rol.ling pin [r′ouliŋ pin] *n* rolo ou pau de macarrão.

rol.ling stone [r′ouliŋ stoun] *n* pessoa que não tem endereço fixo ou responsabilidade.

roll-neck [r′oul nek] *adj* rolê, enrolado.

ro.mance[1] [rəm′æns] *n* 1 história de amor, aventura etc., geralmente passada em épocas ou lugares distantes, com eventos mais grandiosos que na vida real. 2 romantismo. 3 romance, caso amoroso. • *vt+vi* 1 romancear. 2 pensar ou falar de modo romântico. 3 exagerar.

ro.mance[2] [rəm′æns] *n* romance, românico, qualquer das línguas romanas. • *adj* romântico, de ou relativo a estas línguas ou aos povos que as falam.

roof [ru:f] *n* (*pl* **roofs**) 1 telhado. 2 cume, topo. • *vt* 1 cobrir com telhas, telhar. 2 abrigar, alojar, acolher. **the roof of the mouth** o céu da boca.

roof.ing [r′u:fiŋ] *n* 1 cobertura, telhadura. 2 material para telhado, material que forma o telhado.

roof rack [r′u:f ræk] *n Brit* bagageiro de teto (do carro), porta-bagagens.

room [ru:m, rum] *n* 1 quarto, aposento, apartamento, dependência. 2 espaço, capacidade, lugar. 3 oportunidade, ensejo, ocasião. 4 alojamento, quarto ou residência mobiliada. **bathroom** banheiro. **bedroom** dormitório. **dining-room** sala de jantar. **drawing-room** sala de visitas. **room and board** pensão completa.

room.mate [r′u:mmeit] *n* companheiro de quarto.

room ser.vice [r′u:m sə:vis] *n* serviço de copa nos quartos (em hotel).

room.y [r′u:mi] *adj* espaçoso, amplo, largo.

roost [ru:st] *n* poleiro. • *vt+vi* empoleirar.

roost.er [r′u:stə] *n Amer* galo.

root [ru:t] *n* 1 raiz. 2 qualquer coisa com forma ou função de raiz. 3 causa, fonte, origem. 4 *Math* raiz. • *vt* 1 arraigar, lançar ou criar raízes. 2 erradicar, extirpar, arrancar (**up, out, away**). 3 originar-se.

rope [roup] *n* 1 corda, cabo, cordame. 2 laço. 3 baraço. • *vt+vi* 1 amarrar, atar com corda. 2 rodear, cingir ou separar com corda. 3 laçar.

rose [rouz] *n* 1 *Bot* rosa. 2 roseira, rosácea. • *adj* 1 cor-de-rosa. 2 relativo a rosas.

rose.bud [r′ouzbʌd] *n* botão de rosa.

rose.mar.y [r′ouzməri] *n Bot* alecrim.

ros.y [r′ouzi] *adj* 1 róseo, rosado, encarnado, cor-de-rosa. 2 promissor, auspicioso.

rot [rɔt] *n* 1 podridão, putrefação, decomposição. 2 coisa podre ou estragada. • *vt+vi* 1 apodrecer, deteriorar, estragar. 2 decair, corromper, tornar-se corrupto, degenerar.

ro.tate [rout'eit] *vt+vi* **1** girar, rodar, revolver. **2** revezar-se, alternar-se.

ro.ta.tion [rout'eiʃən] *n* **1** rotação, revolução, movimento giratório. **2** revezamento, turno, rodízio.

rot.ten [r'ɔtən] *adj* **1** podre, putrefato, estragado. **2** corrupto, desonesto.

rot.ten.ness [r'ɔtənnis] *n* **1** podridão. **2** corrupção, depravação.

rough [rʌf] *n* **1** condição ou estado inacabado, tosco, bruto. **2** aspereza. **3** terreno irregular, acidentado. **4** pessoa bruta, indivíduo violento, brutamontes. • *vt* tornar(-se) áspero, executar toscamente. • *adj* **1** áspero, irregular, acidentado. **2** rude, tosco, bruto, inacabado, cru. **3** agitado, encrespado, encapelado (mar.) **4** tempestuoso, borrascoso (tempo). **5** aproximado (cálculo), incompleto (pensamento, plano). • (também **roughly**) *adv* **1** asperamente, brutalmente. **2** aproximadamente. **3** inacabadamente.

rough.ness [r'ʌfnis] *n* **1** aspereza, rudeza, escabrosidade, desigualdade. **2** rusticidade, grosseria. **3** rigor, severidade. **4** violência. **5** rigor do tempo.

round [raund] *n* **1** círculo, circunferência, esfera, abóbada. **2** órbita. **3** ronda, rotação, circuito, curso, rota. **4** sucessão, série, ciclo, rotina. **5** *Box* assalto, *round*. • *vt+vi* **1** arredondar(-se), curvar, dobrar. **2** contornar, voltear, rodear, circundar. • *adj* **1** redondo, circular, cilíndrico, esférico. **2** cheio, corpulento, rechonchudo. • *adv* **1** circularmente, em círculo, contornando. **2** de ou por todos os lados, em todas as direções, por toda parte. **3** em volta, em redor, em torno, na redondeza, perto, nas proximidades. • *prep* **1** em volta, por toda parte. **2** à volta de, em torno de. **3** na vizinhança de, perto de.

round.a.bout [r'aundəbaut] *n* **1** caminho ou curso indireto, desvio, rodeio. **2** circunlóquio, rodeio de palavras. **3** carrossel. • *adj* indireto, perifrástico, vago.

round.ness [r'aundnis] *n* **1** redondeza, rotundidade. **2** clareza, positividade, franqueza (resposta). **3** vigor, severidade. **4** harmonia (estilo).

round trip [raund tr'ip] *n* viagem de ida e volta.

rouse [rauz] *n Mil* alvorada, toque de alvorada, o despertar. • *vt+vi* **1** despertar, acordar. **2** incitar, suscitar, provocar, estimular, instigar, excitar (**to** para). **to rouse oneself** animar-se, recobrar-se, recuperar-se.

rout[1] [raut] *n* **1** debandada. **2** derrota completa. **3** turba, chusma, horda, multidão. • *vt* derrotar, desbaratar, destroçar, aniquilar.

rout[2] [raut] *vt+vi* **1** mandar sair, expulsar, desenterrar, cavar, escavar. **2** descobrir, encontrar.

route [ru:t] *n* rota, diretriz, direção, rumo, curso, roteiro, itinerário.

rou.tine [ru:t'i:n] *n* rotina, uso geral, hábito, prática regular. • *adj* rotineiro, costumeiro, habitual, de praxe.

row[1] [rou] *n* fileira, fila, linha, fiada, série, ordem, carreira. • *vt* dispor em fila, enfileirar.

row[2] [rou] *n* **1** ação de remar, remada, remadura, voga. **2** passeio de bote, de barco a remos. • *vt+vi* remar, vogar.

row[3] [rau] *n* **1** barulho, motim, algazarra, clamor, distúrbio. **2** disputa, altercação, contenda, rixa. • *vi* fazer barulho, causar alvoroço, brigar, armar motim ou tumulto.

row.boat [r'oubout] *n* barco a remos, bote a remos.

row.dy [r'audi] *n* desordeiro, arruaceiro, valentão, turbulento. • *adj* desordeiro, arruaceiro, brigão, brutal.

roy.al [r'ɔiəl] n membro da família real. • adj 1 real, régio. 2 nobre, majestoso, augusto. **Her Royal Highness** Sua Alteza Real.

roy.al.ty [r'ɔiəlti] n (pl **royalties**) 1 realeza. 2 direitos autorais, *royalty*, direitos de exploração de patentes.

rub [rʌb] n 1 esfrega, esfregadura, fricção, atrito. 2 obstáculo, impedimento, obstrução, dificuldade. • vt+vi 1 esfregar, friccionar. we rubbed our hands / esfregamos as mãos. 2 raspar, rasurar, escoriar. 3 polir, lustrar, limpar (esfregando).

rub.ber [r'ʌbə] n 1 borracha, goma-elástica. 2 sl camisa de vênus, camisinha. • vt+vi 1 Amer sl esticar o pescoço, virar a cabeça para ver alguma coisa. 2 emborrachar. • adj feito de borracha.

rub.ber stamp [rʌbə st'æmp] n carimbo de borracha.

rub.ber tape [rʌbə t'eip] n fita isolante (de borracha).

rub.bish [r'ʌbiʃ] n 1 refugo, entulho, lixo. 2 bobagem, asneira, tolice, absurdo, despropósito.

rub.ble [r'ʌbəl] n pedregulho, cascalho, entulho, pedra britada.

ruck.sack [r'ʌksæk] n mochila.

rud.der [r'ʌdə] n 1 *Naut* leme, timão. 2 *Aeron* leme de direção.

rude [ru:d] adj 1 rude, grosseiro. 2 insolente, insultuoso, impertinente, impudente, descarado. 3 violento, impetuoso.

rude.ness [r'u:dnis] n 1 rudeza, grosseria. 2 incivilidade.

ruf.fle [r'ʌfəl] n 1 folho, franzido, tufo, rufo. 2 ondulação, agitação leve (das águas). • vt+vi 1 franzir, enrugar, amarrotar. 2 fazer tufos ou folhos em, preguear.

rug [rʌg] n 1 tapete pequeno ou capacho. 2 manta de viagem.

rug.ged [r'ʌgid] adj 1 áspero, desigual, rugoso, sulcado. 2 escabroso, escarpado, irregular, acidentado.

ru.in [r'u:in] n 1 ruína, destruição, estrago, dano. 2 decadência, queda. 3 bancarrota, falência, perda. • vt 1 arruinar, estragar, decair, destruir. 2 falir, ir à falência ou bancarrota. **to go to ruin** arruinar-se, decair.

rule [ru:l] n 1 regra, regulamento, preceito, estatuto. 2 ordem, prescrição, lei. 3 controle, regime, governo, mando, poder. 4 praxe, hábito, uso, costume. • vt 1 determinar, ordenar, mandar, decretar. 2 decidir, estabelecer. 3 guiar, dirigir, governar, administrar, reger, mandar, controlar. **as a rule** por via de regra. **sliding rule** régua de cálculo. **to be ruled by** ser influenciado por, ser guiado por. **to lay down a rule** estabelecer uma regra.

rul.er [r'u:lə] n 1 governador, soberano, monarca, regente, administrador. 2 régua.

rul.ing [r'u:liŋ] n decisão judicial, parecer oficial, despacho. • adj 1 prevalente, predominante. 2 em vigor, corrente. 3 reinante.

rum [rʌm] n 1 rum. 2 *Amer* bebida alcoólica.

rum.ble [r'ʌmbəl] n 1 rumor, estrondo, ribombo, ronco. 2 briga de rua. • vt+vi 1 ribombar, estrondear, retumbar, roncar. 2 mover ou passar com um barulho semelhante. 3 participar de briga de rua.

rum.mage [r'ʌmidʒ] n 1 vistoria, revista, inspeção. 2 transtorno, desordem, confusão. 3 bugigangas, miscelânea. • vt+vi 1 rebuscar, vistoriar, revistar, investigar. 2 remexer, revolver (procurando).

ru.mor, ru.mour [r'u:mə] n rumor, boato (**of** acerca de). • vt espalhar, propalar boatos. **it is rumoured that** dizem que. **the rumour runs / the rumour runs** corre, circula o boato. **to spread rumours** espalhar boatos.

rump [rʌmp] *n* 1 anca, garupa, nádega, traseiro. 2 alcatra.

rum.ple [r'ʌmpəl] *n* ruga, prega, dobra, vinco. • *vt+vi* enrugar, amarrotar, pôr em desordem.

run [rʌn] *n* 1 corrida, carreira. 2 passeio, viagem curta, giro, jornada. 3 correr (dos dias), marcha, curso (dos acontecimentos). • *vt+vi* (*ps* **ran**, *pp* **run**) 1 correr. 2 apressar. 3 fugir, escapar. 4 estender-se, prolongar-se (ruas, estradas). 5 conduzir, guiar, transportar. 6 *Amer* ser candidato à eleição. 7 conduzir, dirigir (negócios). **in the long run** no final das contas, com o correr do tempo, a longo prazo. **in the short run** a curto prazo. **to run away** fugir, esquivar-se (**from** de). **to run from** fugir de, escapar de. **to run into** a) entrar correndo, afluir. b) colidir, chocar-se com. c) encontrar por acaso. **to run mad** a) ficar furioso. b) *fig* ficar louco. **to run up and down** correr de cá para lá, de cima para baixo. **to run wild** enfurecer, ficar fora de si.

run.a.way [r'ʌnəwei] *n* 1 fugitivo, desertor. 2 cavalo desembestado. 3 fuga. • *adj* 1 fugitivo. 2 desertor. 3 desembestado, desgovernado.

run-down [rʌn d'aun] *adj* 1 em estado precário. 2 fatigado, exausto. 3 parado por não ter corda (relógio). 4 dilapidado (construção).

rung [rʌŋ] *n* degrau de escada de mão. • *pp* of **ring**.

run.ner [r'ʌnə] *n* 1 corredor. 2 mensageiro. 3 contrabandista. 4 passadeira: tapete comprido e estreito.

run.ning [r'ʌniŋ] *n* 1 ato de correr, fazer correr ou dirigir. 2 carreira, corrida. 3 contrabando. 4 escoamento, supuração, corrimento. 5 direção, administração. • *adj* 1 cursivo, fluente. 2 corrente, fluente. 3 supurante. 4 em vigor. 5 que sobe, ascende (de plantas trepadeiras). • *adv* em sucessão, consecutivamente.

run.ning wa.ter [rʌniŋ w'ɔ:tə] *n* água corrente.

run.way [r'ʌnwei] *n Aeron* pista de pouso e decolagem.

rup.ture [r'ʌptʃə] *n* 1 ruptura, rompimento. 2 *fig* desinteligência, discórdia. • *vt+vi* 1 romper, quebrar. 2 separar-se.

rush [rʌʃ] *n* 1 ímpeto, investida. 2 movimento rápido, avanço. 3 pressa, precipitação, agitação, afobação. 4 corrida, grande afluxo de pessoas. 5 "barato" (efeito de drogas). • *vt+vi* 1 impelir, empurrar, executar a toda pressa. 2 ir, vir, ou passar com pressa. 3 apressar, acelerar, precipitar. • *adj* urgente. **to rush in** entrar apressadamente. **to rush out** sair precipitadamente.

rush hour [r'ʌʃ auə] *n* hora do *rush*, hora de grande movimento nas ruas.

rust [rʌst] *n* ferrugem. • *vt+vi* 1 enferrujar. 2 *fig* decair, enfraquecer. • *adj* da cor da ferrugem.

rus.tic [r'ʌstik] *n* pessoa rústica, camponês, sertanejo. • *adj* 1 rústico, rural, do campo, agrário. 2 simples, sem afetação. 3 rude, descortês.

rus.tle [r'ʌsəl] *n* sussurro, ruído. • *vt+vi* 1 sussurrar, farfalhar (da folhagem). 2 roçar (da seda). 3 *fig* murmurar, ressoar, zunir.

rus.tling [r'ʌsliŋ] *n* sussurro, ruído, o roçar (de sedas). • *adj* sussurrante, rumorejante.

rust.y [r'ʌsti] *adj* 1 enferrujado, ferrugento. 2 áspero, rouco. 3 da cor da ferrugem.

rut¹ [rʌt] *n* 1 cio: excitação sexual dos animais. 2 período do cio. • *vi* estar no cio.

rut² [rʌt] *n* 1 sulco de carros, trilho, sulco. 2 rotina. • *vt* sulcar, formar trilhos.

ruth.less [r'u:θlis] *adj* cruel, implacável, desapiedado, sem escrúpulos.

rye [rai] *n* 1 centeio. 2 *Amer coll* uísque destilado do centeio. 3 semente de centeio. 4 *Amer* pão de centeio.

S

S, s [es] *n* **1** décima nona letra do alfabeto, consoante. **2** objeto formado como um S. • *adj* com forma de S.

's [s, z, iz, əz] **1** forma contrata de: a) **is**. *he's absolutely deaf* / ele é absolutamente surdo. b) **has**. *he's never read a good book* / ele nunca leu um bom livro. c) **us**. *let's go!* / vamos! **2** indica o caso genitivo ou possessivo de substantivos. *John's father* / o pai de João.

sab.bath [s'æbətθ] *n* sabá: dia de descanso e louvor a Deus (sábado para os judeus e domingo para os cristãos).

sab.o.tage [s'æbəta:ʒ] *n* sabotagem. • *vt* sabotar, danificar.

sack¹ [sæk] *n* **1** saco. **2** saca, conteúdo de um saco. **3** *coll* demissão. **4** *sl* cama. • *vt* **1** ensacar. **2** despedir, demitir. **to get the sack** ser despedido.

sack² [sæk] *n* saque, roubo, pilhagem. • *vt* saquear, pilhar, devastar.

sa.cred [s'eikrid] *adj* sagrado, sacro, consagrado, santificado. **Sacred College** a) Sacro Colégio (dos Cardeais). b) conclave dos cardeais para eleger o novo papa.

sac.ri.fice [s'ækrifais] *n* **1** sacrifício, oferta solene. **2** holocausto, renúncia. • *vt* **1** sacrificar, oferecer a um deus. **2** entregar em holocausto, renunciar.

sac.ri.lege [s'ækrilidʒ] *n* sacrilégio, profanação.

sad [sæd] *adj* **1** triste, abatido, melancólico. **2** lamentável, deplorável, que causa aborrecimento ou preocupação.

sad.den [s'ædən] *vt* tornar(-se) triste ou abatido, deprimir, entristecer(-se).

sad.dle [s'ædəl] *n* sela, selim, assento de bicicleta. • *vt+vi* pôr sela em. **to saddle up** selar um cavalo, montar.

sad.dler [s'ædlə] *n* seleiro.

sad.ism [s'eidizəm] *n* sadismo.

sad.ness [s'ædnis] *n* tristeza, melancolia.

safe [seif] *n* cofre, caixa-forte. • *adj* **1** seguro, fora de perigo. *the bridge is safe* / a ponte é segura. **2** são, ileso. **3** salvo. **4** seguro, inofensivo. **safe and sound** são e salvo.

safe.guard [s'eifga:d] *n* **1** proteção, defesa. **2** salvaguarda. • *vt* salvaguardar, proteger, defender.

safe.keep.ing [s'eifki:piŋ] *n* custódia, guarda, proteção, segurança.

safe.ty [s'eifti] *n* **1** segurança. **2** dispositivo de segurança. • *vt* proteger. • *adj* que protege, que dá segurança. **in safety** seguro, em segurança.

safe.ty belt [s'eifti belt] *n* cinto de segurança.

safe.ty pin [s'eifti pin] *n* alfinete de segurança.

safe.ty rail [s'eifti reil] *n* corrimão.

safe.ty valve [s'eifti vælv] *n* **1** válvula de segurança. **2** *fig* válvula de escape.

sag [sæg] *vt* **1** ceder, vergar, curvar-se. **2** pender, estar inclinado.
said [sed] *ps, pp* of **say.** • *adj* dito, mencionado, citado.
sail [seil] *n* vela (de navio), velas, velame. • *vt+vi* **1** velejar, viajar. **2** viajar, navegar (em navio, vapor etc.). **3** singrar. **4** navegar, manobrar (navio). **5** partir, iniciar viagem. **to go sailing** sair para velejar. **to set sail** fazer-se à vela.
sail.boat [s'eilbout] *n* veleiro, barco à vela.
sail.ing [s'eiliŋ] *n* **1** navegação (à vela), iatismo. **2** partida (de navio). • *adj* de vela, veleiro. **sailing boat** veleiro.
sail.or [s'eilə] *n* marinheiro, marujo. • *adj* de marinheiro, como marinheiro.
saint [seint] *n* santo, santa. • *vt* canonizar, declarar santo, considerar santo, santificar. **All Saints' Day** dia de Todos os Santos. **Saint's day** dia santificado. **St. Valentine's Day** dia dos namorados, 14 de fevereiro, nos Estados Unidos, Grã-Bretanha e Austrália.
sake [seik] *n* **1** causa, motivo. **2** fim, finalidade. **art for art's sake** arte pela arte. **for goodness sake!** pelo amor de Deus! **for one's own sake** em interesse próprio, para o próprio bem. **for the sake of peace** por amor à paz. **for whose sake?** por causa de quem?
sal.ad [s'æləd] *n* **1** salada. **2** mistura, confusão.
sal.ad dress.ing [s'æləd dresiŋ] *n* tempero ou molho para salada.
sal.a.ry [s'æləri] *n* salário, remuneração.
sale [seil] *n* **1** venda. **2** liquidação. **for sale** à venda. **on sale** a) à venda. b) em liquidação.
sales.clerk [s'eilzkla:k] *n* balconista.
sales girl [s'eilz gə:l] *n* balconista.
sales.man [s'eilzmən] *n* agente de vendas, vendedor, representante de vendas.
sales.per.son [s'eilzpə:sən] *n* vendedor ou vendedora.
sales price [s'eilz prais] *n* preço de venda.

sales rep.re.sen.ta.tive [s'eilz reprizentətiv] *n* representante de vendas, vendedor.
sales tax [s'eilz tæks] *n* imposto sobre circulação de mercadorias.
sales.wom.an [s'eilzwumən] *n* vendedora.
salm.on [s'æmən] *n* **1** *Ichth* salmão e outros peixes da mesma família. **2** cor salmão. • *adj* vermelho-amarelado, salmão.
sa.loon [səl'on] *n* **1** salão (de recepção). **2** salão de arte, exposição. **3** salão de beleza.
sa.loon [səl'u:n] *n* **1** salão, sala. **2** primeira classe (em navios). **3** *Amer* taverna, bar.
salt [sɔ:lt] *n* **1** sal, sal de cozinha, cloreto de sódio. **2** *Chem* sal. • *vt* **1** salgar. **2** salmourar, tratar com sal. • *adj* **1** salgado. **2** com gosto de sal. **3** curado, conservado em sal. **in salt** em salmoura.
salt.ed [s'ɔ:ltid] *adj* **1** salgado. **2** *fig* levado, esperto. **3** experimentado.
salt-wa.ter [s'ɔ:lt wɔ:tə] *n* água salgada, água do mar.
salt.y [s'ɔ:lti] *adj* **1** salgado. **2** picante, apimentado. **3** *fig* malicioso.
sa.lute [səl'u:t] *n* **1** saudação, cumprimento. **2** *Mil* continência. **3** salva. • *vt* **1** saudar. **2** fazer continência, apresentar armas. **3** cumprimentar.
sal.vage [s'ælvidʒ] *n* **1** salvamento, recuperação. **2** objetos ou propriedades salvos. • *vt* salvar (de fogo, de naufrágio), recuperar.
sal.va.tion [sælv'eiʃən] *n* **1** salvação, redenção. **2** saudação.
same [seim] *adj* **1** mesmo, mesma, idêntico. **2** igual. **3** inalterado. • *pron* o mesmo, a mesma. • *adv* do mesmo modo, da mesma maneira (em geral com **the**). **all the same** ainda assim, mesmo assim. **just the same** não faz diferença. **one and the same** o mesmo. **same here** *coll* eu também. **the same to**

you! igualmente!, o mesmo! **the very same** exatamente o mesmo.

same.ness [s'eimnis] *n* 1 identidade, similaridade. 2 monotonia, uniformidade.

sam.ple [s'a:mpəl, s'æmpəl] *n* amostra, prova, exemplo. • *vt* provar, testar. • *adj* que serve como amostra ou exemplo. **according to sample / up to sample** conforme amostra. **free sample** amostra grátis.

sam.pler [s'a:mplə; sæmplə] *n* 1 o que tira amostras, classificador. 2 pano com amostras de bordados.

sam.pling [s'a:mpliŋ, s'æmpliŋ] *n* ato de tirar amostra ou prova.

sanc.tion [s'æŋkʃən] *n* aprovação, sanção, autorização. • *vt* sancionar, autorizar, aprovar.

sanc.tu.ar.y [s'æŋktuəri] *n* 1 santuário. 2 altar. 3 reserva natural animal ou vegetal.

sand [sænd] *n* 1 areia. 2 *fig* coragem. 3 **sands** areal, região arenosa, deserto de areia. 4 praia. • *vt* 1 jogar areia. 2 arear, limpar com areia.

san.dal [s'ændəl] *n* sandália, alpargata, chinelo aberto.

sand-bank [s'ænd bæŋk] *n* banco de areia.

sand-glass [s'ænd gla:s] *n* ampulheta.

sand.pa.per [s'ændpeipə] *n* lixa. • *vt* lixar.

sand-storm [s'ænd stɔ:m] *n* tempestade de areia.

san.dy [s'ændi] *adj* arenoso.

sane [sein] *adj* 1 são, sadio, sensato. 2 racional, razoável, ajuizado.

san.i.tar.i.an [sænit'ɛəriən] *n* sanitarista. • *adj* sanitário.

san.i.tar.y [s'ænitəri] *adj* 1 sanitário, saudável, higiênico. 2 limpo, asseado.

san.i.tar.y nap.kin [sænitəri n'æpkin] *n Amer* absorvente feminino.

san.i.tar.y tow.el [sænitəri t'auəl] *n Brit* absorvente higiênico, geralmente de uso feminino.

san.i.tar.y ware [sænitəri w'ɛə] *n* louça sanitária (pia, bidê e vaso sanitário).

san.i.ta.tion [sænit'eiʃən] *n* saneamento.

san.i.ty [s'æniti] *n* 1 sanidade mental. 2 razão.

sank [sæŋk] *ps* of **sink**.

sap[1] [sæp] *n* 1 seiva. 2 fluido vital, vigor. • *vt* extrair a seiva.

sap[2] [sæp] *n* 1 sapa. 2 galeria subterrânea, escape, solapamento. • *vt+vi* 1 sapar, minar, cavar. 2 enfraquecer, consumir, gastar, esgotar. 3 entrincheirar-se, solapar.

sap.ling [s'æpliŋ] *n* 1 broto, árvore nova. 2 pessoa moça e inexperiente.

sap.phire [s'æfaiə] *n* 1 safira. 2 cor azul-safira. • *adj* azul-safira.

sap.phism [s'æfizəm] *n* safismo, lesbianismo.

sar.cas.tic [sa:k'æstik] *adj* sarcástico, irônico, satírico, mordaz.

sar.dine [sa:d'i:n] *n Ichth* sardinha.

sash[1] [sæʃ] *n* caixilho de janela ou de porta envidraçada. • *vt* colocar caixilhos.

sash[2] [sæʃ] *n* cinta, faixa, banda.

sa.ted [s'eitid] *adj* farto, satisfeito.

sat.el.lite [s'ætəlait] *n Astr* satélite.

sa.ti.ate [s'eiʃieit] *vt* 1 saciar, satisfazer. 2 fartar, encher. • *adj* satisfeito, farto.

sa.ti.e.ty [sət'aiəti] *n* saciedade, satisfação do apetite, fartura.

sat.in [s'ætin] *n* cetim. • *adj* acetinado, cetinoso, de cetim.

sat.ire [s'ætaiə] *n* 1 sátira. 2 ridicularização.

sat.is.fac.tion [sætisf'ækʃən] *n* 1 satisfação. 2 contentamento. 3 gratificação.

sat.is.fy [s'ætisfai] *vt+vi* 1 satisfazer, contentar, saciar. 2 corresponder, cumprir, realizar. 3 agradar, convencer. 4 pagar, liquidar, obter quitação.

sat.is.fy.ing [s'ætisfaiiŋ] *adj* satisfatório, suficiente.

sat.u.rate [s'ætʃəreit] *vt* saturar, encher, fartar, embeber. • *adj* saturado, intenso.

Sat.ur.day [s'ætədi, s'ætədei] *n* sábado.

sauce [sɔ:s] *n* 1 *Cook* molho, calda. 2 *Amer* compota. 3 tempero. 4 *Brit sl* birita, mé: bebida alcoólica, especialmente uísque. • *vt* temperar, condimentar.

sauce.pan [s'ɔ:spən] *n Brit* panela com cabo e geralmente com tampa.

sau.cer [s'ɔ:sə] *n* 1 pires. 2 objeto em forma de pires. **flying saucer** disco voador.

sau.cy [s'ɔ:si] *adj* 1 atrevido, insolente, impertinente. 2 vivo, esperto. 3 *Brit sl* alinhado.

sau.na [s'ɔ:nə] *n* sauna: banho a vapor de origem finlandesa.

saun.ter [s'ɔ:ntə] *n* passeio, saracoteio. • *vi* passear, saracotear.

sau.sage [s'ɔsidʒ] *n* linguiça.

sau.sage roll [sɔsidʒ r'oul] *n Brit* tortinha de linguiça.

sav.age [s'ævidʒ] *n* 1 selvagem, bárbaro. 2 bruto, pessoa brutal ou grosseira. • *adj* 1 selvagem, feroz. 2 incivilizado.

sav.age.ry [s'ævidʒəri] *n* selvajaria, ferocidade, selvageria.

save¹ [seiv] *vt+vi* 1 salvar. 2 guardar, preservar, abrigar. 3 colher, recolher, armazenar, juntar, guardar. 4 economizar, poupar. 5 prevenir, evitar. **to save appearances** salvar as aparências.

save² [seiv] *prep* exceto, salvo. • *conj* a não ser que, exceto. *he invited all save my friend* / ele convidou todos exceto meu amigo. **save for** com exceção de, salvo. **save that** a menos que, só que, a não ser que.

sav.ing [s'eiviŋ] *n* 1 ato de economizar, de poupar. 2 economia. 3 ressalva. • *adj* 1 econômico, poupador. 2 salvador, protetor, redentor. • *prep* 1 salvo, exceto. 2 com todo respeito, em consideração. • *conj* com a exceção de, a não ser que, senão. *he called all saving my daughter* / ele chamou todos, exceto minha filha.

sav.ings [s'eiviŋz] *n pl* economias, dinheiro economizado, poupança.

sav.ings ac.count [s'eiviŋz əkaunt] *n* 1 conta remunerada. 2 caderneta de poupança.

sa.vior, sa.viour [s'eiviə] *n* salvador. **the Saviour** o Salvador, Jesus Cristo.

sa.vor.y, sa.voury [s'eivəri] *adj* 1 saboroso, cheiroso. 2 agradável, apetitoso.

saw¹ [sɔ:] *ps* of *see*.

saw² [sɔ:] *n* serra, serrote. • *vt+vi* (*ps sawed, pp sawn, sawed*) serrar.

saw.dust [s'ɔ:dʌst] *n* 1 serragem, serradura. 2 *sl* açúcar.

say [sei] *n* 1 fala, palavra. 2 ocasião para falar. • *vt+vi* (*ps, pp said*) 1 falar, dizer, afirmar. 2 exprimir, declarar, anunciar, pôr em palavras. 3 recitar, repetir. 4 supor, dar como exemplo. *(let's) say twenty* / digamos vinte. **it is said** ou **they say** diz-se, consta que. **so to say** por assim dizer. **that is to say** isto quer dizer, ou seja, em outras palavras. **to say nothing of** sem mencionar.

say.ing [s'eiiŋ] *n* 1 o que é dito, declaração, depoimento. 2 ditado, dito popular. **as the saying goes...** como se costuma dizer... *that goes without saying* isto se compreende por si, isto é lógico.

scab [skæb] *n* crosta de ferida, cicatriz. • *vi* formar crosta.

sca.bi.es [sk'eibi:z] *n Med* escabiose, sarna.

scaf.fold [sk'æfəld] *n* 1 andaime, palanque, estrado. 2 patíbulo, cadafalso.

scaf.fold.ing [sk'æfəldiŋ] *n* 1 sistema de andaimes. 2 material para andaime.

scald [skɔ:ld] *n* queimadura, escaldadura. • *vi* 1 queimar (com líquido quente ou vapor). 2 escaldar.

scale¹ [skeil] *n* 1 escama. 2 camada fina, crosta. • *vi* 1 escamar, remover escamas. 2 descascar.

scale² [skeil] *n* prato de balança. • *vt* pesar.

scale³ [skeil] *n* **1** escala, sequência, série de graus. **2** escala: proporção de tamanho. **3** extensão, tamanho. **4** *Mus* escala. • *vi* **1** reduzir, baixar em certa proporção. **2** representar em escala. **3** escalar, subir, ascender. **on a large scale** em larga escala. **to scale down** reduzir proporcionalmente.

scalp [skælp] *n* **1** couro cabeludo do crânio. **2** escalpo: couro cabeludo do crânio, cortado como troféu pelos índios dos EUA. • *vt* escalpar, escalpelar, arrancar do escalpo.

scal.pel [sk'ælpəl] *n* escalpelo, bisturi.

scan [skæn] *n Comp* escaneamento, varredura. • *vt+vi* **1** olhar de perto, examinar cuidadosamente, esquadrinhar. **2** escandir. **3** *TV* decompor, expor a imagem ponto por ponto a fim de transmiti-la. **4** sondar com radar. **5** *Comp* escanear, varrer. **scan code** código de varredura. **scan head** cabeçote de varredura. **scan line** linha de varredura.

scan.dal [sk'ændəl] *n* **1** escândalo. **2** difamação, calúnia, mexerico. • *vt* **1** desonrar. **2** difamar.

scan.dal.ize, scan.dal.ise [sk'ændəlaiz] *vt* **1** ofender, chocar, escandalizar. **2** caluniar, difamar.

scan.ner [sk'ænə] *n* **1** *TV* explorador, seletor eletrônico. **2** *Comp* scanner, explorador.

scant [skænt] *vt* **1** restringir, cortar, limitar. **2** mostrar-se avaro. • *adj* **1** escasso, apertado, parco. **2** insuficiente, deficiente, pouco.

scant.y [sk'ænti] *adj* escasso, pouco, insuficiente.

scape.goat [sk'eipgout] *n* bode expiatório. • *vt* fazer alguém de bode expiatório.

scar [ska:] *n* **1** cicatriz, escoriação. **2** mancha, mácula. **3** sinal. • *vt+vi* causar uma cicatriz, escoriar.

scarce [skɛəs] *adj* **1** raro, infrequente, incomum. **2** escasso.

scar.ci.ty [sk'ɛəsiti] *n* falta, escassez, insuficiência.

scare [skɛə] *n* susto, espanto, pânico. • *vt+vi* **1** espantar, assustar. **2** alarmar.

scare.crow [sk'ɛəkrou] *n* espantalho, pessoa malvestida ou esquálida.

scarf [ska:f] *n* (*pl* **scarfs**, **scarves**) **1** lenço. **2** toalha retangular usada sobre móveis.

scar.let fe.ver [ska:lit f'i:və] *n Med* escarlatina.

scarred [ska:d] *adj* marcado, danificado.

scar.y [sk'ɛəri] *adj* assustador.

scat [skæt] *vi Amer sl* **1** sair às pressas, fugir. **2** movimentar-se depressa.

scath.ing [sk'eiðiŋ] *adj* **1** severo, rigoroso. **2** sarcástico, mordaz.

scat.ter [sk'ætə] *n* **1** ato de espalhar. **2** dispersão. • *vt+vi* **1** espalhar, esparramar. **2** dispersar-se, dissipar.

scav.en.ger [sk'ævindʒə] *n* **1** animal que se alimenta de carniça. **2** pessoa que revira o lixo para catar algo de aproveitável.

sce.nar.i.o [sin'a:riou] *n Theat* enredo, libreto. **2** *Cin* sinopse de um filme. **3** conjuntura, panorama global de uma situação.

scene [si:n] *n* **1** cenário. **2** cena, decoração teatral. **3** cena, subdivisão de um ato. **4** ação, situação. *the scene is set in Verona* / o local da cena é Verona. **5** vista, panorama. **behind the scenes** *fig* atrás dos bastidores.

scen.er.y [s'i:nəri] *n* **1** *Theat* cenário, decoração teatral. **2** panorama, vista.

scen.ic [s'i:nik] *adj* **1** relativo à paisagem, pitoresco. **2** cênico, teatral.

scent [sent] *n* **1** aroma, perfume. **2** vestígio, cheiro do rasto. • *vt+vi* **1** cheirar, sentir pelo olfato. **2** pressentir.

sched.ule [ʃ'edju:l, sk'edʒu:l] *n* **1** lista, relação. **2** horário. • *vt* planejar, fixar (data). **on scheduled time** no horário.

scheme [ski:m] *n* esquema, desenho, plano, projeto, forma. • *vt+vi* planejar, fazer planos.

schol.ar [sk'ɔlə] *n* **1** pessoa estudada, sábio, estudioso. **2** bolsista. **3** escolar, estudante.

schol.ar.ship [sk'ɔləʃip] *n* **1** conhecimento, sabedoria, erudição. **2** bolsa de estudos. **to win a scholarship** ganhar uma bolsa de estudos.

school¹ [sku:l] *n* **1** escola, colégio, lugar de ensino. **2** corpo docente e discente. **3** grupo de pessoas com os mesmos interesses. • *vt* **1** educar, ensinar. **2** treinar, disciplinar. **grade school** *Amer* escola primária. **junior high school** escola de 1.º grau. **preparatory school** escola preparatória. **primary school** *Brit* escola primária. **school is over** as aulas terminaram. **senior high school** escola de 2.º grau. **Sunday school** escola dominical. **technical school** escola técnica.

school² [sku:l] *n* cardume de peixes.

school.child [sk'u:ltʃaild] *n* aluno, aluna.

school-fee [sk'u:l fi:] *n* mensalidade escolar.

school.ing [sk'u:liŋ] *n* **1** instrução, educação escolar. **2** custo de educação.

school.mate [sk'u:lmeit] *n* colega, companheiro de escola.

school.room [sk'u:lru:m] *n* sala de aulas, classe.

school.teach.er [sk'u:lti:tʃə] *n* professor.

school term [sk'u:l tə:m] *n* semestre escolar.

school.time [sk'u:ltaim] *n* **1** hora de aula. **2** tempos de escola.

school year [sku:l j'iə] *n* ano escolar.

sci.ence [s'aiəns] *n* **1** ciência. **2** conhecimento, sabedoria.

sci.en.tif.ic [saiənt'ifik] *adj* **1** científico. **2** sistemático, exato.

sci.en.tist [s'aiəntist] *n* cientista, pesquisador científico.

scis.sors [s'izəz] *n pl* tesoura. **a pair of scissors** uma tesoura.

scold [skould] *vt+vi* ralhar, xingar, repreender.

scold.ing [sk'ouldiŋ] *n* ação de ralhar, repreensão. *she gave him a good scolding* / ela lhe passou um grande pito.

scoop [sku:p] *n* **1** pá. **2** concha, colherada, bola (de sorvete). **3** *Amer* furo jornalístico. • *vt* **1** escavar, tirar (com concha). **2** *Amer sl* dar um furo de reportagem.

scoot.er [sk'u:tə] *n* **1** patinete. **2** espécie de barco à vela para navegar na água e no gelo. **3** lambreta. **motor scooter** motoneta, lambreta, moto leve.

scope [skoup] *n* **1** extensão, distância. **2** escopo, alcance, âmbito. **3** oportunidade. *give scope to his abilities* / dê-lhe oportunidade de mostrar suas habilidades.

scorch [skɔ:tʃ] *n* queimadura leve. • *vt+vi* chamuscar, queimar superficialmente.

score [skɔ:] *n* **1** contagem, número de pontos feitos num jogo etc. *what's the score?* / como está o jogo? **2** dívida, quantidade devida, débito. **3** razão, motivo. **4** *Mus* partitura. **5** entalhe, corte. **6** grupo ou jogo de vinte. • *vt+vi* **1** entalhar, fazer incisão, marcar. **2** fazer pontos. **3** registrar, anotar. *this scores for me* / isto conta para mim. **4** ganhar, receber, alcançar.

score.board [sk'ɔ:bɔ:d] *n Sport* placar.

scorn [skɔ:n] *n* **1** desprezo, escárnio, desdém. **2** alvo de escárnio. *he was their scorn* / ele era o alvo do seu escárnio. • *vt* **1** desprezar, rejeitar. **2** desdenhar.

scor.pi.on [sk'ɔ:piən] *n Zool* escorpião.

Scot [skɔt] *n* escocês, escocesa.

Scotch [skɔtʃ] *n* **1** escocês. **2** uísque escocês. • *adj* escocês.

Scot.tish [sk'ɔtiʃ] *n* língua escocesa. • *adj* escocês.

scoun.drel [sk'aundrəl] *n* salafrário, vilão.

scour [sk'auə] *vt+vi* **1** esfregar, arear, polir. **2** pesquisar intensamente, esquadrinhar, vasculhar.

scourge [skə:dʒ] *n* flagelo. • *vt* **1** causar grande sofrimento a muitas pessoas. **2** afligir, flagelar.

scout [skaut] *n* **1** observador, batedor. **2** navio, avião etc. de reconhecimento. **3** escoteiro. • *vt+vi* **1** espiar, observar, examinar. **2** fazer reconhecimento, patrulhar. **boy scout** escoteiro. **girl scout** bandeirante.

scowl [skaul] *n* carranca, olhar zangado. • *vt* fazer carranca, olhar bravo ou zangado, franzir a testa.

scrab.ble [skr'æbəl] *n* rabisco, garatuja. • *vi* **1** escarafunchar, procurar às apalpadelas. **2** rabiscar, garatujar.

scram.ble [skr'æmbəl] *n* **1** escalada ou subida sobre terreno áspero. **2** luta (por possuir). • *vt+vi* **1** subir, arrastar-se, andar com dificuldade. **2** disputar com outros por alguma coisa. **scrambled eggs** ovos mexidos.

scrap [skræp] *n* **1** pedaço, fragmento. **2** recorte de jornal ou revista. **3** refugo, sobras. • *vt* descartar, jogar no ferro-velho. **scrapbook** álbum de recortes sobre uma pessoa ou assunto.

scrape [skreip] *vt+vi* **1** raspar, tirar por raspagem. **2** roçar, arranhar.

scratch [skrætʃ] *n* **1** arranhadura, esfoladura. **2** ruído de raspar ou arranhar. **3** raspagem. **4** rabiscos. • *vt+vi* **1** arranhar, esfregar. **2** coçar. **3** rabiscar, escrever às pressas.

scratch-and-win [skr'ætʃ ən win] *n Gambling Braz* raspadinha (tipo de loteria).

scrawl [skrɔ:l] *n* rabisco, letra ilegível. • *vt+vi* escrevinhar, rabiscar, escrever de modo ilegível.

scream [skri:m] *n* **1** grito agudo, estridente. **2** coisa muito divertida. • *vt+vi* **1** gritar. **2** falar alto.

screen [skri:n] *n* **1** biombo, anteparo. **2** grade, tela. **3** tela de cinema, de computador ou televisão. • *vt* **1** proteger, esconder. **2** projetar (um filme sobre a tela), exibir. **3** filmar.

screen.play [skr'i:nplei] *n Cin* roteiro cinematográfico.

screw [skru:] *n* **1** parafuso. **2** fuso. • *vt+vi* **1** parafusar, atarraxar. **2** montar ou desmontar por meio de parafusos. **3** *vulg* trepar, foder. **to have a screw loose** *fig* ter um parafuso solto.

screw.driv.er [skr'u:draivə] *n* **1** chave de fenda, chave de parafuso. **2** vodca com suco de laranja.

scrib.ble [skr'ibəl] *n* rabiscos. • *vt+vi* rabiscar, escrevinhar, escrever às pressas.

scrib.bling [skr'iblin] *n* **1** escrevinhadura, rabiscos. **2** letra ilegível.

script [skript] *n* **1** manuscrito, escrita. **2** letra. **3** roteiro de cinema ou teatro. • *vt* preparar um roteiro.

script.writ.er [sk'riptraitə] *n Cin, Radio, TV* roteirista.

scroll [skroul] *n* **1** rolo de papel, de pergaminho. **2** *Archit* voluta. **3** ornamento, arabesco. **4** documento escrito. • *vi Comp* mover, rolar (texto na tela do computador).

scrub [skr∧b] *n* **1** capoeira, moita, arbustos. **2** esfregação. • *vt+vi* lavar esfregando.

scruff [skr∧f] *n* cangote, nuca.

scruf.fy [skr'∧fi] *adj* **1** usado, sujo. **2** bagunçado, desorganizado.

scru.ti.ny [skr'u:tini] *n* **1** escrutínio: a) exame minucioso. b) apuração de votos.

scuba div.ing [sk'u:bə daivin] *n Sport* mergulho por longo período de tempo com a utilização do cilindro de mergulho.

scuff [sk∧f] *n* **1** ato de arrastar os pés. **2** som de passos arrastados. • *vt+vi* arrastar os pés.

scuf.fle [sk'ʌfəl] n luta rápida corpo a corpo, briga. • vi lutar, brigar.

sculpt [skʌlpt] vt esculpir, entalhar, modelar.

sculp.ture [sk'ʌlptʃə] vt+vi esculpir, entalhar, gravar.

scum [skʌm] n 1 espuma suja de superfície. 2 escória, escumalha, ralé. • vt 1 formar espuma. 2 tirar escuma, escumar.

scur.ry [sk'ʌri] n pressa, correria por medo. • vi correr, apressar-se por medo ou susto.

scut.tle¹ [sk'ʌtəl] vi correr, andar a passos rápidos. **to scuttle away** partir correndo.

scut.tle² [sk'ʌtəl] n Naut escotilha, portinhola.

sea [si:] n 1 mar. 2 oceano. **at full sea** na maré alta, fig no auge. **at sea** no mar, em alto-mar, fig confuso, desnorteado. **by sea** via marítima. **by the sea** perto do mar, na costa. **the high seas** o alto-mar.

sea.bed [s'i:bed] n solo oceânico, fundo do mar.

sea-coast [s'i: koust] n costa, litoral.

sea-dog [s'i: dɔg] n 1 foca, fig lobo do mar, marujo experiente.

sea.far.ing [s'i:fɛəriŋ] n navegação, ato de viajar por mar. • adj navegante, relativo ao mar.

sea.food [s'i:fu:d] n frutos do mar.

sea gull [si: gʌl] n Ornith gaivota.

sea horse [si: hɔ:s] n 1 cavalo-marinho. 2 morsa.

seal¹ [si:l] n 1 selo, brasão, escudo. 2 lacre, selo, fecho. • vt 1 marcar, autenticar. 2 fechar com lacre como garantia.

seal² [si:l] n foca. • vi caçar focas.

sea-line [s'i: lain] n horizonte.

seam [si:m] n 1 costura. 2 sutura, junção. • vt costurar, juntar com costura, coser. **joining seam** costura. **seam.less** sem costura ou emenda.

sea.man [s'i:mən] n marinheiro, marujo.

sea.port [s'i:pɔ:t] n porto de mar, cidade com porto marítimo.

search [sə:tʃ] n 1 procura, busca, diligência. 2 pesquisa, exame. • vt+vi 1 procurar. 2 investigar, examinar. **to search out** procurar saber, descobrir, explorar.

search.ing [s'ə:tʃiŋ] adj 1 perscrutador, minucioso. 2 penetrante, agudo (olhar).

search.light [s'ə:tʃlait] n holofote, farol, faixa de luz.

sea.scape [s'i:skeip] n 1 Paint marinha: pintura de motivos marítimos. 2 paisagem marítima.

sea.shell [s'i:ʃel] n concha do mar, concha marinha.

sick.ness [s'i:siknis] n enjoo do mar.

sea.side [s'i:said] n orla marítima, litoral, costa. • adj costeiro.

sea.son¹ [s'i:zən] n 1 estação do ano. 2 época. 3 temporada. 4 cio dos mamíferos. **in season** em voga, no cio, em qualquer época.

sea.son² [si:zən] vt+vi 1 condimentar, temperar. 2 amadurecer, deixar secar (madeira), tornar próprio para o uso, curar (queijo etc.).

sea.soned [s'i:zənd] adj 1 condimentado. 2 calejado, que tem muita experiência.

sea.son.ing [s'i:zəniŋ] n tempero, condimento.

seat [si:t] n 1 assento, banco, cadeira, poltrona. 2 sede. • vt+vi 1 assentar, colocar em um lugar. 2 ter lugar ou assentos, acomodar. **please take a seat / have a seat!** por favor, sente-se! **take your seats!** tomem seus assentos!

seat belt [s'i:t belt] n Auto, Aeron cinto de segurança.

sea.weed [s'i:wi:d] n alga marinha.

sec.ond¹ [s'ekənd] adj 1 segundo, segunda. 2 secundário. 3 subordinado. 4 outro, diferente. • adv em segundo lugar. **on second thoughts** pensando bem. **to be / stand second to none** equiparar-se aos melhores.

sec.ond² [s'ekənd] *n* **1** segundo, 1/60 de um minuto, de tempo ou de ângulo. **2** instante, momento.

sec.ondary school [sekəndəri sku:l] *n Educ* escola secundária.

sec.ond-best [sekənd b'est] *n* o que está em segundo lugar. • *adj* em segundo lugar, segunda opção.

sec.ond-hand [sekənd h'ænd] *adj, adv* de segunda mão, usado.

sec.ond-rate [sekənd r'eit] *adj* inferior.

sec.re.cy [s'i:krisi] *n* **1** segredo. **2** sigilo.

sec.ret [s'i:krit] *n* segredo, mistério. • *adj* secreto, oculto, clandestino. **in secret** secretamente, em segredo.

sec.re.tar.y [s'ekrətəri] *n* secretário, secretária.

Sec.re.tar.y of State [sekrətəri əv st'eit] *n* **1** ministro de Estado. **2** Ministro das Relações Exteriores.

sect [sekt] *n* seita.

sec.tar.i.an [sekt'εəriən] *adj* sectário.

sec.tion [s'ek∫ən] *n* **1** seção, divisão, parte. **2** faixa (rodovia). **3** artigo (lei). **4** caderno (de jornal).

sec.tor [s'ektə] *n* setor.

se.cu.ri.ty [sikj'uəriti] *n* **1** segurança. **2** garantia, fiança. **3 securities** apólice, certificado de valores, ações.

se.cu.ri.ty guard [sikj'uəriti ga:d] *n* segurança.

se.date [sid'eit] *vt* sedar. • *adj* tranquilo, sereno.

sed.a.tive [s'edətiv] *n* medicamento sedativo, calmante.

se.duce [sidj'u:s] *vt* **1** seduzir, persuadir. **2** corromper.

se.duc.tion [sid'∧k∫ən] *n* sedução, tentação, atração.

see [si:] *vt+vi* (*ps* **saw**, *pp* **seen**) **1** ver, olhar. **2** perceber, compreender. **3** encontrar, conversar com. **4** procurar, consultar. **let me see!** deixe-me ver!, deixe-me pensar! **oh I see!** estou compreendendo! **see you later!** até mais tarde! **to see off** a) despedir-se de alguém. b) livrar-se de alguém. **to see over** inspecionar. **to see things** ter alucinações. **to see to** tomar conta, tomar providências. **we'll see!** vamos ver!, vamos esperar! **you see** sabe, veja bem.

seed [si:d] *n* **1** semente. **2** germe. **3** sêmen. • *vt+vi* **1** semear. **2** remover sementes.

seed.ling [s'i:dliŋ] *n* muda.

seed.y [s'i:di] *adj* **1** cheio de sementes. **2** *coll* gasto, usado. **3** com má reputação.

seek [si:k] *vt+vi* (*ps, pp* **sought**) **1** procurar. **2** tentar, empenhar-se. **to seek after** procurar obter.

seem [si:m] *vt* parecer, dar a impressão. *it seems impossible to me* / parece-me impossível.

see.saw [s'i:sɔ:] *n* gangorra, balanço.

seg.ment [s'egmənt] *n* **1** segmento. **2** gomo (de laranja).

seize [si:z] *vt+vi* **1** agarrar. **2** *fig* pescar, entender. **3** aproveitar, pegar (oportunidade). **4** apreender, confiscar. **5** capturar, prender.

sei.zure [s'i:ʒə] *n* **1** apreensão, confisco. **2** ataque repentino (doença). **3** convulsão.

sel.dom [s'eldəm] *adv* raramente.

se.lect [sil'ekt] *vt+vi* selecionar, escolher. • *adj* seleto.

self [self] *n* (*pl* **selves** [selvz]) eu, a própria pessoa, ego. • *pron* si mesmo, mesma. *I did it myself* / eu mesmo o fiz. • *pref* **self-** indicando: a) de si mesmo, por si mesmo. b) independente, autônomo.

self-as.sured [self əf'ɔ:d] *adj* confiante, seguro de si.

self-cen.tered [self s'entəd] *adj* egocêntrico, egoísta.

self-con.fi.dence [self k'ɔnfidəns] *n* confiança em si mesmo, autoconfiança.

self-con.scious [self k'ɔnʃəs] *adj* pouco à vontade, constrangido.

self-con.tained [self kənt'eind] *adj* completo, independente.

self-con.trol [self kəntr'oul] *n* autocontrole.

self-crit.i.cism [self kr'itəsizəm] *n* autocrítica.

self-de.fense, self-de.fence [self dif'ens] *n* autodefesa, legítima defesa.

self-de.ter.mi.na.tion [self dit'ə:mən eiʃən] *n* autodeterminação.

self-dis.ci.pline [self d'isəplin] *n* autodomínio.

self-em.ployed [self impl'ɔid] *adj* autônomo.

self-es.teem [self ist'i:m] *n* autoestima, amor-próprio.

self-help [self h'elp] *n* autoajuda.

self.less [s'elflis] *adj* abnegado, altruísta.

self-made [self m'eid] *adj* que vence na vida por esforço próprio.

self-pity [self p'iti] *n* autopiedade.

self-por.trait [self p'ɔ:trət] *n* autorretrato.

self-res.pect [self risp'ekt] *n* respeito próprio, autorrespeito.

self-sat.is.fied [self s'ætisfaid] *adj* satisfeito consigo mesmo, presumido.

self-suf.fi.cient [self səf'iʃənt] *adj* autossuficiente.

sell [sel] *vt+vi (ps, pp* **sold***)* 1 vender. 2 *coll* ter saída, ter aceitação. **to sell off** liquidar. **to sell out** vender tudo, esgotar-se (ingressos). *the tickets for the show are sold out* / não há mais ingressos para o show.

se.men [s'i:mən] *n* sêmen, esperma.

se.mes.ter [sim'estə] *n* semestre.

sem.i-de.tached [semi dit'ætʃt] *n Brit* geminado. *I live in a semi-detached house* / moro em uma casa geminada.

sem.i.nar [s'emina:] *n* seminário.

sen.ate [s'enət] *n Amer* Senado, Congresso.

sen.a.tor [s'enətə] *n* senador.

send [send] *vt+vi (ps, pp* **sent***)* 1 enviar, mandar. 2 emitir, difundir, propagar. 3 jogar, lançar. 4 *Radio, TV* transmitir. **to send for** mandar buscar. **to send forth** enviar, expedir, emitir, exalar, lançar. **to send in** enviar, entregar, solicitar. **to send out** mandar sair, emitir, expedir, irradiar.

sen.i.or [s'i:niə] *n* 1 a pessoa mais velha. 2 pessoa superior no cargo ou em tempo de serviço. 3 *Amer* estudante do último ano. • *adj* 1 sênior, mais velho. 2 superior, mais antigo. 3 *Amer* pertencente aos estudantes do último ano do curso.

sen.i.or part.ner [s'i:niə pa:tnə] *n Econ* sócio majoritário ou principal.

sense [sens] *n* 1 os sentidos. 2 percepção. 3 sentido, significado. • *vt* 1 sentir, perceber. 2 *coll* entender. **common sense** bom senso. **figurative sense** sentido figurado. **in a sense** de certo modo, até certo ponto. **sense of guilt** sentimento de culpa. **the five senses** os cinco sentidos. **to make sense** fazer sentido.

sense.less [s'enslis] *adj* 1 inconsciente, insensível. 2 estúpido, insensato.

sen.si.bil.i.ty [sensəb'iliti] *n* sensibilidade.

sen.si.ble [s'ensəbəl] *adj* 1 ajuizado, sábio, sensato. 2 consciente, ciente, cônscio.

sen.si.tive[1] [s'ensətiv] *adj* 1 sensível, sensitivo. 2 suscetível. 3 delicado.

sen.si.tive[2] [s'ensətiv] *n* sensitivo: pessoa com poderes extrassensoriais.

sen.si.tiv.i.ty [sensət'iviti] *n* 1 sensibilidade. 2 suscetibilidade.

sen.so.ry [s'ensəri] *adj* sensorial, sensório.

sen.su.ous [s'enʃuəs] *adj* sensual, sensório, sensível, que é percebido pelos sentidos.

sen.ti.ment [s'entimənt] *n* 1 sentimento. 2 sentimentalismo, emoção.

sep.a.rate [s'epəreit] *vt+vi* 1 separar (-se). 2 dividir. • *adj* 1 separado. 2 isolado. 3 independente. 4 distinto.

Sep.tem.ber [səpt'embə] *n* setembro.
se.quel [s'i:kwəl] *n* **1** sequência, continuação. **2** consequência, resultado.
se.ren.i.ty [sər'eniti] *n* serenidade, quietude, calma.
ser.geant [s'a:dʒənt] *n* sargento.
se.ri.al [s'iəriəl] *n* seriado, romance, novela (de rádio) em série.
se.ri.al kill.er [s'iəriəl kilə] *n* assassino em série.
se.ries [s'iəri:z] *n sg+pl* **1** série. **2** sucessão, seguimento.
se.ri.ous [s'iəriəs] *adj* **1** sério, grave. **2** importante, momentoso. **3** perigoso, crítico.
se.ro.neg.a.tive [siəroun'egətiv] *n* soronegativo.
se.ro.pos.i.tive [siəroup'ozitiv] *n* soropositivo, portador do vírus HIV (AIDS).
serv.ant [s'ə:vənt] *n* empregado, criado, empregada doméstica. **civil servant** funcionário público. **public servant** servidor público (que serve diretamente a comunidade como policial, bombeiro etc.).
serve [sə:v] *vt* **1** servir, trabalhar para. **2** servir à mesa. **3** atender (clientes). **4** fazer serviço militar, servir o exército. **to serve a sentence** cumprir uma pena. **to serve up** servir à mesa.
serv.ice [s'ə:vis] *n* **1** serviço. **2** cerimônia religiosa, culto. **3** serviço público. **4** serviço militar. **5** atendimento. **baptismal service** cerimônia do batismo. **in service** em serviço, em operação.
serv.ice.a.ble [s'ə:visəbəl] *adj* útil.
serv.ice.man [s'ə:vismən] *n* membro das forças armadas, militar.
serv.ice sta.tion [s'ə:vis steiʃən] *n* posto de gasolina, restaurante, oficina à beira de uma estrada.
ses.a.me oil [s'esəmi ɔil] *n Chem* óleo de gergelim.
set [set] *n* **1** jogo, grupo, conjunto,

coleção, série. **2** sociedade, círculo. **3** *Radio* aparelho, receptor, emissor. **4** *Tennis* **set**: série de seis pontos. **5** *Theat, Cin* cenário. • *vt+vi (ps, pp* **set)** **1** pôr, localizar, assentar. **2** ajustar, colocar. **3** regular, acertar. **4** fixar, estabelecer. **5** determinar. **6** descer, pôr-se (sol), baixar (maré). **7** ficar firme, solidificar, coalhar, endurecer, pegar (cimento). **8** montar, engastar. • *adj* **1** fixado, estabelecido. **2** fixo, rígido, firme. **3** decidido, decisivo. **to set aside** desprezar, pôr de lado. **to set back** atrasar (relógio), retroceder, impedir, parar. **to set fire to** pôr fogo em, acender. **to set free** liberar. **to set in** começar, iniciar. **to set to work** começar a trabalhar, fazer trabalhar. **to set up** iniciar (negócio), fundar, instalar, estabelecer-se, tornar-se independente.
set-back [s'et bæk] *n* **1** revés, contrariedade. **2** retrocesso, recuo.
set.tle [s'etəl] *vt+vi* **1** estabelecer-se, vir morar, fixar residência. **2** determinar, decidir, fixar. **3** acalmar, sossegar, diminuir. **to settle down** instalar-se, estabelecer-se, sossegar. **to settle for** tomar uma certa direção.
set.tle.ment [s'etəlmənt] *n* **1** decisão. **2** acordo. **3** colonização, colônia, assentamento. **4** povoado.
set.tler [s'etlə] *n* colonizador.
set.up [s'etʌp] *n* arranjo, organização, configuração.
sev.en [s'evən] *n, adj, pron* sete. **the seven deadly sins** os sete pecados capitais. **the seven wonders of the world** as sete maravilhas do mundo.
sev.er [s'evə] *vt+vi* **1** separar, dividir. **2** cortar, romper.
sev.er.al [s'evərəl] *adj* vários, várias, diversos, diversas.
sew [sou] *vt+vi (ps* **sewed,** *pp* **sewn, sewed)** **1** coser. **2** costurar.

sew.er [s'ouə] *n* tubo, cano de esgoto.
sew.er.age [sj'u:ərɪdʒ] *n* canalização, sistema de esgoto.
sew.ing [s'ouɪŋ] *n* costura, trabalho de costura. • *adj* relativo a costura. **sewing machine** máquina de costura.
sex [seks] *n* 1 sexo. 2 relações sexuais.
sex ap.peal [s'eks əpi:əl] *n* atração sexual, encanto pessoal capaz de atrair pessoas.
sex.less [s'eksləs] *adj* sem sexo, assexual, assexuado.
se.xu.al a.buse [sekʃuəl əbj'u:s] *n* abuso sexual, ato sexual à força, à revelia.
se.xu.al ha.rass.ment [sekʃuəl h'ærəsmənt] *n* assédio sexual.
se.xu.al in.ter.course [sekʃuəl intəkɔ:s] *n* relação sexual, coito, cópula.
sex.u.al.i.ty [sekʃu'æliti] *n* sexualidade.
sex.u.al.ly trans.mit.ted dis.ease [sekʃuəli trænsmitid diz'i:z] *n* doença venérea.
sex.y [s'eksi] *adj* 1 sexualmente atraente, erótico. 2 excitante.
shab.by [ʃ'æbi] *adj* 1 gasto, surrado. 2 maltrapilho. 3 *fig* miserável, vil.
shack [ʃæk] *n* cabana.
shack.le [ʃ'ækəl] *n* 1 algema. 2 cadeia. 3 impedimento, obstáculo. • *vt* algemar.
shade [ʃeid] *n* 1 sombra. 2 penumbra. 3 sombreado (de pintura). • *vt+vi* 1 sombrear, proteger da luz. 2 escurecer.
shad.ow [ʃ'ædou] *n* 1 sombra. 2 lugar sombreado, escuridão. 3 tristeza, melancolia. • *vt+vi* proteger, abrigar da luz, escurecer.
shad.y [ʃ'eidi] *adj* sombreado.
shaft [ʃa:ft, ʃæft] *n* 1 haste. 2 dardo. 3 eixo, fuso. 4 mastro (de bandeira). 5 poço (mina, elevador, chaminé). 6 raio. **elevator shaft** (*Amer*), **lift shaft** (*Brit*) poço do elevador.
shag.gy [ʃ'ægi] *adj* felpudo, peludo, sempre de forma desordenada.
shake [ʃeik] *n* 1 sacudida. 2 terremoto. 3 bebida batida. • *vt+vi* (*ps* **shook**, *pp* **shaken**) 1 sacudir, agitar. 2 vibrar, estremecer, abalar. 3 apertar as mãos (cumprimentar). **to shake one's head** abanar a cabeça negativamente.
shak.y [ʃ'eiki] *adj* 1 trêmulo. 2 fraco, instável, inseguro.
shall [ʃæl] *modal verb* (*ps* **should**) 1 dever. *he shall go* / ele deve ir. *shall I tell you what I think?* / quer que lhe diga o que estou pensando? 2 como auxiliar indica: a) o tempo futuro. *shall you go to London?* / você irá a Londres? b) uma promessa ou determinação. *I shall come* / virei.
shal.low [ʃ'ælou] *n* lugar raso. • *vt* 1 tornar raso. 2 ficar raso. • *adj* 1 raso, não profundo. 2 superficial (pessoa).
sham [ʃæm] *n* 1 engano, logro, fraude. 2 impostor. • *adj* 1 imitado. 2 fingido, falso.
sham.bles [ʃ'æmbəlz] *n pl coll* bagunça.
shame [ʃeim] *n* 1 vergonha, humilhação. 2 desonra. 3 causa de vergonha, causa de desgraça. 4 **a shame** pena, lástima. • *vt* 1 envergonhar, humilhar. 2 estar envergonhado. **what a shame!** a) que vergonha! b) que pena!
shame.less [ʃ'eimlis] *adj* sem-vergonha, desavergonhado.
shape [ʃeip] *n* 1 forma, figura. 2 molde. 3 modelo, aparência. 4 imagem. • *vt* 1 dar forma, modelar. 2 formar, construir. **in shape** em forma. **to take shape** tomar forma, formar-se.
share [ʃɛə] *n* 1 parte, quota. 2 ação. • *vt* 1 compartilhar. 2 dividir, repartir.
share.hold.er [ʃ'ɛəhouldə] *n* acionista.
shark [ʃa:k] *n* tubarão.
sharp [ʃa:p] *adj* 1 afiado, aguçado. 2 pontudo. 3 brusco, fechado (curva). 4 acentuado (subida). 4 nítido, distinto. 5 esperto, astuto, inescrupuloso. • *adv* 1 pontualmente. 2 repentinamente. 3 desafinadamente.

sharp.en.er [ʃ'a:pənə] *n* afiador, amolador, apontador.
shat.ter.ing [ʃ'ætəriŋ] *adj* avassalador.
shave [ʃeiv] *vt+vi* (*ps* **shaved**, *pp* **shaved**, **shaven**). **1** fazer a barba. **2** barbear-se. **3** depilar(-se), raspar.
shav.ing cream [ʃ'eivi kri:m] *n* creme de barbear.
she [ʃi:] *pron* ela.
sheath [ʃi:θ] *n* **1** *Anat, Biol* bainha. **2** revestimento.
shed[1] [ʃed] *n* abrigo, telheiro, barracão, galpão.
shed[2] [ʃed] *vt+vi* (*ps, pp* **shed**) **1** derramar, verter. **2** mudar (de pele). **3** perder (folhas). **4** espalhar.
sheen [ʃi:n] *n* resplendor, brilho.
sheep [ʃi:p] *n sg+pl* **1** carneiro, ovelha. **2** pele de carneiro.
sheer [ʃiə] *adj* **1** fino, transparente, diáfano. **2** puro, completo, absoluto.
sheet [ʃi:t] *n* **1** lençol. **2** folha de papel. **3** chapa, lâmina.
shelf [ʃelf] *n* (*pl* **shelves**) prateleira, estante. **she is on the shelf** *fig* ela ficou para tia.
shell [ʃel] *n* **1** casca, concha, carapaça. **2** casca, cápsula (que cobre semente). **3** granada, bomba. • *vt+vi* **1** descascar. **2** bombardear.
shelt.er [ʃ'eltə] *n* **1** abrigo. **2** proteção, refúgio, asilo. • *vt+vi* proteger, abrigar, esconder. **night-shelter** abrigo noturno, asilo. **to give shelter** oferecer abrigo.
shep.herd [ʃ'epəd] *n* pastor.
sher.ry [ʃ'eri] *n* xerez (vinho espanhol).
shield [ʃi:ld] *n* **1** escudo. **2** blindagem. • *vt+vi* **1** proteger, defender. **2** servir de proteção.
shift [ʃift] *n* **1** substituição, mudança. **2** turno (trabalho). • *vt+vi* **1** mudar, deslocar. **2** arranjar-se, defender-se, recorrer a expedientes. **3** *Auto* mudar de marcha.
shift.y [ʃ'ifti] *adj* **1** esperto, safado. **2** negligente, inconstante, desonesto.

shil.ling [ʃ'iliŋ] *n* xelim.
shim.mer [ʃ'imə] *vi* iluminar fracamente, emitir luz trêmula.
shine [ʃain] *n* **1** luz, claridade, brilho. **2** lustre, polimento. • *vt+vi* (*ps, pp* **shone**) **1** brilhar, resplandecer. **2** polir, lustrar.
shin.gle [ʃ'iŋgəl] *n* **1** telha fina de madeira. **2** cascalho, pedregulho. **shingles** herpes-zóster.
shin.y [ʃ'aini] *adj* **1** lustroso, brilhante. **2** surrado (roupa).
ship [ʃip] *n* navio, embarcação, barco. • *vt+vi* enviar, mandar (por via marítima). **by ship** por navio, por via marítima.
ship-build.ing [ʃ'ip bildiŋ] *n* construção naval.
ship.ment [ʃ'ipmənt] *n* carregamento.
ship.wreck [ʃ'iprek] *n* **1** naufrágio. **2** navio que naufragou. • *vt+vi* naufragar, arruinar, arruinar-se.
ship.yard [ʃipja:d] *n* estaleiro.
shirt [ʃə:t] *n* camisa. **sweat shirt** blusão de agasalho esportivo. **T-shirt** camiseta.
shit [ʃit] *n sl* **1** bosta, merda, fezes. **2** porcaria. • *vt* (*ps, pp* **shitted** or **shat**) cagar, evacuar. **not to give a shit** não se incomodar. *I don't give a shit* / eu não dou a mínima.
shiv.er [ʃ'ivə] *n* tremor, calafrio, arrepio. • *vi* **1** tremer (de frio), tiritar. **2** arrepiar-se.
shoal [ʃoul] *n* cardume.
shock.ing [ʃ'ɔkiŋ] *adj* **1** chocante. **2** revoltante, escandaloso.
shoe [ʃu:] *n* **1** sapato. **2** ferradura. • *vt* (*ps, pp* **shod**) **1** ferrar. **2** calçar. **to be in someone's shoes** *coll* pôr-se na pele de alguém, pôr-se no lugar de alguém.
shoot [ʃu:t] *n* **1** tiro, chute (futebol), exercício de tiro. • *vt+vi* (*ps, pp* **shot**) **1** atirar, ferir com tiro. **2** dar tiro, disparar arma de fogo. **3** fotografar, filmar. **4** injetar (drogas). **to shoot at** atirar. **to shoot down** a) matar, liquidar. b) derrubar, abater (avião).

shop [ʃɔp] *n* loja.

shop-as.sis.tant [ʃ'ɔp əsistənt] *n* vendedor(a).

shop.keep.er [ʃ'ɔpkipə] *n* lojista, dono ou gerente de uma loja pequena.

shop.lift.er [ʃ'ɔpliftə] *n* ladrão de lojas.

shop.ping [ʃ'ɔpiŋ] *n* compra. **to go shopping** fazer compras.

shop.ping cen.ter [ʃ'ɔpiŋ sentə], **shop.ping mall** [ʃ'ɔpiŋ mɔ:l] *n* centro comercial, *shopping center*.

shop-win.dow [ʃ'ɔp windou] *n* vitrina.

shore [ʃɔ:] *n* 1 costa, praia. 2 litoral, orla. **on shore** em terra, na costa.

short [ʃɔ:t] *n* 1 som curto, sílaba curta. 2 filme de curta-metragem. • *adj* 1 curto. 2 breve. 3 baixo, pequeno. 4 com falta de (estoque). **at short notice** sem aviso prévio. **in short** em resumo. **to be/run/ go/ come short of something** faltar, estar em falta. *we are short of flour* / estamos com falta de farinha.

short.age [ʃ'ɔ:tidʒ] *n* falta, deficiência, escassez.

short-cir.cuit [ʃ'ɔ:t sə:kit] *n Electr* curto-circuito. • *vt+vi* dar curto-circuito.

short.com.ing [ʃ'ɔ:tkʌmiŋ] *n* falta, falha, fraqueza, defeito.

short-cut [ʃ'ɔ:t kʌt] *n* atalho. **to take a short-cut** cortar caminho.

short.en [ʃ'ɔ:tən] *vt+vi* encurtar, cortar, diminuir.

short.hand [ʃ'ɔ:thænd] *n* taquigrafia.

short-lived [ʃ'ɔ:tlivd] *adj* de vida curta, de pouca duração.

short.ly [ʃ'ɔ:tli] *adv* logo, em breve.

short-sight.ed [ʃɔ:t s'aitid] *adj* 1 míope. 2 imprudente.

short-term [ʃ'ɔ:t tə:m] *adj* a curto prazo.

shot [ʃɔt] *ps, pp* de **shoot**. • *n* 1 tiro. 2 chumbo. 3 bala. 4 descarga de arma de fogo. 5 lance, chute. 6 fotografia. 7 injeção. 8 cena ou sequências de um filme. **to be a big shot** ser muito importante, *sl* mandachuva. **to give a shot in the dark** dar um tiro no escuro, um palpite, uma tentativa.

shot-gun [ʃ'ɔt gʌn] *n* espingarda.

should [ʃud] 1 *ps* of **shall**. 2 *modal verb*: a) dar conselho, recomendar. *you should always obey your parents* / você deveria sempre obedecer a seus pais. b) expressar arrependimento. *I should have studied German* / eu deveria ter estudado alemão. c) pedir permissão, informação, conselho. *should we tell her the truth?* / devemos contar-lhe a verdade?

shoul.der [ʃ'ouldə] *n* ombro. • *vi* 1 levar ao ombro, suportar com os ombros. 2 carregar, assumir, sustentar. **a shoulder to cry on** um ombro (amigo) para chorar.

shout [ʃaut] *n* grito. • *vt+vi* gritar.

show [ʃou] *n* 1 mostra, exibição. 2 espetáculo, exposição. • *vt+vi* (*ps* **showed**, *pp* **shown** or **showed**) 1 mostrar, expor, exibir. 2 revelar, manifestar, demonstrar. 3 aparecer, estar visível. **for show** para impressionar. **on show** em exibição. **to have something to show for** mostrar serviço, mostrar resultados. **to show in** mandar entrar, acompanhar para dentro. **to show off** mostrar-se, destacar-se, exibir-se, ostentar. **to show someone out** acompanhar alguém até a porta.

show biz [ʃ'ou biz] *n Amer sl* = **show business**.

show busi.ness [ʃ'ou biznis] *n* produções em cinema, rádio, televisão, teatro como indústria, especialmente em relação ao trabalho e vida de atores, diretores e produtores; mundo do espetáculo.

show.er [ʃ'auə] *n* 1 período curto de chuva leve. 2 chuveiro, ducha, banho de chuveiro. • *vt+vi* 1 chover por um período curto. 2 tomar banho de chuveiro.

shrewd [ʃruːd] *adj* astuto, inteligente, perspicaz, sagaz.
shriek [ʃriːk] *n* som agudo, alto; grito. • *vt+vi* gritar, emitir som agudo.
shrimp [ʃrimp] *n* camarão.
shrink [ʃriŋk] *vt+vi* (*ps* **shrank** or **shrunk**, *pp* **shrunk** or **shrunken**) encolher-se, reduzir, diminuir. **to shrink at** ter pavor de. **to shrink from** evitar, recuar diante de.
shrug [ʃrʌg] *n* ação de encolher os ombros. • *vt+vi* encolher os ombros (em sinal de dúvida, indiferença, impaciência etc.).
shud.der [ʃʌdə] *n* tremor, estremecimento, arrepio. • *vi* tremer, estremecer.
shuf.fle [ʃʌfəl] *vt+vi* 1 arrastar os pés, andar sem levantar os pés. 2 embaralhar (cartas), misturar.
shut [ʃʌt] *vt+vi* (*ps, pp* **shut**) 1 fechar, tampar. 2 cerrar. 3 trancar. • *adj* fechado, trancado. **shut up!** cale a boca! **to shut down** fechar. **to shut in** prender, aprisionar. **to shut off** cortar, fechar, desligar. **to shut out** excluir. **to shut up** a) fechar, trancar, prender. b) calar(-se).
shut-down [ʃʌt daun] *n* 1 paralisação de empresas. 2 *Comp* parada temporária, suspensão.
shut.tle [ʃʌtəl] *n* serviço de transporte por avião, ônibus ou trem que faz viagens frequentes de ida e volta entre dois lugares (relativamente próximos).
shut.tle.cock [ʃʌtəlkɔk] *n* peteca.
shy [ʃai] *v* espantar-se, recuar, assustar-se. • *adj* tímido, acanhado, modesto.
sib.ling [siblin] *n* irmãos e irmãs.
sick [sik] *adj* 1 doente, enfermo. 2 *coll* enjoado. 3 indisposto. 4 farto. **to be sick of something / be sick and tired of something** estar farto, cansado, *Braz sl* cheio, de saco cheio. **to make someone sick** irritar, aborrecer alguém.
sick.en.ing [sikəniŋ] *adj* repugnante, enjoativo.

sick.ness [siknis] *n* 1 doença, enfermidade. 2 náusea, vômito.
side [said] *n* 1 lado, lateral. 2 aspecto, ponto de vista. 3 encosta de montanha, declive. 4 partido, grupo de pessoas, equipe. 5 posição, atitude. • *vt+vi* tomar partido, favorecer. • *adj* 1 lateral, de lado. 2 de um lado, num lado. 3 para um lado, em direção a um lado. **a side door** porta lateral. **at/by my side** ao meu lado. **on each side of** em cada lado de. **(on) either side of** dos dois lados de. **on every side / on all sides** de todos os lados. **on my side** da minha parte. **on the other side** por outro lado. **on this side** deste lado. **side by side** ombro a ombro.
side effect [said ifekt] *n* efeito colateral.
side-track [said træk] *vt* desviar-se, afastar-se (de um assunto).
side.walk [saidwɔːk] *n* calçada.
sift [sift] *vt+vi* 1 peneirar. 2 examinar, analisar cuidadosamente. **to sift out** separar, escolher.
sigh [sai] *n* suspiro. • *vt+vi* suspirar.
sight [sait] *n* 1 visão, vista. 2 aspecto, espetáculo, vista. • *vt* 1 ver, avistar. 2 observar. 3 fazer pontaria. **at first sight** à primeira vista. **at short sight** a curto prazo. **out of sight** não visível, que não está à vista. **out of sight, out of mind** longe dos olhos, longe do coração. **to lose sight of** a) perder de vista. b) perder contato.
sight-see.ing [sait siːiŋ] *n* turismo. • *adj* turístico.
sign [sain] *n* 1 sinal, marca, indício. 2 *Astrol* signo. 3 distintivo. 4 símbolo. • *vt+vi* 1 assinar. 2 contratar. 3 fazer sinal ou gesto com as mãos para se comunicar. **to sign in** assinar na entrada (hotel, empresa, prédio etc.). **to sign off** assinar demissão de emprego. **to sign on** assinar contrato de emprego, de trabalho. **to sign out** assinar saída (hotel, prédio etc.).

sig.nal [s'ignəl] *n* sinal. • *vt+vi* **1** fazer sinal. **2** comunicar por meio de sinal. **3** mostrar.

sig.na.ture [s'ignətʃə] *n* assinatura.

sign lan.guage [s'ain læŋgwidz] *n* dactilologia: comunicação por sinais e gestos.

sign.post [s'ainpoust] *n* poste indicador de caminhos, poste de sinalização.

si.lenc.er [s'ailənsə] *n* silenciador (de escape de viatura, de arma de fogo).

si.lent [s'ailənt] *adj* **1** silencioso, calmo, quieto. **2** *Cin*, *Gram* mudo.

silk [silk] *n* seda.

sill [sil] *n* soleira de porta, peitoril.

sil.ly [s'ili] *n* pessoa tola, boba, simplória. • *adj* **1** imbecil, tolo, estúpido. **2** ridículo.

sil.ver [s'ilvə] *n* **1** prata. **2** prataria, talheres. **3** cor de prata. • *vt+vi* pratear. • *adj* **1** feito de prata. **2** prateado. **3** de cor de prata. **speech is silver, silence is golden** falar é prata, calar é ouro.

sil.ver.ware [s'ilvəweə] *n* prataria.

sim.i.lar.i.ty [simil'æriti] *n* semelhança, similaridade, analogia.

sim.i.le [s'imili] *n* símile, comparação.

sim.mer [s'imə] *vt+vi* cozinhar lentamente.

sim.ple-mind.ed [simpəl m'aindid] *adj* **1** franco, sincero. **2** simplório, ingênuo.

sim.pli.fy [s'implifai] *vt* simplificar, tornar fácil ou simples.

since [sins] *adv* **1** desde, desde então. **2** antes, antigamente. • *prep* desde, desde então. • *conj* desde que. **2** já que, visto que, uma vez que, como. *since he was tired he went to bed* / como estivesse cansado, ele foi para a cama. **ever since** desde então. **since when**? desde quando?

sin.cere [sins'iə] *adj* sincero, franco, verdadeiro.

sin.cere.ly [sin'siəli] *adv* sinceramente.

yours sincerely (fim de cartas) atenciosamente.

sin.ful [s'inful] *adj* **1** pecador, pecaminoso. **2** depravado, corrompido.

sing [siŋ] *vt+vi* (*ps* sang, *pp* sung) cantar.

sing.ing [s'iŋiŋ] *n* **1** canto. **2** zumbido (de ouvido). • *adj* que canta, de canto.

sin.gle [siŋgəl] *n* **1** passagem de ida. **2** jogo, competição para duas pessoas somente. **3** quarto para uma pessoa só (em hotel). **4** disco que tem uma canção de cada lado. • *vt+vi* separar, escolher. • *adj* **1** um só, um único. **2** individual. **3** solteiro. **to single out** escolher, selecionar entre outros.

sin.gle-hand.ed [siŋgəl h'ændid] *adj* sem ajuda, sozinho, que trabalha sozinho.

sin.gle-mind.ed [siŋgəl m'aindid] *adj* que visa uma só finalidade, decidido.

sin.gle pa.rent [siŋgəl p'εərənt] *n* pai ou mãe que cria filho/filhos sozinho.

sin.is.ter [s'inistə] *adj* sinistro, ameaçador.

sink [siŋk] *n* **1** pia. **2** lavabo. • *vt+vi* (*ps* sank, *pp* sunk, *arch* sunken) **1** afundar. **2** levar à ruína, arruinar, destruir. **3** ficar mais baixo ou mais fraco. **to sink into oblivion** cair no esquecimento. **to sink to one's knees** cair de joelhos.

sin.ner [s'inə] *n* pecador(a).

sip [sip] *n* gole. • *vt+vi* **1** beber em goles pequenos. **2** bebericar, sorver.

si.ren [s'aiərin] *n* sirene (apito).

sis.ter [s'istə] *n* **1** irmã. **2** enfermeira-chefe. **3** irmã de ordem religiosa, freira.

sis.ter-in-law [s'istə in lɔ:] *n* cunhada.

sit [sit] *vt+vi* (*ps*, *pp* sat) **1** sentar, sentar-se. **2** fazer sentar, acomodar. **3** ocupar cargo, ter assento ou cadeira (em assembleia), ser membro de. **4** posar. **to sit in** assistir para observar, mas sem participar. **to sit out** esperar pacientemente pelo final. **to sit up** a) sentar-se eretamente. b) ficar acordado durante a noite.

site [sait] *n* **1** posição, lugar, terreno. **2** *Comp* site.
sit.ting [s'itiŋ] *n* **1** sessão, reunião. **2** turnos.
sit.ting room [s'itiŋ ru:m] *n* sala de estar.
six [siks] *n, adj, pron* seis.
size [saiz] *n* **1** tamanho, área. **2** extensão, dimensão, volume, quantidade. **3** medida, número, tamanho. • *vt* **1** arranjar, classificar de acordo com o tamanho. **2** medir.
size.a.ble, sizable [s'aizəbəl] *adj* de tamanho considerável.
skate [skeit] *n* patim. • *vi* patinar. **roller skate** patim de rolemás.
skate.board [sk'eitbo:d] *n* prancha de skate.
skep.tic, sceptic [sk'eptik] *n* cético(a).
sketch [sketʃ] *n* **1** esboço, desenho rápido. **2** projeto, plano. **3** história curta. **4** *sketch TV, Radio, Theat* cena, ato cômico. • *vt* **1** esboçar. **2** traçar, projetar.
skid [skid] *n* escorregão, derrapagem. • *vt+vi* escorregar, derrapar.
ski.ing [ʃ'iiŋ] *n* o ato de esquiar.
skill [skil] *n* **1** habilidade, prática, destreza. **2** experiência, perícia.
skilled [skild] *adj* qualificado, especialista, habilitado.
skim [skim] *vt+vi* **1** desnatar, tirar da superfície. **2** ler às pressas, folhear, passar os olhos.
skim-milk [sk'im milk] *n* leite desnatado.
skin [skin] *n* **1** pele. **2** couro. **3** casca, crosta. • *vt+vi* **1** tirar a pele, descascar. **2** esfolar. **3** mudar de pele. **to be in somebody's skin** *coll* estar na pele de alguém.
skin.head [sk'inhed] *n Brit* skinhead: jovem rebelde que raspa a cabeça, usa calças justas e botas e manifesta comportamento racista.
skip [skip] *n* pulo, salto. • *vt+vi* **1** pular, saltar. **2** pular corda. **3** omitir. **to skip over something** fazer algo, mas não integralmente.
skip.ping rope [sk'ipiŋ roup] *n* corda de pular.
skull [skʌl] *n* **1** caveira, crânio. **2** cabeça.

sky [skai] *n* céu.
sky.line [sk'ailain] *n* **1** horizonte. **2** silhueta.
sky.rock.et [sk'airɔkit] *n* foguete (fogos de artifício).
sky.scraper [sk'aiskreipə] *n* arranha-céu.
slack [slæk] *adj* **1** solto, frouxo. **2** descuidado. **3** calmo, sem atividade ou movimento.
slack.en [sl'ækən] *vt+vi* soltar, afrouxar(-se), ficar solto.
slan.der [sla:ndə, sl'ændə] *n* difamação, calúnia. • *vt+vi* caluniar, difamar.
slant [sla:nt, slænt] *n* **1** ladeira, inclinação. **2** intenção, ponto de vista. • *vt+vi* **1** inclinar, inclinar-se, pender. **2** apresentar algo de forma tendenciosa.
slap [slæp] *n* tapa, bofetada. • *vt+vi* esbofetear.
slate [sleit] *n* ardósia. • *vt* cobrir com telhas de ardósia.
slaugh.ter [sl'ɔ:tə] *n* matança, carnificina, massacre, abate. • *vt* matar, abater, massacrar.
slaugh.ter-house [sl'ɔ:tə haus] *n* matadouro.
slav.er.y [sl'eivəri] *n* escravidão.
slay [slei] *vt* (*ps* **slew**, *pp* **slain**) matar, assassinar de maneira violenta.
sleep [sli:p] *n* sono, soneca. • *vt* (*ps, pp* **slept**) dormir, tirar soneca. **to go to sleep** adormecer, pegar no sono. **to put to sleep** pôr para dormir. **to sleep around** manter relações sexuais com várias pessoas. **to sleep like a log** dormir como uma pedra.
sleep.er [sl'i:pə] *n* **1** pessoa que dorme. **2** carro dormitório. **3** dormente. **to be a heavy / light sleeper** ter sono pesado / leve.
sleep.ing pill [sl'i:piŋ pil] *n* sonífero (pílula ou tablete).
sleep.less [sl'i:plis] *adj* sem sono, com insônia, *fig* irrequieto, agitado.
sleep-walk.er [sl'i:p wɔ:kə] *n* sonâmbulo(a).

sleep.y [sl'i:pi] *adj* 1 sonolento. 2 quieto, sossegado.

sleet [sli:t] *n* granizo, saraiva (junto com chuva ou neve).

sleeve [sli:v] *n* 1 manga (de roupa). 2 capa de disco. • *vt* colocar mangas.

slice [slais] *n* 1 fatia, posta. 2 parte, porção, pedaço. • *vt+vi* 1 cortar em fatias ou postas. 2 cortar, talhar. **to slice up** fatiar.

slick [slik] *n* mancha de petróleo. • *adj* 1 *coll* engenhoso. 2 esperto. 3 bem-sucedido.

slide [slaid] *n* 1 escorregador. 2 lâmina (para microscópio). 3 diapositivo. • *vt+vi* (*ps* slid, *pp* slid, slidden) 1 deslizar, escorregar. 2 andar, mover-se quietamente em segredo.

slid.ing door [slaidiŋ d'ɔ:] *n* porta de correr.

slim [slim] *vt+vi* emagrecer, ficar magro. • *adj* 1 delgado, fino. 2 pequeno, fraco. 3 ligeiro.

sling [sliŋ] *n* 1 estilingue. 2 tipoia. • *vt* (*ps, pp* slung) 1 atirar, arremessar, lançar (com estilingue). 2 suspender.

slip [slip] *n* 1 escorregão. 2 erro, lapso, engano. 3 fronha (roupa). 4 tira estreita (de papel). • *vt+vi* 1 mover-se quietamente, fácil ou rapidamente. 2 deslizar, escorregar. 3 passar despercebido, escapar. 4 soltar, largar. **to let something slip** deixar (algo) escapar. **to slip away** escapulir.

slip.per.y [sl'ipəri] *adj* 1 escorregadio. 2 enganoso, falso. 3 obsceno.

slit [slit] *n* 1 fenda, fresta. 2 corte. 3 rachadura. • *vt* (*ps, pp* slit) 1 fender, rachar. 2 cortar.

sliv.er [sl'ivə] *n* 1 lasca. 2 estilhaço.

slob [slɔb] *n sl* 1 pessoa preguiçosa, relaxada. 2 preguiçoso, porcalhão.

slope [sloup] *n* 1 ladeira, rampa. 2 pista de esqui. • *vt+vi coll* fugir, escapar. **to slope off** *coll* dar no pé, fugir, ir embora rapidamente.

slop.py [sl'ɔpi] *adj* 1 desmazelado. 2 malfeito (trabalho). 3 piegas, babaca.

slot [slɔt] *n* 1 fenda. 2 abertura para colocar moedas. 3 janela: vaga em um programa ou horário. • *vt* 1 fazer fenda. 2 fazer entrar pela abertura. 3 encaixar (num horário).

slot ma.chine [sl'ɔt məʃi:n] *n* papa- -níqueis, caça-níqueis.

slow [slou] *vt+vi* reduzir a velocidade, diminuir, tornar lento. • *adj* 1 lento, demorado. 2 lerdo. 3 atrasado (relógio). • **slowly** *adv* lentamente, vagarosamente. **to slow down** diminuir a velocidade, diminuir a marcha, tornar-se menos ativo.

slow-mo.tion-pic.ture [slou m'ouʃən piktʃə] *n* filme em câmara lenta.

slug.gish [sl'ʌgiʃ] *adj* 1 lento, moroso. 2 preguiçoso, vadio.

slum [slʌm] *n* 1 rua suja de bairro pobre. 2 favela.

slump [slʌmp] *n* 1 queda brusca (de preços). 2 *fig* fracasso. • *vi* cair, baixar, baixar repentinamente (preços, valores), fracassar.

sly [slai] *adj* 1 furtivo. 2 astuto. 3 dissimulado.

smack [smæk] *n* 1 estalo feito com os lábios. 2 beijoca. 3 pancada, palmada. • *vt+vi* 1 dar palmada. 2 fazer estalo com os lábios.

small [smɔ:l] *adj* 1 pequeno. 2 pouco. 3 insignificante. • *adv* 1 em pequenos pedaços. 2 em tom baixo. **to feel small** sentir-se envergonhado.

smart [sma:t] *adj* 1 agudo, severo, forte. 2 esperto. 3 elegante, moderno.

smash [smæʃ] *n* 1 quebra, rompimento. 2 estrondo. 3 queda, desastre. 4 sucesso (filme, peça de teatro). 5 trombada. • *vt+vi* 1 quebrar, esmagar, despedaçar (com ruído). 2 destruir. 3 atirar-se (contra). 4 *coll* dar soco, golpear.

smash hit [smæʃ h'it] *n* sucesso estrondoso (filme, peça de teatro).

smash.ing [sm'æʃiŋ] *adj Brit coll* bárbaro, excelente, estupendo.

smell [smel] *n* 1 olfato. 2 cheiro. 3 indício. • *vt+vi (ps, pp* **smelt** or **smelled)** 1 cheirar. 2 emitir cheiro, ter cheiro. 3 pressentir. 4 ter traços de. 5 feder. **to smell like a rose** *sl* ser puro e inocente. **to smell out** descobrir, farejar. **to smell up** causar mau cheiro.

smirk [smə:k] *n* sorriso afetado ou malicioso. • *vi* sorrir de modo afetado ou malicioso.

smog [smɔg] *n contr of* **smoke** and **fog** (mistura de neblina e fumaça).

smoke [smouk] *n* fumaça. • *vt+vi* 1 soltar fumaça. 2 fumar. 3 defumar, curar. **there's no smoke without fire** onde há fumaça há fogo. **no smoking** é proibido fumar.

smooth [smu:ð] *vt+vi* 1 alisar, aplainar, polir. 2 suavizar. • *adj* 1 liso. 2 macio. 3 plano. 4 fácil, sem obstáculos. 5 polido, agradável, afável. **to smooth down** acalmar, suavizar. **to smooth over** atenuar.

smoth.er [sm'ʌðə] *vt+vi* 1 sufocar. 2 cobrir com. 3 extinguir, abafar (fogo).

smug [smʌg] *adj* presunçoso, convencido.

smug.gler [sm'ʌglə] *n* contrabandista.

snack [snæk] *n* 1 lanche, refeição leve. 2 petisco. **to have a snack** fazer um lanche.

snag [snæg] *n* obstáculo, empecilho.

snail [sneil] *n* lesma, caracol.

snake [sneik] *n* 1 cobra, serpente. 2 *fig* pessoa traiçoeira. • *vt* serpentear, serpear. **to see snakes** ver coisas que não existem.

snap [snæp] *n* estalo, estalido. • *vt* 1 estalar. 2 fechar (com estalo). • *adj Amer* que é feito rapidamente ou de improviso. **snap it up!** apresse-se! **to snap one's fingers** estalar os dedos.

snap.shot [sn'æpʃɔt] *n Phot, Comp* instantâneo.

snare [snɛə] *n* 1 laço. 2 cilada, armadilha. • *vt* 1 enganar, trair. 2 pegar um animal ou pássaro com armadilha.

snatch [snætʃ] *n* 1 fragmento. 2 *sl* sequestro. 3 roubo. • *vt+vi* 1 agarrar, apanhar. 2 aproveitar (oportunidade). 3 arrancar. 4 roubar. **by snatches** aos pedaços, aos poucos. **to snatch at** querer pegar, tentar apanhar. **to snatch away** tirar, roubar.

sneak [sni:k] *vt+vi* 1 andar furtivamente. 2 obter, passar às escondidas. 3 *coll* roubar, surrupiar. 4 agir furtivamente.

sneak.ers [sn'i:kəz] *n Amer* calçado esportivo, tênis.

sneer [sniə] *n* olhar ou riso de escárnio, desdém. • *vt+vi* olhar com desprezo.

sneeze [sni:z] *n* espirro. • *vi* espirrar.

sniff [snif] *n* 1 fungada. 2 inalação, respiração. • *vt+vi* 1 aspirar ar pelo nariz audivelmente. 2 desdenhar. 3 farejar. 4 cheirar (drogas).

snip [snip] *n* 1 corte (com tesoura). 2 barganha. • *vt+vi* cortar (com tesoura).

sni.per [sn'aipə] *n* franco-atirador.

snitch [snit] *n* dedo-duro. • *vt* dedurar.

snob.bish [sn'ɔbiʃ] *adj* esnobe.

snoop [snu:p] *vi coll* bisbilhotar, espionar, xeretar.

snooze [snu:z] *n coll* soneca. • *vi* tirar uma soneca, cochilar.

snore [snɔ:] *n* ronco. • *vi* roncar.

snor.kel [sn'ɔ:kəl] *n* tubo de respiração para mergulhadores. • *vi* nadar usando tubo de respiração.

snout [snaut] *n* focinho, tromba.

snow [snou] *n* neve. • *vt+vi* nevar.

snow.fall [sn'oufɔ:l] *n* nevada.

snow.flake [sn'oufleik] *n* floco de neve.

snug.gle [sn'ʌgəl] *vt+vi* aconchegar-se, agasalhar-se.

so [sou] *adv* 1 assim, deste modo, desta maneira, desta forma. 2 tão, de tal modo. 3 igualmente, também. *are you hungry? so am I* / está com fome? eu

soak 216 **some**

também. **4** aproximadamente. *he drove for 3 hours or so* / ele guiou aproximadamente 3 horas. • *conj* de maneira que, para que, por isso. **and so forth** e assim por diante. **and so on** e assim por diante. **if so** nesse caso, caso que, se... **is that so?** é verdade? **Mr. so-and-so** fulano. **so much the better!** tanto melhor! **so so** assim, assim, mais ou menos.

soak [souk] *vt+vi* **1** encharcar. **2** deixar de molho. **3** penetrar, infiltrar. **to soak up** embeber, absorver, enxugar.

soap [soup] *n* sabão. • *vt* ensaboar. **bath soap / face soap / toilet soap** sabonete.

soap-op.er.a [s'oup ɔpərə] *n* novela de TV ou rádio.

sob [sɔb] *n* soluço. • *vt+vi* soluçar.

so.ber [s'oubə] *vt+vi* tornar sóbrio, ficar sóbrio. • *adj* **1** sóbrio. **2** sensato, ajuizado.

so-called [sou k'ɔ:ld] *adj* assim chamado.

soc.cer [s'ɔkə] *n Sport Amer* futebol.

so.cial [s'ouʃəl] *adj* social.

social work [s'ouʃəl wə:k] *n* assistência social.

so.ci.e.ty [səs'aiəti] *n* **1** sociedade, associação, clube. **2** companhia. **3** convívio. **4** alta sociedade.

so.ci.o.lo.gic.al [sousiəl'ɔdʒikəl] *adj* sociológico.

so.ci.ol.o.gist [sousi'ɔlədʒist] *n* sociólogo.

sock [sɔk] *n* (*pl* **socks**) *Amer coll* meia curta.

so.da [s'oudə] *n Amer* refrigerante. **bicarbonate of soda** bicarbonato de sódio.

soft [sɔft] *adj* **1** macio, flexível, maleável. **2** mole. **3** baixo (voz). **4** meigo. **to be soft with somebody** ser benevolente demais.

soft drink [s'ɔft driŋk] *n Amer* refresco, suco (de frutas).

soft drugs [s'ɔft drʌgz] *n* drogas leves.

sof.ten [s'ɔfən] *vt+vi* **1** amolecer. **2** suavizar, acalmar.

soft-spo.ken [sɔft sp'oukən] *adj* falado em voz baixa, *fig* afável.

soft.ware [s'ɔftweə] *n Comp software*: suporte lógico, suporte de programação.

sog.gy [s'ɔgi] *adj* **1** encharcado. **2** empapado.

soil¹ [sɔil] *n* terra, solo.

soil² [sɔil] *vt+vi* **1** sujar, manchar, poluir. **2** desonrar.

sol.ace [s'ɔləs] *n* consolo, conforto.

sold [sould] *ps, pp* of **sell**. **sold out** esgotado.

sole [soul] *adj* **1** só, sozinho. **2** único. **3** exclusivo.

so.lem.ni.ty [sɔl'emniti] *n* **1** solenidade, seriedade. **2** ato solene, cerimônia.

so.lic.i.tor [səl'isitə] *n Brit* advogado que dá conselhos legais, prepara documentos e se ocupa de casos jurídicos.

sol.id [s'ɔlid] *n* **1** corpo sólido. **2 solids** comidas sólidas. • *adj* **1** sólido. **2** maciço, compacto. **3** uniforme. **4** contínuo. *she cried for two solid hours* / ela chorou sem parar por duas horas.

sol.i.tude [s'ɔlitju:d] *n* solidão (em geral agradável).

so.lo [s'oulou] *n It* solo, trecho musical para uma voz ou instrumento. • *adj* **1** desacompanhado. **2** para uma voz ou um instrumento.

so.lo.ist [s'oulouist] *n* solista.

sol.u.ble [s'ɔljubəl] *adj* solúvel.

solve [sɔlv] *vt* **1** resolver, esclarecer. **2** dissolver.

some [sʌm] *adj* **1** uns, umas. **2** alguns, algumas. **3** um pouco, certa quantidade. **4** um, uma. *it will happen some day* / acontecerá um dia. **5** cerca de, mais ou menos. • *adv* **1** uns, umas, até certo grau. **2** *Amer coll* até alto grau ou até grande extensão. • *pron* **1** alguns, algumas. **2** certa quantidade. **after some time** depois de algum tempo. **someplace** algum lugar.

some time ago algum tempo atrás. **to some extent** até certo ponto ou grau.

some.bod.y [s'ʌmbɔdi] *n* pessoa importante. *he is somebody* / ele é importante. • *pron* alguém, alguma pessoa.

some.bod.y else [sʌmbɔdi els] *pron* alguém mais, alguma outra pessoa.

some.how [s'ʌmhau] *adv* de qualquer maneira, de qualquer modo, por qualquer razão.

some.one [s'ʌmwʌn] *n, pron* = **somebody**.

some.thing [s'ʌmθiŋ] *n* 1 alguma coisa. 2 um tanto, um bocado, um pouco. 3 coisa ou pessoa de valor ou de importância. *that's really something!* / isto é realmente impressionante!

some.time [s'ʌmtaim] *adv* algum dia, em algum momento.

some.times [s'ʌmtaimz] *adv* às vezes, ocasionalmente, de vez em quando.

some.what [s'ʌmwɔt] *n* algo, um pouco, alguma coisa. • *adv* algo, um tanto, até certo grau, relativamente. *he is somewhat rash* / ele é um tanto precipitado.

some.where [s'ʌmwɛə] *adv* 1 em algum lugar, em alguma parte, algures. 2 aproximadamente.

some.where else [sʌmwɛə 'els] *adv* em outro lugar, em outra parte.

son [sʌn] *n* filho.

son-in-law [s'ʌn in lɔ:] *n* genro.

soon [su:n] *adv* 1 logo, brevemente. 2 cedo. 3 prontamente, rapidamente. **as soon as possible** tão logo que for possível.

soon.er [s'u:nə] *compar of* **soon**. **no sooner...than...** imediatamente após. **sooner or later** mais cedo ou mais tarde. **the sooner the better** quanto antes melhor.

sooth.ing [s'u:ðiŋ] *adj* calmante, suavizante.

sop.py [s'ɔpi] *adj* Brit *sl* sentimental, piegas.

sore [sɔ:] *n* 1 chaga, ferida, machucado. 2 dor, mágoa. • *adj* 1 dolorido, doloroso. 2 *Amer* irritável. 3 constrangido, furioso. 4 delicado, embaraçoso. **a sore point** um assunto delicado.

sor.row [s'ɔrou] *n* 1 tristeza, pesar. 2 sofrimento, aflição.

sor.ry [s'ɔri] *adj* pesaroso, arrependido. **(I am) sorry!** perdão! desculpe! sinto muito! **sorry?** como disse? repita, por favor. **to be sorry for something** estar arrependido. *I am sorry for it* / estou arrependido.

sort [sɔ:t] *n* 1 tipo. 2 pessoa ou coisa de certa qualidade. • *vt+vi* classificar, selecionar. **a sort of** um tipo de, uma espécie de. **of all sorts** de toda espécie. **sort of** *coll* um tanto, um pouco, meio, mais ou menos. *he is sort of tired* / ele está meio cansado.

soul [soul] *n* 1 alma. 2 espírito, energia de sentimento. **a good soul!** uma boa alma! **sorry! not a soul** ninguém, nem uma pessoa.

soul mate [s'oul meit] *n* 1 amigo e confidente. 2 alma gêmea.

soul mu.sic [s'oul mju:zik] *n* tipo de música popular dos negros americanos.

sound[1] [saund] *n* 1 som. 2 vibrações sonoras. 3 ruído. 4 volume. • *vt+vi* 1 soar. 2 fazer soar, tocar, dar. 3 parecer.

sound[2] [saund] *adj* 1 sem defeito, inteiro, perfeito. 2 são, sadio. 3 forte, seguro. 4 sólido. 5 profundo (sono). • *adv* profundamente. *sound asleep* / profundamente adormecido. **to be safe and sound** estar são e salvo.

sound.proof [s'aundpru:f] *adj* à prova de som. • *vt* isolar, vedar à prova de som.

sound-track [s'aund træk] *n Cin* trilha sonora.

sour [s'auə] *adj* 1 azedo, ácido, acre. 2 rançoso, estragado, coagulado (leite). • *vt+vi* estragar. **to go / turn sour** azedar.

source [sɔ:s] *n* 1 fonte, nascente. 2 origem. 3 fonte de informações.

south [sauθ] *n* 1 sul, direção sul. 2 (também **South**) parte sul. • *adj* 1 sul. 2 do sul, meridional. • *adv* para o sul.

south.east [sauθ'i:st] *n* sudeste. • *adj* do sudeste. • *adv* para o sudeste.

South Pole [s'auθ poul] *n* Polo Sul.

south.ward [s'auθwəd], **south.wards** [s'auθwədz] *adv* para o sul.

south.west [sauθw'est] *n* sudoeste. • *adj* 1 sudoeste. 2 do sudoeste. • *adv* em direção ao sudoeste.

sove.reign [s'ɔvrin] *n* soberano(a), rei, rainha, monarca. • *adj* soberano, supremo.

sove.reign.ty [s'ɔvrinti] *n* soberania, poder supremo.

sow[1] [sau] *n Zool* porca.

sow[2] [sou] *vt+vi* (*ps* sowed, *pp* sown or sowed) semear.

soy [sɔi], **soy.a** [s'ɔiə] *n* 1 soja, molho feito de soja. 2 feijão-soja.

spa [spa:] *n* 1 fonte de água mineral. 2 estação de águas, balneário.

space [speis] *n* 1 espaço, universo. 2 lugar, extensão. 3 área, superfície. 4 distância. • *vt* 1 espaçar, separar com espaço. 2 dividir em espaços.

space.craft [sp'eiskra:ft] *n Aeron* nave espacial, espaçonave.

space shut.tle [sp'eis ʃʌtəl] *n Aeron* ônibus espacial.

spa.cious [sp'eiʃəs] *adj* espaçoso, amplo, vasto.

spade [speid] *n* pá. • *vt+vi* cavoucar com pá.

spades [speidz] *n Cards* espadas.

span [spæn] *n* 1 vão. 2 período de tempo entre dois eventos. • *vt* estender sobre (ponte), abarcar. **life span** expectativa de vida.

spank [spæŋk] *vt+vi* 1 bater. 2 dar palmadas em.

spare [spɛə] *n* objeto de reserva. • *vt+vi* 1 poupar, dispensar. 2 aliviar, desobrigar. 3 economizar. 4 privar-se. 5 dispor. *can you spare me a moment?* / você dispõe de um momento para mim? 6 ter de sobra. • *adj* 1 sobressalente, de sobra, extra. 2 livre. **spare tyre** sobressalente, estepe. **to spare** de sobra.

spare time [sp'ɛə taim] *n* tempo livre, folga.

spark [spa:k] *n* faísca, centelha (também *fig*). • *vt+vi* 1 reluzir. 2 faiscar. 3 entusiasmar.

spark.ling [spa:kliŋ] *adj* 1 cintilante, brilhante, faiscante. 2 *fig* vivaz, espirituoso.

spar.row [sp'ærou] *n Ornith* pardal.

sparse [spa:s] *adj* 1 esparso, disperso. 2 escasso, raro. 3 ralo.

spasm [sp'æzəm] *n* 1 *Med* espasmo, contração muscular. 2 acesso.

spa.tial [sp'eiʃəl] *adj* espacial, do espaço.

spat.ter [sp'ætə] *n* 1 respingo. 2 mancha, borrão. • *vt+vi* 1 respingar. 2 borrifar.

speak [spi:k] *vt+vi* (*ps* spoke / *pp* spoken) 1 dizer. 2 falar (with / to com, a), conversar. 3 fazer discurso. 4 contar, declarar. 5 exprimir (ideia), pronunciar, comunicar. **not to speak of** isso sem mencionar. **so to speak** por assim dizer. **to speak about** falar sobre, tratar de. **to speak for** falar por alguém. **to speak one's mind** falar sem rodeios.

speak.er [sp'i:kə] *n* locutor, orador. **loud speaker** alto-falante.

speak.ing [sp'i:kiŋ] *adj* 1 que fala, falante. 2 usado para falar. **Brown speaking!** (telefone) aqui fala Brown. **generally speaking** em geral.

spe.cial.ist [sp'eʃəlist] *n* especialista, perito, médico especialista.

spe.ci.al.i.ty [speʃi'æliti], **spe.cial.ty** [spe'ʃəlti] *Amer n* especialidade.
spe.cial.ize, spe.cial.ise [spe'ʃəlaiz] *vt+vi* especializar(-se) em algo.
spe.cies [spi'ʃi:z] *n Zool, Bot* espécie.
spe.cif.ic [spəs'ifik] *adj* 1 específico, preciso, particular. 2 característico, peculiar. 3 específico (medicamento).
spec.i.men [sp'esimin] *n* espécime, exemplar, amostra.
speck [spek] *n* 1 mancha pequena, pinta. 2 partícula. • *vt* manchar.
spec.ta.cles [sp'ektəkəlz] *n Brit* óculos.
spec.ta.tor [spekt'eitə] *n* espectador.
spec.u.la.tor [sp'ekjuleitə] *n* especulador, negociante.
sped [sped] *ps, pp* of **speed**.
speech [spi:tʃ] *n* 1 fala. 2 discurso. 3 linguagem.
speech.less [sp'i:tʃlis] *adj* atônito, sem fala.
speed [spi:d] *n* velocidade, rapidez. • *vt+vi (ps, pp* **sped)** 1 apressar-se, correr, andar depressa. 2 acelerar. **at full speed** em velocidade máxima. **to speed up** acelerar, apressar.
speed-lim.it [sp'i:d limit] *n* limite máximo de velocidade.
spell [spel] *n* 1 encanto, feitiço. 2 período de tempo, trabalho, turno. 3 revezamento. • *vt+vi (ps, pp Amer* **spelled,** *Brit* **spelt)** 1 soletrar. 2 resultar. **to spell out** a) soletrar. b) *sl* explicar nos mínimos detalhes.
spell.ing [sp'eliŋ] *n* ortografia.
spend [spend] *vt+vi (ps, pp* **spent)** 1 gastar (dinheiro). 2 passar (tempo). 3 exaustar-se, esgotar.
spend.ing [sp'endiŋ] *n* gasto, despesa.
spent [spent] *ps, pp* of **spend.** • *adj* 1 gasto, consumido. 2 exausto, esgotado.
spice [spais] *n* 1 tempero, condimento. 2 gosto, sabor, traço. • *vt* 1 condimentar, temperar. 2 conferir graça ou interesse a alguma coisa, *fig* apimentar.

spi.der-web [sp'aidə web] *n* teia de aranha.
spik.y [sp'aiki] *adj* pontudo, pontiagudo.
spill [spil] *vt+vi (ps, pp* **spilt, spilled)** 1 derramar, transbordar. 2 *sl* espalhar uma notícia. **oil spill** vazamento de petróleo. **to spill out** revelar, contar, espalhar (intimidades).
spin [spin] *n* 1 rotação, giro. 2 corrida ou viagem rápida. • *vt+vi (ps* **spun, span,** *pp* **spun)** 1 girar, virar, fazer girar. 2 torcer roupa na máquina de lavar. 3 fiar. **to spin out** prolongar, fazer durar.
spine [spain] *n* 1 espinha, espinha dorsal. 2 suporte. 3 lombada (de livro). 4 crista, cume.
spin.ster [sp'instə] *n* 1 mulher solteira. 2 solteirona.
spi.ral [sp'aiərəl] *n* espiral. • *vt+vi* espiralar, formar em espiral. • *adj* espiral, espiralado.
spir.it [sp'irit] *n* 1 espírito, alma. 2 sentido, intenção. *that's the spirit /* esse é o sentido exato. 3 coragem, determinação. **4 spirits** disposição, mentalidade, humor. *he is in high (low) spirits /* ele está animado (deprimido). **5 spirits** bebida alcoólica.
spir.it.ed [sp'iritid] *adj* vivo, animado, corajoso, espirituoso, determinado. **high spirited** animado. **low spirited** deprimido, desanimado.
spit [spit] *n* saliva, cuspo. • *vt+vi (ps, pp* **spat** or **spit)** 1 cuspir. 2 emitir, esguichar. **spit it out!** fale! **to spit at** cuspir em. **to spit upon someone** tratar alguém com desprezo.
spite [spait] *n* malevolência, rancor, malvadez. • *vt* ofender, magoar. **in spite of** apesar de.
splash [splæʃ] *n* mancha de líquido espirrado, mancha, salpico. • *vt+vi* 1 patinhar, chapinhar. 2 espirrar, salpicar. 3 *coll* esbanjar.

splint [splint] *n Med* tala (para fratura).

splin.ter [spl'intə] *n* lasca, estilhaço. • *vt+vi* lascar.

split [split] *n* **1** divisão, separação (grupos ou partidos). **2** ruptura, trinca, racho, rasgo. • *vt+vi (ps, pp* **split**) **1** partir, separar-se, desunir-se. **2** dividir, repartir. • *adj* dividido, fendido, separado. **to split up** a) repartir-se. b) separar, separar-se (casal ou grupo).

spoil [spɔil] *n* **1** (também **spoils** *pl*) espólio. **2** pilhagem, saque. • *vt+vi (ps, pp* **spoilt** ou **spoiled**) **1** arruinar, estragar, destruir. **2** estragar (crianças) com mimos, mimar.

spoke [spouk] *n* raio (de roda). *ps* of **speak**.

spo.ken [sp'oukən] *pp* of **speak**. • *adj* oral, proferido, falado. **well spoken of** considerado, reputado. **widely spoken of** muito popular.

spokes.per.son [sp'oukspə:sən] *n* porta-voz, orador (usado quando é irrelevante destacar se é homem ou mulher).

sponge [spʌndʒ] *n* esponja. • *vt+vi* esfregar, limpar com esponja.

sponge-cake [sp'ʌndʒ keik] *n Cook* pão de ló.

spon.sor [sp'ɔnsə] *n* patrocinador. • *vt* patrocinar.

spon.sor.ship [sp'ɔnsəʃip] *n* patrocínio.

spon.ta.ne.i.ty [spɔntən'i:iti] *n* espontaneidade.

spook.y [sp'u:ki] *adj* fantasmagórico, misterioso.

sport [spɔ:t] *n* camarada, bom companheiro. • *vt+vi coll* exibir, ostentar. **be a sport!** não seja desmancha-prazeres!

sports [spɔ:ts] *n* esporte, competição esportiva. **sports car** *n* carro esporte.

sports.man [sp'ɔ:tsmən], **sports.wom.an** [sp'ɔ:tswumən] *n* esportista.

spot [spɔt] *n* **1** marca. **2** pinta, espinha. **3** lugar, local. • *vt+vi* **1** marcar, manchar. **2** *coll* localizar, descobrir, reconhecer. **on the spot** a) naquele mesmo lugar, no lugar certo. b) imediatamente. c) *Amer sl* em dificuldade, em apuros.

spot.less [sp'ɔtlis] *adj* limpo, sem manchas, impecável.

spot.light [sp'ɔtlait] *n* **1** luz de holofote ou de refletor. **2** refletor, holofote.

spot.ted [sp'ɔtid] *adj* **1** manchado. **2** com pintas, pontilhado.

spout [spaut] *n* **1** cano, tubo. **2** bico (bule). • *vt+vi* **1** jorrar, espirrar. **2** correr, sair com força.

sprain [sprein] *n* deslocamento, distensão. • *vt* torcer, deslocar, distender.

sprawl [sprɔ:l] *vt+vi* **1** espreguiçar-se. **2** alastrar-se, crescer muito.

spread [spred] *n* **1** expansão, difusão, propagação. **2** extensão. **3** *Amer* colcha, coberta, toalha. **4** *Amer* o que se passa no pão (como manteiga etc.). • *vt+vi (ps, pp* **spread**) **1** propagar, espalhar, difundir. **2** untar.

spring [spriŋ] *n* **1** pulo, salto. **2** mola. **3** elasticidade. **4** primavera. **5** fonte, nascente. • *vt+vi (ps* **sprang**, *pp* **sprung**) **1** pular, saltar. **2** voltar, ressaltar por força elástica. **3** brotar, nascer, crescer. **to spring forth** saltar para fora. **to spring up** brotar, surgir.

spring-board [spr'iŋ bɔ:d] *n* trampolim.

spring.time [spr'iŋtaim] *n* primavera.

sprin.kle [spr'iŋkəl] *n* **1** um pouco, pequena quantidade. **2** chuvisco, aspersão. • *vt+vi* **1** pulverizar, polvilhar, salpicar. **2** borrifar.

sprint [sprint] *n* corrida de curta distância, período curto de atividade intensa. • *vi* correr a toda velocidade.

sprout [spraut] *n* broto, rebento. • *vt+vi* **1** brotar, germinar. **2** fazer crescer, estimular o crescimento. **Brussels sprouts** couve-de-bruxelas.

spur [spə:] *n* **1** espora. **2** coisa que estimula, incentivo, impulso, estímulo. •

vt+vi (*ps, pp* **spurred**) estimular. **on the spur of the moment** impulsivamente.

spurt [spə:t] *n* 1 jato, jorro. 2 arrancada. • *vt+vi* 1 jorrar, fazer esguichar. 2 arrancar (carro).

spy [spai] *n* espião, espiã. • *vt+vi* espionar, investigar, espreitar.

squab.ble [skw'ɔbəl] *n* briga, barulho. • *vt+vi* brigar, disputar, fazer barulho.

squad [skwɔd] *n* 1 pelotão, esquadra. 2 *Sport* seleção.

squal.or [skw'ɔlə] *n* esqualidez, miséria, sordidez.

squan.der [skw'ɔndə] *vt+vi* desperdiçar, esbanjar.

square [skwɛə] *n* 1 quadrado. 2 casa (tabuleiro). 3 praça, quadra. 4 esquadro. 5 pessoa antiquada, conservadora. • *vt+vi* 1 fazer retangular, fazer quadrado. 2 dividir em quadrados. 3 *Math* elevar ao quadrado. 4 regularizar, equilibrar(-se). • *adj* 1 quadrado, quadrangular. 2 em quadrado. 3 completo, absoluto. 4 *Math* ao quadrado. • *adv* 1 *coll* honestamente. 2 diretamente. **square root** raiz quadrada. **to square the circle** *fig* tentar fazer uma coisa quase impossível.

squash¹ [skwɔʃ] *n* 1 refresco de frutas. 2 aperto, queda de um corpo mole, baque. 3 espécie de jogo de tênis de ginásio, *squash*. • *vt+vi* esmagar, amassar, espremer.

squash² [skwɔʃ] *n Bot* abóbora.

squat [skwɔt] *vt+vi* 1 agachar-se. 2 sentar de cócoras. • *adj* 1 agachado. 2 atarracado.

squeak [skwi:k] *n* guincho, rangido. • *vt+vi* ranger, chiar, guinchar, gritar.

squeal [skwi:l] *n* grito estridente, prolongado. • *vt+vi* gritar, guinchar (como um porco ferido).

squeeze [skwi:z] *n* 1 aperto. 2 compressão. 3 suco espremido. 4 *coll* situação difícil, aperto. • *vt+vi* 1 apertar. 2 espremer, torcer. **to squeeze out** espremer, *fig* interrogar.

squint [skwint] *n* estrabismo. • *vt+vi* 1 olhar com os olhos meio fechados. 2 ser estrábico ou vesgo. • *adj* estrábico, vesgo, que olha de soslaio.

squir.rel [skw'irəl] *n Zool* esquilo.

stab [stæb] *n* golpe, punhalada, facada. • *vt+vi* 1 apunhalar. 2 espetar, golpear. 3 ferir os sentimentos, injuriar.

sta.bil.ize, sta.bil.ise [st'eibilaiz] *vt* estabilizar.

stable¹ [st'eibəl] *adj* 1 estável, constante. 2 equilibrado.

stable² [st'eibəl] *n* 1 estábulo. 2 (também **stables**) estrebaria.

stack [stæk] *n* 1 pilha, monte. 2 *coll* grande quantidade, monte. • *vt* empilhar, amontoar.

staff [sta:f; stæf] *n* (*pl* **staffs, staves**) pessoal, quadro de funcionários. • *vt* prover com pessoal.

stage [steidʒ] *n* 1 palco. 2 trecho, estágio, etapa. • *vt+vi* 1 encenar, organizar peça, evento. **back stage** bastidores. **stage by stage** passo a passo. **to set the stage** preparar o terreno, tornar possível.

stag.ger.ing [st'ægəriŋ] *adj* 1 cambaleante. 2 surpreendente.

stag.nant [st'ægnənt] *adj* estagnado.

stain [stein] *n* 1 mancha. 2 descoloração. • *vt+vi* 1 manchar. 2 tingir. **stained glass** vitral.

stain.less [st'einlis] *adj* sem mancha, inoxidável.

stair.way [st'ɛəwei] *n* escadaria.

stake¹ [steik] *n* estaca. • *vt* 1 fixar, segurar em poste ou estaca. 2 *Amer* marcar, delimitar com estacas.

stake² [steik] *n* 1 aposta. 2 prêmio (de corrida ou competição esportiva). 3 risco, interesse, participação. • *vt* apostar. **at stake** em jogo, em risco.

stale.mate [st'eilmeit] *n* 1 *Chess* impasse. 2 paralisação, beco sem saída.

stalk [stɔ:k] *n* 1 talo, haste. 2 ato de aproximar-se silenciosamente (da caça). • *vt+vi* aproximar-se silenciosamente.

stal.wart [st'ɔ:lwət] *n* pessoa fiel e leal. • *adj* 1 robusto, forte. 2 corajoso, leal.

stam.i.na [st'æminə] *n* força, resistência, perseverança.

stam.mer [st'æmə] *n* gagueira. • *vt+vi* gaguejar.

stamp [stæmp] *n* 1 selo. 2 carimbo. 3 marca. 4 caráter. • *vt+vi* 1 bater o pé (com força). 2 imprimir, gravar, cunhar. 3 caracterizar, carimbar. 4 selar. **food stamp** vale alimentação.

stance [stæns] *n* 1 *Sport* postura. 2 atitude.

stand [stænd] *n* 1 postura, atitude diante de uma questão. 2 tribuna, estrado. 3 barraca, banca (de jornais e revistas), estande. 4 *Amer* banco das testemunhas. 5 arquibancada. 6 descanso, suporte. • *vt+vi* (*ps, pp* **stood**) 1 estar em pé. 2 levantar(-se). 3 estar situado ou localizado. 4 sustentar, tolerar, aguentar. **to stand aside** não interferir. **to stand back** afastar-se, recuar. **to stand by** estar de prontidão. **to stand up for** defender, apoiar. **to stand up to** encarar, enfrentar.

stand.ard [st'ændəd] *n* padrão, critério. • *adj* 1 padrão. 2 exemplar. **above (below) the standard** acima (abaixo) da média. **standard of living** padrão de vida.

stand.ard.ize, stand.ard.ise [st'ændədaiz] *vt* 1 padronizar. 2 regulamentar, oficializar.

stand.ing [st'ændiŋ] *n* 1 status, reputação. 2 duração. 3 ato ou lugar de ficar em pé. • *adj* 1 em pé. 2 permanente, estabelecido, estável.

stand.ing or.ders [stændiŋ 'ɔ:dəz] *n Com* débito automático (em conta corrente bancária).

stand.point [st'ændpɔint] *n* ponto de vista.

stand.still [st'ændstil] *n* paralisação.

sta.pler [st'eiplə] *n* grampeador.

star [sta:] *n* 1 estrela. 2 astro, corpo celeste. 3 estrela(s) para indicar classificação. 4 ator, atriz, pessoa que se distingue em alguma arte (estrela de cinema, de teatro). • *vt+vi* (*ps, pp* **starred**) 1 estrelar. 2 brilhar, ser proeminente ou célebre. • *adj* principal, excelente, célebre, talentoso.

starch [sta:tʃ] *n* 1 amido. 2 goma, cola de amido. • *vt* engomar. **corn starch** maisena.

stare [stɛə] *n* olhar fixo. • *vt+vi* fitar, olhar com os olhos fixos ou arregalados, encarar.

star.light [st'a:lait] *n* luz estelar. • *adj* claro, iluminado pelas estrelas, estrelado.

start [sta:t] *n* 1 partida, começo. 2 início, princípio. 3 impulso, ímpeto. • *vt+vi* 1 partir, levantar voo, zarpar, embarcar, sair de viagem. 2 começar, iniciar. 3 dar partida (de motor). **to make a new start** começar de novo. **to start from scratch** começar do nada. **to start over** *Amer* começar de novo. **to start up** a) levantar-se bruscamente. b) dar partida (motor). c) fundar, abrir (um negócio). **to start with** para encurtar.

start.er [st'a:tə] *n* 1 autor, iniciador. 2 (motor), contato de partida 3 *Brit coll* entrada (de uma refeição).

star.tle [st'a:təl] *vt+vi* 1 chocar, surpreender. 2 espantar-se, assustar-se.

star.va.tion [sta:v'eiʃən] *n* fome, inanição.

starve [sta:v] *vt+vi* 1 morrer de fome. 2 desejar ardentemente, sentir falta de alguma coisa. **to starve for** sofrer falta de.

state[1] [steit] *n* 1 estado, condição, situação, circunstância. 2 classe, posição, cargo. 3 dignidade, grandeza, magnificência. 4 (também **State**) Estado, nação, país. 5 governo, autoridade. **6 the States** os EUA. • *adj* 1 formal, cerimonial. 2 estadual. 3 estatal, público, do governo. **in a state** *coll* em pânico, em dificuldade.

state of affairs situação, conjuntura.
state of mind estado de espírito.

state² [steit] *vt* declarar, afirmar (em palavras ou letras).

state.ly [st'eitli] *adj* grandioso, majestoso.

state.ment [st'eitmənt] *n* declaração. **bank statement** *Com* extrato de conta bancária.

states.man [st'eitsmən] *n* político, estadista.

sta.tion [st'eiʃən] *n* 1 lugar, posto, posição. 2 estação ferroviária etc. 3 posto policial. 4 radioemissora. • *vt* postar, estacionar (militares). **gas station** *Amer* posto de gasolina. **petrol station** *Brit* posto de gasolina. **police station** delegacia de polícia.

sta.tion.ar.y [st'eiʃənəri] *adj* estacionário, fixo. **to be stationary** ter lugar ou residência fixa. **to remain stationary** não progredir.

sta.tion.er.y [st'eiʃənəri] *n* artigos de papelaria.

stat.ure [st'ætʃə] *n* 1 estatura, altura. 2 desenvolvimento (físico ou mental).

sta.tus [st'eitəs] *n Lat* 1 estado, condição. 2 cargo, posição social, *status*, prestígio. 3 posição legal.

staunch [stɔ:ntʃ] *adj* fiel.

stay [stei] *n* 1 permanência, estada, parada. 2 paralisação, impedimento, estorvo, restrição. 3 suspensão (de um processo). • *vt+vi* 1 ficar, permanecer. 2 morar, passar certo tempo ou uma temporada, residir. **to stay away** ficar afastado, ficar ausente. **to stay behind** ficar para trás. **to stay home / stay in** ficar em casa. **to stay out** ficar fora, demorar.

stead.y [st'edi] *vt+vi* 1 firmar, fixar. 2 firmar-se, estabilizar-se. • *adj* 1 fixo, firme. 2 seguro. **to go steady** namorar firme.

steak [steik] *n* bife, fatia de carne.

steal [sti:l] *n* 1 *coll* roubo, ato de roubar.
2 *coll* objeto roubado. 3 *Amer* roubo, furto. • *vt+vi* (*ps* **stole**, *pp* **stolen**) 1 roubar, furtar. 2 obter, ganhar com modos agradáveis. **to steal into** a) meter-se secretamente em. b) entrar furtivamente. **to steal out** sair furtivamente. **to steal the show** roubar a cena.

steam [sti:m] *n* 1 vapor. 2 fumaça. 3 *coll* força, energia. • *vt+vi* 1 emitir fumaça ou vapor, evaporar. 2 cozinhar, operar a vapor. • *adj* 1 a vapor. 2 aquecido a vapor. **steam engine** máquina a vapor. **to let off steam** soltar fumaça, *fig* desabafar.

steam.er [st'i:mə] *n* 1 (também **steamboat** ou **steamship**) navio a vapor, vapor. 2 utensílio para cozinhar a vapor.

steam-rol.ler [st'i:m roulə] *n* 1 rolo compressor (a vapor). 2 *fig* força esmagadora.

steel [sti:l] *n* aço. • *vt* 1 endurecer, robustecer. 2 *fig* afiar, estimular. **cast steel** aço fundido. **hardened steel** aço temperado ou endurecido. **stainless steel** aço inoxidável.

steel mill [st'i:l mil], **steel.works** [st'i:lwɔ:ks] *n* usina siderúrgica.

steep [sti:p] *adj* 1 íngreme, abrupto. 2 *Amer coll* excessivo.

steer [stiə] *vt+vi* 1 guiar, dirigir (pessoas, veículos). 2 adotar uma direção ou diretiva.

steer.ing-wheel [st'iəriŋ wi:l] *n* 1 roda do leme. 2 volante.

stem [stem] *n* 1 tronco, talo. 2 causa, motivo. 3 pé, suporte, base. • *vt+vi* 1 remover o talo ou a haste de. 2 ser proveniente de, descender de. **to stem from** *Amer* originar-se de.

stench [stentʃ] *n* fedor, mau cheiro.

step [step] *n* 1 passo. 2 degrau. 3 ação, medida. **4 steps** escada, degraus. • *vt+vi* 1 andar, dar um passo. 2 pisar, pôr os pés. 3 entrar. **mind the step!** cuidado, degrau! **out of step** a) fora do passo. b)

stepbrother 224 **stitch**

fig em desacordo. **step by step** passo a passo, gradativamente. **to step back** retroceder, recuar. **to step in** a) entrar. b) intervir, interferir. **to step on** a) pisar, calcar, tripudiar. b) apressar-se. **to take steps** tomar medidas, providenciar. **to watch one's step** tomar cuidado.

step.broth.er [st'epbr∧ðə] *n* meio-irmão (filho de padrasto ou de madrasta).
step.daugh.ter [st'epdɔ:tə] *n* enteada.
step.fa.ther [st'epfa:ðə] *n* padrasto.
step.lad.der [st'ep lædə] *n* escadinha.
step.moth.er [st'epm∧ðə] *n* madrasta.
step.sis.ter [st'epsistə] *n* meia-irmã (filha de padrasto ou de madrasta).
step.son [st'eps∧n] *n* enteado.
ster.il.i.ty [ster'iliti] *n* esterilidade, infecundidade.
ster.il.ize, ster.il.ise [st'erilaiz] *vt* esterilizar.
ster.ling [st'ə:liŋ] *adj* 1 de prata de lei. 2 genuíno, excelente, legítimo.
stern¹ [stə:n] *n Naut* popa.
stern² [stə:n] *adj* 1 severo, rigoroso. 2 duro, rígido.
stew [stju:] *n Cook* carne ensopada com legumes, guisado. • *vt+vi* cozinhar por fervura lenta.
stew.ard [stj'u:əd] *n* 1 comissário de bordo. 2 camareiro.
stew.ard.ess [stj'u:ədis] *n* 1 comissária de bordo. 2 camareira. 3 governanta.
stick¹ [stik] *n* 1 vara, talo, graveto. 2 bastão, pau. 3 bengala.
stick² [stik] *vt+vi (ps, pp* **stuck)** 1 perfurar, espetar, furar. 2 fincar. 3 pôr, guardar. 4 colar, grudar. 5 continuar, persistir. **to stick at** segurar em, persistir em, agarrar-se em. **to stick by** manter-se fiel a, apegar-se. **to stick in** não ceder, continuar no cargo. **to stick to** apoiar, apegar-se a, agarrar-se em, obedecer (lei, regra). **to stick together** a) colar, juntar com cola. b) *fig* ter amizade, ser inseparável.

stick.er [st'ikə] *n* adesivo.
stick.ler [st'iklə] *n coll* pessoa persistente.
stick.y [st'iki] *adj* grudento, pegajoso, adesivo.
stiff [stif] *adj* 1 duro, rijo. 2 difícil, duro. 3 formal, frio. 4 teimoso, intransigente. • *adv* extremamente. **to bore someone stiff** aborrecer alguém com conversa chata. **to scare someone stiff** assustar alguém.
stiff neck [st'if nek] *n Med* torcicolo.
sti.fle [st'aifəl] *vt+vi* 1 abafar, sufocar, cobrir. 2 segurar, reprimir.
sti.fling [st'aifliŋ] *adj* sufocante, abafadiço.
still¹ [stil] *n* 1 *Poet* silêncio, quietude. 2 pose, retrato. • *vt* 1 tranquilizar, silenciar. 2 tranquilizar-se, acalmar-se. 3 aliviar. • *adj* 1 quieto. 2 calmo. 3 parado. **to be / hold / keep still** ficar quieto.
still² [stil] *adv* 1 ainda. 2 ainda assim, contudo, todavia.
still.born [st'ilbɔ:n] *adj* natimorto.
still.ness [st'ilnis] *n* calma, tranquilidade, silêncio.
stilt [stilt] *n* 1 pernas de pau. 2 estacas.
stim.u.lat.ing [st'imjuleitiŋ] *adj* estimulante, excitante, incentivador.
sting [stiŋ] *n* 1 picada, ferroada. 2 ferida, lugar de picada. 3 *Zool* ferrão, espinho. 4 dor aguda. • *vt+vi (ps, pp* **stung).** 1 picar. 2 doer, arder. 3 atormentar.
sting.y [st'indʒi] *adj* mesquinho, pão-duro, miserável.
stink [st'iŋk] *n* fedor, mau cheiro. • *vt+vi (ps* **stank, stunk,** *pp* **stunk)** feder.
stink.ing [st'iŋkiŋ] *adj* fedorento. • *adv* muito, extremamente. *he's stinking rich* / ele é podre de rico.
stir [stə:] *n* 1 alvoroço. 2 distúrbio, levante, revolta. • *vt+vi (ps, pp* **stirred)** 1 mover, agitar, mexer (com a colher). 2 misturar-se, mexer-se, movimentar-se.
stitch [stitʃ] *n* 1 ponto de costura, tricô ou crochê. 2 malha. 3 pontada. • *vt+vi* 1 costurar. 2 *Med* suturar.

stock [stɔk] *n* **1** estoque, sortimento, mercadoria. **2** suprimento, reserva. **3** gado, animais de fazenda. **4** capital, apólices, ações. **5** *Cook* caldo de carne ou de peixe). • *vt+vi* **1** estocar, armazenar. **2** abastecer, suprir. • *adj* comum, convencional, normal. **in stock** em estoque. **out of stock** em falta, esgotado.

stock.bro.ker [st'ɔkbroukə] *n* corretor de títulos, corretor de valores.

stock ex.change [st'ɔk ikstʃeindʒ] *n* bolsa de valores.

stock.hold.er [st'ɔkhouldə] *n* acionista.

stock mar.ket [st'ɔk ma:kit] *n Com* **1** bolsa de valores. **2** mercado, movimento de bolsa.

stock.y [st'ɔki] *adj* robusto.

stoke [stouk] *vt+vi* atiçar o fogo.

stol.id [st'ɔlid] *adj* impassível, apático.

stom.ach [st'ʌmək] *n* **1** estômago. **2** abdome, cintura. • *vt* **1** engolir. **2** suportar, aguentar.

stone [stoun] *n* **1** pedra, rocha, rochedo. **2** pedra preciosa, joia, gema. **3** caroço, semente dura. **4** *Brit* (pl inalterado) unidade de peso correspondente a 14 libras. • *vt* **1** colocar pedras, revestir de pedras. **2** apedrejar. **3** descaroçar. • *adj* de pedra, feito de pedra. **rolling stone** a) pedra que rola. b) pessoa nômade. **to cast the first stone** atirar a primeira pedra. **to kill two birds with one stone** matar dois coelhos com uma só cajadada.

stone age [st'oun eidʒ] *n* idade da pedra.

stone-blind [stoun bl'ain] *adj* totalmente cego.

stone-deaf [stoun d'ef] *adj* completamente surdo, surdo como uma porta.

stop [stɔp] *n* **1** parada. **2** obstáculo, impedimento. **3** ponto de ônibus). **4** fim. • *vt+vi* **1** parar. **2** pôr fim a, cessar. **3** cancelar, sustar, suspender (pagamento). • *interj* alto! pare! **full stop** *Gram* ponto final. **stop it!** pare com isso. **to stop by** fazer uma visita rápida.

stop.gap [st'ɔpgæp] *n* substituto, *Brit* tapa-buraco. • *adj* provisório, temporário.

stop.page [st'ɔpidʒ] *n* **1** interrupção, parada, pausa. **2** suspensão de pagamento, de trabalho.

stop.per [st'ɔpə] *n* rolha, tampa, bujão.

stop.watch [st'ɔpwɔtʃ] *n* cronômetro.

stor.age [st'ɔ:ridʒ] *n* **1** armazenagem. **2** *Comp* armazenamento.

store [stɔ:] *n* **1** *Amer* armazém, loja. **2** suprimento. **3** provisões. • *vt* **1** pôr em estoque. **2** guardar, armazenar. **department store** loja de departamentos. **to store up** reservar, guardar.

store.win.dow [st'ɔ:windou] *n Amer* vitrine.

stork [stɔ:k] *n Ornith* cegonha.

storm [stɔ:m] *n* **1** tempestade. **2** temporal. • *vt+vi* **1** chover, fazer temporal. **2** entrar em algum lugar fazendo barulho (demonstrando raiva). **a storm in a teacup** tempestade num copo d'água. **to raise a storm** promover desordens.

storm.y [st'ɔ:mi] *adj* **1** tempestuoso. **2** tormentoso, violento. **3** turbulento.

sto.ry¹ [st'ɔ:ri] *n* **1** conto, narrativa, crônica. **2** história. **as the story has it / as the story goes** conforme consta. **short story** conto. **that is another story** isto é outra história. **the same old story** a mesma desculpa.

sto.ry², **sto.rey** [st'ɔ:ri] *n* andar, pavimento.

sto.ry-tell.ing [st'ɔri t'eliŋ] *n* narração de histórias.

stout [staut] *adj* **1** corpulento, robusto. **2** forte. **3** valente, bravo.

strad.dle [str'ædəl] *vt+vi* **1** estar montado (em cavalo ou bicicleta, cadeira etc.) com as pernas abertas. **2** estender--se sobre, transpor.

straight [streit] *n* reta, linha, posição. • *adj* **1** reto. **2** direto. **3** ereto, direito. **4**

straighten liso (cabelo). **5** *sl* heterossexual. **6** *sl* não viciado (em drogas). • *adv* **1** em linha reta. **2** de forma ereta. **straight ahead** bem em frente, sempre em frente. **straight away** imediatamente. **straight to the point** diretamente ao que interessa. **to think straight** pensar logicamente.

straight.en [streit∂n] *vt+vi* **1** endireitar, tornar reto. **2** pôr em ordem. **to straighten up** a) endireitar-se. b) acertar, arranjar.

straight.for.ward [streit'fɔ:wəd] *adj* **1** franco, honesto. **2** direto.

strain¹ [strein] *n* **1** tensão, pressão, compressão. **2** luxação, deslocamento, contorção. **3** esforço, extenuação. • *vt+vi* **1** esforçar-se, exceder-se. **2** torcer, luxar, deslocar, contorcer.

strain² [strein] *n* **1** raça, descendência. **2** linhagem. **3** traço, tendência.

strain.er [strei'nə] *n* coador, passador, filtro, peneira.

strait jack.et [streit dʒækit] *n* camisa de força.

strand [strænd] *n* **1** praia, costa. **2** cordão de corda, filamento. • *vt+vi* encalhar, dar na praia.

strange [streindʒ] *adj* **1** estranho. **2** desconhecido.

stran.ger [strei'ndʒə] *n* pessoa estranha, desconhecido, forasteiro.

stran.gle [stræŋgəl] *vt* **1** estrangular. **2** sufocar.

strap [stræp] *n* **1** tira, correia. **2** alça, cordão. • *vt* segurar, amarrar com fita ou correia.

straw [strɔ:] *n* **1** palha. **2** canudo. • *adj* **1** de palha. **2** cor de palha.

straw.ber.ry [strɔ'bəri] *n* morango.

stray [strei] *n* **1** pessoa errante. **2** animal desgarrado. • *vi* **1** errar, andar a esmo. **2** extraviar(-se). • *adj* **1** esporádico. **2** extraviado. **3** perdido.

stream [stri:m] *n* **1** rio, córrego. **2** corrente, torrente. **3** fluxo. **4** sucessão. • *vt+vi* **1** correr, fluir. **2** jorrar. **3** escorrer, derramar.

stream.lined [stri:mlaind] *adj* **1** aerodinâmico. **2** moderno, eficiente, "enxuto".

street [stri:t] *n* rua. **dead end street** rua sem saída. **the man in the street** o homem do povo.

strength.en [streŋθən] *vt+vi* fortalecer, reforçar.

stress [stres] *n* **1** tensão. **2** ênfase. **3** esforço. **4** *Med* estresse. • *vt* **1** enfatizar. **2** pronunciar com acento tônico, acentuar na pronúncia. **3** estressar.

stretch [stretʃ] *n* **1** estiramento, esticamento. **2** extensão, distância, trecho. **3** período de tempo. **4** elasticidade. • *vt* **1** esticar, estender, estirar. **2** estender-se, espalhar-se. **3** espreguiçar-se. **to stretch one's legs** esticar as pernas. **to stretch out** espalhar, estender, alargar-se.

stretch.er [stretʃə] *n* maca.

strick.en [strikən] *pp* of **strike**. • *adj* afetado, acometido, atacado.

strict [strikt] *adj* **1** rigoroso, severo, austero. **2** exato, pontual. **strictly speaking** no sentido exato da palavra.

stride [straid] *n* **1** passo largo. **2** *fig* progresso, avanço. • *vt+vi* (*ps* **strode**, *pp* **stridden**) andar com passos largos.

strike [straik] *n* **1** greve. **2** ataque. • *vt* (*ps* **struck**, *pp* **struck, stricken**) **1** bater, golpear. **2** acender (fósforo). **3** atingir, cair (raio). **4** impressionar. **5** tocar, soar, bater as horas. **to go on strike** entrar em greve. **to strike a balance** chegar a um acordo. **to strike back** revidar.

strik.er [straikə] *n* **1** grevista. **2** artilheiro(a).

strik.ing [straikiŋ] *adj* que chama a atenção, notável, impressionante.

string [striŋ] *n* **1** cordão, barbante. **2** corda (de instrumento musical). **3 strings** instrumentos de corda. **4** cadeia, sequência. • *vt* (*ps, pp* **strung**) **1** enfileirar. **2** pendurar.

strip¹ [strip] *n* **1** tira, faixa. **2** *Amer*

(também **comic strip**) história em quadrinhos. **3** faixa, pista (para avião). **4** *striptease*: ato de tirar a roupa dançando, em espetáculo de variedades.

strip² [strip] *vt* **1** despir-se. **2** *Naut* desmantelar. **3** tirar, roubar. **4** cortar em tiras. **to strip a cow** ordenhar uma vaca.

stripe [straip] *n* listra.

strip.per [str'ipə] *n* pessoa que faz número de *striptease*.

strive [straiv] *vt* (*ps* **strove**, *pp* **striven**) **1** esforçar-se, empenhar-se em. **2** lutar, batalhar.

stroke¹ [strouk] *n* **1** golpe. **2** batida, som de pancada. **3** façanha. **4** *Med* derrame cerebral. **5** traço, pincelada. **6** golpe (de sorte etc.). **7** badalada.

stroke² [strouk] *n* afago, carícia. • *vt* acariciar, afagar.

stroll [stroul] *n* passeio, volta. • *vt* passear, dar uma volta.

stroll.er [str'oulə] *n* carrinho de bebê.

strong [strɔŋ] *adj* forte • **strong as a horse** forte como um touro. **with a strong hand** com mão forte, com força.

strong-box [str'ɔŋ bɔks] *n* caixa-forte.

struck [strʌk] *ps, pp* of **strike**. • *adj* chocado, perplexo (**with** com), comovido, tocado (**at** por, de).

struc.ture [str'ʌktʃə] *n* **1** construção, estrutura. • *vt* **1** estruturar. **2** construir.

strug.gle [str'ʌgəl] *n* **1** esforço, trabalho, empenho. **2** luta, conflito. • *vi* **1** esforçar-se por. **2** lutar.

stub [stʌb] *n* **1** toco. **2** canhoto (de cheque etc.).

stub.born [st'ʌbən] *adj* obstinado, teimoso, inflexível.

stuck [stʌk] *ps, pp* of **stick**. • *adj* emperrado, preso, empacado. **to be stuck with** estar preso (com algo ou alguém indesejável de que é difícil se livrar).

stuck-up [stʌk 'ʌp] *adj coll* orgulhoso, convencido.

stud [stʌd] *n* **1** *Amer* garanhão. **2** haras.

stu.di.o a.part.ment [stju'diou əpa:tmənt] *n* quitinete.

stud.y [st'ʌdi] *n* **1** estudo. **2** sala de estudos, escritório. **3** *Arts* modelo, esboço. • *vt+vi* **1** estudar. **2** investigar, pesquisar.

stuff [stʌf] *n* **1** material, matéria (prima). **2** pertences, bens. **3** coisa inútil, bugiganga. • *vt* **1** forçar, empurrar, socar, empanturrar. **2** empalhar. **3** rechear (um assado). **to have the stuff** ter habilidade, ter competência. **to know one's stuff** entender do assunto, entender do seu ofício. **to stuff oneself** empanturrar-se.

stuff.ing [st'ʌfiŋ] *n* **1** ato de rechear. **2** recheio.

stum.ble [st'ʌmbəl] *n* **1** erro, lapso, deslize, falta. **2** tropeço, passo falso. • *vt* **1** tropeçar, pisar em falso. **2** equivocar-se. **3** topar com. **to stumble at** chocar-se com. **to stumble into** meter-se em alguma coisa sem querer.

stun.ning [st'ʌniŋ] *adj* **1** atordoante. **2** *coll* formidável, excelente. **3** impressionante.

stunt¹ [stʌnt] *vt* retardar, impedir o crescimento.

stunt² [stʌnt] *n* **1** atração, acrobacia. **2** golpe, truque. • *vt* fazer acrobacias.

stunt man [st'ʌnt mæn] *n Cin* dublê.

stu.pen.dous [stjup'endəs] *adj* estupendo, espantoso, assombroso.

stu.pid [stj'u:pid] *n* estúpido, pessoa estúpida. • *adj* **1** estúpido, sem inteligência, tolo. **2** imbecil, absurdo, sem sentido.

stur.dy [st'ə:di] *adj* **1** robusto, **2** firme. **3** sólido. **4** resistente.

stut.ter [st'ʌtə] *n* gagueira. • *vt+vi* gaguejar.

sty [stai] *n* (*pl* **sties**) chiqueiro, pocilga. • *vt+vi* viver em chiqueiro.

styl.ish [st'ailiʃ] *adj* elegante, moderno.

styl.ist [st'ailist] *n* estilista.

sub.con.scious [sʌbk'ɔnʃəs] *adj* subconsciente.

sub.due [səbdj'u:] *vt* 1 subjugar. 2 dominar.

sub.em.ploy.ment [sʌbimpl'ɔimənt] *n* subemprego.

sub.ja.cent [sʌbdʒeisənt] *adj* subjacente.

sub.ject [s'ʌbdʒikt] *n* 1 assunto, tópico, tema. 2 súdito, vassalo. 3 disciplina, matéria. 4 sujeito de experiência. • [səbdʒ'ekt] *vt* 1 subjugar. 2 submeter. • *adj* 1 sujeito, sob o domínio de. 2 exposto. **subject to** sujeito a, dependente de.

sub.jec.tive [səbdʒ'ektiv] *adj* subjetivo.

sub.ject-mat.ter [s'ʌbdʒikt mætə] *n* assunto, tema (de livro), matéria de estudo.

sub.let [sʌbl'et] *vt+vi* (*ps, pp* **sublet**) (também **sublease**) sublocar.

sub.merge [səbm'ə:dʒ] *vt+vi* 1 inundar. 2 submergir, afundar.

sub.mis.sive [səbm'isiv] *adj* submisso.

sub.mit [səbm'it] *vt* 1 submeter(-se). 2 apresentar (a exame ou apreciação).

sub.or.di.nate [səb'ɔ:dineit] *vt* subordinar, sujeitar, subjugar. • [səb'ɔ:dinit] *adj* inferior, subalterno, subordinado.

sub.scribe [səbskr'aib] *vt+vi* 1 aceitar ou aprovar assinando embaixo. 2 assinar (jornal, revista etc.). 3 concordar, aprovar.

sub.scrip.tion [səbskr'ipʃən] *n* 1 subscrição. 2 contribuição. 3 assinatura (de revista, jornal, telefone etc.).

sub.side [səbs'aid] *vi* 1 baixar. 2 diminuir, acalmar-se. 3 ceder, afundar.

sub.sid.i.ar.y [səbs'idiəri] *n* 1 auxílio, auxiliar. 2 companhia subsidiária • *adj* subsidiário, secundário.

sub.si.dy [s'ʌbsidi] *n* subsídio, auxílio, subvenção.

sub.sist [səbs'ist] *vt+vi* subsistir, existir, ser.

sub.stance [s'ʌbstəns] *n* substância.

sub.stan.tial [səbst'ænʃəl] *adj* 1 substancial. 2 sólido.

sub.stan.tive [səbst'æntiv, s'ʌbstəntiv] *adj* 1 substantivo. 2 real. 3 importante.

sub.sti.tute [s'ʌbstitju:t] *n* substituto. • *vt+vi* substituir. • *adj* substituto.

sub.sti.tu.tion [sʌbstitju:'ʃən] *n* substituição.

sub.ti.tle [s'ʌbtaitəl] *n* 1 subtítulo. 2 *Cin* legenda. • *vt* 1 colocar subtítulo. 2 colocar legenda.

sub.tle [s'ʌtəl] *adj* sutil.

sub.tle.ty [s'ʌtəlti] *n* sutileza.

sub.tract [səbtr'ækt] *vt+vi* 1 *Math* subtrair. 2 tirar.

sub.trac.tion [səbtr'ækʃən] *n* subtração.

sub.urb [s'ʌbə:b] *n* 1 subúrbio. 2 (geralmente **suburbs**) bairros residenciais afastados da cidade. 3 **suburbs** arredores, vizinhanças.

sub.ver.sion [səbv'ə:ʃən] *n* subversão.

sub.ver.sive [səbv'ə:siv] *adj* subversivo.

sub.way [s'ʌbwei] *n* 1 *Brit* passagem subterrânea. 2 *Amer* metrô.

suc.ceed [səks'i:d] *vt+vi* 1 ter êxito. 2 suceder.

suc.cess [səks'es] *n* sucesso, êxito.

suc.cess.ful [səks'esful] *adj* bem-sucedido.

suc.ces.sion [səks'eʃən] *n* sucessão.

suc.ces.sor [səks'esə] *n* sucessor.

suc.cinct [səks'iŋkt] *adj* sucinto.

suc.cu.lent [s'ʌkjulənt] *adj* suculento.

suc.cumb [sək'ʌm] *vt* sucumbir.

such [sʌtʃ] *adj* 1 desta maneira. 2 tal, de modo que. 3 semelhante, igual. 4 tanto, tamanho. 5 certo, certa, assim. • *pron* 1 tal pessoa, tal coisa. 2 esse, essa, o tal. 3 isto, aquilo. **as such** como tal. • *adv* 1 tão, em tal grau. 2 assim mesmo. 3 de tal maneira.

suck [sʌk] *n* 1 chupada. • *vt+vi* 1 sugar. 2 chupar. 3 mamar.

suck.er [s'ʌkə] *n* 1 chupador. 2 chupeta. 3 ventosa. 4 bobo, otário. **to play the sucker** fazer ou trouxa, fazer papel de bobo.

suck.le [s'ʌkəl] *vt* 1 amamentar. 2 alimentar, criar.

suc.tion [s'ʌkʃən] *n* sucção.

sud.den [s'ʌdən] *adj* repentino. **all of a sudden** de repente.

sud.den.ly [sʌdənli] *adv* repentinamente.

suds [sʌdz] *n pl* espuma, bolhas de sabão.

sue [sju:] *vt* processar, acionar. **to sue for** a) processar por. b) pedir, implorar.

suède [sweid] *n Fr* camurça. • *adj* feito de camurça.

suf.fer [sʌfə] *vt* sofrer.

suf.fer.ing [sʌfəriŋ] *n* sofrimento.

suf.fice [səfais] *vt+vi* ser suficiente ou adequado.

suf.fix [sʌfiks] *n Gram* sufixo.

suf.fo.cate [sʌfəkeit] *vt+vi* sufocar, asfixiar.

suf.fo.ca.ting [sʌfəkeitiŋ] *adj* sufocante, asfixiante.

suf.frage [sʌfridʒ] *n* 1 voto, sufrágio. 2 direito de voto.

su.gar [ʃugə] *n* 1 açúcar. 2 *coll* benzinho, amorzinho (forma de tratamento). • *vt+vi* adoçar.

sug.ar.y [ʃugəri] *adj* doce, açucarado.

sug.gest [sədʒest] *vt* 1 sugerir. 2 propor, aconselhar. 3 insinuar.

sug.ges.tion [sədʒestʃən] *n* 1 sugestão. 2 proposta.

su.i.cid.al [su:isaidəl] *adj* suicida.

su.i.cide [su:isaid] *n* 1 suicídio. 2 suicida. • *vt+vi* cometer suicídio, matar-se. **to commit suicide** suicidar-se.

suit [su:t] *n* 1 terno de roupa. 2 *tailleur*. 3 naipe. 4 processo, caso jurídico. • *vt+vi* 1 adaptar, acomodar. 2 ficar bem, cair bem (roupas). 3 combinar com.

suit.a.bil.i.ty [su:təbiliti] *n* conveniência.

suit.a.ble [su:təbəl] *adj* apropriado, adequado.

suit.case [su:tkeis] *n* mala de viagem.

suite [swi:t] *n* 1 suíte (em hotel). 2 conjunto, jogo.

suit.ed [su:tid] *adj* apropriado, condizente.

sulk [sʌlk] *n* mau humor (também **the sulks**). • *vt* estar de mau humor, emburrar.

sul.len [sʌlən] *adj* 1 calado. 2 mal--humorado, rabugento.

sul.phur [sʌlfə] *n* enxofre. • *adj* da cor de enxofre, amarelo-claro.

sul.try [sʌltri] *adj* 1 abafado. 2 provocante, sensual.

sum [sʌm] *n* 1 soma, adição. 2 total. 3 *coll* conta. • *vt+vi* 1 somar. 2 resumir. **in sum** em resumo. **to sum up** resumir.

sum.ma.ry [sʌməri] *n* resumo. • *adj* 1 conciso, resumido. 2 direto, simples.

sum.mer [sʌmə] *n* verão.

sum.mer.time [sʌmətaim] *n* verão, temporada de verão.

sum.mer.y [sʌməri] *adj* de verão, estival.

sum.mit [sʌmit] *n* 1 cume, topo. 2 reunião, conferência de cúpula.

sum.mon [sʌmən] *vt* convocar.

sump.tu.ous [sʌmptʃuəs] *adj* suntuoso.

sun [sʌn] *n* sol. • *vt* tomar sol.

sun.bathe [sʌnbeið] *vi* tomar banho de sol.

sun.beam [sʌnbi:m] *n* raio de sol.

sun.burn [sʌnbə:n] *n* queimadura de sol. • *vt+vi* ficar queimado pelo sol.

sun.burned [sʌnbə:nd] *adj* 1 *Brit* queimado pelo sol, bronzeado. 2 *Amer* com queimadura de sol.

Sun.day [sʌndei, sʌndi] *n* domingo. • *adj* 1 dominguero. 2 amador, de fim de semana.

sun.down [sʌndaun] *n* pôr do sol.

sun.flow.er [sʌnflauə] *n* girassol.

sun.glass.es [sʌngla:siz; sʌngla:siz] *n* óculos escuros.

sun.light [sʌnlait] *n* luz solar.

sun.lit [sʌnlit] *adj* iluminado pelo sol.

sun.ny [sʌni] *adj* 1 ensolarado. 2 radiante, alegre, feliz.

sun.rise [sʌnraiz] *n* nascer do sol.

sun.set [sʌnset] *n* o ocaso, pôr do sol.

sun.shine [sʌnʃain] *n* 1 luz solar. 2 claridade, alegria.

sun.stroke [sʌnstrouk] *n* insolação.

sun.tan [s'∧ntæn] *n* bronzeamento.
sun.tanned [s'∧ntænd] *adj* bronzeado.
su.per [s'u:pə] *adj sl* excelente, formidável.
su.perb [su:p'ə:b] *adj* magnífico, esplêndido.
su.per.flu.ous [su:p'ə:fluəs] *adj* supérfluo.
su.per.hu.man [su:pəhj'u:mən] *adj* sobre-humano, além das forças humanas.
su.pe.ri.or.i.ty [supiəri'oriti] *n* superioridade.
su.per.la.tive [su:p'ə:lətiv] *n* 1 exemplo supremo. 2 *Gram* superlativo. • *adj* 1 insuperável. 2 *Gram* superlativo.
su.per.mar.ket [s'u:pəma:kit] *n* supermercado.
su.per.nat.u.ral [su:pən'ætʃərəl] *n* **(the supernatural)** sobrenatural. • *adj* sobrenatural.
su.per.pow.er [s'u:pəpauə] *n Pol* superpotência.
su.per.son.ic [su:pəs'onik] *adj* 1 de alta frequência. 2 supersônico.
su.per.sti.tion [su:pəst'iʃən] *n* superstição, crendice.
su.per.sti.tious [su:pəst'iʃəs] *adj* supersticioso.
su.per.vise [s'u:pəvaiz] *vt* supervisionar.
su.per.vi.sion [su:pəv'iʒən] *n* supervisão.
su.per.vi.sor [su:pəv'aizə] *n* supervisor.
sup.per [s'∧pə] *n* jantar, ceia.
sup.ple [s'∧pəl] *vt* fazer flexível, tornar-se flexível. • *adj* flexível.
sup.ple.ment [s'∧plimənt] *n* 1 suplemento. 2 apêndice (de livro). • *vt* completar, acrescentar, adicionar.
sup.ple.men.ta.ry [s∧plim'entəri] *adj* adicional, suplementar.
sup.pli.er [səpl'aiə] *n* abastecedor, fornecedor.
sup.plies [səpl'aiz] *n pl* material, suprimento.
sup.ply [səpl'ai] *n* 1 estoque, suprimento.
2 abastecimento, oferta. 3 substituto temporário. • *vt+vi* fornecer, abastecer, suprir.
sup.ply and de.mand [səpl'ai ənd dima:nd] *n* oferta e procura.
sup.port [səp'ɔ:t] *n* 1 apoio. 2 sustento. 3 suporte. • *vt* 1 sustentar, suportar. 2 encorajar. 3 apoiar.
sup.port.er [səp'ɔ:tə] *n* torcedor.
sup.port.ing [səp'ɔ:tiŋ] *adj* 1 de sustento, auxiliador, de suporte. 2 *Cin* coadjuvante.
sup.pose [səp'ouz] *vt* 1 supor. 2 acreditar. 3 presumir, esperar. *you are not supposed to work all day* / não se espera que você trabalhe o dia inteiro. 4 pressupor. • *conj* que tal, e se. *suppose we had supper now?* / que tal se jantarmos agora? **I suppose so** creio que sim.
sup.posed [səp'ouzd] *adj* suposto, admitido.
sup.pos.ing [səp'ouziŋ] *conj* se, caso. *supposing you were ill* / caso você esteja doente.
sup.po.si.tion [s∧pəz'iʃən] *n* suposição.
sup.press [səpr'es] *vt* 1 suprimir, oprimir. 2 reprimir. 3 ocultar, abafar.
sup.pres.sion [səpr'eʃən] *n* supressão.
su.prem.a.cy [supr'eməsi] *n* supremacia.
su.preme [supr'i:m] *adj* supremo, principal.
sure [ʃ'uə] *adj* certo, seguro. • *adv coll* seguramente, com certeza. **for sure** claro. **to be sure of** ter certeza de. **to make sure** certificar-se.
sure.ly [ʃ'uəli] *adv* certamente, realmente, de fato.
surf [sə:f] *n* rebentação, espuma de ondas. • *vi Sport* surfar, praticar surfe. **to go surfing** surfar, praticar surfe.
sur.face [s'ə:fis] *n* 1 superfície. 2 face, lado. • *vt+vi* 1 vir à tona. 2 revestir. 3 *Amer* tornar-se público. • *adj* 1 superficial. 2 aparente. **on the surface** superficialmente. **to come to the surface** vir à tona.

surf.er [sˈəːfə] *n* surfista.

surf.ing [sˈəːfiŋ] *n Sport* surfe.

surge [səːdʒ] *n* onda, vaga. • *vt+vi* mover-se como as ondas.

sur.geon [sˈəːdʒən] *n* cirurgião, médico operador.

sur.ger.y [sˈəːdʒəri] *n* cirurgia.

sur.ly [sˈəːli] *adj* de mau humor, carrancudo.

sur.mise [səːmˈaiz] *vt* imaginar, supor, inferir.

sur.mount [səːmˈaunt] *vt* superar, vencer.

sur.name [sˈəːneim] *n* sobrenome.

sur.pass [səːpˈaːs; səːpˈæs] *vt* superar.

sur.plus [sˈəːpləs] *n* excedente. • *adj* excedente.

sur.prise [səprˈaiz] *n* surpresa. • *vt* surpreender. **to take by surprise** pegar em flagrante, pegar de surpresa.

sur.prised [səprˈaizid] *adj* surpreso.

sur.pris.ing [səprˈaiziŋ] *adj* surpreendente.

sur.ren.der [sərˈendə] *n* rendição. • *vt* render-se, entregar-se.

sur.ro.gate [sˈʌrəgeit] *n* substituto, delegado. • *vt* substituir. • *adj* substituto. **surrogate mother** mãe de aluguel.

sur.round [sərˈaund] *vt* 1 rodear, envolver. 2 cercar, circundar.

sur.round.ing [sərˈaundiŋ] *adj* 1 circundante. 2 adjacente, vizinho.

sur.round.ings [sərˈaundiŋz] *n pl* arredores.

sur.vey [sˈəːvei] *n* 1 pesquisa, levantamento. 2 inspeção, vistoria. • [səvˈei] *vt+vi* 1 inspecionar. 2 fazer levantamento topográfico. 3 pesquisar.

sur.vey.or [səvˈeiə] *n* 1 agrimensor. 2 inspetor. 3 pesquisador.

sur.viv.al [səvˈaivəl] *n* 1 sobrevivência. 2 pessoa, coisa, costume etc. que sobrevive.

sur.vive [səvˈaiv] *vt* sobreviver.

sur.vi.vor [səvˈaivə] *n* sobrevivente.

sus.cep.ti.bil.i.ty [səseptəbˈiliti] *n* suscetibilidade, sensibilidade.

sus.cep.ti.ble [səsˈeptəbəl] *adj* suscetível, sensível. **susceptible of** suscetível de. **susceptible to** sujeito a, sensível a.

sus.pect [sˈʌspekt] *n* suspeito, pessoa suspeita. • [səpˈekt] *vt+vi* 1 imaginar, pensar. 2 suspeitar, desconfiar.

sus.pend [səspˈend] *vt+vi* 1 suspender, pendurar. 2 interromper temporariamente. 3 sustar, adiar.

sus.pend.er [səspˈendə] *n* 1 liga. 2 *Med* funda, cinta ortopédica. **3 suspenders** *Amer* suspensórios.

sus.pen.sion [səspˈenʃən] *n* interrupção, suspensão.

sus.pen.sion bridge [səspˈenʃən bridʒ] *n* ponte pênsil.

sus.pi.cion [səspˈiʃən] *n* 1 dúvida, suspeita. 2 desconfiança. **above suspicion** acima de qualquer suspeita. **under suspicion** sob suspeita.

sus.pi.cious [səspˈiʃəs] *adj* 1 suspeito, duvidoso. 2 desconfiado.

sus.tain [səstˈein] *vt* 1 sustentar, manter. 2 suportar, segurar. 3 tolerar, aguentar.

swab [swɔb] *n* 1 esfregão, estropalho. 2 chumaço de algodão fixado à extremidade de uma haste, para aplicar medicamentos ou colher material para exames laboratoriais.

swag.ger [swˈægə] *n* 1 gabolice, bazófia. 2 andar afetado. • *vt+vi* 1 andar de modo afetado, andar com ares de superioridade. 2 vangloriar-se, gabar-se.

swal.low¹ [swˈɔlou] *n* trago, gole. • *vt+vi* 1 engolir, tragar. 2 ter de tolerar ou aceitar. **to swallow up** engolir, consumir.

swal.low² [swˈɔlou] *n* andorinha. **one swallow does not make a summer** uma andorinha só não faz verão.

swamp [swɔmp] *n* brejo, pântano. • *vt* inundar, alagar.

swamp.y [swˈɔmpi] *adj* pantanoso, alagadiço.

swan [swɔn] *n* cisne. **swan song** canto do cisne (também *fig*).

swap, swop [swɔp] *n coll* troca, permuta. • *vt* trocar, permutar, negociar.

swarm [swɔ:m] *n* 1 enxame (de abelhas). 2 multidão, horda. • *vt+vi* 1 enxamear. 2 fervilhar. *the place swarmed with people* / o lugar fervilhava de gente.

swat [swɔt] *n* 1 golpe violento. 2 mata-moscas. • *vt* 1 esmagar, matar com um golpe (moscas). 2 atingir com uma pancada.

swathe [sweið] *n* bandagem, faixa. • *vt* 1 embrulhar. 2 enfaixar, envolver em bandagem.

swear [sweə] *n* praga, palavrão. • *vt* (*ps* **swore**, *pp* **sworn**) 1 xingar, blasfemar, falar palavrões. 2 jurar, prestar juramento. **to swear at** maldizer, rogar pragas. **to swear by** ter confiança em. **to swear to** afirmar ou identificar sob juramento.

swear.word [sweəw'ɔ:d] *n coll* palavrão, blasfêmia.

sweat [swet] *n* 1 suor, transpiração. 2 trabalho duro. • *vt+vi* 1 suar, transpirar. 2 fazer suar. **to sweat it out** aguentar até o fim. **to sweat one's guts out** trabalhar muito.

sweat.er [sw'etə] *n* suéter, pulôver, malha de lã.

sweat.shirt [sw'etʃə:t] *n Sport* pulôver de abrigo, blusão de moletom.

sweat suit [sw'et su:t] *n Sport* agasalho, abrigo (roupa para praticar esportes).

sweat.y [sw'eti] *adj* 1 suado, cheio de suor. 2 que faz suar.

sweep [swi:p] *n* 1 varredura, varrição, limpeza. 2 movimento impetuoso. • *vt+vi* (*ps, pp* **swept**) 1 varrer, limpar. 2 correr, mover-se rapidamente. 3 procurar, olhar (o horizonte), vascular. 4 abarcar, abranger. **at one sweep** de uma só vez. **to sweep off** arrastar, levar, varrer. **to sweep the board** ganhar tudo, limpar a mesa (jogo de apostas).

sweep.er [sw'i:pə] *n* varredor, limpador.

sweet [swi:t] *n* 1 coisa doce, doçura. 2 *Brit* sobremesa. 3 querida, amor (forma de tratamento carinhosa). • *adj* 1 doce, açucarado, adoçicado. 2 amável, gentil. 3 querido. **home sweet home** lar doce lar. **to have a sweet tooth** gostar de doces.

sweet.en [sw'i:tən] *vt+vi* 1 adoçar. 2 tornar agradável, suavizar.

sweet.en.er [sw'i:tənə] *n* adoçante.

sweet.heart [sw'i:thɑ:t] *n* querido, namorado, querida, namorada.

sweet po.ta.to [swi:t pət'eitou] *n* batata-doce.

swell [swel] *n* 1 aumento, dilatação. 2 pessoa importante. • *vt* (*ps* **swelled** *pp* **swollen**, **swelled**) inchar, intumescer, dilatar. • *adj* 1 *coll* elegante, grã-fino. 2 excelente, formidável.

swell.ing [sw'eliŋ] *n* inchaço. • *adj* que expande, que incha.

swerve [swɔ:v] *n* desvio, virada. • *vt+vi* desviar.

swift [swift] *adj* 1 rápido, veloz. 2 imediato, pronto. 3 esperto, vivo.

swift.ness [sw'iftnis] *n* rapidez, vivacidade.

swim [swim] *n* 1 natação, nado. 2 vertigem, tontura. • *vt+vi* (*ps* **swam**, *pp* **swum**) 1 nadar. 2 estar tonto ou zonzo, girar. • *adj* de natação. **to take a swim** nadar.

swim.mer [sw'imə] *n* nadador, nadadora.

swim.ming [sw'imiŋ] *n* 1 nado, natação. 2 tontura. • *adj* 1 natatório, que nada. 2 atordoado, aturdido. 3 de natação, próprio para natação.

swim.ming pool [sw'imiŋ pu:l] *n* piscina.

swim.ming suit [swimiŋ su:t] *n* traje de banho, maiô.

swim.ming trunks [sw'imiŋ trʌŋks] *n* calção de banho.

swim.suit [sw'imsu:t] *n* traje de banho.

swin.dle [sw'indəl] *n* engano, fraude. • *vt+vi* enganar, fraudar.

swin.dler [sw'indlə] *n* caloteiro, trapaceiro.

swine [sw'ain] *n pl* porco, suíno. **don't cast pearls before swine** não atire pérolas aos porcos.

swing [swiŋ] *n* 1 balanço. 2 balanço (brinquedo). 3 virada. 4 (também **swing music**) tipo de música e dança. • *vt+vi* (*ps* **swung**, **swang**, *pp* **swung**) 1 balançar, oscilar. 2 girar, voltear. 3 mover-se livremente. **in full swing** em plena atividade.

swing door [swiŋ dɔ:] *n* porta de vaivém.

swipe [swaip] *n coll* soco, golpe violento. • *vt+vi* 1 bater, golpear. 2 *Amer sl* roubar, furtar.

swirl [swə:l] *n* redemoinho, torvelinho. • *vt+vi* rodar, girar, redemoinhar.

swish [swiʃ] *n* 1 assobio, zunido. 2 rugeruge (de saias). • *vt+vi* 1 assobiar, sibilar. 2 fazer sibilar.

switch [switʃ] *n* 1 *Electr* chave, interruptor. 2 mudança, virada. • *vt+vi* 1 *Electr* comutar. 2 mudar, trocar, desviar. **to switch off** desligar (rádio), apagar, fechar. **to switch on** ligar, acender, abrir. **to switch over** mudar, alterar.

switch.board [sw'itʃbɔ:d] *n* 1 painel de comando. 2 *Electr* quadro de ligação ou de distribuição. 3 mesa telefônica.

swiv.el [sw'ivəl] *vt+vi* rodar, girar.

swoll.en [sw'oulən] *pp* of **swell**. • *adj* inchado.

swoop [swu:p] *n* descida rápida, ataque de aves de rapina. • *vt+vi* 1 descer, precipitar-se, mergulhar. 2 apanhar, arrebatar.

sword [sɔ:d] *n* 1 espada. 2 arma branca, baioneta, sabre.

sworn [swɔ:n] *pp* of **swear**. • *adj* 1 jurado. 2 ligado por juramento.

swot [swɔt] *n Brit* 1 estudo esforçado. 2 estudante esforçado, *Braz sl* cdf-cdf-efe, iniciais de cu de ferro. • *vi Brit* estudar com afinco.

syl.la.ble [s'iləbəl] *n* sílaba.

syl.la.bus [s'iləbəs] *n Lat* (*pl* **syllabuses**, **syllabi**) lista, resumo, plano de ensino, currículo escolar.

sym.bol [s'imbəl] *n* símbolo.

sym.bol.ism [s'imbəlizəm] *n* simbolismo.

sym.bol.ize, sym.bol.ise [s'imbəlaiz] *vt* simbolizar.

sym.me.try [s'imətri] *n* 1 simetria. 2 harmonia.

sym.pa.thet.ic [simpəθ'etik] *adj* compreensivo, solidário, que compreende os sentimentos dos outros.

sym.pa.thize, sym.pa.thise [s'impəθaiz] *vi* 1 compartilhar ou compreender os sentimentos de alguém, ter ou demonstrar compaixão. 2 condoer-se, compadecer-se. **to sympathize with** concordar, compartilhar com, exprimir seus pêsames.

sym.pa.thy [s'impəθi] *n* 1 compreensão, empatia, solidariedade. 2 compaixão, condolência. 3 harmonia, afinidade.

sym.pho.ny [s'imfəni] *n* sinfonia.

symp.tom [s'imptəm] *n* sintoma.

syn.a.gogue [s'inəgɔg] *n* sinagoga.

syn.chro.nize, syn.chro.nise [s'iŋkrənaiz] *vt+vi* sincronizar.

syn.di.cate [s'indikit] *n* sindicato.

syn.dro.me [s'indroum] *n Path* síndrome.

syn.o.nym [s'inənim] *n* sinônimo.

syn.on.y.mous [sin'ɔniməs] *adj* sinônimo.

syn.op.sis [sin'ɔpsis] *n* (*pl* **synopses**) sinopse, resumo.

syn.tax [s'intæks] *n Gram* sintaxe.

syn.the.sis [s'inθisis] *n* síntese.

syn.thet.ic [sinθ'etik] *n* material sintético, produto sintético. • *adj* sintético.

syph.i.lis [s'ifilis] *Med* sífilis.

syr.inge [sir'indʒ] *n* seringa. • *vt* lavar, limpar, injetar por meio de seringa.

syr.up [s'irəp] *n* xarope, melado.

sys.tem [s'istim] *n* 1 sistema. 2 organização. 3 organismo.

t

T, t [ti:] *n* vigésima letra do alfabeto, consoante.

tab [tæb] *n* 1 tira, aba. 2 alça. 3 etiqueta de roupa.

ta.ble [t'eibəl] *n* 1 mesa. 2 tabela, lista. 3 tabuada. • *vt* 1 colocar na mesa. 2 fazer lista ou tabela. **table of contents** índice de matéria, sumário. **to clear the table** tirar a mesa. **to lay on the table** *Brit* colocar em discussão. **to lay / spread the table** pôr a mesa.

ta.ble.cloth [t'eibəlklɔ:θ] *n* toalha de mesa.

ta.ble.spoon [t'eibəlspu:n] *n* colher de sopa.

tab.let [t'æblit] *n* 1 placa. 2 comprimido, tablete.

ta.ble ten.nis [t'eibəl tenis] *n Sport* tênis de mesa.

ta.ble.ware [t'eibəlwɛə] *n* utensílios para mesa: louça, talheres.

ta.boo, ta.bu [təb'u:; tæb'u:] *n* tabu, interdição, proibição. • *vt* declarar como tabu, interdizer. • *adj* tabu.

tac.it [t'æsit] *adj* tácito, implícito.

tack [tæk] *n* tacha, preguinho de cabeça larga. • *vt* pregar com tachas.

tack.le [t'ækəl] *n* equipamento, aparelho, aparelhagem. • *vt+vi* 1 manejar, tentar resolver, lidar. 2 agarrar.

tact [tækt] *n* tato, discernimento.

tact.ful [t'æktful] *adj* diplomático, discreto.

tac.tics [t'æktiks] *n pl* tática, métodos táticos.

tact.less [t'æktlis] *adj* indelicado, sem tato, sem diplomacia.

tad.pole [t'ædpoul] *n* girino.

tag [tæg] *n* 1 etiqueta, identificação. 2 rótulo. • *vt+vi* marcar preço de mercadoria.

tail [teil] *n* 1 cauda. 2 **tails** (moeda) coroa. • *vt+vi sl* seguir, perseguir. **heads or tails?** cara ou coroa? (ao tirar a sorte com moeda).

tai.lor [t'eilə] *n* alfaiate. • *vt+vi* 1 costurar. 2 adaptar, fazer sob medida.

tai.lor-made [teilə m'eid] *n* roupa feita sob medida. • *adj* feito sob medida.

taint [t'eint] *n* mancha, mácula, nódoa. • *vt+vi* 1 manchar. 2 estragar.

take [teik] *n Cin* tomada. • *vt+vi* (*ps* took, *pp* taken) 1 tomar, pegar. 2 agarrar, prender. 3 levar. 4 receber (com pagamento), aceitar, obter, adquirir. 5 tomar, comer, beber, consumir. 6 ganhar. 7 ocupar. 8 tirar (fotografia). **to take advantage of** tirar proveito de, prevalecer-se de. **to take care** ser cauteloso, tomar cuidado. **to take care of** cuidar de. **to take charge of** encarregar-se de. **to take for granted** tomar como certo, não dar atenção por julgar óbvio. **to take into account** levar em conta, considerar. **to take it easy** ir com calma, ir devagar. **to take off** a)

take away / task

tirar. b) decolar (também *fig*). c) despir-se, tirar a roupa. **to take part** tomar parte. **to take place** acontecer, ocorrer.
take a.way [t'eik əwei] *n* 1 comida para ser levada para casa. 2 restaurante que vende comida pronta para levar para casa. • *adj* para viagem, para ser levado para casa.
take.off [t'eikɔ:f] *n* decolagem, partida.
take.o.ver [t'eikouvə] *n* posse (cargo, controle), tomada de posse.
tak.ings [t'eikiŋz] *n pl* 1 arrecadação, féria. 2 receita, entrada, ganhos.
tal.cum pow.der [t'ælkəm paudə] *n* talco.
tale [teil] *n* narrativa, história, narração, conto. **fairy tale** conto de fadas. **to tell tales** fuxicar, fofocar.
tal.ent.ed [t'æləntid] *adj* talentoso.
talk [tɔ:k] *n* 1 conversa, conversação. 2 conferência, discurso. 3 fala. 4 boato, rumor. • *vt+vi* 1 falar, conversar, dizer. 2 levar a, influenciar. 3 consultar, conferenciar. 4 tagarelar. **small talk** conversa superficial. **talk is cheap!** falar é fácil! **to talk away** matar o tempo com conversa amigável, *Brit coll* jogar conversa fora. **to talk big** *sl* contar vantagem. **to talk of** falar sobre, discutir, mencionar.
talk.a.tive [t'ɔ:kətiv] *adj* falador.
tall [tɔ:l] *adj* 1 alto, grande. 2 elevado. 3 exagerado, inacreditável.
tam.bour.ine [tæmbər'i:n] *n Mus* pandeiro.
tame [t'eim] *vt+vi* 1 domesticar. 2 ficar manso. 3 submeter, subjugar. • *adj* 1 manso, domesticado. 2 insípido.
tame.less [t'eimlis] *adj* indomável.
tamp.er [t'æmpə] *vt+vi* 1 mexer (indevidamente). 2 falsificar.
tam.pon [t'æmpɔn] *n* tampão de algodão.
tan [tæn] *n* bronzeado • *vt+vi* 1 curtir. 2 bronzear (pelo sol). 3 ficar bronzeado. • *adj* bronzeado, marrom-claro, a cor do couro cru.

tang [tæŋ] *n* cheiro penetrante, gosto forte.
tan.ger.ine [t'ændʒəri:n] *n Bot* tangerina. • *adj* da cor ou do sabor da tangerina.
tan.gi.ble [t'ændʒəbəl] *adj* tangível, palpável.
tan.gle [t'æŋgəl] *n* 1 entrelaçamento. 2 confusão. • *vt+vi* 1 entrelaçar. 2 enroscar, embaraçar. 3 confundir, complicar.
tank [t'æŋk] *n* 1 tanque, reservatório. 2 *Mil* tanque (de guerra). **to fill up the tank** encher o tanque.
tan.trum [t'æntrəm] *n* (*pl* **tantrums**) furor, acesso de raiva.
tap [tæp] *n* 1 pancadinha, batida, golpe leve. 2 torneira. • *vt+vi* bater de leve, dar pancadinha.
tape [teip] *n* 1 fita, cadarço. 2 fita (de aço), trena. 3 fita adesiva. 4 fita magnética. • *vt+vi* 1 colocar fita, amarrar com fita. 2 gravar em fita. **insulation tape** *Electr* fita isolante. **masking tape** fita crepe.
tape deck [t'eip dek] *n* toca-fitas e gravador em posição horizontal.
tape mea.sure [t'eip meʒə] *n* fita métrica.
tape re.cord.er [t'eip rikɔ:də] *n* gravador.
tap.es.try [t'æpistri] *n* tapeçaria.
tar [ta:] *n* alcatrão. • *vt* pichar.
tar.get [t'a:git] *n* 1 alvo. 2 meta. • *vt* 1 atingir. 2 apontar na direção de.
tar.iff [t'ærif] *n* 1 tarifa, direitos alfandegários. 2 lista de preços.
tar.mac [t'a:mək], **tar.ma.cad.am** [t'a:məkædəm] *n* pista, asfalto.
tar.nish [t'a:niʃ] *n* 1 mancha. 2 deslustre. • *vt+vi* 1 manchar, sujar. 2 deslustrar.
tart¹ [ta:t] *n* 1 *Cook* torta. 2 *Brit, sl* prostituta.
tart² [ta:t] *adj* 1 azedo. 2 *fig* rude, mordaz.
task [ta:sk; tæsk] *n* tarefa. • *vt* 1 incumbir, forçar (a trabalhar). 2 sobrecarregar, forçar.

tas.sel [t'æsəl] *n* borla. • *vt+vi* ornar com borla.

taste [teist] *n* 1 gosto. 2 paladar. 3 gustação, prova. • *vt+vi* 1 experimentar, provar. 2 sentir o gosto. 3 ter gosto de. 4 saborear, experimentar.

taste.ful [t'eistful] *adj* 1 saboroso. 2 com bom gosto.

taste.less [t'eistlis] *adj* 1 insípido, insosso. 2 sem gosto.

tast.y [t'eisti] *adj* saboroso.

tat.ter [t'ætə] *n* farrapo, trapo. • *vt+vi* rasgar, esfarrapar.

tat.tered [t'ætəd] *adj* esfarrapado, maltrapilho.

tat.too [tət'u:] *n* tatuagem. • *vt* tatuar.

tat.ty [t'æti] *adj* esfarrapado, surrado.

taunt [tɔ:nt] *n* insulto, escárnio. • *vt* insultar, escarnecer.

taut [tɔ:t] *adj* esticado.

tav.ern [t'ævən] *n* 1 taberna. 2 estalagem.

tax [tæks] *n* 1 imposto, tributo, taxa. 2 encargo, dever. 3 taxação. • *vt* 1 cobrar imposto, tributar. 2 estabelecer preço, fixar custos. **income tax** imposto de renda. **property tax** imposto predial e territorial urbano (IPTU). **to impose a tax on** taxar, tributar a.

tax.a.tion [tæks'eiʃən] *n* 1 taxação. 2 impostos.

tax-free [tæks fr'i:] *adj* isento de imposto.

tax.i [t'æksi] *n* táxi. • *vt+vi* 1 andar de táxi. 2 *Aeron* taxiar.

tax.ing [t'æksiŋ] *adj* 1 exigente. 2 oneroso. 3 desgastante.

tea [ti:] *n* chá.

tea bag [t'i: bæg] *n* saquinho de chá.

teach [ti:tʃ] *vt+vi* (*ps, pp* **taught**) ensinar.

teach.er [t'i:tʃə] *n* professor, professora.

teach.ing [t'i:tʃiŋ] *n* 1 magistério. 2 ensino, educação. 3 doutrina, preceito.

tea.cup [t'i:kʌp] *n* chávena, xícara de chá. **storm in a teacup** tempestade em copo d'água.

tea.ket.tle [t'i:ketəl] *n* chaleira para chá.

team [ti:m] *n* 1 time, equipe. 2 junta.

team.work [t'i:mwə:k] *n* trabalho de equipe.

tea.pot [t'i:pɔt] *n* bule para chá.

tear¹ [tiə] *n* 1 lágrima. 2 gota. **in tears** em pranto. **to burst into tears** romper em lágrimas.

tear² [tɛə] *n* 1 rasgo, rasgão. 2 rasgadura. • *vt+vi* (*ps* **tore**, *pp* **torn**) 1 dilacerar, romper. 2 rasgar. **to tear apart** a) separar com força. b) comover, emocionar. **to tear off** a) tirar, arrancar. b) sair apressadamente, em disparada.

tear.drop [t'iədrɔp] *n* lágrima.

tease [ti:z] *n* caçoador. • *vt* 1 importunar, provocar. 2 caçoar.

tea.spoon [t'i:spu:n] *n* colher de chá.

teat [ti:t] *n* teta, bico do seio.

tea.time [t'i:taim] *n* hora do chá.

tech.ni.cal.i.ties [teknik'ælitiz] *n pl* detalhes técnicos.

tech.ni.cal school [t'eknikəl sku:l] *n Educ* escola técnica.

tech.ni.cian [tekn'iʃən] *n* 1 técnico. 2 perito.

tech.nol.o.gy [tekn'ɔlədʒi] *n* tecnologia.

ted.dy bear [t'edi bɛə] *n* ursinho de pelúcia.

te.di.ous [t'i:diəs] *adj* tedioso, monótono.

teem [ti:m] *vt+vi* 1 abundar. 2 chover muito.

teen [ti:n] *n, adj* adolescente.

teen.age [t'i:neidʒ] *adj* adolescente.

teen.ag.er [t'i:neidʒə] *n* adolescente.

teens [ti:nz] *n pl* adolescência, anos de idade entre 13 e 19 (os que terminam em **-teen**).

tee shirt [t'i: ʃə:t] *n* camiseta.

teeth [ti:θ] *n pl* of **tooth** (dente).

tel.e.com.mu.ni.ca.tion [telikəmjuːnik'eiʃən] *n* telecomunicação.

tel.e.con.fe.rence [t'elikɔnfərəns] *n* teleconferência.

tel.e.gram [t'eligræm] *n* telegrama.

tel.e.graph [t'eligra:f, t'eligræf] *n* telégrafo. • *vt* telegrafar, sinalizar.

te.lep.a.thy [təl'epəθi] *n* telepatia.
tel.e.phone [t'elifoun] *n* telefone. • *vt+vi* telefonar. **cellular telephone** *Amer*, **mobile telephone** *Brit* telefone celular. **cordless telephone** telefone sem fio. **dial telephone** telefone de disco. **over the telephone** pelo telefone. **press-button / pushbutton telephone** telefone de teclas. **telephone answering machine** secretária eletrônica.
tel.e.phone booth [t'elifoun bu:ð] *n* cabine telefônica.
tel.e.phone call [t'elifoun kɔ:l] *n* telefonema, chamada telefônica.
tel.e.phone op.e.ra.tor [t'elifoun ɔpəreitə] *n Amer* telefonista.
tel.e.pho.to [telif'outou] *n* telefoto. • *adj* telefotográfico.
tel.e.photo lens [t'elifoutou lenz] *n Phot* teleobjetiva.
tel.e.scope [t'eliskoup] *n* telescópio. • *vt+vi* encaixar(-se).
tel.e.type [t'elitaip] *n* teletipo.
tel.e.vise [t'elivaiz] *vt* televisionar.
tel.e.vi.sion [teliv'iʒən] (abreviatura: TV) *n* televisão. **pay TV / cable TV** TV a cabo. **subscription TV** TV por assinatura.
tell [tel] *vt+vi* (*ps, pp* **told**) **1** dizer, contar, narrar. **2** informar, tornar conhecido, relatar. **3** mandar. **4** reconhecer, distinguir. *can you tell one from the other?* / é capaz de distinguir um do outro? **to tell about** a) relatar sobre. b) denunciar. **to tell apart** distinguir um do outro. **to tell by / from** reconhecer por, pelo. **to tell fortunes** ler a sorte. **to tell the time** dizer as horas.
tell.er [t'elə] *n* caixa de banco.
tell.ing [t'eliŋ] *adj* significativo, importante.
tell.ing off [t'eliŋ'of] *n* repreenda, bronca.
tel.ly [t'eli] *n Brit, coll* televisão.

temp [temp] *n coll* trabalhador temporário (geralmente de escritório). • *vi* trabalhar como funcionário temporário.
tem.per [t'empə] *n* **1** calma, equilíbrio. **2** humor, temperamento • *vt+vi* moderar. **to keep one's temper** manter a calma.
tem.per.a.ment [t'empərəmənt] *n* temperamento.
tem.per.ate [t'empərit] *adj* brando, ameno, temperado (clima).
tem.per.a.ture [t'empərətʃə] *n* **1** temperatura. **2** febre. **to take the temperature** medir a temperatura.
tem.pest [t'empist] *n* tempestade.
tem.ple¹ [t'empəl] *n* templo.
temple² [t'empəl] *n Anat* têmpora.
tem.po [t'empou] *n* (*pl* **tempos, tempi**) *Mus* tempo, ritmo.
tem.po.rar.y [t'empərəri] *adj* temporário.
tempt [tempt] *vt* tentar.
temp.ta.tion [tempt'eiʃən] *n* tentação.
tempt.ing [t'emptiŋ] *adj* tentador.
ten [ten] *n* **1** dez. **2** nota de dez dólares. • *adj, pron* dez.
te.na.cious [tin'eiʃəs] *adj* tenaz.
ten.ant [t'enənt] *n* **1** inquilino. **2** ocupante, morador.
tend¹ [tend] *vt+vi* tender, inclinar-se. **to tend to** ter tendência a.
tend² [tend] *vt+vi* tomar conta, cuidar, zelar.
tend.en.cy [t'endənsi] *n* tendência.
ten.der¹ [t'endə] *n* **1** proposta, oferta (também *Com*). **2** *Jur* prova. • *vt* **1** oferecer, ofertar (também *Com*). *we tendered our thanks* / exprimimos nossos agradecimentos. **2** *Jur* provar.
ten.der² [t'endə] *adj* **1** tenro, macio. **2** delicado. **3** carinhoso. **4** gentil. **5** sensível.
ten.der.ness [t'endənis] *n* ternura.
ten.don [t'endən] *n* tendão. **tendon of Achilles** *Anat* tendão de Aquiles.

ten.nis [t'enis] *n Sport* tênis. **table tennis** pingue-pongue, tênis de mesa. **tennis court** quadra de tênis.

ten.nis shoes [t'enis ʃu:z] *n pl* tênis (calçado).

tense¹ [tens] *n Gram* tempo de verbo.

tense² [tens] *vt* 1 enrijecer. 2 tornar tenso, ficar nervoso. • *adj* 1 tenso. 2 preocupado, nervoso.

ten.sion [t'enʃən] *n* tensão.

tent [tent] *n* barraca, tenda.

ten.ta.cle [t'entəkəl] *n* tentáculo.

ten.ta.tive [t'entətiv] *adj* experimental.

ten.u.ous [t'enjuəs] *adj* tênue.

ten.ure [t'enjə] *n Jur* 1 posse, direito de posse. 2 direito de estabilidade no emprego. 3 mandato.

tep.id [t'epid] *adj* tépido, morno.

term [tə:m] *n* 1 termo. 2 prazo, duração, limite. 3 período. • *vt* chamar, denominar. **in the long term** a longo prazo. **in the short term** a curto prazo. **to come to terms** chegar a um acordo.

ter.mi.nol.o.gy [tə:min'ɔlədʒi] *n* terminologia.

ter.mi.nus [t'ə:minəs] *n* (*pl* **termini, terminuses**) 1 estação final, ponto final. 2 fim, final.

ter.mite [t'ə:mait] *n Ent* cupim.

ter.race [t'erəs] *n* 1 conjunto de casas geminadas. 2 terraço, sacada, varanda. 3 **terraces** arquibancadas. • *vt* formar ou construir terraços. **terraced house** casa geminada.

ter.ri.ble [t'erəbəl] *adj* terrível, horrível, medonho.

ter.rif.ic [tər'ifik] *adj* 1 impressionante. 2 *sl* extraordinário, excelente.

ter.ri.fy [t'erifai] *vt* apavorar, amedrontar. **to be terrified of** ter medo de.

ter.ri.fy.ing [t'erifaiiŋ] *adj* horripilante, apavorante.

ter.ri.to.ry [t'eritəri] *n* território.

ter.ror.ism [t'erərizəm] *n* terrorismo.

ter.ror.ist [t'erərist] *n* terrorista.

ter.ror.ize, ter.ror.ise [t'erəraiz] *vt* aterrorizar, assustar.

test [test] *n* 1 prova, exame. 2 teste. 3 análise, ensaio. • *vt* examinar, pôr à prova, analisar. **to put someone to the test** submeter alguém à prova.

tes.ta.ment [t'estəmənt] *n* testamento.

tes.ti.cle [t'estikəl] *n Anat* testículo.

tes.ti.fy [t'estifai] *vt+vi* 1 testificar, afirmar, comprovar. 2 testemunhar.

tes.ti.mo.ny [t'estiməni] *n* testemunho.

test tube [t'est tju:b] *n Biol* tubo de ensaio, proveta.

test tube ba.by [t'est tju:b beibi] *n Biol* bebê de proveta.

teth.er [t'eθə] *n* 1 corda. 2 *fig* âmbito, limite. • *vt* amarrar.

text [tekst] *n* texto.

text.book [t'ekstbuk] *n* livro escolar.

tex.tile [t'ekstail; t'ekstəl] *n* 1 tecido, pano. 2 fibra têxtil.

tex.ture [t'ekstʃə] *n* textura.

than [ðæn; ðən] *conj* (usado depois do comparativo) que, do que.

thank [θæŋk] *n* (geralmente **thanks**) agradecimento, graças, gratidão. • *vt* 1 agradecer, ficar grato. 2 exprimir gratidão, dar graças. **many thanks!** muito obrigado! **no, thanks!** não, obrigado! **thank God!**, **thank goodness!** ou **thank heavens!** graças a Deus!

thank.ful [θ'æŋkful] *adj* grato, agradecido, reconhecido.

thanks.giv.ing [θ'æŋksgiviŋ] *n* ação de graças.

that [ðæt] *demonstrative pron* (*pl* **those**) esse, essa, isso, aquele, aquela, aquilo. • *relative pron* que, o que. **the day that I met you** / no dia em que o encontrei. • *conj* para que, que, a fim de que, de modo que. **do you remember that she said so?** / você se lembra de que ela falou assim? • *adv* tão, de tal modo, de tal maneira, assim. **I did not go that far** / não cheguei a tal ponto. **at that**

thatch

time naquele tempo. **in order that** a fim de que. **now that** agora que. **that is** (abreviatura: i.e., *Lat id est*) isto é.

thatch [θætʃ] *n* **1** sapé, palha. **2** telhado de sapé ou palha. • *vt* cobrir com sapé ou palha.

thaw [θɔ:] *n* descongelamento, degelo. • *vt+vi* **1** descongelar, degelar. **2** derreter(-se).

the [ðə], ði, enfaticamente ði:] *art* o, a, os, as. *the day I spoke to him* / o dia em que falei com ele.

thea.ter, thea.tre [ˈθiətə] *n* **1** teatro, cinema. **2** anfiteatro. **3** teatro, arte dramática. **movie theater** cinema (o prédio).

the.at.ri.cal [θiˈætrikəl] *adj* **1** cênico, teatral. **2** artificial.

theft [θeft] *n* roubo, furto.

their [ðeə] *possessive pron* seu, sua, seus, suas, deles, delas.

theirs [ðeəz] *possessive pron* o seu, o seus, os deles, as deles, os delas, as delas. *the fault was theirs* / a culpa foi deles (delas).

them [ðem; ðəm] *pron* (*dative and accusative form of* **they**) os, as, lhes, a elas, a eles. *he saw them* / ele os (as) viu. *they saw the house before them* / viram a casa diante deles (de si).

theme [θi:m] *n* tema, assunto, tópico.

them.selves [ðəmsˈelvz] *pron* a si mesmos, a si mesmas, se, eles mesmos, elas mesmas. *they said to themselves that it was impossible* / eles disseram a si mesmos que era impossível.

then [ðen] *adj* existente naquele tempo, de então, desse tempo. *the then king* / o então rei. • *adv* **1** então, em seguida. *life was better then* / a vida era melhor naquele tempo. **2** nesse tempo. *then I left him* / depois o deixei. **3** em outra ocasião, outra vez. **4** também, além. **5** em tal caso. **by then** até lá, enquanto isso, naquela altura. **till then** até lá. **what then?** e então?

they've

the.ol.o.gy [θiˈɔlədʒi] *n* teologia.

the.o.ret.i.cal [θiərˈetikəl] *adj* teorético, teórico.

the.o.rize, the.o.rise [ˈθiəraiz] *vt+vi* teorizar.

the.o.ry [ˈθiəri] *n* teoria.

ther.a.pist [ˈθerəpist] *n Med* terapeuta.

ther.a.py [ˈθerəpi] *n* terapia.

there [ðeə] *adv* **1** aí, ali, acolá. *there! didn't you see that?* / lá! você não viu? **2** para lá. **3** nesse lugar, nesse ponto. **4** nesse assunto, nesse particular, nesse respeito. • *interj* eis! *have you got the book? there you are.* conseguiu o livro? ei-lo. **here and there** cá e acolá, de vez em quando, às vezes. **over there** para lá, lá. **to get there** *sl* chegar lá, ter sucesso.

there.aft.er [ðeərˈa:ftə; ðeəˈæftə] *adv* depois disso, depois.

there.by [ðeəbˈai] *adv* **1** por meio disso. **2** em consequência.

there.fore [ˈðɛəfɔ:] *adv* **1** por essa razão, por isso. **2** portanto.

there's [ðeəz] *contr of* **there is** (há, existe).

ther.mal [ˈθəːməl] *adj* termal, térmico.

ther.mom.e.ter [θəmˈɔmitə] *n* termômetro.

ther.mos [ˈθəːmɔs] *n* garrafa térmica.

these [ði:z] *demonstrative pron pl of* **this**: estes, estas.

the.sis [ˈθiːsis] *n* (*pl* **theses**) *Educ* tese.

they [ðei] *pron* eles, elas.

they'd [ðeid] *contr of* **1 they had.** *they'd better go* / é melhor que eles partam. **2 they would.** *they'd rather wait* / é melhor que eles esperem.

they'll [ðeil] *contr of* **they will.** *they'll be here tomorrow* / eles estarão aqui amanhã.

they're [ðeə] *contr of* **they are** (eles são, elas são).

they've [ðeiv] *contr of* **they have.** *they've sent me a card* / eles me enviaram um cartão.

thick [θik] *adj* 1 gordo, grosso. 2 denso, compacto. 3 cheio, coberto. 4 espesso, denso. • *adv* (também **thickly**) 1 espessamente. 2 intensamente. 3 abundantemente.
thick.en [θ′ikən] *vt+vi* engrossar.
thick.et [θ′ikit] *n* moita, mato trançado.
thick.ness [θ′iknis] *n* 1 espessura. 2 densidade.
thief [θi:f] *n* (*pl* **thieves**) ladrão, ladra.
thigh [θai] *n* coxa, quarto traseiro.
thim.ble [θ′imbəl] *n* dedal.
thin [θin] *vt+vi* 1 afinar. 2 diluir. • *adj* 1 fino. 2 esbelto, magro. 3 escasso. 4 leve, rarefeito. 5 ralo.
thing [θiŋ] *n* 1 coisa. 2 negócio, coisa não definida. 3 criatura. 4 **things** pertences, coisas.
think [θiŋk] *vt+vi* (*ps, pp* **thought**) 1 pensar, achar. 2 conceber, imaginar. 3 considerar. 4 refletir, meditar. 5 lembrar, recordar. **to think better of** reconsiderar. **to think over** pensar bem, reconsiderar.
think.er [θ′iŋkə] *n* pensador.
think.ing [θ′iŋkiŋ] *n* 1 pensamento. 2 opinião. • *adj* que pensa, pensativo, refletido. **way of thinking** modo de pensar.
thirst [θə:st] *n* 1 sede. 2 ânsia, vontade, desejo. • *vt+vi* 1 ter sede. 2 desejar, ansiar.
thirst.y [θ′ə:sti] *adj* 1 com sede, sedento. 2 seco. 3 ansioso.
this [ðis] *demonstrative pron* (*pl* **these**) este, esta, isto. *this is my friend* / este é meu amigo. *who are these?* / quem são estes? • *adv* a este ponto, deste modo. *she sings like this* / ela canta assim.
thorn [θɔ:n] *n* 1 espinho. 2 espinheiro. 3 *fig* tormento.
thorn.y [θ′ɔ:ni] *adj* 1 espinhoso, cheio de espinhos. 2 *fig* penoso.
thor.ough [θ′ʌrə; θ′ə:rou] *adj* completo, inteiro.

those [ðouz] *demonstrative pron* (*pl* of **that**) esses, essas, aqueles, aquelas.
though [ðou] *conj* ainda que, posto que, embora, não obstante, entretanto, ainda quando, apesar de (também **tho, tho'**). *though he saw the danger, he stayed* / apesar de ver o perigo, ele ficou.
thought [θɔ:t] *n* 1 pensamento, conceito, ideia, opinião. 2 mentalidade. 3 raciocínio. 4 consideração. 5 intenção. • *ps, pp* of **think**. **on second thought** depois de pensar bem.
thought.ful [θɔ:tful] *adj* 1 pensativo. 2 cuidadoso. 3 zeloso.
thought.less [θ′ɔ:tlis] *adj* irrefletido, descuidado, relaxado.
thou.sand [θ′auzənd] *n* 1 mil. 2 milhar. • *adj* mil. **a thousand times** mil vezes. **one in a thousand** um entre mil.
thrash [θræʃ] *vt+vi* 1 espancar. 2 agitar-se, mover-se violentamente. 3 vencer, derrotar (partida, jogo).
thrash.ing [θr′æʃiŋ] *n* surra (partida, jogo).
thread [θred] *n* 1 linha de coser, fio. 2 rosca. • *vt+vi* 1 enfiar (fio na agulha). 2 passar com dificuldade. 3 roscar.
thread.bare [θr′edbɛə] *adj* 1 puído, gasto. 2 surrado, batido.
threat [θret] *n* ameaça, perigo.
threat.en [θr′etən] *vt+vi* ameaçar.
threat.en.ing [θr′etəniŋ] *adj* ameaçador.
three [θri:] *n* 1 três. 2 grupo de três (pessoas ou coisas), tríade, trindade. • *adj, pron* três. **by / in threes** em três.
thresh [θreʃ] *vt+vi* debulhar (grãos).
thresh.old [θr′eʃhould] *n* 1 limiar. 2 começo, princípio.
thrill [θril] *n* 1 vibração. 2 emoção, sensação. • *vt+vi* 1 emocionar, excitar. 2 impressionar-se, emocionar-se.
thrill.er [θr′ilə] *n* história, romance, filme ou peça de suspense.
thrill.ing [θr′iliŋ] *adj* emocionante.

thrive [θraiv] *vi* (*ps* **throve, thrived,** *pp* **thriven, thrived**) 1 prosperar, ter sucesso. 2 florescer, vicejar.

throat [θrout] *n* 1 garganta. 2 pescoço. **to have a sore throat** estar com dor de garganta.

throb [θrɔb] *n* pulsação, palpitação. • *vi* 1 pulsar, bater. 2 palpitar. 3 latejar.

throne [θroun] *n* 1 trono. 2 *fig* poder, autoridade real.

throng [θrɔŋ] *n* multidão. • *vt+vi* aglomerar.

through [θru:] *adj* 1 direto, sem interrupção. 2 completo, terminado, até o fim. 3 *coll* conectado, ligado. • *adv* 1 completamente, totalmente. 2 do começo ao fim. • *prep* 1 de uma extremidade a outra, através de, do princípio ao fim, de parte a parte. 2 dentro de, por. 3 devido a, por causa de. 4 por meio de, por intermédio de, por. **Monday through Friday** de segunda a sexta-feira. **to carry through** levar ao fim, realizar.

through.out [θru:'aut] *prep* por tudo, em toda parte, do começo ao fim. • *adv* completamente, inteiramente, por toda parte. **throughout the country** em todo o país. **throughout the year** durante todo o ano.

thru [θru:] *adj, adv, prep* = **through**.

thrust [θrʌst] *n* 1 impulso, ímpeto. 2 *Mech* propulsão, impulso. • *vt+vi* (*ps, pp* **thrust**) 1 empurrar. 2 enfiar a faca, furar. 3 forçar, apertar.

thud [θʌd] *n* 1 som monótono. 2 golpe, batida. • *vi* bater com som surdo, estrondear.

thug [θʌg] *n* matador, assassino.

thumb [θʌm] *n* polegar. • *vt* 1 folhear (livro). 2 *coll* pedir carona. **to give the thumbs up** aprovar. **to travel on the thumb** viajar de carona.

thumb.nail [θ'ʌmneil] *n* unha do polegar. • *adj* breve, conciso.

thump [θʌmp] *n* pancada. • *vt+vi* golpear, bater.

thun.der [θ'ʌndə] *n* trovão, estrondo. • *vi* 1 trovejar. 2 estrondear.

thun.der.bolt [θ'ʌndəboult] *n* raio junto com trovão.

thun.der.ous [θ'ʌndərəs] *adj* ensurdecedor.

thun.der.storm [θ'ʌndəstɔ:m] *n* temporal com relâmpago e trovão.

Thurs.day [θ'ə:zdei] *n* quinta-feira. **on Thursday** na quinta-feira.

thus [ðʌs] *adv* 1 deste modo, desta maneira, assim, da seguinte maneira. 2 consequentemente, portanto, neste caso.

thwart [θwɔ:t] *vt* contrariar, frustrar, impedir.

thyme [taim] *n Bot* tomilho.

thy.roid [θ'airɔid] *n Anat* tireoide.

tick [tik] *n* 1 tique-taque (de relógio etc.) 2 *Brit* momento, instante. • *vt+vi* 1 fazer tique-taque. 2 conferir. 3 ticar.

tick.et [t'ikit] *n* 1 bilhete, entrada, ingresso. 2 *Amer* multa de trânsito. 3 etiqueta.

tick.le [t'ikəl] *n* cócega, coceira. • *vt+vi* 1 fazer cócegas. 2 coçar, causar coceira. 3 divertir.

tid.al [t'aidəl] *adj* relativo à maré.

tid.al wave [t'aidəl weiv] *n* 1 onda de maré. 2 movimento, tendência de grande impacto.

tide [taid] *n* maré.

ti.dy [t'aidi] *vt+vi* 1 assear, limpar. 2 arrumar, pôr em ordem. • *adj* 1 asseado, limpo. 2 em ordem, arrumado.

tie [tai] *n* 1 gravata. 2 laço. 3 *Sport* empate. • *vt+vi* 1 amarrar, atar. 2 fixar, juntar. 3 dar nó. 4 empatar. **to tie down** a) amarrar, prender. b) submeter. **to tie up** with ligar-se a, juntar-se com. **to tie with** a) estar em igualdade com. b) *Sport* empatar com.

ti.ger [t'aigə] *n* 1 tigre. 2 *fig* pessoa muito dinâmica.

tight [tait] *adj* 1 apertado. 2 esticado. 3 firme, compacto. 4 rigoroso. • *adv* firmemente.

tight.en [t'aitən] *vt+vi* apertar. **to tighten on** apertar, apertar.

tight.fist.ed [taitf'istid] *n coll* pão-duro.

tight.rope [t'aitroup] *n* corda bamba (em circo).

tights [taits] *n* 1 malha de ginástica, malha usada por bailarinos e acrobatas. 2 meia-calça.

ti.gress [t'aigris] *n* tigre fêmea.

tile [tail] *n* 1 telha. 2 azulejo, ladrilho. • *vt* 1 cobrir com telhas. 2 ladrilhar, colocar piso. **floor tile** ladrilho, cerâmica para piso.

tiled [taild] *adj* 1 coberto com telhas. 2 ladrilhado, azulejado.

till¹ [til] *n* gaveta de caixa registradora ou de balcão.

till² [til] *prep* até, antes de. *they did not come till Sunday* / não chegaram antes de domingo. • *conj* até que.

tilt [tilt] *n* inclinação. • *vt+vi* inclinar.

tim.ber [t'imbə] *n* 1 madeira de construção, madeira de lei. 2 viga. 3 *Amer* floresta.

time [taim] *n* 1 tempo. 2 espaço de tempo, época, período. 3 hora, momento. 4 prazo. 5 vez. • *vt+vi* 1 cronometrar. 2 acompanhar, seguir o tempo ou o ritmo. 3 escolher o momento ou a ocasião. **at any time** a qualquer hora. **at a time** de uma vez. **at the present time** no momento. **at times** às vezes. **each time / every time** cada vez. **from time to time** de tempos em tempos. **in due time** pontual. **in the meantime** nesse meio tempo. **just in time** ainda em tempo. **once upon a time** era uma vez. **on time** *Amer* em tempo, a tempo. **prime time** horário nobre. **the right time** a hora exata. **time is up** o tempo acabou. **to have a good time** divertir-se.

time.less [t'aimlis] *adj* eterno, infinito.

time.lim.it [t'aim limit] *n* prazo.

time.ly [t'aimli] *adj* oportuno.

time-out [taim 'aut] *n* intervalo, interrupção.

tim.er [t'aimə] *n* 1 cronômetro. 2 temporizador, marcador de tempo.

time.ta.ble [t'aimteibəl] *n* horário.

tim.ing [t'aimiŋ] *n* 1 regulação de tempo, de velocidade, de ritmo. 2 cronometragem.

tin [tin] *n* 1 estanho. 2 folha de flandres, latão. 3 lata. • *vt* enlatar.

tin.gle [t'iŋgəl] *n* formigamento. • *vi* 1 tinir, zunir. 2 formigar.

tink.er [t'iŋkə] *vt+vi* remendar, consertar.

tin.kle [t'iŋkəl] *n* tinido. • *vt+vi* tilintar.

tin-o.pen.er [t'in oupənə] *n* abridor de lata.

tint [tint] *n* 1 matiz, tonalidade. 2 tintura (cabelo). • *vt* tingir.

ti.ny [t'aini] *adj* minúsculo, muito pequeno.

tip¹ [tip] *n* 1 ponta (dos dedos), extremidade. 2 cume, pico. 3 parte final. 4 ponta. **on the tip of the tongue** na ponta da língua.

tip² [tip] *n* 1 gorjeta, gratificação. 2 palpite. 3 sugestão, conselho, dica. • *vt* 1 dar gorjeta. 2 dar palpite. 3 aconselhar, sugerir. 4 bater.

tip³ [tip] *n* depósito de lixo, lixeira. • *vt* 1 despejar. 2 virar.

tip.sy [t'ipsi] *adj* 1 levemente embriagado. 2 *fig* tonto, fraco das pernas.

tip.toe [t'iptou] *n* ponta do pé. • *vi* andar

tire¹, tyre nas pontas dos pés. • *adj* nas pontas dos pés. 2 ansioso. 3 cuidadoso.

tire¹, tyre [t'aiə] *n* 1 pneumático, pneu. 2 aro, arco.

tire² [t'aiə] *vt+vi* cansar(-se).

tired [t'aiəd] *adj* cansado, esgotado.

tired.ness [t'aiədnis] *n* 1 fadiga. 2 enfado.

tire.some [t'aiəsəm] *adj* 1 cansativo. 2 enfadonho.

tir.ing [t'aiəriŋ] *adj* cansativo.

'tis [tiz] *contr* of **it is**.

tis.sue [t'iʃu:] *n* 1 *Biol* tecido. 2 tecido, pano leve. 3 lenço de papel.

tis.sue pa.per [t'iʃu: peipə] *n* papel de seda.

tit.bit [t'itbit] *n* 1 petisco. 2 fuxico.

ti.tle [t'aitəl] *n* 1 título (de livro). 2 título, grau.

ti.tled [t'aitəld] *adj* nobre, titulado.

ti.tle role [t'aitəl roul] *n Cin, Theat* papel principal.

tit.ter [t'itə] *n* 1 riso sufocado. 2 riso nervoso. • *vi* rir nervosamente.

to [tu:; tə] *adv* 1 em direção a, para diante. 2 em posição normal ou de contato. 3 para si, a si, à consciência. • *prep* [tu; tə; tu:] 1 para, em direção a, a, ao, à. *he goes to London* / ele vai para Londres. 2 até. 3 para, a fim de. 4 em. 5 com. 6 de, da, do. 7 por. 8 *Gram* marcador do infinitivo. *we expected him to go* / esperávamos que ele fosse. **face to face** cara a cara. **in comparison to** em comparação a. **to the contrary** ao contrário.

toad [toud] *n* 1 sapo. 2 *fig* pessoa detestável ou repulsiva.

toad.stool [t'oudstu:l] *n* cogumelo (venenoso).

to-and-fro [tu: ən fr'ou] *n* vaivém. • *adj* para lá e para cá. • *adv* de um lugar para outro.

toast [t'oust] *n* 1 torrada. 2 brinde. • *vt+vi* 1 torrar. 2 brindar.

toast.er [t'oustə] *n* torradeira, tostadeira.

to.bac.co [təb'ækou] *n* 1 fumo, tabaco. 2 planta de fumo.

to.bog.gan [təb'ɔgən] *n* tobogã. • *vi* escorregar num tobogã.

to.day [təd'ei] *n* hoje, época atual. • *adv* 1 hoje, neste dia. 2 presentemente.

tod.dle [t'ɔdəl] *n* andar com passo incerto. • *vi* andar como criança.

tod.dler [t'ɔdlə] *n* criança entre um e três anos de idade.

toe [tou] *n* 1 dedo do pé. 2 biqueira do sapato. **from top to toe** da cabeça aos pés.

toe.nail [t'ouneil] *n* unha de dedo do pé.

tof.fee [t'ɔfi] *n* bala de leite, tofe.

to.geth.er [təg'eðə] *adv* junto.

to.ge.ther.ness [təg'eðənis] *n* união, harmonia.

toil [tɔil] *n* trabalho pesado, labuta. • *vt+vi* 1 labutar. 2 avançar lentamente.

toi.let [t'ɔilit] *n* 1 banheiro. 2 vaso sanitário, privada.

toi.let pa.per [t'ɔilit peipə] *n* papel higiênico.

toi.let roll [t'ɔilit roul] *n* rolo de papel higiênico.

toi.let soap [t'ɔilit soup] *n* sabonete.

to.ken [t'oukən] *n* 1 símbolo, sinal, indício. 2 ficha (de telefone, máquina etc). • *adj* simbólico.

tol.er.ance [t'ɔlərəns] *n* tolerância.

tol.er.ate [t'ɔləreit] *vt* tolerar.

toll¹ [toul] *n* badalada, dobre de sino. • *vt+vi* soar, dobrar sinos.

toll² [toul] *n* 1 taxa, pedágio. 2 direito de cobrar taxas. 3 tributo. • *vt* 1 cobrar taxas, pedágio. 2 pagar taxas ou pedágio. **toll-bar** / **toll-gate** barreira de pedágio.

toll-free [toul fr'i:] *adj* grátis, livre de taxa.

to.ma.to [təm'a:tou; təm'eitou] *n* 1 tomate. 2 tomateiro.

tomb [tu:m] *n* túmulo.

tomb.stone [t'u:mstoun] *n* lápide.

tom.cat [t'ɔmkæt] *n* gato macho.

to.mor.row [təm'ɔrou] *n* amanhã, o futuro. • *adv* amanhã. **the day after tomorrow** depois de amanhã.

tone [t'oun] *n* tom. • *vt+vi* **1** harmonizar, combinar. **2** dar tom. **3** *Mus* afinar.

tongs [tɔŋz] *n pl* tenaz, pinça.

tongue [tʌŋ] *n* **1** *Anat* língua. **2** idioma. **3** fala, modo de falar, linguagem. **mother tongue** língua materna. **on the tip of the tongue** na ponta da língua.

to.night [tən'ait] *n* noite de hoje, esta noite. • *adv* hoje à noite.

ton.sil [t'ɔnsəl] *n Med* amígdala, tonsila.

too [tu:] *adv* **1** também, além, igualmente. **2** demais, demasiadamente. *is it not too much?* / não será demais? **3** muito, excessivamente.

tool [tu:l] *n* ferramenta, instrumento, utensílio. • *vt* usar ferramenta, trabalhar com ferramentas. **tool box/kit** caixa de ferramentas.

toot [tu:t] *n* toque (de buzina, de corneta etc.). • *vt+vi* **1** tocar (instrumento de sopro). **2** buzinar.

tooth [tu:θ] *n* (*pl* **teeth**) **1** dente. **2** *Mech* dente de engrenagem ou de serra.

tooth.ache [t'u:θeik] *n* dor de dentes.

tooth.brush [t'u:θbr∧ʃ] *n* escova de dentes.

tooth.less [t'u:θlis] *adj* sem dentes, desdentado.

tooth.paste [t'u:θpeist] *n* pasta de dentes.

tooth.pick [t'u:θpik] *n* palito de dentes.

top [tɔp] *n* **1** ponto mais alto, cume, pico, topo. **2** parte ou superfície superior. **3** tampo (de mesa). **4** cargo mais alto. **5** pessoa mais importante. **6** auge, apice. • *vt+vi* **1** tampar, cobrir, coroar. **2** estar no auge, subir no alto. **3** alcançar, subir ao topo. • *adj* **1** superior, primeiro. **2** maior, máximo. **3** principal. **from top to bottom** de cima para baixo. **to top off with / top up with** completar, aumentar.

top hat [tɔp h'æt] *n* cartola. • *adj* **top-hat** a) grã-fino. b) destinado a beneficiar altos executivos.

top.ic [t'ɔpik] *n* **1** assunto, objeto, tema. **2** tópico, ponto principal.

top.less [t'ɔplis] *adj* **1** sem topo. **2** *fig* descabeçado. **3** imensamente alto. **4** diz-se de mulher que não está usando roupa nenhuma da cintura para cima.

top.ping [t'ɔpiŋ] *n Cook* cobertura (de bolo, sorvete), glacê.

top.ple [t'ɔpəl] *vt+vi* **1** cair para a frente, tombar. **2** derrubar, fazer cair.

top se.cret [tɔp s'i:krit] *n* segredo muito importante. • *adj* extremamente secreto, do maior sigilo.

torch [tɔ:tʃ] *n* **1** tocha. **2** maçarico. **3** *Brit* farolete.

torch.light [t'ɔ:tʃlait] *n* lanterna.

tor.ment [t'ɔ:mənt] *n* tormento. • [tɔ:m'ent] *vt* atormentar, torturar.

tor.so [t'ɔ:sou] *n* tronco, busto, torso (de estátua ou de pessoa).

tor.toise [t'ɔ:təs] *n* tartaruga (terrestre).

tor.ture [t'ɔ:tʃə] *n* tortura. • *vt* torturar, atormentar.

toss [tɔs] *n* **1** lance, arremesso. **2** sacudida, agitação. **3** ação de atirar a cabeça para trás. • *vt+vi* **1** lançar. **2** agitar(-se), chacoalhar. **3** atirar uma moeda para o ar a fim de tirar a sorte.

to.tal [t'outəl] *n* total, soma. • *vt+vi* totalizar. • *adj* total.

tot.ter [t'ɔtə] *n* cambaleio, bamboleio. • *vi* cambalear, titubear.

touch [t∧tʃ] *n* **1** toque, retoque. **2** tato. **3** jeito. • *vt+vi* tocar, apalpar, pegar em, pôr em contato. **2** comover, impressionar. **to get in touch with** entrar em contato com. **to touch down** tocar o solo, aterrissar. **to touch wood** bater na madeira para evitar azar ou mau-olhado.

touch.down [t'∧tʃdaun] *n* aterrissagem (avião).

touched [tʌtʃt] *adj* 1 emocionado, comovido. 2 *sl* maluco, tantã.

touch.ing [t'ʌtʃiŋ] *adj* tocante, comovente. • *prep* com respeito a, sobre.

touch.y [t'ʌtʃi] *adj* 1 sensível, melindroso, irritável. 2 delicado.

tough [tʌf] *n* valentão, brigão. • *adj* 1 flexível, elástico. 2 resistente, rijo, robusto. 3 consistente, duro.

tough.en [t'ʌfən] *vt+vi* endurecer, enrijar(-se).

tour [tuə] *n* 1 viagem, circuito, roteiro. 2 viagem de turismo, excursão, passeio. • *vt+vi* 1 viajar, excursionar. 2 viajar através de. 3 dar uma volta.

tour.ism [t'uərizəm] *n* turismo.

tour.ism pack.age [t'uərizəm pækidʒ] *n* pacote de turismo.

tour.ist [t'uərist] *n* turista, excursionista.

tour.na.ment [t'uərnəmənt] *n* torneio, competição.

tow [tou] *n* reboque. • *vt* rebocar.

to.wards [tow'ɔ:dz; tɔ:dz] (também **to-ward** [tɔ:d]) *prep* 1 para, em direção a, rumo a. 2 com respeito a, concernente, sobre. *your attitude towards slavery /* sua atitude com respeito à escravidão. 3 para, a fim de.

tow.el [t'auəl] *n* toalha. • *vt* enxugar com toalha. **to throw in / up the towel** entregar os pontos, render-se.

tow.er [t'auə] *n* 1 torre. 2 fortaleza, cidadela, castelo. 3 *fig* defesa, proteção. • *vi* elevar-se, dominar.

tow.er.ing [t'auəriŋ] *adj* 1 muito alto, muito grande. 2 muito violento ou intenso.

town [t'aun] *n* 1 cidade. 2 centro da cidade. • *adj* relativo a cidade, característico de cidade, municipal. **in town** na cidade. **out of town** em viagem. **to go downtown** *Amer* ir à cidade (para fazer compras etc.).

town coun.cil [taun k'aunsəl] *n* câmara municipal.

town hall [taun h'ɔ:l] *n* prefeitura.

toy [t'ɔi] *n* brinquedo. • *vi* brincar, divertir-se, jogar. • *adj* como brinquedo.

trace [treis] *n* 1 rasto, pegada, trilha, pista. 2 vestígio, indício. 3 traço. 4 desenho, traçado. • *vt+vi* 1 seguir pelo rasto, localizar. 2 traçar. 3 copiar. 4 rastrear. **to trace back** seguir o passado. **to trace down** descobrir. **without trace** sem vestígio.

tra.cing [tr'eisiŋ] *n* 1 cópia. 2 desenho, traçado. 3 *Comp* rastreio.

track¹ [træk] *n* 1 rasto, pegada, pista. 2 caminho, trilho, estrada, rota. 3 conduta, rotina. 4 pista (de corrida). 5 faixa num CD. • *vt* 1 deixar impressões. 2 rastrear. 3 localizar. **to go off the beaten track** sair da rotina. **to keep track of** manter contato com, manter informado sobre.

track² [træk] *n Comp* 1 pista. 2 área de registro.

track.suit [tr'æksu:t] *n* agasalho (calça e blusão) para prática esportiva, abrigo, *training*.

trade [treid] *n* 1 comércio, negócio. 2 tráfico. • *vt+vi* comerciar, negociar. **foreign trade** comércio exterior. **home/ domestic trade** comércio nacional. **trade and industry** comércio e indústria.

trade.mark [tr'eidma:k] *n* marca registrada.

trad.er [tr'eidə] *n* comerciante, negociante.

trades.man [tr'eidzmən] *n* negociante, lojista, varejista, comerciante.

trade un.ion [tr'eid ju:njən] *n* sindicato trabalhista.

tra.di.tion [trəd'iʃən] *n* tradição.

traf.fic [trǽfik] *n* 1 tráfico, tráfego, movimento, trânsito. 2 comércio, negócio. • *vt* negociar, comerciar, traficar. **heavy traffic** trânsito intenso, movimento grande.

traf.fic jam [tr'æfik dʒæm] *n* congestionamento de trânsito.

traf.fick.er [tr'æfikə] *n* 1 traficante (de drogas). 2 comerciante, negociante.

traf.fic light [tr'æfik lait] *n* semáforo.

traf.fic warden [tr'æfik wɔ:dən] *n* guarda de trânsito.

trag.e.dy [tr'ædʒədi] *n* 1 *Theat* drama. 2 tragédia.

trail [treil] *n* 1 rasto, traço, vestígio, faro, cheiro. 2 trilho, trilha. 3 cauda (também de vestido). • *vt+vi* 1 puxar, arrastar. 2 arrastar-se, ser arrastado. 3 seguir, seguir à fila.

trail.er [tr'eilə] 1 *Amer trailer*: carro de moradia rebocado por automóvel. 2 *Cin* trechos de filmes que anunciam a próxima atração.

train [trein] *n* 1 *rail* trem. 2 fileira, comboio de carros etc. 3 cauda (de vestido), rabo. • *vt+vi* 1 criar, educar, ensinar, treinar. *he was trained as an architect* / ele estudou arquitetura. 2 treinar, fazer exercícios. **railway train** trem de estrada de ferro. **to go by train** viajar de trem. **to take a train** tomar um trem.

train.ee [trein'i:] *n* estagiário.

train.er [tr'einə] *n* 1 treinador, instrutor.

train.ing [tr'einiŋ] *n* treinamento, instrução, educação.

trait [treit] *n* traço (característico), feição, peculiaridade.

trai.tor [tr'eitə] *n* traidor.

tra.jec.to.ry [trədʒ'ektəri] *n* Aeron, Geom trajetória.

tram [træm] *n* Brit bonde (também **tramcar, tramway**).

tramp [træmp] *n* 1 vagabundo. 2 *sl* prostituta. 3 caminhada. • *vt+vi* 1 andar com passos pesados. 2 andar, caminhar. **to go for a tramp** fazer uma longa caminhada.

tram.ple [tr'æmpəl] *vt+vi* 1 pisar pesadamente, pisotear. 2 maltratar.

trance [tra:ns; træns] *n* transe.

tran.quil.ize, tran.quil.ise [tr'æŋkwilaiz] *vt+vi* tranquilizar(-se).

tran.quil.iz.er, tran.quil.is.er [tr'æŋkwilaizə] *n Pharm* sedativo, tranquilizante.

tran.scend [træns'end] *vt* transcender.

tran.scribe [trænskr'aib] *vt* transcrever.

trans.fer [tr'ænsfə:] *n* 1 transferência. 2 *Amer* baldeação. 3 decalque. • [trənsf'ə:] *vt+vi* transferir.

trans.fer.ence [tr'ænsfərəns] *n* transferência.

trans.for.ma.tion [trænsfəm'eiʃən] *n* transformação.

trans.fu.sion [trænsfj'u:ʒən] *n* transfusão.

tran.si.tion [trænz'iʃən] *n* transição.

tran.si.tive [tr'ænsitiv] *n Gram* verbo transitivo. • *adj* transitivo.

trans.late [trænsl'eit] *vt+vi* traduzir.

trans.la.tion [trænsl'eiʃən] *n* tradução.

trans.lat.or [trænsl'eitə] *n* tradutor.

trans.mit.ter [trænzm'itə] *n* transmissor.

trans.plant [trænspl'a:nt; trænspl'ænt] *n Surg* transplante. • *vt+vi* 1 transplantar(-se). 2 enxertar, transferir.

trans.port [tr'ænspɔ:t] *n* transporte. • [trənsp'ɔ:t] *vt* transportar.

trans.por.ta.tion [trænspɔ:t'eiʃən] *n* transporte.

trans.sex.u.al [trænsˈekʃuəl] *adj* transexual.

trans.ves.tite [trænzv'estait] *n* travesti.

trap [træp] *n* 1 armadilha (também *Comp*). 2 cilada. • *vt* pegar em armadilha.

trap.door [træpd'ɔ:] *n* alçapão.

trash [træʃ] *n* lixo.

trash.can [tr'æʃkæn] *n Amer* lata de lixo.

trau.mat.ic [trɔ:m'ætik] *adj* traumático.

trav.el [tr'ævəl] *n* 1 viagem. 2 **travels** viagens (para o estrangeiro), excursões. • *vt+vi* 1 viajar. 2 movimentar-se.

trav.el.a.gen.cy [tr'ævəl eidʒənsi] *n* agência de viagens.

trav.el a.gent [tr'ævəl eidʒənt] *n* agente de viagens.
trav.el.er, trav.el.ler [tr'ævələr] *n* viajante.
trav.el.ler's cheque [tr'ævələz tʃek] *n* cheque de viagem.
tray [tr'ei] *n* bandeja.
treach.er.ous [tr'etʃərəs] *adj* traiçoeiro.
treach.er.y [tr'etʃəri] *n* traição.
tread [tred] *n* 1 passo, ruído de passos. 2 andar, modo de andar. 3 piso de degrau. • *vt+vi (ps* **trod**, *pp* **trodden** or **trod**) 1 andar, caminhar. 2 pisar. 3 pisotear, esmagar com os pés.
trea.son [tr'i:zən] *n* traição.
treas.ure [tr'eʒə] *n* tesouro. • *vt* 1 estimar. 2 entesourar.
treas.ur.er [tr'eʒərə] *n* tesoureiro, caixa.
treas.ur.y [tr'eʒəri] *n* tesouraria, tesouro público. **Treasury Department** *Amer* Ministério da Fazenda.
treat [tri:t] *n* convite para comer e beber, regalo. *it's my treat* / é a minha vez de convidar. • *vt+vi* 1 tratar. 2 oferecer (comida e bebida). 3 pagar as despesas.
trea.tise [tr'i:tiz] *n* tratado, obra, estudo.
treat.ment [tr'i:tmənt] *n* tratamento (também *Med*).
trea.ty [tr'i:ti] *n* 1 tratado. 2 pacto.
treb.le [tr'ebəl] *n* triplo, três. • *vt+vi* triplicar(-se).
tree [tri:] *n* árvore. **family tree** árvore genealógica.
trek [trek] *n* viagem longa e difícil. • *vi* viajar enfrentando muitas dificuldades.
trem.ble [tr'embəl] *n* tremor. • *vi* tremer, estremecer.
tre.men.dous [trəm'endəs] *adj* 1 enorme. 2 extraordinário.
trem.or [tr'emə] *n* tremor.
trench [trentʃ] *n* trincheira.
trend [trend] *n* direção, tendência.
trend.y [tr'endi] *n depr* pessoa que segue a última moda. • *adj coll* na moda, moderno.

tres.pass [tr'espəs] *n* 1 transgressão, intrusão. 2 violação. • *vi* 1 violar os direitos de propriedade. 2 transgredir.
tres.pass.er [tr'espəsə] *n* transgressor, intruso.
tri.al [tr'aiəl] *n* 1 julgamento. 2 prova. 3 sofrimento.
tri.an.gle [tr'aiæŋgəl] *n* triângulo.
tribe [traib] *n* tribo.
trib.u.la.tion [tribjul'eiʃən] *n* tribulação.
trib.u.tar.y [tr'ibjutəri] *n* rio afluente.
trib.ute [tr'ibju:t] *n* tributo.
trick [trik] *n* 1 truque, malícia. 2 peça, ardil. *he played a dirty trick upon me* / ele me pregou uma peça. • *vt+vi* enganar, pregar uma peça. • *adj* mágico, relativo ao truque.
trick.er.y [tr'ikəri] *n* malandragem, trapaça.
trick.le [tr'ikəl] *n* gota, pingo. • *vt+vi* gotejar.
trick.y [tr'iki] *adj* difícil, complicado, delicado.
tried [traid] *ps, pp* of **try**. • *adj* experimentado, provado.
tri.fle [tr'aifəl] *n* 1 ninharia. 2 *Cook* doce feito de bolo, creme, frutas e vinho.
tri.fling [tr'aiflin] *adj* insignificante.
trig.ger [tr'igə] *n* 1 gatilho. 2 alavanca ou gancho para travar alguma coisa. • *vt* desencadear.
trim [trim] *n* 1 aparada, corte. 2 adorno. • *vt+vi* 1 podar (plantas), cortar ou aparar (cabelo). 2 enfeitar. 3 pôr em ordem. • *adj* bem cuidado.
trim.ming [tr'imiŋ] *n* 1 enfeite. 2 poda.
trip [trip] *n* 1 viagem, excursão, passeio. 2 tropeço, passo falso. 3 *coll* viagem: experiências sob o efeito de drogas. • *vt* tropeçar, cambalear, escorregar. **have a nice trip!** boa viagem!
trip.le [tr'ipəl] *n* triplo. • *vt+vi* triplicar. • *adj* triplo, tríplice.
trip.let [tr'iplit] *n* trigêmeo.
trite [trait] *adj* 1 muito usado. 2 banal. 3 repetitivo, batido.

tri.umph [tr'aiəmf] *n* triunfo. • *vi* triunfar.
tri.um.phant [trai'∧mfənt] *adj* triunfante.
triv.i.a [tr'iviə] *n pl* trivialidades.
triv.i.al [tr'iviəl] *adj* trivial, insignificante.
triv.i.al.i.ty [trivi'æliti] *n* trivialidade.
trod.den [tr'ɔdən] *pp* of **tread**. • *adj* pisado, pisoteado (por muitas pessoas ou animais).
trol.ley bus [tr'ɔli b∧s] *n* ônibus elétrico.
troop [tru:p] *n* 1 grupo (de pessoas). 2 rebanho, bando. 3 tropa. 4 unidade de escoteiros. • *vi* agrupar-se, reunir-se.
tro.phy [tr'oufi] *n* troféu.
trop.ic [tr'ɔpik] *n* trópico. • *adj* trópico.
trot [trɔt] *n* trote. • *vt+vi* trotar.
troub.le [tr'∧bəl] *n* 1 problema. 2 distúrbio, encrenca. 3 incômodo. 4 esforço, trabalho extra. **3 troubles** problemas da vida, desgraças. • *vt+vi* 1 importunar, perturbar. 2 incomodar. 3 incomodar-se, preocupar-se. **to be in trouble** estar em apuros, em dificuldade. **to get into trouble** a) meter-se em dificuldades. b) engravidar. **troubled waters** *fig* situação confusa.
troub.led [tr'∧bəld] *adj* perturbado, inquieto, agitado.
troub.le.mak.er [tr'∧bəlmeikə] *n* encrenqueiro, causador de problemas.
troub.le.some [tr'∧bəlsəm] *adj* 1 incômodo. 2 laborioso, difícil.
trough [trɔf] *n* cocho, bebedouro ou comedouro de animais.
troupe [tru:p] *n Theat* companhia de artistas.
trou.ser [tr'auzə] *n* (geralmente **trousers** *pl*) calças compridas.
trout [traut] *n Ichth* truta.
tru.ant [tr'uənt] *n* 1 estudante cabulador, gazeteiro. 2 vadio. • *adj* cabulador.
truce [tru:s] *n* trégua.
truck [tr∧k] *n* 1 *Amer* caminhão. 2 truque, vagão plataforma.
true [tru:] *adj* 1 verdadeiro. 2 real. 3 leal, fiel. **to come true** realizar-se (sonho), acontecer como esperado.

tru.ly [tr'u:li] *adv* verdadeiramente, sinceramente, realmente. **yours truly...** (em cartas) sinceramente de V.Sa.
trump [tr∧mp] *n* trunfo. • *vt+vi* trunfar.
trump.et [tr'∧mpit] *n* trombeta, corneta, clarim. • *vt+vi* 1 tocar trombeta ou corneta. 2 trombetear.
trunk [tr∧ŋk] *n* 1 tronco de árvore. 2 baú, mala de viagem. 3 tronco, corpo (sem os membros). 4 tromba de elefante. 5 **trunks** calção de banho, sunga. **bathing trunk** calção de banho masculino.
trust [tr∧st] *n* 1 confiança. 2 pessoa ou coisa em que se confia. 3 responsabilidade. 4 truste. • *vt+vi* confiar. **in trust** em confiança, em custódia. **on trust** a) em confiança, a crédito. b) sem provas.
trust.wor.thy [tr'∧stwə:ði] *adj* digno de confiança, fidedigno.
trust.y [tr'∧sti] *n* 1 pessoa de confiança. 2 condenado de bom comportamento. • *adj* fiel, de confiança.
truth [tru:θ] *n* verdade. **there is no truth in it** / não há nada de verdade nisto. **to tell the truth** falar a verdade.
truth.ful [tr'u:θful] *adj* 1 verídico. 2 sincero.
try [trai] *n* tentativa, experiência, prova, teste. • *vt+vi* tentar, experimentar, ensaiar, provar. **to try on** provar (roupa). **to try out** testar, provar.
try.ing [tr'aiiŋ] *adj* 1 difícil, cansativo. 2 irritante.
T-shirt [t'i: ʃə:t] *n* camiseta.
tub [t∧b] *n* 1 tina. 2 banheira. 3 banho (de imersão).
tube¹ [tju:b] *n* 1 tubo, cano. 2 bisnaga, tubo. 3 trem subterrâneo. 4 cilindro. 5 *sl* televisão.
tube² [tj'u:b] *Brit* metrô.
tuck [t∧k] *n* 1 dobra, prega (costurada). 2 *Brit* gulodices, doces. • *vt+vi* enfiar, guardar. **to tuck in** a) embrulhar(-se) nas cobertas. b) *coll* empanturrar-se.
Tues.day [tj'u:zdi] *n* terça-feira. **on Tuesday(s)** às terças-feiras.

tuft [tʌft] *n* topete, tufo.

tug [tʌg] *n* **1** puxão. **2** esforço, luta. **3** rebocador. • *vt+vi* puxar com força, arrastar.

tug.boat [t'ʌgbout] *n* rebocador.

tu.i.tion [tju'iʃən] *n* instrução, ensino.

tu.lip [tj'u:lip] *n* tulipa.

tum.ble [t'ʌmbəl] *n* queda, tombo. • *vt+vi* cair, tombar.

tum.ble dri.er [tʌmbəl dr'aiə] *n* secadora de roupas elétrica.

tum.bler [t'ʌmblə] *n* **1** copo sem haste. **2** joão-teimoso: boneco que na base tem um peso de chumbo, areia ou água e que, sendo deitado, levanta-se imediatamente

tum.my [t'ʌmi] *n childish* barriga.

tu.mor, tu.mour [tj'u:mə] *n* tumor.

tu.na [tj'u:nə] *n Ichth* atum.

tu.na-fish [tju:nə fiʃ] *n Ichth* = **tuna**.

tune [tju:n] *n* melodia. • *vt+vi* **1** cantar, entoar. **2** afinar. **3** *Radio* sintonizar. **4** adaptar, ajustar, regular (motor). **in tune** afinado. **out of tune** desafinado.

tune.ful [tj'u:nful] *adj* melodioso, harmônico.

tun.nel [t'ʌnəl] *n* túnel. • *vt+vi* escavar um túnel.

tur.ban [t'ə:bən] *n* turbante.

tur.bu.lence [t'ə:bjuləns] *n* turbulência.

tur.bu.lent [t'ə:bjulənt] *adj* turbulento.

turf [tə:f] *n* **1** gramado, relvado. **2** torrão de grama. **3** (geralmente **the turf**) a) pista de corrida, turfe. b) corrida de cavalos. • *vt* cobrir com grama.

tur.key [t'ə:ki] *n* **(turkey-cock)** peru.

tur.moil [t'ə:mɔil] *n* tumulto, distúrbio, desordem.

turn [tə:n] *n* **1** volta, giro. **2** *fig* reviravolta, crise. **3** esquina. **4** vez, ocasião. **5** tempo, período, turno. *we did it in turns* / fizemos isto em turnos. • *vt+vi* **1** girar, rodar, virar(-se). **2** mudar (de direção), alterar o curso. **3** transformar. **4** tornar-se. **at every turn** a cada momento, em cada ocasião. **to take turns** a) revezar-se. b) experimentar. **to turn off** a) fechar, desligar (gás, rádio, torneira). b) desligar emocionalmente ou sexualmente. **to turn on** a) abrir (torneira), ligar (rádio etc.). b) *coll* excitar (sexualmente). c) usar narcóticos. **to turn up** a) aumentar (som, fogo). b) aparecer, chegar.

turn.ing [t'ə:niŋ] *n* **1** curva, ângulo. **2** travessa, esquina. **3** desvio.

turn.ing point [t'ə:niŋ pɔint] *n* ponto decisivo, ponto crítico, momento decisivo.

tur.nip [t'ə:nip] *n Bot* nabo.

turn.o.ver [t'ə:nouvə] *n Com* **1** rotação de estoque. **2** rotação de empregados.

turn.stile [t'ə:nstail] *n* catraca.

turn.ta.ble [t'ə:nteibəl] *n* **1** *rail* plataforma giratória. **2** prato de toca-discos.

turn.up [t'ə:nʌp] *n* barra italiana (calça).

tur.pen.tine [t'ə:pəntain] *n* aguarrás, terebintina.

tur.quoise [t'ə:kwɔiz] *n* **1** turquesa. **2** cor azul celeste, cor azul-esverdeada. • *adj* azul celeste, azul-esverdeado.

tur.ret [t'ʌrit] *n* torre pequena (geralmente ligada a um canto de um edifício).

tur.tle [tə:təl] *n* tartaruga marítima.

tusk [tʌsk] *n* presa, dente comprido (de elefante).

tus.sle [t'ʌsəl] *n* luta, briga. • *vi* lutar, brigar.

tu.tor [tj'u:tə] *n* **1** professor particular. **2** *Amer* assistente, instrutor de universidade. • *vt+vi* ensinar, lecionar.

tu.to.ri.al [tjut'ɔ:riəl] *n* aula em forma de seminário. • *adj* tutorial, relativo ao tutor.

twang [twæŋ] *n* som metálico, som nasal. • *vt+vi* **1** produzir som agudo ou metálico. **2** vibrar.

'twas [twɔz] *abbr* **it was** (estava, esteve, era, foi).

tweed [twi:d] *n* **tweed: 1** tecido de lã ou lã e algodão geralmente de duas cores, muito usado em roupas masculinas. **2** roupa desse pano.

tweez.ers [tw'i:zəz] *n pl* pinça.

twen.ties [tw'entiz] *n pl* casa dos vinte, os anos ou números de 20 a 29. *she is in her twenties* / ela está na casa dos vinte.

twice [twais] *adv* duas vezes. **twice a year** duas vezes por ano.

twid.dle [tw'idəl] *vt+vi* 1 virar, girar (os polegares). 2 brincar (com os dedos).

twig [twig] *n* galho fino, ramo.

twi.light [tw'ailait] *n* 1 crepúsculo. 2 luz fraca, lusco-fusco.

twin [twin] *n* gêmeo. • *adj* 1 gêmeo. 2 duplo.

twinge [twindʒ] *n* pontada.

twin.kle [tw'iŋkəl] *n* 1 cintilação. 2 brilho. 3 piscar dos olhos, piscadela. • *vi* 1 brilhar, cintilar. 2 piscar.

twirl [twə:l] *n* rodopio. • *vt+vi* 1 rodopiar. 2 torcer, enrolar.

twist [twist] *n* 1 guinada, mudança repentina. 2 giro, volta, rotação. • *vt+vi* torcer, retorcer.

twit [twit] *n* pateta, toleirão, palerma, besta.

twitch [twitʃ] *n* repelão, puxão, contração muscular, movimento rápido, estremeção. • *vt+vi* 1 contrair-se, fazer um movimento brusco. 2 puxar, arrancar **(from, off** de).

twit.ter [tw'itə] *vt+vi* cantar, gorjear, chilrear, pipilar, estridular.

two [tu:] *n* 1 número dois. 2 dupla, grupo de dois objetos ou de duas pessoas. 3 o dois de baralho ou de dado. • *adj* dois, duas, ambos. **by twos / in twos** em dois. **the two** a) os dois, as duas. b) ambos. **the two of us** nós dois.

two-faced [tu: f'eist] *adj* falso, hipócrita.

two-way [tu: w'ei] *adj* de duas vias, de duas mãos de direção.

ty.coon [taik'u:n] *n* magnata.

type [taip] *n* 1 tipo, classe, categoria, espécie. 2 modelo, símbolo, exemplo, protótipo. 3 *Typogr* tipo, caráter tipográfico. • *vt+vi* 1 tipificar. 2 determinar o tipo. 3 datilografar. 4 *Comp* digitar. **bold type** tipo negrito. **italic type** tipo itálico.

type.write [t'aiprait] *vt+vi* datilografar.

type.writ.er [t'aipraitə] *n* máquina de escrever.

ty.phoid [t'aifɔid] *n Path* febre tifoide. • *adj* tifoide.

ty.phoon [taif'u:n] *n* tufão, furacão.

typ.i.fy [t'ipifai] *vt* 1 tipificar, simbolizar. 2 exemplificar.

typ.ing [t'aipiŋ] *n* 1 datilografia. 2 digitação.

typ.ist [t'aipist] *n* datilógrafo.

tyr.an.ny [t'irəni] *n* tirania, opressão.

ty.rant [t'aiərənt] *n* tirano, déspota.

tyre [t'aiə] *n* 1 aro. 2 pneu. **spare tyre** estepe.

U

U, u [ju:] *n* **1** vigésima primeira letra do alfabeto, vogal. **2** qualquer coisa em forma de U. • *adj Brit, coll* de, da classe alta. **the U behaviour** comportamento de classe alta.
UFO [ju: ef 'ou] *abbr* **unidentified flying object** (OVNI / objeto voador não identificado, disco voador).
ugh *interj* de aborrecimento: puf!, ui!
ug.li.ness [ˈʌglinis] *n* fealdade, feiura.
ug.ly [ˈʌgli] *adj* **1** feio, repelente, repulsivo, disforme. **2** fatal, perigoso, temível.
ul.ti.mate [ˈʌltimit] *adj* **1** último, final, derradeiro. **2** máximo, supremo.
ul.ti.mate.ly [ˈʌltimitli] *adv* **1** enfim, no final das contas. **2** basicamente, fundamentalmente, em última análise.
um.brel.la [ʌmbrˈelə] *n* guarda-chuva ou guarda-sol. **beach umbrella** guarda-sol de praia.
un.a.ble [ʌnˈeibəl] *adj* incapaz.
un.ac.cus.tomed [ʌnəkˈʌstəmd] *adj* **1** desacostumado, não habituado, não familiar. **2** incomum, extraordinário.
un.a.dapt.ed [ʌnədˈæptid] *adj* mal-adaptado (**to** a).
un.aid.ed [ʌnˈeidid] *adj* **1** sem ajuda ou auxílio (**by** de), desamparado (**by** por). **2** nu (olho).
un.am.big.u.ous [ʌnæmbˈigjuəs] *adj* claro, sem ambiguidade.
u.nan.i.mous [ju:nˈænimǝs] *adj* unânime.
un.ap.proach.a.ble [ʌnəprˈoutʃəbəl] *adj* **1** inacessível, inalcançável. **2** reservado, intratável, que mantém distância.
un.armed [ʌnˈa:md] *adj* desarmado, indefeso, inerme.
un.as.hamed [ʌnəʃˈeimd] *adj* **1** desavergonhado, sem-vergonha. **2** franco, desembaraçado.
un.as.sist.ed [ʌnəsˈistid] *adj* sem auxílio ou ajuda.
un.at.tract.ive [ʌnətrˈæktiv] *adj* sem atrativos, não estimulante.
un.a.void.a.ble [ʌnəvˈɔidəbəl] *adj* **1** inevitável. **2** *Jur* irrevogável.
un.a.ware [ʌnəwˈɛə] *adj* inconsciente, que não percebe.
un.a.wares [ʌnəwˈɛəz] *adv* sem querer, sem pensar, sem intenção, por descuido.
un.bear.a.ble [ʌnbˈɛərəbəl] *adj* insuportável, intolerável.
un.be.liev.a.ble [ʌnbilˈi:vəbəl] *adj* incrível, extraordinário, inacreditável, implausível.
un.bend.ing [ʌnbˈendiŋ] *adj* **1** inflexível. **2** irredutível, firme, não abatido. **3** rígido.
un.bro.ken [ʌnbrˈoukən] *adj* **1** inteiro, intato, incólume. **2** ininterrupto, contínuo.
un.can.ny [ʌnkˈæni] *adj* **1** esquisito, estrambótico. **2** misterioso, fantástico, estranho.

un.ceas.ing [∧ns'i:siŋ] *adj* incessante, contínuo, ininterrupto.

un.cer.tain [∧ns'ə:tən] *adj* 1 incerto, duvidoso. 2 indeterminado. 3 irresoluto, indeciso.

un.cer.tain.ty [∧ns'ə:tənti] *n* incerteza, dúvida.

un.cle ['∧ŋkəl] *n* 1 tio. 2 *sl* homem idoso.

un.clear [∧nkl'iə] *adj* pouco nítido, obscuro, indistinto, incerto, ininteligível.

un.com.fort.a.ble [∧nk'∧mfətəbəl] *adj* 1 pouco confortável, incômodo, desconfortável. 2 pouco à vontade, constrangedor.

un.com.mon [∧nk'ɔmən] *adj* incomum: a) raro. b) fora do comum. c) notável, excepcional.

un.com.pro.mis.ing [∧nk'ɔmprəmaiziŋ] *adj* 1 inflexível, intransigente. 2 firme, determinado.

un.con.cerned [∧nkəns'ə:nd] *adj* 1 despreocupado, tranquilo. 2 indiferente, desinteressado (**about** por). 3 não envolvido ou implicado (**in** em).

un.con.di.tion.al [∧nkənd'iʃənəl] *adj* incondicional, sem restrições, absoluto, irrestrito.

un.con.nect.ed [∧nkən'ektid] *adj* 1 desligado, distinto, desconexo.

un.con.scious [∧nk'ɔnʃəs] *n Psychoanalysis* o inconsciente. • *adj* 1 inconsciente. 2 não intencional. 3 involuntário.

un.con.ven.tion.al [∧nkənv'enʃənəl] *adj* não convencional, natural, informal.

un.con.vinc.ing [∧nkənv'insiŋ] *adj* não convincente, dúbio. 2 incerto, fraco.

un.count.a.ble [∧nk'auntəbəl] *adj* incontável, inúmero.

un.couth [∧nk'u:θ] *adj* 1 áspero, rude, inelegante (na linguagem). 2 tosco, grosseiro, bruto, inculto.

un.cov.er [∧nk'∧və] *vt+vi* 1 descobrir (-se), despir(-se) 2 revelar, expor, tornar público 3 destampar.

un.de.cid.ed [∧ndis'aidid] *adj* 1 indeciso, indecidido, indeterminado. 2 irresoluto, hesitante.

un.de.ni.a.ble [∧ndin'aiəbəl] *adj* 1 inegável, incontestável, claro, irrefutável. 2 indiscutivelmente bom, excelente, ótimo.

un.der ['∧ndə] *adj* inferior. • *adv* 1 inferiormente. 2 embaixo, por baixo. 3 em estado de inferioridade, em sujeição a, sob as ordens de. • *prep* debaixo, embaixo, por baixo, sob, abaixo de. **to be under discussion** estar em estudos, sob discussão. **to be under one's care** estar sob cuidados, sob supervisão. **under these circumstances...** nestas circunstâncias..., nestas condições...

un.der-age [∧ndər'eidʒ] *adj* 1 de menor idade. 2 menor de idade. **the problem of under-age drinking** o problema do consumo de bebida por menores de idade.

un.der.clothes ['∧ndəklouðz] *n pl* roupa de baixo, trajes menores.

un.der.de.vel.oped [∧ndədiv'eləpt] *adj* 1 subdesenvolvido. 2 *Phot* insuficientemente revelado.

un.der.es.ti.mate [∧ndər'estimit] *n* estimativa ou orçamento baixo, subestima, depreciação. • [∧ndər'estimeit] *vt+vi* 1 orçar muito baixo, avaliar por um preço inferior. 2 subestimar, menosprezar.

un.der.go [∧ndəg'ou] *vt* (*ps* **underwent**, *pp* **undergone**) passar por, sofrer, aguentar, resistir a, suportar, ser submetido a, experimentar.

un.der.ground ['∧ndəgraund] *n* 1 subterrâneo. 2 subsolo. 3 *Brit* trem subterrâneo, metrô. 4 vanguarda cultural, contracultura. • *adj* 1 subterrâneo. 2 secreto. 3 que atua na vanguarda cultural ou na contracultura. • *adv* 1 debaixo da terra, no subsolo. 2 em segredo, de forma escondida.

un.der.line ['∧ndəlain] *n* sublinhado, grifo. • [∧ndəl'ain] *vt* sublinhar.

un.der.ly.ing [ʌndəl'aiiŋ] *adj* 1 subjacente. 2 básico, fundamental, essencial.

un.der.neath [ʌndən'i:θ] *n* parte ou lado inferior. • *adv* embaixo, debaixo, por baixo. • *prep* embaixo, debaixo, por baixo.

un.der.pants [ʌndəp'ænts] *n pl coll* cueca(s).

un.der.rate [ʌndər'eit] *vt* depreciar: a) subestimar, avaliar mal. b) menosprezar, desprezar.

un.der.shirt ['ʌndəʃə:t] *n* camiseta, camisa de baixo.

un.der.skirt ['ʌndəskə:t] *n* anágua, saiote, combinação.

un.der.stand [ʌndəst'ænd] *vt+vi (ps, pp understood)* 1 compreender, entender, perceber. 2 saber. 3 reconhecer. 4 supor, pensar, julgar, inferir, acreditar, crer. *I understand that we need help /* creio que precisamos de ajuda. **as I understand it** assim como eu o entendo. **to make oneself understood** fazer-se entender. **to understand each other (one another)** entender-se.

un.der.stand.a.ble [ʌndəst'ændəbəl] *adj* compreensível, inteligível, perceptível.

un.der.stand.ing [ʌndəst'ændiŋ] *n* 1 compreensão, simpatia. 2 conhecimento, entendimento. 3 acordo, ajuste, combinação. • *adj* sensível, sensato, compreensivo, simpático. **to come to an understanding with / have an understanding with** chegar a um acordo.

un.der.state [ʌndəst'eit] *vt* indicar ou expor de forma moderada ou diminuída, abrandar, suavizar, apresentando os fatos de forma atenuada.

un.der.state.ment [ʌndəst'eitmənt] *n* indicação ou exposição incompleta, suavizada.

un.der.stood [ʌndəst'ud] *ps, pp* of **understand.** • *adj* 1 compreendido, entendido. 2 de acordo. 3 implícito.

un.der.take [ʌndət'eik] *vt+vi (ps undertook, pp undertaken)* 1 encarregar-se de, tomar a seu cargo, incumbir-se de. 2 comprometer-se a.

un.der.tak.ing [ʌndət'eikiŋ] *n* empresa, tarefa, incumbência, empreendimento.

un.der.val.ue [ʌndəv'ælju:] *vt* subestimar: a) avaliar em menos que o valor real, indicar valor inferior. b) menosprezar, desprezar, depreciar.

un.der.wear ['ʌndəwɛə] *n* roupa de baixo, roupa íntima.

un.der.weight ['ʌndəweit] *n* peso inferior ao normal. • *adj* de peso inferior ao normal.

un.der.world ['ʌndəwə:ld] *n* submundo, mundo dos criminosos, camada inferior da sociedade, ralé, escória.

un.de.sir.a.ble [ʌndiz'aiərəbəl] *n* pessoa ou coisa indesejável. • *adj* indesejado, indesejável.

un.dis.guised [ʌndisg'aizd] *adj* 1 indisfarçado. 2 franco, claro, aberto.

un.dis.tin.guished [ʌndist'iŋgwiʃt] *adj* indistinto, sem qualidade.

un.dis.turbed [ʌndist'ə:bd] *adj* imperturbado, tranquilo, calmo, sereno, inalterado.

un.do [ʌnd'u:] *vt (ps undid, pp undone)* 1 desfazer, desmanchar, anular, cancelar. 2 descoser. 3 desabotoar. 4 desatar, desamarrar.

un.done [ʌnd'ʌn] *pp* of **undo.** • *adj* 1 inacabado, incompleto. 2 negligenciado, omitido. **to be undone** estar arruinado.

un.doubt.ed [ʌnd'autid] *adj* indubitável, incontestável, evidente, óbvio.

un.dress [ʌndr'es] *vt* despir(-se), tirar a roupa.

un.dressed [ʌndr'est] *adj* 1 despido. 2 não preparado (salada). 3 não enfeitado (bolo). **to get undressed** tirar as roupas.

un.due [ʌndj'u:] *adj* 1 muito grande, demasiado, excessivo. 2 imoderado, desmedido.

un.du.ly [ʌndju'li] *adv* 1 indevidamente, injustificadamente, sem razão. 2 excessivamente.

un.earth [ʌn'ə:θ] *vt* 1 desenterrar. 2 desentocar. 3 descobrir, revelar.

un.earth.ly [ʌn'ə:θli] *adj* 1 sobrenatural. 2 sinistro, estranho, extraordinário, misterioso.

un.eas.i.ness [ʌn'i:zinis] *n* preocupação, inquietação, inquietude, mal-estar.

un.eas.y [ʌn'i:zi] *adj* 1 preocupado, inquieto, desassossegado, receoso, apreensivo, ansioso. 2 alarmante, inquietante.

un.em.ployed [ʌnimpl'ɔid] *adj* 1 não usado, não aproveitado. 2 desocupado, desempregado. **the unemployed** os desempregados.

un.em.ploy.ment [ʌnimpl'ɔimənt] *n* desemprego. **unemployment benefit** auxílio-desemprego. **unemployment insurance** seguro-desemprego.

un.end.ing [ʌn'endiŋ] *adj* interminável, incessante, ininterrupto, contínuo, eterno.

un.e.qual [ʌn'i:kwəl] *adj* 1 desigual. 2 desequilibrado, desproporcional. 3 insuficiente. 4 inadequado (**to** para), que não está à altura (**to** de). *she is unequal to him* / ela não está à sua altura.

un.eth.i.cal [ʌn'eθikəl] *adj* contrário à ética, antiético.

un.e.ven [ʌn'i:vən] *adj* 1 desigual. 2 irregular, acidentado, escabroso.

un.ex.pect.ed [ʌniksp'ektid] *adj* inesperado, imprevisto, inopinado.

un.ex.pen.sive [ʌniksp'ensiv] *adj* barato.

un.ex.pe.ri.enced [ʌniksp'iəriənst] *adj* inexperiente.

un.fail.ing [ʌnf'eiliŋ] *adj* 1 infalível. 2 firme. 3 incansável, infatigável. 4 fiel, leal, dedicado.

un.fair [ʌnf'ɛə] *adj* 1 incorreto, injusto, iníquo. 2 desonesto, ímprobo. 3 desleal. 4 parcial.

un.faith.ful [ʌnf'eiθful] *adj* 1 desleal, infiel, desonesto. 2 adúltero.

un.fa.mil.i.ar [ʌnfəm'iliə] *adj* pouco conhecido, fora do comum, estranho, inusual, desconhecido.

un.fash.ion.a.ble [ʌnf'æʃənəbəl] *adj* antiquado, desusado, fora de moda.

un.fas.ten [ʌnf'a:sn; ʌnf'æsən] *vt+vi* desatar(-se), desamarrar(-se), abrir(-se), soltar(-se), desprender(-se).

un.fa.vor.a.ble, un.fa.vour.a.ble [ʌnf'eivərəbəl] *adj* 1 desfavorável, desvantajoso (**to** para). 2 adverso, contrário.

un.fin.ished [ʌnf'iniʃt] *adj* 1 inacabado, incompleto. 2 sem acabamento.

un.fit [ʌnf'it] *adj* 1 inadequado, impróprio, não adaptado. 2 imprestável. 3 em má forma física.

un.fold [ʌnf'ould] *vt+vi* 1 abrir(-se), desdobrar(-se), estender(-se), desembrulhar(-se), desenrolar(-se). 2 revelar, expor, explicar, esclarecer, mostrar.

un.fore.seen [ʌnfɔ:s'i:n] *adj* imprevisto, inesperado, inopinado.

un.for.get.ta.ble [ʌnfəg'etəbəl] *adj* inesquecível, inolvidável.

un.for.giv.a.ble [ʌnfəg'ivəbəl] *adj* imperdoável.

un.for.tu.nate [ʌnf'ɔ:tʃənit] *n* infeliz, desgraçado. • *adj* 1 infeliz, desventurado, azarado. 2 desastroso, inauspicioso.

un.friend.ly [ʌnfr'endli] *adj* 1 descortês, pouco amável, inamistoso (**to** com, para com). 2 hostil (**to** contra, a, para com). • *adv* 1 descortesmente. 2 hostilmente.

un.gif.ted [ʌng'iftid] *adj* pouco dotado, desprovido de talento.

un.hap.pi.ness [ʌnh'æpinis] *n* infelicidade, desgraça, desventura, miséria, infortúnio.

un.hap.py [ʌnh'æpi] *adj* 1 infeliz, desgraçado, infortunado, desventurado, miserável. 2 triste, preocupado, pesaroso, magoado.

un.health.y [ʌnh'elθi] *adj* 1 insalubre. 2 doentio, adoentado, lânguido.

un.heard [ʌnh'əːd] *adj* 1 não ouvido. 2 não interrogado. 3 desconhecido. 4 desatendido.

un.heard-of [ʌnh'əːd ɒv] *adj* sem precedente, inaudito, incomum.

un.helped [ʌnh'elpt] *adj* desamparado (**by** por), sem auxílio (**by** de).

un.hur.ried [ʌnh'ʌrid] *adj* sem pressa, devagar, calmo.

un.i.den.ti.fied [ʌnaidentifaid] *adj* não identificado. **unidentified flying object** (abreviatura: **UFO**) objeto voador não identificado (abreviatura: OVNI).

u.ni.form [j'uːnifɔːm] *n* uniforme, farda. • *adj* 1 uniforme: a) igual, regular, homogêneo. b) invariável. 2 monótono.

u.ni.fy [j'uːnifai] *vt* unificar, unir, uniformizar.

un.i.ma.gi.na.tive [ʌnim'ædʒinətiv] *adj* pouco criativo, sem imaginação, prosaico, monótono, aborrecido.

un.in.ha.bi.ted [ʌninh'æbitid] *adj* desabitado.

un.in.hib.it.ed [ʌninh'ibitid] *adj* desinibido.

un.in.jured [ʌn'indʒəd] *adj* incólume, ileso.

un.in.spired [ʌninsp'aiəd] *adj* não inspirado, sem arrojo, sem inspiração.

un.in.spir.ing [ʌninsp'aiəriŋ] *adj* desinteressante, sem inspiração, aborrecido, monótono.

un.in.ten.tion.al [ʌnint'enʃənəl] *adj* desintencional, involuntário, não propositado.

un.in.ter.est.ing [ʌn'intristiŋ] *adj* desinteressante, insípido. 2 enfadonho.

un.in.vit.ed [ʌninv'aitid] *adj* não convidado.

un.in.vit.ing [ʌninv'aitiŋ] *adj* 1 pouco convidativo, sem atrativo. 2 não apetitoso.

u.nion [j'uːnjən] *n* união: a) associação, liga, círculo. b) sindicato trabalhista, coalizão, aliança, coligação. **students union** centro acadêmico, grêmio estudantil. **the Union** os Estados Unidos. **trade union** sindicato operário.

u.nique [juːn'iːk] *n adj* 1 único, só, ímpar, exclusivo. 2 raro, invulgar, singular.

u.ni.sex [j'uːniseks] *adj coll* unissex: relativo à roupa, penteado etc. iguais para ambos os sexos.

u.ni.son [j'uːnisən] *n* acordo, concordância, harmonia. **in unison** a) *Mus* em uníssono, em uma só voz. b) juntos ao mesmo tempo.

u.nit [j'uːnit] *n* unidade: 1 quantidade (de um todo). 2 pessoa ou coisa isoladamente. 3 módulo (mobiliário). **kitchen units** móveis de cozinha.

u.nite [juːn'ait] *vt+vi* unir(-se): a) ajuntar(-se), reunir(-se) (**with** com), unificar. b) combinar. c) conciliar.

u.ni.ty [j'uːniti] *n* 1 unidade (também *Lit, Art*). 2 uniformidade, homogeneidade. 3 união, concórdia, harmonia, acordo.

u.ni.verse [j'uːnivəːs] *n* universo, cosmo, mundo.

u.ni.ver.si.ty [juːniv'əːsiti] *n* universidade, academia. **to enter the university / to go up the university** frequentar a universidade.

un.just [ʌndʒ'ʌst] *adj* injusto, iníquo (**to** para), incorreto. 2 injustificado.

un.kempt [ʌnk'empt] *adj* 1 despenteado, desgrenhado. 2 desleixado, relaxado.

un.kind [ʌnk'aind] *adj* 1 indelicado, descortês, rude, grosseiro. 2 desatencioso (**to** para com).

un.kind.ness [ʌnk'aindnis] *n* 1 descortesia, indelicadeza. 2 insensibilidade, dureza, crueldade.

un.known [ʌn'noun] *n* desconhecido. • *adj* 1 desconhecido, ignorado, obscuro. 2 estranho, de fora.

un.law.ful [ʌnl'ɔːful] *adj* ilegal: 1 contrário à lei. 2 proibido, ilícito. 3 ilegítimo.

un.less [ənl'es] *conj* a menos que, a não ser que, senão, exceto se, salvo se. • *prep* exceto, salvo. *we shall go unless it rains* / iremos, a não ser que chova.

un.like [∧nl'aik] *adj* desigual, dessemelhante, distinto, diferente. *the two are unlike* / os dois são diferentes. • *prep* 1 não como, de modo diferente. *that's quite unlike her* / isto não é de seu feitio. 2 ao contrário, diferentemente de.

un.like.ly [∧nl'aikli] *adj* 1 improvável, inverossímil. *I am unlikely to come* / é provável que eu não venha. 2 inauspicioso, pouco promissor.

un.lim.it.ed [∧nl'imitid] *adj* ilimitado: a) sem limites, imenso. b) irrestrito. c) indefinido.

un.lit [∧nl'it] *adj* 1 apagado, não aceso. 2 às escuras.

un.load [∧nl'oud] *vt+vi* 1 descarregar: a) desembarcar, ser desembarcado. b) tirar a carga de (arma). 2 desabafar, expandir-se.

un.lock [∧nl'ɔk] *vt+vi* abrir a fechadura, destrancar, desaferrolhar.

un.luck.y [∧nl'∧ki] *adj* 1 infeliz, desventurado, desafortunado. 2 agourento, aziago, infausto. 3 sem sorte.

un.man.age.a.ble [∧nm'ænidʒəbəl] *adj* 1 que não se deixa dirigir, ingovernável. 2 intratável, indócil, teimoso.

un.man.ly [∧nm'ænli] *adj* 1 que não é viril, efeminado. 2 fraco. 3 covarde.

un.mis.tak.a.ble [∧nmist'eikəbəl] *adj* inconfundível, inequívoco, manifesto, claro, óbvio, evidente, indiscutível.

un.named [∧nn'eimd] *adj* 1 não denominado, sem nome. 2 não mencionado. 3 anônimo.

un.nat.u.ral [∧nn'ætʃərəl] *adj* 1 desnatural, contrário às leis da natureza. 2 artificial, afetado. 3 estranho, extraordinário.

un.nec.es.sar.y [∧nn'esisəri] *adj* desnecessário, supérfluo, inútil.

un.nerv.ing [∧nn'ə:viŋ] *adj* preocupante, inquietante, desconcertante.

un.no.ticed [∧nn'outist] *adj* despercebido, não notado.

un.oc.cu.pied [∧n'ɔkjupaid] *adj* desocupado: a) vago, vazio, desabitado. b) não usado. c) ocioso.

un.pack [∧np'æk] *vt* desempacotar, desembrulhar, tirar da mala, desencaixotar.

un.paid [∧np'eid] *adj* 1 não pago, não saldado. 2 não remunerado, gratuito, a título honorífico.

un.pleas.ant [∧npl'ezənt] *adj* desagradável, aborrecido, desprazível.

un.plug.ged [∧npl'∧gd] *adj* 1 desligado. 2 destampado, desarrolhado. 3 *Mus* sem uso de amplificadores elétricos.

un.pre.ce.dent.ed [∧npr'esidəntid] *adj* sem precedente, inaudito, nunca visto, inédito.

un.pre.dict.a.ble [∧nprid'iktəbəl] *adj* imprevisível, não esperado.

un.pro.duc.tive [∧nprəd'∧ktiv] *adj* improdutivo, não rendoso, não proveitoso, infrutífero, vão, inútil.

un.pro.fit.a.ble [∧npr'ɔfitəbəl] *adj* não proveitoso, não lucrativo, inaproveitável. 2 desvantajoso.

un.pub.lished [∧np'∧bliʃt] *adj* inédito (obra), não publicado.

un.pun.ished [∧np'∧niʃt] *adj* impune, não castigado.

un.qual.i.fied [∧nkw'ɔlifaid] *adj* 1 não qualificado. 2 inadequado, impróprio. 3 inabilitado, incompetente. 4 completo, absoluto.

un.ques.tion.a.ble [∧nkw'estʃənəbəl] *adj* inquestionável, indisputável, indubitável, indiscutível, certo, incontestável.

un.re.al [∧nr'iəl] *adj* 1 irreal, imaginário, fictício, artificial, quimérico, ilusório, sem consistência. 2 *coll* incrível, tremendo, maravilhoso.

un.rec.og.niz.a.ble, un.rec.og.nis.a.ble [∧nr'ekəgnaizəbəl] *adj* irreconhecível.

un.re.li.a.ble [∧nril'aiəbəl] *adj* que não é de confiança, em que não se pode confiar, inseguro, falível, incerto.
un.re.mit.ting [∧nrim'itiŋ] *adj* 1 incessante, constante, contínuo, ininterrupto. 2 incansável, infatigável.
un.rest [∧nr'est] *n* desassossego, mal-estar, inquietação, agitação.
un.rest.ful [∧nr'estful] *adj* desassossegado, inquieto, agitado.
un.re.strict.ed [∧nristr'iktid] *adj* irrestrito, ilimitado.
un.ri.valled [∧nr'aivəld] *adj* sem rival, incomparável, sem par, insuperado, inigualado.
un.ru.ly [∧nr'u:li] *adj* 1 teimoso, obstinado. 2 rebelde, desobediente, indisciplinado, refratário.
un.safe [∧ns'eif] *adj* inseguro, arriscado, perigoso, precário.
un.said [∧ns'ed] *adj* não dito, não proferido, não mencionado.
un.sal.ted [∧ns'ɔ:ltid] *adj* sem sal, insosso, insípido.
un.sat.is.fac.to.ry [∧nsætisf'æktəri] *adj* insatisfatório, inadequado, insuficiente.
un.sched.uled [∧nʃ'edju:ld; ∧nsk'edʒu:ld] *adj* não programado, imprevisto, de emergência.
un.screw [∧nskr'u:] *vt+vi* 1 desaparafusar(-se), soltar(-se). 2 desenroscar, desatarraxar.
un.scru.pu.lous [∧nskr'u:pjuləs] *adj* inescrupuloso, sem consideração.
un.seen [∧ns'i:n] *adj* 1 não visto, despercebido, inobservado. 2 invisível.
the unseen o mundo dos espíritos, o além, o invisível.
un.self.ish [∧ns'elfiʃ] *adj* desinteressado, altruísta, generoso.
un.set.tle [∧ns'etəl] *vt+vi* desarranjar, pôr em desordem. 2 perturbar(-se), agitar(-se), inquietar(-se).
un.set.tled [∧ns'etəld] *adj* 1 inseguro, incerto, vago, duvidoso. 2 indecidido, irresoluto, hesitante, vacilante.

un.settl.ing [∧ns'etliŋ] *adj* perturbador, perturbativo, desestabilizador, inquietante.
un.shaved [∧nʃ'eivd] *adj* não barbeado, por barbear.
un.skilled [∧nsk'ild] *adj* inexperiente, inábil, sem prática, não adestrado, sem instrução (profissional).
un.solved [∧ns'ɔlvəd] *adj* não solucionado, sem solução, não decifrado, não explicado.
un.sound [∧ns'aund] *adj* 1 insalubre, não sadio. 2 doente, enfermo, mórbido. 3 doentio, débil. 4 em mau estado ou condição.
un.speak.a.ble [∧nsp'i:kəbəl] *adj* 1 inexprimível, indizível, inefável. 2 indescritível, terrível.
un.spoiled [∧nsp'ɔild], **un.spoilt** [∧nsp'ɔilt] *adj* 1 não estragado. 2 intato, incólume.
un.sta.ble [∧nst'eibəl] *adj* 1 movediço, móvel. 2 sem firmeza, inseguro.
un.stead.y [∧nst'edi] *adj* 1 oscilante, inseguro. 2 variável, desigual. 3 desregrado. 4 trôpego. 5 irresoluto, hesitante, vacilante, incerto.
un.suc.cess.ful [∧nsəks'esful] *adj* 1 malsucedido, infeliz, infrutífero, desventurado. 2 fracassado (aluno).
un.suit.a.ble [∧ns'u:təbəl] *adj* impróprio, inadequado, inconveniente (**to, for** a, para).
un.sure [∧nʃ'uə] *adj* 1 inseguro, incerto, dúbio. 2 indeciso, irresoluto. 3 de pouca confiança.
un.sus.pect.ing [∧nsəsp'ektiŋ] *adj* que não desconfia, confiante.
un.tamed [∧nt'eimd] *adj* indomado, indômito, não domesticado, bravio.
un.think.a.ble [∧nθ'iŋkəbəl] *adj* inimaginável, inconcebível, impensável. 2 *coll* improvável.
un.think.ing [∧nθ'iŋkiŋ] *adj* 1 irrefletido, sem pensar. 2 descuidado, estouvado, desatento, não atencioso.

un.thought [∧nθˈɔːt] *adj* não imaginado ou pensado, não premeditado.
unthought-of imprevisto, inopinado, inesperado.
un.ti.di.ness [∧ntˈaidinis] *n* desordem, desmazelo, desleixo, falta de asseio.
un.ti.dy [∧ntˈaidi] *adj* desordenado, em desordem, desmazelado, relaxado.
un.tie [∧ntˈai] *vt+vi* 1 desamarrar(-se), desatar(-se). 2 soltar (nó). 3 abrir (pacote). 4 resolver, expor, esclarecer.
un.til [ənt'il] *prep* até. *I waited for him until midnight* / esperei-o até meia-noite. • *conj* até que. *until I wrote him, he did not believe it* / ele não acreditou naquilo, até que eu lhe escrevi.
un.time.ly [∧ntˈaimli] *adj* 1 precoce, imaturo, prematuro, antecipado. 2 inoportuno, impróprio.
un.told [∧ntˈould] *adj* 1 inúmero, incontável, incalculável, imenso. 2 não contado, narrado, inenarrável.
un.trou.bled [∧ntrˈ∧bəld] *adj* 1 imperturbado, calmo, tranquilo. 2 claro, límpido, transparente, não turvo.
un.true [∧ntrˈuː] *adj* 1 falso, incorreto, insincero. 2 infiel, desleal, inconstante.
un.trust.wor.thy [∧ntrˈ∧stwəːði] *adj* indigno de confiança.
un.us.a.ble [∧njˈuːzəbəl] *adj* inútil, imprestável, inutilizável.
un.used [∧njˈuːzd] *adj* 1 não usado, novo. 2 desacostumado, desabituado (*to a*).
un.u.su.al [∧njˈuːʒuəl] *adj* invulgar, incomum, extraordinário, raro, singular, notável.
un.wan.ted [∧nwˈɔːtid] *adj* não desejado, indesejável.
un.w ar.rant.ed [∧nwˈɔrəntid] *adj* 1 injustificado, sem motivo. 2 não autorizado.
un.wiel.dy [∧nwˈiːldi] *adj* 1 de difícil manejo ou manuseio. 2 de difícil controle. 3 pesado, volumoso.
un.will.ing [∧nwˈiliŋ] *adj* sem vontade, de má vontade, relutante, pertinaz, teimoso.

un.wind [∧nwˈaind] *vt+vi (ps, pp unwound)* 1 desenrolar(-se), soltar(-se) (cabo etc.). 2 abrir, desenfaixar (ataduras). 3 desatar(-se) (fita, laço). 4 *coll* relaxar, descansar.
un.wise [∧nwˈaiz] *adj* inteligente, imprudente, insensato.
un.wont.ed [∧nwˈountid; ∧nwˈɔːntid] *adj* 1 não costumeiro, não usual, desusado. 2 desabituado, desacostumado.
un.wor.thy [∧nwˈɔːði] *adj* 1 indigno (*of* de), desonroso, vergonhoso, ignóbil, vil, baixo, torpe. 2 desmerecido, imerecido.
un.wound [∧nwˈaund] *ps, pp* of **unwind**. • *adj* 1 desenrolado. 2 sem corda (relógio).
un.wrap [∧nwrˈæp] *vt+vi* desembrulhar (-se), desempacotar, abrir(-se).
up [∧p] *adj* 1 avançado, adiantado. 2 ascendente, alto. 3 ereto. 4 dianteiro (tempo, período de tempo). • *adv* 1 para cima, para o alto. 2 em cima, no alto. 3 de pé, em pé, levantado. *keep your head up* / mantenha sua cabeça ereta. 4 cá, para cá. *come up here!* / venha aqui! 5 terminado, expirado. 6 passado. 7 fora da cama. 8 inteiramente, completamente, todo, até o fim. *we ate it up* / comemos tudo, acabamos com o que havia. • *prep* 1 em cima, para cima, acima. 2 em, sobre. 3 ao longo, através. • *interj* de pé! levanta! vamos! **to be up to date** estar atualizado, estar na moda. **to get up** levantar-se (da cama). **to hurry up** apressar-se. **to speak up** falar em voz alta. **to stand up** ficar em pé. **ups and downs** altos e baixos, vicissitudes. **what's up?** o que há? o que está errado?
up.bring.ing [ˈ∧briniŋ] *n* educação, formação, criação.
up.dat.ing [∧pdˈeitiŋ] *n* atualização.
up.grade [ˈ∧pgreid] *n* 1 elevação, subida, alto. 2 melhoria de situação. 3 *Comp* upgrade: atualização. •

upheaval

[ʌpgr'eid] *vt* elevar o nível de posição ou qualidade, melhorar, aumentar.

up.heav.al [ʌph'i:vəl] *n* motim, levante, revolta, sublevação.

up.hill [ʌph'il] *adj* **1** ascendente, íngreme, dirigido para cima. **2** elevado. **3** penoso, difícil, dificultoso, árduo, trabalhoso. • *adv* para cima, para o alto, morro acima, além.

up.hold [ʌph'ould] *vt (ps, pp* **upheld)** **1** segurar, sustentar, suster, apoiar, manter em pé. **2** manter, confirmar, aprovar. **3** defender.

up.hol.ster.ed [ʌph'oulstəd] *adj* **1** estofado, almofadado. **2** atapetado.

up.keep [ʌpk'i:p] *n* manutenção, conservação.

up.lift.ing [ʌpl'iftiŋ] *adj* edificante, enriquecedor.

up.load ['ʌploud] *n* Comp processo de transferência de dados de um computador para outro.

up.on [əp'ɔn] *prep* = **on**.

up.per ['ʌpə] *adj* superior, mais alto, parte mais alta. **to have the upper hand** ter mais poder, controlar.

up.per class [ʌpə kl'a:s] *n* classe alta, classe social superior.

up.per lip [ʌpə l'ip] *n* lábio superior, parte do rosto entre a boca e o nariz.

up.per.most ['ʌpəmoust] *adj* **1** superior, mais alto, mais elevado, supremo. **2** mais importante, principal, predominante. • *adv* **1** no lugar mais alto. **2** em primeiro lugar.

up.right [ʌpr'ait] *adj* **1** perpendicular, vertical, aprumado, ereto, em pé. **2** direito, honesto, correto, justo. • *adv* em posição vertical, verticalmente, a prumo. **to sit upright** sentar-se direito (não com a espinha curvada). **to stand upright** conservar-se de pé.

up.ris.ing [ʌpr'aiziŋ] *n* **1** revolta, rebelião, insurreição, motim. **2** subida: a) ladeira, aclive. b) ascensão, elevação.

upturn

up.roar ['ʌprɔ:] *n* grande barulho, distúrbio, tumulto, alvoroço, rebuliço, bulha, gritaria.

up.root [ʌpr'u:t] *vt* desarraigar: arrancar, erradicar **(from** de).

up.set [ʌps'et] *n* **1** distúrbio, desordem, desarranjo, transtorno. **2** indisposição. • *vt+vi (ps, pp* **upset) 1** tombar, virar, capotar. **2** desordenar, transtornar, desconcertar, desnortear, descontrolar, desarranjar. • *adj* **1** virado, capotado, tombado. **2** desordenado, desarranjado, embrulhado (estômago). **3** perturbado, agitado.

up.shot ['ʌpʃɔt] *n* fim, final, resultado, desfecho, conclusão.

up.side-down [ʌpsaid d'aun] *adj* **1** de ponta-cabeça. **2** confuso, desordenado. • *adv* de cabeça para baixo, de pernas para o ar, virado, invertido.

up.stairs [ʌpst'εəz] *n* o andar superior. • *adj* do andar superior. **1** superior, situado no andar superior. **2** para cima, escada acima.

up.stand.ing [ʌpst'ændiŋ] *adj* honrado, honesto, correto.

up.start ['ʌpsta:t] *n* pessoa que repentinamente surgiu do nada, novo-rico, filho da fortuna.

up.stream [ʌpstr'i:m] *adj, adv* rio acima, contra a corrente.

up-to-date [ʌp tə d'eit] *adj* **1** em dia, atualizado. **2** moderno, de acordo com a moda. **to bring up-to-date** pôr em dia, atualizar.

up.town ['ʌptaun] *n* bairro residencial de uma cidade. • *adj* **1** na parte superior de uma cidade. **2** no bairro residencial. **3** *Amer* suburbano. • [ʌpt'aun] *adv* rumo à parte superior de uma cidade, rumo aos arrabaldes.

up.turn ['ʌptə:n] *n* **1** ação de virar para cima. **2** mudança para melhor. • [ʌpt'ə:n] *vt+vi* **1** virar para cima, elevar, levantar. **2** revolver, revirar. **3** erguer-se.

up.ward ['ʌpwəd], **up.wards** ['ʌpwədz] *adj* dirigido para cima, ascendente, superior. • *adv* acima, para cima, por cima, além mais, adiante.

u.ra.ni.um [juər'einiəm] *n Chem* urânio.

ur.ban ['ə:bən] *adj* urbano: de ou relativo à cidade.

urge [ə:dʒ] *n* desejo, ânsia, anseio, ímpeto, impulso. • *vt+vi* urgir, instar, insistir. **2** recomendar com insistência.

u.rine [j'uərin] *n* urina.

urn [ə:n] *n* **1** urna (também cinerária ou funerária). **2** vaso, cântaro. **3** túmulo.

us [ʌs] *pron* nós, nos. *he came to see us* / ele veio visitar-nos. *they gave us this book* / eles nos deram este livro. *let's sing!* vamos cantar! **all of us** nós todos. **both of us** nós dois. **for us** para nós. **to us** a nós, para nós. **with us** conosco.

us.a.ble [j'u:zəbəl] *adj* usável, utilizável.

us.age [j'u:sidʒ] *n* **1** uso: costume, hábito, prática. **2** tratamento, método de tratar, trato. **3** emprego, aplicação. **4** serviço. **common usage** uso generalizado, praxe. **of long usage** de uso tradicional.

use [ju:s] *n* **1** uso. **2** prática. **3** hábito, costume. **4** aplicação, utilização, emprego. **5** utilidade, finalidade. • [ju:z] *vt+vi* **1** usar. **2** praticar. **for use** para uso. **in use** em uso, usual, de praxe. **used to...** acostumado a... *I used to play tennis when I lived in London* / eu costumava jogar tênis quando morava em Londres.

used[1] [ju:st] *adj* **1** usual, habitual, de praxe. **2** acostumado, habituado.

used[2] [ju:zd] *adj* **1** usado, de segunda mão. **2** sujo (em consequência do uso).

use.ful [j'u:sful] *adj* **1** aproveitável, útil. **2** proveitoso, benéfico.

use.ful.ness [j'u:sfulnis] *n* utilidade, proveito, benefício.

use.less [j'u:slis] *adj* inútil, desnecessário, vão, fútil. *it is useless* / é inútil, supérfluo.

us.er [j'u:zə] *n* **1** usuário, consumidor. **2** *sl* viciado em drogas, consumidor de drogas.

ush.er ['ʌʃə] *n* **1** porteiro. **2** oficial de justiça. **3** indicador de lugar (em cinema, teatro), *Braz coll* vaga-lume, lanterninha. • *vt* **1** conduzir, acompanhar. **2** introduzir. **3** anunciar.

usher.ette ['ʌʃəret] *n* porteira, indicadora de lugar (em cinema, teatro etc.), *Braz coll* lanterninha, vaga-lume.

u.su.al [j'u:ʒuəl] *n* o usual, o costumeiro. • *adj* usual, costumeiro, de praxe, habitual, comum. **as usual** como de costume.

u.ten.sil [ju:t'ensəl] *n* utensílio, louça, ferramenta.

u.til.i.ty [ju:t'iliti] *n* **1** utilidade. **2** coisa útil. **3** vantagem, proveito. **(for** para).

u.til.i.ty com.pa.ny [ju:t'iliti kʌmpəni] *n* empresa de serviço público.

u.til.ize, u.ti.lise [j'u:tilaiz] *vt* utilizar, aproveitar, usar.

ut.most ['ʌtmoust] *n* o máximo, o extremo, o maior. *they did their utmost* / fizeram o máximo que puderam. • *adj* máximo, extremo, maior, derradeiro. **at the utmost** no máximo. **to the utmost** até o máximo.

ut.ter[1] ['ʌtə] *adj* total, completo, absoluto, rematado, incondicional.

ut.ter[2] ['ʌtə] *vt* **1** proferir, exprimir, articular, expressar, dizer, pronunciar. **2** publicar, revelar, divulgar. **3** emitir.

ut.ter.ance ['ʌtərəns] *n* **1** expressão vocal, elocução, modo de falar, forma de expressão. **2** declaração, dito, afirmação. **3** emissão (de dinheiro falso).

V

V, v [vi:] *n* vigésima segunda letra do alfabeto, consoante.

va.can.cy [v'eikənsi] *n* vaga, lugar vago, vacância.

va.cant [v'eikant] *adj* 1 vago, desocupado, livre. 2 desabitado.

va.cate [vək'eit; v'eikeit] *vt+vi* 1 deixar vago, sair, vagar. 2 renunciar.

va.ca.tion [vək'eiʃən; veik'eiʃən] *n* 1 férias, feriado, período de descanso. 2 lazer, ócio, folga.

vac.ci.nate [v'æksineit] *vt+vi* vacinar, inocular.

vac.cine [v'æksi:n] *n* vacina.

vac.u.um [v'ækjuəm] *n* (*pl* **vacuums, vacua**) 1 vácuo. 2 aspirador de pó. • *vt coll* limpar com aspirador de pó.

vac.u.um clean.er [v'ækjuəm kli:nə] *n* aspirador de pó.

vac.u.um-packed [v'ækjuəm pækt] *adj* embalado a vácuo (especialmente alimentos).

va.gi.na [vədʒ'ainə] *n* (*pl* **vaginas, vaginae**) *Anat* vagina.

vague [veig] *adj* vago: a) indeterminado, indefinido. b) incerto, oscilante. c) remoto (lembrança).

vain [vein] *adj* 1 convencido, vaidoso, presunçoso. 2 vão, inútil.

va.lid.i.ty [vəl'iditi] *n* 1 validez, validade. 2 força, solidez (de argumento).

val.ley [v'æli] *n* vale, baixada.

val.or, val.our [v'ælə] *n* valor, bravura, coragem, heroísmo.

val.u.a.ble [v'æljuəbəl] *adj* valioso, de valor, precioso.

val.ue [v'ælju:] *n* 1 *Math, Mus, Paint* valor. 2 valia. 3 preço. • *vt* 1 avaliar, estimar, taxar. 2 orçar. 3 prezar, respeitar, dar valor a. **approximate value** valor aproximado. **of little value** de pouco valor.

valve [vælv] *n* 1 *Anat, Electr, Mech, Tech* válvula. 2 *Zool, Bot* valva.

van [væn] *n* 1 *Auto* furgão. 2 *rail Brit* vagão de carga fechado ou carro de bagagem. **delivery van** furgão de entregas.

van.dal [v'ændəl] *n fig* vândalo, bárbaro, o que destrói estupidamente.

van.dal.ism [v'ændəlizəm] *n* vandalismo.

van.guard [v'ænga:d] *n* 1 vanguarda, dianteira. 2 os líderes de um movimento.

va.nil.la [vən'ilə] *n* baunilha. • *adj* com sabor ou aroma de baunilha.

van.ish [v'æniʃ] *vt+vi* 1 desaparecer, sumir. 2 definhar, desvanecer, morrer.

van.i.ty [v'æniti] *n* 1 vaidade, presunção, ostentação. 2 futilidade, inutilidade.

van.tage point [v'antidʒ pɔint] *n* 1 posição estratégica. 2 ponto de observação. 3 perspectiva, ponto de vista.

va.por, va.pour [v'eipə] *n* 1 vapor. 2 nevoeiro, névoa, cerração.

var.i.a.ble [v'ɛəriəbəl] *n* variável. • *adj* variável, mudável, alternável.

var.i.ance [v'ɛəriəns] *n* 1 diferença, discrepância, divergência, contradição. 2 desinteligência, discórdia, desarmonia.

to be at variance a) discutir, brigar, estar em desacordo. b) contradizer-se.
var.i.ant [v'εəriənt] *n* variante, variação. • *adj* variante, diferente, divergente.
var.i.a.tion [vεəri'eiʃən] *n* 1 variação (também *Mus, Bot, Math, Phys*). 2 alteração, mudança, modificação.
va.ri.e.ty [vər'aiəti] *n* 1 variedade: a) diversidade. b) quantidade, multiplicidade. 2 variação, diferença, discrepância.
var.i.ous [v'εəriəs] *adj* 1 vário, diferente, diverso. 2 diversos, muitos. 3 variado, variegado.
var.nish [v'a:niʃ] *n* 1 verniz. 2 esmalte (vitrificado). 3 *Brit* esmalte de unhas. • *vt* envernizar, lustrar, polir.
var.y [v'εəri] *vt (ps, pp* **varied***)* 1 variar, modificar, mudar, alterar. 2 diversificar, tornar variado.
vase [va:z; veis] *n* vaso.
vat [væt] *n* tonel, barril, tina, cuba, dorna.
VAT [vi: ei t'i:] *Brit abbr* **value-added tax** (*Braz* correspondente ao ICMS, imposto sobre circulação de mercadorias e serviços).
vault[1] [vɔ:lt] *n* salto, pulo (especialmente com o auxílio de uma vara). • *vt* saltar, pular.
vault[2] [vɔ:lt] *n Archit* abóbada.
veal [vi:l] *n* carne de vitela.
veer [viə] *n* mudança, volta, giro, virada, guinada. • *vt* virar, mudar (de direção), voltear, guinar.
veg.e.ta.ble [v'edʒitəbəl] *n* 1 verdura, hortaliça. 2 vegetal. • *adj* 1 vegetal. 2 vegetável. **green vegetables** legumes, hortaliças frescas.
veg.e.tar.i.an [vedʒit'εəriən] *n, adj* vegetariano.
veg.e.ta.tion [vedʒit'eiʃən] *n* 1 vegetação. 2 vida pobre, vida miserável.
ve.he.ment [v'i:imənt] *adj* veemente, impetuoso, ardente, violento, fervoroso.

ve.hi.cle [v'i:ikəl] *n* veículo: a) meio de transporte, viatura. b) *fig* meio, instrumento.
veil [veil] *n* 1 véu, tecido com que se cobre alguma coisa. 2 cortina.
veiled [veild] *adj* velado: a) coberto. b) dissimulado, disfarçado.
vein [vein] *n* 1 *Anat, Zool* veia. 2 veio (de água). 3 *Min* veio, filão. 4 *fig* tendência, inclinação, vocação, talento, veia. *he has an artistic vein* / ele tem veia artística.
ve.loc.i.ty [vil'ɔsiti] *n* velocidade, rapidez, celeridade.
vel.vet [v'elvit] *n* veludo. • *adj* aveludado, de veludo.
vend.ing ma.chine [v'endiŋ məʃi:n] *n* máquina de vender: distribuidora automática de pequenos artigos por meio de moedas inseridas em uma fenda.
vend.or [v'endə] *n* 1 parte vendedora, fornecedor. **2 = vending machine**. **street vendor** vendedor ambulante, vendedor de rua, *Braz coll* camelô.
ve.neer [vən'iə] *n* 1 embutido, compensado, folheado, madeira compensada. 2 camada superficial, verniz, polimento.
Ve.ne.tian blind [vini:ʃən bl'aind] *n* veneziana (janela).
venge.ance [v'endʒəns] *n* vingança, desforra. **with a vengeance** *fig* muito, bastante, com ímpeto, turbulentamente.
venge.ful [v'endʒful] *adj* vingativo.
ven.om [v'enəm] *n* 1 veneno (de animais), peçonha. 2 *fig* malignidade, malevolência.
vent [vent] *n* 1 abertura, orifício, passagem, saída, vazão, escape. 2 respiradouro. • *vt* 1 dar saída a. 2 desabafar, desafogar.
ven.ti.la.tor [v'entileitə] *n* ventilador, exaustor.
ven.ture [v'entʃə] *n* 1 aventura, risco, perigo. 2 especulação (comercial), empreendimento que envolve risco. • *vt+vi+vpr* aventurar(-se), arriscar(-se), pôr em jogo.

ven.ue [v'enju:] *n* local de um evento, de uma atividade.

verb [və:b] *n Gram* verbo.

ver.bal [v'ə:bəl] *adj* 1 *Gram* verbal. 2 oral.

ver.dict [v'ə:dikt] *n* veredicto: a) decisão do júri, sentença, julgamento. b) decisão, opinião.

verge [və:dʒ] *n* 1 beira, margem, borda, orla. 2 limite, divisa. 3 cercadura de um canteiro. • *vi* estar à margem de, limitar com, fazer divisa com.

ver.i.fy [v'erifai] *vt* 1 verificar, examinar, conferir, averiguar. 2 comprovar, provar. 3 dar fé, autenticar.

ver.i.ta.ble [v'eritəbəl] *adj* verdadeiro, veraz, genuíno, real, autêntico.

verse [və:s] *n* 1 poesia. 2 estrofe. 3 verso. 4 poema. 5 *Bib* versículo. • *vt+vi* versejar, versificar. **free verse** verso livre. **in verse** em verso.

versed [və:st] *adj* versado, experimentado, hábil.

ver.sion [v'ə:ʃən; v'ə:ʒən] *n* versão: a) tradução. b) interpretação.

ver.ti.cal [v'ə:tikəl] *adj* 1 vertical. 2 de vértice. 3 oposto à base.

ver.y [v'eri] *adj* 1 completo, absoluto. 2 puro, genuíno. *she is the very picture of her mother* / ela é o retrato fiel da mãe. 3 justo, exato. *he was caught in the very act* / ele foi pego no momento exato (em flagrante). • *adv* muito, bastante, grandemente, extremamente. **at the very beginning** logo no começo. **at the very moment** no mesmo instante.

ves.sel [v'esəl] *n* 1 vaso: a) navio, embarcação, nave. b) veia, artéria. c) recipiente, vasilha. 2 dirigível, aeronave.

vest [vest] *n* 1 *Amer* colete. 2 *Brit* camiseta.

vest.ed rights [vestid r'aits] *n* direitos adquiridos.

ves.tige [v'estidʒ] *n* vestígio: a) rasto, traço, pegada. b) sobra, resto, resquício.

vet [vet] *n, adj Amer coll* veterano.

vet.er.an [v'etərən] *n* 1 veterano. 2 veterano de guerra. • *adj* veterano, experimentado, traquejado.

vet.er.i.nar.i.an [vetərin'εəriən] *n* veterinário.

vet.er.i.nar.y [v'etərənəri] *adj* veterinário.

ve.to [v'i:tou] *n* (*pl* **vetoes**) veto, proibição, interdição. • *vt* vetar, proibir.

vi.a [v'aiə] *prep* via, por via de, por meio de.

vi.a.ble [v'aiəbəl] *adj* viável.

vi.brate [v'aibreit] *vt+vi* vibrar, oscilar, trepidar, agitar.

vi.bra.tion [vaibr'eiʃən] *n* vibração, oscilação, trepidação, tremor.

vic.ar [v'ikə] *n* vigário: cura, pároco.

vice¹ [vais] *n* vício, mau hábito, tendência habitual condenável.

vice-² [vais] *pref* correspondente a *vice-* em português.

vi.ce ver.sa [vaisv'ə:sə] *adv* vice-versa.

vi.cin.i.ty [vis'initi] *n* vizinhança, adjacência.

vi.cious [v'iʃəs] *adj* 1 vicioso, viciado. 2 depravado, corrupto. 3 mau, malvado.

vic.tim [v'iktim] *n* vítima.

vic.tim.ize, vic.tim.ise [v'iktimaiz] *vt* 1 vitimar, sacrificar (também *fig*). 2 atormentar, fustigar, amolar.

vic.tor [v'iktə] *n* vencedor, conquistador.

vic.to.ry [v'iktəri] *n* vitória, conquista, triunfo.

vid.e.o [v'idiou] *n* vídeo, programa gravado para passar na televisão. • *vt* 1 gravar um filme ou programa de televisão. 2 filmar um evento com câmera de vídeo.

vi.de.o.cas.sette re.cord.er [vidioukəs'et rik'ɔ:də] *n* aparelho de videocassete.

vi.de.o.tape [v'idiouteip] *n TV* videoteipe. • *vt* gravar em videoteipe.

vi.de.o.tape re.cord.er [v'idiouteip rikɔ:də] *n* videocâmera.

view [vju:] *n* **1** vista: a) visão, aspecto. b) faculdade de ver física ou mentalmente. c) cenário, panorama, paisagem. **2** ponto de vista, opinião, parecer. **3** concepção, ideia, teoria. • *vt* **1** ver, observar, visualizar, enxergar. **2** examinar, averiguar. **a bird's eye view** a) vista panorâmica, vista aérea. b) visão de conjunto, visão geral. **at first sight** à primeira vista. **in my view** na minha opinião. **to take a view of** olhar, examinar.

view.er [vj'u:ə] *n* **1** espectador, observador. **2** vigia, inspetor. **3** telespectador.

view.point [vj'u:point] *n* ponto de vista.

vig.il [v'idʒil] *n* **1** vigília. **2** insônia.

vig.i.lant [v'idʒilənt] *adj* vigilante, cuidadoso, alerta.

vig.or, vig.our [v'igə] *n* **1** vigor, vitalidade. **2** viço. **3** vigência.

vig.or.ous [v'igərəs] *adj* **1** vigoroso, forte, robusto. **2** ativo, veemente.

vile [vail] *adj* vil, baixo, desprezível.

vil.lage [v'ilidʒ] *n* aldeia, povoação, burgo. • *adj* relativo à aldeia ou burgo.

vil.lain [v'ilən] *n* vilão, patife.

vin.di.cate [v'indikeit] *vt* vindicar, justificar, defender (**against** / **from** contra).

vine [vain] *n Bot* **1** videira, vinha. **2** trepadeira.

vin.e.gar [v'inigə] *n* vinagre.

vine.yard [v'injəd] *n* vinhedo, vinha.

vin.tage [v'intidʒ] *n* **1** vindima: safra de vinho. **2** *coll* qualquer colheita ou produção de determinado período. • *adj* de determinada safra.

vi.o.late [v'aiəleit] *vt* violar: profanar, desonrar, violentar (raramente em sentido sexual, que em inglês é expresso por **to rape**).

vi.o.lence [v'aiələns] *n* **1** violência. **2** veemência, intensidade.

vi.o.lent [v'aiələnt] *adj* **1** violento. **2** veemente, furioso.

vi.o.let [v'aiəlit] *n* **1** *Bot* violeta. **2** cor roxa ou violeta • *adj* roxo, violeta.

vi.o.lin [v'aiəlin] *n* violino.

VIP [vi: ai p'i:] *coll abbr* **Very Important Person** (pessoa muito importante).

vir.gin [v'ə:dʒin] *n* **1** virgem, donzela. **2** *Astr* virgem (também maiúsculo). • *adj* **1** virgem. **2** virginal, imaculado.

vir.ile [v'irail; v'irəl] *adj* viril, varonil.

vir.tu.al [v'ə:tjuəl] *adj* virtual: quase, praticamente.

vir.tue [v'ə:tʃu:] *n* **1** virtude. **2** probidade, retidão. **3** excelência, valor, mérito.

vir.tu.ous [v'ə:tʃuəs] *adj* **1** virtuoso, bom. **2** puro, casto.

vir.u.lent [v'irulənt] *adj* virulento: a) extremamente venenoso, mortal. b) maligno, rancoroso.

vi.rus [v'aiərəs] *n* **1** vírus. **2** *Comp* programa que interfere em sistemas e destrói as informações arquivadas, vírus de computador.

vi.sa [v'i:zə] *n* visto (em passaporte).

vis.i.ble [v'izəbəl] *adj* **1** visível, perceptível. **2** evidente, claro, manifesto, óbvio.

vi.sion [v'iʒən] *n* visão: a) vista, faculdade de ver. b) aparição sobrenatural.

vis.it [v'izit] *n* **1** visita. **2** consulta (médico, dentista etc.). • *vt+vi* **1** visitar, fazer visita, ir ver, percorrer, viajar. **2** *Brit* consultar (médico, dentista etc.).

vis.ta [v'istə] *n* **1** vista, perspectiva, panorama. **2** retrospecto.

vis.u.al [v'iʒuəl] *n* recursos visuais (como figuras, gráficos etc.). • *adj* **1** visual. **2** visível, perceptível.

vis.ual aid [v'iʒuəl eid] *n* material de apoio visual: filmes, diapositivos, gráficos etc.

vi.tal [v'aitəl] *adj* vital, capital, essencial, imprescindível.

vi.tal.i.ty [vait'æliti] *n* vitalidade, força vital.

vi.ta.min [v'aitəmin] *n* vitamina.

vi.va.cious [viv'eifəs] *adj* vivaz, vivo, esperto, ativo.

viv.id [v'ivid] *adj* vivo, vívido, esperto, ativo, animado, cheio de vida.
vo.cab.u.lar.y [vək'æbjuləri] *n* vocabulário.
vo.cal [v'oukəl] *n* som vocal. • *adj* **1** vocal: de ou relativo a voz. **2** oral.
vo.cal.ist [v'oukəlist] *n* vocalista, cantor.
vo.cals [v'oukəlz] *n pl* voz, vocais, parte cantada de uma música.
vo.ca.tion [vouk'eiʃən] *n* vocação, inclinação, tendência.
vogue [voug] *n* voga: a) popularidade, aceitação, preferência. b) moda. **in vogue** na moda. **to come into vogue** entrar na moda. **to go out of vogue** sair de moda.
voice [vɔis] *n* voz (também *Gram, Mus*). • *vt* **1** dizer, exprimir. **2** opinar, dar opinião.
void [vɔid] *n* vácuo, vazio, lacuna. • *vt* **1** anular, cancelar, suspender, invalidar. **2** desocupar, esvaziar. • *adj* **1** vazio. **2** livre, isento (**of** de).
vol.a.tile [v'ɔlətail; v'ɔlətəl] *adj* volátil: a) volúvel, inconstante, frívolo. b) que se converte facilmente em gás ou vapor.
vol.ca.no [vɔlk'einou] *n* (*pl* **volcanos, volcanoes**) vulcão.
volt.age [v'oultidʒ] *n Electr* voltagem.
vol.ume [v'ɔlju:m] *n* volume: a) tomo, livro. b) capacidade, cubagem. c) quantidade, massa. d) intensidade do som, sonoridade.
vo.lu.mi.nous [vəlj'u:minəs] *adj* volumoso, extenso, grande.

vol.un.tar.y [v'ɔləntəri] *adj* voluntário.
vol.un.teer [vɔlənt'iə] *n* voluntário (também *Mil*). • *vt+vi* apresentar-se, oferecer-se ou servir voluntariamente.
vom.it [v'ɔmit] *n* vômito. • *vt+vi* vomitar, expelir (também *fig*).
vo.ra.cious [vər'eiʃəs] *adj* voraz, faminto, ávido, insaciável.
vor.tex [v'ɔ:teks] *n* (*pl* **vortexes, vortices**) vórtice: a) redemoinho, voragem. b) turbilhão. c) furacão.
vote [vout] *n* **1** voto, sufrágio. **2** direito de voto. **3** votação, eleição. • *vt* **1** votar. **2** eleger (por meio de voto).
vot.er [v'outə] *n* eleitor, votante.
vouch [vautʃ] *n* **1** atestação, asseveração. **2** garantia, fiança. • *vt+vi* **1** atestar, assegurar o caráter genuíno, legítimo de uma pessoa ou coisa, comprovar. **2** afiançar, responder ou responsabilizar-se por, garantir.
vouch.er [v'autʃə] *n* **1** recibo, certificado, certidão. **2** vale, tíquete.
vow [vau] *n* **1** voto, promessa solene. *he is under a vow* / ele fez uma promessa, um juramento. **2** juramento. • *vt+vi* **1** fazer voto ou promessa solene. **2** jurar.
vow.el [v'auəl] *n* vogal.
voy.age [v'ɔiidʒ] *n* viagem.
voy.ag.er [v'ɔiidʒə] *n* viajante.
vul.gar [v'ʌlgə] *adj* vulgar: a) comum, trivial. b) grosseiro, baixo, rude.
vul.gar.i.ty [vʌlg'æriti] *n* vulgaridade.
vul.ture [v'ʌltʃə] *n Zool* abutre, urubu.

W

W, w [d'∧bəlju:] *n* vigésima terceira letra do alfabeto, semivogal.

wade [weid] *n* 1 vadeação. 2 vau. • *vt+vi* 1 vadear. 2 passar com dificuldade (por água, neve, lama ou qualquer coisa que dificulte os movimentos).

wa.fer [w'eifə] *n* wafer: a) bolinho delgado, folhado. b) hóstia.

wag [wæg] *n* sacudidela, abano. • *vt+vi* sacudir, abanar, balançar, agitar, menear.

wage [weidʒ] *n* (geralmente **wages**) salário, ordenado, soldo, paga (calculado por hora, dia ou tarefa, geralmente recebido por dia ou por semana). • *vt+vi* empreender, promover, manter, travar.

wag.gon [w'ægən] *n* 1 *Brit* carro pesado de quatro rodas para carga volumosa, carroção. 2 caminhão, carro de entrega. 3 *Brit* vagão (de carga), galera, gôndola.

wag.on [w'ægən] *n* 1 veículo puxado a cavalo. 2 carrinho de criança. 3 = **waggon**.

wail [weil] *n* lamentação, lamúria, lamento, grito de dor. • *vt* lamentar(-se), prantear, chorar, choramingar.

waist [weist] *n* 1 cintura (do corpo). 2 *Amer* corpete. 3 cintura (de vestido).

waist.coat [w'eiskout, w'eskət] *n* *Brit* colete (para homem).

wait [weit] *n* espera, demora. • *vt+vi* 1 esperar, aguardar. 2 servir, atender, cuidar de (**at / on / upon**). **to wait at table** servir à mesa.

wait.er [w'eitə] *n* garçom.

wait.ing [w'eitiŋ] *n* 1 espera, demora, delonga, tardança. 2 ato de servir, serviço. • *adj* que espera.

wait.ress [w'eitris] *n* garçonete, copeira.

waive [weiv] *vt* desistir, abrir mão, renunciar.

wake¹ [weik] *vt+vi* (*ps* **woke, waked**, *pp* **waked, woken**) acordar, despertar.

wake² [weik] *n* 1 esteira, sulco (de navio). 2 rastro (deixado por qualquer coisa em movimento).

walk [wɔ:k] *n* 1 passeio, caminhada, excursão. • *vt* passear, levar a passeio, andar a pé, caminhar. *we walked home* / fomos para casa a pé.

walk.er [w'ɔ:kə] *n* passeador, andador, caminhante, pedestre.

walk.ing [w'ɔ:kiŋ] *n* caminhada, marcha, passeio. • *adj* 1 andador, passeador. 2 de passeio, usado em passeio.

walk.ing stick [w'ɔ:kiŋ stik] *n* bengala, bordão, bastão.

walk.way [w'ɔ:kwei] *n* passarela de pedestres.

wall [wɔ:l] *n* 1 parede, muro, paredão. 2 *Fort* muralha. 3 *fig* barreira, muro. • *vt* 1 murar, emparedar. 2 *Fort* fortificar.

wal.let [w'ɔlit] *n* 1 carteira (de bolso). 2 estojo de couro (para ferramentas etc.). 3 pasta de couro.

wall.pa.per [w'ɔ:lpeipə] *n* papel de parede. • *vt+vi* revestir (paredes) com papel.

wal.nut [w'ɔ:lnʌt] *n* 1 noz. 2 nogueira.

waltz [wo:ls] *n* valsa (dança e música). • *vt+vi* valsar.

wand [wɒnd] *n* 1 varinha, vara. 2 vara mágica, vara de condão. 3 batuta.

wan.der [w'ɒndə] *vt+vi* errar, vaguear, andar ao léu, passear. **to wander about** andar ao léu, perambular.

wan.der.er [w'ɒndərə] *n* 1 viajante, viandante. 2 quem perambula, vagueador.

wane [wein] *n* míngua, diminuição, decréscimo. • *vi* 1 minguar (lua), decrescer, diminuir. 2 decair, definhar.

wan.ing moon [w'einiŋ mu:n] *n* quarto minguante (lua).

want [wɒnt] *n* 1 falta, carência, escassez. 2 necessidade, precisão. • *vt+vi* 1 desejar, querer, pretender. 2 precisar, necessitar. **for want of** por falta de.

war [wɔ:] *n* 1 guerra. *they declared war* / eles declararam guerra. 2 luta, batalha, hostilidades. • *vi* guerrear, fazer guerra, batalhar, pelejar, lutar. **at war** em guerra. **to make war upon** guerrear contra. **to war (against / on / with)** guerrear (contra / com), hostilizar. **war of nerves** guerra de nervos.

ward [wɔ:d] *n* 1 custódia, proteção, tutela, cuidado. 2 ala (de prisão). 3 ala ou divisão (de um hospital), enfermaria. • *vt* 1 *arch* guardar, cuidar, proteger (**from** de). 2 precaver-se, parar, aparar, desviar, repelir (**off** contra).

war.den [w'ɔ:dən] *n* 1 administrador ou diretor de presídio). 2 guarda, guardião, sentinela.

ward.er [w'ɔ:də] *n* 1 guarda, sentinela, vigia. 2 carcereiro.

ward.robe [w'ɔ:droub] *n* guarda-roupa.

ware [wɛə] *n* 1 (geralmente **wares**) artigo, produto manufaturado, mercadoria. 2 louça. **china ware** porcelana. **earthen ware** louça de barro.

ware.house [w'ɛəhaus] *n* armazém.

war.fare [w'ɔ:fɛə] *n* guerra, luta, hostilidades.

war.like [w'ɔ:laik] *adj* beligerante, marcial, belicoso, hostil.

warm [wɔ:m] *n* aquecimento. • *vt+vi* 1 aquecer(-se), esquentar, aquentar. 2 acalorar(-se), avivar(-se), animar(-se). • *adj* 1 quente, morno, tépido, aquecido. 2 cordial, afetuoso, apaixonado, ardente. 3 quente (cores, como vermelho, amarelo, alaranjado).

warmth [wɔ:mθ] *n* 1 quentura, tepidez, calor. 2 cordialidade, simpatia, receptividade.

warn [wɔ:n] *vt+vi* 1 advertir. 2 prevenir, acautelar.

warn.ing [w'ɔ:niŋ] *n* 1 advertência. 2 alarma: sinal de perigo. • *adj* que adverte, preventivo, de aviso ou alarma.

warp [wɔ:p] *n* 1 *Weav* urdidura, urdimento, urdume. 2 empenamento, arqueamento (de tábua, prancha etc.). • *vt+vi* empenar, arquear, entortar (prancha, tábua).

war.rant [w'ɔrənt] *n* 1 autorização, ordem, permissão. 2 mandado (de prisão, arresto, busca etc.). • *vt* 1 dar autorização, autorizar, permitir. 2 justificar. 3 garantir, afiançar, assegurar.

war.ri.or [w'ɔriə] *n* guerreiro, soldado experimentado.

war.ship [w'ɔ:ʃip] *n* navio de guerra, belonave.

wart [wɔ:t] *n* 1 verruga. 2 defeito, imperfeição.

war.time [w'ɔ:taim] *n* tempo de guerra.

war.y [w'ɛəri] *adj* 1 cuidadoso, cauteloso. 2 circunspecto, prudente, precavido, ponderado.

was [wɒz; wəz] *ps* of **to be** (1.ª e 3.ª pessoas do singular).

wash [wɔʃ] *n* **1** lavagem, ablução. **2** roupa para lavar. • *vt+vi* lavar(-se), banhar(-se), enxaguar. *you must wash your hands* / você precisa lavar as mãos. **to wash up** a) lavar a louça. b) lavar o rosto e as mãos.

wash.ba.sin [wˈɔʃbeisən] *n* pia, lavatório (banheiro).

wash.cloth [wˈɔʃklɔθ] *n* toalhinha para lavar o rosto ou para tomar banho em substituição a uma esponja.

wash.ing [wˈɔʃiŋ] *n* **1** lavagem, lavadura, ablução. **2** roupa suja (a ser lavada). **3** roupa lavada.

wash.ing ma.chine [wˈɔʃiŋ məʃiːn] *n* máquina de lavar roupa.

wash.ing-up [wˈɔʃiŋ ˈʌp] *n Brit, coll* lavagem da louça.

wash.room [wˈɔʃruːm] *n* banheiro.

wasp [wɔsp] *n Zool* vespa.

waste [weist] *n* **1** desperdício, esbanjamento, dissipação. **2** gasto, desgaste. **3** sobras, refugo, borra. **4** lixo. **5** deserto, solidão, ermo. • *vt+vi* **1** desperdiçar, esbanjar. **2** perder, não aproveitar. **3** gastar, consumir, destruir. • *adj* **1** sem valor, inútil. **2** inaproveitado, sobrado, supérfluo. **3** deserto, ermo, desolado, devastado. **waste of time** perda de tempo.

waste.bas.ket [wˈeistbəːskit] *n* cesto de lixo, especialmente para papéis.

waste.ful [wˈeistful] *adj* desperdiçador, esbanjador, imprevidente, pródigo.

waste.land [wˈeistlænd] *n* **1** solo improdutivo. **2** terra devastada ou devoluta.

waste prod.uct [wˈeist prɔdʌkt] *n* **1** refugo industrial. **2** excrementos.

watch [wɔtʃ] *n* **1** cuidado, atenção. **2** guarda, vigilância, espreita. **3** relógio de bolso ou de pulso. • *vt+vi* **1** olhar atentamente, assistir a (jogo, televisão etc.). **2** estar atento, ter cuidado, prestar atenção. **to be on the watch for someone** esperar alguém de tocaia, de espreita. **to watch out** estar alerta, atento. **watch yourself!** cuidado! **watch your step!** atenção (degrau etc.).

watch.dog [wˈɔtʃdɔg] *n* **1** cão de guarda. **2** órgão de defesa (do meio ambiente, dos direitos do consumidor etc.).

watch.ful [wˈɔtʃful] *adj* vigilante, atento, acautelado, alerta.

wa.ter [wˈɔːtə] *n* **1** água: a) o líquido. b) chuva (também **waters**). **2** corpo de água, rio, lago, lagoa. • *vt+vi* **1** molhar. **2** irrigar, banhar. **3** regar, aguar. **by water** por via marítima ou fluvial. **to make the mouth water** dar água na boca. **to throw cold water on** *fig* jogar balde de água fria em, desencorajar.

wa.ter clos.et [wˈɔːtə klɔzit] *n* **1** privada com descarga de água. **2** banheiro (abreviatura: WC).

wa.ter.col.or, wa.ter.col.our [wˈɔːtəkʌlə] *n* aquarela.

wa.ter.cress [wˈɔːtəkres] *n Bot* agrião.

wa.ter.fall [wˈɔːtəfɔːl] *n* cachoeira, cascata de água, catarata.

wa.ter.ing [wˈɔːtəriŋ] *n* **1** irrigação. **2** abastecimento de água. • *adj* **1** que tem água. **2** que tem fontes medicinais.

wa.ter.ing can [wˈɔːtəriŋ kæn] *n* regador.

wa.ter.mel.on [wˈɔːtəmelən] *n* **1** melancia. **2** melancieira.

wa.ter.proof [wˈɔːtəpruːf] *n* impermeável, capa impermeável. • *vt* impermeabilizar. • *adj* impermeável, à prova de água.

wa.ter.ski [wˈɔːtə skiː] *n* esqui aquático.

wa.ter sports [wˈɔːtə spɔːts] *n* esportes aquáticos.

wa.ter.tight [wˈɔːtətait] *adj* **1** à prova de água, impermeável. **2** *fig* seguro, de confiança, perfeito. **3** *fig* claro, explícito.

wa.ter.way [wˈɔːtəwei] *n* **1** qualquer curso de água navegável. **2** canal.

wa.ter.y [wˈɔːtəri] *adj* **1** aquoso. **2** molhado, ensopado. **3** aguado, fraco, diluído, ralo.

wave [weiv] *n* 1 onda, vaga. 2 ondulação, ondeado. 3 aceno, gesto, sinal com a mão. • *vt+vi* 1 ondear, ondular. 2 acenar, fazer sinal (com a mão). **cold wave** onda de frio. **heat wave** onda de calor. **long waves** *Radio* ondas longas. **short waves** *Radio* ondas curtas.

wave.length [w'eivlenθ] *n* comprimento de onda.

wa.ver [w'eivə] *n* oscilação, indecisão, hesitação. • *vi* 1 mover para cá e para lá, oscilar. 2 estar indeciso, hesitar, vacilar.

wav.y [w'eivi] *adj* 1 ondulante, flutuante. 2 ondulatório, ondulado.

wax [wæks] *n* cera. • *vt* encerar, untar de cera. **bee's wax** cera de abelha. **ear--wax** cerume.

way [wei] *n* 1 caminho. 2 modo, estilo, maneira. 3 jeito, feitio, forma. 4 rumo, curso. 5 hábito, costume, modo, peculiaridade (também **ways**). • *adv* embora, longe. **all the way** a) inteiramente. b) todo o caminho. **by the way** a) de passagem, a caminho. b) a propósito. **in a way** de certo modo. **in no way** de maneira alguma. **Milky Way** Via Láctea. **one way or the other** por um meio ou por outro, de um jeito ou de outro. **one-way street** *Traffic* via de uma só mão, direção única. **to give way** a) dar passagem. b) dar vazão. c) ceder. **where there's a will, there's a way** querer é poder. **which way?** por onde?

way out [w'eiaut] *n* saída (também *fig*).

way-out [wei 'aut] *adj coll* fora do comum, extravagante, de vanguarda.

way.ward [w'eiwəd] *adj* 1 caprichoso, genioso, teimoso. 2 instável, irregular, inconstante.

WC [dʌbəlju: s'i:] *abbr* **water closet** (banheiro).

we [wi; wi:] *pron* nós.

weak [wi:k] *adj* fraco: a) débil. b) frágil, quebradiço. c) aguado, ralo, diluído. **weak and weary** cansado, fatigado, esgotado, exausto.

weak.en [w'i:kən] *vt+vi* 1 enfraquecer (-se), debilitar(-se). 2 atenuar, diminuir, reduzir. 3 afrouxar.

weak.ness [w'i:knis] *n* fraqueza: a) fragilidade. b) debilidade, estado adoentado.

wealth [welθ] *n* 1 prosperidade, riqueza, bem-estar. 2 fortuna, bens. 3 opulência. 4 fartura, abundância, profusão.

wealth.y [w'elθi] *adj* rico, opulento, endinheirado, abastado.

weap.on [w'epən] *n* arma (também *fig*), armamento.

wear [wɛə] *n* 1 uso (roupas). 2 roupas, artigos de vestuário. 3 gasto, desgaste, estrago. • *vt+vi* (*ps* **wore**, *pp* **worn**) 1 usar, vestir, trajar. *what shall I wear? / que devo vestir?* 2 gastar, consumir, estragar com o uso. **men's wear** roupas para homens.

wea.ry [w'iəri] *vt+vi* 1 cansar(-se), fatigar(-se). 2 aborrecer(-se), enfadar (-se). • *adj* 1 cansado, fatigado, exausto (**with** de). 2 aborrecido, cansativo, maçante.

weath.er [w'eðə] *n* 1 tempo (estado atmosférico). 2 temporal, vento, chuva. • *vt+vi* expor às intempéries.

weath.er fore.cast [w'eðə fɔ:ka:st] *n* previsão do tempo.

weath.er.man [w'eðəmən] *n coll* meteorologista.

weave [wi:v] *n* tecedura. • *vt* (*ps* **wove**, *pp* **woven**) 1 tecer. 2 trançar, entrelaçar, entremear. 3 combinar, compor (**into** em). 4 imaginar, inventar, tramar.

weav.er [w'i:və] *n* tecelão: quem trabalha em tecelagem.

web [web] *n* 1 teia. 2 rede, trama, entrelaçamento. 3 *Comp* **the Web** a Web.

we'd [wi:d] *contr* of **1 we had**. **2 we would**. **3 we should**.

wed [wed] *vt* (*ps*, *pp* **wed**, **wedded**) casar (-se), contrair matrimônio (**with**, **to** com).

wed.ding [w'ediŋ] *n* **1** casamento, festa de casamento, núpcia (**to** com). **2** boda, aniversário de casamento. **golden wedding** bodas de ouro. **silver wedding** bodas de prata.

wedge [wedʒ] *n* **1** cunha (também *fig*), calço. **2** fatia (*de bolo, queijo etc.*). **3** objeto em forma de cunha. • *vt+vi* **1** usar cunha, cunhar, rachar por meio de cunha. **2** entalar ou segurar com cunha, calçar.

Wednes.day [w'enzdei] *n* quarta-feira. **on Wednesday** na quarta-feira. **on Wednesday morning** (na) quarta-feira de manhã.

weed [wi:d] *n* **1** *Bot* qualquer erva inútil ou daninha. **2** pessoa ou animal magro ou de aparência magricela. • *vt+vi* **1** capinar, limpar de ervas daninhas. **2** eliminar, extirpar (seguido de **out**).

week [wi:k] *n* semana. **by the week** semanalmente. **for weeks** durante semanas. **Friday week** na sexta-feira da semana que vem. **in the week** durante a semana. **today week** daqui a uma semana. **week in, week out** semana após semana, sem cessar. **weeks ago** há semanas.

week.day [w'i:kdei] *n* dia de semana, dia útil.

week.end [w'i:kend] *n* fim de semana.

week.ly [w'i:kli] *n* semanário. • *adj* semanal. • *adv* semanalmente.

weep [wi:p] *n* choro, ato de chorar. • *vt+vi* (*ps, pp* **wept**) chorar (**at, over, for**, de, sobre, por).

weigh [wei] *n* pesagem. • *vt* **1** pesar. **2** ter o peso de. *it weighs 10 lbs (pounds) /* pesa dez libras. • *vt* **1** *fig* ponderar, considerar atentamente. **gross weight** peso bruto. **net weight** peso líquido. **to gain weight** engordar. **to lose weight** emagrecer. **under / over weight** abaixo / acima do peso ideal.

weight.less [w'eitlis] *adj* **1** leve. **2** sem importância ou gravidade.

weird [wiəd] *adj* **1** sobrenatural, misterioso. **2** estranho, esquisito.

wel.come [w'elk∧m] *n* saudação amável, boas-vindas, recepção cordial. *they gave him a kind welcome /* deram-lhe cordiais boas-vindas. • *vt* dar as boas-vindas, a, receber com agrado. • *adj* bem-vindo, bem recebido. • *interj* bem-vindo! seja bem-vindo! **welcome home!** seja bem-vindo a nossa casa! **you're welcome** (como resposta a **thank you**) disponha sempre, de nada, não há de quê.

weld [weld] *n* solda, soldadura. • *vt+vi* soldar.

wel.fare [w'elfeə] *n* **1** bem-estar, prosperidade. **2** felicidade, saúde social. **3** Previdência Social, Assistência Social (governamental). **4** salário-desemprego.

well[1] [wel] *n* **1** poço (água, petróleo, gás). **2** fonte, nascente. • *vt+vi* manar, nascer, jorrar, verter, brotar (**out, up, forth de**).

well[2] [wel] *adj* **1** bom, certo, satisfatório. **2** favorável, apropriado. **3** desejável, aconselhável. **4** saudável, curado. • *adv* bem, satisfatoriamente, favoravelmente. • *interj* bem! bom! incrível! **as well** também, em adição, igualmente. **as well as** assim como, tanto como. **it may well be that** é bem possível que. **very well** muito bem. **well off** a) em circunstâncias satisfatórias. b) bem de vida, abastado. c) felizardo, sortudo.

we'll [wil] *contr* of **1 we shall. 2 we will.**

well-being [wel bi:iŋ] *n* **1** bem-estar, conforto. **2** felicidade.

well-bred [wel br'ed] *adj* **1** bem-educado, fino. **2** de boa descendência (pessoa). **3** de boa raça (animal).

well-done [wel d'ʌn] *adj* 1 benfeito. 2 Cook bem passado.

wel.ling.ton [w'eliŋtən] *n* bota de borracha de cano alto, galocha.

well-known [wel n'oun] *adj* 1 bem conhecido, de renome. 2 de conhecimento geral, notório.

well-timed [wel t'aimd] *adj* oportuno, em tempo apropriado.

well-to-do [wel tə d'u:] *adj* próspero, abastado.

we're [wiə] *contr* of **we are**.

were [wə:, wə] *ps* do indicativo e do subjuntivo de **to be**. *you were late* / você atrasou-se. **as it were** por assim dizer, de certo modo.

weren't [w'ə:nt] *contr* of **were not**.

west [west] *n* 1 oeste, ocidente, poente. 2 **the West** o Ocidente (mundo ocidental). • *adj* 1 ocidental. 2 do oeste, que vem do oeste. • *adv* para o oeste.

west.ern [w'estən] *n coll* filme de bangue-bangue, filme de faroeste, western. • *adj* ocidental, do poente, do hemisfério ocidental.

west.ward [w'estwəd] *n* oeste, direção ou parte ocidental. • *adj* ocidental, que fica ou se dirige para o ocidente. • *adv* para o oeste (também **westwards**).

wet [wet] *n* 1 água ou outro líquido. 2 umidade. 3 chuva, tempo chuvoso. • *vt+vi (ps, pp* **wet, wetted**) 1 molhar(-se). 2 umedecer. • *adj* 1 molhado. 2 ensopado. 3 chuvoso.

we've [wi:v; wiv] *contr* of **we have**.

whack [wæk] *n coll* pancada forte, golpe. • *vt+vi* 1 golpear, dar pancada forte em. 2 derrotar, vencer.

whale [weil] *n* 1 *Zool* baleia. 2 *Amer* algo muito grande, impressionante.

wharf [wɔ:f] *n (pl* **wharves, wharfs**) cais, desembarcadouro, molhe.

what [wɔt] *adj* que, qual, quais. *what kind of book is it?* / que espécie de livro é? • *pron* 1 *interrogative* quê? *what did he say?* / que foi que ele disse? 2 *relative* o(s) que, a(s) que, aquele(s) que, aquela(s) que, aquilo que. *we did what we could* / fizemos o que pudemos. • *interj* quê! como! **what a fine place!** que lugar bonito! **what a pity!** que pena! **what is she like?** como ela é? **what nonsense!** que bobagem! que absurdo!

what.ev.er [wɔt'evə] *adj* 1 qualquer, qualquer que, seja qual for. *whatever reasons we had* / quaisquer razões que tivéssemos. 2 tudo o que, tudo quanto. 3 por mais que. • *pron* 1 qualquer, qualquer coisa, de qualquer tipo. 2 tudo o que, tudo quanto. 3 por mais que, o que quer que. *whatever he did* / o que quer que ele tenha feito. 4 o que é que, que raios, que diabo. • *adv* de forma alguma, de nenhuma forma, absolutamente nenhum, sem nenhuma. *they have no hope whatever* / eles estão sem nenhuma esperança.

what.so.ev.er [wɔtsou'evə] *adj, pron* forma enfática de **whatever**. *have you any doubt? – none whatsoever.* / você tem alguma dúvida? – absolutamente nenhuma.

wheat [wi:t] *n Bot* trigo.

wheel [wi:l] *n* 1 roda. 2 volante. • *vt+vi* 1 rodar. 2 transportar (sobre rodas). 3 virar(-se), volver(-se). **at the wheel** a) ao volante. b) na roda do leme. c) no controle.

wheel.bar.row [w'i:lbærou] *n* carrinho de mão.

wheel.chair [w'i:ltʃɛə] *n* cadeira de rodas.

wheeze [wi:z] *n* respiração ofegante, chiado. • *vi* respirar dificultosa e ruidosamente, chiar, ofegar, resfolegar.

when [wen] *pron* quando, em que, no qual, na qual. *when will he go?* / quando irá ele? • *conj* 1 quando, no tempo em que, durante. *we*

whenever ... *asked him when he could do it* / nós lhe perguntamos quando ele poderia fazê-lo. **2** uma vez que, já que. **since when?** desde quando? desde então? **till when?** até quando?

when.ev.er [wen'evə] *adv* quando, toda vez que, sempre que, quando quer que. *whenever will you do that?* / quando, afinal, você pretende fazer aquilo? • *conj* sempre que, toda vez que, sempre que, em qualquer tempo / hora que. *whenever you need it* / sempre que você precisar disso.

where [wɛə] *pron* onde, em que. • *adv* onde, aonde, em que lugar. *where are you?* / onde você está? • *conj* onde, aonde, em que lugar. *you are where you wished to be* / você está onde quis estar.

where.a.bout [wɛərəb'aut] (também **whereabouts**) *n* paradeiro. *your whereabout was unknown* / ignorava-se o seu paradeiro. • *adv* onde, por onde, perto de quê. *whereabout can I find a doctor?* / onde posso encontrar um médico?

where.as [wɛər'æz] *conj* 1 considerando que, atendendo a que. *whereas peace is in danger...* / considerando que a paz está em perigo... **2** enquanto, ao passo que.

where.up.on [wɛərəp'ɔn] *adv* a respeito de quê? concernente a quê? • *conj* ao que, do que, depois do que.

wher.ev.er [wɛər'evə] *adv* 1 onde quer que, para onde quer que, seja onde for, em qualquer parte que. *they will be happy wherever they live* / onde quer que vivam eles serão felizes. **2** onde? para onde? *wherever are they going?* / para onde estão indo eles? • *conj* onde quer que, seja onde for, em qualquer lugar que.

whet [wet] *vt* 1 afiar, amolar, aguçar. **2** excitar (alguém). **3** estimular (apetite).

wheth.er [w'eðə] *conj* se, quer, ou. *let us know whether you come or stay* / avise-nos se você vem ou fica.

which [witʃ] *adj, pron* 1 qual? quais? quê? *which pictures did you like best?* / de qual dos quadros você gostou mais? **2** qual, quais, que, o que, qualquer. *this red which is the most demanded colour* / este vermelho que é a cor mais procurada. **of which** todos os quais. **which of you?** quem (ou qual) de vocês?

which.ev.er [witʃ'evə] *adj* qualquer (que), quaisquer (que), seja qual for. • *pron* 1 qualquer coisa, qualquer. **2** tudo o que, tudo quanto. *whichever side you choose* / seja qual for o lado que você escolher.

while [wail] *n* tempo, espaço de tempo. • *vt* passar o tempo de forma agradável (normalmente usado com **away**). • *conj* 1 durante, enquanto. *while I was writing he went away* / enquanto eu escrevia ele foi embora. **2** embora. *while I like reading your letters, I object to your style* / embora eu goste de ler as suas cartas, tenho objeções ao seu estilo. **a little while** um curto espaço de tempo. **a long while** muito tempo. **once in a while** de vez em quando.

whim [wim] *n* capricho, veneta, fantasia, extravagância.

whim.per [w'impə] *n* 1 choradeira, lamúria. **2** queixa, protesto. • *vi* 1 choramingar, lamuriar. **2** queixar-se, protestar.

whip [wip] *n* 1 chicote, açoite, látego. **2** chicotada. • *vt+vi* 1 chicotear, açoitar, surrar, vergastar. **2** bater (creme, ovos etc.).

whirl [wə:l] *n* 1 giro, rodopio. **2** remoinho, turbilhão. **3** pressa confusa, atropelo. • *vt+vi* girar, rodopiar, voltar, turbilhonar.

whirl.pool [w'ə:lpu:l] *n* redemoinho de água.

whirl.wind [w'ə:lwind] *n* redemoinho de vento.

whisk [wisk] *n* **1** espanador, vassourinha. **2** batedor de ovos. • *vt* bater (ovos, creme, nata).

whis.ker [w'iskə] *n* **1** pelo de suíças ou bigode. **2** bigode de gato, rato etc. **3** (geralmente **whiskers**) suíças, costeleta.

whis.key, whis.ky [w'iski] *n* uísque.

whis.per [w'ispə] *n* **1** cochicho, murmúrio, sussurro. **2** confidência, segredo. *there are whispers* / há rumores, boatos. • *vt+vi* **1** sussurrar, murmurar, cochichar. **2** segredar.

whis.tle [w'isəl] *n* **1** apito, assobio (som e instrumento). **2** silvo, zunido. • *vt+vi* apitar, assobiar.

white [wait] *n* **1** branco (cor, pessoa ou objeto). **2** brancura, alvura. **3 whites** roupas brancas. • *adj* **1** branco, alvo. **2** pálido, lívido. *dressed in white* vestido de branco. **white of the eye** branco do olho.

whit.en [w'aitən] *vt+vi* **1** branquear, alvejar. **2** empalidecer. **3** caiar.

white.ness [w'aitnis] *n* brancura, alvura, palidez.

white.wash [w'aitwɔʃ] *n* **1** cal para caiar. **2** caiação. • *vt* caiar.

who [hu:] *pron interrogative* **1** quem? *who goes there?* / quem está aí? **2** *relative* quem, que, o(a) qual, aquele ou aquela que. *I who am your master* / eu que sou o seu mestre.

who.ev.er [hu:'evə] *pron* quem quer que, seja quem for, qualquer que.

whole [houl] *n* todo, total, conjunto, totalidade. • *adj* **1** completo. **2** todo. **3** inteiro: a) *Math* não fracional. b) integral. **a whole um** todo. **as a whole** como um todo, no conjunto. **in the whole (wide) world** em todo (o) mundo. **on the whole** de modo geral.

whole bread [h'oul bred] *n* pão integral.

whole-heart.ed [houl h'a:tid] *adj* **1** sincero. **2** sério. **3** cordial.

whole.sale [h'ouseil] *adj* **1** por atacado. **2** indiscriminado. • *adv* **1** por atacado. *they buy wholesale* / eles compram por atacado. **2** indiscriminadamente.

whole.some [h'oulsəm] *adj* **1** salubre, salutar, saudável. **2** benéfico, proveitoso, benfazejo.

who'll [hu:l, hul] *contr* of **1 who will. 2 who shall.**

whom [hu:m] *pron* (caso objetivo de **who**). **1** *interrogative* quem? *whom did she inquire for?* / por quem ela perguntou? **2** *relative* quem, que, o qual, os quais, as quais. *whom the gods love dies young* / aquele a quem os deuses amam morre cedo. **to whom?** a quem?, para quem?

whore [hɔ:] *n* prostituta.

whore.house [h'ɔ:haus] *n* bordel, prostíbulo.

whose [hu:z] *pron* **1** *interrogative* de quem? *whose book is this?* / de quem é este livro? **2** *relative* de quem, cujo(s), cuja(s). *the girl whose parents I know* / a menina cujos pais eu conheço.

why [wai] *pron* por que, pela qual, pelo qual, pelas quais, pelos quais. • *adv interrogative* por quê? *why didn't you go there?* / por que você não foi lá? • *conj* por que. *she wanted to know why he didn't come* / ela queria saber por que ele não veio. • *interj* ora! sim! como! **the reason why** o motivo pelo qual. **why not?** por que não? **why so?** por que isso?

wick.ed [w'ikid] *adj* **1** mau, ruim. **2** malvado, perverso.

wick.ed.ness [w'ikidnis] *n* maldade, ruindade, malvadez, perversidade.

wide [waid] *adj* **1** largo: extenso, amplo, espaçoso, vasto. • *adv* **1** largamente. **2** completamente, totalmente.

wid.en [w'aidən] *vt* **1** alargar(-se), estender(-se), dilatar(-se). **2** ampliar(-se).

wide.rang.ing [w'aidreindʒiŋ] *adj* **1** extenso. **2** variado, diversificado.

wide.spread [w'aidspred] *adj* muito espalhado ou difundido, comum.

wid.ow [w'idou] *n* viúva.

wid.ow.er [w'idouə] *n* viúvo.

width [wid:θ] *n* **1** largura, extensão. **2** amplidão, vastidão.

wield [wi:ld] *vt Brit* manejar: a) manusear, lidar, usar. b) brandir, empunhar.

wife [waif] *n* (*pl* **wives**) esposa, mulher casada.

wig [wig] *n* peruca, chinó.

wig.gle [w'igəl] *n* **1** meneio. **2** linha ondulada. • *vt+vi* sacudir(-se), menear (-se), abanar(-se).

wild [waild] *n* terra agreste, deserto, ermo (também **wilds**). • *adj* **1** selvagem, agreste, silvestre, bravio. **2** ermo, solitário. **3** traquinas, travesso, alegre. **4** enfurecido, furioso. **5** louco, desvairado. **wild animals** animais selvagens (ou silvestres).

wil.der.ness [w'ildənis] *n* **1** selva, deserto, sertão. **2** lugar ou região despovoada, ermo.

wil.ful, will.ful [w'ilful] *adj* **1** teimoso, obstinado. **2** intencional, proposital.

will[1] [wil] *n* **1** vontade. **2** testamento. • *vt* **1** querer. *God wills it* / Deus quer assim. **2** desejar. *as God wills* / como Deus deseja. **against my will** contra minha vontade. **at will** à vontade. **free will** livre-arbítrio. **good will** boa vontade. **ill will** má vontade. **strong will** vontade forte. **where there is a will, there is a way** querer é poder.

will[2] [wil] *modal verb* **1** usa-se com o infinitivo de outros verbos sem **to** para formar o tempo futuro. *she will leave tomorrow* / ela partirá amanhã. **2** é usado com **have** com o sentido de ter de. *you will have to hurry* / você precisa se apressar. **3** é empregado quando há a intenção ou desejo de realizar algo. *I'll ring you tomorrow* / vou lhe telefonar amanhã. **4** usa-se quando se pede a alguém para fazer algo. *will you be quiet?* / você quer ficar quieto? **5** é empregado quando se quer oferecer algo. *will you have a cup of coffee?* / você aceita um café?

will.ing [w'ilin] *adj* **1** disposto, pronto. **2** inclinado, propenso. **3** concorde.

will.ing.ness [w'ilinnis] *n* boa vontade, espontaneidade, disposição.

wil.low [w'ilou] *n Bot* salgueiro.

will pow.er [w'il pauə] *n* força de vontade.

wilt [wilt] *vt* **1** murchar, emurchecer. **2** perder ou fazer perder a força ou energia, desvigorizar(-se), definhar.

win [win] *n coll* vitória, sucesso. • *vt+vi* (*ps*, *pp* **won**) vencer, ganhar, triunfar. **you win** você ganhou (eu desisto).

wince [wins] *n* **1** estremecimento. • *vi* **1** estremecer, tremer. **2** recuar, retrair-se (repentinamente, pelo susto).

wind[1] [wind] *n* **1** vento. **2** brisa, aragem. **3** fôlego. **gone with the wind** levado pelo vento. **he got his wind** ele tomou fôlego. **on the wind** a favor do vento, levado pelo vento.

wind[2] [waind] *vt+vi* (*ps*, *pp* **wound**) **1** serpear, serpentear. *the river wound its way through the valley* / o rio serpenteava pelo vale. **2** envolver, enroscar(-se), abraçar (**round** em volta de). **3** dar corda a. **4** (*ps*, *pp* **wound, winded**) soprar, tocar instrumento de sopro.

wind.mill [w'indmil] *n* moinho de vento.

win.dow [w'indou] *n* **1** janela. **2** vidraça de janela. **3** vitrina. **4** guichê.

win.dow.pane [w'indoupein] *n* vidraça, vidro de janela.

wind.shield [w'indʃi:ld] *n Amer Auto* para-brisa.

wind.shield wip.er [w'indʃi:ld waipə] *n Amer Auto* limpador de para-brisa.

wind.surf.ing [w'indsə:fiŋ] *n Sport* surfe à vela.

windy

wind.y [w'indi] *adj* 1 ventoso, tempestuoso. 2 exposto ao vento, do lado do vento.

wine [wain] *n* 1 vinho (de uva ou outras frutas). 2 cor do vinho.

wing [wiŋ] *n* 1 *Zool, Bot, Anat* asa. 2 pá ou palheta de ventilador. 3 bastidor (teatro). 4 *Mil* ala, flanco. 5 facção, parte ou grupo de uma organização. 6 *Sport* ala (esquerda ou direita), jogador de ala. 7 para-lama (carro).

wink [wiŋk] *n* 1 pestanejo, piscadela. 2 instante, momento. • *vt+vi* piscar. **in a wink** num instante.

win.ner [w'inə] *n* vencedor, indivíduo vitorioso.

win.ning [w'iniŋ] *adj* vitorioso, vencedor.

win.ter [w'intə] *n* 1 inverno. 2 período de declínio ou tristeza. **a hard / mild / soft winter** um inverno rigoroso / ameno / suave.

wipe [waip] *vt+vi* 1 esfregar, limpar, passar pano em. 2 secar, enxugar. 3 passar (cartão, passagem) pela leitora magnética.

wire [w'aiə] *n* 1 arame. 2 fio elétrico. 3 linha telegráfica ou telefônica. 4 telegrama, despacho telegráfico. • *vt+vi* 1 amarrar ou prender com arame. 2 *Electr* ligar, fazer ligação de ou instalação. 3 *coll* telegrafar a. **he was wired for** / ele foi chamado por telegrama.

wire.less [w'aiəlis] *n* 1 telegrafia sem fios, radiotelefonia. 2 *arch* rádio (aparelho).

wis.dom [w'izdəm] *n* 1 sabedoria, ciência, saber. 2 bom senso, juízo, siso, critério, sensatez. **wisdom tooth** dente do siso.

wise¹ [waiz] *adj* 1 sábio, douto. 2 inteligente. 3 compreensivo, criterioso, judicioso. 4 instruído, culto, erudito, versado.

wise² [waiz] *n* modo, maneira, forma. **in**

withhold

any wise de qualquer forma, seja como for. **in no wise** de forma alguma, de modo algum. **on this wise** assim, desta forma, deste modo.

wish [wiʃ] *n* 1 desejo, vontade, anseio. 2 expressão de desejo ou vontade, pedido, ordem. **3 wishes** votos, saudações. • *vt+vi* desejar, ter vontade de, querer, almejar. **his last wishes** sua última vontade. **to make a wish** formular um desejo.

wish.ful think.ing [wiʃful θ'iŋkiŋ] *n* criação ilusória de fatos que se desejaria fossem realidade.

wist.ful [w'istful] *adj* 1 saudoso, desejoso. 2 pensativo, sério, calado. 3 melancólico, tristonho.

wit [wit] *n* 1 juízo. 2 razão, inteligência viva. 3 destreza, habilidade. 4 finura, perspicácia, agudeza, sagacidade. 5 **wits** sabedoria, juízo.

witch [witʃ] *n* 1 bruxa, feiticeira. 2 mulher velha e feia. • *vt* enfeitiçar.

witch.craft [w'itʃkra:ft, witʃkræft] *n* feitiçaria, bruxaria.

with [wið, wiθ] *prep* 1 com. 2 por, a, em, de. *what do you want with me?* / o que você quer de mim? **to start with** para começar. **with bare feet** descalço. **with child** grávida.

with.draw [wiðdr'ɔ:] *vt+vi* (*ps* **withdrew**, *pp* **withdrawn**) 1 retrair, retirar (-se), recolher(-se), privar de. 2 afastar (-se), tirar, remover (**from** de). 3 sair, ir-se. 4 tirar dinheiro, sacar.

with.draw.al [wiðdr'ɔ:əl] *n* 1 retirada (também *Mil*). 2 afastamento, remoção. 3 saída (**from** de). 4 retratação.

with.er [w'iðə] *vt+vi* (fazer) murchar, secar, definhar, mirrar.

with.hold [wiðh'ould] *vt* (*ps, pp* **withheld**) 1 reter, segurar, deter, conter. 2 impedir, estorvar (**from doing** de fazer). 3 negar, recusar.

with.in [wið'in] *adv* **1** dentro, interiormente. **2** dentro de casa, em casa. *is your father within?* / o seu pai está em casa? **3** intimamente, no íntimo. • *prep* **1** dentro dos limites de, ao alcance de. **2** no interior de, dentro de, em, na parte interna de. **3** dentro do prazo de, no período de. **from within** de dentro, da parte interna. **within reach** ao alcance (de ser pego). **within sight** ao alcance dos olhos.

with.out [wið'aut] *prep* sem, destituído de, falta de, fora de. **to do / go without** passar sem.

with.stand [wiðst'ænd] *vt+vi (ps, pp withstood)* resistir, aguentar, suportar.

wit.ness [w'itnis] *n* **1** testemunha. **2** testemunho, prova, evidência, indício. • *vt* **1** testemunhar, presenciar, ver, assistir a. **2** depor (como testemunha), servir de testemunha. **in witness of** em testemunho de.

wit.ty [w'iti] *adj* **1** engenhoso, arguto. **2** espirituoso. **3** mordaz, satírico.

wives [waivz] *n pl* of **wife**.

wiz.ard [w'izəd] *n* mágico, feiticeiro, bruxo, encantador, adivinho. • *adj* mágico.

wob.ble [w'ɔbəl] *n* **1** agitação, oscilação, balouço. **2** ação de cambalear. • *vi* **1** cambalear, bambolear. **2** agitar, oscilar, balançar(-se).

woe [wou] *n* **1** aflição, angústia, pesar. **2** dor, mágoa. **3** desgraça, infortúnio. • *interj* ai! **woe is me!** ai de mim!

wolf [wulf] *n (pl* **wolves**) lobo: a) o animal (*Canis lupus*). b) *fig* pessoa cruel, voraz e insaciável. **he is a lonely wolf** ele é um lobo solitário.

wolves [wulvz] *n pl* of **wolf**.

wom.an [w'umən] *n (pl* **women**) **1** mulher. **2** mulheres em geral, sexo feminino.

wom.an.like [w'umənlaik], **wom.an.ly** [w'umənli] *adj* **1** semelhante à mulher, feminil. **2** próprio da mulher, feminino.

womb [wu:m] *n* **1** útero. **2** ventre.

wom.en [w'imin] *n pl* of **woman**.

won.der [w'ʌndə] *n* **1** milagre. **2** prodígio, portento. **3** maravilha. **4** admiração, surpresa, espanto. • *vt+vi* **1** admirar-se, surpreender-se, espantar-se (**at, over** de, com). **2** querer saber, estar curioso por saber. *I wonder who it was!* / eu gostaria de saber quem foi. **3** perguntar, inquirir. • *adj* milagroso.

won.der.ful [w'ʌndəful] *adj* maravilhoso, admirável, notável, magnífico, esplêndido, fenomenal.

won't [wount] *contr* of **will²** not.

wood [wud] *n* **1** madeira, lenha. **2** floresta, selva, bosque, mato (também **woods**). **3 woods** *Mus* instrumentos de sopro de madeira de uma orquestra.

wood.en [w'udən] *adj* **1** de madeira. **2** *fig* sem jeito, canhestro, desajeitado.

wood.land [w'udlənd] *n* terreno arborizado, região florestal, floresta, mata.

wood.wind [w'udwind] *n Mus* instrumento de sopro de madeira.

wood.work [w'udwə:k] *n* **1** madeiramento (de casa). **2** obra, trabalho ou artigo de madeira.

wool [wul] *n* **1** lã. **2** fazenda ou roupa de lã. **3** fio de lã.

wool.len [w'ulən] *adj* lanoso. • *n* **woollens** roupas de lã.

wool.ly [w'uli] *n* artigo de lã, pulôver. • *adj* de lã.

word [wə:d] *n* **1** palavra: a) vocábulo, termo. b) fala. c) promessa. **2** expressão, linguagem (muitas vezes **words**). **3** notícia, informação. • *vt* pôr em palavras, exprimir, enunciar, redigir. **by word of mouth** oralmente, verbalmente. **he sent (me) word** ele me avisou, mandou-me um recado ou notícias. **in a word** numa palavra, brevemente. **in other words** em outras palavras. **word for word** palavra por palavra.

word.ing [w'ə:diŋ] *n* estilo ou maneira de expressar algo em palavras, fraseado.

work [wə:k] *n* trabalho: a) ocupação, emprego. b) profissão, ofício. c) tarefa. d) serviço, mister. e) obra (também artística, literária etc.). • *vt+vi* trabalhar: a) labutar, laborar, lidar, operar. b) formar, forjar, talhar, moldar, prensar, preparar, produzir. c) lavrar, cultivar, plantar. **at work** a) (pessoas) de serviço, trabalhando. b) (máquina) em movimento. **out of work** desempregado. **to work** se dedicar-se a. **to work in** a) penetrar no assunto, adquirir prática. b) encaixar, inserir. **to work into** penetrar.

work.a.ble [w'ə:kəbəl] *adj* 1 utilizável, aproveitável, explorável. 2 executável, praticável.

work.a.hol.ic [w'ə:kəhɔlik] *n* pessoa que tem necessidade compulsiva de trabalhar muito.

work.book [w'ə:kbuk] *n* livro de exercícios.

work.day [w'ə:kdei] *n* dia de trabalho, dia útil.

work.er [w'ə:kə] *n* trabalhador, operário, obreiro, artesão.

work force [w'ə:k fɔ:s] *n* 1 mão de obra. 2 total de pessoas empregadas por uma empresa.

work.ing [w'ə:kiŋ] *n* 1 operação. 2 modo ou processo de trabalhar. • *adj* 1 que trabalha, trabalhador. 2 que funciona. 3 aproveitável, útil.

work.ing clas.ses [w'ə:kiŋ kl'a:siz] *n pl* classes trabalhadoras.

work.man [w'ə:kmən] *n* (*pl* **workmen**) trabalhador, operário, artífice.

work.mate [w'ə:kmeit] *n* colega de trabalho.

work.shop [w'ə:kʃɔp] *n* 1 oficina. 2 seminário. 3 curso intensivo.

world [wə:ld] *n* 1 mundo. 2 humanidade, gênero ou raça humana, os homens. **all over the world** em todas as partes do mundo. **the New World** o Novo Mundo, a América. **the other / the next world** o outro mundo (vida após a morte), o além. **the whole world** o mundo todo, a humanidade inteira.

world-wide [wə:ld w'aid] *adj* pelo mundo inteiro, espalhado pelo mundo inteiro.

worm [wə:m] *n* verme, caruncho, larva, minhoca, lagarta. • *vt+vi* serpear, rastejar. **glow worm** pirilampo, vaga-lume. **silk worm** bicho-da-seda.

worn [wɔ:n] *pp* of **wear**. • *adj* 1 usado, gasto. 2 extenuado, cansado, esgotado. 3 fatigado, exausto.

worn-out [w'ə:m 'aut] *adj* 1 usado, gasto, estragado pelo uso. 2 fatigado, exausto, abatido, esgotado.

wor.ry [w'ʌri] *n* preocupação, aflição, angústia, aborrecimento. • *vt+vi* 1 atormentar(-se), inquietar(-se). 2 preocupar(-se), afligir(-se) (**with**, **about** com).

worse [wə:s] *adj* (*compar of* **bad, evil, ill**) 1 pior. 2 inferior. 3 mais, mais intenso. • *adv* pior. **from bad to worse** de mal a pior. (**so much**) **the worse** tanto pior. **the later the worse** quanto mais tarde, pior. **to get worse** piorar. **worse and worse** cada vez pior. **worse off** em pior situação, mais pobre.

wors.en [w'ə:sən] *vt+vi* piorar.

wor.ship [w'ə:ʃip] *n* 1 adoração, veneração. 2 culto (religioso). • *vt+vi* (*ps, pp* **worshipped**) 1 adorar, venerar. 2 idolatrar. 3 cultuar, prestar culto a.

wor.ship.per [w'ə:ʃipə] *n* adorador, venerador.

worst [wə:st] *n* o pior (de tudo, de todos). *the worst is yet to come* / o pior ainda está por vir. • *adj* (*sup of* **bad, evil, ill**) pior. • *adv* pior. **at his / its / her worst** no seu pior estado, fase, lado. **at the worst** na pior das hipóteses. **to make the worst of** ver só o lado ruim de alguma coisa, ser pessimista.

worth [wə:θ] *n* valor: a) preço, custo.

b) qualidade. c) conceito. d) mérito. e) utilidade. • *adj* **1** que vale. **2** que merece, merecedor, digno. **a book worth reading** um livro digno de ser lido. **a man of great worth** um homem de grande valor, de grandes méritos. **it is worth its price** vale o preço. **of little worth** de pouco valor. **to make life worth living** valer a pena viver.

worth.less [w'ə:θlis] *adj* **1** sem valor, imprestável. **2** indigno, desprezível.

worth.while [wə:θw'ail] *adj* que vale a pena, conveniente, vantajoso, lucrativo. **to be worthwhile** valer a pena.

wor.thy [w'ə:ði] *adj* **1** meritório, merecedor. **2** digno, conceituado, honrado, respeitável.

would [wud] *v aux* **1** usado na formação de frases interrogativas. *would you care to see my photos? /* você gostaria de ver minhas fotos? **2** usado para formar o futuro do pretérito. *he knew he would be late /* ele sabia que se atrasaria. **3** usado para expressar condição. *he would write if you would answer /* ele escreveria se você respondesse. **4** usado para expressar desejo. *I would love to see your children /* eu adoraria ver os seus filhos. **5** usado em formas polidas de pedidos ou afirmações. *would you come to lunch tomorrow? /* você poderia vir almoçar amanhã? *would you like a drink? /* você aceitaria uma bebida? **would better** / *Amer* **had better** seria melhor. **would rather** preferiria.

wouldn't [wudnt] *contr* of **would not**.

would've [w'udv] *contr* of **would have**.

wound¹ [waund] *ps, pp* of **wind**².

wound² [wu:nd] *n* ferida: a) ferimento, chaga, machucadura. b) ofensa, mágoa. • *vt+vi* ferir: a) golpear, machucar. b) ofender, magoar.

wow [wau] *n Amer sl* sucesso extraordinário, atração. • *vt* causar profunda impressão, empolgar a plateia. • *interj* de surpresa agradável, alegria, oba! opa! magnífico!

wran.gle [r'æŋgəl] *n* disputa, contenda, discussão. • *vt+vi* disputar, discutir, brigar (**for, over** por, por causa de).

wrap [ræp] *n* **1** agasalho, xale, cachecol, casaco, manta, capa (também **wraps**), abrigo. **2** segredo, ocultamento. • *vt+vi* (*ps, pp* **wrapped, wrapt**) **1** enrolar, envolver (**round, about** em, em volta). **2** embrulhar, empacotar.

wrap.per [r'æpə] *n* **1** empacotador, embalador. **2** invólucro, envoltório.

wrap.ping [r'æpiŋ] *n* **1** empacotamento, embalagem. **2** invólucro, envoltório (geralmente **wrappings**).

wrath [rɔθ; ræθ] *n* ira, fúria, cólera, raiva, indignação.

wreath [ri:θ] *n* grinalda, coroa (de flores), festão, guirlanda, trança.

wreck [rek] *n* **1** destruição parcial ou total (de navio, aeroplano, edifício etc.). **2** ruína, perda. **3** navio naufragado. • *vt+vi* naufragar ou fazer naufragar, soçobrar, pôr a pique. **to be a wreck** estar uma ruína, *Braz* estar um caco.

wreck.age [r'ekidʒ] *n* **1** naufrágio, soçobro (também *fig*). **2** destroços (de navio naufragado, de carro acidentado etc.).

wrench [rentʃ] *n* **1** arranco, puxão violento. **2** torcedura, distensão, deslocamento, luxação, torção. • *vt* **1** arrancar com puxão violento. **2** torcer, distender, deslocar, luxar. **monkey wrench** chave inglesa.

wres.tle [r'esəl] *n Sport* **1** luta romana. **2** luta livre, pugilato. • *vt+vi Sport* **1** praticar luta romana. **2** lutar, brigar, combater, contender (**against, with** contra, com; **for** por, para).

wres.tler [r'eslə] *n Sport* lutador, contendor.

wretch [retʃ] *n* **1** patife, canalha. **2** miserável, infeliz, coitado, desgraçado. **poor wretch** coitado, pobre-diabo.

wretch.ed [rˈetʃid] *adj* 1 baixo, ordinário, vil, infame. 2 triste, infeliz, desditoso.

wrig.gle [rˈigəl] *n* 1 zigue-zague. 2 meneio. 3 torcedura, torção. • *vt+vi* 1 serpear, mover-se em zigue-zague, colear. 2 menear(-se), mexer(-se). 3 torcer-se, retorcer-se.

wring [riŋ] *n* 1 torcedura, torção. 2 espremedura. 3 aperto. • *vt+vi (ps, pp* **wrung**) 1 torcer(-se), retorcer(-se). 2 espremer.

wrin.kle [rˈiŋkəl] *n* 1 dobra, prega. 2 ruga (rosto). • *vt+vi* 1 dobrar(-se), vincar(-se), pregar. 2 enrugar(-se) (rosto, testa).

wrist [rist] *n* 1 pulso, munheca. 2 punho (de camisa etc.).

wrist watch [rˈist wɔtʃ] *n* relógio de pulso.

write [rait] *vt+vi (ps* **wrote,** *pp* **written**) 1 escrever (**about** / **on** sobre; **for** para). 2 redigir. **to write back** responder por escrito. **to write down in full** escrever por extenso.

write-off [rˈait ɔf] *n* algo completamente destruído, algo irrecuperável.

writ.er [rˈaitə] *n* 1 escritor, autor. 2 escrivão, escrevente, amanuense. **ghost-writer** escritor-fantasma: indivíduo que escreve texto ou obra cuja autoria é atribuída a outro.

writhe [raið] *n* 1 estremecimento, convulsão, contração. 2 distorção, torcedura. • *vt+vi* torcer(-se), retorcer(-se).

writ.ing [rˈaitiŋ] *n* 1 escrita. 2 composição (literária ou musical). 3 escrito, documento, ata, escritura. 4 letra, caligrafia. 5 **writings** trabalhos escritos, escritos literários. **in one's own writing** de próprio punho. **in writing** por escrito.

writ.ten [rˈitən] *pp* of **write**. • *adj* escrito, por escrito.

wrong [rɔŋ] *n* 1 injustiça, iniquidade. 2 ofensa, injúria, agravo. 3 crime, delito, erro, transgressão de um preceito legal. • *adj* 1 errado, incorreto, errôneo, falso. 2 impróprio, inconveniente, inoportuno. • *adv* (também **wrongly**) 1 mal, erradamente, ao contrário, desacertadamente, sem razão. 2 injustamente. 3 indevidamente. **a wrong guess** uma suposição errônea, um palpite errado. **the watch is / goes wrong** o relógio está errado, não anda bem. **the wrong side** a) o avesso (pano, tecido). b) o reverso (da medalha). **to go wrong** a) sair errado, acabar mal. b) funcionar mal.

wrong.do.er [rˈɔŋdu:ə] *n* malfeitor, injusto, transgressor.

wrong.do.ing [rˈɔŋdu:iŋ] *n* 1 mal, dano, prejuízo, injustiça. 2 crime, delito, má ação.

wry [rai] *adj* 1 torto. 2 torcido, retorcido, contorcido. 3 oblíquo.

X, x [eks] *n* **1** vigésima quarta letra do alfabeto, consoante. **2** *Math* a) incógnita. b) sinal de multiplicação.

xen.o.pho.bi.a [zenəf'oubiə] *n* xenofobia: aversão a pessoas e coisas estrangeiras.

Xerox [z'iərɔks] *n* (marca registrada) sistema de copiar por xerografia. • *vt+vi* copiar por xerografia, xerocar, xerografar.

Xmas [kr'isməs; 'eksməs] *abbr* **Christmas** (Natal).

X-ray ['eks rei] *n* raio X, radiografia. • *adj* de, por ou relativo aos raios X.

xi.lo.graph [z'ailəgra:f; z'ailəgræf] *n* xilogravura.

Y

Y, y [wai] *n* **1** vigésima quinta letra do alfabeto, semivogal. **2** *Math* quantidade desconhecida.

yacht [jɔt; ja:t] *n* iate. • *vi* navegar, viajar ou competir em iate.

yacht.ing [j'ɔtiŋ] *n* iatismo.

yam [jæm] *n Bot* **1** inhame, cará. **2** *Amer* batata-doce.

yank [jæŋk] *n coll* puxão, arranco, empurrão. • *vt+vi coll* sacudir, empurrar, empuxar, arrancar.

Yan.kee [j'æŋki] *n* ianque.

yard¹ [ja:d] *n* **1** jarda (91,4 cm). **2** *Naut* verga.

yard² [ja:d] *n* pátio, área (junto ou ao redor de uma casa, colégio etc.), terreiro, quintal. **back yard** quintal. **church yard** cemitério.

yard.stick [j'a:dstik] *n* **1** medida de uma jarda. **2** padrão de medida.

yarn [ja:n] *n* **1** fio (de lã, algodão etc.). **2** *coll* história, narração, conto (frequentemente duvidosos). • *vi* **1** *coll* contar histórias. **2** conversar, falar.

yawn [jɔ:n] *n* **1** bocejo. **2** hiato, sorvedouro, abertura, voragem. **3** *coll* aborrecimento, chateação. • *vt+vi* bocejar ou dizer bocejando.

yeah [jɛə] *adv coll* sim.

year [j'iə] *n* ano. **all the year round** durante o ano inteiro. **a three-year old child** uma criança de três anos de idade. **calendar year / civil year / legal year** ano civil. **every other year** de dois em dois anos. **in a year / within a year** em um ano. **leap year** ano bissexto. **lunar year** ano lunar. **New Year** Ano-Novo. **once a year** uma vez por ano. **school year** ano letivo. **solar year** ano solar.

year.ly [j'iəli] *adj* **1** uma vez por ano. **2** anual, que dura um ano. • *adv* anualmente. **yearly instalment** anuidade.

yearn [jə:n] *vi* **1** ansiar, anelar, desejar vivamente, aspirar. **2** ter saudade (**after, for** de).

yearn.ing [j'ə:niŋ] *n* anseio, desejo ardente, aspiração, saudade. • *adj* ansioso, anelante, desejoso.

yeast [ji:st] *n* **1** levedura, fermento. **2** espuma (água, cerveja).

yell [jɛl] *n* grito, bramido, alarido, berro, urro. • *vt+vi* gritar, berrar, urrar.

yel.low [j'elou] *n* **1** amarelo, cor amarela. **2** gema (de ovo). • *vt+vi* amarelar. • *adj* **1** amarelo. **2** sensacionalista (imprensa).

yel.low.ish [j'elouiʃ] *adj* amarelado, amarelento.

yelp [jɛlp] *n* **1** latido, ganido, grito curto. **2** *sl* sirene de carro policial. • *vt+vi* **1** latir, gritar. **2** uivar.

yes [jɛs] *n* sim, resposta afirmativa. • *adv* sim, é mesmo, é verdade. **yes indeed** sim, realmente, deveras. **yes, sir!** sim, senhor!

yes.ter.day [j'estədei] *n* **1** ontem. **2** *fig* o passado. • *adj* de ou relativo ao dia de ontem. • *adv* ontem. **the day before yesterday** anteontem. **yesterday evening** ontem à noite

yet [jet] *adv* **1** ainda. **2** até agora, até o momento, por ora. **3** já, agora. **4** também. **5** outra vez, de novo, novamente. **6** demais, além. **7** ainda mais. **8** mesmo. • *conj* contudo, mas, não obstante, porém, no entanto. **as yet** até agora. **have you done yet?** você já acabou? **not yet** ainda não. **yet again** outra vez, novamente. **yet a moment** só mais um momento. **yet more** ainda mais. **yet why?** mas por quê?

yield [ji:ld] *n* **1** rendimento, lucro, produto. **2** produção. • *vt+vi* **1** dar, conceder, consentir, autorizar. **2** entregar(-se), capitular, render-se. **3** ceder (pressão, peso). **4** render, produzir. **to yield to despair** entregar-se ao desespero. **to yield to temptation** cair em tentação.

yo.ghurt, yo.gurt [j'ɔgət; j'ougət] *n* iogurte.

yoke [jouk] *n* **1** jugo, canga (também *fig*). **2** opressão, submissão.

yolk [jouk] *n* gema de ovo.

you [ju:] *pron sg, pl* tu, te, ti; vós; vos; você(s), senhor(es), senhora(s), a gente, lhe(s), o(s), a(s). *are you here?* / você, o senhor, a senhora está? tu estás? vocês, os senhores, as senhoras estão? *I give the book to you* / eu lhe (te) dou o livro; eu dou o livro a você(s), ao(s) senhor(es), à(s) senhora(s). *I see you* / eu o(s), a(s), te, vos vejo; eu vejo você(s), o(s) senhor(es), a(s) senhora(s). *the book gives you deep satisfaction* / o livro dá muita satisfação à gente.

you'd [ju:d] *contr* of **you had, you would**.

you'll [ju:l] *contr* of **you will, you shall**.

young [jʌŋ] *n* **1** moços, jovens, mocidade, juventude. **2** prole, filhotes, crias. • *adj* jovem, moço, novo. **young people** mocidade, os moços. **young shoot** *Bot* rebento, broto, renovo.

young.ster [j'ʌnstə] *n* **1** criança, menino, menina. **2** jovem, moço, rapaz, moça.

your [jɔ:; juə] *adj possessive sg, pl* **1** seu(s), sua(s), do(s) senhor(es), da(s) senhora(s). *it is your own fault* / é seu, teu, vosso próprio erro. **2** teu(s), tua(s). **3** vosso(s), vossa(s).

you're [juə] *contr* of **you are**.

yours [jɔ:z; juəz] *pron possessive sg, pl* **1** seu(s), sua(s). **2** seu(s), sua(s), do(s) senhor(es), da(s) senhora(s), de você(s). *is this yours?* / isso é seu? **3** vosso(s), vossa(s). **you and yours** você e os seus. **yours very truly** atenciosamente, respeitosamente (no final de carta).

your.self [jɔ:s'elf; juəs'elf] *pron reflexive* tu, você, te, ti, tu mesmo, você mesmo(a), se, si mesmo(a), o senhor mesmo, próprio, a senhora mesma, própria. *can you do it yourself?* / você, o senhor mesmo pode fazê-lo? *you will hurt yourself* / você, o senhor vai ferir-se. **by yourself** só, sem auxílio. **you must see for yourself!** você mesmo precisa agir, achar o seu caminho!

your.selves [jɔ:s'elvz; juəs'elvz] *pron reflexive pl* vós, vocês, vos, vós mesmos(as), vocês mesmos(as), os senhores mesmos, próprios, as senhoras mesmas, próprias, se. **by yourselves** sós, sem auxílio. **you must see for yourselves** vocês mesmos precisam resolver (um problema, uma questão).

youth [ju:θ] *n* **1** mocidade, juventude, gente moça. **2** jovem, moço, rapaz, moça. **a youth of sixteen** um jovem de dezesseis anos.

youth.ful [j'u:θful] *adj* **1** juvenil, moço, jovem. **2** vigoroso, viçoso.

you've [ju:v] *contr* of **you have**.

Z

Z, z [zed; zi:] *n* vigésima sexta e última letra do alfabeto, consoante.

zap [zæp] *vt+vi coll* **1** mover-se com rapidez, fazer rapidamente. **2** *TV* usar o controle remoto para mudar rapidamente de um canal para outro.

zeal [zi: l] *n* zelo, fervor, ardor, entusiasmo.

zeal.ous [z'eləs] *adj* zeloso, entusiasta, ardoroso, fervoroso.

ze.bra [z'i:brə] *n Zool* zebra.

ze.bra cros.sing [zi:brə kr'ɔsiŋ] *n Brit* faixa de pedestre.

ze.nith [z'eniθ; z'i:niθ] *n* **1** zênite. **2** cimo, cume, pico. **3** *fig* auge, apogeu, culminação.

ze.ro [z'iərou] *n* (*pl* **zeros, zeroes**) *adj* **1** zero. **2** o ponto mais baixo. **above / below zero** acima / abaixo de zero.

zest [zest] *n* **1** gosto, sabor, paladar agradável. **2** prazer, deleite. **3** *Cook* casca de laranja ou limão. **4** *fig* interesse, atrativo, vida.

zinc [ziŋk] *n* zinco.

zip [zip] *n Brit* zíper. • *vt+vi* (*ps, pp* **zipped**) fechar com zíper ou fecho de correr (com **up**).

zip code [z'ip koud] *n Amer* código de endereçamento postal (CEP).

zip.per [z'ipə] *n* zíper: fecho de correr, fecho *éclair*.

zo.di.ac [z'oudiæk] *n* **1** *Astr* zodíaco. **2** *Astrol* diagrama do zodíaco.

zone [zoun] *n* **1** zona (também *Geogr*), distrito, região. **2** faixa, banda, cinta. • *vt+vi* dividir em ou formar zonas.

zon.ing [z'ouniŋ] *n* zoneamento: divisão de uma cidade em distritos.

zoo [zu:] *n coll* jardim zoológico.

zo.ol.o.gy [zou'ɔlədʒi] *n* zoologia.

zoom [zu:m] *n Opt* zum: afastamento ou aproximação de uma imagem em cinema e televisão. • *vt+vi* **1** zunir, zumbir. **2** subir rápida e repentinamente. **to zoom in / out** dar um *close* / tirar de um *close* com a lente zum.

zoom lens [zu:m lens] *n Opt* lente de *zoom*, lente varifocal.

zuc.chi.ni [zukˈi:ni] *n Bot* abobrinha.

PORTUGUÊS-INGLÊS
PORTUGUESE-ENGLISH

A
B
C
D
E
F
G
H
I
J
K
L
M
N
O
P
Q
R
S
T
U
V
W
X
Y
Z

a

A, a¹ [a] *sm* 1 the first letter of the alphabet. 2 *Mús* the 6th tone of a C-major scale. 3 *Fís* ampère.
a² [a] *art def* (*pl* **as**) the. **a mãe** the mother. **as mães** the mothers.
a³ [a] *pron pess* (*pl* **as** them) her, it. **vendo-a(s)** seeing her (them).
a⁴ [a] *pron dem* that, the one.
a⁵ [a] *prep* according to, after, against, at, by, from, in, of, on, till, to, towards, under, upon, with, within. **a leste** towards the east. **a meu ver** in my opinion. **a pé** on foot. **a que horas?** at what time? **a seu modo** after his (her) way. **passo a passo** step by step.
à [ˈa] contração da *prep* **a** com o *art* ou *pron* **a. à direita** on the right. **à hora marcada** at the appointed time. **da manhã à noite** from morning till night.
a.ba [ˈaba] *sf* 1 brim (hat). 2 flap (envelope).
a.ba.ca.te [abakˈati] *sm* avocado.
a.ba.ca.xi [abakaʃˈi] *sm* pineapple.
a.ba.di.a [abadˈiə] *sf* abbey.
a.ba.fa.do [abafˈadu] *adj* 1 sultry (tempo). 2 *fig* hushed up. 3 stuffy (aposento). 4 muffled (ruído).
a.ba.far [abafˈar] *vt* 1 to smother. 2 to stifle. 3 to repress, *fig* to hush up. **abafar os rumores** to hush up rumours.
a.bai.xar [abajʃˈar] *vt+vint* 1 to lower. 2 to turn down. 3 to diminish, lessen. 4 to decrease. 5 to abate.
a.bai.xo [abˈajʃu] *adv* down, under, below, beneath, underneath. • *interj* down with! **abaixo de zero** below zero.
a.ba.lar [abalˈar] *vt+vint* 1 to shatter. 2 to affect. 3 to agitate. 4 to shock. **abalar a saúde** to affect one's health.
a.ba.lo [abˈalu] *sm* 1 commotion. 2 shock. 3 grief. 4 earthquake.
a.ba.nar [abanˈar] *vt+vpr* 1 to fan. 2 to wave. 3 to wag (rabo). 4 to shake.
a.ban.do.nar [abãdonˈar] *vt* 1 to abandon. 2 to discard. 3 to leave. 4 to quit, to give up. 5 to desert. 6 to withdraw (esporte). **abandonar o país** to leave one's country.
a.bar.ro.tar [abařotˈar] *vt+vpr* 1 to overfill. 2 to overload.
a.bas.te.ci.men.to [abastesimˈẽtu] *sm* 1 supply, provision. 2 supplying. **abastecimento de água** water supply.
a.be.lha [abˈeʎa] *sf* bee.
a.be.lhu.do [abeʎˈudu] *adj* 1 curious, nosey. 2 interfering.
a.ben.ço.ar [abẽsoˈar] *vt* to bless.
a.ber.to [abˈɛrtu] *adj* 1 open, opened. 2 exposed. 3 frank, open-hearted. **aberto ao público** open to the public. **carta aberta** open letter. **falar abertamente** to speak openly.
a.ber.tu.ra [abertˈura] *sf* 1 opening. 2 *Mús* overture. 3 crevice. **abertura de crédito** opening of credit.

a.bis.ma.do [abizm'adu] *adj* astonished, shocked.

a.bis.mo [ab'izmu] *sm* abyss. **à beira do abismo** on the brink of ruin.

ab.ne.ga.do [abneg'adu] *adj* unselfish, self-forgetful.

a.bó.ba.da [ab'ɔbadə] *sf* vault.

a.bó.bo.ra [ab'ɔborə] *sf* pumpkin, squash.

a.bo.bri.nha [abɔbr'iɲə] *sf* **1** bras summer squash, zucchini. **2** bras, gír baloney.

a.bo.li.ção [abolis'ãw] *sf (pl* **abolições)** **1** abolition, abolishment. **2** revocation.

a.bo.lir [abol'ir] *vt* **1** to abolish. **2** to annul, cancel.

a.bo.no [ab'onu] *sm* bonus. **abono de Natal** Christmas bonus.

a.bor.dar [abord'ar] *vt* **1** to board. **2** to approach, tackle (a problem, subject).

a.bor.re.cer [abořes'er] *vt+vint+vpr* **1** to bore, tire, annoy. **2 aborrecer-se** to become disgusted, feel duel.

a.bor.re.ci.men.to [abořesim'ẽtu] *sm* annoyance, nuisance. **que aborrecimento!** what a nuisance!

a.bor.tar [abort'ar] *vint+vt* **1** to abort. **2** to miscarry.

a.bor.to [ab'ortu] *sm* **1** abortion. **2** miscarriage. **aborto provocado** abortion.

a.bo.to.a.du.ra [abotoad'urə] *sf* cuff link.

a.bo.to.ar [aboto'ar] *vt+vint* to button.

a.bra.çar [abras'ar] *vt+vpr* **1** to embrace. **2** to hug. **3 abraçar-se** to embrace each other.

a.bran.dar [abrãd'ar] *vt+vint* **1** to mitigate. **2** to calm, calm down. **3** to ease off.

a.bran.gen.te [abrãʒ'ẽti] *adj m+f* comprehensive, wide-ranging.

a.bran.ger [abrãʒ'er] *vt* **1** to embrace, enclose. **2** to comprise.

a.bra.sa.dor [abrazad'or] *adj* scorching.

a.bre.vi.ar [abrevi'ar] *vt* **1** to abbreviate. **2** to shorten.

a.bri.dor [abrid'or] *sm* opener (latas).

a.bri.go [abr'igu] *sm* **1** shelter. **2** protection. **3** rest-home. **4** a short waterproof coat.

a.bril [abr'iw] *sm* April. **1.º de abril** All Fools' Day.

a.brir [abr'ir] *vt+vint* **1** to open (tear, cut, dig, or break open). **2** to turn on (torneira, gás etc.) **3** to unlock. **4** to inaugurate. **5** to clear up (weather). **abrir uma conta-corrente** to open a current account. **abrir uma exceção** to make an exception.

ab.so.lu.ta.men.te [absolutam'ẽti] *adv* **1** absolutely. **2** certainly not. *você lhes contou a verdade? absolutamente!* / have you told them the truth? certainly not.

ab.so.lu.to [absol'utu] *adj* absolute, unrestricted. **confiança absoluta** absolute trust. **em absoluto** absolutely not!

ab.sol.ver [absowv'er] *vt* to absolve, acquit.

ab.sor.ven.te [absorv'ẽti] *sm* **1** absorbent. **2** feminine napkin. • *adj m+f* absorbing, absorbent.

ab.sor.ver [absorv'er] *vt+vpr* **1** to absorb. **2** to consume.

abs.tê.mio [abst'emju] *adj* **1** abstemious. **2** teetotal.

abs.ter [abst'er] *vt+vpr* **1** to abstain. **2** to restrain, refrain. *eu me abstive de empregar violência* / I refrained from using violence. **abster-se de votar** to abstain from voting.

abs.tra.ir [abstra'ir] *vt+vpr* **1** to abstract. **2 abstrair-se** a) to become absorbed in thought. b) to distract oneself from.

a.bun.dân.cia [abũd'ãsjə] *sf* **1** abundance. **2** riches.

a.bu.sar [abuz'ar] *vt+vint* **1** to abuse, misuse. **2** to violate, rape.

a.bu.so [ab'uzu] *sm* **1** abuse. **2** misuse. **3** overuse.

a.bu.tre [ab'utri] *sm* vulture.

a.ca.ba.do [akab'adu] *adj* 1 finished, accomplished. 2 worn, used. 3 worn-out, exhausted.

a.ca.ba.men.to [akabam'ētu] *sm* 1 finishing, finish. 2 final touch.

a.ca.bar [akab'ar] *vt+vint* 1 to finish, end. 2 to conclude, complete. 3 to cease, come to an end. 4 to be over. *ainda bem que já acabou* / I am glad it is over. **acabar bem (mal)** to end well (badly). **acabou-se** it is all over. **como acabará tudo isto?** how will it all turn out?

a.ca.de.mi.a [akadem'iǝ] *sf* academy. **Academia de Belas-Artes** Academy of Fine Arts. **academia de ginástica** fitness center, fitness club.

a.cal.mar [akawm'ar] *vt+vpr* 1 to calm, appease. 2 to alleviate, soothe. 3 **acalmar-se** to grow calm.

a.cam.par [akãp'ar] *vint* to camp, go camping.

a.ca.nha.do [akañ'adu] *adj* 1 timid, shy. 2 tight, narrow. *eu me sinto acanhado aqui* / I do not feel at ease here.

a.ção [as'ãw] *sf* (*pl* **ações**) 1 action, movement, activity. 2 act. 3 deed. **Ação de Graças** Thanksgiving. **entrar em ação** to come into operation. **homem de ação** man of action. **liberdade de ação** liberty of action.

a.ca.ri.ci.ar [akarisi'ar] *vt* to caress, fondle.

a.car.re.tar [akañet'ar] *vt* 1 to cause. 2 to provoke.

a.ca.sa.lar [akazal'ar] *vt* to mate, couple.

a.ca.so [ak'azu] *sm* chance, hazard, fortune, accident. **ao acaso** at random. **por acaso** by chance.

a.ca.tar [akat'ar] *vt* 1 to respect. 2 to obey. **acatar uma ordem** to obey an order.

a.cei.tar [asejt'ar] *vt* 1 to accept. 2 to consent, permit, approve. 3 to agree to. *ele aceitou a proposta* / he agreed to the proposal.

a.ce.le.ra.ção [aseleras'ãw] *sf* (*pl* **acelerações**) 1 acceleration. 2 speed.

a.ce.le.rar [aseler'ar] *vt+vint+vpr* 1 to accelerate. 2 to push on. 3 to speed up. 4 **acelerar-se** to gather speed.

a.ce.nar [asen'ar] *vint+vt* 1 to nod. 2 to wave.

a.cen.der [asēd'er] *vt* 1 to light, ignite. 2 to set on fire. 3 to turn on (light). **acender a luz** to turn on the light.

a.cen.to [as'ētu] *sm* accent stress. **acento agudo** acute accent. **acento secundário** secondary stress. **acento tônico** stress.

a.cen.tu.ar [asētu'ar] *vt* 1 to accentuate. 2 to put an accent mark on.

a.cep.ção [aseps'ãw] *sf* (*pl* **acepções**) meaning, sense.

a.cer.ca [as'erkǝ] *adv* near, about. • *prep* concerning, regarding.

a.cer.tar [asert'ar] *vt* 1 to set right, adjust, settle. 2 to find out, guess right 3 to hit (target, mark). **acertar um relógio** to set a watch.

a.ce.so [as'ezu] *adj* 1 lighted, lit, burning. 2 inflamed, excited.

a.ces.sí.vel [ases'ivew] *adj m+f* (*pl* **acessíveis**) 1 accessible, available. 2 attainable. 3 tractable.

a.ces.so [as'esu] *sm* 1 access, entrance. 2 approach. 3 fit. **acesso de choro** crying fit. **um acesso de raiva** a fit of temper.

a.ce.to.na [aset'onǝ] *sf* acetone. 2 nail polish remover.

a.cha.do [aʃ'adu] *sm* 1 finding. 2 invention. 3 good bargain.

a.char [aʃ'ar] *vt+vpr* 1 to find, come across. 2 to find out. 3 to suppose, think. **achar-se em grandes dificuldades** to be in great difficulties. **achar um emprego** to get a job.

a.cha.tar [aʃat'ar] *vt* 1 to flatten. 2 to crush.

acidentado 290 **adega**

a.ci.den.ta.do [asidẽt'adu] *adj* 1 rough, irregular (ground). 2 damaged, injured.
a.ci.den.te [asid'ẽti] *sm* accident: a) disaster. b) chance. **acidente de automóvel** car accident.
á.ci.do ['asidu] *sm* acid. • *adj* acid, sour. **chuva ácida** acid rain.
a.ci.ma [as'imə] *adv* above, up. **acima da média** above the average. **acima de** a) above. b) beyond. c) over. **acima de tudo** above all.
a.ci.o.nis.ta [asjon'istə] *s m+f* shareholder, stockholder.
a.ço ['asu] *sm* steel. **aço inoxidável** stainless steel.
a.çoi.te [as'ojti] *sm* whip, lash, scourge.
a.col.cho.a.do [akowʃo'adu] *sm bras* quilt, comforter. • *adj* padded, stuffed.
a.co.lher [akoʎ'er] *vt+vpr* 1 to welcome. 2 to shelter.
a.co.mo.dar [akomod'ar] *vt+vint+vpr* 1 to put in order. 2 to make comfortable. 3 **acomodar-se** to make oneself comfortable. 4 to settle.
a.com.pa.nhan.te [akõpañ'ãti] *s m+f* 1 companion, attendant. 2 *Mús* accompanist. • *adj m+f* accompanying, attendant.
a.com.pa.nhar [akõpañ'ar] *vt+vint* to accompany: a) come or go along with. b) escort. *ele acompanhou-a ao cinema* / he escorted her home. c) follow. *ela acompanha a moda* / she follows the fashion. d) wait on, attend.
a.con.che.gar [akõʃeg'ar] *vt+vpr* 1 to draw near. 2 to make cosy. 3 **aconchegar-se** to snuggle together.
a.con.se.lhar [akõseʎ'ar] *vt+vpr* 1 to advise. 2 to counsel. 3 **aconselhar-se** to take advice, consult.
a.con.te.cer [akõtes'er] *vint* to happen, take place. **aconteça o que acontecer** come what may. **como geralmente acontece** as is usually the case.
a.con.te.ci.men.to [akõtesim'ẽtu] *sm* happening, incident, event.

a.cor.dar [akord'ar] *vt+vint* 1 to wake up, awake. 2 to agree upon.
a.cor.do [ak'ordu] *sm* (*pl* **acordos**) 1 agreement. 2 accordance. 3 treaty, pact. 4 settlement. **acordo trabalhista** labor agreement. **chegar a um acordo** to come to terms.
a.cos.ta.men.to [akostam'ẽtu] *sm* (highway) shoulder, hard shoulder.
a.cos.tu.mar [akostum'ar] *vt+vpr* 1 to accustom. 2 **acostumar-se a** to get accustomed or used to.
a.çou.gue [as'owgi] *sm* butchery, butcher shop.
a.çou.guei.ro [asowg'ejru] *sm* butcher.
a.cre.di.tar [akredit'ar] *vt* to believe. **acreditar em Deus** to believe in God.
a.cres.cen.tar [akresẽt'ar] *vt+vint* 1 to add. 2 to increase, enlarge.
a.cro.ba.ci.a [akrobas'iə] *sf* acrobatics. **fazer acrobacias** to perform acrobatics.
a.cro.ba.ta [akrob'atə] *s m+f* 1 acrobat. 2 tightrope walker.
a.çú.car [as'ukar] *sm* sugar. **açúcar cristal** granulated sugar. **açúcar mascavo** brown sugar.
a.çu.ca.rei.ro [asukar'ejru] *sm* sugar bowl.
a.cu.dir [akud'ir] *vt* to run to help, assist. *Deus me acuda!* / God help me!
a.cu.mu.lar [akumul'ar] *vt+vpr* to accumulate, amass.
a.cu.sa.ção [akuzas'ãw] *sf* (*pl* **acusações**) 1 accusation, charge. 2 denouncement.
a.cu.sar [akuz'ar] *vt+vpr* 1 to accuse of, charge with. 2 to expose. 3 to acknowledge (the receipt of goods).
a.dap.ta.dor [adaptad'or] *sm* 1 adapter. 2 connector. • *adj* adapting.
a.dap.tar [adapt'ar] *vt+vpr* 1 to adapt, adjust. 2 to apply. 3 to conform. 4 to fit. 5 **adaptar-se** to adapt or accustom oneself to.
a.de.ga [ad'ɛgə] *sf* wine cellar.

a.de.mais [adem'ajs] *adv* besides, furthermore, moreover.

a.den.tro [ad'ẽtru] *adv* inwards. *meteu-se pelo mato adentro* / he took his way wood inwards. **2** indoors.

a.dep.to [ad'ɛptu] *sm* follower.

a.de.qua.do [adek'wadu] *adj* fit, suitable, proper.

a.de.quar [adek'war] *vt+vint* **1** to adjust, adapt. **2** to fit, make fit.

a.de.rir [ader'ir] *vint* **1** to adhere. **2** to stick to (or together). **aderir à opinião** to stick to (one's) point.

a.de.são [adez'ãw] *sf* (*pl* **adesões**) **1** adhesion, adherence. **2** support. **a sua adesão aos princípios** his adherence to the principles.

a.de.si.vo [adez'ivu] *sm* sticking plaster, adhesive tape or bandage. • *adj* adhesive, sticking.

a.deus [ad'ews] *sm* good-bye, farewell. • *interj* good-bye, bye-bye, so-long!

a.di.a.men.to [adjam'ẽtu] *sm* adjournment, postponement, delay.

a.di.an.ta.do [adjãt'adu] *adj* **1** advanced. **2** forwarded. • *adv* **adiantado** ou **adiantadamente** fast, in advance, beforehand. *meu relógio está adiantado* / my watch is fast.

a.di.an.ta.men.to [adjãtam'ẽtu] *sm* advancement.

a.di.an.tar [adjãt'ar] *vt* **1** to advance: a) to move forward. b) to pay in advance. c) to go ahead. **2** to say beforehand. **3** to set ahead (watch or clock). **adiantar o relógio** to set the watch (clock) ahead. *de que adianta isso?* / what's the use of that?

a.di.an.te [adi'ãti] *adv* **1** ahead (of). **2** forward. **3** farther on, further. • *interj* go on! **ir adiante** to go on.

a.di.ar [adi'ar] *vt* to postpone, to put off.

a.di.ção [adis'ãw] *sf* (*pl* **adições**) addition.

a.di.ci.o.nar [adisjon'ar] *vt* to add.

a.di.vi.nhar [adiviɲ'ar] *vt* **1** to unriddle, find out. **2** to guess.

ad.je.ti.vo [adʒet'ivu] *sm* adjective. • *adj* adjective.

ad.mi.nis.tra.ção [administras'ãw] *sf* (*pl* **administrações**) administration: a) management, government. b) direction, control.

ad.mi.nis.trar [administr'ar] *vt* **1** to administer, manage, control. **2** to govern. **administrar remédios** to give medicine to someone.

ad.mi.ra.ção [admiras'ãw] *sf* (*pl* **admirações**) **1** admiration. **2** wonder.

ad.mi.rar [admir'ar] *vt+vpr* **1** to admire. **2** to appreciate. **3** **admirar-se** to be astonished (at).

ad.mis.são [admis'ãw] *sf* admission. **taxa de admissão** initiation fee.

ad.mi.tir [admit'ir] *vt* **1** to admit. **2** to let in. **3** to allow, tolerate.

a.do.çan.te [ados'ãti] *sm* sweetener.

a.do.çar [ados'ar] *vt* **1** to sweeten. **2** to soften, appease.

a.do.e.cer [adoes'er] *vint* to become sick or ill.

a.do.les.cen.te [adoles'ẽti] *s m+f* adolescent, teenager. • *adj m+f* adolescent, teenager.

a.do.rar [ador'ar] *vt* **1** to adore, worship. **2** to have a great liking for. **adorar a Deus** to worship God.

a.dor.me.cer [adormes'er] *vint* **1** to fall asleep. **2** to rest. **estar adormecido** to be asleep.

a.dor.me.ci.do [adormes'idu] *adj* asleep. **Bela Adormecida** Sleeping Beauty.

a.dor.no [ad'ornu] *sm* (*pl* **adornos**) ornament, decoration.

a.do.tar [adot'ar] *vt* **1** to adopt. **2** to follow, embrace.

ad.qui.rir [adkir'ir] *vt* **1** to acquire. **2** to buy, purchase.

a.du.bo [ad'ubu] *sm* fertilizer, manure. **adubo animal** manure.

a.du.la.ção [adulas'ãw] *sf* (*pl* **adulações**) flattery.

a.du.lar [adul'ar] *vt* to flatter.

a.dul.te.rar [aduwter'ar] *vt* to adulterate, falsify.

a.dul.té.rio [aduwt'ɛrju] *sm* adultery.

a.dul.to [ad'uwtu] *sm* adult, grown-up person. • *adj* adult, grown-up.

ad.vér.bio [adv'ɛrbju] *sm* adverb.

ad.ver.sá.rio [advers'arju] *sm* opponent, adversary. • *adj* adverse, antagonistic.

ad.ver.si.da.de [adversid'adi] *sf* adversity, misfortune.

ad.ver.tir [advert'ir] *vt* 1 to warn, advise. 2 to admonish, reprimand. **advirto-lhe que...** I warn you that...

ad.vo.ca.ci.a [advokas'iə] *sf* lawyering, legal profession.

ad.vo.ga.do [advog'adu] *sm* lawyer, *amer* attorney-at-law, attorney, *brit* barrister, solicitor. **Ordem dos Advogados** Bar Association.

ad.vo.gar [advog'ar] *vt* 1 to act as a lawyer. 2 to plead a cause (at court). 3 to defend. 4 to advocate.

a.é.re.o [a'ɛrju] *adj* 1 air. 2 *fig* absent-minded.

a.e.ro.mo.ça [aerom'osə] *sf* flight attendant, stewardess.

a.e.ro.na.ve [aeron'avi] *sf* aircraft, airship.

a.e.ro.pla.no [aeropl'ʌnu] *sm* airplane.

a.e.ro.por.to [aerop'ortu] *sm* airport.

a.fa.gar [afag'ar] *vt* to caress, fondle.

a.fa.go [af'agu] *sm* caress, fondle.

a.fas.ta.do [afast'adu] *adj* 1 remote, distant. 2 apart. **parente afastado** a distant relative.

a.fas.tar [afast'ar] *vt+vpr* 1 to remove, separate. 2 to dismiss. 3 to repel, reject. 4 to withdraw. **ele afastou-se de nossa companhia** / he withdrew himself from our company. 5 **afastar-se** to stand back.

a.fá.vel [af'avew] *adj m+f* (*pl* **afáveis**) 1 gentle. 2 kind. 3 friendly.

a.fei.ção [afejs'ãw] *sf* (*pl* **afeições**) affection, fondness. **tomar afeição por** to become fond of.

a.fei.ço.ar [afejso'ar] *vt+vpr* 1 to captivate, charm. 2 **afeiçoar-se** to take a fancy to, become attached to.

a.fer.ro.lhar [aferoʎ'ar] *vt* 1 to bolt (up). 2 to imprison.

a.fe.tar [afet'ar] *vt* to affect.

a.fe.to [af'etu] *sm* affection.

a.fe.tu.o.so [afetu'ozu] *adj* affectionate, gentle.

a.fi.a.do [afi'adu] *adj* 1 sharpened. 2 sharp. 3 *bras* well-trained.

a.fi.ar [afi'ar] *vt* to sharpen.

a.fi.lha.da [afiʎ'adə] *sf* god-daughter.

a.fi.lha.do [afiʎ'adu] *sm* godson.

a.fi.li.ar [afili'ar] *vt+vpr* to affiliate, join.

a.fim [af'ĩ] *s m+f* (*pl* **afins**) kinsman, kinswoman. • *adj m+f* similar, related to.

a.fi.nal [afin'aw] *adv* finally, at last, after all. **afinal de contas** after all.

a.fi.nar [afin'ar] *vt+vpr* to tune up, put in tune.

a.fi.ni.da.de [afinid'adi] *sf* 1 affinity. 2 relationship. 3 conformity. **parentes por afinidade** in-laws.

a.fir.mar [afirm'ar] *vt* 1 to affirm, asseverate, assert. 2 to say, state.

a.fi.xar [afiks'ar] *vt* 1 to fix, fasten. 2 to pin / put (something) up.

a.fli.ção [aflis'ãw] *sf* (*pl* **aflições**) 1 affliction, distress. 2 agony, anxiety.

a.fli.gir [afliʒ'ir] *vt+vpr* to afflict, trouble, distress. **afligir-se** to be afflicted.

a.fo.ba.do [afob'adu] *adj bras* very busy, in a haste.

a.fo.gar [afog'ar] *vt+vpr* 1 to drown. 2 to choke (a car).

a.foi.to [af'ojtu] *adj* 1 fearless, courageous. 2 bold, daring.

afora — água-viva

a.fo.ra [afˈɔrə] *adv* 1 outside. 2 farther. • *prep* except, save. **e por aí afora** and so on.

a.fron.ta [afrˈõtə] *sf* affront, insult, offence.

a.frou.xar [afrowʃˈar] *vt* 1 to slacken, relax. 2 to loosen.

a.fu.gen.tar [afuʒẽtˈar] *vt* to chase away, put to flight, scare away.

a.fun.dar [afũdˈar] *vt+vpr* 1 to sink. 2 to collapse.

a.ga.char [agaʃˈar] *vpr* to crouch, squat.

a.gar.rar [agařˈar] *vt* 1 to catch, seize. 2 to clasp, grasp. 3 to hold (firmly). 4 to take.

a.ga.sa.lhar [agazaʎˈar] *vt+vpr* 1 to shelter, give shelter to. 2 to warm. 3 **agasalhar-se** to keep oneself warm, wrap up.

a.gên.cia [aʒˈẽsjə] *sf* 1 agency. 2 business office. 3 branch office. **agência de empregos** employment agency. **agência de notícias** news agency. **agência de viagens** travel agency.

a.gen.da [aʒˈẽdə] *sf* 1 diary. 2 agenda: list of things to be done.

á.gil [ˈaʒiw] *adj m+f* (*pl* **ágeis**) agile, quick.

a.gi.li.da.de [aʒilidˈadi] *sf* agility, quickness.

a.gi.o.ta [aʒiˈɔtə] *s m+f* usurer, loan-shark.

a.gir [aʒˈir] *vint* 1 to act, proceed. 2 to take action.

a.gi.ta.ção [aʒitasˈãw] *sf* (*pl* **agitações**) 1 agitation. 2 conflict.

a.gi.tar [aʒitˈar] *vt+vpr* 1 to agitate. 2 to shake (up). 3 to riot, revolt. 4 **agitar-se** to be anxious.

a.go.ni.a [agonˈiə] *sf* 1 agony. 2 extreme anguish, grief.

a.go.ni.zar [agonizˈar] *vint* to be dying.

a.go.ra [agˈɔrə] *adv* 1 now, at the present time. 2 however. • *conj* but. **agora mesmo** just now. **até agora** up to now. **de agora em diante** from now on.

a.gos.to [agˈostu] *sm* August.

a.gou.ro [agˈowru] *sm* omen, prediction, presage.

a.gra.dar [agradˈar] *vt+vint* 1 to please. 2 to cause a good impression. 3 *bras* to pet, caress.

a.gra.dá.vel [agradˈavew] *adj m+f* (*pl* **agradáveis**) agreeable, pleasant, pleasing.

a.gra.de.cer [agradesˈer] *vt* to thank, show gratitude, return thanks.

a.gra.de.ci.do [agradesˈidu] *adj* grateful, thankful, obliged.

a.gra.do [agrˈadu] *sm* 1 pleasure, contentment. 2 kindness, courtesy. 3 *bras* tenderness, caress.

a.grá.rio [agrˈarju] *adj* agrarian. **reforma agrária** land reform.

a.gra.var [agravˈar] *vt* 1 to aggravate. 2 to worsen.

a.gre.dir [agredˈir] *vt* to attack, assault.

a.gres.são [agresˈãw] *sf* (*pl* **agressões**) 1 aggression. 2 attack, assault. 3 offense.

a.gri.ão [agriˈãw] *sm Bot* water-cress.

a.gri.cul.tor [agrikuwtˈor] *sm* agriculturist, farmer.

a.gri.cul.tu.ra [agrikuwtˈurə] *sf* agriculture, farming.

a.grô.no.mo [agrˈonomu] *sm* agronomist.

a.gro.pe.cu.á.ria [agropekuˈarjə] *sf* farming and cattle raising.

a.gru.par [agrupˈar] *vt+vpr* 1 to group, form (into) a group. 2 **agrupar-se** a) to gather together. b) to get into groups.

á.gua [ˈagwə] *sf* water. **água potável** drinking water. **à prova de água** waterproof.

a.gua.do [agwˈadu] *adj* watery.

a.guar [agwˈar] *vt* to water.

a.guar.dar [agwardˈar] *vt* 1 to expect. 2 to await, wait for.

a.guar.den.te [agwardˈẽti] *sf* 1 sugarcane rum. 2 spirits, liquor.

á.gua-vi.va [ˈagwəvˈivə] *sf* (*pl* **águas-vivas**) jelly-fish.

a.gu.do [a'gudu] *sm* sharp. • *adj* **1** pointed. **2** sharpened. **3** quick-witted. **voz aguda** high-pitched voice.

a.guen.tar [agwẽt'ar] *vt* **1** to stand, bear. **2** to resist. **3** to suffer.

á.guia ['agjə] *sf* eagle.

a.gu.lha [ag'uʎə] *sf* needle. **agulha de costura** sewing needle. **agulha de crochê** crochet hook. **agulha de tricô** knitting needle.

ah ['a] *interj* ah! oh! *Ah, que pena!* / Oh, what a pity!

ai ['aj] *sm* groan, moan. • *interj* ah!, ouch!

a.í [a'i] *adv* **1** there, in that place. **2** *bras* in that moment. • *interj* of cheer: splendid!, good!, fine! **aí em cima** up there. **aí embaixo** down there. **aí mesmo** right there. **ele vem aí** there he comes.

AIDS ['ajdis] *sf Med abrev* de Acquired Immune Deficiency Syndrome (síndrome de deficiência imunológica adquirida).

a.in.da [a'ĩdə] *adv* **1** still, yet. *ainda está dormindo?* are you still asleep? *ainda há tempo* / there is time yet. **2** further, more. **ainda assim** nevertheless, even so. **ainda bem** fortunately. **ainda que** though, although. **ainda uma vez** once more. **não, ainda não** no, not yet.

ai.po ['ajpu] *sm* celery.

a.jei.tar [aʒejt'ar] *vt+vpr* **1** to arrange, dispose. **2 ajeitar-se** to adapt oneself easily.

a.jo.e.lhar [aʒoeʎ'ar] *vpr* to kneel, kneel down.

a.ju.da [aʒ'udə] *sf* **1** help, assistance, support, aid. **ajuda externa** foreign aid. **ajuda financeira** financial aid.

a.ju.dar [aʒud'ar] *vt+vpr* to help, aid, assist.

a.jus.tar [aʒust'ar] *vt+vpr* **1** to adjust, regulate. **2** to fit. **3** to fit a thing to another. **4** to settle (accounts).

a.la.gar [alag'ar] *vt+vpr* to inundate, overflow, flood.

a.lar.gar [alarg'ar] *vt* **1** to widen. **2** to enlarge. **3** to extend.

a.lar.mar [alarm'ar] *vt+vpr* **1** to alarm. **2** to frighten. **3 alarmar-se** to become frightened.

a.la.van.ca [alav'ãkə] *sf* lever. **alavanca de câmbio** gear shift.

al.ber.gue [awb'ɛrgi] *sm* inn, hostel. **albergue da juventude** youth hostel.

al.ça ['awsə] *sf* **1** loop. **2** handle. **3** strap (of chess etc.).

al.ca.cho.fra [awkaʃ'ofrə] *sf* artichoke.

al.ça.da [aws'adə] *sf* **1** competence. **2** *fig* sphere of influence.

al.can.çar [awkãs'ar] *vt+vint* **1** to reach, attain, achieve. **2** to obtain, get, succeed.

al.can.ce [awk'ãsi] *sm* **1** reach (sight, mind). **2** range (weapon, TV). **3** understanding. **ao alcance da mão** within arm's reach. **fora de alcance** out of one's reach.

al.ca.par.ra [awkap'aʁə] *sf* caper.

al.co.ó.la.tra [awko'ɔlatrə] *s m+f* alcoholic, drunkard.

al.dei.a [awd'ejə] *sf* village.

a.le.crim [alekr'ĩ] *sm* (*pl* **alecrins**) rosemary.

a.le.gar [aleg'ar] *vt* to allege, claim.

a.le.grar [alegr'ar] *vt+vpr* **1** to make happy, cheer. **2 alegrar-se** to be pleased.

a.le.gre [al'ɛgri] *adj m+f* **1** happy, cheerful. **2** lively (music).

a.le.gri.a [alegr'iə] *sf* **1** joy, cheerfulness. **2** satisfaction. **3** pleasure.

a.lei.jar [alejʒ'ar] *vt* to cripple, maim, disable.

a.lém [al'ẽj] *sm* afterlife, eternity. • *adv* **1** over there. **2** farther on. **3** beyond. **4** besides. **além disto** besides, moreover.

a.ler.tar [alert'ar] *vt+vint+vpr* **1** to alert, warn. **2 alertar-se** to be watchful.

al.fa.be.ti.zar [awfabetiz'ar] *vt* to teach to read and write.

al.fa.ce [awf'asi] *sf* lettuce. **pé de alface** head of lettuce.

al.fai.a.te [awfaj'ati] *sm* tailor.

al.fân.de.ga [awf'ãdegə] *sf* customs.

al.fi.ne.te [awfin'eti] *sm* pin. **alfinete de segurança** safety-pin.

al.ga ['awgə] *sf* seaweed.

al.ga.ris.mo [awgar'izmu] *sm* 1 numeral. 2 number. **algarismo arábico** Arabic numeral.

al.ga.zar.ra [awgaz'a"ə] *sf* uproar, shouting.

al.ge.ma [aw3'emə] *sf* handcuffs.

al.go ['awgu] *adv* somewhat, a little. • *pron indef* something, anything. **algo de belo** something beautiful.

al.go.dão [awgod'ãw] *sm* cotton: a) fibre. b) cloth. **algodão doce** cotton-candy, candy floss.

al.guém [awg'ẽj] *pron indef* 1 somebody, someone. 2 anybody, anyone.

al.gum [awg'ũ] *pron indef* (*pl* **alguns**; *f* **alguma**, *pl* **algumas**) 1 some. 2 any. 3 *pl* some, a few, several. **alguns cigarros** some cigarettes. **de forma alguma** by no means. **depois de algum tempo** after some time.

a.lhei.o [aʎ'eju] *adj* 1 somebody else's. 2 distracted, lost in thought.

a.lho ['aʎu] *sm* garlic. **dente de alho** clove of garlic.

a.li [al'i] *adv* there, in that place. **ali dentro** in there. **ali fora** out there. **até ali** as far as there. **por ali** that way.

a.li.an.ça [ali'ãsə] *sf* 1 alliance. 2 wedding ring.

a.li.ar [ali'ar] *vt+vpr* 1 to join, connect. 2 to combine. 3 **aliar-se a** to make an alliance with.

a.li.ás [ali'as] *adv* 1 else, otherwise. 2 besides. 3 by the way. 4 incidentally.

a.li.ca.te [alik'ati] *sm* (a pair of) pliers. **alicate de unhas** nail clipper.

a.li.cer.ce [alis'ɛrsi] *sm* foundation.

a.li.men.tar [alimẽt'ar] *vt+vpr* 1 to feed. 2 **alimentar-se** to eat. 3 **alimentar-se de** to live on something.

a.li.men.to [alim'ẽtu] *sm* food. **alimento enlatado** canned / tinned food.

a.li.sar [aliz'ar] *vt* to smooth.

a.lis.tar [alist'ar] *vt+vpr* 1 to enlist. 2 to enrol. 3 **alistar-se** to join (up).

a.lí.vio [al'ivju] *sm* relief. **suspiro de alívio** a sigh of relief.

al.ma ['awmə] *sf* soul. **de corpo e alma** with body and soul.

al.mi.ran.te [awmir'ãti] *sm* admiral.

al.mo.çar [awmos'ar] *vint* to have lunch.

al.mo.ço [awm'osu] *sm* (*pl* **almoços**) lunch.

al.mo.fa.da [awmof'adə] *sf* cushion. **almofada para carimbo** ink pad.

al.môn.de.ga [awm'õdegə] *sf* meatball.

a.lô [al'o] *interj* hullo! hello! hi!

a.lo.ja.men.to [aloʒam'ẽtu] *sm* 1 hall of residence, dormitory (alunos). 2 accommodation, habitation.

a.lo.jar [aloʒ'ar] *vt+vint* 1 to accommodate. 2 to put somebody up. *vou alojar alguns alunos em minha casa* / I am going to put some students up in my house.

al.pen.dre [awp'ẽdri] *sm* porch, terrace.

al.pi.nis.mo [awpin'izmu] *sm* mountaineering, mountain climbing.

al.pi.nis.ta [awpin'istə] *s m+f* mountaineer, mountain climber. **alpinista social** social climber.

al.ta ['awtə] *sf* 1 raising, rise. 2 increase. 3 discharge (from hospital). • *adj f* of **alto**: high. **alta noite** high night.

al.te.rar [awter'ar] *vt+vpr* 1 to change, alter. 2 **alterar-se** to get excited, upset.

al.to ['awtu] *sm* 1 height. 2 peak. • *adj* 1 high, elevated, tall. 2 excellent. 3 distinguished. 4 important. 5 loud. • *adv* 1 aloud, loud. 2 atop. **o alto Amazonas** the upper Amazonas. **de alto a baixo** from head to toe.

al.to-fa.lan.te [awtufal'ãti] *sm* (*pl* **alto--falantes**) loudspeaker.

al.tu.ra [awt'urə] *sf* 1 height. 2 altitude. 3 top, summit. 4 tallness. **a certa altura** at a certain point.

a.lu.ci.na.ção [alusinas'ãw] *sf* (*pl* **alucinações**) hallucination.

a.lu.gar [alug'ar] *vt* to hire (out), rent, let, lease. **para alugar** for rent, on hire.

a.lu.guel [alug'ɛw] *sm* (*pl* **aluguéis**) rental, rent, hire, leasing. **firma de aluguel de carros** car rental.

a.lu.no [al'unu] *sm* pupil, student.

al.vo ['awvu] *sm* target, aim. • *adj* white. **errar o alvo** to miss the mark.

al.vo.ra.da [awvor'adə] *sf* dawn, daybreak.

al.vo.ro.ço [awvor'osu] *sm* 1 excitement, agitation. 2 noise, tumult.

a.ma.ci.ar [amasi'ar] *vt* to smooth, soften.

a.ma.dor [amad'or] *sm* amateur. • *adj* amateur, non profissional.

a.ma.du.re.cer [amadures'er] *vt+vint* 1 to ripen. 2 to mature.

a.mal.di.ço.ar [amawdiso'ar] *vt* to curse, execrate.

a.ma.men.tar [amamẽt'ar] *vt* to breast-feed, nurse.

a.ma.nhã [amaɲ'ã] *sm* 1 tomorrow. 2 *fig* the future. **depois de amanhã** a oito dias a week from tomorrow. **depois de amanhã** the day after tomorrow.

a.ma.nhe.cer [amaɲes'er] *sm* dawn, daybreak. • *vint* 1 to dawn. 2 to rise (sun). **ao amanhecer** at dawn.

a.man.te [am'ãti] *s m+f* 1 lover. 2 mistress. • *adj m+f* 1 loving, in love. 2 fond of. **ele é amante de boa música** / he is fond of good music.

a.mar [am'ar] *vt+vint+vpr* 1 to love, be in love. 2 **amar-se** to love each other.

a.ma.re.lo [amar'ɛlu] *sm* yellow (colour). • *adj* 1 yellow. 2 forced (smile).

a.mar.go [am'argu] *adj* bitter.

a.mar.gu.ra [amarg'urə] *sf* 1 bitterness. 2 sorrow.

a.mar.rar [amař'ar] *vt+vint* to fasten, tie (down).

a.mar.ro.tar [amařot'ar] *vt* 1 to crumple. 2 to wrinkle, crease.

a.mas.sar [amas'ar] *vt* 1 to knead. 2 to crumple, wrinkle. 3 to mash.

a.má.vel [am'avew] *adj m+f* (*pl* **amáveis**) 1 kind, gentle, nice. 2 friendly, polite.

am.bi.ci.o.so [ãbisi'ozu] *adj* ambitious, greedy.

am.bi.en.tal [ãbjẽt'aw] *adj m+f* (*pl* **ambientais**) environmental.

am.bi.en.te [ãbi'ẽti] *sm* environment. • *adj m+f* surrounding, environmental, ambient.

âm.bi.to ['ãbitu] *sm* 1 extent, scope. 2 sphere or field of action.

am.bos ['ãbus] *pron* both. *ambos chegaram* / both of them have arrived. **em ambos os lados** on either side.

am.bu.lan.te [ãbul'ãti] *s m+f* street vendor. • *adj m+f* itinerant, traveling.

a.me.a.ça [ame'asə] *sf* threat.

a.me.a.çar [ameas'ar] *vt* to threaten. *eles foram ameaçados com demissão* / they were threatened with dismissal.

a.me.dron.tar [amedrõt'ar] *vt+vint+vpr* 1 to frighten, scare. 2 **amedrontar-se** to be afraid.

a.mei.xa [am'ejʃə] *sf* plum. **ameixa seca** prune.

a.mên.doa [am'ẽdwə] *sf* almond.

a.men.do.im [amẽdo'ĩ] *sm* (*pl* **amendoins**) peanut.

a.me.no [am'enu] *adj* 1 bland, mild. 2 agreeable.

a.mi.do [am'idu] *sm* starch. **amido de milho** corn starch.

a.mi.gá.vel [amig'avew] *adj m+f* (*pl* **amigáveis**) friendly, kind, sociable.

a.mi(g).da.la [am'i(g)dalə] *sf* tonsil.

a.mi.go [am'igu] *sm* friend. *eles são amigos muito íntimos* / they are very close friends. • *adj* friendly.

amizade / ânimo

a.mi.za.de [amiz'adʒi] *sf* friendship. **fazer amizade** to make friends.
a.mo.la.ção [amolas'ãw] *sf (pl* **amolações)** 1 affliction, nuisance. 2 bore. 3 sharpening.
a.mo.lar [amol'ar] *vt* 1 to sharpen. 2 to pester, annoy. **não me amole!** / don't be a nuisance!
a.mo.le.cer [amoles'er] *vt* 1 to soften. 2 to soak, macerate.
a.mo.ní.a.co [amon'iaku] *sm* ammonia.
a.mon.to.ar [amõto'ar] *vt+vint* 1 to heap or pile up. 2 to accumulate.
a.mor [am'or] *sm (pl* **amores)** love, affection, attachment. **fazer amor** to make love. **pelo amor de Deus!** for Goodness sake! **por amor** out of love.
a.mo.ro.so [amor'ozu] *adj* 1 loving, amorous. 2 gentle. **vida amorosa** love life.
a.mor-pró.prio [am'orpr'ɔprju] *sm* self-esteem.
a.mos.tra [am'ɔstrə] *sf* sample, example. **amostra grátis** free sample.
am.pa.rar [ãpar'ar] *vt+vint* 1 to support. 2 to protect, help.
am.pli.ar [ãpli'ar] *vt* to amplify, enlarge.
am.pli.fi.ca.dor [ãplifikad'or] *sm* (também *Fot, Rád*) amplifier, receiver.
am.plo ['ãplu] *adj* 1 ample. 2 wide. 3 spacious.
am.pu.tar [ãput'ar] *vt* to amputate.
a.mu.a.do [amu'adu] *adj* sulky, sullen.
a.mu.ar [amu'ar] *vt* to sulk.
a.nal.fa.be.tis.mo [anawfabet'izmu] *sm* illiteracy.
a.nal.fa.be.to [anawfab'ɛtu] *sm* illiterate.
a.nal.gé.si.co [anawʒ'ɛziku] *sm* pain killer.
a.na.li.sar [analiz'ar] *vt* to analyse.
a.não [an'ãw] *sm (pl* **anões)** *(fem* **anã)** dwarf.
a.nar.qui.a [anark'iə] *sf* anarchy.
ân.co.ra ['ãkorə] *sf* 1 anchor. 2 *Telev* anchorman, anchorwoman.
an.dai.me [ãd'∧jmi] *sm* scaffold.
an.da.men.to [ãdam'ẽtu] *sm* process, proceeding. **em andamento** in process.
an.dar [ãd'ar] *sm* 1 gait (walking). 2 floor (building). **leve-me ao andar térreo** / take me down to the ground floor, please. • *vint+vt* 1 to go, walk. 2 to drive, ride. **gosto de andar de bicicleta** / I like to ride a bicycle. 3 to function, work. 4 to be, feel. **andar desesperado** to be desperate.
an.do.ri.nha [ãdor'iɲə] *sf* swallow.
a.nel [an'ɛw] *sm (pl* **anéis)** ring. **anel de casamento** wedding-ring.
a.nê.mi.co [an'emiku] *adj* 1 anemic. 2 weak. 3 pale.
a.nes.te.si.ar [anestezi'ar] *vt* to anesthetize.
a.ne.xar [aneks'ar] *vt* to annex, join, attach.
an.fí.bio [ãf'ibju] *sm* amphibian (animal or plant). • *adj* amphibious.
an.fi.te.a.tro [ãfite'atru] *sm* amphitheatre.
an.fi.tri.ã [ãfitri'ã] *sf (pl* **anfitriãs)** hostess.
an.fi.tri.ão [ãfitri'ãw] *sm (pl* **anfitriões)** host.
an.glo-sa.xão ['ãglusaks'ãw] *sm (pl* **anglo-saxões)** Anglo-Saxon. • *adj* Anglo-Saxon.
ân.gu.lo ['ãgulu] *sm* 1 angle. 2 point of view.
an.gús.tia [ãg'ustjə] *sf* 1 anguish. 2 distress, agony.
a.ni.ma.ção [animas'ãw] *sf (pl* **animações)** 1 animation. 2 liveliness. 3 enthusiasm.
a.ni.ma.do [anim'adu] *adj* 1 enthusiastic. 2 encouraged. 3 lively.
a.ni.mal [anim'aw] *sm (pl* **animais)** animal. • *adj m+f* animal. **reino animal** animal kingdom.
a.ni.mar [anim'ar] *vt* 1 to encourage, cheer up. 2 **animar-se** to cheer (oneself) up.
â.ni.mo ['∧nimu] *sm* 1 vitality. 2 spirit. • *interj* **ânimo!** courage! cheer up!

aniquilar 298 **antropologia**

a.ni.qui.lar [anikil'ar] *vt+vpr* **1** to annihilate, extinguish. **2** to kill. **3 aniquilar-se** to destroy oneself.
a.nis [an'is] *sm* anise, aniseed.
a.nis.ti.a [anist'iə] *sf* amnesty.
a.ni.ver.sá.rio [anivers'arju] *sm* anniversary, birthday (person). **aniversário de casamento** wedding anniversary. **aniversário natalício** birthday.
an.jo ['ãʒu] *sm* **1** angel. **2** *fig* very kind person. **anjo da guarda** guardian angel.
a.no ['ʌnu] *sm* **1** year. **2 anos** a person's years of existence. *quantos anos você tem?* / how old are you? **ano a ano** year by year. **anos atrás** years ago. **anos 80** in the 80's. **de dois em dois anos** every other year. **todo ano** every year. **uma vez por ano** once a year.
a.noi.te.cer[1] [anojtes'er] *sm* nightfall, dusk. **ao anoitecer** at dusk.
a.noi.te.cer[2] [anojtes'er] *vint* to get dark.
a.no-luz [∧nul'us] *sm* (*pl* **anos-luz**) light-year.
a.no.tar [anot'ar] *vt* to write down.
an.sei.o [ãs'eju] *sm* **1** longing. **2** wish.
ân.sia ['ãsjə] *sf* **1** anguish, anxiety. **2** longing. **3 ânsias** nausea.
an.si.ar [ãsi'ar] *vt+vint+vpr* **1** to crave, yearn. **2 ansiar por** to pine for, long for.
an.si.e.da.de [ãsjed'adʒi] *sf* anxiety, worry.
an.te ['ãtʃi] *prep* before, in the face of, in view of.
an.te.bra.ço [ãtebr'asu] *sm* forearm.
an.te.ce.dên.cia [ãtesed'ẽsjə] *sf* antecedence, precedence. **com antecedência** in advance.
an.te.ce.den.te, an.te.ce.den.tes [ãtesed'ẽtʃi] *sm* antecedent. • *adj m+f* antecedent, preceding, previous, prior. **antecedentes criminais** criminal record.
an.te.ci.pa.da.men.te [ãtesipadam'ẽtʃi] *adv* beforehand, in advance.

an.te.ci.par [ãtesip'ar] *vt+vint+vpr* **1** to anticipate. **2** to advance (time or date), bring forward. **3 antecipar-se** to foresee.
an.te.mão [ãtem'ãw] *adv* beforehand. **de antemão** previously, in advance.
an.te.na [ãt'enə] *sf* **1** antenna, aerial (TV, radio). **2** *Zool* antenna. **antena parabólica** satellite dish.
an.te.on.tem [ãte'õtẽj] *adv* the day before yesterday.
an.te.pas.sa.do [ãtepas'adu] *sm* **1** forefather, ancestor. **2 antepassados** ancestors.
an.te.ri.or [ãteri'or] *adj m+f* former, previous, prior.
an.tes ['ãtʃis] *adv* before, formerly, previously. **antes de tudo** first of all. **o quanto antes** as soon as possible. **pouco antes** shortly before. **quanto antes melhor** the sooner the better.
an.ti.a.de.ren.te [ãtʃjader'ẽtʃi] *adj* nonstick.
an.ti.con.cep.ci.o.nal [ãtʃikõsepsjon'aw] *sm* (*pl* **anticoncepcionais**) contraceptive. • *adj m+f* contraceptive.
an.ti.cor.po [ãtʃik'orpu] *sm* antibody.
an.ti.ga.men.te [ãtʃigam'ẽtʃi] *adv* formerly, in the old days.
an.ti.go [ãt'igu] *adj* **1** ancient, old. **2** antique. **3** old-fashioned. *meu antigo professor* my former teacher. **objetos antigos** antiquities.
an.ti.gui.da.de [ãtʃigid'adʒi] *sf* **1** antique. **2** ancient times.
an.ti.pa.ti.a [ãtʃipat'iə] *sf* aversion, dislike.
an.ti.pá.ti.co [ãtʃip'atʃiku] *adj* unpleasant.
an.ti.qua.do [ãtʃik'wadu] *adj* **1** out of date, obsolete. **2** old-fashioned, ancient.
an.ti.quá.rio [ãtʃik'warju] *sm* antique shop.
an.tô.ni.mo [ãt'onimu] *sm* antonym, opposite.
an.tro.po.lo.gi.a [ãtropoloʒ'iə] *sf* anthropology.

an.tro.pó.lo.go [ãtrop'ɔlogu] *sm* anthropologist.

a.nu.al [anu'aw] *adj m+f* (*pl* **anuais**) annual, yearly. **assinatura anual** yearly subscription.

a.nu.lar[1] [anul'ar] *adj m+f* annular, ring-shaped. **dedo anular** ring-finger.

a.nu.lar[2] [anul'ar] *vt* **1** to annul, cancel. **2** to declare something invalid.

a.nun.ci.ar [anũsi'ar] *vt* **1** to announce. **2** to advertise.

a.nún.cio [an'ũsju] *sm* **1** advertisement, notice. **2** bill. **3** announcement.

an.zol [ãz'ow] *sm* (*pl* **anzóis**) fishhook. **pescar com anzol** to angle.

ao [aw] *contr* da *prep* **a** e o *art* **o**: in the, for the, at the, to the, by the etc. **ao amanhecer** at dawn. **ao invés de** instead of. **ao menos** at least. **ao romper do dia** at daybreak. **ao todo** all in all.

a.on.de [a'õdi] *adv* where, wherever. *aonde você vai?* / where are you going to?

a.pa.gar [apag'ar] *vt+vint+vpr* **1** to extinguish. **2** to erase. **3** to delete. **4** *bras. gír* to kill someone. **5** **apagar-se** to die away, go out.

a.pai.xo.na.do [apajʃon'adu] *sm* **1** lover. **2** enthusiast. • *adj* **1** enamoured. **2** enthusiastic.

a.pai.xo.nar [apajʃon'ar] *vt+vpr* **1** to infatuate, enamour. **2** **apaixonar-se** to fall in love.

a.pal.par [apawp'ar] *vt* to touch, feel, palpate.

a.pa.nhar [apañ'ar] *vt+vint+vpr* **1** to pick, pluck. **2** to catch (as a ball). **3** to fetch. *vou apanhar as crianças no clube* / I'm going to fetch the children at the club. **apanhar flores** to pick flowers. **apanhar um resfriado** to catch a cold.

a.pa.ra.fu.sar [aparafuz'ar] *vt* to bolt, fasten with a screw.

a.pa.rar [apar'ar] *vt* to clip, trim, cut.

a.pa.re.cer [apares'er] *vint* **1** to appear, show up. **2** to come to sight.

a.pa.re.ci.men.to [aparesim'ẽtu] *sm* appearance.

a.pa.re.lho [apar'eʎu] *sm* **1** equipment. **2** apparatus, device. **3** machine. **4** braces (teeth).

a.pa.rên.cia [apar'ẽsjə] *sf* **1** appearance, aspect. **2** semblance. **3** likeliness. **de boa aparência** good-looking.

a.pa.ren.tar [aparẽt'ar] *vt* to look. *ele aparenta ter 30 anos* / he looks about 30.

a.pa.ri.ção [aparis'ãw] *sf* (*pl* **aparições**) **1** appearance. **2** vision.

a.par.ta.men.to [apartam'ẽtu] *sm* flat (England), apartment (USA).

a.pa.vo.rar [apavor'ar] *vt+vint+vpr* to frighten, terrify, appal.

a.pa.zi.guar [apazig'war] *vt* to pacify, appease.

a.pe.ar [ape'ar] *vt+vint+vpr* **1** to put or help down (as from a car). **2** to dismount (from a horse). **3** **apear-se** to dismount.

a.pe.ga.do [apeg'adu] *adj* attached, affectionate.

a.pe.go [ap'egu] *sm* affection, attachment, fondness.

a.pe.lar [apel'ar] *vt+vint* **1** to appeal. **2** to ask for assistance.

a.pe.li.do [apel'idu] *sm* nickname.

a.pe.lo [ap'elu] *sm* appeal, plea. **fazer um apelo** to make a plea, appeal to.

a.pe.nas [ap'enas] *adv, conj* **1** only. **2** just.

a.pên.di.ce [ap'ẽdisi] *sm* (também *Anat, Zool*) appendix, appendage.

a.per.fei.ço.a.men.to [aperfejsoam'ẽtu] *sm* improvement.

a.per.fei.ço.ar [aperfejso'ar] *vt+vpr* **1** to improve on/upon, better. **2** **aperfeiçoar-se** to improve in, correct one's own faults.

a.pe.ri.ti.vo [aperit'ivu] *sm* **1** aperitif. **2** appetizer.

a.per.tar [apert'ar] *vt* **1** to press. **2** to tighten, take in. **apertar a mão** to shake hands.

a.per.to [ap'ertu] *sm* (*pl* **apertos**) **1** pressure. **2** distress, trouble.

a.pe.sar de [apez'ar di] frase preposicional: in spite (of), despite, although, notwithstanding, though.

a.pe.te.cer [apetes'er] *vt+vint* **1** to have an appetite for. **2** to desire, hunger for.

a.pe.ti.to.so [apetit'ozu] *adj* appetizing.

a.pe.tre.chos [apetr'eʃus] *sm pl* supplies, equipment, gear. **apetrechos de pesca** fishing tackle.

a.pi.men.ta.do [apimẽt'adu] *adj* peppery, spicy.

a.pi.nha.do [apiñ'adu] *adj* crammed, crowded.

a.pi.tar [apit'ar] *vint+vt* **1** to blow the whistle. **2** to warn (trem).

a.pi.to [ap'itu] *sm* whistle.

a.pla.car [aplak'ar] *vt+vint* **1** to placate. **2** to soothe. **3** to quench.

a.plai.nar [aplajn'ar] *vt* **1** to plane. **2** to level, smooth.

a.plau.so [apl'awzu] *sm* applause.

a.pli.ca.ção [aplikas'ãw] *sf* (*pl* **aplicações**) **1** application. **2** perseverance. **3** *Jur* enforcement.

a.pli.car [aplik'ar] *vt+vpr* **1** to apply. **2** to administer (a remedy). **3 aplicar-se** a) to be applied to. b) to be diligent.

a.po.de.rar [apoder'ar] *vpr* to take possession, seize.

a.po.dre.cer [apodres'er] *vt+vint* to rot.

a.poi.ar [apoj'ar] *vt+vpr* **1** to support. **2** to patronize, encourage. **3 apoiar-se (sobre, em, ao, à)** to rest, lean (on, a-gainst), rely, depend on.

a.pó.li.ce [ap'ɔlisi] *sf* policy, bond. **apólice de seguro** insurance policy.

a.po.lo.gi.a [apoloʒ'iə] *sf* **1** apology: defense. **2** high praise.

a.pon.ta.dor [apõtad'or] *sm* pencil sharpener.

a.pon.tar [apõt'ar] *vt+vint* **1** to indicate, show. **2** to point out. **3** to point to. **4** to sharpen.

a.por.ri.nhar [apořiñ'ar] *vt+vpr pop* to annoy, pester.

a.pós [ap'ɔs] *adv* after, thereafter, behind. • *prep* after, behind. **após isso** thereafter. **dia após dia** day after day. **um após o outro** one after another.

a.po.sen.ta.do [apozẽt'adu] *sm* pensioner. • *adj* retired.

a.po.sen.ta.do.ri.a [apozẽtador'iə] *sf* pension, retirement.

a.pos.tar [apost'ar] *vt+vint* **1** to bet, make a bet. *quanto quer apostar?* / what will you bet? **2** to challenge, defy. *aposto que você não sabe fazê-lo!* / I defy you to do it!

a.pós.to.lo [ap'ɔstolu] *sm* apostle.

a.pra.zí.vel [apraz'ivew] *adj m+f* (*pl* **aprazíveis**) pleasant, delightful.

a.pre.ci.a.ção [apresjas'ãw] *sf* (*pl* **apreciações**) appreciation.

a.pre.ci.ar [apresi'ar] *vt* **1** to appreciate. **2** to rate, estimate, judge. **3** to recognize (the value of).

a.pre.ço [apr'esu] *sm* regard, esteem.

a.pre.en.der [apreẽd'er] *vt+vint* to apprehend: a) to arrest. b) to confiscate. c) to understand.

a.pre.en.são [apreẽs'ãw] *sf* (*pl* **apreensões**) apprehension: a) act or fact of apprehending. b) arrest. c) seizure, capture. d) understanding. e) fear.

a.pren.der [aprẽd'er] *vt+vint* to learn. **aprender de cor** to learn by heart.

a.pren.diz [aprẽd'is] *sm* (*pl* **aprendizes**) apprentice, beginner.

a.pren.di.za.gem [aprẽdiz'aʒẽj] *sf* (*pl* **aprendizagens**) learning.

a.pre.sen.tar [aprezẽt'ar] *vt+vpr* **1** to present: a) to introduce. b) to show. c) to display. **2 apresentar-se** to introduce oneself.

a.pres.sar [apres'ar] *vt+vint+vpr* **1** to speed up, rush. **2 apressar-se** to make haste, get moving.

a.pri.mo.ra.do [aprimor'adu] *adj* refined, elegant, well done.

a.pri.mo.rar [aprimor'ar] *vt+vpr* **1** to improve. **2 aprimorar-se** to improve oneself.

a.pri.si.o.nar [aprizjon'ar] *vt* to arrest, capture.

a.pro.fun.dar [aprofũd'ar] *vt+vpr* **1** to deepen, go deep into. **2 aprofundar-se** to deepen (the knowledge).

a.pron.tar [aprõt'ar] *vt+vint* to make or get ready.

a.pro.pri.a.do [apropri'adu] *adj* appropriate, proper, adequate. *é apropriado para ela* / it is proper for her.

a.pro.va.ção [aprovas'ãw] *sf(pl* **aprovações**) **1** approval. **2** pass (examination).

a.pro.var [aprov'ar] *vt+vint* **1** to approve. **2** to sanction, pass. *aprovar uma lei* to pass a law.

a.pro.vei.tar [aprovejt'ar] *vt+vpr* **1** to make good use of, benefit from. **2** to use. *ela aproveitou as sobras* / she used the leftovers. **3 aproveitar-se (de)** to take advantage (of).

a.pro.xi.ma.ção [aprosimas'ãw] *sf* (*pl* **aproximações**) **1** approach, nearness. **2** close estimate.

a.pro.xi.mar [aprosim'ar] *vt+vpr* **1** to bring near. **2 aproximar-se** to come near, approach.

ap.ti.dão [aptid'ãw] *sf(pl* **aptidões**) aptitude, ability, capacity, talent. **aptidão física** physical fitness.

ap.to ['aptu] *adj* able, qualified, fit. *apto para o trabalho* / fit for work.

a.pu.nha.lar [apuñal'ar] *vt* to stab.

a.pu.rar [apur'ar] *vt+vint* **1** to improve. **2** to refine. **3** to verify, investigate. **4** to count (votes).

a.pu.ro [ap'uru] *sm* **1** accuracy. **2** plight, fix, difficulty.

a.qua.re.la [akwar'ɛlə] *sf* watercolour.

a.quá.rio [ak'warju] *sm* **1** aquarium. **2** Aquarius.

a.que.ce.dor [akesed'or] *sm* heater. *aquecedor elétrico* electric heater.

a.que.cer [akes'er] *vt+vpr* **1** to make or become hot, warm. **2** to heat up. **3 aquecer-se** to get warmed up.

a.que.la [ak'ɛlə] *pron dem (fem* of **aquele**) **1** that (one), the one. **2 aquelas** those.

à.que.la [ak'ɛlə] *contr* da *prep* **a** e do *pron dem fem* **aquela**: to that, to that one. *dei o livro àquela moça* / I gave the book to that girl.

a.que.le [ak'eli] *pron dem* **1** that one, the former. **2 aqueles** those.

à.que.le [ak'eli] *contr* da *prep* **a** e do *pron dem masc* **aquele**: to that, to that one. *dê o livro àquele rapaz* / give the book to that boy.

a.qui [ak'i] *adv* here, herein, now, at this time. **aqui mesmo** right here. *aqui estou* / here I am.

a.qui.lo [ak'ilu] *pron dem* that. *aquilo é melhor* / that is better. **aquilo que...** what. *obrigado por aquilo que você fez por nós* / thanks for what you have done for us.

ar ['ar] *sm* air: a) atmosphere. b) breath. c) breeze. d) look, appearance. *você está com ar de cansado* / you look tired. **ao ar livre** out of doors. **ar livre** open air. **ar puro** fresh air. **falta de ar** shortness of breath.

a.ra.do [ar'adu] *sm* plough, plow.

a.ra.me [ar'∧mi] *sm* wire. **arame farpado** barbed wire.

a.ra.nha [ar'∧ña] *sf* spider. **estar em palpos de aranha** *pop* to be in a very difficult position. **teia de aranha** cobweb.

a.rar [ar'ar] *vt* to plow, plough.

a.ra.ra [ar'arə] *sf* macaw, a Brazilian parrot. **ficar uma arara** *bras gír* to get very angry.

ar.bi.trar [arbitr'ar] *vt* **1** to arbitrate, decide. **2** to umpire (tennis), referee (football).

ar.bí.trio [arb'itrju] *sm* will, discretion. **ao arbítrio de** at one's discretion. **livre-arbítrio** free will.

ár.bi.tro ['arbitru] *sm* arbiter, umpire, judge, referee.
ar.bus.to [arb'ustu] *sm* shrub, bush.
ar.ca ['arkə] *sf* ark, chest. **arca de Noé** Noah's Ark.
ar.cai.co [ark'ajku] *adj* 1 archaic. 2 disused.
ar.car [ark'ar] *vt* 1 to struggle, afford. *posso arcar com as despesas de um táxi* / I can afford to take a taxi. 2 to face, to cope with. **arcar com dificuldades** to cope with difficulties.
ar.ce.bis.po [arseb'ispu] *sm* archbishop.
ar.co ['arku] *sm* 1 (também *Geom*) arc. 2 *Arquit* arch. 3 *Mús* bow (também **weapon**). 4 *Fut* goal. 5 arcos arcade. **arco e flecha** archery.
ar.co-í.ris [arku'iris] *sm, sing+pl* rainbow.
ar.den.te [ard'ẽti] *adj m+f* ardent: a) vehement. b) ablaze, burning.
ar.der [ard'er] *vint* 1 to burn. 2 to sting.
ar.dó.sia [ard'ɔzjə] *sf* slate.
á.rea ['arjə] *sf* area: a) surface. b) space. c) sector, region. d) scope, field.
a.rei.a [ar'ejə] *sf* sand. **areia movediça** quicksand.
a.re.jar [arez'ar] *vt+vint* to air, ventilate.
a.re.no.so [aren'ozu] *adj* sandy.
a.ren.que [ar'ẽki] *sm* herring, anchovy.
ar.far [arf'ar] *vint* to puff and pant.
ar.gi.la [arʒ'ilə] *sf* clay.
ar.go.la [arg'ɔlə] *sf* 1 ring. 2 hoop (earring).
ar.gu.men.tar [argumẽt'ar] *vt+vint* to argue.
ar.gu.men.to [argum'ẽtu] *sm* argument, argumentation, reason.
a.ri.dez [arid'es] *sf* 1 aridness, dryness. 2 barrenness.
á.ri.do ['aridu] *adj* 1 arid, dry. 2 barren.
a.ris.to.cra.ci.a [aristokras'iə] *sf* aristocracy.
ar.ma ['armə] *sf* 1 weapon, arm. 2 **armas** a) arms, weapons. b) armed forces. c) coat of arms.

ar.ma.ção [armas'ãw] *sf* (*pl* **armações**) frame, framework.
ar.ma.da [arm'adə] *sf* navy.
ar.ma.di.lha [armad'iʎə] *sf* trap. **cair na armadilha** to fall into the trap.
ar.ma.men.to [armam'ẽtu] *sm* weapons.
ar.mar [arm'ar] *vt+vint+vpr* 1 to arm. 2 to equip. 3 to fix, set. 4 **armar-se** to arm, get ready for war.
ar.ma.ri.nho [armar'iñu] *sm* haberdashery.
ar.má.rio [arm'arju] *sm* cupboard, wardrobe, closet.
ar.ma.zém [armaz'ẽj] *sm* (*pl* **armazéns**) 1 grocery store. 2 warehouse, storehouse.
ar.ma.ze.nar [armazen'ar] *vt+vint* to store.
a.ro ['aru] *sm* 1 ring. 2 rim of a wheel. 3 frame of eyeglasses.
a.ro.ma [ar'omə] *sm* 1 aroma. 2 smell, scent.
ar.pão [arp'ãw] *sm* (*pl* **arpões**) harpoon.
ar.quei.ro [ark'ejru] *sm* 1 archer. 2 *bras Fut* goalkeeper.
ar.que.o.lo.gi.a [arkeoloʒ'iə] *sf* archaeology.
ar.que.ó.lo.go [arke'ɔlogu] *sm* archaeologist.
ar.qui.ban.ca.da [arkibãk'adə] *sf* bleachers, *brit* terraces.
ar.qui.te.tar [arkitet'ar] *vt* 1 to devise, project. 2 to scheme, orchestrate.
ar.qui.te.to [arkit'ɛtu] *sm* architect.
ar.qui.te.tu.ra [arkitet'urə] *sf* architecture.
ar.qui.vo [ark'ivu] *sm* 1 archive, file. 2 register.
ar.rai.ga.do [aʀajg'adu] *adj* 1 deep-rooted. 2 inveterate.
ar.ran.car [aʀãk'ar] *vt+vint* 1 to pull or tear away violently, pull up. 2 to snatch away. 3 to uproot. 4 to start rapidly (as an engine). 5 to pull out.
ar.ra.nha-céu [aʀʌñas'ɛw] *sm* (*pl* **arranha-céus**) skyscraper.
ar.ra.nhar [aʀañ'ar] *vt+vint+vpr* 1 to

scratch, graze. **2** to know little (a language etc.). **3** to play badly (a musical instrument). **4 arranhar-se** to suffer a slight wound.

ar.ran.jar [ar̄ãʒ'ar] *vt+vpr* **1** to arrange: a) to provide for. b) to set in order. c) to adjust, settle. **2** to obtain, get. **3 arranjar-se** to know how to take care of oneself. **arranjar dinheiro** to raise money. **arranjar uma colocação** to find a job.

ar.ran.que [ar̄'ãki] *sm* sudden start. **motor de arranque** engine starter.

ar.ra.sa.do [ar̄az'adu] *adj* **1** demolished. **2** depressed. **3** exhausted, very tired.

ar.ra.sar [ar̄az'ar] *vt* **1** to destroy. **2** to win hands down.

ar.ras.tar [ar̄ast'ar] *vt+vint+vpr* **1** to drag, draw. **2** to pull. **3 arrastar-se** to move slowly and with difficulty.

ar.re.ba.tar [ar̄ebat'ar] *vt* **1** to snatch, grab. **2** to enchant.

ar.re.ben.tar [ar̄ebẽt'ar] *vt+vint* to burst, crush, explode.

ar.re.bi.ta.do [ar̄ebit'adu] *adj* turned up (nose).

ar.re.don.dar [ar̄edõd'ar] *vt+vint* to round off.

ar.re.do.res [ar̄ed'ɔris] *sm pl* outskirts.

ar.re.ga.çar [ar̄egas'ar] *vt* to tuck up, pin up, roll up (as trousers, shirts, sleeves).

ar.re.ga.nhar [ar̄egañ'ar] *vt+vint* to split, open. **arreganhar os dentes** to bare (one's) teeth.

ar.rei.o [ar̄'eju] *sm* saddlery, harness.

ar.re.me.dar [ar̄emed'ar] *vt* to imitate.

ar.re.mes.sar [ar̄emes'ar] *vt* to fling, dart, hurl.

ar.ren.dar [ar̄ẽd'ar] *vt* to let, rent, lease.

ar.re.pen.der [ar̄epẽd'er] *vpr* **1** to repent, be sorry for, regret. **2** to change one's mind.

ar.re.pen.di.men.to [ar̄epẽdim'ẽtu] *sm* **1** regret. **2** repentance.

ar.re.pi.an.te [ar̄epi'ãti] *adj m+f* frightening, terrifying.

ar.re.pi.ar [ar̄epi'ar] *vt+vint+vpr* **1** to ruffle. **2** to make one's hair stand on end. **3** fill with horror. **4 arrepiar-se** to shudder, shiver.

ar.re.pi.o [ar̄ep'iu] *sm* shiver, creep.

ar.ri.mo [ar̄'imu] *sm* support. **arrimo de família** breadwinner.

ar.ris.ca.do [ar̄isk'adu] *adj* **1** risky, daring. **2** hazardous.

ar.ris.car [ar̄isk'ar] *vt+vint+vpr* **1** to risk, dare. **2** to endanger. **3 arriscar-se** to expose oneself to risks.

ar.ro.gân.cia [ar̄og'ãsjə] *sf* arrogance, presumption.

ar.ro.ja.do [ar̄oʒ'adu] *adj* **1** bold. **2** daring.

ar.rom.bar [ar̄õb'ar] *vt* **1** to break into. **2** to wrench.

ar.ro.tar [ar̄ot'ar] *vt+vint* **1** to belch, burp. **2** *fig* to boast, swagger, brag.

ar.roz [ar̄'os] *sm* rice.

ar.roz-do.ce [ar̄'ozd'osi] *sm* rice pudding.

ar.ru.a.ça [ar̄u'asə] *sf* uproar, street riot.

ar.ru.i.nar [ar̄ujn'ar] *vt+vint+vpr* **1** to ruin. **2 arruinar-se** a) to ruin oneself. b) to go bankrupt.

ar.ru.ma.dei.ra [ar̄umad'ejrə] *sf bras* housemaid, chambermaid.

ar.ru.mar [ar̄um'ar] *vt+vpr* **1** to arrange, set in order. **2** to pack. **3 arrumar-se** to get dressed, get ready.

ar.te ['arti] *sf* **1** art. **2** skill, craft. **artes e ofícios** arts and crafts. **fazer uma arte** to be up to tricks.

ar.té.ria [art'ɛrjə] *sf* **1** artery. **2** highway.

ar.te.sa.na.to [artezan'atu] *sm* workmanship, handicraft, handiwork.

ar.te.são [artez'ãw] *sm (pl* **artesãos)** artisan, craftsman.

ár.ti.co ['artiku] *adj* arctic.

ar.ti.cu.la.ção [artikulas'ãw] *sf (pl* **articulações)** *Anat, Biol, Bot, Mec, Zool* **1** articulation, joint. **2** articulation (pronunciation).

ar.ti.cu.lar [artikul'ar] *vt* **1** to articulate. **2** to link.

ar.ti.go [art'igu] *sm* article: **1** commodity product. **2** a literary composition (as for a newspaper or a journal). **3** *Gram* the definite and indefinite articles **o, a, um, uma**.

ar.ti.lha.ri.a [artiʎar'iə] *sf* artillery.

ar.ti.ma.nha [artim'ʌɲə] *sf* trick.

ar.tis.ta [art'istə] *s m+f* artist.

ar.tri.te [artr'iti] *sf* arthritis.

ár.vo.re ['arvori] *sf* tree. **árvore genealógica** family tree.

ar.vo.re.do [arvor'edu] *sm* a grove of trees, stand.

as[1] [as] *fem pl do art def* the.

as[2] [as] *fem pl do pron pess* a those, them. **eu as vi** *vi* I saw them.

as[3] [as] *fem pl do pron dem* a the ones.

ás ['as] *sm* **1** *Aeron, Jogo* ace. **2** *fig* star.

às ['as] *contr da prep* **a** + *pl do art fem* **as** to the, at the etc. **às cegas** blindly. **às armas!** to arms!

a.sa ['azə] *sf* **1** wing. **2** handle.

a.sa-del.ta [azə d'ɛwtə] *sf Esp* hang glider.

as.cen.são [asẽs'ãw] *sf* (*pl* **ascensões**) **1** ascension. **2** promotion, rise.

as.co [asku] *sm* loathing, repugnance.

as.fal.tar [asfawt'ar] *vt* to asphalt, pave.

as.fi.xi.an.te [asfiksi'ãti] *adj m+f* stifling, suffocating.

as.fi.xi.ar [asfiksi'ar] *vt+vint* **1** to asphyxiate, suffocate, stifle. **2** to choke.

a.si.lo [az'ilu] *sm* **1** home. **2** refuge. **3** asylum (politics).

as.má.ti.co [azm'atiku] *sm* asthmatic person. • *adj* asthmatic.

as.nei.ra [azn'ejrə] *sf* **1** foolishness, stupidity. **2** nonsense, blunder.

as.no ['aznu] *sm* **1** ass, donkey. **2** stupid, a fool.

as.par.go [asp'argu] *sm* asparagus.

as.pas ['aspəs] *sf* inverted commas (" "), quotation marks.

as.pec.to [asp'ɛktu] *sm* **1** aspect, appearance. **2** point of view. **3** feature. **4** side.

ás.pe.ro ['asperu] *adj* **1** rough. **2** coarse.

as.pi.ra.dor [aspirad'or] *sm* vacuum cleaner.

as.pi.rar [aspir'ar] *vt+vint* **1** to vacuum. **2** to inhale (air, smoke). **3** to aspire to.

as.que.ro.so [asker'ozu] *adj* sickening, disgusting.

as.sa.do [as'adu] *sm* a roast (meat). • *adj* roasted, baked.

as.sa.la.ri.a.do [asalari'adu] *sm* person who receives a salary.

as.sal.tan.te [asawt'ãti] *s e adj m+f* **1** assailant. **2** robber. **3** burglar. **4** mugger.

as.sal.tar [asawt'ar] *vt+vint* **1** to assault, attack. **2** to ambush. **3** to mug. **4** to hold up. **eles assaltaram uma loja a mão armada** / they held up a shop.

as.sal.to [as'awtu] *sm* **1** assault, attack. **2** robbery. **3** hold up. **4** mugging. **5** round (boxing). **assalto a mão armada** holdup.

as.sar [as'ar] *vt+vint* **1** to roast, bake. **2** to provoke an irritation on the skin.

as.sas.si.nar [asasin'ar] *vt* to murder, kill.

as.sas.si.na.to [asasin'atu] *sm* murder, homicide.

as.sas.si.no [asas'inu] *sm* murderer, killer. • *adj* murderous.

as.sé.dio [as'ɛdju] *sm* harassment. **assédio sexual** sexual harassment.

as.se.gu.rar [asegur'ar] *vt+vint+vpr* **1** to assert, ensure. **2** to assure. **3** **assegurar-se** to verify, make sure.

as.sei.o [as'eju] *sm* cleanliness.

as.sem.blei.a [asẽbl'ɛjə] *sf* assembly, meeting.

as.se.me.lhar [asemeʎ'ar] *vpr* to be similar to.

as.sen.tar [asẽt'ar] *vt+vint* to settle: a) to fix. b) to calm down. c) to settle down.

as.sen.tir [asẽt'ir] *vt+vint* to agree, consent, nod.

as.sen.to [as'ētu] *sm* a seat.

as.ses.so.ri.a [asesor'iə] *sf* advisement, advisory body.

as.sim [as'ĩ] *adv* thus, so, like this, then, consequently, therefore. **ainda assim** even so. **assim como** as well as, just as, such as. **assim que** as soon as. **como assim?** how come? **e assim por diante** and so on, and so forth.

as.si.na.do [asin'adu] *adj* 1 signed. 2 subscribed. **o abaixo-assinado** the undersigned.

as.si.na.lar [asinal'ar] *vt* 1 to mark. 2 to point out.

as.si.nar [asin'ar] *vt* 1 to sign. 2 to subscribe. **assinar um jornal** to subscribe a newspaper.

as.si.na.tu.ra [asinat'urə] *sf* 1 signature. 2 subscription. 3 *Teat* season ticket.

as.sis.tên.cia [asist'ẽsjə] *sf* 1 audience. 2 assistance, care. 3 protection, aid. **assistência médica** medical care. **assistência social** social welfare work.

as.sis.ten.te [asist'ẽti] *s m+f* assistant, helper. • *adj m+f* assisting, auxiliary. **assistente social** social worker.

as.sis.tir [asist'ir] *vint* 1 to attend. 2 to be present at. 3 to see (a play, a movie). 4 to watch (TV). 5 to assist, aid, help.

as.so.a.lho [aso'aʎu] *sm* = **soalho**.

as.so.ar [aso'ar] *vt* to blow one's nose.

as.so.bi.ar [asobi'ar] *vint* to whistle.

as.so.ci.a.ção [asosjas'ãw] *sf* (*pl* **associações**) 1 association. 2 society.

as.so.ci.ar [asosi'ar] *vt* 1 to associate with, join. 2 **associar-se** to become member of a society.

as.som.bra.do [asõbr'adu] *adj* 1 haunted, spooky. 2 astonished.

as.som.bro [as'õbru] *sm* astonishment.

as.su.mir [asum'ir] *vt* 1 to assume. 2 to take over. 3 to take upon oneself. 4 to admit. **assumir a responsabilidade** to assume responsibility. **assumir o comando** to take over the command.

as.sun.to [as'ũtu] *sm* 1 topic, subject, theme. 2 affair, matter. 3 plot, argument.

as.sus.tar [asust'ar] *vt+vpr* 1 to frighten. 2 to startle. 3 to terrify. 4 **assustar-se** to become afraid, startled.

as.tro ['astru] *sm* star: a) constellation. b) celebrity.

as.tro.lo.gi.a [astroloʒ'iə] *sf* astrology.

as.tro.no.mi.a [astronom'iə] *sf* astronomy.

as.trô.no.mo [astr'onomu] *sm* astronomer.

as.tu.to [ast'utu] *adj* astute, shrewd.

a.ta ['atə] *sf* 1 record, register. 2 **atas** minutes (meeting).

a.ta.ca.dis.ta [atakad'istə] *s m+f* wholesaler. • *adj m+f* wholesale.

a.ta.car [atak'ar] *vt* to attack, assault.

a.ta.du.ra [atad'urə] *sf* bandage.

a.ta.lho [at'aʎu] *sm* 1 bypath. 2 shortcut.

a.ta.que [at'aki] *sm* 1 attack, assault, aggression. 2 fit, seizure. **ataque aéreo** air raid. **ataque de cólera** fit of rage.

a.tar [at'ar] *vt* to tie, fasten.

a.ta.re.fa.do [ataref'adu] *adj* very busy.

a.tar.ra.ca.do [atařak'adu] *adj* short and stout, thickset.

a.tar.ra.xar [atařaʃ'ar] *vt* to screw down, fasten with bolts.

a.té [at'ɛ] *prep* till, until, by, up to, as far as. • *adv* thus, even, likewise, not only, but also. **até agora** up to now, as yet. **até amanhã** see you tomorrow.

a.te.ar [ate'ar] *vt+vint* to set fire.

a.te.mo.ri.zar [atemoriz'ar] *vt* 1 to intimidate, scare. 2 to frighten.

a.ten.ção [atẽs'ãw] *sf* (*pl* **atenções**) 1 attention, concentration. 2 care. 3 respect, regard. • *interj* watch out! **prestar atenção** to pay attention.

a.ten.cio.sa.men.te [atẽsjozam'ẽti] *adv* respectfully, yours sincerely.

a.ten.cio.so [atẽsi'ozu] *adj* 1 attentive. 2 respectful, considerate.

a.ten.der [atẽd'er] *vt* to attend: a) to see (give assistance). b) to answer (telephone...). c) to serve.

a.ten.ta.do [atẽt'adu] *sm* **1** attempt. **2** attack, assault. *houve um atentado contra a vida do presidente* / there was an attempt on the life of the president.

a.ten.to [at'ẽtu] *adj* **1** attentive. **2** alert. **3** diligent.

a.ter.ra.dor [ateʀad'or] *adj* frightening, appalling, terrifying.

a.ter.rar [ateʀ'ar] *vt* to fill (in) or cover with earth, level.

a.ter.ris.sa.gem [ateʀis'aʒẽj] *sf* (*pl* **aterrissagens**) landing (aircraft). **pista de aterrissagem** runway.

a.ter.ro [at'eʀu] *sm* embankment.

a.ter.ro.ri.zar [ateʀoriz'ar] *vt+vpr* **1** to terrify, frighten. **2 aterrorizar-se** to be horrified.

a.tes.ta.do [atest'adu] *sm* certificate. • *adj* certified. **atestado de saúde** health certificate.

a.teu [at'ew] *sm* (*fem* **ateia**) atheist. • *adj* atheistic.

a.tin.gir [atĩʒ'ir] *vt* **1** to reach. **2** to attain. **3** to arrive at. **4** to hit. **5** to affect, concern. **atingir a maioridade** to come of age.

a.ti.ra.do [atir'adu] *adj bras* bold, daring.

a.ti.rar [atir'ar] *vt+vpr* **1** to shoot, fire. **2** to throw (violently). **3** to hurl, fling. **4 atirar-se (contra, em)** to throw oneself (against, into).

a.ti.vi.da.de [atividad'i] *sf* activity. **em plena atividade** in full activity.

a.ti.vo [at'ivu] *adj* active, busy.

a.tlân.ti.co [atl'ãtiku] *sm* Atlantic Ocean. • *adj* Atlantic.

a.tle.ta [atl'ɛta] *s m+f* athlete.

a.tle.tis.mo [atlet'izmu] *sm* athletics.

at.mos.fe.ra [atmosf'ɛra] *sf* atmosphere.

a.to [at'u] *sm* **1** act: a) performing of a function. b) action. c) division of a theatrical work. **2** event, ceremony.

a.to.lar [atol'ar] *vt+vpr* **1** to stick, mud. **2 atolar-se** to get stuck in the mud.

a.to.lei.ro [atol'ejru] *sm* bog.

á.to.mo ['atomu] *sm* atom.

a.tô.ni.to [at'onitu] *adj* perplexed, astonished, amazed.

a.tor [at'or] *sm* (*pl* **atores**) **1** *Cin, Teat* actor, star, artist. **2** *fig* **ator coadjuvante** supporting actor.

a.tor.do.ar [atordo'ar] *vt* **1** to stun. **2** to make dizzy.

a.tor.men.tar [atormẽt'ar] *vt+vpr* **1** to torture, afflict. **2 atormentar-se** to worry, be afflicted.

a.tra.ção [atras'ãw] *sf* (*pl* **atrações**) attraction. **atração sexual** sex appeal.

a.tra.en.te [atra'ẽti] *adj m+f* attractive, appealing, seductive.

a.trai.ço.ar [atrajso'ar] *vt* **1** to betray, double-cross. **2** to be unfaithful to.

a.tra.ir [atra'ir] *vt* to attract: a) to captivate. b) to magnetize. c) to draw, pull (to oneself). d) to appeal, interest.

a.tra.pa.lhar [atrapaʎ'ar] *vt+vpr* **1** to confuse, upset. **2** to frustrate. **3 atrapalhar-se** to get mixed up, become confused.

a.trás [atr'as] *adv* **1** behind, back, after. *atrás de que anda você?* / what are you after? **2** before, ago. **anos atrás** years ago. **atrás da casa** at the back of the house.

a.tra.sar [atraz'ar] *vt+vint+vpr* **1** to set back (watch). **2** to delay, put off. **3** to be slow (clock or watch). **atrasar-se** to be late.

a.tra.so [atr'azu] *sm* **1** delay. **2** tardiness, lateness. **3** backwardness.

a.tra.ti.vo [atrat'ivu] *sm* **1** charm. **2** appeal. **3** attraction. • *adj* appealing, attractive, charming.

a.tra.vés [atrav'ɛs] **através de** *adv* through, over, across, throughout, from one side to the other, among. *você enxerga através dos muros* / you see through a brick wall.

a.tra.ves.sar [atraves'ar] *vt* **1** to cross (over). **2** to go through. *atravessamos* *um tempo difícil* / we are going through hard times. **3** to hinder, block.

a.tre.lar [atrel'ar] *vt* **1** to harness. **2** to leash. **3** to link.

a.tre.ver [atrev'er] *vpr* to dare.

a.tre.vi.men.to [atrevim'ẽtu] *sm* **1** boldness. **2** insolence.

a.tri.bu.ir [atribu'ir] *vt* **1** to attribute, assign. **2** to lay (blame).

a.tri.to [atr'itu] *sm* **1** attrition, friction. **2 atritos** difficulties. **provocar atritos** to cause trouble.

a.triz [atr'is] *sf* (*pl* **atrizes**) actress, star.

a.tro.ci.da.de [atrosid'adi] *sf* atrocity, cruelty.

a.tro.pe.lar [atropel'ar] *vt* to run over.

a.troz [atr'ɔs] *adj* *m+f* (*pl* **atrozes**) atrocious, cruel.

a.tu.a.ção [atuas'ãw] *sf* (*pl* **atuações**) performance.

a.tu.al [atu'aw] *adj* *m+f* (*pl* **atuais**) current, present, present day. **a atual situação** the present situation.

a.tu.a.li.zar [atwaliz'ar] *vt+vpr* **1** to modernize, bring up to date. **2 atualizar-se** to get up to date.

a.tu.al.men.te [atuawm'ẽti] *adv* nowadays, currently, presently.

a.tu.ar [atu'ar] *vt+vint* **1** to perform. **2** to function, act.

a.tum [at'ũ] *sm* (*pl* **atuns**) tuna.

a.tu.rar [atur'ar] *vt* to tolerate, put up with, stand, bear.

au.dá.cia [awd'asjə] *sf* audacity, daring.

au.da.ci.o.so [awdasi'ozu] *adj* daring, bold. **2** courageous.

au.di.ção [awdis'ãw] *sf* (*pl* **audições**) **1** hearing. **2** audition (test).

au.di.ên.cia [awdi'ẽsjə] *sf* audience. *chegaram a ter 58% de audiência* / they reached an audience of 58%.

au.di.tó.rio [awdit'ɔrju] *sm* **1** concert hall. **2** auditorium.

au.ge [aw'ʒi] *sm* summit, peak, apogee.

au.la ['awlə] *sf* class, lesson. **dar aulas** to teach.

au.men.tar [awmẽt'ar] *vt+vint+vpr* **1** to increase. **2** to amplify. **3** to rise, raise. **aumentar o salário** to raise the salary.

au.men.to [awm'ẽtu] *sm* **1** amplification. **2** increase. **3** rise, raise.

au.ro.ra [awr'ɔrə] *sf* daybreak, dawn.

au.sên.cia [awz'ẽsjə] *sf* **1** absence. **2** privation.

au.sen.te [awz'ẽti] *s* *m+f* absentee. • *adj* *m+f* absent, away, missing.

aus.te.ro [awst'ɛru] *adj* severe, strict.

au.tên.ti.co [awt'ẽtiku] *adj* authentic, legitimate, genuine.

au.to.a.de.si.vo [awtwadez'ivu] *sm* sticker. • *adj* self-adhesive.

au.to.a.fir.ma.ção [awtwafirmas'ãw] *sf* self-assurance.

au.to.con.tro.le [awtocõtr'oli] *sm* self-control.

au.to.crí.ti.ca [awtokr'itikə] *sf* self-criticism.

au.to.de.fe.sa [awtodef'eza] *sf* self-defense.

au.to.di.da.ta [awtodid'atə] *sm* autodidact. • *adj* self-taught.

au.tó.dro.mo [awt'ɔdromu] *sm* motordrome, *amer* racecourse.

au.to.es.co.la [awtwesk'ɔlə] *sf* driving school.

au.to.es.ti.ma [awtwest'imə] *sf* self-esteem.

au.to.es.tra.da [awtwestr'adə] *sf* highway, expressway.

au.tó.gra.fo [awt'ɔgrafu] *sm* autograph.

au.to.mo.bi.lis.mo [awtomobil'izmu] *sm* motor-racing, car-racing.

au.to.mó.vel [awtom'ɔvew] *sm* (*pl* **automóveis**) automobile, car.

au.to.no.mi.a [awtonom'iə] *sf* autonomy, self-government.

au.tô.no.mo [awt'onomu] *sm* self-employed, freelance. • *adj* autonomous.

au.tor [awt'or] *sm* (*pl* **autores**) author, writer, composer. **autor de peças teatrais** playwright.

au.tor.re.tra.to ['awtuʁetr'atu] *sm* self-portrait.

au.to.ri.a [awtor'iə] *sf* **1** authorship. **2** responsibility.

au.to.ri.da.de [awtorid'adi] *sf* **1** authority. **2** an expert.

au.to.ri.zar [awtoriz'ar] *vt+vint* to authorize, permit, allow.

au.tos.su.fi.ci.en.te [awtusufisi'ẽti] *adj m+f* self-sufficient, independent.

au.xi.li.ar¹ [awsili'ar] *sm+f* assistant. • *adj m+f* auxiliary.

au.xi.li.ar² [awsili'ar] *vt* to help, assist.

au.xí.lio [aws'ilju] *sm* help, aid, assistance, support.

a.va.li.a.ção [avaljas'ãw] *sf* (*pl* **avaliações**) **1** estimation, appraisal. **2** evaluation. **3** assessment.

a.va.li.ar [avali'ar] *vt+vint* to evaluate, appraise, estimate, rate.

a.van.çar [avãs'ar] *vt+vint* **1** to move. **2** to go, bring or put forward. **3** to progress, improve. **ele avançou ao sinal** *Trânsito* he drove through the red light.

a.van.ço [av'ãsu] *sm* advance.

a.va.ren.to [avar'ẽtu] *sm* miser, penny pincher. • *adj* stingy, mean.

a.va.re.za [avar'ezə] *sf* avarice.

a.ve [av'i] *sf* bird, fowl. **ave aquática** water bird. **ave de rapina** bird of prey. • *interj* hail!

a.vei.a [av'ejə] *sf* oat, oats. **mingau de aveia** oatmeal.

a.ve.lã [avel'ã] *sf* hazelnut.

a.ve.ni.da [aven'idə] *sf* avenue.

a.ven.tal [avẽt'aw] *sm* (*pl* **aventais**) **1** apron, pinafore. **2** lab coat. **3** overall.

a.ven.tu.ra [avẽt'urə] *sf* **1** adventure. **2** hazard, risk. **ter uma aventura amorosa** to have a love affair.

a.ven.tu.rei.ro [avẽtuʁ'ejru] *sm* adventurer. • *adj* audacious, bold, adventurous.

a.ve.ri.guar [averig'war] *vt+vint* **1** to inquire, investigate, check. **2** to find out, make sure.

a.ves.sas [av'ɛsəs] *sf pl* the wrong way. **às avessas** upside down, inside out.

a.ves.so [av'esu] *sm* the wrong side. • *adj* opposite, contrary. **sua blusa está no avesso** / her blouse is on inside out.

a.ves.truz [avestr'us] *s m+f* (*pl* **avestruzes**) ostrich.

a.vi.a.dor [avjad'or] *sm* pilot.

a.vi.ão [avi'ãw] *sm* (*pl* **aviões**) airplane, plane. **avião a jato** jet plane. **viajar de avião** to travel by plane, fly.

á.vi.do ['avidu] *adj* eager, greedy.

a.vi.sar [aviz'ar] *vt+vint* **1** to advise, let know, inform. **2** to warn.

a.vi.so [av'izu] *sm* **1** notice. **2** warning. **deram-lhe o aviso prévio de um mês** / they gave him a month's warning. **3** admonition. **sem aviso prévio** without prior notice.

a.vô [av'o] *sm* grandfather. **avô materno** maternal grandfather.

a.vó [av'ɔ] *sf* grandmother, grandma.

a.vós [av'ɔs] *sm pl* grandparents.

a.vul.so [av'uwsu] *adj* **1** detached. **2** sundry. **3** loose.

a.xi.la [aks'ilə] *sf* armpit.

a.zar [az'ar] *sm* **1** misfortune, bad luck, hard luck. **2** chance. **jogo de azar** game of chance.

a.za.ra.do [azar'adu] *adj* unfortunate, unlucky.

a.ze.do [az'edu] *adj* sour, acid.

a.zei.te [az'ejti] *sm* olive-oil.

a.zei.to.na [azejt'onə] *sf* olive.

a.zi.a [az'iə] *sf* heartburn.

a.zul [az'uw] *sm* (*pl* **azuis**) the colour blue. • *adj* blue, azure. **azul-anil** indigo. **azul-marinho** navy blue.

a.zu.la.do [azul'adu] *adj* bluish.

a.zu.le.jo [azul'eʒu] *sm* wall tile.

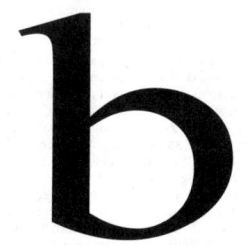

B, b [b'e] *sm* the second letter of the alphabet.

ba.ba [b'abə] *sf* **1** saliva, slaver, dribble. **2** slime.

ba.bá [bab'a] *sf* nanny.

ba.ba.do [bab'adu] *sm* frill.

ba.ba.dor [babad'or] *sm* bib.

ba.bar [bab'ar] *vt+vint+vpr* to slaver, slobber, dribble. **babar-se por uma mulher** to be madly in love with a woman.

ba.ca.lhau [bakaλ'aw] *sm* cod, codfish.

ba.ci.a [bas'iə] *sf* **1** basin, wash-basin. **2** bowl. **3** *Geog* basin. **4** *Anat* pelvis, hip.

ba.ço [b'asu] *sm* spleen.

bac.té.ria [bakt'ɛrjə] *sf* bacterium (*pl* **bacteria**).

ba.da.la.da [badal'adə] *sf* clang of a bell, stroke of the clock, toll.

ba.da.lar [badal'ar] *vt+vint* **1** to ring, peal, toll (sino). **2** *coloq* to flatter.

ba.der.na [bad'ɛrnə] *sf* riot, quarrel.

ba.fo [b'afu] *sm* **1** breath, respiration. **2** soft and warm puff of wind, air.

ba.fô.me.tro [baf'ometru] *sm* breathalyzer.

ba.fo.ra.da [bafor'adə] *sf* whiff, puff.

ba.ga.gei.ro [baga3'ejru] *sm* luggage-rack.

ba.ga.gem [bag'aʒẽj] *sf* (*pl* **bagagens**) baggage, luggage. **bagagem de mão** hand luggage.

ba.ga.te.la [bagat'ɛlə] *sf* trifle. **isto é uma bagatela** that's very cheap.

ba.go [b'agu] *sm* each fruit of a bunch of grapes.

ba.gre [b'agri] *sm* catfish.

ba.gun.çar [bagũs'ar] *vt+vint* to provoke disorder, feast noisily, cause confusion.

ba.í.a [ba'iə] *sf* bay (of a sea, lake or river), inlet.

bai.la.do [bajl'adu] *sm* ballet, dance.

bai.la.ri.na [bajlar'inə] *sf* dancer, ballet-dancer, ballerina.

bai.le [b'ajli] *sm* ball, dance. **baile à fantasia** fancy dress ball. **baile de máscaras** masked ball.

ba.i.nha [ba'iɲə] *sf* hem.

bair.ro [b'ajru] *sm* district, quarter. *bairro residencial* / residential quarter.

bai.xa [b'ajʃə] *sf* **1** decrease, reduction (in price or value). **2** dismissal, discharge (from military service or office). **3** casualty.

bai.xa-mar [bajʃ'ar əm'ar] *sf* (*pl* **baixas-mares**) low-tide, ebbtide.

bai.xar [bajʃ'ar] *vt+vint+vpr* **1** to lower, put down. **2** to bring down. **3** to turn down (volume). **4** to fall (temperatura). **5** to lessen, diminish. **6** baixar-se a) to bow, bend, stoop. b) to humble, humiliate oneself.

bai.xa.ri.a [bajʃar'iə] *sf bras, gír* gross behaviour.

bai.xe.la [bajʃ'ɛlə] *sf* table-set.

bai.xo [b'aiʃu] *sm* bass (instrumento musical). • *adj* (*sup das* **baixíssimo, ínfimo**) **1** low. **2** almost soundless. **3** cheap, inexpensive. **4** small. *o quadro é de baixo valor* / the picture is of small value. **5** vulgar, base. **6** short. *um homem baixo* / a short man. • *adv* **1** low, lowly. **2** softly, whisperingly. *vá para baixo* / go downstairs. **de alto a baixo** from head to toe. **de cabeça para baixo** upside down.
ba.ju.la.dor [baʒulad'or] *sm* flatterer, boot-licker.
ba.ju.lar [baʒul'ar] *vt* to flatter.
ba.la [b'alə] *sf* **1** bullet, shot, ball. **2** candy, caramel. **bala de leite** toffee. **bala perdida** stray bullet.
ba.lan.ça [bal'ãsə] *sf* balance, scales. *balança comercial* balance of trade. *balança de cozinha* kitchen scale.
ba.lan.çar [balãs'ar] *vt+vint* to swing, rock, waggle.
ba.lão [bal'ãw] *sm* (*pl* **balões**) **1** aerostat, balloon. **2** toy balloon. **3** speech balloon.
bal.bu.ci.ar [bawbusi'ar] *vt+vint* **1** to stammer, stutter. **2** to mumble.
bal.búr.dia [bawb'urdjə] *sf* disorder, tumult, mess. **que balbúrdia!** what a mess!
bal.cão [bawk'ãw] *sm* (*pl* **balcões**) **1** *Arquit* balcony. **2** counter (shop). **3** *Teat* dress-circle. **balcão de bar** bar.
bal.co.nis.ta [bawkon'istə] *s m+f* shop assistant.
bal.de [b'awdi] *sm* pail, bucket.
bal.de.a.ção [bawdeəs'ãw] *sf* (*pl* **baldeações**) change, connexion transfer.
bal.di.o [bawd'iu] *adj* uncultivated, barren. *terreno baldio* vacant lot.
ba.lei.a [bal'ejə] *sf* **1** whale. **2** *fig* a fat person.
ba.li.za [bal'izə] *sf* **1** mark, land-mark. **2** indication-sign, traffic signal. **3** buoy, beacon.
bal.ne.á.rio [bawne'arju] *sm* health-resort, spa.

ba.lo.fo [bal'ofu] *adj* puffy, spongy.
bal.sa [b'awsə] *sf* ferryboat.
bam.bo [b'ãbu] *adj* slack, loose, wobbly.
ba.nal [ban'aw] *adj m+f* (*pl* **banais**) banal, trivial, commonplace.
ba.na.na [ban'ʌnə] *sf* **1** *Bot* banana. *sm* **2** weakling, coward. **a preço de banana** dirt-cheap.
ban.ca [b'ãkə] *sf* **1** bench. **2** business office. **3** board of examiners. **banca de jornais** / newsstand. **banca de feirantes** market-stall.
ban.ca.da [bãk'adə] *sf* workbench.
ban.car [bãk'ar] *vt+vint* **1** to finance. *ele bancou o jantar* / he paid for the dinner. **2** to pretend to be.
ban.cá.rio [bãk'arju] *sm* bank clerk. • *adj* of or concerning banks. **conta bancária** bank account.
ban.car.ro.ta [bãkaʁ'otə] *sf* bankruptcy.
ban.co [b'ãku] *sm* **1** seat, bench. **2** bank (estabelecimento bancário). **3** stool. **4** pew (igreja). **banco de dados** database. **banco de sangue** blood bank.
ban.da [b'ãdə] *sf* **1** side. **2** band, strip. **3** band of musicians.
ban.da.lhei.ra [bãdaʎ'ejrə] *sf* scoundrelism, rascality.
ban.dei.ra [bãd'ejrə] *sf* **1** flag. *içar a bandeira* / to hoist the flag. **2** banner. **bandeira nacional** national flag. **rir às bandeiras despregadas** to have a roar with laughter.
ban.dei.ra.da [bãdejr'adə] *sf* basic fare (taxi).
ban.de.ja [bãd'eʒə] *sf* tray. **dar de bandeja** to give something without getting any payment or reward.
ban.di.do [bãd'idu] *sm* bandit, outlaw.
ban.di.tis.mo [bãdit'izmu] *sm* banditry, robbery.
ban.do [b'ãdu] *sm* **1** party, group. **2** crowd, bunch. **3** gang, mob. **4** flock.
ba.nha [b'ʌɲə] *sf* lard, fat, drippings.
ba.nhar [bañ'ar] *vt+vpr* to bathe, take

banheira — bastante

a shower. **2** to plate. *banhado a ouro* gold-plated. **4 banhar-se** to have / take a bath / shower.

ba.nhei.ra [bañejrə] *sf* bath-tub, bath, Jacuzzi (trademark).

ba.nhei.ro [bañ'ejru] *sm* **1** bathroom. **2** toilet, washroom, restroom. **3** *coloq* loo, john.

ba.nho [b'∧ñu] *sm* bath, shower. **banho de mar** sea bathing. **banho de sol** sunbath. **tomar banho de sol** to sunbathe.

ba.nir [ban'ir] *vt* to banish, expatriate.

ban.que.ta [bãk'etə] *sf* stool, footstool.

ban.que.te [bãk'eti] *sm* banquet dinner.

bar [b'ar] *sm* bar, counter in a bar.

ba.ra.lho [bar'aλu] *sm* pack of playing cards, deck of cards.

ba.rão [bar'ãw] *sm* (*pl* **barões**) baron (*fem* **baroness**).

ba.ra.ta [bar'atə] *sf* cockroach. **ter sangue de barata** to be a coward, be chicken.

ba.ra.to [bar'atu] *adj* **1** cheap. **2** common, vulgar. **3** awesome. • *adv* cheaply, at a low price.

bar.ba [b'arbə] *sf* (*pl* **barbas**) beard. **barba de milho** corn silk. **barba por fazer** stubbles.

bar.ban.te [barb'ãti] *sm* string.

bar.ba.ri.da.de [barbarid'adi] *sf* **1** barbarity, cruelty. **2** *fig* nonsense, absurdity.

bár.ba.ro [b'arbaru] *sm* barbarian. • *adj* **1** barbarous, brutal. **2** *bras, coloq* excellent, smashing, terrific.

bar.ba.ta.na [barbat'∧nə] *sf* fin.

bar.be.a.dor [barbead'or] *sm* shaver. **barbeador elétrico** electric shaver.

bar.be.ar [barbe'ar] *vt+vpr* **1** to shave. **2 barbear-se** to shave oneself. **aparelho para barbear** shaver. **creme de barbear** shaving cream.

bar.bei.ro [barb'ejru] *sm* **1** barber. **2** barber's. **3** *coloq* inexperienced or bad driver. • *adj* referring to a bad driver.

bar.ca [b'arkə] *sf* flatboat, barge. **2** ferryboat.

bar.co [b'arku] *sm* boat, ship. **barco a motor** motorboat. **barco a remo** rowboat. **barco a vela** sailboat.

ba.rô.me.tro [bar'ometru] *sm* barometer.

bar.quei.ro [bark'ejru] *sm* boatman.

bar.ra [b'aře] *sf* **1** bar, iron bar. **2** trimming, hem. **3** bar of chocolate, soap.

bar.ra.ca [bař'akə] *sf* stall, tent, hut, barrack.

bar.ra.cão [bařak'ãw] *sm* (*pl* **barracões**) shelter, shed.

bar.ra.co [bař'aku] *sm bras* shack.

bar.ra.gem [bař'aʒẽj] *sf* (*pl* **barragens**) dam, dike.

bar.ran.co [bař'ãku] *sm* gorge, ravine.

bar.rar [bař'ar] *vt* **1** to cross with bars. **2** to obstruct, bar.

bar.rei.ra [bař'ejrə] *sf* **1** barrier. **2** barricade. **3** *fig* obstacle.

bar.ri.ga [bař'igə] *sf* **1** stomach, belly, tummy. **2** paunch, potbelly.

bar.ri.gu.do [bařig'udu] *adj* **1** stout, obese. **2** potbellied, punchy.

bar.ril [bař'iw] *sm* (*pl* **barris**) barrel, cask.

bar.ro [b'ařu] *sm* **1** clay. **2** mud. **artefato de barro** earthenware.

ba.ru.lhen.to [baruλ'ẽtu] *adj* loud, noisy, uproarious.

ba.ru.lho [bar'uλu] *sm* noise, uproar, clamour.

ba.se [b'azi] *sf* base: a) basis. b) foot, bottom. c) fundamental principle. d) essential part. e) foundation.

ba.se.a.do [baze'adu] *sm gír* joint: a marijuana cigarette.

bá.si.co [b'aziku] *adj* **1** basic, fundamental, essential. **2** elementary. **3** *fig* central.

bas.ta [b'astə] *interj* enough!, that's enough!

bas.tan.te [bast'ãti] *adj m+f* **1** enough, sufficient. **2** rather, quite. • *adv* sufficiently, plenty, pretty, a lot. **bastante ruim** rather bad.

bas.tão [bast'ãw] *sm* (*pl* **bastões**) **1** stick. **2** bat. **bastão de beisebol** baseball bat.

bas.tar [bast'ar] *vt+vint+vpr* **1** to be enough. **2 bastar-se** to be self-sufficient. **dar o basta** to put an end to (conversation, nuisance etc).

bas.tar.do [bast'ardu] *sm* bastard, illegitimate child. • *adj* spurious, illegitimate, unfathered.

bas.ti.dor [bastid'or] *sm* **1** embroidery frame. **2 bastidores** *Teat* wing of a scene. **por detrás dos bastidores** secretly.

ba.ta.lha [bat'aʎa] *sf* battle, combat.

ba.ta.lhar [bataʎ'ar] *vt+vint* **1** to fight, engage in battle. **2** to persist.

ba.ta.ta [bat'atɐ] *sf* potato. **batata da perna** calf of the leg. **batatas fritas** fried potatoes, *amer, coloq* French fries. **purê de batatas** mashed potatoes.

ba.te-bo.ca [batib'ɔkɐ] *sm* (*pl* **bate-bocas**) **1** bawling, shouting. **2** quarrel, argument.

ba.te.dei.ra [bated'ejrɐ] *sf* beater, whisk, mixer. **batedeira de ovos** egg whisk, **batedeira elétrica** electric mixer.

ba.ten.te [bat'ẽti] *sm* **1** door or window frame. **2** *bras, pop* work.

ba.te-pa.po [batip'apu] *sm* (*pl* **bate-papos**) chat, small talk, chit-chat.

ba.ter [bat'er] *vt+vint+vpr* **1** to beat, strike, hit. **2** to mix, agitate. **3** to flutter, flap (the wings). **4** to kick, stamp (the feet), clap (the hands), applaud. **5** to palpitate, pant, pound. **6** to slam, bang. **7** to chatter (the teeth). **bater boca** *bras* to quarrel. **bater com a língua nos dentes** *coloq* to spill the beans. **bater pernas** *coloq* to knock about, wander. **bater uma foto** to take a photo.

ba.te.ri.a [bater'iɐ] *sf* **1** battery. **2** *Mús* drums.

ba.ti.da [bat'idɐ] *sf* **1** beat. **2** *bras* police raid. **3** *bras* a kind of drink. **4** *bras* bump, crash of (vehicles). **batida do coração** heartbeat.

ba.ti.do [bat'idu] *adj* **1** beaten, hit. **2** defeated. **3** *fig* commonplace, ordinary.

ba.ti.na [bat'inɐ] *sf* cassock.

ba.tis.mo [bat'izmu] *sm* baptism, christening. **certidão de batismo** certificate of baptism.

ba.ti.zar [batiz'ar] *vt* to baptize, christen.

ba.tom [bat'õw] *sm* lipstick.

ba.tu.ta [bat'utɐ] *sf* a conductor's baton, wand. • *adj m+f bras* intelligent, sagacious.

ba.ú [ba'u] *sm* trunk, chest, locker.

bau.ni.lha [bawn'iʎɐ] *sf* vanilla.

ba.zar [baz'ar] *sm* oriental market, jumble-sale.

bê.ba.do [b'ebadu] *sm* drunk(ard). • *adj* drunk, tipsy, boozed.

be.bê [beb'e] *sm* baby, babe.

be.be.dei.ra [bebed'ejrɐ] *sf* **1** drinking bout, **gír** binge. **2** drunkenness.

be.be.dou.ro [bebed'owru] *sm* drinking fountain.

be.ber [beb'er] *vt+vint* to drink. **beber como um gambá** to drink like a fish.

be.be.ri.car [beberik'ar] *vt+vint* to sip, drink little by little.

be.ber.rão [beber̃'ãw] *sm* (*pl* **beberrões**) (*fem* **beberrona**) drunkard, heavy drinker.

be.bi.da [beb'idɐ] *sf* drink, beverage. **bebidas alcoólicas** alcoholic drinks, spirits.

be.ça [b'ɛsɐ] *sf bras* usado na locução **à beça** in great quantities, a great deal.

be.co [b'eku] *sm* alley, dead-end street.

be.ge [b'ɛʒi] *sm* beige. • *adj m+f* beige.

bei.ço [b'ejsu] *sm* lip.

bei.ja-flor [bejʒɐfl'or] *sm* (*pl* **beija-flores**) hummingbird.

bei.jar [bejʒ'ar] *vt+vpr* **1** to kiss. **2 beijar-se** to kiss each other.

bei.ji.nho [bejʒ'iɲu] *sm* **1** light or little kiss. **2** *bras* sweetmeat made from eggs, coconut and sugar.

bei.jo [b'ejʒu] *sm* kiss. **atirar um beijo** to throw a kiss.

bei.ra [b'ejrə] *sf* **1** bank, edge, margin. **2** rim, brim. **3** verge. **à beira de um abismo** a) on the edge of a precipice. b) on the verge of a catastrophe.

bei.ra-mar [bejrəm'ar] *sf* **1** sea-shore. **2** coast. • *adj* coastal, near the sea-shore. **à beira-mar** / at the seaside.

be.la [b'ɛlə] *sf* beauty, beautiful woman. **Bela Adormecida** Sleeping Beauty.

be.las-ar.tes [bɛlaz'artis] *sf pl* the fine (plastic, visual) arts.

bel.da.de [bewd'adi] *sf* beauty, belle.

be.le.za [bel'ezə] *sf* **1** beauty, handsomeness, good looks. **2** beautiful person, animal or thing.

be.li.che [bel'iʃi] *sm* **1** sleeping berth, bunk. **2** cabin.

be.lis.cão [belisk'ãw] *sm* (*pl* **beliscões**) pinch(ing), nip.

be.lis.car [belisk'ar] *vt+vint* to pinch.

be.lo [b'ɛlu] *adj* **1** beautiful. **2** handsome, graceful.

bel.tra.no [bewtr'ʌnu] *sm* Mr. So-and-So.

bem [b'ẽj] *sm* (*pl* **bens**) **1** the good. **2** object of love, darling. **3 bens** *pl*: property, riches, wealth. • *adv* **1** well, very, right. *fizeram bem em ir embora* / they did well to go. **2** conveniently, properly. • *interj* well!, so! **bem conhecido** well-known. **bem-educado** well-bred. **bem passado** well-done. **de idade bem avançada** well on in years. **está bem** all right. **meu bem!** darling, honey. **se bem que** though, although.

bem-com.por.ta.do [bẽjkõport'adu] *adj* well-behaved.

bem-es.tar [bẽjest'ar] *sm* well-being.

bem-su.ce.di.do [bẽjsused'idu] *adj* successful.

bem-vin.do [bẽjv'ĩdu] *adj* (*pl* **bem-vindos**) welcome.

bên.ção [b'ẽsãw] *sf* (*pl* **bênçãos**) **1** blessing. **2** benediction

be.ne.fi.ci.ar [benefisi'ar] *vt+vpr* **1** to benefit, be beneficial to. **2** to process. **3 beneficiar-se** to gain.

be.ne.fí.cio [benef'isju] *sm* **1** benefit, favor, mercy. **2** advantage, gain.

be.né.fi.co [ben'ɛfiku] *adj* beneficial, benefic, useful.

be.ne.vo.lên.cia [benevol'ẽsjə] *sf* benevolence, goodwill.

be.ne.vo.len.te [benevol'ẽti] *adj m+f* benevolent, kind, charitable.

ben.ga.la [bẽg'alə] *sf* walking-stick, cane.

be.nig.no [ben'ignu] *adj* **1** kind, benign. **2** *Med* benign, not malignant.

ben.to [b'ẽtu] *adj* sacred, blessed. **água benta** holy water.

ben.zer [bẽz'er] *vt+vpr* **1** to bless. **2 benzer-se** to make the sign of the cross.

ber.çá.rio [bers'arju] *sm* baby ward of a maternity hospital.

ber.ço [b'ersu] *sm* cradle, crib.

be.rin.je.la [berĩʒ'ɛlə] *sf* egg-plant, aubergine.

ber.ran.te [beʀ'ãti] *sm bras* a bull's horn. • *adj m+f* **1** crying, shouting. **2** showy, striking. *camisa berrante* / striking shirt. *cores berrantes* / flashy (glaring) colours.

ber.rar [beʀ'ar] *vint+vt* **1** to cry, shout. **2** to vociferate, clamour.

ber.ro [b'eʀu] *sm* **1** the cry of animals: howl, bellow, bleat, bray, shriek etc. **2** shout.

be.sou.ro [bez'owru] *sm* beetle.

bes.ta [b'estə] *sf* **1** mule. **2** brutish person. • *adj m+f* stupid, silly, simple.

bes.tei.ra [best'ejrə] *sf* **1** nonsense, absurdity. **2** *bras* worthless thing.

be.ter.ra.ba [beteʀ'abə] *sf* beetroot.

be.xi.ga [beʃ'igə] *sf* **1** bladder. **2 bexigas** smallpox.

be.zer.ro [bez'eʀu] *sm* calf.

Bí.blia [b'iblja] *sf Bíblia*: the Bible.

bi.bli.o.te.ca [bibljot'ɛkə] *sf* library. **biblioteca circulante** lending library. **biblioteca pública** public library.

bi.bli.o.te.cá.rio [bibljotek'arju] *sm* librarian. • *adj* referring to a library.

bi.bo.ca [bib'ɔkə] *sf bras* **1** hole, hollow. **2** cave. **3** an out-of-the-way, very humble dwelling.

bi.ca [b'ikə] *sf* **1** faucet, tap, water spring. **2** fountain.

bi.ca.da [bik'adə] *sf* **1** peck, thrust (with the bill or beak), pecking (of birds). **2** edge of a wooded area.

bi.ca.ma [bik'ʌmə] *sf* couch: a piece of furniture consisting of two beds, a normal and another retractable.

bi.cão [bik'ãw] *sm coloq* freeloader, cadger.

bi.car [bik'ar] *vt* to peck.

bi.cha [b'iʃə] *s m+f bras* homosexual, gay. **bicha enrustida** *deprec* closet queen.

bi.cha.do [biʃ'adu] *adj* wormy, worm-eaten, maggoty.

bi.cha.no [biʃ'ʌnu] *sm pop* kitten, pussy.

bi.cha.ra.da [biʃar'adə] *sf* a lot of animals, animals collectively.

bi.cho [b'iʃu] *sm* **1** any animal, excepting fowl and fish. **2** freshman. **bicho da madeira** woodworm. **jogo do bicho** *bras* forbidden kind of animal lottery. **ver que bicho dá** wait for the results or consequences of something.

bi.cho.da-se.da [biʃudəs'edə] *sm (pl bichos-da-seda) Entom* silkworm.

bi.cho-pa.pão [biʃupap'ãw] *sm (pl bichos-papões)* bogeyman.

bi.ci.cle.ta [bisikl'ɛtə] *sf* bicycle, bike, *USA* wheel. **andar de bicicleta** to ride a bicycle, go cycling.

bi.co [b'iku] *sm* **1** beak, bill. **2** nib of a pen. **3** *coloq* human mouth. *ficar de bico calado* / to keep one's mouth shut. **4** a temporary job. **abrir o bico** to snitch. **bico de peito** nipple. **desenho a bico de pena** pen-and-ink drawing. **levar alguém no bico** to deceive. **meter o bico em** to meddle. **ser bom de bico** to have the gift of the gab.

bi.cu.do [bik'udu] *sm, adj* **1** having a beak or a sharp point. **2** difficult. *tempos bicudos* / difficult days.

bi.fe [b'ifi] *sm* **1** steak, beefsteak. **2** any kind of meat cut as a beefsteak.

bi.fo.cais [bifok'ajs] *sm pl* eyeglasses with bifocal lenses.

bi.fur.ca.ção [bifurkas'ãw] *sf (pl bifurcações)* **1** road, path or river fork. **2** a railroad junction.

bi.fur.car [bifurk'ar] *vt+vpr* to branch, fork.

bi.go.de [big'ɔdi] *sm* moustache. **bigode de rato, gato** etc. whiskers.

bi.gor.na [big'ɔrnə] *sf* anvil.

bi.ju.te.ri.a [biʒuter'iə] *sf* costume jewellery.

bi.lha [b'iʎə] *sf* pitcher.

bi.lhão [biʎ'ãw] *num+sm (pl bilhões)* billion.

bi.lhar [biʎ'ar] *sm* billiards. **bolas de bilhar** ivories. **mesa de bilhar** a billiards table.

bi.lhe.te [biʎ'eti] *sm* **1** note, a short written message. **2** ticket. **bilhete de ida e volta** return ticket, *amer* round-trip ticket. **bilhete de ingresso** admission ticket, card. **ele recebeu o bilhete azul** he was fired/sacked.

bi.lhe.te.ri.a [biʎeter'iə] *sf* box-office.

bi.lín.gue [bil'ĩgwi] *adj m+f* bilingual.

bi.lis [b'ilis] *sf sing+pl Anat* bile.

bi.ná.rio [bin'arju] *sm Tecn* couple, something made of or based on two things or parts. • *adj* binary, dual.

bi.nó.cu.lo [bin'ɔkulu] *sm* binoculars.

bi.o.de.gra.dá.vel [bjodegrad'avew] *adj m+f* biodegradable.

bi.o.gra.fi.a [bjografi'ə] *sf* biography.

bi.o.lo.gi.a [bjoloʒ'iə] *sf* biology.

bi.om.bo [bi'õbu] *sm* folding screen, screen.

bi.qui.nho [bik'iɲu] *sm (dim de bico)* little beak or bill. **fazer biquinho** to pout.

bi.ri.ta [bir'itə] *sf bras* any alcoholic drink, booze. **tomar uma birita** to have an alcoholic drink.

bir.ra [b'iȓə] *sm* obstinacy, stubbornness. • *vi* **fazer birra** to throw a tantrum.
bir.ren.to [biȓ'ẽtu] *adj* stubborn, obstinate.
bi.ru.ta [bir'utə] *sf Aeron* wind sock. *s m+f* a lunatic.
bi.sar [biz'ar] *vt* to repeat, do or play once more, encore.
bi.sa.vô [bizav'o] *sm* great-grandfather.
bi.sa.vó [bizav'ɔ] *sf* great-grandmother.
bi.sa.vós [bizav'ɔs] *sm pl* great-grandparents.
bis.bi.lho.tar [bizbiʎot'ar] *vt+vint* to pry, snoop.
bis.bi.lho.tei.ro [bizbiʎot'ejru] *sm* a snoop, a gossip.
bis.ca.te [bisk'ati] *sm* 1 odd job, casual earnings. 2 *bras, gír* whore.
bis.coi.to [bisk'ojtu] *sm* biscuit, tea-cake, cookie, cracker.
bis.na.ga [bizn'agə] *sf* 1 tube (for toothpaste, vaseline etc.). 2 French bread.
bis.po [b'ispu] *sm Ecles, Xadrez* bishop.
bis.sex.to [bis'estu] *adj* bissextile. **ano bissexto** leap year.
bis.tu.ri [bistur'i] *sm* scalpel.
bi.to.la [bit'ɔlə] *sf* 1 gauge. 2 norm, pattern. 3 railway gauge.
bi.zar.ro [biz'aȓu] *adj* elegant, well dressed, eccentric, odd.
black-tie [blɛktaj] *sm* tuxedo: man's formal wear.
blas.fê.mia [blasf'emjə] *sf* blasphemy, profanity.
blin.da.do [blĩd'adu] *adj* armor-plated, armored, steel-plated.
blo.co [bl'ɔku] *sm* 1 a block of some material, pig iron, earth, stone etc. 2 writing pad. 3 *fig* bloc: a political group etc. 4 *bras* carnivalesque group of dancers. **bloco de desenho** drawing block or pad. **um bloco de casas** a group of houses. **um bloco de edifícios** a group of buildings.

blo.que.ar [bloke'ar] *vint* 1 to block up, blockade. 2 to prevent normal functioning.
blo.quei.o [blok'eju] *sm* 1 siege. 2 obstruction, obstacle, stoppage.
blu.sa [bl'uzə] *sf* blouse.
blu.são [bluz'ãw] *sm* (*pl* **blusões**) windbreaker (sports jacket).
bo.a [b'oə] *adj* 1 *fem de* **bom**. 2 *gír* sexy. **boa viagem!** have a nice trip! **estar de boa saúde** to enjoy good health. **estar numa boa** to be in a very advantageous situation.
bo.as-vin.das [boazv'ĩdəs] *sf pl* welcome.
bo.a.to [bo'atu] *sm* rumor. **corre o boato** / rumor has it that. **espalhar boatos** to spread rumors.
bo.ba.gem [bob'aʒẽj] *sf* (*pl* **bobagens**) nonsense, *fig* moonshine. • *interj* **ora, que bobagem!** that's nonsense!
bo.b(e).ar [bob(e)'ar] *vint bras* to blunder.
bo.bo [b'obu] *adj* 1 foolish, silly. 2 trifling, trivial. **bobo!** you silly! **fazer alguém de bobo** to make a fool of someone. **fazer papel de bobo** to make a fool of oneself.
bo.ca [b'ɔkə] *sf* 1 mouth. 2 passage, entrance. 3 bottleneck. **à boca da noite** at nightfall. **bater boca** to argue. **boca de lo.bo** gutter drain. **boca de túnel** the entrance to a tunnel. **cair na boca do povo** to become the talk of the town. **cale a boca!** shut up! **falar mais do que a boca** to blab, a blabbermouth. **pegar com a boca na botija** to catch red-handed. **ter a boca suja** to use foul language.
bo.ca.do [bok'adu] *sm* 1 a mouthful, bit. 2 a lot (frequently with a negative). *não o vejo há um bocado de tempo* / I haven't seen him for quite a long time.
bo.cal [bok'aw] *sm* (*pl* **bocais**) 1 mouth of a flask, vase etc. 2 mouthpiece, nipple, nozzle (of a wind instrument).

bo.ce.jar [boseʒ'ar] *vint* to yawn.
bo.che.cha [boʃ'eʃə] *sf* cheek.
bo.che.char [boʃeʃ'ar] *vt+vint* to rinse out one's mouth with water or another liquid.
bo.da [b'odə] *sf* (*pl* **bodas**) wedding ceremony and party. **bodas de diamante** diamond anniversary. **bodas de ouro** golden anniversary. **bodas de prata** silver anniversary.
bo.de [b'ɔdi] *sm* 1 billy-goat. 2 a difficult situation, a brawl. *eles foram pegos em flagrante e deu o maior bode* / they were caught red-handed and got a real fix. **bode expiatório** scapegoat.
bo.fe.ta.da [bofet'adə] *sf* 1 a slap in the face, a cuff. 2 *fig* insult, offense.
boi [b'oj] *sm* ox, steer. **colocar o carro diante dos bois** to put the cart before the oxen. **dar nome aos bois** to call a spade a spade.
boi.a [b'ɔjə] *sf* 1 buoy. 2 lifebuoy, a life preserver. 3 *bras, coloq* meal, grub.
boi.ar [boj'ar] *vt+vint* 1 to float, be afloat. 2 to be unable to understand something.
boi.na [b'ojnə] *sf* beret.
bo.la [b'ɔlə] *sf* ball, globe, sphere, any round-shaped object. **bola ao cesto** basketball. **bola de sabão** soap-bubble. **dar bola** to encourage attentions. **pisar na bola** to make a bad mistake.
bo.la.cha [bol'aʃə] *sf* 1 biscuit, cracker. 2 *pop* box on the ear, slap on the cheek.
bo.le.tim [bolet'ĩ] *sm* (*pl* **boletins**) 1 bulletin. 2 school report. **boletim informativo** news report. **boletim meteorológico** weather forecast.
bo.lha [b'oλə] *sf* 1 blister. 2 bubble. 3 *s m+f bras, gír* an annoying person.
bo.li.che [bol'iʃi] *sm* 1 bowling. 2 bowling alley.
bo.li.nha [bɔl'iñə] *sf* 1 polka dot. 2 *bras* an illegal drug.
bo.li.nho [bol'iñu] *sm Cul* a small savory dough with varied fillings, usually fried.
bo.lo [b'olu] *sm* cake. **bolo de aniversário** birthday cake
bo.lor [bol'or] *sm* 1 mold. 2 decay.
bo.lo.ren.to [bolor'ẽtu] *adj* moldy.
bol.sa [b'owsə] *sf* 1 purse, bag, handbag. 2 scholarship, studentship. 3 stock exchange, stock market.
bol.so [b'owsu] *sm* pocket. **edição de bolso** pocket edition.
bom [b'õw] *adj* (*f* **boa**; *comp* **melhor**; *sup* **o melhor**; *sup abs sint* **boníssimo**) 1 good, fine, right. 2 tasty. *esta comida tem bom aspecto* / this food looks tasty. • *interj* splendid! that's nice (fine, well, swell etc.)! **bom senso** common sense. **bom tempo** fine weather. **de bom grado** willingly. **ser bom de** to be good at something.
bom.ba [b'õbə] *sf* 1 *Mil* shell, bomb. 2 a pump. 3 unexpected event. 4 *bras* flunk. *ele levou bomba* / he flunked (failed in an examination). **à prova de bombas** shellproof. **bomba de gasolina** petrol pump, *amer* gasoline pump. **bomba de hidrogênio** fusion bomb, hydrogen bomb.
bom.bar.dei.o [bõbard'eju] *sm* bombardment, bombing.
bom.be.ar [bõbe'ar] *vt* to pump.
bom.bei.ro [bõb'ejru] *sm* 1 fireman. 2 *bras* plumber. **carro de bombeiros** fire engine. **corpo de bombeiros** fire brigade.
bom.bom [bõb'õw] *sm* (*pl* **bombons**) chocolate.
bon.da.de [bõd'adi] *sf* goodness, kindness, amiability. **tenha a bondade de...** will you be kind enough to / will you be so kind as to.
bon.de [b'õdi] *sm bras* streetcar, *amer* trolley (car).
bon.do.so [bõd'ozu] *adj* amiable, good-natured, kindhearted.
bo.né [bon'ɛ] *sm* cap.
bo.ne.ca [bon'ɛkə] *sf* 1 doll, toy, baby. 2 a neat doll-like woman.

bo.ni.ti.nha [bonit'iɲɐ] *adj* (*dim de* **bonita**) cute.

bo.ni.to [bon'itu] *sm, adj* **1** pretty. *uma carinha bonita* / a pretty face. **2** handsome. **3** beautiful.

bo.qui.a.ber.to [bokjab'ɛrtu] *adj* **1** open-mouthed, gaping. **2** dumbfounded, amazed.

bor.bo.le.ta [borbol'etɐ] *sf* **1** *Entom* butterfly. **2** *bras* turnstile. **gravata borboleta** bow tie.

bor.da [b'ɔrdɐ] *sf* **1** border, edge. **2** bank. *a borda do rio* / a river bank. **3** brim.

bor.da.do [bord'adu] *sm* embroidery. • *adj* embroidered.

bor.dão [bord'ãw] *sm* (*pl* **bordões**) **1** stick, staff. **2** catch-phrase.

bor.dar [bord'ar] *vt+vint* to embroider.

bor.del [bord'ɛw] *sm* (*pl* **bordéis**) brothel, whorehouse.

bor.do [b'ordu] *sm* board of a ship, aircraft. **a bordo** on board. **a bordo do Eagle** on board the Eagle.

bor.ra.cha [boʀ'aʃɐ] *sf* **1** rubber. **2** eraser. **borracha para apagar tinta** ink eraser.

bor.ra.chei.ro [boʀaʃ'ejru] *sm* **1** *bras* latex collector. **2** tire repairman.

bor.ra.do [boʀ'adu] *adj* blurry, smudgy, smeared.

bor.rão [boʀ'ãw] *sm* (*pl* **borrões**) **1** blot, stain, smudge. **2** rough draft, outline.

bor.rar [boʀ'ar] *vt* to blot, besmear.

bor.ras.ca [boʀ'askɐ] *sf* tempest, thunderstorm, gale.

bor.ri.far [boʀif'ar] *vt* **1** to (be)sprinkle, spray. **2** to drizzle.

bos.que [b'ɔski] *sm* woods.

bos.ta [b'ɔstɐ] *sf* **1** cow dung. **2** crap, shit. **3** filthy work.

bo.ta [b'ɔtɐ] *sf* boot. **bater as botas** to kick the bucket, die. **botas de montaria** riding boots. **onde Judas perdeu as botas** in a far-away place.

bo.tão [bot'ãw] *sm* (*pl* **botões**) **1** bud, flower-bud. **2** metal knob, stud. **3** button. **botão de campainha** bell-button. **botão de colarinho** collar stud. **botão de partida** starter. **botão de rosa** rosebud. **casa de botão** buttonhole.

bo.tar [bot'ar] *vt* **1** to throw, cast, fling (also oneself). **2** to throw out.

bo.te [b'ɔti] *sm* **1** boat. **2** dinghy. **bote a remo** rowboat. **bote de borracha** rubber boat. **bote salva-vidas** lifeboat.

bo.te.co [bot'ɛku] *sm bras* tavern, bar.

bo.te.quim [botek'ĩ] *sm* (*pl* **botequins**) tavern, bar.

bo.xe [b'ɔksi] *sm* boxing.

bo.xe.a.dor [boksead'or] *sm Esp* boxer.

bra.ça.da [bras'adɐ] *sf* **1** armful, as much as the arms can seize. **2** *Nat* crawl stroke.

bra.ça.dei.ra [brasad'ejrɐ] *sf* **1** bracket. **2** armband.

bra.ce.le.te [brasel'eti] *sm* bracelet.

bra.ço [br'asu] *sm* **1** arm. **2** branch (river). **braço de mar** inlet, gulf. river. **dar o braço a torcer** to give in. **de braço dado** arm in arm. **ele é o meu braço direito** he is my right hand.

bra.dar [brad'ar] *vt+vint* to cry, call, shout. *que brada ao céu* crying to heaven.

bra.gui.lha [brag'iʎɐ] *sf* fly, the front opening in a pair of trousers.

bran.co [br'ãku] *sm* **1** the color white, whiteness. **2** a white person. **3** blank, gap. • *adj* **1** white. **2** blank. **branco como a neve** snow-white. **cheque em branco** blank check. **de cabelos brancos** white-haired. **de pele branca** white-skinned. **em branco** blank. **ter carta branca** to be given free hand. **verso branco** white verse.

bran.do [br'ãdu] *adj* **1** tender, soft, mild, temperate. **2** *fig* gentle, kind. **a fogo brando** over low heat.

bran.du.ra [brãd'urɐ] *sf* **1** tenderness. **2** docility.

bran.que.ar [brɐke'ar] *vt+vpr* **1** to whiten. **2** to bleach. **3** to whitewash.

bra.sa [br'azə] *sf* **1** live or burning coal. **2** ember, cinder. **3** *fig* ardor, zeal. **em brasa** red-hot, ardent. **mandar brasa** *gír* go ahead boldly. **puxar a brasa para sua sardinha** bring grist to one's mill.

bra.são [braz'ãw] *sm* (*pl* **brasões**) coat of arms.

bra.vo [br'avu] *sm* a brave, courageous. • *adj* **1** brave, valiant, courageous, gallant. *ele ficou bravo* / he became angry. **2** turbulent, rough. *o mar está bravo* / the sea is rough.

bre.cha [br'ɛʃə] *sf* **1** breach, gap. **2** void. **abrir uma brecha** to breach through.

bre.ga [br'ɛgə] *adj m+f* tacky, overdressed.

bre.jo [br'ɛʒu] *sm* swamp, bog, marsh. **ir para o brejo** to fail completely, come off badly.

bre.que [br'ɛki] *sm bras* brake (vehicles). **breque de mão** handbrake.

breu [br'ew] *sm* pitch. **escuro como breu** pitch-dark.

bre.ve [br'evi] *adj m+f* **1** short, brief. **2** concise. • *adv* soon, before long. **o mais breve possível** as soon (or brief) as possible. **seja breve!** cut it short!

bri.ga [br'igə] *sf* **1** strife, quarrel. **2** fighting, brawl(ing), row. **homem de briga** brawler. **meter-se em briga** to get into a fight. **procurar briga com** to pick a quarrel with.

bri.gão [brig'ãw] *sm* (*pl* **brigões**) (*f* **brigona**) blusterer, troublemaker. • *adj* quarrelsome, rowdy.

bri.gar [brig'ar] *vint+vt* **1** to quarrel. **2** to fight, row.

bri.lhan.te [briʎ'ãti] *sm* diamond of a particular cut. • *adj m+f* bright, radiant, sparkling, dazzling.

bri.lhar [briʎ'ar] *vi* **1** to shine, glitter, sparkle, scintillate, flash. *as luzes da rua cintilavam no asfalto molhado* / the lamplights glittered on the wet asphalt.

seus olhos brilharam de alegria / his (her) eyes sparkled with joy. **2** to excel.

bri.lho [br'iʎu] *sm* brightness, brilliancy, blaze (fire), luminosity.

brin.ca.dei.ra [brĩkad'ejrə] *sf* **1** entertainment, fun, child's play. **2** joke, jest. **3** *coloq* something very easy. **de brincadeira** in joke, in jest. **por brincadeira** for the fun of it. **uma brincadeira de mau gosto** a dirty trick.

brin.car [brĩk'ar] *vint+vt* **1** to play. **2** to frolic, gambol, caper. **3** to entertain, amuse. **brincar com** to play with. **brincar de casinha** to play house. **quarto de brincar** playroom.

brin.co [br'ĩku] *sm* **1** earring. **2** something very neat, clean or delicate.

brin.dar [brĩd'ar] *vt* to drink a toast, propose a toast. **brindar à saúde de alguém** to drink (propose) to someone's health.

brin.que.do [brĩk'edu] *sm* toy, plaything. **loja de brinquedos** toyshop.

bri.sa [br'izə] *sf* breeze, light wind.

bro.a [br'oə] *sf Cul* corn bread.

bro.ca [br'ɔkə] *sf* drill.

bro.che [br'ɔʃi] *sm* brooch, pin.

bro.chu.ra [broʃ'urə] *sf* **1** brochure. **2** paperback.

bró.co.lis [br'ɔkolis], **bró.co.los** [br'ɔkolus] *sm pl Bot* broccoli.

bron.ca [br'õkə] *sf gír* scolding, reprimand. **dar uma bronca** to give (a person) a good scolding.

bron.co [br'õku] *sm* moron, idiot. • *adj* stupid, dim-witted, dense.

bron.ze [br'õzi] *sm* **1** bronze. **2** sculpture, medal etc, made of bronze.

bron.ze.a.dor [brõzead'or] *sm* a bronzing, sun-tanning lotion.

bro.tar [brot'ar] *vt+vint* **1** to produce, appear, grow. *as batatas brotaram* / the potatoes have grown out. **2** to bud, germinate, sprout, shoot forth. **3** to flow, stream, spring up, spout. *as águas brotaram do solo* / waters sprang from the earth.

bro.to [br'otu] *sm bras* bud, shoot, sprout.

bru.ços [brus'us] *sm pl* used only in the adverbial locution: **de bruços** lying face down.

brus.co [br'usku] *adj* **1** rough, harsh. **2** sudden, unexpected.

bru.ta.li.da.de [brutalid'adʒi] *sf* brutality, savagery.

bru.to [bru'tu] *sm* brute. • *adj* **1** rude, coarse. **2** raw, rough, unfinished. **em bruto** in the rough, raw. **peso bruto** gross weight. **produto interno bruto** gross domestic product. **renda bruta** gross income.

bru.xa [br'uʃə] *sf* witch, sorceress.

bru.xo [br'uʃu] *sm* sorcerer.

bu.cha [b'uʃə] *sf* **1** a screw plug. **2** fibrous, spongy material obtained from a type of gourd (*Luffa cyllindrica*).

bu.cho [b'uʃu] *sm* **1** paunch, belly. **2** *bras, gír* ugly woman.

bu.ei.ro [bu'ejru] *sm* culvert, drainpipe.

bu.far [buf'ar] *vint+vt* **1** to snort (in disapproval). **2** to get mad, grow furious.

bu.fê [buf'e] *sm* buffet: a) sideboard. b) table at weddings, cocktail parties etc, where delicacies and drinks are displayed and guests serve themselves from it.

bu.gi.gan.ga [buʒig'ãgə] *sf* **bugigangas** *pl* trifles, knick-knacks, pieces.

bu.jão [buʒ'ãw] *sm* (*pl* **bujões**) *bras* (também **botijão**) metallic container for home-delivered compressed gas.

bu.la [b'ulə] *sf* **1** papal bull. **2** printed directions for the use of medicines.

bu.le [b'uli] *sm* teapot, coffeepot.

bu.quê [buk'e] *sm* **1** bouquet, nosegay, posy. **2** fragrance, bouquet (of wine).

bu.ra.co [bur'aku] *sm* **1** hole, gap, hollow. **2** *bras* a game of cards.

bu.ri.lar [buril'ar] *vt* **1** to chisel. **2** to perfect, polish (a text, work of art etc.).

bur.lar [burl'ar] *vt* **1** to fool, deceive a person. **2** to cheat, swindle. **burlar a lei** to circumvent the law.

bu.ro.cra.ci.a [burokras'iə] *sf* bureaucracy, red tape, officialdom.

bur.ra.da [buř'adə] *sf* **1** stupidity. **2** foolishness, blunder.

bur.ro [b'uřu] *sm* **1** donkey, mule, jackass, burro. **2** stupid fool. • *adj* stupid, foolish. **dar com os burros n'água** to meet with disappointment, end in failure. **ele tem dinheiro pra burro** *bras, gír* he has heaps of money.

bus.ca [b'uskə] *sf* **1** search(ing). **2** inquiry, quest. **em busca de** in search of. **em busca de fortuna** in pursuit of wealth.

bus.ca-pé [buskəp'ɛ] *sm* (*pl* **busca-pés**) firecracker.

bus.car [busk'ar] *vt* **1** to search, look for. **2** to investigate, examine. **3** to seek **4** to go for, fetch, hunt. *vá buscar uma cadeira!* / go and fetch a chair! **ir buscar** to fetch, go and get. **mandar buscar** to send for. *vá buscá-lo* / go and get it!

bús.so.la [b'usolə] *sf* **1** compass. **2** *fig* orientation, direction.

bus.to [b'ustu] *sm* bust: a) torso. b) half-length portrait, kit-cat portrait. c) a woman's bust, bosom.

bu.zi.na [buz'inə] *sf* horn, toot.

bu.zi.nar [buzin'ar] *vint+vt* **1** to sound the horn, hoot, toot, honk.

C

C, c [s'e] *sm* **1** the third letter of the alphabet. **2** one hundred in Roman numerals. **3** *Quím simb* de **carbono** (carbon).

cá [k'a] *adv* **1** here, in this place. **2** to this place. *venha cá, já!* / come here immediately! **andar para cá e para lá** to go about, go up and down. **cá entre nós eu lhe digo que** confidentially I tell you that. **de cinco anos para cá** it is five years since. **de 1950 para cá** since 1950.

ca.ba.na [kab'∧nə] *sf* cabin, hut, shack.

ca.be.ça [kab'esə] *sf* **1** head, mind. *não encha a cabeça dele!* / don't put ideas into his head! **2** intelligence. **3** discernment, judgment. **4** the upper end of anything, top, summit. **5** chief, leader. **abaixar a cabeça** to yield, submit. **cabeça de alfinete** pinhead. **cabeça dura** thickhead. **cabeça oca** scatterbrained. **da cabeça aos pés** from head to foot, from top to toe. **de cabeça para baixo** upside down. **dor de cabeça** headache. **fazer a cabeça de** to convince altogether. **não estar certo da cabeça** to be daft. **quebrar a cabeça** to rack one's brains. **subir à cabeça** to go to one's head. **ter a cabeça nas nuvens** to live in the clouds. **ter a cabeça no lugar** to be sensible, have good judgment. **usar a cabeça** to use one's wits.

ca.be.ça.da [kabes'adə] *sf* **1** a bump with the head. **2** blunder, folly, nonsense.

ca.be.ça.lho [kabes'aλu] *sm* **1** heading (title of a chapter). **2** masthead (of a newspaper).

ca.be.cei.ra [kabes'ejrə] *sf* **1** headboard. **2** head of a table. **3** *bras* spring or source of a river.

ca.be.çu.do [kabes'udu] *sm* **1** pigheaded. **2** dullwitted. • *adj* **1** stubborn, obstinate. **2** self-willed.

ca.be.lei.ra [kabel'ejrə] *sf* **1** head of hair (one's own). **2** wig.

ca.be.lei.rei.ro [kabelejr'ejru] *sm* **1** hairdresser, coiffeur. **2** hairdresser's.

ca.be.lo [kab'elu] *sm* hair: a) any growth of hair on the human body. b) a thread of hair. **arrumar os cabelos** to do the hair, have one's hair done. **cabelo carapinha** kinky hair. **cabelo crespo** crisp or frizzled hair. **cabelo encaracolado** curly hair. **cabelo liso** straight hair. **cabelo ondulado** wavy hair. **corte de cabelo** haircut. **por um fio de cabelo** by the skin of one's teeth.

ca.ber [kab'er] *vt+vint* **1** to be contained in. **2** to fit in or inside of. **3** to be possible to be done, made or said. *não me cabe fazer crítica* / it is not up to me to find fault. **4** to be proper, suitable or fit. *isto não cabe em nossos dias* / this is ill-timed nowadays. **5** to fall to a person by right of inheritance. **não caber em si de contente** to be overjoyed.

ca.bi.de [kab'idʒi] *sm* **1** stand (hat-stand, coat-stand). **2** hanger, clothes hanger (inside a wardrobe). **3** peg (on a wall). **cabide de empregos** *bras* a place that employs many people without requiring the proper qualifications or without having real need.

ca.bi.men.to [kabim'ẽtu] *sm* relevance, pertinence, suitability. *isto não tem cabimento* / there is no sense in that, it is irrelevant, unreasonable, incongruous, out of the question.

ca.bi.na [kab'inə], **ca.bi.ne** [kab'ini] *sf* **1** cabin. **2** booth. **3** *Aeron* cockpit. **cabina telefônica** telephone booth.

ca.bis.bai.xo [kabizb'ajʃu] *adj* downcast.

ca.bo[1] [k'abu] *sm* **1** terminal, end. **2** the extreme end of. **3** headland, promontory, cape. **4** *Mil* corporal. **Cabo da Boa Esperança** the Cape of Good Hope. **dar cabo de** to put an end to, destroy, kill. **de cabo a rabo** thoroughly. **levar a cabo** to carry out, accomplish, complete.

ca.bo[2] [k'abu] *sm* **1** handle. **2** hilt. **3** cable. **cabo de ferramenta** tool handle. **cabo de vassoura** broomstick. **cabo elétrico** cable, flex. **cabo subterrâneo** underground cable. **televisão a cabo** cable television.

ca.bra [k'abrə] *sf Zool* she-goat, nanny-goat. **pé de cabra** crowbar.

ca.bres.to [kabr'estu] *sm* halter. **trazer pelo cabresto** *fig* to subjugate.

ca.bri.ta [kabr'itə] *sf* a young she-goat.

ca.bri.to [kabr'itu] *sm* young goat, kid. **cabrito montês** mountain goat.

ca.ça [k'asə] *sf* **1** act of hunting or chasing. **2** game: the animals chased, quarry. **3** pursuit. **à caça de** in pursuit of. **avião de caça** fighter. **caça-fantasma** ghost buster. **cão de caça** hunting dog.

ca.ça.dor [kasad'or] *sm* hunter, huntsman. **caçador de aves** fowler. **caçador de espera** stalker. **caçador furtivo** poacher.

ca.çam.ba [kas'ãbə] *sf bras* **1** bucket, pail. **2** dump truck.

ca.ça-ní.quel [kasən'ikew] *sm* (*pl* **caça-níqueis**) a slot machine.

ca.çar [kas'ar] *vt* **1** to hunt, chase. **2** to follow, seek. **caçar à espreita** to stalk. **caçar aves** to fowl.

ca.ca.re.jar [kakareʒ'ar] *vint* to cackle, cluck.

ca.ça.ro.la [kasar'ɔlə] *sf* saucepan, skillet, *casserole*.

ca.cau [kak'aw] *sm* cocoa bean, cocoa. **manteiga de cacau** cocoa butter.

ca.ce.ta.da [kaset'adə] *sf* a blow with a club, a whack.

ca.ce.te [kas'eti] *sm* **1** club, cudgel, stick. **2** *fig* annoying or tiresome person.

ca.cha.ça [kaʃ'asə] *sf* **1** sugar cane liquor. **2** *gír* booze.

ca.che.col [kaʃek'ow] *sm* (*pl* **cachecóis**) muffler, scarf.

ca.chim.bo [kaʃ'ĩbu] *sm* pipe (for smoking).

ca.cho [k'aʃu] *sm* **1** cluster, bunch. **2** curl, ringlet (of hair). **estar de cacho com** *pop* to have an affair with.

ca.cho.ei.ra [kaʃo'ejrə] *sf* **1** waterfall. **2** river rapids.

ca.chor.ra [kaʃ'oɹə] *sf* bitch, a female dog. **estar com a cachorra** *bras, gír* to be ill-humoured.

ca.chor.ro [kaʃ'oɹu] *sm* dog, puppy. **cachorro que late não morde** barking dogs do not bite. **cachorro vira-lata** mongrel. **estar no mato sem cachorro** to be helpless, in a tight spot. **levar uma vida de cachorro** to lead a dog's life.

ca.co [k'aku] *sm* **1** piece of broken glass or china. **2** a sick or old person. *sou um caco velho* / I am an old thing, a wreck. **3** cacos rubbish, trash.

ca.ço.a.da [kaso'adə] *sf* mockery, raillery, derision.

ca.çu.la [kas'ulə] *sm bras* the youngest child of a family. • *adj m+f* youngest (of several brothers and sisters).

ca.da [k'adə] *pron indef* every, each. *cada qual fará o que melhor lhe parecer* / every one will do what he thinks best. **a cada momento** every time, every minute. **cada dia** every day. **cada dois ou três dias** every two or three days. **cada um** every one, each and all. **cada vez** every time. **cada vez mais** more and more. **cada vez melhor** better and better. **cada vez que** whenever.

ca.dar.ço [kad'arsu] *sm* shoestring, shoelace.

ca.das.tro [kad'astru] *sm* personal data records.

ca.de.a.do [kade'adu] *sm* padlock. **fechar a cadeado** to padlock.

ca.dei.a [kad'ejə] *sf* 1 chain. 2 prison. 3 train, sequence (events, facts etc.). **cadeia de montanhas** mountain range. **cadeia de supermercados** supermarket chain.

ca.dei.ra [kad'ejrə] *sf* 1 seat, chair. 2 a branch of science, subject of teaching. 3 **cadeiras** hips. **cadeira de balanço** rocking chair. **cadeira de rodas** wheelchair. **cadeira dobradiça** folding chair.

ca.de.la [kad'ɛlə] *sf* female dog, bitch.

ca.der.ne.ta [kadern'etə] *sf* 1 notebook. 2 school record. 3 bankbook.

ca.der.no [kad'ɛrnu] *sm* notebook.

ca.du.car [kaduk'ar] *vint* 1 to decay, decline. 2 *bras* to become feeble-minded (from old age), senile. 3 to lapse, expire.

ca.fa.jes.te [kafaʒ'ɛsti] *sm* scoundrel.

ca.fé [kaf'ɛ] *sm* 1 coffee (bean or infusion). 2 a cup of coffee. 3 coffeehouse. **café com leite** *café-au-lait*, white coffee. **café da manhã** breakfast. **café-pequeno** *bras* a) something very easy. **café preto** black coffee. **grão de café** coffee bean. **pausa para o café** coffee break.

ca.fe.zal [kafez'aw] *sm* (*pl* **cafezais**) coffee plantation.

ca.fo.na [kaf'onə] *s m+f bras, gír* one who tries to show elegance or wealth, but with remarkable bad taste. • *adj m+f* tacky, gaudy.

cá.ga.do [k'agadu] *sm Zool* common name of several fresh-water and land turtles.

cai.ar [kaj'ar] *vt* to whitewash.

cãi.bra [k'ãjbrə] *sf Med* cramp.

cai.bro [k'ajbru] *sm* rafter(s), roof timber.

ca.ir [ka'ir] *vt+vint* 1 to fall: a) to fall down. b) to drop, let fall. c) to coincide, incur. 2 to harmonize with. *o vestido me cai bem* / the dress looks good on me. **ao cair da noite** at nightfall. **cair de cama** to be taken ill. **cair do céu** to happen unexpectedly. **cair em desuso** to fall into disuse. **cair em prantos** *pop* to burst into tears. **cair em tal dia** to fall on (a certain day). *no ano passado, o Natal caiu num domingo* / Christmas fell on Sunday last year. **cair fora** to beat it, flee. **cair morto** to drop dead. **não ter onde cair morto** to be very poor.

cais [k'ajs] *sm sing+pl* 1 quay, wharf. 2 dock, pier.

cai.xa [k'ajʃə] *sf* 1 box. 2 case, chest. 3 cash register, till. 4 casing. 5 cashier, teller. 6 *Com* cashbook. **caixa acústica** sound box. **caixa-d'água** reservoir, watertank. **caixa de correio** mailbox, letterbox. **caixa de fósforos** matchbox. **caixa de previdência** social security. **caixa econômica** savings bank. **caixa eletrônica** cash dispenser. **caixa postal** post office, PO box. **caixa registradora** cash register.

cai.xo.te [kajʃ'ɔti] *sm* 1 a crude box. 2 small wooden box for packing.

ca.ju [kaʒ'u] *sm Bot* fruit of the cashew tree. **castanha de caju** cashew nut.

cal [k'aw] *sf* (*pl* **cales, cais**) lime. **cal virgem** quicklime.

ca.la.do [kal'adu] *adj* 1 silent, quiet. 2 close tongued, mum. *ele é um homem calado* / he is a man of few words.

ca.la.fri.o [kalafr'iu] *sm* 1 fit of cold, a shivering sensation. 2 chill, shiver, shakes.

ca.la.mi.da.de [kalamid'adi] *sf* 1 calamity. 2 disaster.

ca.lar [kal'ar] *vt+vint+vpr* 1 to hold one's tongue, not to answer, stop talking. *cale a boca!* / shut up! 2 to impose silence. 3 **calar-se** a) to say nothing. b) to be quiet. **quem cala consente** silence gives consent.

cal.ça [k'awsə] *sf*, **cal.ças** [k'awsas] *sf pl* 1 trousers, pants. 2 jeans.

cal.ça.da [kaws'adə] *sf* pavement, sidewalk.

cal.ça.do [kaws'adu] *sm* footwear.

cal.ça.men.to [kawsam'ẽtu] *sm* 1 street paving. 2 act or method of paving.

cal.ca.nhar [kawkañ'ar] *sm* heel. *ele não lhe chega aos calcanhares* he is no match for him(her).

cal.ção [kaws'ãw] *sm* (*pl* **calções**) trunks, shorts. **calção de banho** bathing trunks.

cal.çar [kaws'ar] *vt+vint* 1 to put on (any footwear, stockings, socks, trousers, gloves). 2 to pave, cover with rock or stones. 3 to wedge. **calçar uma roda** to scotch a wheel.

cal.ci.nhas [kaws'iñas] *sf pl* panties, briefs, bikini.

cal.ço [k'awsu] *sm* wedge.

cal.cu.lar [kawkul'ar] *vt+vint* 1 to calculate, compute, reckon. 2 to evaluate, estimate. **calcular o valor** to estimate. **máquina de calcular** calculating machine, adding machine.

cál.cu.lo [k'awkulu] *sm* 1 calculation. 2 *Mat* calculus. **cálculo aproximado** rough estimate. **cálculo por alto** rough calculation.

cal.da [k'awdə] *sf* 1 syrup. 2 **caldas** hot springs.

cal.dei.ra [kawd'ejrə] *sf* boiler. **caldeira a vapor** steam-boiler.

cal.do [k'awdu] *sm* 1 soup. 2 broth. **caldo de carne** bouillon, beef stock. **caldo de galinha** chicken broth.

ca.len.dá.rio [kalẽd'arju] *sm* calendar.

ca.lha [k'aλə] *sf* gutter, gutter pipe.

ca.lhar [kaλ'ar] *vint* 1 to happen. *calhou de nos encontrarmos à saída* / we happened to meet on the way out. 2 to be opportune. *aquele dinheiro veio-lhe a calhar* / that money came in handy.

cá.li.ce [k'alisi] *sm* 1 wine glass, liqour glass. 2 chalice (religious ceremonial).

cal.ma [k'awmə] *sf* 1 calm, serenity, composure. 2 silence, peace. **calma!** take it easy! **com voz calma** soft-voiced. **manter a calma** to keep one's temper.

cal.mo [k'awmu] *adj* 1 calm, still, quiet. *fique calmo!* / keep calm! 2 serene, undisturbed.

ca.lo [k'alu] *sm* 1 corn (between or on top of the toes). 2 callus (on the palm of one's hands or on the soles of one's feet).

ca.lor [kal'or] *sm* heat, warmth. *eu sinto calor* / I feel quite hot. *faz muito calor por volta do meio-dia* / it gets very hot around midday. **onda de calor** heat wave.

ca.lo.ro.so [kalor'ozu] *adj* warm.

ca.lo.te [kal'ɔti] *sm* swindle.

ca.lou.ro [kal'owru] *sm* freshman (college).

cal.vo [k'awvu] *adj* bald. **ficar calvo** to go bald.

ca.ma [k'ʌmə] *sf* bed. *ele ficou de cama durante três anos* / he lay on his back for three years. **arrumar a cama** to make the bed. **cair de cama** to fall ill. **cama de casal** double bed. **cama de solteiro** single bed.

ca.ma.da [kam'adə] *sf* 1 layer. 2 *fig* class, category. 3 coat, coating (of paint).

ca.ma.le.ão [kamale'ãw] *sm* (*pl* **camaleões**) **1** *Zool* chameleon. **2** *fig* a fickle or inconstant person.

câ.ma.ra [k'ʌmarə] *sf* **1** chamber. **2** camera. **3** city council, town council. **4** City Hall, town hall. **câmara cinematográfica** motion picture camera. **câmara de vídeo** camcorder. **câmara escura** darkroom. **câmara fotográfica / de televisão** camera. **câmara lenta** slow motion.

ca.ma.ra.da [kamar'adə] *s m+f* **1** comrade, pal, buddy, friend, man. **2** farmhand. • *adj m+f* **1** companionable. **2** friendly.

ca.ma.rão [kamar'ãw] *sm* (*pl* **camarões**) *Zool* shrimp, prawn.

ca.ma.rim [kamar'ĩ] *sm* (*pl* **camarins**) dressing-room (theater or stadium).

ca.ma.ro.te [kamar'ɔti] *sm* **1** *Teat* box, box in a theater. **2** cabin on a passenger ship.

cam.ba.le.ar [kãbale'ar] *vint* **1** to sway, reel. **2** to stagger.

câm.bio [k'ãbju] *sm* **1** exchange. **2** conversion. **3** *Mec* switchgear, switching, change gear. **ao câmbio do dia** at the current rate, at the day's rate. **caixa de câmbio** gear-box. **câmbio negro** black market. **corretor de câmbio** exchange broker. **letra de câmbio** bill of exchange. **taxa de câmbio** rate of exchange.

ca.me.lo [kam'elu] *sm* Zool camel. **lã de camelo** mohair, camel's hair.

ca.me.lô [kamel'o] *sm* hawker, street vendor.

ca.mi.nha.da [kamiɲ'adə] *sf* **1** walk, stroll. **2** hike: a long walk in the country. **caminhada em terreno montanhoso, difícil** trek.

ca.mi.nhão [kamiɲ'ãw] *sm* (*pl* **caminhões**) lorry (*brit*), truck (*amer*), camion, motortruck.

ca.mi.nhar [kamiɲ'ar] *vint* **1** to walk, go on foot. **2** to hike, march. **3** to travel on foot.

ca.mi.nho [kam'iɲu] *sm* **1** road, way, drive. *eles erraram o caminho*/they lost their way. **2** route. *abriram uma via direta do aeroporto ao centro* / they've opened a new route from the airport to the center. **3** direction. **abrir caminho** to pioneer, break a path. **a caminho** on the way. **a meio caminho** halfway. **cortar o caminho** to take a shortcut. **estar a caminho** to be on the road. **estar no caminho** to stand in the way.

ca.mi.nho.nei.ro [kamiɲon'ejru] *sm bras* trucker, truck driver.

ca.mi.nho.ne.te [kamiɲon'ɛti] *sf bras* pickup truck, van.

ca.mi.sa [kam'izə] *sf* shirt. **camisa de baixo** undershirt. **camisa de força** straitjacket. **camisa esporte** sports shirt. **camisa social** dress shirt. **em mangas de camisa** in shirt-sleeves.

ca.mi.se.ta [kamiz'etə] *sf* T-shirt, undershirt. **camiseta regata** tank top, athletic shirt.

ca.mi.si.nha [kamiz'iɲə] *sf bras, coloq* rubber, durex, condom.

ca.mi.so.la [kamiz'ɔlə] *sf* night-dress, nightie.

cam.pa.i.nha [kãpa'iɲə] *sf* bell, doorbell. *a campainha está tocando* / the bell is ringing. **atender a campainha** to answer the bell. **campainha da porta** doorbell.

cam.pe.ão [kãpe'ãw] *sm* (*pl* **campeões**) champion. **o time campeão** the champion team.

cam.pes.tre [kãp'ɛstri] *adj m+f* **1** rural. **2** of or belonging to the countryside. **vida campestre** country life.

cam.po [k'ãpu] *sm* **1** field. **2** open country, prairie, meadow, grassland. **andar pelos campos** to ramble through the fields. **campo de ação** field of activity. **campo de batalha** battlefield. **campo**

de futebol football field, soccer field. **campo visual** field of vision. **casa de campo** country-house. **cultivar o campo** to till the ground.

cam.po.nês [kãpon'es] *sm* (*pl* **camponeses**) 1 countryman, farmer. 2 peasant.

ca.mun.don.go [kamũd'õgu] *sm bras* mouse, house mouse.

ca.mur.ça [kam'ursə] *sf* suède.

ca.na [k'∧nə] *sf* 1 *Bot* cane, reed. 2 *bras, gír* prison, gaol, jail. *ele está em cana* / he is in jail. 3 *bras, coloq* sugar cane liquor, *cachaça*. **tomar uma cana** to drink *cachaça*.

ca.na-de-a.çú.car [k'∧nədjas'ukar] *sf* (*pl* **canas-de-açúcar**) sugar cane.

ca.nal [kan'aw] *sm* (*pl* **canais**) 1 canal. 2 waterway, water-course for irrigation or navigation (the Venetian canals). 3 channel: a) navigation channel. b) *Rád, Telev* channel. **pelos canais competentes** through official channels.

ca.na.lha [kan'aλə] *sf* scoundrel, rascal. • *adj m+f* infamous, vile.

ca.ná.rio [kan'arju] *sm Ornit* canary, canary bird.

can.ção [kãs'ãw] *sm* (*pl* **canções**) 1 song. 2 tune. **canção de amor** love-song. **canção de Natal** Christmas carol. **canção de ninar** lullaby.

can.ce.lar [kãsel'ar] *vt* 1 to cancel. 2 to annul, revoke, invalidate.

can.de.ei.ro [kãde'ejru] *sm* oil or gas lamp.

can.de.la.bro [kãdel'abru] *sm* candlestick.

can.di.da.tar [kãdidat'ar] *vpr* to run for a public office (an election). *ele é candidato a senador* / he is running for the Senate.

can.di.da.to [kãdid'atu] *sm* 1 candidate. 2 applicant. *ele é candidato a um emprego numa multinacional* / he is applying for a job with a multinational company.

ca.ne.ca [kan'ɛkə] *sf* mug.
ca.ne.la¹ [kan'ɛlə] *sf* cinnamon. **cor de canela** cinnamon colored.
ca.ne.la² [kan'ɛlə] *sf* 1 shinbone, shin. 2 shank. **esticar as canelas** *gír* to die.
ca.ne.ta [kan'etə] *sf* pen, penholder. **caneta esferográfica** ball-point pen. **caneta hidrográfica** felt pen. **caneta marcadora de texto** highlighter, felt-tip pen. **caneta tinteiro** fountain pen.
ca.nhão [kañ'ãw] *sm* (*pl* **canhões**) 1 *Mil* cannon. 2 *Fot, Teat* floodlight. **canhão antiaéreo** anti-aircraft gun. **canhão antitanque** anti-tank gun.
ca.nho.to [kañ'otu] *sm* stub in checkbook, counterfoil. • *adj* left-handed.
ca.ni.ço [kan'isu] *sm* 1 slender reed or cane. 2 fishing-rod, rod.
ca.nil [kan'iw] *sm* (*pl* **canis**) kennel.
ca.ni.no [kan'inu] *sm Anat* canine tooth, eye tooth. • *adj* canine. *ele tem uma fome canina* he has a wolfish appetite.
ca.ni.ve.te [kaniv'eti] *sm* pocket-knife, penknife.
can.ja [k'ãʒə] *sf* 1 chicken soup with rice, chicken broth. 2 *bras, gír* something very easy or agreeable to do, cinch. **é canja!** it's a pushover!
ca.no [k'∧nu] *sm* 1 general designation of pipes. 2 barrel of a gun. **cano de água** water supply pipe. **cano de escapamento** *Autom* exhaust pipe. **cano de esgoto** waste-pipe.
ca.no.a.gem [kano'aʒẽj] *sf* (*pl* **canoagens**) canoeing.
can.sa.ço [kãs'asu] *sm* 1 fatigue, weariness. 2 tiredness.
can.sar [kãs'ar] *vt+vint+vpr* 1 to tire, to wear out. 2 to become annoyed. 3 to give up, discontinue. *ele cansou de esperar por reconhecimento de seu trabalho* / he gave up waiting for recognition of his work. 4 **cansar-se** to get tired.

can.sa.ti.vo [kãsat'ivu] *adj* **1** tiring. **2** boring, tedious. **3** tiresome.

can.tar [kãt'ar] *vt+vint* **1** to sing. **2** to chirp (insects and birds). *um passarinho cantava sua alegria* / a bird was warbling its joy. **3** (rooster) to crow. **cantar de ouvido** to sing by ear. **cantar desafinado** to sing out of tune. **cantar uma música** to sing a tune. **os pneus cantaram na curva** the tires screeched on the bend.

can.tei.ro [kãt'ejru] *sm* stone-cutter, stone-mason. **canteiro de flores** flower bed. **canteiro de obras** building site.

can.ti.na [kãt'inə] *sf* **1** cafeteria. **2** canteen. **3** a restaurant specialized in Italian food and wines.

can.to¹ [k'ãtu] *sm* **1** corner, edge. **2** angle. **3** nook. **canto da boca** corner of the mouth. **canto da rua** street corner. **canto do olho** corner of the eye.

can.to² [k'ãtu] *sm* song, singing. **aula de canto** singing lesson. **canto gregoriano** Gregorian chant.

can.tor [kãt'or] *sm* singer.

ca.nu.di.nho [kanud'iɲu] *sm* drinking straw, straw.

cão [k'ãw] *sm* (*pl* **cães**) (*fem* **cadela**) **1** dog. **2** a contemptible person. **cão de caça** hound. **cão de fila** mastiff. **cão de guarda** watchdog. **cão vira-lata** mongrel. **levaram uma vida de cão** they led a dog's life.

ca.o.lho [ka'oʎu] *sm* one-eyed or cross--eyed fellow.

ca.pa [k'apə] *sf* **1** cape, cloak. **2** cover. **3** pretense. **capa de chuva** raincoat, mackintosh. **capa de livro** book cover.

ca.pa.ce.te [kapas'eti] *sm* helmet. **capacete de proteção** crash helmet.

ca.pa.cho [kap'aʃu] *sm* doormat. *ele é apenas um capacho* he is a doormat.

ca.pa.ci.da.de [kapasid'adi] *sf* **1** capability: competence, ability, power, talent. *isto ultrapassa nossa capacidade* / this is beyond our competence. **2** capacity: a) room, dimensions, volume. b) ability, aptitude, potential. **capacidade de raciocínio** reasoning power. **medida de capacidade** dry measure, measure of capacity.

ca.pa.ci.tar [kapasit'ar] *vt+vint+vpr* **1** to render capable. **2** to qualify (oneself). **3** to convince, persuade. **4 capacitar-se** a) to be convinced. b) to persuade oneself.

ca.pan.ga [kap'ãgə] *sm* a hired assassin, bully, gangster, hit man.

ca.pa.taz [kapat'as] *sm* **1** foreman. **2** overseer.

ca.paz [kap'as] *adj m+f* (*pl* **capazes**) **1** capable, able. **2** up to, ready for. *ele é capaz de cometer toda e qualquer sujeira* / he is up to any mean trick. **3** susceptible to. *ele é bem capaz de cometer tal tolice* / he is susceptible to committing such a blunder. **4** competent, skillful. **5** likely to, probably, possible. *você vem amanhã? é capaz.* / are you coming tomorrow? it's possible.

ca.pe.la [kap'ɛlə] *sf* **1** chapel. **2** a group of church musicians, band, choir. **coro de capela** choir with no musical instrument.

ca.pe.ta [kap'etə] *sm bras, pop* **1** the devil. **2** a naughty or mischievous child.

ca.pim [kap'ĩ] *sm* (*pl* **capins**) common name of several species of grass.

ca.pi.tão [kapit'ãw] *sm* (*pl* **capitães**) **1** captain. **2** *Esp* leader of a team.

ca.pí.tu.lo [kap'itulu] *sm* **1** chapter. **2** *Rád, Telev* episode. **isto é um capítulo à parte** *coloq* that is a horse of a different colour.

ca.pô [kap'o] *sm Autom, amer* car hood, *brit* bonnet.

ca.po.ta [kap'ɔtə] *sf* top or hood of a carriage or motor-car. **capota conversível/ dobrável** collapsible hood.

ca.po.tar [kapot'ar] *vint* **1** to capsize. **2** to overturn. *o carro capotou na curva* / the car overturned around the bend.

ca.po.te [kap'ɔti] *sm* overcoat.
ca.pri.cho [kapri'ʃu] *sm* **1** caprice. **2** fancy, whim. **3** care.
cap.tar [kapt'ar] *vt* **1** to attract. **2** *Rád, Telev* to pick up, receive (a radio broadcast). **3** to grasp.
cap.tu.ra [kapt'urə] *sf* **1** capture, seizure. **2** arrest, detention.
cap.tu.rar [kaptur'ar] *vt* **1** to capture. **2** to seize by force, take forcibly possession of. **o inimigo capturou a cidade** the enemy seized the town.
ca.puz [kap'us] *sm* **1** hood. **2** cowl.
ca.qui [kak'i] *sm bras, Bot* persimmon.
ca.ra [k'arə] *sf* **1** face. **2** countenance. **3** *bras, gír* a guy, an unknown person. **cara a cara** face to face. **cara de poucos amigos** unfriendly countenance. **cara de quem comeu e não gostou** a look of distaste. **cara ou coroa** heads or tails. **dar as caras** to show up. **dar de cara com** to bump into. **de cara cheia** *bras, pop* drunken. **ir com a cara de** to take a liking to. **pagar o olho da cara** to pay through the nose. **ter duas caras** to be two-faced.
ca.ra.col [karak'ɔw] *sm (pl* **caracóis)** **1** snail. **2** ringlets, a curl of hair. **escada em caracol** spiral staircase.
ca.rac.te.rís.ti.ca [karakter'istikə] *sf* characteristic(s), quality.
ca.rac.te.ri.za.ção [karakterizas'ãw] *sf (pl* **caracterizações)** **1** characterization. **2** artistic representation of a personality, impersonation.
ca.ra.du.ra [karad'urə] *s m+f bras, pop* cynical or brazen fellow.
ca.ram.bo.la [karãb'ɔlə] *sf* star-fruit, *carambola*.
ca.ra.mu.jo [karam'uʒu] *sm Zool* any of various small marine univalve mollusks.
ca.ran.gue.jo [karãg'eʒu] *sm* **1** *Zool* crab. **2** *Astr* Crab: a zodiacal sign, Cancer.

ca.ra.pu.ça [karap'usə] *sf* **1** skull cap. **2** *fig* allusion, insinuation. **enfiar/vestir a carapuça** *fig* to react to an insinuation.
ca.rá.ter [kar'ater] *sm (pl* **caracteres)** **1** character. **2** stamp, mark. **3** moral attitude. **4** nature. **5** temperament. **caráter duvidoso** fishiness. **caráter efeminado** womanishness. **caráter tipográfico** type. **ele agiu de acordo com o seu caráter** he acted in character. **em caráter oficioso** off the record. **sem caráter** unprincipled.
car.ca.ça [kark'asə] *sf* **1** carcass. **2** framework. **3** old hull of a ship.
cár.ce.re [k'arseri] *sm* prison, jail.
car.ce.rei.ro [karser'ejru] *sm* prison guard, *amer, gír* yard patrol.
car.dá.pio [kard'apju] *sm* bill of fare, *menu, carte*.
car.de.al¹ [karde'aw] *sm (pl* **cardeais)** *Ecles* cardinal, dignitary of the Roman Catholic Church.
car.de.al² [karde'aw] *adj m+f (pl* **cardeais)** cardinal, preeminent. **pontos cardeais** cardinal points. **virtudes cardeais** cardinal virtues.
car.du.me [kard'umi] *sm* shoal of fish.
ca.re.ca [kar'ɛkə] *sf* **1** baldness. **2** *s m+f* a bald-headed person. • *adj m+f* bald. **um pneu careca** a worn-out tyre.
ca.re.cer [kares'er] *vt+vint* **1** not to have, lack. **2** to be in need of, be deficient in.
ca.rên.cia [kar'ẽsjə] *sf* lack, want, need.
ca.res.ti.a [karest'iə] *sf* high prices, costliness.
ca.re.ta [kar'etə] *sf* **1** grimace. **2** *bras, gír* a conservative, straight person, as opposed to drug users and law-defying persons. **fazer caretas** to make grimaces.
car.ga [k'argə] *sf* **1** load, burden. **2** freight, cargo. **3** shipment. **animal de carga** beast of burden. **carga e descarga** loading and unloading. **carga elétrica** electric charge. **carga**

perecível perishable goods. **carga pesada** heavy load. **trem de carga** freight train.

car.go [k'argu] *sm* 1 employment, public office. 2 post. **a cargo de** in charge of. **alto cargo** high position, dignity. **cargo de confiança** position of trust.

ca.rí.cia [kar'isjə] *sf* caress, fondling.

ca.ri.da.de [karid'adi] *sf* charity. **irmã de caridade** Sister of Charity.

cá.rie [k'arji] *sf* Odont cavity, tooth decay.

ca.rim.bo [kar'ĩbu] *sm* metal, wood or rubber stamp. **almofada de carimbo** pad.

ca.ri.nho [kar'iñu] *sm* 1 gentleness. 2 caress, endearment. 3 loving care, affection. **com carinho** affectionately.

ca.ri.nho.so [kariñ'ozu] *adj* 1 affectionate. 2 loving.

ca.ri.ta.ti.vo [karitat'ivu] *adj* charitable.

car.ne [k'arni] *sf* 1 flesh. 2 meat. 3 carnal nature. 4 sensuality. **carne congelada** frozen meat. **carne de boi** beef. **carne de carneiro** mutton. **carne de cordeiro** lamb. **carne defumada** smoked meat. **carne de porco** pork. **carne enlatada/ em conserva** canned meat. **carne grelhada** grilled meat. **carne magra** lean meat. **carne moída** mince, ground meat. **cortes de carne** meat cuts.

car.nei.ro [karn'ejru] *sm* 1 ram. 2 *Astr* Aries. 3 *fig* gentle, meek person.

car.ne.se.ca [karnis'ekə] *sf* (*pl* **carnes--secas**) jerked meat.

car.ni.ça [karn'isə] *sf* carrion.

car.ni.fi.ci.na [karnifisin'ə] *sf* 1 carnage, bloodshed. 2 massacre.

ca.ro [k'aru] *adj* dear: a) highly valued or priced. b) costly, expensive. c) dear, beloved, highly esteemed. **tudo que nos é caro** / all that is dear to us. **a vida aqui é muito cara** living is expensive here. **o barato sai caro** the cheapest comes dear in the long run!

ca.ro.ço [kar'osu] *sm* 1 stone in some kinds of fruits. 2 seed kernel, pit, core. 3 lump.

ca.ro.na [kar'onə] *sf* hitch-hiking, a free ride. **dar carona a alguém** to give someone a lift, a ride. **pedir uma carona** to hitch-hike.

car.pin.ta.ri.a [karpitar'iə] *sf* carpentry.

car.pin.tei.ro [karpit'ejru] *sm* carpenter.

car.pir [karp'ir] *vt* 1 to weed, hoe. 2 to mourn, lament. 3 *bras* to clear a piece of land and prepare it for cultivation.

car.ran.ca [kaī'ãkə] *sf* scowl, frown. **fazer carrancas** to frown.

car.ra.pa.to [kaīap'atu] *sm* tick.

car.ra.pi.cho [kaīap'iʃu] *sm* *Bot* popular designation of the spiny seed kernels of various plants.

car.ras.co [kaī'asku] *sm* 1 hangman. 2 executioner.

car.re.ga.dor [kaīegad'or] *sm* 1 porter, carrier. 2 charger (battery).

car.re.gar [kaīeg'ar] *vt+vint* 1 to lay a load on. 2 to load. 3 to bear, carry. **carregar armas de fogo** to charge firearms. **carregar no preço da carne** to raise up the price of the meat. **o céu estava carregado** the sky was overcast.

car.rei.ra [kaī'ejrə] *sf* 1 track, course. 2 run, a dash. 3 career, profession. 4 rows. **o café foi plantado em carreiras** / the coffee was planted in rows. **às carreiras** hastily. **barco de carreira** liner. **estar na carreira** to follow a profession. **fazer carreira** to do well in a profession, career.

car.re.tel [kaīet'ɛw] *sm* (*pl* **carretéis**) spool, reel.

car.re.to [kaī'etu] *sm* 1 cartage, truckage. 2 freight.

car.ri.nho [kaī'iñu] *sm* 1 *dim* de **carro**. 2 a child's play car. **carrinho de bagagem** luggage trolley. **carrinho de bebê** baby buggy, pram. **carrinho de chá** tea waggon. **carrinho de supermercado** shopping cart.

car.ro [k'aɾu] *sm* 1 car. 2 automobile, motorcar. **carro alegórico** float. **carro blindado** armored car. **carro-bomba** bomb car. **carro conversível** convertible. **carro de aluguel** cab, taxi. **carro de bombeiros** fire engine. **carro esporte** sports car. **carro fúnebre** hearse.

car.ro.ça [kaȓ'ɔsə] *sf* cart.

car.ro.ce.ri.a [kaȓoseɾ'iə] *sf* the body of a motorcar, truck or van. **carroceria basculante** tipping, dump body.

car.ta [k'artə] *sf* 1 letter, missive. 2 map, chart. 3 playing card. 4 charter, bill. **carta comercial** business letter. **carta de amor** love-letter. **carta de apresentação** letter of introduction. **carta de motorista** driver's licence. **carta de recomendação** letter of recommendation. **carta registrada** registered letter. **pôr as cartas na mesa** to show one's hand, act openly. **ser carta fora do baralho** to have no say. **ter carta branca** to have a free hand, have full power.

car.tão [kart'ãw] *sm* (*pl* **cartões**) 1 pasteboard, cardboard. 2 visiting card, calling card. **cartão de crédito** credit card, plastic money. **cartão de Natal** Christmas card. **cartão de ponto** punching-card, clock card. **cartão postal** post card.

car.taz [kart'as] *sm* 1 poster. 2 *coloq* popularity, fame, prestige, success. **ele não tem cartaz** / he has no prestige. **afixar cartazes** to put a poster. **estar em cartaz** to be on.

car.tei.ra [kart'ejɾə] *sf* wallet, billfold, purse. **batedor de carteiras** pickpocket. **carteira de identidade** identity card. **carteira escolar** desk, school desk.

car.tei.ro [kart'ejɾu] *sm* postman, mailman.

car.to.man.te [kartom'ãti] *s m+f* fortune-teller.

car.tó.rio [kart'ɔɾju] *sm* 1 registry office. 2 public notary's office. **cartório de notas** register of deeds. **casamento no cartório** civil marriage.

car.va.lho [karv'aʎu] *sm Bot* oak, oak tree. **de carvalho** oaken.

car.vão [karv'ãw] *sm* (*pl* **carvões**) 1 coal, charcoal. 2 a charcoal drawing. **mina de carvão** coal mine.

ca.sa [k'azə] *sf* 1 house. 2 home. *a casa é sua!* / make yourself at home. 3 buttonhole. **arrombamento de casa** house-breaking. **arrumar a casa** to tidy up the house. **casa da moeda** mint. **casa de abelha** beehive. **casa de câmbio** *Com* exchange office. **casa de campo** country-house, cottage. **casa de correção** reformatory. **casa de saúde** hospital. **casa de tolerância** whorehouse. **casa editora** publishing house. **casa geminada** terraced house. **casa noturna** night-club. **ele está na casa dos quarenta** he is in his forties. **em casa** home, indoors, at home. **feito em casa** home-made.

ca.sa.co [kaz'aku] *sm* 1 coat, jacket. 2 overcoat, top-coat. 3 wrap.

ca.sal [kaz'aw] *sm* (*pl* **casais**) 1 a couple. 2 a pair, male and female.

ca.sa.men.to [kazam'ẽtu] *sm* marriage, wedding. **casamento civil** civil marriage. **casamento religioso** (cerimônia) wedding. **pedir em casamento** to propose.

ca.sar [kaz'ar] *vt+vpr* 1 to marry, wed. 2 **casar-se** to get married. *eles se casaram* / they got married. **casar mal** to mismate.

cas.ca [k'askə] *sf* 1 bark of trees. 2 husk. 3 peelings, peel, skin, shell. **casca de árvore** bark, cortex. **casca de ervilha/ vagem** hull. **casca de limão** lemon peel. **casca de ovo** egg-shell. **ser uma casca grossa** to be an uncouth fellow.

cas.ca.ta [kaskˈatə] *sf* **1** cascade. **2** waterfall. **3** *bras, gír* idle talk, lie, boast.
cas.ca.vel [kaskavˈɛw] *sf* (*pl* **cascavéis**) *bras* **1** *Zool* a rattlesnake, rattler. **2** *fig* malignant, backbiting person.
cas.co [kˈasku] *sm* **1** hull. **2** hoof. **3** *ant* helmet. **4** *bras* empty bottle. **casco de navio** hull, hulk or bottom of a ship. **casco de tartaruga** turtleshell.
cas.cu.do [kaskˈudu] *adj* having a thick bark, skin, peel or shell.
ca.se.a.do [kazeˈadu] *sm* buttonhole stitch.
ca.se.bre [kazˈɛbri] *sm* hovel, hut, shack.
ca.sei.ro [kazˈejru] *sm* caretaker, housekeeper. • *adj* **1** home-made. **2** home-loving man. **pão caseiro** home-baked bread. **remédio caseiro** household medicine.
ca.so [kˈazu] *sm* **1** case. **2** situation, matter, condition. **é um caso à parte /** it is a different situation, another story. **3** *Med* a patient under treatment. **4** *bras, pop* a fling, a love affair. **caso contrário** otherwise. **caso grave** a serious affair, serious crime. **caso particular** private affair. **de caso pensado** on purpose. **em caso de necessidade** in case of need. **em qualquer caso** at all events, at any rate, anyway. **fazer muito caso de** to attribute great importance to. **fazer pouco-caso de** to treat without consideration. **na maioria dos casos** for the most part. **neste caso** thus, if so, in that case. **no seu caso** in your instance. **tratar com pouco-caso** to ignore, snub.
cas.pa [kˈaspə] *sf* dandruff.
cas.se.te.te [kasetˈɛti] *sm* truncheon, a police officer's billy club.
cas.ta.nha [kastˈʌñə] *sf* fruit of the chestnut tree, chestnut. **castanha de caju** cashew nut.
cas.ta.nha-do-pa.rá [kastˈʌñəduparˈa] *sf* (*pl* **castanhas-do-pará**) *Bot* Brazil nut.

cas.ta.nho [kastˈʌñu] *sm* chestnut brown. • *adj* chestnut.
cas.ta.nho.las [kastañˈɔləs] *sf pl* castanets.
cas.te.lo [kastˈɛlu] *sm* castle, manor-house. **castelo de água** water castle. **castelo de vento** windle in the air. **fazer castelos no ar** to build castles in the air.
cas.ti.çal [kastisˈaw] *sm* (*pl* **castiçais**) candlestick, candle-holder.
cas.ti.ço [kastˈisu] *adj* **1** of good birth, of good stock. **2** *fig* correct, genuine (language). **português castiço** pure Portuguese.
cas.ti.da.de [kastidˈadʒi] *sf* chastity. **votos de castidade** chastity vows.
cas.ti.go [kastˈigu] *sm* punishment, penalty. **ficar de castigo** to be punished (in school).
cas.tor [kastˈor] *sm Zool* beaver.
cas.tra.ção [kastrasˈãw] *sf* (*pl* **castrações**) castration.
ca.su.al [kazuˈaw] *adj m+f* (*pl* **casuais**) **1** casual, chance. **2** occasional, incidental. **3** accidental.
ca.su.lo [kazˈulu] *sm Entom* cocoon.
ca.tá.lo.go [katˈalogu] *sm* catalogue, catalog.
ca.ta.po.ra [katapˈɔrə] *sf bras, Med* chicken pox, *varicella*.
ca.tar [katˈar] *vt* **1** to seek. **2** to gather, collect.
ca.ta.ra.ta [katarˈatə] *sf* cataract: a) waterfall, especially a large one over a precipice. b) *Med* cataracts.
ca.tar.ro [katˈaru] *sm Med* **1** catarrh. **2** nasal mucus.
ca.ta-ven.to [katəvˈẽtu] *sm* (*pl* **cata-ventos**) weather vane, weathercock.
ca.te.dral [katedrˈaw] *sf* (*pl* **catedrais**) cathedral.
ca.te.drá.ti.co [katedrˈatiku] *sm* college or university professor.
ca.te.go.ri.a [kategorˈiə] *sf* **1** category, class, order. **2** degree, rate, status. **terceira categoria** third-rate.

ca.tin.ga [kat'ĩgə] *sf bras* fetid or foul smell.

ca.ti.van.te [kativ'ãti] *adj m+f* **1** captivating, engaging. **2** charming, fascinating.

ca.ti.var [kativ'ar] *vt+vpr* **1** to charm, fascinate, enchant. **2 cativar-se** to become enraptured or fascinated.

ca.ti.vei.ro [kativ'ejru] *sm* **1** captivity. **2** bondage.

ca.ti.vo [kat'ivu] *adj* **1** captive. **2** confined, constrained.

ca.tó.li.co [kat'ɔliku] *sm* a Catholic. • *adj* Catholic.

ca.tra.ca [katr'akə] *sf* **1** *Tecn* ratchet. **2** turnstile.

cau.ção [kaws'ãw] *sf* (*pl* **cauções**) **1** guaranty, surety, guarantee. **2** pledge, bond. **sob caução** under bond.

cau.da [k'awdə] *sf* **1** tail. **2** train of a gown.

cau.da.lo.so [kawdal'ozu] *adj* abundant, copious.

cau.le [k'awli] *sm Bot* stalk, stem, shaft.

cau.sa [k'awzə] *sf* cause: a) motive, reason, justification. b) root, origin. c) lawsuit, legal action. **com conhecimento de causa** with confirmed knowledge or experience. **ganhar uma causa** to win a lawsuit, recover a right. **por causa de** by reason of, because of, on account of. **por causa disto** for that reason, on that account. **ser a causa de** to be instrumental in. **uma causa perdida** a lost cause.

cau.sar [kawz'ar] *vt* **1** to cause, be the cause of. **2** to originate, raise, bring about. **causar aversão a** to be repulsive to. **causar dano** to do harm to. **causar desgraça** to bring about misfortune. **causar dor** to give pain, rankle. **ele causa boa impressão** he impresses favourably.

cau.te.la [kawt'ɛlə] *sf* caution, cautiousness. **com cautela** cautiously.

ca.va.lar [kaval'ar] *adj m+f* excessive, huge. **dose cavalar** an excessive dose of something.

ca.va.lei.ro [kaval'ejru] *sm* **1** horseman. **2** trooper. **3** knight.

ca.va.le.te [kaval'eti] *sm* **1** trestle. **2** easel (of a painter).

ca.va.lhei.ro [kavaʎ'ejru] *sm* gentleman. **indigno de um cavalheiro** ungentlemanly, unbecoming of a gentleman.

ca.va.lo [kav'alu] *sm* **1** *Zool* horse. **2** *fig* a rough-mannered fellow. **cavalo de corridas** race-horse. **cavalo puro-sangue** thoroughbred. **cavalo-vapor** horsepower. **corrida de cavalos** horse racing. **montar a cavalo** to ride on horseback, horseback riding. **rabo de cavalo** horse-tail.

ca.var [kav'ar] *vt+vint* to dig. **cavar com a enxada** to hoe.

ca.vei.ra [kav'ejrə] *sf* skull. **fazer a caveira de alguém** *pop* to belittle someone.

ca.ver.na [kav'ɛrnə] *sf* cave, cavern.

ca.xum.ba [kaʃ'ũbə] *sf bras, Med* mumps.

ce.bo.la [seb'olə] *sf Bot* onion (*Allium cepa*).

ce.bo.li.nha [sebol'iɲə] *sf Bot* chive, chives. **salsa e cebolinha** parsley and chives.

ce.der [sed'er] *vt+vint* to cede, yield: a) to allow others to gain control/power over oneself. b) to yield (to break down / move). *a cadeira cedeu sob o peso de Judy e espatifou-se* / the chair yielded under Judy's weight and broke into pieces. c) to substitute for another. **ceder a passagem** to give way. **ceder à razão** to yield to reason. **não ceder** to stand out, stick in, wait it out.

ce.do [s'edu] *adv* **1** early. *ele chegou cedo* / he arrived early. **2** soon, in a short time. **bem cedo na vida** at an early age. **cedo demais** too early. **de manhã cedo**

early in the morning. **demasiado cedo** too soon. **mais cedo ou mais tarde** sooner or later, in the long run.

ce.dro [s'ɛdru] *sm Bot* cedar.

cé.du.la [s'ɛdulə] *sf* 1 banknote, bill, currency note. 2 *bras* voting paper, ballot. **cédula de banco** banknote. **cédula de identidade** identity card.

ce.gar [seg'ar] *vt+vint* 1 to blind. 2 to dazzle, daze.

ce.go [s'ɛgu] *sm* blind man. • *adj* 1 blind. 2 (of a knife) blunt, dull. **amor cego** blind love. **cego de nascença** blind born. **nó cego** a person that causes annoyance, a nuisance.

ce.go.nha [seg'oñə] *sf Ornit* stork.

ce.guei.ra [seg'ejrə] *sf* blindness.

cei.a [s'ejə] *sf* supper, evening meal.

cei.far [sejf'ar] *vt+vint* to reap. **ceifar vidas** to kill, cause the death of.

ce.la [s'ɛlə] *sf* cell.

ce.le.brar [selebr'ar] *vt+vint* to celebrate. **celebrar um contrato** to come to an agreement. **ele celebra a missa** he celebrates mass.

cé.le.bre [s'ɛlebri] *adj m+f* famous, well-known, renowned.

ce.lei.ro [sel'ejru] *sm* barn.

cé.lu.la [s'ɛlulə] *sf* cell.

cem [s'ẽj] *num+sm* one hundred.

ce.mi.té.rio [semit'ɛrju] *sm* cemetery, graveyard.

ce.na [s'enə] *sf* 1 *Teat* scene. 2 stage. *eles entraram em cena* / they entered the stage. *não faça cenas!* / *gir* now do, do not make scenes! **diretor de cena** stage director. **pôr em cena** to stage. *a peça está em cena há um ano* / the play has been on for a year now.

ce.ná.rio [sen'arju] *sm* scenery: a) *Teat* stage setting. b) *Cin* scenario, an outline of the film.

ce.nou.ra [sen'owrə] *sf Bot* carrot.

cen.su.ra [sẽs'urə] *sf* censorship.

cen.su.rar [sẽsur'ar] *vt* 1 to censor, examine officially. 2 to censure: to disapprove.

cen.ta.vo [sẽt'avu] *sm* cent: a coin representing a hundred part of a real (or *peso*, *sucre* etc.).

cen.tei.o [sẽt'eju] *sm Bot* rye.

cen.te.lha [sẽt'eʎə] *sf* spark. **centelha da vida** the spark of life.

cen.te.na [sẽt'enə] *sf* 1 a hundred. 2 a group of one hundred. **às centenas** by the hundred. **centenas de vezes** hundreds of times.

cen.tí.me.tro [sẽt'imetru] *sm* centimeter, centimetre.

cen.to [s'ẽtu] *sm* 1 a hundred. 2 a group of one hundred. **cinco por cento** five per cent. **um cento de ovos** one hundred eggs.

cen.tral [sẽtr'aw] *sf* headquarters, central office. • *adj m+f* central. **aquecimento central** central heating. **central da polícia** police headquarters. **central elétrica** power station. **Central Geral dos Trabalhadores (CGT)** Worker's Central Union.

cen.tro [s'ẽtru] *sm* center, centre. **centro comercial** shopping mall. **centro de pesquisas** research center. **centro da cidade** downtown.

CEP [s'ɛpi] *abreviação de* **Código de Endereçamento Postal** zip code, post code.

ce.ra [s'erə] *sf* wax. **cera de abelha** beeswax. **fazer cera** to work slowly on purpose. **vela de cera** wax-candle.

ce.râ.mi.ca [ser'∧mikə] *sf* ceramics, pottery.

cer.ca¹ [s'erkə] *sf* fence, railing. **cerca de arame** wire fence. **cerca viva** hedge.

cer.ca² [s'erkə] *adv* 1 near, nearly, close by. 2 about, around.

cer.car [serk'ar] *vt+vpr* 1 to surround. **cercar-se de amigos** to associate with friends, surround oneself with friends.

ce.re.bral [serebr'aw] (*pl* **cerebrais**) *adj m+f* cerebral. **lavagem cerebral** brain-washing.
cé.re.bro [s'ɛrebru] *sm Anat* brain.
ce.re.ja [ser'eʒɐ] *sf* cherry. • *adj* cherry-red.
ce.ri.mô.nia [serim'onjɐ] *sf* ceremony. **cerimônia de casamento** wedding ceremony. **sem cerimônias** unconventional, casual. **traje de cerimônia** evening dress, dress suit.
cer.ra.ção [seʁas'ãw] *sf* (*pl* **cerrações**) fog.
cer.rar [seʁ'ar] *vt* 1 to close, shut. 2 to tighten, clench. **cerrar o punho** to clench the fist.
cer.tei.ro [sert'ejru] *adj* 1 well-aimed. 2 accurate.
cer.te.za [sert'ezɐ] *sf* 1 certainty. 2 conviction. **com certeza** certainly. **com toda certeza** as sure as can be.
cer.ti.dão [sertid'ãw] *sf* (*pl* **certidões**) certificate.
cer.ti.fi.ca.do [sertifik'adu] *sm* certificate. • *adj* certified. **certificado de saúde** health certificate.
cer.ti.fi.car [sertifik'ar] *vt+vint+vpr* 1 to certify. 2 to make sure. 3 **certificar-se** to convince oneself.
cer.to [s'ɛrtu] *adj* 1 certain. 2 true. 3 accurate, right. 4 sure, assured. *o sr. está certo do que diz?* / are you sure of what you say? **absolutamente certo** absolutely right. **até certo ponto** to some extent, in a sense. **certo de** convinced of.
cer.ve.ja [serv'eʒɐ] *sf* beer, ale. **cerveja escura** bock beer.
ces.sar [ses'ar] *vint* to cease. **cessar de falar** to stop talking.
ces.to [s'estu] *sm* basket. **cesto de roupa usada** laundry basket.
céu [s'ɛw] *sm* 1 sky. 2 heaven. **céu da boca** *Anat* palate. **céu nublado/escuro** cloudy sky. **ir para o céu** to go to heaven.

ce.va.da [sev'adɐ] *sf Bot* barley.
chá [ʃ'a] *sm* 1 *Bot* tea. 2 tea-party. **saquinho de chá** tea bag.
chá.ca.ra [ʃ'akarɐ] *sf* small property in the country.
cha.ci.na [ʃas'inɐ] *sf* massacre.
cha.fa.riz [ʃafar'is] *sm* fountain.
cha.ga [ʃ'agɐ] *sf* an open wound, sore. **mal de chagas** *Med* Chagas' disease.
cha.lé [ʃal'ɛ] *sm* chalet, log cabin, cottage.
cha.lei.ra [ʃal'ejrɐ] *sf* kettle.
cha.ma [ʃ'ʌmɐ] *sf* flame. **chama de gás** gas-jet. **em chamas** ablaze, alight, on fire.
cha.ma.da [ʃam'adɐ] *sf* 1 call (phone). 2 roll call. 3 reprimand. **chamada interurbana** long-distance call. **chamada telefônica** telephone call. **fazer a chamada** to call the roll(s).
cha.ma.do [ʃam'adu] *sm* call, act of calling. • *adj* called, so-called, summoned.
cha.mar [ʃam'ar] *vt+vint+vpr* 1 to call. 2 **chamar-se** to be called or named. *eu me chamo João* / my name is João. **como se chama isso?** what do you call that? **ele se chama** his name is. **mandar chamar** to send for.
cha.mi.né [ʃamin'ɛ] *sf* 1 chimney. 2 funnel (on a steam-engine, ship etc.).
cha.mus.car [ʃamusk'ar] *vt+vpr* to singe, burn slightly.
chan.ta.ge.ar [ʃãtaʒe'ar] *vt+vint* to blackmail.
chan.ta.gis.ta [ʃãtaʒ'istɐ] *s m+f* blackmailer. • *adj m+f* blackmailing.
chão [ʃ'ãw] *sm* (*pl* **chãos**) ground. **ficar com a cara no chão** to be extremely embarrassed.
cha.pa [ʃ'apɐ] *sf* 1 metal sheet, plate. 2 *Polit* list of candidates of a political group. 3 *bras, pop* friend. **chapa fria** a fake licence plate.

cha.péu [ʃapˈɛw] *sm* hat.
cha.ra.da [ʃaˈradə] *sf* **1** charade. **2** riddle.
char.co [ʃˈarku] *sm* bog, mire.
char.la.tão [ʃarlatˈãw] *sm* (*pl* **charlatões**, *fem* **charlatona**) charlatan, quack.
char.me [ʃˈarmi] *sm* charm, grace.
char.que [ʃˈarki] *sm* jerked beef.
cha.ru.to [ʃaˈrutu] *sm* cigar, cheroot.
cha.te.ar [ʃateˈar] *vt+vint+vpr* **1** to annoy. **2 chatear-se (com)** to get annoyed with.
cha.ve [ʃˈavi] *sf* key. **chave da porta** door key. **chave de fenda** screwdriver. **chave inglesa** monkey wrench.
cha.vei.ro [ʃavˈejru] *sm* **1** key ring (object). **2** key maker, locksmith.
che.fe [ʃˈɛfi] *s m+f* **1** boss. **2** head. **chefe de cozinha** chef. **chefe de Estado** head of state. **chefe de família** head of the family.
che.fi.ar [ʃefiˈar] *vt+vint* to head, lead.
che.ga.da [ʃeˈgadə] *sf* arrival. **linha de chegada** homestretch.
che.gar [ʃeˈgar] *vint+vt* **1** to arrive (a/in...). *chegamos ao aeroporto com cinco minutos de atraso* / we arrived at the airport five minutes late. **2** to reach. **chegar a uma conclusão** to reach a conclusion. **3** to be enough. *esta comida chega para uma semana* / this food is enough for a week. **chegar tarde** to be late.
chei.a [ʃˈejə] *sf* flood.
chei.o [ʃˈeju] *adj* **1** full, filled up. **lua cheia** a full moon. **2** crowded, packed. **estar cheio** *gír* to be fed up to the teeth.
chei.rar [ʃejrˈar] *vt+vint* to smell. **está cheirando agradavelmente** it smells good.
chei.ro [ʃˈejru] *sm* **1** smell. **2** scent.
chi.ar [ʃiˈar] *vint* **1** to make some shrill noise. **2** *bras*, *gír* to complain. *não adianta chiar agora* / it is no use complaining now. **3** to squeak (rato, bicicleta).
chi.cle.te [ʃiklˈɛti] *sm* chewing gum.
chi.co.ta.da [ʃikotˈadə] *sf* a stroke with a whip.
chi.co.te [ʃikˈɔti] *sm* whip.
chi.fre [ʃˈifri] *sm* horn. **pôr/botar chifre em** to cuckold.
chi.ne.lo [ʃinˈɛlu] *sm* slipper.
chis.par [ʃispˈar] *vint* to sparkle, spark, flash.
cho.ça [ʃˈɔsə] *sf* hut, shack.
cho.ca.lho [ʃokˈaʎu] *sm* rattle.
cho.can.te [ʃokˈãti] *adj m+f* shocking.
cho.car¹ [ʃokˈar] *vt+vint+vpr* **1** to collide, strike against, knock against. **2** to crash into. **3** to shock. *ele ficou chocado com o comportamento dela* / he was shocked at (or by) her behaviour. **4 chocar-se** to become shocked. **chocar-se com** to stumble at, bump into.
cho.car² [ʃokˈar] *vt+vint* to hatch.
cho.fer [ʃofˈɛr] *sm* chauffeur (a professional), driver.
cho.pe [ʃˈopi] *sm* draught beer, draft beer.
cho.que [ʃˈɔki] *sm* **1** collision. **2** clash (of interests, ideas). **3** startle, shock (sudden). **à prova de choque** shock-proof. **rosa choque** shocking pink.
cho.ra.min.gas [ʃoramˈĩgas] *s m+f*, *sing+pl* crybaby.
cho.rar [ʃorˈar] *vt+vint* to weep, cry.
cho.ro [ʃˈoru] *sm* crying. **romper em choro** to burst into tears.
cho.ver [ʃovˈer] *vint+vt* to rain. *chove muito* / it's raining hard.
chu.chu [ʃuʃˈu] *sm* **1** *Bot* chayote. **2** a beautiful and dear person.
chum.bo [ʃˈũbu] *sm* lead. **levar chumbo** to fail. **passar chumbo** to shoot.
chu.pa.de.la [ʃupadˈɛlə] *sf* suck, sucking.
chu.par [ʃupˈar] *vt* to suck.
chu.pe.ta [ʃupˈetə] *sf* **1** dummy, pacifier. **2** *vulg* blow job.
chur.ras.co [ʃuʁˈasku] *sm* barbecue.

chu.tar [ʃut'ar] *vt+vint* **1** *Fut* to kick. **2** to guess, try to guess an answer.

chu.va [ʃ'uvə] *sf* **1** rain. **2** *fig* lots, heaps. **à prova de chuva** rainproof. **capa de chuva** raincoat.

chu.va.ra.da [ʃuvar'adə] *sf* downpour.

chu.vei.ro [ʃuv'ejru] *sm* **1** shower. **2** the shower bath compartment.

chu.vis.car [ʃuvisk'ar] *vint* to drizzle.

chu.vo.so [ʃuv'ozu] *adj* rainy, wet.

ci.ca.triz [sikatr'is] *sf* scar.

ci.ca.tri.zar [sikatriz'ar] *vt+vint* to heal.

ci.clis.mo [sikl'izmu] *sm Esp* cycling.

ci.clo [s'iklu] *sm* **1** cycle. **2** round. **um ciclo de conferências** a round of lectures.

ci.clo.ne [sikl'oni] *sm* hurricane, *amer* twister.

ci.da.da.ni.a [sidadan'iə] *sf* citizenship.

ci.da.dão [sidad'ãw] *sm* (*pl* **cidadãos**) citizen.

ci.da.de [sid'adi] *sf* city, town. **cidade natal** hometown. **ir ao centro da cidade** to go downtown. **na cidade** in town.

ci.ên.cia [si'ẽsjə] *sf* science. **as ciências exatas** exact sciences. **ciências humanas** humanities. **ciências sociais** social science.

ci.en.te [si'ẽti] *adj m+f* aware.

ci.fra [s'ifrə] *sf* **1** cipher, cypher. **2** figure.

ci.frão [sifr'ãw] *sm* (*pl* **cifrões**) symbol used to indicate currency ($).

ci.ga.no [sig'ʌnu] *sm* (*fem* **cigana**) gypsy.

ci.gar.ra [sig'aɾə] *sf Entom* cicada.

ci.gar.ro [sig'aɾu] *sm* cigarette.

ci.la.da [sil'adə] *sf* **1** ambush. **2** trap. **armar uma cilada** to set a trap.

ci.ma [s'imə] *sf* top, summit. • *adv* up. **lá em cima** / up there. **de cima** from above. **de cima para baixo** from top to bottom. **em cima de** on top of. **para cima** up, upwards. **para cima e para baixo** up and down.

ci.men.to [sim'ẽtu] *sm* cement. **cimento armado** reinforced concrete.

cin.co [s'ĩku] *num+ sm* five.

ci.ne.as.ta [sine'astə] *s m+f* moviemaker, cinematographer.

ci.ne.ma [sin'emə] *sm* **1** cinema, movies, pictures. **2** movie theatre. **cinema falado** a talkie, the talkies. **cinema mudo** silent movie.

ci.ne.ma.to.grá.fi.co [sinematogr'afiku] *adj* film, movie.

ci.nis.mo [sin'izmu] *sm* cynicism.

cin.quen.ta [sĩk'wẽtə] *num+ sm* fifty.

cin.ta [s'ĩtə] *sf* girdle.

cin.ti.lar [sĩtil'ar] *vint* **1** to sparkle, flare. **2** to twinkle.

cin.to [s'ĩtu] *sm* belt. **cinto de segurança** safety belt.

cin.tu.ra [sĩt'urə] *sf* waist, waistline.

cin.za [s'ĩzə] *sf* **1** ash(es). **2** *sm* gray (the colour). • *adj m+f* gray. **quarta-feira de cinzas** Ash Wednesday.

cin.zei.ro [sĩz'ejru] *sm* ashtray.

cin.zen.to [sĩz'ẽtu] *sm* gray. • *adj* gray.

cir.cui.to [sirk'ujtu] *sm* **1** a racing circuit (for cars, motorcycles, bicycles). **2** *Eletr* the complete path of an electric current.

cir.cu.la.ção [sirkulas'ãw] *sf* (*pl* **circulações**) **1** circulation. **2** transit, passage, traffic.

cir.cu.lar¹ [sirkul'ar] *sf* circular letter. • *adj m+f* **1** circular. **2** round, ring-shaped.

cir.cu.lar² [sirkul'ar] *vt+vint* **1** to circulate, flow (traffic). **2** to move in a circle. **3** to renew (air).

cír.cu.lo [s'irkulu] *sm* circle.

cir.cun.fe.rên.cia [sirkũfer'ẽsjə] *sf* circumference, perimeter.

ci.rur.gi.a [siruɾʒ'iə] *sf Med* surgery. **cirurgia plástica** plastic surgery.

ci.rur.gi.ão [siruɾʒi'ãw] *sm* (*pl* **cirurgiões**, *fem* **cirurgiã**) *Med* surgeon.

cis.mar [sizm'ar] *vt+vint* **1** to daydream. **2** to take something into one's head.

cis.ne [s'izni] *sm Ornit* swan.

cis.ter.na [sist'ɛrnə] *sf* 1 tank. 2 well.
ci.ta.ção [sitas'ãw] *sf* (*pl* **citações**) quotation.
ci.tar [sit'ar] *vt* 1 to quote. 2 to summons. 3 to name.
ci.ú.me [si'umi] *sm* jealousy. **causar ciúmes a alguém** to make someone jealous. **ter ciúmes de alguém** to be jealous of someone.
ci.u.men.to [sjum'ẽtu] *adj* jealous, envious.
ci.vil [siv'iw] *sm* (*pl* **civis**) a civilian (non-military), a citizen. • *adj m+f* civil. **ano civil** calendar year. **engenheiro civil** civil engineer. **estado civil** marital status.
ci.vi.li.za.ção [sivilizas'ãw] *sf* (*pl* **civilizações**) civilization.
ci.vis.mo [siv'izmu] *sm* public spirit.
cla.mar [klam'ar] *vt+vint* to cry out, shout.
cla.mor [klam'or] *sm* clamor, outcry.
clan.des.ti.no [klãdest'inu] *sm* stowaway. • *adj* clandestine. **escuta telefônica clandestina** wiretapping.
cla.ra [kl'arə] *sf* the egg white. **claras em neve** stiff-peaked egg whites.
cla.ra.boi.a [klarab'ɔjə] *sf* skylight.
cla.rão [klar'ãw] *sm* (*pl* **clarões**) flash.
cla.re.ar [klare'ar] *vt+vint* 1 to clear up. 2 to become light or clear (at dawn).
cla.rei.ra [klar'ejrə] *sf* clearing.
cla.re.za [klar'ezə] *sf* 1 clarity. 2 intelligibility.
cla.ri.da.de [klarid'adi] *sf* 1 clarity. 2 brightness.
cla.rim [klar'ĩ] *sm* (*pl* **clarins**) bugle.
cla.ri.ne.te [klarin'etə] *sm Mús* clarinet.
cla.ro [kl'aru] *adj* 1 clear. 2 bright. 3 frank, open. 4 blond, light-coloured, fair. **às claras** in the open, openly. **preencher os claros** to fill the blanks. **uma noite em claro** a sleepless night.
clas.se [kl'asi] *sf* 1 class. 2 category. 3 classroom. 4 *Sociol* a social group. **a classe baixa** lower class. **de alta classe** first-class, first-rate.
clás.si.co [kl'asiku] *adj* 1 classical (arts, music, literature). 2 classic. **estilo clássico** / classic style.
clas.si.fi.ca.ção [klasifikas'ãw] *sf* (*pl* **classificações**) 1 classification. 2 *Esp* ranking of athletes.
clas.si.fi.car [klasifik'ar] *vt+vpr* 1 to classify, class. 2 to catalogue. 3 to qualify.
cláu.su.la [kl'awzulə] *sf* clause.
cla.ve [kl'avi] *sf Mús* clef. **clave de fá** bass clef. **clave de sol** treble clef.
cla.ví.cu.la [klav'ikulə] *sf Anat* collarbone.
cle.ro [kl'ɛru] *sm* the clergy (as a class).
cli.en.te [kli'ẽti] *s m+f* 1 client. 2 customer (in shops). 3 patron (restaurants).
cli.ma [kl'imə] *sm* 1 climate, clime. 2 atmosphere.
clí.ni.ca [kl'inikə] *sf Med* hospital, clinic. **médico de clínica geral** general practitioner.
cli.pe [kl'ipi] *sm* 1 clip, paperclip. 2 videoclip.
co.ad.ju.van.te [koadʒuv'ãti] *s m+f Cin, Teat* supporting actor/actress. • *adj m+f* co-operating, supporting.
co.a.dor [koad'or] *sm* strainer.
co.a.gir [koaʒ'ir] *vt* 1 to coerce. 2 to constrain.
co.a.gu.lar [koagul'ar] *vt+vint* 1 to coagulate. 2 to curdle (milk, eggs). 3 to clot (blood).
co.á.gu.lo [ko'agulu] *sm* clot.
co.a.li.zão [koaliz'ãw] *sf* (*pl* **coalizões**) coalition, alliance.
co.ar [ko'ar] *vt+vpr* 1 to filter, percolate (coffee). 2 to strain (broth, tea).
co.a.xar [koaʃ'ar] *vt+vint* to croak.
co.bai.a [kob'ajə] *sf Zool* guinea pig.
co.ber.ta [kob'ɛrtə] *sf* 1 bedspread. 2 *Náut* deck.

co.ber.to [kobˈɛrtu] *adj* 1 covered. 2 full, filled (a surface).

co.ber.tor [kobertˈor] *sm* blanket.

co.ber.tu.ra [kobertˈurə] *sf* 1 covering, surface finish. 2 press coverage. 3 penthouse.

co.bi.çar [kobisˈar] *vt* to covet, lust after, for.

co.bra [kˈɔbrə] *sf* 1 *Zool* snake. 2 *s m+f bras pop* expert. **dizer cobras e lagartos de alguém** to denigrate someone.

co.bra.dor [kobradˈor] *sm* 1 (bills) collector. 2 (bus) conductor.

co.bran.ça [kobrˈãsə] *sf* collection, charge.

co.brar [kobrˈar] *vt+vint* 1 to collect (bills, debts). 2 to charge. 3 to demand, require. *ele cobrou uma definição deles* / he demanded a definition from them. **chamada telefônica a cobrar** collect call, *Brit* return charge.

co.bre [kˈɔbri] *sm* copper.

co.brir [kobrˈir] *vt+vpr* 1 to cover (também *fig*). 2 to compensate. 3 **cobrir-se** to take shelter, cover oneself.

co.çar [kosˈar] *vt+vpr* 1 to scratch. 2 **coçar-se** to scratch oneself.

có.ce.gas [kˈɔsegas] *sf pl* tickle, tickling. **ter cócegas na língua** to have a mind to speak.

co.cei.ra [kosˈejrə] *sf* itching, itch.

co.chi.char [koʃiʃˈar] *vt+vint* to whisper.

co.chi.lar [koʃilˈar] *vint* to nod off, doze off, snooze.

co.chi.lo [koʃˈilu] *sm* 1 doze, drowse. 2 nap. *vou tirar um cochilo depois do almoço* / I'll take an after-lunch nap. 3 *fig* mistake, error.

co.co [kˈoku] *sm* coconut. **leite de coco** coconut milk.

co.cô [kokˈo] *sm* poo. **fazer cocô** to poop.

có.co.ras [kˈɔkoras] *sf pl* squatting. **pôr-se de cócoras** to squat.

có.di.go [kˈɔdigu] *sm* 1 *Com* area code (phone). 2 *brit* post, *amer* zipcode.

co.dor.na [kodˈɔrnə] *sf Ornit* quail.

co.e.fi.ci.en.te [koefisiˈẽti] *sm* 1 *Mat, Fís* coefficient. 2 rate. 3 quotient. **coeficiente de inteligência** intelligence quotient (I.Q.).

co.e.lha [koˈeʎa] *sf* doe rabbit.

co.e.lho [koˈeʎu] *sm Zool* rabbit. **coelho macho** buck rabbit.

co.en.tro [koˈẽtru] *sm Bot* coriander.

co.fre [kˈɔfri] *sm* safe.

co.gu.me.lo [kogumˈɛlu] *sm Bot* mushroom.

coi.ce [kˈojsi] *sm* 1 a backward kick (horse). 2 recoil (of a fire-arm).

co.in.ci.dir [koĩsidˈir] *vt* 1 to coincide (with). 2 to agree, correspond exactly to.

coi.sa [kˈojzə] *sf* 1 thing, object. 2 matter, substance. 3 **coisas** goods, means, possessions. *falar é uma coisa, fazer é outra* talking is easy, doing is hard. *não é lá grande coisa* it's not worth a while. *são coisas que acontecem* that just happens.

coi.ta.do [kojtˈadu] *sm* wretch. • *adj* poor, pitiful. • *interj* poor thing! **coitado de mim!** poor me! **um pobre coitado** a poor thing.

co.la [kˈɔlə] *sf* 1 glue (adhesive). 2 *bras, gír* crib.

co.la.bo.rar [kolabor'ar] *vt* to collaborate.

co.lap.so [kolˈapsu] *sm* 1 collapse. 2 breakdown.

co.lar¹ [kolˈar] *sm* necklace, string.

co.lar² [kolˈar] *vt+vint* 1 to glue, fasten with glue. 2 *gír* to crib.

co.la.ri.nho [kolarˈiɲu] *sm* 1 shirt collar. 2 the white foam on a glass of beer.

col.chão [kowʃˈãw] *sm* (*pl* **colchões**) mattress.

co.le.ção [kolesˈãw] *sf* (*pl* **coleções**) collection.

co.le.ci.o.nar [kolesjonˈar] *vt* to collect.

co.le.ga [kolˈɛgə] *s m+f* 1 colleague. 2 co-worker in the same profession or office. 3 mate, fellow. **colega de classe** classmate. **colega de escola** schoolmate.

co.lé.gio [koˈlɛʒju] *sm* 1 school. 2 private school.

có.le.ra¹ [ˈkɔlerɐ] *sf* 1 anger. 2 wrath, rage, ire.

có.le.ra² [ˈkɔlerɐ] *sf Med* cholera: an infectious disease.

co.le.ta [koˈletɐ] *sf* collection, church collection.

co.le.te [koˈleti] *sm* waistcoat, vest. **colete salva-vidas** life jacket, air-jacket.

co.lhei.ta [koˈʎejtɐ] *sf* 1 harvest. 2 harvest time.

co.lher¹ [koˈʎer] *sf* 1 spoon. 2 a spoonful. **colher de chá** teaspoon. **colher de sobremesa** dessert spoon. **colher de sopa** tablespoon.

co.lher² [koˈʎer] *vt* 1 to harvest. 2 to reap, gather. 3 to cut, gather (flowers).

co.lhe.ra.da [koʎeˈradɐ] *sf* spoonful. **às colheradas** by the spoonfuls.

co.li.dir [koliˈdir] *vt+vint* 1 to collide. 2 to crash. 3 to bump into. 4 to clash.

co.li.ga.ção [koligaˈsãw] *sf (pl* **coligações)** coalition.

co.li.na [koˈlinɐ] *sf* knoll, hill.

co.lí.rio [koˈlirju] *sm Med* eye drops, eyewash.

co.li.são [koliˈzãw] *sf (pl* **colisões)** 1 collision. 2 crash, shock, clash. **colisão frontal** head-on collision.

col.mei.a [kowˈmejɐ] *sf* beehive, hive.

co.lo [ˈkɔlu] *sm* 1 neck. 2 lap. 3 bosom, breast.

co.lo.ca.ção [kolokaˈsãw] *sf (pl* **colocações)** 1 placement, qualification. 2 job, place.

co.lo.car [kolokˈar] *vt+vint+vpr* 1 to place, put. 2 to dispose, arrange. 3 **colocar-se** to place oneself, get a job. *ele colocou-se como gerente* / he got a job as a manager.

co.lô.nia [koˈlonjɐ] *sf* 1 community, a group of immigrants in a foreign country. 2 colony. **colônia de férias** summer camp.

co.lo.ni.za.ção [kolonizaˈsãw] *sf (pl* **colonizações)** 1 colonization. 2 settlement.

co.lo.no [koˈlonu] *sm* 1 settler, planter. 2 farm hand, tenant-farmer.

co.lo.rau [koloˈraw] *sm Cul* a natural food colorant.

co.lo.ri.do [koloˈridu] *sm* color, coloring. • *adj* colourful.

co.lo.rir [koloˈrir] *vt* to color.

co.lu.na [koˈlunɐ] *sf* 1 column. 2 upright section (of a newspaper, periodical, book). **coluna vertebral** backbone, spiral column.

com [ˈkõw] *prep* with. *concordo com ele* / I agree with him. *café com bolo* coffee and cake. *confundi-o com meu amigo* / I mistook him for my friend. **estar com pressa** to be in a hurry. **estar com sono** to be sleepy. **estou com medo** I am afraid. **pão com manteiga** bread and buttler.

co.ma.dre [koˈmadri] *sf* godmother (in relation to the godchild's parents).

co.man.dan.te [komãˈdãti] *sm* commander.

co.man.do [koˈmãdu] *sm* 1 command, authority. 2 leadership.

com.ba.te [kõˈbati] *sm* combat, fight, battle. **avião de combate** fighter. **combate aéreo** air fighting.

com.ba.ter [kõbaˈter] *vt+vint* to combat, fight.

com.bi.na.ção [kõbinaˈsãw] *sf (pl* **combinações)** 1 combination. 2 slip. *ela comprou uma combinação de seda* / she bought a silk slip.

com.bi.nar [kõbiˈnar] *vt+vint* 1 to arrange, assort. 2 to match. *as cortinas não combinam com o tapete* / the curtains don't match the carpet. 3 to agree. 4 to mix, blend.

com.bus.tí.vel [kõbusˈtivew] *sm (pl* **combustíveis)** fuel.

co.me.çar [komeˈsar] *vt+vint* 1 to begin, start. **começar a trabalhar** to start

começo 339 **comparação**

working. **começar uma conversa** to start a conversation. **ele começou a estudar direito** he took up law.

co.me.ço [komˈesu] *sm* (*pl* **começos**) beginning, start. **no começo da noite** early in the evening.

co.me.mo.rar [komemorˈar] *vt* 1 to commemorate. 2 to celebrate.

co.men.tar [komẽtˈar] *vt* 1 to comment, commentate. 2 to explain.

co.men.tá.rio [komẽtˈarju] *sm* comment, remark. **sem comentário** no comment.

co.men.ta.ris.ta [komẽtarˈista] *s m+f* commentator.

co.mer [komˈer] *vt* 1 to eat. 2 to feed. *precisamos dar de comer ao gato* / we must feed the cat. **comer demais** to overeat. **comer fora** to eat out.

co.mer.ci.an.te [komersiˈãti] *s m+f* 1 tradesman. 2 businessman, businesswoman. 3 shopkeeper, retailer. • *adj m+f* trading, commercial.

co.mér.cio [komˈɛrsju] *sm* 1 commerce, trade. 2 trading, business, dealing. **comércio exterior** foreign trade. **comércio nacional** domestic trade.

co.mes.tí.vel [komestˈivew] *s m+f* (*pl* **comestíveis**) comestible(s), food. • *adj m+f* edible.

co.me.ter [komˈeter] *vt+vint* 1 to commit (crimes, misdemeanors, something illegal). 2 to make.

co.mi.chão [komiʃˈãw] *sf* (*pl* **comichões**) 1 itching. 2 ardent desire.

co.mí.cio [komˈisju] *sm* 1 meeting, rally. 2 demonstration.

co.mi.da [komˈidɐ] *sf* 1 food. 2 cuisine. **comida caseira** homemade food.

co.mi.go [komˈigu] *pron pess* with me. *isso não é comigo* / that is not my business. *deixe comigo* / I'll take care of this. *não agiram bem para comigo* / they did not treat me well. **para comigo** towards me.

co.mi.nho [komˈiñu] *sm Bot* cumin, cummin.

co.mis.são [komisˈãw] *sf* (*pl* **comissões**) 1 commission (percentage paid). 2 committee.

co.mis.sá.rio [komisˈarju] *sm* 1 police superintendent. 2 *Aeron* steward, flight attendant. *sf* 3 stewardess, flight attendant.

co.mo [kˈomu] *adv* how. *como aconteceu isso?* / how did it happen? *como vai?* / how are you? • *conj* as, when, while, because, why. *como segue* / as follows. *deixe-me dizer-lhe como amigo* / let me tell you as a friend. • *interj* what!, why! **como assim?** how is that?, why is it so? **como disse?** I beg your pardon? **como se** as if, as though. **como também** as well as. **seja como for** however it may be.

co.mo.di.da.de [komodidˈadi] *sf* 1 convenience. 2 comfort.

co.mo.dis.ta [komodˈista] *s m+f* a selfish or self-centered person, egotist. • *adj m+f* selfish.

cô.mo.do [kˈomodu] *sm* room, accommodation. • *adj* 1 convenient, handy. 2 comfortable, easy.

co.mo.ve.dor [komovedˈor] *adj* moving.

co.mo.ver [komovˈer] *vt+vint+vpr* 1 to move, affect. 2 **comover-se** to become moved, take to the heart.

com.pa.de.cer [kõpadesˈer] *vt+vpr* 1 to pity. 2 to sympathize. 3 **compadecer-se** to feel pity for.

com.pai.xão [kõpajʃˈãw] *sf* (*pl* **compaixões**) 1 compassion. 2 sympathy.

com.pa.nhei.ro [kõpañˈejru] *sm* 1 friend, colleague, pal. 2 *pop* husband, partner. • *adj* friendly, congenial, agreeable. **companheiro de classe** classmate. **companheiro de escola** schoolmate.

com.pa.nhia [kõpañˈiɐ] *sf* 1 company. **companhia de seguros** insurance company. **fazer companhia a alguém** to keep someone company.

com.pa.ra.ção [kõparasˈãw] *sf* (*pl* **comparações**) comparison, confrontation.

comparar 340 **comum**

em **comparação com** in comparison with, when compared with. **sem comparação** beyond comparison.

com.pa.rar [kõpar'ar] *vt+vint* to compare.

com.pa.re.cer [kõpares'er] *vint* **1** to attend. **comparecer/assistir às aulas** to attend classes. **2** to turn up, appear, show up. **comparecer em pessoa** to appear in person.

com.par.ti.lhar [kõpartiʎ'ar] *vt* to share.

com.pe.lir [kõpel'ir] *vt* to compel.

com.pen.sar [kõpẽs'ar] *vt* **1** to compensate. **2** to make up for. **3** to indemnify. **o crime não compensa** crime does not pay.

com.pe.ten.te [kõpet'ẽti] *adj m+f* **1** competent. **2** capable, able, apt.

com.pe.ti.ção [kõpetis'ãw] *sf* (*pl* **competições**) competition, contest, tournament.

com.pe.tir [kõpet'ir] *vint* to compete. **compete ao senhor fazer a proposta** it is for you to propose.

com.plei.ção [kõplejs'ãw] *sf* (*pl* **compleições**) build, physical constitution.

com.ple.tar [kõplet'ar] *vt* **1** to complete. **2** to finish. **3** to fill up. **ela completou 18 anos agora** she has just turned eighteen.

com.ple.to [kõpl'etu] *adj* **1** complete. **2** finished. **3** whole.

com.pli.ca.ção [kõplikas'ãw] *sf* (*pl* **complicações**) **1** complication. **2** difficulty. **3** trouble. **ele meteu-se em complicações** / he got into trouble.

com.pli.ca.do [kõplik'adu] *adj* complicated, intricate, complex.

com.por [kõp'or] *vt+vpr* **1** to compose. **2** to consist of. **3 compor-se** a) to set oneself up as, constitute b) to conform oneself to.

com.por.ta.men.to [kõpotam'ẽtu] *sm* **1** behavior. **2** manner, conduct.

com.por.tar [kõport'ar] *vt+vpr* **1** to comprehend. **2** to hold or contain. **3 comportar-se** to behave, behave oneself. *as crianças se comportaram bem* / the children behaved themselves well.

com.po.si.ção [kõpozis'ãw] *sf* (*pl* **composições**) composition.

com.po.si.tor [kõpozit'or] *sm Mús* composer.

com.pra [k'õpra] *sf* purchase, buy. **compra a crédito** purchase on credit. **fazer compras** to go shopping.

com.prar [kõpr'ar] *vt* to purchase, buy. **comprar a crédito** to buy on credit. **comprar a dinheiro** to pay cash. **comprar a prestações** to buy on instalments.

com.pre.en.der [kõpreẽd'er] *vt* **1** to comprise, include, comprehend. **2** to understand, apprehend, grasp. **está compreendendo?** do you follow me?

com.pre.en.são [kõpreẽs'ãw] *sf* (*pl* **compreensões**) apprehension, understanding.

com.pre.en.si.vo [kõpreẽns'ivu] *adj* **1** understanding. **2** tolerant, sympathetic.

com.pri.do [kõpr'idu] *adj* long, lengthy.

com.pri.men.to [kõprim'ẽtu] *sm* length. **comprimento de onda** *Rád* wavelength.

com.pri.mi.do [kõprim'idu] *sm* tablet, pill. • *adj* compressed, tight.

com.pro.me.ter [kõpromet'er] *vt+vpr* **1** to promise, pledge. **2** to involve, implicate. *as suas palavras comprometem-no* / his own words implicate him. **3 comprometer-se** to bond oneself (to do something).

com.pro.mis.so [kõprom'isu] *sm* **1** a debt, obligation. **2** commitment, pledge. *eu honro meus compromissos* / I heed my pledges. **3** engagement. **assumir um compromisso** to undertake a responsibility.

com.pro.var [kõprov'ar] *vt* to prove, give evidence.

co.mum [kom'ũ] *adj m+f* **1** common. **2** joint. **um esforço comum** a joint effort.

3 mutual. **amigos comuns** mutual friends. **coisa comum a todos** common to all. **de comum acordo** unanimously. **em comum** in common. **fora do comum** uncommon.

co.mun.gar [komũg'ar] *vt Rel* to receive Communion.

co.mu.nhão [komuɲ'ãw] *sf (pl* **comunhões***) Rel* Communion.

co.mu.ni.ca.ção [komunikas'ãw] *sf (pl* **comunicações***)* communication. **meio de comunicação** vehicle. **meios de comunicação / mídia** media.

co.mu.ni.car [komunik'ar] *vt+vpr* 1 to communicate. 2 to report. *ele comunicou-se com seu amigo* he contacted his friend.

co.mu.ni.da.de [komunid'adi] *sf* community.

co.mu.nis.mo [komun'izmu] *sm* communism.

co.mu.nis.ta [komun'istə] *s m+f* communist.

côn.ca.vo [k'õkavu] *sm* concavity. • *adj* concave.

con.ce.ber [kõseb'er] *vt+vint* 1 to conceive. 2 to become pregnant.

con.ce.der [kõsed'er] *vt* 1 to grant. 2 to award. 3 to allow. **conceder uma entrevista** to grant a person an interview. **conceder um desconto** to grant a discount. **conceder um prêmio/ uma medalha** to award, be awarded.

con.cei.to [kõs'ejtu] *sm* 1 concept. 2 opinion. **gozar de bom conceito** to enjoy a good reputation.

con.cei.tu.a.do [kõsejtu'adu] *adj* highly respected. **bem-conceituado** well thought of. **malconceituado** ill-reputed.

con.cen.trar [kõsẽtr'ar] *vt+vpr* 1 to concentrate, centralize, focus. 2 **concentrar-se** to concentrate on.

con.cep.ção [kõseps'ãw] *sf (pl* **concepções***)* 1 conception. 2 opinion.

con.ces.são [kõses'ãw] *sf (pl* **concessões***)* 1 concession, grant. 2 compromise.

con.ces.si.o.ná.rio [kõsesjon'arju] *sm* dealer. *uma concessionária Ford* a Ford dealer.

con.cha [k'õʃə] *sf* 1 shell. 2 ladle, soup ladle.

con.ci.li.ar [kõsili'ar] *vt* 1 to mediate. 2 to reconcile. 3 to harmonize. **conciliar opiniões diferentes** to reconcile different opinions.

con.ci.são [kõsiz'ãw] *sf (pl* **concisões***)* 1 briefness. 2 exactness, preciseness.

con.ci.so [kõs'izu] *adj* concise, brief. **estilo conciso** close style.

con.clu.ir [kõklu'ir] *vt* to conclude, bring to an end, finish. **concluir um acordo** to come to an agreement.

con.cor.dar [kõkord'ar] *vt+vint* 1 to agree. *concordo com você/* I agree with you. 2 to accept.

con.cor.rên.cia [kõkoʀ'ẽsjə] *sf* competition. **concorrência desleal** unfair competition. **concorrência pública** public bidding.

con.cor.rer [kõkoʀ'er] *vt* 1 to compete with, for. 2 to apply.

con.cre.to [kõkr'etu] *adj* 1 concrete. 2 positive, factual, real. **concreto armado** *Constr* reinforced concrete.

con.cur.so [kõk'ursu] *sm* 1 contest, competition. 2 official examination for a public post. **concurso de beleza** beauty contest.

con.de.co.rar [kõdekor'ar] *vt* to distinguish, honour.

con.de.na.ção [kõdenas'ãw] *sf (pl* **condenações***)* 1 conviction (sentence of law). 2 *fig* censure, disapproval.

con.de.na.do [kõden'adu] *sm* convict.

con.de.nar [kõden'ar] *vt+vpr* 1 to condemn. 2 to sentence. 3 to declare guilty. 4 **condenar-se** to plead guilty.

con.di.ção [kõdis'ãw] *sf (pl* **condições***)* 1 condition. 2 circumstance, state. 3 **condições** terms. **condição prévia** prerequisite.

con.di.ci.o.na.do [kõdisjon'adu] *adj* subject to, conditioned to. **ar-condicionado** air-conditioning.

con.di.zen.te [kõdiz'ēti] *adj m+f* **1** suitable. **2** in harmony with.

con.di.zer [kõdiz'er] *vt* **1** to agree, match. **2** to measure up to. *seus modos rudes não condizem com seu cargo* / your rough manners do not measure up to your position.

con.do.mí.nio [kõdom'inju] *sm* **1** joint ownership. **2** condominium, condo.

con.du.ção [kõdus'ãw] *sf (pl* **conduções)** transportation, *brit* transport, public transportation. *há falta de condução* / there is a lack of public transportation.

con.du.ta [kõd'utɐ] *sf* behavior, procedure.

con.du.zir [kõduz'ir] *vt+vpr* **1** to conduct: a) to lead, guide. b) to manage, carry out. **2 conduzir-se** to behave oneself.

con.fe.rên.cia [kõfer'ēsjɐ] *sf* **1** conference. **2** lecture.

con.fe.rir [kõfer'ir] *vt+vint* **1** to compare, confront. **2** to check. **3** to tally.

con.fes.sar [kõfes'ar] *vt+vpr* **1** to confess. **2** to acknowledge, admit, avow. **3** *Rel* to hear somebody's confession. **4** *Rel* **confessar-se** to tell one's sins to a priest.

con.fi.an.ça [kõfi'ãsɐ] *sf* **1** confidence. **2** trust, faith. **abuso de confiança** breach of trust. **autoconfiança** self-confidence, self-assurance. **de pouca confiança** unreliable. **ele é digno de confiança** he is trustworthy. **ter confiança em** to rely on.

con.fi.ar [kõfi'ar] *vt+vint* **1** to trust. **2** to rely on, count on.

con.fir.mar [kõfirm'ar] *vt+vpr* **1** to confirm. **2 confirmar-se** to receive confirmation. **as notícias confirmaram-se** the news proved to be true.

con.fis.car [kõfisk'ar] *vt* **1** to confiscate. **2** to seize.

con.fis.são [kõfis'ãw] *sf (pl* **confissões)** confession. **1** *Rel* act of confessing before a priest. **2** acknowledgement.

con.for.mar [kõform'ar] *vt+vpr* **1** to form, shape. **2** to adapt, reconcile. **3 conformar-se** to resign, put up with something.

con.for.me [kõf'ɔrmi] *adv* conformably, accordingly, correspondingly. • *adj m+f* concordant, conformable, compliant. • *prep* according to. • *conj* as, according to, according to circumstances.

con.for.tar [kõfort'ar] *vt+vpr* **1** to comfort, to console. **3 confortar-se** to find comfort in.

con.for.to [kõf'ortu] *sm* comfort, consolation. **ser amigo do conforto** to be fond of comfort.

con.fun.dir [kõfũd'ir] *vt+vpr* **1** to confuse. **2** to disconcert. **3 confundir-se** to become mixed up, be confused.

con.fu.são [kõfuz'ãw] *sf (pl* **confusões) 1** confusion. **2** uproar, tumult. **3** disorder, commotion.

con.ge.la.men.to [kõʒelam'ẽtu] *sm* freeze. **congelamento salarial** wage freeze.

con.ge.lar [kõʒel'ar] *vt* to freeze. **alimento congelado** frozen food.

con.ges.ti.o.na.do [kõʒestjon'adu] *adj* **1** congested. **2** stuffed up. *meu nariz está totalmente congestionado* / my nose is all stuffed up.

con.gres.so [kõgr'ɛsu] *sm* **1** Congress. **2** conference.

co.nha.que [koñ'aki] *sm* brandy.

co.nhe.ce.dor [koñesed'or] *sm* **1** connoisseur (of art). **2** expert. • *adj* expert.

co.nhe.cer [koñes'er] *vt+vpr* **1** to know. **2** to perceive, understand. **3** to meet, be acquainted with. *eu o conheci ontem, numa festa* / I met him yesterday at a party. **4 conhecer-se** to know oneself.

co.nhe.ci.do [koɲesi'idu] *sm* an acquaintance. • *adj* known, well-known. **bem conhecido** well-known.

co.nhe.ci.men.to [koɲesim'ẽtu] *sm* knowledge. **é de conhecimento geral** it is common knowledge.

con.ju.gar [kõʒug'ar] *vt* to conjugate.

côn.ju.ge [k'õʒuʒi] *s m+f* **1** spouse. **2 cônjuges** married couple.

con.jun.to [kõʒ'ũtu] *sm* **1** a complex. *um conjunto hospitalar* / a hospital complex. **2** set. *um conjunto de ferramentas* / a tool set. **3** band, a group of musicians. • *adj* **1** united, connected. **2** combined. **conjunto habitacional** housing estate. **em conjunto** together. **no conjunto** as a whole.

co.nos.co [kon'osku] *pron pess* with us.

con.quis.ta [kõk'ista] *sf* conquest.

con.quis.ta.dor [kõkistad'or] *sm* **1** conqueror. **2** *fig* lady-killer. • *adj* conquering, gallant.

con.quis.tar [kõkist'ar] *vt* **1** to conquer. **2** to win one's heart or affection.

cons.ci.ê.ncia [kõsi'ẽsjɐ] *sf* **1** conscience. **2** consciousness. *ela perdeu a consciência* / she lost consciousness. **apelar à consciência de alguém** to appeal to a person's conscience. **em sã consciência** with a good conscience.

cons.ci.en.ti.zar [kõsjẽtiz'ar] *vt+vpr* **1** to acquire knowledge about. **2 conscientizar-se** to become aware of.

con.se.guir [kõseg'ir] *vt* **1** to obtain, achieve, get. *consegui a ligação telefônica* / I got the telephone connection. **2** to succeed in. *consegui ajudar meu amigo* / I succeeded in helping my friend. **3** to manage.

con.se.lhei.ro [kõseʎ'ejru] *sm* councilman, advisor. • *adj* counseling, advising, advisory.

con.se.lho [kõs'eʎu] *sm* **1** council, synod. **2** board, assembly. **3** advice, recommendation. *ele pediu meu conselho* / he asked for advice. **a conselho médico** on medical advice. **conselho paterno** fatherly advice.

con.sen.tir [kõsẽt'ir] *vt+vint* **1** to consent. **2** to allow. **3** to authorize.

con.se.quên.cia [kõsek'wẽsjɐ] *sf* **1** consequence. **2** product, result. **3** outcome. **em consequência** therefore, as a result.

con.ser.tar [kõsert'ar] *vt* **1** to repair. **2** to fix.

con.ser.to [kõs'ertu] *sm* repair, service. **em conserto** under repair. **necessitando de conserto** in need of repair.

con.ser.va [kõs'ɛrvɐ] *sf* **1** preserve. **2** canned goods, tinned goods.

con.ser.va.ção [kõservas'ãw] *sf* (*pl* **conservações**) **1** conservation (of the environment). **2** maintenance, upkeep. **conservação de alimentos** food preservation.

con.ser.var [kõserv'ar] *vt+vpr* **1** to conserve, preserve from destruction. **2** to keep. **bem-conservado** well-preserved, well-kept.

con.si.de.ra.ção [kõsideras'ãw] *sf* (*pl* **considerações**) **1** consideration, reflection. *temos de levar em consideração que* / we must take into consideration that. **2** respect, regard. **em consideração a** out of consideration for. **falta de consideração** lack of consideration. **tomar em consideração** to take into account.

con.si.de.rar [kõsider'ar] *vt+vpr* **1** to consider, regard. *considero-o meu amigo* / I regard him as my friend. **2** to examine carefully, *coloq* think over. **3** to esteem, appreciate highly, respect. **4 considerar-se** to regard oneself as. *ele se considera um fracassado* / he regards himself as a loser.

con.si.go [kõs'igu] *pron pess* with him (her, it, them), with himself (herself, itself, themselves), to himself (herself, itself, themselves). *ela não tinha dinheiro consigo* / she had no money about her. *eles disseram consigo mesmos que...* / they said to themselves that...

con.sis.tir [kõsist'ir] *vt* to consist in (or of).

con.so.an.te [kõso'ãti] *sf* consonant. • *prep* consonant with, according to.

con.so.la.ção [kõsolas'ãw] *sf (pl* **consolações)** consolation. **prêmio de consolação** consolation prize.

con.so.lar [kõsol'ar] *vt+vint* 1 to console. 2 **consolar-se** a) to be comforted. b) to console oneself.

cons.pi.ra.ção [kõspiras'ãw] *sf (pl* **conspirações)** conspiracy.

cons.pi.rar [kõspir'ar] *vt* to conspire.

cons.tan.te [kõst'ãti] *sf Fís, Lóg, Mat* constant. • *adj m+f* 1 constant. 2 stable, steadfast.

cons.tar [kõst'ar] *vt+vint* 1 to consist of. 2 to appear. **consta que** it is reported, it is said. **o nome dela não consta de nossa lista** her name does not appear in our list.

cons.ti.tu.i.ção [kõstitujs'ãw] *sf (pl* **constituições)** 1 constitution, fundamental law of state. 2 nature, physical build.

cons.ti.tu.ir [kõstitu'ir] *vt+vpr* 1 to constitute. 2 to form, put together, establish. 3 **constituir-se** to consist of.

cons.tran.ge.dor [kõstrãʒed'or] *adj* embarrassing.

cons.tran.ger [kõstrãʒ'er] *vt* to embarrass.

cons.tran.gi.do [kõstrãʒ'idu] *adj* 1 uneasy. 2 self-conscious.

cons.tru.ção [kõstrus'ãw] *sf (pl* **construções)** construction, building, edification.

cons.tru.ir [kõstru'ir] *vt+vint* to build. **construir castelos no ar** to build castles in the air.

cons.tru.tor [kõstrut'or] *sm* a construction worker, builder.

con.su.la.do [kõsul'adu] *sm* consulate. **consulado geral** consulate general.

con.sul.tar [kõsuwt'ar] *vt+vint* 1 to look something up. 2 to ask for advice or counsel. **tenho de consultar um médico** I must see a doctor.

con.sul.tó.rio [kõsuwt'ɔrju] *sm* 1 consulting room. 2 doctor's office, *brit* doctor's surgery.

con.su.mi.dor [kõsumid'or] *sm* consumer.

con.su.mir [kõsum'ir] *vt+vpr* 1 to consume. 2 to spend. 3 to use. 4 **consumir-se** to be consumed, waste away, pine away.

con.su.mis.ta [kõsum'ista] *adj m+f* consumerist. **uma sociedade consumista** a consumerist society.

con.ta [k'õta] *sf* 1 account, accounts. *vamos prestar contas uma vez por ano* / we shall balance accounts once a year. 2 reckoning, calculation. 3 bead. *as contas do rosário espalharam-se no chão* / the rosary beads scattered all over the floor. 4 check, bill, note, statement. *não sei onde eu pus a conta da luz* / I wonder where I put the electricity bill. **abrir uma conta** to open an account. **ajustar contas** to settle accounts (with an enemy or opponent). **conta atrasada** overdue bill. **conta bancária** bank account. **conta conjunta** joint account. **conta corrente** current account, checking account. **conta poupança** savings account, deposit account. **eu não faço conta disso** I really don't mind. **fazer de conta que** to pretend that, act as if. **no fim das contas** in the long run. **por conta (de)** on account (of).

con.ta.bi.li.da.de [kõtabilid'adi] *sf* accounts, accountancy, bookkeeping.

con.ta.dor [kõtad'or] *sm* accountant.

con.ta.gem [kõt'aʒēj] *sf (pl* **contagens)** counting. **contagem regressiva** countdown.

con.tá.gio [kõt'aʒju] *sm* infection, contagion.

con.ta.mi.nar [kõtamin'ar] *vt+vpr* **1** to contaminate, infect. **2 contaminar-se** to be infected.

con.tar [kõt'ar] *vt* **1** to count. *ela sabe contar até dez* / she can count up to ten. **2** to calculate, reckon. **3** to tell, relate, report. **contar com** to count on, depend on, include, trust. *você não pode contar com ele* / you can't count on him. **contar prosa** to boast.

con.ta.tar [kõta'tar] *vt+vint* to contact.

con.tem.plar [kõtẽpl'ar] *vt* **1** to regard, observe, gaze upon. **2** to meditate, ponder.

con.tem.po.râ.neo [kõtẽpor'∧nju] *sm* contemporary. • *adj* contemporaneous, contemporary.

con.ten.tar [kõtẽt'ar] *vt+vpr* **1** to content, satisfy. **2** to please. **3 contentar-se** to be or become contented, satisfied.

con.ten.te [kõt'ẽti] *adj m+f* **1** cheerful, joyful, hilarious. **2** satisfied. **3** happy, glad, pleased.

con.ter [kõt'er] *vt+vpr* **1** to contain. **2** to comprise, comprehend, carry. **3 conter-se** to refrain from, moderate oneself.

con.ter.râ.neo [kõteř'∧nju] *sm* fellow countryman.

con.te.ú.do [kõte'udu] *sm* content, contents.

con.ti.go [kõt'igu] *pron pess* with you, in your company.

con.ti.nu.ar [kõtinu'ar] *vt* **1** to continue. **2** to go on, proceed. **a lei continua em vigor** the law remains in force. **ele continua em forma** he is still in form, fit.

con.tí.nuo [kõt'inwu] *sm* office-boy. • *adj* **1** continuous, continual. **2** ongoing.

con.to [k'õtu] *sm* short story. **conto de fada** fairy tale. **conto policial** detective story.

con.tor.nar [kõtorn'ar] *vt* **1** to go round. **2** to outline. **3** to bypass.

con.tor.no [kõt'ornu] *sm (pl* contornos*)* **1** contour. **2** outline.

con.tra [k'õtrə] *adv* contra, contrariwise, adversely. • *prep* against, counter to, contrary to, versus. **contra a lei** against the law. **lutar contra** to fight against. **os prós e contras** the pros and cons. **ser do contra** *bras* to be a wet blanket.

con.tra.bai.xo [kõtrab'ajʃu] *sm Mús* double-bass.

con.tra.ban.dis.ta [kõtrabãd'ista] *s m+f* smuggler.

con.tra.ban.do [kõtrab'ãdu] *sm* **1** illegal commerce. **2** smuggling.

con.tra.che.que [kõtraʃ'εki] *sm* pay slip.

con.tra.di.tó.rio [kõtradit'ɔrju] *adj* **1** contradictory. **2** conflicting.

con.tra.di.zer [kõtradiz'er] *vt+vpr* **1** to contradict. **2** to oppose. **3 contradizer-se** to contradict oneself.

con.tra.fi.lé [kõtrafil'ε] *sm bras Cul* sirloin.

con.tra.gos.to [kõtrag'ostu] *sm* dislike, aversion. **a contragosto** against one's will.

con.tra.ir [kõtra'ir] *vt* to contract. **contrair dívidas** to run into debts. **contrair matrimônio** to get married, wed.

con.tra.mão [kõtram'ãw] *sf bras* the opposite direction of a one-way street. • *adv* out of the way. *sua casa fica contramão para mim* / your house is out of my way.

con.tra.ri.a.do [kõtrari'adu] *adj* vexed, annoyed, upset, displeased.

con.tra.ri.ar [kõtrari'ar] *vt+vpr* **1** to counter, counteract. **2** to refute. **3** to contradict.

con.trá.rio [kõtr'arju] *sm* opponent, adversary, enemy, rival. • *adj* **1** contrary. **2** opposite, opposed. **3** adverse, antagonistic. **ao contrário** on the contrary. **caso contrário** otherwise. **do contrário** if not, else, otherwise.

con.tras.sen.so [kõtrəs'ẽsu] *sm* nonsense, absurdity.

con.tras.tar [kõtrast'ar] *vt+vint* to contrast.

con.tra.ta.ção [kõtratas'ãw] *sf* (*pl* **contratações**) 1 act of contracting. 2 contract, agreement. 3 engagement.

con.tra.tar [kõtrat'ar] *vt* 1 to contract. 2 to engage, hire. **eu estou contratado para...** I am under engagement to...

con.tra.tem.po [kõtrat'ẽpu] *sm* 1 mischance, mishap. 2 accident.

con.tra.to [kõtr'atu] *sm* 1 contract, indenture. 2 covenant, agreement. 3 engagement. **contrato de casamento** marriage contract. **contrato de risco** hazardous contract. **contrato de trabalho** labour agreement. **fechar um contrato** to make a contract.

con.tra.ven.ção [kõtravẽs'ãw] *sf* (*pl* **contravenções**) 1 contravention. 2 infraction. 3 transgression, trespass.

con.tri.bu.i.ção [kõtribujs'ãw] *sf* (*pl* **contribuições**) 1 contribution. 2 quota, share.

con.tri.bu.in.te [kõtribu'ĩti] *s m+f* 1 contributor. 2 taxpayer, ratepayer.

con.tri.bu.ir [kõtribu'ir] *vt+vint* 1 to contribute. 2 to pay taxes. 3 to donate, give.

con.tro.lar [kõtrol'ar] *vt+vpr* 1 to control: a) to supervise. b) to dominate, master. 2 **controlar-se** to control oneself.

con.tro.le [kõtr'oli] *sm* 1 control. 2 regulation. 3 direction, management. **controle de natalidade** birth control. **controle de qualidade** quality control. **controle remoto** remote control. **controle sobre si mesmo** self-discipline.

con.tu.do [kõt'udu] *conj* however, yet, although, nevertheless.

con.tun.den.te [kõtũd'ẽti] *adj m+f* 1 contusing. 2 incisive, decisive. 3 aggressive.

con.tun.dir [kõtũd'ir] *vt* to bruise, injure.

con.tu.são [kõtuz'ãw] *sf* (*pl* **contusões**) contusion, bruise.

con.va.les.cer [kõvales'er] *vt+vint* 1 to convalesce. 2 to fortify, strengthen.

con.ven.ção [kõvẽs'ãw] *sf* (*pl* **convenções**) 1 convention. 2 covenant, agreement.

con.ven.cer [kõvẽs'er] *vt+vpr* 1 to convince. 2 to persuade. **convencemo-nos de que...** / we persuaded ourselves that. 3 **convencer-se** to become convinced.

con.ven.ci.do [kõvẽs'idu] *adj* 1 convinced. 2 satisfied, assured. 3 *coloq* conceited, vain, cocky, smart-alecky.

con.ve.ni.ên.cia [kõveni'ẽsjə] *sf* 1 convenience. 2 appropriateness, suitability. 3 **conveniências** social rules. **loja de conveniência** convenience store.

con.ve.ni.en.te [kõveni'ẽti] *adj m+f* 1 convenient. 2 suitable, fitting, appropriate.

con.vê.nio [kõv'enju] *sm* 1 convention. 2 covenant, accord.

con.ven.to [kõv'ẽtu] *sm* convent, cloister, monastery.

con.ver.gir [kõverʒ'ir] *vt* to converge, tend to one point.

con.ver.sa [kõv'ɛrsə] *sf* 1 conversation. 2 talk, chatter. **é o assunto da conversa da cidade** / it's the talk of the town. **conversa chata** boring talk. **conversa fiada** idle talk. **ir na conversa de** to believe in someone's talk. **passar uma conversa em** a) to try to convince someone. b) to cheat, trick.

con.ver.são [kõvers'ãw] *sf* (*pl* **conversões**) conversion, commutation.

con.ver.sar [kõvers'ar] *vt* to talk, converse, chat.

con.ver.sí.vel [kõvers'ivew] *adj m+f* (*pl* **conversíveis**) convertible, reducible, exchangeable.

con.ver.sor [kõvers'or] *sm Eletr, Inform, Metal* converter. **conversor de imagem** image converter.

con.ver.ter [kõvert'er] *vt+vint+vpr* 1 to convert. 2 to invert. 3 **converter-se** to be or become converted.

con.vés [kõv'ɛs] *sm Náut* deck (of a ship), ship-board.
con.vic.ção [kõviks'ãw] *sf (pl* **convicções**) 1 conviction. 2 certitude, certainty.
con.vic.to [kõv'iktu] *adj* convinced, assured, persuaded.
con.vi.da.do [kõvid'adu] *sm* guest, visitor. • *adj* invited.
con.vi.dar [kõvid'ar] *vt+vpr* 1 to invite. 2 to ask, bid. **ele convidou-me para ir à sua casa** / he asked me to his house. 3 **convidar-se** to offer oneself.
con.vi.da.ti.vo [kõvidat'ivu] *adj* inviting.
con.vin.cen.te [kõvĩs'ẽti] *adj m+f* convincing.
con.vir [kõv'ir] *vt+vint* 1 to agree to, be suitable. 2 to beho(o)ve, beseem, befit. 3 to correspond to. 4 to be convenient, useful or proper. **ele sabe o que lhe convém** he knows what suits him best. **isto não convém** that will not do.
con.vi.te [kõv'iti] *sm* invitation. **aceitei o convite** / I accepted the invitation.
con.vi.vên.cia [kõviv'ẽsjə] *sf* 1 act or result of living in society. 2 company, companionship.
con.vi.ver [kõviv'er] *vt* to live together, cohabit.
con.vo.ca.ção [kõvokas'ãw] *sf (pl* **convocações**) 1 convocation. 2 invitation. 3 convening, meeting. 4 summons. **convocação para o serviço militar** conscription.
con.vo.car [kõvok'ar] *vt* 1 to convoke, call together, summon. 2 *Mil* to conscript (into), draft (into). **ele foi convocado para a Marinha em 1981** / he was drafted into the Navy in 1981.
con.vos.co [kõv'osku] *pron pess* with you.
con.vul.são [kõvuws'ãw] *sf (pl* **convulsões**) 1 convulsion, convulsive fit. 2 tumult, commotion.
co.o.pe.ra.ção [kooperas'ãw] *sf (pl* **cooperações**) co-operation. **espírito de cooperação** team-spirit.
co.o.pe.rar [kooper'ar] *vt+vint* 1 to co-operate. 2 to collaborate.
co.o.pe.ra.ti.va [kooperat'ivə] *sf* co-operative, co-operative society. **cooperativa de crédito** credit union. **cooperativa de produtores** producer co-operative.
co.or.de.na.ção [koordenas'ãw] *sf (pl* **coordenações**) co-ordination, co-ordinateness.
co.or.de.nar [koorden'ar] *vt* to co-ordinate.
co.pa¹ [k'ɔpə] *sf* 1 pressing vat. 2 top or crown of a tree. 3 crown of hat.
co.pa² [k'ɔpə] *sf* 1 pantry, butler's pantry. 2 tableware.
co.pa³ [k'ɔpə] *sf* 1 chalice, cup, goblet. 2 **copas** hearts at a card game. 3 *Esp* competition.
có.pia [k'ɔpjə] *sf* 1 copy. **ele tirou uma cópia** / he took a copy from it. 2 reproduction. 3 transcript, replication. **cópia em papel-carbono** carbon copy. **cópia fotográfica** print. **cópia xerográfica** xerox copy.
co.pi.ar [kopi'ar] *vt* 1 to copy, reproduce. 2 to transcribe, duplicate. 3 to imitate. 4 *Fot* to print.
co.pi.des.car [kopidesk'ar] *vt* to copy-edit.
co.po [k'ɔpu] *sm* glass, drinking glass, goblet, tumbler. **ser um bom copo** to be a heavy drinker.
co.quei.ro [kok'ejru] *sm Bot* coconut palm.
co.que.lu.che [kokel'uʃi] *sf Med* whooping cough.
co.que.tel [koket'ɛw] *sm (pl* **coquetéis**) cocktail.
cor¹ [k'or] *sm obsol* heart. **saber de cor** to know by heart, memorize.
cor² [k'or] *sf* color, colour. **ele mudou de cor** / he changed colours.
co.ra.ção [koras'ãw] *sm (pl* **corações**) *Anat* heart. **ele sofre do coração** / he has a heart trouble. **conquistar o coração de** to win the heart of. **cortar o coração**

co.ra.do [kor'adu] *adj* red-faced, ruddy, rosy.

co.ra.gem [kor'aʒẽj] *sf* 1 courage. 2 boldness, bravery. • *interj* have courage!, never say die! **criar coragem** to take courage. **não perca a coragem!** don't be discouraged!

co.ra.jo.so [koraʒ'ozu] *adj* 1 courageous, daring. 2 bold, brave.

co.ral¹ [kor'aw] *sm (pl* **corais***) Zool* coral, coral-red, coralline.

co.ral² [kor'aw] *sf (pl* **corais***)* 1 *Bot* coral plant. 2 mountain rose. 3 scarlet plume.

co.ral³ [kor'aw] *sf (pl* **corais***) Zool* coral snake.

co.ral⁴ [kor'aw] *sm (pl* **corais***) Mús* choral(e), chorus. • *adj m+f* choral.

co.ran.te [kor'ãti] *sm* colour, dye, pigment, dyestuff. • *adj m+f* colouring, dyeing.

co.rar [kor'ar] *vt* 1 to colour. 2 to dye, paint. 3 to blush, redden.

cor.cun.da [kork'ũdə] *s m+f* humpback, hunchback. • *adj m+f* humped, humpbacked.

cor.da [k'ɔrdə] *sf* 1 cord, rope. 2 *Mús* fiddlestring, string. 3 spring of a watch or clock. **dar corda ao relógio** to wind up the watch. **estar com a corda no pescoço** to be frightfully hard-pressed. **estar com a corda toda** a) to be uninhibited, unconstrained. b) to speak continuously. **instrumentos de corda** string instruments.

cor.dão [kord'ãw] *sm (pl* **cordões***)* 1 string, thread. 2 lace, lacing, girdle. 3 *bras* organized group of carnival revellers. **cordão de isolamento** cordon. **cordão de sapato** shoelace.

cor.das [k'ɔrdəs] *sf pl Mús* the strings (in an orchestra).

cor.da.to [kord'atu] *adj* prudent, wise.

cor.dei.ro [kord'ejru] *sm* 1 lamb. 2 *fig* a gentle, sweet-tempered person.

cor-de-ro.sa [kordir'ɔzə] *sm* pink. • *adj m+f, sing+pl* pink. rose-coloured, rosy.

cor.di.lhei.ra [kordiλ'ejrə] *sf* mountain range.

cor.re.to [kor'etu] *sm* bandstand.

cor.ja [k'ɔrʒə] *sf* 1 rabble, mob. 2 multitude, throng.

cór.nea [k'ɔrnjə] *sf Anat* cornea.

cor.ne.ta [korn'etə] *sf Mús* bugle.

co.ro [k'oru] *sm (pl* **coros***)* 1 choir. 2 chorus. **em coro** in unison.

co.ro.a [kor'oə] *sf* 1 crown. 2 *s m+f* 2 *bras, gír* a middle-aged or elderly person. **cara ou coroa?** heads or tails?

co.ro.ar [koro'ar] *vt* to crown. *ele foi coroado rei* / he was crowned king.

co.ro.ca [kor'ɔkə] *sf* an ugly old woman, hag. • *adj m+f* old, decrepit, failing.

co.ro.ná.ria [koron'arjə] *sf Anat* coronary artery.

co.ro.nel [koron'ɛw] *sm (pl* **coronéis***)* 1 colonel. 2 *Aeron* Group Captain.

cor.po [k'orpu] *sm* body. **corpo celeste** heavenly body, star. **corpo de baile** ballet, corps de ballet. **corpo de bombeiros** fire brigade. **corpo discente** student body. **corpo docente** teaching staff, faculty.

cor.po.ral [korpor'aw] *adj m+f (pl* **corporais***)* corporal, corporeal, material. **linguagem corporal** body language.

cor.pu.len.to [korpul'ẽtu] *adj* 1 corpulent. 2 stout, fat.

cor.re-cor.re [kɔřik'ɔři] *sm* great haste, hurry, hurry-scurry.

cor.re.dei.ra [kořed'ejrə] *sf* chute, river rapids.

cor.re.di.ço [kořed'isu] *adj* sliding, gliding.

cor.re.dor [kořed'or] *sm* 1 runner, racer. 2 corridor, gangway. 3 passage, aisle, gallery.

cór.re.go [k'ɔřegu] *sm* 1 streamlet, stream. 2 runlet, brook, creek.

cor.rei.a [koŕ'ejə] *sf* 1 leather strap, thong. 2 belt, belting.

cor.rei.o [koŕ'eju] *sm* 1 post office, postal service. 2 mailman. 3 mail, post. **caixa de correio** mailbox. **correio aéreo** air mail. **correio eletrônico** *Inform* e-mail.

cor.ren.te[1] [koŕ'ẽti] *sf* 1 chain, metal chain, tie. 2 cable, rope.

cor.ren.te[2] [koŕ'ẽti] *sf* 1 current. 2 stream, watercourse. 3 *fig* tendency. • *adj m+f* 1 current. 2 running, fluent. **água corrente** running water. **moeda corrente** currency. **uma corrente de ar** a draught.

cor.ren.tis.ta [korẽt'istə] *s m+f bras* 1 clerk in charge of the current accounts. 2 a person who has an account in a bank.

cor.rer [koŕ'er] *vt+vint* 1 to run. *ela correu para seu quarto* / she ran to her room. 2 to run after, chase, hunt, pursue. 3 to flow (líquidos). **corre o boato que...** there is a rumor that... **correr atrás de alguém** to run after a person. **correr o risco** to run the risk, risk. **correr perigo** to expose oneself to danger.

cor.re.ri.a [koŕer'iə] *sf* running, scurry, rushing around.

cor.res.pon.der [koŕespõd'er] *vt+vpr* 1 to correspond. 2 to retribute, repay, reciprocate. **corresponder às exigências** to meet the requirements.

cor.re.to [koŕ'etu] *adj* 1 correct. 2 accurate, exact.

cor.re.tor [koŕet'or] *sm* 1 broker. 2 agent. **corretor de ações** share-broker. **corretor de imóveis** *brit* estate agent, *amer* real estate agent. **corretor de seguros** insurance broker. **corretor de texto** correction fluid.

cor.ri.da [koŕ'idə] *sf* 1 running, coursing. 2 race, racing. *ele disputou a corrida* / he ran the race.

cor.ri.gir [koŕiʒ'ir] *vt+vint+vpr* 1 to correct. 2 to grade. *as provas foram corrigidas* the tests have been graded. 3 **corrigir-se** to grow better, correct oneself.

cor.ri.mão [koŕim'ãw] *sm* (*pl* **corrimãos, corrimões**) 1 stair rail. 2 handrail, banister.

cor.ri.quei.ro [koŕik'ejru] *adj* 1 current. 2 trivial, commonplace, trite.

cor.rom.per [koŕõp'er] *vt* 1 to corrupt. 2 to deprave, pervert.

cor.rup.to [koŕ'uptu] *adj* 1 corrupt. 2 dissolute, lewd.

cor.tar [kort'ar] *vt+vint+vpr* 1 to cut: a) to make a cut, incise, slice, cut out. b) to divide a pack of cards. c) to intercept. d) to interrupt, cut one short. 2 to cut off (telephone, gas, electricity supply etc.). 3 **cortar-se** to wound oneself with a cutting instrument. 4 to overtake a car. **cortar à esquerda** to take the turning to the left. **cortar o cabelo** to have one's hair cut.

cor.te[1] [k'orti] *sm* 1 cut. 2 interruption. 3 piece of cloth sufficient for a garment. **corte de cabelo** haircut. **sem corte** blunt.

cor.te[2] [k'orti] *sf* 1 court: a sovereign's residence, household, retinue, residential city. 2 courtship, love-making. **fazer a corte a alguém** *coloq* to flirt with a girl, woo.

cor.te.jo [kort'eʒu] *sm* 1 suite, retinue, train. 2 procession. 3 parade (carnaval). **cortejo fúnebre** funeral procession.

cor.te.sia [kortez'iə] *sf* courtesy.

cor.ti.ça [kort'isə] *sf* cork.

cor.ti.ço [kort'isu] *sm bras* slum tenement-house.

cor.ti.na [kort'inə] *sf* curtain. **cortina de fumaça** smoke screen.

co.ru.ja [kor'uʒə] *sf* owl, owlet, screech-owl.

cor.vo [k'orvu] *sm* raven, crow.

co.ser [koz'er] *vt+vint* to sew, stitch, stitch up.

cos.ta [k'ɔstə] *sf* 1 coast, sea-shore. 2 declivity, slope of a hill. 3 **costas** back. **costa a costa** coast to coast.
cos.te.la [kost'ɛlə] *sf Anat* rib.
cos.te.le.ta [kostel'etə] *sf* 1 (pork, mutton) chop, (veal) cutlet. 2 **bras** sideburns.
cos.tu.mar [kostum'ar] *vt+vpr* 1 to be accustomed, used or wont to. 2 to be in the habit of, use to. 3 **costumar-se** to get accustomed or used to. **como se costuma dizer** as the saying goes.
cos.tu.me [kost'umi] *sm* 1 custom: habit, usage, use, way, practice. 2 costume: fashion (style of dress). **como de costume** as usual.
cos.tu.ra [kost'urə] *sf* 1 sewing, needlework stitching. 2 seam. 3 *Med* suture.
cos.tu.rar [kostur'ar] *vt+vint* 1 to sew. 2 **bras**, **gír** to overtake the other cars in a dangerous way.
cos.tu.rei.ra [kostur'ejrə] *sf* dressmaker.
co.ta [k'ɔtə] *sf* 1 quota, share, portion, part. 2 instalment.
co.ti.di.a.no [kotidi'∧nu] *sm* quotidian. • *adj* quotidian, daily, everyday.
co.to.ne.te [koton'eti] (marca registrada) *sm* swab, **brit** cotton bud.
co.to.ve.lo [kotov'elu] *sm* (*pl* **cotovelos**) elbow. **falar pelos cotovelos** to talk nineteen to the dozen.
cou.ro [k'owru] *sm* 1 leather. 2 hide. **couro cabeludo** scalp. **dar no couro bras**, **fig** to hit the mark, make a good hit.
cou.ve [k'owvi] *sf* cale, kale, cabbage. **couve-de-bruxelas** brussels sprouts. **couve galega** green kale.
cou.ve-flor [kowviʃl'or] *sf* (*pl* **couves-flores**) cauliflower.
co.va [k'ɔvə] *sf* 1 hole, hollow, cavity. 2 grave.
co.var.de [kov'ardi] *s m+f* coward, poltroon. • *adj m+f* cowardly.
co.var.di.a [kovard'iə] *sf* cowardliness, cowardice.

co.vil [kov'iw] *sm* (*pl* **covis**) den: a) lair of a wild beast. b) lurking-place of robbers.
co.xa [k'ɔʃə] *sf* thigh.
co.xe.ar [koʃe'ar] *vint* to limp, hobble, be or become lame.
co.xo [k'oʃu] *sm* lame or limping person, hobbler. • *adj* lame, limping, halting.
co.zer [koz'er] *vt+vint* to cook. **cozer a carne** to boil the meat. **cozer o pão (no forno)** to bake the bread. **cozer tijolos** to burn (or bake) bricks.
co.zi.men.to [kozim'ẽtu] *sm* cooking, cookery.
co.zi.nha [koz'iñə] *sf* 1 kitchen. 2 *cuisine*, cookery. 3 the typical dishes of a region or a country. **cozinha brasileira** Brazilian *cuisine*.
co.zi.nhar [koziñ'ar] *vt+vint* 1 to cook, boil. 2 to stew, simmer.
cra.chá [kraʃ'a] *sm* badge, ID card.
crâ.nio [kr'∧nju] *sm* cranium, skull.
cra.que [kr'aki] *sm* **bras** 1 expert, *coloq* dab hand. 2 *Esp* star. 3 crack: highly purified cocaine in small chips used illicitly usually be smoked.
cras.so [kr'asu] *adj* crass, gross, coarse, stupid.
cra.te.ra [krat'ɛrə] *sf* crater.
cra.var [krav'ar] *vt* 1 to drive, thrust in (as a nail). 2 to stick (into).
cra.vo [kr'avu] *sm* 1 horseshoe nail. 2 clove. 3 *Med* blackhead. 4 *Mús* harpsichord. 5 *Bot* carnation.
cre.che [kr'ɛʃi] *sf* day nursery, day care center.
cre.dor [kred'or] *sm* creditor. • *adj* creditor.
cré.du.lo [kr'ɛdulu] *adj* credulous, simple-minded, naïve.
cre.me [kr'emi] *sm* 1 cream: a) greasy part of milk. b) custard. c) a whitish-yellow colour. 2 a food prepared with cream (soup, pastry-filling, sauces, ice-cream). • *adj m+f* cream-

cren.ça [kr'ẽsə] *sf* belief, faith, creed.

cren.di.ce [krẽd'isi] *sf* superstition, absurd belief.

cren.te [kr'ẽti] *s m+f Rel* **1** believer. **2 bras** protestant.

cre.pús.cu.lo [krep'uskulu] *sm* crepuscule, crepuscule, twilight, dusk.

crer [kr'er] *vt+vint* to believe: a) to hold to be true, give credit to. b) to have confidence in, trust in. c) to think, judge, be of opinion. **creio que sim** / I think so. **ver para crer** seeing is believing.

cres.cen.te [kres'ẽti] *adj m+f* crescent, increasing, growing. **quarto crescente (da lua)** the first quarter (of the moon).

cres.cer [kres'er] *vt+vint* a) to grow: a) to increase in height, bulk. b) to multiply, increase in number or quantity. c) to develop, grow up.

cres.ci.men.to [kresim'ẽtu] *sm* growth, increase, development, progress.

cres.po [kr'espu] *adj* **1** rough, rugged, craggy. **2** wrinkled. **3** crisped, curly (hair).

cre.ti.no [kret'inu] *adj* stupid, idiot, cretinous.

cri.a [kr'iə] *sf* **1** suckling (animal), young. **2** stable-bred cattle, cattle.

cri.a.ção [krjas'ãw] *sf* (*pl* **criações**) **1** creation: a) act or effect of creating. b) all the created beings, universe. c) invention. **2** cattle, poultry.

cri.a.do [kri'adu] *sm* servant, man-servant.

cri.a.do-mu.do [krjadum'udu] *sm* (*pl* **criados-mudos**) *bras* bedside table, night table.

cri.a.dor [krjad'or] *sm* creator, breeder, maker, the Creator, God. • *adj* **1** creative. **2** breeding.

cri.an.ça [kri'ãsə] *sf* child, infant, baby. **criança de peito** a sucking child.

cri.ar [kri'ar] *vt+vint* **1** to create: a) to generate, produce, originate, bring forth, cause. b) to invent, imagine. **2** to nurse, suckle, nourish, feed. **criar forças** to acquire strength. **criar gado** to raise cattle.

cri.a.tu.ra [krjat'urə] *sf* creature.

cri.mi.na.li.zar [kriminaliz'ar] *vt* to criminalize: make illegal.

cri.mi.no.so [krimin'ozu] *sm* criminal. • *adj* criminal.

cri.na [kr'inə] *sf* mane.

cri.ou.lo [kri'owlu] *sm bras* (*f* **crioula**) creole. • *adj* creole.

cri.se [kr'izi] *sf* crisis. **crise de nervos** nervous breakdown.

cris.ta [kr'istə] *sf* crest: a) cockscomb. b) plume of a helmet. c) tuft of feathers.

cris.tal [krist'aw] *sm* (*pl* **cristais**) **1** *Min* crystal. **2 cristais** crystalware.

cris.ta.lei.ra [kristal'ejrə] *sf* crystal closet, glass cabinet.

cris.ta.li.no [kristal'inu] *sm* crystalline lens (of the eye). • *adj* crystalline.

cris.tão [krist'ãw] *sm* (*pl* **cristãos**) Christian. • *adj* Christian.

cris.ti.a.nis.mo [kristjan'izmu] *sm* Christianity.

Cris.to [kr'istu] *sm* Christ, Jesus, the Saviour. **bancar o Cristo / ser o Cristo** to be made the scapegoat.

cri.té.rio [krit'ɛrju] *sm* **1** criterion, standard, rule. **2** judgment, discernment, discretion.

cri.te.ri.o.so [kriteri'ozu] *adj* discerning, judicious.

crí.ti.ca [kr'itikə] *sf* critique, criticism: a) the art of judging works of art, literature or science. b) written account of such works, review, recension. **crítica literária** literary criticism. **fazer a crítica de** to review, comment upon.

cri.ti.car [kritik'ar] *vt* to criticise, review.

cro.co.di.lo [krokod'ilu] *sm Zool* crocodile.

cro.mo [kr'omu] *sm Quím* chromium.

cro.mos.so.mo [kromos'omu] *sm Biol* chromosome.

crô.ni.ca [kr'onikə] *sf* 1 chronicle. 2 narrative, account, record. 3 news-section in a newspaper. **crônica esportiva** sports section.

cro.no.lo.gia [kronoloʒ'iə] *sf* chronology.

cro.no.me.trar [kronometr'ar] *vt* to time.

cros.ta [kr'ostə] *sf* 1 crust, rind. 2 *Med* eschar, scab.

cru [kr'u] *adj* 1 raw, uncooked. 2 crude harsh. **couro cru** rawhide.

cru.ci.fi.car [krusifik'ar] *vt* to crucify.

cru.ci.fi.xo [krusif'iksu] *sm* crucifix.

cru.el [kru'ɛw] *adj m+f* (*pl* **cruéis**) (*sup* **cruelíssimo, crudelíssimo**) cruel, fierce, merciless.

cru.el.da.de [krwewd'adi] *sf* cruelty, ferocity.

crus.tá.ceo [krust'asju] *sm Zool* crustacean.

cruz [kr'us] *sf* cross. • **cruzes** *interj* good heavens! **em cruz** crosswise. **fazer o sinal da cruz** make the sign of the cross.

cru.za.do [kruz'adu] *sm* 1 crusader. 2 ancient Portuguese gold coin. 3 the basic monetary unity of Brazil 1986-90. • *adj* crossed, crosswise, intersected. **cheque cruzado** crossed cheque. **palavras cruzadas** crossword puzzle.

cru.za.men.to [kruzam'ẽtu] *sm* crossing.

cru.zar [kruz'ar] *vt+vint* to cross: **1** to traverse, pass over. **2** to pass through in various directions. **3** to cruise (the sea).

cru.zei.ro [kruz'ejru] *sm* 1 *Náut* cruise. 2 Cruzeiro *Astr* = **Cruzeiro do Sul**. 3 a former Brazilian monetary unit.

Cru.zei.ro do Sul [kruʒ'ejrudus'uw] *sm* Southern Cross.

cu [k'u] *sm vulg* ass, asshole, arsehole.

cu.bo [k'ubu] *sm* cube. **cubo de um número** the third power of a number.

cu.ca [k'ukə] *sf bras, gír* mind, reasoning, intelligence. **estar lelé da cuca** to have a screw loose, be crazy.

cu.co [k'uku] *sm* 1 *Ornit* cuckoo. 2 cuckoo clock.

cu.e.cas [ku'ɛkas] *sf pl* underpants, slip.

cui.da.do [kujd'adu] *sm* care. • *interj* take care!, look out!, watch out! **cuidado com o degrau!** / mind the step. **cuidado com os batedores de carteiras!** / beware of pickpockets! **ter / tomar cuidado** to look to, take care of.

cui.da.do.so [kujdad'ozu] *adj* careful.

cui.dar [kujd'ar] *vt* 1 to care. 2 to take care of, look after.

cu.jo [k'uʒu] *pron adj* whose, of whom, of which. *o homem cujo livro perdi* / the man whose book I lost. *Pedro, de cuja casa eu venho* / Peter, from whose house I come.

cu.li.ná.ria [kulin'arjə] *sf* cookery, culinary art.

cul.pa [k'uwpə] *sf* fault, blame, guilt, cause of an evil. *a culpa é minha* / it is my fault. **ter culpa no cartório** to have a guilty conscience.

cul.pa.do [kuwp'adu] *sm* culprit. • *adj* guilty, blameworthy. *quem é culpado disso?* / who is to blame for this?

cul.par [kuwp'ar] *vt* to blame, censure.

cul.ti.var [kuwtiv'ar] *vt* 1 to cultivate. 2 to grow (plants).

cul.to [k'uwtu] *sm* cult: worship, religious ritual. • *adj* cultivated, learned, educated, civilized.

cul.tu.ar [kuwtu'ar] *vt* to worship, adore.

cul.tu.ra [kuwt'urə] *sf* culture. **cultura geral** general knowledge. **sem cultura** unlettered, ignorant.

cu.me [k'umi] *sm* 1 summit, peak, mountaintop, hilltop. 2 *fig* climax, apogee.

cúm.pli.ce [k'ũplisi] *s m+f* accomplice.

cum.pli.ci.da.de [kũplisid'adi] *sf* complicity, connivance.

cum.pri.men.tar [kũprimẽt'ar] *vt+vint* 1 to salute, greet, welcome. 2 to congratulate.

cum.pri.men.to [kũprim'ẽtu] *sm* 1 accom-

plishment, execution. **2** compliment, salutation, greeting, welcome.
cum.prir [kũpr'ir] *vt+vint* to accomplish, execute, fulfil, keep, perform, carry out. **cumprir a palavra** to keep one's word. **cumprir a sua promessa** to fulfil one's promise.
cú.mu.lo [k'umulu] *sm* **1** cumulus, accumulation, heap. **2** acme, apex, summit, top. **é o cúmulo!** that's the limit!
cu.nha [k'uɲə] *sf* wedge.
cu.nha.da [kuɲ'adə] *sf* sister-in-law.
cu.nha.do [kuɲ'adu] *sm* brother-in-law.
cu.pim [kup'ĩ] *sm bras* termite.
cú.pu.la [k'upulə] *sf* **1** *Arquit* a) dome. b) vault. **2** the ruling staff of a party, organization, etc. **reunião de cúpula** summit meeting.
cu.ra [k'urə] *sf* cure. **ter cura** to be curable, be remediable.
cu.ran.dei.ro [kurɐ̃d'ejru] *sm* quack, quackster, charlatan.
cu.rar [kur'ar] *vt+vint+vpr* **1** to cure: a) to heal, remedy. b) to treat, medicate, dress. **2 curar-se** to medicate oneself, recover, restore one's health.
cu.ra.ti.vo [kurat'ivu] *sm* **1** curative, remedy. **2** treatment, medication. • *adj* curative, curatory. **curativo adesivo** first aid dressing. **curativo de um ferimento** dressing, bandaging of a wound.
cu.rin.ga [kur'ĩgə] *sm bras* joker (in card games).
cu.ri.o.si.da.de [kurjozid'adi] *sf* curiosity, rarity, oddity, object of interest.
cur.ral [kur'aw] *sm* (*pl* **currais**) **1** corral, pen. **2** a fish-trap.
cur.sar [kurs'ar] *vt* **1** to follow a course of studies. **2** to attend any kind of school.
cur.so [k'ursu] *sm* **1** course: a) run, running, race. b) motion. c) direction. d) progress, sequence. e) course of studies. **2** route, path, way, track. **curso superior** university study, college study. **em curso** in operation, in progress. **fazer o curso de medicina** to study medicine.
cur.ta-me.tra.gem [kurtəmetr'aʒẽj] *sf* (*pl* **curtas-metragens**) *Cin* a short-feature movie.
cur.tir [kurt'ir] *vt+vint* **1** to tan hides. **2** to steep flax or hemp. **3** *gír* to have a wild time.
cur.to [k'urtu] *adj* **1** short, brief. **2** scant, scarce.
cur.to-cir.cui.to [kurtusirk'ujtu] *sm* (*pl* **curtos-circuitos**) *Eletr* short circuit.
cur.va [k'urvə] *sf* curve. **curva de estrada** bend of the road. **curva de nível** contour curve. **curva fechada** hairpin bend, sharp curve.
cur.var [kurv'ar] *vt+vpr* **1** to curve, bend, arch, bend over. **2 curvar-se** to bend, form a curve.
cus.pe [k'uspi] *sm* spit, spittle, saliva.
cus.pir [kusp'ir] *vt+vint* to spit, spit out.
cus.tar [kust'ar] *vt+vint* to cost. *quanto lhe custou o chapéu?* / how much did your hat cost? **custar caro** to be expensive. **custar os olhos da cara** to cost a fortune.
cus.te.ar [kuste'ar] *vt* to finance, provide money for.
cus.to [k'ustu] *sm* cost, expense, price. **a custo** with difficulty. **a custo de** by means of. **a muito custo** with great difficulty.
cu.tâ.neo [kut'ʌnju] *adj* cutaneous.
cu.tí.cu.la [kut'ikulə] *sf* cuticle.
cú.tis [k'utis] *sf, sing+pl* **1** *Anat* cutis, derma, dermis, skin. **2** complexion: hue of the skin.
cu.tu.car [kutuk'ar] *vt bras, coloq* to jog, nudge, poke (as to arouse attention).

d

D, d [d'e] *sm* the fourth letter of the alphabet.

da [da] *contr prep* **de** + *art def fem* **a**: of, from. *eu o vi da janela* / I saw him from the window.

dá.di.va [d'adivə] *sf* gift, donation.

da.do¹ [d'adu] *sm* **1** dice. **2** datum, figure. • *adj* **1** given, *gratis*, free. **2** affable, good-natured. **lançar os dados** to cast the dice.

da.do² [d'adu] *conj* in view of, considering that. **dado que** provided that.

da.í [da'i] *contr prep* **de** + *adv* **aí**: **1** thence, from there. **2** *fig* for that reason, that for, therefore. **3** then. **daí em diante** from then on, thereafter. **e daí?** so what?

da.li [dal'i] *contr prep* **de** + *adv* **ali**: thence, therefrom, from there. *os visitantes chegaram daqui e dali* / the visitors came from here and there. **dali a pouco** a little later.

dal.tô.ni.co [dawt'oniku] *adj* colour-blind.

da.ma [d'ʌmə] *sf* **1** lady, maid. **2** queen (at chess and cards). **3 damas** draughts, *amer* checkers. **dama de copas** queen of hearts (at cards). **dama de honra** bridesmaid.

da.mas.co [dam'asku] *sm* **1** *Bot* apricot. **2** damask (the fabric).

da.na.do [dan'adu] *adj* **1** damned, condemned. **2** furious, angry. **3** *bras* smart, keen, clever. **danado da vida** furious. **isto é danado de bom** it's damned good.

dan.ça [d'ãsə] *sf* **1** dance. **2** dancing, ball. **entrar na dança** *fig* to get involved in a business.

dan.çar [dãs'ar] *vt+vint* **1** to dance. **2** *bras*, *gír* to be taken to jail.

dan.ça.ri.na [dãsar'inə] *sf* dancer, dancing girl.

da.ni.nho [dan'iñu] *adj* damaging, harmful, evil. **ervas daninhas** weeds.

da.no [d'ʌnu] *sm* damage, harm, injury.

da.que.le [dak'eli] *contr prep* **de** + *pron dem* **aquele**: from that, of that. *ele não é daqueles homens que...*/he is not that kind of men who....

da.qui [dak'i] *contr prep* **de** + *adv* **aqui**: from here, within. **daqui a pouco** in a little while, shortly. **daqui em diante** from now on.

da.qui.lo [dak'ilu] *contr prep* **de** + *pron dem* **aquilo**: from that, of that.

dar [d'ar] *vt+vint+vpr* **1** to give, offer, bestow, present. **2** to hand over, deliver. **3** to grant, concede. **4** *vulg* to have sex. **5 dar-se** a) to happen, come to be, occur. b) to agree, live in harmony. *ele se dá bem com seus professores* / he gets along well with his teachers. **dar alta** to discharge (from a hospital). **dar as boas-vindas** to welcome, extend a welcome to. **dar cabo de** to kill. **dar certo** to come out right, turn out fine. **dar no pé / dar o fora** to take to one's heels. **dar um jeito** to fix up, manage, find a way. **dê o fora!** get out of here! **isto não dará certo** this won't work. **o relógio deu cinco horas** the clock struck five.

das [das] *contr prep* **de** + *art def fem pl* **as**: from the, of the.

da.ta [d'atə] *sf* **1** date. **2** time, period. **de longa data** from former times.

da.ti.lo.gra.far [datilograf'ar] *vt+vint* to typewriter, type.

da.ti.ló.gra.fo [datil'ɔgrafu] *sm* typist.

de [di] *prep* **1** of. **2** from. **de onde você é?** / where are you from? **3** by. **4** to. **5** with. **6** on. **7** in. **a fim de que** in order that. **cego de um olho** blind on one eye. **de avião** by plane. **de cabelo louro** with fair, fair-haired. **de cima** from above. **de fato** in fact. **de mau humor** in a bad humour. **de preto** in black. **de propósito** on purpose. **de trem** by train.

de.bai.xo [deb'ajʃu] *adv* **1** under, beneath, below. **2** inferior. **3** decadently.

de.ban.dar [debãd'ar] *vt+vint* **1** to put to flight, scatter. **2** to flee, disperse.

de.ba.ter [debat'er] *vt+vint+vpr* **1** to discuss. **2** to contend, debate. **3 debater-se** to fight, struggle, attempt to free oneself.

dé.bil [d'ɛbiw] *adj m+f (pl* **débeis)** **1** weak. **2** feeble, frail. **um débil mental** a feebleminded person.

dé.bi.to [d'ɛbitu] *sm* **1** debt. **2** debit. **ao débito de** to the debit of.

de.bo.che [deb'ɔʃi] *sm* **1** debauch, debauchery. **2** mockery, jeer.

de.bru.çar [debrus'ar] *vt+vpr* **1** to stoop, bend forward, lean over. **2 debruçar-se** to bend oneself, stoop.

de.ca.dên.cia [dekad'ẽsjə] *sf* decadence, decline, decay.

de.cal.que [dek'awki] *sm* **1** tracing, copying. **2** decalcomania.

de.cên.cia [des'ẽsjə] *sf* decency, *decorum.*

de.cen.te [des'ẽti] *adj m+f* decent, proper, decorous.

de.ce.par [desep'ar] *vt* to cut off, amputate.

de.cep.ção [deseps'ãw] *sf(pl* **decepções)** disappointment.

de.cep.ci.o.nar [desepsjon'ar] *vt+vpr* to disappoint.

de.ci.di.do [desid'idu] *adj* **1** resolute, decided. **2** determined, unwavering.

de.ci.dir [desid'ir] *vt+vint+vpr* **1** to decide. **2 decidir-se** to make up one's mind.

de.ci.frar [desifr'ar] *vt* **1** to decipher. **2** to decode.

de.ci.são [desiz'ãw] *sf (pl* **decisões)** decision. **chegar a uma decisão** to come to a decision. **tomar uma decisão** to make a decision.

de.cla.ra.ção [deklaras'ãw] *sf (pl* **declarações) 1** declaration, assertion. **2** statement. **3** declaration of love. **declaração de imposto de renda** income tax statement.

de.cla.ra.do [deklar'adu] *adj* **1** manifest, obvious, clear. **2** confessed, sworn. **inimigo declarado** sworn enemy.

de.cla.rar [deklar'ar] *vt+vint+vpr* **1** to declare, assert, state. **2** to confess, admit of. **3 declarar-se** to pronounce oneself.

de.cli.nar [deklin'ar] *vint+vt* **1** to reject, refuse, decline. **2** to decline, sink, decay.

de.clí.nio [dekl'inju] *sm* decline, decay, decadence.

de.cli.ve [dekl'ivi] *sm* descending slope, declivity.

de.co.di.fi.car [dekodifik'ar] *vt* to decode, decipher.

de.co.la.gem [dekol'aʒẽj] *sf (pl* **decolagens)** *Aeron* take-off. **pista de decolagem** landing strip, landing field.

decolar [dekol'ar] *vint Aeron* to take off.

de.co.ra.ção [dekoras'ãw] *sf* (*pl* **decorações**) 1 decoration. 2 scenery, *décor*. **decoração de interiores** interior design, interior decoration.

de.co.ra.dor [dekorad'or] *sm* decorator, interior designer.

de.co.rar¹ [dekor'ar] *vt+vint* to learn by heart.

de.co.rar² [dekor'ar] *vt* to decorate. *eles decoraram a sala com azevinho* / they decorated the room with holly.

de.cor.rer [dekoɍ'er] *vt+vint* 1 to pass by. 2 to happen, occur. 3 to derive, originate from.

de.co.ta.do [dekot'adu] *adj* low-necked.

de.co.te [dek'ɔti] *sm* low neck (of a dress), neckline.

de.cre.to [dekɾ'etu] *sm* decree, edict.

de.cre.to-lei [dekɾɛtul'ej] *sm* decree-law.

de.dal [ded'aw] *sm* (*pl* **dedais**) thimble.

de.dão [ded'ãw] *sm coloq* 1 thumb. 2 big toe.

de.dar [ded'ar] *vt+vint bras* to accuse, denounce, delate.

de.de.ti.za.ção [dedetizas'ãw] *sf* (*pl* **dedetizações**) spraying of insecticide.

de.di.ca.ção [dedikas'ãw] *sf* (*pl* **dedicações**) devotion, dedication.

de.di.car [dedik'ar] *vt+vpr* 1 to dedicate, devote. 2 to dedicate, offer. 3 **dedicar-se** to devote oneself.

de.do [d'edu] *sm* 1 finger (da mão). 2 toe (do pé). **dedo anular** ring finger. **dedo indicador** forefinger, index finger. **dedo médio** middle finger. **dedo mindinho** little finger. **dedo polegar** thumb.

de.du.zir [deduz'ir] *vt+vint* 1 to deduce. 2 to reduce, deduct, subtract. 3 to infer, draw as a conclusion.

de.fei.to [def'ejtu] *sm* 1 defect. 2 fault, imperfection, deficiency. **pôr defeitos em** to find faults with.

de.fei.tu.o.so [defejtu'ozu] *adj* defective, faulty.

de.fen.der [defẽd'er] *vt+vint+vpr* 1 to defend, protect. 2 **defender-se** *bras* a) to earn one's living (through smartness). b) to defend oneself.

de.fen.si.vo¹ [defẽs'ivu] *sf* defensive, position of defence. **estar na defensiva** to be on the defensive.

de.fen.si.vo² [defẽs'ivu] *sm* protection, safeguard. • *adj* defensive, protective. **defensivo agrícola** pesticide.

de.fen.sor [defẽs'or] *sm* 1 defender, protector. 2 *Jur* attorney.

de.fe.sa [def'eza] *sf* 1 defence, defense. 2 justification, vindication. **defesa aérea** air defence. **em defesa de suas teorias** in support of his theories. **em defesa própria/em legítima defesa** in self-defence.

de.fi.ci.en.te [defisi'ẽti] *s m+f* disabled person. • *adj m+f* 1 deficient. 2 disabled.

de.fi.ni.ção [definis'ãw] *sf* (*pl* **definições**) definition.

de.fi.nir [defin'ir] *vt* to define.

de.for.mar [deform'ar] *vt+vpr* 1 to deform, distort, disfigure. 2 **deformar-se** to become deformed.

de.for.mi.da.de [deformid'adi] *sf* deformity, disfigurement, malformation.

de.fron.tar [defɾõt'ar] *vt+vpr* 1 to confront. 2 to face, meet, encounter. *temos de nos defrontar com a possibilidade de ruína financeira* / we have to face the possibility of financial ruin.

de.fron.te [defɾ'õti] *adv* face to face, opposite to, in front of. **defronte de** in face of.

de.fu.mar [defum'ar] *vt* 1 to smoke-dry, cure with smoke. 2 *bras* to burn incense or herbs to attract good luck.

de.fun.to [def'ũtu] *sm* deceased, dead person. • *adj* dead, extinct, deceased.

de.ge.ne.rar [deʒener'ar] *vt+vint* to degenerate.

de.go.lar [degol'ar] *vt* to decapitate, cut off the head of.

de.gra.dan.te [degrad'ãti] *adj m+f* degrading, debasing.

de.grau [degr'aw] *sm* 1 stairstep, step. 2 rung, tread (of a ladder).

dei.tar [dejt'ar] *vt+vpr* 1 to lie, (down), put down horizontally. *deitei-o no chão* / I laid him down. 2 **deitar-se** a) to lie down. b) to go to bed. **deitar cedo** to go to bed early. **deitar e rolar** to have fun, enjoy oneself.

dei.xa [d'ejʃə] *sf* 1 letting. 2 legacy. 3 *Teat* cue, hint.

dei.xar [dejʃ'ar] *vt+vpr* 1 to leave. *deixe isto a critério dele!* / leave that to him! 2 to abandon, forsake. 3 to allow, permit, let. **deixar de fumar** to give up smoking, stop smoking, quit smoking. **deixar entrar** to let in, admit. **deixar para lá** to not to worry, let it be. *deixe para lá!* / never mind!, forget it! **deixe disso!** come out of that!, give it a miss!

de.la [d'ɛlɐ] *contr prep* **de** + *pron pess fem sing* **ela**: her, hers, of her, from her. *um amigo dela* / a friend of hers. *sempre tive medo dela* / I've always been afraid of her.

de.las [d'ɛləs] *contr prep* **de** + *pron pess fem pl* **elas**: their(s). *um amigo delas* / a friend of theirs. *minhas irmãs acabaram de vender sua casa (a casa delas)* / my sisters have just sold their house.

de.la.tar [delat'ar] *vt* 1 to delate. 2 to denounce, accuse.

de.la.tor [delat'or] *sm* delator, informer, squealer.

de.le [d'eli] *contr prep* **de** + *pron pess masc sing* **ele**: his, of his, from him, of him. *a culpa foi dele* / the fault was his. *um amigo dele* / a friend of his. *Paul estava muito zangado e eu estava com medo dele* / Paul was very angry and I was afraid of him.

de.le.ga.ci.a [delegas'iɐ] *sf* police station.

de.le.ga.do [deleg'adu] *sm* 1 delegate, representative, deputy. 2 the chief officer in a police station.

de.les [d'elis] *contr prep* **de** + *pron pess masc pl* **eles**: their(s). *um amigo deles* / a friend of theirs. *estes livros são meus, não deles* / these books are mine, not theirs.

de.li.be.rar [deliber'ar] *vt+vint* to deliberate, ponder, reflect upon.

de.li.ca.de.za [delikad'ezɐ] *sf* 1 delicacy. 2 politeness, courtesy, attentiveness.

de.li.ca.do [delik'adu] *adj* 1 delicate. 2 courteous, polite, attentive.

de.li.ci.ar [delisi'ar] *vt+vpr* 1 to delight, please greatly. 2 **deliciar-se** to take delight in, indulge in.

de.li.ci.o.so [delisi'ozu] *adj* delicious, delightful.

de.lin.quên.cia [delĩk'wẽsjɐ] *sf* 1 delinquency. 2 fault, guilt, misdemeanor. **delinquência juvenil** juvenile delinquency.

de.li.ran.te [delir'ãti] *adj m+f* 1 delirious. 2 frantic, excited, raving. 3 thrilling.

de.li.rar [delir'ar] *vint* to be delirious, talk nonsense, rave, wander in mind.

de.li.to [del'itu] *sm* delict, crime, offense against the law. **em flagrante delito** in the very act.

de.mais¹ [dem'ajs] *adj* too much, excessive, overmuch. *não será demais?* / isn't it too much? • *adv* besides, moreover, too much, too many, excessively, more than enough. **arriscar-se demais** to risk too much. **beber demais** to overdrink, drink too much. **cedo demais** too soon. **comer demais** to overeat. **falar demais** to overspeak, talk too much. **tarde demais** too late.

de.mais² [dem'ajs] *pron pl* the others, the rest. *não consigo resolver a primeira e a terceira questões, mas resolvi todas as demais* / I can't do the first and third questions, but I've done all the others.

de.mão [dem'ãw] *sf* (*pl* **demãos**) coat, coating (of paint etc.).

de.ma.si.a [demaz'iə] *sf* 1 surplus, overplus. 2 excess. **eles comeram em demasia** they ate too much.

de.ma.si.a.do [demazi'adu] *adj* 1 excessive, overmuch, too much. 2 exaggerated.

de.mên.cia [dem'ẽsjə] *sf* (*pl* **demências**) 1 *Med* dementia. 2 *pop* insanity, madness, craziness.

de.men.te [dem'ẽti] *s m+f* 1 *Med* demented person. 2 *pop* madman, lunatic. • *adj m+f* 1 *Med* demented. 2 *pop* insane, mad, crazy, lunatic.

de.mis.são [demis'ãw] *sf* (*pl* **demissões**) 1 dismissal, discharge, fire. 2 resignation, abdication. *solicitei minha demissão* / I sent in my resignation.

de.mi.tir [demit'ir] *vt+vpr* 1 to dismiss, discharge, fire. 2 **demitir-se** to resign, quit.

de.mo.cra.ci.a [demokras'iə] *sf* democracy.

de.mo.cra.ta [demokr'atə] *s m+f* democrat. • *adj m+f* democratic(al).

de.mo.lir [demol'ir] *vt* to demolish.

de.mo.ní.a.co [demon'iaku] *adj* demoniac(al), demonic, devilish.

de.mô.nio [dem'onju] *sm* 1 demon, devil. 2 evil spirit. 3 wicked person.

de.mons.tra.ção [demõstras'ãw] *sf* (*pl* **demonstrações**) 1 demonstration. 2 proof, evidence. 3 exposition.

de.mons.trar [demõstr'ar] *vt* 1 to demonstrate. 2 to prove by reasoning.

de.mo.ra [dem'ɔrə] *sf* delay. **venha sem demora!** come at once!

de.mo.rar [demor'ar] *vt+vint+vpr* 1 to retard, keep back, detain. 2 (também **demorar-se**) to be late, be long. *a operação demorou muito* / the operation took a long time.

de.no.tar [denot'ar] *vt* to denote: a) to show, indicate, point out. b) to signify, mean, symbolize.

den.si.da.de [dẽsid'adi] *sf* density.

den.so [d'ẽsu] *adj* dense: 1 thick, compact. 2 close, tight. 3 *fig* dark.

den.ta.da [dẽt'adə] *sf* bite, biting.

den.ta.do [dẽt'adu] *adj* 1 toothed. 2 *Bot* dentate.

den.te [d'ẽti] *sm* 1 tooth. 2 fang, tusk. **arrancar um dente** to have a tooth pulled. **dente de alho** clove of garlic. **dente de leite** milk tooth. **dente do siso** wisdom tooth. **escova de dentes** toothbrush. **escovar os dentes** to brush one's teeth. **obturar um dente** to fill a tooth, have a tooth filled. **pasta de dentes** toothpaste.

den.ti.frí.cio [dẽtifr'isju] *sm* toothpaste.

den.tis.ta [dẽt'istə] *s m+f* dentist. **cirurgião-dentista** dental surgeon.

den.tre [d'ẽtri] *prep* 1 among(st), in the midst of. 2 from among.

den.tro [d'ẽtru] *adv* inside, within, indoors. *a árvore estava oca por dentro* / the tree was hollow inside. **aqui dentro** in here. **de dentro** from within. **dentro de alguns minutos** within a few minutes. **dentro de casa** indoors. **dentro de quinze dias** within a fortnight. **dentro de um ano** in the course of a year.

de.nún.cia [den'ũsjə] *sf* 1 denunciation, denouncement. 2 *Jur* indictment: a formal accusation. 3 report, disclosure.

de.nun.ci.ar [denũsi'ar] *vt* 1 to denounce, accuse, inform against. 2 *Jur* to indict.

de.pa.rar [depar'ar] *vt+vpr* 1 to cause to appear suddenly. 2 to encounter, stumble upon, come across. **deparar(-se)** come to come across.

de.pen.dên.cia [depẽd'ẽsjə] *sf* 1 dependence, subjection. 2 dependency.

de.pen.der [depẽd'er] *vt* 1 to depend on, be contingent on. *depende inteiramente de você* / it all depends on you. 2 to be conditioned by, be based on. **depender de alguém** to depend on someone.

de.plo.rá.vel [deplor'avew] *adj m+f* (*pl* **deploráveis**) deplorable, lamentable, pitiful.

de.po.i.men.to [depojm'ẽtu] *sm* 1 deposition, affidavit, testimony. 2 declaration, statement. **prestar depoimento** to bear testimony.

de.pois [dep'ojs] *adv* 1 after, afterward(s), later on, subsequently, then. 2 besides, moreover. **depois de**, behind, following. **depois de anoitecer** after dark. **depois disso** thereafter. **depois que** after, subsequent to. **seis meses depois** six months later.

de.por [dep'or] *vt+vint* 1 to put down, lay down, set aside. 2 to depose, discharge, dethrone. 3 to testify, witness, bear witness.

de.po.si.tar [depozit'ar] *vt* to deposit, commit to for custody, entrust, lodge with for safekeeping. **depositar em banco** to deposit in a bank, make a deposit.

de.pó.si.to [dep'ɔzitu] *sm* deposit: a) that which is deposited, especially money lodged with a bank. b) depot, depository, store, storehouse, warehouse. **comprovante de depósito** deposit slip.

de.pre.dar [depred'ar] *vt* to depredate, despoil, lay waste, plunder.

de.pres.sa [depr'ɛsə] *adv* 1 fast, quickly, speedily. 2 hurriedly, hastily. **depressa!** hurry up!, make haste!

de.pres.são [depres'ãw] *sf* (*pl* **depressões**) depression, low-spiritedness, melancholy.

de.pri.mi.do [deprim'idu] *adj* depressed, dejected, low-spirited.

de.pri.mir [deprim'ir] *vt* to depress.

de.pu.ta.do [deput'adu] *sm* 1 deputy: representative delegate, commissioner. 2 *brit* MP (Member of Parliament), a member of the House of Commons, *amer* congressman, member of the House of Representatives.

de.ri.var [deriv'ar] *vt+vint* 1 to derive: to form from, create from. 2 to originate from, arise from, issue, descend.

der.ra.dei.ro [deʀad'ejru] *adj* 1 last, hindmost. 2 final, conclusive, ultimate.

der.ra.mar [deʀam'ar] *vt* 1 to spill. 2 to exhale, give forth, discharge, emanate. 3 to pour. 4 to shed (blood, tears).

der.ra.me [deʀ'∧mi] *sm pop, Med* stroke, apoplexy.

der.ra.par [deʀap'ar] *vint bras* to skid, sideslip.

der.re.ter [deʀet'er] *vt+vpr* 1 to melt, liquefy, fuse. 2 to thaw. 3 **derreter-se** to become softhearted, become tender.

der.ro.ta [deʀ'ɔtə] *sf* defeat, rout, overthrow.

der.ro.tar [deʀot'ar] *vt* 1 to defeat. 2 to beat, outdo.

der.ru.bar [deʀub'ar] *vt+vpr* 1 to throw down, throw to the ground, knock down. 2 to overthrow, overturn.

de.sa.ba.far [dezabaf'ar] *vt+vpr* 1 to open, reveal, disclose. 2 **desabafar-se** a) to uncover oneself. b) to pour out one's heart (to), unburden oneself.

de.sa.bar [dezab'ar] *vt+vint* 1 to crumble, fall down, tumble. 2 to collapse.

de.sa.bo.to.ar [dezaboto'ar] *vt+vint* to unbutton.

de.sa.bri.ga.do [dezabrig'adu] *adj* 1 unsheltered, unprotected, uncovered. 2 homeless.

de.sa.ca.tar [dezakat'ar] *vt+vint* to disrespect, disregard, slight, neglect.

de.sa.cor.da.do [dezakord'adu] *adj* unconscious, not aware, senseless.

de.sa.cos.tu.ma.do [dezakostum'adu] *adj* unaccustomed, unused to, not used to.

de.sa.fi.na.do [dezafin'adu] *adj* dissonant, out of tune, jarring. *o piano está desafinado* / the piano is out of tune.

de.sa.fi.o [dezaf'iu] *sm* challenge, defiance, defy.

de.sa.fo.ro [dezaf'oru] *sm* 1 insolence, impertinence. 2 insult, injury. **que desaforo!** what a cheek!

de.sa.gra.dar [dezagrad'ar] *vt* to discontent, displease, dissatisfy.
de.sa.gra.dá.vel [dezagrad'avew] *adj m+f* (*pl* **desagradáveis**) disagreeable, unpleasant, displeasing. **tempo desagradável** bad weather.
de.sa.gra.do [dezagr'adu] *sm* unpleasantness, dislike, discontent.
de.sa.jei.ta.do [dezaʒejt'adu] *adj* unskillful, awkward, clumsy.
de.sa.jus.ta.do [dezaʒust'adu] *sm* misfit. • *adj* 1 disconnected, disarranged. 2 maladjusted.
de.sa.len.to [dezal'ẽtu] *sm* discouragement, disheartenment, faintness, dispiritedness.
de.sa.mar.rar [dezamaȓ'ar] *vt+vpr* 1 to untie, unfasten, unlace. 2 **desamarrar-se** to get loose.
de.sam.pa.rar [dezãpar'ar] *vt* to abandon, quit, desert.
de.sam.pa.ro [dezãp'aru] *sm* abandonment, destitution, helplessness.
de.sa.ni.mar [dezanim'ar] *vt+vint* to discourage, dishearten, depress.
de.sâ.ni.mo [dez'ʌnimu] *sm* discouragement, disheartenment, dispiritedness.
de.sa.pa.re.cer [dezapares'er] *vint* to disappear, vanish.
de.sa.pa.re.ci.do [dezapares'idu] *sm* missing person. • *adj* absent, disappeared.
de.sa.pon.ta.men.to [dezapõtam'ẽtu] *sm* disappointment, frustration.
de.sa.pon.tar [dezapõt'ar] *vt* to disappoint, frustrate, thwart.
de.sa.pro.var [dezaprov'ar] *vt* to disapprove, dislike, disfavour.
de.sar.ma.men.to [dezarmam'ẽtu] *sm* disarmament.
de.sar.mar [dezarm'ar] *vt+vint* to disarm, unarm, deprive of arms.
de.sar.ran.jo [dezaȓ'ãʒu] *sm* disarrangement, disorder. **desarranjo intestinal** diarrhea, dysentery.

de.sar.ru.mar [dezaȓum'ar] *vt* to disarrange, mess up, displace, dislocate.
de.sas.tra.do [dezastr'adu] *adj* 1 disastrous. 2 awkward, clumsy.
de.sas.tre [dez'astri] *sm* disaster: a) calamity, misfortune, unhappiness. b) accident.
de.sa.ten.to [dezat'ẽtu] *adj* inadvertent, absentminded, heedless, careless, thoughtless.
de.sa.ti.no [dezat'inu] *sm* madness, folly, nonsense.
de.sa.tu.a.li.za.do [dezatwaliz'adu] *adj* 1 outdated, outmoded. 2 old-fashioned.
de.sa.ven.ça [dezav'ẽsɐ] *sf* dissension, disagreement, discord.
des.bo.ca.do [dezbok'adu] *adj* unrestrained, foul-mouthed.
des.bo.tar [dezbot'ar] *vt* to discolour, fade.
des.cal.çar [deskaws'ar] *vt+vpr* 1 to take off (shoes, stockings, gloves). 2 to take away (paving stones). 3 **descalçar-se** to pull off one's shoes.
des.cal.ço [desk'awsu] *adj* barefoot, barefooted.
des.cam.bar [deskãb'ar] *vint* 1 to slide. 2 to degenerate into.
des.can.sa.do [deskãs'adu] *adj* calm, tranquil, serene.
des.can.sar [deskãs'ar] *vt* to rest: a) to repose, give rest, put at rest. b) to relax, be at ease. **descanse em paz!** rest in peace!
des.can.so [desk'ãsu] *sm* rest, resting, repose.
des.ca.ra.men.to [deskaram'ẽtu] *sm* shamelessness, impudence, insolence, cheek. *ele teve o descaramento de dizer* / he had the cheek to say.
des.car.ga [desk'argɐ] *sf* 1 discharge: a) unloading. b) firing, gunfire. 2 *Med* evacuation, excretion.
des.car.re.gar [deskaȓeg'ar] *vt+vint* 1

descartar   361   **descuidado**

to discharge: a) to unload, unburden. b) to dump. c) to fire off, shoot off (a gun). **2** to vent, give vent to, wreak. *não descarregue suas frustrações em mim* / don't vent your frustrations on me.

des.car.tar [deskart'ar] *vt+vpr* **1** to discard, reject, throw aside, dismiss. **2 descartar-se (de)** to get rid of, put off, leave alone.

des.cas.car [deskask'ar] *vt* **1** to peel, shell, bark, husk. **2** to skin, scale.

des.ca.so [desk'azu] *sm* negligence, inattention.

des.cen.dên.cia [desẽd'ẽsjə] *sf* **1** descent, lineage, pedigree. **2** issue, offspring. *de baixa descendência* lowborn. *de descendência ilustre* highborn.

des.cen.der [desẽd'er] *vt* to descend, proceed, come from.

des.cer [des'er] *vt+vint* **1** to descend: to go down, dismount, step down. **2** to get off. **3** to down, put down, take down, get down. *descer do ônibus* to get off the bus.

des.ci.da [des'idə] *sf* **1** descent. **2** declivity, slope, hillside.

des.co.bri.men.to [deskobrim'ẽtu] *sm* **1** discovery. **2** finding. *o descobrimento do Brasil* the discovery of Brazil.

des.co.brir [deskobr'ir] *vt* **1** to discover. **2** to uncover.

des.com.pos.tu.ra [deskõpost'urə] *sf* reprimand, censure.

des.co.mu.nal [deskomun'aw] *adj m+f* (*pl* **descomunais**) huge, enormous, gigantic.

des.con.cer.tar [deskõsert'ar] *vt+vpr* **1** to disconcert, derange. **2** to discompose, perplex. **3 desconcertar-se** to become upset, get confused, be perplexed, bewildered.

des.co.ne.xo [deskon'ɛksu] *adj* **1** disconnect(ed). **2** incoherent, abrupt (style).

des.con.fi.a.do [deskõfi'adu] *adj* distrustful, mistrustful, suspicious.

des.con.fi.an.ça [deskõfi'ãsə] *sf* distrust, suspicion, mistrust.

des.con.fi.ar [deskõfi'ar] *vt* to distrust, mistrust, suspect, doubt.

des.con.for.to [deskõf'ortu] *sm* uncomfortableness, discomfort.

des.con.ge.lar [deskõʒel'ar] *vt* to thaw, defrost.

des.co.nhe.cer [deskoñes'er] *vt* **1** to ignore, not to know. **2** to be ignorant of.

des.co.nhe.ci.do [deskoñes'idu] *sm* stranger. • *adj* unknown, anonymous, nameless.

des.co.nhe.ci.men.to [deskoñesim'ẽtu] *sm* ignorance, unfamiliarity.

des.con.so.la.do [deskõsol'adu] *adj* desolate, afflicted.

des.con.tar [deskõt'ar] *vt* **1** to discount. **2** to abate, deduct. *descontar uma letra de câmbio* to discount a bill of exchange.

des.con.ten.te [deskõt'ẽti] *adj* discontent, unsatisfied, ill-pleased.

des.con.to [desk'õtu] *sm* discount, reduction.

des.con.tra.ção [deskõtras'ãw] *sf* **1** spontaneity. **2** relaxation.

des.con.tra.ir [deskõtra'ir] *vt+vpr* **descontrair-se** to relax, become relaxed.

des.con.tro.la.do [deskõtrol'adu] *adj* uncontrolled, unrestrained, out of control.

des.con.tro.lar [deskõtrol'ar] *vt+vpr* **1** to lose control, be out of control. **2 descontrolar-se** to break down, become emotionally upset.

des.cor.te.si.a [deskortez'iə] *sf* discourtesy, rudeness, unfriendliness.

des.cre.ver [deskrev'er] *vt* to describe.

des.cri.ção [deskris'ãw] *sf* (*pl* **descrições**) description.

des.cru.zar [deskruz'ar] *vt* to uncross.

des.cui.da.do [deskujd'adu] *adj* careless, forgetful, negligent.

des.cui.dar [deskujdʼar] *vt+vint* **1** to neglect, disregard. **2** to overlook.

des.cul.pa [deskʼuwpɐ] *sf* **1** excuse, pardon, apology. *peço-lhe desculpas* / I beg your pardon. **2** subterfuge, pretext.

des.cul.par [deskuwpʼar] *vt+vpr* **1** to excuse, pardon, apologize, forgive. **2 desculpar-se** to excuse oneself.

des.de [dʼezdi] *prep* since, from, after. **desde criança** since childhood. **desde então** ever since. **desde quando?** since when?, how long ago? **desde que** since, as soon as. *desde que nasci* / since I was born.

des.dém [dezdʼẽj] *sm* disdain, contempt, scorn.

des.de.nhar [dezdeñʼar] *vt* to disdain, scorn, despise.

des.do.brar [dezdobrʼar] *vt* **1** to unfold, unroll. **2** to develop, expand.

de.se.jar [dezeʒʼar] *vt* to wish, want, desire.

de.se.já.vel [dezeʒʼavew] *adj m+f* (*pl* **desejáveis**) desirable.

de.se.jo [dezʼeʒu] *sm* **1** desire, wish, will. **2** longing.

de.sem.bar.car [dezẽbarkʼar] *vt* to disembark, land.

de.sem.bol.sar [dezẽbowsʼar] *vt* to disburse, spend.

de.sem.bru.lhar [dezẽbruʎʼar] *vt* to unpack, unwrap.

de.sem.pe.nhar [dezẽpeñʼar] *vt* to act, perform. **desempenhar bem o seu papel** to act one's part well.

de.sem.pe.nho [dezẽpʼeñu] *sm* performance, acting.

de.sem.pre.ga.do [dezẽpregʼadu] *sm* **1** an unemployed. **2 desempregados** the unemployed. • *adj* unemployed.

de.sem.pre.go [dezẽprʼegu] *sm* unemployment. **indenização por desemprego** unemployment benefit.

de.sen.ca.mi.nhar [dezẽkamiñʼar] *vt+vpr* **1** to misguide, misdirect, mislead. **2 desencaminhar-se** to go astray, take a bad course.

de.sen.can.to [dezẽkʼãtu] *sm* disenchantment, distillusion.

de.sen.co.ra.jar [dezẽkoraʒʼar] *vt* to discourage.

de.sen.fre.a.do [dezẽfreʼadu] *adj* unruled, unbridled, uncontrolled.

de.sen.ga.na.do [dezẽganʼadu] *adj* **1** disillusioned. **2** without cure.

de.sen.ga.no [dezẽgʼʌnu] *sm* disillusion.

de.sen.gon.ça.do [dezẽgõsʼadu] *adj* clumsy, awkward.

de.se.nhar [dezeñʼar] *vt* **1** to draw, outline. **2** to design, project.

de.se.nho [dezʼeñu] *sm* **1** drawing, draft, outline. **2** design, project. **desenho animado** cartoon.

de.sen.la.ce [dezẽlʼasi] *sm* **1** outcome, end, ending. **2** *fig* death.

de.sen.ro.lar [dezẽrolʼar] *vt+vpr* **1** to unroll, spread out. **2** to uncoil, unwind. **3 desenrolar-se** to develop, progress.

de.sen.ter.rar [dezẽteřʼar] *vt* **1** to unbury, exhume. **2** to dig up, unearth.

de.sen.tu.pir [dezẽtupʼir] *vt* to unblock, cleanse, clear.

de.sen.vol.ver [dezẽvowvʼer] *vt+vpr* **1** to develop. **2 desenvolver-se** to grow, expand.

de.sen.vol.vi.men.to [dezẽvowvimʼẽtu] *sm* development, growth, progress.

de.se.qui.li.bra.do [dezekilibrʼadu] *adj* **1** unbalanced, unsteady. **2** *fig* crazy, insane.

de.se.qui.li.brar [dezekilibrʼar] *vt+vpr* **1** to unbalance, throw out of balance. **2 desequilibrar-se** to lose one's balance.

de.ser.ção [dezersʼãw] *sf* (*pl* **deserções**) desertion, defection.

de.ser.dar [dezerdʼar] *vt* to disinherit.

de.ser.to [dezʼɛrtu] *sm* **1** desert. **2** desolation. • *adj* desert, uninhabited.

de.ses.pe.ra.do [dezesperʼadu] *adj* hopeless, desperate.

de.ses.pe.rar [dezesper'ar] *vt+vpr* **1** to despair. **2 desesperar-se** a) to rave, anger. b) to lose all hopes.

de.ses.pe.ro [dezesp'eru] *sm* despair, hopelessness, desperation. **em desespero** in despair.

des.fa.le.cer [desfales'er] *vt* to faint, swoon.

des.fa.vo.rá.vel [desfavor'avew] *adj m+f* (*pl* **desfavoráveis**) unfavourable.

des.fa.zer [desfaz'er] *vt+vpr* **1** to undo, unmake. **2** to demolish, break, destroy. **3** to dissolve. **4** to disperse. **5 desfazer-se** to get rid of.

des.fe.cho [desf'eʃu] *sm* outcome.

des.fei.ta [desf'ejtɐ] *sf* affront, insult.

des.fi.gu.rar [desfigur'ar] *vt* to disfigure, deform.

des.fi.la.dei.ro [desfilad'ejru] *sm* ravine, gorge.

des.fi.lar [desfil'ar] *vint* **1** to march in a line. **2** to parade. **3** to model at a fashion show.

des.flo.res.ta.men.to [desflorestam'ẽtu] *sm bras* deforestation.

des.for.rar [desfoh'ar] *vt+vpr* **1** to avenge, revenge. **2 desforrar-se** to get even, be revenged of.

des.gas.tan.te [dezgast'ãti] *adj m+f* tiresome, tiring.

des.gas.tar [dezgast'ar] *vt* to wear down.

des.gas.te [dezg'asti] *sm* **1** wearing, consuming, wastage, wear and tear. **2** abrasion, erosion.

des.gos.tar [dezgost'ar] *vt* to disrelish, dislike.

des.gos.to [dezg'ostu] *sm* **1** displeasure, annoyance, trouble. **2** grief, sorrow.

des.go.ver.na.do [dezgovern'adu] *adj* ungoverned, misgoverned, uncontrolled.

des.gra.ça [dezgr'asɐ] *sf* misfortune, bad luck. **por desgraça** unfortunately.

des.gra.ça.do [dezgras'adu] *sm gír* rascal, scoundrel, devil. • *adj* unhappy, unfortunate, miserable.

des.gru.dar [dezgrud'ar] *vt* to unglue, come off.

de.si.dra.tar [dezidrat'ar] *vt+vpr* **1** to dehydrate. **2 desidratar-se** to become dehydrated.

de.sign [diz'ajn] *sm ingl* design: a) preliminary outline. b) pattern of an artistic work.

de.sig.na.ção [dezignas'ãw] *sf* (*pl* **designações**) **1** designation, denomination. **2** appointment.

de.sig.nar [dezign'ar] *vt* **1** to designate, appoint, point out. **2** to appoint. **3** to nominate, assign.

de.si.gual [dezigw'aw] *adj m+f* (*pl* **desiguais**) **1** unequal, unlike, different, irregular. **2** uneven, rough, rugged.

de.si.gual.da.de [dezigwawd'adi] *sf* inequality, unlikeness.

de.si.lu.dir [dezilud'ir] *vt+vpr* **1** to disillusion, disappoint. **2 desiludir-se** to be disillusioned, despair of.

de.si.lu.são [deziluz'ãw] *sf* (*pl* **desilusões**) **1** disillusion. **2** disappointment, deception.

de.sim.pe.dir [dezĩped'ir] *vt* **1** to disencumber, disengage, disembarrass. **2** to clear up, unstop.

de.sin.fe.tan.te [dezĩfet'ãti] *sm f* disinfectant. • *adj m+f* disinfecting.

de.sin.fe.tar [dezĩfet'ar] *vt+vint* to disinfect.

de.si.ni.bi.do [dezinib'idu] *adj* disinhibited, sociable.

de.sin.te.grar [dezĩtegr'ar] *vt+vpr* **1** to disintegrate, decompose, dissolve. **2 desintegrar-se** to dissolve, crumble away.

de.sin.te.res.san.te [dezĩteres'ãti] *adj m+f* uninteresting.

de.sin.te.res.sar [dezĩteres'ar] *vt+vpr* **1** to disinterest, divest of interest. **2 desinteressar-se** to lose interest.

de.sis.tên.cia [dezist'ẽsjɐ] *sf* **1** desistance, stopping. **2** giving up.

de.sis.tir [dezist'ir] *vt* to desist, cease, stop. **desistir de fumar** to give up smoking.

des.je.jum [dezʒeʒ'ũ] *sm* breakfast.

des.le.al [dezle'aw] *adj m+f (pl* **desleais**) disloyal.

des.le.al.da.de [dezleawd'adi] *sf* disloyalty.

des.lei.xa.do [dezlejʃ'adu] *adj* careless, negligent, untidy, unkempt.

des.lei.xo [dezl'ejʃu] *sm* negligence, carelessness.

des.li.ga.do [dezlig'adu] *adj* 1 Téc off, out, turned off. 2 disconnected, disjoint. 3 indifferent, disinterested.

des.li.gar [dezlig'ar] *vt+vpr* 1 to separate, disconnect. 2 to stop, switch off or out. 3 **desligar-se** to get loose, detach oneself. **desligar o rádio** to turn off the radio.

des.li.zar [dezliz'ar] *vt+vint* 1 to glide, slide, skid. 2 to slip.

des.li.ze [dezl'izi] *sm* 1 slip, sliding. 2 fault, error, lapse.

des.lo.ca.ção [dezlokas'ãw] *sf (pl* **deslocações**) 1 dislocation, luxation. 2 dislodgment.

des.lum.bran.te [dezlũbr'ãti] *adj m+f* dazzling, gorgeous.

des.lum.brar [dezlũbr'ar] *vt* to dazzle, fascinate, seduce.

des.mai.ar [dezmaj'ar] *vt+vint* to swoon, faint, pass out.

des.ma.mar [dezmam'ar] *vt* to wean. **desmamar uma criança** to wean a child.

des.man.cha-pra.ze.res [dezmãʃɑpraz'eris] *s m+f, sing+pl* spoil-sport, wet blanket.

des.man.char [dezmãʃ'ar] *vt* to undo, unmake, break up.

des.man.do [dezm'ãdu] *sm* disobedience, insubordination.

des.man.te.lar [dezmãtel'ar] *vt* to dismantle, demolish.

des.ma.ta.men.to [dezmatam'ẽtu] *sm bras* deforestation.

des.ma.ze.la.do [dezmazel'adu] *adj* negligent, sloppy.

des.ma.ze.lo [dezmaz'elu] *sm* negligence.

des.men.ti.do [dezmẽt'idu] *sm* denial, contradiction.

des.men.tir [dezmẽt'ir] *vt+vpr* 1 to belie, contradict. 2 to deny. 3 **desmentir-se** to contradict oneself.

des.mon.tar [dezmõt'ar] *vt+vint* 1 to unhorse. 2 to dismantle, disassemble.

des.mo.ra.li.za.ção [dezmoralizas'ãw] *sf (pl* **desmoralizações**) demoralization, corruption.

des.mo.ro.nar [dezmoron'ar] *vt* to fall down, collapse.

des.mo.ti.va.do [dezmotiv'adu] *adj* 1 unfounded, groundless. 2 unmotivated.

des.na.ta.do [deznat'adu] *adj* skim. **leite desnatado** skim milk.

des.ne.ces.sá.rio [deznеses'arju] *adj* unnecessary, needless.

des.nor.te.a.do [deznorte'adu] *adj* bewildered, lost, confused.

des.nu.dar [deznud'ar] *vt+vpr* 1 to undress, unclothe. 2 **desnudar-se** to take off one's clothes.

des.nu.tri.ção [deznutris'ãw] *sf (pl* **desnutrições**) malnutrition, underfeeding.

de.so.be.de.cer [dezobedes'er] *vt* to disobey.

de.so.be.di.en.te [dezobedi'ẽti] *adj m+f* disobedient, insubordinate.

de.sobs.tru.ir [dezobstru'ir] *vt* to free, clear.

de.so.cu.pa.do [dezokup'adu] *sm* unemployed person. • *adj* 1 unemployed, disengaged. 2 idle. 3 free, vacant.

de.so.do.ran.te [dezodor'ãti] *sm* deodorant. • *adj* deodorant.

de.so.la.ção [dezolas'ãw] *sf (pl* **desolações**) desolation, devastation.

de.so.la.do [dezol'adu] *adj* desolate, ruined.

de.so.nes.ti.da.de [dezonestid'adi] *sf* dishonesty, crookedness, foul play.

de.so.nes.to [dezon'ɛstu] *adj* dishonest, crooked, corrupt.

de.sor.dei.ro [dezord'ejru] *sm* ruffian, rioter, hooligan. • *adj* turbulent, troublemaker, riotous.

de.sor.dem [dez'ɔrdẽj] *sf (pl* **desordens**) disorder, mess, confusion, disturbance.

de.sor.de.nar [dezorden'ar] *vt* to disorder, disarray.

de.sor.ga.ni.za.ção [dezorganizas'ãw] *sf (pl* **desorganizações**) disorder, chaos, confusion.

de.sor.ga.ni.zar [dezorganiz'ar] *vt* to disorganize, disturb, confuse.

de.so.ri.en.ta.do [dezorjẽt'adu] *adj* 1 disorientated, confused. 2 lost, adrift.

de.sos.sar [dezos'ar] *vt* to bone.

des.pa.char [despaʃ'ar] *vt* 1 to forward, send. 2 *bras* to dismiss, dispense. **despachar bagagem** to check in one's luggage.

des.pe.da.çar [despedas'ar] *vt* to smash, break, crash.

des.pe.di.da [desped'idə] *sf* 1 farewell, leave-taking. 2 discharge, dismissal. **despedida de solteiro** stag party.

des.pe.dir [desped'ir] *vt+vpr* 1 to dismiss, sack, fire. 2 **despedir-se** to take leave, part.

des.pei.ta.do [despejt'adu] *adj* hurt, offended, spiteful.

des.pe.jar [despeʒ'ar] *vt+vint* 1 to spill, pour, empty. 2 to remove, unhouse. 3 *Jur* to evict.

des.pen.car [despẽk'ar] *vt* to plummet, fall down disastrously from a high place.

des.pen.sa [desp'ẽsə] *sf* store-room, pantry.

des.pen.te.a.do [despẽte'adu] *adj* unkempt, disheveled.

des.per.ce.bi.do [desperseb'idu] *adj* unperceived, unnoticed.

des.per.di.çar [desperdis'ar] *vt* to waste, misspend, cast away.

des.per.dí.cio [desperd'isju] *sm* waste, squandering, loss.

des.per.ta.dor [despertad'or] *sm* alarm-clock.

des.per.tar [despert'ar] *sm* awakening. • *vt* 1 to awake, wake. 2 to excite, stir up.

des.pe.sa [desp'ezə] *sf* expense, disbursement.

des.pi.do [desp'idu] *adj* undressed, naked, bare.

des.pir [desp'ir] *vt+vpr* 1 to undress, unclothe. 2 to lay bare, bare. 3 **despirse** to undress oneself.

des.pis.tar [despist'ar] *vt* to foil, misguide.

des.po.lu.í.do [despolu'idu] *adj* unpolluted.

des.po.lu.ir [despolu'ir] *vt* to fight pollution, turn unpolluted, make clean.

des.po.vo.a.do [despovo'adu] *adj* desert, uninhabited.

des.pren.di.do [desprẽd'idu] *adj* 1 unfastened, loose. 2 disinterested, indifferent.

des.pre.o.cu.pa.do [despreokup'adu] *adj* carefree, unconcerned.

des.pre.ten.si.o.so [despretẽsi'ozu] *adj* unpretentious, unambitious.

des.pre.ve.ni.do [despreven'idu] *adj* 1 unprovided, unready, unprepared. 2 *coloq* pennyless, broke.

des.pre.zar [desprez'ar] *vt* to despise, scorn, disdain, look down upon.

des.pre.zo [despr'ezu] *sm* contempt, disdain, scorn.

des.pro.pó.si.to [desprop'ɔzitu] *sm* extravagance, nonsense.

des.pro.te.gi.do [desproteʒ'idu] *adj* 1 unprotected, defenseless. 2 exposed.

des.pro.vi.do [desprov'idu] *adj* unprovided, destitute.

des.pu.do.ra.do [despudor'adu] *adj* impudent, shameless.

des.qua.li.fi.ca.ção [deskwalifikas'ãw] *sf* (*pl* **desqualificações**) disqualification, elimination.

des.qua.li.fi.ca.do [deskwalifik'adu] *adj* 1 disqualified, eliminated. 2 worthless, dishonourable.

des.re.gra.do [dezřegr'adu] *adj* disorderly, unruly, dissolute.

des.res.pei.to [dezřesp'ejtu] *sm* 1 disrespect. 2 impoliteness.

des.sa [d'ɛsɐ] *contr prep* **de** + *pron dem fem* **essa**: 1 of that, from that. 2 **dessas** of those, from those.

des.se [d'esi] *contr prep* **de** + *pron dem masc* **esse**: 1 from that, of that. 2 **desses** from those, of those.

des.ta [d'ɛstɐ] *contr prep* **de** + *pron dem fem* **esta**: 1 of this, from this. 2 **destas** of these, from these.

des.ta.ca.do [destak'adu] *adj* 1 detached, disconnected. 2 outstanding, distinguished. 3 *Art Gráf* in relief.

des.ta.car [destak'ar] *vt+vpr* 1 to detach. 2 to stand out. 3 **destacar-se** a) to be outstanding. b) to be in relief.

des.tam.par [destɐ̃p'ar] *vt* to take off the lid, open.

des.ta.que [dest'aki] *sm* prominence, distinction.

des.te [d'esti] *contr prep* **de** + *pron dem masc* **este**: 1 of this, from this. 2 **destes** of these, from these.

des.te.mi.do [destem'idu] *adj* fearless, brave.

des.ti.la.do [destil'adu] *adj* distilled, filtered.

des.ti.la.ri.a [destilar'iɐ] *sf* distillery.

des.ti.na.tá.rio [destinat'arju] *sm* addressee.

des.ti.no [dest'inu] *sm* 1 destiny, fate. 2 destination.

des.ti.tu.ir [destitu'ir] *vt* 1 to depose, fire (position, employment). 2 to deprive, take away.

des.tra.tar [destrat'ar] *vt* to insult, offend.

des.tra.var [destrav'ar] *vt* to unlock.

des.tre.za [destr'ezɐ] *sf* dexterity, ability, skill.

des.tro [d'estru] *adj* 1 ingenious, clever. 2 right-handed.

des.tro.ço [destr'osu] *sm* 1 destruction. 2 **destroços** wreckage, ruins.

des.tru.i.ção [destrwis'ãw] *sf* (*pl* **destruições**) destruction, devastation.

des.tru.ir [destru'ir] *vt+vpr* 1 to destroy. 2 to devastate. 3 **destruir-se** to kill oneself, come to ruin.

des.u.ma.no [dezum'ʌnu] *adj* inhuman(e), brutal, cruel.

de.su.so [dez'uzu] *sm* disuse. **cair em desuso** to fall out of use, grow out of fashion.

des.vai.ra.do [dezvajr'adu] *adj* wild, frenetic.

des.va.li.do [dezval'idu] *adj* helpless.

des.va.lo.ri.za.ção [dezvalorizas'ãw] *sf* (*pl* **desvalorizações**) depreciation, devaluation.

des.va.lo.ri.zar [dezvaloriz'ar] *vt* to devaluate, depreciate.

des.van.ta.gem [dezvɐ̃t'aʒẽj] *sf* (*pl* **desvantagens**) disadvantage.

des.va.ri.o [dezvar'iu] *sm* 1 loss of wits. 2 absurdity. 3 extravagance.

des.ven.tu.ra [dezvẽt'urɐ] *sf* misfortune.

des.ven.tu.ra.do [dezvẽtur'adu] *adj* unfortunate, distressful.

des.vi.ar [dezvi'ar] *vt+vpr* 1 to put out of the way. 2 to deviate. 3 to distract. 4 **desviar-se** to miss one's way, wander.

des.vi.o [dezv'iu] *sm* 1 deviation. 2 diversion. 3 detour, bypass. 4 embezzlement.

de.ta.lhar [detaλ'ar] *vt* to detail, give full account, specify.

de.ta.lhe [det'aλi] *sm* detail. **entrar em detalhes** to go (enter) into particulars.

de.tec.tar [detekt'ar] *vt* to detect, discover.

de.ten.ção [detẽs'ãw] *sf* (*pl* **detenções**) detention, arrest.

de.ten.to [det'ẽtu] *sm bras* prisoner, convict.

de.ter [det'er] *vt+vpr* 1 to detain, deter, stop. 2 to keep in arrest. 3 **deter-se** a) to delay. b) to be detained. c) to keep oneself back.

de.te.ri.o.rar [deterjor'ar] *vt+vpr* 1 to deteriorate. 2 **deteriorar-se** to grow worse, become rotten.

de.ter.mi.na.ção [determinas'ãw] *sf* (*pl* **determinações**) determination, resolution.

de.ter.mi.na.do [determin'adu] *adj* 1 determinate, definitive. 2 certain. 3 courageous, determined.

de.tes.tar [detest'ar] *vt+vpr* 1 to detest, loathe. 2 **detestar-se** to hate oneself.

de.tes.tá.vel [detest'avew] *adj m+f* (*pl* **detestáveis**) detestable, hateful.

de.ti.do [det'idu] *adj* delayed, detained. **ficar detido** to be under arrest.

de.trás [detr'as] *adv* after, behind, back. **por detrás** behind one's back.

de.tri.to [detr'itu] *sm* remains, rubbish, debris.

de.tur.par [deturp'ar] *vt* to disfigure, distort.

Deus [d'ews] *sm* God, the Supreme Being. **meu Deus!** Good Lord! **pelo amor de Deus!** for God's sake! **se Deus quiser** God willing. **vá com Deus!** God be with you!

deu.sa [d'ewzɐ] *sf* goddess.

de.va.gar [devag'ar] *adj* slow. • *adv* slowly, at leisure, softly.

de.va.nei.o [devan'eju] *sm* dream, daydream.

de.vas.tar [devast'ar] *vt* to devastate, destroy.

de.ve.dor [deved'or] *sm* debtor. • *adj* in debt, owing.

de.ver [dev'er] *sm* 1 duty, job, chore. 2 *bras* homework. • *vt+vint* 1 must (sentenças afirmativas no tempo presente ou futuro). **deve ser meio-dia** / it must be twelve o'clock. 2 can (sentenças negativas no tempo presente ou futuro). *não deve ser verdade* / it can't be true. 3 should (tempo passado ou condicional). *você devia ter feito isso* / you should have done that. 4 to be due. *devo estar no escritório às 9 horas* / I am due at the office at 9 o'clock. 5 to owe, be in debt. *ele deve a fortuna aos seus pais* / he owes his fortune to his parents.

de.vi.do [dev'idu] *adj* 1 due, just, owing. 2 proper. **devido a** due to, owing to.

de.vo.lu.ção [devolus'ãw] *sf* (*pl* **devoluções**) 1 devolution, restitution. 2 refund.

de.vol.ver [devowv'er] *vt* to return, give back, refund.

de.vo.to [dev'ɔtu] *sm* 1 devotee. 2 churchgoer. • *adj* devoted, religious.

dez [d'ɛs] *num+sm* ten.

de.zem.bro [dez'ẽbru] *sm* December.

de.ze.na [dez'enɐ] *sf* 1 ten, a set of ten. 2 ten days.

de.ze.no.ve [dezen'ɔvi] *num+sm* nineteen.

de.zes.seis [dezes'ejs] *num+sm* sixteen.

de.zes.se.te [dezes'eti] *num+sm* seventeen.

de.zoi.to [dez'ojtu] *num+sm* eighteen.

di.a [d'iɐ] *sm* day, daylight, daytime. **algum dia** someday. **até outro dia!** so long! **bom dia!** good morning! **dia de finados** All Soul's Day. **dia de Natal** Christmas Day. **dia de Páscoa** Easter day. **dia de semana** weekday. **em dia** up-to-date. **hoje em dia** nowadays, in our days. **meio-dia** midday, noon. **pôr em dia** to update.

di.a.bé.ti.co [djab'etiku] *adj Med* diabetic.

di.a.bo [di'abu] *sm* 1 devil. 2 *interj* the devil!, hell!

di.a.bó.li.co [djab'ɔliku] *adj* devilish, diabolical.

di.ag.nos.ti.car [djagnostik'ar] *vt Med* to diagnose.

di.ag.nós.ti.co [djagn'ɔstiku] *sm* diagnosis.

di.a.gra.ma [djagr'ʌmə] *sm* diagram, graph, figure.

di.a.lo.gar [djalog'ar] *vt+vint* **1** to dialog. **2** to talk.

di.a.man.te [djam'ãti] *sm* diamond.

di.an.te [di'ãti] *adv* before, in front of. **e assim por diante** and so forth.

di.an.tei.ra [djãt'ejrə] *sf* **1** lead. **2** vanguard. **na dianteira** ahead, leading.

di.á.ria [di'arjə] *sf* **1** daily wages or income. **2** daily expenses or rate (as of a board or hotel).

di.a.ris.ta [djar'istə] *s m+f bras* day-labourer, day-worker.

di.ar.rei.a [djar'ɛjə] *sf Med* diarrhea, diarrhoea.

di.á.rio [di'arju] *sm* **1** diary, daybook. **2** daily newspaper. • *adj* daily, everyday.

di.ca [d'ikə] *sf bras, gír* hint, tip, clue.

di.ci.o.ná.rio [disjon'arju] *sm* dictionary.

di.dá.ti.co [did'atiku] *adj* didactic, instructive, pedagogical. **livro didático** schoolbook, textbook.

di.e.ta [di'ɛtə] *sf* diet. **estar de dieta** to be on a diet. **fazer dieta** to diet.

di.fa.mar [difam'ar] *vt* to defame, vilify, slander.

di.fe.ren.ça [difer'ẽsə] *sf* **1** difference. **2** differenças** a) dispute, quarrel. b) odds.

di.fe.ren.ci.ar [diferẽsi'ar] *vt+vpr* **1** to differentiate. **2** to distinguish. **3 diferenciar-se** to differ, be distinguished from.

di.fe.ren.te [difer'ẽti] *adj m+f* different, unlike.

di.fí.cil [dif'isiw] *adj m+f (pl* **difíceis)** difficult. **difícil de contentar** hard to please.

di.fi.cul.da.de [difikuwd'adi] *sf* difficulty. **criar dificuldades** to raise objections. **meter-se em dificuldades** to get into trouble.

di.fun.dir [difud'ir] *vt+vpr* **1** to spread, scatter. **2** to publish. **3** to broadcast. **4 difundir-se** to spread.

di.fu.são [difuz'ãw] *sf (pl* **difusões)** *Antrop, Fís, Quím* **1** diffusion. **2** infiltration. **3** spread. **4** broadcasting.

di.ge.rir [diʒer'ir] *vt* to digest.

di.ges.tão [diʒest'ãw] *sf (pl* **digestões)** digestion.

di.gi.ta.ção [diʒitas'ãw] *sf (pl* **digitações)** digitation.

di.gi.tal [diʒit'aw] *adj m+f (pl* **digitais)** digital, digitate. **impressão digital** fingerprint.

di.gi.tar [diʒit'ar] *vt Inform* to type on a computer keyboard, key in, enter.

dig.nar [dign'ar] *vpr* to deign.

dig.ni.da.de [dignid'adi] *sf* dignity.

dig.no [d'ignu] *adj* worthy, deserving.

di.la.ta.ção [dilatas'ãw] *sf (pl* **dilatações)** dilatation.

di.la.tar [dilat'ar] *vt+vpr* **1** to dilate. **2 dilatar-se** to grow wide, expand.

di.lu.ir [dilu'ir] *vt* **1** to dilute. **2 diluir-se** to become more liquid, dissolve.

di.lú.vio [dil'uvju] *sm* **1** deluge. **2** flood.

di.men.são [dimẽs'ãw] *sf (pl* **dimensões) 1** dimension, extension. **2** size, measure. **3 dimensões** proportions.

di.mi.nu.i.ção [diminwis'ãw] *sf (pl* **diminuições) 1** decrease, reduction, fall. **2** *Mat* subtraction.

di.mi.nu.ir [diminu'ir] *vt+vint* **1** to diminish, reduce. **2** to subtract. **diminuir o volume** *Rád* to turn down.

di.nâ.mi.ca [din'ʌmikə] *sf* dynamics.

di.na.mi.te [dinam'iti] *sf* dynamite.

di.nas.ti.a [dinast'iə] *sf* dynasty.

di.nhei.ro [diɲ'ejru] *sm* money, currency, cash, *gír* dough. **arranjar dinheiro** to raise money. **com pouco dinheiro** short of money. **pagar em dinheiro** to pay cash.

di.nos.sau.ro [dinos'awru] *sm* dinosaur.

di.plo.ma [dipl'omə] *sm* **1** diploma. **2** degree, certificate.

diplomacia   369   dissertação

di.plo.ma.ci.a [diplomas'iə] *sf* diplomacy.

di.que [d'iki] *sm* dike.

di.re.ção [dires'ãw] *sf* (*pl* **direções**) **1** direction. **2** management. **3** steering. **assumir a direção** to take the lead.

di.rei.ta [dir'ejtə] *sf* right side, right hand. **à direita** on the right. **virar à direita** to turn (to the) right.

di.rei.to [dir'ejtu] *sm* **1** right. **2** law, jurisprudence. • *adj* **1** right, right-hand. **2** straight. **adquirir um direito** to acquire a right. **direitos autorais** copyright. **faculdade de direito** law school.

di.re.to [dir'ɛtu] *adj* **1** direct, straight. **2** straightforward, sincere. **voo direto** nonstop flight.

di.re.tor [diret'or] *sm* **1** director, manager. **2** (de escola) principal. **3** (jornal) editor. • *adj* ruling, guiding, managing.

di.re.to.ri.a [diretor'iə] *sf* **1** administration, management. **2** board of directors.

di.ri.gir [diriʒ'ir] *vt+vpr* **1** to direct, manage. **2** to drive. **3** to ride. **4** to conduct. **5** to run (negócios). **6 dirigir-se** to address oneself to, apply to.

dis.car [disk'ar] *vt+vint bras, Telecom* to dial.

dis.cer.ni.men.to [disernim'ẽtu] *sm* discernment, insight, judgement.

dis.ci.pli.na [displ'inə] *sf* **1** discipline. **2** subject.

dis.co [d'isku] *sm* **1** record (gramophone). **2** disk, disc. **3** discus. **4** did (phone). **disco rígido** *Inform* hard disk.

dis.cor.dar [diskord'ar] *vt+vint* to disagree.

dis.co.te.ca [diskot'ɛkə] *sf* discotheque, disco.

dis.cre.to [diskr'ɛtu] *adj* discreet, tactful, reserved.

dis.cri.ção [diskris'ãw] *sf* (*pl* **discrições**) **1** discretion. **2** discreetness.

dis.cri.mi.na.ção [diskriminas'ãw] *sf* (*pl* **discriminações**) discrimination. **discriminação racial** racial segregation.

dis.cri.mi.nar [diskrimin'ar] *vt+vint* **1** to discriminate. **2** to segregate.

dis.cur.so [disk'ursu] *sm* discourse, speech. **fazer um discurso** to make a speech.

dis.cus.são [diskus'ãw] *sf* (*pl* **discussões**) **1** discussion, debate. **2** argumentation.

dis.cu.tir [diskut'ir] *vt+vint* to discuss, argue.

dis.far.çar [disfars'ar] *vt+vpr* **1** to disguise. **2** to pretend. **3 disfarçar-se** to disguise oneself.

dis.pa.rar [dispar'ar] *vt* to discharge, fire off, shoot.

dis.pa.ra.ta.do [disparat'adu] *adj* foolish, silly.

dis.pa.ra.te [dispar'ati] *sm* foolishness, nonsense. **dizer disparates** to talk nonsense.

dis.pa.ro [disp'aru] *sm* discharge, shooting, shot.

dis.pen.sar [dispẽs'ar] *vt* **1** to dispense (to exempt, excuse, free from an obligation). **2** to do without.

dis.per.sar [dispers'ar] *vt+vpr* **1** to disperse. **2 dispersar-se** to become diffused or spread.

dis.pli.cên.cia [displis'ẽsjə] *sf* **1** annoyance, sorrow. **2** carelessness, negligence.

dis.po.ni.bi.li.da.de [disponibilid'adi] *sf* availability.

dis.po.ní.vel [dispon'ivew] *adj m+f* (*pl* **disponíveis**) available.

dis.por [disp'or] *vt+vpr* **1** to arrange. **2** to rank, range. **3** to have, count on. **4 dispor-se (a)** to make oneself ready. **dispor de** to dispose of.

dis.pu.tar [disput'ar] *vt* **1** to dispute, fight. **2** to compete with.

dis.ser.ta.ção [disertas'ãw] *sf* (*pl* **dissertações**) dissertation, paper.

dis.si.mu.lar [disimul'ar] *vt* 1 to dissimulate, disguise. 2 to feign, pretend.

dis.so [d'isu] *contr prep* **de** + *pron dem* **isso**: of that, thereof, about that, therefrom. **além disso** besides, furthermore. **apesar disso** even so. **nada disso** nothing of the sort.

dis.su.a.dir [diswad'ir] *vt+vpr* 1 to dissuade. 2 **dissuadir-se** to change one's mind.

dis.tân.cia [dist'ãsjə] *sf* distance. **a que distância?** how far? **uma longa distância** a long way off.

dis.tan.ci.ar [distãsi'ar] *vt+vpr* 1 to distance. 2 **distanciar-se** to keep away from.

dis.tin.ção [distĩs'ãw] *sf* (*pl* **distinções**) distinction. **sem distinção de sexo ou idade** regardless of sex or age.

dis.tin.guir [distĩg'ir] *vt+vpr* 1 to distinguish, distinct, differentiate. 2 to single out. 3 **distinguir-se** to distinguish oneself, stand out.

dis.tin.ti.vo [distĩt'ivu] *sm* emblem, badge, symbol.

dis.tin.to [dist'ĩtu] *adj* 1 distinct. 2 fine, elegant. 3 distinctive.

dis.to [d'istu] *contr prep* **de** + *pron dem* **isto**: of this, of it, at it, hereof.

dis.tor.ção [distors'ãw] *sf* (*pl* **distorções**) distortion.

dis.tor.cer [distors'er] *vt* to distort. **distorcer os fatos** to distort the facts.

dis.tra.ção [distras'ãw] *sf* (*pl* **distrações**) 1 distraction. 2 absent-mindedness. 3 diversion, recreation.

dis.tra.í.do [distra'idu] *adj* absent-minded, forgetful.

dis.tra.ir [distra'ir] *vt+vpr* 1 to distract. 2 to amuse, entertain. 3 **distrair-se** to enjoy oneself.

dis.tri.bu.i.ção [distribwis'ãw] *sf* (*pl* **distribuições**) 1 distribution. 2 arrangement.

dis.tri.bu.ir [distribu'ir] *vt* to distribute.

dis.túr.bio [dist'urbju] *sm* 1 disturbance. 2 riot. **distúrbio mental** mental disorder.

di.ta.do [dit'adu] *sm* 1 dictation. 2 proverb, saying.

di.ta.du.ra [ditad'urə] *sf* dictatorship.

di.tar [dit'ar] *vt* 1 to dictate. 2 to impose, command.

di.to [d'itu] *sm dictum*, aphorism, maxim. • *adj* stated, something that was said. **como foi dito** as stated.

di.ur.no [di'urnu] *adj* diurnal, of the day.

di.va.gar [divag'ar] *vint* 1 to digress, wander. 2 to depart from the main subject. 3 to daydream.

di.ver.gên.cia [diverʒ'ẽsjə] *sf* divergence, difference, disagreement.

di.ver.gir [diverʒ'ir] *vt+vpr* to diverge, differ. **divergir de opinião** to differ in opinion.

di.ver.são [divers'ãw] *sf* (*pl* **diversões**) 1 amusement. 2 fun. 3 entertainment, pastime. **parque de diversão** amusement park.

di.ver.so [div'ɛrsu] *adj* 1 different, various. 2 **diversos** several, various. **diversas vezes** several times.

di.ver.ti.men.to [divertim'ẽtu] *sm* amusement, pastime, entertainment.

di.ver.tir [divert'ir] *vt+vpr* 1 to entertain, amuse. 2 **divertir-se** to enjoy oneself.

dí.vi.da [d'ividə] *sf* debt. **em dívida** in debt. **fazer dívidas** to get into debt.

di.vi.dir [divid'ir] *vt+vint+vpr* 1 to divide, share, split. 2 **dividir-se** to become separated, split.

di.vi.sa [div'izə] *sf* 1 boundary, frontier. 2 **divisas** exchange value, foreign currency.

di.vi.são [diviz'ãw] *sf* (*pl* **divisões**) 1 division. 2 compartment.

di.vi.só.ria [diviz'ɔrjə] *sf* partition, screen.

di.vor.ci.ar [divorsi'ar] *vt+vpr* **1** to divorce. **2 divorciar-se** to get divorced.

di.vul.gar [divuwg'ar] *vt* to divulge, make public, publish.

di.zer [diz'er] *vt+vint* **1** to say. **2** to tell. **3** to speak. **4** to talk. **dizer adeus** to say good-bye. **para dizer a verdade** to tell the truth. **por assim dizer** so to say.

do [du] **1** *contr prep* **de** + *art def masc* **o**: of the, from the. **2** *contr prep* **de** + *pron dem masc* **o**: of that.

dó[1] [d'ɔ] *sm* pity, compassion. **fazer dó** to arouse pity.

dó[2] [d'ɔ] *sm Mús* do, C.

do.a.ção [doas'ãw] *sf (pl* **doações**) donation, gift.

do.a.dor [doad'or] *sm* donor. **doador de sangue** blood donor.

do.ar [do'ar] *vt+vpr* **1** to donate. **2 doar-se** to dedicate oneself to something or someone.

do.bra [d'ɔbrə] *sf* **1** plait, fold. **2** flap (livro).

do.bra.di.ça [dobrad'isə] *sf* hinge, joint (of a door, window etc.).

do.brar [dobr'ar] *vt+vint* **1** to double. **2** to fold up. **3** to turn, bend.

do.bro [d'obru] *sm* double.

do.ca [d'ɔkə] *sf* dock.

do.ce [d'osi] *sm* sweets. • *adj m+f* **1** sweet, honeyed, candied. **2** gentle, agreeable.

dó.cil [d'ɔsiw] *adj m+f (pl* **dóceis**) **1** docile. **2** tame.

do.cu.men.tá.rio [dokumẽt'arju] *sm Telev, Cin* documentary.

do.cu.men.to [dokum'ẽtu] *sm* document.

do.çu.ra [dos'urə] *sf* **1** sweetness. **2** *fig* softness, gentleness.

do.en.ça [do'ẽsə] *sf* illness, sickness. **doença contagiosa** contagious disease. **doença hereditária** hereditary disease.

do.en.te [do'ẽti] *s m+f* patient, invalid, sick person. • *adj m+f* sick, diseased, ill.

do.er [do'er] *vt+vint* to ache, cause pain, hurt.

doi.di.ce [dojd'isi] *sf* madness, foolishness, silliness.

doi.do [d'ojdu] *sm* fool. • *adj* **1** mad, crazy. **2** extravagant.

do.í.do [do'idu] *adj* aching, hurting, troubled.

dois [d'ojs] *num+sm* two. **a dois** two and two, in twos, by pairs. **de dois em dois dias** every two days. **os dois** both.

do.lo.ri.do [dolor'idu] *adj* sore.

do.lo.ro.so [dolor'ozu] *adj* painful, aching.

dom [d'õw] *sm (pl* **dons**) gift. **dom da natureza** a natural gift.

do.mar [dom'ar] *vt* to tame.

do.més.ti.ca [dom'ɛstikə] *sf* a maid.

do.més.ti.co [dom'ɛstiku] *adj* domestic: a) familiar, private. b) homemade. c) local, not foreign. **orçamento doméstico** family budget.

do.mi.cí.lio [domis'ilju] *sm* residence, house, home. **entrega em domicílio** home delivery.

do.mi.nar [domin'ar] *vt+vpr* **1** to dominate, rule, command. **2** to master, be fluent in. **3 dominar-se** to control oneself.

do.min.go [dom'ĩgu] *sm* Sunday. **aos domingos** on Sundays.

do.mí.nio [dom'inju] *sm* dominion: a) rule, authority. b) power, territory. c) field of action. d) control. e) mastery.

do.na [d'onə] *sf* **1** lady. **2** Mrs. **3** *bras* woman, wife, spouse. **dona de casa** housewife.

do.na.ti.vo [donat'ivu] *sm* donation.

do.no [d'onu] *sm* **1** master. **2** owner, proprietor. **3** landlord.

don.ze.la [dõz'ɛlə] *sf* maid, maiden.

do.par [dop'ar] *vt+vpr* **1** to dope. **2** to give a narcotic to an athlete. **3 dopar-se** to become intoxicated by drugs.

dor [d'or] *sf* **1** ache, pain. **2** sorrow, grief. **aliviar a dor** to ease one's pain. **dor de cabeça** headache.

do.ra.van.te [dərav'ãti] *adv* from now on, for the future.

dor.men.te [dorm'ẽti] *sm* railway sleeper. • *adj* m+f dormant, sleeping.

dor.mi.nho.co [dormiɲ'oku] *sm* lie-abed, sleepyhead.

dor.mir [dorm'ir] *vt+vint* **1** to sleep, fall asleep. **2** to lie, rest. **3** to be quiet, calm.

dor.mi.tó.rio [dormit'ɔrju] *sm* bedroom.

do.sar [doz'ar] *vt* to dose.

do.ta.do [dot'adu] *adj* gifted, talented.

do.te [d'ɔti] *sm* **1** dowry, fortune. **2** talent.

dou.ra.do [dowr'adu] *adj* golden, gilt.

dou.tor [dowt'or] *sm* doctor.

dou.tri.na [dowtr'ina] *sf* doctrine.

do.ze [d'ozi] *num+sm* twelve.

dra.gão [drag'ãw] *sm* (*pl* **dragões**) dragon.

dra.ma.ti.zar [dramatiz'ar] *vt+vint* to dramatize.

dra.ma.tur.go [dramat'urgu] *sm* playwright.

dri.blar [dribl'ar] *vt Fut* to dribble.

dro.ga [dr'ɔgə] *sf* **1** drug. **2 bras** thing that lost its value, trash, junk.

dro.ga.do [drog'adu] *sm* drug addict.

dro.gar [drog'ar] *vt+vpr* **1** to drug. **2 drogar-se** to take drugs for narcotic effect.

dro.ga.ri.a [drogar'iə] *sf* drugstore, pharmacy.

du.as [d'uas] *num* two (*fem de* **dois**). **duas vezes** twice.

du.bla.do [dubl'adu] *adj* dubbed.

du.bla.gem [dubl'aʒẽj] *sf Cin, Telev* dubbing.

du.blar [dubl'ar] *vt Cin, Telev* to dub.

du.blê [dubl'e] *s* m + f stuntman, stuntwoman.

du.cha [d'uʃə] *sf* shower-bath.

du.e.lo [du'ɛlu] *sm* duel.

du.en.de [du'ẽdi] *sm* dwarf, elf.

du.na [d'unə] *sf* dune.

duo [d'uu] *sm* duo, duet.

du.pla [d'uplə] *sf* bras, *coloq* two persons, pair.

du.pli.ca.ção [duplikas'ãw] *sf* (*pl* **duplicações**) duplication, doubling.

du.pli.car [duplik'ar] *vt+vint* **1** to double, duplicate. **2** to copy.

du.pli.ca.ta [duplik'atə] *sf* promissory note, bill.

du.plo [d'uplu] *adj* double, dual.

du.que [d'uki] *sm* duke.

du.que.sa [duk'ezə] *sf* duchess.

du.ra.ção [duras'ãw] *sf* (*pl* **durações**) **1** duration, length. **2** life (pilhas, lâmpadas).

du.ran.te [dur'ãti] *prep* during, while, in the time of, in the course of, for, by. **durante algum tempo** for some time. **durante a noite** during the night. **durante horas** for hours. **durante muitos séculos** for ages. **durante o seu sono** in his sleep. **durante o voo** in the flight.

du.rar [dur'ar] *vint* to last. *quanto tempo vai durar?* / how long will it last?

du.re.za [dur'ezə] *sf* **1** hardness. **2** solidity. **3** stiffness, toughness.

du.ro [d'uru] *adj* **1** hard. **2** solid. **3** tough. **4** cruel. **5** unkind, insensible. **6** bras, *coloq* broke. **7** stale (pão).

dú.vi.da [d'uvidə] *sf* **1** doubt. *não há dúvida alguma* / there is no doubt about it. **2** question. *é fora de dúvida que...* / there is no question that... **sem dúvida!** absolutely.

du.vi.dar [duvid'ar] *vt+vint* to doubt.

du.zen.tos [touz'ẽtus] *num+sm* two hundred. **de duzentos anos** bicentennial.

dú.zia [d'uzjə] *sf* dozen (twelve). **às dúzias** by the dozen.

E, e ['e] **1** the fifth letter of the alphabet. **2** *conj* and. *experimente e você verá!* / try and you will see! **3** what about (em interrogativas) *E você?* / what about you? **4** past, after (time) *são três e vinte* / it is twenty after three.

é.ba.no ['ɛbanu] *sm* ebony.
e.bu.li.ção [ebulis'ãw] *sf* (*pl* **ebulições**) **1** boiling. **2** *fig* agitation, excitement.
e.char.pe [eʃ'arpi] *sf* scarf.
e.co ['ɛku] *sm* echo.
e.co.lo.gi.a [ekoloʒ'iə] *sf* ecology.
e.co.lo.gis.ta [ekoloʒ'istə] *s m+f* ecologist.
e.co.no.mi.a [ekonom'iə] *sf* **1** economy. **2** economics (disciplina). **3 economias** savings.
e.co.no.mis.ta [ekonom'istə] *s m+f* economist.
e.co.no.mi.zar [ekonomiz'ar] *vt+vint* to save.
e.cos.sis.te.ma [ɛkosist'emə] *sm* ecosystem.
e.co.tu.ris.mo [ɛkotorur'izmu] *sm* ecotourism.
e.di.ção [edis'ãw] *sf* (*pl* **edições**) **1** edition. *a edição esgotou-se* / the edition is sold out. **2** publication. **edição de bolso** pocket edition.
e.di.fi.can.te [edifik'ãti] *adj m+f* edifying, instructive.
e.di.fi.car [edifik'ar] *vt+vint* to construct, build.
e.di.fí.cio [edif'isju] *sm* building.
e.di.tar [edit'ar] *vt* **1** to edit, publish (a book, magazine etc.). **2** to edit (a TV or radio programme).
e.di.tor [edit'or] *sm* **1** publisher. **2** editor.
e.di.to.ra [edit'orə] *sf* publishing house.
e.dre.dom [edred'õw], **e.dre.dão** [edred'ãw] *sm* **1** quilt. **2** comforter.
e.du.ca.ção [edukas'ãw] *sf* (*pl* **educações**) **1** education. **2** good manners. **3** upbringing (de criança).
e.du.ca.do [eduk'adu] *adj* **1** educated. **2** polite. *ela é bem-educada* / she is polite.
e.du.car [eduk'ar] *vt* to educate, bring up. *ela educou seus filhos* / she brought up her children.
e.du.ca.ti.vo [edukat'ivu] *adj* educative, educational.
e.fei.to [ef'ejtu] *sm* effect. **com efeito** in fact, as a matter of fact. **efeito estufa** greenhouse effect.
e.fê.me.ro [ef'emeru] *adj* ephemeral.
e.fer.ves.cen.te [eferves'ẽti] *adj m+f* effervescent.
e.fe.ti.vo [efet'ivu] *adj* **1** permanent. **2** real, effective.
e.fe.tu.ar [efetu'ar] *vt+vpr* **1** to effect, accomplish. **2** to carry out, perform. **3 efetuar-se** to take place.
e.fi.caz [efik'as] *adj m+f* **1** effective. **2** efficient.
e.fi.ci.ên.cia [efisi'ẽsjə] *sf* efficiency, efficacy.

e.go ['ɛgu] *sm* Psicol ego.

e.go.cên.tri.co [egos'ẽtriku] *sm* egocentric. • *adj* egocentric, self-centered.

e.go.ís.mo [ego'izmu] *sm* selfishness.

e.go.ís.ta [ego'istə] *adj* selfish.

é.gua ['ɛgwə] *sf* mare.

eis ['ejs] *adv* here is, this is, here are, these are, here it is. *eis a questão* / that's the question. *eis os meus livros* / here are my books.

ei.xo [ejʃu] *sm* 1 axle. 2 *Astr, Geom* axis.

e.ja.cu.lar [eʒakul'ar] *vt* to ejaculate.

e.la ['ɛlə] *pron pess fem* 1 she. *ela gosta muito de você* / she loves you very much. 2 her. *dê o livro a ela* / give the book to her. 3 it (things). 4 **elas** they. *elas não sabem* / they don't know.

e.la.bo.rar [elabor'ar] *vt* 1 to elaborate, work out in detail. 2 to organize. 3 to prepare.

e.lás.ti.co [el'astiku] *sm* rubber band. • *adj* elastic.

e.le ['eli] *pron pess masc* 1 he. *é ele* / that's he. 2 him. 3 it (thing). 4 **eles** they. *eles foram ao cinema* / they went to the movies. **ele próprio** he himself. *é ele it's* him.

e.le.fan.te [elef'ãti] *sm* elephant.

e.le.gân.cia [eleg'ãsjə] *sf* elegance, grace(fulness), smartness.

e.le.ger [eleʒ'er] *vt* to elect.

e.lei.ção [elejs'ãw] *sf* (*pl* **eleições**) 1 election. 2 choice. 3 preference.

e.lei.tor [elejt'or] *sm* voter.

e.le.men.tar [elemẽt'ar] *adj m+f* elementary.

e.le.men.to [elem'ẽtu] *sm* 1 element. 2 member. 3 fact. 4 **elementos** rudiments.

e.len.co [el'ẽku] *sm bras Teat* cast.

e.le.tri.ci.da.de [eletrisid'adi] *sf* electricity.

e.le.tri.cis.ta [eletris'istə] *s m+f* electrician.

e.lé.tri.co [el'ɛtriku] *adj* 1 electric. 2 electrical. **acendedor elétrico** electric lighter. **rede elétrica** electrical supply system.

e.le.tro.do.més.ti.co [eletrodom'ɛstiku] *sm* household appliances, electrical appliances.

e.le.trô.ni.ca [eletr'onikə] *sf Fís* electronics.

e.le.va.do [elev'adu] *adj* 1 high. *acharam o preço elevado* / they found the price too high. 2 promoted.

e.le.va.dor [elevad'or] *sm* elevator, lift.

e.le.var [elev'ar] *vt+vpr* 1 to raise, lift (up). 2 to increase, shoot up. 3 **elevar-se** to rise.

e.li.mi.na.ção [eliminas'ãw] *sf* (*pl* **eliminações**) elimination.

e.li.mi.nar [elimin'ar] *vt+vpr* to eliminate.

e.lo ['ɛlu] *sm* 1 link (of a chain). 2 *fig* connexion.

e.lo.gi.ar [eloʒi'ar] *vt* to praise.

e.lo.gi.o [eloʒ'iu] *sm* praise.

em ['ẽj] *prep* 1 in: a) (dentro) *o dinheiro está no meu bolso* / the money is in my pocket. b) (city, country). *moro em São Paulo* / I live in São Paulo. c) (months, years). *nasci em setembro* / I was born in September. d) (dentro de). *papai estará aqui dentro de duas horas* / dad will be here in two hours. 2 on: a) (sobre). *as chaves estão na mesa* / the keys are on the table. b) (day). *meu aniversário é no sábado* / my birthday is on Saturday. 3 at: a) (ponto de referência). *você pode me esperar na biblioteca?* / can you wait for me at the library? b) (local de estudo, trabalho). *Sheila trabalha no banco* / Sheila works at the bank. 4 into (para dentro). *ela acabou de entrar no quarto* / she's just gone into her room. 5 up, upon, during, within, by, to. **baseado em fatos** based on facts.

e.ma.gre.cer [emagres'er] *vt* to lose weight.

e.man.ci.par [emãsip'ar] *vt+vpr* 1 to emancipate, set free. 2 **emancipar-se** to become independent.

em.bai.xa.da [ẽbajʃ'adɐ] *sf* embassy.

em.bai.xa.dor [ẽbajʃad'or] *sm* ambassador.

em.bai.xo [ẽb'ajʃu] *adv* 1 below, beneath, under(neath). 2 downstairs. **lá embaixo** down there.

em.ba.la.gem [ẽbal'aʒẽj] *sf* (*pl* **embalagens**) 1 packing up. 2 package, packaging. 3 wrapping.

em.ba.lar [ẽbal'ar] *vt+vpr* 1 to rock (a child) to sleep, cradle. 2 to wrap up, pack (up).

em.ba.ra.ça.do [ẽbaras'adu] *adj* embarrassed, ill at ease, perplexed, puzzled.

em.ba.ra.çar [ẽbaras'ar] *vt+vpr* 1 to embarrass. 2 to complicate, mix up 3 to perplex. 4 to get tangled (cabelo). 5 **embaraçar-se** to get embarrassed.

em.ba.ra.lhar [ẽbaraʎ'ar] *vt+vint* 1 to shuffle (cards). 2 to mix (up). 3 to confuse. 4 to entangle, complicate.

em.bar.ca.ção [ẽbarkas'ãw] *sf* (*pl* **embarcações**) 1 embarkation. 2 vessel, ship, boat.

em.bar.car [ẽbark'ar] *vt+vint+vpr* 1 to embark. 2 to put on board, load. 3 to depart, leave (for).

em.bar.que [ẽb'arki] *sm* boarding. **cartão de embarque** boarding card.

em.be.be.dar [ẽbebed'ar] *vt+vpr* 1 to intoxicate, make drunk. 2 **embebedar-se** to get drunk.

em.be.le.zar [ẽbelez'ar] *vt* to embellish, beautify.

em.ble.ma [ẽbl'emɐ] *sm* emblem, badge.

em.bo.lar [ẽbol'ar] *vt+vint+vpr* 1 to tangle, confuse. 2 to shape into a ball.

em.bo.lo.ra.do [ẽbolor'adu] *adj* mouldy, musty.

em.bo.ra [ẽb'orɐ] *conj* (al)though, even though. **ir embora** to go away, leave, depart. **mandar embora** to send away. **vá embora!** go away!

em.bos.ca.da [ẽbosk'adɐ] *sf* ambush.

em.bre.a.gem [ẽbre'aʒẽj] *sf* (*pl* **embreagens**) clutch.

em.bri.a.gar [ẽbrjag'ar] *vt+vint+vpr* 1 to make drunk. 2 **embriagar-se** a) to get drunk. b) *fig* to become enchanted.

em.bri.a.guez [ẽbrjag'es] *sf* 1 drunkenness. 2 *fig* ecstasy.

em.bri.ão [ẽbri'ãw] *sm* (*pl* **embriões**) *Biol* embryo.

em.bro.mar [ẽbrom'ar] *vt+vint bras* 1 to swindle, cheat. 2 to make false promises.

em.bru.lhar [ẽbruʎ'ar] *vt+vpr* 1 to wrap up, pack up. 2 to confuse. 3 to upset (stomach). 4 *bras* to deceive, cheat. 5 **embrulhar-se** a) to hesitate. b) to wrap oneself up (in a coat).

em.bru.lho [ẽbr'uʎu] *sm* package. **papel de embrulho** wrapping paper.

em.bur.rar [ẽbuʀ'ar] *vt+vint* to sulk, become sullen.

em.bu.ti.do [ẽbut'idu] *adj* built-in. **armário embutido** built-in closet.

e.men.da [em'ẽdɐ] *sf* 1 amendment. 2 seam. 3 *fig* patch, repair. **sem emenda** seamless.

e.men.dar [emẽd'ar] *vt+vpr* 1 to correct, amend. 2 to seam. 3 **emendar-se** to repent, reform.

e.mer.gên.cia [emerʒ'ẽsjɐ] *sf* emergency.

e.mer.gir [emerʒ'ir] *vint+vt* to emerge.

e.mi.nen.te [emin'ẽti] *adj m+f* 1 eminent, prominent. 2 high.

e.mis.são [emis'ãw] *sf* (*pl* **emissões**) 1 emission. 2 discharge. 3 radio broadcast.

e.mis.so.ra [emis'orɐ] *sf* broadcasting station, radio station.

e.mi.tir [emit'ir] *vt+vint* 1 to emit, issue. 2 to put into circulation. 3 to broadcast.

e.mo.ção [emos'ãw] *sf* (*pl* **emoções**) emotion, thrill, excitement.

e.mo.ci.o.nan.te [emosjon'ãti] *adj m+f* **1** moving, exciting, thrilling. **2** impressive.

e.mo.ci.o.nar [emosjon'ar] *vt+vint+vpr* **1** to thrill, cause emotion. **2** to move, touch. **3 emocionar-se** to be moved, be touched.

em.pa.co.tar [ẽpakot'ar] *vt+vint* **1** to pack or wrap up, package. **2** *gír* to die.

em.pa.li.de.cer [ẽpalides'er] *vt+vint* to pale: go or turn pale.

em.pan.tur.rar [ẽpãtuř'ar] *vt* **1** to stuff, gorge (with food). **2 empanturrar-se** to fill one's belly.

em.pa.ta.do [ẽpat'adu] *adj* **1** drawn, even (game). *o jogo terminou empatado* / the game ended in a draw/tie. **2** invested (money).

em.pa.te [ẽp'ati] *sm* draw, tie.

em.pe.ci.lho [ẽpes'iλu] *sm* difficulty, snag, obstacle.

em.pe.nhar [ẽpeñ'ar] *vt+vpr* **1** to mortgage. **2** to pawn. **3 empenhar-se** to strive, exert oneself.

em.per.ra.do [ẽpeř'adu] *adj* **1** hard to open (as a lock). **2** jammed.

em.pi.lhar [ẽpiλ'ar] *vt+vpr* to heap or pile up, stack.

em.pi.na.do [ẽpin'adu] *adj* **1** straight, upright. **2** *fig* proud, haughty.

em.pi.nar [ẽpin'ar] *vt* to raise or lift up. *empinar um papagaio* to fly a kite.

em.po.ei.ra.do [ẽpoejr'adu] *adj* dusty.

em.pol.gan.te [ẽpowg'ãti] *adj m+f* **1** grasping, gripping. **2** exciting, thrilling.

em.por.ca.lhar [ẽpoŗkaλ'ar] *vt* **1** to dirty, mess up. **2 emporcalhar-se** to drabble, dirty oneself.

em.pre.en.der [ẽpreẽd'er] *vt* to undertake, attempt.

em.pre.en.di.men.to [ẽpreẽdim'ẽtu] *sm* **1** undertaking, enterprise. **2** (ad) venture, attempt. **3** business.

em.pre.ga.do [ẽpreg'adu] *sm* employee. • *adj* **1** employed. **2** applied.

em.pre.ga.dor [ẽpregad'or] *sm* employer.

em.pre.gar [ẽpreg'ar] *vt* **1** to employ. **2** to invest.

em.pre.go [ẽpr'egu] *sm* **1** employment. **2** job. **abandonar o emprego** to leave one's job, quit. **agência de empregos** employment agency.

em.pre.sa [ẽpr'ezɐ] *sf* **1** company, firm. **2** enterprise. **3** business.

em.pre.sá.rio [ẽprez'arju] *sm* entrepreneur.

em.pres.ta.do [ẽprest'adu] *adj* **1** lent, loaned. **2** borrowed.

em.pres.tar [ẽprest'ar] *vt* **1** to lend, loan (**a** to). *emprestei o livro a ela* / I lent her the book. **2** to borrow (**de** from). *emprestei a caneta dela* / I borrowed her pen.

em.prés.ti.mo [ẽpr'ɛstimu] *sm* **1** loan, lending. **2** borrowing.

em.pu.nhar [ẽpuñ'ar] *vt* to hold (up), lay hold of.

em.pur.rar [ẽpuř'ar] *vt+vpr* to push, thrust (aside, away, forward). *não empurre!* / don't push!

e.mu.de.cer [emudes'er] *vt+vint* **1** to silence, still. **2** to be struck dumb, grow mute.

en.ca.be.çar [ẽkabes'ar] *vt* to head, lead.

en.ca.bu.la.do [ẽkabul'adu] *adj bras* bashful, timid, shy.

en.ca.der.na.ção [ẽkadernas'ãw] *sf* (*pl* **encadernações**) bookbinding.

en.ca.der.nar [ẽkadern'ar] *vt* to bind (books).

en.cai.xar [ẽkajʃ'ar] *vt+vpr* **1** to box. **2** to set or fit into a groove. **3** *fig* to come in handy, suit the purpose. **4 encaixar-se** to fit in.

en.cal.ço [ẽk'awsu] *sm* pursuit, chase. *fomos ao encalço dele* / we pursued him.

en.ca.lhar [ēkaʎar'] *vt+vint* to run aground or ashore (ship).

en.ca.na.dor [ēkanador'] *sm* plumber.

en.ca.na.men.to [ēkanam'ētu] *sm* plumbing, piping. **encanamentos** drainage.

en.can.ta.dor [ēkātador'] *adj* 1 enchanting, delightful. 2 lovely.

en.can.tar [ēkāt'ar] *vt+vpr* 1 to enchant. 2 to cast a spell (enfeitiçar). 3 **encantar-se** to become charmed, delighted.

en.can.to [ēk'ātu] *sm* enchantment, charm, delight.

en.ca.ra.co.lar [ēkarakolar'] *vt+vint+vpr* 1 to spiral. 2 to twist and turn. 3 to curl.

en.ca.rar [ēkar'ar] *vt* 1 to stare at, face, look straight at. 2 to face, confront.

en.car.ce.rar [ēkarser'ar] *vt* to imprison, put in jail.

en.car.di.do [ēkard'idu] *adj* soiled, dirty, grimy.

en.car.go [ēk'argu] *sm* 1 responsibility, duty. *tenho muitos encargos* / I have many duties. 2 charge.

en.car.nar [ēkarn'ar] *vt+vint+vpr* 1 to incarnate. 2 to embody. 3 *Teat* to live a part.

en.car.re.ga.do [ēkareg'adu] *sm* 1 person in charge. 2 commissioner, manager. • *adj* 1 in charge. 2 head.

en.car.re.gar [ēkareg'ar] *vt+vpr* 1 to put in charge of. 2 **encarregar-se** a) to take upon oneself. b) to take care of.

en.ce.nar [ēsen'ar] *vt+vint* 1 to stage. 2 to dramatize.

en.ce.rar [ēser'ar] *vt* to wax.

en.cer.rar [ēseʀ'ar] *vt* 1 to enclose, contain. 2 to close, finish, end.

en.char.car [ēʃark'ar] *vt+vpr* 1 to soak. 2 to form into a puddle. 3 **encharcar-se** to get thoroughly wet.

en.chen.te [ēʃ'ēti] *sf* flood.

en.cher [ēʃ'er] *vt+vint* 1 to fill. 2 to stuff. 3 to crowd.

en.chi.men.to [ēʃim'ētu] *sm* 1 filling. 2 stuffing. 3 padding.

en.co.ber.to [ēkob'ɛrtu] *adj* 1 covered. 2 cloudy, overcast (sky).

en.co.brir [ēkobr'ir] *vt+vint* 1 to cover. 2 to hide, conceal.

en.co.lher [ēkoʎ'er] *vt+vint* 1 to shrink. 2 to shrug (shoulder). *ele encolheu os ombros* / he gave a shrug.

en.co.men.da [ēkom'ēdə] *sf* 1 order (for goods). 2 package, thing ordered.

en.co.men.dar [ēkomēd'ar] *vt+vpr* to order.

en.con.trar [ēkōtr'ar] *vt+vpr* 1 to meet, encounter. *encontrei-o na rua* / I met him in the street. 2 to find, find out. *encontrei-a chorando* / I found her in tears. 3 **encontrar-se** a) to be (in a certain place or disposition). b) to come across. c) to meet, meet up with.

en.con.tro [ēk'õtru] *sm* 1 meeting, encounter. 2 a date.

en.co.ra.jar [ēkoraʒ'ar] *vt+vpr* to encourage.

en.cos.tar [ēkost'ar] *vt+vpr* 1 to lean (against). 2 to place against. 3 to close (door, window). *encoste a porta, por favor!* / please, close the door! 4 **encostar-se** a) to lean back. b) to lie down.

en.cren.quei.ro [ēkrēk'ejru] *sm* troublemaker.

en.cru.zi.lha.da [ēkruziʎ'adə] *sf* crossroad, crossway.

en.cur.ra.lar [ēkuʀal'ar] *vt* to corner.

en.cur.tar [ēkurt'ar] *vt* to shorten. *encurtar o caminho* to cut across (way).

en.de.re.çar [ēderes'ar] *vt+vpr* 1 to address. 2 **endereçar-se** to address oneself to.

en.de.re.ço [ēder'esu] *sm* (*pl* **endereços**) address.

en.dia.bra.do [ēdjabr'adu] *adj* 1 devilish. 2 mischievous, naughty (child).

en.di.rei.tar [ēdirejt'ar] *vt+vint+vpr* 1 to straighten. 2 **endireitar-se** to straighten.

en.di.vi.dar [ēdivid'ar] *vt+vpr* 1 to indebt, run into debt. 2 **endividar-se** to run into debt.

en.doi.de.cer [ẽdojdes'er] *vt+vint* to go crazy.
en.du.re.cer [ẽdures'er] *vt+vint+vpr* 1 to harden. 2 to toughen.
e.ner.gi.a [ener3'iə] *sf* energy.
e.nér.gi.co [en'ɛrʒiku] *adj* strict, stern, severe.
en.ner.var [enerv'ar] *vt+vint+vpr* 1 to annoy, irritate. 2 **enervar-se** to get annoyed.
e.ne.vo.a.do [enevo'adu] *adj* 1 foggy, misty. 2 cloudy.
en.fa.do.nho [ẽfad'oñu] *adj* tiresome, boring, tedious.
en.fai.xar [ẽfajʃ'ar] *vt* to bandage.
en.far.te [ẽf'arti] *sm* heart attack.
en.fa.ti.zar [ẽfatiz'ar] *vt* to emphasize, stress.
en.fei.tar [ẽfejt'ar] *vt+vint+vpr* 1 to adorn, decorate. 2 **enfeitar-se** to make oneself beautiful.
en.fei.te [ẽf'ejti] *sm* ornament, decoration.
en.fei.ti.çar [ẽfejtis'ar] *vt* 1 to bewitch. 2 to enchant, seduce. *ela enfeitiçou-me* / she cast a spell on me.
en.fer.ma.gem [ẽferm'aʒẽj] *sf* (*pl* **enfermagens**) nursing.
en.fer.ma.ri.a [ẽfermar'iə] *sf* ward.
en.fer.mei.ra [ẽferm'ejrə] *sf* nurse.
en.fer.mei.ro [ẽferm'ejru] *sm* male nurse.
en.fer.ru.ja.do [ẽferuʒ'adu] *adj* rusty.
en.fer.ru.jar [ẽferuʒ'ar] *vt+vint+vpr* 1 to rust. 2 **enferrujar-se** to become rusty.
en.fe.zar [ẽfez'ar] *vt+vint+vpr* 1 to annoy, irritate. 2 **enfezar-se** to become riled or irritated.
en.fi.ar [ẽfi'ar] *vt+vint+vpr* 1 to thread (as a needle). 2 to put on. 3 to put in. 4 to slip on (dresses, shoes etc.) 5 **enfiar-se** to enter in, penetrate.
en.fim [ẽf'ĩ] *adv* 1 at last, finally, after all, ultimately. 2 in short, to sum up.
en.for.car [ẽfork'ar] *vt+vpr* 1 to hang. 2 **enforcar-se** a) to hang oneself (by the neck). b) to lose money. c) *gír* to get married.
en.fra.que.cer [ẽfrakes'er] *vt+vint+vpr* 1 to weaken. 2 to lose courage. 3 **enfraquecer-se** to grow weak or feeble.
en.fren.tar [ẽfrẽt'ar] *vt* 1 to face, front, meet. 2 to come face to face with, confront. 3 to stand up to.
en.fu.re.cer [ẽfures'er] *vt+vint+vpr* 1 to infuriate, enrage. 2 to be furious. 3 **enfurecer-se** to become furious.
en.ga.nar [ẽgan'ar] *vt+vint+vpr* 1 to deceive, mislead. 2 to cheat, trick. 3 **enganar-se** to make a mistake. *enganei-me* / I made a mistake.
en.ga.no [ẽg'∧nu] *sm* mistake, error, fault.
en.gar.ra.fa.do [ẽgařaf'adu] *adj* bottled, in bottles. **trânsito engarrafado** heavy traffic.
en.gar.ra.fa.men.to [ẽgāřafam'ẽtu] *sm* traffic jam.
en.gas.gar [ẽgazg'ar] *vt+vint+vpr* 1 to choke. 2 **engasgar-se** a) to be choked. b) to suffocate.
en.ga.tar [ẽgat'ar] *vt* 1 to clamp. 2 to hook. 3 to gear, put in gear.
en.ga.ti.nhar [ẽgatiñ'ar] *vint+vt* to crawl.
en.ga.ve.ta.men.to [ẽgavetam'ẽtu] *sm* pile-up (acidente).
en.ge.nha.ri.a [ẽʒeñar'iə] *sf* engineering. **engenharia genética** genetic engineering.
en.ge.nhei.ro [ẽʒeñ'ejru] *sm* engineer. **engenheiro agrônomo** agronomist.
en.ge.nho.so [ẽʒeñ'ozu] *adj* ingenious.
en.ges.sar [ẽʒes'ar] *vt* 1 to plaster. 2 to put something in a plaster cast.
en.go.lir [ẽgol'ir] *vt* 1 to swallow. 2 to gulp down. 3 *fig* to believe, accept as true.
en.gor.dar [ẽgord'ar] *vt+vint* 1 to fatten. 2 to grow fat, gain weight.

en.gor.du.ra.do [ēgordura'du] *adj* greasy.

en.gor.du.rar [ēgordur'ar] *vt* to grease.

en.gra.ça.da [ēgras'adu] *adj* funny, amusing, witty.

en.gra.da.do [ēgrad'adu] *sm bras* crate.

en.gra.vi.dar [ēgravid'ar] *vt+vint* to get pregnant.

en.gra.xar [ēgraʃ'ar] *vt* to shine, polish (shoes).

en.gra.xa.te [ēgraʃ'ati] *sm* shoeshiner, shoeblack.

en.gros.sar [ēgros'ar] *vt+vint* 1 to enlarge, thicken. 2 to increase. 3 *gír* to turn nasty.

en.gui.çar [ēgis'ar] *vt+vint* to break down (car).

e.nig.ma [en'igmə] *sm* 1 enigma, riddle. 2 *fig* mystery.

en.jau.lar [ēʒawl'ar] *vt* 1 to cage. 2 to imprison.

en.jo.ar [ēʒo'ar] *vt+vint+vpr* 1 to nauseate, get sick. 2 to bore, annoy. 3 **enjoar-se** to become tired of.

en.jo.o [ēʒ'ou] *sm* nausea, sickness.

en.la.ta.do [ēlat'adu] *sm* canned (tinned) food. • *adj* canned (tinned), preserved in cans (tins) or jars.

en.lou.que.cer [ēlowkes'er] *vt+vint* 1 to madden, craze: make or become crazy. 2 to lose one's reason, lose one's head.

en.lu.a.ra.do [ēlwar'adu] *adj* moonlit. **noite enluarada** a moonlit night.

e.nor.me [en'ɔrmi] *adj m+f* enormous, huge, vast.

en.quan.to [ēk'wãtu] *conj* 1 while. *enquanto há vida, há esperança* / while there's life, there's hope. 2 as long as. *enquanto eu viver* / as long as I live. **por enquanto** for the time being.

en.rai.ve.ci.do [ērajves'idu] *adj* enraged.

en.re.dar [ēred'ar] *vt+vpr* 1 to embarrass, entangle, complicate. 2 **enredar-se** a) to become entangled. b) to get involved in.

en.re.do [ēr'edu] *sm* plot.

en.ri.que.cer [ērikes'er] *vt+vpr* 1 to enrich. 2 **enriquecer-se** to grow rich.

en.ro.lar [ērol'ar] *vt+vpr* 1 to roll, roll up. 2 to wind (around), coil, twist. 3 to curl. 4 to deceive. 5 **enrolar-se** to get mixed up.

en.ros.car [ērosk'ar] *vt+vpr* 1 to twine, twist. 2 to screw. 3 **enroscar-se** a) to coil up. b) to curl up.

en.ru.gar [ērug'ar] *vt* to wrinkle. **enrugar a testa** to frown.

en.sa.bo.ar [ēsabo'ar] *vt+vpr* 1 to soap. 2 **ensaboar-se** to rub oneself with soap, wash oneself.

en.sai.ar [ēsaj'ar] *vt* 1 to exercise, practice. 2 *Teat* to rehearse.

en.sai.o [ēs'aju] *sm* 1 test. 2 *Teat* rehearsal. 3 essay. **ensaio literário** literary essay. **tubo de ensaio** test tube.

en.san.guen.ta.do [ēsãgwẽt'adu] *adj* blooded, bloody, bloodstained.

en.se.a.da [ēse'adə] *sf* cove, small bay.

en.se.ba.do [ēseb'adu] *adj* greasy.

en.si.nar [ēsin'ar] *vt* 1 to teach, instruct. 2 to explain, show.

en.si.no [ēs'inu] *sm* 1 teaching, instruction. 2 education. 3 training.

en.so.la.ra.do [ēsolar'adu] *adj* sunny.

en.so.pa.do [ēsop'adu] *sm Cul* stew. • *adj* soaked. *fiquei ensopado até os ossos* / I was wet to the skin.

en.sur.de.ce.dor [ēsurdesed'or] *adj* deafening.

en.sur.de.cer [ēsurdes'er] *vt+vint* to deafen.

en.tan.to [ēt'ãtu] *adv* in the meantime, meanwhile. **no entanto** nevertheless, notwithstanding, however.

en.tão [ēt'ãw] *adv* then: 1 at that time. 2 on that occasion. 3 after that. 4 so. • *interj* well?, so what?!, now then! **até então** till then. **e então?** what then?, what about it?

en.tar.de.cer [ētardes'er] *sm* dusk, setting of the sun.

en.te [ˈēti] *sm* being. **entes queridos** dear ones, loved ones.
en.te.a.da [ēteˈadə] *sf* stepdaughter.
en.te.a.do [ēteˈadu] *sm* stepson.
en.te.di.ar [ētediˈar] *vt+vpr* 1 to bore, weary. 2 **entediar-se** to become bored or weary.
en.ten.der [ētēdˈer] *vt+vpr* 1 to understand. 2 to conceive, imagine. 3 **entender-se** to understand each other, agree. **dar a entender** to insinuate. **entender mal** to misunderstand.
en.ten.di.men.to [ētēdimˈētu] *sm* 1 understanding. 2 judgement. 3 agreement.
en.ter.rar [ēteˈrar] *vt+vpr* 1 to bury. 2 to sink. 3 **enterrar-se** to ruin oneself.
en.ter.ro [etˈeru] *sm* 1 burial. 2 funeral.
en.to.ar [etoˈar] *vt* 1 to intone. 2 to sing.
en.tor.pe.cen.te [ētorpesˈēti] *sm* narcotic. • *adj m+f* narcotic.
en.tor.tar [ētortˈar] *vt+vint* to bend, bow, twist.
en.tra.da [ētrˈadə] *sf* 1 entrance. 2 entry. 3 ticket. 4 *bras, Com* down payment. **dar entrada** (hospital) to be admitted to. **entrada franca** free admission.
en.trar [ētrˈar] *vint* to enter: a) to come or go in (or into). *entre!* / come in! b) to join, become a member. *entrei na universidade* / I entered the university. **deixar entrar** to admit. **entrar em greve** to go on strike.
en.tre [ˈētri] *prep* 1 between (two objects, people etc.). 2 among (more than two objects, people etc.), amongst. 3 amid. *ele disse isso entre aplausos* / he said this amid cheers.
en.tre.ga [ētrˈεgə] *sf* 1 delivery. 2 handing over. **contra entrega** on delivery. **entrega em domicílio** home delivery.
en.tre.gar [ētregˈar] *vt+vpr* 1 to deliver. 2 to hand in. 3 to hand over. 4 **entregar-se** a) to apply or devote oneself to. b) to surrender, give oneself up.
en.tre.li.nha [ētrelˈiɲə] *sf* 1 space between two lines. 2 **entrelinhas** *fig* implied sense, meaning. **ler nas entrelinhas** to read between the lines.
en.tre.tan.to [ētretˈãtu] *adv* meantime, meanwhile, in the meantime. • *conj* nevertheless, however, notwithstanding.
en.tre.ter [ētretˈer] *vt+vpr* 1 to entertain, amuse. 2 to distract, draw the attention from. 3 **entreter-se** to amuse oneself.
en.tre.vis.ta [ētrevˈistə] *sf* interview. **conceder uma entrevista** to grant an interview. **entrevista coletiva** press conference.
en.tre.vis.tar [ētrevistˈar] *vt* to interview.
en.tris.te.cer [ētristesˈer] *vt+vpr* 1 to sadden, make sad. 2 **entristecer-se** to become sad.
en.tu.lho [etˈuʎu] *sm* rubbish, waste or refuse material.
en.tu.pi.do [ētupˈidu] *adj* 1 obstructed. 2 blocked up, clogged.
en.tu.si.as.mar [ētuzjazmˈar] *vt+vpr* 1 to fill with enthusiasm. 2 **entusiasmar-se** to be enthusiastic.
en.tu.si.as.mo [ētuziˈazmu] *sm* enthusiasm.
e.nun.ci.ar [enũsiˈar] *vt* to enunciate.
en.ve.lhe.cer [ēveʎesˈer] *vt+vint* 1 to age. 2 to get old.
en.ve.ne.nar [ēvenenˈar] *vt+vpr* 1 to poison. 2 **envenenar-se** to take poison.
en.ver.go.nha.do [ēvergoɲˈadu] *adj* ashamed.
en.ver.go.nhar [ēvergoɲˈar] *vt+vpr* 1 to shame, cause to feel shame. 2 **envergonhar-se** to be ashamed.
en.ver.ni.zar [ēvernizˈar] *vt* 1 to varnish. 2 to lacquer.
en.vi.ar [ēviˈar] *vt* to send.
en.vie.sa.do [ēvjezˈadu] *adj* oblique, diagonal.
en.vi.o [ēvˈiu] *sm* 1 sending, remittance, dispatch. 2 shipment.
en.vi.u.var [ēvjuvˈar] *vint* to become a widow or widower.

en.vol.ver [ẽvowv'er] *vt+vpr* **1** to involve. **2** to surround, enclose. **3 envolver-se** a) to be involved. b) to wrap oneself up (as in a coat).

en.vol.vi.men.to [ẽvowvim'ẽtu] *sm* envolvement.

en.xa.da [ẽʃ'adə] *sf* hoe.

en.xa.guar [ẽʃag'war] *vt* to rinse.

en.xa.me [ẽʃ'ami] *sm* swarm.

en.xa.que.ca [ẽʃak'ɛkə] *sf Med* migraine.

en.xer.gar [ẽʃerg'ar] *vt* to see.

en.xo.tar [ẽʃot'ar] *vt* **1** to scare, fright or drive away. **2** to banish.

en.xo.val [ẽʃov'aw] *sm* (*pl* **enxovais**) **1** trousseau (bride). **2** layette (baby).

en.xu.gar [ẽʃug'ar] *vt+vpr* **1** to dry, make dry, wipe. **2 enxugar-se** to become dry.

en.xu.to [ẽʃ'utu] *adj* **1** dry. **2** in good shape (body).

e.pi.de.mi.a [epidem'iə] *sf Med* epidemic.

e.pi.lep.si.a [epileps'iə] *sf Med* epilepsy.

e.pi.só.dio [epiz'ɔdju] *sm* episode: a) an incident or story in a literary work. b) a happening in real life or in a play.

é.po.ca [ɛ'pokə] *sf* **1** epoch, era, period, age. **2** season, time. **3** cycle. **4** *Geol* a division of geological time. **em nossa época** in our age.

e.qua.ção [ekwas'ãw] *sf* (*pl* **equações**) *Mat* equation.

e.qua.dor [ekwad'or] *sm* equator.

e.qui.li.brar [ekilibr'ar] *vt+vpr* **1** to balance, equilibrate. **2 equilibrar-se** to maintain oneself in equilibrium or balance.

e.qui.lí.brio [ekil'ibrju] *sm* equilibrium, balance, poise.

e.qui.par [ekip'ar] *vt+vpr* **1** to equip. **2 equipar-se** to be equipped with.

e.qui.pa.rar [ekipar'ar] *vt* to equalize, match, compare.

e.qui.pe [ek'ipi] *sf* **1** team. **2** a group of persons engaged in joint work.

e.qui.ta.ção [ekitas'ãw] *sf* (*pl* **equitações**) horse riding.

e.qui.va.lên.cia [ekival'ẽsjə] *sf* equivalence, equal value.

e.quí.vo.co [ek'ivoku] *sm* **1** mistake, error. **2** misunderstanding.

e.re.ção [eres'ãw] *sf* (*pl* **ereções**) erection.

e.re.mi.ta [erem'itə] *s m+f* hermit, recluse.

e.re.to [er'ɛtu] *adj* erected, raised (up), erect, upright.

er.guer [erg'er] *vt+vpr* **1** to raise, lift (up). **2** to elevate, rear. **3** to build, erect. **4 erguer-se** a) to rise. b) to get or stand up.

er.mo [' ermu] *adj* solitary, retired, secluded, desert.

e.ro.são [eroz'ãw] *sf* erosion, corrosion.

e.ro.tis.mo [erot'izmu] *sm* eroticism.

er.rar [eʀ'ar] *vt* **1** to mistake, make a mistake, be mistaken. **2** to fail. **3** to ramble, wander.

er.ro [e'ʀu] *sm* **1** error, fault, mistake. **2** false judgement. **3** blunder, oversight, slip. **ele cometeu um erro crasso** / he made a blunder. **4** incorrectness. **5** miss. **erro é erro** / a miss is as good as a mile. **erro ortográfico** misspelling.

er.rô.neo [eʀ'onju] *adj* erroneous, false, mistaken, untrue.

e.ru.di.to [erud'itu] *sm* erudite, a learned person. • *adj* erudite.

er.va [' ervə] *sf* **1** herb. **2** grass. **3** *bras, gír* marijuana, pot.

er.vi.lha [erv'iʎə] *sf* pea.

es.ban.jar [ezbãʒ'ar] *vt* to misspend, waste, squander.

es.bar.rão [ezbaʀ'ãw] *sm* (*pl* **esbarrões**) shock, collision, clash, bump.

es.bar.rar [ezbaʀ'ar] *vt+vpr* **1** to bump, collide with (**com, contra**). **2** to run against, stumble.

es.bel.to [ezb'ɛwtu] *adj* **1** slender, slim. **2** elegant, graceful.

es.bo.çar [ezbos'ar] *vt* to sketch, outline, plan.

es.bo.ço [ezb'osu] *sm* (*pl* **esboços**) sketch, outline, rough draught, first plan.

es.bo.fe.te.ar [ezbofete'ar] *vt* to slap.

es.bra.ve.jar [ezbraveʒ'ar] *vint* to roar, shout, cry out.

es.bu.ga.lha.do [ezbugaʎ'adu] *adj* staring, bulging, pop-eyed.

es.bu.ra.ca.do [ezburak'adu] *adj* 1 full of holes. 2 tattered, torn.

es.ca.da [esk'adə] *sf* 1 staircase, stairs. 2 flight of steps. 3 ladder. **descer as escadas** to go downstairs. **subir as escadas** to go upstairs, climb the stairs.

es.ca.la [esk'alə] *sf* 1 scale. 2 sea-port. 3 *Aeron* stop.

es.ca.la.da [eskal'adə] *sf* 1 climbing. 2 escalation (war, violence).

es.ca.lar [eskal'ar] *vt* 1 to scale, climb, escalade. 2 to designate (persons) for a specific purpose.

es.cal.dan.te [eskawd'ãti] *adj m+f* scalding, burning.

es.cal.dar [eskawd'ar] *vt+vpr* 1 to scald. 2 to blanch (vegetables). 3 **escaldar-se** to scald oneself.

es.ca.ma [esk'ʌmə] *sf Zool, Bot, Med* scale (of or as of a fish).

es.can.ca.ra.do [eskãkar'adu] *adj* 1 wide-open (door). 2 patent, public, manifest.

es.can.da.li.zar [eskãdaliz'ar] *vt+vpr* 1 to scandalize, shock. 2 **escandalizar-se** a) to take offence. b) to be scandalized or offended at.

es.cân.da.lo [esk'ãdalu] *sm* scandal, offence, outrage.

es.can.ga.lhar [eskãgaʎ'ar] *vt* to break, break to pieces.

es.ca.pa.men.to [eskapam'ẽtu] *sm* 1 exhaust. 2 escapement, escape.

es.ca.par [eskap'ar] *vt* 1 to escape, get free, run away. 2 to flee, bolt. 3 to avoid, slip (danger). 4 to be saved, rescued.

es.ca.ra.mu.ça [eskaram'usə] *sf* 1 skirmish. 2 contest, quarrel.

es.car.céu [eskars'ɛw] *sm fig* a) clamour, uproar, tumult. b) exaggeration, excess.

es.car.la.te [eskarl'ati] *adj* scarlet, bright red.

es.cár.nio [esk'arnju] *sm* mockery, scorn, contempt.

es.ca.ro.la [eskar'ɔlə] *sf* escarole, chicory.

es.car.rar [eskař'ar] *vt+vint* to spit (out), expectorate. **escarrar sangue** to spit blood.

es.car.ro [esk'ařu] *sm* spittle, saliva, spawl, mucus.

es.cas.se.ar [eskase'ar] *vt* 1 to be scanty of. 2 to make or become scarce.

es.cas.sez [eskas'es] *sf* scarcity, scarceness: a) shortage. b) want, lack.

es.ca.va.dei.ra [eskavad'ejrə] *sf* excavator, digging machine.

es.ca.var [eskav'ar] *vt* to excavate, dig.

es.cla.re.cer [esklares'er] *vt* 1 to clear, enlighten, brighten. 2 to clarify, elucidate, explain.

es.cla.re.ci.men.to [esklaresim'ẽtu] *sm* explanation, elucidation, information.

es.coi.ce.ar [eskojse'ar] *vt* to kick (horse).

es.co.la [esk'ɔlə] *sf* 1 school. 2 schoolhouse. 3 education. **escola maternal** nursery school. **escola técnica** technical school.

es.co.lar [eskol'ar] *s m+f* student, schoolboy, schoolgirl. • *adj* school (of school). **idade escolar** school age.

es.co.lha [esk'oʎə] *sf* choice, selection, option. **escolha múltipla** multiple choice.

es.co.lher [eskoʎ'er] *vt* to choose, make a choice of, pick out, select. **escolher a dedo** to pick and choose.

es.col.tar [eskowt'ar] *vt* to escort, convoy, conduct.

es.con.de-es.con.de [eskõdjesk'õdi] *sm* hide-and-seek.

es.con.der [eskõd'er] *vt+vpr* 1 to hide: a) put out of sight. *ela se escondeu atrás da árvore* / she hid behind the tree. b) occult, conceal. *escondi a minha mágoa* / I concealed my grief. 2 **esconder-se** a) to steal away from. b) to hide or disguise oneself.

es.con.de.ri.jo [eskõder'iʒu] *sm* hiding-place.

es.có.ria [esk'ɔrjə] *sf* 1 scoria. 2 scum, refuse. 3 *fig* mob, underworld.

es.co.ri.a.ção [eskorjas'ãw] *sf* (*pl* **escoriações**) 1 scratch or abrasion of the skin. 2 a light wound.

es.cor.pi.ão [eskorpi'ãw] *sm* (*pl* **escorpiões**) scorpion.

es.cor.ra.çar [eskořas'ar] *vt* 1 to put to flight, drive away, banish. 2 *bras* to reject, refuse.

es.cor.re.dor [eskořed'or] *sm* drainer. **escorredor de pratos** dish drainer.

es.cor.re.ga.dor [eskořegad'or] *sm* child's slide.

es.cor.re.gar [eskořeg'ar] *vt+vint* to slide, slip, skid, miss one's step (or footing).

es.cor.rer [eskoř'er] *vt+vint* 1 to let flow off, empty. 2 to drain. 3 to drop, trickle, drip. 4 to run or flow out, stream.

es.co.tei.ro [eskot'ejru] *sm* a Boy Scout, a scout.

es.co.va [esk'ovə] *sf* 1 brush. 2 brushing.

es.co.var [eskov'ar] *vt* to brush.

es.cra.vi.dão [eskravid'ãw] *sf* (*pl* **escravidões**) slavery, bondage.

es.cra.vi.zar [eskraviz'ar] *vt+vpr* 1 to enslave. 2 **escravizar-se** to be enslaved, enslave oneself.

es.cra.vo [eskr'avu] *sm* slave.

es.cre.ver [eskrev'er] *vt+vpr* to write. *ela escreve claramente* / she writes plain.

es.cri.ta [eskr'itə] *sf* 1 writing. 2 handwriting.

es.cri.tor [eskrit'or] *sm* writer, author.

es.cri.tó.rio [eskrit'ɔrju] *sm* office. **escritório central** head office.

es.cri.tu.ra [eskrit'urə] *sf* 1 deed. 2 transfer of ownership.

es.cri.va.ni.nha [eskrivan'iɲə] *sf* desk, writing-table.

es.cro.que [eskr'ɔki] *sm* swindler, crook.

es.cru.pu.lo.so [eskrupul'ozu] *adj* scrupulous.

es.cu.lham.ba.do [eskuʎãb'adu] *adj* 1 messy, disorderly. 2 demoralized.

es.cu.lham.bar [eskuʎãb'ar] *vt bras*, *gír* 1 to shatter, decompose, destroy. 2 to demoralize. 3 to reprimand, scold.

es.cul.pir [eskuwp'ir] *vt* 1 to sculpture, engrave. 2 to chisel, carve, cut.

es.cul.tor [eskuwt'or] *sm* 1 sculptor. 2 carver, stone-cutter.

es.cul.tu.ra [eskuwt'urə] *sf* sculpture.

es.cu.ma.dei.ra [eskumad'ejrə] *sf* skimmer, skimming ladle.

es.cu.na [esk'unə] *sf* schooner.

es.cu.re.cer [eskures'er] *vt+vint* to darken, cloud, grow dark.

es.cu.ro [esk'uru] *sm* darkness. • *adj* dark, obscure. **azul-escuro** dark blue. **dia escuro** cloudy day.

es.cu.tar [eskut'ar] *vt+vint* 1 to listen. *escute!* / listen to me! 2 to hear.

es.fa.que.ar [esfake'ar] *vt* to stab, pierce or wound with a knife.

es.far.ra.pa.do [esfařap'adu] *adj* torn, tattered, ragged. **desculpa esfarrapada** lame excuse.

es.fe.ra [esf'ɛrə] *sf* sphere.

es.fe.ro.grá.fi.ca [esferogr'afikə] *sf* ball-point pen.

es.fin.ge [esf'ĩʒi] *sf* sphinx.

es.fo.lar [esfol'ar] *vt+vpr* 1 to strip off the skin, skin. 2 to scratch, scrape. 3 to graze, rub. 4 **esfolar-se** to suffer a scratch, scrape.

es.fo.me.a.do [esfome'adu] *adj* hungry, famished.

es.for.ça.do [esfors'adu] *adj* diligent, industrious, active.

es.for.çar [esfors'ar] *vt+vpr* 1 to encourage, stimulate. 2 **esforçar-se** to strain, strive, do one's best.

es.for.ço [esf'orsu] *sm (pl* **esforços)** 1 effort, endeavour. 2 struggle attempt. **empregar todos os seus esforços** to do one's best.

es.fre.gar [esfreg'ar] *vt+vpr* 1 to rub, scrub. 2 to clean, wipe, mop up. 3 **esfregar-se** to rub or massage oneself.

es.fri.ar [esfri'ar] *vt+vint* 1 to cool, make cool, chill. 2 to refrigerate, freeze. **esfriar o entusiasmo** to cool one's enthusiasm.

es.fu.zi.an.te [esfuzi'ãti] *adj m+f* lively, animated.

es.ga.ni.ça.do [ezganis'adu] *adj* shrieking, screechy.

es.ga.ni.çar [ezganis'ar] *vt* 1 to howl (as dogs). 2 to sing in a loud yelling way. 3 to yell, shriek.

es.gar.çar [ezgars'ar] *vt+vint* 1 to tear, shred (cloth). 2 to fray out.

es.go.ta.men.to [ezgotam'ẽtu] *sm* 1 exhaustion. 2 prostration, debility. **esgotamento nervoso** nervous break-down.

es.go.tar [ezgot'ar] *vt+vpr* 1 to drain to the last drop. 2 to exhaust. 3 to use up, wear out. 4 **esgotar-se** a) to become exhausted. b) to debilitate. c) to be sold out, go out of print.

es.go.to [ezg'otu] *sm* drain(age), sewer(age). **rede de esgoto** sewerage system.

es.gri.ma [ezgr'imə] *sf* fencing (art and act).

es.guei.rar [ezgejr'ar] *vt+vpr* 1 to slip away. 2 **esgueirar-se** to steal away, sneak out.

es.gui.char [ezgiʃ'ar] *vt+vint* 1 to spirt (up), spout. 2 to spout out, gush.

es.gui.o [ezg'iu] *adj* 1 long and thin. 2 slender.

es.ma.e.ci.do [ezmaes'idu] *adj* faded, discoloured, pale.

es.ma.ga.dor [ezmagad'or] *adj* smashing, crushing.

es.ma.gar [ezmag'ar] *vt+vint* 1 to compress, squeeze, press. 2 to crush, smash, squash.

es.mal.te [ezm'awti] *sm* 1 enamel. 2 nail polish.

es.me.rar [ezmer'ar] *vt+vpr* 1 to perfect, bring to perfection. 2 **esmerar-se** to make as good as possible.

es.me.ro [ezm'eru] *sm* 1 care, diligence. 2 perfection. 3 accuracy.

es.mi.ga.lhar [ezmigaλ'ar] *vt* to crumb(le), triturate.

es.mo.la [ezm'ɔlə] *sf* alms, charity.

es.mo.lar [ezmol'ar] *vt+vint* to beg, ask for alms.

es.mo.re.cer [ezmores'er] *vt+vint* to dismay, discourage, lose one's courage.

es.mur.rar [ezmuŕ'ar] *vt* to box, sock, punch.

es.pa.ça.do [espas'adu] *adj* spaced, set at intervals.

es.pa.çar [espas'ar] *vt* to space: a) set at intervals. b) divide into spaces.

es.pa.ci.al [espasi'aw] *adj m+f (pl* **espaciais)** spatial. **era espacial** space age. **estação espacial** space station.

es.pa.ço [esp'asu] *sm* 1 space. *a terra gira no espaço* / the earth moves through the space. *não há espaço neste ônibus* / there is no room in this bus. 2 interval. 3 blank (without writing or print).

es.pa.ço.na.ve [espason'avi] *sf* spacecraft, spaceship.

es.pa.da [esp'adə] *sf* 1 sword. 2 **espadas** *Jogos* spades.

es.pai.re.cer [espajres'er] *vt+vpr* to amuse, entertain, distract, relax.

es.pal.dar [esp'awdar] *sm* back rest, back of a chair.

es.pa.lha.fa.to [espaλaf'atu] *sm* 1 fuss. 2 noise, disorder.

es.pa.lha.fa.to.so [espaλafat'ozu] *adj* 1 fussy. 2 noisy, blatant. 3 ostentatious.

es.pa.lhar [espaλ'ar] *vt+vpr* 1 to spread. 2 to scatter about, strew. 3 **espalhar-se** a) to disband, scatter. b) to become known. **espalhar um boato** to spread a rumour.

es.pan.ca.men.to [espãkam'ẽtu] *sm* spanking, beating.

es.pan.car [espãk'ar] *vt* to spank, beat, hit.

es.pan.ta.do [espãt'adu] *adj* surprised, amazed, astonished.

es.pan.ta.lho [espãt'aλu] *sm* scarecrow.

es.pan.tar [espãt'ar] *vt+vpr* 1 to frighten, terrify, alarm, scare. 2 to put to flight, drive away. 3 **espantar-se** a) to be startled, marvelled at or astonished. b) to become frightened.

es.pan.to [esp'ãtu] *sm* 1 fright, terror. 2 scare, fear. 3 amazement, astonishment. 4 admiration, surprise.

es.pan.to.so [espãt'ozu] *adj* 1 dreadful, frightful, terrible. 2 amazing, astonishing, marvellous.

es.pa.ra.dra.po [esparadr'apu] *sm* adhesive plaster, sticking plaster.

es.par.ra.mar [espaȓam'ar] *vt+vpr* 1 to scatter about, spread, strew. 2 **esparramar-se** to disband, disperse.

es.pa.ti.far [espatif'ar] *vt+vpr* 1 to shatter, smash. 2 **espatifar-se** to break up, be torn.

es.pá.tu.la [esp'atulə] *sf* 1 spatula. 2 paper knife.

es.pe.ci.a.li.da.de [espesjalid'adi] *sf* speciality, particularity, peculiarity, specialty.

es.pe.ci.a.lis.ta [espesjal'istə] *s m+f* specialist, expert.

es.pe.ci.a.li.zar [espesjaliz'ar] *vt+vpr* 1 to specialize, differentiate, particularize. 2 **especializar-se** a) to distinguish oneself. b) to train oneself for a special branch.

es.pe.ci.a.ri.a [espesjar'iə] *sf* spices (in general), spicery.

es.pé.cie [esp'ɛsji] *sf* 1 species, sort, kind, variety. 2 *Biol* class, genus, group. **pagar em espécie** to pay in goods (not in money).

es.pe.ci.fi.car [espesifik'ar] *vt* to specify, indicate, stipulate.

es.pé.ci.me(n) [esp'ɛsimẽj] *sm* (*pl* **espécimes, espécimens**) specimen, example, sample.

es.pec.ta.dor [espektad'or] *sm* spectator, onlooker, observer.

es.pe.cu.la.ção [espekulas'ãw] *sf* (*pl* **especulações**) speculation.

es.pe.cu.lar [espekul'ar] *vt* to speculate.

es.pe.lho [esp'eλu] *sm* mirror, looking-glass. **espelho retrovisor** rear mirror.

es.pe.lun.ca [espel'ũkə] *sf* 1 cavern, den, hole. 2 miserable room or house.

es.pe.ran.ça [esper'ãsə] *sf* hope. **que esperança!** not a chance!, no way!.

es.pe.rar [esper'ar] *vt+vint* 1 to hope for. 2 to wait (for), expect, await. 3 to look forward to, watch. *espere ai* / hold on. *espere pelo momento oportuno* / watch your time. **fazer alguém esperar** to keep someone waiting.

es.per.ma [esp'ɛrmə] *sm* semen.

es.per.ta.lhão [espertaλ'ãw] *sm* (*pl* **espertalhões**, *fem* **espertalhona**) clever, cunning, crooked, sharp guy.

es.per.te.za [espert'ezə] *sf* 1 cleverness, smartness. 2 astuteness, cunning(ness).

es.pes.so [esp'esu] *adj* (*pl* **espessos**) 1 thick. 2 dense, consistent.

es.pe.ta.cu.lar [espetakul'ar] *adj m+f* *bras* spectacular, splendid, magnificent.

es.pe.tá.cu.lo [espet'akulu] *sm* 1 show, display, spectacle. 2 view, scene. **um triste espetáculo!** a sorry sight!

es.pe.ta.da [espet'adə] *sf* a prick, a jab.

es.pe.tar [espet'ar] *vt+vpr* 1 to prick, prick. 2 to impale. 3 to poke (as with a stick). *ela se espetou com um alfinete*

/ she pricked herself with a pin. **4 espetar-se** a) to get hurt. b) to get stuck. c) to be pricked.

es.pe.to [esp'etu] *sm* **1** skewer (as for roasting meat). **2** a sharp-pointed stick.

es.pi.a.da [espi'adə] *sf bras* glance, peek, peep.

es.pi.ar [espi'ar] *vt* **1** to spy, watch, observe. **2** to pry into. **3** to peek, peep. **espiar alguém** to spy upon someone.

es.pi.char [espiʃ'ar] *vt+vint+vpr* to stretch out, extend.

es.pi.ga [esp'igə] *sf* ear of corn. **espiga de centeio** *Bot* ear of rye. **espiga de milho** corn-cob.

es.pi.na.fre [espin'afri] *sm Bot* spinach.

es.pin.gar.da [espiŋg'ardə] *sf* shot-gun. **cano de espingarda** barrel.

es.pi.nha [esp'iɲə] *sf* **1** *Anat* spine, backbone, spinal column. **2** fishbone. **3** pimple. **espinha dorsal** dorsal column, backbone, stitch.

es.pi.nho [esp'iɲu] *sm* thorn, prickle. **cheio de espinhos** thorny.

es.pi.o.na.gem [espjon'aʒẽj] *sf* (*pl* **espionagens**) espionage, intelligence service.

es.pi.ral [espir'aw] *sf* (*pl* **espirais**) spiral. • *adj m+f* spiral, coiled, helical. **espiral inflacionária** inflationary spiral.

es.pí.ri.to [esp'iritu] *sm* **1** spirit. **2** vigour of mind or intellect, wit. **presença de espírito** presence of mind, readiness of mind. **um espírito ativo** an active mind.

es.pi.ri.tu.o.so [espiritu'ozu] *adj* witty, spirited, clever.

es.pir.rar [espir'ar] *vt+vint* to sneeze.

es.pir.ro [espi'ʀu] *sm* sneeze. **dar um espirro** to sneeze.

es.pon.ja [esp'õʒə] *sf* sponge. **banho de esponja** sponge bath. **passar a esponja em** (ou sobre) *fig* to forgive, forget.

es.pon.tâ.ne.o [espõt'∧nju] *adj* spontaneous. **geração espontânea** spontaneous generation, abiogenesis.

es.po.ra [esp'ɔrə] *sf* spur.

es.por.te [esp'ɔrti] *sm sport*. • *adj* sports, casual (clothes). **equipamento para esporte** sports kit. **esporte aquático** water sports. **esportes de inverno** winter sports.

es.por.tis.ta [esport'istə] *s m+f* **1** sportsman. **2** sportswoman. • *adj m+f* sporting, referring to sport.

es.po.sa [esp'ozə] *sf* wife, consort, spouse.

es.po.so [esp'ozu] *sm* husband, spouse, consort.

es.pre.gui.çar [espregis'ar] *vt+vpr* **espreguiçar-se** to stretch oneself and yawn.

es.prei.ta [espr'ejtə] *sf* **1** peep, pry. **2** watch, vigil. **3** lookout. **ele está às espreita** / he is on the lookout.

es.prei.tar [esprejt'ar] *vt+vint* **1** to peep, pry, observe attentively. **2** to watch. **3** *coloq* to snoop. **espreitar pelo buraco da fechadura** to spy through the keyhole.

es.pre.mer [esprem'er] *vt+vpr* **1** to press, squeeze out, pinch. **2 espremer-se** a) to strain. b) to press, crowd (together).

es.pu.ma [esp'umə] *sf* froth, foam, lather, suds. **colchão de espuma** foam mattress. **espuma de sabão** soap-suds, lather. **extintor de espuma** *amer* foam gun.

es.pu.man.te [espum'ãti] *adj m+f* frothy, foamy, bubbly, fizzy. **vinho espumante** sparkling wine.

es.pu.mar [espum'ar] *vt+vint* **1** to skim. **2** to foam, froth. **3** to bubble.

es.qua.drão [eskwadr'ãw] *sm* (*pl* **esquadrões**) **1** *Mil* squadron. **2** squad. **esquadrão da morte** death squad.

es.qua.dri.lha [eskwadr'iʎə] *sf Aeron* squadron: formation of two or more flights.

es.quar.te.jar [eskwarteʒ'ar] *vt* **1** to quarter, cut into quarters. **2** to lacerate, tear to pieces.

es.que.cer [eskes'er] *vt+vpr* **1** to forget. **2** to omit, leave out. **3 esquecer-se** a) to forget. b) to be absent-minded. **4** to leave behind. *esqueci o relógio em casa* / I left my watch at home. **esquecer o passado** to wipe off the slate. **esquecer uma ofensa** to forget an injury.

es.que.ci.do [eskes'idu] *sm, adj* **1** forgotten. **2** forgetful, unmindful. **sentir-se esquecido** to feel neglected.

es.que.ci.men.to [eskesim'ẽtu] *sm* forgetfulness, oblivion. **cair no esquecimento** to be forgotten.

es.que.le.to [eskel'etu] *sm* **1** skeleton. **2** framework.

es.que.ma [esk'emə] *sm* scheme, project, plan, design.

es.quen.tar [eskẽt'ar] *vt+vpr* **1** to heat, warm, overheat. **2 esquentar-se** a) to grow warm. b) to grow angry, lose one's temper.

es.quer.dis.ta [eskerd'istə] *s m+f Polit* leftist. • *adj m+f* leftist.

es.quer.do [esk'erdu] *adj* **1** left. **2** left-handed. **do lado esquerdo** a) on the left. b) from the left. **levantar-se da cama com o pé esquerdo** to get out of bed the wrong side.

es.qui [esk'i] *sm Esp* **1** ski. **2** skiing (the sport). **bastão de esqui** ski-stick. **botas de esqui** ski boots.

es.qui.na [esk'inə] *sf* corner. **na esquina** at the corner. **na próxima esquina** at the next corner.

es.qui.si.to [eskiz'itu] *adj* **1** singular, rare. **2** strange, odd, queer, peculiar, weird.

es.qui.var [eskiv'ar] *vt+vpr* **1** to shun, avoid, dodge. **2** to duck, parry (a blow). **3 esquivar-se** to avoid, escape, keep away from. **esquivar-se a uma responsabilidade** to avoid a liability.

es.sa ['εsə] *pron dem fem de* **esse 1** that. *essa é boa!* / that's a good one! *essa é a moça que eu tinha visto* / that is the girl I had seen. **2 essas** those. **ainda mais essa!** and now this! **corta essa!** cut it out! **ora essa!** well now!

es.se ['esi] *pron dem masc* **1** that, that one. *quem é esse?* / who is that? *esse é o homem* / that is the man. *prefiro esse livro* / I prefer that book. *que grito foi esse?* / what is that cry? **2 esses** those. **durante esses três dias** during those three days.

es.sen.ci.al [esẽsi'aw] *adj m+f* essential. **o essencial da questão** the heart of the matter.

es.ta ['εstə] *pron dem fem de* **este 1** this. **2** the latter. **3 estas** these. **esta mulher** this woman. **esta noite** tonight. **por esta vez** (for) this time.

es.ta.be.le.cer [estabeles'er] *vt+vpr* **1** to establish: a) to settle, fix, set up, install. b) to ordain, determine, appoint. c) to make firm, stable or sure. **2 estabelecer-se** to settle or establish oneself.

es.ta.be.le.ci.men.to [estabelesim'ẽtu] *sm* establishment, an organization, institution, foundation. **estabelecimento de ensino** a school. **estabelecimento de ensino superior** university, college.

es.ta.ca [est'akə] *sf* **1** stake, pale, pole, post, picket. **2** peg. **voltar à estaca zero** *bras* to go back to square one.

es.ta.ção [estas'ãw] *sf* (*pl* **estações**) **1** station. **2** a season of the year. **estação de rádio** broadcasting station. **estação de televisão** TV station. **estação de veraneio** summer resort. **estação ferroviária** railway station, railroad station. **estação rodoviária** bus station, depot.

es.ta.ci.o.na.men.to [estasjonam'ẽtu] *sm* parking, parking lot. **estacionamento proibido** no parking.

es.ta.ci.o.nar [estasjon'ar] *vint* to park (vehicles).

es.ta.da [est'adə] *sf* sojourn, stay.

es.ta.do [estaˈdu] *sm* state: a) condition, constitution, circumstance. b) government, constitution, administration. c) (também **Estado**) State, nation. **conselho de estado** State Council. **em bom estado** in good repair, sound, well. **em mau estado** out of repair. **estado civil** marital status. **estado de sítio** state of siege. **estado do bem-estar** welfare state. **servidores do estado** civil servants.

es.ta.do-mai.or [estadumajˈɔr] *sm* (*pl* **estados-maiores**) *Mil* general staff. **oficial do estado-maior** staff officer.

es.ta.fa.do [estaˈfadu] *adj* weary, fatigued, tired.

es.ta.gi.á.rio [estaʒiˈarju] *sm* 1 trainee. 2 *Educ* student teacher. 3 *Amer* intern.

es.ta.lar [estaˈlar] *vt+vint* 1 to crack, split, break into pieces. **ele estalou os dedos** / he cracked his fingers. 2 to crackle, crepitate, pop. 3 to snap (as with a whip).

es.ta.lei.ro [estaˈlejru] *sm* shipyard, dockyard.

es.ta.lo [estaˈlu] *sm* 1 crack: a) a sharp noise. b) a sound made by things suddenly broken. 2 cracking, crackling, burst.

es.tam.pa [esˈtãpə] *sf* 1 a printed image, picture or figure. 2 *bras, fig* appearance, looks.

es.tam.pa.do [estãˈpadu] *adj* 1 printed, impressed, stamped. 2 published.

es.tan.car [estãˈkar] *vt+vint* 1 to stop, hinder from running or flowing (as blood). 2 to drain, dry up, exhaust.

es.tân.cia [esˈtãsjə] *sf* 1 ranch, estate, country seat. 2 resting place, resort. **estância balneária** watering-place, seaside resort. **estância turística** touristic resort.

es.ta.nho [esˈtaɲu] *sm Quím* tin (metal). **folha de estanho** tinfoil. **fundição de estanho** tinwork.

es.tan.te [esˈtãti] *sf* bookstand, bookshelf, bookcase.

es.tar [esˈtar] *vint+vpr* to be: *como está você?* / how are you? *ele está louco por ela* / he is crazy about her. *estou indo bem* / I am doing well. *ainda está em tempo* / it is in time yet. *está bem!* / all right! *está chovendo* / it is raining. **estar afeiçoado por alguma coisa** to be attached to something. **estar à mão** to be at hand. **estar a ponto de** to be on the verge of. **estar às portas da morte** to be at death's door. **estar certo** to be sure of a thing, feel certain. **estar cheio de** *fig, gír* to be fed up with. **estar com a pulga atrás da orelha** *fig* to have a flea in one's ear. **estar com saúde** to be in health. **estar confuso** to be perplexed. **estar de olho em** to be with an eye on. **estar doente** to be sick. **estar dormindo** to be asleep. **estar em casa** to be at home. **estar em dia com** to be up-to-date with. **estar em dúvida** to hang (be) in doubt, be at a stand. **estar em perigo** to be in danger. **estar enganado** to be mistaken, to be wrong. **estar frito** *gír* to be in a difficult situation. **estar grávida** to be pregnant. **estar indeciso** to hesitate. **estar na moda** to be in vogue. **estar no mundo da lua** to be daydreaming. **estar para** to be going to, be about, be ready to. **estar por um fio** to hang by a thread. **estar presente** to stand by. **estar quieto** to stand still, to be quiet. **no pé em que as coisas estão...** as things stand...

es.tar.da.lha.ço [estardaˈʎasu] *sm* 1 fuss. 2 noisy display, showing-off or confusion.

es.ta.tal [estaˈtaw] *adj m+f* (*pl* **estatais**) of or referring to the state.

es.ta.ti.zar [estatiˈzar] *vt* to nationalize.

es.ta.tu.ra [estaˈtura] *sf* stature, height, tallness, size. **de estatura média** middle-sized, of average height.

es.tá.vel [esˈtavew] *adj m+f* (*pl* **estáveis**) stable, firm, solid.

es.te ['ɛsti] *sm* east.

es.te ['esti] *pron dem masc* 1 this. 2 **estes** these, these ones.

es.ten.der [estẽd'er] *vt+vint* 1 to extend, stretch out. 2 to enlarge, expand, widen.

es.té.reo [est'ɛrju] *sm* stereo. • *adj* stereophonic.

es.té.ril [est'ɛriw] *adj m+f (pl* **estéreis)** 1 sterile, barren. 2 unfruitful, infertile.

es.té.ti.ca [est'ɛtikə] *sf* (a)esthetics.

es.te.ti.cis.ta [estetis'istə] *s m+f bras* a beautician.

es.ti.a.gem [esti'aʒẽj] *sf(pl* **estiagens)** fine, dry weather following a rainy season.

es.ti.ca.da [estik'adə] *sf bras* continuation of a social gathering to continue the party that was coming to an end.

es.ti.car [estik'ar] *vt+vpr* 1 to stretch out, extend, tighten. 2 to lengthen, draw out, pull. 3 **esticar-se** to stretch out.

es.ti.lha.ço [estiλ'asu] *sm* splinter, fragment, chip. **estilhaço de granada** a grenade splinter.

es.ti.lin.gue [estil'ĩgi] *sm bras amer* slingshot, *brit* catapult.

es.ti.lis.ta [estil'istə] *s m+f* stylist. **estilista de moda** fashion designer. • *adj m+f* stylistic(al).

es.ti.li.za.ção [estilizas'ãw] *sf* stylization.

es.ti.lo [est'ilu] *sm* style. **estilo barroco** baroque style.

es.ti.ma [est'imə] *sf* esteem, respect, regard.

es.ti.mar [estim'ar] *vt+vpr* 1 to esteem. 2 to estimate: appraise, rate, size up. 3 **estimar-se** a) to steem oneself, count oneself for. b) to like one another.

es.ti.ma.ti.va [estimat'ivə] *sf* calculation, reckoning, estimate.

es.tí.mu.lo [est'imulu] *sm* stimulus, incentive, encouragement.

es.ti.rar [estir'ar] *vt+vpr* 1 to extend, stretch, lengthen. 2 **estirar-se** to stretch oneself (out).

es.ti.va.dor [estivad'or] *sm* longshoreman, docker.

es.to.far [estof'ar] *vt* to upholster, stuff, cover.

es.to.jo [est'oʒu] *sm (pl* **estojos)** case, box, kit, set, chest. **estojo de desenho** drawing set. **estojo de pintura** colour-box. **estojo de tintas** paint-box.

es.tô.ma.go [est'omagu] *sm Anat* stomach. **boca do estômago** pit of the stomach. **dor de estômago** stomachache.

es.to.que [est'ɔki] *sm* 1 stock (of goods). 2 *fig* reserve, supply. **levantamento do estoque** stocktaking. **manter em estoque** to keep in stock.

es.tor.vo [est'orvu] *sm (pl* **estorvos)** hindrance, embarrassment, obstruction, obstacle.

es.tou.rar [estowr'ar] *vint+vt* 1 to cause to burst. 2 to burst (with great noise), explode. 3 to split, crack, clatter, break up, shatter. 4 to blow out. 5 *fig* to enrage, lose one's temper.

es.tou.ro [est'owru] *sm* 1 burst, bursting. 2 crack, clap, peal, detonation, report, explosion. 3 *bras, gír* something very good or excellent.

es.trá.bi.co [estr'abiku] *sm* a cross-eyed person. • *adj* cross-eyed, squinting.

es.tra.da [estr'adə] *sf* 1 road, highway, main road, public road. **estrada de duas vias** two-way road. **estrada de ferro** railway, railroad. **estrada de rodagem** arterial road, highway. **estrada de uma só via** one-way road. **estrada principal** main road, highway. **estrada secundária** secondary road.

es.tra.do [estr'adu] *sm* a slightly raised platform.

es.tra.ga.do [estrag'adu] *adj* 1 rotten, deteriorated, damaged. 2 spoiled, dissipated.

es.tra.go [estr'agu] *sm* 1 damage, ruin, distruction. 2 harm, hurt, injury.

es.tran.gei.ro [estrãŋ'ejru] *sm* foreigner, alien. *ele mora no estrangeiro* / he lives abroad. • *adj* foreign, outlandish. **comércio exterior** foreign trade.

es.tran.gu.lar [estrãgul'ar] *vt* 1 to strangle, suffocate. 2 to choke, throttle.

es.tra.nho [estr'ʌñu] *sm* stranger. • *adj* strange: 1 unusual, unexpected, unfamiliar. 2 peculiar. 3 odd, queer, freakish.

es.tra.to [estr'atu] *sm* 1 *Geol* stratum, bed, layer. 2 stratus: a continuous horizontal sheet of clouds.

es.tre.ar [estre'ar] *vt* 1 to use for the first time. 2 to première. *o filme estreou no festival de Curitiba* / the film was premièred at the Curitiba festival.

es.tre.ba.ri.a [estrebar'iə] *sf* horse stable.

es.tre.i.a [estr'ejə] *sf* 1 *Teat, Cin* première. 2 beginning, debut, first appearance.

es.trei.to [estr'ejtu] *sm* strait. • *adj* 1 narrow. 2 sparing, scanty. 3 narrow-minded. **estreito de Gibraltar** the straits of Gibraltar.

es.tre.la [estr'elə] *sf* star. *sua estrela é ascendente,* fig / his star is in the ascendant. *o filme apresenta uma nova estrela* / the picture is starring a new actress. **estrela cadente** shooting star. **estrela matutina** morning star. **estrela polar** north star. **estrela vespertina** evening star.

es.tre.la-do-mar [estr'elədum'ar] *sf* (*pl* **estrelas-do-mar**), *Zool* starfish.

es.tre.la.to [estrel'atu] *sm bras* stardom.

es.tre.par [estrep'ar] *vt+vpr* 1 to provide with sharp points or caltrops. 2 **estrepar-se** *bras* to come off badly, fail. *ele estrepou-se com isto* / he came off badly.

es.tré.pi.to [estr'ɛpitu] *sm* 1 great noise. 2 clap, crack, crash, peal, thunder. 3 rattle, racket.

es.tres.san.te [estres'ãti] *adj m+f Med* stressful.

es.tri.a [estr'iə] *sf* stretch marks.

es.tri.bei.ra [estrib'ejrə] *sf* 1 step, footboard (of a coach). 2 stirrup. **perder as estribeiras** to lose one's temper.

es.tri.bi.lho [estrib'iλu] *sm* refrain, chorus.

es.tri.den.te [estrid'ẽti] *adj m+f* strident, shrill, whistling, grating.

es.tri.lar [estril'ar] *vint bras, gír* 1 to protest noisily. 2 to shout, bawl.

es.tri.pu.li.a [estripul'iə] *sf bras, coloq* 1 naughtiness. 2 confusion, tumult, racket, din.

es.tron.do [estr'õdu] *sm* 1 cracking, boom, thundering, roaring, rumble. 2 detonation, explosion, blast. **estrondo de trovão** thunder-clap.

es.tron.do.so [estrõd'ozu] *adj* 1 noisy, tumultuous, thunderous. 2 loud, clamorous. **aplausos estrondosos** thunderous applause.

es.tro.pi.a.do [estropi'adu] *adj* maimed, mangled, mutilated, crippled.

es.tru.me [estr'umi] *sm* manure, dung, fertilizer.

es.tru.tu.ra [estrut'urə] *sf* structure, framework.

es.tu.á.rio [estu'arju] *sm* estuary.

es.tu.dan.te [estud'ãti] *s m+f* 1 student. *ele é estudante de medicina* / he is a med student. 2 scholar, learner.

es.tu.dar [estud'ar] *vt+vint+vpr* 1 to study. 2 to inquire into, investigate. 3 to attend a course, be a student. 4 **estudar-se** to analyze, examine oneself. **estudar até altas horas** to study far into the night. **estudar com aplicação** to study hard.

es.tu.di.o.so [estudi'ozu] *adj* studious, bookish, diligent.

es.tu.do [est'udu] *sm* 1 study. 2 sketch for a picture, story, work, plan. **bolsa de estudos** scholarship.

es.tu.fa [est'ufə] *sf* hothouse, greenhouse. **efeito estufa** greenhouse effect.

es.tu.pe.fa.to [estupefˈatu] *adj* 1 astonished, amazed. 2 motionless.

es.tu.pen.do [estupˈẽdu] *adj* stupendous, amazing, wonderful, admirable.

es.tu.pi.dez [estupidˈes] *sf* 1 stupidity, foolishness, dullness. 2 *bras* coarseness, rudeness.

es.tú.pi.do [estˈupidu] *adj* 1 stupid, dull, idiotic(al), obtuse. 2 *bras* coarse, rude, brute.

es.tu.pra.dor [estupradˈor] *sm* rapist. • *adj* raping, that rapes.

es.tu.pro [estˈupru] *sm* rape.

es.tur.ri.ca.do [estuřikˈadu] *adj* 1 very dry. 2 too roasted, almost burnt.

es.va.ir [ezvaˈir] *vt+vpr* 1 to disperse, dissipate. 2 to evaporate. 3 **esvair-se** to evanesce, disappear gradually. **esvair-se em sangue** to bleed to death.

es.va.zi.ar [ezvaziˈar] *vt* 1 to empty, exhaust, evacuate. 2 to deflate (as a tire).

es.ver.de.a.do [ezverdeˈadu] *adj* greeny, greenish.

e.ta.pa [etˈapə] *sf* stage. **por etapas** in stages.

e.ter.ni.da.de [eternidˈadi] *sf* eternity. *esperei uma eternidade* / I have been waiting ages. **uma eternidade** *coloq* a long while, a week of Sundays.

e.ter.no [etˈernu] *adj* eternal.

é.ti.ca [ˈetikə] *sf* ethics.

e.ti.mo.lo.gi.a [etimoloʒˈiə] *sf* etymology.

e.ti.que.ta [etikˈetə] *sf* 1 etiquette. 2 label, ticket, tag.

et.ni.a [etnˈiə] *sf Etnol* ethnic group, a biological group which is culturally homogeneous.

eu [ˈew] *pron pess* I. *como eu* / like me, as I am. *eu, por exemplo* / take me, for example. *sou eu* / it is me. **eu mesmo** myself.

eu.ca.lip.to [ewkalˈiptu] *sm* eucalyptus.

eu.fe.mis.mo [ewfemˈizmu] *sm* euphemism.

eu.fo.ri.a [ewforˈiə] *sf* euphoria.

eu.ro.peu [ewropˈew] *sm* (*fem* **europeia**) European. • *adj* European.

e.va.cu.ar [evakuˈar] *vt+vint* 1 to evacuate, empty, void, clear. 2 to excrete, defecate.

e.va.dir [evadˈir] *vt+vpr* 1 to avoid, shun, escape. 2 **evadir-se** to steal away, make one's escape.

e.van.ge.lho [evãʒˈɛʎu] *sm* the Gospel. **pregar o evangelho** to preach the Gospel.

e.va.po.ra.ção [evaporasˈãw] *sf* (*pl* **evaporações**) evaporation.

e.va.si.va [evazˈivə] *sf* excuse, pretext, subterfuge.

e.va.si.vo [evazˈivu] *adj* evasive, tending or intended to evade, equivocal. **resposta evasiva** evasive answer.

e.ven.to [evˈẽtu] *sm* event, occurrence.

e.ven.tu.al [evẽtuˈaw] *adj m+f* (*pl* **eventuais**) fortuitous, occasional, contingent, casual.

e.vi.den.ci.ar [evidẽsiˈar] *vt+vpr* 1 to evidence: a) to make evident or clear. b) to show clearly, offer evidence of. 2 **evidenciar-se** to become evident, clear.

e.vi.tar [evitˈar] *vt* 1 to avoid, shun, spare, escape, dodge, keep clear of. 2 to impede, hinder, prevent, embarrass.

e.vo.car [evokˈar] *vt* to evoke: 1 to call or summon forth or out, invoke. 2 to conjure, raise up (spirits).

e.vo.lu.ir [evoluˈir] *vint+vt* to develop, unfold, evolve, progress.

e.xa.cer.bar [ezaserbˈar] *vt+vpr* 1 to exacerbate, exasperate. 2 **exacerbar-se** to get worse, become aggravated.

e.xa.ge.rar [ezaʒerˈar] *vt+vint* to exaggerate, exceed.

e.xa.ge.ro [ezaʒˈeru] *sm* (*pl* **exageros**) exaggeration, excessiveness, overstatement.

e.xa.lar [ezalˈar] *vt* 1 to exhale, emit, emanate. 2 to breathe out.

e.xal.tar [ezawtˈar] *vt+vpr* 1 to exalt.

2 exaltar-se a) to extol oneself, boast, pride, become vain. **b)** to get angry, become irritated, exasperate.

e.xa.me [ez'ʌmi] *sm* examination: **a)** a formal interrogation, questioning. **b)** test of knowledge. *ele foi aprovado num exame* / he passed an examination. *ele foi reprovado num exame* / he failed in an examination. **c)** inquiry, investigation, search, scrutiny, survey. **exame de sangue** blood test. **exame médico** medical examination. **exame vestibular** university entrance examination.

e.xa.mi.nar [ezamin'ar] *vt+vpr* **1** to examine. **2 examinar-se** to examine one's conscience.

e.xas.pe.rar [ezasper'ar] *vt+vpr* **1** to exasperate. **2 exasperar-se a)** to become exasperated. **b)** to grow furious.

e.xa.ta.men.te [ezatam'ẽti] *adv* **1** exactly. *é exatamente o que preciso* / it is exactly what I want. **2** just. *é isso exatamente o que lhe convém* / that will just suit him. **exatamente assim!** that's just it! **exatamente duas horas** precisely two hours.

e.xa.to [ez'atu] *adj* exact, precise: **1** accurate, precise. **2** punctual. **3** correct, right, strict. **à hora exata** at the right time. **no sentido exato** in the strict sense.

e.xaus.to [ez'awstu] *adj* exhausted, drained, drawn out, dog-tired, worn-out.

ex.ce.ção [eses'ãw] *sf (pl* **exceções)** exception. *não há regra sem exceção* / there is no rule without exception. **abrir uma exceção** to stretch a point. **com exceção de / exceto** with the exception of, excepting. **sem exceção** without exception. **todos, com exceção de você** all except you.

ex.ce.den.te [esed'ẽti] *sm* **1** excess, surplus. **2** remainder.

ex.ce.der [esed'er] *vt+vpr* **1** to exceed: **a)** pass or go beyond, transcend. **b)** go too far. **c)** surpass, be superior to, excel. **2** to trespass. **3 exceder-se** to exceed oneself. *você já se excedeu* / you went beyond the limit. **exceder-se em algo** to carry a thing too far.

ex.ce.lên.cia [esel'ẽsjə] *sf* excellence, primacy. **por excelência** par excellence.

ex.ce.len.te [esel'ẽti] *adj m+f* **1** excellent, fine, admirable. **2** top, first-rate. • *interj* fine!, splendid!

ex.cep.ci.o.nal [esepsjon'aw] *adj m+f(pl* **excepcionais)** exceptional. **condições excepcionais** exceptional conditions.

ex.ces.si.vo [eses'ivu] *adj* excessive, immoderate, beyond measure. **trabalho excessivo** overwork.

ex.ces.so [es'esu] *sm* **1** excess. **2** redundance. **cometer excessos** to run riot. **excesso de bagagem** excess luggage.

ex.ce.to [es'ɛtu] *prep* except(ing), save, unless, excluding, with the exception of. **exceto minha filha** saving my daughter. **todos, exceto meu amigo** all, save my friend.

ex.ci.ta.ção [esitas'ãw] *sf(pl* **excitações)** stimulation, excitement, commotion.

ex.ci.tan.te [esit'ãti] *sm+f* excitant. • *adj m+f* exciting, stimulating.

ex.cla.mar [esklam'ar] *vt+vint* to exclaim, cry out, say loudly.

ex.clu.ir [esklu'ir] *vt* to exclude, preclude, seclude or debar from, shut out.

ex.clu.si.vi.da.de [eskluzivid'adi] *sf* exclusiveness.

ex.clu.si.vo [eskluz'ivu] *adj* **1** exclusive. **2** private.

ex.co.mun.gar [eskomũg'ar] *vt* to excommunicate.

ex.cre.men.to [eskrem'ẽtu] *sm* excrement, fecal matter, feces.

ex.cru.ci.an.te [eskrusi'ãti] *adj m+f* excruciating, tormenting.

ex.cur.são [eskurs'ãw] *sf (pl* **excursões)** excursion: journey, trip, outing, tour.

e.xe.crar [ezekr'ar] *vt* to execrate, abhor, abominate, detest, hate.

e.xe.crá.vel [ezekr'avew] *adj m+f* (*pl* **execráveis**) execrable, abominable, detestable, cursed, odious.

e.xe.cu.ção [ezekus'ãw] *sf* execution: a) judicial proceedings to make a sentence effective. b) accomplishment. c) style or mode of performance (como em *Mús*). d) infliction of capital punishment.

e.xe.cu.tar [ezekut'ar] *vt* 1 to realize, effectuate, carry out, accomplish, put into practice. 2 *Jur* to execute, put one to death. *o assassino foi executado* / the murderer was put to death. 3 to play, perform (as a piece of music).

e.xem.plar [ezẽpl'ar] *s m+f* 1 example, model. 2 copy of the same printing. *foram vendidos mil exemplares de seu livro* / his new book sold one thousand copies. • *adj* exemplary.

e.xem.plo [ez'ẽplu] *sm* example, model, instance. **para citar um exemplo** by way of example. **por exemplo** for instance, for example. **servir de exemplo** to serve as example.

e.xe.quí.vel [ezek'wivew] *adj m+f* (*pl* **exequíveis**) feasible, capable of being done, performed or executed.

e.xer.cer [ezers'er] *vt* 1 to exercise: a) to practise, put in practice. b) to perform the function or duties of. *ela exerce a medicina* / she practises medicine. 2 to bring to bear: exert. **exercer influência** to exert influence. **exercer pressão sobre** to put pressure on. **exercer uma profissão** to follow a profession. **exercer um cargo** to hold an office.

e.xer.cí.cio [ezers'isju] *sm* 1 exercise, practice. 2 work, labor, service, task, lesson.

e.xer.ci.tar [ezersit'ar] *vt+vpr* 1 to exercise, practise. 2 **exercitar-se** to exercise, practise or train in.

e.xér.ci.to [ez'ɛrsitu] *sm* army.

e.xi.bi.ção [ezibis'ãw] *sf* (*pl* **exibições**) exhibition: act of exhibiting or display(ing) (as for inspection). **dois meses de exibição** *Cin* a run of two months.

e.xi.bir [ezib'ir] *vt+vpr* 1 to exhibit: a) show, display. b) expose. c) flaunt, boast, show off. 2 **exibir-se** to pride, show oneself.

e.xi.gên.cia [ezi3'ẽsjə] *sf* 1 demand. 2 requirement. *este trabalho satisfez as suas exigências* / this work fulfilled your (his) requirements. **corresponder às exigências** to meet with the requirements.

e.xi.gen.te [ezi3'ẽti] *adj m+f* exacting, demanding. **uma tarefa exigente** an exacting task, a demanding task.

e.xi.gir [ezi3'ir] *vt+vint* 1 to claim, exact, demand, require, urge. 2 to impose (as an obligation). **exigir demais** to ask too much.

e.xí.lio [ez'ilju] *sm* exile.

e.xí.mio [ez'imju] *adj* eminent, excellent, extraordinary, distinguished.

e.xis.tir [ezist'ir] *vint* 1 to exist, be, live, be alive. 2 to subsist. 3 to endure, last.

ê.xi.to ['ezitu] *sm* success, effect, result, outcome, triumph.

e.xor.bi.tan.te [ezorbit'ãti] *adj m+f* exorbitant, excessive, inordinate. **preços exorbitantes** fancy prices.

ex.pan.dir [espãd'ir] *vt+vpr* 1 to expand: a) spread or stretch out, unfold. b) extend, open, enlarge, widen, broaden. 2 **expandir-se** a) to express oneself freely. b) to become dilated or enlarged.

ex.pan.são [espãs'ãw] *sf* (*pl* **expansões**) 1 expansion. 2 free expression of one's feelings, frankness, sincerity.

ex.pec.ta.ti.va [espektat'ivə] *sf* expectation. 1 hope. 2 anticipation, expectancy. **contra toda expectativa** contrary to all expectation, against all expectation. **segundo todas as expectativas** according to all expectations.

ex.pe.di.en.te [espedi'ēti] *sm* **1** business or office hours. **2** the work of an office or governmental bureau. **3** everyday tasks. • *adj m+f* **1** expeditious, quick, hasty, speedy, active. **2** dispatching. **ter expediente** to be hasty, active, ready. **viver de expedientes** to do odd jobs.

ex.pe.dir [esped'ir] *vt* **1** to dispatch, issue, forward, express, ship (goods). **2** to remit, send, deliver.

ex.pe.lir [espel'ir] *vt* to expel, force or throw out, eject.

ex.pe.ri.ên.cia [esperi'ēsjə] *sf* **1** experience. *eu sei por experiência* / I know it by experience. **2** practice, knowledge (as of life). **3** experiment, proof, trial, test. **a título de experiência** by way of trial. **em experiência** on probation. **um homem de experiência** a man of experience.

ex.pe.ri.en.te [esperi'ēti] *s m+f* expert: an experienced or skilful person. • *adj* experienced, skilful, skilled, expert.

ex.pe.ri.men.tar [esperimēt'ar] *vt* **1** to experiment, try, try out. *experimente a sua sorte!* / try your luck! **2** to attempt, essay. **3** to taste. **4** to experience, undergo. **experimentar alguma coisa** to give something a trial. **experimentar fazer alguma coisa** to try one's hand at something.

ex.pi.ar [espi'ar] *vt+vpr* to expiate: **1** to atone for. **2** to give satisfaction or offer reparations for, pay for a crime or sin. **expiar uma falta** to atone for a fault. **expiar um crime** to serve time.

ex.pi.a.tó.rio [espjat'ɔrju] *adj* expiatory. **bode expiatório** scapegoat.

ex.pi.rar [espir'ar] *vt+vint* to expire: **1** to exhale, breathe out. **2** to die, emit one's last breath. **3** to come to an end. **o prazo expirou** the time is up.

ex.pli.ca.ção [esplikas'ãw] *sf (pl* **explicações)** explanation, explication, elucidation. **dar uma explicação de alguma coisa** to give an explanation of something.

ex.pli.car [esplik'ar] *vt+vint+vpr* **1** to explain, expound, interpret, make clear. *que isto fique explicado de uma vez para sempre* / let this be made clear once for all. **2** to account for. **explicar-se** to explain or express oneself.

ex.plo.dir [esplod'ir] *vint+vt* to explode, blow up, detonate, burst.

ex.plo.ra.dor [esplorad'or] *sm* **1** explorer, researcher. **2** exploiter: one who takes advantage of others. • *adj* **1** exploring. **2** exploitative or exploitive, exploiting.

ex.plo.rar [esplor'ar] *vt* **1** to explore, search, look into, inquire into. **2** to exploit, fleece, soak, plunder, strip. **explorar alguém** to exploit someone, play fast and loose with a person.

ex.por [esp'or] *vt+vint+vpr* **1** to expose, lay out, exhibit, show, display. **2** to explain, expound, make clear, lay open, disclose. **3** **expor-se** a) to expose oneself to danger. b) to show oneself. **expor à venda** to expose for sale. **expor-se ao perigo** to expose oneself to a danger. **expor-se ao ridículo** to hold oneself up to ridicule.

ex.por.ta.ção [esportas'ãw] *sf (pl* **exportações)** exportation, export: a) the act of exporting. b) the commodity exported. **artigos de exportação** exports. **comércio de exportação** export trade.

ex.por.ta.dor [esportad'or] *sm* exporter. • *adj* exporting. **casa exportadora** exporting firm.

ex.po.si.ção [espozis'ãw] *sf (pl* **exposições)** exposition: a) act of exposing. b) *Fot* an exposure. c) a public exhibition or show. d) explanation, account, statement. **exposição de gado** cattle-show. **sala de exposição** showroom.

ex.pos.to [esp'ostu] *adj* **1** exposed. *está exposto* / it is on show. **2** patent, open,

ex.pres.são [espres'ãw] *sf (pl* **expressões)** **1** expression: a) act of expressing (squeezing out). b) utterance, saying, a word, phrase, term, sentence. **2** countenance, look. **expressões vulgares** everyday expressions, vulgar expressions.

ex.pres.sar [espres'ar] *vt+vpr* **1** to express, delineate, depict, state, show, reflect. **2 expressar-se** to express oneself.

ex.pres.si.vo [espres'ivu] *adj* expressive, significant, significative, meaningful.

ex.pres.so [espr'ɛsu] *sm* express train. • *adj* express: clearly made known, explicit, plain, clear, expressed. **carta expressa** special delivery letter, carta letter. **uma ordem expressa** an express command.

ex.pri.mir [esprim'ir] *vt+vpr* **1** to express: a) utter, describe, phrase, speak, say. b) manifest, demonstrate, reveal. **2 exprimir-se** to express oneself, give expression to one's feelings.

ex.pul.sar [espuws'ar] *vt* **1** to expel, drive away, turn out, send off. **2** to force out. **3** to banish.

êx.ta.se ['estazi] *sm* ecstasy, rapture, trance.

ex.ta.si.ar [estazi'ar] *vt+vpr* **1** to ravish, enrapture, transport, entrance. **2 extasiar-se** to fall into an ecstasy.

ex.ten.são [estẽs'ãw] *sf (pl* **extensões) 1** extension, stretching. **2** extent, range, space, length. **3** extension: an extra telephone connected to the principal line. **4** extension cord. **em toda extensão** at full length.

ex.ten.so [est'ẽsu] *adj* **1** extensive, ample, large, vast. **2** wide, broad. **é favor escrever por extenso** / please write in full.

ex.te.ri.or [esteri'or] *sm* **1** the exterior, external, outside. **2** the foreign countries. • *adj m+f* exterior, external, outer, outward, outside, superficial. **do exterior** from abroad. **Ministro das Relações Exteriores** Secretary/ Minister of Foreign Affairs. **no exterior** abroad, in foreign parts. **relações exteriores** foreign affairs.

ex.te.ri.o.ri.zar [esterjoriz'ar] *vt+vpr* **1** to utter, express, externalize. **2** to manifest. **3 exteriorizar-se** to show itself, express oneself.

ex.ter.mí.nio [esterm'inju] *sm* extermination, destruction, desolation, ruin, massacre.

ex.ter.nar [estern'ar] *vt+vpr =* **exteriorizar.**

ex.ter.na.to [estern'atu] *sm* day-school.

ex.tin.guir [estĩg'ir] *vt+vpr* **1** to extinguish: a) put out, quench, stifle. b) destroy, put an end to. **2 extinguir-se** a) to be extinguished, go out. b) to become extinct.

ex.tin.to [est'ĩtu] *adj* **1** extinct, extinguished, put out. **2** dead, defunct.

ex.tin.tor [estĩt'or] *sm* extinguisher. **extintor de incêndio** fire-extinguisher. • *adj* extinguishing.

ex.tir.par [estirp'ar] *vt* to extirpate: a) pull out by the roots, root out, eradicate, uproot. b) destroy totally. c) *Cir* to make an excision.

ex.tor.são [estors'ãw] *sf (pl* **extorsões) 1** extortion. **2** blackmail. **3** usurpation.

ex.tra.ção [estras'ãw] *sf (pl* **extrações) 1** extraction: a) act of extracting or pulling out. b) that which is extracted. **2** drawing (lottery).

ex.tra.con.ju.gal [ɛstrakõʒug'aw] *adj m+f* extramarital: outside marriage.

ex.tra.ir [estra'ir] *vt* **1** to extract, draw out, withdraw, pull out. **2** to make an extract of. **3** to pick, pluck. **extrair a raiz de um número** to extract the root of a number. **extrair um dente** to pull a tooth.

ex.tra.o.fi.ci.al [ɛstrəofisi'aw] *adj m+f* unofficial.

ex.tra.or.di.ná.rio [estraordin'arju] *adj* extraordinary: **1** unusual, extra, uncommon, not ordinary, rare. **2** remarkable, exceptional, phenomenal. **3** astonishing.

ex.tra.po.lar [estrapol'ar] *vt* **1** to extrapolate. **2** to go too far, exceed, go beyond.

ex.tras.sen.so.ri.al [ɛstrəsɛsori'aw] *adj m+f* extrasensory. **percepção extrassensorial** extrasensory perception.

ex.tra.to [estr'atu] *sm* extract, statement. **extrato bancário** bank statement. **extrato de conta** extract or statement of account. **extrato de rosas** extract of roses.

ex.tra.va.gân.cia [estravag'ãsjə] *sf* **1** extravagance. **2** oddity, queerness. **3** **extravagâncias** excesses (as of drink).

ex.tra.va.sar [estravaz'ar] *vt* **1** to overflow. **2** to spill over. **3** to express oneself in an impetuous manner.

ex.tra.vi.a.do [estravi'adu] *adj* astray, lost, amiss. **carta extraviada** miscarried letter. **objetos extraviados** lost property.

ex.tra.vi.o [estrav'iu] *sm* **1** *bras* waste. **2** loss, misplacement. **3** embezzlement, purloining.

ex.tre.ma-un.ção [estremǝus'ãw] *sf (pl* **extremas-unções, extrema-unções)** *Rel* last rites.

ex.tre.mo [estr'emu] *sm* **1** extreme: a) extremity, end. b) utmost point or limit. c) highest degree. **2** *fig* the last resource. • *adj* **1** extreme: a) last, final. b) utmost, greatest. c) farthest, most distant. d) highest. **até os limites extremos** to its utmost limits. **cair no extremo oposto** to fly to the opposite extreme. **de extremo a extremo** from out to out. **extrema miséria** deep poverty. **levar uma coisa ao extremo** to carry a thing too far.

ex.trín.se.co [estr'īseku] *adj* extrinsic(al), external, exterior, not essential.

ex.tro.ver.ti.do [estrovert'idu] *adj* extrovert: that is talkative, gregarious and communicative.

e.xu.be.ran.te [ezuber'ãti] *adj m+f* exuberant: **1** superabundant, plenteous, copious, profuse, rich. **2** luxuriant, rank, lush. **3** *fig* effusive, full of life.

e.xul.tar [ezuwt'ar] *vint* to exult, rejoice, jubilate, triumph over.

f

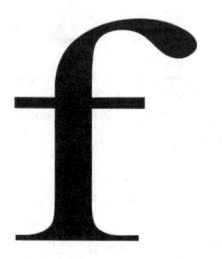

F, f ['εfi] *sm* the sixth letter of the alphabet.

fá [f'a] *sm Mús* fa.

fã [f'ã] *s m+f* devotee, admirer, fan (*abrev de* **fanatic**).

fá.bri.ca [f'abrikə] *sf* **1** factory, workshop. **2** mill, plant, work(s), manufacturer, industry. **fábrica de automóveis** automobile plant. **fábrica de papel** paper mill. **fábrica de produtos químicos** chemical works. **fábrica têxtil** textile mill. **preço de fábrica** cost price.

fa.bri.ca.do [fabrik'adu] *adj* made, built, milled. **fabricado sob encomenda** custom-made.

fa.bri.can.te [fabrik'ãti] *s m+f* manufacturer, maker, producer, industrialist. **fabricante de cerveja** brewer, brewery. **fabricante de velas** tallow chandler.

fa.bri.car [fabrik'ar] *vt+vint* **1** to produce, manufacture, make. **2** to form. **3** to edify.

fá.bu.la [f'abulə] *sf* **1** fable. **2** plot of a literary composition (epic or dramatic). **3** *bras* a lot of money. *o carro custou uma fábula* / the car cost me a packet.

fa.bu.lo.so [fabul'ozu] *adj* fabulous: a) fictitious, imaginary. b) mythologic, mythic(al). c) incredible, not believable. d) great, wonderful.

fa.ca [f'akə] *sf* knife. **amolador de facas** knife grinder. **entrar na faca** *gír* to be operated on, go under the knife. **faca de cozinha** kitchen knife. **faca de dois gumes** (também *fig*) double-edged sword. **faca de mesa** table knife. **faca de trinchar** carver, carving knife. **faca para peixe** fish carver. **meter a faca** *fig* to overcharge. **ter/estar com a faca e o queijo na mão** to have the upper hand. **uma faca afiada** a sharp knife.

fa.ca.da [fak'adə] *sf* stab, thrust with a knife. **dar uma facada em** to try to borrow money from.

fa.ça.nha [fas'∧ñə] *sf* achievement, exploit, feat.

fa(c).ção [fa(k)s'ãw] *sf* (*pl* **facções**) faction, wing, political party or group, sect.

fa.ce [f'asi] *sf* face. **a face da Terra** the face of the earth. **em face de** a) in the face (or presence) of. b) in view of. **face a face** face to face, opposite. **face externa** outface. **face posterior** back. **fazer face a** to oppose, resist, meet. *fazer face às despesas* / to meet expenses. *a casa faz face para a rua* / the house faces the street.

fa.cei.ro [fas'ejru] *adj* coquettish, conceited, coxcombical.

fa.cha.da [faʃ'adə] *sf* face of a building, front, façade. **de fachada** giving an appearance that is not real.

fá.cil [f'asiw] *adj m+f* (*pl* **fáceis**) easy,

facilidade   398   **falecido**

simple, effortless. *é fácil de obter* / it is easy to get. • *adv* easy, easily: a) without undue speed or excitement. b) with moderation. c) without worry or care. *é facílimo* it is dead easy. **fácil de fazer** easy to do. **mais fácil falar do que fazer** easier said than done.

fa.ci.li.da.de [fasilid'adi] *sf* **1** ease, easiness. **2** promptness, readiness. **com facilidade** easily. **facilidade em falar** readiness of speech.

fa.cí.no.ra [fas'inorə] *sm* criminal, malefactor, evil doer. • *adj m+f* cruel, perverse.

fac(c).tí.vel [fa(k)t'ivew] *adj m+f* (*pl* **factíveis**) feasible, practicable, possible.

fa.cul.da.de [fakuwd'adi] *sf* faculty: a) capacity, power, ability. b) any of the departments of learning at a university. c) teaching body in any of these departments. d) establishment of higher education, college. **estar em plena posse de suas faculdades mentais** to be in one's right or perfect mind. **faculdade de lembrar** power of recollection. **faculdade de medicina** medical school.

fa.cul.tar [fakuwt'ar] *vt* to grant, permit, facilitate, empower, authorize.

fa.da [f'adə] *sf* **1** fairy, fay, faerie. **2** *fig* charming woman. **conto de fadas** fairy tale.

fa.di.ga [fad'igə] *sf* fatigue, tiredness, weariness. **fadiga ocular** eyestrain.

fa.gu.lha [fag'uʎə] *sf* spark.

fai.são [fajz'ãw] *sm* (*pl* **faisões**) *Ornit* pheasant.

fa.ís.ca [fa'iskə] *sf* **1** spark, flash. **2** flash of lightning, thunderbolt.

fai.xa [f'ajʃə] *sf* **1** band, strip, bar. **2** waistband, sash. **3** bandage, swathe, binding. **4** strip of land. **5** track (on a phonograph record). **faixa de onda** wave band. **faixa de pedestres** crosswalk, *zebra* crosssing. **faixa etária** age group. **faixa salarial** salary range.

fa.la [f'alə] *sf* speech, talk. **defeito na fala** speech impediment. **fala arrastada** drawl. **fala ininteligível** babble. **homem de poucas falas** man of few words. **sem fala** speechless.

fa.la.dor [falad'or] *sm* gossip, chatterbox, windbag, blabbermouth. • *adj* indiscreet, slandering, gabby.

fa.lan.te [fal'ãti] *adj m+f* eloquent, expressive, talkative. **alto-falante** loudspeaker.

fa.lar [fal'ar] *vint+vt* to speak, say, tell, talk. *aqui se fala inglês* / English is spoken here. **a coisa fala por si** the thing speaks for itself. **aqui fala Brown!** *Telecom* this is Brown, Brown (is) speaking (here). **ele falou sem chegar ao assunto** he talked round it. **ele mesmo pode falar** he can speak for himself. **falando nisso / por falar nisso** come to think of it. **falando seriamente** joking apart, no kidding. **falar alto** to speak up. **falar a um auditório** to address an audience. **falar bem de** to speak highly of. **falar da vida alheia** to gossip. **falar pelos cotovelos** to talk nineteen to the dozen. **falar por trás de alguém** to talk behind one's back. **falar sem rodeios** to speak to the point. **fale!** speak out!, *gír* spit it out. **fale mais alto!** speak up! **falou!** *gír* you said it!, that's all right! **modo de falar** manner of speech. **não falemos mais nisso** forget it, will you. **não falo mais com ele** I am no more on speaking terms with him.

fa.la.tó.rio [falat'ɔrju] *sm bras* **1** chitchat, gossip, talk. **2** slander.

fal.ca.tru.a [fawkatr'uə] *sf* **1** imposture, fraud. **2** deceit, trick, hoax.

fa.le.ci.do [fales'idu] *sm* deceased, departed. • *adj* deceased, late. **meu falecido pai** my late father.

fa.lên.cia [fal'ẽsjə] *sf* bankruptcy. **abrir falência / ir à falência** to go bankrupt, *amer, gír* (go) bust. **levar à falência** to bankrupt, *amer, gír* bust. **pedido de falência** bankruptcy notice.

fa.lhar [faʎ'ar] *vt+vint* to fail, come out badly, flop. **a tentativa falhou completamente** the experiment fell flat, flopped. **os seus planos falharam** his plans came to nothing, fell through, failed.

fa.lho [f'aʎu] *adj* defective, imperfect, deficient, faulty, flawed.

fal.sá.rio [faws'arju] *sm* forger, counterfeiter.

fal.se.ar [fawse'ar] *vt+vint* **1** to falsify, misrepresent. **2** to deceive, cheat.

fal.si.da.de [fawsid'adi] *sf* falsehood, mendacity, lie.

fal.si.fi.car [fawsifik'ar] *vt* **1** to counterfeit, forge, fake. **2** to adulterate, tamper.

fal.so [f'awsu] *adj* **1** false, untrue. **não há nada de mais falso** / there is nothing more untrue. **2** fraudulent, spurious, crooked, artificial. **alarme falso** false alarm. **em falso** in vain. **fundo falso** double or false bottom. **juramento falso** perjury. **passo em falso** a false step.

fal.ta [f'awta] *sf* **1** lack, want, need, destitution, scantiness. **2** absence. **3** privation, necessity. **4** shortage, deficiency, shortcoming, scarceness. **5** fault, mistake. **cometer uma falta** to make a mistake. **em falta** lacking, out of stock. **estar em falta com alguém** to feel guilty with respect to someone. **falta de água** water shortage. **falta de educação** rudeness, bad form. **falta de sorte** bad luck. **na falta de** in the absence of. **por falta de provas** for want or in default of evidence. **sem falta!** without fail.

fa.ma [f'ʌmə] *sf* **1** fame, renown, glory. **2** rumour. **3** reputation, standing, prestige. **de má fama** of bad repute, ill-famed. **ela tem fama de** she is famed for, she is reputed to be. **ganhar fama** to become famous.

fa.mí.lia [fam'ilje] *sf* family: a) folk. b) household, house, home. c) tribe, clan, kin. d) lineage. e) a group of related plants or animals forming a category. **chefe de família** head of the family. **de boa família** wellborn. **médico de família** family doctor. **nome de família** surname, family name. **pessoa da família** relation, relative. **questões de família** family affairs. **tamanho-família** family size.

fa.mi.li.a.ri.da.de [familjarid'adi] *sf* **1** familiarity, intimacy, acquaintance. **agir com familiaridade indevida** to take liberties.

fa.mi.li.a.ri.za.do [familjariz'adu] *adj* well acquainted, familiar with, conversant.

fa.min.to [fam'ĩtu] *adj* hungry, starving, famished. *estou faminto* / I am starving.

fa.mo.so [fam'ozu] *adj* famous: a) famed, renowned, celebrated. b) notable, remarkable, distinguished, eminent.

fa.ná.ti.co [fan'atiku] *sm* **1** fanatic. **2** enthusiast, fan. • *adj* **1** fanatic(al). **2** very enthusiastic. **fanático por futebol** football fiend.

fan.far.rão [fãfaʀ'ãw] *sm* (*pl* **fanfarrões**) braggart, swaggerer. • *adj* boastful, bragging, blustering.

fa.nho.so [fañ'ozu] *adj* nasal, twangy.

fan.ta.si.ar [fãtazi'ar] *vt+vint+vpr* **1** to fantasize, imagine. **2 fantasiar-se** to wear a fancy dress.

fan.tas.ma [fãt'azma] *sm* **1** phantasm: a) phantom. b) apparition, ghost, haunt, spook, spirit. **2** ghost: false image on a television screen caused by poor reception.

fan.tás.ti.co [fãt'astiku] *adj* **1** fantastic, imaginary, unreal. **2** wild, *gír* terrific.

fan.to.che [fãt'ɔʃi] *sm* puppet.

far.da [f'ardə] *sf* uniform, regimentals, military dress. **despir a farda** to retire from military service.

far.do [f'ardu] *sm* 1 bale, bunch, bundle, pack. 2 load, burden (também *fig*). **fardo de algodão** cotton bale. **o fardo dos anos** the burden of the years.

fa.re.lo [far'elu] *sm* bran, chaff.

fa.rin.ge [far'ĩʒi] *sf Anat* pharynx.

fa.ri.nha [far'iɲə] *sf* 1 flour. 2 meal. **farinha de centeio** rye flour. **farinha de cevada** barley meal. **farinha de mandioca** cassava, manioc meal. **farinha de milho** cornmeal. **farinha de trigo** wheat flour. **farinha integral** wholemeal flour, whole-wheat flour.

far.ma.cêu.ti.co [farmas'ewtiku] *sm* pharmacist, apothecary, druggist. • *adj* pharmaceutical.

far.má.cia [farm'asjə] *sf* pharmacy: drugstore, apothecary's or chemist's shop.

fa.ro [f'aru] *sm* scent: a) odour. b) sense of smell(ing), *fig* nose.

fa.ro.es.te [faro'ɛsti] *sm bras* (from Far West) western (especially a motion picture).

fa.rol [far'ɔw] *sm* (*pl* **faróis**) 1 lighthouse, beacon. 2 searchlight. 3 *Autom* headlight. 4 *bras* traffic light. **abaixar os faróis** to dim the headlights. **farol de freio** stop light, brake light. **farol de neblina** fog lamp, fog light. **farol pisca-pisca/intermitente** blinker, flashing beacon. **fazer farol** *gír* to show off, boast.

fa.ro.le.te [farol'eti] *sm bras* 1 torch, flashlight. 2 *Autom* a) rear light, taillight. b) small light on mudguard. c) spot lamp.

far.pa.do [farp'adu] *adj* barbed, pronged. **arame farpado** barbed wire.

far.ra [f'ařə] *sf bras* carousal, spree, bender, lark. **fazer uma farra** to go on a spree.

far.ra.po [fař'apu] *sm* 1 rags, tatter, worn-out, tattered clothing. 2 shabby fellow, scamp, ragamuffin.

far.ris.ta [fař'istə] *sm+f* carouser, reveller, gadabout, merrymaker.

far.sa [f'arsə] *sf* 1 farce, burlesque, satirical composition or play. 2 buffoonery, joke, jest.

far.san.te [fars'ãti] *s m+f* 1 buffoon, coarse jester, trickster. 2 impostor, fake.

far.tar [fart'ar] *vt+vint+vpr* 1 **fatais)** to satiate, saturate, fill the belly. 2 **fartar-se** a) to become annoyed, sick of or weary, get enough of. b) to indulge in, satiate oneself.

far.tu.ra [fart'urə] *sf* abundance, wealth, profusion, plenty.

fas.ci.nan.te [fasin'ãti] *adj m+f* 1 charming, enchanting. 2 fascinating, captivating.

fa.se [f'azi] *sf* phase.

fa.tal [fat'aw] *adj m+f* (*pl* **fatais**) 1 fatal. 2 deadly, mortal. *ela sofreu um acidente fatal* / she suffered a deadly accident.

fa.ta.li.da.de [fatalid'adi] *sf* fatality: a) destiny, fate. b) misfortune, disaster.

fa.ti.a [fat'iə] *sf* slice, piece, section. *uma fatia de pão com manteiga* a piece of bread and butter.

fa.ti.gan.te [fatig'ãti] *adj m+f* fatiguing, wearisome, tiresome, wearing, tiring.

fa.to [f'atu] *sm* fact: a) thing, deed, doing. b) event, occurence. **baseado em fatos** founded on facts. **de fato** actually, in fact. **ir às vias de fato** to come to grips.

fa.tu.ra [fat'urə] *sf* invoice, bill. **conforme fatura** as invoiced, as per invoice. **fazer uma fatura** to (make out an) invoice.

fa.tu.ra.men.to [faturam'ẽtu] *sm* 1 invoicing, billing. 2 invoiced revenue.

fau.na [f'awnə] *sf* fauna.

faus.to [f'awstu] *sm* luxury, ostentation, pomp, pageant(ry).

fa.ve.la [fav'ɛlə] *sf bras* settlement of poorly built shacks, slum, shantytown.

fa.vo [f'avu] *sm* honeycomb.

fa.vor [fav'or] *sm* favor: a) regard, esteem. b) interest, credit. c) protection, assistance, support, help. **a favor da correnteza** with the stream. **a favor de** pro, for, in behalf of, on account of, to the credit of. **faça-me o favor** do me a kindness. **fazer um favor** to do a favor. **negar um favor** to refuse a favor. **posso pedir-lhe um favor?** may I ask you a favor? **ser a favor de** to be in favor of.

fa.vo.rá.vel [favor'avew] *adj m+f* (*pl* **favoráveis**) favorable: a) favouring, well-inclined, toward(ly), friendly. b) advantageous, propitious. **em condições favoráveis** on easy terms.

fa.vo.re.ci.men.to [favoresim'ẽtu] *sm* 1 aiding and abetting. 2 partiality. **favorecimento de partidários políticos** spoils system.

fa.xi.nei.ro [faʃin'ejru] *sm* 1 cleaner. *sf* 2 cleaning woman.

fa.zen.da [faz'ẽdə] *sf* 1 farm, *amer* ranch. 2 cultivated land. 3 public finances, treasury. 4 cloth, fabric, textile material. **fazenda de café** coffee plantation. **fazenda de gado** cattle farm. **fazendas de lã** wool, wool(l)en cloth. **Ministério da Fazenda** Treasury Department.

fa.zen.dei.ro [fazẽd'ejru] *sm* 1 farmer. 2 *bras* great landholder.

fa.zer [faz'er] *vt+vint+vpr* 1 to do, make, create. 2 to form, fashion, mo(u)ld. 3 to construct, build, erect. 4 to manufacture, produce. 5 **fazer-se** a) to stablish oneself. b) to transform oneself into. c) to become. **a comida fez mal ao meu estômago** the food has upset my stomach. **ele fez de conta que não a conhecia** he pretended not to know her. **ele fez um triste papel** he cut a sorry figure. **faça-o entrar** show him in. **faça uma tentativa** have a go at it! **fazer a chamada** to call the roll. **fazer a vontade de alguém** to comply with someone's desire. **fazer cera/hora** to stall, dillydally, kill time. **fazer cócegas** to tickle. **fazer companhia** to keep someone company. **fazer concorrência** to compete with. **fazer dieta** to (go on a) diet. **fazer dormir** to put to sleep. **fazer em pedaços** to break to pieces. **fazer greve** to (go on) strike. **fazer hora extra** to work overtime. **fazer o papel de** to play the part of. **fazer parte de** to be a part of, belong to. **fazer saber** to let know, denounce. **fazer sensação** to cause sensation. **fazer-se passar por** to pretend to be. **fazer uma pausa** to take a rest. **fazer uma pergunta** to ask a question. **fazer uma prova** to take/sit a test. **fazer uma viagem** to go on a journey, take a trip. **fazer uma visita** to pay a visit. **fazer um tratamento** to undergo/receive a (medical) treatment. **não faz mal** never mind. **para mim tanto faz se ele vem ou não** I do not care whether he comes or not. **tanto faz!** that's all the same to me!

faz-tu.do [fast'udo] *sm*, *sing+pl* handy man, *factotum*, Jack of all trades.

fé [f'ɛ] *sf* faith. **artigo de fé** article of faith. **de boa-fé** in good faith, *bona fide*. **de má-fé** faithlessly, dishonestly. **homem de boa-fé** trustful man. **ter fé em** to have faith in, put trust in.

fe.bre [f'ɛbri] *sf* fever, temperature. **arder em febre** to have a burning fever. **febre aftosa** foot-and-mouth disease. **febre amarela** yellow fever. **febre reumática** rheumatic fever. **febre tifoide** typhoid. **ter/estar com febre** to have a temperature, be feverish.

fe.cha.da [feʃ'adə] *sf* cutting in: act of suddenly driving into the space between two moving cars in a dangerous way.

fe.cha.do [feʃ'adu] *adj* close(d), shut, enclosed, shut in, turned off (electricity, gas, water etc.), locked, unopened. **a portas fechadas** in private. **circuito fechado** closed circuit. **noite fechada** dark night. **sinal/farol fechado** red light (tráfego).

fe.cha.du.ra [feʃaduɾə] *sf* lock. **fechadura de segurança** safety lock.

fe.char [feʃ'ar] *vt+vint+vpr* 1 to close: a) shut. *ele fechou a porta* / he shut the door. b) finish, conclude, terminate. 2 to overcast (weather). 3 to change to red (traffic lights). 4 **fechar-se** to close oneself up or in. **as lojas fecharam suas portas** the shops closed down. **fechar a cara** to frown. **fechar à chave** to lock (up), key. **fechar a porta na cara de alguém** to slam the door in a person's face. **fechar as contas** to close an account. **fechar os ouvidos a** to refuse to listen to, turn a deaf ear. **fechar violentamente** to clash, bang, slam.

fe.cho [f'eʃu] *sm* 1 bolt, latch, bar. 2 clasp, hasp. 3 fastening, fastener, clip. 4 conclusion, termination, closure. 5 seal. **fecho de segredo** combination lock. **fecho éclair** zipper, slide, fastener.

fe.cun.dar [fekũd'ar] *vt+vint+vpr* Biol to fecundate, inseminate, impregnate, fertilize.

fe.cun.do [fek'ũdu] *adj* 1 fecund, fertile. 2 conceptive, procreative.

fe.de.lho [fed'eʎu] *sm* 1 *coloq* brat. 2 cheeky boy or girl, childish youth.

fe.der [fed'er] *vint+vt* to stink, stench, smell badly.

fe.dor [fed'or] *sm* stench, stink, fetidness, pong.

fe.do.ren.to [fedor'ẽtu] *adj* stinking, malodorous, pongy.

fei.ção [fejs'ãw] *sf (pl* **feições**) 1 feature: a) form, figure, shape. b) countenance. 2 aspect, appearance, look. **à feição de** in the manner of.

fei.o [f'eju] *adj* ugly, unsightly, *amer* homely. **fazer feio** to cut a sorry figure. **patinho feio** ugly duckling. **quem o feio ama, bonito lhe parece** love is blind.

fei.ra [f'ejrə] *sf* 1 fair. 2 open-air market. **dia de feira** market day. **feira do livro** bookseller's fair. **feira livre** street market.

fei.ti.ça.ri.a [fejtisar'iə] *sf* witchcraft, witchery, sorcery, black magic.

fei.ti.cei.ra [fejtis'ejrə] *sf* 1 witch, sorceress. 2 charming woman.

fei.ti.cei.ro [fejtis'ejru] *sm* 1 sorcerer, wizard. 2 magician, conjurer.

fei.to¹ [f'ejtu] *sm* feat, achievement, deed, accomplishment. **um feito brilhante** a stroke of genius.

fei.to² [f'ejtu] *adj* 1 made, done, built, wrought, fashioned. 2 adult, grown-up. *ele é um homem feito* / he is a grown-up, an adult. • *conj bras* like. **benfeito** well done. **bem feito!** it serves you (him, her etc.) right! **dito e feito** no sooner said than done. **feito!** agreed!, all right! **feito à mão** handmade. **feito sob medida** tailor-made. **frase feita** cliché, trite expression. **já feito** ready-made. **nada feito!** nothing doing!

fei.u.ra [fej'urə] *sf bras, coloq* ugliness, *amer* homeliness, ill-favouredness.

fei.xe [f'ejʃi] *sm* 1 sheaf, bundle. *ele é um feixe de nervos* / he is a bundle of nerves. 2 beam, shaft (light).

fel [f'ɛw] *sm (pl* **féis**) gall, bile.

fe.li.ci.da.de [felisid'adi] *sf* 1 happiness. 2 satisfaction, contentment. **a felicidade suprema** bliss. **para nossa felicidade** fortunately for us.

fe.li.ci.ta.ção [felisitas'ãw] *sf (pl* **felicitações**) congratulation, good wishes. **carta de felicitações** letter of congratulation(s).

fe.liz [fel'is] *adj m+f (pl* **felizes**) 1 happy. 2 fortunate, blessed, blissful. 3 satisfied, content.

fel.tro [f'ewtru] *sm* felt.

fê.mea [f'emjə] *sf* 1 female. 2 female

animal, hen, jenny, cow. **3** a hollow part, tool etc., into which is inserted a corresponding, or male, part. **4** nut of a screw. **fêmea da baleia** cow-whale. **fêmea do lobo** bitch-wolf, she-wolf.

fe.mi.ni.no [femin'inu] *adj* female, feminine, womanly, womanish, womanlike. **equipe feminina** women's team. **gênero feminino** feminine gender. **sexo feminino** female sex.

fen.da [f'ẽdə] *sf* **1** crack, chink. **2** fissure. **3** gap, crevice. **4** rent, slot, slit, notch.

fen.di.do [fẽd'idu] *adj* **1** cleft, split, cloven. **2** fissured, cracked. **3** creviced.

fe.no [f'enu] *sm* hay. **febre do feno** hay fever.

fe.nô.me.no [fen'omenu] *sm phenomenon*: a) any observable action, appearance, change or fact, symptom. b) rare or unusual event, exceptional or abnormal occurrence, thing or person. c) person of outstanding talents or capacity.

fe.ra [f'ɛrə] *sf* **1** wild animal or beast, beast of prey. **2** *fig* very austere and irascible person. **ficar uma fera** to get furious.

fé.ria [f'ɛrjə] *sf* **1** proceeds, sales receipts, returns. **2** férias holidays, vacations. **acampamento de férias** holiday camp.

fe.ri.a.do [feri'adu] *sm* holiday. • *adj* like a holiday, free, leisure. **feriado bancário** bank holiday. **feriado nacional** national holiday.

fe.ri.da [fer'idə] *sf* **1** wound, sore, cut, slash. **2** ulcer, boil. **tocar na ferida** *fig* to touch a sore spot. **uma ferida aberta** an open sore.

fe.ri.do [fer'idu] *sm* wounded person. • *adj* **1** wounded, hurt. **2** grieved, offended, hurt. **ferido de raio** thunderstruck. **orgulho ferido** wounded pride.

fe.ri.men.to [ferim'ẽtu] *sm* wound, sore, injury.

fe.rir [fer'ir] *vt+vint+vpr* **1** to wound, injure, bruise. **2** to hurt, cut, sting. **3 ferir-se** to wound or hurt oneself. **ferir os sentimentos de alguém** to hurt one's feelings. **ferir superficialmente** to scrape.

fer.men.to [ferm'ẽtu] *sm* ferment: a) leaven(ing), yeast. b) enzyme. **fermento de discórdia** cause of discord. **fermento em pó** baking powder. **sem fermento** unleavened.

fe.ro.ci.da.de [ferosid'adi] *sf* **1** ferocity, fierceness. **2** brutality, cruelty.

fe.roz [fer'ɔs] *adj m+f* **1** ferocious, fierce. **2** wild, savage.

fer.ra.du.ra [feřad'urə] *sf* horseshoe.

fer.ra.gem [feř'aʒẽj] *sf (pl* **ferragens**) **1** hardware, ironware. **2** iron fittings or trimmings. **loja de ferragens** hardware shop.

fer.ra.men.ta [feřam'ẽtə] *sf* tool, instrument, implement, utensil. **caixa de ferramentas** tool box.

fer.rão [feř'ãw] *sm (pl* **ferrões**) **1** goad, prick, spike. **2** stinger, sting.

fer.rei.ro [feř'ejru] *sm* blacksmith, forger, forgeman.

fer.re.nho [feř'eñu] *adj* uncompromising, inflexible.

fér.reo [f'ɛřju] *adj* **1** ferrous, ferruginous. **2** made of iron. **3** inflexible. **linha férrea** railway track, railroad.

fer.ro [f'ɛřu] *sm* **1** iron (symbol: Fe). **2 ferros** a) chains, fetters. b) *fig* jail, prison, captivity. c) anchor. d) tongs. **a ferro e a fogo** by any means. **ele governa com mão de ferro** he rules with an iron hand. **ele tem saúde de ferro** he has an iron constitution. **estrada de ferro** railway, railroad. **ferro de passar roupa** iron. **ferro em lingotes** ingot iron. **ferro fundido** cast iron. **lançar ferros** to drop/cast anchor. **levantar ferros** to weigh anchor. **levar**

ferro to fail, come off badly. **meter em ferros** to put in shackles, clap in irons. **ninguém é de ferro** there's a limit to human endurance.

fer.ro.a.da [feɣo'adə] *sf* sting, prick, goad, jab, bite.

fer.ro.lho [feɣ'oʎu] *sm* bolt, push bolt, door bolt, latch, snap, fastening.

fer.ro.ve.lho [feɣuv'ɛʎu] *sm (pl* **ferros-velhos**) 1 junk dealer. 2 junk shop. 3 scrap iron.

fer.ro.vi.a [feɣov'iə] *sf* railway, railroad.

fer.ro.vi.á.rio [feɣovi'arju] *sm* railway employee. • *adj* railroad, railway. **comunicação ferroviária** train service. **estação ferroviária** train station.

fer.ru.gem [feɣ'uʒẽj] *sf (pl* **ferrugens**) rust, rustiness. **criar ferrugem** to rust, grow rusty.

fér.til [f'ɛrtiw] *adj m+f (pl* **férteis**) fertile, fecund, creative.

fer.ti.li.zan.te [fertiliz'ãti] *sm* fertilizer, manure. • *adj m+f* fertilizing.

fer.ti.li.zar [fertiliz'ar] *vt+vint+vpr* to fertilize, fecundate.

fer.ver [ferv'er] *vt+vint* to boil, bubble. **a coisa está fervendo** things are getting hot. **ferver em fogo lento** to simmer. **isso me faz ferver o sangue** that makes my blood boil.

fer.vo.ro.so [fervor'ozu] *adj* 1 fervent. 2 devoted, zealous.

fes.ta [f'ɛstə] *sf* feast, festival, entertainment, party, treat. **animar a festa** to get the party warmed up. **Boas Festas!** a merry Christmas and happy New Year! **dar uma festa** to throw/give a party. **dias de festa** feast days. **ele não está para festas** *coloq* he is out of humour. **festa de confraternização** bean-feast, end-of-term party (students). **festa só para homens** stag party. **festa só para mulheres hen** hen party. **furar uma festa** to crash a party. **vestido de festa** party dress.

fes.tan.ça [fest'ãsə] *sf* a big feast, revel(ry), carousal, merrymaking.

fes.te.jar [festeʒ'ar] *vt* to celebrate, commemorate.

fes.ti.vo [fest'ivu] *adj* festive, merry, joyful.

fe.to [f'etu] *sm Anat* f(o)etus.

feu.dal [fewd'aw] *adj m+f (pl* **feudais**) feudal, liege. **senhor feudal** feudal lord.

feu.do [f'ewdu] *sm* 1 fief, feudal tenure. 2 vassalage.

fe.ve.rei.ro [fever'ejru] *sm* February.

fe.zes [f'ɛzis] *sf pl (sing* **fez**, now rare) f(a)eces, excrements.

fi.a.ção [fjas'ãw] *sf (pl* **fiações**) 1 spinning. 2 spinning mill.

fi.an.ça [fi'ãsə] *sf* 1 guarantee. 2 security, caution, pledge. 3 bail. 4 responsibility. 5 **dar/prestar fiança** to go bail for, give security, stand surety. **em fiança** on trust.

fi.ar¹ [fi'ar] *vt* to spin.

fi.ar² [fi'ar] *vt+vpr* 1 to rely, trust, confide in. 2 **fiar-se** to trust, have confidence in.

fi.as.co [fi'asku] *sm* 1 fiasco, failure. 2 *gír* flop, flunk. **fazer fiasco** to blunder.

fi.bra [f'ibrə] *sf* 1 fibre, fiber, filament, thread, strand. 2 *fig* strength, energy. **fibra de vidro** fiberglass. **fibra sintética** synthetic fiber. **homem de fibra** a man of firm character.

fi.car [fik'ar] *vint* 1 to remain, stay. 2 to be situated or located, lie. **onde fica sua casa?** / where is your house? 3 to be postponed, be put off. 4 to get, grow, become. 5 to agree. *ficamos de partir no dia seguinte* / we agreed to set out the next day. **ela ficou com o melhor** she kept the best of it. **ele ficou com medo** he was afraid. **ele ficou impune** he went unpunished. **ficar atrás/para trás** to stay behind. **ficar à vontade** to make oneself comfortable. **ficar bravo**

ficção 405 **filme**

to grow angry. **ficar de cama** to take to bed. **ficar de fora** to be left out. **ficar de joelhos** to kneel. **ficar em casa** to stay home. **ficar em pé** a) to stand up. b) to stick up (hair). **ficar fora de uso** to grow out of use. **ficar junto** to stick or stay together. **ficar louco** to go mad. **ficar pálido** to turn pale. **ficar quieto** to be quiet. **ficar sem dinheiro** to run out of cash. **não fique triste** don't be sad. **pode ficar com o troco** keep the change.

fic.ção [fiks'ãw] *sf* (*pl* **ficções**) *Lit* fiction. **ficção científica** science fiction.

fic.ci.o.nis.ta [fiksjon'ista] *s m+f Lit* fictionist, storyteller.

fi.cha [f'iʃə] *sf* 1 card for filing. 2 filing card, index card. 3 entrance form, record. 4 slip, ticket.

fi.char [fiʃ'ar] *vt* to register, record, file.

fi.chá.rio [fiʃ'arju] *sm* card index.

fic.tí.cio [fikt'isju] *adj* 1 fictitious, imaginary. 2 unreal, assumed. *ela deu um nome fictício* / she gave an assumed name.

fi.de.li.da.de [fidelid'adi] *sf* 1 fidelity, faithfulness. 2 fealty, loyalty.

fi.el [fi'εw] *sm* (*pl* **fiéis**) *adj m+f* 1 faithful, true. 2 loyal, reliable. *ele é o fiel da balança* he will decide the question. **ficar fiel a** to abide by, adhere. **fiel à sua promessa** true to his promise. **manter-se fiel a** to stick by.

fí.ga.do [f'igadu] *sm Anat* liver. **óleo de fígado de bacalhau** codliver oil.

fi.gu.ra [fig'urə] *sf* 1 figure: a) appearance. b) drawing, design. c) image, picture. 2 character: a person marked by notable or conspicuous traits. *ele é uma figura* / he is quite a character. **fazer boa figura** to cut a good figure. **figura de retórica** figure of speech.

fi.gu.ra.ção [figuras'ãw] *sf* (*pl* **figurações**) *Teat, Cin* nonspeaking part in a crowd scene.

fi.gu.rão [figur'ãw] *sm* big shot.

fi.gu.ra.ti.vo [figurat'ivu] *adj* figurative, representative, symbolic(al).

fi.gu.ri.nha [figur'iɲə] *sf bras* card: any small picture or drawing available at news-stands usually for collection. **figurinha difícil** an inaccessible person.

fi.la [f'ilə] *sf* 1 line, queue, file. 2 row. **em fila** in line. **fila da frente** front row. **fila indiana** Indian file. **formar fila** to queue up, line up. **pôr em fila** to set in a row.

fi.lé [fil'ε] *sm* 1 *filet mignon*, tenderloin. 2 broiled or cooked steak. *eu queria um filé com batatas fritas* I would like a steak with French fries.

fi.lei.ra [fil'ejrə] *sf* 1 row, rank, tier. 2 file, line.

fi.lha [f'iʎə] *sf* daughter. **filha adotiva** foster daughter.

fi.lha.ra.da [fiʎar'adə] *sf* large family, great number of children.

fi.lho [f'iʎu] *sm* 1 son. 2 **filhos** children. **filho adotivo** adopted son. **filho de criação** foster child. **filho natural** natural child. **filho primogênito** first-born. **filho único** an only child. **tal pai, tal filho** like father, like son.

fi.lho.te [fiʎ'ɔti] *sm* 1 younglet, nestling, cub. 2 sonny, little son. **filhote de águia** eaglet. **filhote de cachorro** pup(py). **filhote de gato** kitten. **filhote de leão, urso, lobo, raposa** cub.

fi.li.al [fili'aw] *sf* (*pl* **filiais**) 1 branch. 2 chain store. • *adj* filial. **filial de banco** branch.

fi.li.ar [fili'ar] *vt+vpr* 1 to affiliate, admit, enroll, incorporate. 2 **filiar-se** to enter, join (a group or party).

fil.mar [fiwm'ar] *vt* to film, shoot.

fil.me [f'iwmi] *sm* 1 film, movie, motion picture. 2 pellicle, thin layer. 3 film strip. **filme cinematográfico** motion picture. **filme colorido** color movie.

filme de curta/longa metragem short/long feature movie. **filme de ficção científica** science fiction movie. **filme de guerra** war movie. **filme de suspense** thriller. **filme mudo** silent movie. **filme para televisão** telefilm. **filme pornográfico/pornô** pornographic/blue movie. **filme sonoro** sound film.

fi.lo.lo.gi.a [filoloʒi'ə] *sf* philology.
fi.lo.so.fi.a [filozofi'ə] *sf* philosophy.
fi.lo.so.fo [fil'ɔzofu] *sm* philosopher.
fil.tro [f'iwtru] *sm* filter, strainer, percolator.
fim [f'ĩ] *sm* (*pl* **fins**) **1** end, conclusion, termination. **2** closure, close, closing. **3** aim, intention, finality. **4** stop. *pomos um fim nisto* / we put a stop to it. **a fim de / com o fim de** in order to, by way of, for. **a fim de que** so that, in order to. **chegar ao fim** to come to an end, draw to a close. **dar fim a alguma coisa** to finish, accomplish something. **do começo ao fim** from one end to the other. **em fins de maio** at the end of May. **fim de semana** weekend. **levar ao fim** to carry through. **no fim** at the end. **o fim justifica os meios** the end justifies the means. **por fim** at last.
fi.na.do [fin'adu] *sm* deceased, departed, dead. • *adj* dead, deceased. **Dia de Finados** All Soul's Day.
fi.nal [fin'aw] *sm* (*pl* **finais**) **1** conclusion, finish, end. **2** result, outcome. • *adj m+f* final: a) last. b) concluding, finishing. **aguardar o resultado final** to watch the final result. **causa final** final cause. **no final das contas** in the long run. **objetivo final** final aim. **o juízo final** doomsday. **parte final** tail end.
fi.na.li.da.de [finalid'adʒi] *sf* **1** aim, purpose, finality. **2** end, design, intention. **com a finalidade** to the effect. **com esta finalidade** for this purpose. **com que finalidade?** for what purpose?
fi.na.li.zar [finaliz'ar] *vt* **1** to finish, terminate, conclude, accomplish. **2** to put an end to, bring to a conclusion.
fi.nan.ças [fin'ãsəs] *sf pl* finances: a) funds, capital. b) the science of monetary affairs. c) financial management.
fi.nan.ci.ar [finãsi'ar] *vt* to finance, provide capital for, supply money.
fin.car [fĩk'ar] *vt* to thrust in, nail in, drive in, ram down (piles).
fin.do [f'ĩdu] *adj* finished, over, ended, past.
fi.ne.za [fin'ezə] *sf* **1** perfection, elegance, gracefulness. **2** courtesy, politeness, finesse. **faça-me a fineza de** so kind. **fazer uma fineza** to do a kindness.
fin.gi.do [fĩʒ'idu] *adj* **1** sham, artificial, fake. **2** double-faced. **lágrimas fingidas** false tears.
fin.gi.men.to [fĩʒim'ẽtu] *sm* simulation, hypocrisy, dissimulation, feigning.
fin.gir [fĩʒ'ir] *vt+vint+vpr* **1** to simulate, feign, make believe. **2** to pretend, affect. *chega de fingir!* / let's not pretend any more! **fingir-se doente** to feign sickness.
fi.no [f'inu] *adj* **1** thin, slim, slender. **2** pure, fine. **3** polite, courteous, well-bred. *ela é muito fina* she is very refined.
fi.nu.ra [fin'urə] *sf* **1** thinness, slimness. **2** courtesy, politeness.
fi.o [f'iu] *sm* **1** thread, twine, yarn. **2** wire. **3** trickle. **achar o fio da meada** to find the clue of the problem. **cinco anos a fio** five years running. **fio condutor** conducting wire. **fio de algodão** cotton yarn. **fio de lã** wool fibre, wool yarn. **fio de linha** sewing-thread. **fio de navalha** razor's edge. **fio elétrico** wire, flex. **fio-terra** *Eletr* ground wire. **minha vida estava por um fio** my life hung by a thin thread. **perder o fio da**

meada to lose track of oneself. **por horas a fio** hours and hours. **reatar o fio da conversa** to resume (or take up) the thread.

fir.ma [f'irmə] *sf* **1** firm: a) trade or business name. b) commercial or industrial establishment. **2** signature. **firma reconhecida** notarized signature. **uma firma conceituada** a firm of good reputation.

fir.mar [firm'ar] *vt* **1** to fasten, fix, secure. **2** to sign, ratify, subscribe, undersign, seal.

fir.me.za [firm'ezə] *sf* firmness, fortitude, strength. **sem firmeza** unsteadily, unstable.

fis.cal [fisk'aw] *sm* (*pl* **fiscais**) **1** custom inspector, revenue officer. **2** inspector. • *adj m+f* fiscal. **ano fiscal** fiscal year.

fis.ca.li.zar [fiskaliz'ar] *vt* to control, check, inspect, supervise.

fí.si.ca [f'izikə] *sf* physics.

fí.si.co [f'iziku] *sm* **1** constitution, build. **2** physicist. • *adj* **1** physical. **2** bodily. **cultura física** physical culture. **treinamento físico** physical training, physical exercise.

fi.si.o.lo.gi.a [fizjoloʒ'iə] *sf Biol* physiology.

fi.si.o.no.mi.a [fizjonom'iə] *sf* **1** face, countenance. **2** facial features. **3** look, aspect.

fi.si.o.te.ra.pi.a [fizjoterap'iə] *sf* physiotherapy.

fis.são [fis'ãw] *sf Fís* fission.

fis.su.ra [fis'urə] *sf* chink, split, crack, cleft.

fi.ta [f'itə] *sf* **1** ribbon, band, braid. **2** bind(er), string. **3** tape, clamp. **fazer fita** to pretend. **fita adesiva** scotch tape. **fita cassete** cassette tape. **fita crepe** masking tape. **fita de máquina de escrever** typewriter ribbon. **fita de videocassete** VCR cassette tape. **fita isolante** insulation tape. **fita métrica** tape measure.

fi.tar [fit'ar] *vt* to stare, gaze, fix the glance upon.

fi.ve.la [fiv'ɛlə] *sf* buckle.

fi.xa.dor [fiksad'or] *sm* **1** fixer. **2** clamp, locking device. **3** *Quím* fixative. • *adj* fixative.

fi.xar [fiks'ar] *vt* **1** to fix. **2** to remember. **fixar cartazes** to fix posters on. **fixar o pensamento em** to concentrate upon.

fi.xo [f'iksu] *adj* **1** fixed. **2** stable. **3** steady. **ideia fixa** fixed idea. **renda fixa** sure income.

fla.ci.dez [flasid'es] *sf* **1** flaccidity, laxity. **2** slackness, flabbiness.

flá.ci.do [fl'asidu] *adj* flabby.

fla.gran.te [flagr'ãti] *sm* **1** the very act. **2** moment. • *adj m+f* **1** flagrant. **2** evident. **em flagrante** in the act, red-handed. **pegar em flagrante** to take by surprise.

fla.ma [fl'ʌmə] *sf* flame, blaze.

fla.min.go [flam'ĩgu] *sm Ornit* flamingo.

flâ.mu.la [fl'ʌmulə] *sf* pennant.

flan.co [fl'ãku] *sm* flank.

fla.ne.la [flan'ɛlə] *sf* flannel.

flau.ta [fl'awtə] *sf* flute.

flau.tis.ta [flawt'istə] *s m+f* flutist, flute player.

fle.cha [fl'ɛʃə] *sf* arrow. **arco e flecha** bow and arrow.

fler.tar [flert'ar] *vint* to flirt.

fler.te [fl'erti] *sm* flirtation.

fleu.ma [fl'ewmə] *s m+f* phlegm.

fle.xão [fleks'ãw] *sf* (*pl* **flexões**) **1** flexion. **2** (exercício físico) push-up.

flo.co [fl'ɔku] *sm* flake, chip, flock. **em flocos** in flakes.

flor [fl'or] *sf* flower, blossom. **coroa de flores** wreath of flowers. **na flor da mocidade** in the pride of youth (or flower).

flo.ra [fl'ɔrə] *sf* flora.

flo.res.cen.te [flores'ẽti] *adj m+f* florescent.

flo.res.cer [flores'er] *vint* **1** to bloom, blossom. **2** to flourish.

flo.res.ta [flor'εstə] *sf* forest. **floresta tropical** rain forest.

flo.res.tal [florest'aw] *adj m+f* (*pl* **florestais**) forestal, forestial. **guarda florestal** forest ranger.

flo.ri.do [flor'idu] *adj* flowery.

flo.rir [flor'ir] *vt+vint* to flower, blossom, flourish.

flui.do [fl'ujdu] *sm* fluid, liquid. • *adj* **1** fluid. **2** liquid.

flu.ir [flu'ir] *vint* to flow, run, stream.

flú.or [fl'uor] *sm Quím* fluor, fluoride.

flu.tu.ar [flutu'ar] *vint* to fluctuate, float.

flu.vi.al [fluvi'aw] *adj m+f* (*pl* **fluviais**) fluvial.

flu.xo [fl'uksu] *sm* flow. **o fluxo e o refluxo** rise and fall.

fo.bi.a [fob'iə] *sf* phobia.

fo.ca [f'ɔkə] *sf Zool* sea lion, seal.

fo.ca.li.zar [fokaliz'ar] *vt* to focus.

fo.car [fok'ar] *vt* **1** to focus. **2** to concentrate.

fo.ci.nho [fos'iñu] *sm* **1** muzzle, snout. **2** *coloq* face, nose.

fo.co [f'ɔku] *sm* focus. **em foco** in focus.

fo.der [fod'er] *vt+vint vulg* to fuck.

fo.fo [f'ofu] *adj* **1** soft, fluffy. **2** *coloq* cute.

fo.fo.ca [fof'ɔkə] *sf coloq* gossip.

fo.fo.car [fofok'ar] *vint coloq* to gossip.

fo.fo.quei.ro [fofok'ejru] *sm coloq* gossiper.

fo.gão [fog'ãw] *sm* stove. **fogão a gás** gas stove. **fogão a lenha** wood stove. **fogão elétrico** electric stove.

fo.go [f'ogu] *sm* fire. • *interj Mil* fire! **à prova de fogo** fireproof. **armas de fogo** firearms. **fogos de artifício** fireworks. **pegar fogo** to catch fire. **pôr fogo** to set fire.

fo.guei.ra [fog'ejrə] *sf* bonfire.

fo.gue.te [fog'eti] *sm* rocket.

foi.ce [f'ojsi] *sf* scythe, sickle.

fol.clo.re [fowkl'ɔri] *sm* folklore.

fô.le.go [f'olegu] *sm* breath. **fiquei sem fôlego** / I was out of breath.

fol.ga [f'owgə] *sf* **1** pause. **2** rest. **3** gap. **dia de folga** day off. **ele está de folga** he is off duty.

fol.ga.do [fowg'adu] *adj* **1** broad, wide, ample. **2** loose-fitting. **3** (pessoa) cheeky.

fol.gar [fowg'ar] *vt+vint* to rest, be off duty.

fo.lha [f'oλə] *sf* **1** leaf. **2** blade. **3** (livro) page. **4** sheet. **folha de pagamento** payroll. **folha de papel** sheet of paper. **novo em folha** brand-new.

fo.lha.gem [foλ'aʒẽj] *sf* (*pl* **folhagens**) foliage.

fo.lhe.ar [foλe'ar] *vt* **1** to leaf through, skim (book, magazine). **2** to cut into sheets.

fo.lhe.tim [foλet'ĩ] *sm* (*pl* **folhetins**) serial (publication).

fo.lhe.to [foλ'etu] *sm* **1** pamphlet, brochure. **2** flyer.

fo.lhi.nha [foλ'iñə] *sf* calendar.

fo.me [f'omi] *sf* hunger. **greve de fome** hunger strike. **morrer de fome** to starve.

fo.ne [f'oni] *sm* phone, telephone receiver. **fone de ouvido** earphone, headphone.

fon.te [f'õti] *sf* **1** fountain. **2** *Anat* temple. **3** *fig* source. **4** spring. **fonte de energia** source of energy.

fo.ra [f'ɔrə] *adv* out, outside, outdoors, beyond, abroad, off, away. • *prep* **1** except, excepting, without. **2** besides. • *interj* out!, get out!, off!, be off!, be gone! **cai fora!** *bras, gír* go out!, get out! **dar o fora em alguém** to give a person the air. **de fora** outside. **fora de moda** out of fashion. **fora de perigo** out of danger. **fora do lugar** out of place. **lá fora** out there.

fo.ras.tei.ro [forast'ejru] *sm* foreigner, stranger, outlander.

for.ca [f'orkə] *sf* **1** gallows. **2** (jogo) hangman.

for.ça [f'orsə] *sf* **1** force. **2** strength. **3** power. **4** energy. **força aérea** air force. **força de vontade** willpower. **força elétrica** electric power.

for.ça.do [fors'adu] *adj* **1** compelled, obliged. **2** forced, compulsory. **trabalho forçado** hard labour.

for.çar [fors'ar] *vt* to force, oblige.

for.jar [forʒ'ar] *vt* to forge.

for.ma[1] [f'ɔrmə] *sf* **1** form, appearance. **2** figure, shape. **3** configuration. **4** way. **de forma alguma** by no means, not at all. **de qualquer forma** a) at any rate. b) in any way. **de tal forma que** so that. **em boa forma** in good shape.

for.ma[2] [f'ɔrmə] *sf* **1** mold. **2** baking pan, cake pan. **escrever em letra de forma** to write in print. **letra de forma** type, print.

for.ma.ção [formas'ãw] *sf (pl* **formações**) **1** formation. **2** education.

for.ma.do [form'adu] *adj* **1** formed, shaped. **2** graduated.

for.man.do [form'ãdu] *sm Educ* a senior student who is about to graduate.

for.mar [form'ar] *vt+vpr* **1** to form. **2** to determine. **3** to educate. **4 formar-se** a) to be formed or made. b) to take shape. c) to graduate, take a degree, major. *ela formou-se em história* / she majored in history.

for.ma.to [form'atu] *sm* format, shape, size, form.

for.mi.dá.vel [formid'avew] *adj m+f (pl* **formidáveis**) **1** formidable, *gír* corking, roaring. **2** *bras* splendid, excellent.

for.mi.ga [form'igə] *sf Entom* ant.

for.mi.guei.ro [formig'ejru] *sm* anthill.

for.mo.so [form'ozu] *adj* **1** beautiful. **2** charming.

for.mo.su.ra [formoz'urə] *sf* **1** beauty. **2** perfection.

fór.mu.la [f'ɔrmulə] *sf* formula.

for.mu.lar [formul'ar] *vt* to formulate.

for.mu.lá.rio [formul'arju] *sm* form. **formulário de imposto de renda** income-tax form.

for.ne.ce.dor [fornesed'or] *sm* supplier.

for.ne.cer [fornes'er] *vt* to furnish, supply.

for.ne.ci.men.to [fornesim'ẽtu] *sm* supply, providing, provision. **fornecimento de água** water supply.

for.no [f'ornu] *sm* **1** oven. **2** kiln, furnace. **forno a gás** gas furnace. **forno de micro-ondas** microwave oven. **forno elétrico** electric oven.

for.qui.lha [fork'iʎə] *sf* **1** fork. **2** crutch, crotch.

for.ra [f'ɔrə] *sf bras, pop* revenge. **ir à forra** *bras* to revenge, get even.

for.rar [foʀ'ar] *vt* to line, cover with pad. **forrar com madeira** to timber, pane. **forrar com tacos** to parquet.

for.ro [f'oʀu] *sm (pl* **forros**) lining, covering. **forro de parede** wallpaper.

for.ta.le.cer [fortales'er] *vt+vpr* **1** to fortify. **2** to strengthen. **3 fortalecer-se** to increase one's strength.

for.ta.le.za [fortal'ezə] *sf* fortress, fort.

for.te [f'ɔrti] *sm* fort(ress), fortification. • *adj m+f* **1** strong. **2** heavy (chuva). **3** hot (cores). **caixa-forte** safe. **de espírito forte** strong-minded.

for.tui.to [fort'ujtu] *adj* casual, accidental.

for.tu.na [fort'unə] *sf* fortune. **lance de fortuna** lucky strike or hit.

fos.co [f'osku] *adj (pl* **foscos**) **1** dim. **2** lustreless, dull. **3** opaque.

fos.fo.res.cen.te [fosfores'ẽti] *adj m+f* phosphorescent.

fós.fo.ro [f'ɔsforu] *sm* **1** *Quím* phosphorus (symbol: P). **2** match. **riscar/ acender um fósforo** to strike a match.

fos.sa [f'ɔsə] *sf* pit. **estar na fossa** *bras, gír* to be depressed.

fo.to [fˈɔtu] *sf abrev* de **fotografia** (photo, snapshot).

fo.to.có.pia [fotokˈɔpjə] *sf* photocopy. **fotocópia azul** blueprint.

fo.to.co.pi.ar [fotokopiˈar] *vt* to photocopy.

fo.to.gê.ni.co [fotoʒˈeniku] *adj* photogenic.

fo.to.gra.far [fotografˈar] *vt* to photograph, take a photograph (snapshot) of.

fo.to.gra.fi.a [fotografˈiə] *sf* 1 photography. 2 photograph. **álbum de fotografias** photographic album. **tirar uma fotografia de** to take a photo of.

fo.tó.gra.fo [fotˈɔgrafu] *sm* photographer.

foz [fˈɔs] *sf* mouth.

fra.ção [frasˈãw] *sf* (*pl* **frações**) fraction.

fra.cas.sar [frakasˈar] *vt+vint* 1 to fail. 2 to fall through.

fra.cas.so [frakˈasu] *sm* failure.

fra.co [frˈaku] *adj* 1 weak. 2 faint. 3 not resistant, fragile. 4 poor. 5 slim, slender. 6 dim. 7 thin. **ele apresentou uma desculpa fraca** / he proffered a thin excuse.

fra.de [frˈadi] *sm* friar.

frá.gil [frˈaʒiw] *adj m+f* (*pl* **frágeis**) fragile.

frag.men.tar [fragmẽtˈar] *vt+vpr* 1 to fragment. 2 to split. 3 **fragmentar-se** to break up.

frag.men.to [fragmˈẽtu] *sm* fragment.

fra.grân.cia [fragrˈãsjə] *sf* fragrance.

fral.da [frˈawdə] *sf* diaper, nappy.

fran.co [frˈãku] *adj* frank. **para ser franco** to be honest.

fran.go [frˈãgu] *sm* 1 chicken. 2 *Fut gír* blunder goal. **frango assado** roast(ed) chicken.

fran.ja [frˈãʒə] *sf* 1 fringe. 2 (cabelo) bangs.

fran.que.za [frãkˈezə] *sf* frankness.

fran.qui.a [frãkˈiə] *sf* 1 postage. 2 postage stamp. 3 *Com* franchise.

fran.zi.no [frãzˈinu] *adj* 1 slender, slim. 2 weak.

fran.zir [frãzˈir] *vt* 1 to wrinkle, pucker, curl. 2 to fold, plait. 3 to frown. **ele franziu as sobrancelhas (a testa)** / he frowned, he wrinkled up his brows.

fra.que.za [frakˈezə] *sf* weakness.

fras.co [frˈasku] *sm* bottle, flask.

fra.se [frˈazi] *sf Gram* 1 sentence, phrase. 2 *Mús* phrase.

fra.ter.nal [fpaternˈaw] *adj m+f* (*pl* **fraternais**) fraternal, brotherly.

fra.ter.ni.da.de [fraternidˈadi] *sf* brotherhood.

fra.tu.ra [fratˈurə] *sf* fracture.

fra.tu.rar [fraturˈar] *vt Med, Geol* to fracture.

frau.dar [frawdˈar] *vt* 1 to defraud. 2 to deceive, cheat.

frau.de [frˈawdi] *sf* fraud.

fre.a.da [freˈadə] *sf bras* sudden braking (car). **dar uma freada** to slam on the brakes.

fre.ar [freˈar] *vt+vint* to brake.

fre.guês [fregˈes] *sm* (*pl* **fregueses**) (*fem* **freguesa**) client.

fre.gue.si.a [fregezˈiə] *sf* clientele, customers.

frei.o [frˈeju] *sm Mec* brake. **freio de mão** hand brake. **freio de pé** foot brake. **não ter freio na língua** to be outspoken, have a big mouth.

frei.ra [frˈejrə] *sf Ecles* nun, sister.

fre.ne.si [frenezˈi] *sm* frenzy, madness.

fre.né.ti.co [frenˈɛtiku] *adj* frenetic(al), hectic.

fren.te [frˈẽti] *sf front*. **à frente de** in front of. **de frente** facing, face to face. **estar à frente de alguém** to be in advance of someone. **frente a frente** opposite, vis-à-vis. **para a frente!** go ahead! **porta da frente** front door.

fre.quên.cia [frekwˈẽsjə] *sf* frequency. **com frequência** often, frequently. **faixas de frequência** frequency bands.

fre.quen.tar [frekwẽt'ar] *vt* 1 to frequent. 2 *Educ* to attend. *eles frequentaram uma escola pública* / they attended a public school.

fres.co [fr'esku] *adj* 1 fresh, new. 2 cool, refreshing. 3 (notícia) latest. 4 effeminate. **ar fresco** fresh or cool air. **tinta fresca** wet paint.

fres.cor [fresk'or] *sm* freshness, cool(ness).

fres.cu.ra [fresk'urə] *sf* 1 = **frescor**. 2 *bras, pop* vulgarity. 3 *bras, coloq* queerness. **cheio de frescura** *bras, coloq* fussy, picky, choosy.

fres.ta [fr'ɛstə] *sf* 1 skylight. 2 window slit. 3 opening. 4 crack.

fre.te [fr'ɛti] *sm* freight. **frete marítimo** shipping charges.

fric.ção [friks'ãw] *sf* (*pl* **fricções**) friction.

fric.ci.o.nar [friksjon'ar] *vt* to rub.

fri.ei.ra [fri'ejrə] *sf* 1 *Med* chilblain. 2 *Med* athlete's foot.

fri.e.za [fri'ezə] *sf* coldness.

fri.gi.dei.ra [friʒidˈejrə] *sf* frying-pan.

fri.gi.dez [friʒid'es] *sf* 1 coldness, coldness of affection. 2 frigidity.

frí.gi.do [fr'iʒidu] *adj* 1 frigid. 2 **frígida** sexually cold (said of a woman).

fri.go.rí.fi.co [frigor'ifiku] *sm* 1 freezer. 2 cold-storage room (or building).

fri.o [fr'iu] *adj* cold. **homem frio** a coldhearted man. **sangue frio** cold blood.

fri.o.ren.to [frjor'ẽtu] *adj* very sensitive to cold.

fri.sar [friz'ar] *vt+vint* 1 to frizz(le), curl. 2 to stress, emphasize.

fri.tar [frit'ar] *vt+vint* to fry.

fri.tas [fr'itas] *sf pl Cul* French fries.

fri.to [fr'itu] *adj* fried. **batatas fritas** French fries.

fri.tu.ra [frit'urə] *sf Cul* any fried food, fritter, fry.

fro.nha [fr'oñə] *sf* pillowcase.

fron.tei.ra [frõt'ejrə] *sf* frontier, border. **fazer fronteira com** to border on.

fro.ta [fr'ɔtə] *sf* fleet.

frou.xo [fr'owʃu] *adj* slack, lax, loose.

frus.tra.ção [frustras'ãw] *sf* (*pl* **frustrações**) frustration.

frus.tra.do [frustr'adu] *adj* 1 frustrate. 2 disappointed.

frus.tran.te [frustr'ãti] *adj m+f* frustrating.

fru.ta [fr'utə] *sf* fruit. **barraca de frutas** fruit stall. **bolo de frutas** fruit cake. **fruta em conserva** canned fruit. **frutas cristalizadas** candied fruit. **frutas da estação** fruits of the season. **frutas secas** dried fruit.

fru.tei.ra [frut'ejrə] *sf* fruit bowl or plate.

fru.tí.fe.ro [frut'iferu] *adj* 1 fruitful. 2 fruit.

fru.to [fr'utu] *sm* fruit. **dar fruto** a) to fructify. b) to show results.

fu.bá [fub'a] *sm bras* maize flour, *amer* corn meal.

fu.çar [fus'ar] *vt bras* 1 to nose, investigate. 2 to mix things up.

fu.ga [f'ugə] *sf* escape. **em fuga** in flight. **pôr-se em fuga** to take to flight, take to one's heels.

fu.gaz [fug'as] *adj m+f* 1 fugacious. 2 transitory. 3 fleeting.

fu.gir [fuʒ'ir] *vt+vint* to flee, run away, run, escape. **fugir do trabalho** to be afraid of work.

fu.gi.ti.vo [fuʒit'ivu] *sm* fugitive. • *adj* fugitive.

fu.la.no [ful'ʌnu] *sm coloq* Mr. So-and-So.

fu.li.gem [ful'iʒẽj] *sf* (*pl* **fuligens**) soot.

ful.mi.nan.te [fuwmin'ãti] *adj m+f* 1 fulminant. 2 thundering. 3 *fig* terrible, ruthless, cruel.

fu.lo [f'ulu] *adj* furious.

fu.ma.ça [fum'asə] *sf* smoke. **cortina de fumaça** smokescreen. **não há fumaça sem fogo** there is no smoke without fire.

fu.man.te [fum'ãti] *s m+f* smoker. • *adj m+f* smoking, smoky. **sala para fumantes** smoking room.

fu.mar [fum'ar] *vt+vint* to smoke. **proibido fumar** no smoking.

fu.mo [f'umu] *sm* **1** smoke. **2** tobacco. **3** *bras, gír* marijuana, grass.

fun.ci.o.na.men.to [fũsjonam'ẽtu] *sm* operation, running.

fun.ci.o.nar [fũsjon'ar] *vint* to function.

fun.ci.o.ná.rio [fũsjon'arju] *sm* employee, clerk. **funcionário público** civil servant, public servant.

fun.da.ção [fũdas'ãw] *sf* (*pl* **fundações**) foundation.

fun.da.dor [fũdad'or] *sm* founder. • *adj* founding.

fun.da.men.tal [fũdamẽt'aw] *adj m+f* (*pl* **fundamentais**) fundamental.

fun.da.men.to [fũdam'ẽtu] *sm* **1** basis. **2** origin, motive.

fun.dar [fũd'ar] *vt+vint* to found.

fun.dir [fũd'ir] *vt+vint+vpr* **1** to melt. **2** to incorporate, fuse. **fundir-se** a) to get confused, mixed up. b) to incorporate, fuse. **fundir a cuca** *bras, gír* to blow one's mind.

fun.do [f'ũdu] *sm* bottom. • *adj* **1** deep. **2** profound. **a fundo** deeply. **alcançar o fundo** to bottom. **cheque sem fundos** bounced check. **fundo musical** background music. **ir a fundo em** to get to the bottom of something. **no fundo** deep down, at heart. **no fundo do palco** on the backstage. **o fundo do mar** the bottom of the sea. **prato fundo** soup plate.

fun.du.ra [fũd'ura] *sf* profundity, depth, deepness.

fú.ne.bre [f'unebri] *adj m+f* **1** funeral. **2** sad, gloomy.

fu.ne.rá.rio [funer'arju] *adj* funerary, funeral. **casa funerária** funeral home, funeral parlour. **urna funerária** coffin, casket.

fun.go [f'ũgu] *sm* fungus.

fu.nil [fun'iw] *sm* (*pl* **funis**) funnel.

fu.ra.cão [furak'ãw] *sm* (*pl* **furacões**) hurricane.

fu.ra.dei.ra [furad'ejrə] *sf Tecn* drill, drilling machine.

fu.ra.do [fur'adu] *adj* flat, leaky, pierced, punctured. **pneu furado** flat tyre.

fu.rar [fur'ar] *vt+vint* to bore, pierce, drill a hole, perforate, puncture. **furar um pneu** to puncture a tyre.

fur.gão [furg'ãw] *sm* (*pl* **furgões**) van.

fú.ria [f'urjə] *sf* fury. **num ataque de fúria** in a fit of rage.

fu.ri.o.so [furi'ozu] *adj* furious. **estar furioso** to be in a rage.

fu.ro [f'uru] *sm* hole. **furo jornalístico** scoop.

fu.ror [fur'or] *sm* **1** furor, fury, rage, passion. **2** frenzy. **3** enthusiasm.

fur.tar [furt'ar] *vt* to steal.

fur.ti.vo [furt'ivu] *adj* furtive.

fur.to [f'urtu] *sm* theft.

fu.são [fuz'ãw] *sf* (*pl* **fusões**) **1** fusion. **2** merger. **fusão de raças** amalgamation of races. **fusão nuclear** *Fís* nuclear fusion. **ponto de fusão** melting point.

fu.sí.vel [fuz'ivew] *sm* (*pl* **fusíveis**) *bras, Eletr* fuse. **o fusível queimou** / the fuse is blown. **caixa de fusível** fuse box.

fu.so [f'uzu] *sm* spindle, spool. **o fuso horário** time zone.

fu.te.bol [futeb'ow] *sm Esp brit* football, *amer* soccer. **campo de futebol** football/soccer field. **futebol americano** *amer* football. **jogo de futebol** football/soccer game.

fú.til [f'utiw] *adj m+f* (*pl* **fúteis**) **1** futile. **2** frivolous.

fu.ti.li.da.de [futilid'adi] *sf* futility.

fu.tu.ro [fut'uru] *sm* future. • *adj* future.

fu.xi.car [fuʃik'ar] *vt+vint bras* to intrigue, gossip.

fu.xi.co [fuʃ'iku] *sm bras* gossip, plot.

fu.zil [fuz'iw] *sm* (*pl* **fuzis**) gun, rifle.

fu.zi.la.men.to [fuzilam'ẽtu] *sm* shooting.

fu.zi.lar [fuzil'ar] *vt+vint* to shoot.

fu.zu.ê [fuzu'e] *sm bras, gír* **1** noise. **2** confusion.

g

G, g [ʒ'e] *sm* **1** the seventh letter of the alphabet. **2** symbol of gram.

ga.bar [gab'ar] *vt+vpr* **1** to praise. **2 gabar-se de** to boast (of).

ga.bi.ne.te [gabin'eti] *sm* **1** cabinet. **2** office.

ga.do [g'adu] *sm* **1** cattle, stock, live stock. **2** herd. **3** flock. **criação de gado** cattle raising. **gado de corte/gado de abate** animal for slaughter, beef cattle.

ga.fe [g'afi] *sf* blunder. **cometer uma gafe** to make a blunder.

ga.gá [gag'a] *adj m+f gal* decrepit, senile.

ga.go [g'agu] *sm* stutterer. • *adj* stuttering. **ser gago** to have a stutter.

ga.gue.jar [gageʒ'ar] *vt+vint* to stammer, stutter. **falar gaguejando** to stammer.

gai.o.la [gaj'olə] *sf* cage.

gai.ta [g'ajtə] *sf* **1** shepherd's pipe or flute. **2** *bras, gír* money, dough. **3** *bras* harmonica.

ga.la [g'alə] *sf* pomp, show, gala. **vestido de gala** gala dress, court-dress.

ga.lã [gal'ã] *sm Cin, Teat, Telev* leading gentleman, leading actor.

ga.lão [gal'ãw] *sm (pl* **galões)** gallon *(bras* 4.55 liters, *amer* 3.78 liters, *brit* 4.55 liters). **galão de gasolina** gallon of gas.

ga.lá.xia [gal'aksjə] *sf Astr* galaxy.

ga.le.ri.a [galer'iə] *sf* gallery. **galeria de arte** art gallery.

gal.go [g'awgu] *sm* greyhound.

ga.lho [g'aʎu] *sm* branch (of trees). **quebrar o galho** to shoot the trouble.

ga.li.nha [gal'iɲə] *sf Zool* hen. **galinha choca** brooding hen.

ga.lo [g'alu] *sm Zool* **1** cock, *amer* rooster. **2** bump.

ga.lo.par [galop'ar] *vint* to gallop.

gal.pão [gawp'ãw] *sm (pl* **galpões)** *bras* hangar, shed.

ga.mar [gam'ar] *vt+vint bras, gír* to love.

gam.bá [gãb'a] *sm Zool* skunk. **bêbado como um gambá** as drunk as a skunk.

gam.bi.ar.ra [gãbi'aɾə] *sf coloq* an illegal electrical installation.

ga.nân.cia [gan'ãsjə] *sf* greed.

ga.nan.ci.o.so [ganãsi'ozu] *adj* greedy.

gan.cho [g'ãʃu] *sm* hook. **gancho do telefone** receiver hook, receiver rest, cradle.

gan.gor.ra [gãg'oɾə] *sf bras* seesaw.

gângs.ter [g'ãgster] *sm* gangster.

gan.gue [g'ãgi] *sf bras, gír* gang.

ga.nha.dor [gaɲad'or] *sm* winner. • *adj* winning.

ga.nhar [g ɲ'ar] *vt+vint* **1** to earn. *não ganho muito* / I do not earn much. **2** to get. **3** to gain. **4** to win. **ganhar a vida** to make a living. **ganhar dinheiro** to

ganho   414   **gelo**

make or earn money. **ganhar o jogo** to win the game or match. **ganhar tempo** to gain time. **ganhar uma batalha** to win a battle. **ganhar um prêmio** to win a prize.

ga.nho [g'ʌñu] *sm* 1 profit, gain. 2 advantage. • *adj* gained, acquired.

ga.nir [gan'ir] *vint* to bark, yelp, whine.

gan.so [g'ãsu] *sm Zool* goose.

ga.ra.gem [gar'aʒẽj] *sf (pl* **garagens)** garage.

ga.ran.ti.a [garãt'iə] *sf* guarantee.

ga.ran.tir [garãt'ir] *vt* to guarantee.

gar.çom [gars'õw] *sm* waiter.

gar.ço.ne.te [garson'ɛti] *sf* 1 waitress. 2 stewardess.

gar.fo [g'arfu] *sm* fork.

gar.ga.lha.da [gargaʎ'adə] *sf* laughter.

gar.ga.lhar [gargaʎ'ar] *vint* to burst into laughter.

gar.ga.lo [garg'alu] *sm* neck of a bottle or pot.

gar.gan.ta [garg'ãtə] *sf Anat* throat. **dor de garganta** a sore throat.

gar.gan.ti.lha [gargãt'iʎə] *sf* collar, necklace.

gar.ga.re.jar [gargareʒ'ar] *vt+vint* to gargle.

gar.ga.re.jo [gargar'eʒu] *sm* 1 gargling. 2 gargle.

ga.ri [gar'i] *sm bras* street-sweeper.

ga.rim.par [garĩp'ar] *vint* to search for diamonds or other valuable mineral deposits.

ga.ro.a [gar'oə] *sf* drizzle.

ga.ro.ar [garo'ar] *vint* to drizzle.

ga.ro.ta [gar'otə] *sf* girl, lass.

ga.ro.to [gar'otu] *sm* 1 boy. 2 lad, youngster, kid. **garoto de programa** *bras* rent boy, hustler.

gar.ra [g'aȓə] *sf* 1 claw. 2 nail. 3 *fig* strength, vigour.

gar.ra.fa [gaȓ'afə] *sf* bottle. **garrafa térmica** vacuum bottle, thermos flask.

gar.ra.fão [gaȓaf'ãw] *sm (pl* **garrafões)** flagon.

gás [g'as] *sm* 1 gas. 2 *fig* liveliness. **gás carbônico** carbon dioxide. **gás lacrimogêneo** tear gas.

ga.so.li.na [gazol'inə] *sf* petrol, *amer* gas, gasoline. **bomba de gasolina** petrol pump, *amer* gasoline pump. **posto de gasolina** gas station.

gas.ta.dor [gastad'or] *sm* spendthrift. • *adj* prodigal, wasteful.

gas.tar [gast'ar] *vt* 1 to spend. *ela gasta seu dinheiro em joias* / she spends her money on jewels. 2 to consume, use up, work up. 3 to waste.

gas.to [g'astu] *sm* expense, expenditure. *nós temos muitos gastos* / we have many expenses. • *adj* spent, worn out, used up. **gastos miúdos** petty charges.

ga.ta [g'atə] *sf* 1 *Zool* female cat, pussycat. 2 *bras* a young, beautiful and attractive woman.

ga.ti.lho [gat'iʎu] *sm* trigger.

ga.ti.nha [gat'iñə] *sf bras, gír* a very pretty girl, especially a teenager.

ga.ti.nhar [gatiñ'ar] *vint+vt* to go on all fours, like a cat.

ga.to [g'atu] *sm* 1 cat, tomcat. 2 *bras* a handsome, attractive man.

ga.ve.ta [gav'etə] *sf* drawer.

ga.vi.ão [gavi'ãw] *sm (pl* **gaviões)** *Ornit* hawk.

gay [g'ej] *s m+f ingl* homosexual. • *adj m+f* gay, of, relating to, or used by homosexuals.

ga.ze [g'azi] *sf* gauze.

ge.a.da [ʒe'adə] *sf* frost.

ge.ar [ʒe'ar] *vint* to frost, chill, freeze slightly.

ge.la.dei.ra [ʒelad'ejrə] *sf bras* refrigerator, fridge.

ge.la.do [ʒel'adu] *adj* 1 frozen, icy. 2 frosty.

ge.la.ti.na [ʒelat'inə] *sf* jelly.

ge.lei.a [ʒel'ejə] *sf* jam.

ge.lei.ra [ʒel'ejrə] *sf Geol* glacier.

ge.lo [ʒ'elu] *sm (pl* **gelos)** ice. **pista de gelo** ice-rink.

ge.ma [ʒ'emə] *sf* (ovo) yolk.

gê.meo [ʒ'emju] *sm* twin. • *adj* **1** twin. **2** *fig* identical, equal. **irmã gêmea** twin sister. **irmão gêmeo** twin brother.

ge.mer [ʒem'er] *vint* to groan, moan.

ge.mi.do [ʒem'idu] *sm* groan, moan(ing).

ge.ne [ʒ'eni] *sm Biol* gene.

ge.ne.ral [ʒener'aw] *sm* (*pl* **generais**) **1** *Mil* general. **2** *fig* leader, commander, chief.

ge.ne.ra.li.za.ção [ʒeneralizaz'ãw] *sf* (*pl* **generalizações**) generalization.

ge.ne.ra.li.zar [ʒeneraliz'ar] *vt+vpr* **1** to generalize. **2 generalizar-se** to be or become generalized, become widespread.

ge.né.ri.co [ʒen'ɛriku] *adj* generic(al).

gê.ne.ro [ʒ'eneru] *sm* **1** genre. **2** kind, sort. *gosto desse gênero de música* / I like this kind of music. **3** *Gram* gender. **4 gêneros** goods. **gênero de vida** style of living. **o gênero humano** humankind.

ge.ne.ro.si.da.de [ʒenerozid'adi] *sf* generosity.

ge.ne.ro.so [ʒener'ozu] *adj* generous.

gê.ne.se [ʒ'enezi] *sf* genesis.

ge.né.ti.ca [ʒen'ɛtika] *sf Biol* genetics.

ge.né.ti.co [ʒen'ɛtiku] *adj* genetic(al). **código genético** genetic code. **engenharia genética** genetic engineering.

gen.gi.bre [ʒẽʒ'ibri] *sm Bot* ginger.

gen.gi.va [ʒẽʒ'iva] *sf* gum.

ge.ni.al [ʒeni'aw] *adj m+f* (*pl* **geniais**) *fig* brilliant.

gê.nio [ʒ'enju] *sm* genius. **de mau gênio** bad-tempered. **o gênio das trevas** the prince of darkness. **ter um bom gênio** to be kind-hearted.

ge.ni.tal [ʒenit'aw] *adj m+f* (*pl* **genitais**) genital.

gen.ro [ʒ'ẽru] *sm* son-in-law.

gen.te [ʒ'ẽti] *sf* people. **gente de bem** honest people.

gen.til [ʒẽt'iw] *adj m+f* (*pl* **gentis**) kind.

gen.ti.le.za [ʒẽtil'ezə] *sf* kindness. *quer fazer a gentileza?* / will you do me the kindness (or the favour)?

ge.o.gra.fi.a [ʒeograf'iə] *sf* geography.

ge.ó.gra.fo [ʒe'ɔgrafu] *sm* geographer.

ge.o.lo.gi.a [ʒeoloʒ'iə] *sf* geology.

ge.ó.lo.go [ʒe'ɔlogu] *sm* geologist.

ge.o.me.tri.a [ʒeometr'iə] *sf* geometry.

ge.o.mé.tri.co [ʒeom'ɛtriku] *adj* geometric(al).

ge.ra.ção [ʒeras'ãw] *sf* (*pl* **gerações**) generation. **a geração vindoura** the rising generation.

ge.ra.do [ʒer'adu] *adj* generated, born.

ge.ra.dor [ʒerad'or] *sm* generator. • *adj* generating.

ge.ral [ʒer'aw] *adj m+f* (*pl* **gerais**) **1** general, common, usual. **2** generic. **como regra geral** as a general rule. **conhecimentos gerais** general knowledge. **dar uma geral** to inspect, examine. **em geral** generally speaking. **em termos gerais** in general terms. **greve geral** general strike.

ge.rar [ʒer'ar] *vt+vpr* to generate.

ge.rên.cia [ʒer'ẽsjə] *sf* management.

ge.ren.ci.ar [ʒerẽsi'ar] *vt* to manage.

ge.ren.te [ʒer'ẽti] *s m+f* manager. **gerente de compras** purchasing manager. **gerente de vendas** sales manager.

ger.ge.lim [ʒerʒel'ĩ] *sm* (*pl* **gergelins**) *Bot* sesame.

ger.me [ʒ'ermi] *sm* germ.

ger.mi.nar [ʒermin'ar] *vint+vt* to germinate.

ges.so [ʒ'esu] *sm* **1** plaster. **2** plaster cast.

ges.tan.te [ʒest'ãti] *sf* pregnant woman. • *adj m+f* pregnant.

ges.tão [ʒest'ãw] *sf* (*pl* **gestões**) management, administration.

ges.ti.cu.lar [ʒestikul'ar] *vint+vt* to gesticulate.

ges.to [ʒ'estu] *sm* gesture.

gi.bi [ʒib'i] *sm bras* comic book, strip cartoon.

gi.gan.te [ʒig'ãti] *sm* giant. • *adj m+f* giant, gigantic.
gi.gan.tes.co [ʒigãt'esku] *adj* 1 gigantic. 2 enormous, huge, *amer, coloq* jumbo.
gi.go.lô [ʒigol'o] *sm bras* gigolo.
gi.le.te [ʒil'eti] *sf* Gillette (trade name), razor blade.
gim [ʒ'ĩ] *sm* gin.
gim-tô.ni.ca [ʒĩt'onikə] *sm bras* gin mixed up with tonic water.
gi.nás.ti.ca [ʒin'astikə] *sf* gymnastics.
gi.ne.co.lo.gi.a [ʒinekoloʒ'iə] *sf Med* gynecology.
gi.ne.co.lo.gis.ta [ʒinekoloʒ'istə] *s m+f* gynecologist.
gi.ra.fa [ʒir'afə] *sf Zool* giraffe.
gi.rar [ʒir'ar] *vint+vt* 1 to turn (a)round. 2 to spin round.
gi.ras.sol [ʒiras'ɔw] *sm* (*pl* **girassóis**) *Bot* sunflower.
gi.ra.tó.ri.o [ʒirat'ɔrju] *adj* revolving, spinning. **ponte giratória** turn (or swing, swivel) bridge. **porta giratória** revolving door.
gí.ria [ʒ'irjə] *sf* slang.
gi.ro [ʒ'iru] *sm* 1 rotation, revolution. 2 *Mec* turn. **dar um giro** to take a stroll, go for a walk.
giz [ʒ'is] *sm* chalk.
gla.ci.al [glasi'aw] *adj m+f*(*pl* **glaciais**) glacial, icy, freezing. **período glacial** ice age.
glân.du.la [gl'ãdulə] *sf Anat, Bot* gland.
gli.co.se [glik'ɔzi] *sf* 1 *Bioquím* glucose. 2 corn syrup.
glo.ba.li.za.ção [globalizas'ãw] *sf* (*pl* **globalizações**) globalization.
glo.bo [gl'obu] *sm* 1 sphere, ball, globe. 2 terrestrial globe. **globo ocular** eyeball.
gló.ria [gl'ɔrjə] *sf* glory.
glo.ri.o.so [glori'ozu] *adj* glorious.
glos.sá.rio [glos'arju] *sm* glossary.
glu.tão [glut'ãw] *sm* (*pl* **glutões**) glutton. • *adj* voracious, greedy.
gno.mo [gn'omu] *sm* gnome.

go.e.la [go'ɛlə] *sf* throat, gullet.
goi.a.ba [goj'abə] *sf* guava.
gol [g'ow] *sm Esp* goal.
go.la [g'ɔlə] *sf* collar.
go.le [g'ɔli] *sm* 1 gulp. 2 sip. **um gole de cerveja** a drain of beer. **vamos tomar um gole** let's have a drink.
go.le.ar [gole'ar] *vt+vint* to score many goals in a football game.
go.lei.ro [gol'ejru] *sm bras, Esp* goalkeeper.
gol.fi.nho [gowf'iñu] *sm Zool* dolphin.
gol.fo [g'owfu] *sm* gulf.
gol.pe [g'owpi] *sm* blow, stroke. **golpe de Estado** *coup d'état*. **golpe de mestre** master-stroke. **um golpe de sorte** a stroke of luck.
gol.pe.ar [gowpe'ar] *vt* to strike, beat, knock, hit.
go.ma [g'omə] *sf* gum, latex.
go.mo [g'omu] *sm* segment.
go.rar [gor'ar] *vt+vint* 1 to go wrong, end in failure. 2 to frustrate, disappoint.
gor.do [g'ordu] *adj* 1 fat. 2 corpulent, plump(y). 3 fatty.
gor.du.cho [gordu'ʃu] *sm* plump, chubby.
gor.du.ra [gord'urə] *sf* grease, fat, shortening.
gor.du.ro.so [gordur'ozu] *adj* greasy.
go.ri.la [gor'ilə] *sm Zool* gorilla.
gor.je.ta [gorʒ'etə] *sf* tip. **dar gorjeta** to tip.
gos.tar [gost'ar] *vt+vpr* to like, hold dear. *eu gostaria que você viesse* / I should like you to come.
gos.to [g'ostu] *sm* 1 taste. 2 pleasure, enjoyment. **bom gosto** good taste. **com gosto** with pleasure. **ter gosto de** to taste of.
gos.to.são [gostoz'ãw] *sm* (*pl* **gostosões**) *bras, gír* a handsome fellow, very attractive to women.
gos.to.so [gost'ozu] *adj* 1 tasty, savoury. 2 appetizing. 3 tasteful.

go.ta [g'otə] *sf* drop (também *fig*). **gota a gota** by drops.

go.tei.ra [got'ejrə] *sf* leak.

go.te.jar [gotez̧'ar] *vint+vt* to drip.

go.ver.na.dor [governad'or] *sm* governor, ruler, commander. • *adj* governing.

go.ver.nan.ta [govern'ãtə] *sf* 1 female housekeeper. 2 governess.

go.ver.nan.te [govern'ãti] *s m+f* ruler, governor. • *adj m+f* governing.

go.ver.nar [govern'ar] *vt+vint* to govern, rule, command.

go.ver.no [gov'ernu] *sm* government.

go.za.ção [gozas'ãw] *sf* (*pl* **gozações**) *bras* mockery.

go.za.dor [gozad'or] *sm bras*, *coloq* mocker. • *adj* mocking.

go.zar [goz'ar] *vt+vint+vpr* 1 to enjoy, derive pleasure from. 2 *bras* to mock, laugh at someone or something. 3 *bras* to come, reach an orgasm. **gozar férias** to be on holiday, go on holiday.

go.zo [g'ozu] *sm* 1 joy, enjoyment. 2 pleasure, delight. 3 *bras* sexual pleasure.

gra.ça [gr'asə] *sf* 1 grace, favour, goodwill. 2 charm, loveliness. 3 fun, joke. **não vejo graça nisto** / I do not see the fun of it. **ação de graças** thanksgiving. **de graça** free, *gratis*, gratuitous. **estar nas graças de** to be in the grace of. **sem graça** graceless(ly).

gra.ci.o.so [grasi'ozu] *adj* gracious.

gra.de [gr'adi] *sf* 1 rail(ing). 2 grill, grate. 3 grid, screen. 4 (prisão) bars.

gra.du.al [gradu'aw] *adj* gradual.

gra.du.ar [gradu'ar] *vt+vpr* 1 to graduate. 2 **graduar-se** to be graduated.

grá.fi.co [gr'afiku] *sm* 1 graph. 2 chart, plan, diagram. • *adj* graphic(al). **artes gráficas** graphic arts.

gra.lha [gr'aʎə] *sf Ornit* rook.

gra.ma¹ [gr'∧mə] *sf Bot* 1 grass. 2 grama, grama-grass. **proibido pisar na grama** keep off the grass.

gra.ma² [gr'∧mə] *sm* gram, gramme: a metric unit of mass equal to 1/1,000 kilogram.

gra.ma.do [gram'adu] *sm bras* 1 lawn. 2 football field.

gra.má.ti.ca [gram'atikə] *sf* grammar.

gram.pe.ar [grãpe'ar] *vt* 1 to fasten with clamps or staples. 2 *bras* to bug.

gram.po [gr'ãpu] *sm* 1 clamp. 2 brace. 3 staple. 4 clip. **grampo para cabelo** hairpin.

gra.na [gr'∧nə] *sf bras*, *gír* money, dough, bock.

gran.de [gr'ãdi] *adj m+f* 1 large. 2 big. 3 great. **a grande maioria** the great majority. **formato grande** large size. **um grande erro** a big/great mistake. **um grande número de pessoas** a large number of people.

gran.di.o.so [grãdi'ozu] *adj* grand, grandiose.

gra.ni.to [gran'itu] *sm Miner* granite.

gra.ni.zo [gran'izu] *sm* hail. **temporal de granizo** hailstorm.

gran.ja [gr'ãʒə] *sf* farm, estate, ranch.

grão [gr'ãw] *sm* 1 grain. 2 (semente) seed. 3 (café) bean.

grão-de-bi.co [gr'ãwdib'iku] *sm* (*pl* **grãos-de-bico**) *Bot* chick-pea.

gras.nar [grazn'ar] *vint* 1 to caw, croak, clang. 2 to quack.

gras.ni.do [grazn'idu] *sm* quack.

gra.ti.dão [gratid'ãw] *sf* gratitude, gratefulness, thankfulness.

gra.ti.fi.ca.ção [gratifikas'ãw] *sf* (*pl* **gratificações**) 1 gratification. 2 reward.

gra.ti.fi.can.te [gratifik'ãti] *adj m+f* rewarding.

grá.tis [gr'atis] *adv* 1 *gratis*. 2 free of charge.

gra.to [gr'atu] *adj* grateful, thankful.

gra.tui.to [grat'ujtu] *adj* free.

grau [gr'aw] *sm* degree. **até certo grau** to a certain degree. **grau Celsius** centigrade degree. **grau centígrado** centigrade degree.

gra.va.ção [gravas'ãw] *sf (pl* **gravações)** 1 engraving, *intaglio*. 2 recording (of sound, visual images or data). **gravação de som em fita** tape recording.

gra.va.dor [gravad'or] *sm* 1 engraver, chaser. 2 recorder. **gravador de fita** tape recorder.

gra.var [grav'ar] *vt* 1 to engrave, carve, sculpture. 2 to record.

gra.va.ta [grav'atə] *sf* (neck)tie.

gra.ve [gr'avi] *adj m+f* 1 serious. 2 heavy. 3 solemn. 4 severe. 5 *Mús* bass, deep.

grá.vi.da [gr'avidə] *adj* pregnant.

gra.vi.da.de [gravid'adi] *sf* 1 gravity. 2 seriousness.

gra.vi.dez [gravid'es] *sf* pregnancy.

gra.vu.ra [grav'urə] *sf* 1 engraving. 2 illustration, picture.

gra.xa [gr'aʃə] *sf* 1 shoe polish. 2 grease. **graxa para sapato** shoe polish.

gre.lha [gr'eλə] *sf* grill.

gre.lhar [greλ'ar] *vint* to broil, grill.

grê.mio [gr'emju] *sm* 1 society, fraternity, organization. 2 student union.

gre.ve [gr'ɛvi] *sf* strike. **entrar em greve** to go on strike. **estar em greve** to be on strike. **greve de fome** hunger strike. **greve geral** general strike.

gre.vis.ta [grev'istə] *s m+f* striker, workman on strike. **os grevistas** the walkouts.

gri.far [grif'ar] *vt* 1 to emphasize. 2 to underline (words).

gri.la.do [gril'adu] *adj bras, gír* worried, troubled.

gri.lo [gr'ilu] *sm* 1 *Entom* cricket. 2 *bras, gír* annoyance, trouble. **qual é o grilo?** what's the matter?

gri.pe [gr'ipi] *sf Med* influenza (flu).

gri.sa.lho [griz'aλu] *adj* grey, greyish. **tornar-se grisalho** to grizzle.

gri.tan.te [grit'ãti] *adj m+f* 1 gross, flagrant. 2 shouting, crying. 3 very vivid (a colour).

gri.tar [grit'ar] *vint+vt* 1 to cry, shout. 2 to scream, yell. **gritar de dor** to yell with pain. **gritar por socorro** to cry for help.

gri.ta.ri.a [gritar'iə] *sf* crying, shouting.

gri.to [gr'itu] *sm* 1 shout, cry. 2 call. 3 yawp. 4 yell. **dar um grito** to cry out.

gros.sei.ro [gros'ejru] *adj* 1 coarse. 2 rude. **em linguagem grosseira** in rude terms. **um erro grosseiro** a gross error.

gros.se.ri.a [groser'iə] *sf* rudeness, vulgarity.

gros.so [gr'osu] *adj* 1 thick, stout, squat. 2 bulky, big, gross, great. 3 rude. **intestino grosso** large intestine. **sal grosso** unrefined salt.

gros.su.ra [gros'urə] *sf* 1 thickness, stoutness. 2 bigness, bulkiness. 3 rudeness.

gru.dar [grud'ar] *vt+vint* 1 to glue, paste. 2 to join, unite. 3 to stick together.

gru.den.to [grud'ẽtu] *adj* sticky.

gru.nhir [gruɲ'ir] *vint+vt* 1 to grunt. 2 *fig* grumble, growl.

gru.po [gr'upu] *sm* group. **grupo sanguíneo** blood group.

gru.ta [gr'utə] *sf* grotto, cave.

gua.che [g'waʃi] *sm* gouache.

guar.da [g'wardə] *s m+f* 1 policeman/woman. 2 guard. **anjo da guarda** guardian angel. **cão de guarda** watchdog. **estar de guarda** to be on guard, keep guard. **guarda de trânsito** traffic cop. **guarda policial** *coloq* cop.

guar.da-chu.va [gwardəʃ'uvə] *sm (pl* **guarda-chuvas)** umbrella.

guar.da-cos.tas [gwardək'ɔstəs] *sm sing+pl* bodyguard.

guar.da-flo.res.tal [gwardəflorest'aw] *sm (pl* **guardas-florestais)** ranger, forest ranger.

guar.da-li.vros [gwardəl'ivrus] *s m+f, sing+pl* bookkeeper.

guar.da-lou.ça [gwardəl'owsə] *sm (pl* **guarda-louças)** sideboard.

guar.da.na.po [gwardɐn'apu] *sm* tablenapkin, serviette.
guar.da-no.tur.no [gwardənot'urnu] *sm* (*pl* **guardas-noturnos**) night watchman.
guar.dar [gward'ar] *vt* 1 to keep. 2 to defend, shield. 3 to watch over, check. 4 to guard. 5 to watch. **guardar a sete chaves** to keep under lock and key. **guardar um segredo** to keep a secret.
guar.da-rou.pa [gwardəř'owpə] *sm* (*pl* **guarda-roupas**) 1 wardrobe. 2 closet.
guar.da-sol [gwardəs'ɔw] *sm* (*pl* **guarda--sóis**) sunshade, parasol.
guar.di.ão [gwardi'ãw] *sm* (*pl* **guardiões**) guardian.
gua.ri.ta [gwar'itə] *sf* sentry-box.
guar.ni.ção [gwarnis'ãw] *sf* (*pl* **guarnições**) 1 *Mil* garrison. 2 *Cul* garnish.
guer.ra [g'ɛřə] *sf* war. **crime de guerra** war crime. **estar em guerra com** to be at war with. **guerra civil** civil war. **guerra de nervos** war of nerves. **guerra fria** cold war. **guerra nuclear** nuclear warfare. **prisioneiro de guerra** prisoner of war.

guer.rei.ro [geř'ejru] *sm* warrior, fighter, combatant. • *adj* warlike.
guer.ri.lha [geř'iʎə] *sf* guerrilla warfare.
gue.to [g'etu] *sm* ghetto.
gui.a [g'iə] *sf* 1 guidance. 2 delivery bill. 3 *bras* curb (street). 4 *masc+fem* guide. 5 handbook, guidebook. **guia de viagem** traveller's guide, guidebook.
gui.ar [gi'ar] *vt+vint* 1 to guide, lead. 2 to conduct, direct. 3 to drive.
gui.chê [giʃ'e] *sm* 1 sliding window, ticket office window, information counter. 2 booking office, ticket office.
gui.dão [gid'ãw] *sm* handle bar (bicycle).
gui.na.da [gin'adə] *sf* swerve.
guin.char [gĩʃ'ar] *vint+vt* 1 to shriek, screech. 2 *bras* to hoist and tow cars.
guin.das.te [gĩd'asti] *sm* crane.
gui.sa.do [giz'adu] *sm* stew.
gui.tar.ra [git'ařə] *sf Mús* guitar.
gu.la [g'ulə] *sf* gluttony, voracity.
gu.lo.sei.ma [guloz'ejmə] *sf* dainties, sweets.
gu.lo.so [gul'ozu] *adj* gluttonous.
gu.me [g'umi] *sm* cutting or sharp edge.

h

H, h [ag'a] *sm* **1** the eighth letter of the alphabet. **2** *Mús* si: the seventh note of the octave. **3** *Quím* chemical symbol of hydrogen.

há.bil ['abiw] *adj m+f (pl* **hábeis)** **1** skilful, skilled. **2** pert, clever, adroit. **hábil em** skilful at, skilled in.

ha.bi.li.da.de [abilid'adi] *sf* **1** skill. **2** capacity, capability. **3** aptitude. **4** dexterity, handiness, workmanship. **falta de habilidade** ungainliness.

ha.bi.li.do.so [abilid'ozu] *adj* **1** skilful, skilled. **2** handy, dexterous. **3** clever, cunning.

ha.bi.li.ta.ção [abilitas'ãw] *sf (pl* **habilitações)** **1** habilitation, qualification, fitness. **2** capacity, competence. **carteira de habilitação** driver's license, driver's licence.

ha.bi.li.tar [abilit'ar] *vt+vpr* **1** to qualify, habilitate. **2** to entitle, give a right to. **3** to make able, capable or fit. **4** **habilitar-se a**: a) to become able, capable or fit for. b) to qualify oneself.

ha.bi.ta.ção [abitas'ãw] *sf (pl* **habitações)** **1** habitation. **2** dwelling, lodging, house, residence. **3** housing.

ha.bi.tan.te [abit'ãti] *s m+f* **1** inhabitant. **2** dweller. **habitante das florestas** woodlander. **habitante de uma cidade** townsman.

ha.bi.tar [abit'ar] *vt* **1** to inhabit, reside, live in. **2** to populate, settle.

há.bi.to ['abitu] *sm* **1** habit, custom, usage. **2** frock. **falta de hábito** unwontedness. **mau hábito** vice.

ha.bi.tu.al [abitu'aw] *adj m+f (pl* **habituais)** **1** habitual, customary. **2** usual, regular. **freguês habitual** regular customer.

ha.bi.tu.ar [abitu'ar] *vt+vpr* **1** to habituate, familiarize. **2** to accustom, get acquainted with. **3** **habituar-se a**: a) to take the habit of. b) to accustom oneself, become used to. *habituei-me a fazê-lo* / I got used to doing it.

há.li.to ['alitu] *sm* **1** breath, respiration. **2** *fig* breeze, breath of air.

ha.li.to.se [alit'ɔzi] *sf Med* halitosis, bad breath.

hal.te.ro.fi.lis.ta [awterofil'istɐ] *s m+f bras* weightlifter.

ham.búr.guer [ãb'urger] *sm (pl* **hambúrgueres)** hamburger.

han.de.bol [ãdeb'ɔw] *sm Esp* handball.

ha.rém [ar'ẽj] *sm (pl* **haréns)** harem, seraglio.

har.mo.ni.a [armon'iɐ] *sf* harmony, accord, concord. **harmonia de cores** harmony of colours.

har.mô.ni.ca [arm'onikɐ] *sf Mús* **1** glass harmonica. **2** harmonica, mouth organ. **3** concertina. **4** *bras* an accordion.

har.pa ['arpɐ] *sf* harp.

has.te ['asti] *sf* 1 pole. 2 stem, stalk. 3 flagpole.

ha.ver [av'er] *vt+vint+vpr* 1 to have, possess, own. 2 to exist, there to be. **há alguém na porta** / there is somebody at the door. 3 to happen, occur. *o que há com você?* / what is the matter with you? *o que é que há?* / what is all about? **há anos** a) years ago. b) for years (back). **haja o que houver** come what may. **há muito tempo** long ago. **não há de que** don't mention it, you're welcome.

ha.xi.xe [aʃ'iʃi] *sm* hashish, hasheesh.

hé.li.ce [ɛ'lisi] *s m+f* propeller.

he.li.por.to [elip'ortu] *sm* heliport.

he.ma.to.ma [emat'omə] *sm* bruise.

he.mis.fé.rio [emisf'ɛrju] *sm* hemisphere. **hemisfério norte** northern hemisphere. **hemisfério sul** southern hemisphere.

he.mo.fi.li.a [emofil'iə] *sf* hemophilia.

he.mo.fí.li.co [emof'iliku] *adj* hemophiliac, hemophilic.

he.mor.ra.gi.a [emoʁaʒ'iə] *sf* hemorrhage.

he.pa.ti.te [epat'iti] *sf* hepatitis.

he.ra ['ɛrə] *sf* ivy.

he.ran.ça [er'ãsə] *sf* 1 inheritance. 2 legacy. 3 heritage.

her.dar [erd'ar] *vt* to inherit.

her.dei.ra [erd'ejrə] *sf* heiress.

her.dei.ro [erd'ejru] *sm* heir. **príncipe herdeiro** crown prince. **sem herdeiro** heirless.

he.re.di.tá.rio [eredit'arju] *adj* hereditary.

her.mé.ti.co [erm'ɛtiku] *adj* hermetic, air-proof, air-tight.

hér.nia ['ɛrnjə] *sf* hernia, rupture.

he.rói [er'ɔj] *sm* hero.

he.roi.co [er'ɔjku] *adj* 1 heroic(al). 2 bold. 3 valorous.

he.ro.í.na [ero'inə] *sf* 1 heroine. 2 heroin: narcotic.

he.ro.ís.mo [ero'izmu] *sm* 1 heroism. 2 courage. 3 valour.

he.si.ta.ção [ezitas'ãw] *sf (pl* **hesitações***)* 1 hesitation. 2 indecision.

he.si.tar [ezit'ar] *vt+vint* 1 to hesitate. 2 to vacillate.

he.te.ros.se.xu.al [eteroseksu'aw] *s m+f* heterosexual. • *adj m+f* heterosexual.

he.xá.go.no [eks'agonu] *sm* hexagon.

hi.ber.na.ção [ibernas'ãw] *sf (pl* **hibernações***)* hibernation, winter-sleep.

hi.ber.nar [ibern'ar] *vint* to hibernate.

hi.dra.tan.te [idrat'ãti] *sm* moisturizer. • *adj m+f* moisturizing. **loção hidratante** moisturizing lotion.

hi.dra.tar [idrat'ar] *vt* 1 to hydrate. 2 to moisturize.

hi.dráu.li.co [idr'awliku] *adj* hydraulic.

hi.dro.a.vi.ão [idroavi'ãw] *sm (pl* **hidroaviões***)* seaplane.

hi.dro.e.lé.tri.co [idroel'ɛtriku] *adj* hydroelectric. **energia hidroelétrica** hydropower.

hi.dro.gê.nio [idroʒ'enju] *sm* hydrogen. **bomba de hidrogênio** H-bomb.

hi.dro.vi.a [idrov'iə] *sf* waterway.

hi.e.na [i'enə] *sf Zool* hyena.

hi.e.rar.qui.a [jerark'iə] *sf* hierarchy.

hi.e.ró.gli.fo [jer'ɔglifu] *sm* hieroglyph.

hí.fen ['ifẽj] *sm* hyphen.

hi.gi.e.ne [iʒi'eni] *sf* hygienics, hygiene.

hi.gi.ê.ni.co [iʒi'eniku] *adj* hygienic(al), sanitary. **papel higiênico** toilet paper.

hi.no ['inu] *sm* hymn: a) religious song. b) anthem. **hino nacional** national anthem.

hi.per.mer.ca.do [ipermerk'adu] *sm* hypermarket.

hi.per.me.tro.pi.a [ipermetrop'iə] *sf* hypermetropia, far-sightedness.

hi.per.ten.são [ipertẽs'ãw] *sf* hypertension: high blood pressure.

hi.pis.mo [ip'izmu] *sm* horsemanship, horseback riding.

hip.no.se [ipn'ɔzi] *sf* hypnosis.

hip.no.ti.zar [ipnotiz'ar] *vt* to hypnotize.

hi.po.con.drí.a.co [ipokõdr'iaku] *sm* hypochondriac. • *adj* hypochondriac(al).
hi.po.cri.si.a [ipokriz'iə] *sf* **1** hypocrisy. **2** falseness.
hi.pó.cri.ta [ip'ɔkritə] *s m+f* hypocrite. **2** pretender. • *adj m+f* hypocritic(al).
hi.pó.dro.mo [ip'ɔdromu] *sm* race-track, race-course.
hi.po.pó.ta.mo [ipop'ɔtamu] *sm* Zool hippo, hippopotamus.
hi.po.te.ca [ipot'ɛkə] *sf* mortgage.
hi.pó.te.se [ip'ɔtezi] *sf* **1** hypothesis. **2** supposition. **em hipótese alguma** on no account. **na hipótese de** assuming that.
his.te.ri.a [ister'iə] *sf* hysteria, hysterics. *ela teve ataques de histeria* / she went into hysterics.
his.tó.ria [ist'ɔrjə] *sf* **1** history. **2** story, tale. **3** coloq thing, matter. *que história é essa?* / what are you talking about? *a mesma velha história* the same old story. **história em quadrinhos** comic strip.
his.tó.ri.co [ist'ɔriku] *sm* description, detailed report. *os médicos discutiram o histórico do caso* / the physicians discussed the case history. • *adj* **1** historical. **2** historic (famous or important in history). **tempos históricos** historic times. **romance histórico** historical novel.
ho.je [ˈoʒi] *adv* **1** today. **2** nowadays. **3** at the present time. **ainda hoje** this very day. **até o dia de hoje** to this very day. **de hoje a uma semana** in a week's time. **de hoje em diante** from this day on. **hoje em dia** nowadays, at our days.
ho.lo.caus.to [olok'awstu] *sm* holocaust.
ho.lo.fo.te [olof'ɔti] *sm* spotlight, flood light.
ho.mem [ˈɔmẽj] *sm* (*pl* **homens**) **1** man. **2** human being. **3** mankind, humanity.
ho.me.na.ge.ar [omenaʒe'ar] *vt* to homage, pay homage to.
ho.me.na.gem [omen'aʒẽj] *sf* (*pl* **homenagens**) **1** homage, honor. **2** tribute.

ho.me.o.pa.ti.a [omeopat'iə] *sf* homeopathy.
ho.mi.ci.da [omis'idə] *s m+f* murderer. • *adj m+f* murderous, homicidal.
ho.mi.cí.dio [omis'idju] *sm* homicide, murder, assassination.
ho.mo.gê.neo [omoʒ'enju] *adj* homogeneous.
ho.mô.ni.mo [om'onimu] *sm* homonym, namesake. • *adj* homonymic, homonymous.
ho.mos.se.xu.al [omoseksu'aw] *sm* (*pl* **homossexuais**) homosexual, gay. • *adj m+f* homosexual, gay.
ho.nes.ti.da.de [onestid'adi] *sf* honesty, dignity.
ho.nes.to [on'ɛstu] *adj* honest, honourable.
ho.no.rá.rios [onor'arjus] *sm pl* fees, pay.
hon.ra [ˈõɾə] *sf* honor. *isto é uma questão de honra* / this is an affair of honor. **código de honra** code of honor. **pela minha honra** on my honor.
hon.ra.dez [õɾad'es] *sf* **1** honour, probity. **2** virtuousness. **3** righteousness.
hon.ra.do [õɾ'adu] *adj* **1** honourable, reputable. **2** honest.
hon.rar [õɾ'ar] *vt* to honor. *ela nos honrou com sua presença* / she honored us with her presence.
ho.ra [ˈɔɾə] *sf* **1** hour. *o filme dura três horas* / the film lasts three hours. **2** point of time indicated by a timepiece, time of day. *ele esperou até altas horas* / he waited until late at night. **3** the moment, the time. *chegou a hora das orações* / prayer time has come. **de hora em hora** from hour to hour. **fazer hora extra** to work overtime. **há uma hora** an hour ago. **hora de dormir** bedtime. **hora oficial** standard time.
ho.rá.rio [or'arju] *sm* time table, schedule. *o trem chegou no horário* / the train arrived on schedule. **horário de trabalho** working hours. **horário nobre** prime time.

ho.ri.zon.tal [orizõt′aw] *adj m+f* (*pl* **horizontais**) horizontal, even, flat.

ho.ri.zon.te [oriz′õti] *sm* horizon.

hor.mô.nio [orm′onju] *sm* hormone. **reposição de hormônio** hormone replacement.

ho.rós.co.po [or′ɔskopu] *sm* horoscope.

hor.rí.vel [oř′ivew] *adj m+f* (*pl* **horríveis**) 1 horrible, terrible. 2 dreadful, shocking.

hor.ror [oř′or] *sm* 1 horror, terror. 2 repulsion, aversion.

hor.ro.ro.so [ořor′ozu] *adj* 1 horrible, terrible. 2 appalling.

hor.ta [′ɔrtə] *sf* vegetable-garden, kitchen-garden.

hor.ta.li.ça [ortal′isə] *sf* vegetable, greenery.

hor.te.lã [ortel′ã] *sf* mint, peppermint.

hos.pe.dar [osped′ar] *vt+vpr* 1 to receive as a guest. 2 to house, lodge. 3 **hospedar-se** to be or become a guest, take up quarters in.

hós.pe.de [′ɔspedi] *sm* guest, visitor. **casa de hóspedes** guest-house.

hos.pi.tal [ospit′aw] *sm* (*pl* **hospitais**) hospital.

hos.pi.ta.lei.ro [ospital′ejru] *adj* hospitable.

hos.pi.ta.li.da.de [ospitalid′adi] *sf* hospitality.

hos.pi.ta.li.zar [ospitaliz′ar] *vt* to hospitalize.

hós.tia [′ɔstjə] *sf* host: eucharistic bread.

hos.til [ost′iw] *adj m+f* (*pl* **hostis**) hostile.

hos.ti.li.da.de [ostilid′adi] *sf* hostility.

hu.ma.ni.da.de [umanid′adi] *sf* 1 humanity. 2 kindness, benevolence. 3 **humanidades** *pl* classical learning.

hu.ma.ni.tá.rio [umanit′arju] *sm* humanitarian. • *adj* humanitarian, humane, benevolent.

hu.ma.no [um′ʌnu] *adj* 1 human. 2 humane, benevolent. **o gênero humano** the human race. **um ser humano** a human being.

hu.mil.da.de [umiwd′adi] *sf* humbleness, humility.

hu.mil.de [um′iwdi] *adj m+f* humble, modest.

hu.mi.lha.ção [umiʎas′ãw] *sf* (*pl* **humilhações**) humiliation.

hu.mi.lhan.te [umiʎ′ãti] *adj m+f* humiliating, depressing, mortifying.

hu.mi.lhar [umiʎ′ar] *vt+vpr* 1 to humiliate, humble. 2 to lower, let down. *ele humilhou seu amigo* / he let his friend down. 3 **humilhar-se** to humble/abase oneself.

hu.mor [um′or] *sm* humour, mood. **de bom humor** good-humoured. **de mau humor** in bad temper, ill-humoured.

hu.mo.ris.ta [umor′istə] *s m+f* humorist, comedian.

i

I, i ['i] *sm* the ninth letter of the alphabet.
i.a.te [i'ati] *sm* yacht.
i.a.tis.mo [jat'izmu] *sm* yachting.
i.çar [is'ar] *vt* to hoist, hoist up. **içar a bandeira** to hoist the flag.
i.da ['idə] *sf* 1 departure, setting out. 2 travel, trip. *ele comprou um bilhete de ida e volta* / he bought a round trip ticket. **idas e vindas** comings and goings.
i.da.de [id'adi] *sf* age. *ela é menor de idade* / she is underage. *ele não mostra a idade* / he does not look his age. **a flor da idade** the prime of life.
i.de.a.lis.mo [ideal'izmu] *sm* idealism.
i.de.a.lis.ta [ideal'istə] *s m+f* idealist. • *adj m+f* idealistic.
i.de.a.li.zar [idealiz'ar] *vt* to idealize.
i.dei.a [id'ɛjə] *sf* 1 idea, thought, notion. 2 concept. **ideia fixa** obsession. **uma ideia brilhante** a brilliant idea.
i.dem [id'ẽj] *pron* idem, ditto, the same (as).
i.dên.ti.co [id'ẽtiku] *adj* dentical. **quase idêntico** almost the same.
i.den.ti.da.de [idẽtid'adi] *sf* identity. **cédula de identidade** ID card.
i.den.ti.fi.ca.ção [idẽtifikas'ãw] *sf (pl* **identificações**) identification.
i.den.ti.fi.car [idẽtifik'ar] *vt+vpr* 1 to identify, recognize. 2 **identificar-se (com)** to identify oneself with.
i.de.o.lo.gi.a [ideoloʒ'iə] *sf* ideology.

i.di.o.ma [idi'omə] *sm* language. *ele tem talento para idiomas* / he has the gift for languages.
i.di.o.ta [idi'ɔtə] *s m+f* idiot, dumb, fool. • *adj m+f* idiotic(al), stupid.
i.di.o.ti.ce [idiot'isi] *sf* foolishness, madness, nonsense.
i.do.la.tri.a [idolatr'iə] *sf* idolatry.
í.do.lo ['idolu] *sm* idol.
i.dô.neo [id'onju] *adj* 1 convenient. 2 honest. 3 incorrupt, taintless.
i.do.so [id'ozu] *adj* old, aged, advanced in years.
ig.no.rân.cia [ignor'ãsjə] *sf* ignorance. **alegar ignorância** to plead ignorance.
ig.no.ran.te [ignor'ãti] *s m+f* ignorant. • *adj m+f* 1 ignorant. 2 unlearned, illiterate.
ig.no.rar [ignor'ar] *vt* 1 to be ignorant of. 2 to disregard, ignore. 3 not to know.
i.gre.ja [igr'eʒə] *sf* church. *ele foi à igreja* / he went to church.
i.gual [ig'waw] *s m+f (pl* **iguais**) equal, peer. • *adj m+f* 1 equal. 2 like, alike, same. **de igual para igual** between equals. **sem igual** unrivaled, incomparable.
i.gua.lar [igwal'ar] *vt+vpr* 1 to equal, make equal. 2 to even, level. 3 **igualar-se** to be on the level with.
i.gual.da.de [igwawd'adi] *sf* equality, equalness. **igualdade de condições** equality of condition.

i.le.gal [ileg'aw] *adj m+f* (*pl* **ilegais**) illegal, unlawful.

i.le.ga.li.da.de [ilegalid'adʒi] *sf* illegality, unlawfulness.

i.le.gí.vel [ileʒ'ivew] *adj m+f* (*pl* **ilegíveis**) illegible, unreadable.

i.le.so [il'ezu] *adj* unhurt, uninjured, unharmed.

i.lha ['iʎə] *sf* island, isle.

i.lhéu [iʎ'ew] *sm* islander.

i.lí.ci.to [il'isitu] *adj* 1 illicit, illegal. 2 unlawful. 3 illegitimate.

i.li.mi.ta.do [ilimit'adu] *adj* unlimited, endless.

i.ló.gi.co [il'ɔʒiku] *adj* 1 illogical, irrational. 2 inconsequent. 3 absurd.

i.lu.dir [iludʒ'ir] *vt+vpr* 1 to illude, deceive. 2 to cheat. 3 **iludir-se** to fool oneself.

i.lu.mi.na.ção [iluminas'ãw] *sf* (*pl* **iluminações**) 1 illumination. 2 *Cin, Teat, Telev* lighting.

i.lu.mi.na.do [ilumin'adu] *adj* illuminated, lit up. *seu rosto estava iluminado de alegria* / her (his) face was lit up with joy.

i.lu.mi.nar [ilumin'ar] *vt* 1 to illuminate, light up. 2 *Cin, Teat, Telev* to light up, spotlight.

i.lu.são [iluz'ãw] *sf* (*pl* **ilusões**) illusion. *uma ilusão de óptica* a trick of the eye.

i.lus.tra.ção [ilustras'ãw] *sf* (*pl* **ilustrações**) illustration.

i.lus.trar [ilustr'ar] *vt+vpr* 1 to illustrate. 2 **ilustrar-se** to become cultivated or cultured.

i.lus.tre [il'ustri] *adj m+f* illustrious, distinguished.

í.mã ['imã] *sm* magnet.

i.ma.gem [im'aʒẽj] *sf* (*pl* **imagens**) 1 image. 2 picture, sculpture. **imagem virtual** virtual image.

i.ma.gi.na.ção [imaʒinas'ãw] *sf* (*pl* **imaginações**) 1 imagination. 2 fantasy, fancy.

i.ma.gi.nar [imaʒin'ar] *vt+vpr* 1 to imagine. 2 to fancy, presume. 3 **imaginar-se** to picture oneself as.

i.ma.gi.ná.rio [imaʒin'arju] *sm* (*pl* **imaginários**) 1 imaginary. 2 illusory. 3 fictional.

im.be.cil [ĩbe'siw] *s m+f* (*pl* **imbecis**) idiot, fool. • *adj m+f* 1 feeble-minded, dumb. 2 silly, stupid. 3 foolish.

i.me.di.a.to [imedʒi'atu] *adj* immediate. **de imediato** right away, at once.

i.men.so [im'ẽsu] *adj* immense, huge, vast.

i.mi.gra.ção [imigras'ãw] *sf* (*pl* **imigrações**) immigration.

i.mi.gran.te [imigr'ãtʃi] *s m+f* immigrant. • *adj m+f* immigrant, immigrating.

i.mi.ta.ção [imitas'ãw] *sf* (*pl* **imitações**) 1 imitation. 2 simulated reproduction, copy.

i.mi.tar [imit'ar] *vt* 1 to imitate. 2 to falsify, counterfeit.

i.mo.bi.li.á.ria [imobili'arjə] *sf* real estate office, estate agency.

i.mo.ral [imor'aw] *adj m+f* (*pl* **imorais**) 1 immoral. 2 dissolute.

i.mor.tal [imort'aw] *adj m+f* (*pl* **imortais**) 1 immortal. 2 eternal.

i.mó.vel [im'ɔvew] *sm* (*pl* **imóveis**) real estate. • *adj m+f* 1 immovable. 2 motionless, steady. **corretor de imóveis** realtor, real estate agent.

im.pa.ci.ên.cia [ĩpasi'ẽsjə] *sf* impatience.

im.pa.ci.en.tar [ĩpasjẽt'ar] *vt+vpr* 1 to exhasperate. 2 to grow impatient. 3 **impacientar-se** to become angry, impatient.

im.pa.ci.en.te [ĩpasi'ẽtʃi] *adj m+f* 1 impatient. 2 restless.

im.pac.to [ĩp'aktu] *sm* 1 impact. 2 shock.

ím.par ['ĩpar] *adj m+f* 1 odd, uneven. 2 unique.

im.par.ci.al [ĩparsi'aw] *adj m+f* (*pl* **imparciais**) 1 impartial, just. 2 unbiased.

im.pe.cá.vel [ĩpek'avew] *adj m+f* (*pl* **impecáveis**) 1 impeccable. 2 flawless.

im.pe.di.do [ĩped'idu] *adj* 1 blocked, hindered. 2 *Fut* offside.

im.pe.di.men.to [ĩpedim'ẽtu] *sm* 1 impediment, obstruction. 2 obstacle. 3 *Fut* offside.

im.pe.dir [ĩped'ir] *vt* 1 to hinder, obstruct, bar. 2 to prevent.

im.pe.ne.trá.vel [ĩpenetr'avew] *adj m+f* (*pl* **impenetráveis**) 1 impenetrable. 2 insensible. 3 incomprehensible.

im.pen.sá.vel [ĩpẽs'avew] *adj m+f* (*pl* **impensáveis**) unthinkable, inconceivable.

im.pe.ra.dor [ĩperad'or] *sm* emperor.

im.pe.ra.triz [ĩperatr'is] *sf* empress.

im.per.do.á.vel [ĩperdo'avew] *adj m+f* (*pl* **imperdoáveis**) unforgivable.

im.per.fei.ção [ĩperfejs'ãw] *sf* (*pl* **imperfeições**) 1 imperfection. 2 defect, flaw.

im.pé.rio [ĩp'erju] *sm* 1 empire. 2 power.

im.per.me.á.vel [ĩperme'avew] *sm* (*pl* **impermeáveis**) raincoat, trench coat. • *adj m+f* 1 impermeable. 2 waterproof. **impermeável ao ar** air-tight.

im.per.ti.nen.te [ĩpertin'ẽti] *adj m+f* 1 impertinent. 2 insolent.

im.pes.so.al [ĩpeso'aw] *adj m+f* (*pl* **impessoais**) impersonal.

ím.pe.to ['ĩpetu] *sm* 1 impulse. 2 impetuosity.

im.pe.tu.o.so [ĩpetu'ozu] *adj* 1 impetuous. 2 vehement.

im.pi.e.do.so [ĩpjed'ozu] *adj* pitiless, merciless, cruel.

im.pla.cá.vel [ĩplak'avew] *adj m+f* (*pl* **implacáveis**) 1 implacable. 2 irreconciliable, inexorable. 3 inflexible.

im.plan.tar [ĩplãt'ar] *vt* 1 to implant. 2 to introduce, establish.

im.pli.car [ĩplik'ar] *vt+vpr* 1 to implicate. 2 to involve. 3 to imply, hint. 4 **implicar-se** to become involved.

im.plo.rar [ĩplor'ar] *vt* 1 to implore. 2 to beg.

im.plo.são [ĩploz'ãw] *sf* (*pl* **implosões**) implosion.

im.por [ĩp'or] *vt+vpr* 1 to impose. 2 to command, determine, decide. 3 **impor-se** to impose oneself.

im.por.ta.ção [ĩportas'ãw] *sf* (*pl* **importações**) importation.

im.por.tân.cia [ĩport'ãsjə] *sf* 1 importance. 2 amount of money. **não tem importância** it does not matter, never mind. **sem importância** of no consequence. **uma pessoa sem importância** a person of no account.

im.por.tan.te [ĩport'ãti] *adj m+f* 1 important. 2 vital, significant. 3 eminent, distinguished.

im.por.tar [ĩport'ar] *vt+vint+vpr* 1 to import. 2 to amount to, aggregate. 3 to interest, concern. 4 **importar-se** to care for about.

im.por.tu.no [ĩport'unu] *adj* troublesome, impertinent, disturbing.

im.pos.sí.vel [ĩpos'ivew] *adj m+f* (*pl* **impossíveis**) impossible. *eles pedem o impossível* / they ask for the impossible. **uma história impossível** an incredible story.

im.pos.to [ĩp'ostu] *sm* tax. *ele requereu isenção de imposto* / he requested tax exemption. • *adj* imposed, forced. **imposto de renda** income tax. **isento de imposto** tax-free, tax-exempt.

im.pos.tor [ĩpost'or] *sm* impostor, imposter.

im.pre.ci.so [ĩpres'izu] *adj* 1 inaccurate, inexact. 2 vague.

im.preg.nar [ĩpregn'ar] *vt* 1 to impregnate. 2 to saturate. 3 to soak.

im.pren.sa [ĩpr'ẽsə] *sf* 1 printing press. 2 press: newspapers and periodicals collectively.

im.pren.sar [ĩprẽs'ar] *vt* to press, compress.

im.pres.cin.dí.vel [ĩpresĩd'ivew] *adj m+f* (*pl* **imprescindíveis**) vital, necessary, indispensable.

im.pres.são [ĩpres'ãw] *sf* (*pl* **impressões**) 1 impression. *ele causou a impressão de estar doente* / he gave the impression of being sick. 2 print, imprint. *tratava-se de um erro de impressão* / it was a misprint. 3 feeling, sensation. 4 opinion, belief. **impressão em cores** colour printing.

im.pres.si.o.nan.te [ĩpresjon'ãti] *adj m+f* 1 impressing. 2 moving.

im.pres.si.o.nar [ĩpresjon'ar] *vt+vpr* 1 to impress. 2 to affect deeply, move. 3 **impressionar-se** to be impressed, become nervous.

im.pres.so [ĩpr'esu] *adj* printed. *o folheto saiu impresso* / the folder appeared in type.

im.pres.so.ra [ĩpres'orə] *sf* printer. **impressora a laser** laser printer.

im.pres.tá.vel [ĩprest'avew] *adj* (*pl* **imprestáveis**) useless, worthless.

im.pre.vi.sí.vel [ĩpreviz'ivew] *adj m+f* (*pl* **imprevisíveis**) unexpected, unpredictable.

im.pre.vis.to [ĩprev'istu] *sm* unforeseen, unexpected. • *adj* unforeseen.

im.pri.mir [ĩprim'ir] *vt* to print, imprint.

im.pró.prio [ĩpr'ɔprju] *adj* 1 improper, inappropriate. 2 unconvenient.

im.pro.vá.vel [ĩprov'avew] *adj m+f* (*pl* **improváveis**) unlikely. *é muito improvável que ele o faça* / he is most unlikely to do it.

im.pro.vi.sar [ĩproviz'ar] *vt* to improvise.

im.pru.den.te [ĩprud'ẽti] *adj m+f* 1 imprudent. 2 precipitate. 3 thoughtless.

im.pul.si.vo [ĩpuws'ivu] *adj* 1 impulsive. 2 hasty, rash.

im.pul.so [ĩp'uwsu] *sm* 1 impulse. 2 impetus, force. 3 incentive.

im.pu.ro [ĩp'uru] *adj* 1 impure. 2 contaminated, polluted.

i.mun.dí.cie [imũd'isji] *sf* uncleanness, uncleanliness, filth.

i.mun.do [im'ũdu] *adj* dirty, filthy.

i.mu.ne [im'uni] *adj m+f* immune, exempt.

i.mu.ni.da.de [imunid'adi] *sf* immunity, exemption. **imunidade diplomática** diplomatic immunity.

i.na.ba.lá.vel [inabal'avew] *adj m+f* (*pl* **inabaláveis**) 1 unshakable. 2 adamant. 3 constant, firm.

i.na.ca.ba.do [inakab'adu] *adj* unfinished, uncompleted.

i.na.cei.tá.vel [inasejt'avew] *adj m+f* (*pl* **inaceitáveis**) unacceptable, inadmissible.

i.na.ces.sí.vel [inases'ivew] *adj m+f* (*pl* **inacessíveis**) inaccessible.

i.na.cre.di.tá.vel [inakredit'avew] *adj m+f* (*pl* **inacreditáveis**) 1 incredible, unbelievable. 2 extraordinary.

i.na.de.qua.do [inadek'wadu] *adj* improper, inappropriate.

i.na.di.á.vel [inadi'avew] *adj m+f* (*pl* **inadiáveis**) 1 undelayable. 2 pressing, urgent.

i.nad.mis.sí.vel [inadmis'ivew] *adj m+f* (*pl* **inadmissíveis**) inadmissible, unacceptable.

i.na.la.dor [inalad'or] *sm* inhaler.

i.na.lar [inal'ar] *vt* to inhale.

i.nal.te.ra.do [inawter'adu] *adj* inaltered, unchanged.

i.na.ni.ção [inanis'ãw] *sf* (*pl* **inanições**) starvation, famishment.

i.nap.to [in'aptu] *adj* 1 inapt, unfit. 2 unable, incapable.

i.na.tin.gí.vel [inatĩʒ'ivew] *adj m+f* (*pl* **inatingíveis**) unattainable, unachievable.

i.na.ti.vo [inat'ivu] *adj* 1 inactive. 2 passive. 3 retired.

i.na.to [in'atu] *adj* 1 innate, native. 2 inborn, connate.

i.nau.gu.ra.ção [inawguras'ãw] *sf* (*pl* **inaugurações**) inauguration, opening.

i.nau.gu.rar [inawgur'ar] *vt* 1 to inaugurate. 2 to open, start.

in.can.sá.vel [ĩkãs'avew] *adj m+f* (*pl* **incansáveis**) tireless, untiring, indefatigable.

in.ca.paz [ĩkap'as] *adj m+f* incapable, inapt, unable.
in.cen.di.ar [ĩsẽdi'ar] *vt* to set on fire, burn down, set fire to. *incendiaram a fazenda* / they set fire to the farm.
in.cên.dio [ĩs'ẽdju] *sm* fire. **alarme de incêndio** fire alarm. **extintor de incêndio** fire extinguisher.
in.cen.ti.var [ĩsẽtiv'ar] *vt* **1** to motivate. **2** to encourage.
in.cen.ti.vo [ĩsẽt'ivu] *sm* **1** incentive. **2** encouragement.
in.cer.to [ĩs'ertu] *adj* uncertain, doubtful.
in.ces.san.te [ĩses'ãti] *adj m+f* incessant, endless, constant.
in.cha.ço [ĩʃ'asu] *sm* swelling, lump, bump.
in.char [ĩʃ'ar] *vt* **1** to swell. **2** *coloq* to grow proud.
in.ci.ne.rar [ĩsiner'ar] *vt* to incinerate, cremate.
in.ci.si.vo [ĩsiz'ivu] *adj* incisive, sharp.
in.ci.tar [ĩsit'ar] *vt* **1** to incite, stimulate. **2** to arouse, stir. *ele incitou as massas* / he stirred up the crowd.
in.cle.men.te [ĩklem'ẽti] *adj m+f* merciless. **2** cruel. **3** rigorous.
in.cli.na.ção [ĩklinas'ãw] *sf* (*pl* **inclinações**) **1** inclination. **2** vocation, talent.
in.cli.nar [ĩklin'ar] *vt+vint+vpr* **1** to incline, recline. **2** to bow, bend. **3** to tilt. **4 inclinar-se** to become inclined, bent or tilted.
in.clu.ir [ĩklu'ir] *vt+vpr* **1** to include, enclose. **2** to comprise. **3 incluir-se** to include oneself as part of.
in.clu.si.ve [ĩkluz'ivi] *adv* inclusively, including.
in.clu.so [ĩkl'uzu] *adj* included, enclosed.
in.cóg.ni.to [ĩk'ɔgnitu] *adj* incognito, unknown, disguised. *o príncipe viajou incógnito* / the prince travelled incognito.
in.co.lor [ĩkol'or] *adj m+f* colourless.

in.co.mo.dar [ĩkomod'ar] *vt+vpr* **1** to inconvenience. **2** to trouble, disturb. **3** to annoy, bother. *não o incomode!* / don't bother him. **4 incomodar-se** a) to care. b) to trouble. *não se incomode* / never mind! *eu não me incomodo com coisa alguma* / I do not care a pin.
in.cô.mo.do [ĩk'omodu] *sm* **1** indisposition, disease. **2** discomfort, trouble. **3** nuisance. • *adj* **1** troublesome. **2** inconvenient.
in.com.pa.rá.vel [ĩkõpar'avew] *adj m+f* (*pl* **incomparáveis**) **1** incomparable. **2** matchless, unparalleled.
in.com.pa.tí.vel [ĩkõpat'ivew] *adj m+f* (*pl* **incompatíveis**) **1** incompatible. **2** discordant.
in.com.pe.ten.te [ĩkõpet'ẽti] *adj m+f* incompetent, incapable.
in.com.ple.to [ĩkõpl'etu] *adj* **1** incomplete, uncompleted. **2** unfinished.
in.com.pre.en.sí.vel [ĩkõpreẽs'ivew] *adj m+f* (*pl* **incompreensíveis**) **1** incomprehensible, inconceivable. **2** unintelligible.
in.co.mum [ĩkom'ũ] *adj m+f* uncommon, unusual.
in.co.mu.ni.cá.vel [ĩkomunik'avew] *adj m+f* (*pl* **incomunicáveis**) incommunicable, cut off.
in.con.ce.bí.vel [ĩkõseb'ivew] *adj m+f* (*pl* **inconcebíveis**) inconceivable, unthinkable.
in.con.fun.di.vel [ĩkõfũd'ivew] *adj m+f* (*pl* **inconfundíveis**) unmistakable.
in.cons.ci.en.te [ĩkõsi'ẽti] *adj m+f* unconscious, unaware.
in.con.sis.ten.te [ĩkõsist'ẽti] *adj m+f* **1** inconsistent. **2** unstable (physical or moral).
in.con.tá.vel [ĩkõt'avew] *adj m+f* (*pl* **incontáveis**) uncountable, countless, incalculable.
in.con.tro.lá.vel [ĩkõtrol'avew] *adj m+f* (*pl* **incontroláveis**) uncontrollable, ungovernable.

in.con.ve.ni.en.te [ĩkõveni'ẽti] *sm* inconvenience, trouble, nuisance. • *adj m+f* **1** improper. **2** inconvenient, inopportune.

in.cor.po.ra.ção [ĩkorporas'ãw] *sf (pl* **incorporações**) **1** incorporation, assembly. **2** annexation, entry.

in.cor.re.to [ĩkoř'etu] *adj* **1** incorrect. **2** faulty, wrong. **3** innacurate.

in.cré.du.lo [ĩkr'ɛdulu] *adj* **1** incredulous. **2** skeptical. **3** distrustful.

in.cri.mi.nar [ĩkrimin'ar] *vt+vpr* **1** to incriminate. **2 incriminar-se** to incriminate oneself.

in.crí.vel [ĩkr'ivew] *adj m+f (pl* **incríveis**) **1** incredible. **2** unbelievable.

in.cu.ba.do.ra [ĩkubad'orə] *sf* **1** incubator. **2** hatchery.

in.cul.to [ĩk'uwtu] *adj* **1** uncultivated, uncultured. **2** unschooled.

in.cu.rá.vel [ĩkur'avew] *adj m+f (pl* **incuráveis**) **1** incurable. **2** hopeless.

in.da.gar [ĩdag'ar] *vt* **1** to inquire. **2** to investigate.

in.de.cen.te [ĩdes'ẽti] *adj m+f* indecent, indecorous, obscene.

in.de.ci.so [ĩdes'izu] *adj* **1** undecided, indecisive. **2** hesitant.

in.de.fe.so [ĩdef'ezu] *adj* **1** unprotected. **2** unarmed. **3** *fig* weak.

in.de.fi.ni.do [ĩdefin'idu] *adj* **1** indefinite. **2** vague. **3** indeterminate.

in.de.li.ca.do [ĩdelik'adu] *adj* impolite, tactless, unkind.

in.de.ni.zar [ĩdeniz'ar] *vt* to indemnify, compensate.

in.de.pen.dên.cia [ĩdepẽd'ẽsjə] *sf* **1** independence. **2** autonomy.

in.de.pen.den.te [ĩdepẽd'ẽti] *adj m+f* **1** independent, self-sufficient. **2** free. **3** autonomous.

in.de.ter.mi.na.do [ĩdetermin'adu] *adj* **1** indeterminate, undetermined. **2** indefinite, vague.

in.di.ca.ção [ĩdikas'ãw] *sf (pl* **indicações) 1** indication. **2** sign, evidence. **3** nomination. **4** directions, instructions, instructions. *as indicações que me foram passadas não estavam corretas* / the indications I was given were not accurate.

in.di.ca.do [ĩdik'adu] *adj* **1** designate. **2** specified.

in.di.ca.dor [ĩdikad'or] *sm* **1** indexfinger, forefinger. **2** indicator. • *adj* indicatory, indicative.

in.di.car [ĩdik'ar] *vt* **1** to indicate, outpoint. **2** to show. **3** to nominate.

ín.di.ce ['ĩdisi] *sm* **1** index. **2** table of contents. **3** rate. **índice de mortalidade** death rate. **índice de preços** price index.

in.dí.cio [ĩd'isju] *sm* **1** clue, trace. **2** evidence, proof.

in.di.fe.ren.ça [ĩdifer'ẽsə] *sf* **1** indifference. **2** unconcern.

in.di.fe.ren.te [ĩdifer'ẽti] *s m+f* e *adj m+f* **1** indifferent, unconcerned. **2** cold, disinterested.

in.dí.ge.na [ĩd'iʒenə] *s m+f* e *adj m+f* indigenous, native, aboriginal.

in.di.gen.te [ĩdiʒ'ẽti] *s m+f* e *adj m+f* beggar.

in.di.ges.tão [ĩdiʒest'ãw] *sf (pl* **indigestões**) indigestion.

in.dig.na.do [ĩdign'adu] *adj* **1** indignant. **2** exasperated. **3** angry.

in.dig.nar [ĩdign'ar] *vt+vpr* **1** to infuriate. **2** to provoke. **3 indignar-se** to be offended, get angry.

in.dig.no [ĩd'ignu] *adj* **1** unworthy, worthless. **2** undeserving. **3** base, ignoble.

ín.dio ['ĩdju] *sm* Indian.

in.di.re.ta [ĩdir'ɛtə] *sf bras* allusion, hint.

in.di.re.to [ĩdir'ɛtu] *adj* indirect.

in.dis.cre.to [ĩdiskr'etu] *adj* indiscreet.

in.dis.cu.tí.vel [ĩdiskut'ivew] *adj m+f (pl* **indiscutíveis**) **1** unquestionable, incontestable.

in.dis.pos.to [ĩdisp'ostu] *adj* not well, unwell, sick.

in.dis.tin.to [ĩdist'ĩtu] *adj* 1 indistinct. 2 vague, uncertain.

in.di.vi.du.al [ĩdividu'aw] *adj m+f* individual, personal, private.

in.di.ví.duo [ĩdiv'idwu] *sm* 1 being, individual, person. 2 *coloq* guy, fellow.

ín.do.le ['ĩdoli] *sf* 1 nature. *ele revelou má índole* / he showed his ill nature. 2 temper, character. **um menino de boa índole** a good-natured boy.

in.do.lor [ĩdol'or] *adj m+f* painless.

in.do.má.vel [ĩdom'avew] *adj m+f* (*pl* **indomáveis**) 1 indomitable. 2 invincible. 3 fierce.

in.dús.tria [ĩd'ustrjə] *sf* industry. **indústria de automóveis** car industry.

in.dus.tri.al [ĩdustri'aw] *s m+f* (*pl* **industriais**) manufacturer, producer. • *adj m+f* manufacturing, industrial.

in.du.zir [ĩduz'ir] *vt+vpr* 1 to induce. 2 to persuade.

i.né.di.to [in'εditu] *adj* 1 unedited, unpublished. 2 *fig* unheard of.

i.ne.fi.caz [inefik'as] *adj m+f* ineffective.

i.ne.fi.ci.ên.cia [inefisi'ẽsjə] *sf* inefficiency.

i.ne.gá.vel [ineg'avew] *adj m+f* (*pl* **inegáveis**) undeniable, incontestable.

i.nér.cia [in'εrsjə] *sf* 1 inertia, inactivity. 2 indolence.

i.ne.ren.te [iner'ẽti] *adj m+f* inherent, intrinsic(al).

i.nes.go.tá.vel [inezgot'avew] *adj m+f* (*pl* **inesgotáveis**) 1 inexhaustible. 2 copious, abundant

i.nes.pe.ra.do [inesper'adu] *adj* unexpected, sudden.

i.nes.que.cí.vel [ineskes'ivew] *adj m+f* (*pl* **inesquecíveis**) unforgettable.

i.nes.ti.má.vel [inestim'avew] *adj m+f* (*pl* **inestimáveis**) 1 invaluable. 2 priceless.

i.ne.vi.tá.vel [inevit'avew] *adj m+f* (*pl* **inevitáveis**) unavoidable, inevitable.

i.nex.pe.ri.en.te [inesperi'ẽti] *adj m+f* 1 inexperienced, unexperienced. 2 *pop* green. *ele é inexperiente neste negócio* / he is green in this business.

i.nex.pli.cá.vel [inesplik'avew] *adj m+f* (*pl* **inexplicáveis**) inexplicable, unexplainable.

in.fa.lí.vel [ĩfal'ivew] *adj m+f* (*pl* **infalíveis**) 1 infallible. 2 certain, sure.

in.fân.cia [ĩf'ãsjə] *sf* infancy, childhood, babyhood. *ela é uma amiga de infância* / she is a childhood friend.

in.fan.til [ĩfãt'iw] *adj m+f* (*pl* **infantis**) 1 for children, children's. **literatura infantil** children's books. 2 childish, babyish. **atitudes infantis** childish behavior.

in.fec.ci.o.nar [ĩfeksjon'ar] *vt+vint+vpr* 1 to infect, contaminate. 2 **infeccionar-se** to be or become infected.

in.fec.ci.o.so [ĩfeksi'ozu] *adj* 1 infective, infectious. 2 contagious.

in.fe.li.ci.da.de [ĩfelisid'adi] *sf* 1 unhappiness. 2 misfortune.

in.fe.liz [ĩfel'is] *adj m+f* unhappy, unfortunate, unlucky.

in.fe.ri.or [ĩferi'or] *adj m+f* 1 inferior. 2 low(er). 3 ordinary, common.

in.fer.no [ĩf'εrnu] *sm* hell. *fizeram de sua vida um inferno* / they made his life hell. **vá para o inferno!** go to hell!.

in.fi.el [ĩfi'εw] *adj m+f* (*pl* **infiéis**) 1 unfaithful. 2 disloyal.

in.fi.mo ['ĩfimu] *adj* 1 lowermost. 2 insignificant.

in.fi.ni.da.de [ĩfinid'adi] *sf* 1 infinity. 2 endlessness. 3 immensity.

in.fi.ni.to [ĩfin'itu] *sm* infinite, infinity. • *adj* 1 infinite, infinitive. 2 endless.

in.fla.ção [ĩflas'ãw] *sf* (*pl* **inflações**) inflation.

in.fla.ma.ção [ĩflamas'ãw] *sf* (*pl* **inflamações**) inflammation.

in.fle.xí.vel [ĩfleks'ivew] *adj m+f* (*pl* **inflexíveis**) 1 inflexible. 2 implacable, inexorable.

in.flu.ên.cia [ĩflu'ẽsjə] *sf* influence. *ela tem grande influência sobre as crianças* / she exercises a great influence on the children. **estar sob a influência de** to be under the influence of.

in.flu.en.ci.ar [ĩflwẽsi'ar] *vt+vpr* 1 to influence. *ele o influenciou* / he influenced him. 2 **influenciar-se** to be influenced.

in.flu.en.te [ĩflu'ẽti] *adj m+f* 1 influential. 2 powerful, important. **gente influente** influential people, people of consequence.

in.flu.ir [ĩflu'ir] *vt+vint* to influence, exercise power over.

in.for.ma.ção [ĩformas'ãw] *sf* (*pl* **informações**) 1 information. 2 news. **balcão de informações** information desk.

in.for.mal [ĩform'aw] *adj m+f* (*pl* **informais**) informal.

in.for.man.te [ĩform'ãti] *s m+f e adj m+f* informer.

in.for.mar [ĩform'ar] *vt+vint+vpr* 1 to inform. 2 to instruct, teach. 3 **informar-se** to inquire, inform oneself about. *ele informou-se sobre o meu estado de saúde* / he inquired after my health.

in.for.má.ti.ca [ĩform'atikə] *sf Inform* informatics, information science.

in.for.tú.nio [ĩfort'unju] *sm* misfortune, unhappiness.

in.fra.ção [ĩfras'ãw] *sf* (*pl* **infrações**) 1 infraction, infringement, violation. 2 *Esp* foul, food play. 3 breach (of the law).

in.fra.ver.me.lho [ĩfrəverm'eλu] *adj* infrared.

in.frin.gir [ĩfrĩʒ'ir] *vt* 1 to infringe. 2 to commit an infraction.

in.fu.são [ĩfuz'ãw] *sf* (*pl* **infusões**) infusion.

in.gê.nuo [ĩʒ'enwu] *adj* 1 innocent. 2 naïve, simple.

in.ge.rir [ĩʒer'ir] *vt+vpr* 1 to ingest. 2 to consume.

in.gra.to [ĩgr'atu] *adj* 1 ungrateful, ingrate. 2 thankless. 3 troublesome.

in.gre.di.en.te [ĩgredi'ẽti] *sm* ingredient, component.

in.gre.me ['ĩgremi] *adj m+f* steep, abrupt.

in.gres.so [ĩgr'esu] *sm* 1 admission. 2 ticket. **bilhete de ingresso** admission ticket.

i.ni.bir [inib'ir] *vt* to inhibit, repress.

i.ni.ci.a.ção [inisjas'ãw] *sf* (*pl* **iniciações**) 1 initiation, beginning, start. 2 introduction.

i.ni.ci.al [inisi'aw] *sf* (*pl* **iniciais**) initial: first letter of a word. • *adj m+f* initial.

i.ni.ci.ar [inisi'ar] *vt* to begin, start. **iniciar o trabalho** to start work.

i.ni.ci.a.ti.va [inisjat'ivə] *sf* 1 initiative. 2 enterprise, activity. *ele é um homem de iniciativa* / he is a man of enterprise. **ter muita iniciativa** to be enterprising. **tomar a iniciativa** to take the initiative.

i.ní.cio [in'isju] *sm* 1 beginning, start. 2 outset, origin. **de início** at first. **desde o início** from the start.

i.ni.mi.go [inim'igu] *sm* 1 enemy, adversary. 2 foe. • *adj* inimical, hostile.

i.ni.mi.za.de [inimiz'adi] *sf* enmity, hostility.

in.je.ção [ĩʒes'ãw] *sf* (*pl* **injeções**) injection, shot.

in.je.tar [ĩʒet'ar] *vt* to inject, treat, force in.

in.jú.ria [ĩʒ'urjə] *sf* injury: offense, insult.

in.jus.ti.ça [ĩʒust'isə] *sf* injustice, unfairness, wrong. **corrigir/reparar uma injustiça** to right a wrong.

in.jus.to [ĩʒ'ustu] *adj* unjust, unfair, wrongful.

i.no.cên.cia [inos'ẽsjə] *sf* innocence.

i.no.cen.te [inos'ẽti] *adj m+f* 1 innocent. *ele foi declarado inocente* / he was found innocent. 2 pure.

i.no.fen.si.vo [inofẽs'ivu] *adj* harmless, inoffensive, innocent.

i.no.por.tu.no [inoport'unu] *adj* 1 inopportune, untimely. 2 ill-timed.

i.no.va.dor [inovad'or] *sm* innovator. • *adj* innovative.

i.no.xi.dá.vel [inoksid'avew] *adj m+f (pl* **inoxidáveis)** stainless. **aço inoxidável** stainless steel.

in.que.brá.vel [ĩkebr'avew] *adj m+f (pl* **inquebráveis)** unbreakable.

in.qué.ri.to [ĩk'εritu] *sm* 1 inquiry. 2 investigation.

in.qui.e.tar [ĩkjet'ar] *vt+vpr* 1 to disquiet. 2 to alarm. 3 to worry. 4 **inquietar-se** to be uneasy.

in.qui.e.to [ĩki'etu] *adj* disturbed, worried, uneasy.

in.qui.li.no [ĩkil'inu] *sm* tenant.

in.sa.no [ĩs'∧nu] *adj* 1 insane, crazy. 2 arduous, excessive.

in.sa.tis.fa.tó.rio [ĩsatisfat'ɔrju] *adj* unsatisfactory.

in.sa.tis.fei.to [ĩsatisf'ejtu] *adj* dissatisfied, discontented.

ins.cre.ver [ĩskrev'er] *vt+vpr* 1 to register, book. 2 to enrol. 3 to inscribe. 4 **inscrever-se** to enrol, enter.

ins.cri.ção [ĩskris'ãw] *sf (pl* **inscrições)** 1 inscription. 2 enrolment. 3 registration.

in.se.gu.ran.ça [ĩsegur'ãsa] *sf* insecurity, unstableness.

in.se.gu.ro [ĩseg'uru] *adj* 1 insecure, unsafe. 2 unstable, unsteady.

in.sen.sa.to [ĩsẽs'atu] *adj* unreasonable, foolish, unwise.

in.sen.sí.vel [ĩsẽs'ivew] *adj m+f (pl* **insensíveis)** 1 insensible. 2 hard, callous. 3 indifferent, cold-hearted.

in.se.ti.ci.da [ĩsetis'ida] *adj m+f* e *sm* insecticide.

in.se.to [ĩs'etu] *sm* insect.

in.sig.ni.fi.can.te [ĩsignifik'ãti] *adj m+f* insignificant, unimportant.

in.si.nu.a.ção [ĩsinwas'ãw] *sf (pl* **insinuações)** insinuation, hint.

in.si.nu.ar [ĩsinu'ar] *vt+vint+vpr* 1 to insinuate. 2 to hint, suggest. 3 **insinuar-se** to introduce oneself subtly.

in.sí.pi.do [ĩs'ipidu] *adj* insipid, bland, dull.

in.sis.ten.te [ĩsist'ẽti] *adj m+f* insistent, persistent, obstinate.

in.sis.tir [ĩsist'ir] *vt+vint* (**em, sobre**) 1 to insist. *insisto em sua vinda* / I insist on your coming. 2 to persist, urge on.

in.so.la.ção [ĩsolas'ãw] *sf (pl* **insolações)** sunstroke.

in.so.len.te [ĩsol'ẽti] *adj m+f* 1 insolent, impertinent. 2 arrogant.

in.so.lú.vel [ĩsol'uvew] *adj m+f (pl* **insolúveis)** 1 insoluble. 2 unsolvable.

in.sô.nia [ĩs'onjɐ] *sf* insomnia, sleeplessness.

ins.pe.ci.o.nar [ĩspesjon'ar] *vt* to inspect, examine.

ins.pe.tor [ĩspet'or] *sm* inspector, supervisor.

ins.pi.ra.ção [ĩspiras'ãw] *sf (pl* **inspirações)** inspiration.

ins.pi.rar [ĩspir'ar] *vt+vint+vpr* 1 to inspire, breathe in. 2 **inspirar-se** to get enthusiastic about, feel inspired.

ins.ta.bi.li.da.de [ĩstabilid'adi] *sf* 1 instability. 2 uncertainty.

ins.ta.la.ção [ĩstalas'ãw] *sf (pl* **instalações)** 1 installation. 2 **instalações** facilities. **instalação elétrica** wiring. **instalações sanitárias** toilet facilities.

ins.ta.lar [ĩstal'ar] *vt+vpr* 1 to install(l). 2 to settle. 3 **instalar-se** to settle down.

ins.tan.tâ.neo [ĩstãt'∧nju] *sm Fot* snapshot. • *adj* instantaneous, immediate.

ins.tan.te [ĩst'ãti] *sm* 1 instant, moment. 2 minute, second. *espere um instante!* / wait a minute! • *adj m+f* instant, pressing, urgent. **a todo instante** at every moment. **no primeiro instante** in the first moment. **num instante!** in a second!

ins.tá.vel [ĩst'avew] *adj m+f* (*pl* **instáveis**) **1** unstable. **2** inconstant, changeable.

ins.tin.ti.vo [ĩstĩt'ivu] *adj* instinctive, spontaneous, impulsive.

ins.tin.to [ĩst'ĩtu] *sm* instinct, intuition. **agir por instinto** to act on instinct.

ins.ti.tu.i.ção [ĩstitwis'ãw] *sf* (*pl* **instituições**) **1** institution. **2** establishment. **3** creation, constitution.

ins.ti.tu.to [ĩstit'utu] *sm* institute, institution.

ins.tru.ção [ĩstrus'ãw] *sf* (*pl* **instruções**) instruction: a) act of teaching. b) education, schooling. c) training. **instrução primária** elementary education.

ins.tru.ir [ĩstru'ir] *vt+vpr* **1** instruct: a) teach. b) educate. c) train. d) inform. **2 instruir-se** to acquire learning.

ins.tru.men.to [ĩstrum'ẽtu] *sm* instrument, tool. **caixa de instrumentos** instrument unit.

ins.tru.tor [ĩstrut'or] *sm* **1** instructor, teacher. **2** trainer, coach.

in.su.bor.di.na.do [ĩsubordin'adu] *adj* **1** insubordinate. **2** disobedient.

in.su.ces.so [ĩsus'ɛsu] *sm* failure, *amer*, *coloq* flop.

in.su.fi.ci.en.te [ĩsufisi'ẽti] *adj m+f* **1** insufficient, deficient. **2** inadequate.

in.sul.tar [ĩsuwt'ar] *vt* **1** to insult. **2** to offend, wound.

in.sul.to [ĩs'uwtu] *sm* **1** abuse, affront. **2** offense.

in.ta.to [ĩt'atu] *adj* **1** intact, untouched, perfect. **2** whole, entire.

ín.te.gra ['ĩtegrɐ] *sf* **1** totality, a whole. **2** completeness, entireness. **3** full text. **na íntegra** in full, word by word.

in.te.gra.ção [ĩtegras'ãw] *sf* (*pl* **integrações**) integration. **integração racial** racial integration.

in.te.gral [ĩtegr'aw] *adj m+f* (*pl* **integrais**) **1** integral. **2** total, whole. *eles pagam a importância integral* / they pay the whole sum. **3** unabridged. **4** entire, complete. **pão integral** whole wheat bread.

in.te.grar [ĩtegr'ar] *vt+vpr* **1** to integrate. **2** to complete. **3 integrar-se** a) to join, make part of. b) to inform oneself in detail.

in.te.gri.da.de [ĩtegrid'adi] *sf* **1** integrity. **2** *fig* honesty.

ín.te.gro ['ĩtegru] *adj* **1** complete, entire. **2** honest. **3** incorruptible.

in.tei.rar [ĩtejr'ar] *vt+vpr* **1** to complete. **2** to acquaint. *inteire-se de seus deveres!* / acquaint yourself with your duties! **3 inteirar-se** a) to inquire about something. b) to inform oneself in detail.

in.tei.ro [ĩt'ejru] *sm+adj* **1** entire, whole. *esperei duas semanas inteiras* / I waited for two whole weeks. **2** intact, uninjured. **3** complete, full. *ele pagou a conta inteira* / he paid in full. **número inteiro** *Mat* whole number. **retrato de corpo inteiro** whole-length picture.

in.te.li.gên.cia [ĩteliʒ'ẽsjɐ] *sf* intelligence, sagacity.

in.te.li.gen.te [ĩteliʒ'ẽti] *adj m+f* intelligent, clever, wise.

in.tem.pes.ti.vo [ĩtẽpest'ivu] *adj* inopportune, untimely.

in.ten.ção [ĩtẽs'ãw] *sf* (*pl* **intenções**) intention, intent, purpose. *descobri as intenções dele* / I found out his intentions. **com a melhor das intenções** with the best intentions. **fazer alguma coisa com boas intenções** to mean well. **ter a intenção de** to intend to.

in.ten.si.da.de [ĩtẽsid'adi] *sf* **1** intensity, intenseness. **2** strength. **3** vehemence.

in.ten.si.fi.car [ĩtẽsifik'ar] *vt* **1** to intensify. **2** to enhance. **3** to amplify.

in.ten.so [ĩt'ẽsu] *adj* **1** intense. *ela tinha uma intensa dor de cabeça* / she had an intense headache, *coloq* a splitting headache. **2** lively. **3** energetic. **4** heavy. *a chuva estava intensa* / the rain was heavy. **5** severe. *ela tinha uma dor intensa* / she felt severe pain.

in.ter.câm.bio [ĩterk'ãbju] *sm* interchange, reciprocal exchange.

in.ter.ce.der [ĩtersed'er] *vt* **1** to intercede. **2** to mediate. *intercedi com ele a seu respeito* / I interceded with him in your behalf. **3** to intervene.

in.ter.di.tar [ĩterdit'ar] *vt* **1** to interdict. *a piscina está interditada* / the use of the swimming pool is interdicted. **2** to forbid, prohibit.

in.te.res.san.te [ĩteres'ãti] *adj m+f* **1** interesting. **2** entertaining, engaging.

in.te.res.sar [ĩteres'ar] *vt+vpr* **1** to interest, concern, be of interest to. **2** to engage the attention of, attract. **3** to have or arouse interest. **4 interessar-se** to interest oneself in, concern oneself with. **não se interessar por** to take no interest in.

in.te.res.se [ĩter'esi] *sm* **1** interest, advantage. **2** personal concern.

in.ter.fe.rir [ĩterfer'ir] *vt* to interfere.

in.ter.fo.ne [ĩterf'oni] *sm* intercom.

in.te.ri.or [ĩteri'or] *sm* **1** interior. **2** inland, country, countryside. **3** inside. • *adj m+f* **1** interior. **2** upcountry, midland. **3** inner. **o interior de uma casa** the inner rooms of a house.

in.ter.me.di.á.rio [ĩtermedi'arju] *sm* **1** intermediate, intermediary. **2** mediator, middleman. • *adj* intermediate. **exame intermediário** intermediate examination.

in.ter.mi.ná.vel [ĩtermin'avew] *adj m+f* (*pl* **interamináveis**) endless. **um discurso interminável** an endless speech.

in.ter.nar [ĩtern'ar] *vt* **1** to intern. **2** to hospitalize. **3** to confine.

in.ter.na.to [ĩtern'atu] *sm* boarding school.

in.ter.no [ĩt'ernu] *sm* **1** intern. **2** inmate of a boarding school. • *adj* **1** internal. **2** interior, inside. **a natureza interna do assunto** the internal nature of the problem.

in.ter.pre.ta.ção [ĩterpretas'ãw] *sf* (*pl* **interpretações**) **1** interpretation. **2** translation. **3** *Cin, Teat, Telev* art and technique of interpreting. **interpretação errônea** misinterpretation.

in.ter.pre.tar [ĩterpret'ar] *vt* **1** to interpret. **2** to translate. **3** to act as an interpreter. **4** *Mús, Teat* to play.

in.tér.pre.te [ĩt'ɛrpreti] *s m+f* **1** interpreter. **2** performer, singer.

in.ter.ro.gar [ĩterog'ar] *vt+vint* **1** to interrogate. **2** to question.

in.ter.ro.ga.tó.rio [ĩterogat'ɔrju] *sm* interrogation, questioning.

in.ter.rom.per [ĩterõp'er] *vt* to interrupt, discontinue.

in.ter.rup.ção [ĩterups'ãw] *sf* (*pl* **interrupções**) **1** interruption. **2** cessation. **3** suspension, discontinuance.

in.ter.rup.tor [ĩterupt'or] *sm* switch.

in.te.rur.ba.no [ĩterurb'ʌnu] *sm bras* long-distance call. • *adj* inter-city.

in.ter.va.lo [ĩterv'alu] *sm* **1** interval. **2** intermission. **3** break. **intervalo para o café** coffee break.

in.ter.vir [ĩterv'ir] *vt+vint* **1** to intervene. **2** to interfere, intercede. **3** to intermediate.

in.tes.ti.no [ĩtest'inu] *sm* intestine, bowel(s), gut. **intestino delgado** small intestine. **intestino grosso** large intestine.

in.ti.mi.da.de [ĩtimid'adi] *sf* **1** intimacy. **2** privacy, familiarity. **3** private life.

in.ti.mi.dar [ĩtimid'ar] *vt+vint+vpr* **1** to intimidate. **2** to frighten. **3** to threaten, bully. **4** to scare, discourage. **5 intimidar-se** to become discouraged or intimidated.

in.ti.mo [ˈĩtimu] *adj* **1** intimate. **2** inner, inmost. **3** near, close.

in.to.le.ran.te [ĩtoler'ãti] *s m+f e adj m+f* intolerant, intransigent.

in.to.xi.ca.ção [ĩtoksikas'ãw] *sf* (*pl* **intoxicações**) intoxication, poisoning. **intoxicação alimentar** food poisoning.

in.tra.gá.vel [ĩtrag'avew] *adj m+f* (*pl* **intragáveis**) 1 uneatable. 2 unbearable.

in.tri.ga [ĩtr'iga] *sf* 1 intrigue, plot, scheme. 2 conspiracy. 3 gossip.

in.trín.se.co [ĩtr'īseku] *adj* intrinsic(al), inherent.

in.tro.du.ção [ĩtrodus'ãw] *sf* (*pl* **introduções**) 1 introduction. 2 insertion. 3 preface, foreword.

in.tro.du.zir [ĩtroduz'ir] *vt+vpr* 1 to introduce. 2 to bring in. 3 to show in. 4 to bring into practice. 5 to begin with. 6 to insert. 7 to intrude, infiltrate. 8 **introduzir-se** to introduce oneself, edge in.

in.tro.me.ter [ĩtromet'er] *vpr* **intrometer-se** to interfere, meddle.

in.tro.me.ti.do [ĩtromet'idu] *sm* 1 meddler. 2 eavesdropper. 3 intruder. • *adj* 1 meddlesome, intrusive. 2 snoopy, prying.

in.tru.so [ĩtr'uzu] *sm* 1 intruder, trespasser. 2 interloper, meddler. • *adj* intruded, intrusive, meddling.

in.tui.to [ĩt'ujtu] *sm* design, intention, plan, aim.

i.nú.me.ro [in'umeru] *adj* innumerable, numberless, countless.

i.nun.da.ção [inũdas'ãw] *sf* (*pl* **inundações**) flood.

i.nú.til [in'utiw] *s m+f* (*pl* **inúteis**) worthless person, good-for-nothing. • *adj m+f* 1 useless. 2 worthless.

in.va.dir [ĩvad'ir] *vt* 1 to invade, raid. 2 to trespass.

in.va.li.dez [ĩvalid'es] *sf* invalidity, disability.

in.vá.li.do [ĩv'alidu] *sm* invalid, disabled person. • *adj* 1 disabled, sickly. 2 invalid, null.

in.va.são [ĩvaz'ãw] *sf* (*pl* **invasões**) invasion, raid.

in.va.sor [ĩvaz'or] *sm* invader, trespasser.

in.ve.ja [ĩv'eʒa] *sf* envy. **causar inveja a alguém** to excite a person's envy. **fazer inveja** to make somebody jealous.

in.ve.jar [ĩveʒ'ar] *vt* 1 to envy, feel envious of. 2 to desire, long after.

in.ven.ção [ĩvẽs'ãw] *sf* (*pl* **invenções**) 1 invention. 2 a phantasy. 3 subterfuge, lie. **a invenção da Santa Cruz** the invention of the Cross. **de invenção própria** out of one's own head.

in.ven.cí.vel [ĩvẽs'ivew] *adj m+f* (*pl* **invencíveis**) invincible, insuperable.

in.ven.tar [ĩvẽt'ar] *vt+vint* 1 to invent, create, devise. 2 to fabricate, fake, forge. 3 to make up. 4 *bras, coloq* to imagine explanations, think up. **inventar uma mentira** to frame a lie.

in.ver.no [ĩv'ɛrnu] *sm* winter. **dia de inverno** a winter's day.

in.ver.so [ĩv'ɛrsu] *sm* contrary, reverse, inverse. • *adj* inverted, inverse, opposite.

in.ver.te.bra.do [ĩvertebr'adu] *adj* invertebrate.

in.ver.ter [ĩvert'er] *vt+vint+vpr* to invert, reverse.

in.vés [ĩv'ɛs] **ao invés** on the contrary. **ao invés de** contrary to, opposite to.

in.ves.ti.ga.ção [ĩvestigas'ãw] *sf* (*pl* **investigações**) 1 investigation. 2 inquiry. 3 research.

in.ves.ti.ga.dor [ĩvestigad'or] *sm* 1 investigator. 2 *bras* a police agent. • *adj* investigating, investigative, investigatory.

in.ves.ti.gar [ĩvestig'ar] *vt* 1 to investigate. 2 to inquire. 3 to examine. 4 to do research.

in.ves.tir [ĩvest'ir] *vt+vpr* 1 to attack, assault. 2 to invest. **investir capital em** to invest capital in. **investir contra o inimigo** to fall on the enemy.

in.vic.to [ĩv'iktu] *adj* unconquered, unbeaten.

in.vi.sí.vel [ĩviz'ivew] *sm* (*pl* **invisíveis**) the invisible. • *adj m+f* invisible, unseen.

in.vó.lu.cro [ĩv'ɔlukru] *sm* **1** involucre. **2** wrapper.

i.o.do [i'odu] *sm* iodine.

i.o.gur.te [jog'urti] *sm* yoghurt, yogurt.

ir ['ir] *vint+vpr* **1** to go, leave, go away. **2** to be well (ill, so-so). **3 ir-se** a) to go away, be off, go out. b) to disappear, vanish. **ir abaixo** to go down, fig to fail. **ir a cavalo** to go on horseback. **ir à cidade** to go downtown. **ir adiante** to go ahead. **ir a pé** to go on foot. **ir às pressas** to hurry. **ir até o fim** fig to go to the limit. **ir bem** to be well. **ir de carro/de ônibus** to go by car/by bus. **ir dormir** to go to bed. **ir embora** to go away. **ir em férias** to go on vacation. **vamos!** let us go!, come on!

i.ra ['irə] *sf* anger, rage. **acesso de ira** fit of rage.

ir.mã [irm'ã] *sf* sister. **irmã de caridade** Sister of Charity. **meia-irmã** half sister.

ir.mão [irm'ãw] *sm (pl* **irmãos***)* brother. **irmão gêmeo** twin brother. **meio-irmão** half brother.

i.ro.ni.a [iron'iə] *sf* irony, sarcasm.

i.rô.ni.co [ir'oniku] *adj* ironic(al), sarcastic(al).

ir.ra.ci.o.nal [irasjon'aw] *adj m+f (pl* **irracionais***)* **1** irrational. **2** unreasonable, senseless.

ir.re.al [iře'aw] *adj m+f (pl* **irreais***)* unreal.

ir.re.co.nhe.cí.vel [iřekoñes'ivew] *adj m+f (pl* **irreconhecíveis***)* unrecognizable.

ir.re.cu.pe.rá.vel [iřekuper'avew] *adj m+f(pl* **irrecuperáveis***)* irrecoverable, irretrievable.

ir.re.gu.lar [iřegul'ar] *adj m+f* **1** regular, not regular. **2** unruly, disorderly. **3** variable.

ir.re.pa.rá.vel [iřepar'avew] *adj m+f(pl* **irreparáveis***)* irreparable, irretrievable.

ir.re.qui.e.to [iřeki'ɛtu] *adj* unquiet, restless.

ir.re.sis.tí.vel [iřezist'ivew] *adj m+f (pl* **irresistíveis***)* **1** irresistible. **2** charming.

ir.re.ve.ren.te [iřever'ẽti] *adj m+f* irreverent, disrespectful, insolent.

ir.ri.ga.ção [iřigas'ãw] *sf(pl* **irrigações***)* irrigation, watering.

ir.ri.gar [iřig'ar] *vt* to irrigate, water, moisten.

ir.ri.ta.ção [iřitas'ãw] *sf(pl* **irritações***)* **1** irritation. **2** anger, enragement.

ir.ri.tan.te [iřit'ãti] *adj m+f* irritant, annoying.

ir.ri.tar [iřit'ar] *vt+vpr* **1** to irritate. **2** to anger, annoy. **3 irritar-se** to be irritated, grow angry.

is.ca ['iskə] *sf* **1** bait, lure. **2** *fig* allurement, enticement. **isca viva** live bait. **morder a isca** to take the bait.

i.sen.ção [izẽs'ãw] *sf (pl* **isenções***)* **1** exemption. **2** freedom. **isenção de imposto** tax exemption.

i.sen.to [iz'ẽtu] *adj* **1** exempt. **2** free. **isento de culpa** free from guilt.

i.so.la.do [izol'adu] *adj* **1** isolated, isolate. **2** alone, secluded.

i.so.lan.te [izol'ãti] *adj m+f* isolating, insulating. **fita isolante** insulating tape.

i.so.lar [izol'ar] *vt+vpr* **1** to isolate, set or place apart. **2** to detach, separate. **3** to segregate. **4** to let alone. **5** to insulate. **6 isolar-se** to retire from, withdraw.

i.so.por [izop'or] *sm brit* polystyrene, *amer* Styrofoam (trademark).

is.quei.ro [isk'ejru] *sm* lighter.

is.so ['isu] *pron dem* that. **apesar de tudo isso** for all that. **apesar disso** nevertheless. **isso mesmo!** *coloq* that's just it! **por isso** therefore.

ist.mo ['istmu] *sm* isthmus: a) a narrow strip of land connecting two larger land areas. b) a narrow anatomical part of passage connecting two larger structures or cavities.

is.to ['istu] *pron dem* this. **além disto** besides. **isto é** that is. **tudo isto** all this.

i.ti.ne.rá.rio [itiner'arju] *sm* itinerary, route.

J

J, j [ʒ'ɔtə] *sm* the tenth letter of the alphabet.

já [ʒ'a] *adv* **1** now, at once, immediately. **2** at any time in the past. • *conj* already, since. **já então** even then. **já, já** immediately. **já para fora!** out with you! **já que** since, whereas.

ja.ca.ran.dá [ʒakarãd'a] *sm bras Bot* rosewood.

ja.ca.ré [ʒakar'ɛ] *sm Zool* alligator.

ja.cin.to [ʒas'ĩtu] *sm* hyacinth.

ja.mais [ʒam'ajs] *adv* never, ever, at no time.

ja.nei.ro [ʒan'ejru] *sm* **1** January. **2 janeiros** *pl* years of age.

ja.ne.la [ʒan'ɛlə] *sf* window.

jan.ga.da [ʒãg'adə] *sf* raft.

jan.ga.dei.ro [ʒãgad'ejru] *sm* raftsman.

jan.tar [ʒãt'ar] *sm* dinner, eveningmeal. • *vint* to dine. **hora de jantar** dinner time. **jantar fora** to dine out. **sala de jantar** dining room.

ja.po.na [ʒap'onə] *sf* short winter coat made of thick wool.

ja.que.ta [ʒak'etə] *sf* a short jacket.

ja.que.tão [ʒaket'ãw] *sm* (*pl* **jaquetões**) double-breasted coat.

jar.da [ʒ'ardə] *sf* yard.

jar.dim [ʒard'ĩ] *sm* (*pl* **jardins**) garden. **jardim botânico** botanical garden. **jardim da infância** kindergarten. **jardim de inverno** conservatory. **jardim zoológico** zoo.

jar.di.na.gem [ʒardin'aʒẽj] *sf* (*pl* **jardinagens**) gardening.

jar.di.nei.ra [ʒardin'ejrə] *sf* **1** window box: a piece of furniture used to hold flowers or plants. **2** a garnish for meat consisting of several cooked vegetables cut into pieces. **3** a kind of dungaree, overalls.

jar.di.nei.ro [ʒardin'ejru] *sm* gardener.

jar.ra [ʒ'arə] *sf* **1** pitcher, jug. **2** vase, flowerpot.

jar.ro [ʒ'aru] *sm* pitcher, jug.

ja.to [ʒ'atu] *sm* jet, gush, flush. **avião a jato** jet plane. **jato de areia** sandblast. **jato de luz** flash.

jau.la [ʒ'awlə] *sf* cage.

ja.zi.da [ʒaz'idə] *sf* natural deposit of ores, mine.

ja.zi.go [ʒaz'igu] *sm* grave, tomb, burial monument. **jazigo de família** family vault.

jeans [dʒi:nz] *sm* **1** jeans (trousers). **2** denim (tecido). **saia de jeans** a denin skirt.

jei.to [ʒ'ejtu] *sm* **1** aptitude, talent. **2** skill, knack. **3** way, manner. **dar um jeito** to manage, engineer. **de qualquer jeito** at any rate. **de todo jeito** at all events.

falta de jeito awkwardness, left-handedness. **o jeito de uma coisa** the hang of a thing. **sem jeito** awkward.

jei.to.so [ʒejt'ozu] *adj* **1** skillful, dexterous. **2** manageable. **3** graceful.

je.jum [ʒe3'ũ] *sm* (*pl* **jejuns**) **1** fast(ing), abstinence from food (and *fig* from anything else). **2** a time of fasting. **dia de jejum** fast day. **em jejum** fasting. **quebrar o jejum** to break one's fast.

ji.boi.a [ʒib'ɔjə] *sf Zool* boa constrictor.

jo.a.lhei.ro [ʒoaʎ'ejru] *sm* jeweller.

jo.a.lhe.ri.a [ʒoaʎeri'ə] *sf* jewellery store, jeweller's.

jo.a.ni.nha [ʒoan'iɲə] *sf bras* lady-bug.

jo.e.lhei.ra [ʒoeʎ'ejrə] *sf* kneepad.

jo.e.lho [ʒoe'ʎu] *sm* knee. **cair de joelhos** to fall on one's knees. **pôr-se de joelhos** to kneel down.

jo.ga.dor [ʒogad'or] *sm* **1** *Esp* player. **2** gambler. **jogador de futebol** soccer player.

jo.gar [ʒog'ar] *vt+vint+vpr* **1** *Esp* to play. **2** to take part in a game. **3** to gamble, stake. **4** to bet. **5** to throw. **6 jogar-se** to throw oneself. **jogar com malícia** to play foul. **jogar limpo** to play fair. **jogar para cima** to toss. **jogar uma partida** to play a game.

jo.go [ʒ'ogu] *sm* **1** game. **2** gamble. **3** set, collection. **jogo de azar** game of chance. **jogo de damas** checkers game. **jogo de esconde-esconde** hide and seek. **jogo de palavras** play on words, pun. **jogo de salão** parlour game. **jogos olímpicos** Olympic Games. **pôr em jogo a carreira** to risk one's career. **ter jogo de cintura** to act with a lot of ability. **um jogo de copos** a set of glasses.

joi.a [ʒ'ɔjə] *sf* **1** jewel, trinket, gem. **2** entrance fee for new club members. **3** *fig* person or thing of great esteem and value. **4 joias** jewelry.

jor.na.da [ʒorn'adə] *sf* **1** a day's work. **2** a journey.

jor.nal [ʒorn'aw] *sm* (*pl* **jornais**) newspaper, paper. **banca de jornais** newsstand. **jornal da manhã** morning paper.

jor.na.lei.ro [ʒornal'ejru] *sm* newsagent, newsdealer.

jor.na.lis.mo [ʒornal'izmu] *sm* journalism.

jor.na.lis.ta [ʒornal'istə] *s m+f* journalist, newspaperman.

jor.rar [ʒoʀ'ar] *vint+vt* to gush, spout out, (out)pour, eject.

jor.ro [ʒ'oʀu] *sm* outpour, gush, jet, spout.

jo.vem [ʒ'ɔvẽj] *s m+f* (*pl* **jovens**) young person, youth. • *adj m+f* young, youthful. **uma jovem bonita** a beautiful girl.

ju.bi.leu [ʒubil'ew] *sm* jubilee.

ju.deu [ʒud'ew] *sm* (*fem* **judia**) Jew. • *adj* Jewish.

ju.go [ʒ'ugu] *sm* **1** *fig* submission, oppression. **2** authority, domination.

ju.iz [ʒu'is] *sm* **1** judge. **2** *Esp* referee, umpire. **juiz de linha (bandeirinha)** linesman.

ju.í.zo [ʒu'izu] *sm* **1** sense, good sense. **2** discernment. **3** opinion. **criar juízo** to settle down. **dia do juízo final** doomsday. **juízo!** be sensible!

jul.ga.men.to [ʒuwgam'ẽtu] *sm* **1** judgement. **2** *Jur* trial, sentence, decision. **3** opinion, understanding. **4** appreciation.

jul.gar [ʒuwg'ar] *vt+vint+vpr* **1** to judge. **2** to think, believe. **3** to criticize, censure. **julgar-se feliz** to consider oneself happy.

ju.lho [ʒ'uʎu] *sm* July.

ju.nho [ʒ'uɲu] *sm* June.

jun.tar [ʒũt'ar] *vt+vint+vpr* **1** to join, connect. **2** to collect, pile up. **3** to annex, attach, add, assemble. **4 juntar-se** to gather, get together.

jun.to [ʒu'ũtu] *adj* together, joined. • *adv* near, next to, close. **pôr junto a** to put next to. **todos juntos** all together.

ju.rar [ʒur'ar] *vt* **1** to swear, confirm by oath. **2** to declare, affirm.

ju.ro [ʒ'uru], **juros** [ʒ'urus] *sm* interest (on money). **juros atrasados** back interest.

jus.ta.men.te [ʒustam'ēti] *adv* just, precisely. **justamente isto!** this of all things! **justamente no meio** in the very middle.

jus.ti.ça [ʒust'isə] *sf* **1** justice. **2** rightness, fairness, equity. **3** right. **4** the law. **fazer justiça** to do justice. **fazer justiça pelas próprias mãos** to take the law into one's own hand.

jus.ti.fi.car [ʒustifik'ar] *vt+vpr* **1** to justify. **2** to prove. **3** to explain.

jus.to [ʒ'ustu] *sm* fair, correct, righteous person. • *adj* **1** just, fair, right. **2** deserved, fairly earned. **3** reasonable. **4** narrow, tight. • *adv* precisely, exactly.

ju.ve.nil [ʒuven'iw] *sm bras* a sports contest only for adolescents. • *adj m+f* (*pl* **juvenis**) **1** juvenile, young, youthful. **2** *bras* junior: contest or team formed only by adolescents.

ju.ven.tu.de [ʒuvẽt'udi] *sf* **1** youth. **2** young people. **conservar a juventude** to keep one's youthfulness.

k

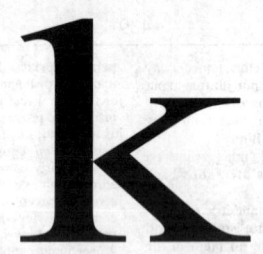

K, k [k'a] *sm* letter used in Portugal and Brazil only in internationally known symbols and abbreviations and in foreign words adopted by the Portuguese language.

ka.ra.o.kê [karaok'e] *sm jap* karaoke.

kart [k'art] *sm ingl* kart.

kar.tó.dro.mo [kart'ɔdromu] *sm* a kart racing track.

kit [k'it] *sm ingl* kit, collection.

kitchenette [kitʃen'ɛti] *sf ingl* studio flat, studio apartment.

ki.wi [kiw'i] *sm* kiwi.

1

L, l [´ɛli] *sm* the eleventh letter of the alphabet.

la [lə] *pron pess fem* third person singular used after verbal forms ending in **r**, **s** or **z**, after the pronouns **nos** and **vos** and after the adverb **eis**. *eu não pude vê-la* / I could not see her.

lá¹ [lá] *sm Mús* la.

lá² [lá] *adv* **1** there, over there. **2** beyond. **cá e lá** here and there. **lá dentro** in there. **lá embaixo** down there, downstairs. **lá em cima** upstairs, up there. **lá fora** out there. **para lá** over there. **para lá de** more than. **sei lá!** heaven knows!

lã [lɐ̃] *sf* wool. **artigos de lã** woolen goods. **meias de lã** wool socks.

lá.bio [´labju] *sm* lip. **morder os lábios** to bite one's lips.

la.bi.rin.to [labir´ĩtu] *sm* labyrinth, maze.

la.bo.ra.tó.rio [laborat´ɔrju] *sm* laboratory, *coloq* lab.

la.çar [las´ar] *vt* to lace, tie, bind.

la.ço [l´asu] *sm* **1** bowknot. **2** bow, knot, loop. **3** ribbon. **4** bond. **laços de sangue** blood ties.

la.crar [lakr´ar] *vt* to seal (up).

la.cri.me.jan.te [lakrimeʒ´ãti] *adj m+f* tearful.

la.cri.me.jar [lakrimeʒ´ar] *vint* to water (eyes).

lác.teo [l´aktju] *adj* dairy, milky. **produtos lácteos** dairy goods. **Via Láctea** Milky Way.

la.cu.na [lak´unə] *sf* gap, blank. **preencher as lacunas** to fill in the blanks.

la.dei.ra [lad´ejrə] *sf* **1** slope. **2** steep street. **ladeira abaixo** downhill. **ladeira acima** uphill.

la.do [l´adu] *sm* side: a) the right or left part of a body. b) face of an object. c) direction, position, d) site, place. **ao lado** by the side, next door. **ao lado de** beside, next to. **deixar de lado** to put/ set aside. **de lado a lado** throughout, from side to side. **em cada lado de** on each side of. **lado a lado** side by side. **manter-se de lado** to keep out of the way. **o lado agradável** the bright side. **o lado de dentro** the inside. **por outro lado** otherwise, on the other hand. **por todos os lados** all around.

la.drão [ladr´ɐ̃w] *sm* (*pl* **ladrões**) thief, burglar, robber.

la.drar [ladr´ar] *vint+vt* to bark.

la.dri.lho [ladr´iʎu] *sm* tile, floor tile.

la.gar.ti.xa [lagart´iʃə] *sf Zool* lizard, gecko.

la.gar.to [lag´artu] *sm Zool* lizard.

la.go [l´agu] *sm* lake.

la.gos.ta [lag´ostə] *sf* lobster.

lá.gri.ma [l´agrimə] *sf* tear. **derramar lágrimas** to shed tears. **desfazer-se em lágrimas** to burst into tears. **lágrimas de alegria** tears of joy.

la.je [l´aʒi] *sf* flag(stone), stone slab.

la.ma [l'ʌmə] *sf* 1 mud, slush. 2 *fig* blemish, dishonour.

la.ma.cen.to [lamas'ẽtu] *adj* 1 muddy. 2 dirty.

lam.ber [lãb'er] *vt+vpr* 1 to lick. 2 **lamber-se** to rejoice delight in.

lam.bis.car [lãbisk'ar] *vt+vint* to nibble.

lam.bre.ta [lãbr'etə] *sf* scooter.

lam.bu.zar [lãbuz'ar] *vt+vpr* 1 to dirty, smear. 2 **lambuzar-se** to smear one's face.

la.men.tar [lamẽt'ar] *vt+vpr* 1 to lament: express sorrow, regret. 2 **lamentar-se** a) to complain. b) to cry.

lâ.mi.na [l'ʌminə] *sf* blade. **lâmina de barbear** razor blade.

lâm.pa.da [l'ãpadə] *sf* 1 lamp. 2 bulb. 3 *fig* light. **lâmpada de cabeceira** bedside lamp. **lâmpada fluorescente** fluorescent lamp.

lam.pa.ri.na [lãpar'inə] *sf* oil lamp.

lan.ça [l'ãsə] *sf* spear. **em forma de lança** spear-shaped.

lan.ça.men.to [lãsãm'ẽtu] *sm* 1 Com entry, registration. 2 launch. 3 publication, release. **o último lançamento da moda** the latest fashion.

lan.çar [lãs'ar] *vt+vint+vpr* 1 to cast, throw, launch, hurl. 2 Com to make an entry, enter, register. 3 to publish (books), release (films, records etc.). 4 **lançar-se** a) to throw oneself. b) to rush, dart. c) to dare, venture. **lançar luz sobre** to throw light on. **lançar no mercado** to launch in the market. **lançar um livro** to publish a book.

lan.ce [l'ãsi] *sm* 1 throw. 2 happening, event. 3 bidding (auction). **cobrir um lance** to outbid (auction). **lance de sorte** a stroke of luck.

lan.cha [l'ãʃə] *sf* launch.

lan.char [lãʃ'ar] *vint+vt* to have a snack.

lan.che [l'ãʃi] *sm* snack, sandwich or the like.

lan.chei.ra [lãʃ'ejrə] *sf* a snack box.

lan.cho.ne.te [lãʃon'ɛti] *sf* cafeteria, snack bar.

lan.ter.na [lãt'ɛrnə] *sf* 1 lantern. 2 torch, flashlight.

la.pe.la [lap'ɛlə] *sf* lapel (of a coat).

lá.pi.de [l'apidi] *sf* gravestone, tombstone.

lá.pis [l'apis] *sm sing+pl* pencil. **lápis de cor** colored pencil. **lápis de olhos** eyeliner.

lar [l'ar] *sm* home, native country, the family. **lar de idosos** retirement home.

la.ran.ja [lar'ãʒə] *sf* 1 orange (fruit). 2 naïve person. • *adj m+f* orange. **casca de laranja** orange peel. **espremedor de laranjas** orange squeezer. **suco de laranjas** orange juice.

la.ran.ja.da [larãʒ'adə] *sf* orangeade: beverage made of orange juice, water and sugar.

la.ran.jei.ra [larãʒ'ejrə] *sf* orange tree. **flor de laranjeira** orange blossom.

la.rei.ra [lar'ejrə] *sf* fireplace.

lar.gar [larg'ar] *vt+vint* 1 to release, let go, free. 2 to slacken, ease. 3 to give up, abandon, leave aside. 4 to yield, give up.

lar.gu.ra [larg'urə] *sf* width, broadness.

la.rin.ge [lar'ĩʒi] *s m+f Anat* larynx.

lar.va [l'arvə] *sf* 1 larva. 2 maggot.

las.ca [l'askə] *sf* 1 splinter. 2 chip(ping). 3 *fig* morsel, bit, piece.

las.ti.mar [lastim'ar] *vt* 1 to regret. 2 to grieve. 3 to pity. 4 **lastimar-se** to complain.

la.ta [l'atə] *sf* can, tin. **abridor de lata** can/tin opener. **lata de lixo** dustbin, garbage can.

la.tão [lat'ãw] *sm* 1 brass. 2 (*pl* **latões**) large can. **latão de leite** milk can.

la.te.jar [lateʒ'ar] *vint* to throb.

la.te.ral [later'aw] *sf* (*pl* **laterais**) 1 lateral. 2 a side street. *sm Fut* throw-in. • *adj m+f* lateral to the side, situated at the side. **entrada lateral** side entrance. **linha lateral** touch-line. **porta lateral** side door.

la.ti.do [lat'idu] *sm* bark(ing).

la.ti.fún.dio [latifũdʒu] *sm* latifundium: large state.

la.tir [lat'ir] *vint* 1 to bark, yelp, bay. 2 to howl.

la.va [l'avə] *sf* 1 lava. 2 *fig* torrent.

la.va.bo [lav'abu] *sm* 1 a washbasin. 2 small lavatory, bathroom.

la.va.gem [lav'aʒẽj] *sf* (*pl* **lavagens**) 1 wash, laundry, cleansing. 2 *bras* clyster, enema. **lavagem a seco** dry cleaning. **lavagem cerebral** brainwashing. **lavagem de louça** a washing-up.

la.va-lou.ças [lavəl'owsəs] *sm sing+pl* dishwasher.

la.van.de.ri.a [lavãder'iə] *sf* laundry, dry-cleaner's, place where laundering is done, washhouse. **lavanderia automática** laundromat, launderette.

la.var [lav'ar] *vt+vint+vpr* 1 to wash, bathe, cleanse. 2 **lavar-se** to bathe oneself, take a bath. **lavar a louça** to wash up, do the dishes. **lavar a roupa** to wash the linen. **lavar e passar** to launder.

la.va.tó.rio [lavat'ɔrju] *sm* 1 lavatory, washstand, a washbasin. 2 bathroom.

la.vou.ra [lav'owrə] *sf* 1 farming. 2 ploughing, cultivation of land, field work.

la.vra.dor [lavrad'or] *sm* peasant, farm hand.

la.vrar [lavr'ar] *vt+vint* 1 to cultivate, till. 2 to plough, plow.

la.zer [laz'er] *sm* leisure, spare time. **momentos de lazer** leisure time.

le.al [le'aw] *adj m+f* 1 loyal, faithful, devoted. 2 sincere, honest.

le.al.da.de [leawd'adʒi] *sf* 1 loyalty. 2 sincerity, honesty.

le.ão [le'ãw] *sm* (*pl* **leões**, *fem* **leoa**) 1 *Zool* lion. 2 **Leão** *Astrol* Leo. 3 *fig* very courageous man. **a parte do leão** the lion's share.

le.bre [l'ɛbri] *sf Zool* hare. **comprar gato por lebre** to buy a pig in a poke.

le.ci.o.nar [lesjon'ar] *vt+vint* to teach.

le.gal [leg'aw] *adj m+f* (*pl* **legais**) 1 legal, lawful. 2 *gír* cool.

le.ga.li.zar [legaliz'ar] *vt* to legalize.

le.gen.da [leʒ'ẽdə] *sf* 1 *Tip* caption. 2 *Cin* subtitles.

le.gis.lar [leʒizl'ar] *vint* to legislate.

le.gí.ti.mo [leʒ'itimu] *adj* legitimate, lawful, genuine, authentic. **filho legítimo** legitimate child. **legítima defesa** self-defense.

le.gí.vel [leʒ'ivew] *adj m+f* (*pl* **legíveis**) legible, readable.

le.gu.me [leg'umi] *sm Bot* vegetable.

lei [l'ej] *sf* law. **lei civil** civil law. **lei criminal** criminal law. **lei divina** divine law. **fora da lei** outlaw, outcast, criminal.

lei.go [l'ejgu] *sm* layman. • *adj* not expert.

lei.lão [lejl'ãw] *sm* (*pl* **leilões**) auction. **pôr em leilão** to sell by (at) auction.

lei.tão [lejt'ãw] *sm* (*pl* **leitões**, *fem* **leitoa**) a suckling pig.

lei.te [l'ejti] *sm* 1 milk. 2 the white juice of some plants. **dente de leite** milk tooth. **leite de coco** coconut milk. **leite desnatado** skim milk. **leite em pó** powdered milk.

lei.tei.ro [lejt'ejru] *sm* milkman. • *adj* 1 milky. 2 yielding milk. **vaca leiteira** milk cow.

lei.to [l'ejtu] *sm* 1 bed, berth. 2 a river, sea or lake bottom. **guardar o leito** to keep the bed. **leito de estrada** road bed. **leito de rio** river bed.

lei.tu.ra [lejt'urə] *sf* reading. **leitura em voz alta** reading aloud. **leitura labial** lip-reading. **leitura óptica** *Inform* optical character recognition.

lem.bran.ça [lẽbr'ãsə] *sf* 1 remembrance, recollection. 2 souvenir. 3 gift. 4 memory. 5 reminder. 6 **lembranças** regards, greetings, compliments. **lembranças à família!** give my regards to your family!

lem.brar [lẽbr'ar] *vt+vpr* 1 to remind. 2 to recollect. 3 **lembrar-se** to remember, recollect.

le.me [l'emi] *sm* **1** rudder, helm. **2** *fig* government, control. **perder o leme** *fig* to get confused. **ter o leme** to govern, control.

len.ço [l'ēsu] *sm* **1** handkerchief. **2** neckerchief. **lenço de papel** tissue.

len.çol [lēs'ɔw] *sm* (*pl* **lençóis**) sheet.

len.da [l'ēdə] *sf* legend, myth.

le.nha [l'eñə] *sf* firewood, fuel. **pôr lenha na fogueira** to add fuel to the flames.

len.te [l'ēti] *sf*/*m* lens. **lente bifocal** bifocal lens. **lente de contato** contact lens.

len.ti.lha [lēt'iʎə] *sf Bot* lentil.

len.to [l'ētu] *adj* **1** slow. **2** lazy, indolent. **câmara lenta** slow motion.

le.o.a [le'oə] *sf* **1** *Zool* lioness. **2** *fig* a brave woman.

le.o.par.do [leop'ardu] *sm Zool* leopard.

le.pra [l'ɛprə] *sf Patol* leprosy.

le.que [l'eki] *sm* **1** fan. **2** *fig* range.

ler [l'er] *vt*+*vint* **1** to read. **2** to interpret. **ler a sorte de** to tell or read the fortune of. **ler em voz alta** to read aloud. **ler os lábios** to lip-read.

le.são [lez'ãw] *sf* (*pl* **lesões**) hurt, wound, injury, damage. **lesão cerebral** brain damage.

le.sar [lez'ar] *vt*+*vint* **1** to injure, hurt, wound. **2** to damage. **3** to cheat.

les.te [l'ɛsti] *sm* east. **a (para) leste** eastward. **ao leste de** in the east of.

le.tra [l'etrə] *sf* **1** letter. **2** handwriting. **3** the words of a tune, lyrics. **4** *Com* promissory note. **5 letras** letters, literature, learning. **ao pé da letra** literally. **letra de câmbio** bill of exchange. **letra de forma** block letter. **letra maiúscula** capital letter. **letra minúscula** lower case letter.

le.va.do [lev'adu] *adj bras* **1** mischievous, naughty. **2** unquiet, fidgety. **3** undisciplinated, disobedient.

le.van.ta.men.to [levãtam'ētu] *sm* **1** lifting, raising. **2** survey. **3** a gathering or collecting of facts. **levantamento de pesos** weight-lifting.

le.van.tar [levãt'ar] *vt*+*vint*+*vpr* **1** to lift (up), raise(up). **2** to rise, set upright. **3** to stand or get up. **4** to erect, build, construct. **5 levantar-se** a) to rise. b) to stand up. **levantar a voz** to raise the voice. **levantar dúvidas** to raise doubts. **levantar uma questão** to put a question. **levantar um brinde** to raise a toast.

le.var [lev'ar] *vt*+*vint* **1** to carry, take (away), bear, remove. **2** to convey, transport, drive. **3** to lead, guide, conduct, *fig* induce. **4** to obtain, get, receive. **deixar-se levar** to yield to. **levar a cabo** to accomplish. **levar à força** to take by force. **levar a mal** to take offense. **levar a melhor** to get the better of. **levar a sério** to take seriously. **levar de volta** to take back. **levar em conta** to consider. **levar vantagem** to have the advantage over.

le.ve [l'evi] *adj m*+*f* **1** light, (almost) weightless. **2** quick, agile. **3** easy. **4** slight(ly). **5** thin, delicate, fine (cloth). **leve como uma pena** light as a feather. **ter sono leve** to be a light sleeper. **tocar de leve** to touch lightly. **um leve resfriado** a slight cold.

lé.xi.co [l'ɛksiku] *sm* lexicon: a) dictionary. b) the vocabulary of a language. • *adj* lexical.

lhe [ʎi] *pron pess* **1** to him, her or it. **2** to you. **3 lhes** for them, to you. **dei-lhe / I** gave you/him/her.

li.bé.lu.la [lib'ɛlulə] *sf* dragonfly.

li.be.rar [liber'ar] *vt* **1** to set free (from an obligation). **2** to release, liberate.

li.ber.da.de [liberd'adi] *sf* **1** liberty, freedom. **2** independence, autonomy. **3** intimacy. **4 liberdades** undue familiarities. **em liberdade** free, at liberty. **em liberdade condicional** on parole. **liberdade de culto** freedom of religion.

liberdade de expressão freedom of speech. **liberdade de imprensa** liberty of the press. **tomar liberdades com alguém** to take liberties with someone.
li.ber.tar [libert'ar] *vt+vpr* **1** to liberate, set free, release. **2 libertar-se** to free oneself of (**de**), escape from, get rid of.
li.bra [l'ibrə] *sf* **1** pound: the unit of weight and the monetary unit. **2** pound sterling. **3** *Astrol* Libra.
li.ção [lis'ãw] *sf* (*pl* **lições**) **1** lesson. **2** *fig* experience, example. **3** homework (for school). **dar uma lição a alguém** *fig* to teach someone a lesson. **lição de casa** homework. **lição de piano** piano lesson.
li.cen.ça [lis'ẽsə] *sf* **1** license, permission. **2** leave. **com licença!** excuse me! **em licença** on leave. **licença de motorista** driver's license. **licença de obras** building permit. **licença maternidade** maternity leave. **licença paternidade** paternity leave.
li.cen.ci.ar [lisẽsi'ar] *vt+vpr* **1** to licence: a) to permit, authorize. b) to give a licence to. **2 licenciar-se** a) to take leave. b) to take the degree of licentiate.
li.cor [lik'or] *sm* liqueur. **licor de cereja** cherry brandy.
li.dar [lid'ar] *vt+vint* **1** to work. **2** to deal (with).
li.de.rar [lider'ar] *vt* to lead, guide.
li.ga.ção [ligas'ãw] *sf* (*pl* **ligações**) **1** binding, fastening. **2** connection, relation. **3** liaison. **4** bond, tie. **5** *fig* friendship, familiarity.
li.gar [lig'ar] *vt* **1** to tie, bind, fasten. **2** to link, connect. **3** to alloy, amalgamate (metals). **4** to switch (turn) on (electric appliances). **5** to care for, take notice of. **6** to telephone, call (up).
li.gei.ro [liʒ'ejru] *adj* **1** quick, swift, agile. **2** fast, speedy, rapid. **3** light. **4** slight, superficial. **andar ligeiro** to speed, walk fast. **um resfriado ligeiro** a slight cold.

li.lás [lil'as] *sm* (*pl* **lilases**) lilac. • *adj m+f* lilac.
li.ma¹ [l'imə] *sf* file.
li.ma² [l'imə] *sf Bot* sweet lime.
li.mão [lim'ãw] *sm* (*pl* **limões**) *Bot* lemon, lime. **suco de limão** lemon juice.
li.mi.ar [limi'ar] *sm* **1** threshold. **2** *fig* doorway, entrance. **3** beginning, start. **o limiar da consciência** the threshold of consciousness.
li.mi.tar [limit'ar] *vt+vpr* **1** to limit, circumscribe. **2** to restrict, restrain. **3** to border on. **4 limitar-se** to keep oneself back, refrain from, limit oneself.
li.mi.te [lim'iti] *sm* **1** limit, boundary, border. **2** frontier. **3** end, aim. **limite máximo de velocidade** speed limit.
li.mo.ei.ro [limo'ejru] *sm Bot* lemon tree (*Citrus limonum*).
li.mo.na.da [limon'adə] *sf* lemonade, soda.
lim.pa.dor [lĩpad'or] *sm* **1** cleaner. **2** wiper. **limpador de para-brisa** windshield wiper.
lim.par [lĩp'ar] *vt+vpr* **1** to clean (up). **2** to wipe off, wash. **3** to empty entirely (glass, plate). **4** to steal (from). **5** to clear up. **6 limpar-se** a) to wash, clean oneself. b) to become clean. **limpar o nariz** to wipe one's nose. **limpar o nome** to clear one's name.
lim.pe.za [lĩp'ezə] *sf* **1** cleannesss, cleanliness. **2** neatness. **3** cleansing, cleaning. **4** sweep, washing.
lím.pi.do [l'ĩpidu] *adj* **1** limpid, clear, transparent. **2** clean, neat. **3** pure. **4** cloudless. **água límpida** clear water.
lim.po [l'ĩpu] *adj* **1** clean. **2** *bras* moneyless, broke. **estar com a consciência limpa** to have a clear conscience. • *adv* fair. **jogar limpo** to play fair.
lin.do [l'ĩdu] *adj* pretty, beautiful, handsome. **que lindo!** how beautiful!
lín.gua [l'ĩgwə] *sf* **1** tongue. **2** *fig* speech.

3 language, idiom. **dar com a língua nos dentes** to let the cat out of the bag. **língua materna** mother tongue. **língua morta** dead language.

lin.gua.do [lĩg'wadu] *sm* sole.

lin.gua.gem [lĩg'waʒẽj] *sf (pl* **linguagens***)* **1** language, idiom, tongue. **2** speech, diction. **3** dialect. **linguagem falada** oral language.

lin.gui.ça [lĩg'wisə] *sf* sausage. **encher linguiça** to say or write things which are irrelevant. **linguiça calabresa** peperoni. **linguiça defumada** smoked sausage.

li.nha [l'iñə] *sf* **1** line. **2** sewing thread. **3** rope, string, cord. **4** track. **5** fishing line. **6** row, file. **7** a regular transportation service between two places. **8** a telephone or telegraph line. **a linha de conduta** line of conduct. **linha aérea** airline. **linha de montagem** assembly line. **linha férrea** railway. **linha reta** straight line.

li.nho [l'iñu] *sm* **1** flax: any plant of the family Linaceae (*Linum usitatissimum*). **2** linen: cloth made of flax.

li.qui.di.fi.ca.dor [likidifikad'or] *sm* blender, liquidizer.

lí.qui.do [l'ikidu] *sm* **1** liquid, solution. **2** drink. • *adj* **1** liquid, fluid. **2** net. **3** clear, evident. **lucro líquido** net profit.

lí.rio [l'irju] *sm Bot* lily.

li.so [l'izu] *adj* **1** smooth, even. **2** plane, flat. **3** straight. **4** plain. **5** *bras, pop* moneyless, broke. **cabelo liso** straight hair.

li.son.je.ar [lizõʒe'ar] *vt* to flatter, adulate. *ela sabia lisonjeá-lo* / she knew how to flatter him.

li.son.jei.ro [lizõʒ'ejru] *adj* **1** flattering, adulatory. **2** pleasing.

lis.ta [l'istə] *sf* **1** list, roll. **2** catalogue. **lista de contribuições** subscription list. **lista de preços** price list. **lista de vinhos** wine list. **lista telefônica** telephone directory.

lis.tra [l'istrə] *sf* stripe (in a cloth).

lis.tra.do [listr'adu] *adj* striped.

li.te.ra.tu.ra [literat'urə] *sf* literature. **literatura comparada** comparative literature. **literatura infantil** children's literature.

li.to.ral [litor'aw] *sm (pl* **litorais***)* coastline, coastal region.

li.tro [l'itru] *sm* liter, litre.

li.vrar [livr'ar] *vt+vpr* **1** to liberate, release, free, set at liberty, let go. **2** to save, rescue. **3** to protect, shield. **4** to exempt from. **5** **livrar-se** a) to get rid of, escape from. b) to be free from. **livrar-se de alguém** to get rid of someone.

li.vra.ri.a [livrar'iə] *sf* bookshop, bookstore.

li.vre [l'ivri] *adj m+f* free, at liberty, unoccupied. **ao ar livre** out of doors. **de minha livre e espontânea vontade** of my own free will. **livre-arbítrio** free will.

li.vrei.ro [livr'ejru] *sm* bookseller.

li.vro [l'ivru] *sm* book. **livro de bolso** pocketbook. **livro de orações** prayerbook. **livro de receitas** cookbook.

li.xa [l'iʃə] *sf* sand paper, glass paper. **lixa de unha** nail file.

li.xar [liʃ'ar] *vt+vpr* **1** to rub with sandpaper. **2** to smooth, polish. **3** (*gír* a) to grow angry. b) to turn out badly. **4 lixar-se** not to give a damn.

li.xei.ro [liʃ'ejru] *sm bras* **1** garbage collector. **2** dustman.

li.xo [l'iʃu] *sm* **1** garbage, trash. **2** refuse, waste. **3** dirtiness, filthiness.

lo [l'o] *pron pess masc* = **la**.

lo.bo [l'obu] *sm Zool* wolf. **ele é um lobo em pele de cordeiro** he is a wolf in sheep's clothing.

lo.ca.do.ra [lokad'orə] *sf* rental shop. **locadora de jogos de computador** computer games rental shop.

lo.ca.li.zar [lokaliz'ar] *vt* to localize, locate.

lo.ca.tá.rio [lokat'arju] *sm* tenant.
lo.cu.tor [lokut'or] *sm* **1** radio announcer. **2** newscaster.
lo.do [l'odu] *sm* **1** mud, mire, slush. **2** *fig* ignominy, degradation.
lo.go [l'ɔgu] *adv* **1** immediately, at once, right away. **2** soon, before long. **3** later on. • *conj* therefore, consequently, hence. **até logo!** so long!, see you soon! **logo depois** soon after. **logo mais** before long. **logo no começo** at the very beginning. **logo que** as soon as. **tão logo que for possível** as soon as possible.
lo.ja [l'ɔʒə] *sf* shop, store. **ladrão de lojas** shoplifter. **loja de doces** sweetshop. **loja de ferragens** hardware shop.
lo.jis.ta [loʒ'istə] *s m+f* shopkeeper.
lom.ba.da [lõb'adə] *sf* **1** back of a book, spine. **2** a ramp (on a street).
lom.bo [l'õbu] *sm* **1** loin, back (of an animal). **2** pork loin (smoked or roasted). **lombo de boi** sirloin, loin of beef.
lo.na [l'onə] *sf* **1** canvas, sailcloth. **2** tarpaulin. **lona de freio** brake lining.
lon.ge [l'õʒi] *adj m+f* distant, far away, far off. • *adv* **1** far, far off, at a great distance. **2** to a great degree, by a great deal. • *interj* by no means! **ao longe** at a distance, far off. **bem longe** a good way off. **de longe em longe** from time to time. **longe disso** far from it. **muito longe** very far away.
lon.go [l'õgu] *sm* a long dress. • *adj* **1** long, lengthy. **2** throughout. **ao longo de** along of, alongside. **ao longo do país** throughout the country. **voo de longa distância** long-distance flight.
lon.tra [l'õtrə] *sf Zool* otter.
lo.ta.do [lot'adu] *adj* **1** full, filled. **2** crowded (as a bus).
lo.tar [lot'ar] *vt* **1** to fix the number of. **2** to designate a civil servant to a specific department.
lo.te [l'ɔti] *sm* **1** lot, allotment, portion. **2** a plot of land, lot. **3** quantity of articles sold at a time.
lou.ça [l'owsə] *sf* **1** chinaware, dishware. **2** earthenware, crockery. **lavar a louça** to do the dishes.
lou.co [l'owku] *sm* an insane person. • *adj* **1** mad, crazy, insane. **2** extravagant. **3** bold, daring. **4** furious, enraged. **5** wild, enthusiastic (about). **louco de alegria** mad with joy. **louco de raiva** frantic with anger.
lou.cu.ra [lowk'urə] *sf* **1** madness, craziness, insanity. **2** folly, nonsense, foolishness. **3** extravagance.
lou.ra [l'owrə] *sf* blond, blonde. • *adj* blond, blonde, fair. **loura platinada** platinum blonde.
lou.ro [l'owru] *sm* **1** bay leaf. **2** laurel. **3** louros** *fig* triumph, glory. **4** parrot.
lou.var [lowv'ar] *vt* **1** to praise, eulogize. **2** to exalt. **3** to glorify, bless. **4** to approve, applaud.
lou.vor [lowv'or] *sm* **1** praise, eulogy. **2** glorification.
lu.a [l'uə] *sf* **1** moon. **2** *fig* month. **3** *coloq* bad humour, neurasteny. **andar no mundo da lua** to walk in the clouds. **lua cheia** full moon.
lua.de mel [l'uədim'ɛw] *sf* honeymoon.
lu.ar [lu'ar] *sm* moonlight.
lu.bri.fi.car [lubrifik'ar] *vt* to lubricate, grease.
lú.ci.do [l'usidu] *adj* lucid, bright, clearheaded.
lu.crar [lukr'ar] *vt* **1** to profit, benefit. **2** to take advantage of.
lu.cro [l'ukru] *sm* **1** profit, gain, returns, earning. **2** advantage. **lucro bruto** gross profit. **lucro líquido** net profit. **lucros e perdas** profits and losses.
lu.gar [lug'ar] *sm* **1** place, room, space. **2** spot, site, locality. **3** position, employment. **4** *Teat* etc. seat. **em qualquer lugar** anywhere. **lugar de honra** place of honour. **lugar santo** holy place.

lú.gu.bre [l'ugubri] *adj m+f* **1** lugubrious, sad. **2** gloomy, dark. **3** dreadful, terrible. **4** frightful, sinister.

lu.la [l'ulə] *sf Zool* squid, calamary.

lu.mi.ná.ria [lumin'arjə] *sf* **1** luminary, an artificial light. **2 luminárias** festive illumination.

lu.pa [l'upə] *sf* magnifying glass.

lus.trar [lustr'ar] *vt* to polish, gloss, shine.

lus.tre [l'ustri] *sm* **1** luster, gloss, shine. **2** chandelier, candelabrum.

lu.ta [l'utə] *sf* **1** fight, contest, combat. **2** conflict, war. **3** struggle, effort, pains. **a luta pela vida** the struggle for life. **luta de classes** class-conflict.

lu.ta.dor [lutad'or] *sm* fighter, wrestler, contender. • *adj* combative, fighting.

lu.tar [lut'ar] *vint* **1** to fight, contend, combat. **2** to wrestle. **3** to struggle, strive. **lutar até o fim** to fight to the bitter end.

lu.to [l'utu] *sm* **1** mourning, lamentation. **2** sorrow, grief, affliction. **luto fechado** deep mourning.

lu.va [l'uvə] *sf* **1** glove, mitten. **2 luvas** key money: premium (as for a contract). **assentar como uma luva** to fit like a glove. **luvas de boxe** boxing gloves. **porta-luvas** glove compartment.

lu.xo [l'uʃu] *sm* **1** luxury, splendour, magnificence. **2** luxuriance, exuberance. **3** ostentation, pomp. **artigos de luxo** luxury goods.

lu.xú.ria [luʃ'urjə] *sf* **1** luxuriance, exuberance. **2** lust: strong sexual desire.

luz [l'us] *sf* **1** light, illumination, luminosity. **2** clearness, brightness. **3** *fig* knowledge, understanding. **4** electricity. **à meia luz** darkly. **dar à luz** to give birth to. **luz do dia** daylight. **luz solar** sunlight. **vir à luz** to come to light.

lu.zir [luz'ir] *vint* **1** to shine, light, radiate. **2** to gleam, glitter. **3** to brighten.

m

M, m ['emi] *sm* the twelfth letter of the alphabet.

má [m'a] *adj fem* de **mau. ação má** misdeed.

ma.ca [m'akə] *sf* stretcher.

ma.çã [mas'ã] *sf* apple. **maçã de Adão** Adam's apple. **maçã do rosto** cheek. **maçã verde** green apple.

ma.ca.bro [mak'abru] *adj* macabre, lugubrious.

ma.ca.co [mak'aku] *sm* **1** monkey. **2** jack. **macaco hidráulico** hydraulic jack.

ma.ça.ne.ta [masan'etə] *sf* knob, door handle, doorknob.

ma.car.rão [makař'ãw] *sm* macaroni.

ma.cha.di.nha [maʃad'iñə] *sf* small axe, hatchet.

ma.cha.do [maʃ'adu] *sm* axe, hatchet.

machista [maʃ'istə] *s m+f* **1** sexist. **2** male chauvinist.

ma.cho [m'aʃu] *sm* **1** male animal. **2** male plug. **3** *pop* a very virile man. • *adj* **1** male, masculine. **2** *pop* strong, virile, manly.

ma.chu.car [maʃuk'ar] *vt* to bruise, hurt, injure.

ma.ci.ço [mas'isu] *adj* **1** massive, compact. solid. **2** bulky. **ouro maciço** solid gold.

ma.ci.ez [masi'es] *sf* softness, smoothness.

ma.ci.o [mas'iu] *adj* **1** soft, smooth. **2** tender.

ma.ço [m'asu] *sm* **1** mallet. **2** bundle, bunch. **3** pack, packet (cigarettes).

ma.co.nha [mak'oñə] *sf bras, Bot* **1** marijuana, pot. **2** dope.

má-cri.a.ção [makrjas'ãw] *sf* **1** ill breeding, bad manners. **2** rudeness, discourtesy.

ma.cum.ba [mak'ũbə] *sf bras, Rel* **1** *macumba*, voodoo. **2** sorcery, witchcraft.

ma.dei.ra [mad'ejrə] *sf* wood, timber, lumber. **bater na madeira** to knock on wood. **cadeira de madeira** wooden chair.

ma.dei.xa [mad'ejʃə] *sf* lock or strand of hair.

ma.dras.ta [madr'astə] *sf* **1** stepmother. **2** *fig* unloving and harsh mother.

ma.dre [m'adri] *sf* mother: professed nun. **madre superiora** mother superior.

ma.dre.pé.ro.la [madrep'ɛrolə] *sf* mother-of-pearl.

ma.dri.nha [madr'iñə] *sf* **1** godmother. **2** (female) witness at a marriage. **3** *fig* sponsor, protector, patroness. **madrinha de casamento** maid or matron of honor.

ma.dru.ga.da [madrug'adə] *sf* dawn(ing), day-break. **de madrugada** at dawn, very early.

ma.dru.gar [madrug'ar] *vint* to get up early. **Deus ajuda quem cedo madruga** early to bed and early to rise makes a man happy, healthy and wise.

mãe [m'ãj] *sf* mother. **mãe adotiva** foster mother.

ma.es.tro [ma'ɛstru] *sm* Mús maestro: conductor of an orchestra.

ma.gi.a [maʒ'iə] *sf* 1 magic. 2 sorcery, witchcraft. 3 *fig* enchantment, fascination. **magia negra** black magic.

má.gi.co [m'aʒiku] *sm* 1 magician. 2 juggler. 3 wizard. • *adj* 1 magic(al). 2 *fig* enchanting, extraordinary. **truque de mágica** magician's trick.

ma.gis.té.rio [maʒist'ɛrju] *sm* teaching.

mag.né.ti.co [magn'ɛtiku] *adj* 1 magnetic(al). 2 *fig* attractive, enchanting. **campo magnético** magnetic field. **ressonância magnética** magnetic resonance.

mag.ne.ti.zar [magnetiz'ar] *vt* 1 to magnetize. 2 *fig* a) to dominate. b) to influence. c) to attract, enchant.

ma.go [m'agu] *sm* sorcerer, magician, wizard. **os Reis Magos** the three wise men.

má.goa [m'agwə] *sf* sorrow, grief.

ma.go.ar [mago'ar] *vt* to hurt, upset, afflict, offend, distress.

ma.gro [m'agru] *adj* 1 thin, lean, slim. 2 *fig* insignificant, scarce.

mai.o [m'aju] *sm* May.

mai.ô [maj'o] *sm* bathing suit.

mai.or [maj'ɔr] *s m+f* person of full or mature age. • *adj* 1 *comp de* **grande** larger, higher, bigger etc. (in size, space, extent, value, or number). 2 adult, of age. 3 *pop* the most important. **a maior parte** the lion's share. **na maior parte** mostly.

mai.o.ria [major'iə] *sf* majority, the greater number or part. **a maioria de** most of.

mai.o.ri.da.de [majorid'adi] *sf* adulthood, full legal age.

mais [m'ajs] *sm* 1 the greater part. 2 something else. • *adj m+f, sing+pl* 1 more. 2 further. • *adv* 1 more. 2 also. 3 besides. 4 over. 5 further. **a mais** more than necessary. **de mais a mais** besides, moreover. **mais detalhes** further particulars. **mais e mais** more and more. **mais tarde** later on. **nunca mais** never again, never more. **um pouco mais** a bit more.

mai.se.na [majz'enə] *sf* corn starch, corn flour.

ma.jes.ta.de [maʒest'adi] *sf* 1 majesty, nobility title given to sovereigns and their consorts. 2 grandeur, splendor.

ma.jes.to.so [maʒest'ozu] *adj* 1 majestic. 2 regal, imperial.

mal [m'aw] *sm* (*pl* **males**) 1 evil, ill. 2 maleficence. 3 disease, illness. • *adv* 1 scarcely, hardly. 2 wrong, wrongly. 3 badly, with difficulty. 4 ill. • *conj* 1 hardly. 2 no sooner. **de mal a pior** from bad to worse. **dos males o menor** of two evils choose the least. **estar de mal com alguém** to be on bad terms with somebody. **estar mal de saúde** to be sick or ill. **falar mal de alguém** to speak evil of somebody. **fazer mal** a) to do harm. b) to disagree (food). **mal-educado** ill-mannered. **não faz mal** it doesn't matter. **por bem ou por mal** by hook or by crook.

ma.la [m'alə] *sf* suitcase, bag, trunk. **fazer as malas** to pack. **mala aérea** air mail. **mala-direta** direct mail.

mal-a.gra.de.ci.do [malagrades'idu] *sm* (*pl* **mal-agradecidos**) an ungrateful person. • *adj* ungrateful.

ma.lan.dro [mal'ãdru] *sm* 1 scoundrel, rogue, rascal. 2 thief.

mal-ar.ru.ma.do [malaʀum'adu] *adj* untidy, ill-dressed.

mal.chei.ro.so [mawʃejr'ozu] *adj* stinking, fetid.

mal.cri.a.do [mawkri'adu] *adj* ill-bred, ill-mannered, rude, impolite.

mal.da.de [mawd'adʒi] *sf* 1 badness, wickedness. 2 iniquity, cruelty. 3 naughtiness, mischief (of children).

mal.di.ção [mawdis'ãw] *sf (pl* **maldições**) malediction, curse.

mal.di.to [mawd'itu] *adj* cursed, damned, wretched.

mal.di.zer [mawdiz'er] *vt* 1 to defame. 2 to curse. 3 to swear.

mal.do.so [mawd'ozu] *adj* 1 wicked, bad, spiteful. 2 *fig* malicious, mischievous.

ma.le.á.vel [male'avew] *adj m+f (pl* **maleáveis**) 1 malleable. 2 adaptable, docile, flexible.

mal-e.du.ca.do [maleduk'adu] *adj (pl* **mal-educados**) ill-bred, ill-mannered, impolite.

mal-en.ten.di.do [malētēd'idu] *sm (pl* **mal-entendidos**) misunderstanding. • *adj* misunderstood.

mal-es.tar [malest'ar] *sm (pl* **mal-estares**) 1 moral or physical indisposition. 2 unrest, uneasiness.

ma.le.ta [mal'etə] *sf* small valise or suitcase, handbag, overnight bag, flight bag.

mal.fei.tor [mawfejt'or] *sm* 1 malefactor, evildoer. 2 criminal, villain.

ma.lha [m'aλə] *sf* 1 mesh (net). 2 knitting. 3 knitwear. **malha de ginástica** leotard. **malha de lã** sweater, cardigan. **tecido de malha** knitted fabric.

ma.lha.do [maλ'adu] *adj* speckled, spotted.

mal-hu.mo.ra.do [malumor'adu] *adj (pl* **mal-humorados**) 1 ill-humoured. 2 *fig* angry, ill-tempered, irritable.

ma.lí.cia [mal'isjə] *sf* 1 malice, evil intention. 2 malevolence. 3 astuteness.

mal-in.ten.ci.o.na.do [malĩtēsjon'adu] *adj (pl* **mal-intencionados**) evil-minded, perfidious, malicious.

ma.lo.grar [malogr'ar] *vt* to frustrate, fail, spoil, wreck.

mal.pas.sa.do [mowpas'adu] *adj bras* rare. **filé malpassado** rare steak.

mal.su.ce.di.do [mawsused'idu] *adj* unsuccessful, unlucky.

mal.tra.pi.lho [mawtrap'iλu] *sm + adj* ragged, shabby.

mal.tra.tar [mawtrat'ar] *vt* 1 to treat badly, mistreat. 2 to insult. 3 to vex.

ma.lu.co [mal'uku] *sm* 1 nut, crackpot. 2 fool. 3 extravagant person. • *adj* 1 wacky, screwball, nutty. 2 crazy, mad. 3 odd, weird. **deixar alguém maluco** to drive somebody nuts.

ma.lu.qui.ce [maluk'isi] *sf* 1 madness. 2 craziness. 3 eccentricity.

mal.va.do [mawv'adu] *sm* 1 *bras, fam* devil. 2 mean, perverse person. • *adj* 1 mean, wicked. 2 perverse. 3 evil.

ma.ma.dei.ra [mamad'ejrə] *sf* bottle, nursing bottle.

ma.mãe [mam'ãj] *sf* mom, mum, mommy, mummy.

ma.mão [mam'ãw] *sm Bot (pl* **mamões**) papaya.

ma.mar [mam'ar] *vt+vint* 1 to suck, take the breast. 2 *bras, pop* to get drunk. **dar de mamar** to suckle, nurse, bottle feed.

ma.mí.fe.ro [mam'iferu] *sm Zool* mammal.

ma.mi.lo [mam'ilu] *sm* nipple.

ma.na.da [man'adə] *sf* 1 herd of cattle. 2 *fig* gang, mob.

man.car [mãk'ar] *vt* to limp.

man.cha [m'ãʃə] *sf* 1 spot, stain, speck. 2 blemish, disgrace.

man.char [mãʃ'ar] *vt+vpr* 1 to spot, blot, stain. 2 to blemish. 3 *fig* to dishonour, discredit. 4 **manchar-se** to dirty oneself.

man.che.te [mãʃ'ɛti] *sfbras* 1 headline. 2 streamer (newspaper). **manchete de jornal** banner headline.

man.co [m'ãku] *adj* lame, crippled.

man.da.chu.va [mãdaʃ'uvə] *sm* 1 bigwig, big shot. 2 *bras* boss. 3 influential person.

man.da.men.to [mădamẽtu] *sm* commandment. **os dez mandamentos** the Ten Commandments.

man.dar [mãd'ar] *vt+vint* **1** to order, tell. **2** to lead and direct. **3** to dominate, govern, manage. **4** to send, forward, ship. **5 mandar-se** a) to leave, go away. b) to flee, run away. **mandar buscar** to send for. **mandar embora** to sack, send away. **mandar lembranças a** to give one's kind regards. **mandar para o inferno** to send to hell.

man.dí.bu.la [mãd'ibulə] *sf* jaw.

man.di.o.ca [mãdi'ɔkə] *sf* cassava, manioc.

ma.nei.ra [man'ejrə] *sf* **1** way, manner, form. **2** fashion. **3** possibility. **4** behaviour, manners. **5 maneiras** manners, so that. **de maneira que** thus, so that. **de muitas maneiras** in many ways. **de qualquer maneira** anyhow, anyway.

ma.ne.jar [maneʒ'ar] *vt* **1** to handle **2** to operate. **manejar mal** to mishandle.

ma.ne.ta [man'etə] *s m+f* one-handed or one-armed person. • *adj m+f* one-handed, one-armed.

man.ga [m'ãgə] *sf* **1** sleeve. **2** mango (fruit). **dar panos para mangas** *bras, fam* to give food for thoughts. **em mangas de camisa** in one's shirt sleeves. **manga comprida** long sleeve.

man.gue [m'ãgi] *sm* swamp, marsh.

man.guei.ra [mãg'ejrə] *sf* **1** rubber or canvas hose. **2** mango tree. **mangueira de incêndio** fire hose.

ma.nha [m'ʌɲə] *sf* **1** slyness, cunningness, shrewdness, malice. **2** dexterity, skill. **3** trick, act. **ser cheio de manhas** to be shrewd.

ma.nhã [mãɲ'ã] *sf* morning, forenoon. **amanhã de manhã** tomorrow morning. **de manhã** in the morning. **todas as manhãs** every morning. **uma manhã maravilhosa** a wonderful morning.

ma.ni.a [man'iə] *sf* **1** *Psicol* mania. **2** quirk, excentricity. **3** obsession, fad. **4** fixed idea. **mania de grandeza** megalomania.

ma.ní.a.co [man'iaku] *sm* maniac, madman, lunatic. • *adj* maniac, maniacal, obsessed, obstinate.

ma.ni.fes.ta.ção [manifesta'ãw] *sf* (*pl* **manifestações**) manifestation, demonstration (of the people to show their opinions), expression.

ma.ni.fes.tar [manifest'ar] *vt+vpr* **1** to manifest: a) to make public, reveal, express. b) to show plainly, display. **2 manifestar-se** to express oneself. **manifestar sua opinião** to voice one's opinion.

ma.ni.pu.lar [manipul'ar] *vt* **1** to manipulate, handle. **2** to prepare medicine. **3** to invent, make up. **4** to manage through artful skill.

man.jar [mãʒ'ar] *sm* **1** delicious and appetizing specialty. **2** *Cul* custard, pudding. **3** *fig* a feast or treat to the eye or the mind. **manjares finos** delicacies.

man.je.ri.cão [mãʒerik'ãw] *sm* basil.

ma.no [m'ʌnu] *sm* **1** *fam* brother. **2 manos** brothers and sisters.

ma.no.brar [manobr'ar] *vt* to maneuver.

man.so [m'ãsu] *adj* **1** tame, domesticated. **2** meek, gentle, docile. **manso como um cordeiro** meek as a lamb.

man.ta [m'ãtə] *sf* blanket, travelling rug, shawl, wrap. **manta de cama** bedspread.

man.tei.ga [mãt'ejgə] *sf* butter. **manteiga de cacau** cocoa butter.

man.ter [mãt'er] *vt+vpr* **1** to maintain, keep, support, pay for. **2** to carry on, continue. **3 manter-se** a) to maintain oneself. b) to carry on, keep up. **manter a ordem** to keep order. **manter na expectativa** to keep in suspense. **manter-se a distância** to hold one's

man.ti.men.to [mãtimẽtu] *sm* **1** maintainance. **2** provisions, supply.

ma.nu.al [manu'aw] *sm* (*pl* **manuais**) manual, handbook. • *adj m+f* **1** manual, done by hand. **2** light, portable. **habilidade manual** handicraft.

ma.nu.fa.tu.rar [manufatur'ar] *vt* **1** to make by hand. **2** to manufacture, produce.

ma.nu.se.ar [manuze'ar] *vt* **1** to handle. **2** to turn over the pages of a book.

ma.nu.ten.ção [manutẽs'ãw] *sf* (*pl* **manutenções**) maintenance.

mão [m'ãw] *sf* (*pl* **mãos**) **1** hand. **2** handful. **3** *bras* side: each of the directions of the traffic. **4** handwriting. **5** *fam* coat of paint. **à mão** by hand. **à mão armada** armed. **aperto de mão** handshake. **cair em boas mãos** to fall into good hands. **com uma mão na frente e outra atrás** completely broke, penniless. **dar de mão beijada** to give for free. **estar em boas mãos** to be in good hands. **feito à mão** handmade. **mão de obra** a) labor. b) workers.

ma.pa [m'apə] *sm* map, chart, graph. **não estar no mapa** *bras*, *pop* to be exceptional, to be uncommon. **sair do mapa** to disappear.

ma.qui.ar [maki'ar] *vt+vpr* **1** to make-up. **2** *fig* to disguise, give a false appearance to. **3 maquiar-se** to make oneself up.

má.qui.na [m'akinə] *sf* **1** machine. **2** engine. **3** *bras* car, automobile. **máquina de escrever** typewriter. **máquina de lavar louça** dishwasher. **máquina de lavar roupa** washing machine, washer. **máquina de moer** grinder. **máquina fotográfica** camera.

ma.qui.nis.ta [makin'istə] *s m+f* **1** train driver. **2** locomotive engineer.

mar [m'ar] *sm* **1** sea, ocean. **2** *fig* large quantity. **água do mar** sea water. **alga do mar** seaweed. **mar de cabeças** a sea of faces.

ma.ra.cu.já [maraku3'a] *sm* passion fruit.

ma.ra.vi.lha [marav'iλə] *sf* marvel, wonder. **às mil maravilhas** admirably well. **as sete maravilhas do mundo** the seven wonders of the world. **fazer maravilhas** to work wonders.

ma.ra.vi.lho.so [maraviλ'ozu] *adj* wonderful, marvellous, amazing.

mar.ca [m'arkə] *sf* **1** mark. **2** brand. **3** sign. **4** blemish. **5** make (car). **marca d'água** watermark. **marca registrada** trademark.

mar.car [mark'ar] *vt+vi* **1** to mark, brand, seal. **2** to indicate, determine, fix. **3** to book. **4** to score. **5** to stain, spot. **6** to meet. **marcar a data** to set a date. **marcar lugar (no teatro, no avião etc.)** to book seats, tickets, places. **marcar o ponto** to sign in. **marcar uma hora** to fix an appointment. **marcar um encontro** to make a date. **o termômetro marca 35°C** the thermometer reads 35°C (95° F).

mar.cha [m'ar∫ə] *sf* **1** march. **2** *Esp* walk. **3** gear (automobile). **a marcha do progresso** the march of progress. **marcha a ré** the reverse gear.

mar.char [mar∫'ar] *vt+vint* to march, walk with a regular gait.

mar.co [m'arku] *sm* mark: a) boundary, limit. b) landmark. c) monetary unit of Germany.

mar.ço [m'arsu] *sm* March.

ma.ré [mar'ɛ] *sf* **1** tide. **2** *fig* ups and downs in human affairs. **3** *fig* opportunity, disposition. **perder a maré** *fig* to slip the occasion. **remar/nadar contra a maré** to go against the tide.

ma.re.mo.to [marem'ɔtu] *sm* seaquake.

mar.fim [marf'ĩ] *sm* (*pl* **marfins**) ivory.

mar.ga.ri.da [margar'idə] *sf* daisy.

mar.gem [m'arʒẽj] *sf* (*pl* **margens**) **1** margin, border, bank, brim, rim, edge. **2** possibility, cause. **margem de lucro** profit margin. **margem de segurança** safety margin. **pôr à margem** to lay aside.

mar.gi.nal [marʒin'aw] **1** *s m+f bras* outcast, pariah. **2** *sf* coast road. • *adj m+f* (*pl* **marginais**) **1** outcast. **2** marginal.

mar.gi.na.li.zar [marʒinaliz'ar] *vt+vpr* **1** to marginalize. **2 marginalizar-se** to become apart from society or public life.

ma.ri.do [mar'idu] *sm* husband.

ma.ri.nha [mar'iɲə] *sf* navy, marine.

ma.ri.nhei.ro [mariɲ'ejru] *sm* sailor, seaman.

ma.ri.nho [mar'iɲu] *adj* marine: of or pertaining to the sea. **azul-marinho** navy blue. **cavalo marinho** sea horse.

ma.ri.po.sa [marip'ozə] *sf* **1** moth. **2** butterfly. **3** *bras, gír* whore, prostitute.

ma.ris.co [mar'isku] *sm* shellfish.

mar.me.la.da [marmel'adə] *sf* **1** marmalade made out of quinces. **2** *gír* advantage, bargain. **3** *bras, gír* crooked deal.

mar.me.lo [marm'ɛlu] *sm* quince.

már.mo.re [m'armori] *sm* marble. **bolo mármore** marble cake.

ma.ro.to [mar'otu] *sm* **1** rascal, rogue. **2** naughty child.

mar.re.co [maɾ'ɛku] *sm* teal.

mar.rom [maɾ'õw] *adj m+f* (*pl* **marrons**) brown, hazel, chestnut.

Mar.te [m'arti] *sm* Mars.

mar.te.lar [martel'ar] *vt+vint* **1** to hammer, beat. **2** to bother, annoy. **3** to insist.

mar.te.lo [mart'ɛlu] *sm* hammer.

már.tir [m'artir] *s m+f* **1** martyr. **2** sufferer. **fazer-se de mártir** to act the martyr.

mar.ti.ri.zar [martiriz'ar] *vt+vpr* **1** to martyr, martyrize, torment. **2 martirizar-se** to mortify oneself.

ma.ru.jo [mar'uʒu] *sm* sailor, mariner, seaman.

mas [m'as] *adv* indeed, yes. • *conj* but, only, however, still, yet, even, nevertheless. *não só preguiçoso mas também malcriado* / not only lazy but also ill-mannered.

mas.car [mask'ar] *vt+vint* to chew. **goma de mascar** chewing gum.

más.ca.ra [m'askarə] *sf* **1** mask. **2** *fig* disguise. **3** cosmetic face pack. **baile de máscara** fancy dress ball.

mas.ca.rar [maskar'ar] *vt+vpr* **1** to mask. **2** to disguise, hide. **3** to give a false appearance to. **4 mascarar-se** a) to put on a mask, a fancy dress. b) to disguise oneself.

mas.cu.li.no [maskul'inu] *adj* masculine: **1** male. **2** manly, virile.

mas.sa [m'asə] *sf* **1** dough, bread paste. **2** soft or pulverized substance. **3** mass of things. **4** totality. **5** *Constr* mortar. **6** *Sociol* **massas** masses of people, multitude. **comunicação de massa** mass medium. **massa cinzenta** *bras, fam* brains. **massa de pão** kneaded dough. **produção em massa** mass production.

mas.sa.crar [masakr'ar] *vt* **1** to massacre, kill cruelly, butcher. **2** *bras* to bother, exhaust.

mas.sa.ge.ar [masaʒe'ar] *vt* to massage.

mas.sa.gem [mas'aʒẽj] *sf* (*pl* **massagens**) massage.

mas.sa.gis.ta [masaʒ'istə] *s m+f masseur, masseuse*.

mas.ti.gar [mastig'ar] *vt+vint* **1** to chew. **2** *fig* to ponder, think over.

mas.tro [m'astru] *sm* **1** mast of a ship. **2** flagpole. **mastro da antena** aerial mast.

mas.tur.bar [masturb'ar] *vt+vpr* to masturbate.

ma.ta [m'atə] *sf* wood, forest, jungle.

ma.ta.dor [matad'or] *sm* killer, assassin, murderer.

ma.ta.dou.ro [matad′owru] *sm* butchery, slaughterhouse.

ma.tan.ça [mat′ãsə] *sf* 1 killing. 2 massacre, bloodshed(ding). 3 slaughter.

ma.tar [mat′ar] *vt+vint+vpr* 1 to kill, murder. 2 to destroy, annihilate. 3 to slaughter, butcher. 4 to extinguish, eliminate, quench. 5 to ruin, discredit. 6 to do something fast and badly. 7 to satisfy, quench (hunger, thirst). 8 **matar-se** a) to commit suicide. b) to ruin one's health. c) to toil oneself working, toil to death. **matar a sede** to quench one's thirst. **matar a tiro** to shoot (dead).

ma.te.má.ti.ca [matem′atikə] *sf* mathematics.

ma.te.má.ti.co [matem′atiku] *sm* mathematician. • *adj* 1 mathematical. 2 *fig* exact, correct.

ma.té.ria [mat′ɛrjə] *sf* 1 matter, substance, material. 2 subject, topic. 3 newspaper article or text. **matéria orgânica** organic matters.

ma.te.ri.al [materi′aw] *sf* (*pl* **materiais**) material, substance: a) building material. b) equipment. • *adj m+f* material: a) solid. b) perceptible to the senses. c) corporeal, bodily. **material de construção** building material.

ma.té.ria-pri.ma [matɛrjəpri′imə] *sf* (*pl* **matérias-primas**) 1 raw material. 2 *fig* basis, foundation.

ma.ter.nal [matern′aw] *adj m+f* (*pl* **maternais**) maternal, motherly, motherlike. **amor maternal** mother love.

ma.ter.ni.da.de [maternid′adi] *sf* maternity: a) motherhood. b) maternity ward, maternity hospital.

ma.ter.no [mat′ɛrnu] *adj* 1 maternal: a) motherly. b) related on the mother's side. 2 *fig* kind, sweet, affectionate. **língua materna** native language, mother tongue.

ma.ti.lha [mat′iʎə] *sf* pack of hounds.

ma.ti.nal [matin′aw] *adj m+f* (*pl* **matinais**) matinal, matutinal, matutine.

ma.tiz [mat′is] *sm* 1 tint, tincture, shade. 2 *fig* nuance. 3 blending of colours.

ma.to [m′atu] *sm* 1 wood, brush, thicket. 2 *bras* the country in opposition to the city. 3 *bras* marijuana, hemp.

ma.trí.cu.la [matr′ikulə] *sf* 1 registration, enrollment. 2 matriculation fee.

ma.tri.mô.nio [matrim′onju] *sm* matrimony, marriage, wedlock. **contrair matrimônio** to marry. **matrimônio dissolvido** dissolved marriage. **matrimônio morganático** left-handed or morganatical marriage. **matrimônio rato** legal marriage not consummated.

ma.triz [matr′is] *sf* 1 matrix: a) uterus, womb. b) origin, spring, source. c) *Tip* mat, mold for casting type. 2 main house, main office. • *adj m+f* 1 original, primitive. 2 main, principal. 3 basic. **igreja matriz** mother church.

ma.tu.ri.da.de [maturid′adi] *sf* 1 maturity, full development. 2 a state of psychological maturation. 3 *fig* prudence, judgement. **chegar à maturidade** to come of age.

ma.tu.ti.no [matut′inu] *sm* morning newspaper. • *adj* morning.

mau [m′aw] *sm* person of bad character. • *adj* (*fem* **má**, *sup abs sint* **malíssimo**, **péssimo**) 1 bad, harmful, noxious. 2 mean, evil, perverse, mischievous. 3 of poor quality. 4 awkward, unable. 5 contrary to reason, justice or duty. **de mau gosto** of bad taste. **de mau humor** ill-tempered. **em mau estado** in poor condition. **más línguas** evil tongues. **mau caráter** bad character. **mau cheiro** bad smell. **mau negócio** bad bargain. **mau procedimento** misbehavior. **maus modos** bad manners. **mau tempo** bad weather. **mau trato** maltreatment. **ter mau coração** to be hardhearted.

mau-ca.rá.ter [mawkar'ater] *sm* a rogue, a scoundrel, a troublemaker.
mau-o.lha.do [mawoʎ'adu] *sm* (*pl* **maus-olhados**) the evil eye.
ma.xi.lar [maksil'ar] *sm* jaw. • *adj m+f* maxillary: pertaining to the jaw or jawbone.
má.xi.ma [m'asima] *sf* maxim, aphorism, a saying of proverbial nature.
má.xi.mo [m'asimu] *sm* maximum. • *adj* maximum, greatest, best. **carga máxima** peak load. **com o máximo prazer** with the utmost pleasure. **com velocidade máxima** at maximum speed, at top speed. **no máximo** at most, at the most. **tirar o máximo proveito de algo** to make the most of a thing.
me [mi] *pron pess* **1** me, to me, myself, to myself (oblique form of the pronoun *eu*). **2** it substitutes the possessive and corresponds to **meu**. *puxou-me o cabelo* / he pulled my hair.
me.câ.ni.ca [mek'ʌnikə] *sf* mechanics. **mecânica aplicada / mecânica prática** applied, practical mechanics. **mecânica de precisão** precision mechanics. **mecânica dos fluidos** mechanics of fluids.
me.câ.ni.co [mek'ʌniku] *sm* **1** mechanic. **2** an employee in a car garage. • *adj* mechanic, mechanical. **engenharia mecânica** mechanical engineering. **mecânico de voo** *Aeron*, flight mechanic.
me.ca.nis.mo [mekan'izmu] *sm* mechanism, gear, device, machinery, clockwork. **mecanismo de acionamento** driving gear. **mecanismo de avanço** feed gear. **mecanismo de desligar/de disparo** releasing mechanism. **mecanismo de distribuição** motor timing device. **mecanismo de inversão de marcha** reversing gear. **mecanismo de relógio** clockwork.
me.cha [m'ɛʃə] *sf* **1** sulphurized paper or rag. **2** wick of a lamp, stove etc. **3** hair lock. **4** mechas dyed hair locks, highlights.

me.da.lha [med'aʎə] *sf* **1** medal. **2** decoration. **3** award given to the winner of a contest. **medalha de bronze** bronze medal. **medalha de honra** prize medal. **medalha de ouro** gold medal. **o reverso da medalha** the reverse of the medal.
mé.dia [m'ɛdjə] *sf* **1** mean, medium, average. **2** *bras* cup of coffee with milk. **3** pass mark. **média aproximada** rough average. **média aritmética** arithmetic mean. **média ponderada** weighted mean, weighted average. **média proporcional** mean proportional. **produzir/vender em média** to average. **tirar a média** to strike an average.
me.di.an.te [medi'ãti] *prep* by means of, through. **mediante os bons ofícios de** through the kind offices of. **mediante pagamento à vista** against cash payment.
me.di.ca.men.to [medikam'ẽtu] *sm* medication, medicine.
me.di.ci.na [medis'inə] *sf* medicine: the treatment of illnesses and injuries by doctors and nurses. **medicina legal** forensic medicine.
mé.di.co [m'ɛdiku] *sm* physician, doctor, general practitioner. • *adj* medical, medicinal. **consultar um médico** to see a doctor. **médico-cirurgião** surgeon. **médico da família** family doctor. **médico de clínica geral** general practitioner. **tratamento médico** medical treatment, medical care.
me.di.da [med'idə] *sf* **1** measure, standard of measurement. **2** gauge. **3** proportion. **4** standard. **5** arrangements, provision. **à medida de** in proportion to. **feito sob medida** tailor-made, made to order. **medida acertada** right move. **medida de volume** cubic measure. **medida padrão** standard. **medidas anticoncepcionais** contraception, birth control. **medidas extremas** extreme measures, extremities.

mé.dio [m'ɛdʒu] *adj* **1** middle, average, intermediate. **2** referring to high school education. **classe média** middle class. **dedo médio** middle finger. **distância média** average distance. **Idade Média** Middle Ages. **vida média** *Estat* average lifetime.

me.di.o.cre [med'iɔkri] *sm* **1** something common, ordinary. **2** *s m+f* a mediocre person. • *adj m+f* mediocre, average, middling, commonplace, second-rate, ordinary.

me.dir [med'ir] *vt+vint+vpr* **1** to measure, gauge, survey. **2** to consider. **medir as palavras** to weigh one's words. **medir todos pela mesma bitola** to measure all by the same yardstick. **não medir esforços** to grudge no pains.

me.do [m'edu] *sm* fear, fright, dread. **não ter medo de caretas** to have no fear of threats. **ter medo da própria sombra** to be extremely frightened.

me.do.nho [med'oñu] *adj* awful, frightful, horrible, hideous.

me.dro.so [medr'ozu] *sm* faint-hearted person. • *adj* **1** fearful, timid, frightened. **2** hesitant, uneasy.

me.du.la [med'ulə] *sf* **1** medulla: *Anat* marrow. **2** *fig* the most intimate part, pith, essence. **até a medula** to the quick. **medula óssea** bone marrow.

mei.a [m'ejə] *sf* **1** stocking, hose, sock. **2** referring to number 6, used in speech to avoid confusion with number three. **meia elástica** elastic stocking. **meias curtas** socks. **meias de lã** worsted stockings. **pé-de-meia** savings. **ponta da meia** toe. **ponto meia** knit stitch. **um par de meias** a pair of stockings.

mei.a-cal.ça [mejək'awsə] *sf* (*pl* **meias-calças**) panty hose, tights.

mei.a-ti.ge.la [mejətiʒ'ɛlə] *sf* used only in the adverbial phrase **de meia-tigela** mediocre, vulgar, second-rate.

mei.go [m'ejgu] *adj* sweet, affectionate.

mei.gui.ce [mejg'isi] *sf* **1** tenderness, sweetness. **2** meiguices endearments.

mei.o [m'eju] *sm* **1** middle, center, midst. **2** medium, means, way, course. **3** environment, element. **4** way of life. **5** *Mat* mean. **6** meios means, riches, wealth, resources. • *adj* half, mean, middle. • *adv* mean, half, not entirely, almost. **a meia voz** in an undertone. **a meio caminho** halfway. **emprego de meio período** part-time job. **estar sem meios** to be resourceless. **meia dúzia** half a dozen. **meia entrada** half price (ticket). **meia hora** half an hour. **meias palavras** allusions, hints. **meio ambiente** environment. **meio de comunicação** means of communication. **meio de transporte** means of transportation. **meio de vida** livelihood. **meio-morto** half-dead. **neste meio tempo** meanwhile. **no meio da noite** in the deep of night. **no meio de** in the midst of, amid, between, among. **por meio de** by means of, through. **por qualquer meio** by any means. **uma hora e meia** a) one hour and a half. b) (time of day) half past one. **um e meio / uma e meia** one and a half, half past one.

mei.o-di.a [mejud'iə] *sm* (*pl* **meios-dias**) midday, noon. *ante meridiem* (*abrev* a.m.). **ao meio-dia** at noon.

mei.o-fi.o [mejuf'iu] *sm* curb, kerb.

mel [m'ɛw] *sm* (*pl* **meles, méis**) **1** honey. **2** *fig* sweetness, candor. **cair a mosca no mel** to come in very handy. **favo de mel** honeycomb. **lua de mel** honeymoon. **mais doce do que o mel** very sweet. **mel de pau** *bras* honey produced by bees that live in hollow trees. **mel silvestre** wild honey.

me.lan.ci.a [melãs'iə] *sf Bot* watermelon.

me.lan.có.li.co [melãk'ɔliku] *adj* melancholy, low-spirited, depressed.

me.lão [mel'ãw] *sm* (*pl* **melões**) *Bot* melon.

me.lhor [meλ'ɔr] *sm* **1** the best. **2** the wise or clever thing to do. • *adj m+f* better, superior, preferable, best. • *adv* better, preferably. **cada vez melhor** better and better. **fazer o melhor possível** to do one's utmost. **levar a melhor** to get the better of. **não há nada melhor** there is nothing better. **o melhor** the best. **o melhor a fazer** the best thing to do. **o melhor que eu puder** as best as I can. **tirar o melhor partido de** to make the best of.

me.lho.ra [meλ'ɔrə] *sf* **1** improvement, advance, progress. **2** recovery.

me.lho.rar [meλor'ar] *vt+vint+vpr* **1** to improve, feel, be, get better. **2** to reform, refurbish. **3** to prosper. **4** to recover. **5** to clear up (weather). **melhorar de posição** to better oneself. **melhorar de saúde** to grow better, recover.

me.lin.dro.so [melĭdr'ozu] *adj* **1** delicate, susceptible, squeamish, touchy. **2** risky, ticklish. **assunto melindroso** a ticklish affair.

me.lo.di.a [melod'iə] *sf* **1** melody, tune, air. **2** melodiousness.

mem.bro [m'ẽbru] *sm* member: a) limb. b) fellow, associate. c) associate of a corporation. d) member of a jury. **membro do clube** member of the club. **Membro do Parlamento** Member of Parliament. **membro honorário** honorary member. **membros inferiores** lower limbs. **membros superiores** upper limbs.

me.mó.ria [mem'ɔrjə] *sf* **1** memory: a) faculty of remembering. b) remembrance, reminiscence. c) reputation, fame of a person or thing particularly after death. **2** record, report, account, narrative. **3 memórias** memoirs. **conservar na memória** to keep in mind. **digno de memória** memorable, notable. **em memória de** in memory of. **puxar pela memória** to try to remember. **trazer à memória** to call to mind. **vir à memória** to come back to mind.

me.mo.ri.zar [memoriz'ar] *vt* to memorize: a) to commit to memory. b) to learn by heart.

men.ção [mẽs'ãw] *sf* (*pl* **menções**) **1** mention, reference. **2** gesture indicating a purpose.

men.ci.o.nar [mẽsjon'ar] *vt* **1** to mention, refer to, cite, name. **2** to narrate, report, relate. **o acima mencionado** the above-mentioned. **sem mencionar** without mentioning.

men.di.go [mẽd'igu] *sm* **1** beggar, cadger. **2** *amer* panhandler.

me.ni.na [men'inə] *sf* girl, young woman. **menina do olho** pupil of the eye. **meninas dos olhos** *fig* the apple of one's eye.

me.ni.ni.ce [menin'isi] *sf* childhood.

me.ni.no [men'inu] *sm* **1** boy. **2** *fam* sonny. **menino de coro** choir boy.

me.nor [men'ɔr] *s m+f* **1** a minor. **2 menores** minute details, details, trifles. • *adj* **1** little, small, smaller, lesser, younger. **2** minor. **condição de pessoa menor** minority. **frade menor** Franciscan monk. **sem a menor paciência** with no patience whatever. **trajes menores** underclothes, undies. **tribunal de menores** Juvenile Court.

me.nos [m'enus] *sm* the least, smallest quantity. • *pron indef* less, fewer, least, fewest. • *adv* less, least, with less intensity. • *prep* but, save, except. **a menos / de menos** too little, short. **a menos que** except, unless. **ao menos / pelo menos** at least. **cada vez menos** less and less. **em menos de uma hora** in less than an hour. **menos mal** not so bad, so so.

menos que under, below. **nada menos de** nothing less than. **nem mais nem menos que** neither more nor less than. **o menos possível** as little as possible. **pelo menos** at least. **quanto menos, melhor** the fewer, the better.

me.nos.pre.zar [menosprez'ar] *vt* **1** to despise, scorn. **2** to underestimate, underrate.

me.nos.pre.zo [menospr'ezu] *sm* **1** contempt, disdain, scorn. **2** underestimation, slight.

men.sa.gei.ro [mẽsaʒ'ejru] *sm* messenger.

men.sa.gem [mẽs'aʒẽj] *sf (pl* **mensagens)** **1** message. **2** the essence of a thought, school, style, culture etc.

men.sal [mẽs'aw] *adj m+f (pl* **mensais)** monthly. **a produção mensal** the monthly production.

men.ta.li.da.de [mẽtalid'adi] *sf* intellect, frame of mind, outlook. **mentalidade aberta** open-mindedness. **mentalidade estreita** narrow mindedness.

men.te [m'ẽti] *sf* **1** mind, intellect. **2** intent, design. **3** perception, insight. **ter em mente** a) to keep in mind. b) to have a mind to.

men.tir [mẽt'ir] *vint+vt* **1** to lie, tell a lie, tell a falsehood. **2** to deceive. **3** to induce into error. **mentir descaradamente** to lie impudently.

men.ti.ra [mẽt'irə] *sf* **1** lie, untruth, falsehood, fabrication. **2** deceit. **3** fault of lying. **espalhar uma mentira** to broach a lie. **mentira enorme** a whopper. **mentira inocente** white lie.

mer.ca.do [merk'adu] *sm* **1** market, marketplace, fair. **2** trading centre, commercial centre. **3** trade, commerce. **lançar no mercado** to put something onto the market. **mercado aberto** open market. **mercado de trabalho** labor, job market. **mercado financeiro** stockmarket, the market. **mercado negro** black market.

mer.ca.do.ri.a [merkador'iə] *sf* merchandise, goods, commodities, ware. **mercadoria avariada** damaged goods. **mercadoria de contrabando** smuggled goods. **mercadorias em consignação** consignment.

mer.ce.a.ria [mersear'iə] *sf* a grocer's, grocery store.

mer.ce.ei.ro [merse'ejru] *sm* grocer.

mer.da [m'ɛrdə] *sf vulg* **1** excrement. shit. **3** dirt, foulness, filthiness. • *interj* of disgust and nausea: shit!, Hum, Teat break a leg!

me.re.cer [meres'er] *vt* **1** to earn, deserve. **2** to merit, be worthy of. **merecer atenção** to deserve attention. **merecer confiança** to be trustworthy, reliable. **merecer ser castigado** to deserve to be punished. **merecer uma boa nota** to deserve a good mark. **merecer uma recompensa** to deserve a reward.

me.ren.da [mer'ẽdə] *sf* snack: a) a light meal. b) packed food. **merenda escolar** school lunch.

mer.gu.lhar [merguʎ'ar] *vt+vint+vpr* **1** to dive, sink. **2** to immerse, submerge, dip. **3** to plunge.

mer.gu.lho [merg'uʎu] *sm* **1** dive, plunge. **2** *Aeron* dive, nosedive. **3** *Geol* dip. **dar um mergulho** to take a dive, go for a dip. **praticar mergulho** to go scuba diving.

me.ro [m'ɛru] *adj* mere, sheer, simple. **um mero subterfúgio** a mere subterfuge.

mês [m'es] *sm (pl* **meses) 1** month. **2** every month. **a três meses da data** in three months time. **de hoje a um mês** a month from today, within a month.

me.sa [m'ezə] *sf* **1** table. **2** board, board of directors, committee, jury. **3** *fig* food, fare, board. **à mesa** at the table, during meals. **cama e mesa** board and lodging. **mesa de cabeceira** bedside table. **mesa de desenho** drawing table.

mesa de escritório desk. **mesa de jantar** dining table. **mesa de jogo** gambling table, card table. **mesa eleitoral** polls. **pôr a mesa** to set, lay the table. **roupa de mesa** table linen. **servir à mesa** to wait at table. **tirar a mesa** to clear the table.

mes.mo [m'ezmu] • *adj* same, equal, identical. • *pron* same, identical, like. • *adv* exactly, precisely. **agora mesmo** just now. **ainda mesmo que** although, even if, notwithstanding. **ao mesmo tempo** at the same time. **da mesma data** of even date. **da mesma maneira** in the same manner, likewise. **hoje mesmo** this very day. **isso mesmo** quite so. **mesmo assim** even so. **por isso mesmo** for that very reason. **por si mesmo** by itself.

mes.qui.nho [mesk'iɲu] *sm* niggard, skinflint, miser. • *adj* stingy, niggardly, skimpy, mean.

mes.ti.ço [mest'isu] *sm* of mixed race, of mixed blood.

mes.tre [m'ɛstri] *sm* (*fem* **mestra**) 1 master, teacher, instructor. 2 title given to an eminent personality, as a sign of respect. 3 someone who has a master's degree. • *adj bras* main, principal. **mestre-cuca** cook, chef.

me.ta [m'ɛtɐ] *sf* mark, finishing line.

me.ta.de [met'adi] *sf* half, moiety. **cara metade** better half, wife. **fazer as coisas pela metade** to do things by halves.

me.tais [met'ajs] *sm pl Mús* the metal wind instruments in an orchestra.

me.tal [met'aw] *sm* 1 metal. 2 *fig* money. 3 timbre of a voice. 4 **metais** wind instruments. **metal precioso** precious metal. **o vil metal** money.

me.te.o.ro [mete'oru] *sm* meteor, shooting star.

me.te.o.ro.ló.gi.co [meteorol'ɔʒiku] *adj* meteorological. **boletim meteorológico** weather forecast. **observatório meteorológico** meteorological observatory.

me.ter [met'er] *vt+vint+vpr* 1 to put. 2 to put into, introduce. 3 to place. 4 to dip. 5 to cause, inspire. 6 to include, involve. 7 *pop* to attack, hit. 8 **meter-se** a) to meddle, interfere. b) to provoke. **meta-se com a sua própria vida!** mind your own business! **meter a mão** to sell very dear, extort. **meter a mão em** to slap, hit someone. **meter em boas** to let in for. **meter em ferros** to chain. **meter mãos à obra** to set to work. **meter medo a alguém** to frighten, scare someone. **meter no bolso** to pocket. **meter o nariz em** to meddle, interfere with. **meter-se a** to pretend to be. **meter-se a caminho** to set out. **meter-se com alguém** to provoke someone. **meter-se consigo** to mind one's own business. **meter-se em dificuldades** to run into trouble. **meter-se em um negócio** to engage in a business. **meter-se no meio** to intervene, intercede, interfere.

me.ti.do [met'idu] *adj* 1 meddlesome, pushy. 2 busy. 3 *pop* conceited. **metido consigo** self-absorbed, reserved.

mé.to.do [m'ɛtodu] *sm* 1 method, system, style. 2 *fig* circumspection, prudence. 3 process or technique of learning. **sem método** at random.

me.tra.lha.do.ra [metraʎad'orɐ] *sf* machine gun.

mé.tri.co [m'ɛtriku] *adj* metric. **fita métrica** tape measure. **sistema métrico** metric system.

me.tro [m'ɛtru] *sm* 1 meter, metre: unit of length equal to 100 centimetres, 39.37 inches. 2 tape measure. 3 unit of metrical verse. **metro cúbico** cubic meter. **metro quadrado** square meter. **por metro** by the meter.

me.trô [metr'o] *sm* 1 *amer* subway, *brit* underground. 2 *brit* the tube.

meu [mew] *pron adj poss (fem* **minha**) my. • *pron subs poss* mine. **a meu ver** in my opinion. **um amigo meu** a friend of mine.

me.xer [meʃ'er] *vt+vint+ vpr* **1** to move, stir, shake, fidget, budge. **2** to touch. **3** to rummage. **4** to swagger, move one's body. **5 mexer-se** to hurry, move on. *mexa-se!* / get a move on!, keep yourself busy! **mexer com** to tease, annoy, provoke, harass. **mexer num vespeiro** to stir up a hornets' nest. **mexer o café** to stir one's coffee. **mexer os pauzinhos** to do everything exactly right to get what one wants.

me.xe.ri.car [meʃerik'ar] *vt+vint+vpr* **1** to gossip. **2 mexericar-se** to become evident, expose oneself.

me.xe.ri.co [meʃer'iku] *sm* gossip, chitchat, tattle.

me.xe.ri.quei.ro [meʃerik'ejru] *sm* gossiper.

me.xi.lhão [meʃiλ'ãw] *sm (pl* **mexilhões**) *Zool* mussel.

mi [m'i] *sm* **1** *Mús* mi. **2** the twelfth letter of the Greek alphabet. • *pron* old form of **mim. mi bemol** E flat. **mi sustenido** E sharp.

mi.a.do [mi'adu] *sm* mewing of a cat.

mi.au [mi'aw] *sm* **1** *onom* miaow, mew. **2** *pop* the cat.

mi.cró.bio [mikr'ɔbju] *sm* microbe: germ, microorganism, bacterium.

mi.cro.fo.ne [mikrof'oni] *sm* microphone.

mi.cro-on.da [mikro'õdə] *sf Fís* microwave. **forno de micro-ondas** microwave oven.

mi.ga.lha [mig'aλə] *sf* **1** crumb. **2** bit, small portion. **3 migalhas** leftovers, scraps.

mi.gra.ção [migras'ãw] *sf (pl* **migrações**) migration: a) wandering, change of residence, often in search of work. b) *Zool* periodical change of habitat. **animais de migração** migratory animals. **em migração** wandering.

mi.grar [migr'ar] *vt+vint* to migrate: a) to move from one country, place, or locality to another. b) to pass periodically or seasonally from one region or climate to another for feeding or breeding.

mil [m'iw] *num+sm* **1** thousand. **2** multitude, great number. **a mil** *bras* in a state of great excitement. **Mil e Uma Noites** Arabian Nights. **mil reais** one thousand reais.

mi.la.gre [mil'agri] *sm* **1** miracle, wonder, marvel. **2** extraordinary success. **ele realizou milagres** he worked wonders. **fazer milagres** *fig* to do almost impossible things.

mi.lha [m'iλə] *sf* mile. **milha marítima / milha náutica** sea mile, nautical mile.

mi.lha.gem [miλ'aʒẽj] *sf* mileage.

mi.lhão [miλ'ãw] *num+sm (pl* **milhões**) million.

mi.lhar [miλ'ar] *sm* a thousand. **aos milhares** by the thousands. **milhares de** thousands of.

mi.lho [m'iλu] *sm* maize, corn, Indian corn (plant or grain). **catar milho** *bras, coloq* to type very slowly. **farinha de milho** maize meal, *amer* Indian meal.

mi.li.tar [milit'ar] *vt+vint* to serve as a soldier. • *adj m+f* military. **disciplina militar** military discipline. **policial militar** military policeman. **polícia militar** military police. **serviço militar** military service, active duty.

mim [m'ĩ] *pron pess* me. *que será de mim?* / what will become of me? **a mim** to me. **de mim** of me, from me. **para mim** for me, to me. **por mim / quanto a mim** as for me, for my part.

mi.mar [mim'ar] *vt* to spoil, pamper someone, fuss over someone.

mí.mi.ca [m'imikə] *sf* mime. **fazer mímica** to mime.

mi.na [m'inə] *sf* **1** mine, quarry, pit. **2** *Mil* mine. **3** *fig* source of richness, wealth. **4** *bras, pop* girl. **campo de mina / campo mina** minefield. **engenheiro de minas** mining engineer. **mina de carvão** coal-mine, coal-pit. **mina de ouro** (atividade produzindo grandes lucros) goldmine.

mi.nar [min'ar] *vt+vint* **1** to dig, excavate a mine. **2** to explore furtively. **3** *fig* to undermine, sap. **4** to hurt secretly. **5** *Mil* to lay mines. **6** to spread, rage. **7** to ooze, flow slowly, exude.

mi.nei.ro [min'ejru] *sm* **1** miner, collier, mineowner. **2** *bras* native or inhabitant of the state of Minas Gerais. • *adj* **1** mining. **2** *bras* of or pertaining to Minas Gerais. **região mineira** mining region.

mi.ne.ral [miner'aw] *sm* (*pl* **minerais**) mineral: an inorganic substance. • *adj m+f* mineral. **água mineral** mineral water. **carvão mineral** mineral coal. **óleo mineral** mineral oil. **reino mineral** mineral kingdom.

mi.né.rio [min'ɛrju] *sm* ore. **minério de ferro** iron ore.

min.guan.te [mĩg'wãti] *sm* wane (of the moon). • *adj m+f* waning, diminishing. **quarto minguante** last quarter, waning quarter.

mi.nha [m'iñə] *pron adj poss* (*fem de* **meu**) my. **minha irmã** / my sister. *pron subs poss* **esta caneta é minha** / this pen is mine. **eu, por minha parte!** for one.

mi.nho.ca [miñ'ɔkə] *sf* **1** *Zool* earthworm. **2 minhocas** *coloq* whims, ridiculous beliefs, fancies.

mi.ni.mi.zar [minimiz'ar] *vt* to minimize: a) to produce or keep to a minimum. b) to underestimate intentionally, belittle.

mí.ni.mo [m'inimu] *sm* **1** minimum: the least. **2** the little finger. • *adj* **1** minimal, least, very little. **2** remote, faint. **mínimo múltiplo comum** *Mat* least common multiple. **no mínimo** at least, in the least. **reduzir os gastos ao mínimo** to reduce one's expenses to a minimum. **salário mínimo** minimum wages.

mi.nis.tro [mini'stru] *sm* **1** a) minister of state. b) *Rel* clergyman, priest. **2** *bras* member of the Supreme Court or Supreme Military Court, and the Audit Department of the Exchequer. **ministro da Fazenda** *bras* minister of finance, *brit* chancellor of the Exchequer, *amer* secretary of the treasury. **ministro da Justiça e dos Negócios Interiores** minister of justice and home affairs, *amer* Attorney General. **ministro sem pasta** minister without a post or a specific department.

mi.no.ri.a [minor'iə] *sf* minority, a minor part in a group. **a minoria** few, the few.

mi.nú.cia [min'usjə] *sf* **1** minute, detail. **2** particularity. **3** minúcias minutiae. **fazer questão de minúcias** to stand up to niceties.

mi.nu.to [min'utu] *sm* minute: a) sixtieth part of an hour. b) *Mat* sixtieth part of a degree. c) moment, instant. • *adj* minute, tiny. **um minuto de silêncio** a moment of silence.

mi.o.lo [mi'olu] *sm* **1** brain. **2** soft part of bread. **3** pulp of some fruits. **4** the interior of anything. **dar no miolo** to come into one's head. **estar com o miolo mole** to be old or crazy. **miolo dos ossos** medulla.

mí.o.pe [m'iopi] *s m+f* **1** a myopic person. **2** *fig* nearsighted person, person of little discernment. • *adj* myopic.

mi.o.pi.a [mjop'iə] *sf* myopia: a) nearsightedness, shortsightedness. b) lack of perspicacity.

mi.rar [mir'ar] *vt+vpr* **1** to stare at, look at. **2** to aim, take aim, aim a gun. **3** to have in mind, plan, consider. **4 mirar-se** to look at oneself in the mirror.

mi.se.rá.vel [mizer'avew] *s m+f* (*pl* **miseráveis**) **1** miserable, wretch. **2** miser, skinflint. **3** infamous person, villain. • *adj* **1** wretched, pitiful. **2** niggard, stingy. **3** mean, infamous, despicable, abject.

mi.sé.ria [miz'ɛrjə] *sf* **1** misery, unhappiness, wretchedness, distress. **2** poverty, indigence. **cair na miséria** to come to poverty. **estar na miséria / passar miséria** to be hard up. **fazer misérias** *gír* to do wild things, behave in a way that excites admiration. **ficar reduzido à miséria** to be reduced to poverty. **ganhar uma miséria** to earn a pittance. **viver na miséria** to live in extreme poverty.

mis.sa [m'isə] *sf* Church Mass. **celebrar a missa** to say mass. **ir à missa** to go to mass. **missa cantada** high mass. **missa do galo** midnight mass. **não saber da missa a metade** to be badly informed. **ouvir missa** to atend mass.

mis.são [mis'ãw] *sf* (*pl* **missões**) mission: a) a specific task with which someone is charged. b) missionary station. **missão cumprida** mission accomplished. **missão espacial** space mission.

mis.si.o.ná.rio [misjon'arju] *sm* missionary.

mis.té.rio [mist'ɛrju] *sm* mystery. **fazer mistério de alguma coisa** to make a mystery of a thing.

mis.to [m'istu] *adj* **1** mixed. **2** variegated. **3** confused. **colégio misto** coed school. **economia mista** mixed economy.

mis.tu.ra [mist'urə] *sf* **1** mixture of different things. *uma mistura de coragem e medo* / a mixture of courage and fear. **2** a blend of quality whiskies, teas or coffee. **3** side dish, such as salad, meat, egg, to accompany rice and beans. **mistura para bolo** cake mix. **mistura racial** a racial mix.

mis.tu.rar [mistur'ar] *vt+vpr* **1** to mix, blend, mingle. **2** to confuse, mix up. **3** **misturar-se** to intrude, unit, join.

mi.to [m'itu] *sm* myth. • *adj* mythic.

mi.u.de.za [mjud'ezə] *sf* **1** minuteness. **2** **miudezas** a) particularities, details. b) small wares, odds and ends.

mo.bí.lia [mob'iliə] *sf* furniture.

mo.bi.li.ar [mobili'ar] *vt bras* to furnish, provide with furniture. **mobiliar uma casa** to fit up a house. **quarto mobiliado** furnished room.

mo.ça [m'osə] *sf* young woman, girl, lass, gal. **ser uma moça** *bras, coloq* to be very polite.

mo.chi.la [moʃ'ilə] *sf* rucksack, knapsack, haversack, backpack.

mo.ço [m'osu] *sm* young man. • *adj* **1** young, youthful. **2** *fig* inexperienced.

mo.da [m'ɔdə] *sf* **1** fashion, vogue. **2** way, method. **3 modas** feminine fashion and apparel. **à moda antiga** in the old-fashioned way. **a última moda** the latest fashion. **canção da moda** hit. **desfile de modas** fashion show. **estar na moda** to be in fashion. **na moda** fashionable, up-to-date. **vestir-se na moda** to follow the fashion.

mo.de.lo [mod'elu] *sm* (*pl* **modelos**) model: a) mold, pattern, standard. b) *fig* ideal, example. c) fashion model. d) person who poses for a painter or sculptor. **servir de modelo** to serve as an example. **tomar alguém por modelo** to follow someone's example.

mo.de.ra.ção [moderas'ãw] *sf* (*pl* **moderações**) **1** moderation. **2** prudence, sense.

mo.de.rar [moder'ar] *vt+vpr* **1** to moderate. **2** to restrain, control, regulate. **3 moderar-se** to act with moderation, keep one's temper.

mo.der.no [mod'ɛrnu] *adj* **1** modern, new, recent. **2** *bras* young, juvenile. **arte moderna** modern art.

mo.dés.tia [mod'ɛstjə] *sf* modesty: a) unpretentiousness, simplicity. b) chastity, property in dress, speech or conduct.

mo.des.to [mod'ɛstu] *adj* modest: a) unassuming, unpretentious. b) decent, chaste, proper. c) limited.

mo.di.fi.car [modifik'ar] *vt+vpr* **1** to modify: a) to change the form or quality of. b) *Gram* to limit or qualify the sense of (a word or phrase). **2** to alter, change. **3 modificar-se** to suffer a modification.

mo.do [m'ɔdu] *sm* **1** manner, way. **2** humour, state of mind. **3** decency, propriety. **ao seu modo** in his way. **com bons modos** politely. **com maus modos** rudely, impolitely. **de certo modo** in a way. **de modo a** so as to. **de modo algum** under no circumstances. **de modo geral** on the whole, generally speaking. **de modo nenhum** no way, not at all. **de qualquer modo** by any means. **de um modo ou de outro** one way or another. **do mesmo modo** in the same manner. **modo de andar** gait. **modo de falar** manner of speaking. **modo de pensar** way of thinking, point of view.

mo.e.da [mo'ɛdə] *sf* coin, token, money. **Casa da Moeda** the mint. **moeda corrente** currency. **moeda falsa** counterfeit money. **pagar na mesma moeda** to give tit for tat. **papel-moeda** paper money, bills.

mo.er [mo'er] *vt+vint+vpr* **1** to grind, crush. **2** to tire, fatigue, wear out. **3 moer-se** to be afflicted, worry, fret. **moer de pancadas** to beat soundly, thrash.

mo.fa.do [mof'adu] *adj* musty, moldy.

mo.fo [m'ofu] *sm (pl* **mofos)** mold, mildew, mustiness. **cheirar a mofo** to smell moldy. **criar mofo** to mold, grow moldy.

mo.i.nho [mo'iɲu] *sm* mill. **levar água ao seu moinho** to bring grist to one's mill. **moinho de água** water mill. **moinho de café** coffee mill, coffee grinder. **moinho de vento** windmill.

moi.ta [m'ojtə] *sf* shrub, brush, bush. • *interj* designating silence, secrecy. **na moita** *bras* secretly, on the sly.

mo.la [m'ɔlə] *sf Téc* spring. **colchão de mola** spring mattress. **fecho de mola** spring catch. **mola espiral** spiral spring.

mol.dar [mowd'ar] *vt+vpr* **1** to mold. **2** to make molds for casting. **3 moldar-se** to accomodate oneself, adapt oneself.

mol.de [m'owdi] *sm* **1** mold, casting mold. **2** pattern. **3** template. **molde de fundição** casting mold.

mol.du.ra [mowd'urə] *sf* frame, borders.

mo.le [m'ɔli] *sf adj m+f* **1** soft. **2** lazy, sluggish. **3** sensitive, tender. **4** *bras, pop* very easy. **conversa mole** idle talk. **no mole** easily.

mo.le.que [mol'ɛki] *sm* **1** *bras* young boy. **2** frivolous and unreliable person. • *adj* funny, playful.

mo.les.tar [molest'ar] *vt+vpr* **1** to abuse, disturb, bother, annoy, harass. **2** to hurt, ill-treat. **3 molestar-se** to be annoyed, take offense.

mo.lés.tia [mol'ɛstjə] *sf* disease, illness.

mo.le.za [mol'ezə] *sf* **1** softness, weakness. **2** slowness. **3** *bras, coloq* something very easy. **na moleza** easily.

mo.lhar [moʎ'ar] *vt+vpr* **1** to wet, dampen. **2** to soak, drench. **3 molhar-se** to get wet. **molhar a goela** *bras* to have a drink. **molhar a mão de** to bribe, grease the hand of.

mo.lhe [m'ɔʎi] *sm* breakwater, pier, jetty.

mo.lho¹ [m'ɔʎu] *sm* bundle. **molho de chaves** bunch of keys.

mo.lho² [m'oʎu] *sm* **1** sauce, gravy. **2** soak: liquid in which anything is soaked. **estar de molho** to keep to one's bed. **molho branco** white sauce. **pôr de molho** to soak (clothes).

mo.men.to [mom'ẽtu] *sm* **1** moment, instant. **2** consequence, importance, weight. **3** *Fís* momentum. **a cada momento** at every moment. **até este momento** up to this moment. **desde este momento** from this moment. **de um momento para outro** suddenly, unexpectedly. **espere um momento** wait just a second. **momentos depois** some time later. **no momento** at present. **no momento oportuno** at the proper time. **por momentos** for a few moments. **por um momento** for a moment.

mo.nar.qui.a [monark'iə] *sf* monarchy.

mon.ção [mõs'ãw] *sf* (*pl* **monções**) monsoon.

mon.ge [m'õʒi] *sm* (*fem* **monja**) monk.

mo.ni.to.rar [monitor'ar] *vt* to monitor: watch, keep track of or check.

mo.nó.lo.go [mon'ɔlogu] *sm* monologue, monolog, soliloquy.

mo.no.po.li.zar [monopoliz'ar] *vt* to monopolize: obtain or possess a monopoly.

mo.no.te.ís.ta [monoteˈistə] *s m+f* monotheist. • *adj m+f* monotheistic.

mo.no.to.ni.a [monoton'iə] *sf* monotony: a) disgusting uniformity of sound. b) sameness, uniformity, want of variety.

mo.nó.to.no [mon'ɔtonu] *adj* monotonous, unvarying, dull, tedious.

mons.tro [m'õstru] *sm* monster.

mon.ta.do.ra [mõtad'orə] *sf bras* a factory whose final product is the result of an assembly line (as of motor cars).

mon.ta.gem [mõt'aʒẽj] *sf* (*pl* **montagens**) **1** assembly, fitting up. **2** *Teat* stage setting, mise-en-scène. **3** *Jorn* collating. **4** assemblage. **5** *Cin, Telev* editing. **linha de montagem** assembly line. **montagem de máquinas** assembly.

mon.ta.nha [mõt'ʌñə] *sf* **1** mountain. **2** large heap, pile. **3** large volume. **cadeia de montanhas** mountain range. **mal das montanhas** mountain sickness.

mon.ta.nho.so [mõtañ'ozu] *adj* mountainous, alpine. **região montanhosa** highlands, mountainous country.

mon.tar [mõt'ar] *vt+vint+vpr* **1** to ride (horse). **2** to assemble, fit up. **3** to provide with everything necessary. **4** to set, encase (gem). **5** *Teat* to stage, put on (a play). **montar bem a cavalo** to be a good horseman. **montar guarda** to mount guard. **montar uma casa** to fit up a house. **montar uma máquina** to fit up an engine. **montar um andaime/ uma barraca** to put up a scaffolding, a tent. **montar uma peça** *Teat* to stage a play. **montar um negócio** to set up a business.

mo.ra.da [mor'adə], **mo.ra.di.a** [morad'iə] *sf* residence, dwelling, domicile, home. **a última morada** the grave.

mo.ra.dor [morad'or] *sm* inhabitant, dweller, resident, lodger.

mo.ra.li.zar [moraliz'ar] *vt* to moralize: a) to censure. b) to render moral, improve the moral of. c) to teach morality to.

mo.ran.go [mor'ãgu] *sm Bot* strawberry.

mo.rar [mor'ar] *vt+vint* to live, dwell, inhabit, reside. **ir morar em** to move over to. **morar no assunto** *gír* to realize, understand, get the point. **onde ele mora?** where does he live?

mor.ce.go [mors'egu] *sm* (*pl* **morcegos**) *Zool* bat.

mor.da.ça [mord'asə] *sf* **1** gag. **2** *fig* repression of liberty of press and speech.

mor.der [mord'er] *vt+vint+vpr* **1** to bite. **2** to hurt, torment. **3 morder-se** a) to bite oneself. b) to despair, to be overwhelmed by, worry. **morder a isca** to bite, take the bait. **morder a língua** to bite one's tongue, hold one's tongue. **morder o pó** to bite the dust. **morder- -se de inveja** to be green with envy.

mor.di.da [mor'didə] *sf bras, coloq* **1** bite, teethmark. **2** *fig* painful reminder, offense.

mor.do.mo [mor'domu] *sm* butler.

mo.re.na [mor'enə] *sf* **1** *bras* brunette. **2** *bras* country girl.

mo.re.no [mor'enu] *sm* brunet. • *adj* dark, tanned, swarthy.

mor.no [m'ornu] *adj (pl* **mornos**) **1** lukewarm, tepid. **2** *fig* indifferent, halfhearted.

mor.rer [moř'er] *sm* dying, death. • *vint+vt+vpr* **1** to die, perish, pass away. ele morreu de câncer / he died of cancer. **2** to terminate, cease. **3** to fade, wither, die away. **4** to go out (light, fire). **5** to suffer. **6** to long, crave for. **7** to stall (a car). **lindo de morrer** *gír* very beautiful. **morrer de amores por alguém** to be crazy about someone. **morrer de calor** to swelter. **morrer de fome** a) to starve. b) to be very hungry. **morrer de frio** to freeze to death. **morrer de medo** to be scared stiff. **morrer de morte natural** to die a natural death, in one's bed. **morrer de rir** to laugh one's head off. **seguro morreu de velho** better safe than sorry.

mor.ro [m'ořu] *sm* hill. **morro pelado** *bras* hill with sparse or no vegetation.

mor.tal [mort'aw] *sm (pl* **mortais**) **1** human being. **2 mortais** human kind. • *adj m+f* mortal: a) lethal, deadly, fatal. b) extreme. c) implacable. d) unbearable, very unpleasant. **doença mortal** fatal illness. **ódio mortal** deadly hatred. **os restos mortais de** the mortal remains of. **tédio mortal** sheer boredom.

mor.tan.da.de [mortãd'adi] *sf* slaughter, bloodshed, massacre, anihilation.

mor.te [m'ɔrti] *sf* death, decease, demise. **estar às portas da morte** to be at death's door. **estar pela hora da morte** to be very expensive. **leito de morte** deathbed. **morte matada**
murder. **morte morrida** a natural death. **morte súbita** a) *Med* sudden death. b) *Fut* golden goal. **pena de morte** death penalty. **perigo de morte** danger of life. **tão certo como a morte** as sure as death.

mor.to [m'ortu] *sm* **1** dead, deceased. **2** *bras* buried beam supporting wire fence poles. **3** partial win in the canasta card game. • *adj* **1** dead, deceased, killed. **2** wilted, dried (vegetable). **3** stagnant, lifeless. **cair morto** to drop dead. **cidades mortas** stagnant towns. **estação morta** dead season. **morto de cansaço** dogtired. **morto de tédio** bored to death. **mortos e feridos** casualties. **os mortos de guerra** the war dead. **peso morto** deadweight. **quase morto** all but dead. **rei morto, rei posto** the king is dead, long live the king.

mos.ca [m'oskə] *sf* **1** fly. **2** beauty spot. **3** the bull's-eye (of a target). **acertar na mosca** to hit the bull's-eye. **estar às moscas** without clients or spectators. **mosca artificial** fly (for fishing). **mosca varejeira** flesh fly, bluebottle.

mos.qui.to [mosk'itu] *sm* mosquito.

mos.tar.da [most'ardə] *sf* mustard: a) the plant. b) the seed. c) the powder. d) the condiment.

mos.tei.ro [most'ejru] *sm* convent, monastery.

mos.tra [m'ɔstrə] *sf* **1** show, exhibition, display. **2 mostras** indications, signal. **à mostra** bare, visible. **pôr à mostra** to show, exhibit.

mos.tra.dor [mostrad'or] *sm* **1** dial, face of a clock. **2** showcase.

mos.trar [mostr'ar] *vt+vpr* **1** to show, exhibit, display. **2** to signify, denote. **3** to signal, point out, indicate. **4** to simulate. **5** to teach, show, demonstrate. **6** to prove. **7 mostrar-se** to manifest, show oneself, appear. **mostrar boa cara** to take it well. **mostrar o caminho** to show the way.

mo.ti.vo [mot∫ivu] *sm* 1 motive, ground. 2 intent, purpose. 3 scope. **dar motivo a** to give grounds to. **por motivo de** by reason of, on account of. **por motivo de força maior** for reasons beyond one's control. **por motivos pessoais** for personal reasons. **sem motivo** groundlessly, without any reason.

mo.to.ci.cle.ta [motosikl'εta] *sf* motorcycle.

mo.tor [mot'or] *sm* 1 motor, engine. 2 person or thing causing or imparting motion, motive force. • *adj (fem* **motora, motriz)** motor, motive, moving. **barco a motor** motorboat. **desligar o motor** to stop the engine. **ligar o motor** to start the engine. **motor a dois/a quatro tempos** two-stroke, four-stroke engine. **motor de arranque** starter. **motor de popa** outboard motor.

mo.to.ris.ta [motor'istə] *s m+f* driver. **carteira de motorista** driver's licence. **motorista de praça** taxi driver.

mó.vel [m'ɔvew] *sm (pl* **móveis)** 1 cause, motive. 2 piece of furniture. • *adj m+f* movable, moveable, changeable, variable. **festas móveis** movable feasts. **móveis estofados** upholstered furniture.

mo.ver [mov'er] *vt+vint+vpr* 1 to move: a) to put in motion. b) to advance. c) to stir. d) *coloq* to get going. 2 **mover-se** to move oneself, move itself, set out. **mover ação judicial** to sue. **mover às lágrimas** to move to tears. **mover guerras** to promote wars. **não se mova!** don't move!

mo.vi.men.tar [movimẽt'ar] *vt+vpr* to move, put in motion.

mo.vi.men.to [movim'ẽtu] *sm* 1 movement, motion, activity. 2 a general tendency or current of thought. 3 turnover, business. 4 traffic. **estar em movimento** to be in motion. **movimento comercial** business turnover. **o carro está em movimento** the car is in motion. **pôr em movimento** to start. **pôr-se em movimento** to move, set out. **rua de muito movimento** busy street.

mu.dan.ça [mud'ãsə] *sf* 1 the changing of one's residence or business premises. 2 furniture and belongings being moved. 3 change, modification, transformation. **caixa de mudanças** gearbox. **caminhão de mudança** moving van. **mudança de marcha** *Mec* change of gear.

mu.dar [mud'ar] *vt+vint+vpr* 1 to change, alter, modify. 2 to move. 3 to exchange, substitute, shift. 4 to take turns, shift. 5 **mudar-se** to move, change one's lodgings. **as coisas mudaram** the tide has turned. **mudar a cena** to shift the scene. **mudar a sorte** to turn the tables. **mudar de conversa** to change the subject. **mudar de opinião** to change one's mind. **mudar de vida** to amend. **mudar o disco** *gír* to change the subject. **mudar para melhor** to change for the better.

mu.do [m'udu] *sm* 1 mute person, *amer* speech impaired. 2 a kind of game. • *adj* 1 dumb, mute, speechless, voiceless. 2 silent. **cinema mudo** silent movie. **surdo-mudo** deaf-mute.

mu.gir [muʒ'ir] *vt+vint* 1 to moo. 2 to bellow (a bull).

mui.to [m'ujtu] *sm* large quantity. • *pron indef* 1 much, plenty, very, a lot, a great deal. 2 **muitos** many, a great many, a good many, too many. • *adv* very, most, considerably, much, too, too much, very much. **de muitas maneiras** in many ways. **de muito** by far, for a long time. **gostar muito de** to be very fond of. **há muito** long ago. **muito acima** far above. **muito bem!** very well!, bravo!, well done! **muito bom** very good. **muito embora** even though. **muito longe** a great way off. **muito mais** much more. **muito menos** much less. **muito**

mula 468 **mutilar**

obrigado many thanks. **muito pouco** too little, not enough. **muito prudente** most wise, very wise. **não há muito** not long since. **não muito** not much. **nem pouco nem muito** neither too much, nor too little. **quando muito** at most. **viver muito** to live long.

mu.la [m'ulɐ] *sf* mule. **picar a mula** to flee, go away.

mu.le.ta [mul'etɐ] *sf* crutch.

mu.lher [muλ'er] *sf* 1 woman. 2 wife. **mulher casada** married woman. **mulher solteira** single woman.

mul.ta [m'uwtɐ] *sf* fine. **tomar uma multa** to be fined.

mul.tar [muwt'ar] *vt* to fine.

mul.ti.pli.car [muwtiplik'ar] *vt* to multiply. **multiplicar por** to multiply by.

múl.ti.plo [m'uwtiplu] *sm* multiple. • *adj* multiple. **mínimo múltiplo comum** *Mat* least common multiple.

mun.di.al [mũdi'aw] *adj m+f (pl* **mundiais***)* worldwide, general. **fama mundial** worldwide reputation. **guerra mundial** world war.

mun.do [m'ũdu] *sm* 1 world, universe, globe, earth. 2 humanity, mankind. 3 social class, society. 4 *bras* large quantity, great many, great number. **alma do outro mundo** ghost, apparition. **cair no mundo** *bras, pop* to flee. **desde que o mundo é mundo** from the beginning of times. **meio mundo** all the world and his wife. **o mundo todo** the whole world. **pessoa ou coisa do outro mundo** *bras, pop* splendid, excellent person or thing. **pôr a boca no mundo** to yell, shout. **prometer mundos e fundos** to make extraordinary promises. **um mundo de gente** an enormous crowd. **velho como o mundo** old as the hills.

mu.ni.ção [munis'ãw] *sf (pl* **munições***)* ammunition.

mu.ni.cí.pio [munis'ipju] *sm* 1 municipality. 2 city council.

mu.ra.lha [mur'aλɐ] *sf* wall, battlement.

mu.rar [mur'ar] *vt+vpr* 1 to wall, fence in, enclose. 2 to fortify, strengthen. 3 **murar-se** to fortify, defend oneself.

mur.char [murʃ'ar] *vt* 1 to wilt, wither, dry up. 2 *fig* to take away the strength from. 3 **murchar-se** a) to languish. b) to wilt, wither, fade.

mur.cho [m'urʃu] *adj* 1 wilted, withered (flower). 2 *fig* sad, pensive.

mur.mu.rar [murmur'ar] *vt* 1 to murmur, whisper. 2 to buzz a. 3 to gossip. 4 to rustle (leaves). 5 to whisper (wind), to ripple (waves).

mur.mú.rio [murm'urju] *sm* 1 murmur of many voices. 2 rustling of leaves, purl of a brook, ripple of waves. 3 sound of low talk.

mu.ro [m'uru] *sm* wall. **muro de arrimo** *Arquit* retaining wall.

mur.ro [m'uřu] *sm* punch, blow, slug.

mús.cu.lo [m'uskulu] *sm Anat* muscle.

mus.cu.lo.so [muskul'ozu] *adj* 1 muscular. 2 brawny, sturdy, strong.

mu.seu [muz'ew] *sm* museum. **museu de arte moderna** museum of modern art. **museu de cera** wax museum. **museu histórico** historical museum. **peça de museu** *fig* museum piece.

mus.go [m'uzgu] *sm* moss.

mú.si.ca [m'uzikɐ] *sf* music. **caixa de música** music box. **música clássica** classical music. **música de câmara** chamber music. **música de dança** dance music. **música pop** pop music. **música popular** popular music.

mú.si.co [m'uziku] *sm* musician. • *adj* musical.

mu.ti.lar [mutil'ar] *vt+vpr* 1 to mutilate, maim. 2 **mutilar-se** to mutilate oneself.

n

N, n ['eni] *sm* **1** the thirteenth letter of the alphabet. **2** *Quím* symbol of nitrogen.

na [nə] **1** contraction of the preposition **em** with the article **a**. *ela mora na casa da Sra. Smith* / she lives at Mrs. Smith's. **2** enclitic form of the pronoun **a** after a nasal sound: her, it. *viram-na* / they saw her. **na chuva** in the rain. **na escola** at school. **na esperança** in hopes. **na guerra** at war. **na miséria** in adversity. **na sexta-feira** on Friday.

na.bo [n'abu] *sm Bot* turnip.

na.ção [nas'ãw] *sf (pl* **nações**) nation.

na.ci.o.nal [nasjon'aw] *adj m+f* **1** national, domestic. **2** vernacular. **bandeira nacional** national flag. **de âmbito nacional** nationwide. **de fabricação nacional** home-made. **economia nacional** home economy. **hino nacional** national anthem.

na.da [n'adə] *sm* nothingness, nought, nil, insignificance, trifle, non-existence. • *pron indef* nothing, anything. • *adv* **1** nothing. **2** not at all. **acabar em nada** to end in smoke. **antes de mais nada** first of all. **muito obrigado! de nada!** thank you very much! don't mention it! **nada mais** nothing else. **não há nada de novo** there is no news. **quase nada** next to nothing.

na.dar [nad'ar] *vint* to swim. **nadar a favor da correnteza** *fig* to swim with the tide. **nadar em dinheiro** to wallow in money, roll in wealth.

ná.de.ga [n'adegə] *sf* buttock. **nádegas** *pl* seat, backside, behind.

na.do [n'adu] *sm* **1** swim, act or fact of swimming. **2** distance covered by swimming. • *adj* **a nado** swimming. **atravessar a nado** to swim across. **nado borboleta** butterfly stroke. **nado crawl** crawl. **nado de costas** back stroke. **nado de peito** breast stroke. **nado livre** free style swimming.

na.mo.ra.da [namor'adə] *sf* girlfriend, sweetheart.

na.mo.ra.do [namor'adu] *sm* boyfriend, beau, sweetheart.

na.mo.rar [namor'ar] *vt* **1** to date, go out with. **2** to make love. **3** to desire ardently.

na.mo.ro [nam'oru] *sm* **1** a romantic or passionate attachment. **2** love affair. **3** love-making. **namoro de criança** puppy love.

não [n'ãw] *sm* **1** no. **2** refusal, denial. • *adv* no, not. • *pref* non-. **ainda não** not yet. **a não ser que** except, unless. **não incomodar / não interferir** to leave alone. **não obstante** in spite of. **não posso trabalhar mais** I can work no more. **não sei** I do not know. **não vir** to fail to come.

na.que.le [nak'eli] contraction of the preposition **em** and the pronoun **aquele**. **1** at that. **2** in that, therein. **3** on that, thereon. **naquela direção** over there. **naquele tempo** at that time.

na.qui.lo [nak'ilu] contraction of the preposition **em** and the pronoun **aquilo**.

na.ri.na [nar'inə] *sf* nostril.

na.riz [nar'is] *sm* (*pl* **narizes**) **1** nose. **2** *gír* pecker. **3** *fig* prow (as the nose of an airplane, ship). **cair de nariz** to fall face downwards. **dar com o nariz na porta** to find closed doors. **de nariz vermelho** red-nosed. **limpar o nariz** to blow one's nose. **meter o nariz onde não é chamado** to poke one's nose into other people's business. **nariz aquilino** aquiline nose. **nariz arrebitado** snub nose. **nariz de batata** bulbous nose. **nariz grande (narigão)** *gír* a big conk. **saber onde tem o nariz** to be competent, smart. **torcer o nariz** to turn up one's nose.

nar.ra.dor [naɦad'or] *sm* narrator. • *adj* narrative, descriptive.

nar.rar [naɦ'ar] *vt* to narrate, tell. **narrar novamente** to retell.

nas.cen.te [nas'ẽti] *sf* **1** a) source. (of a river). b) spring. **2** east, orient. • *adj* *m+f* rising.

nas.cer [nas'er] *sm* rising, uprising. • *vint* **1** to be born. **2** to originate. **3** *Bot* to shoot, germinate. **ao nascer do dia** at dawn. **ao nascer do sol** at sunrise. **nascer para ser ator** a born actor. **nasceu para fazer isso** to the matter born.

nas.ci.men.to [nasim'ẽtu] *sm* birth. **data de nascimento** date of birth.

na.ta.ção [natas'ãw] *sf* swimming. **aula de natação** swimming lesson.

na.tal [nat'aw] *sm* (*pl* **natais**) Christmas. • *adj* *m+f* natal, native. **árvore de Natal** Christmas tree. **dia de Natal** Christmas day. **época de Natal** Christmastide. **Feliz Natal!** Merry Christmas! **véspera de Natal** Christmas eve.

na.tu.ral [natur'aw] *sm* (*pl* **naturais**) **1** native. **2** something natural. • *adj* *m+f* natural: a) of or pertaining to nature. b) native. c) spontaneous. d) genuine, true. e) original. f) raw. **comida natural** natural food. **em estado natural** crude. **fora do natural** extraordinary. **isto é natural** that is understood. **natural de São Paulo** born in São Paulo. **ser natural do Sul** to be of southern stock, come from the South. **uma coisa natural** a matter of course.

na.tu.re.za [natur'ezə] *sf* nature. **contra a natureza** against the grain. **de natureza** innate(ly). **natureza feminil** womanliness. **natureza humana** a) human nature. b) humanity. **natureza morta** *Arte* still life. **segundo a natureza** true to nature.

nau.fra.gar [nawfrag'ar] *vint* to wreck, shipwreck. **quase a naufragar** waterlogged.

nau.frá.gio [nawfr'aʒju] *sm* **1** wreck, shipwreck. **2** failure, frustration, ruin.

náu.sea [n'awzjə] *sf Med* nausea: a) (sea) sickness, queasiness. **causar náusea** to make somebody feel nauseous. **sentir náusea** to feel nauseous.

na.va.lha [nav'aλə] *sf* **1** razor. **2** bad driver. **o fio da navalha** the razor's edge.

na.ve.ga.ção [navegas'ãw] *sf* (*pl* **navegações**) navigation, sailing, shipping.

na.ve.gar [naveg'ar] *vt* to navigate: a) to manage a vessel. b) to travel by sea, sailing, travel by air, flying. **navegar com o vento de popa** to sail before the wind. **navegar contra o vento** to sail into the wind's eye. **navegar sob bandeira falsa** to sail under false colors. **navegar na Internet** to surf the Net.

na.vi.o [nav'iu] *sm* ship, boat. **casco de navio** hull. **construtor de navios** ship-

neblina   **nevoeiro**

wright. **navio alvo** target ship. **navio canhoneiro** gunboat. **navio de carga** cargo ship. **navio de guerra** warship. **navio de linha** liner. **navio mercante** merchant ship. **navio quebra-gelo** icebreaker, iceboat. **navio tanque** tanker. **navio-transporte de tropas** troopship.

ne.bli.na [nebli'inə] *sf* mist.

ne.ces.si.da.de [nesesid'adi] *sf* **1** necessity. **2** want, need. **3** privation, hardship, distress, poverty. **em caso de necessidade** in case of need. **gêneros de primeira necessidade** essential commodities. **ter necessidade de** to stand in need of.

ne.ces.si.tar [nesesit'ar] *vt* **1** to need. **2** to suffer distress.

ne.cro.té.rio [nekrot'ɛrju] *sm* morgue.

ne.gar [neg'ar] *vt+vpr* **1** to deny, say no. **2** to contradict. **3** to disavow. **4** to refuse, reject. **5** **negar-se** to deny oneself. **negar a autoridade a** to disallow. **negar um favor** to deny a favor.

ne.ga.ti.va [negat'ivə] *sf* a negative reply, refusal.

ne.ga.ti.vo [negat'ivu] *sm* Fot negative. • *adj* **1** negative (também *Quím, Mat, Fot, Fís*). **2** null.

ne.gli.gen.te [negliʒ'ẽti] *adj m+f* **1** negligent, neglectful. **2** careless, thoughtless. **3** slipshod.

ne.go.ci.an.te [negosi'ãti] *s m+f* **1** tradesman. **2** shopkeeper, retailer. **3** businessman, businesswoman. • *adj m+f* negotiating, trading.

ne.go.ci.ar [negosi'ar] *vint* **1** to do business. **2** to transact, buy or sell.

ne.gó.cio [neg'ɔsju] *sm* **1** business. **2** commerce, trade. **3** deal(ing). **4** enterprise. **homem de negócios** businessman. **negócio a varejo** retail. **negócio de corretagens e consignações** factorage. **negócio de estado** state affair. **negócio de ocasião** bargain. **negócio feito!** deal! **tratar de diversos negócios ao mesmo tempo** to have many irons in the fire.

nem [n'ẽj] *adv+conj* neither, nor, not even. **nem assim nem assado** neither this way nor that. **nem mais nem menos** neither more nor less. **nem peixe nem carne** neither fish nor fowl. **nem por nada** not for all the world. **nem sempre** not always. **nem todos** not all. **sem pé nem cabeça** without rhyme or reason.

ne.nhum [neñ'ũ] *adj* (*pl* **nenhuns**) neither, any, no. • *pron indef* none, no one, nobody, not any, neither. **de modo nenhum** on no account, by no means, not at all. **de nenhuma utilidade** of no use. **em nenhuma parte** nowhere. **ficar a nenhum** be penniless. **nenhum de nós** none of us, neither of us.

ner.vo [n'ervu] *sm* **1** nerve. **2** *Anat* sinew, tendon. **3** courage, strength, power. **dar nos nervos (irritar)** (it) gets on (one's) nerves. **nervo ciático** sciatic nerve. **nervo óptico** optic nerve.

ner.vo.so [nerv'ozu] *adj* **1** nervous: a) of or referring to the nerves. b) energetic, vigorous. **2** tense, on edge. **3** excitable, irritable. **4** apprehensive, distressed. **esgotamento nervoso** nervous breakdown. **muito nervoso** high-strung. **sistema nervoso** nervous system.

ne.ta [n'ɛtə] *sf* granddaughter, grandchild.

ne.to [n'ɛtu] *sm* grandson, grandchild.

neu.tro [n'ewtru] *sm Gram* neuter. • *adj* **1** *Gram* neuter. **2** (também *Biol, Quím, Eletr*) neutral. **3** impartial. **4** nonbelligerent.

ne.var [nev'ar] *vint* to snow.

ne.ve [n'ɛvi] *sf* snow. **coberto de neve** snowcapped, snow-covered. **confinado pela neve** snowbound. **floco de neve** snowflake.

né.voa [n'ɛvwə] *sf* mist.

ne.vo.ei.ro [nevo'ejru] *sm* **1** dense fog. **2** *fig* obscurity.

nin.guém [nĩg'ēj] *pron indef* **1** nobody, no one. **2** anybody, anyone. **ser um joão-ninguém** to be a nobody.

ni.nha.da [niñ'adə] *sf* **1** brood. **2** *pop* the children in a family. **uma ninhada de filhos** a brood of children. **uma ninhada de pintinhos** a brood of chickens. **uma ninhada de porcos** a litter of pigs.

ni.nho [n'iñu] *sm* **1** nest. **2** hole, den. **3** *fig* a shelter. **ninho de metralhadoras** machinegun nest. **um ninho de amor** a love nest.

ni.ti.do [n'itidu] *adj* **1** clear. **2** distinct, sharp. **3** vivid (memory).

ní.vel [n'ivew] *sm* (*pl* **níveis**) **1** level, grade. **2** plane. **3** *fig* situation, position, standard, degree. **nível de água** water level. **nível de bolha de ar** spirit level, air level. **nível de prumo** plumb rule, plummet. **nível de vida** standard of living. **nível do lençol de água** water table. **nível do mar** sea-level. **nível perfeito** dead level. **no nível** levelly, flush. **passagem de nível** level crossing, grade crossing.

no [nu] **1** contraction of the preposition **em** and the article **o**: in the, on the. **2** enclitic form of the pronoun **o** after a nasal sound: him. *respeitam-no* / they respect him. **no jantar** at dinner. **no que me concerne** so far as I am concerned. **no Sul** in the south.

nó [n'ɔ] *sm* **1** knot. **2** *fig* rub, problem. **3** *Náut* unit of speed. **4** knuckle, joint, articulation. **dar nó** to knot, tie in a knot. **não dar ponto sem nó** to act on the safe side. **nó corrediço** noose, running knot. **nó na garganta** a lump in the throat.

no.bre [n'ɔbri] *sm* **1** noble, nobleman, aristocrat. • *adj m+f* **1** noble: highbred, aristocratic. **2** dignified. **3** illustrious. **de sangue nobre** of aristocratic blood. **o nobre colega** (in a speech) the honorable gentleman.

no.ção [nos'ãw] *sf* (*pl* **noções**) **1** notion, idea. **2** perception. **noções superficiais** elementary ideas.

no.ci.vo [nos'ivu] *adj* noxious, harmful, bad, malign, pernicious.

nó.doa [n'ɔdwə] *sf* **1** spot, stain. **2** blemish. **3** ignominy, offence.

noi.te [n'ojti] *sf* **1** night: time between dusk and dawn. **2** evening. **à alta noite** late at night. **à noite / ao anoitecer** in the evening. **ao cair da noite** at dusk, at nightfall. **boa noite!** a) good evening! (saudação) b) good night! (despedida) **durante a noite** overnight. **esta noite / hoje à noite**, tonight, this evening. **fazer-se noite** to become dark, grow late. **passar uma noite em claro** to have a sleepless night. **pela calada da noite** in the dead of night. **pela noite afora** far into the night.

noi.va [n'ojvə] *sf* **1** fiancée: girl promised in marriage. **2** bride, woman who has just married or is about to be married. **ela ficou noiva de** / she got engaged to. **vestido de noiva** bridal dress, wedding dress. **véu de noiva** bridal veil.

noi.vo [n'ojvu] *sm* **1** fiancé: betrothed man. **2** bridegroom, groom, man who has just married or is about to be married. **3** **noivos** *pl*: a) engaged couple. b) newlyweds.

no.jo [n'oʒu] *sm* **1** nausea. **2** disgust, repugnance. **3** loathing. **causar / dar nojo** to sicken. **é de dar nojo** it is enough to make one sick. **sentir / ter nojo de** to feel sick about.

no.me [n'omi] *sm* **1** name. **2** reputation, fame, renown. **3** *Gram* noun or substantive. **bom nome** reputation. **chamar nomes** to call names. **dar nome a** to name. **dar nome aos bois** to call a spade a spade. **dar novo nome a** to rename. **nome completo** full name. **nome de batismo** christian name. **nome de família** family name. **nome de**

nomear 473 **novidade**

guerra a) pseudonym. b) alias. **nome de solteira** maiden name.

no.me.ar [nome'ar] *vt+vpr* **1** to name, give a name, denominate. **2** to call (by name), nominate. **3** to appoint, assign. **4 nomear-se** to entitle oneself. **nomear cavalheiro** to knight. **nomear um professor** to appoint a teacher.

no.ra [n'ɔrə] *sf* daughter-in-law.

nor.des.te [nord'ɛsti] *sm* **1** northeast. **2** northeaster (wind). **do / para o nordeste** northeastwardly.

no.ro.es.te [noro'ɛsti] *sm* northwest. **do / para o noroeste** northwestwardly.

nor.te [n'ɔrti] *sm* **1** north. **2** northern regions. • *adj* north. **do norte** northern, boreal. **em direção ao norte / para o norte** northwardly. **latitude norte** north latitude. **o ponto mais ao norte** northernmost. **perder o norte** *fig* to lose one's head.

nos [nus] *contr* da *prep* **em** e o *art masc pl* **os**: at the, in the, on the. • *pron pess* oblíquo da 1.ª pessoa *pl* (to) us, ourselves. *visitaram-nos* / they came to see us. • *pron* enclítico **os** após som nasal: them. *mandam-nos trabalhar* / they send them to work. **nos livros** in the books. **nos telhados** on the roofs.

nós [n'ɔs] *pron pess* **1** we. **2** us. *olhamos em redor de nós* / we looked about us. **entre nós** between us. **nós mesmos** (we) ourselves. **nós todos** all of us. **nós três** the three of us.

nos.so [n'ɔsu] *pron adj poss* our. • *pron poss* ours. *o tempo é nosso* / the time is ours. *ele é dos nossos* / he is a friend of ours. **os nossos** our relatives, our folks.

no.ta [n'ɔtə] *sf* **1** note, reminder. **2** distinctive mark or sign. **3** mark, grade, short informal letter. **4** diplomatic memorandum. **5** comment, explanation. **6** check, bill. **7** bank-note. **digno de nota** noteworthy. **nota falsa** counterfeit bill.

nota marginal side-note. **nota promissória** promissory note. **tomar nota** to (make) a note, commit to paper.

no.tar [not'ar] *vt* to note: a) notice, observe, remark. b) mind c) make a notice of, set down in writing. **precisamos notar que** we must have in mind that.

no.tá.vel [not'avew] *adj m+f* (*pl* **notáveis**) **1** noteworthy. **2** considerable, remarkable. **3** (socially) prominent, eminent. **um homem notável** a remarkable man.

no.tí.cia [not'isjə] *sf* **1** news, piece of news, information. **2** report, word. **agência de notícias** news agency. **conforme notícias** as per advice. **dar notícias (de, sobre)** to inform about. **mandou notícias** he sent word. **más notícias** bad news. **notícias alvissareiras** good news. **notícias comerciais** city news. **notícias de primeira mão** first-hand news. **notícias infundadas** false report.

no.ti.ci.ar [notisi'ar] *vt* **1** to announce. **2** to publish. **3** to report.

no.tur.no [not'urnu] *sm bras* night train or bus. • *adj* nocturnal, nightly. **escola noturna** night-school. **trabalho noturno** night-work. **vigília noturna** night-watch.

no.va.men.te [novam'ẽti] *adv* again, once more, over, over and again. **fazer tudo novamente** to do all over again. **tentar novamente** to try once more.

no.ve [n'ɔvi] *num+sm* nine.

no.ve.cen.tos [nɔves'ẽtus] *num+sm* nine hundred.

no.vem.bro [nov'ẽbru] *sm* November.

no.ven.ta [nov'ẽtə] *num+sm* ninety.

no.vi.da.de [novid'adi] *sf* **1** novelty. **2** news. **3** latest fashion. **sem novidade** in good order. **uma novidade** a piece of news.

no.vo [n'ovu] *adj* 1 young. 2 new, recent. 3 fresh. 4 original. 5 strange. 6 unused, not worn. 7 inexperienced. **começar de novo** to make a new start. **de novo** anew, over again, afresh. **em estado de novo** like new. **lua nova** new moon. **novo em folha** brand new. **que há de novo?** what's cooking? what is the news?

noz [n'ɔs] *sf* walnut. **casca de noz** nutshell.

nu [n'u] *sm Arte* nude. • *adj* 1 nude. 2 naked. 3 bare. 4 without ornaments, artless. **a olho nu** with the naked eye. **nu em pelo** stark-naked. **verdade nua e crua** the naked truth.

nu.bla.do [nubl'adu] *adj* 1 cloudy. 2 overcast.

nu.ca [n'ukə] *sf* nape.

nu.dez [nud'es] *sf* nakedness, nudity, bareness.

num(a) [n'ũ; n'umə] contraction of the preposition **em** and **um(a)**: at a (one), in a (one), on a (one). **num abrir e fechar de olhos** in two shakes of a duck's tail, in a twinkling. **numa parede** on a wall. **num baile** at a ball.

nú.me.ro [n'umeru] *sm* number: a) figure. b) quantity, amount. c) numeral. d) number of a show or vaudeville. e) size. **número atrasado (de revista, jornal etc.)** back number. **número cardinal** cardinal number. **número de ordem** reference number. **número ímpar** odd number. **número par** even number. **números arábicos** Arabic numerals. **números romanos** Roman numerals. **ordinal** ordinal (number). **sem número** countless, uncountable.

nun.ca [n'ũkə] *adv* never, at no time, ever. **mais do que nunca** more than ever. **nunca mais** never more. **quase nunca** hardly ever.

nu.trir [nutr'ir] *vt* 1 to nourish, feed. 2 to maintain, sustain. 3 to nurse, rear, bring up.

nu.vem [n'uvẽj] *sf (pl* **nuvens**) 1 cloud. 2 a good amount of smoke, gas or vapor. 3 *fig*: a) gloom, sadness. b) shadow, shade. c) multitude. • *adj bras* sly, cunning. **cair das nuvens** to be flabbergasted. **coberto de nuvens** overcast, cloudy. **ir às nuvens** *fig* to give vent, explode. **nuvem de andorinhas** flock of swallows. **nuvem de fumaça** cloud of smoke. **nuvens de neblina** streaks of mist.

O

O, o [ɔ] *sm* **1** the fourteenth letter of the alphabet. **2** zero, cipher. • *art masc* the. • *pron* **1** it, him, to him. *eu o avisei mas ele não me atendeu* / I warned him but he didn't care. **2** you, to you. *eu o preveni* / I warned you.

o.be.de.cer [obedes'er] *vt* **1** to obey. **2** to execute, comply with (order, request). **3** to subordinate, submit. **obedecer cegamente** to obey blindly.

o.be.di.ên.cia [obedi'ẽsjə] *sf* **1** obedience, compliance, submissiveness. **2** allegiance.

ob.je.tar [obʒet'ar] *vt* **1** to object, oppose. **2** to disapprove.

ob.je.ti.vo [obʒet'ivu] *sm* **1** objective, end, aim. **2** purpose, intent. • *adj* objective. **sem objetivo** aimlessly.

ob.je.to [obʒ'ɛtu] *sm* **1** object, concrete thing. **2** *Gram* word toward which the action of the verb is directed. **3** motive. **4** intention, purpose. **objeto de estimação** a prized possession. **objeto direto/indireto** *Gram* direct/indirect object. **objetos perdidos** lost property.

o.bra ['ɔbrə] *sf* **1** work, workmanship, job. **2** handiwork. **3** opus: literary or musical composition. **4** painting, artistic creation. **5** production, treatise. **as obras de Deus** the works of God. **fé e boas obras** faith and works. **mãos à obra!** let's get to work! **obra de arte** work of art. **obra de cantaria** stonework. **obra de caridade** charity. **obra de consulta** reference book. **obras póstumas** *Lit* remains. **obras públicas** public works.

o.bri.ga.ção [obrigas'ãw] *sf* (*pl* **obrigações**) **1** obligation, duty. **2** charge, responsibility. **3** indebtedness. **estar sob a obrigação de** to be under obligation to. **primeiro a obrigação, depois a devoção** duty before pleasure. **ter a obrigação de** to be obliged to.

o.bri.ga.do [obrig'adu] *adj* **1** obliged, compelled. **2** obligatory. **3** bound (in duty). **4** necessary, inevitable. • *interj* thanks!, thank you! **muito obrigado!** many thanks!, thank you very much! **não, obrigado!** no, thank you! **sou obrigado a** I am under the necessity of.

o.bri.gar [obrig'ar] *vt+vpr* **1** to oblige. **2** to put under an obligation. **3** to force, impose. **4** to compel, constrain. **5** to render grateful. **6 obrigar-se** to assume an obligation. **obrigar alguém ao cumprimento de uma promessa** to pin someone down to his promise.

ob.ser.va.ção [observas'ãw] *sf* (*pl* **observações**) **1** remark, comment. **2** note. **3** study, examination, investigation. **estar sob observação** to be under observation.

ob.ser.var [observ'ar] *vt+vpr* **1** to observe,

watch, look at. **2** to notice, perceive. **3** to obey, comply, follow (a rule). **4** to remark, advise. **5 observar-se** to observe oneself. **observar a criança** to keep an eye on the child.

obs.tá.cu.lo [obst'akulu] *sm* **1** obstacle, hindrance, obstruction. **2** inconvenience, drawback. **3** *Esp* hurdle: a portable barrier over which runners jump. **corrida de obstáculos** obstacle race. **passar sobre um obstáculo** *fig* to hurdle. **sem obstáculo** unopposed.

obs.tan.te [obst'ãti] *adj m+f* hindering, obstructive, impeding. **não obstante 1** in spite of, despite. **2** however, notwithstanding. **não obstante isso** despite all that.

obs.tru.ir [obstru'ir] *vt+vpr* **1** to obstruct, block up. **2** to clog. **3** to hinder, embarrass. **obstruir uma passagem** to obstruct a passage.

ob.ter [obt'er] *vt* **1** to obtain, gain, win, achieve. **2** to get. **3** to acquire, buy, purchase. **obter fiança** to find bail. **obter informações** to get information. **obter por força** to obtain by force, compel. **obter um emprego** to get a job.

ób.vio ['ɔbvju] *adj* obvious, plain, evident, unmistakable.

o.ca.si.ão [okazi'ãw] *sf* (*pl* **ocasiões**) **1** occasion, opportunity. **2** motive, cause, reason. **3** time at one's disposal, spare time. **4** instance, circumstances. **aproveitar a ocasião favorável** to strike while the iron is hot. **deixar escapar uma ocasião** to slip a fair opportunity. **em outra ocasião** another time. **na ocasião oportuna** in due time. **negócio de ocasião** bargain. **os amigos conhecem-se nas ocasiões de necessidade** a friend in need is a friend indeed. **por ocasião de** on the occasion of.

o.ce.a.no [ose'ʌnu] *sm* **1** ocean, sea. **2** high seas. **3** *fig* imensity, great deal. **ele é um oceano de virtudes** he is a paragon of virtues. **Oceano Antártico, Ártico, Atlântico, Índico, Pacífico** Antartic, Artic, Atlantic, Indian, Pacific Ocean.

o.ci.den.te [osid'ẽti] *sm* occident, west, the Western Hemisphere. **o Ocidente** the West.

o.co ['oku] *sm* (*pl* **ocos**) *bras* hollow. • *adj* **1** hollow, empty, void. **2** *fig* futile, vain, insignificant, trivial. **oco do mundo** *bras* faraway place.

o.cor.rer [okoʀ'er] *vt+vint* **1** to occur. **2** to happen, take place.

o.cu.lis.ta [okul'ista] *s m+f* **1** eye specialist, ophtalmologist. **2** optician: person who makes or sells optical glasses or instruments.

ó.cu.lo ['ɔkulu] *sm* **1** spyglass, telescope. **2** circular or eyed window, with or without glass. **3 óculos** spectacles, glasses. **óculo de alcance** spyglass, telescope. **óculos de esqui** skiing goggles. **óculos de proteção** goggles. **óculos de sol** sun-glasses.

o.cul.tar [okuwt'ar] *vt+vpr* **1** to hide. **2** to conceal. **3 ocultar-se** to hide oneself. **ocultar a verdade** to hold back the truth.

o.cu.par [okup'ar] *vt+vpr* to occupy: a) possess, take possession of. b) live in, inhabit. c) take up. d) invade, encroach upon. e) hold, be incumbent. f) **ocupar-se** to devote oneself to, busy oneself with. **ocupar lugar de destaque** to rank high. **ocupar-se com alguma coisa** to occupy oneself with something. **os soldados ocuparam as ruas** the soldiers lined the streets.

o.di.ar [odi'ar] *vt+vpr* to hate, detest.

ó.dio ['ɔdju] *sm* hatred, hate. **ódio enraigado** inveterate hatred, riveted hatred. **reanimar o ódio** *fig* to blow the coals.

o.dor [od'or] *sm* smell, odor, aroma.

o.es.te [o'ɛsti] *sm* west, occident. • *adj m+f* **1** west, western, westerly. **2**

ofegar blowing from the west (wind). **a oeste de** to the west of. **mais para o oeste** further west. **para o oeste** westwards.

o.fe.gar [ofeg'ar] *vint* to pant, puff, gasp.

o.fen.der [ofẽd'er] *vt+vpr* **1** to offend, insult, hurt. **2 ofender-se** to resent, feel hurt, take offence.

o.fe.re.cer [oferes'er] *vt+vpr* **1** to offer, tender, give. **2 oferecer-se** to volunteer. **oferecer resistência** to stand against.

o.fer.ta [of'ɛrtɐ] *sf* **1** offer(ing). **2** donation, gift, present. **3** tender, bid. **4** *fig* bargain, deal. **em oferta** on sale. **fazer uma oferta para** to make a tender for. **oferta e procura** *Com* supply and demand.

o.fi.ci.al [ofisi'aw] *sm (pl* **oficiais)** **1** *Mil* officer. **2** a skilled workman. **3** craftsman. **4** official (person who holds an office). • *adj m+f* **1** official. **2** authorized, authoritative. **3** solemn, important. **hora oficial** standard time.

o.fi.ci.na [ofis'inɐ] *sf* workshop, shop. **oficina autorizada** agent's garage, dealer's garage. **oficina de conserto** repair shop. **oficina de encadernação** bookbinder's workshop. **oficina de marceneiro** joiner's. **oficina de vidraceiro** glazier's. **oficina mecânica** garage.

o.fus.car [ofusk'ar] *vt+vint* **1** to obfuscate. **2** to cloud. **3** to dazzle. **4** *fig* to confuse, bewilder.

oh ['ɔ] *interj* o!, oh!, ay (my)!, ah!

oi ['oj] *interj* hallo!, hello!, hoy!, hi!

oi.ten.ta [ojt'ẽtɐ] *num+sm* eighty. **é oito ou oitenta** it's all or nothing. **oitenta vezes** eightyfold.

oi.to ['ojtu] *num+sm* eight. **oito vezes** eightfold.

oi.to.cen.tos [ojtos'ẽtus] *num+sm* eight hundred.

o.lá [ol'a] *interj* hallo!, hi!, hoy!, hey!, hello! **olá você!** you there!

o.la.ri.a [olar'iɐ] *sf* **1** pottery. **2** brickyard, brick factory. **3** tilery. **forno de olaria** circular kiln, brickkiln.

ó.leo ['ɔlju] *sm* **1** oil. **2** *Pint* oil painting. **fábrica de óleo** oil mill. **filtro de óleo** oil filter. **óleo aromático** essence. **óleo bruto** ou **cru** crude, crude oil. **óleo de amendoim** peanut oil. **óleo de caroço de algodão** cottonseed oil. **óleo de coco** coconut oil. **óleo de dendê** palm oil. **óleo de fígado de bacalhau** cod-liver oil. **óleo de lavanda** lavender oil. **óleo de linhaça** linseed oil. **óleo de oliva** olive oil. **óleo de rícino / óleo de mamona** castor oil. **óleo de soja** soybean oil. **óleo diesel** diesel oil. **óleo lubrificante** lubricating oil. **reservatório de óleo** oil chamber, oil tank. **tinta a óleo** oil colo(u)r, oil paint.

ol.fa.to [owf'atu] *sm* the sense of smell.

o.lha.da [oʎ'adɐ] *sf* look, glance. **dar uma olhada em** to glance at.

o.lhar [oʎ'ar] *sm* **1** look, glance, regard. **2** expression of the eyes (or face), countenance, mien. • *vt+vint+vpr* **1** to look, eye, stare at, gaze. **2** to consider. **3** to care for, protect, look after. **4 olhar--se** to look at oneself (in the mirror) or at each other. **olhar alguém de frente** to look someone in the eye. **olhar através** to look through. **olhar de superioridade** to look down on. **olhar fixo** to stare. **olhar pelo rabo do olho** to glance sideways at. **olhar por si** to look out for oneself.

o.lho ['oʎu] *sm (pl* **olhos)** **1** eye, vision. **2** eyesight. **3** sight, view, look. **a olho nu** with naked eye. **a olhos vistos** visibly, plainly, obviously. **arregalar os olhos** to open wide one's eyes, stare. **de olhos abertos (fechados)** with the eyes open (shut). **ficar de olho em** to keep an eye on. **longe dos olhos, longe do coração** out of sight, out of mind. **menina dos olhos** *fig* the apple of one's eye, darling. **não pregar o olho** not to

oliva 478 **operação**

sleep a wink. **num abrir e fechar de olhos** in the twinkling of an eye. **olho mágico** peephole to identify would-be visitors. **olho por olho** tit for tat, an eye for an eye. **ter o olho maior do que a barriga** to bite off more than one can chew. **ter olho gordo / ter olho grande** be envious. **ver com bons olhos** to accept, be in favor.

o.li.va [ol'ivə] *sf* 1 olive. 2 olive tree. **óleo de oliva** olive oil.

o.li.vei.ra [oliv'ejrə] *sf* olive tree. **ramo de oliveira** olive branch.

om.bro ['õbru] *sm* 1 shoulder. 2 *fig* robustness, strength, diligence, effort. **de ombros largos** square-built (person). **encolher os ombros / levantar os ombros** (também *fig*) to shrug one's shoulders. **ombro a ombro** side by side.

o.me.le.te [omel'ɛti] *sf* omelet.

o.mis.são [omis'ãw] *sf (pl* **omissões**) omission, neglect, oversight, negligence.

o.mis.so [om'isu] *adj* neglectful, careless, remiss.

o.mi.tir [omit'ir] *vt+vpr* 1 to omit, overlook, neglect. 2 to fail. 3 **omitir-se** to be omissive.

on.ça ['õsə] *sf* 1 *Zool* jaguar. 2 *fig* someone with a fiery temper. 3 *fig* very strong and courageous man, daredevil. • *adj* courageous, bold, daring. **amigo da onça** *bras* a false friend. **do tempo da onça** very old, old-fashioned, from way back. **ficar uma onça / virar onça** *bras* to become very angry.

on.da ['õdə] *sf* 1 wave: a) swell of water, roughness of the sea. b) *Fís, Rád* vibration, oscillation. 2 *fig* agitation, tumult, confusion. 3 *bras, gír* simulation, feigning. **ao sabor das ondas** adrift. **estar na crista da onda** *bras, gír* to be a hit, be a success. **fazer onda** to make a fuss, cause a tumult. **ir na onda** to be cheated, be taken in. **onda de choque** shock wave. **ondas ultracurtas** ultra-short waves.

on.de [õdi] *adv* where. • *pron* wherein, in which. **onde quer que seja** no matter where, wherever. **para onde?** wherever. **por onde?** which way?

on.du.la.ção [õdulas'ãw] *sf (pl* **ondulações**) 1 undulation, fluctuation, waving. 2 vibration.

on.du.la.do [õdul'adu] *adj* 1 wavy. 2 corrugated. **cabelo ondulado** wavy hair.

ô.ni.bus ['onibus] *sm sing+pl* omnibus, bus. **ônibus de dois andares** double-deck bus, double-decker. **ônibus elétrico** trolleybus. **ônibus rodoviário** coach, motor coach. **ponto de ônibus** bus stop. **tomar / perder o ônibus** to catch, to miss the bus.

on.tem ['õtej] *sm* yesterday. • *adv* yesterday: on the day before today. **antes de ontem** the day before yesterday. **ontem à noite** last night. **ontem à tarde** yesterday afternoon. **ontem de manhã** yesterday morning.

ô.nus ['onus] *sm sing+pl* 1 onus, burden, charge. 2 obligation, responsibility. **ônus da prova** *Jur* burden of proof.

on.ze ['õzi] *num+sm* eleven.

o.pa.co [op'aku] *adj* 1 opaque: a) not transparent. b) difficult to understand. 2 matt, matte, dull rather than shiny.

op.ção [ops'ãw] *sf (pl* **opções**) option, choice. **opção de ações** *Econ* share option. **opção de compra** call. **opção de venda futura** option forward.

o.pe.ra.ção [operas'ãw] *sf (pl* **operações**) operation: a) act or fact of operating, working. b) surgical procedure on a patient's body. c) *Mat* the process of adding, dividing etc. d) *Com* business transaction. **mesa de operações** operating table. **operação cesariana** *Cir* caesarean operation. **sala de operações** operation room,

operar   479   **ordinário**

operating theater. **submeter-se a uma operação** to undergo an operation.

o.pe.rar [oper'ar] *vt+vint* **1** to produce, work, function. **2** to operate on, perform a surgical operation.

o.pe.rá.rio [oper'arju] *sm* worker, workman, labourer, factory-hand. **operário especializado** skilled workman. **operário metalúrgico** metalworker. **sindicato operário** trade union, *amer* labor union.

o.pi.nar [opin'ar] *vint+vt* **1** to judge, deem. **2** to think, consider, suppose. **3** to vote, give or express an opinion about.

o.pi.ni.ão [opini'ãw] *sf (pl* **opiniões)** opinion, view, judg(e)ment. **de acordo com a opinião geral** by all accounts. **mudar de opinião** to sway, change one's mind. **opinião pública** public opinion. **pesquisa de opinião** opinion poll. **ser da mesma opinião** to be of the same mind. **uma questão de opinião** a matter of opinion.

o.por [op'or] *vt+vpr* **1** to oppose. **2** to make a stand, contradict, refuse. **3** to object to, offer resistance. **4 opor-se** to be against, be opposed to.

o.por.tu.ni.da.de [oportunid'adi] *sf* **1** opportunity. **2** chance. **aproveitar a oportunidade** to take an opportunity. **na primeira oportunidade** at the first opportunity. **perder a oportunidade** to miss the opportunity. **uma boa oportunidade** a lucky chance.

o.po.si.ção [opozis'ãw] *sf (pl* **oposições)** opposition. **em oposição a** in opposition to, against. **encontrar oposição** to meet with opposition. **o líder da oposição** the leader of the opposition.

o.po.si.tor [opozit'or] *sm* opponent, opposer, antagonist. • *adj* opposing, opponent.

o.pres.são [opres'ãw] *sf (pl* **opressões)** **1** oppression, **2** tyranny, cruelty.

op.tar [opt'ar] *vt+vint* to opt, choose, make a choice, decide for.

o.ra.ção [oras'ãw] *sf (pl* **orações)** **1** *Rel* prayer. **2** oration, formal speech or discourse. **3** *Gram* clause, sentence, proposition.

o.ral [or'aw] *adj m+f (pl* **orais)** oral: **1** of or pertaining to the mouth. **2** spoken, by word of mouth, verbal, vocal. **exame oral** oral examination.

o.rar [or'ar] *vint+vt* to pray.

ór.bi.ta ['ɔrbita] *sf* **1** orbit: a) *Astr* the path of a heavenly body. b) *Anat, Zool* the bony cavity of the eye, eye socket. **2** *fig* range or sphere of action, scope. **ficar fora de órbita** *bras, coloq* to be insane, be out of one's wits.

or.ça.men.to [orsam'ẽtu] *sm* **1** budget. **2** cost estimate. **fazer um orçamento** to draw up an estimate.

or.dem ['ɔrdẽj] *sf (pl* **ordens)** order: a) disposition, regularity, method. b) tidiness, neatness. c) rule, law. d) rank, grade, category. e) direction. f) religious order, brotherhood. **às ordens de** under the order of, at the disposal of. **às suas ordens** at your service. **chamar à ordem** to call to order. **dar ordens** to lay down the law. **de primeira ordem** first-rate, top quality. **em perfeita ordem** in due order, shipshape. **fora de ordem** out of order, untidy. **manter em ordem** to keep in order. **ordem de despejo** *Jur* eviction notice. **ordem de pagamento** money order. **pôr em ordem** to put (or set) to right.

or.de.na.do [orden'adu] *sm* salary, wages. • *adj* orderly: a) in good shape or order. b) methodical, systematical. c) *Ecles* ordained.

or.de.nar [orden'ar] *vt+vpr* **1** to order: a) to put in good order or shape, organize. b) to rule, command. **2 ordenar-se** to take (holy) orders.

or.di.ná.rio [ordin'arju] *adj* **1** ordinary:

a) usual, common, everyday. b) regular, normal. **2** bad, of poor quality. **3** impolite, gross. **de ordinário** usually.

o.re.lha [orˈeλɐ] *sf Anat* ear: a) the organ of hearing. b) the external ear. **estar com a pulga atrás da orelha** to smell a rat. **orelha de um livro** flap (of a dust jacket). **texto da orelha** *Art Gráf* blurb.

or.fa.na.to [orfanˈatu] *sm* orphanage.

ór.fão [ˈɔrfãw] *sm* (*pl* **órfãos**, *fem* **órfã**) orphan. • *adj* orphan. **órfão de pai/mãe** fatherless/motherless.

or.ga.nis.mo [organˈizmu] *sm* **1** organism. **2** *Polit* social, political or administrative entity, organization.

or.ga.ni.za.ção [organizasˈãw] *sf* (*pl* **organizações**) **1** organization: a) act of organizing. b) the state of being organized, arrangement, order. c) organism. d) organic structure. **2** *fig* institution.

or.ga.ni.zar [organizˈar] *vt+vpr* **1** to organize, organise: a) to give organic structure to. b) to arrange, put in order, dispose. **2 organizar-se** a) to assume organic structure. b) to get organized. **organizar uma festa** to promote a party.

ór.gão [ˈɔrgãw] *sm* (*pl* **órgãos**) organ: a) *Mús* pipe organ. b) any part of an organism. c) instrument, means. **órgãos genitais** private parts, genitals. **órgãos internos** *Anat* internal organs. **os órgãos visuais** the organs of vision.

or.gu.lhar [orguλˈar] *vt+vpr* **1** to make someone, something proud of, boast. **2 orgulhar-se** to pride oneself on, be proud (of). b) to boast.

or.gu.lho [orgˈuλu] *sm* **1** pride. **2** vanity, conceit. **3** arrogance.

or.gu.lho.so [orguλˈozu] *sm* a proud person. • *adj* **1** proud. **2** conceited.

o.ri.en.ta.ção [orjẽtasˈãw] *sf* (*pl* **orientações**) **1** orientation: act of orientating. **2** *fig* direction, course. **3** guidance, beacon. **orientação educacional** educational guidance. **orientação vocacional** professional guidance. **para sua orientação** for your information, for your guidance.

o.ri.en.tar [orjẽtˈar] *vt+vint+vpr* **1** to guide, direct, give directions to. **2 orientar-se** a) to find one's way, get one's bearings. b) to orient oneself.

o.ri.en.te [oriˈẽti] *sm* **1** orient, east. **2 Oriente** the Orient, the eastern countries (Asia). **o Extremo Oriente** the Far East. **o Oriente Médio** the Middle East. **o Oriente Próximo** the Near East.

o.ri.fí.cio [orifˈisju] *sm* orifice, opening, hole.

o.ri.gem [orˈiʒẽj] *sf* (*pl* **origens**) origin: a) source, provenance. b) ancestry, ascendance, roots. c) cause, reason.

o.ri.gi.nar [oriʒinˈar] *vt+vpr* **1** to originate, cause, bring about. **2 originar-se** to arise, stem, emerge (from).

or.ques.tra [orkˈɛstra] *sf Mús, Teat* orchestra. **fosso da orquestra** orchestra pit. **orquestra de câmara** chamber orchestra. **orquestra sinfônica** symphony orchestra.

or.quí.dea [orkˈidjə] *sf Bot* orchid.

or.to.gra.fi.a [ortografˈiə] *sf Gram* orthography: correct spelling. **erro de ortografia** misspelling.

or.va.lho [orvˈaλu] *sm* dew.

os.ci.lar [osilˈar] *vint+vt* **1** to oscillate: a) to swing, sway. b) to move back and forward. **2** *fig* to hesitate. **3** to rock, see-saw.

os.so [ˈosu] *sm* **1** *Anat* bone. **2** *fig* difficulty, nut. **carne sem osso** *fig* profit without pain. **em carne e osso** in flesh and bone, in person. **estar molhado até os ossos** to be soaked, drenched. **ossos do ofício** the seamy side of a job. **roer os ossos** to get a raw deal. **ser pele e osso** to be nothing but skin and bones.

os.ten.tar [ostẽtˈar] *vt+vint+vpr* **1** to

os.tra [´ɔstrə] *sf Zool* oyster.

o.tá.rio [ot´arju] *sm bras, gír* sucker, idiot, dupe, foolish fellow. • *adj* credulous, gullible.

o.ti.mis.ta [otim´istə] *s m+f* optimist. • *adj* optimistic(al), hopeful, confident.

ó.ti.mo [´ɔtimu] *adj (sup abs sint de bom)* **1** excellent, very good. **2** grand. **3** fine. • *interj* fine!, excellent!, swell!

ou [´ow] *conj* or, either. **ou então** or else. **ou seja** in other words. **ou você ou ele** either you or he.

ou.ro [´owru] *sm* **1** gold. **2** *pop* wealth, riches, money. **3** ouros diamond (cards). **a preço de ouro** at a very high price. **mina de ouro** gold mine. **nadar em ouro** to roll in money. **naipe de ouros** suit of diamonds (cards).

ou.sa.do [owz´adu] *adj* **1** bold, audacious. **2** daring. **3** insolent, impudent.

ou.sar [owz´ar] *vt+vint* **1** to dare. **2** to risk, attempt. **3** to have the courage or audacity for, have the nerve or cheek to.

out.door [´awtdɔr] *sm ingl amer* billboard, *brit* hoarding: a large panel designed to carry outdoor advertising.

ou.to.no [owt´onu] *sm* **1** autumn, fall. **2** *fig* decline of human life.

ou.tro [´owtru] *adj* **1** other, another, different, not the same. **2** following, next after, second. • *pron* **1** other, another. **2 outros** others, other people. **de um ou outro modo** some way or other. **em outra ocasião** then, at another time. **em outra parte** somewhere else. **nem um nem outro** neither one nor the other. **o outro mundo** the beyond, the other world. **ou por outra** otherwise, this means, that is to say. **outro qualquer** any other. **outro tanto** twice as much. **um e outro** both. **uns e outros** all of them.

ou.tu.bro [owt´ubru] *sm* October: the tenth month of the year.

ou.vi.do [owv´idu] *sm* **1** audition, the sense of hearing. **2** *Anat* ear. **ao pé do ouvido** in whispers. **dar ouvidos a** to believe in, listen to. **de ouvido** by ear. **dor de ouvido** earache.

ou.vin.te [owv´ĩti] *s m+f* **1** listener. **2** unregistered student.

ou.vir [owv´ir] *vt+vint* **1** to hear, listen (to). **2** to pay attention to, attend to, heed. **3** to understand, perceive (by hearing). **por ouvir dizer** by hearsay.

o.val [ov´aw] *adj m+f (pl ovais)* oval, egg-shaped, oviform.

o.ve.lha [ov´eʎa] *sf* **1** *Zool* ewe (female), sheep. **2** *fig* member of a spiritual flock. **a ovelha negra da família** the black sheep of the family.

o.vo [´ovu] *sm* ovum, egg, a cell formed in the ovary. **a clara do ovo** the white of the egg. **a gema do ovo** the yolk of the egg. **batedor de ovos** egg beater. **estar de ovo virado** *bras, coloq* to be in bad temper. **ovo de Páscoa** Easter egg. **ovo fresco** new-laid egg. **ovos caipiras** free range eggs. **ovos de granja** battery eggs. **ovos escaldados** poached eggs. **ovos estrelados** fried eggs. **ovos mexidos** scrambled eggs. **ovos quentes** soft-boiled eggs.

o.xi.dar [oksid´ar] *vt+vpr* **1** to oxidize, oxidate, combine (a substance) with oxygen. **2 oxidar-se** to cause the oxidation of, rust, make or become rusty.

o.xi.gê.nio [oksiʒ´enju] *sm Quím* oxygen. **aparelho de oxigênio** oxygen apparatus, resuscitator. **máscara de oxigênio** oxygen mask.

o.xí.to.no [oks´itonu] *sm Gram adj* oxytone: having the acute accent on the last syllable.

p

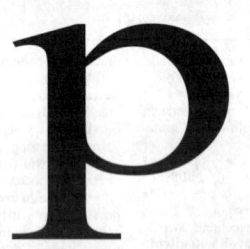

P, p [p'e] *sm* **1** the fifteenth letter of the alphabet. **2** *abrev* a) **padre** (priest). b) *Mús* **piano** (piano). c) **pp: próximo passado** (immediately precedent, *Com* last month). d) *Quím* symbol of phosphorus.

pá [p'a] *sf* **1** spade, shovel, scoop. **2** shoulder of an ox or lamb. **3** *bras, gír* a great quantity. **da pá virada** *bras brash*, hotheaded. **pá de lixo** dustpan. **pôr uma pá de cal** to put an end to the matter. **uma pá de livros** a great deal of books.

pa.ci.ên.cia [pasi'ēsjə] *sf* patience: a) state or quality of being patient. b) forbearance. c) name of several card games (usually a form of solitaire). • *interj* easy!, take it easy!, calm down! **paciência de Jó** Job's patience. **perder a paciência** to lose one's temper.

pa.ci.en.te [pasi'ēti] *s m+f* patient: a) a person under treatment. b) *Gram* the object or recipient of an action. • *adj m+f* patient: a) resigned. b) persevering. c) forbearing.

pa.cí.fi.co [pas'ifiku] *adj* conciliatory, peaceful, calm. **Oceano Pacífico** Pacific Ocean.

pa.co.te [pak'oti] *sm* **1** package, packet, pack, parcel, bundle. **2** *bras* a great quantity of merchandise dealt on the whole. **3** *bras* a series of decrees signed all at one time. **fazer pacotes** to pack. **pacote turístico** package tour.

pac.to [p'aktu] *sm* pact, agreement, alliance. **pacto de morte** suicide pact. **ter pacto com o diabo** to have the devil's own luck.

pa.da.ri.a [padari'ə] *sf* bakery.

pa.dei.ro [pad'ejru] *sm* baker.

pa.drão [padr'ãw] *sm* (*pl* **padrões**) **1** standard: rule of measure and weight, gauge. **2** model, pattern. **3** a decorative design. **padrão de vida** standard of living. **padrão ouro** gold standard, gold currency.

pa.dras.to [padr'astu] *sm* (*fem* **madrasta**) stepfather.

pa.dre [p'adri] *sm* priest. **o Santo Padre** the Holy Father.

pa.dri.nho [padr'iɲu] *sm* (*fem* **madrinha**) **1** *Ecles* godfather. **2** best man (at a wedding). **3** *fig* protector.

pa.ga.men.to [pagam'ẽtu] *sm* pay (the money you get as your wages or salary), payment (a sum of money paid). **condições de pagamento** terms of payment. **dia de pagamento** pay-day. **envelope de pagamento** pay-packet. **folha de pagamento** payroll. **pagamento adiantado** payment in advance. **pagamento à vista** payment in cash. **pagamento em prestações** payment by instalments.

pa.gar [pag'ar] *vt* **1** to pay: a) to make a

payment. b) to compensate. **2** to expiate, atone for. **pagar adiantado** to pay in advance, prepay. **pagar as dívidas** to pay one's debts, quit scores. **pagar à vista** to pay cash. **pagar o bem com o mal** to render good for evil. **pagar o pato** to pay the piper.

pá.gi.na [pa'ʒinə] *sf* page: one side of a leaf of a book, manuscript etc. **na página 9** at page 9. **página em branco** (também *fig*) blank page. **página virada** a bygone person, thing or fact.

pai [p'aj] *sm (fem* **mãe)** **1** father. **2 pais** parents, mom and dad. **como um pai** fatherly. **o Pai Nosso** the Lord's Prayer. **pai de família** family man. **sem pai** fatherless. **tal pai, tal filho** like father, like son.

pai.nel [pajn'ɛl] *sm (pl* **painéis)** panel: a) framed picture, painting. b) pane. **painel de instrumentos** *Aeron* instrument panel, dashboard.

pai.ol [paj'ɔw] *sm (pl* **paióis) 1** *Mil* a magazine for military stores. **2** storehouse, barn.

pais [p'ajs] *sm pl* **1** parents (father and mother). **2** ancestors.

pa.ís [pa'is] *sm (pl* **países)** country: a) nation, land. b) fatherland. **em todo o país** all over the country.

pai.sa.gem [pajz'aʒēj] *sf (pl* **paisagens)** landscape. **paisagem marinha** seascape, waterscape.

pai.xão [paj∫'ãw] *sf (pl* **paixões)** passion: a) love, ardent affection, infatuation. b) strong feeling (as hate, love, joy). c) martyrdom, suffering, affliction. **Paixão de Cristo** the suffering of Christ. **Semana da Paixão** Passion Week. **Sexta-Feira da Paixão** Good Friday.

pa.lá.cio [pal'asju] *sm* palace: a) a stately house. b) a large public building, edifice. **palácio da justiça** courthouse.

pa.la.dar [palad'ar] *sm* **1** palate. **2** sense of taste. **3** taste, flavor, savor. **de paladar agradável** toothsome, tasty, appetizing. **paladar refinado** a discerning palate.

pa.la.vra [pal'avrə] *sf* **1** word: a) what is said or written. b) promise, warrant, declaration. **2** permission to talk. **a bom entendedor meia palavra basta** a word to the wise is sufficient. **cortar a palavra a alguém** to interrupt someone. **dar a palavra** to give one's word. **em outras palavras** in other words. **em poucas palavras** in a few words, in short. **faltar com a palavra** to break one's word. **homem de palavra** a man of his word. **jogo de palavras** a) wordplay. b) wordgame. **manter a sua palavra** to keep one's word. **Palavra de Deus** the Word of God, the Gospel. **palavra empenhada** pledged word. **palavra por palavra** word for word, literally. **palavras cruzadas** crossword puzzle.

pa.la.vra-cha.ve [palavraʃ'avi] *sf* keyword.

pal.co [p'awku] *sm* the stage: a) *fig* scenary of an event. b) *fig* the theatre.

pa.ler.ma [pal'ɛrmə] *s m+f* idiot, fool, imbecile. • *adj m+f* foolish, idiotic, stupid.

pa.le.tó [palet'ɔ] *sm* *bras* a man's coat, jacket.

pa.lha [p'aʎə] *sf* straw. **chapéu de palha** straw hat. **não mexer uma palha** *bras* to be lazy. **palha de aço** steel wool.

pa.lha.ça.da [paʎas'adə] *sf* **1** buffoonery, clowning. **2** slapstick comedy. **fazer palhaçada** to play the fool.

pa.lha.ço [paʎ'asu] *sm* **1** buffoon, clown, jester. **2** *fig* funny person.

pa.lho.ça [paʎ'ɔsə] *sf* thatched hut.

pá.li.do [p'alidu] *adj* **1** pale, wan. **2** faint. **cara pálida** pale face. **ficar pálido** to go pale.

pa.li.to [pal'itu] *sm* **1** toothpick. **2** *pop* a match. **3** *gír* a very thin person. **jogar com palitos** to draw cuts.

pal.ma.da [pawm'adə] *sf* slap, cuff, smack.

pal.mei.ra [pawm'ejrə] *sf Bot* palm tree: any tree of the family Arecaceae.

pal.mi.to [pawm'itu] *sm* heart of palm.

pal.mo [p'awmu] *sm* **1** span (of the hand). **2** palm: a lineal measure. **palmo a palmo** inch by inch, foot by foot. **palmo de terra** a small extension of land.

pál.pe.bra [p'awpebrə] *sf Anat* eyelid.

pal.pi.tar [pawpit'ar] *vt+vint* **1** to palpitate: a) to beat rapidly, pulsate. b) to flutter, throb, quiver. **2** to give suggestions.

pal.pi.te [pawp'iti] *sm* **1** suggestion. **2** tip (as at horse racing). **3** presentiment, suspicion. **palpite bom** hot tip.

pan.ça [p'ãsə] *sf* **1** *Zool* rumen: the first stomach of ruminants. **2** *pop* paunch, belly, potbelly.

pan.ca.da [pãk'adə] *sf* **1** blow, knock, bang, hit. **2** shock, collision, impact. **3** *masc bras* crazy, lunatic person. • *adj m+f bras* crazy, nuts. **pancada de água** a sudden and strong rain.

pan.de.mô.nio [pãdem'onju] *sm* pandemonium: a wild uproar, tumult.

pa.ne.la [pan'ɛlə] *sf* **1** pot, pan for kitchen use. **2** *bras* the underground nest of ants. **3** *fig* any kind of closed group. **panela de pressão** pressure cooker.

pan.ga.ré [pãgar'ɛ] *sm bras* a bad, worthless horse. • *adj m+f* said of such a horse.

pâ.ni.co [p'ʌniku] *sm* panic: sudden and unreasonable fear, terror, sudden alarm. • *adj* panic: of, pertaining to or resulting from a panic or fear. **em pânico** panic-driven, panic-stricken.

pa.ni.fi.ca.do.ra [panifikad'orə] *sf bras* bakery.

pa.no [p'ʌnu] *sm* **1** cloth: a) a general word for any woven fabric of wool, silk, cotton, linen. b) cover (of cloth). **2** *Náut* sail. **3** fabric, material. **4** *Teat* curtain. **fecha-se o pano** the scene closes. **pano cru** unbleached cloth. **pano de boca** stage curtain. **pano de cozinha** dishcloth. **pano de mesa** tablecloth, tablecover. **panos quentes** *fig* mollifications, silencings. **por baixo do pano** in a hidden way, disguisedly.

pan.que.ca [pãk'ɛkə] *sf bras* pancake: a thin batter cake fried in a pan, a griddle cake.

pan.ta.nal [pãtan'aw] *sm* (*pl* **pantanais**) **1** swampland. **2** *bras* the lowlands of the states of Mato Grosso (MT) and Mato Grosso do Sul (MS).

pân.ta.no [p'ãtanu] *sm* swamp, marsh, bog, morass, quagmire.

pan.te.ra [pãt'ɛrə] *sf* **1** *Zool* panther. **2** *bras, fig* a very beautiful and attractive woman.

pão [p'ãw] *sm* (*pl* **pães**) **1** bread. **2** food in general, sustenance. **3** loaf. **4** Host, the consecrated wafer. **5** *bras, gír, obsol* a handsome man or a pretty woman. **comer o pão que o diabo amassou** to undergo difficulties and problems. **ganhar o pão** to earn a living. **miolo de pão** bread crumb. **pão amanhecido** stale bread. **pão caseiro** home-made bread. **pão com manteiga** bread and butter. **pão de forma** sandwich loaf. **pão de ló** sponge-cake. **pão integral** whole bread.

pão-du.ro [pãwd'uru] *sm* (*pl* **pães-duros**) *bras, coloq* niggard, miser, stingy person.

pa.pa[1] [p'apə] *sm* the Pope.

pa.pa[2] [p'apə] *sf* pap: a) any soft food for babies, mush. b) any solid substance converted into paste. **não ter papas na língua** to be outspoken.

pa.pa.gai.o [papag'aju] *sm* **1** parrot. **2** paper kite. • *interj bras, pop* indicating a strong surprise or amazement, heavens!, good heavens! **falar como um papagaio** to chatter like a parrot.

pa.pai [pa'paj] *sm coloq* papa, dad(dy), father, pappy. **Papai Noel** Santa Claus.

pa.pel [pap'ɛw] *sm* (*pl* **papéis**) **1** paper. **2** *Teat* role, rôle. **3** paper money. **4** a written sheet of paper. **5** function, role. **6 papéis** documents. **desempenhar o papel de** to play the part of. **fazer papel de bobo** to play the fool. **folha de papel** a sheet of paper. **papel-alumínio** aluminum foil. **papel-bíblia** Bible paper. **papel de embrulho** wrapping paper. **papel de impressão** printing paper. **papel higiênico** toilet paper. **papel pautado** ruled paper. **papel quadriculado** graph paper. **papel usado** waste paper. **saco de papel** paper bag.

pa.pe.lão [papel'ãw] *sm* (*pl* **papelões**) cardboard: pasteboard used for making cards, boxes. **fazer um papelão** to make a fool of yourself.

pa.pe.la.ri.a [papelar'iə] *sf* stationer's.

pa.po [p'apu] *sm* **1** crop, pouch, craw (of birds). **2** goiter, goitre. **3** *fig* arrogance, pride. **4** *bras, gír* conversation, chatter. **bater papo** to chatter, talk, chat. **estar no papo** *bras, coloq* to be in the bag. **ficar de papo para o ar** to lead an idle life. **papo furado** *bras, gír* idle talk. **ser um bom papo** *bras, coloq* to be a person of agreeable conversation.

pa.pu.do [pap'udu] *sm bras* one who is boastful. • *adj* goitrous.

par [p'ar] *sm* **1** pair, couple. **2** peer. **3** two of a kind. **4** partner: one of two persons united in some enterprise (as marriage, dance, game). **5** *Mat* an even number. • *adj m+f* **1** equal, like, similar, equivalent. **2** even. **aos pares** in pairs. **a par** at par. **a par de** a) informed about. b) along with. **dispor em pares** to pair off. **par e ímpar** even and odd. **um par de luvas** a pair of gloves.

pa.ra [p'arə] *prep* **1** for, to, towards, at, in(to). **2** in order to. *tive de gritar para fazer-me ouvir* / I had to shout in order to make myself heard. *ela lê bem para a sua idade* / she reads well for her age. *tome cuidado para não perder o seu dinheiro* / be careful lest you lose your money. **livros para crianças** books for children. **para baixo** downward. **para cima** upward. **para diante** forward. **para lá e para cá** to and fro. **para o futuro** for the time to come. **para o meu gosto** to my taste. **para quê?** what for? **para sempre** forever. **trem para Londres** train for London.

pa.ra.béns [parab'ẽjs] *sm pl* **1** congratulations, on best wishes. **2** many happy returns. *parabéns pelo seu aniversário* / happy birthday! many happy returns of the day.

pa.ra.bri.sa [parəbr'izə] *sm* (*pl* **para-brisas**) windscreen, windshield. **limpador de para-brisa** windshield wiper.

pa.ra.cho.que [paraʃ'ɔki] *sm* (*pl* **para-choques**) bumper.

pa.ra.da [par'adə] *sf* **1** parade. **2** break, pause. **3** stopping place (as for a bus). **parada cardíaca** *Med* cardiac arrest.

pa.ra.do [par'adu] *adj* **1** still, motionless. **2** quiet. **3** stagnant. **água parada** backwater.

pa.ra.fu.so [paraf'uzu] *sm* **1** screw. **2** spindle of a press. **3** bolt. **apertar um parafuso** to tighten a screw. **chave de parafuso** screw driver. **entrar em parafuso** *gír* to be perplexed, confused. **parafuso de porca** bolt with nut. **parafuso embutido** dormant bolt. **parafuso sem cabeça** grub screw. **ter um parafuso solto / ter um parafuso de menos / ter um parafuso de mais** *fig* to have a screw loose.

pa.rá.gra.fo [par'agrafu] *sm* **1** paragraph. **2** mark (§) used to indicate where a paragraph begins. **3** *Jur* a clause.

pa.ra.í.so [para'izu] *sm* paradise: a) heaven. b) *fig, coloq* any delightful place or situation.

pa.ra.la.ma [parəl'ʌmə] *sm* (*pl* **para-lamas**) mudguard, automobile fender, splashboard.

pa.ra.le.lo [paral'ɛlu] *sm* **1** *Geogr* parallel. **2** comparison. • *adj* **1** parallel. **2** collateral. **correr paralelo a** to run parallel to. **sem paralelo** without parallel, unparalleled.

pa.ra.que.das [parək'ɛdas] *sm sing+pl* parachute. **colete de paraquedas** parachute harness. **saltar de paraquedas** to parachute. **salto com paraquedas** parachute jump.

pa.rar [par'ar] *vt+vint* **1** to stop: a) to cease to move, come to an end. b) to discontinue. **2** to remain in. **sem parar** without stopping, continuously.

pa.ra.rai.os [parər'ajus] *sm sing+pl* lightning-conductor, lightning-rod.

par.cei.ro [pars'ejru] *sm* partner: a) associate, copartner. b) a companion, a consort. c) the partner in a game.

par.ce.la [pars'ɛlə] *sf* **1** parcel, portion. **2** quota. **3** item, entry. **4** any number of an addition.

par.ci.al [parsi'aw] *adj m+f* (*pl* **parciais**) **1** partial: pertaining to or involving a part only, not complete. **2** favouring one side, unfair, influenced, prejudiced, biased.

par.dal [pard'aw] *sm* (*pl* **pardais**) *Ornit* sparrow (*Passer domesticus*).

par.do [p'ardu] *sm* mulatto. • *adj* brown, dusky, dark grey, drab.

pa.re.cer [pares'er] *sm* **1** appearance, aspect. **2** semblance, look, mien. **3** opinion, concept, idea. **4** point of view. • *vt+vint+vpr* **1** to appear, seem, look, have the appearance of. **2 parecer-se (com)** to resemble, be similar to. **parece que vai chover** it looks like rain. **parecer de perito** expert's report. **parece ser diferente** it looks the other way. **parece um sonho** it seems like a dream. **que lhe parece?** what do you think?

pa.re.de [par'edi] *sf* **1** wall. **2** (by extension) barrier, fence. **3** *fig* strike (work stoppage). **as paredes têm ouvidos** walls have ears. **entre quatro paredes** between four walls. **falar às paredes** to talk to a brickwall. **parede de pau a pique** a wall of wattles and mud, cob-wall. **parede divisória** partition wall.

pa.ren.te [par'ẽti] *sm* **1** relative. **2 parentes** relatives, folks (of a family). • *adj* related. **meus parentes** my folks. **parente consanguíneo** blood-relation. **parente longínquo** a distant relative. **parente próximo** a close relative. **um parente afastado** a remote relative.

pa.rên.te.se [par'ẽtezi] *sm* parenthesis, brackets. **abrir parênteses** to use the parenthesis sign in writing. **entre parênteses** in parentheses. **pôr entre parênteses** to parenthesize.

pa.rir [par'ir] *vt+vint* **1** give birth to (somebody/something). **2** to deliver (babies).

pá.ro.co [p'aroku] *sm* parish priest.

par.que [p'arki] *sm* park: a) public place, garden. b) **bras** a public garden with trees. **parque de diversões** amusement park. **parque infantil** playground. **parque nacional** forest preserve.

par.te [p'arti] *sf* part: a) portion, fraction, component. b) region, place. c) side, party. d) lot, share. **a maior parte** the great(er) part, the majority. **a parte do leão** the best bite. **cumpra sua parte** do your part. **da minha parte** on my part, as far as I am concerned. **dar parte** to report. **de outra parte** elsewhere. **de parte a parte** reciprocally. **de sua parte** on his (her) part. **em alguma parte** somewhere. **em grande parte** largely. **em parte alguma** nowhere. **em qualquer parte** anywhere. **em toda parte** all about, everywhere. **na**

maior parte mainly. **parte dianteira** front. **parte interna** inside. **partes componentes** ou **integrantes** component parts. **parte traseira** rear end, tail piece. **pôr de parte** to set aside. **por parte de** on behalf of. **ter parte com** to have dealings with. **tomar parte em** to participate.

par.ti.ci.pa.ção [partisipas'ãw] *sf* (*pl* **participações**) 1 notice. 2 participation, involvement, sharing. **participação de noivado** notice of engagement. **participação nos lucros** profit sharing.

par.ti.ci.par [partisip'ar] *vt* 1 to communicate, announce, divulge. 2 to participate in, take part in, share in. **participar de um jogo** to take part in a play.

par.ti.cu.lar [partikul'ar] *sm* 1 a private person, an individual. 2 a particular matter or subject. 3 a private conversation. 4 **particulares** details, particulars. • *adj m+f* particular: a) private, individual, personal. b) specific. c) minute, detailed, personal. d) uncommon, unique. **em particular** in private. **escola particular** private school.

par.ti.da [part'idə] *sf* 1 departure. 2 *Esp* start. 3 game, match, set. 4 parcel (of goods), lot, shipment (of merchandise). 5 *coloq* trick, hoax. **dar a partida** to start. **partida automática** *Mec* self-starter. **ponto de partida** starting-point. **uma partida de futebol** a football match. **uma partida de xadrez** a game of chess.

par.ti.do [part'idu] *sm* 1 party: a) political organization. b) a body of persons united for some common purpose, a faction. 2 side, part. • *adj* broken, fractured. **ele é um ótimo partido** he is an excellent match. **o partido no poder e a oposição** the ins and outs. **tomar o partido de** to rally with, make common cause with, side with. **tomar partido contra** to side against.

par.tir [part'ir] *vt+vint+vpr* 1 to break (up), split, part, crack. 2 to fracture (**um osso** a bone). 3 to depart, leave (**para** for, to, from), go away. 4 to start from. 5 **partir-se** to break, become divided. **a partir de então** from then on. **a partir de hoje** from today on, beginning today.

par.to [p'artu] *sm* childbirth, delivery. **parto cesariano** cesarean section. **parto prematuro** a premature birth. **trabalho de parto** labor, labour.

Pás.co.a [p'askwa] *sf* 1 *Rel* Easter: a festival commemoration of the resurrection of Christ. 2 the Jewish Passover. 3 *bras* a collective communion at Easter. **ovo de Páscoa** Easter egg. **véspera de Páscoa** Easter eve.

pas.sa.da [pas'adə] *sf* 1 pace, footstep, stride. 2 *bras* a short visit to a place. **dar uma passada** to stop by.

pas.sa.do [pas'adu] *sm* 1 the past. 2 *Gram* past tense. • *adj* 1 past, gone, bygone. 2 former. 3 overripe (fruits). 4 last, latter. 5 ashamed. **a noite passada** last night. **ano passado** last year. **bem-passado** well-done (meat). **em tempos passados** in former times, once. **mal-passado** underdone, rare (meat). **morto e passado** dead and gone.

pas.sa.gei.ro [pasa'ʒejru] *sm* passenger, traveller. • *adj* 1 transitory, momentary, temporary. 2 ephemeral.

pas.sa.gem [pas'aʒẽj] *sf* (*pl* **passagens**) 1 passage: a) act of passing. b) passageway: way by which a person or thing may pass. c) a separate portion of a book. 2 fare, ticket. 3 change, transition. **de passagem** (in) passing, by the way. **estar de passagem** to stay just for a short while. **passagem de ida e volta** return ticket. **passagem elevada** overpass. **passagem para pedestres** pedestrian crossing, *amer* crosswalk. **passagem subterrânea** subway, underpass.

pas.sar [pa'ar] *vt+vint+vpr* **1** to pass: a) to pass over, go through, cross. b) to go (by). c) to spend, employ, elapse (time). d) to endure, bear. **2** to exceed, surpass. **3** to pass an examination. **4** to iron (clothes). **5 passar-se** a) to happen, take place, occur. b) to direct one's step to. **deixar passar uma oportunidade** to let slip a fair opportunity. **estou passando bem!** I am quite all right! **já passa de meio-dia** it is past twelve. **não passar de ano (na escola)** to fail. **passar a ferro** to press, iron (clothes). **passar a limpo** to make a fair copy of. **passar a noite em claro** to spend a sleepless night. **passar a noite fora** to stay over. **passar a perna em** to outwit (someone). **passar fome** to go hungry. **passar mal** a) to scrape one's living. b) to be sick.

pás.sa.ro [p'asaru] *sm* bird.

pas.sa.tem.po [pasat'ẽpu] *sm* pastime, hobby.

pas.se.ar [pase'ar] *vt+vint* to go for a walk.

pas.se.a.ta [pase'atə] *sf* **1** stroll: a leisure walk. **2 bras** march, a public demonstration of protest.

pas.sei.o [pas'eju] *sm* **1** walk, stroll. **2** an outing, a tour. **3** sidewalk, pavement. **dar um passeio** to go for a walk. **passeio a cavalo / de bicicleta** ride. **passeio de carro** drive.

pas.si.vo [pas'ivu] *sm Com* liabilities, debts. • *adj* passive: a) unresponsive. b) unresisting. c) indifferent. **fumante passivo** passive smoker. **resistência passiva** passive resistance. **voz passiva** *Gram* passive voice.

pas.so [p'asu] *sm* **1** pace, step, footstep. **2** walk, gait, manner of walking. **3** march. **4** circumstance, situation. **a cada passo** at every step. **acompanhar os passos de** to keep pace with. **a dois passos** at two steps from. **ao passo que** while, as.

a passos lentos *fig* at a very slow pace. **dar um passo** to take a step. **em passo acelerado** at a quick, round pace. **passo a passo** step by step. **primeiros passos** first steps, initiation.

pas.ta [p'astə] *sf* **1** paste. **2**: a) folder, briefcase. b) a position in the cabinet. **pasta dental** toothpaste.

pas.tar [past'ar] *vt+vint* **1** to pasture, graze. **2** to feed, give or take food. **o gado está pastando** the cattle is grazing.

pas.tel [past'ɛw] *sm* (*pl* **pastéis**) **1** pastry. **2** *Bel-art* pastel: drawing with coloured crayons.

pas.ti.lha [past'iʎə] *sf* **1** lozenge: a small medicated tablet. **2** candy, sweet.

pas.tor [past'or] *sm* (*pl* **pastores**) **1** herdsman, shepherd. **2** pastor, minister, clergyman, vicar (of a Protestant Church). **cão pastor alemão** Alsatian shepherd.

pa.ta [p'atə] *sf* **1** female duck. **2** paw (a dog's paw). **3** hoof, hooves, a horse's hooves. **pata dianteira** forefoot. **pata traseira** hindfoot.

pa.ten.te [pat'ẽti] *sf* **1** patent. **2** military rank. • *adj m+f* patent, evident, clear, manifest, unequivocal. **requerer patente de invenção para...** to take out a patent for...

pa.ter.ni.da.de [paternid'adi] *sf* paternity, fatherhood. **licença paternidade** paternity leave.

pa.ter.no [pat'ɛrnu] *adj* paternal. **avós paternos** paternal grandparents. **casa paterna** father's house, home.

pa.te.ta [pat'etə] *s m+f* simpleton, fool.

pa.ti.fe [pat'ifi] *sm* **1** rascal, villain, rogue, scoundrel. • *adj* **1** scoundrel, knavish. **2** *bras* coward, weak, timid.

pa.tim [pat'ĩ] *sm* (*pl* **patins**) **1** skate (ice or roller). **2** runner of a sledge (sleigh). **patins de gelo** ice skates. **patins de roda** roller skates.

pa.ti.na.ção [patinas'ãw] *sf* (*pl* **patinações**) *bras* skating.

pa.ti.nar [patin'ar] *vint* **1** to skate. **2** to roller-skate. **3** to slid, skid (as the wheels in the mud).

pa.ti.nho [pat'iñu] *sm* **1** duckling: a young duck. **2** the meat of an ox's hindleg.

pá.tio [p'atju] *sm* courtyard. **pátio de armazenagem** storage yard. **pátio de fazenda** farmyard. **pátio de recreio** playground.

pa.to [p'atu] *sm* **1** *Ornit* duck, drake. **2** *pop* simpleton. **3** *bras* a bad player. **pagar o pato** to pay the piper.

pa.trão [patr'ãw] *sm* (*pl* **patrões**, *fem* **patroa**) **1** boss, employer. **2** patron. **3** *coloq* a respectful way of addressing people of superior social status.

pá.tria [p'atrjə] *sf* **1** native country, fatherland, motherland. **2** *fig* homeland.

pa.tri.o.ta [patri'ɔtə] *s m+f* patriot. • *adj m+f* patriotic.

pa.tro.ci.na.dor [patrosinad'or] *sm* sponsor. • *adj* supporting, sponsoring.

pa.tro.ci.nar [patrosin'ar] *vt* **1** to sponsor (também **Com**). **2** to support.

pa.tro.cí.nio [patros'inju] *sm* **1** support. **2** sponsorship. **sob o patrocínio de** under the auspices of.

pa.tru.lha [patr'uʎə] *sf* patrol, the soldiers, policemen and vehicles patrolling a district.

pa.tru.lhar [patruʎ'ar] *vt+vint* to patrol, be on patrol.

pau [p'aw] *sm* **1** stick, cudgel. **2** timber. **3** wood. **4** beating. **5** *bras, pop* a) failure in an examination. b) cruzeiro, cruzado, real, one currency unit. **6** *bras, vulg* penis, cock, dick. **7** *paus Cartas* clubs. **a dar com pau** a great deal. **levar pau** *bras, pop* to flunk an examination. **meter o pau em** a) *bras, pop* to speak ill of. b) to squander. **mostrar com quantos paus se faz uma canoa** *fig* to teach someone a lesson. **pau a pique** *bras* mud wall. **pau para toda obra** Jack of all trades. **quebrar um pau** *bras, pop* to have a heated argument.

pau.la.da [pawl'adə] *sf* blow with a cudgel, beating with a stick.

pau.ta [p'awtə] *sf* **1** *Mús* stave, staff. **2** guidelines. **3** ruled lines. **4** *bras* in the mass media, a summary of the subject to be developed.

pa.vão [pav'ãw] *sm* (*pl* **pavões**, *fem* **pavoa**) *Ornit* peacock.

pa.vi.men.tar [pavimẽt'ar] *vt* to pave: a) to lay pavements. b) to cover with asphalt, gravel, concrete (as a road).

pa.vi.men.to [pavim'ẽtu] *sm* **1** pavement: a hard covering for a road. **2** surface. **3** floor (of a building), story.
pavimento térreo ground floor.

pa.vi.o [pav'iu] *sm* wick. **de fio a pavio** from beginning to end. **ter o pavio curto** *bras, coloq* to be impulsive, rash.

pa.vor [pav'or] *sm* great fear, fright, dread. **ter pavor** to be in great fear.

paz [p'as] *sf* (*pl* **pazes**) peace: a) tranquillity, calm. b) concord, harmony. c) absence or cessation of war. d) silence, quiet. **cachimbo da paz** pipe of peace. **deixe-o em paz** leave him alone. **descansar em paz** to rest in peace. **fazer as pazes** to make peace. **juiz de paz** justice of the peace. **paz de espírito** peace of mind.

pé [p'ɛ] *sm* **1** foot: a) *Anat, Zool* terminal segment of the leg. b) linear measure of 30.48 centimeters or 12 inches. c) pedestal, base. **2** *fig* pretext. **3** *Lit, pop, bras* verse. **abrir o pé / dar no pé / abrir no pé** to run away. **ao pé da letra** to the letter, literally. **ao pé do ouvido** secretly, with discretion. **a pé** on foot. **botar o pé no mundo** to flee, run away. **dar pé** *bras, pop* to be shallow (river, sea) so as to permit the feet to touch the bottom. **de pé atrás** cautiously. **dos pés à cabeça** from head to foot. **em pé** on one's feet, standing, upright. **entrar com o pé direito** to begin (or start) luckily. **fazer pé firme** to insist. **ficar de pé** to stand up. **não arredar pé** a) to stick to a place. b) *fig* to stick to one's opinion. **pé ante pé / nas pontinhas dos pés** to tiptoe. **pé chato** flatfoot. **pé de alface** head of lettuce. **pé de cabra** crowbar. **pé de galinha** crow's-foot: the wrinkles spreading out from the corners of the eyes, formed as the skin ages. **pé de pato** *bras* flipper, fin (for sky diving). **sem pé nem cabeça** silly, absurd. **tirar o pé da lama** to improve one's living. **um pé-de-meia** a single stocking.

pe.ão [pe'ãw] *sm* (*pl* **peões**) 1 *Xadrez* pawn. 2 *bras* farm hand.

pe.ça [p'ɛsa] *sf* piece: a) a spare part. b) division, section. c) *Teat* drama, play. *a peça foi encenada no ano passado* / the play was staged last year. d) *Mús* a musical composition. e) a practical joke, jest. **peça de roupa** garment. **peça em um ato** *Teat* one-act play. **peça por peça** piece by piece. **pregar uma peça em alguém** to play a trick on someone. **uma peça de mobília** a piece of furniture.

pe.ca.do [pek'adu] *sm* sin. **cometer um pecado** to commit a sin. **pecado original** original sin.

pe.car [pek'ar] *vt+vint* to sin.

pe.chin.cha [peʃ'iʃa] *sf* bargain.

pe.da.ço [ped'asu] *sm* 1 piece, bit, fragment. 2 bite, slice. 3 portion, chunk, brick. **aos pedaços** brokenly, by snatches. **em pedaços** in tatters (cloth or garment). **fazer em pedaços** to break, rend to pieces. **quebrar em mil pedaços** to break it to a thousand bits, *coloq* knock to smithereens.

pe.dá.gio [ped'aʒju] *sm bras* 1 toll. 2 toll gate.

pe.da.lar [pedal'ar] *vt+vint* 1 to pedal. 2 to ride a bicycle.

pe.des.tre [ped'ɛstri] *s m+f* pedestrian.

pe.di.a.tra [pedi'atrɐ] *s m+f* pediatrician.

pe.di.do [ped'idu] *sm* 1 request. 2 *Com* order, commission. 3 proposal (of marriage). **a pedido** upon (or by) request. **a pedido de** at the request of. **conforme pedido** as requested. **fazer um pedido** *Com* to place an order.

pe.din.te [ped'ĩti] *sm* beggar, panhandler.

pe.dir [ped'ir] *vt+vint* 1 to ask, beg, demand. 2 to appeal, call in. 3 to pray. 4 to order. *ele pediu demissão* he sent in his resignation, *gír* chucked up his job. **pedi a sua permissão** I asked his permission. **pedir desculpas** to apologize. **pedir emprestado** to borrow. **pedir um conselho** to call upon someone for advice.

pe.dra [p'ɛdrɐ] *sf* 1 stone. 2 gravel. 3 hail. 4 flint. 5 pebble. 6 stone in the kidney. **dormir como uma pedra** to sleep like a top /log. **idade da pedra** stone age. **muro de pedra** stone wall. **não deixar pedra sobre pedra** to leave no stone unturned. **pedra fundamental** foundation stone. **pedra preciosa** precious stone, gem.

pe.dre.gu.lho [pedreg'uʎu] *sm* gravel.

pe.drei.ra [pedr'ejrɐ] *sf* quarry, stone-pit, stone-quarry.

pe.drei.ro [pedr'ejru] *sm* bricklayer.

pe.ga.da [peg'adɐ] *sf* 1 *Fut* act of catching (goalkeeper). 2 footstep, footprint, footmark. **nas pegadas de** on the track of.

pe.ga.do [peg'adu] *adj* near to, close, adjoining, nearby.

pe.gar [peg'ar] *vt+vint+vpr* 1 to catch, hold, grasp, get, snatch, seize, pick. 2

peito *sm* **1** breast, chest, bosom. **2** thorax. **3** heart. **amigo do peito** bosom friend. **de peito aberto** sincerely. **homem de peito** a man of courage. **largar o peito** (a child) to be weaned. **peito do pé** instep.

pei.to.ril [pejtor'iw] *sm* (*pl* **peitoris**) parapet. **peitoril de janela** window sill.

pei.xa.ri.a [pejʃar'iə] *sf* fish market.

pei.xe [p'ejʃi] *sm Ictiol* fish. **como um peixe fora d'água** ill at ease. **filho de peixe peixinho é** father like son. **não tenho nada a ver com o peixe** it's none of my business. **peixe de água doce** freshwater fish. **peixe de mar** sea fish.

pei.xei.ro [pejʃ'ejru] *sm* fishmonger.

pe.la [p'elə] *contr prep* (*ant*) **per** + *art* (*ant*) **la**: by, through, at, in the, for the. **aí pelas três horas** about three o'clock. **pela mesma razão** for the same reason. **pela minha parte** as far as I am concerned. **pela última vez** for the last time.

pe.la.do [pel'adu] *adj bras* naked.

pe.la.gem [pel'aʒẽj] *sf* (*pl* **pelagens**) the hair, fur, wool, or other soft covering of a mammal.

pe.lar [pel'ar] *vt+vint+vpr* **1** to scrape off the hair. **2** to skin: strip the hair from, flay. **3** to strip (all the money of a person) by fraud. **4** *bras, fig* to reach very high temperatures. **pelar-se de medo** to be terrified of.

pe.le [p'ɛli] *sf* skin: a) *Anat, Zool* the covering of the body, epidermis. b) pelt, hide, fur. c) leather. d) *Bot* peel, husk. **arriscar a pele** to risk one's life. **não queria estar em sua pele** I wouldn't like to be in his shoes. **salvar a pele** to save one's skin.

pe.le-ver.me.lha [pɛliverm'eʎə] *s m+f* Red Indian, Redskin: a North American Indian.

pe.lí.cu.la [pel'ikulə] *sf* **1** pellicle. **2** film.

pe.lo [p'elu] *contr prep* (*ant*) **per** + *art* (*ant*) **lo**: by, through, of, at, in the, toward the. **pelo amor de Deus** for God's sake. **pelo contrário** on the contrary. **pelo correio** by mail. **pelo menos** at least. **pelo mesmo preço** at the same price. **pelo que dizem** as they say. **pelo que sei** as far as I know. **pelo que você diz** from what you say.

pe.lo [p'elu] *sm* hair, down, flue, pile. **em pelo** naked. **montar em pelo** to ride a horse without saddle, ride bareback. **nu em pelo** stark naked.

pe.lo.tão [pelot'ãw] *sm* (*pl* **pelotões**) platoon.

pe.na [p'enə] *sf* **1** *Ornit* feather, plume, quill. **2** pen, nib. **3** composition, writing, style. **4** punishment, penalty. **5** suffering, affliction, pity, compassion. **a duras penas** with difficulty. **não vale a pena** it is not worth it. **pena de morte / pena capital** capital punishment. **que pena!** what a pity! **ter pena de** to feel sorry for.

pe.na.li.da.de [penalid'adi] *sf* penalty, punishment. **penalidade máxima** *Fut* penalty (kick).

pen.ca [p'ẽkə] *sf* bunch (of bananas or grapes). **às pencas / em penca** in a great quantity.

pen.den.te [pẽd'ẽti] *adj m+f* **1** hanging, depending, suspended. **2** pending, not yet decided. **3** inclined, slanting, sloping.

pen.der [pĕd'er] *vint+vt* **1** to hang, be suspended or hanging. **2** to lean. **3** to incline, be inclined.

pên.du.lo [p'ẽdulu] *sm* pendulum. • *adj* hanging, pendulous.

pen.du.ra.do [pẽdur'adu] *adj* **1** dangling, hanging down, hung, suspended. **2** *bras* indebted.

pen.du.rar [pẽdur'ar] *vt+vpr* **1** to hang, suspend. **2** to leave (a bill) to be paid later, not to pay right away. **3** **pendurar-se** to be suspended.

pe.nei.ra [pen'ejrɐ] *sf* **1** sieve, screen, strainer. **2** *fig* selection, screening. **tapar o sol com a peneira** to carry water in a sieve, try to conceal the obvious.

pe.ne.trar [penetr'ar] *vt* **1** to penetrate, invade, enter, sink. **2** *fig* to crash, enter without being invited or without paying any admission charge. **3** to pierce. **penetrar fundo em** to reach far into.

pe.nhas.co [peñ'asku] *sm* a high and steep rock or cliff, crag.

pe.nhor [peñ'or] *sm* (*pl* **penhores**) **1** pawn, pledge. **2** token, proof. **3** security, guaranty, bail. **casa de penhores** pawn-shop.

pe.nho.rar [peñor'ar] *vt+vpr* **1** to distrain, confiscate, seize. **2** to pledge, pawn, give in pawn, mortgage. **3** **penhorar-se** to feel obliged.

pe.ni.co [pen'iku] *sm pop* chamber pot, potty.

pê.nis [p'enis] *sm sing+pl Anat* penis.

pe.ni.tên.cia [penit'ẽsjɐ] *sf* **1** penitence, contrition, repentance. **2** penance: self-punishment expressive of penitence. **fazer penitência** to do penance.

pe.ni.ten.ci.á.ria [penitẽsi'arjɐ] *sf* penitentiary, prison.

pe.no.so [pen'ozu] *adj* **1** painful, grievous. **2** difficult, hard, arduous.

pen.sa.men.to [pẽsam'ẽtu] *sm* **1** thought. **2** idea. **3** mind. **4** notion, opinion. **nem em pensamento** not by the remotest chance. **perdido em pensamento** lost in thought.

pen.são [pẽs'ãw] *sf* (*pl* **pensões**) pension: a) periodical allowance. b) a boarding house.

pen.sar [pẽs'ar] *vt+vint* **1** to think. **2** to reflect, ponder, meditate. **3** to believe, assume, suppose. **4** to intend. **depois de pensar bem** on second thoughts. **modo de pensar** way of thinking. **não pense que...** don't think that...

pen.te [p'ẽti] *sm* **1** comb. **2** card: a wire-toothed brush for combing wool.

pen.te.a.dei.ra [pẽtead'ejrɐ] *sf* dressing-table (with a mirror).

pen.te.a.do [pẽte'adu] *sm* hairdo, coiffure. • *adj* combed thickly.

pen.te.ar [pẽte'ar] *vt+vpr* **1** to comb, dress the hair. **2** to disentangle. **3** **pentear-se** a) to comb one's hair. b) to prepare oneself.

pe.nu.gem [pen'uʒẽj] *sf* (*pl* **penugens**) **1** down: a) the first feathering of a bird. b) the soft hair that first appears on the human face. **2** fuzz, pubescence of certain plants, fluff.

pe.núl.ti.mo [pen'uwtimu] *adj* last but one, penultimate.

pe.num.bra [pen'ũbrɐ] *sf* half-light.

pe.nú.ria [pen'urjɐ] *sf* penury: extreme poverty, need, destitution.

pe.pi.no [pep'inu] *sm Bot* cucumber. **2** *bras*, *gír* a problem, trouble. **é de pequeno que se torce o pepino** is the twig is bent so grows the tree.

pe.que.no [pek'enu] *sm* child. • *adj* **1** small, little. **2** short. **3** mean, low. **pequenas despesas** petty charges or expenses.

pe.ra [p'erɐ] *sf* (*pl* **peras**) pear (fruit).

pe.ran.te [per'ãti] *prep* in the presence of, before. **perante mim** before me. **perante o juiz** in the presence of the judge.

per.ce.ber [perseb'er] *vt* **1** to perceive:

a) to have knowledge of (through the senses). b) to know, be aware of. **2** to hear, listen. **3** to feel, sense. **4** to receive (salary). **5** to realize.

per.cen.ta.gem [persẽt'aʒẽj] *sf (pl* **percentagens**) percentage: a) rate per hundred or proportion in a hundred parts. b) *Com* duty or interest in a hundred.

per.cep.ção [perseps'ãw] *sf (pl* **percepções**) **1** perception: act or process of perceiving. **2** understanding, comprehension, perceptivity. **3** feeling.

per.ce.ve.jo [persev'eʒu] *sm* **1** *Entom* bedbug (*Cimex lectularius* or *rotundatus*). **2** thumb-tack.

per.cor.rer [perkoR'er] *vt* **1** to pass or run through, cover. **2** to go through. **3** to visit or travel all over, travel around.

per.cur.so [perk'ursu] *sm* **1** course, route. **2** trajectory, journey. **3** circuit. **4** act of passing along a given route.

per.da [p'erdɐ] *sf* **1** loss. **2** damage, loss, detriment. **perda de potência** power loss. **perdas e danos** *Com* indemnity for loss and damage. **perda total** total loss.

per.dão [perd'ãw] *sm (pl* **perdões**) **1** pardon, forgiveness. **2** pardoning, amnesty. **3** excuse. **perdão!** I am sorry!, excuse me!

per.der [perd'er] *vt+vint+vpr* **1** to lose: a) to be deprived or bereaved of. b) to fail. c) to ruin, bring to ruin. d) to waste, squander. e) to miss. **2 perder-se** a) to become confused. b) to be lost. c) to lose merit or value. **perder a calma** to lose one's self-possession. **perder a consciência** to lose consciousness, pass out. **perder a oportunidade** to miss the opportunity. **perder as estribeiras** to lose one's temper. **perder de vista** to lose sight of, lose track. **perder o fôlego** to get out of breath. **perder o trem** to miss the train. **perder-se em minúcias** to split hairs. **perder sem demonstrar contrariedade** to bear a loss. **perder tempo** to lose one's time. **saber perder** to be a good loser. **você não perde por esperar** wait and see.

per.do.ar [perdo'ar] *vt+vint+vpr* **1** to pardon, forgive. **2** to spare. **3 perdoar-se** a) to forgive oneself. b) to spare oneself.

pe.re.cí.vel [peres'ivew] *adj m+f (pl* **perecíveis**) perishable. **produtos perecíveis** perishable goods.

pe.re.gri.na.ção [peregrinas'ãw] *sf (pl* **peregrinações**) pilgrimage.

pe.re.gri.no [peregr'inu] *sm* pilgrim.

per.fei.to [perf'ejtu] *adj* **1** perfect, faultless. **2** fine, divine, excellent. **perfeito!** fine!, very true!

per.fil [perf'iw] *sm (pl* **perfis**) **1** profile, sideface. **2** outline or contour of a building, mountain etc. **3** *fig* aspect, appearance. **4** *Mil* align(ment). **perfil do solo** soil profile. **retrato de perfil** a picture in profile.

per.fu.mar [perfum'ar] *vt+vpr* **1** to perfume. **2 perfumar-se** to put on perfume.

per.fu.me [perf'umi] *sm* perfume: a) pleasant odour, fragrance. b) an artificial fragrant substance. c) scent. **2** *fig* sweetness, pleasantness.

per.gun.ta [perg'ũtɐ] *sf* **1** question. **2** inquiry. **fazer perguntas** to ask questions. **responder uma pergunta** to answer a question.

per.gun.tar [pergũt'ar] *vt+vint+vpr* **1** to ask, question, interrogate, query. **2** to inquire, ask about. **3 perguntar-se** to ask oneself, wonder. **perguntar por** to ask after, inquire after. **perguntar por alguém** to ask for someone.

pe.ri.fe.ri.a [perifer'iɐ] *sf* periphery: a) the external surface of a body. b) an area lying beyond the strict limits of a thing. c) outskirts, surrounding region.

pe.ri.go [per'igu] *sm* **1** danger, hazard,

período peril. 2 risk. 3 jeopardy. **a perigo bras, gír** a) without money. b) in any difficult situation. **correr perigo** to run a risk or hazard. **expor-se ao perigo** to expose oneself to danger. **não há perigo** no fear. **perigo de incêndio** fire risk.

pe.rí.o.do [per'iodu] *sm* period: a) circuit. b) a lapse of time. c) age, era, epoch, series of years or days. d) term. e) *Gram* a complete sentence. **período glacial** glacial period.

pe.ri.qui.to [perik'itu] *sm bras Ornit* paraquito, parrakeet.

pe.ri.to [per'itu] *sm* 1 expert, skilled person. 2 specialist. 3 technician. 4 an official appraiser. 5 connoisseur. • *adj* 1 skilful, expert. 2 specialist. **um perito em arte an** art expert.

per.ma.ne.cer [permanes'er] *vt+vint* 1 to stay, continue, stand. 2 to remain, endure, last. 3 to maintain. 4 to persist.

per.mis.são [permis'ãw] *sf (pl* **permissões)** permission, consent.

per.mi.tir [permit'ir] *vt+vpr* 1 to permit: a) to allow, consent. b) to empower. c) to make possible. d) to authorize, give permission, may. e) to admit, concede, grant. 2 to tolerate, indulge. 3 **permitir-se** to take the liberty of. **se o tempo permitir** time permitting.

per.mu.ta [perm'utə] *sf* exchange, barter.

per.na [p'ɛrnə] *sf* 1 leg. 2 anything that gives support. **barriga da perna** calf. **bater pernas** to wander. **de pernas cruzadas** cross-legged. **de pernas para o ar** upside down. **esticar as pernas** a) to go for a walk. b) to stretch one's legs. **passar a perna em** to outsmart someone. **perna da calça** trouser leg. **perna traseira** hind leg.

per.nil [pern'iw] *sm (pl* **pernis)** 1 thighbone of a quadruped. 2 shank.

per.ni.lon.go [pernil'õgu] *sm bras, Entom* mosquito.

per.noi.te [pern'ojti] *sm* an overnight stay.

pé.ro.la [p'ɛrolə] *sf* pearl.

per.ple.xo [perpl'ɛksu] *adj* 1 perplexed, uncertain. 2 confused, embarrassed, speechless.

per.se.gui.ção [persegis'ãw] *sf (pl* **perseguições)** 1 persecution, oppression. 2 pursuit, chase, chasing.

per.se.guir [perseg'ir] *vt* 1 to persecute: a) to treat in an injurious or afflictive manner. b) to harass, oppress. c) to annoy, importune. 2 to pursue: a) to follow persistently (for seizing). b) to chase, hunt.

per.se.ve.rar [persever'ar] *vt+vint* 1 to persevere, persist. 2 to be constant, steadfast.

per.si.a.na [persi'∧nə] *sf* Venetian blinds.

per.sis.tên.cia [persist'ẽsjə] *sf* 1 persistence, perseverance, stead-fastness. 2 firmness.

per.so.na.gem [person'aʒẽj] *s m+f (pl* **personagens)** 1 personage, a man or woman of importance or rank. 2 a character (in a novel, poem or play).

pers.pec.ti.va [perspekt'ivə] *sf* 1 perspective. 2 outlook. 3 representation or picture of objects in perspective. 4 view, vista. 5 prospect, expectation, projection. **cliente em perspectiva** prospective customer. **em perspectiva** in perspective. **perspectiva aérea** aerial perspective.

pers.pi.cá.cia [perspik'asjə] *sf* discernment, insight.

per.su.a.dir [perswad'ir] *vt+vint+vpr* 1 to persuade, influence, convince. 2 **persuadir-se** a) to persuade oneself. b) to be convinced.

per.ten.cer [pertẽs'er] *vt* to belong to, be owned by.

per.to [p'ɛrtu] *adj* near, close. • *adv* 1 near(by), close (by). 2 about, around. **perto de / de perto** a) nearly. b) at hand, closely. c) thoroughly. **muito perto** next, close by. **perto de vinte homens** about twenty men.

per.tur.ba.ção [perturbas'ãw] *sf(pl* **perturbações)** 1 commotion, disturbance. 2 mental uneasiness.

per.tur.bar [perturb'ar] *vt+vint+vpr* 1 to perturb: a) to disturb, bother. b) to confuse, put into confusion. c) to upset. 2 **perturbar-se** to be or become disordered, disquiet, troubled or confused, feel uneasy.

pe.ru [per'u] *sm Ornit* turkey, turkey cock (*Gallipavo meleagris*).

pe.ru.a [per'uə] *sf* 1 *Ornit* turkey hen. 2 *Autom amer* station wagon, *brit* eslate car. 3 *bras, gír* a woman whose clothes and jewelry are bright and flamboyant, especially in a vulgar way.

per.ver.so [perv'ɛrsu] *sm* a wicked person. • *adj* 1 perverse, wicked, bad. 2 evil. 3 feral, brutal.

pe.sa.de.lo [pezad'elu] *sm* nightmare.

pe.sa.do [pez'adu] *sm bras, coloq* hard work. • *adj* 1 weighty, heavy. 2 difficult, onerous. 3 boring, tedious. 4 offensive, insulting, injurious. **chuva pesada** heavy rain. **indústria pesada** heavy industry. **palavras pesadas** insulting words. **pegar no pesado** to work hard. **sono pesado** heavy or sound sleep. **trabalho pesado** hard work.

pe.sar [pez'ar] *sm* sorrow, regret, grief. • *vt+vint+vpr* 1 to weigh. 2 to consider, ponder. 3 **pesar-se** to check one's weight. **com grande pesar** with great grief or sorrow. **em que pese** despite, in spite of, notwithstanding. **pesar na consciência** to regret, weigh on one's conscience.

pes.ca [p'eskə] *sf* 1 fishing. 2 quantity of fish caught. **equipamento de pesca** fishing tackle. **vara de pesca** fishing rod.

pes.ca.dor [peskad'or] *sm* fisherman. • *adj* fishing.

pes.car [pesk'ar] *vt+vint* to fish, catch fish. **pescar com isca viva** to live-bait.

pescar em águas turvas to fish in troubled water.

pes.co.ço [pesk'osu] *sm* 1 neck, throat. 2 bottleneck. **até o pescoço** up to one's neck, up to one's eyes.

pe.so [p'ezu] *sm (pl* **pesos)** 1 weight: a) heaviness. b) piece of metal used to weigh. c) a particular standard or system for weighing. d) oppression, onus, burden. e) *fig* importance, power, influence. 2 peso (coin). 3 *bras, gír* bad luck. **ganhar peso** to put on weight. **homem de peso** man of importance. **o peso dos anos** the burden of years. **peso bruto** gross weight. **peso líquido** net weight.

pes.qui.sa [pesk'izə] *sf* 1 search, inquiry, diligence, investigation. 2 research. **pesquisa de campo** field research, field survey. **pesquisa de mercado** market research. **pesquisa de opinião** public opinion poll.

pês.se.go [p'esegu] *sm* peach.

pés.si.mo [p'esimu] *adj sup abs sint* de **mau** very bad.

pes.so.a [pes'oə] *sf* 1 person. 2 **pessoas** people. **aparecer em pessoa** to appear in person. **pessoa física** natural person. **pessoa jurídica** legal entity.

pes.so.al [peso'aw] *sm* 1 personnel: employees, workers, staff. 2 folks. • *adj m+f(pl* **pessoais)** personal, private, individual. **departamento pessoal** personnel department.

pes.ta.na [pest'ʌnə] *sf* eyelash. **queimar as pestanas** to study hard. **tirar uma pestana** to nap, snooze, take a nap.

pes.te [p'esti] *sf* plague, pest. **este garoto é uma peste** that boy is a pest.

pé.ta.la [p'etələ] *sf Bot* petal.

pe.te.ca [pet'ekə] *sf bras* shuttlecock. **não deixar a peteca cair** to keep on acting with resolution.

pe.tis.co [pet'isku] *sm* tidbit, morsel, delicacy.

pe.tró.leo [petr'ɔlju] *sm* oil.

pi.a [p'iə] *sf* kitchen sink, lavatory basin, wash basin.

pi.a.da [pi'adə] *sf* joke. **contar uma piada** to crack a joke. **uma piada forte** a spicy joke, a saucy joke.

pi.a.no [pi'∧nu] *sm* **1** piano, pianoforte. **2** a pianist (in an orchestra). • *adv* **Mús** piano: softly, with slight force. **piano de cauda** grand piano. **recital de piano** piano recital. **tocar piano** to play the piano.

pi.ão [pi'ãw] *sm* (*pl* **piões**) top (toy). **fazer rodar o pião** to spin a top. **girar como um pião** to spin like a top.

pi.ca.da [pik'adə] *sf* **1** a) a sting (as of a bee). b) bite (of an insect or a snake). c) peck (with the beak). d) prick (of a pin or needle). e) puncture (as of an epidermic needle). **2** *bras* a narrow trail in a forest. **picada de cobra** snakebite. **picada de pulga** fleabite.

pi.ca.di.nho [pikad'iñu] *sm* minced meat, hash.

pi.ca-pau [pikap'aw] *sm* (*pl* **pica-paus**) *bras, Ornit* woodpecker.

pi.car [pik'ar] *vt+vint* **1** to sting (as a bee). **2** to bite. **3** to prick, pierce with a pin, puncture, needle. **4** to peck. **5** to mince meat, hash, chop. **6** to spur, stir. **picar a mula** *bras, pop* a) to go away. b) to flee, clear out.

pi.cha.ção [piʃas'ãw] *sf* **1** graffiti. **2** criticism.

pi.char [piʃ'ar] *vt+vint* **1** to smear with pitch. **2** *bras* to write, paint graffiti. **3** *bras gir* to speak ill of.

pi.co [p'iku] *sm* **1** peak, apex, summit, top. **2** *bras, gír* a dose of an injectable narcotic drug.

pi.e.da.de [pjed'adi] *sf* pity, compassion, mercy. **por piedade!** for mercy's sake!, for pity's sake! **sem dó nem piedade** pitilessly.

pi.e.do.so [pjed'ozu] *adj* merciful, compassionate.

pi.ja.ma [piʒ'∧mə] *sm* pyjamas, pajamas (a pair of).

pi.lan.tra [pil'ãtrə] *s m+f bras, gír* rascal, crook. • *adj m+f* rascal.

pi.lão [pil'ãw] *sm* (*pl* **pilões**) a large wooden mortar for pounding or peeling rice, corn etc.

pi.lar [pil'ar] *sm* **1** pillar, post. **2** prop.

pi.lha [p'iλə] *sf* **1** pile, heap, stack. **2** battery, electric battery, dry battery. **pilha elétrica** electric cell.

pi.lo.tar [pilot'ar] *vt* to pilot: a) to steer or direct the course of a vessel, aircraft or racing car. b) to act as a pilot.

pi.lo.to [pil'otu] *sm* **1** pilot: a) one who operates the flight controls of an aircraft or spacecraft. b) one who steers a ship. **2** racing car pilot. **piloto automático** automatic pilot. **piloto de provas** test pilot.

pí.lu.la [p'ilulə] *sf* pill. **dourar a pílula** to gild a bitter pill.

pi.men.ta [pim'ẽtə] *sf Bot* pepper.

pi.men.tão [pimẽt'ãw] *sm* (*pl* **pimentões**) *Bot* sweet pepper. **pimentão verde** green pepper. **pimentão vermelho** red pepper.

pin.ça [p'ĩsə] *sf* **1** tweezers. **2** tongs.

pin.cel [pĩs'ew] *sm* (*pl* **pincéis**) **1** brush. **2** a painter's brush. **pincel de barba** shaving brush.

pin.gar [pĩg'ar] *vt* **1** to drip, fall in drops. **2** to trickle, dribble.

pin.go [p'ĩgu] *sm* a drop, a little bite. **um pingo de gente** a child or adult of low stature.

pin.guim [pĩg'wĩ] *sm* (*pl* **pinguins**) *Ornit* penguin (*Sphenicus magellanicus*).

pi.nhão [piñ'ãw] *sm* (*pl* **pinhões**) the edible pine seed, pine nut.

pi.nhei.ro [piñ'ejru] *sm Bot* pine tree.

pi.no [p'inu] *sm* **1** pin, peg, bolt. **2** the highest point, highest degree, top, summit. **3** pivot. **a pino** upright, perpendicular.

pi.no.te [pin'ɔti] *sm* jump, leap.

pin.ta [p'ĩtə] *sf* 1 spot. 2 look. 3 mark.

pin.tar [pĩt'ar] *vt+vpr* 1 to paint, draw. 2 to picture, portray. 3 to depict, describe. 4 **pintar-se** to paint oneself, use make-up.

pin.ti.nho [pĩt'iñu] *sm* a very small chick.

pin.tor [pĩt'or] *sm* painter.

pin.tu.ra [pĩt'urə] *sf* 1 painting. 2 paint. 3 face make-up. 4 *fig* a beautiful person. **pintura a óleo** oil-painting.

pi.o.nei.ro [pjon'ejru] *sm* pioneer, explorer. • *adj* pioneering.

pi.or [pi'ɔr] *sm bras, coloq* the worst. **ela está na pior** / she is in a critical situation. • *adj m+f* worse, worst. **ele está em pior situação que antes** / he is worse off than he was. • *adv* worst, in the worst manner, worse. **cada vez pior** worse and worse. **de mal a pior** from bad to worse. **escolher o pior** to choose the worst. **ir de mal a pior** to grow worse and worse. **o pior de todos** the worst of all. **se o pior acontecer** if the worst comes to the worst. **uma mudança para pior** a change for worse.

pi.o.rar [pjor'ar] *vt* to worsen: make or become worse.

pi.pa [p'ipə] *sf* 1 barrel, cask. 2 kite.

pi.po.ca [pip'ɔkə] *sf* 1 popcorn. 2 *bras, pop* any kind of skin eruption.

pi.que [p'iki] *sm* 1 *bras* hide-and-seek (children's game). 2 a cut. 3 *bras* spite, grudge, slight anger or displeasure. **a pique** vertically, perpendicularly. **a pique de** in danger of. **ir a pique** a) to sink (a ship). b) *fig* to go down.

pi.râ.mi.de [pir'∧midi] *sf* pyramid. **as pirâmides do Egito** the Pyramids of Egypt.

pi.res [p'iris] *sm sing+pl* saucer.

pir.ra.lho [pĩʀ'aʎu] *sm bras* 1 kid, boy. 2 a very small person.

pi.ru.e.ta [piru'etə] *sf* pirouette: a whirling or turning on one or both feet.

pi.ru.li.to [pirul'itu] *sm* lollypop, lollipop.

pi.sa.da [piz'adə] *sf* footstep, track. **seguir as pisadas de alguém** to follow a person's footsteps.

pi.sar [piz'ar] *vt* 1 to tread on, trample. 2 to step on. 3 to crush. 4 to stamp, pound.

pis.ca.de.la [piskad'ɛlə] *sf* blink, wink.

pis.car [pisk'ar] *sm* wink, blink. • *vt* to wink, blink.

pis.ci.na [pis'inə] *sf* swimming pool.

pi.so [p'izu] *sm* 1 floor, level ground. 2 pavement. **piso de linóleo** linoleum floor. **piso salarial** minimum wage (of a specific category of workers).

pis.ta [p'istə] *sf* 1 track: a) racecourse, race track. b) trace, foiling. 2 (at an airport) runway. **seguir a pista de** to track down.

pis.to.la [pist'ɔlə] *sf* pistol: a short firearm. **pistola automática** automatic pistol.

pis.to.lei.ro [pistol'ejru] *sm* gunman.

pi.ta.da [pit'adə] *sf* 1 a pinch of snuff. 2 a small quantity. **uma pitada de sal** a pinch of salt.

pi.tar [pit'ar] *vt* to smoke (especially a pipe).

pi.tei.ra [pit'ejrə] *sf* cigarette-holder.

pi.to [p'itu] *sm bras* 1 pipe (for smoking). 2 reprimand, scolding.

pi.xa.im [piʃa'ĩ] *sm bras* kinky and woolly hair. • *adj* crisp, kinky, curly.

pla.ca [p'lakə] *sf* 1 plate. 2 a piece of metal with an inscription (as a doorplate). 3 plaque.

plai.na [pl'∧jnə] *sf Carp* plane.

pla.na.dor [planad'or] *sm* glider: an airplane without an engine.

pla.nal.to [plan'awtu] *sm* plateau, upland.

pla.nar [plan'ar] *vint* to plane, glide.

pla.ne.jar [planeʒ'ar] *vt* 1 to project, plan. 2 to intend.

pla.ní.cie [plan'isji] *sf* plain: level or flat ground.

pla.no [pl'∧nu] *sm* **1** plain, plane, level ground. **2** plane, delineation, diagram, project, outline. **3** intention, intent, purpose. • *adj* plane, even, smooth, flat, level.

plan.ta [pl'ãtə] *sf* **1** *Bot* plant. **planta medicinal** medicinal herb. **2** *Arquit* floor plan. **planta do pé** *Anat* sole of the foot.

plan.tão [plãt'ãw] *sm* (*pl* **plantões**) duty, service, shift. **de plantão** on duty. **enfermeira de plantão** nurse on duty. **médico de plantão** physician on duty.

plan.tar [plãt'ar] *vt+vpr* **1** to plant. **2** to fix firmly into the ground. **3** to found, build, establish, settle. **plantar bananeira** to do a handstand. **plantar-se diante de** to plant oneself before.

pla.ta.for.ma [plataf'ɔrmə] *sf* **1** platform: a landing-stage. **2** a political program. **plataforma de embarque** *Ferrov* loading ramp. **plataforma giratória** *Ferrov* turntable.

pla.tei.a [plat'ejə] *sf Teat* audience. **ela arrebata a plateia** / she fascinates the audience.

ple.beu [pleb'ew] *sm* (*fem* **plebeia**) plebeian. • *adj* plebeian.

ple.ni.tu.de [plenit'udi] *sf* plenitude, fullness.

ple.no [pl'enu] *adj* full, entire, absolute. **dar plenos poderes** to invest with full powers. **em plena luz do dia** in full daylight. **em plena rua** in the open street. **em pleno andamento** in full swing.

plu.ma [pl'umə] *sf* plume.

plu.ma.gem [plum'aʒẽj] *sf* (*pl* **plumagens**) plumage.

plu.ral [plur'aw] *sm* (*pl* **plurais**) plural. • *adj m+f* plural.

pneu [pn'ew] *sm* (*red* de **pneumático**) tyre, tire. **pneu antiderrapante** nonskid tyre. **pneu balão** balloon tyre. **pneu careca** worn-out tyre. **pneu sobressalente** spare tyre.

pó [p'ɔ] *sm* **1** powder. **2** dust. **aspirador de pó** vacuum cleaner. **leite em pó** powdered milk. **levantar pó** to raise the dust. **pó de ouro** gold dust. **reduzir a / fazer em pó** to reduce to dust.

po.bre [p'ɔbri] *s m+f* a poor man or woman. • *adj* **1** poor, needy. **2** scanty, meagre. **3** barren, unproductive (soil). **os pobres** the poor. **pobre como Jó** as poor as a church mouse.

po.bre.za [pobr'ezə] *sf* **1** poverty, penury, destitution. **2** the poor. **reduzir à pobreza** to reduce to poverty.

po.ça [p'ɔsə] *sf* **1** puddle (of water). **2** pool.

po.cil.ga [pos'iwgə] *sf* pigsty, pigpen.

po.ço [p'osu] *sm* **1** well. **2** shaft of a mine, pit. **3** abysm, chasm. **água de poço** well-water. **poço artesiano** artesian well. **poço de elevador** elevator shaft, lift shaft. **poço de inspeção** manhole. **poço de petróleo / poço petrolífero** oil-well.

po.dar [pod'ar] *vt* **1** to prune, trim. **2** *fig* to cut. **podar as árvores** to prune the trees.

po.der [pod'er] *sm* **1** power: a) might. b) strength, energy. c) authority. d) ability, possibility, capacity. **poder aquisitivo** purchasing power. e) sovereignty. **2** means. **3** **poderes** power of attorney, procuration. • *vt+vint+vpr* **1** to be able to. **2** can. **3** may. **4** to have authority or influence. **5** to have power to. **6** **poder-se** to be possible or permitted. **estar no poder** to be in (power). **isso pode ser** it is possible. **plenos poderes** full powers. **pode estar certo!** you may be sure of it! **poder executivo** executive power. **poder legislativo** legislative power, legislature. **querer é poder** where there's a will, there's a way.

po.de.ro.so [poder'ozu] *adj* **1** powerful, mighty, energetic. **2** influential. **Deus Todo-Poderoso** God Almighty.

po.dre [p'ɔdri] *sm* a rotten or putrid part of a thing. • *adj m+f* **1** rotten, putrid. **2** fetid. **podre de rico** rich as Croesus, very rich. **saber os podres de alguém** to know a person's faults.

po.ei.ra [po'ejrɐ] *sf* **1** dust (raised by the wind). **2** powder.

po.en.te [po'ēti] *sm* the west, occident.

po.e.si.a [poez'iɐ] *sf* poetry.

po.e.ta [po'etɐ] *sm (fem* **poetisa***)* poet.

pois [p'ojs] *conj* because, whereas, therefore, as, for, so. **pois não!** of course! **pois sim!** *iron* oh sure!

po.le.ga.da [poleg'adɐ] *sf* inch: 2.54 cm. **polegada quadrada** square inch.

po.le.gar [poleg'ar] *sm* **1** thumb. **2** the big toe. • *adj* of or pertaining to the thumb or to the big toe.

po.lei.ro [pol'ejru] *sm* **1** roost, henroost. **2** perch. **3** *pop, Teat* pigeonhole, peanut gallery (the top gallery).

po.lí.cia [pol'isjɐ] *sf* **1** police (force, organization or department). **2** *sm* a policeman. **comissário de polícia** police commissioner. **inspetor de polícia** police inspector. **oficial de polícia** police officer. **polícia marítima** coast-guard. **polícia militar** military police.

po.li.ci.al [polisi'aw] *s m+f(pl* **policiais***)* policeman. • *adj m+f* police: of or pertaining to the police. **cão policial** police dog. **romance policial** detective story.

po.li.do [pol'idu] *adj* **1** polished, smoothed. **2** shining, bright. **3** polite, gentle, well-bred, elegant, well-mannered.

po.lir [pol'ir] *vt+vpr* **1** to polish. **2 polir-se** to become polite. **uma frase bem polida** a well-turned phrase.

po.lí.ti.ca [pol'itikɐ] *sf* **1** the art of ruling. **2** political science, politics. **3** policy. **discutir questões de política** to talk about politics. **política administrativa interna** domestic policy. **política externa** foreign policy.

po.lí.ti.co [pol'itiku] *sm* **1** politician. **2** statesman. • *adj* **1** of or relative to public affairs. **2** politic(al). **3** cunning, artful. **4** delicate, diplomatic. **direito político** public or political law. **economia política** political economy. **por motivos políticos** for political reasons.

po.lo [p'ɔlu] *sm* **1** North Pole, South Pole. **2** polar region. **polo antártico** Antarctic, South Pole. **polo ártico** Arctic, North Pole.

pol.pa [p'owpɐ] *sf* **1** pulp. **2** pap. **3** marrow. **polpa de madeira** wood pulp.

pol.tro.na [powtr'onɐ] *sf* easy chair, armchair. **poltrona de orelhas** wing chair.

po.lu.ir [polu'ir] *vt* **1** to pollute. **2** to defile, desecrate. **3** to corrupt. **4** to contaminate.

pol.vi.lhar [powviʎ'ar] *vt* **1** to cover with dust. **2** to powder, dust. **3** to sprinkle (with). **ela polvilhou o bolo com raspas de chocolate** / she sprinkled the cake with pieces of grated chocolate.

pol.vo [p'owvu] *sm Zool* octopus.

pól.vo.ra [p'ɔwvorɐ] *sf* gunpowder.

po.ma.da [pom'adɐ] *sf* **1** *Farm* ointment. **2** balsam.

po.mar [pom'ar] *sm* orchard.

pom.bo [p'õbu] *sm Ornit (fem* **pomba***)* dove, pigeon.

po.mo [p'omu] *sm* fruit. **pomo de discórdia** apple of discord, a bone of contention. **pomo de adão** the Adam's apple.

pom.pa [p'õpɐ] *sf* **1** pomp, splendour. **2** pagentry. **3** ostentation. **4** gala, parade.

pon.de.rar [põder'ar] *vt* **1** to ponder. **2** to weigh, cogitate. **3** to reflect, think over.

pon.ta [p'õtɐ] *sf* **1** point. **2** tip. **ela o beijou na ponta do nariz** / she kissed him on the tip of his nose. **3** tip of a cigar or cigarette. **4** *Cin, Teat* insignificant part in a play or movie. **de ponta a ponta** from beginning to end. **na ponta da língua** on the tip of the tongue. **ponta de flecha** arrow-head.

pon.ta.da [põt'adə] *sf* 1 stab, jab. 2 pang. 3 twinge.

pon.ta.pé [põtap'ɛ] *sm* 1 kick. 2 spurn. 3 *fig* offence, insult. **pontapé inicial** kick-off.

pon.ta.ri.a [põtar'iə] *sf* 1 aim, sight. 2 target. **fazer pontaria** to aim.

pon.te [p'õti] *sf* 1 bridge. 2 a ship's bridge, deck. 3 *Odont* bridge-work. 4 overpass. **ponte de atracação** pier. **ponte de desembarque** landing pier. **ponte levadiça** drawbridge. **ponte pênsil** chain bridge, suspension bridge.

pon.tei.ro [põt'ejru] *sm* 1 hand. 2 indicator. **ponteiro de relógio** watch hand. **ponteiro dos minutos** minute hand.

pon.ti.a.gu.do [põtjag'udu] *adj* pointed, sharp.

pon.to [p'õtu] *sm* 1 point, dot. 2 full stop, period. 3 matter, question, subject. 4 moment. **ao ponto** medium rare meat. **até certo ponto** up to a certain point, to a certain extent. **dois pontos** *Gram* colon. **em ponto** sharp. **estar a ponto de...** to be about to... **ponto de ebulição** boiling point. **ponto de encontro** point of convergence. **ponto de exclamação** exclamation mark. **ponto de interrogação** question mark. **ponto de partida** starting point. **ponto de referência** point of reference. **ponto de táxi** cab stand, taxi stand. **ponto de venda** retail outlet, point of sale. **ponto de vista** point of view, viewpoint. **ponto e vírgula** semicolon. **ponto final** a) *Gram* full stop. b) end stop, terminus bus. c) ultimate.

po.pa [p'opə] *sf Náut* stern.

po.pu.la.ção [populas'ãw] *sf (pl* **populações)** 1 population. 2 inhabitants. 3 class, category.

po.pu.lar [popul'ar] *sm* a man of the people, common citizen. • *adj m+f* 1 popular. 2 public, common.

po.pu.lo.so [popul'ozu] *adj* 1 populous. 2 crowded, filled.

por [pur] *prep* 1 at, by, for, from, in, per, pro, to, through, via, with. **comprei o livro por vinte reais** / I bought the book for twenty reais. **temos de passar por muitos perigos** / we must pass through many dangers. **esta paisagem foi pintada por Monet** / this landscape was painted by Monet. 2 because of, on account of. 3 by means of, through the agency of. 4 for the sake of. 5 in order to. 6 out of. 7 in place of, instead of. 8 in behalf of, in favour of. 9 with permission of, by order of. **duas vezes por ano** twice a year. **e assim por diante** and so forth. **por algum tempo** for a while. **por ali** in that direction, there. **por amor de** for love of, for the sake of. **por enquanto** for the time being. **por escrito** in writing. **por fim** at last. **por isso** for that reason, therefore, hereby. **por meio de** by means of, thereby, with. **por ora** for the present, for the time being. **por outro lado** on the other hand. **por terra** by land. **por toda a vida** for life. **por toda parte** throughout, everywhere. **por turno** by turns. **por um triz** by the skin of one's teeth.

pôr [p'or] *vt+vpr* 1 to place, put. 2 to lay, set. 3 to put on, wear. 4 to lay (eggs). 5 to stick out parts of the body. 6 **pôr-se** to put, lay or set oneself, place oneself in a definite position. **pôr a culpa em** to lay the blame on. **pôr a mesa** to set the table. **pôr as cartas na mesa** to put one's cards on the table. **pôr à venda** to put to sale. **pôr do sol** sundown, sunsetting, sunset, twilight, crepuscle. **pôr em contato** to get in touch. **pôr em execução** to carry out, put to practice. **pôr em**

ordem to put in order. **pôr em perigo** to expose to danger, put in danger. **pôr em prática** to put into practice. **pôr mãos à obra** to lay hands on, put one's hand to the plow. **pôr na cama** to put to bed, put to sleep. **pôr para fora** to throw out.

po.rão [por'ãw] *sm* (*pl* **porões**) **1** hold (ship or aircraft). **2** cellar, basement.

por.ca [p'ɔrkə] *sf* **1** *Zool* (*fem de* **porco**) sow. **2** *Mec* nut, screw-nut. **aí é que a porca torce o rabo** that's where the shoe pinches.

por.ção [pors'ãw] *sf* (*pl* **porções**) **1** portion. **2** helping, serving. **dividir em porções** to portion.

por.ca.ri.a [porkari'ə] *sf* **1** filthiness, dirtiness. **2** garbage, rubbish. **3** (food) junk food. **que porcaria de...** what lousy...

por.ce.la.na [porsel'ʌnə] *sf* porcelain, china.

por.co [p'orku] *sm* **1** *Zool* pig, hog. **2** porker, grunter. **3** pork. **4** a very dirty or indecent fellow. • *adj* **1** dirty, filthy. **2** obscene, indecent. **carne de porco** pork. **lançar pérolas aos porcos** to cast pearls before swine.

por.co-es.pi.nho [porkwesp'iñu] *sm* (*pl* **porcos-espinhos**) porcupine.

po.rém [por'ẽj] *sm* **1** *bras* obstacle, impediment. **2** *bras* inconvenience. • *conj* **1** but, yet. **2** notwithstanding, nevertheless. **3** however.

por.me.no.ri.zar [pormenoriz'ar] *vt* **1** to describe in detail. **2** to specify.

po.ro [p'oru] *sm* *Anat* pore.

po.ro.so [por'ozu] *adj* porous.

por.quan.to [pork'wãtu] *conj* as, when, while, since, whereby, considering that, whereas, because of.

por.que [pork'e] *conj* because, since, as, for. **por quê?** why?

por.quê [pork'e] *sm* the cause or reason, the reason why. *não sabemos o porquê da sua recusa* / we don't know the reason why he refused.

por.ra.da [poř'adə] *sf* **1** *gír* a hit, knock. **2** *bras* great quantity.

por.re [p'oři] *sm pop* **1** a gulp of brandy, swallow. **2** a drinking bout. **3** *bras, gír* something dull, boring. **tomar um porre** to get wasted.

por.ta [p'ɔrtə] *sf* **1** door. **2** entry, entrance. **3** gate, gateway. **a portas fechadas** secretly, behind closed doors. **bater a porta** to slam the door. **porta de correr** sliding door. **porta de emergência** emergency door. **porta de entrada** front door. **porta de saída** exit door. **porta dianteira** front door. **porta dos fundos** back door, *fig* loophole, means of escape. **porta giratória** revolving door. **surdo como uma porta** extremely deaf, as deaf as a post.

por.ta-a.vi.ões [pɔrtəavi'õjs] *sm sing+pl* aircraft carrier.

por.ta-ba.ga.gens [pɔrtəbag'aʒẽjs] *sm sing+pl* rack, luggage rack, luggage carrier (of a bicycle etc.).

por.ta.dor [portad'or] *sm* **1** porter, carrier. **2** messenger. **3** bearer, holder (of titles or offices). • *adj* carrying, conveying.

por.ta-joi.as [pɔrtəʒ'ojas] *sm sing+pl* jewel case.

por.ta-ma.las [pɔrtəm'alas] *sm sing+pl* *Autom* luggage compartment, trunk.

por.ta-ní.queis [pɔrtən'ikejs] *sm sing+pl* coin purse.

por.tan.to [port'ãtu] *conj* therefore, hence, thus.

por.tão [port'ãw] *sm* (*pl* **portões**) **1** a large door, portal. **2** gate, gateway. **3** entrance.

por.tar [port'ar] *vt+vpr* **1** to take away, carry off. **2** to land. **3 portar-se** to behave, act correctly, conduct oneself correctly.

por.ta-re.tra.tos [pɔrtəřetr'atus] *sm sing+pl* picture frame, photo frame.

por.ta.ri.a [portar'iə] *sf* **1** reception, information desk. **2** entrance. **3** decree.

por.ta-voz [pɔrtəv'ɔs] *s m+f (pl* **porta-vozes)** spokesperson (spokesman, spokeswoman).

por.te [p'ɔrti] *sm* **1** act of transporting or bringing, portage. **2** transport. **3** load. **4** charge. **5** postage. **6** figure (of woman). **7** body (of man). **com porte pago** post-paid.

por.tei.ro [port'ejru] *sm* **1** doorkeeper. **2** janitor, warden. **3** gatekeeper. **porteiro eletrônico** intercom.

por.to [p'ɔrtu] *sm* port, harbour.

por.tu.guês [portug'es] *sm (pl* **portugueses)** Portuguese.

por.ven.tu.ra [pɔrvẽt'urə] *adv* **1** by chance. **2** perhaps, possibly.

pós [p'ɔs] *prep* post, after, behind.

po.sar [poz'ar] *vint* to pose.

pós-dou.to.ra.do [pɔzdowtor'adu] *sm* postdoctoral studies, *coloq* postdoc.

pós-es.cri.to [pɔzeskr'itu] *sm (pl* **pós-escritos)** postscript (*abbr* PS).

pos.fá.cio [posf'asju] *sm* postface.

pós-gra.du.a.do [pɔzgradu'adu] *sm amer* graduate, *brit* postgraduate. • *adj* graduate, postgraduate.

pós-guer.ra [pɔzg'ɛřə] *sm* postwar.

po.si.ção [pozis'ãw] *sf (pl* **posições)** position. **tomar posição** to take one's stand.

po.si.ci.o.nar [pozisjon'ar] *vt+vpr* **1** to position, locate. **2** **posicionar-se** to place oneself.

pós-mo.der.no [pɔzmod'ɛrnu] *adj* postmodern.

pos.se [p'ɔsi] *sf* **1** holding or fruition of a property or right. **2** ownership. **3 posses** possessions, wealth, riches, property. **de posse** in possession. **estar de posse**

de to be in possession of. **tomar posse** to take office.

pos.ses.si.vo [poses'ivu] *adj* possessive.

pos.ses.so [pos'ɛsu] *adj* mad, crazy, furious.

pos.si.bi.li.da.de [posibilid'adi] *sf* **1** possibility. **2** chance, odds. **ele não tem nenhuma possibilidade** / he has no chance whatever. **3 possibilidades** means, possessions, wealth. **uma possibilidade remota** an off-chance.

pos.sí.vel [pos'ivew] *adj m+f* **1** possible. **2** feasible. **3** potential. **é possível que** it might be that. **fazer o possível** to do one's best. **fazer todo o possível** to do one's utmost. **o mais cedo possível** as soon as possible. **se for possível** if it is at all possible. **será possível?!** is it possible?!, indeed?!

pos.su.ir [posu'ir] *vt* **1** to possess. **2** to have, hold (property). **3** to own.

pos.tal [post'aw] *sm (pl* **postais)** post card. • *adj m+f* postal. **agência postal** post office. **código postal** postal code. **zip code**. **selo postal** postage stamp, stamp.

pos.te [p'ɔsti] *sm* **1** post, stake, pole. **2** pillar. **3** mast, pylon. **poste de iluminação** lamppost. **poste de luz / poste de rua** street lamp.

pos.te.ri.or [posteri'or] *sm pop* the behind, backside, buttocks. • *adj m+f* **1** posterior. **2** later (in time). **3** behind. **4** back. **5** after.

pos.ti.ço [post'isu] *adj* false. **cabelos postiços** false hair, wig. **dentes postiços** false teeth.

pos.to¹ [p'ostu] *adj* (e *part pass* de **pôr**) **1** put, put in place. **2** (of sun, moon, stars) set. **3** disposed, arranged. **4** laid. • *conj* although, though. **depois do sol posto** after sunset. **posto que** although, though, even though, even if, notwithstanding that.

pos.to² [pot'ostu] *sm* **1** post. **2** place, position. **3** station, stand. **4** office, duty. **5** rank, grade. **6** *bras* gas station. **posto de bombeiros** fire station. **posto de gasolina** gas station. **posto policial** police post, police station.

po.tá.vel [pot'avew] *adj m+f (pl* **potáveis***)* potable, drinkable.

po.te [p'ɔti] *sm* pot, vessel (of earth, iron or aluminium). **2** water jug, pitcher.

po.tên.cia [pot'ẽsjə] *sf* **1** potency, power, strength. **2** might, authority. **3** virility. **4** *Fís* working power, force. **as grandes potências** the Great Powers.

po.ten.te [pot'ẽti] *adj m+f* **1** potential, powerful, mighty. **2** strong, vigorous, dynamic.

po.tro [p'otru] *sm* colt, foal, young horse. **2** *bras* untamed horse.

pou.co [p'owku] *sm* a little, trifle, small quantity, somewhat, something. • *adj* **1** little, not much. **2 poucos** few, not many. • *adv* **1** not much. **2** not long (time). **3** not very. **ainda há pouco** a while ago. **aos poucos** little by little. **a pouca distância** near. **daqui a pouco** in a little while. **dentro de pouco tempo** in a short time, soon, in a little while. **fazer pouco caso** to minimize, belittle. **por pouco** about, almost. **pouca coisa** a small matter, trifling. **pouco antes** a little before. **pouco caso** disregard, disdain. **um pouco de** some.

pou.pan.ça [powp'ãsə] *sf* **1** economy, thrift. **2** providence, forehandedness. **caderneta de poupança** savings account.

pou.par [powp'ar] *vt+vpr* to economize, spare, save. **2 poupar-se** to care for oneself, spare oneself. **não poupar nem esforços nem dinheiro** to spare neither trouble nor money.

pou.sa.da [powz'adə] *sf* inn, lodging.

pou.sar [powz'ar] *vt+vint* **1** to put, set, lay down, place. **2** to lodge, spend the night at. **3** to land (plane).

pou.so [p'owzu] *sm* **1** resting place. **2** *Aeron* landing (plane). **pouso de emergência** forced landing. **pouso por instrumentos** blind landing.

po.vo [p'ovu] *sm* people, folk, nation, race.

po.vo.a.do [povo'adu] *sm* village. • *adj* populated, populous.

pra [pr'a] *contr prep* **pra** + *art* ou *pron* **f a**: *vim pra festa muito cedo* / I came to the party too early.

pra.ça [pr'asə] *sf* **1** square, market place. **carro de praça** taxi, taxi cab, cab. **praça pública** plaza, square. **ser boa praça** *bras, coloq* to be a nice guy.

pra.do [pr'adu] *sm* meadow, plain, grassy land.

pra.ga [pr'agə] *sf* **1** curse. **2** plague. **combate às pragas** pest control. **que praga!** *coloq* what a nuisance! **rogar pragas** to curse.

pra.gue.jar [pregeʒ'ar] *vint+vt* to curse, swear.

prai.a [pr'ajə] *sf* beach, seashore, seaside. **à praia / na praia** ashore. **barraca de praia** beach tent. **chapéu de praia** beach hat. **conjunto de praia** beach suit. **roupa de praia** beachwear.

pran.cha [pr'ãʃə] *sf* **1** plank, board. **2** *bras, gír* large foot. **3** surfboard. **prancha de surfe** surfboard.

pra.ta [pr'atə] *sf Quím* silver. **bodas de prata** silver wedding. **falar é prata, calar é ouro** speech is silver, silence is gold. **prata de lei** sterling silver.

pra.ta.ri.a [pratar'iə] *sf* **1** silverware. **2** silver jewelry.

pra.te.lei.ra [pratel'ejrə] *sf* shelf, rack. **prateleira para livros** bookshelf.

prá.ti.ca [pr'atikə] *sf* practice. **a prática faz o mestre** practice makes perfect. **na prática** in practice. **pôr em prática** to put into practice.

pra.ti.car [pratik'ar] *vt+vint* **1** to practice, practise (*brit*). **2** to talk, converse. **praticar esporte** to go in for sport.

prá.ti.co [pr'atiku] *sm* **1** *Náut* pilot. **2** practitioner, practiser. • *adj* practical. **espírito prático** practical mind.

pra.to [pr'atu] *sm* **1** plate. **2** dish. **3** course (of dishes). **4 pratos** *Mús* cymbals. **escorredor de pratos** dish drainer. **lavadora de pratos** dishwasher. **pôr em pratos limpos** to clear up a matter.

pra.zer [praz'er] *sm* **1** pleasure, joy. **2** amusement, fun. • *vt* to please. **com prazer** with pleasure. **muito prazer em conhecê-lo** pleased to meet you.

pra.ze.ro.so [prazer'ozu] *adj* bras pleasant, joyful, cheerful, merry.

pra.zo [pr'azu] *sm* **1** term, time, period. **2** deadline. **alargar o prazo** to extend, prolong the term. **a longo prazo** at long term. **a prazo** in instalments. **prazo de entrega** time of delivery. **prazo de vencimento** term.

pre.âm.bu.lo [pre'ãbulu] *sm* preface, prologue, introduction. **sem mais preâmbulos** without delay.

pre.cá.rio [prek'arju] *adj* precarious, uncertain, unstable.

pre.cau.ção [prekawsãw] *sf* (*pl* **precauções**) precaution, caution. **tomar precauções** to take precautions.

pre.ca.ver [prekav'er] *vt+vpr* **1** to prevent. **2** to provide against, forewarn. **3 precaver-se** to be cautious, beware, take precautions.

pre.ce [pr'esi] *sf* **1** prayer. **2** petition, invocation. **preces matinais** morning prayers.

pre.ce.der [preseder] *vt+vint* to precede, go before in order of time, place or rank.

pre.cei.to [pres'ejtu] *sm* precept, rule, teaching.

pre.ci.o.so [presi'ozu] *adj* **1** precious, valuable. **2** magnificent. **3** *fig* affected, over-refined. **4** beloved, dear. **pedra preciosa** precious stone.

pre.ci.são [presiz'ãw] *sf* (*pl* **precisões**) precision, preciseness, accuracy.

pre.ci.sar [presiz'ar] *vt* **1** to need. **2** to require. **3** to specify. **4** must, have to, need to (followed by infinitive).

pre.ci.so [pres'izu] *adj* **1** precise, exact. **2** nice, distinct. **3** correct, accurate. **4** necessary, wanted. **não é preciso** it is not necessary. **se for preciso** if need be, if necessary.

pre.ço [pr'esu] *sm* price. **a preços reduzidos** at reduced prices. **a qualquer preço** at all costs. **preço de custo** cost price. **preço de fábrica** manufacturer's price. **preço de fatura** billing cost, invoice price. **preço de mercado / preço da praça** market price, market value. **preço de ocasião** bargain price. **preço de varejo** retail price. **preço de venda** selling price. **preço fixo** fixed price. **preço líquido** net price. **preço máximo / preço teto** ceiling price.

pre.con.cei.to [prekõs'ejtu] *sm* prejudice, bias. **ter um preconceito contra alguém** to have a prejudice against someone.

pre.cur.sor [prekurs'or] *sm* precursor, forerunner, predecessor, pioneer. • *adj* precursory, preceding.

pre.da.dor [predad'or] *sm* predator.

pre.di.ca.do [predik'adu] *sm* **1** quality, character, attribute. **2** talent, faculty, aptitude. **3** *Gram* predicate.

pre.di.le.to [predil'ɛtu] *sm* favorite, favourite. • *adj* beloved, favourite.

pré.dio [pr'ɛdju] *sm* building, construction.

pre.di.zer [prediz'er] *vt* to predict.

pre.do.mí.nio [predom'inju] *sm* predominancy, supremacy, dominion.

pre.en.cher [preẽʃ'er] *vt* **1** to fulfil, accomplish, comply with, perform. **2** to supply, fill. **3** to complete. **preencher uma vaga** to fill a vacancy. **preencher um cheque** to write a check, fill out a check.

pré-es.co.lar [prɛeskol'ar] *adj m+f* preschool.

pré-es.trei.a [prɛestr'ejə] *sf bras, Cin, Teat* preview.

pre.fei.to [pref'ejtu] *sm* mayor.

pre.fei.tu.ra [prefejt'urə] *sf* town hall, city hall.

pre.fe.rir [prefer'ir] *vt* 1 to prefer. 2 to be preferred.

pre.fe.rí.vel [prefer'ivew] *adj m+f (pl* **preferíveis**) preferable, better, more desirable.

pre.ga [pr'ɛgə] *sf* 1 pleat, plait, fold. 2 crease.

pre.ga.dor¹ [pregad'or] *sm* 1 nailer, fastener. 2 *bras, gír* liar. • *adj* nailing, fixing.

pre.ga.dor² [pregad'or] *sm* 1 preacher, clergyman. 2 scolder. • *adj* 1 preaching. 2 scolding.

pre.gão [preg'ãw] *sm* proclamation, cry. **sala de pregão** *Com* exchange hall, exchange floor.

pre.gar¹ [preg'ar] *vt+vint* 1 to nail, fasten with nails. 2 to fix, fasten, stick, peg. 3 *bras* to be exhausted. **pregar o(s) olho(s)** to sleep a wink. **pregar os olhos em alguém** to fix one's eyes upon someone. **pregar uma peça a alguém** to play a trick on someone. **pregar um botão** to sew on a button. **pregar um susto em alguém** to give someone a fright.

pre.gar² [preg'ar] *vt* to preach. **pregar um sermão a alguém** to lecture a person, give a person a pi-jaw.

pre.go [pr'ɛgu] *sm* 1 nail. 2 exhaustion.

pre.gui.ça [preg'isə] *sf* laziness, idleness, slothfulness. **estar com preguiça** to be lazy.

pre.gui.ço.so [pregis'ozu] *adj* lazy, idle.

pre.ju.di.car [preʒudik'ar] *vt+vpr* 1 to prejudice, damage, harm. 2 to annul, cancel. 3 **prejudicar-se** to come to harm.

pre.ju.í.zo [preʒu'izu] *sm* prejudice, damage, loss, harm. **causar prejuízo** to cause damage. **com prejuízo** at a loss. **recuperar prejuízos** to recover damages. **sem prejuízo** without prejudice.

pre.jul.gar [preʒuwg'ar] *vt* to prejudge, judge beforehand, decide in anticipation.

pre.li.mi.nar [prelimin'ar] *sm* preliminary, introduction. • *adj m+f* preliminary, introductory.

pre.ma.tu.ro [premat'uru] *sm* a premature baby. • *adj* premature.

pre.me.di.tar [premedit'ar] *vt* to premeditate.

pre.mi.ar [premi'ar] *vt* to reward, give a prize to.

prê.mio [pr'emju] *sm* 1 reward, prize, award. 2 gain, profit, bonus. 3 premium. **concurso com prêmios** prize competition. **conquistar o prêmio** to take the prize, get the prize. **prêmio de consolação** booby prize.

pré-na.tal [prɛnat'aw] *adj m+f (pl* **pré-natais**) prenatal: previous to birth.

pren.da.do [prẽd'adu] *adj* gifted, talented, accomplished.

pren.de.dor [prẽded'or] *sm* fastener, clip, peg, pin. • *adj* arresting, seizing. **prendedor de gravata** tie clip. **prendedor de papel** paper clip. **prendedor de roupa** clothes-peg, clothes-pin.

pren.der [prẽd'er] *vt+vpr* 1 to fasten, tie, bind, fix. 2 to seize, apprehend, take, grasp, grip. 3 to catch, capture, take hold of. 4 to arrest, imprison. 5 to adhere, stick to. 6 **prender-se** to be connected, get caught.

pren.sar [prẽs'ar] *vt* to press, compress, crush, squeeze.

pre.o.cu.pa.ção [preokupas'ãw] *sf (pl* **preocupações**) 1 preoccupation. 2 worry, trouble, concern.

pre.o.cu.pa.do [preokup'adu] *adj* preoccupied, troubled, worried, concerned. **estar muito preocupado com alguma coisa** to be worried about something.

preocupado com worried about, troubled about.
pre.o.cu.par [preokup'ar] *vt+vpr* **1** to preoccupy. **2** to trouble, worry. **3 preocupar-se** to be worried, become anxious. **preocupar-se com alguma coisa** to trouble about something.
pre.pa.ra.do [prepar'adu] *sm Quím, Farm* preparation. • *adj* **1** prepared, ready. **2** educated, cultured.
pre.pa.rar [prepar'ar] *vt+vpr* **1** to prepare. **2 preparar-se** to prepare oneself, make oneself ready, take care of oneself.
pre.pa.ra.ti.vos [preparat'ivus] *sm pl* arrangements.
pre.pa.ro [prep'aru] *sm* **1** preparation. **2** *bras* education, refinement, ability, learning. **3** *bras, pop* gelding (of animals). **preparo físico** physical fitness.
pre.po.si.ção [prepozis'ãw] *sf* (*pl* **preposições**) preposition.
pre.po.tên.cia [prepot'ẽsjə] *sf* **1** prepotence. **2** despotism.
pré-pri.má.rio [prεprim'arju] *adj* pre-school.
pre.sa¹ [pr'ezə] *sf* prey. **presa de guerra** war prize, war spoil.
pre.sa² [pr'ezə] *sf* **1** claw. **2** canine tooth.
pre.sen.ça [prez'ẽsə] *sf* presence. **marcar presença** to be present. **na presença de** in the presence of. **presença de espírito** presence of mind.
pre.sen.ci.ar [prezẽsi'ar] *vt* to be present, witness.
pre.sen.te [prez'ẽti] *sm* **1** present, actuality. **2** present person or persons. **3** *Gram* present tense. **4** gift. • *adj m+f* present. • *interj* here! **dar de presente** to offer, present as a gift. **estar presente** to be present.
pre.sen.te.ar [prezẽte'ar] *vt* to present, offer as a gift, give a present.
pre.sé.pio [prez'εpju] *sm* crib, manger.

pre.ser.var [prezerv'ar] *vt+vpr* **1** to preserve. **2** to keep, maintain.
pre.si.dên.cia [prezid'ẽsjə] *sf* presidency, chairmanship. **ocupar a presidência** to be in the chair.
pre.si.den.te [prezid'ẽti] *sm* **1** president. **2** chairperson. **3** manager, superior. • *adj m+f* presiding, ruling.
pre.si.di.á.rio [prezidi'arju] *sm* convict.
pre.si.dir [prezid'ir] *vt+vint* to preside (at, over), manage direct, guide.
pre.so [pr'ezu] *sm* (*pl* **presos**) prisoner, convict. • *adj* captive, imprisoned, arrested, jailed, confined. **fuga de presos** jail-break. **preso a sete chaves** under lock and key.
pres.sa [pr'εsə] *sf* **1** velocity, speed. **2** hurry. **a pressa é a inimiga da perfeição** haste makes waste. **às pressas** in full career. **entrar às pressas** to hurry in. **estar com (muita) pressa / ter (muita) pressa** to be in a (tearing) hurry, be (hard) pressed for time. **não tenha pressa** take your time.
pres.sá.gio [pres'aʒju] *sm* **1** omen, sign. **2** prediction. **bom presságio** good omen. **mau presságio** bad omen.
pres.são [pres'ãw] *sf* (*pl* **pressões**) **1** pressure. **2** stress, strain, tension. **panela de pressão** pressure cooker. **pressão alta** high pressure. **pressão sanguínea** blood pressure.
pres.sen.tir [presẽt'ir] *vt* **1** to foresee. **2** to think, suspect. **3** to sense. **4** to have a feeling (that).
pres.si.o.nar [presjon'ar] *vt+vint* **1** to press, compress. **2** to drive, push.
pres.ta.ção [prestas'ãw] *sf* (*pl* **prestações**) instalment. **comprar a prestação** to buy on instalments.
pres.tar [prest'ar] *vt+vpr* **1** to lend, loan. **2** to render, give, afford, perform. **3** to be useful, be good or proper for. **4 prestar-se** to be of service, be useful, be obliging. **não prestar** to be no good.

não prestar para nada to be good for nothing, be useless. **prestar atenção** to pay attention. **prestar exame** to go in for examination. **prestar homenagem** to homage, pay reverence. **prestar juramento** to take an oath.

pres.ta.ti.vo [prestat'ivu] *adj* helpful.

pres.tes [pr'ɛstis] *adj m+f sing+pl* **1** ready, prompt, prepared. **2** about to. **3** quick, speedy, swift.

pres.tí.gio [prest'iʒju] *sm* **1** prestige, reputation. **2** fascination, charm.

pre.su.mi.do [prezum'idu] *sm* self--conceited person. • *adj* self-conceited, self-satisfied, vain.

pre.sun.ço.so [prezũs'ozu] *adj* presumptuous, arrogant, proud, conceited.

pre.sun.to [prez'ũtu] *sm* ham, gammon.

pre.ten.den.te [pretẽd'ẽti] *s m+f* **1** pretender, pretendant. **2** suitor. **3** claimant, candidate, applicant. • *adj m+f* pretending, claiming.

pre.ten.der [pretẽd'er] *vt+vint+vpr* **1** to intend, mean, assume, plan. **2 pretender-se** to pass oneself off for.

pre.tex.to [pret'estu] *sm* pretext, excuse.

pre.to [pr'etu] *sm* **1** Negro, Afro-American. **2** black (colour). **3** a black suit. • *adj* **1** Negro, Afro-American. **2** black, dark. **3** *bras, fig* dangerous. **4** *bras, fig* difficult. **pôr o preto no branco** to set down in black and white, get something down in writing.

pre.va.le.cer [prevales'er] *vint+vt+vpr* **1** to prevail (over). **2** to persist. **3 prevalecer-se** to take advantage of.

pre.ven.ção [prevẽs'ãw] *sf (pl* **prevenções)** **1** prevention, precaution. **2** prejudice. **3** warning.

pre.ve.ni.do [preven'idu] *adj* **1** advised, forewarned, informed. **2** provident, cautious, on one's guard. **estar prevenido** to have money.

pre.ve.nir [preven'ir] *vt+vint+vpr* **1** to prevent. **2 prevenir-se** to provide against, take measures beforehand, be on one's guard. **mais vale prevenir do que remediar** a stitch in time saves nine, prevention is better than cure.

pre.ver [prev'er] *vt+vint* **1** to foresee, anticipate. **2** to calculate, expect.

pre.vi.dên.cia [previd'ẽsjə] *sf* providence, precaution. **previdência social** social welfare.

pré.vio [pr'ɛvju] *adj* previous, prior, former. **aviso prévio** prior notice.

pre.vi.são [previz'ãw] *sf (pl* **previsões)** prevision, foresight, forecast. **previsão do tempo** weather forecast.

pre.za.do [prez'adu] *adj* dear. **prezados senhores** Dear Sirs, Dear Gentlemen.

pri.ma [pr'imə] *sf (fem de* **primo)** cousin.

pri.má.rio [prim'arju] *sm* primary school. • *adj* **1** primary. **2** elementary, primary (education). **3** *bras* narrow--minded, limited. **4** primitive, crude. **cor primária** primary colo(u)r. **escola primária** primary school, elementary school, grade school.

pri.ma.ve.ra [primav'ɛrə] *sf* **1** spring, springtime. **2** *fig* youth. **3 primaveras** years, age.

pri.mei.ra [prim'ejrə] *sf* **1** first class. **2** first gear (automobile).

pri.mei.ro [prim'ejru] *sm* the first. • *adj* **1** first, prime, foremost. **2** main, chief. **3** former (the first mentioned of two things or people). **4** earliest. • *adv* first(ly), mainly, chiefly. **à primeira vista** at the first glance, at first sight. **as primeiras horas após meia-noite** the small hours. **de primeira** first class, top quality. **estar entre os primeiros** to rank among the first. **primeiros socorros** first aid.

pri.mei.ro-mi.nis.tro [primejrumin'istru] *sm* prime minister.

pri.mo¹ [pr'imu] *sm* cousin. **primos de segundo grau** second cousins.

pri.mo² [pri'imu] *adj* **1** first, prime. **2** perfect, accomplished. **3** *Arit* indivisible except by unity or by itself. **número primo** prime number.

prin.ce.sa [prĩs'ezə] *sf* princess.

prín.ci.pe [prĩ'sipi] *sm* prince. **príncipe encantado** prince charming.

prin.ci.pi.an.te [prĩsipi'ɐ̃ti] *s m+f* beginner, novice, apprentice, probationer. • *adj m+f* beginning.

prin.cí.pio [prĩ'sipju] *sm* **1** beginning, start, commencement. **2** origin, source. **3** maxim, axiom, fundamental doctrine. **4** principle. **adotar como princípio** to take as principle. **a princípio** at first. **em princípio** in principle.

pri.o.ri.da.de [prjorid'adʒi] *sf* priority. **ter prioridade sobre** to take priority to.

pri.são [priz'ɐ̃w] *sf* (*pl* **prisões**) **1** prison, jail, gaol. **2** imprisonment, detention, confinement. **pôr na prisão** to put into prison. **prisão de ventre** constipation.

pri.si.o.nei.ro [prizjon'ejru] *sm* prisoner.

pri.va.ci.da.de [privasid'adʒi] *sf* privacy.

pri.va.da [priv'adə] *sf* water-closet, toilet, lavatory, *bras, coloq* loo. **assento da privada** toilet seat. **bacia da privada** toilet pan, toilet bowl. **tampo da privada** toilet lid.

pri.var [priv'ar] *vt+vpr* **1** to deprive. **2** to prohibit, forbid. **3** **privar-se** to deprive oneself of, abstain from, do without.

pri.va.ti.zar [privatiz'ar] *vt bras* to privatize: to transfer from ownership by the state to private ownership.

pri.vi.lé.gio [privil'ɛʒju] *sm* **1** privilege, exclusive right, advantage. **2** immunity, patent. **3** priority.

pró [pr'ɔ] *sm* pro, advantage, reason. • *adv* pro, for, in favour of. **nem pró nem contra** neither for nor against. **os prós e os contras** the pros and cons.

pro.a [pr'oə] *sf Náut* stem, bow.

pro.ba.bi.li.da.de [probabilid'adʒi] *sf* probability, likelihood. **ter boas probabilidades** to stand a good chance.

pro.ble.ma [probl'emə] *sm* problem. **levantar problemas** to problemize.

pro.ce.dên.cia [prosed'ẽsjə] *sf* origin, source.

pro.ce.der [prosed'er] *vt+vint* **1** to proceed. **2** to behave. **proceder com cuidado** to proceed carefully.

pro.ce.di.men.to [prosedim'ẽtu] *sm* **1** procedure. **2** behaviour.

pro.ces.sa.dor [prosesad'or] *sm* processor. **processador central** central processor. **processador de alimentos** food processor. **processador de rede** network processor. **processador de texto** word-processor.

pro.ces.sar [proses'ar] *vt* **1** to carry on a lawsuit, process, sue, prosecute, indict, take action. **2** to process, prepare. **3** *Inform* to file, store.

pro.ces.so [pros'ɛsu] *sm* **1** process, lawsuit. **2** proceedings. **3** method, procedure. **4** course, cycle. **ir a processo** to go to court.

pro.cis.são [prosis'ɐ̃w] *sf* (*pl* **procissões**) procession (religious). **ir em procissão** to go in procession, procession.

pro.cu.ra [prok'urə] *sf* **1** search, quest, pursuit. **2** demand. **estar à procura de** to be on the outlook for, be in search of. **procura e oferta** demand and supply.

pro.cu.ra.do [prokur'adu] *adj* demanded, wanted. **muito procurado** in demand, in great request.

pro.cu.rar [prokur'ar] *vt+vint* **1** to look for, seek, search. **2** to try, attempt. **3** to aim at. **4** to visit, call on.

pro.dí.gio [prod'iʒju] *sm* **1** prodigy. **2** sign, wonder.

pro.du.ção [produs'ɐ̃w] *sf* (*pl* **produções**) **1** production. **2** output. **controle de produção** production control. **custo de produção** production cost. **linha de produção** production line.

pla.nejamento de produção production scheduling. **produção em série** mass production.

pro.du.to [prod'utu] *sm* product. **produto acabado** end product. **produto agrícola** produce of the country. **produto perecível** perishable product. **produtos da terra** the fruits of the earth. **produto secundário** by-product. **produtos nacionais** domestic goods.

pro.du.tor [produt'or] *sm* producer. • *adj* producing, productive.

pro.du.zir [produz'ir] *vt+vint+vpr* 1 to produce. 2 **produzir-se** *bras* to dress smartly, according to the latest fashion in hairstyle, clothes and make-up. **produzir efeito** to take effect.

pro.e.za [pro'eza] *sf* 1 bravery, courage. 2 exploit, achievement. 3 *coloq* any uncommon act.

pro.fe.rir [profer'ir] *vt* to pronounce, utter, speak, say. **proferir sentença** to give judgement. **proferir um discurso** to make a speech.

pro.fes.sor [profes'or] *sm* (*pl* **professores**) professor, teacher, master, instructor, educator, lecturer. **professor catedrático** full professor. **professor de línguas** language master. **professor eventual** supply teacher. **professor particular** tutor, private teacher. **professor visitante** visiting professor.

pro.fis.são [profis'ãw] *sf* (*pl* **profissões**) profession. **de profissão** by occupation. **errar a profissão** to mistake one's vocation.

pro.fun.di.da.de [profudid'adi] *sf* depth. **um poço com 20 metros de profundidade** a well 20 meters deep.

pro.fun.do [prof'ũdu] *adj* deep. **com os olhos profundos** hollow-eyed. **conhecimentos profundos** profound knowledge. **em profunda meditação** immersed in meditation. **silêncio profundo** deep silence. **sono profundo** sound, fast sleep.

prog.nós.ti.co [progn'ɔstiku] *sm* 1 prognostic, omen. 2 prediction. 3 *Med* prognosis.

pro.gra.ma [progr'ʌmə] *sm* 1 program, programme. 2 syllabus (subject, course of study). 3 plan. **de programa** said of a person who engages in love affairs for money or has sex with another for money. **programa de índio** a very boring kind of entertainment. **programa de televisão** telecast, TV program. **programa do governo** programme of government. **programa teatral** playbill.

pro.gra.ma.ção [programas'ãw] *sf* (*pl* **programações**) 1 programs (radio, TV). 2 *Inform* programming. 3 listings (journal).

pro.gra.mar [program'ar] *vt+vint* 1 to program(me). 2 to set.

pro.gre.dir [progred'ir] *vt+vint* 1 to progress, advance. 2 to make progress, improve. 3 to develop. 4 to become more intense (a disease). **fazer progredir** to advance. **progredir na vida** to get on in life.

pro.gres.so [progr'ɛsu] *sm* progress. **fazer progresso** to make headway, get on.

pro.i.bi.ção [projbis'ãw] *sf* (*pl* **proibições**) prohibition, ban.

pro.i.bi.do [projb'idu] *adj* forbidden. **o fruto proibido** the forbidden fruit.

pro.i.bir [projb'ir] *vt* to prohibit, forbid, ban. **proibir um livro** to suppress a book.

pro.je.tar [proʒet'ar] *vt* 1 to project. 2 to show (film, slide).

pro.jé.til [proʒ'etiw] *sm* (*pl* **projéteis**) projectile, missile.

pro.je.to [proʒ'etu] *sm* project. **em projeto** in plan. **fazer um projeto** to draw up a plan. **projeto de lei** bill.

prol [pr'ɔw] *s m+f* (*pl* **próis**) advantage, benefit. **em prol de** in favour of, for.

pro.lon.ga.men.to [prolõgam'ẽtu] *sm* extension.

pro.lon.gar [prolõg'ar] *vt+vpr* **1** to prolong, lengthen. **2 prolongar-se** to go on, drag on.

pro.mes.sa [prom'ɛsə] *sf* promise. **fazer uma promessa** to make a vow, be under a vow.

pro.me.ter [promet'er] *vt+vint+vpr* to promise. **cumprir o que promete** to practise what one preaches. **prometer mundos e fundos** to promise mountains and marvels, promise wonders.

pro.mis.sor [promis'or] *sm* promiser. • *adj* promising.

pro.mo.tor [promot'or] *sm* **1** promoter, supporter, sponsor. **2** prosecutor. • *adj* promoting, promotive. **promotor público** prosecutor, attorney.

pro.mo.ver [promov'er] *vt+vpr* **1** to promote. **2** to prosecute. **3 promover-se** to boast about one's own worth and achievements.

pro.no.me [pron'omi] *sm Gram* pronoun.

pron.to [pr'õtu] *adj* **1** ready. **2** efficacious. **3** free, unrestrained. **4** done (cooked). • *adv* promptly. **de pronto / num pronto** immediately. **estar pronto para** to await, be prepared to do something.

pron.to-so.cor.ro [prõtusok'oʀu] *sm (pl* **prontos-socorros**) ambulance station, first-aid clinic.

pro.nún.cia [pron'ũsjə] *sf* pronouncing, pronunciation.

pro.nun.ci.ar [pronũsi'ar] *vt* **1** to pronounce. **2** to deliver a discourse. **3** *Jur* to pass sentence, indict. **4** to declare.

pro.pa.gan.da [propag'ãdə] *sf* **1** propaganda. **fazer propaganda** to advertise. **folhetos de propaganda** leaflet, flier, flyer.

pro.pi.na [prop'inə] *sf* tip.

pro.por [prop'or] *vt+vpr* **1** to propose. **2 propor-se** a) to offer, offer one's services. b) to set out.

pro.por.ção [propors'ãw] *sf (pl* **proporções**) **1** proportion. **2** ratio. **à proporção** proportionately, according to, in proportion. **à proporção que** while, as.

pro.pó.si.to [prop'ɔzitu] *sm* purpose, intention, aim, object. **a propósito** by the way. **a que propósito?** for what purpose? **com o propósito** to the effect. **de propósito** on purpose. **fora de propósito** out of reason, ill-timed. **sem propósito** aimless, objectless.

pro.pos.ta [prop'ɔstə] *sf* proposal. **fazer uma proposta** to make an offer.

pro.pri.e.da.de [proprjed'adi] *sf* **1** property. **2** propriety. **direitos de propriedade** property rights. **falar com propriedade** to speak with propriety. **propriedade literária** copyright.

pro.pri.e.tá.rio [proprjet'arju] *sm* proprietor, owner, holder, possessor. • *adj* proprietary.

pró.prio [pr'ɔprju] *adj* **1** proper, own. **2** suitable. **3** typical. **casa própria** a house of one's own. **minhas próprias palavras** my exact words. **nome próprio** proper name, proper noun.

pror.ro.ga.ção [proʀogas'ãw] *sf (pl* **prorrogações**) **1** putting off, adjournment, postponement. **2** extension. **3** extra time (match).

pro.sa [pr'ɔzə] *sf* prose.

pro.se.ar [proze'ar] *vint bras* to talk, chat.

pros.pe.rar [prosper'ar] *vint+vt+vpr* to prosper.

pros.pe.ri.da.de [prosperid'adi] *sf* prosperity, success, welfare, fortune.

prós.pe.ro [pr'ɔsperu] *adj* **1** prosperous, successful. **2** favourable, propitious. **um próspero ano novo!** a happy new year!

pros.se.guir [proseg'ir] *vt* to follow, proceed, go on, carry on.

pros.ti.tu.ir [prostitu'ir] *vt+vpr* **1** to prostitute. **2** *fig* to corrupt, devote to bad use. **3** to expose publicly. **4 prostituir-se** to become a prostitute.

pros.ti.tu.ta [prostit'utə] *sf* prostitute, whore.

pro.ta.go.nis.ta [protagon'istə] *s m+f* protagonist, main character.

pro.ta.go.ni.zar [protagoniz'ar] *vt bras* to star.

pro.te.ção [protes'ãw] *sf* (*pl* **proteções**) protection. **para a proteção de nossos interesses** to safeguard our interests. **sob minha proteção** with my protection.

pro.te.ger [proteʒ'er] *vt* to protect (from, against).

pro.te.í.na [prote'inə] *sf* Bioquím protein.

pro.tes.tar [protest'ar] *vt+vint* 1 to protest. 2 to profess. 3 to rebel against an injustice. **protestar uma letra** to protest a bill.

pro.tes.to [prot'ɛstu] *sm* protest.

pro.te.tor [protet'or] *sm* protector. • *adj* protective.

pro.va [pr'ɔvə] *sf* 1 proof: act or fact of proving. 2 experiment, essay, trial. 3 a trying on. 4 rehearsal. 5 examination. 6 test. 7 taste. 8 sample. 9 *Mat* cheesk. 10 demonstration. 11 sign, token. 12 *Fot* copy. **à prova de água** waterproof. **à prova de bala** shot-proof. **à prova de bomba** bomb-proof. **à prova de fogo** fire-proof. **a toda prova** tried, tested, safe. **corrigir provas** a) to read proofs. b) to correct tests.

pro.var [prov'ar] *vt+vint* 1 to prove. 2 to taste, sample. 3 to try. 4 to try on (dress). **provar sua inocência** to prove one's innocence.

pro.vá.vel [prov'avew] *adj m+f* probable, likely. **pouco provável** unlikely.

pro.vei.to [prov'ejtu] *sm* profit, benefit. **bom proveito!** enjoy it! **fazer / tirar proveito** to make good use of, profit. **tirar o maior proveito possível** to make the most of.

pro.ver [prov'er] *vt* 1 to provide, furnish, supply (with). 2 to give, grant, confer.

pro.vér.bio [prov'ɛrbju] *sm* proverb, saying.

pro.vi.den.ci.ar [providẽsi'ar] *vt+vint* 1 to provide, make arrangements for. 2 to take care of. 3 to arrange.

pro.vín.cia [prov'ĩsjə] *sf* province.

pro.vir [prov'ir] *vt* to proceed, come, result from.

pro.vi.só.rio [proviz'ɔrju] *adj* provisory, temporary.

pro.vo.ca.ção [provokas'ãw] *sf* (*pl* **provocações**) 1 provocation, provoking. 2 challenge. 3 temptation.

pro.vo.can.te [provok'ãti] *adj m+f* 1 provocative. 2 tempting (to sexual desire). 3 irritating.

pro.vo.car [provok'ar] *vt+vint* to provoke. **provocar risos** to cause laughter. **provocar sono** to cause sleep.

pro.xi.mi.da.de [prosimid'adʒi] *sf* 1 proximity, nearness. 2 **proximidades** surroundings, neighbourhood.

pró.xi.mo [pr'ɔsimu] *sm* fellow creature. • *adj* 1 near, close by, adjacent. 2 next. 3 coming, forthcoming. 4 that happened a short time before. 5 of or referring to kinship. 6 close, intimate. **no futuro próximo** in the near future.

pru.den.te [prud'ẽti] *adj m+f* 1 sensible. 2 careful.

pseu.dô.ni.mo [psewd'onimu] *sm* pseudonym. • *adj* pseudonymous.

psi.ca.ná.li.se [psikan'alizi] *sf* psychoanalysis.

psi.ca.na.lis.ta [psikanal'istə] *s m+f* psychoanalyst. • *adj* psychoanalytical.

psi.co.lo.gi.a [psikoloʒ'iə] *sf* psychology.

psi.co.ló.gi.co [psikol'ɔʒiku] *adj* psychological.

psi.có.lo.go [psik'ɔlogu] *sm* psychologist.

psi.co.pa.ta [psikop'atə] *s m+f* psychopath. • *adj* psychopathic.

psi.co.te.ra.pi.a [psikoterap'iə] *sf* Med psychotherapy, psychotherapeutics.

psi.qui.a.tra [psiki'atrə] s m+f psychiatrist.

psi.qui.a.tri.a [psikjatri'iə] sf psychiatry.

psí.qui.co [ps'ikiku] adj psychic.

psiu! [ps'iw] interj pst! hush!

pu.ber.da.de [puberd'adi] sf puberty.

pu.bli.ca.ção [publikas'ãw] sf (pl **publicações**) publication. **as últimas / mais recentes publicações** the latest publications.

pu.bli.car [publik'ar] vt to publish.

pu.bli.ci.da.de [publisid'adi] sf publicity.

pu.bli.ci.tá.rio [publisit'arju] sm adman: person who works in the advertising field. • adj bras advertising.

pú.bli.co [p'ubliku] sm 1 public. 2 audience. • adj public. **cargo público** public office, government appointment. **é de domínio público** it is common knowledge. **emprego público** public service. **em público** publicly. **funcionário público** public servant, civil servant. **opinião pública** public opinion. **relações públicas** public relations. **tornar público** to make known. **transporte público** public transport.

pu.dim [pud'ĩ] sm (pl **pudins**) Cul pudding.

pu.dor [pud'or] sm 1 modesty, chastity. 2 shame. **atentado ao pudor** indecent assault.

pu.e.ri.cul.tu.ra [pwerikuwt'urə] sf child welfare, child care.

pu.gi.lis.mo [puʒil'izmu] sm boxing.

pu.gi.lis.ta [puʒil'istə] s m+f boxer.

pu.lar [pul'ar] vint+vt to jump. **pular a cerca** to commit adultery.

pul.ga [p'uwgə] sf Entom flea (Pulex irritans). **andar com a pulga atrás da orelha** to be uneasy.

pul.mão [puwm'ãw] sm (pl **pulmões**) Anat lung(s). **pulmão de aço** iron lung.

pul.mo.nar [puwmon'ar] adj m+f pulmonary.

pu.lo [p'ulu] sm 1 jump, leap, skip, vault. 2 jerk, start, dash. 3 palpitation, throb. **aos pulos** by leaps. **dar pulos de alegria** to leap for joy. **dar um pulo** a) to take a leap. b) to grow very rapidly. c) to prosper, succeed. **levantar-se num pulo** to jump to one's feet.

pul.sa.ção [puwsas'ãw] sf (pl **pulsações**) pulse.

pul.sar [puws'ar] vt+vint 1 to pulsate, beat or throb rhythmically, pulse. 2 to impel. 3 to vibrate.

pul.sei.ra [puws'ejrə] sf 1 bracelet. 2 **bras** handcuffs. 3 strap.

pul.so [p'uwsu] sm 1 pulse. 2 wrist. 3 fig strength, vigour. **pulso fraco** weak pulse. **relógio de pulso** wristwatch. **tomar o pulso** a) to take the pulse. b) **bras**, fig to grope, observe a situation or a problem.

pu.nha.do [puɲ'adu] sm 1 handful. 2 fig a few, small number.

pu.nhal [puɲ'aw] sm (pl **punhais**) dagger.

pu.nha.la.da [puɲal'adə] sf 1 stab with a dagger. 2 fig serious moral offence.

pu.nho [p'uɲu] sm 1 fist. 2 wrist. 3 handle. 4 cuff (of a shirt). **de próprio punho** in one's own handwriting. **punho cerrado / fechado** clenched fist.

pu.ni.ção [punis'ãw] sf (pl **punições**) 1 punishment. 2 penalty, fine.

pu.nir [pun'ir] vt+vpr 1 to punish. 2 to reprimand. 3 **punir-se** to inflict punishment on oneself.

pu.pi.la [pup'ilə] sf 1 pupil. 2 a woman novice who is preparing to become a nun.

pu.re.za [pur'ezə] sf pureness, purity.

pu.ri.fi.car [purifik'ar] vt+vpr 1 to purify. 2 **purificar-se** to become purified.

pu.ri.ta.no [purit'∧nu] sm Puritan. • adj puritan.

pu.ro [p'uru] adj 1 pure. 2 simple. **água pura** pure water. **pura bobagem** pure nonsense.

púr.pu.ra [p'urpurə] *sf* purple.
pur.pu.ri.na [purpur'inə] *sf* glitter.
pus [p'us] *sm Med* pus. **formar pus** to suppurate, fester.
pu.ta [p'utə] *sf vulg* whore.
pu.tre.fa.ção [putrefas'ãw] *sf (pl* **putrefações)** 1 putrefaction, decomposition. 2 corruption.
pu.xa [p'uʃə] *interj* of surprise: why!, now!
pu.xa.do [puʃ'adu] *adj coloq* 1 high, exorbitant (price). 2 *bras* exhaustive (work). 3 of or referring to slanting eyes. **trabalho muito puxado** hard, difficult work.
pu.xa.dor [puʃad'or] *sm* 1 handle (door, drawer). 2 *bras, gír* a car thief. 3 *bras, gír* a hemp addict. 4 *bras* a leading singer of a samba parade.
pu.xar [puʃ'ar] *vt+vint+vpr* 1 to pull, draw. 2 to pluck. 3 to attract, incline. 4 to result in. 5 to resemble, look after. 6 *coloq* to fawn. 7 to stimulate. 8 to waste (electricity). 9 *bras, gír* to steal cars. 10 *bras* to transport a huge cargo. 11 *bras, gír* to smoke hemp or *marijuana*. 12 *bras* to inherit defects or qualities from one's ancestors. **puxar o saco** to bootlick. **puxar para si** to attract to oneself. **puxar pelas orelhas** to pull a person's ears.
pu.xa-sa.co [puʃəs'aku] *s m+f (pl* **puxa-sacos)** *bras, coloq* bootlicker.

q

Q, q [ke] *sm* the sixteenth letter of the alphabet.

qua.dra [k'wadrə] *sf* **1** *bras* block. **2** court. **3** *fig* age, period, time. **4** square place. **5** quartet, stanza of four lines. **6** a series of four.

qua.dra.do [kwadr'adu] *sm* **1** square. **2** box. • *adj* square.

qua.dri.cu.la.do [kwadrikul'adu] *adj* checkered.

qua.dril [kwadr'iw] *sm* (*pl* **quadris**) hip.

qua.dri.lha [kwadr'iλə] *sf* **1** gang, band (thieves). **2** squadron (airplanes). **3** pack (hounds). **4** *fig* crowd. **5** *bras, pop* rabble, mob. **6** quadrille.

qua.dri.nhos [kwadr'iɲus] *sm pl bras* comic strips, classic comics.

qua.dro [k'wadru] *sm* **1** square, quadrilateral. **2** frame, box. **3** picture frame. **4** painting, picture, canvas. **5** board, notice board. **exposição de quadros** picture gallery. **quadro a óleo** oil painting. **quadro de avisos** bulletin board.

qua.dro-ne.gro [kwadrun'egru] *sm* (*pl* **quadros-negros**) blackboard.

qual [k'waw] *pron relativo* who, whom, which, what, that. • *pron interrogativo* what, which. **qual destes livros você quer?** / which of these books do you want? • *conj* how, as, such as. **tal qual você queria** / such as you would have it. • *interj* nonsense, ridiculous. **qual! bobagem** / what!, fiddlesticks! **com qual?** with whom? with which? **do qual** of which, of whom. **qual deles?** which of them? **qual dos dois?** which of the two? **seja qual for** be it whatever it may. **tal e qual** just as, just like.

qua.li.da.de [kwalid'adi] *sf* quality. **controle de qualidade** quality control. **da melhor qualidade** of the first waters. **na qualidade de** in the capacity of.

qua.li.fi.ca.ção [kwalifikas'ãw] *sf* (*pl* **qualificações**) **1** qualification. **2** classification. **3** competence, skill.

qua.li.fi.car [kwalifik'ar] *vt+vpr* **1** to qualify. **2** to enable. **3** to select, choose (the best). **4** to estimate, appreciate. **5 qualificar-se** to qualify oneself for a post through a contest.

qual.quer [kwawk'ɛr] *pron indef* (*pl* **quaisquer**) any (person, thing, or part), some, a, an, every, either, certain, one, each, everyone. **a qualquer momento** at a moment's notice. **a qualquer preço** at any price. **de qualquer maneira** by any means, at all. **em qualquer caso** at all events. **em qualquer dos dois grupos** in either group. **em qualquer ocasião** some time or other. **em qualquer outro lugar** somewhere else. **qualquer coisa** anything. **qualquer dia** any day. **qualquer pessoa** anybody. **qualquer que** whatever. **qualquer que**

seja no matter which. **qualquer um** anyone, anybody. **qualquer um (entre dois) serve** either one will do.

quan.do [k'wãdu] *adv* when, how soon?, at what (or which) time. • *conj* when: a) at which. b) at what time. c) as soon as, as. d) at the time that, while. e) at the moment when. f) if, in case. g) however, whereas. h) even if, although. **até quando?** till when? **de quando?** from when? **de quando em quando / de vez em quando** from time to time, once in a while, occasionally. **desde quando?** since when?, how long? **quando muito** at the most, at best. **quando não** on the contrary. **senão quando** suddenly.

quan.ti.a [kwãt'iə] *sf* amount.

quan.ti.da.de [kwãtid'adi] *sf* amount, quantity. **em quantidade** by heaps, in shoals. **grande quantidade** heap, great deal.

quan.to [k'wãtu] *pron relativo* how much, all that, whatever, as much as. • *pron interrogativo* how much?, how many?, what. • *adv* what, how (great, fair, nice, much). **quantas vezes?** how many times? **quanto a mim** as for me. **quanto ao preço** when it comes to costs. **quanto custa?** how much is it? **quanto é?** how much? **quanto mais barato, melhor** the cheaper, the better. **quantos?** how many? **tanto quanto** as much as. **todos quantos** all who. **tudo quanto** everything that, all that.

qua.ren.ta [kwar'ẽtɐ] *num+sm* forty.

qua.res.ma [kwar'ɛzmə] *sf Rel* Lent.

quar.ta-fei.ra [kwartəf'ejrə] *sf (pl* **quartas-feiras**) Wednesday. **às quartas-feiras** on Wednesday, every Wednesday. **quarta-feira de cinzas** Ash Wednesday.

quar.tei.rão [kwartejr'ãw] *sm (pl* **quarteirões**) block.

quar.tel [kwart'ɛw] *sm (pl* **quartéis**) 1 quarter, barracks. 2 military service. 3 (by extension) shelter, habitation.

quar.tel-ge.ne.ral [kwart'ɛwʒener'aw] *sm (pl* **quartéis-generais**) headquarters.

quar.to [k'wartu] *sm* 1 room (of a house). 2 bedroom. • *num* fourth. **quarto crescente** crescent: the first quarter of the moon. **quarto de brincar** playroom. **quarto de crianças** nursery room. **quarto de dormir** bedroom. **quarto de quilo** quarter of a kilogram. **quarto de solteiro** single room. **quarto dos fundos** back room. **quarto minguante** the wane of the moon. **quarto mobiliado** furnished room. **quarto para casal** double room. **quarto para hóspede** spare room, guest room.

qua.se [k'wazi] *adv* 1 almost, near(ly). 2 approximately, about, not quite. 3 within an ace of. 4 scarcely, hardly. 5 next to. 6 quasi, as if. **quase a mesma coisa** pretty much the same. **quase nada** next to nothing, little or nothing. **quase nunca** hardly ever, almost never. **quase sempre** nearly always, most of the time. **quase tão alto** about as high.

qua.tor.ze [kwat'orzi] (também **catorze**) • *num* fourteen.

qua.tro [k'watru] *num+sm* four. *eles tocaram piano a quatro mãos* / they played the piano four-handed.

qua.tro.cen.tos [kwatros'ẽtus] *num+sm pl* four hundred.

que [k'i] *pron interrogativo* what, which, whatever, where. *que é que ele disse?* / what did he say? *que é que há?* / what's the matter? *que é que ela queria dizer com isto?* / whatever did she mean by that? *que é de João?* / where is John? *que dia é hoje?* / what day is today? • *pron relativo* that, which, who, what, whom. *eu que sou o seu mestre* / I who am your master. *um criado que eu conheço é honesto* / a servant who I know is honest. • *adv* what, how. *que tolo ele é!* / what a fool he is! • *conj* 1 as, for, than. 2 however, that. • *prep* except, but, of, to, for. **não tenho nada que fazer** / I have nothing to do. **aquele que** he who. **de maneira que** so that. **do que** than. **em que** wherein. **onde quer que** wherever. **qualquer livro que** any book that. **que aconteceu?** what happened? **que adianta** what's the use of. **que bobagem!** what a nonsense! **que horas** what time. **que mais?** what next? **que tal** what about, how about. **que vida!** what a life!

que.bra.ca.be.ça [kɛbrəkab'esə] *s m+f* (*pl* **quebra-cabeças**) *pop* puzzle.

que.bra.do [kebr'adu] *adj* 1 broken. 2 tired, fatigued, exhausted. 3 *bras* ruined, bankrupt, broken, very poor, indigent. **estar quebrado** a) to feel thoroughly knocked up. b) *bras* to be out of funds, be broken.

que.bra-mar [kɛbrəm'ar] *sm* (*pl* **quebra-mares**) breakwater, jetty pier.

que.bra-no.zes [kɛbrən'ɔzis] *sm sing+pl* nutcracker.

que.brar [kebr'ar] *vt+vint* to break. **quebrar a cabeça** *fig* to cudgel one's brains.

que.da [k'ɛdə] *sf* 1 fall. 2 drop. 3 loss (hair). 4 tendency, bent. **queda de preços** collapse of prices. **queda de produção** decline of production.

que.da-d'á.gua [k'ɛdə d'agwə] *sf* (*pl* **quedas-d'água**) waterfall.

quei.jo [k'ejʒu] *sm* cheese. **ele está com a faca e o queijo na mão** he has the ball at his feet. **queijo duro (mineiro)** hard cheese. **queijo fresco (mole)** soft cheese. **queijo parmesão** Parmesan cheese.

quei.ma.da [kejm'adə] *sf* 1 burn: place where vegetation has been burned away. 2 burned-over land. 3 *bras* forest fire.

quei.ma.do [kejm'adu] *adj* 1 burned, burnt. 2 sunburnt, tanned. 3 *bras* angry, furious. **queimado pelo sol** sunburned.

quei.ma.du.ra [kejmad'urə] *sf* 1 act of burning. 2 burn: injury on the body caused by fire.

quei.mar [kejm'ar] *vt+vint+vpr* 1 to burn. 2 to dissipate, waste. 3 to squander (money). 4 to sell out (goods) at low prices. 5 to be febrile. 6 **queimar-se** a) to be offended, take offence, get angry, become furious. b) *bras* to expose oneself to the sun in order to get sun tanned. c) to lose prestige, become suspect. d) to injure oneself by fire. **queimar as pestanas** to work or study till late in the night.

quei.xa [k'ejʃə] *sf* complaint. **ter motivo de queixa** to have reason for complaining about.

quei.xar [kejʃ'ar] *vpr* to complain. **queixar-se de alguma coisa** to make a grievance of something.

quei.xo [k'ejʃu] *sm* chin, mandible, lower jaw. **bater o queixo** to clatter one's teeth (with cold or fear). **ele ficou de queixo caído** he dropped his jaw.

quei.xo.so [kejʃ'ozu] *adj* complaining.

quem [k'ẽj] *pron relativo* who, whom, one or anybody who. • *pron interrogativo*: who?, whom? **quem é?** / who is it? **não sabem a quem perguntar** / they do not know whom to ask. **a quem** to whom. **como quem diz** as if saying. **de quem** a) whose. b) of whom, from whom. **há quem diga** it is said, reported. **não há quem** there's no one who. **quem quer que seja** whoever, whosoever. **quem sabe?** who knows? **seja lá quem for** whoever it may be.

quen.te [k'ẽti] *adj* 1 hot. 2 warm. 3 enthusiastic, excited.

quer [k'ɛr] *conj* 1 or. **quer chova quer faça sol, nós iremos** / we shall go rain or shine. 2 whether... or. **quer ele queira, quer não** / whether he will or not. **como quer que seja** however that may be. **onde quer que** wherever. **o que quer que** whatever. **quem quer**

que whoever. **quer sim, quer não** whether yes or no.

que.rer [ker'er] *vt+vint+vpr* **1** to want. **2** to wish (for). **3** to be fond of, have an affection for. **4** to have a strong will. **5 querer-se** a) to like, love one another. b) to admire each other. **como Deus quiser** as God wills. **como queira** as you like, as you please. **faça como quiser** do as you like. **queira Deus!** please God! **querer dizer** to mean. **querer o impossível** to cry for the moon. **sem querer** unintentionally, by accident.

que.ri.da [ker'idə] *sf* **1** darling, dear. **2** sweetheart. • *adj f* de **querido**.

que.ri.do [ker'idu] *sm* **1** darling, dear, beloved person. **2** favourite, pet. **3** sweetheart. • *adj* **1** darling, dear, beloved. **2** sweet.

que.ro.se.ne [keroz'eni] *sm* kerosene.

ques.tão [kest'ãw] *sf* (*pl* **questões**) **1** question. **2** subject, matter, issue. **chegar ao ponto essencial da questão** to come to the point. **eis a questão** that's the point. **em questão** at issue, in question. **fazer questão de** to insist on. **pôr em questão** to put in question. **questão de tempo** a matter of time. **uma questão de gosto** a matter of taste. **uma questão de hábito** a matter of habit. **uma questão de vida e morte** a case of life and death.

ques.ti.o.nar [kestjon'ar] *vt+vint* to question.

qui.a.bo [ki'abu] *sm* okra.

qui.çá [kis'a] *adv* **1** perhaps, maybe. **2** who knows? **3** possibly.

qui.e.to [ki'εtu] *adj* **1** quiet. **2** still. • *interj* be quiet!, switch off! **ficar quieto** to be quiet, shut up.

qui.lo [k'ilu] *sm red de* **quilograma**, kilo.

qui.lô.me.tro [kil'ometru] *sm* kilometer, kilometre.

quí.mi.ca [k'imikə] *sf* chemistry.

quí.mi.co [k'imiku] *sm* chemist. • *adj* chemic(al). **engenharia química** chemical engineering. **guerra química** chemical warfare. **reação química** chemical reaction.

qui.na [k'inə] *sf* **1** corner or edge (as of a table top). **2** five spots (of a card, dice or domino). **3** a series of five numbers (at lotto).

qui.nhen.tos [kiñ'ẽtus] *num+sm* five hundred. **isso são outros quinhentos** *coloq* that is quite another question.

quin.ta-fei.ra [kĩtəf'ejrə] *sf*(*pl* **quintas-feiras**) Thursday. **na manhã de quinta-feira** on Thursday morning. **todas as quintas-feiras** every Thursday.

quin.tal [kĩt'aw] *sm* (*pl* **quintais**) (back)yard.

quin.ze [k'ĩzi] *num+sm* fifteen. **dentro de quinze dias** within fifteen days. **férias de quinze dias** fortnight's holiday.

quin.ze.na [kĩz'enə] *sf* **1** a period of fifteen days. **2** fortnight, two weeks.

quin.ze.nal [kĩzen'aw] *adj m+f*(*pl* **quinzenais**) biweekly, fortnightly.

qui.os.que [ki'ɔski] *sm* kiosk, newsstand.

qui.tan.da [kit'ãdə] *sf* greengrocery.

qui.tar [kit'ar] *vt+vpr* **1** to quit. **2** to pardon, let off. **3** to settle or adjust (accounts). **4 quitar-se** a) to free oneself. b) to get rid of.

qui.te [k'iti] *adj m+f* **1** quit, free (from obligation). **2** settled (accounts). **3** divorced. **estar quites** a) to be even. b) to have got one's own back.

qui.tu.te [kit'uti] *sm bras* tasty appetizing dish, dainties, titbit.

quo.ta [kw'ɔtə] *sf* (usually **cota**) quota, share, proportional part, portion, allotment.

quo.ti.di.a.no [kwotidi'∧nu] *adj* (more frequently **cotidiano**) daily.

r

R, r [ˈɛɾi] *sm* the seventeenth letter of the alphabet.
rã [ˈɾã] *sf Zool* frog.
ra.ba.ne.te [ɾabanˈeti] *sm Bot* radish.
ra.bi.no [ɾabˈinu] *sm* rabbi.
ra.bis.car [ɾabiskˈar] *vt+vint* 1 to scribble. 2 to write hastily or carelessly. 3 to doodle.
ra.bis.co [ɾabˈisku] *sm* 1 scribble, scrawl. 2 doodle(s). 3 scratch. 4 **rabiscos** scribblings.
ra.bo [ɾˈabu] *sm* 1 tail. 2 *vulg* ass, arse (buttocks or anus). **rabo de cavalo** *bras* pigtail (hair), ponytail.
ra.bu.gen.to [ɾabuʒˈẽtu] *adj* 1 sullen. 2 cross. 3 grumpy.
ra.bu.gi.ce [ɾabuʒˈisi] *sf* 1 peevishness. 2 petulance. 3 impertinence.
ra.ça [ɾˈasa] *sf* 1 race. 2 generation. 3 lineage. 4 guts, courage. 5 breed. **de raça** (dog) pedigree. **na raça** boldly, daringly. **ter raça** to have guts.
ra.ção [ɾasˈãw] *sf* (*pl* **rações**) fodder. **ração para um dia** daily allowance.
ra.cha [ɾˈaʃə] *sf* 1 crack. 2 splinter, chip. 3 pop a division among two or more persons. 4 *masc* an illegal car race in streets and roads.
ra.cha.du.ra [ɾaʃadˈuɾə] *sf* fissure, crack.
ra.char [ɾaʃˈar] *vt+vint* 1 to split. 2 to splinter. 3 to chap. 4 to insult. 5 to treat roughly. 6 *bras* to split profits, expenses etc. 7 to open. **de rachar** intense, violent. **ou vai ou racha** it's sink or swim. **rachar meio a meio** to go fifty-fifty.
ra.ci.o.ci.nar [ɾasjosinˈar] *vt+vint* 1 to reason. 2 to think. 3 to consider.
ra.ci.o.cí.nio [ɾasjosˈinju] *sm* reasoning. **sem raciocínio** irrational.
ra.ci.o.na.do [ɾasjonˈadu] *adj* rationed, stinted. **ter a comida racionada** to be kept on short commons.
ra.ci.o.nal [ɾasjonˈaw] *sm* (*pl* **racionais**) 1 rational being. 2 *Mat* a rational number. • *adj m+f* 1 rational. 2 reasonable. 3 logical.
ra.ci.o.na.li.zar [ɾasjonalizˈar] *vt* to rationalize.
ra.ci.o.na.men.to [ɾasjonamˈẽtu] *sm* rationing, ration.
ra.ci.o.nar [ɾasjonˈar] *vt* to ration.
ra.cis.mo [ɾasˈizmu] *sm* racism.
ra.di.a.ção [ɾadjasˈãw] *sf* (*pl* **radiações**) 1 irradiation. 2 radiation.
ra.di.a.dor [ɾadjadˈor] *sm* radiator.
ra.di.an.te [ɾadiˈãti] *adj m+f* 1 brilliant. 2 bright.
ra.di.ca.li.zar [ɾadikalizˈar] *vt+vint* to radicalize.
rá.dio [ɾˈadju] *sm* 1 *Anat* radius. 2 *Quím* radium. 3 radio. **rádio portátil** portable radio.

ra.di.o.a.ti.vo [r̃adjoat'ivu] *adj* radioactive. **lixo radioativo** radioactive waste.

ra.di.o.gra.far [r̃adjografar'] *vt+vint* 1 to radiograph. 2 to radio.

ra.di.o.gra.fi.a [r̃adjografi'ə] *sf* radiograph, radiography, x-ray.

ra.di.o.tá.xi [r̃adjot'aksi] *sm* a taxi called by radio.

rai.a [r̃'ajə] *sf* 1 line, stroke. 2 line in the palm of the hand. 3 octogonal paper kite. 4 racecourse. 5 lane, racetrack.

rai.ar [r̃aj'ar] *vt+vint* 1 to break (the day), dawn. 2 to emit rays, radiate. **no raiar do dia** at dawn.

rai.nha [r̃a'iñə] *sf* queen.

rai.o [r̃'aju] *sm* 1 ray, beam. 2 lightning. 3 *Geom* radius. **como um raio** like a streak. **raios solares** sunshine. **raios te partam! você!** damn you! **raios ultravioleta** ultraviolet rays.

rai.va [r̃'ajvə] *sf* 1 rage, fury. 2 *Vet* rabies. 3 hate.

rai.vo.so [r̃ajv'ozu] *adj* 1 angry, furious. 2 affected with rabies.

ra.iz [r̃a'is] *sf* (*pl* **raízes**) root.

ra.ja.da [r̃aʒ'adə] *sf* 1 gust of wind. 2 *fig* burst of eloquence. 3 *bras, Mil* running series of shots.

ra.lar [r̃al'ar] *vt+vpr* 1 to grate. 2 to worry, annoy. 3 *fig* to work hard. **queijo ralado** grated cheese.

ra.lhar [r̃aʎ'ar] *vt+vint* 1 to scold. 2 to reprimand.

ra.lo [r̃'alu] *sm* 1 grater, rasper. 2 strainer. 3 prinkling nozzle. 4 grating. • *adj* thin, rare, diluted.

ra.mal [r̃am'aw] *sm* (*pl* **ramais**) (telephone) extension.

ra.ma.lhe.te [r̃amaʎ'eti] *sm* 1 little branch. 2 bouquet.

ra.mi.fi.car [r̃amifik'ar] *vt+vpr* 1 to divide into branches, ramify. 2 to subdivide. 3 **ramificar-se** a) to branch off. b) *fig* to propagate.

ra.mi.nho [r̃ʌm'iñu] *sm* twig.

ra.mo [r̃'ʌmu] *sm* 1 branch. 2 bunch. 3 division, subdivision. 4 field, interest.

ram.pa [r̃'ãpə] *sf* ramp, sloping roadway.

ran.cho [r̃ã'ʃu] *sm* 1 hut, lodge. 2 crowd of people.

ran.ço [r̃'ãsu] *sm* rancidity. • *adj* rancid, rank.

ran.cor [r̃ãk'or] *sm* resentment.

ran.co.ro.so [r̃ãkor'ozu] *adj* resentful, hateful.

ran.ço.so [r̃ãs'ozu] *adj* 1 rancid, rusty. 2 stale. 3 *fig* old-fashioned.

ran.ger [r̃ãʒ'er] *vt+vint* 1 to creak. 2 to grind.

ran.gi.do [r̃ãʒ'idu] *sm* creak(ing).

ra.par [r̃ap'ar] *vt+vint* 1 to scrape. 2 to shave close to the skin. 3 to steal, rob.

ra.pa.ri.ga [r̃apar'igə] *sf* 1 girl. 2 *pop bras* prostitute.

ra.paz [r̃ap'as] *sm* boy, lad.

ra.pi.dez [r̃apid'es] *sf* quickness.

rá.pi.do [r̃'apidu] *sm* 1 rapids. 2 express or special delivery service. 3 express train. • *adj* 1 rapid, quick, fast. 2 speedy.

ra.po.sa [r̃ap'ozə] *sf* *Zool* fox.

rap.tar [r̃apt'ar] *vt* to kidnap.

rap.to [r̃'aptu] *sm* kidnapping.

rap.tor [r̃apt'or] *sm* kidnapper.

ra.que.te [r̃ak'eti] *sf* racket.

ra.quí.ti.co [r̃ak'itiku] *adj* rachitic.

ra.re.ar [r̃are'ar] *vt+vint* 1 to make rare, scarce.

ra.re.fei.to [r̃aref'ejtu] *adj* rarefied, less dense, thin.

ra.ro [r̃'aru] *adj* rare.

ras.cu.nhar [r̃askuñ'ar] *vt* 1 to sketch. 2 to jot down.

ras.cu.nho [r̃ask'uñu] *sm* draft, sketch, outline, rough copy.

ras.ga.do [r̃azg'adu] *adj* torn.

ras.gar [r̃azg'ar] *vt+vint+vpr* 1 to tear. 2 to split. 3 **rasgar-se** a) to tear. b) to become snorted or separated.

ra.so [r̃'azu] *sm* 1 plain, flatland. 2 *bras* the shallow part (of the sea etc.). • *adj* 1 even, level. 2 flat, plain. 3 *bras* shallow.

ras.pa.di.nha [ʁaspad'iɲɐ] *sf bras* 1 Italian ice. 2 *Loteria* scratch-and--win card.

ras.pa.gem [ʁasp'aʒẽj] *sf* 1 scrapings. 2 chipping.

ras.pão [ʁasp'ãw] *sm* (*pl* **raspões**) scratch, slight injury on the skin. **de raspão** slightly.

ras.par [ʁasp'ar] *vt* 1 to scrape, scratch. 2 to rasp. 3 to rase, erase. 4 to shave.

ras.tei.ra [ʁast'ejrɐ] *sf pop* 1 act of tripping a person up, trip. 2 a treacherous act. **dar/passar uma rasteira em** a) to trip a person up. b) to get the better of. c) to deceive or delude someone.

ras.te.jan.te [ʁasteʒ'ãti] *adj m+f* crawling, trailing.

ras.te.jar [ʁasteʒ'ar] *vt+vint* 1 to follow the track, pursue. 2 to creep, crawl.

ras.to [ʁ'astu], **ras.tro** [ʁ'astru] *sm* 1 track, trace. 2 mark, sign. 3 step, footprint.

ras.tre.ar [ʁastre'ar] *vt+vint* 1 to trace, track. 2 to trace down, pursue. 3 to investigate.

ra.su.ra [ʁaz'urɐ] *sf* 1 erasure, rasure. 2 blot. 3 scrapings.

ra.su.rar [ʁazur'ar] *vt* 1 to erase, blot out. 2 to scrape.

ra.ta.za.na [ʁataz'∧nɐ] *sf* female rat.

ra.te.ar [ʁate'ar] *vt+vint* 1 to divide proportionally. 2 to portion out, distribute.

ra.tei.o [ʁat'eju] *sm* 1 proportional distribution. 2 share.

ra.ti.fi.ca.do [ʁatifik'adu] *adj* ratified, confirmed.

ra.ti.fi.car [ʁatifik'ar] *vt+vpr* 1 to ratify. 2 to confirm.

ra.to [ʁ'atu] *sm* mouse, rat.

ra.to.ei.ra [ʁato'ejrɐ] *sf* mouse-trap, rat-trap.

ra.zão [ʁaz'ãw] *sf* (*pl* **razões**) reason, reasoning power.

ra.zo.á.vel [ʁazo'avew] *adj m+f* (*pl* **razoáveis**) reasonable.

ré¹ [ʁ'ɛ] *sf Jur* female defendant or criminal.

ré² [ʁ'ɛ] *sf* reverse gear. **marcha a ré** reverse gear.

ré³ [ʁ'ɛ] *sm Mús* re.

re.a.bas.te.cer [ʁeabastes'er] *vt+vpr* 1 to supply with provisions. 2 to renew the stocks. **reabastecer de combustível** to refuel.

re.a.bas.te.ci.men.to [ʁeabastesim'ẽtu] *sm* restocking, renewal of provisions.

re.a.ber.tu.ra [ʁeabert'urɐ] *sf* re-opening.

re.a.bi.li.ta.ção [ʁeabilitas'ãw] *sf* (*pl* **reabilitações**) rehabilitation.

re.a.bi.li.tar [ʁeabilit'ar] *vt+vpr* 1 to rehabilitate. 2 **reabilitar-se** to become regenerate.

re.a.brir [ʁeabr'ir] *vt* to reopen, open again.

re.ab.sor.ver [ʁeabsorv'er] *vt* to reabsorb.

re.a.ção [ʁea's'ãw] *sf* (*pl* **reações**) reaction. **reação nuclear** nuclear reaction.

re.a.cen.der [ʁeasẽd'er] *vt+vpr* 1 to light again. 2 to activate. 3 to incite, stir up. 4 to develop. 5 **reacender-se** to cheer up, become encouraged.

re.a.dap.tar [ʁeadapt'ar] *vt* to readapt, adapt again.

re.ad.mis.são [ʁeadmis'ãw] *sf* (*pl* **readmissões**) readmission, readmittance.

re.ad.mi.tir [ʁeadmit'ir] *vt* to readmit, reinstate.

re.a.gir [ʁeaʒ'ir] *vt+vint* to react. **reagir a** to be responsive.

re.a.gru.par [ʁeagrup'ar] *vt+vpr* to regroup, reassemble.

re.a.jus.tar [ʁeaʒust'ar] *vt* 1 to readjust. 2 to rearrange. 3 *bras* to adjust wages or salaries to rising living costs.

re.al¹ [ʁe'aw] *sm* (*pl* **reais**) present Brazilian currency (from 1994).

re.al² [ʁe'aw] *adj m+f* (*pl* **reais**) royal.

re.al³ [ʁe'aw] *sm* (*pl* **reais**) reality. • *adj* 1 real. 2 true. **como na vida real** true to life. **tempo real** *Inform* real time.

re.al.çar [ʁeaws'ar] *vt* 1 to enhance. 2 to emphasize, highlight.

re.a.le.za [ʁeal'ezə] *sf* 1 royalty. 2 kingship. 3 *fig* crown. 4 *fig* magnificence, pomp.

re.a.li.da.de [ʁealid'adʒi] *sf* reality. **realidade virtual** *Inform* virtual reality. **tornar-se realidade** to come true.

re.a.lis.mo [ʁeal'izmu] *sm* realism.

re.a.lis.ta [ʁeal'istə] *s m+f* realist. • *adj* realistic(al).

re.a.li.za.ção [ʁealizas'ãw] *sf* (*pl* **realizações**) 1 accomplishment, achievement. 2 carrying out.

re.a.li.zar [ʁealiz'ar] *vt+vpr* 1 to carry out. 2 to fulfil, accomplish. 3 **realizar-se** to happen.

re.a.ni.mar [ʁeanim'ar] *vt+vint+vpr* 1 to reanimate. 2 to revive. 3 to infuse new life or spirit into. 4 to refresh. 5 **reanimar-se** to recover hope, courage or energy.

re.a.pa.re.cer [ʁeapares'er] *vint* to reappear.

re.a.pa.re.ci.men.to [ʁeaparesim'ẽtu] *sm* reappearance.

re.a.pre.sen.tar [ʁeaprezẽt'ar] *vt* 1 to present, represent. 2 to perform or play again.

re.a.pro.vei.tar [ʁeaproveit'ar] *vt* to reuse.

re.as.sen.ta.men.to [ʁeasẽtam'ẽtu] *sm* resettlement.

re.as.sen.tar [ʁeasẽt'ar] *vt* resettle.

re.as.su.mir [ʁeasum'ir] *vt* to reassume.

re.a.tar [ʁeat'ar] *vt* 1 to reattach. 2 to re-establish. 3 to renew.

re.a.tor [ʁeat'or] *sm* reactor. • *adj* reacting, reactive. **reator nuclear** nuclear reactor.

re.a.ver [ʁeav'er] *vt* to get back.

re.a.vi.var [ʁeaviv'ar] *vt* 1 to revive (memories). 2 to recall.

re.bai.xa.men.to [ʁebajʃam'ẽtu] *sm* 1 lowering. 2 reduction.

re.bai.xar [ʁebajʃ'ar] *vt+vint+vpr* 1 to lower. 2 to reduce the price or value of. 3 to degrade. 4 to discredit. 5 **rebaixar-se** to humble oneself.

re.ba.nho [ʁeb'∧ɲu] *sm* 1 flock of sheep, herd of cattle. 2 bunch. 3 crowd.

re.ba.ter [ʁebat'er] *vt* 1 to strike again. 2 to repel, beat back (enemy). 3 to refute, disprove. 4 *Esp* to return, kick back, rebound.

re.be.lar [ʁebel'ar] *vt+vpr* 1 to stir up to rebellion, cause to revolt. 2 to rebel, revolt (against). 3 **rebelar-se** a) to stand up against, rise against. b) *fig* to oppose, resist.

re.bel.de [ʁeb'ɛwdʒi] *s m+f* 1 rebel. 2 deserter. • *adj m+f* 1 rebel, rebellious, revolutionary. 2 unsubmissive.

re.be.li.ão [ʁebeli'ãw] *sf* (*pl* **rebeliões**) 1 rebellion, revolt. 2 insurrection. 3 insubordination. 4 *fig* opposition.

re.ben.tar [ʁebẽt'ar] *vt+vint* 1 to burst, split open. 2 to blow up. 3 to fall into pieces. 4 to irrupt. **rebentar de gordo** to become very fat. **rebentar de riso** to burst out laughing.

re.bi.te [ʁeb'itʃi] *sm* 1 rivet. 2 clinch.

re.bo.bi.nar [ʁebobin'ar] *vt* to rewind, reel again.

re.bo.car [ʁebok'ar] *vt* 1 to plaster, coat with stucco. 2 to make up excessively (the face). 3 to tow.

re.bo.co [ʁeb'oku] *sm* (*pl* **rebocos**) 1 plaster, roughcast. 2 plasterwork.

re.bo.lar [ʁebol'ar] *vt+vint+vpr* 1 to roll, tumble. 2 to shake the hips. 3 **rebolar-se** to swagger, shake one's body, roll, sway.

re.bo.que [ʁeb'ɔki] *sm* 1 act of towing, towage. 2 plaster, roughcast. **levar a reboque** to take in tow.

re.bo.ta.lho [r̃ebot'aλu] *sm* 1 trash. 2 refuse.

re.bu.li.ço [r̃ebul'isu] *sm* 1 uproar. 2 tumult, hubbub. 3 fuss. 4 confusion. **fazer rebuliço** to make a fuss.

re.bus.ca.do [r̃ebusk'adu] *adj fig* highly refined, highly cultured.

re.ca.das.trar [r̃ekadastr'ar] *vt* to reregister.

re.ca.do [r̃ek'adu] *sm* 1 verbal communication, word. 2 message. **dar o recado/dar conta do recado** to handle one's job.

re.ca.í.da [r̃eka'idə] *sf* 1 act or effect of falling back. 2 *Med* relapse, setback.

re.ca.ir [r̃eka'ir] *vt+vint* 1 to fall again, fall back. 2 to return to a previous state. 3 to relapse into.

re.cal.car [r̃ekawk'ar] *vt* 1 to step on, tread on. 2 to press down, crush down.

re.cal.que [r̃ek'awki] *sm* 1 act or fact of pressing down. 2 repression.

re.ca.mar [r̃ekam'ar] *vt* 1 to embroider. 2 to decorate.

re.cam.bi.ar [r̃ekãbi'ar] *vt+vint* 1 to rechange. 2 to give back.

re.can.to [r̃ek'ãtu] *sm* 1 nook, corner. 2 hiding place.

re.ca.pe.ar [r̃ekape'ar] *vt* to cover with a new layer of asphalt.

re.cap.tu.rar [r̃ekaptur'ar] *vt* to recapture.

re.car.re.gar [r̃ekar̃eg'ar] *vt* to recharge.

re.ca.ta.do [r̃ekat'adu] *adj* 1 modest. 2 discreet. 3 reserved.

re.ca.tar [r̃ekat'ar] *vt+vpr* 1 to guard, safeguard. 2 **recatar-se** a) to be cautious. b) to hide oneself. c) to be on one's guard.

re.cau.chu.tar [r̃ekawʃut'ar] *vt* to recap, retread (tires).

re.ce.ar [r̃ese'ar] *vt* to fear.

re.ce.be.dor [r̃esebed'or] *sm* 1 receiver. 2 recipient.

re.ce.ber [r̃eseb'er] *vt+vint* 1 to receive, take, get. 2 to cash in, collect (money, debts). **receber hóspedes** to receive guests. **receber notícias** to hear from.

re.ce.bi.men.to [r̃esebim'ẽtu] *sm* 1 act or fact of receiving. 2 reception. 3 receipt.

re.cei.o [r̃es'eju] *sm* fear, apprehension.

re.cei.ta [r̃es'ejtə] *sf* 1 income, revenue. 2 taking(s), receipt(s). 3 budget. 4 *Med* formula, prescription. 5 *Cul* recipe.

re.cei.tar [r̃esejt'ar] *vt+vint* 1 *Med* to prescribe (a medicine). 2 to advise.

re.cei.tu.á.rio [r̃esejtu'arju] *sm Farm* prescription book.

re.cém [r̃es'ẽj] *adv* newly, recently, lately.

re.cém-ca.sa.do [r̃es'ẽjkaz'adu] *adj* (*pl* **recém-casados**) newly married or wed.

re.cém-che.ga.do [r̃es'ẽjʃeg'adu] *sm* (*pl* **recém-chegados**) newcomer. • *adj* newcomer.

re.cém-nas.ci.do [r̃es'ẽjnas'idu] *sm* (*pl* **recém-nascidos**) a newborn baby. • *adj* newborn.

re.cen.der [r̃esẽd'er] *vt+vint* 1 to smell sweetly. 2 to exhale a strong aroma.

re.cen.se.a.men.to [r̃esẽseam'ẽtu] *sm* census.

re.cen.se.ar [r̃esẽse'ar] *vt* 1 to take a census or poll. 2 to survey, verify.

re.cen.te [r̃es'ẽti] *adj m+f* (*sup abs sint* **recentíssimo**) 1 recent. 2 late, fresh.

re.ce.o.so [r̃ese'ozu] *adj* afraid, fearful.

re.cep.ção [r̃eseps'ãw] *sf* (*pl* **recepções**) reception. **recepção social** party. **sala de recepção** reception room.

re.cep.ci.o.nar [r̃esepsjon'ar] *vt+vint* 1 to receive guests, entertain, throw a party. 2 to meet (a traveler) at the airport etc.

re.cep.ci.o.nis.ta [r̃esepsjon'istə] *s m+f bras* receptionist, reception clerk.

re.cep.tá.cu.lo [r̃esept'akulu] *sm* 1 container. 2 vessel.

re.cep.tar [r̃esept'ar] *vt* to receive, conceal (stolen goods).

re.cep.ti.vi.da.de [r̃eseptivid'adʒi] *sf* receptivity.

re.ces.si.vo [r̃eses'ivu] *adj* recessive. **gene recessivo** recessive gene.

re.cha.çar [r̃eʃas'ar] *vt* 1 to repel, repulse. 2 to throw back, fight off. 3 to resist, oppose.

re.che.ar [r̃eʃe'ar] *vt* 1 to stuff. 2 to enrich.

re.che.car [r̃eʃek'ar] *vt* to recheck, reexamine.

re.chei.o [r̃eʃ'eju] *sm* 1 stuffing. 2 filling.

re.chon.chu.do [r̃eʃõʃ'udu] *adj* fat, plump, chubby.

re.ci.bo [r̃es'ibu] *sm* 1 receipt, voucher. 2 *gír* revenge, retaliation.

re.ci.clar [r̃esikl'ar] *vt* to recycle.

re.ci.fe [r̃es'ifi] *sm* reef. **recife de coral** coral reef.

re.cin.to [r̃es'ĩtu] *sm* 1 enclosure. 2 precinct.

re.ci.pi.en.te [r̃esipi'ẽtʃi] *sm* 1 recipient, receiver. 2 vessel, container. • *adj m+f* recipient.

re.ci.pro.ci.da.de [r̃esiprosid'adʒi] *sf* reciprocity.

re.ci.pro.co [r̃es'iproku] *adj* 1 reciprocal. 2 mutual. 3 interchangeable. 4 alternate.

re.ci.tar [r̃esit'ar] *vt* to recite, declaim.

re.cla.ma.ção [r̃eklamas'ãw] *sf* (*pl* **reclamações**) 1 complaint. 2 demand. 3 claim.

re.cla.mar [r̃eklam'ar] *vt+vint* to complain about, claim.

re.cli.na.do [r̃eklin'adu] *adj* reclining, recumbent, reclined.

re.cli.nar [r̃eklin'ar] *vt+vpr* 1 to lean back, recline. 2 to lean against. 3 **reclinar-se** a) to rest, repose. b) to lie down, recline.

re.clu.são [r̃ekluz'ãw] *sf* (*pl* **reclusões**) reclusion, confinement.

re.clu.so [r̃ekl'uzu] *adj* recluse, secluded, cloistered.

re.co.brar [r̃ekobr'ar] *vt* 1 to reacquire. 2 to recover. 3 to retrieve, retake. **recobrar os sentidos** to recover consciousness.

re.co.lher [r̃ekoʎ'er] *vt+vint+vpr* 1 to guard, safeguard. 2 to collect. 3 **recolher-se** a) to take shelter. b) to retire, go to bed. c) to lie down. d) to withdraw from social life.

re.co.lo.car [r̃ekolok'ar] *vt* to put back, restore.

re.co.me.çar [r̃ekomes'ar] *vt+vint* 1 to begin again. 2 to renew. 3 *Com* to reopen.

re.co.me.ço [r̃ekom'esu] *sm* restart, reopening (school, business enterprise etc.).

re.co.men.da.ção [r̃ekomẽdas'ãw] *sf*(*pl* **recomendações**) 1 recommendation. 2 advice. 3 **recomendações** regards. **carta de recomendação** letter of recommendation.

re.co.men.dar [r̃ekomẽd'ar] *vt* 1 to recommend. 2 to commend, praise. 3 to suggest.

re.com.pen.sa [r̃ekõp'ẽsa] *sf* 1 reward. 2 prize, premium. 3 pay, remuneration, gratification. **não há recompensa sem esforço** no cross, no crown.

re.com.pen.sar [r̃ekõpẽs'ar] *vt* 1 to retribute. 2 to reward. 3 to compensate, make up for.

re.com.por [r̃ekõp'or] *vt* to recompose.

re.con.ci.li.a.ção [r̃ekõsiljas'ãw] *sf* (*pl* **reconciliações**) reconciliation.

re.con.ci.li.ar [r̃ekõsili'ar] *vt+vpr* 1 to reconcile, conciliate. 2 to establish peace (among, between), restore friendship. 3 **reconciliar-se** to make up with.

re.con.for.tar [r̃ekõfort'ar] *vt* 1 to comfort. 2 to refresh.

re.co.nhe.cer [r̃ekoñes'er] *vt+vpr* 1 to recognize. 2 to acknowledge, admit. 3 to be grateful, express thanks. 4 **reconhecer-se** to make a confession, declare oneself.

re.co.nhe.ci.do [r̃ekoñes'idu] *adj* 1 thankful, grateful. 2 known.

re.co.nhe.ci.men.to [r̃ekõnesim'ẽtu] *sm* 1 recognition. 2 acknowledgement, admission. 3 gratitude, thankfulness. **em reconhecimento a** in recognition of. **manifestar o seu reconhecimento** to testify one's gratitude.

re.con.quis.tar [r̃ekõkist'ar] *vt* 1 to reconquer. 2 to regain.

re.con.si.de.rar [r̃ekõsider'ar] *vt+vint* 1 to reconsider. 2 to give a second thought.

re.cons.tru.ção [r̃ekõstrus'ãw] *sf (pl* **reconstruções**) reconstruction, rebuilding.

re.cons.tru.ir [r̃ekõstru'ir] *vt+vint* 1 to reconstruct, rebuild. 2 to reorganize.

re.con.tar [r̃ekõt'ar] *vt* to count again, recount.

re.cor.da.ção [r̃ekordas'ãw] *sf (pl* **recordações**) 1 remembrance, recollection. 2 memory. 3 token, *souvenir*.

re.cor.dar [r̃ekord'ar] *vt+vpr* 1 to remember, recall. 2 to recollect. 3 **recordar-se** to remember, recollect.

re.cor.de [r̃ek'ɔrdi] *sm* record. **quebrar o recorde** to break or beat the record.

re.cor.rer [r̃ekor̃'er] *vt* 1 to run over, go through again. 2 to appeal. 3 to resort to, refer to.

re.cor.tar [r̃ekort'ar] *vt* to cut out.

re.cor.te [r̃ek'ɔrti] *sm* 1 act or fact of cutting. 2 clipping (de jornal, revista).

re.cos.tar [r̃ekost'ar] *vt* 1 to recline, lean back. 2 to incline, bend. 3 to lean against.

re.cre.a.ção [r̃ekreas'ãw] *sf (pl* **recreações**) 1 recreation, amusement. 2 pastime. 3 enjoyment.

re.cre.ar [r̃ekre'ar] *vt* 1 to amuse. 2 to rest, relax. 3 to entertain. 4 to play.

re.cre.a.ti.vo [r̃ekreat'ivu] *adj* 1 recreational, refreshing. 2 amusing.

re.crei.o [r̃ekr'eju] *sm* 1 recreation, entertainment. 2 break, break time.

re.cri.mi.na.ção [r̃ekriminas'ãw] *sf (pl* **recriminações**) recrimination.

re.cri.mi.nar [r̃ekrimin'ar] *vt* 1 to recriminate. 2 to censure, reprimand.

re.crus.des.cer [r̃ekrudes'er] *vint* 1 to recrudesce. 2 to increase.

re.crus.des.ci.men.to [r̃ekrudesim'ẽtu] *sm* 1 recrudescence, recrudescency. 2 intensification. 3 increase.

re.cru.ta [r̃ekr'utə] *sm Mil* recruit.

re.cru.tar [r̃ekrut'ar] *vt* 1 *Mil* to recruit. 2 to enlist.

re.cu.ar [r̃eku'ar] *vt+vint* 1 to draw back. 2 to back, move backward, retreat.

re.cu.o [r̃ek'wu] *sm* 1 retrocession. 2 recoiling, recolt. 3 recession. 4 retreat, retirement. 5 setback.

re.cu.pe.ra.ção [r̃ekuperas'ãw] *sf* 1 recuperation, recovery. 2 reconquest. 3 retrieval, regaining.

re.cu.pe.rar [r̃ekuper'ar] *vt* 1 to recuperate, recover, fetch up. 2 to recover (from illness, fatigue), pick up. **recuperar a saúde** to get well. **recuperar o tempo perdido** to make up for lost time.

re.cur.so [r̃ek'ursu] *sm* 1 resource. 2 *Jur* appeal (to a superior court). 3 resort. 4 **recursos** wealth, possessions. **em último recurso** as a last resort. **recursos naturais** natural resources. **ter recursos** to be well off.

re.cur.var [r̃ekurv'ar] *vt+vpr* 1 to curve again, recurve. 2 to curve back, bend over. 3 **recurvar-se** to bow.

re.cu.sa [r̃ek'uzə] *sf* denial, refusal, rebuff.

re.cu.sar [r̃ekuz'ar] *vt+vpr* 1 to refuse, deny. 2 to reject, decline. 3 **recusar-se** to refuse obedience, resist, rebel against.

re.cu.sá.vel [r̃ekuz'avew] *adj m+f (pl* **recusáveis**) refusable, rejectable.

re.da.ção [r̃edas'ãw] *sf (pl* **redações**) 1 composition. 2 style of writing. 3 editorial staff.

re.da.tor [r̃edat'or] *sm* 1 editor. 2 writer, journalist. 3 **redatores** editorial staff.

re.de [r'edi] *sf* 1 net. 2 network. 3 web. 4 system (gas system, electric distribution system etc.) 5 hammock. **rede de computadores** computer network. **rede de esgotos** sewerage system. **rede ferroviária** railway network. **rede rodoviária** highway system. **rede telefônica/telegráfica** telephone, telegraphic network.

ré.dea [r'ɛdjə] *sf* 1 rein, bridle. 2 *fig* direction, control. **à rédea solta** at full speed, at full gallop.

re.de.mo.i.nho [r̃edemo'iñu] *sm* 1 whirl, swirl. 2 whirlwind.

re.den.ção [r̃edẽs'ãw] *sf* (*pl* **redenções**) 1 redemption. 2 redeeming.

re.den.tor [r̃edẽt'or] *sm* 1 redeemer, saviour. 2 *Rel* the Redeemer, Jesus Christ. • *adj* redeeming.

re.di.gir [r̃ediʒ'ir] *vt* to write, write down.

re.di.mir [r̃edim'ir] *vt+vpr* 1 to redeem. 2 **redimir-se** to redeem oneself.

re.dis.tri.bu.ir [r̃edistribu'ir] *vt* to redistribute.

re.do.bra.do [r̃edobr'adu] *adj* 1 reduplicate. 2 folded again. 3 redoubled.

re.do.brar [r̃edobr'ar] *vt* 1 to redouble, reduplicate. 2 to increase considerably.

re.do.ma [r̃ed'omə] *sf* glass shade, bell jar.

re.don.de.za [r̃edõd'ezə] *sf* surroundings.

re.don.do [r̃ed'õdu] *adj* 1 round, circular. 2 *fig* fat, chubby.

re.dor [r̃ed'or] *sm* 1 circle, circuit. 2 contour, outline. 3 surroundings. **ao redor/de redor/em redor** round, all round, all about, around, about.

re.du.ção [r̃edus'ãw] *sf* (*pl* **reduções**) 1 reduction, cut, cutting (prices). 2 abbreviation. 3 *Com* deduction, cut, cutting (prices). **redução de salário** cut in pay.

re.dun.dar [r̃edũd'ar] *vint* 1 to overflow,

run over. 2 to be redundant. 3 to result from. 4 to redound to.

re.du.pli.car [r̃eduplik'ar] *vt* to reduplicate.

re.du.tí.vel [r̃edut'ivew] *adj m+f* (*pl* **redutíveis**) 1 reducible. 2 *Mat* divisible (said of a fraction).

re.du.zi.do [r̃eduz'idu] *adj* reduced, diminished, cut.

re.du.zir [r̃eduz'ir] *vt+vpr* 1 to reduce. 2 **reduzir-se** a) to limit or confine oneself to. b) to come to. **reduzir a pó** to grind down to powder, crumble into dust. **reduzir a pobreza** to reduce to poverty.

re.e.di.ção [r̃eedis'ãw] *sf* (*pl* **reedições**) re-edition, new edition.

re.e.le.ger [r̃eeleʒ'er] *vt* to re-elect.

re.e.lei.ção [r̃eelejs'ãw] *sf* (*pl* **reeleições**) re-election.

re.em.bol.sar [r̃eẽbows'ar] *vt* to reimburse, to refund.

re.em.bol.so [r̃eẽb'owsu] *sm* reimbursement, refund.

re.en.car.na.ção [r̃eẽkarnas'ãw] *sf* (*pl* **reencarnações**) reincarnation.

re.en.car.nar [r̃eẽkarn'ar] *vint* to reincarnate.

re.en.con.trar [r̃eẽkõtr'ar] *vt* to meet or find again.

re.en.con.tro [r̃eẽk'õtru] *sm* a reunion.

re.fa.zer [r̃efaz'er] *vt+vpr* 1 to make once more. 2 to redo. 3 **refazer-se** to recover one's forces, gather strength.

re.fei.ção [r̃efejs'ãw] *sf* (*pl* **refeições**) meal.

re.fei.tó.rio [r̃efejt'orju] *sm* refectory, dining-hall, canteen.

re.fém [r̃ef'ẽj] *sm* (*pl* **reféns**) hostage.

re.fe.rên.cia [r̃efer'ẽsjə] *sf* reference. **com referência a** regarding to, with reference to. **fazer referência a** to make reference to.

re.fe.ren.te [r̃efer'ẽti] *adj m+f* 1 referring to, relating to. 2 relative, regarding.

re.fe.ri.do [r̃efer'idu] *adj* 1 abovementioned. 2 reported. 3 cited, quoted.

re.fe.rir [r̃efer'ir] *vt+vpr* 1 to refer. 2 **referir-se** to refer (to).

re.fil.ma.gem [r̄efiwm'aʒēj] *sf* **1** refilming, re-shooting. **2** remake.

re.fi.na.do [r̄efin'adu] *adj* **1** purified, pure. **2** refined, subtle. **3** polished, cultured. **4** nice, polite, fine. **açúcar refinado** refined sugar.

re.fi.nan.ci.a.men.to [r̄efināsjam'ētu] *sm Econ* refinancing.

re.fi.nan.ci.ar [r̄efināsi'ar] *vt Econ* to re-finance.

re.fi.nar [r̄efin'ar] *vt+vpr* **1** to refine, purify. **2** to civilize. **3 refinar-se** a) to become pure, purer or more refined. b) to improve or perfect oneself.

re.fi.na.ri.a [r̄efinari'ə] *sf* refinery.

re.fle.tir [r̄eflet'ir] *vt+vpr* **1** to reflect. **2 refletir-se** a) to be shown, mirrored. b) to become manifest.

re.fle.tor [r̄eflet'or] *sm* reflector, headlight.

re.fle.xão [r̄efleks'ãw] *sf* (*pl* **reflexões**) reflection, reflexion.

re.fle.xo [r̄efl'eksu] *sm* reflex, reflection. • *adj* reflex. **reflexos (cabelos)** highlights.

re.flo.res.ta.men.to [r̄eflorestam'ētu] *sm* reforestation.

re.flu.xo [r̄efl'uksu] *sm* **1** act of flowing back, reflow. **2** ebb. **fluxo e refluxo** flow and ebb, high tide and ebbing.

re.fo.gar [r̄efog'ar] *vt* to stew, boil slowly, simmer.

re.for.çar [r̄efors'ar] *vt+vpr* **1** to reinforce. **2 reforçar-se** a) to become stronger. b) to acquire more strength or vigour.

re.for.ço [r̄ef'orsu] *sm* **1** reinforcement. **2** help.

re.for.ma [r̄ef'ormə] *sf* **1** reform, reformation. **2** renovation. **3** *Rel* Reformation. **4** amendment. **reforma agrária** agrarian reform, land reform.

re.for.mar [r̄eform'ar] *vt+vpr* **1** to reform. **2** to give a new or better form, improve. **3** to remodel, make over. **4 reformar-se** to regenerate oneself.

re.for.ma.tó.rio [r̄eformat'ɔrju] *sm* house of correction, reformatory. • *adj* reformatory.

re.frão [r̄efr'ãw] *sm* (*pl* **refrãos, refrães**) **1** refrain. **2** adage, saying.

re.fre.ar [r̄efre'ar] *vt+vpr* **1** to refrain. **2 refrear-se** to restrain oneself.

re.fres.car [r̄efresk'ar] *vt+vpr* **1** to refresh. **2** to cool. **3 refrescar-se** to freshen up. **refrescar a memória** to refresh one's memory.

re.fres.co [r̄efr'esku] *sm* refreshment.

re.fri.ge.ra.dor [r̄efriʒerad'or] *sm* refrigerator, fridge.

re.fri.ge.ran.te [r̄efriʒer'ãti] *sm* soft drink.

re.fri.ge.rar [r̄efriʒer'ar] *vt* to refresh, cool.

re.fu.gi.a.do [r̄efuʒi'adu] *sm* refugee. • *adj* fugitive.

re.fu.gi.ar [r̄efuʒi'ar] *vpr* to take refuge, seek shelter.

re.fú.gio [r̄ef'uʒju] *sm* **1** refuge. **2** shelter, asylum.

re.fu.go [r̄ef'ugu] *sm* **1** refuse, rejection. **2** garbage.

re.fu.tar [r̄efut'ar] *vt* to refute.

re.ga.dor [r̄egad'or] *sm* watering can or pot.

re.ga.li.a [r̄egali'ə] *sf* **1** privilege. **2** prerogative.

re.ga.lo [r̄eg'alu] *sm* **1** pleasure, delight. **2** gift.

re.gar [r̄eg'ar] *vt* to water.

re.ga.te.ar [r̄egate'ar] *vt* to haggle over the price, bargain.

re.ga.tei.o [r̄egat'eju] *sm* bargaining.

re.ge.ne.rar [r̄eʒener'ar] *vt+vpr* **1** to regenerate. **2 regenerar-se** a) to gather new strength, revive. b) to mend one's ways.

re.gen.te [r̄eʒ'ēti] *s m+f* **1** regent, ruler. **2** *Mús* conductor. • *adj m+f* regent.

re.ger [ʀeʒ'er] *vt* 1 to rule. 2 to manage. 3 *Mús* to conduct.
re.gi.ão [ʀeʒi'ãw] *sf (pl* **regiões**), region, zone, section.
re.gi.men.to [ʀeʒim'ẽtu] *sm* 1 regiment. 2 *Mil* regiment. **regimento interno** internal rules (as of a club).
re.gis.tra.do [ʀeʒistr'adu] *adj* registered, recorded. **marca registrada** trademark.
re.gis.trar [ʀeʒistr'ar] *vt* 1 to register. 2 to record. **registrar uma carta** to register a letter.
re.gis.tro [ʀeʒ'istru] *sm* 1 register, record. 2 registration. 3 catalogue, index. **ficha de registro** entry form. **registro de nascimento** birth certificate.
re.go.zi.jar [ʀegoziʒ'ar] *vt+vpr* 1 to rejoice, cheer. 2 to delight. 3 **regozijar-se** to take delight in, be pleased with.
re.gra [ʀ'ɛgrə] *sf* rule. **em regra** as a rule. **estabelecer uma regra** to lay down a rule.
re.gras [ʀ'ɛgras] *sf pl* period, menstruation.
re.gra.var [ʀegrav'ar] *vt* to rerecord.
re.gre.dir [ʀegred'ir] *vint* to recede, withdraw.
re.gres.são [ʀegres'ãw] *sf (pl* **regressões**) 1 regression. 2 retrocession.
re.gres.sar [ʀegres'ar] *vt* 1 to return, go back. 2 to come back.
ré.gua [ʀ'ɛgwə] *sf* ruler.
re.gu.la.men.tar¹ [ʀegulamẽt'ar] *adj m+f* of, referring to or relative to regulation(s).
re.gu.la.men.tar² [ʀegulamẽt'ar] *vt* 1 to regulate. 2 to arrange, settle.
re.gu.la.men.to [ʀegulam'ẽtu] *sm* regulation, rule.
re.gu.lar [ʀegul'ar] *vt* to regulate, control, rule.
re.gu.la.ri.zar [ʀegulariz'ar] *vt* to regularize, square, straighten out.
re.gur.gi.tar [ʀegurʒit'ar] *vt* 1 to regurgitate. 2 to vomit.
rei [ʀ'ej] *sm* king. **os Reis Magos** The Three Wise Men. **ter o rei na barriga** to be proud and snobbish.

re.im.pri.mir [ʀeĩprim'ir] *vt* to reprint.
rei.na.do [ʀejn'adu] *sm* reign.
rei.nar [ʀejn'ar] *vint* to reign, rule, govern.
re.in.ci.dir [ʀeĩsid'ir] *vt* to relapse.
re.i.ni.ci.ar [ʀejnisi'ar] *vt* to begin or initiate again.
re.i.ní.cio [ʀejn'isju] *sm* new start, new beginning.
rei.no [ʀ'ejnu] *sm* 1 kingdom. 2 realm. **o reino de Deus** the kingdom of God. **reino animal** animal kingdom. **reino das fadas** fairy land.
re.in.te.grar [ʀeĩtegr'ar] *vt+vpr* 1 to reintegrate. 2 **reintegrar-se** to settle or establish oneself again, become reintegrated.
rei.te.rar [ʀejter'ar] *vt* to reiterate, repeat.
rei.vin.di.ca.ção [ʀejvĩdikas'ãw] *sf (pl* **reivindicações**) demand (for rights, compensation or return of property).
rei.vin.di.car [ʀejvĩdik'ar] *vt* to demand.
re.jei.ção [ʀeʒejs'ãw] *sf (pl* **rejeições**) rejection, refusal.
re.jei.tar [ʀeʒejt'ar] *vt* to reject.
re.ju.ve.nes.cer [ʀeʒuvenes'er] *vt+vpr* 1 to rejuvenate. 2 **rejuvenescer-se** to become youthful again.
re.la.ção [ʀelas'ãw] *sf (pl* **relações**) 1 relationship. 2 connection. **com relação a** with regard to. **em relação a** respecting, in respect to. **manter relações** to visit. **relações comerciais** business connections. **relações exteriores** foreign affairs. **relações sexuais** intercourse. **ter boas (más) relações com** to be on good (bad) terms with.
re.la.ci.o.na.men.to [ʀelasjonam'ẽtu] *sm* relationship, relation.
re.la.ci.o.nar [ʀelasjon'ar] *vt+vpr* 1 to relate. 2 **relacionar-se** to relate, link, connect.
re.lâm.pa.go [ʀel'ãpagu] *sm* lightning.
re.lan.çar [ʀelãs'ar] *vt* to relaunch.
re.lan.ce [ʀel'ãsi] *sm* glance, glimpse, peep. **de relance** a) by chance. b) at a glance.

re.lap.so [r̃el'apsu] *adj* relapsing, backsliding.
re.lar [r̃el'ar] *vt* 1 to grate, scrape. 2 **bras** to touch lightly.
re.la.tar [r̃elat'ar] *vt* 1 to tell, narrate. 2 to report.
re.la.ti.vi.da.de [r̃elatividʒ'adʒi] *sf* relativity.
re.la.ti.vo [r̃elat'ivu] *adj* 1 relative. 2 concerning, referring.
re.la.to [r̃el'atu] *sm* report, account.
re.la.tor [r̃elat'or] *sm* reporter, narrator.
re.la.tó.rio [r̃elat'ɔrju] *sm* 1 report. 2 account.
re.la.xa.do [r̃elaʃ'adu] *sm* slouch, lout. • *adj* 1 loose, slack. 2 relaxed. 3 careless, sloppy. 4 lazy.
re.la.xar [r̃elaʃ'ar] *vt* to relax.
re.la.xo [r̃el'aʃu] *sm* **bras** sloppiness, negligence.
re.le.gar [r̃eleg'ar] *vt* to relegate, banish.
re.lem.brar [r̃elẽbr'ar] *vt* 1 to remember again. 2 to call to mind, recollect.
re.len.to [r̃el'ẽtu] *sm* dew, moisture. **dormir ao relento** to sleep in the open air.
re.le.vân.cia [r̃elev'ãsjə] *sf* importance.
re.le.var [r̃elev'ar] *vt* to excuse, forgive.
re.le.vo [r̃el'evu] *sm* 1 relief. 2 importance. **alto relevo** high relief. **em relevo** in relief.
re.li.cá.rio [r̃elik'arju] *sm* 1 shrine. 2 something precious.
re.li.gi.ão [r̃eliʒi'ãw] *sf* (*pl* **religiões**) religion.
re.li.gi.o.so [r̃eliʒi'ozu] *sm* 1 monk. 2 religious person. • *adj* 1 religious. 2 pious, devout. **casa religiosa** monastery, convent.
re.lin.char [r̃eliʃ'ar] *vint* to neigh.
re.lí.quia [r̃el'ikjə] *sf* relic.
re.ló.gio [r̃el'ɔʒju] *sm* 1 clock. 2 watch (de pulso). 3 meter. **acertar um relógio** to set a clock or watch. **ponteiro de relógio** hand of a clock, watch hand.
re.lo.jo.a.ri.a [r̃eloʒoar'iə] *sf* 1 the art of watchmaking. 2 a watchmaker's shop.
re.lo.jo.ei.ro [r̃eloʒo'ejru] *sm* watchmaker.
re.lu.zir [r̃eluz'ir] *vint* 1 to shine brightly. 2 to sparkle, glitter. **nem tudo que reluz é ouro** / all that glitters is not gold.
rel.va [r̃'ɛwvə] *sf* 1 grass. 2 lawn.
re.ma.ne.jar [r̃emaneʒ'ar] *vt* 1 to rehandle. 2 to transfer. 3 to redistribute.
re.ma.nes.cen.te [r̃emanes'ẽti] *s m+f* 1 remainder. 2 remnant. • *adj m+f* remaining.
re.mar [r̃em'ar] *vt* to row.
re.mar.ca.ção [r̃emarkas'ãw] *sf* (*pl* **remarcações**) 1 relabelling. 2 *Com* price reduction.
re.mar.car [r̃emark'ar] *vt Com* to reduce the price.
re.ma.tar [r̃emat'ar] *vt* to finish.
re.ma.te [r̃em'ati] *sm* 1 end. 2 finish, finishing. 3 border.
re.me.di.ar [r̃emedi'ar] *vt* to remedy.
re.mé.dio [r̃em'ɛdʒju] *sm* 1 remedy, medicine. 2 cure.
re.men.dar [r̃emẽd'ar] *vt* to patch, mend.
re.mes.sa [r̃em'ɛsə] *sf* 1 remittance, remitting. 2 shipment. 3 dispatch.
re.me.ten.te [r̃emet'ẽti] *s m+f* sender. • *adj* sending.
re.me.ter [r̃emet'er] *vt* 1 to remit, send. 2 to forward, ship.
re.me.xer [r̃emeʃ'er] *vt* 1 to stir or mix again. 2 to rummage. 3 to move, shake, rake.
re.mo [r̃'emu] *sm* 1 oar, paddle. 2 rowing.
re.mo.çar [r̃emos'ar] *vt* to rejuvenate.
re.mo.de.lar [r̃emodel'ar] *vt* to model again, remodel.
re.mo.er [r̃emo'er] *vt+vpr* 1 to grind slowly and thoroughly. 2 to chew the cud, ruminate. 3 to annoy, disturb. 4 **remoer-se** a) to be worried about. b) to grow furious or angry.
re.mo.i.nho [r̃emo'iɲu] *sm* 1 whirlpool. 2 whirlwind.
re.mon.tar [r̃emõt'ar] *vt* to date back.

re.mo.to [r̃em'ɔtu] *adj* 1 distant, remote. 2 long ago, ancient.

re.mo.ve.dor [r̃emoved'or] *sm* brass solvent, cleaning fluid.

re.mo.ver [r̃emov'er] *vt* to remove.

re.mu.ne.rar [r̃emuner'ar] *vt* 1 to remunerate. 2 to pay salary or wage.

re.nas.cer [r̃enas'er] *vint* 1 to be born again. 2 to revive.

re.nas.ci.men.to [r̃enasim'ẽtu] *sm* 1 renascence. 2 revival. 3 renewal. 4 Renaissance.

ren.da¹ [r̃'ẽdɐ] *sf* lace.

ren.da² [r̃'ẽdɐ] *sf* revenue, income. **renda bruta** gross income. **renda líquida** net income. **viver de renda** to live upon one's revenues.

ren.der [r̃ẽd'er] *vt+vpr* 1 to earn (juros). 2 to surrender. 3 to produce as profit, pay, produce income. 4 to pay off. 5 to yield. 6 to go a long way. 7 **render-se** to surrender, give oneself up. **render homenagem** to pay homage.

ren.di.ção [r̃ẽdis'ãw] *sf (pl* **rendições***)* surrender.

ren.di.men.to [r̃ẽdim'ẽtu] *sm* 1 revenue, income. 2 performance.

re.ne.go.ci.ar [r̃enegosi'ar] *vt* to renegotiate.

re.no.ma.do [r̃enom'adu] *adj* renowned, famous.

re.no.me [r̃en'omi] *sm* 1 reputation. 2 fame. 3 prestige. **de renome** well-known.

re.no.va.dor [r̃enovad'or] *sm* renewer. • *adj* renovating.

re.no.var [r̃enov'ar] *vt+vpr* 1 to renovate, renew. 2 to improve. 3 **renovar-se** a) to rejuvenate or regenerate oneself. b) to grow strong again. c) to reappear, appear again. d) to be repeated.

ren.tá.vel [r̃ẽt'avew] *adj m+f* profitable.

ren.te [r̃'ẽti] *adj m+f* 1 close by, near. 2 close-cut. • *adv* closely, even with, on a level with. **cortar rente** to cut close. **rente ao chão** close to the ground.

re.nun.ci.ar [r̃enũsi'ar] *vt* to renounce, resign.

re.or.ga.ni.zar [r̃eorganiz'ar] *vt* to reorganize.

re.pa.rar [r̃epar'ar] *vt* 1 to repair, mend, fix. 2 to notice, see, observe.

re.pa.ro [r̃ep'aru] *sm* 1 repair, repairing, mending. 2 restoration. 3 remark.

re.par.ti.ção [r̃epartis'ãw] *sf (pl* **repartições***)* department.

re.par.tir [r̃epart'ir] *vt* 1 to split. 2 to distribute. 3 to share.

re.pe.lir [r̃epel'ir] *vt* to repel.

re.pen.sar [r̃epẽs'ar] *vt+vint* to rethink, ponder, reconsider.

re.pen.te [r̃ep'ẽti] *sm* outburst. **de repente** suddenly, all of a sudden.

re.pen.ti.no [r̃epẽt'inu] *adj* sudden.

re.per.cus.são [r̃eperkus'ãw] *sf (pl* **repercussões***)* repercussion.

re.per.cu.tir [r̃eperkut'ir] *vt* 1 to reverberate. 2 to spread.

re.per.tó.rio [r̃epert'ɔrju] *sm* repertoire.

re.pe.ten.te [r̃epet'ẽti] *s m+f Educ* repeater: student who frequents a class a second time. • *adj m+f* repeating.

re.pe.ti.ção [r̃epetis'ãw] *sf (pl* **repetições***)* repetition.

re.pe.tir [r̃epet'ir] *vt+vint+vpr* 1 to repeat. 2 *Educ* to frequent a course a second time. 3 to have another helping (comida). 4 **repetir-se** to happen again.

re.pla.ne.jar [r̃eplaneʒ'ar] *vt+vint* to replan.

re.ple.to [r̃epl'ɛtu] *adj* 1 replete. 2 very full, filled up.

re.pli.car [r̃eplik'ar] *vt+vint* 1 to answer, reply. 2 to retort.

re.po.lho [r̃ep'oʎu] *sm Bot* cabbage. **repolho chinês** Chinese cabbage. **repolho roxo** red cabbage.

re.por [r̃ep'or] *vt* to replace, put back.

re.por.ta.gem [r̃eport'aʒẽj] *sf (pl* **reportagens***)* 1 newspaper report. 2 article. 3 documentary.

re.pór.ter [r̃ep'ɔrter] s m+f (pl **repórteres**) reporter.
re.pou.sar [r̃epowz'ar] vt+vint 1 to rest, repose. 2 to lie.
re.pou.so [r̃ep'owzu] sm 1 rest. 2 sleep. 3 peace.
re.pre.en.der [r̃epreẽd'er] vt to reprehend, reprimand.
re.pre.en.são [r̃epreẽs'ãw] sf (pl **repreensões**) reprehension, reprimand.
re.pre.sa [r̃epr'ezə] sf dam, dike.
re.pre.sá.lia [r̃eprez'aljə] sf reprisal, retaliation.
re.pre.sen.tan.te [r̃eprezẽt'ãti] s m+f representative.
re.pre.sen.tar [r̃eprezẽt'ar] vt+vint 1 to represent, 2 to play, perform, act.
re.pres.são [r̃epres'ãw] sf (pl **repressões**) repression.
re.pri.men.da [r̃eprim'ẽdə] sf reprimand.
re.pri.mi.do [r̃eprim'idu] adj repressed.
re.pri.mir [r̃eprim'ir] vt+vpr 1 to curb, choke. 2 to repress. 3 to conceal. 4 **reprimir-se** to refrain from.
re.pri.sar [r̃epriz'ar] vt to reprise.
re.pro.ces.sar [r̃eproses'ar] vt to reprocess.
re.pro.du.ção [r̃eprodus'ãw] sf (pl **reproduções**) 1 reproduction. 2 copy.
re.pro.du.zir [r̃eproduz'ir] vt+vpr 1 to reproduce. 2 **reproduzir-se** to self-perpetuate through generations, multiply.
re.pro.gra.mar [r̃eprogram'ar] vt (também *Inform*) to reprogram, reschedule.
re.pro.va.ção [r̃eprovas'ãw] sf (pl **reprovações**) 1 act of reproving. 2 censure. 3 *Educ* reprobation. 4 failure (exame). **reprovação em exame** *coloq* flunk.
re.pro.va.do [r̃eprov'adu] adj 1 reproved. 2 *Educ* failed, flunked.
re.pro.var [r̃eprov'ar] vt+vint 1 *Educ* to fail, flunk. 2 to disapprove, reprove.
rép.til [r̃'ɛptiw] sm (pl **répteis**) *Zool* reptile.

re.pú.bli.ca [r̃ep'ublikə] sf republic.
re.pu.di.ar [r̃epudi'ar] vt to repudiate.
re.pú.dio [r̃ep'udju] sm act or effect of repudiating.
re.pug.nân.cia [r̃epugn'ãsjə] sf repugnance, aversion.
re.pul.sa [r̃ep'uwsə] sf repulse.
re.pu.ta.ção [r̃eputas'ãw] sf (pl **reputações**) reputation.
re.que.bra.do [r̃ekebr'adu] sm swinging movement of the hips, swaying motion.
re.que.brar [r̃ekebr'ar] vt to swing, sway.
re.que.bro [r̃ek'ebru] sm (pl **requebros**) languishing or voluptuous movement, swinging, swaying.
re.quen.ta.do [r̃ekẽt'adu] adj heated or warmed again (food).
re.quen.tar [r̃ekẽt'ar] vt to heat or warm up again (food).
re.que.ren.te [r̃eker'ẽti] s m+f 1 petitioner. 2 applicant.
re.que.rer [r̃eker'er] vt+vint to request.
re.que.ri.men.to [r̃ekerim'ẽtu] sm 1 petition. 2 application. 3 request.
re.quin.ta.do [r̃ekĩt'adu] adj 1 delicate, refined, polished. 2 highly cultured.
re.quin.te [r̃ek'ĩti] sm refinement, sophistication.
re.qui.si.tar [r̃ekizit'ar] vt to require, request.
re.qui.si.to [r̃ekiz'itu] sm requirement.
rês [r̃'es] sf cattle for slaughter.
res.ci.são [r̃esiz'ãw] sf (pl **rescisões**) cancellation.
re.se.nha [r̃ez'eñə] sf review.
re.ser.va [r̃ez'ɛrvə] sf 1 reservation. 2 restriction. 3 store, stock. 4 reserve. 5 booking. **reserva florestal** forestal reserve.
re.ser.va.do [r̃ezerv'adu] sm 1 private booth (in a restaurant, theatre etc.). 2 men's room, ladies' room. • adj 1 reserved. 2 private.

re.ser.var [r̄ezerv'ar] *vt* 1 to reserve. 2 to keep. 3 to put away, store up. 4 to book.
re.ser.va.tó.rio [r̄ezervat'ɔrju] *sm* reservoir, tank.
res.fri.a.do [r̄esfri'adu] *sm Med* cold.
res.fri.ar [r̄esfri'ar] *vt+vint+vpr* 1 to (make) cool, freeze. 2 **resfriar-se** *Med* to catch a cold.
res.ga.te [r̄ezg'ati] *sm* ransom.
res.guar.dar [r̄ezgward'ar] *vt+vpr* 1 to guard, protect. 2 to shelter. 3 **resguardar-se** a) to defend or protect oneself. b) to safeguard oneself against.
re.si.dên.cia [r̄ezid'ẽsjə] *sf* 1 residence. 2 dwelling, home.
re.si.den.te [r̄ezid'ẽti] *s m+f* resident (also at a hospital).
re.si.dir [r̄ezid'ir] *vt+vint* to live, dwell.
re.sí.duo [r̄ez'idwu] *sm* waste.
re.sig.na.do [r̄ezign'adu] *adj* resigned, uncomplaining.
re.sig.nar [r̄ezign'ar] *vt+vpr* 1 to resign. 2 **resignar-se** to be resigned, adjust oneself to.
re.sis.tên.cia [r̄ezist'ẽsjə] *sf* 1 resistance. 2 stamina, endurance. 3 *Med* tolerance. 4 strength.
re.sis.ten.te [r̄ezist'ẽti] *adj m+f* resistant.
re.sis.tir [r̄ezist'ir] *vt+vint* to resist.
res.mun.gar [r̄ezmũg'ar] *vt+vint* to grumble.
re.so.lu.ção [r̄ezoluts'ãw] *sf* (*pl* **resoluções**) 1 resolution. 2 decision. 3 will. **tomar uma resolução** to make up one's mind.
re.sol.ver [r̄ezowv'er] *vt+vint* to resolve, solve.
res.pec.ti.vo [r̄espekt'ivu] *adj* 1 respective. 2 concerning.
res.pei.tar [r̄espejt'ar] *vt* 1 to respect. 2 to obey honor.
res.pei.to [r̄esp'ejtu] *sm* 1 respect. 2 consideration. 3 **respeitos** compliments. **a respeito de** regarding. **dizer respeito a** to concern.

res.pei.to.so [r̄espejt'ozu] *adj* respectful.
res.pi.ra.ção [r̄espiras'ãw] *sf* (*pl* **respirações**) 1 breathing. 2 breath (fôlego). **respiração artificial** artificial respiration. **respiração boca a boca** mouth to mouth resuscitation.
res.pi.rar [r̄espir'ar] *vt+vint* to breathe.
res.plan.de.cen.te [r̄esplãdes'ẽti] *adj m+f* shining.
res.plan.de.cer [r̄esplãdes'er] *vt+vint* to shine.
res.pon.der [r̄espõd'er] *vt* to respond, reply, answer.
res.pon.sa.bi.li.zar [r̄espõsabiliz'ar] *vt+vpr* 1 to make or consider responsible. 2 **responsabilizar-se** to become responsible for.
res.pon.sá.vel [r̄espõs'avew] *s m+f* (*pl* **responsáveis**) responsible person. • *adj m+f* responsible.
res.pos.ta [r̄esp'ɔstə] *sf* 1 answer, reply. 2 response.
res.sa.ca [r̄es'akə] *sf* 1 undertow. 2 *bras* hangover.
res.sal.tar [r̄esawt'ar] *vt+vint* to stick out, stand out.
res.sar.cir [r̄esars'ir] *vt* to reimburse.
res.se.car [r̄esek'ar] *vt+vpr* 1 to dry up. 2 **ressecar-se** to become very dry or concentrated, parch.
res.sen.ti.do [r̄esẽt'idu] *adj* resentful.
res.sen.ti.men.to [r̄esẽtim'ẽtu] *sm* resentment.
res.sen.tir [r̄esẽt'ir] *vt+vpr* 1 to take offense. 2 **ressentir-se** a) to take offense. b) to show one's resentment.
res.so.ar [r̄eso'ar] *vt* 1 to tune. 2 to resound. 3 to echo.
res.sur.rei.ção [r̄esur̄ejs'ãw] *sf* (*pl* **ressurreições**) 1 resurrection. 2 *Ecles* Resurrection.
res.sus.ci.tar [r̄esusit'ar] *vt+vint* 1 to bring to life again, raise from the dead. 2 to resuscitate.

res.ta.be.le.cer [r̄estabeles'er] *vt+vpr* 1 to establish again, re-establish. 2 to restore. 3 **restabelecer-se** to recover one's health.

res.tar [r̄est'ar] *vt+vint* to rest, remain.

res.tau.ran.te [r̄estawr'ãti] *sm* restaurant.

res.tau.rar [r̄estawr'ar] *vt* 1 to recuperate, recover. 2 to regenerate, restore.

res.ti.tu.i.ção [r̄estitwis'ãw] *sf* (*pl* **restituições**) 1 restitution. 2 reimbursement. 3 devolution.

res.ti.tu.ir [r̄estitu'ir] *vt* 1 to restitute. 2 to restore.

res.to [r̄'estu] *sm* 1 rest. 2 *Mat* remainder. 3 remain.

res.trin.gir [r̄estrĩʒ'ir] *vt* to restrict.

re.sul.ta.do [r̄ezuwt'adu] *sm* result.

re.sul.tar [r̄ezuwt'ar] *vi* to result.

re.su.mi.do [r̄ezum'idu] *adj* 1 resumed. 2 abridged.

re.su.mir [r̄ezum'ir] *vt+vpr* 1 to summarize. 2 **resumir-se** to be summed up.

re.su.mo [r̄ez'umu] *sm* summary.

res.va.lar [r̄ezval'ar] *vt+vint* to slip, skid.

re.ta [r̄'etɐ] *sf* 1 straight line. 2 straight trace or stroke. 3 straight stretch of a road.

re.ta.lho [r̄et'aλu] *sm* 1 morsel. 2 shred. 3 remnant. **colcha de retalho** patch-work.

re.ta.li.a.ção [r̄etaljas'ãw] *sf* (*pl* **retaliações**) retaliation.

re.ta.li.ar [r̄etali'ar] *vt+vint* 1 to retaliate. 2 to strike back.

re.tan.gu.lar [r̄etãgul'ar] *adj m+f* rectangular.

re.tân.gu.lo [r̄et'ãgulu] *sm* rectangle.

re.tar.da.do [r̄etard'adu] *sm* retardate: a mentally retarded person. • *adj* 1 delayed. 2 mentally deficient, retarded, learning disability.

re.tar.dar [r̄etard'ar] *vt+vint* to delay.

re.tar.da.tá.rio [r̄etardat'arju] *sm* straggler.

re.ter [r̄et'er] *vt* 1 to keep, retain. 2 to hold. 3 to remember.

re.ti.cen.te [r̄etis'ẽti] *adj m+f* 1 reticent. 2 reserved.

re.ti.fi.car [r̄etifik'ar] *vt* to rectify.

re.ti.na [r̄et'inɐ] *sf Anat* retina.

re.ti.ra.da [r̄etir'adɐ] *sf* retreat, withdrawal.

re.ti.ra.do [r̄etir'adu] *adj* 1 retired. 2 solitary. 3 remote.

re.ti.rar [r̄etir'ar] *vt+vpr* 1 to draw back, withdraw (money). 2 to take away, remove. 3 **retirar-se** to withdrawn.

re.to [r̄'etu] *sm Anat* rectum. • *adj* straight.

re.to.mar [r̄etom'ar] *vt* 1 to retake. 2 to recover. 3 to resume.

re.to.que [r̄et'ɔki] *sm* finishing touch(es). **dar os últimos retoques** to give the finishing touches to.

re.tó.ri.ca [r̄et'ɔrikɐ] *sf* rhetoric.

re.tor.nar [r̄etorn'ar] *vt* 1 to return. 2 to go or come back.

re.tra.í.do [r̄etra'idu] *adj* 1 withdrawn. 2 shy.

re.tra.tar[1] [r̄etrat'ar] *vt* to portray, paint.

re.tra.tar[2] [r̄etrat'ar] *vt+vpr* 1 to retract. 2 **retratar-se** to confess one's error or evil action.

re.tra.to [r̄etr'atu] *sm* 1 picture, portrait. 2 reproduction. 3 photograph.

re.tri.bu.i.ção [r̄etribujs'ãw] *sf* (*pl* **retribuições**) 1 retribution, recompense. 2 compensation. 3 reward.

re.tri.bu.ir [r̄etribu'ir] *vt* 1 to retribute. 2 to give something in return.

re.tro.ce.der [r̄etrosed'er] *vt+vint* 1 to retrocede. 2 to recede.

re.tro.ces.so [r̄etros'esu] *sm* retrocession.

re.tro.pro.je.tor [r̄etroproʒet'or] *sm* overhead projector.

re.tro.vi.sor [r̄etroviz'or] *sm* rear view mirror.

re.tru.car [r̄etruk'ar] *vt* to reply, answer.
re.tum.ban.te [r̄etũb'ãti] *adj m+f* resounding.
réu [r̄'ew] *sm* defendant. • *adj* accused.
re.u.ni.ão [r̄ewni'ãw] *sf (pl* **reuniões)** **1** reunion. **2** meeting.
re.u.nir [r̄ewn'ir] *vt+vpr* **1** to reunite. **2** to gather. **3** to have. **4** to collect. **5** to raise. **6 reunir-se** to meet.
re.u.ti.li.zar [r̄ewtiliz'ar] *vt* to reuse.
re.u.ti.li.zá.vel [r̄ewtiliz'avew] *adj m+f* (*pl* **reutilizáveis**) reusable.
re.veil.lon [r̄evej'õw] *sm fr* New Year's Eve party.
re.ve.la.ção [r̄evelas'ãw] *sf (pl* **revelações) 1** revelation. **2** developing. **3** discovery.
re.ve.lar [r̄evel'ar] *vt+vpr* **1** to unveil, unmask. **2** to reveal. **3** *Fot* to develop. **4** to show. **5 revelar-se** to make oneself known.
re.ven.de.dor [r̄evẽded'or] *sm* reseller.
re.ven.der [r̄evẽd'er] *vt* to resale, sell at retail.
re.ver [r̄ev'er] *vt* **1** to see. **2** to examine carefully, check.
re.ve.rên.cia [r̄ever'ẽsjə] *sf* bow.
re.ver.so [r̄ev'ɛrsu] *sm* backside, reverse. • *adj* reverse, reversing.
re.ver.ter [r̄evert'er] *vt* **1** to return, go back. **2** to invert.
re.vés [r̄ev'ɛs] *sm (pl* **reveses) 1** reverse. **2** setback. **3** disappointment.
re.ves.ti.men.to [r̄evestim'ẽtu] *sm* covering, lining, coating.
re.ves.tir [r̄evest'ir] *vt* to cover.
re.ve.za.men.to [r̄evezam'ẽtu] *sm* **1** alternation. **2** rotation. **3** relay. **corrida de revezamento** relayrace.
re.ve.zar [r̄evez'ar] *vt+vint+vpr* **1** to substitute alternatively. **2** to rotate. **3** to relay. **4 revezar-se** to take turns.
re.vi.go.rar [r̄evigor'ar] *vt+vint* to give new strength or vigour to.
re.vi.rar [r̄evir'ar] *vt* **1** to turn, turn over again. **2** to turn inside out or upside down.
re.vi.são [r̄eviz'ãw] *sf (pl* **revisões) 1** revision. **2** check. **3** *Edit* proofreading. **4** service (veículos).
re.vi.sar [r̄eviz'ar] *vt* **1** to revise, review. **2** *Edit* to proofread.
re.vis.ta [r̄ev'istə] *sf* **1** magazine. **2** search. **3** *Teat* revue. **4** review.
re.vis.tar [r̄evist'ar] *vt* to search.
re.vi.ver [r̄eviv'er] *vt+vint* to revive.
re.vol.ta [r̄ev'ɔwtə] *sf* revolt, rebellion.
re.vol.tan.te [r̄evowt'ãti] *adj m+f* **1** revolting. **2** disgusting.
re.vol.tar [r̄evowt'ar] *vt+vpr* **1** to revolt, rebel. **2 revoltar-se** to feel indignation.
re.vo.lu.ção [r̄evolus'ãw] *sf (pl* **revoluções)** revolution. **revolução industrial** industrial revolution.
re.vo.lu.ci.o.nar [r̄evolusjon'ar] *vt+vint* to revolutionize.
re.vo.lu.ci.o.ná.rio [r̄evolusjon'arju] *adj* revolutionary.
re.vol.ver [r̄evowv'er] *vt+vint* **1** to revolve. **2** to turn around, turn over again.
re.vól.ver [r̄ev'ɔwver] *sm (pl* **revólveres)** revolver, gun.
re.za [r̄'ezə] *sf* prayer.
re.zar [r̄ez'ar] *vt+vint* to pray.
ri.a.cho [r̄i'aʃu] *sm* stream, creek.
ri.ban.cei.ra [r̄ibãs'ejrə] *sf* **1** steep bank of a river. **2** cliff.
ri.co [r̄'iku] *sm* a wealthy person, well--to-do. • *adj* rich, wealthy.
ri.co.ta [r̄ik'ɔtə] *sf Cul* ricotta, curd cheese.
ri.di.cu.la.ri.zar [r̄idikulariz'ar] *vt* to ridicule.
ri.di.cu.lo [r̄id'ikulu] *adj* ridiculous.
ri.fa [r̄'ifə] *sf* raffle.
ri.far [r̄if'ar] *vt* to raffle.
ri.gi.dez [r̄iʒid'es] *sf* **1** rigidity. **2** severity, strictness.

rí.gi.do [ˈʀiʒidu] *adj* 1 rigid. 2 severe, strict.
ri.gor [ʀiˈgoɾ] *sm* 1 rigidity, rigidness. 2 rigour.
ri.go.ro.so [ʀigoˈɾozu] *adj* 1 rigorous. 2 inflexible, strict. 3 thorough. 4 rough, harsh.
ri.jo [ˈʀiʒu] *adj* 1 rigid, stiff. 2 tough.
rim [ˈʀĩ] *sm* (*pl* rins) *Anat* kidney.
ri.ma [ˈʀimə] *sf* rhyme.
ri.mar [ʀiˈmaɾ] *vt* to rhyme.
ri.mel [ˈʀimew] *sm* mascara.
ri.no.ce.ron.te [ʀinoseɾˈõti] *sm* Zool rhinoceros.
rin.que [ˈʀĩki] *sm* Esp rink.
ri.o [ˈʀiu] *sm* river.
ri.que.za [ʀiˈkezə] *sf* 1 wealth. 2 richness. 3 abundance.
rir [ˈʀiɾ] *vint* to laugh. **rir à custa de outro** to laugh at someone's expense.
ri.sa.da [ʀiˈzadə] *sf* loud laughter.
ris.ca.do [ʀiskˈadu] *adj* striped.
ris.car [ʀiskˈaɾ] *vt* 1 to scratch out, rub out. 2 to delete, cross out. 3 to trace, mark with lines.
ris.co¹ [ˈʀisku] *sm* 1 scratch. 2 stroke. 3 mark.
ris.co² [ˈʀisku] *sm* 1 danger. 2 venture, hazard. 3 chance, risk. **correr um risco** to run a risk.
ri.so [ˈʀizu] *sm* laughter. **ataque de riso** a fit of laughter.
ri.so.nho [ʀiˈzoɲu] *adj* smiling, cheerful.
ris.pi.dez [ʀispiˈdes] *sf* harshness, roughness.
rís.pi.do [ˈʀispidu] *adj* harsh, rough.
rit.mo [ˈʀitmu] *sm* 1 rhythm. 2 *Mús* beat. 3 *tempo*, time. 4 rate.
ri.to [ˈʀitu] *sm* rite.
ri.tu.al [ʀituˈaw] *sm* (*pl* rituais) ritual.
ri.val [ʀiˈvaw] *s m+f* (*pl* rivais) rival. • *adj m+f* rival.
ri.va.li.da.de [ʀivaliˈdadi] *sf* rivalry.
ri.xa [ˈʀiʃə] *sf* 1 quarrel, dispute. 2 fight.

ro.bus.to [ʀobˈustu] *adj* 1 robust. 2 strong, vigorous.
ro.ça [ˈʀɔsə] *sf bras* rural regions, as opposed to a city or town.
ro.çar [ʀosˈaɾ] *vt+vpr* 1 to rub. 2 to touch lightly. 3 **roçar-se** to rub oneself against.
ro.cha [ˈʀɔʃə] *sf* rock.
ro.che.do [ʀoˈʃedu] *sm* cliff.
ro.cho.so [ʀoˈʃozu] *adj* rocky.
ro.da [ˈʀɔdə] *sf* wheel, circle.
ro.da.da [ʀoˈdadə] *sf* 1 *bras* round of drinks served to a group of friends. 2 *Esp* round.
ro.dar [ʀoˈdaɾ] *vt+vint* 1 to turn round. 2 *bras, coloq* to lose one's job, be dismissed. 3 *bras* to fail an exam or test. 4 *bras, Cin* to film, shoot.
ro.de.ar [ʀodeˈaɾ] *vt* to surround, encircle.
ro.dei.o [ʀoˈdeju] *sm* pretext, evasion. **usar de rodeios** to beat about the bush.
ro.de.la [ʀoˈdɛlə] *sf* 1 a small wheel, round or ring. 2 slice.
ro.dí.zio [ʀoˈdizju] *sm* 1 shift, relay work. 2 turn, rotation. 3 *bras* a system of service in certain restaurants where barbecued meats or pizzas are offered abundantly, according to the client's taste.
ro.do [ˈʀɔdu] *sm* (*pl* rodos) rake (without teeth), squeegee.
ro.do.vi.a [ʀodoˈviə] *sf* highway.
ro.do.vi.á.ria [ʀodoviˈaɾjə] *sf bras* a bus station.
ro.e.dor [ʀoeˈdoɾ] *sm* Zool rodent(s).
ro.er [ˈʀoˈeɾ] *vt+vint* to gnaw. **roer as unhas** to bite one's fingernails, *fig* worry or fret about.
ro.gar [ʀoˈgaɾ] *vt+vint* 1 to implore. 2 to beg. 3 to pray.
ro.í.do [ʀoˈidu] *adj* consumed, corroded. **roído de ciúmes** extremely jealous.
ro.jão [ʀoˈʒãw] *sm* (*pl* rojões) *bras* rocket (fireworks).

rol [r̃'ɔw] *sm* (*pl* **róis**) 1 roll, list. 2 register. 3 file.

ro.lar [r̃ol'ar] *vt+vint* 1 to roll. 2 to move in circles. 3 *bras*, *gír* to happen.

rol.da.na [r̃owd'ʌnə] *sf Mec* pulley.

ro.lha [r̃'oʎə] *sf* cork.

ro.lo [r̃'olu] *sm* 1 cylinder. 2 roller. 3 roll (of paper etc.). 4 *bras* row, mix-up, confusion. **rolo de filmes** *Fot* film cartridge.

ro.mã [r̃om'ã] *sf Bot* pomegranate.

ro.man.ce [r̃om'ãsi] *sm* 1 novel. 2 fiction. 3 romance.

ro.man.cis.ta [r̃omãs'istə] *s m+f* novelist.

ro.mân.ti.co [r̃om'ãtiku] *adj* romantic.

ro.man.tis.mo [r̃omãt'izmu] *sm Bel-art* romanticism.

ro.ma.ri.a [r̃omar'iə] *sf* pilgrimage, procession.

rom.per [r̃õp'er] *vt+vint+vpr* 1 to break, break up. 2 to tear. 3 **romper-se** to snap. **ao romper do dia** at daybreak. **romper o namoro** to break up.

rom.pi.men.to [r̃õpim'ẽtu] *sm* 1 disruption. 2 rupture.

ron.car [r̃õk'ar] *vt+vint* 1 to snore. 2 to roar.

ron.co [r̃'õku] *sm* 1 snore, snoring. 2 roaring. 3 rumbling.

ron.da [r̃'õdə] *sf* round.

ron.dar [r̃õd'ar] *vt+ vint* 1 to walk the rounds, round. 2 to patrol.

ron.ro.nar [r̃õr̃on'ar] *vint* to purr.

ro.sa [r̃'ɔzə] *sf Bot* rose. • *adj m+f* rosy, pink.

ro.sa.do [r̃oz'adu] *adj* rose-coloured, rosy.

ro.sá.rio [r̃oz'arju] *sm* rosary. **rezar o rosário** to tell over the rosary.

ros.bi.fe [r̃ozb'ifi] *sm* roast beef.

ros.ca [r̃'oskə] *sf* 1 thread. 2 roll.

ro.sei.ra [r̃oz'ejrə] *sf* rosebush.

ros.nar [r̃ozn'ar] *vt+vint* to growl.

ros.to [r̃'ostu] *sm* face. **rosto a rosto** face to face, vis-à-vis.

ro.ta [r̃'otə] *sf* 1 direction, route. 2 way. **rota aérea** air route, airway. **rota marítima** sea-route.

ro.ta.ção [r̃otas'ãw] *sf* (*pl* **rotações**) rotation. **rotações por minuto** (*abrev* **rpm**) revolutions per minute.

ro.ta.ti.vi.da.de [r̃otativid'adi] *sf* turnover.

ro.tei.ro [r̃ot'ejru] *sm* 1 itinerary, route (of a journey). 2 *fig* rule. 3 *Cin* script.

ro.ti.na [r̃ot'inə] *sf* routine. **cair na rotina** to fall into the old groove.

ro.tu.lar [r̃otul'ar] *vt* to label.

ró.tu.lo [r̃'ɔtulu] *sm* label.

rou.bar [r̃owb'ar] *vt+vint* 1 to rob. 2 to steal.

rou.bo [r̃'owbu] *sm* 1 robbery. 2 theft.

rou.co [r̃'owku] *adj* hoarse, husky.

rou.pa [r̃'owpə] *sf* 1 clothes, clothing. 2 costume. 3 linens. **roupa de baixo** underwear. **roupa de bebê** babies' wear. **roupa de cama** bed linen. **roupa de griffe** fashionable, expensive clothes. **roupa feita** ready-made clothes. **roupa para crianças** children's clothes, children's wear. **roupa para homens/roupa para cavalheiros** men's wear. **roupa para senhoras** ladies' wear. **roupas de banho** bathing costumes.

rou.pão [r̃owp'ãw] *sm* (*pl* **roupões**) robe, bathrobe.

rou.qui.dão [r̃owkid'ãw] *sf* (*pl* **rouquidões**) hoarseness, huskiness.

rou.xi.nol [r̃owʃin'ɔw] *sm* (*pl* **rouxinóis**) *Ornit* nightingale.

ro.xo [r̃'oʃu] *sm* purple, violet. • *adj* 1 purple, violet. 2 anxious.

ru.a [r̃'uə] *sf* street. • *interj* get out!, be off!. **pôr na rua/pôr no olho da rua** to dismiss, fire. **rua de uma mão/rua de direção única** one-way street.

ru.bé.o.la [r̃ub'ɛolə] *sf Med* rubeola, German measles.

ru.bi [ʁub'i] *sm Miner* ruby.
ru.bo.ri.zar [ʁuboriz'ar] *vt+vint+vpr* **1** to blush. **2** ruborizar-se to blush.
ru.di.men.tar [ʁudimẽt'ar] *adj m+f* **1** rudimental, rudimentary. **2** primitive.
ru.di.men.to [ʁudim'ẽtu] *sm* **1** rudiment. **2** grounds. **3** notion.
ru.e.la [ʁu'ɛlə] *sf* bystreet, alley.
ru.ga [ʁ'ugə] *sf* wrinkle.
ru.gi.do [ʁuʒ'idu] *sm* roar.
ru.gir [ʁuʒ'ir] *vt+vint* to roar.
ru.í.do [ʁu'idu] *sm* noise.
ru.i.do.so [ʁujd'ozu] *adj* noisy.
ru.im [ʁu'ĩ] *adj m+f* (*pl* **ruins**) bad.
ru.í.na [ʁu'inə] *sf* **1** ruin. **2** collapse. **cair em ruínas** to fall into ruins.

ru.ir [ʁu'ir] *vint* to collapse.
rui.vo [ʁ'ujvu] *sm* red-head. • *adj* red--haired.
ru.mi.nan.te [ʁumin'ãti] *sm Zool* ruminant. • *adj m+f* ruminant, ruminating.
ru.mi.nar [ʁumin'ar] *vt+vint* to ruminate.
ru.mo [ʁ'umu] *sm* **1** route, course. **2** direction. **sem rumo** adrift.
ru.mor [ʁum'or] *sm* **1** rumor, rumour. **2** murmur.
rup.tu.ra [ʁupt'urə] *sf* **1** act or effect of breaking, breakage. **2** rupture.
ru.ral [ʁur'aw] *adj m+f* (*pl* **rurais**) rural.
rum [ʁ'ũ] *sm* rum.
rús.ti.co [ʁ'ustiku] *adj* rustic.

S

S, s ['ɛsi] *sm* **1** the eighteenth letter of the alphabet. **2** *abrev* a) **São, Santo, Santa** (St, Saint). b) **Sociedade** as in **SA Sociedade Anônima** (joint-stock company). c) **sul** (south).

sá.ba.do [s'abadu] *sm* Saturday.

sa.bão [sab'ãw] *sm* (*pl* **sabões**) soap, washing soap. **liso como sabão** as slippery as an eel. **passar um sabão em alguém** to chide a person. **pedra-sabão** soapstone. **sabão em pó** soap powder.

sa.be.do.ri.a [sabedor'iə] *sf* wisdom.

sa.ber¹ [sab'er] *vt+vint* **1** to know. **2** can. **3** to know about, hear about. **quem sabe** maybe. **saber de cor (e salteado)** to know by heart. **saber na ponta da língua** to have something on the tip of one's tongue. **vir a saber** to come to know.

sa.ber² [sab'er] *sm* **1** knowledge. **2** instruction.

sa.bi.do [sab'idu] *sm* a smart, cunning fellow. • *adj* **1** known. **2** wise. **3** smart.

sá.bio [s'abju] *sm* wise man. • *adj* (*sup abs sint* **sapientíssimo**) wise.

sa.bo.ne.te [sabon'eti] *sm* soap.

sa.bo.ne.tei.ra [sabonet'ejrə] *sf* soap bowl, soap holder.

sa.bor [sab'or] *sm* taste, savour, flavour.

sa.bo.re.ar [saboreˈar] *vt* **1** to savour. **2** to taste. **3** to enjoy greatly.

sa.bo.ro.so [sabor'ozu] *adj* savoury, tasty, delicious.

sa.ca.da [sak'adə] *sf Arquit* balcony, terrace.

sa.car [sak'ar] *vt+vint* **1** to draw (out), pull out. **2** *gír* to understand. **3** to withdraw (dinheiro). **sacar a espada** to draw the sword.

sa.ca-ro.lhas [sakaɾ'oʎas] *sm, sing+pl* corkscrew.

sa.cer.do.te [saserd'ɔti] *sm* priest, clergyman.

sa.co [s'aku] *sm* **1** sack, bag, sac. **2** *vulg* testicles. **3** *bras, gír* nuisance. **encher o saco** *bras, vulg* to annoy. **estar de saco cheio** *bras, vulg* to be annoyed. **que saco!** what a pain! **saco de dormir** sleeping bag.

sa.co.la [sak'ɔlə] *sf* bag, tote bag, holdall.

sa.cra.men.to [sakram'ẽtu] *sm* sacrament.

sa.cri.fi.car [sakrifik'ar] *vt+vpr* **1** to sacrifice. **2 sacrificar-se** a) to devote oneself to. b) to sacrifice oneself for.

sa.cri.fí.cio [sakrif'isju] *sm* sacrifice.

sa.cro [s'akru] *adj* holy, sacred. **música sacra** sacred music.

sa.cu.dir [sakud'ir] *vt* to shake. **sacudir a cabeça** to shake one's head.

sa.di.o [sad'iu] *adj* healthy.

sa.dis.mo [sad'izmu] *sm* sadism.

sa.far [saf'ar] *vt+vpr* **1** to wear out. **2** to unload, easier, disembarrass. **3 safar-se** to escape, get rid of, get free from.

sa.fi.ra [saf'irə] *sf* sapphire.

sa.fra [s'afrə] *sf* crop, harvest.
sa.gra.do [sagr'adu] *adj* (*sup abs sint* **sacratíssimo**) sacred, holy. **Sagrada Família** Holy Family. **Sagrado Coração de Jesus** Sacred Heart of Jesus.
sa.ia [s'ajə] *sf* skirt.
sa.í.da [sa'idə] *sf* exit, way out. **ter boa saída** to meet a ready market. **um beco sem saída** a blind alley.
sa.i.o.te [saj'ɔti] *sm* petticoat.
sa.ir [sa'ir] *vt+vpr* **1** to go, come or step out. **2** to leave. **3** *fig* to go beyond limits, exceed. **4** to emerge. **5** to issue from. **6** to come into being. **7** to come off. **ao sair do sol** at sunrise. **sair à francesa/sair de fininho** to leave a place unnoticed. **sair às pressas** to hurry out. **sair da moda** to go out of fashion. **sair das dívidas** to get out of debt. **sair de carro** to go for a drive. **sair de viagem** to go on a journey. **sair-se bem** to succeed. **sair-se mal** to come off badly.
sal [s'aw] *sm* (*pl* **sais**) salt. **sal de cozinha** common salt, sodium chloride.
sa.la [s'alə] *sf* **1** room. **2** living-room. **fazer sala a** to entertain guests. **sala de aula** classroom. **sala de espera** waiting room. **sala de espetáculos** theatre, auditorium. **sala de estar** living-room. **sala de fumar** smoking-room. **sala de jantar** dining-room. **sala de jogo** card-room. **sala de operação** operating-room, surgery. **sala de reunião** meeting-hall. **sala de tribunal** courtroom.
sa.la.da [sal'adə] *sf* **1** salad. **2** *pop* mess, confusion. **salada de frutas** fruit salad. **tempero para salada** salad dressing.
sa.la.me [sal'ʌmi] *sm* salami.
sa.lão [sal'ãw] *sm* (*pl* **salões**) **1** great hall. **2** saloon, ballroom. **3** salon. **salão de baile** dance-hall, ballroom. **salão de barbeiro** barbershop. **salão de beleza** beauty parlour. **salão de festas** banqueting room.

sa.lá.rio [sal'arju] *sm* **1** salary, wages, pay(ment), income. **2** reward, compensation paid for services. **salário mínimo** minimum wage. **salário por hora** wages per hour.
sal.dar [sawd'ar] *vt* **1** to balance an account, close or settle an account. **2** to liquidate, have done with. **saldar contas** to settle accounts (também *fig.*).
sal.do [s'awdu] *sm* **1** *Com* balance. **2** remainder, rest.
sal.ga.do [sawg'adu] *adj* **1** salt, salted, salty. **2** (too) expensive.
sal.guei.ro [sawg'ejru] *sm Bot* willow.
sa.li.en.tar [saljẽt'ar] *vt* to point out, emphasize.
sa.li.va [sal'ivə] *sf* saliva.
sal.mão [sawm'ãw] *sm* (*pl* **salmões**) salmon. • *m+f, sing+pl* salmon.
sal.mou.ra [sawm'owrə] *sf* brine.
sal.pi.car [sawpik'ar] *vt* **1** to sprinkle. **2** to splash.
sal.sa [s'awsə] *sf Bot* parsley.
sal.si.cha [saws'ifə] *sf* sausage.
sal.tar [sawt'ar] *vt+vint* to leap, jump. **fazer saltar aos ares** to blow up, explode. **saltaram-lhe as lágrimas aos olhos** tears started from his/her eyes. **saltar aos olhos/à vista** to strike the eye, be obvious. **saltar da cama** to jump out of bed. **saltar de alegria** to jump for joy.
sal.to [s'awtu] *sm* **1** leap, jump, vault. **2** hop. **3** dive. **4** heel (sapato). **aos saltos** leaping. **dar um salto** to take a leap. **salto com vara** pole vault. **salto de paraquedas** parachute jump. **salto em altura** high jump. **salto em distância** long jump. **salto mortal** somersault, back flip. **salto ornamental** fancy diving. **salto triplo** triple jump (hop, skip and jump).
sal.va.ção [sawvas'ãw] *sf* (*pl* **salvações**) salvation. **Exército da Salvação** Salvation Army.

sal.va.dor [sawvad'or] *sm* **1** saviour. **2 Salvador** Jesus Christ, the Saviour. • *adj* saving.

sal.va.men.to [sawvam'ẽtu] *sm* rescue.

sal.var [sawv'ar] *vt+vint+vpr* **1** to save. **2 salvar-se** a) to survive. b) to escape.

sal.va-vi.das [sawvəv'idas] *sm, sing+pl* **1** lifesaver, lifeguard. **2** life belt. **barco salva-vidas** lifeboat. **colete salva-vidas** life jacket.

sal.vo [s'avvu] *adj* safe. **são e salvo** safe and sound.

sa.mam.bai.a [samãb'ajə] *sf bras, Bot* fern.

sa.nar [san'ar] *vt* to cure, heal.

sa.na.tó.rio [sanat'ɔrju] *sm* sanatorium, health resort.

san.ção [sãs'ãw] *sf (pl* **sanções**) sanction.

san.dá.li.a [sãd'aljə] *sf* sandal (a form of shoe).

sân.da.lo [s'ãdalu] *sm* sandal, sandalwood (tree and perfume).

san.du.í.che [sãdu'iʃi] *sm* sandwich.

sa.ne.a.men.to [saneam'ẽtu] *sm* **1** sanitation. **2** improvement.

sa.ne.ar [sane'ar] *vt* **1** to sanitate. **2** to improve.

san.fo.na [sãf'onə] *sf* accordion.

san.grar [sãgr'ar] *vt+vint* to bleed.

san.gren.to [sãgr'ẽtu] *adj* sanguinolent, bloody.

san.gri.a [sãgr'iə] *sf* **1** bleeding. **2** sangria: a drink of wine, water, sugar and fruit juice. **sangria desatada** *bras* something that needs immediate attention. **sangria nasal** nosebleed.

san.gue [s'ãgi] *sm* blood. **doar sangue** to give blood. **exame de sangue** blood test. **sangue coagulado** clotted blood. **sangue puro** thoroughbred, clean-bred. **subir o sangue à cabeça** to lose one's head. **transfusão de sangue** blood transfusion.

san.gue-fri.o [sãgifr'iu] *sm (pl* **sangues-frios**) coldness, coolness. **a sangue-frio** in cold blood. **manter o sangue-frio** to keep one's head. **matar a sangue-frio** to kill in cold blood.

san.guí.neo [sãg'inju] *adj* (também **sanguíneo**) blood. **glóbulos sanguíneos** blood cells. **grupo sanguíneo** blood group. **pressão sanguínea** blood pressure.

sa.ni.da.de [sanid'adi] *sf* sanity, health.

sa.ni.tá.rio [sanit'arju] *sm* water closet. • *adj* sanitary, health.

san.ti.da.de [sãtid'adi] *sf* **1** holiness, sanctity. **2** the Pope's title. **Sua Santidade** His Holiness (the Pope).

san.ti.fi.car [sãtifik'ar] *vt* to sanctify.

san.to [s'ãtu] *sm* **1** saint. **2** a good person. • *adj* saint, holy. **dia de Todos os Santos** All Saints' Day. **o Espírito Santo** the Holy Ghost, Holy Spirit. **santo Deus!** good heavens!

san.tu.á.rio [sãtu'arju] *sm* sanctuary, shrine.

são[1] [s'ãw] *abrev* **santo** (always used when the saint's name starts with a consonant: **São Paulo**, **São Pedro** in opposition to **Santo Antônio**).

são[2] [s'ãw] *adj (pl* **sãos**) *(fem* **sã**) **1** sound, wholesome. **2** healthy. **são e salvo** safe and sound.

sa.pa.ta.ri.a [sapatar'iə] *sf* shoe shop, shoe store.

sa.pa.te.a.do [sapate'adu] *sm* tap-dance.

sa.pa.tei.ra [sapat'ejrə] *sf* shoe closet.

sa.pa.tei.ro [sapat'ejru] *sm* shoemaker.

sa.pa.to [sap'atu] *sm* shoe. **calçar os sapatos** to put on one's shoes. **cordão de sapatos**, **cadarço** shoelace, shoestring.

sa.pi.nhos [sap'iños] *sm pl Med* aphthae, thrush, little white patches in the mouth of babies.

sa.po [s'apu] *sm Zool* toad.

sa.que[1] [s'aki] *sm* **1** bank draft, bill, the act of drawing a bill of exchange. **2** *Esp* service, serve.

sa.que² [s'aki] *sm* **1** sack. **2** robbery.
sa.que.ar [sake'ar] *vt+vint* to sack, plunder.
sa.ram.po [sar'ãpu] *sm Med* measles.
sa.rar [sar'ar] *vt+vint* to heal.
sar.da [s'ardə] *sf* (more used **sardas** *pl*) freckle.
sar.den.to [sard'ẽtu] *adj* freckled.
sar.di.nha [sard'iñə] *sf* sardine.
sar.gen.to [sarʒ'ẽtu] *sm* sergeant. **primeiro-sargento** sergeant-major.
sar.je.ta [sarʒ'etə] *sf* gutter.
sa.tã [sat'ã] *sm* Satan, devil, Lucifer.
sa.té.li.te [sat'εliti] *sm* satellite.
sa.ti.ri.zar [satiriz'ar] *vt* to satirize, lampoon.
sa.tis.fa.ção [satisfas'ãw] *sf* (*pl* **satisfações**) satisfaction. **dar satisfações** to explain, account to. **ter satisfação em** to find satisfaction in.
sa.tis.fa.tó.rio [satisfat'ɔrju] *adj* satisfactory.
sa.tis.fa.zer [satisfaz'er] *vt+vint* to satisfy. **satisfazer às exigências** to fulfil the requirements. **satisfazer um desejo** to satisfy a wish. **satisfazer um pedido** to comply with a request.
sa.tis.fei.to [satisf'ejtu] *adj* satisfied.
sa.tu.ra.do [satur'adu] *adj* **1** saturated. **2** *fig* sick, tired.
sa.tu.rar [satur'ar] *vt* to saturate.
sau.da.ção [sawdas'ãw] *sf* (*pl* **saudações**) salutation. **com minhas saudações** with my compliments. **palavras de saudação** words of welcome.
sau.da.de [sawd'adi] *sf* **1** longing. **2** homesickness, nostalgia. **ter saudade da sua terra/pátria** to be homesick.
sau.dar [sawd'ar] *vt* to salute. **saudar com vivas** to cheer.
sau.dá.vel [sawd'avew] *adj m+f* (*pl* **saudáveis**) sound, healthy.
sa.ú.de [sa'udi] *sf* health. • *interj* cheers!, cheerio!. **à tua saúde!** your health!, here's to you! **saúde pública** public health.

se¹ [si] *pron pess* himself, herself, itself, oneself, yourself, yourselves, themselves, each other, one another.
se² [si] *conj* if, whether, provided, in case that, supposing. *se eu fosse rei* / if I were king. *não sei se ele está em casa* / I don't know whether he is at home. *ele se comporta como se não o estivesse vendo* / he acts as though he does not see it. **como se** as if. **se ao menos** if only. **se bem que** even though. **se é que...** if at all... **se não** if not.
se.bo [s'ebu] *sm* **1** tallow, grease. **2** *bras* secondhand bookstore.
se.ca [s'εkə] *sf* drought.
se.ca.dor [sekad'or] *sm* dryer. **secador de cabelo** hair dryer.
se.ca.men.te [sekam'ẽti] *adv* **1** dryly. **2** *fig* coldly.
se.ção [ses'ãw] *sf* (*pl* **seções**) **1** section. **2** department. **3** pages (jornal).
se.car [sek'ar] *vt+vint* to dry.
sec.ção [seks'ãw] *sf* (*pl* **secções**) = **seção**.
se.co [s'eku] *adj* **1** dry. **2** dried. **3** dead. **secos e molhados** groceries, grocery. **tempo seco** dry weather. **vinho seco** dry wine.
se.cre.ção [sekres'ãw] *sf* (*pl* **secreções**) *Fisiol* secretion.
se.cre.ta.ri.a [sekretar'iə] *sf* **1** secretaryship, clerkship. **2** office, bureau, secretariat. **3** admissions office.
se.cre.tá.ria [sekret'arjə] *sf* woman secretary. **secretária eletrônica** answering machine.
se.cre.tá.rio [sekret'arju] *sm* **1** secretary. **2** minister of state.
se.cre.to [sekr'εtu] *adj* secret, private.
sé.cu.lo [s'εkulu] *sm* century. **durante muitos séculos** for ages. **século de ouro** golden age, *fig* happy times.
se.cun.dá.rio [sekũd'arju] *adj* secondary, subordinate.
se.da [s'edə] *sf* **1** silk. **2** *bras* a kind, affable person. **bicho-da-seda** silkworm. **papel**

se.da.ti.vo [sedat'ivu] *sm Med* sedative. • *adj* sedative.

se.de¹ [s'edi] *sf* headquarters, seat. **sede de governo** seat of a government. **sede social** head-office.

se.de² [s'ede] *sf* **1** thirst. **2** *fig* greediness, impatience. **estar com sede** to be thirsty. **ir com muita sede ao pote** to act greedily. **matar a sede** to quench one's thirst.

se.den.to [sed'ẽtu] *adj* thirsty.

se.di.ar [sedi'ar] *vt* to host.

se.do.so [sed'ozu] *adj* silken, silky.

se.du.ção [sedus'ãw] *sf* (*pl* **seduções**) seduction, temptation.

se.du.tor [sedut'or] *sm* seducer. • *adj* seducing, enchanting.

se.du.zir [seduz'ir] *vt* to seduce.

se.gre.do [segr'edu] *sm* secret **em segredo** in secret. **guardar segredo** to keep secret.

se.gre.ga.ção [segregas'ãw] *sf* (*pl* **segregações**) segregation.

se.gre.gar [segreg'ar] *vt* to segregate.

se.gui.do [seg'idu] *adj* **1** followed, continued, in a row. **2** connected, coherent. **3** used, employed. **em seguida** after that, then, afterwards, right away.

se.guin.te [seg'iti] *sm* the next, the following. • *adj m+f* next, following. **no dia seguinte** the following day. **o capítulo seguinte** the next chapter.

se.guir [seg'ir] *vt+vint+vpr* **1** to follow. **2** to pursue. **3** seguir-se to come after or result from. **a seguir** following, next. **o que segue?** what next? **quem segue?** who is next? **seguir alguém** to follow someone. **seguir as instruções** to follow the instructions. **seguir viagem** to go on, continue on one's way.

se.gun.da-fei.ra [segũdəf'ejrə] *sf* (*pl* **segundas-feiras**) Monday.

se.gun.do¹ [seg'ũdu] *num* second. • *adv* secondly, in the second place. **chegar em segundo lugar** to come second. **comprar de segunda mão** to buy second-hand.

se.gun.do² [seg'ũdu] *prep* according to. **segundo os nossos cálculos** according to our calculations.

se.gu.ra.do [segur'adu] *sm* insured person. • *adj* insured, assured.

se.gu.ran.ça [segur'ãsə] *sf* **1** security. **2** self-confidence, assurance. *s m+f* a bodyguard or a watchman. **cinto de segurança** safety belt. **com segurança** reliably, with safety. **em segurança** in safety. **para segurança** for safety's sake.

se.gu.rar [segur'ar] *vt* **1** to secure, make safe or secure. **2** to firm, fasten, hold, clamp or cling. **3** to catch, grasp, hold, seize. **4** to insure. **segurar contra acidentes** to insure against accidents.

se.gu.ro [seg'uru] *sm* **1** insurance. **2** guarantee, protection, support, shelter. • *adj* **1** secure, safe. **2** firm, steady. **3** self-confident. **4** sure. **apólice de seguro** insurance policy. **companhia de seguros** insurance company. **corretor de seguros** insurance broker. **estar seguro** to feel confident. **pôr no seguro** to insure. **seguro-saúde** health-insurance. **seguro de vida** life-insurance.

sei.o [s'eju] *sm* breast. **bico do seio** nipple.

seis [s'ejs] *num+sm* six.

seis.cen.tos [seis'ẽtus] *num+sm* six hundred.

sei.ta [s'ejtə] *sf* sect.

sei.va [s'ejvə] *sf* sap.

sei.xo [s'ejʃu] *sm* pebble.

se.la [s'ɛlə] *sf* saddle.

se.lar¹ [sel'ar] *vt+vint* to saddle.

se.lar² [sel'ar] *vt* **1** to stamp. **2** to rubber stamp. **3** to seal.

se.le.ci.o.nar [selesjon'ar] *vt* to select, pick out, choose.

se.lo [s'elu] *sm* (*pl* **selos**) 1 seal. 2 stamp. 3 label.

sel.va [s'ɛwvɐ] *sf* jungle. **selva de pedra/selva de asfalto** asphalt jungle.

sel.va.gem [sewv'aʒẽj] *adj* 1 savage, wild. 2 uncivilized.

sem [s'ẽj] *prep* without, lacking, wanting, destitute of, sine. **passar sem** to do without. **sem dinheiro** out of money. **sem dúvida** without doubt. **sem falta** without fail. **sem fim** endless. **sem parar** on and on. **sem valor** of no worth.

se.má.fo.ro [sem'aforu] *sm* 1 traffic light. 2 signal (on a railway).

se.ma.na [sem'ʌnɐ] *sf* week. **a próxima semana** next week. **a semana passada** last week. **a semana que vem** the coming week. **a semana seguinte** the following week. **daqui a uma semana** a week from now. **durante a semana** in the week. **fim de semana** weekend. **todas as semanas** every week.

se.ma.nal [seman'aw] *adj m+f* (*pl* **semanais**) weekly.

se.me.ar [seme'ar] *vt+vint* to sow.

se.me.lhan.ça [semeʎ'ãsɐ] *sf* likeness. **à semelhança de** in the likeness of. **ter semelhança com** to bear resemblance to.

se.me.lhan.te [semeʎ'ãti] *sm* fellow creature. • *adj m+f* similar.

sê.men [s'emẽj] *sm* (*pl* **semens**, **sêmenes**) semen.

se.men.te [sem'ẽti] *sf* seed. **lançar a semente de** to sow the seeds of.

se.mes.tral [semestr'aw] *adj m+f* (*pl* **semestrais**) half-yearly.

se.mes.tre [sem'ɛstri] *sm* semester. • *adj m+f* semestral.

se.mi.ná.rio [semin'arju] *sm* 1 seminary. 2 seminar.

sem.pre [s'ẽpri] *adv* 1 always, ever. 2 forever. **como sempre** as always, as usual.

sem-te.to [sẽjt'ɛtu] *s m+f*, *sing+pl* homeless: a person without a home.

sem-ver.go.nha [sẽjverg'oɲɐ] *s m+f*, *sing+pl bras* shameless, impudent person. • *adj m+f* shameless, unashamed.

se.na.do [sen'adu] *sm* senate.

se.na.dor [senad'or] *sm* senator.

se.não [sen'ãw] *conj* 1 otherwise, else, or else, except, unless. 2 but, rather. • *prep* except, but, save. **senão quando** suddenly, then. **senão que** but also, rather, on the contrary.

se.nha [s'eɲɐ] *sf* password.

se.nhor [seɲ'or] *sm* 1 owner, proprietor, possessor, master. 2 mister (*abrev* Mr.). 3 sir. **Nosso Senhor Jesus Cristo** Our Lord Jesus Christ. **prezado senhor** dear sir.

se.nho.ra [seɲ'orɐ] *sf* 1 mistress, lady, madam. 2 wife. 3 housewife. • *pron* you (formal). **minhas senhoras e meus senhores** ladies and gentlemen. **Nossa Senhora** Our Lady, the blessed Virgin Mary.

se.nho.ri.a [seɲor'iɐ] *sf* landlady.

se.nho.ri.o [seɲor'iu] *sm* landlord.

se.nho.ri.ta [seɲor'itɐ] *sf bras* miss.

se.nil [sen'iw] *adj m+f* (*pl* **senis**) senile.

sen.sa.ção [sẽsas'ãw] *sf* (*pl* **sensações**) sensation, feeling.

sen.sa.tez [sẽsat'es] *sf* judiciousness, good sense.

sen.sa.to [sẽs'atu] *adj* sensible, rational, reasonable.

sen.si.bi.li.da.de [sẽsibilid'adi] *sf* sensibility.

sen.si.bi.li.zar [sẽsibiliz'ar] *vt+vpr* 1 to sensitize. 2 to touch. 3 **sensibilizar-se** to be touched, moved.

sen.sí.vel [sẽs'ivew] *adj m+f* (*pl* **sensíveis**) 1 sensitive. 2 perceptible. 3 touchy. 4 *fig* compassionate.

sen.so [s'ẽsu] *sm* sense. **bom senso** common sense. **senso de humor** sense of humour. **senso de responsabilidade** sense of responsibility.

sen.tar [sẽt'ar] *vt+vint+vpr* 1 to seat, place. 2 to sit. 3 **sentar-se** to sit down, take a seat.

sen.ten.ça [sẽt'ẽsə] *sf* **1** sentence. **2** saying. **3** verdict. **4** opinion. • **cumprir uma sentença** to serve a sentence. **dar uma sentença** to pass sentence or judgement.

sen.ten.ci.a.do [sẽtẽsi'adu] *sm* convict. • *adj* judged, sentenced.

sen.ti.do [sẽt'idu] *sm* **1** sense. **2** feeling. **3** good sense, judgment. **4** meaning. **5** direction. **6 sentidos** a) senses, sensory mechanism. b) intellectual faculties. c) consciousness. • *adj* **1** sensible, touchy. **2** sorry, grieved. **3** sad, moaning. • *interj* Mil attention! **compreender o sentido** to catch the meaning. **em sentido contrário** in the opposite direction. **os cinco sentidos** the five senses. **o sexto sentido** the sixth sense. **perder os sentidos** to lose consciousness. **recuperar os sentidos** to recover one's senses, come round. **sem sentidos** unconscious.

sen.ti.men.tal [sẽtimẽt'aw] *adj m+f (pl* **sentimentais)** sentimental, emotional.

sen.ti.men.to [sẽtim'ẽtu] *sm* feeling.

sen.ti.ne.la [sẽtin'ɛlə] *sf* **1** sentry. **2** lookout. **estar de sentinela** to watch, stand sentinel.

sen.tir [sẽt'ir] *vt+vint+vpr* **1** to feel. **2** to regret, be sorry. **3** *sentir-se* a) to feel, be self-conscious. b) to resent. **sentir falta de** to miss. **sentir-se à vontade com alguém** to feel at home with someone. **sentir-se bem** to feel well.

se.pa.rar [separ'ar] *vt+vpr* **1** to separate. **2** *separar-se* to part with, leave, split up.

se.pul.tar [sepuwt'ar] *vt* to bury.

se.pul.tu.ra [sepuwt'urə] *sf* grave.

se.que.la [sek'wɛlə] *sf* **1** consequence, result. **2** *Med* sequela.

se.quên.cia [sek'wẽsjə] *sf* sequence.

se.quer [sek'ɛr] *adv* at least, so much as, even.

se.ques.tra.dor [sekwestrad'or] *sm* kidnapper.

se.ques.trar [sekwestr'ar] *vt* to kidnap.

se.ques.tro [sek'westru] *sm* **1** kidnapping (pessoa). **2** hijacking (avião).

ser [s'er] *sm (pl* **seres)** **1** being, creature. **2** existence, life. • *vlig+vt+vint* to be: a) to exist. b) to have existence in fact, physical or mental. c) to become. d) to happen. e) to belong. f) to be made of, consist. g) to cost. h) to be used for, serve as. i) to concern. **é isso mesmo** that's just it. **é minha vez** it's my turn. **foi ele que** it was he who. **isto é** that is. **se assim for** if that be the case. **seja assim** be it so. **seja como for** be it as it may. **ser alguém** to be somebody. **ser humano** human being. **ser necessário** to be necessary. **ser preferível** to be preferable.

se.rei.a [ser'ejə] *sf* mermaid.

se.re.nar [seren'ar] *vt+vint* **1** to calm, pacify. **2** to grow quiet, calm down.

se.re.no [ser'enu] *sm* **1** dew, mist. **2** *bras* drizzle, a slow rain. • *adj* serene.

se.ri.a.do [seri'adu] *sm* TV or movie series.

sé.rie [s'ɛrji] *sf* **1** series. **2** a great quantity, great number. **produção em série** mass production. **uma série de acontecimentos** a train of events.

se.rin.ga [ser'ĩgə] *sf* syringe.

sé.rio [s'ɛrju] *adj* **1** serious, severe, earnest. **2** reliable, trustworthy. **3** decent, modest. **levar/tomar a sério** to take to heart.

ser.mão [serm'ãw] *sm (pl* **sermões)** **1** sermon, preach. **2** *fig* severe reprimand. **o Sermão da Montanha** the Sermon on the Mount. **pregar um sermão** to give a lecture.

ser.ra [s'ɛrə] *sf* **1** saw. **2** *fig* mountain ridge, mountain range. **3** mountains. **serra de vaivém** jigsaw. **serra elétrica** electric saw. **serra tico-tico** fret saw. **subir a serra** *fig* to become angry.

ser.ra.gem [seɾ'aʒẽj] *sf (pl* **serragens)** *bras* sawdust.

ser.ra.lhei.ro [seʀaʎ'ejru] *sm* locksmith.
ser.rar [seʀ'ar] *vt+vint* to saw.
ser.ro.te [seʀ'ɔti] *sm* hand-saw.
ser.tão [sert'ãw] *sm* (*pl* **sertões**) **1** interior of the country. **2** *bras* arid and remote interior. **cidades do sertão** inland towns.
ser.ven.te [serv'ẽti] *s m+f* servant, attendant, helper. • *adj* serving, attendant. **servente de pedreiro** mason, hod-carrier.
ser.vi.ço [serv'isu] *sm* **1** service. **2** job. **3** work. **deixar o serviço** to give up, leave the service. **em serviço** in work, on service. **estar de serviço** to be on duty. **posto de serviço** (for cars) service station. **serviço assalariado** work for wages. **serviço de correio** postal service. **serviço de mesa** dinner service. **serviço doméstico** housework. **serviço externo** outside service. **serviço funerário** undertaking. **serviço obrigatório** compulsory service. **serviço público** public service. **serviço secreto** secret service. **serviço telefônico** telephone service. **tempo de serviço** time, term of service.
ser.vir [serv'ir] *vint+vt+vpr* **1** to serve: a) to labor as a servant. b) to perform the duties of a position. c) to wait on, attend on. d) to help, assist. e) to be useful. f) to render military service. g) to suit, be suitable. **2 servir-se** *vpr* a) to make use of. b) to help oneself (at table). **para que serve?** what is it good for? **servir à pátria** to serve one's country. **servir de lição** to serve as a lesson. **servir no exército** to serve in the army. **servir para** a) to serve for. b) to lend itself or oneself to. **servir-se da ocasião** to seize the opportunity. **servir-se de** to employ, make use of. **servir voluntariamente** to volunteer.
ser.vo [s'ɛrvu] *sm* **1** servant. **2** slave.
ses.são [ses'ãw] *sf* (*pl* **sessões**) **1** session. **2** *bras* each of the successive shows every day in a cinema or theatre. **3** *Teat* performance.
ses.sen.ta [ses'ẽtə] *num+sm* sixty.
se.ta [s'ɛtə] *sf* **1** arrow, dart. **2** hand of a clock.
se.te [s'ɛti] *num+sm* seven. **as sete maravilhas do mundo** the seven wonders of the world. **os sete pecados capitais** the seven deadly sins.
se.te.cen.tos [sɛtes'ẽtus] *num+sm* seven hundred.
se.tem.bro [set'ẽbru] *sm* September.
se.ten.ta [set'ẽtə] *num+sm* seventy. **a casa dos setenta** the seventies.
se.tor [set'or] *sm* **1** sector. **2** section.
seu [s'ew] *pron adj poss* yours, his, hers, its, theirs. *eu gastei o seu dinheiro (dele)* / I spent his money. *eu gastei o seu dinheiro (dela)* / I spent her money. *eu gastei o seu dinheiro (teu)* / I spent your money. • *pron subs poss* his, his own, hers, her own, yours, your own, its, its own, theirs, their own. *este livro é seu (teu, dele, dela, deles)* / this book is yours/his/hers/theirs.
se.ve.ri.da.de [severid'adi] *sf* severity.
se.ve.ro [sev'ɛru] *adj* **1** severe. **2** strict. **3** harsh.
sex.ta-fei.ra [sestəf'ejrə] *sf* (*pl* **sextas-feiras**) Friday.
sex.te.to [sest'etu] *sm Mús* sextet.
se.xu.al [seksu'aw] *adj m+f* (*pl* **sexuais**) sexual. **relação sexual** sexual intercourse. **símbolo sexual** sex symbol.
se.xu.a.li.da.de [sekswalid'adi] *sf* sexuality.
show [∫'ow] *sm ingl* **1** show, exhibition. **2** *fig* a wonderful perform. **3** *fig* scene, scandal.
si [s'i] *sm Mús* si. • *pron* himself, herself, itself, oneself, yourself, yourselves, themselves. **dar sinal de si** to show signs of life. **ter confiança em si próprio** to have self-confidence.

si.bi.lan.te [sibil'ãti] *adj m+f* sibilant. **som sibilante** sibilant sound.

si.de.rur.gi.a [siderur₃i'ɐ] *sf* 1 metallurgy of iron. 2 ironworks.

si.de.rúr.gi.co [sider'urʒiku] *adj* metallurgical, steelworks.

si.dra [s'idrɐ] *sf* cider.

si.gi.lo [si₃'ilu] *sm* seal, secret.

si.gi.lo.so [si₃il'ozu] *adj* secret.

si.gla [s'iglɐ] *sf* 1 abbreviation. 2 initials. 3 acronym.

sig.ni.fi.ca.ção [signifikas'ãw] *sf (pl* **significações***)* signification, meaning, sense.

sig.ni.fi.can.te [signifik'ãti] *adj m+f* significant.

sig.ni.fi.car [signifik'ar] *vt* to mean.

sig.ni.fi.ca.ti.vo [signifikat'ivu] *adj* meaningful.

sig.no [s'ignu] *sm* sign.

si.la.ba [s'ilabɐ] *sf* syllable.

si.len.ci.ar [silẽsi'ar] *vt* to silence.

si.lên.cio [sil'ẽsju] *sm* silence. • *interj* silence!

si.len.ci.o.so [silẽsi'ozu] *sm* 1 a taciturn person. 2 *Mec* muffler. • *adj* silent, quiet.

si.lhu.e.ta [siʎu'etɐ] *sf* silhouette.

si.lí.cio [sil'isju] *sm Quím* silicium, silicon (symbol Si).

si.li.co.ne [silik'oni] *sm Quím* silicone.

sil.ves.tre [siwv'ɛstri] *adj m+f* wild.

sil.ví.co.la [siwv'ikolɐ] *s m+f* savage, barbarian. • *adj* living in the woods, silvicolous.

sil.vo [s'iwvu] *sm* hiss.

sim [s'ĩ] *sm* 1 an affirmative reply. 2 a yes. • *adv* 1 yes, yea, aye. 2 all right. 3 absolutely. 4 exactly. • *interj* naturally!, of course! **creio que sim** I believe so. **um dia sim, um dia não** every other day.

sim.bó.li.co [sĩb'oliku] *adj* 1 symbolic(al). 2 allegoric(al).

sim.bo.li.zar [sĩboliz'ar] *vt* to symbolize.

sím.bo.lo [s'ĩbolu] *sm* symbol.

si.mé.tri.co [sim'ɛtriku] *adj* 1 symmetric(al). 2 harmonious.

si.mi.lar [simil'ar] *sm* a similar person or object. • *adj m+f* similar.

sí.mio [s'imju] *sm* monkey, ape. • *adj* simian.

sim.pa.ti.a [sĩpat'iɐ] *sf* 1 liking, affection. 2 affinity. 3 appreciation, admiration. **ter simpatia por** to have an affection for.

sim.pá.ti.co [sĩp'atiku] *adj* nice.

sim.pa.ti.zar [sĩpatiz'ar] *vt* 1 to feel an affection for. 2 to take a liking to.

sim.ples [s'ĩplis] *adj* 1 simple. 2 single. **juros simples** simple interest.

sim.pli.ci.da.de [sĩplisid'adi] *sf* 1 simplicity. 2 naturalness. 3 naïveness. 4 sincerity.

sim.pli.fi.car [sĩplifik'ar] *vt* 1 to simplify. 2 to facilitate. 3 to clarify.

si.mu.la.ção [simulas'ãw] *sf(pl* **simulações***)* 1 simulation. 2 pretense.

si.mu.la.do [simul'adu] *adj* 1 simulated. 2 mock. 3 false. 4 feigned.

si.mul.ta.nei.da.de [simuwtanejd'adi] *sf* 1 simultaneity, simultaneousness. 2 synchronism.

si.mul.tâ.neo [simuwt'∧nju] *adj* simultaneous, concomitant.

si.na [s'inɐ] *sf coloq* fate, fortune, destiny, doom.

si.nal [sin'aw] *sm (pl* **sinais***)* 1 signal. 2 sign. 3 mark, indication. 4 evidence, vestige. 5 gesture. 6 birthmark. 7 symptom. **sinal de advertência** warning signal, beacon. **sinal de respeito** tribute of respect.

si.na.lei.ro [sinal'ejru] *sm* 1 flagman, signaller. 2 *bras* traffic light.

si.na.li.za.ção [sinaliza'sãw] *sf(pl* **sinalizações***)* 1 act or result of signalizing. 2 traffic signs or signals. **poste de sinalização** signal post.

si.na.li.zar [sinaliz'ar] *vint* to signal, signalize.

sin.ce.ri.da.de [sĩserid'adʒi] *sf* **1** sincerity, sincereness. **2** frankness, openness.

sin.ce.ro [sĩs'ɛru] *adj* **1** sincere. **2** frank, open. **3** honest, truthful.

sín.co.pe [s'ĩkopi] *sf Med* syncope: temporary loss of consciousness, fainting fit.

sin.cro.ni.zar [sĩkroniz'ar] *vt* **1** to synchronize. **2** to coordinate actions which happen at the same time.

sin.di.ca.lis.mo [sĩdikal'izmu] *sm* **1** syndicalism. **2** unionism.

sin.di.cân.cia [sĩdik'ãsjə] *sf* **1** syndication. **2** investigation, inquiry.

sin.di.ca.to [sĩdik'atu] *sm* syndicate, trade union, labor union.

sín.di.co [s'ĩdiku] *sm* **1** syndic. **2** manager of a condominium or an apartment building.

sín.dro.me [s'ĩdromi] *sm* syndrome. **síndrome de deficiência imunológica adquirida** ou **síndrome de imunodeficiência adquirida (SIDA)** acquired immune deficiency syndrome (AIDS).

si.ne.ta [sin'etə] *sf* a small bell, call bell.

si.ne.te [sin'eti] *sm* **1** seal. **2** print, impress. **3** stamp, mark. **4** signet. **anel de sinete** signet ring.

sin.fo.ni.a [sĩfon'iə] *sf* symphony.

sin.fô.ni.ca [sĩf'onikə] *sf* symphony orchestra.

sin.ge.lo [sĩʒ'ɛlu] *adj* **1** plain, simple. **2** sincere, unfeigned. **3** artless, unpretending.

sin.gu.lar [sigul'ar] *adj m+f* **1** individual. **2** belonging or interesting one person only. **3** single. **4** one, unique. **5** singular, extraordinary, remarkable. **um acontecimento singular** a unique event.

si.nis.tro [sin'istru] *sm* **1** accident, casualty. **2** disaster, calamity. • *adj* sinister, ominous.

si.no [s'inu] *sm* bell. **sino de alarma** alarm bell.

si.nô.ni.mo [sin'onimu] *sm* synonym. • *adj* synonymous.

sin.ta.xe [sĩt'asi] *sf Gram* syntax.

sín.te.se [s'ĩtezi] *sf* synthesis.

sin.té.ti.co [sĩt'etiku] *adj* **1** synthetic(al). **2** resumed, abridged. **3** artificial. **resina sintética** synthetic resin.

sin.te.ti.zar [sĩtetiz'ar] *vt* **1** to synthesize. **2** to make a synthesis of. **3** to abridge, sum up.

sin.to.ma [sĩt'omə] *sm* symptom.

sin.to.ni.a [sĩton'iə] *sf* **1** syntony. **2** *Rád* tuning in, syntonization.

sin.to.ni.zar [sĩtoniz'ar] *vt* **1** to syntonize. **2** *Rád* to tune in.

si.nu.ca [sin'ukə] *sf* **1** pool, snooker. **2** embarrassing or difficult situation.

si.nu.o.so [sinu'ozu] *adj* **1** sinuous. **2** winding, bending.

si.re.ne [sir'eni] *sf* siren: a device that produces a loud, shrill sound.

si.ri [sir'i] *sm bras, Zool* a type of crab.

si.ro.co [sir'oku] *sm* sirocco: hot, dry wind in North Africa.

sís.mi.co [s'izmiku] *adj* seismic, seismal. **abalo sísmico** earthquake.

sis.mó.gra.fo [sizm'ɔgrafu] *sm Fís* seismograph.

si.so [s'izu] *sm* **1** judgment. **2** criterion. **dente do siso** wisdom tooth.

sis.te.ma [sist'emə] *sm* **1** system. **2** aggregation of different parts. **3** fundamental social and political principles of government. **4** arrangement, combination. **5** mode, means. **análise de sistemas** *Inform* systems analysis. **analista de sistemas** *Inform* systems analyst. **sistema governamental** political system. **sistema nervoso** nervous system. **sistema solar** solar system.

sis.te.ma.ti.za.ção [sistematizas'ãw] *sf (pl* **sistematizações***)* systematization, adjustment (to a system).

sis.te.ma.ti.zar [sistematiz'ar] *vt* **1** to systemize, systematize. **2** to arrange methodically, classify.

si.su.do [siz'udu] *adj* discerning: a) serious. b) prudent, judicious.

si.ti.an.te [siti'ãti] *s m+f* rancher: owner of a ranch.

sí.tio¹ [s'itʃu] *sm* **1** place, local, locality. **2** ground, soil. **3** site. **4** *bras* ranch, small farm.

sí.tio² [s'itʃu] *sm* siege. **em estado de sítio** in a state of siege.

si.tu.a.ção [sitwas'ãw] *sf* **1** situation, position, posture, location, place. **2** economical or political state of affairs. **3** circumstances, condition. **4** predicament, plight. **eu não estava em situação de...** I was not in a position to... **na situação atual** in existing circumstances. **situação financeira** financial position.

si.tu.ar [situ'ar] *vt+vpr* **1** to place, put in place. **2** to situate, locate. **3** to position. **4 situar-se** to place oneself.

só [s'ɔ] *adj m+f* **1** alone, without company. **2** unique. **3** single, sole. **4** lone, lonely. • *adv* only, solely, merely, solitarily, uniquely, not other than, just. **não só... mas também...** not only... but also...

so.a.lho [so'aλu] *sm* **1** floor, flooring. **2** wooden floor.

so.ar [so'ar] *vint* **1** to sound: produce a sound. **2** to indicate or proclaim by a sound. **3** to strike (a bell), ring.

sob [s'ob] *prep* under, below, beneath. **aqueles que estão sob as suas ordens** those who are under him. **sob juramento** under oath.

so.be.ra.ni.a [soberan'iə] *sf* **1** sovereignty. **2** supreme power, domination.

so.be.ra.no [sober'ʌnu] *sm* **1** sovereign. **2** imperator, monarch, king. **3** ruler, potentate. • *adj* sovereign, supreme, paramount, absolute.

so.ber.ba [sob'erbə] *sf* **1** pride, haughtiness. **2** presumption, arrogance.

so.ber.bo [sob'erbu] *sm* a proud person.

• *adj* **1** superb. **2** prideful. **3** arrogant. **4** splendid, sumptuous.

so.bra [s'ɔbrə] *sf* **1** surplus, overplus. **2** excess, abundance. **3** residue. **4 sobras** leftover. **tempo de sobra** plenty of time.

so.bra.do [sobr'adu] *sm* a house of two (or more) storeys.

so.bran.ce.lha [sobrãs'eλə] *sf* brow, eyebrow.

so.brar [sobr'ar] *vt* **1** to overabound, be in excess of. **2** to remain.

so.bre [s'obri] *prep* **1** on, upon. **2** about. **3** over, above.

so.bre.a.vi.so [sobreav'izu] *sm* **1** precaution, forethought. **2** prudence. **3** prevention. • *adj* warned, cautioned, prudent. **estar de sobreaviso** to be on the alert.

so.bre.car.ga [sobrek'argə] *sf* overburden, overload.

so.bre.car.re.gar [sobrekařeg'ar] *vt* **1** to overload, overburden. **2** to increase excessively.

so.bre-hu.ma.no [sobrjum'ʌnu] *adj* (*pl* **sobre-humanos**) **1** superhuman. **2** beyond human power or strength. **3** supernatural.

so.bre.lo.ja [sobrel'ɔʒə] *sf* mezzanine.

so.bre.ma.nei.ra [sobreman'ejrə] *adv* **1** excessively, extremely, greatly. **2** extraordinarily.

so.bre.me.sa [sobrem'ezə] *sf* dessert.

so.bre.na.tu.ral [sobrenatur'aw] *sm* (*pl* **sobrenaturais**) **1** the supernatural, a supernatural influence. **2** the other world. • *adj m+f* **1** supernatural. **2** superhuman. **3** unearthly, weird. **4** transcendental, divine.

so.bre.no.me [sobren'omi] *sm* **1** surname. **2** family name. **3** last name.

so.bre.por [sobrep'or] *vt* **1** to put on or upon. **2** to add to, increase. **3** to superimpose.

so.bre.pu.jar [sobrepuʒ'ar] *vt* **1** to

sobressair surpass, overstep. **2** to overcome. **3** to outstrip, exceed in physical prowess. **4** to dominate, predominate. **sobrepujar em número** to outnumber.

so.bres.sa.ir [sobresa'ir] *vint+vpr* **1** to be salient, be projecting, jut out. **2** to outstand, stand out. **3** to underline, point out. **4** to attract attention. **5 sobressair-se** to distinguish oneself, become prominent.

so.bres.sa.len.te [sobresal'ẽti] *sm* **1** spare part. **2** *bras* spare tire. **3** surplus, overplus. • *adj m+f* spare. **peça sobressalente** spare part.

so.bres.sal.tar [sobresawt'ar] *vt+vpr* **1** to take by surprise, take unawares. **2** to surprise, amaze. **3** to frighten, scare, shock. **4 sobressaltar-se** to become frightened.

so.bres.sal.to [sobres'awtu] *sm* **1** sudden surprise. **2** alarm. **3** dread, fright, fear. **de sobressalto** by surprise, unawares.

so.bres.ti.mar [sobrestim'ar] *vt* **1** to overestimate, overvalue. **2** to overrate.

so.bre.ta.xar [sobretaʃ'ar] *vt* to surtax.

so.bre.tu.do¹ [sobret'udu] *sm* overcoat, coat.

so.bre.tu.do² [sobret'udu] *adv* **1** over all, above all. **2** chiefly, mainly, principally, essencially, especially.

so.bre.vi.da [sobrev'idə] *sf* the period of life of a person since the diagnosis of a lethal illness until one's death.

so.bre.vir [sobrev'ir] *vint* **1** to befall, come to pass. **2** to come upon (suddenly or unexpectedly).

so.bre.vi.vên.cia [sobreviv'ẽsjə] *sf* survival: act of surviving.

so.bre.vi.ver [sobreviv'er] *vint* **1** to survive, outlive. **2** to outlast, continue to exist. **3** to escape from accident or death.

so.bre.vo.ar [sobrevo'ar] *vint* to fly over, overfly.

so.bri.e.da.de [sobrjed'adi] *sf* **1** sobriety. **2** abstemiousness, temperance.

so.bri.nha [sobr'iɲə] *sf* niece. **sobrinha-neta** grandniece.

so.bri.nho [sobr'iɲu] *sm* nephew. **sobrinho-neto** grandnephew.

só.brio [s'ɔbrju] *adj* **1** sober. **2** temperate, abstemious. **3** grave, serious. **4** austere.

so.car [sok'ar] *vt* **1** to strike with the fist. **2** to beat, thrash. **3** to smash, crush. **4** to pound.

so.ci.al [sosi'aw] *adj m+f* (*pl* **sociais**) **1** social, social-minded. **2** sociable, friendly. **assistência social** social assistance. **deveres sociais** social duties.

so.ci.a.lis.mo [sosjal'izmu] *sm* socialism.

so.ci.a.lis.ta [sosjal'ista] *sm+f* socialist. • *adj* socialistic.

so.ci.a.li.zar [sosjaliz'ar] *vt+vpr* **1** to socialize. **2 socializar-se** to become social.

so.ci.e.da.de [sosjed'adi] *sf* **1** society. *ele foi excluído da sociedade* / he was expelled from society. **2** social body, association. **3** *Com* corporation, company. **4** partnership. **5** high society. **6** club. **a alta sociedade** jet set.

só.cio [s'ɔsju] *sm* **1** member of society. **2** associate, partner. • *adj* associate. **sócio de clube** a member of a club.

so.ci.o.lo.gi.a [sosjoloʒ'iə] *sf* sociology.

so.ci.ó.lo.go [sosi'ɔlogu] *sm* sociologist.

so.co [s'oku] *sm* **1** a blow with the fist or hand. **2** blow, punch.

so.cor.rer [sokoʀ'er] *vt* **1** to help, defend, protect, aid, assist. **2** to relieve. **3** to redress, rescue.

so.cor.ro [sok'oʀu] *sm* aid, help, assistance. • *interj* help! **primeiros socorros** first aid.

so.da [s'ɔdə] *sf* **1** *Quím* sodium hydroxide, caustic soda. **2** soda-water. **soda limonada** lemon squash.

só.dio [s'ɔdju] *sm* *Quím* sodium (symbol Na). **bicarbonato de sódio** sodium bicarbonate. **fosfato de sódio** sodium phosphate.

so.fá [sof'a] *sm* sofa, divan, couch.
so.fá-ca.ma [sof'ak'ʌmə] *sm* (*pl* **sofás--camas**) daybed, couch, davenport.
so.fis.ti.ca.do [sofistik'adu] *adj* 1 sophisticated. 2 not natural, artificial. 3 affected, unnatural.
so.fre.ar [sofre'ar] *vt+vpr* 1 to bridle, curb. 2 to check, refrain, restrain. 3 to repress, hold back. 4 **sofrear-se** to contain oneself, refrain from.
so.fre.dor [sofred'or] *sm* sufferer, endurer. • *adj* suffering, tolerating.
so.frer [sofr'er] *vt* 1 to suffer, bear, endure. 2 to stand, undergo. 3 to put up with, tolerate. 4 to feel pain. **fazer sofrer** to torment, torture. **sofrer do coração** to have a heart trouble. **sofrer fome** to starve.
so.fri.men.to [sofrim'ẽtu] *sm* 1 suffering, distress. 2 grief, agony. 3 torment. 4 anguish, sorrow.
so.gra [s'ɔgrə] *sf* mother-in-law.
so.gro [s'ogru] *sm* father-in-law.
so.gros [s'ogrus] *sm pl* parents-in-law.
so.ja [s'ɔʒə] *sm Bot* soybean, soya bean. **farinha de soja** soy flour. **molho de soja** soy sauce. **óleo de soja** soybean oil.
sol[1] [s'ɔw] *sm* (*pl* **sóis**) 1 *Astr* sun. 2 sunlight, sunshine. **ao sol** in the sun. **de sol a sol** from sun to sun. **sem sol** sunless.
sol[2] [s'ɔw] *sm Mús* so, soh, sol.
so.la [s'ɔlə] *sf* 1 sole-leather. 2 the sole of a shoe. 3 sole of a foot. **meia sola** half sole.
so.la.par [solap'ar] *vt* 1 to hollow out, excavate. 2 to form a cave or cavity in. 3 to undermine, sap. 4 to ruin, destroy.
so.lar[1] [sol'ar] *sm* manor-house, mansion. • *vt Mús* to perform, play or sing a solo.
so.lar[2] [sol'ar] *adj m+f* solar. **raios solares** solar rays. **sistema solar** solar system.
so.la.van.co [solav'ãku] *sm* 1 jolt. 2 bump.

sol.da [s'ɔwdə] *sf* 1 solder. 2 a soldered joint, weld. **solda elétrica** electric welding.
sol.da.do[1] [sowd'adu] *sm* 1 soldier. 2 any military man. **indigno de um soldado** unsoldierlike.
sol.da.do[2] [sowd'adu] *adj* 1 soldered, welded. 2 united, connected, joined. 3 glued.
sol.dar [sowd'ar] *vt* 1 to solder, weld. 2 to join, unite, connect.
so.lei.ra [sol'ejrə] *sf* 1 sill, door-sill. 2 door-stone. 3 threshold.
so.le.ne [sol'eni] *adj m+f* 1 solemn. 2 pompous. 3 grave, serious. **missa solene** high mass. **um juramento solene** a solemn oath.
so.le.ni.da.de [solenid'adi] *sf* 1 solemnity. 2 a ceremony. 3 celebration.
so.le.trar [soletr'ar] *vt* to spell.
so.li.ci.ta.ção [solisitas'ãw] *sf* (*pl* **solicitações**) 1 solicitation. 2 request. 3 appeal.
so.li.ci.tar [solisit'ar] *vt* 1 to solicit. 2 to seek, search for, look for. 3 to ask, beg. 4 to request. 5 to appeal. 6 to apply for.
so.lí.ci.to [sol'isitu] *adj* 1 careful, thoughtful, solicitous. 2 diligent, industrious.
so.li.dão [solid'ãw] *sf* (*pl* **solidões**) 1 solitude. 2 solitariness, loneliness. 3 isolation, seclusion.
so.li.da.ri.e.da.de [solidarjed'adi] *sf* 1 solidarity. 2 community of interests.
so.li.dá.rio [solid'arju] *adj* 1 solidary. 2 mutual, reciprocal.
so.li.dez [solid'es] *sf* 1 solidity, solidness. 2 resistance, firmness. 3 durability.
so.li.di.fi.car [solidifik'ar] *vt* 1 to solidify. 2 to congeal, freeze. 3 to consolidate.
só.li.do [s'ɔlidu] *sm* a solid, any solid body or substance. • *adj* 1 solid. 2 consistent, compact. 3 lasting, durable. 4 massive, hard.
so.lis.ta [sol'istə] *s m+f* soloist.

so.li.tá.ria [solit'arjə] *sf* **1** *Zool* tapeworm, cestode. **2** bras a cell for solitary confinement.

so.li.tá.rio [solit'arju] *sm* **1** solitarian, hermit. **2** solitaire (a jewel). **3** a small vase for a single flower. • *adj* solitary: a) living alone, lone. b) lonely, forlorn. c) secluded. d) desert, wild. e) retired, reclusive.

so.lo [s'ɔlu] *sm* **1** soil. **2** firm land, ground. **3** earth. **4** floor. **acima do solo** overground.

sol.tar [sowt'ar] *vt+vpr* **1** to unfasten, untie, unbind. **2** to loosen, loose. **3** to let go, let loose. **4** to unhitch, unhook. **5** to unleash, unlace. **6** to free, set free. **7** to unchain, unlink. **8** to release. **9** **soltar-se** a) to get loose, come undone. b) to be separated from. c) to run freely. **soltar da cadeia** to release from prison. **soltar uma gargalhada** to break out into a fit of laughter. **soltar um grito** to give a cry.

sol.tei.ra [sowt'ejrə] *sf* single woman, unmarried woman, maiden. • *adj f* single, unmarried (woman).

sol.tei.ro [sowt'ejru] *sm* single man, bachelor, celibate. • *adj* single, unmarried.

sol.tei.ro.na [sowtejr'onə] *sf* spinster, middle-aged single woman, old maid.

sol.to [s'owtu] *adj* **1** free, unattached. **2** unbound, untied. **3** unfastened. **4** released. **5** slack. **6** loose. **língua solta** a loose tongue.

so.lu.ção [solus'ãw] *sf* (*pl* **soluções**) solution: a) act or result of solving (problem). b) conclusion. c) answer, explanation. d) the overcoming of difficulties. **solução de um problema** resolution of a problem. **solução ideal** the best solution.

so.lu.çar [solus'ar] *vint* **1** to sob. **2** to whimper, whine. **3** to hiccup, hiccough.

so.lu.ci.o.nar [solusjon'ar] *vt* **1** to give a solution to, find a solution for. **2** to resolve, decide. **3** to work out a solution (for a problem, difficulty).

so.lu.ço [sol'usu] *sm* **1** sob, sobbing. **2** hiccup, hiccough. **3** whimpering, whining, convulsive weeping.

so.lú.vel [sol'uvew] *adj m+f* (*pl* **solúveis**) **1** dissolvable, dissoluble. **2** soluble.

som [s'õw] *sm* (*pl* **sons**) **1** sound. **2** vocal or musical sound, tone. **3** tonality. **4** sounding. **5** noise. **ao som de...** to the sound of.... **à prova de som** sound-proof.

so.ma [s'omə] *sf* **1** sum: result of an addition. **2** total, total amount.

so.mar [som'ar] *vt* **1** to sum, sum up, add up. **2** to count, calculate by adding. **3** to total, totalize. **4** to amount to. **máquina de somar** adding machine.

som.bra [s'õbrə] *sf* shadow, shade. **à sombra** in the shade.

som.bri.nha [sõbr'iñə] *sf* **1** a small umbrella for ladies. **2** a small shade.

som.bri.o [sõbr'iu] *adj* **1** sad, gloomy. **2** obscure.

so.men.te [som'ẽti] *adv* only, merely, just. **somente ontem** only yesterday.

so.nâm.bu.lo [son'ãbulu] *sm* somnambulistic.

son.da [s'õdə] *sf* **1** deep-sea lead, sounding lead. **2** *Cir, Med* probe, catheter.

son.dar [sõd'ar] *vt+vint* **1** to sound, evaluate, appraise, investigate. **2** *Cir, Med* to probe.

so.ne.ca [son'ɛkə] *sf* a short sleep, nap, doze, snooze. **tirar uma soneca** to take a nap.

so.ne.gar [soneg'ar] *vt* **1** to withhold or conceal unlawfully. **2** to misapply, misappropriate. **3** to defraud, cheat. **4** to steal, filch. **5** to evade, not to pay (taxes, debts etc.).

so.nha.dor [soñad'or] *sm* **1** visionary. **2** dreamer, daydreamer. • *adj* dreamy, moony.

so.nhar [soñ'ar] *vint+vt* **1** to dream. **2** to daydream, think idly. **3** to imagine, fancy. **deixa de sonhar!** come back to earth! **sonhar acordado** to daydream.

so.nho [s'oñu] *sm* **1** dream, fiction, day-dream, phantasy, an ardent wish. **2** *Cul* a kind of doughnut. **nem por um sonho** by no means.

so.no [s'onu] *sm* **1** sleep, slumber. **2** rest, repose. **3** sleepiness, drowsiness. **estar com sono** to be sleepy. **pegar no sono** to fall asleep. **sem sono** sleepless. **ter sono pesado** to be a heavy sleeper. **tonto de sono** sleep-drunk.

so.no.len.to [sonol'ẽtu] *adj* **1** somnolent. **2** sleepy. **3** drowsy.

so.no.ri.da.de [sonorid'adi] *sf* **1** sonority, sonorousness. **2** quality of producing sound(s).

so.no.ro [son'oru] *adj* **1** sonorous. **2** producing sound. **3** resonant. **4** voiced, voiceful. **efeitos sonoros** sound effects. **trilha sonora** *Cin* sound track.

so.pa [s'opə] *sf* **1** soup. **2** sop, broth. **3** *coloq* an easy task or affair. **colher de sopa** soup-spoon.

so.pé [sop'ɛ] *sm* the base of a mountain, foothill. **no sopé da colina** at the foot of the hill.

so.pei.ra [sop'ejrə] *sf* tureen, soup tureen.

so.prar [sopr'ar] *vt+vint* **1** to blow (on, up). **2** to produce a current of air. **3** to whiffle, puff. **4** to inflate with air. **5** *fig* to whisper or breathe something into a person's ear.

so.pro [s'opru] *sm* (*pl* **sopros**) **1** puff of air, whiff. **2** exhalation. **3** breath. **instrumento de sopro** *Mús* wind instrument.

so.pros [s'oprus] *sm pl Mús* a set of wind instruments.

sór.di.do [s'ɔrdidu] *adj* **1** dirty, filthy. **2** sordid, vile, base. **3** nasty, disgusting. **4** *fig* indecent, obscene.

so.ro [s'oru] *sm* (*pl* **soros**) **1** *Med* serum. **2** the whey of milk. **3** any serous fluid. **soro da verdade** truth serum.

sor.ra.tei.ro [soʁat'ejru] *adj* **1** cunning, shrewd. **2** tricky, crafty. **3** sneaky.

sor.ri.den.te [soʁid'ẽti] *adj m+f* **1** smiling. **2** grinning.

sor.rir [soʁ'ir] *vint+vt* **1** to smile, laugh gently. **2** to beam (at), look with joy.

sor.ri.so [soʁ'izu] *sm* **1** smile. **2** gentle laugh. **3** grin.

sor.te [s'ɔrti] *sf* **1** destiny, fate. **2** fortune, chance, luck. **3** doom. **a sorte está lançada** *fig* the die is cast. **boa sorte!** good luck! **ler a sorte** to tell the fortune. **má sorte** bad luck, ill fortune. **trazer má sorte a** to bring misfortune upon someone. • *adj* (ter sorte) to be lucky.

sor.te.ar [sorte'ar] *vt* **1** to choose or pick out by lot. **2** to raffle.

sor.tei.o [sort'eju] *sm* raffle, lottery.

sor.ti.do [sort'idu] *adj* **1** assorted, sorted. **2** varied.

sor.ti.men.to [sortim'ẽtu] *sm* **1** assortment. **2** supply. **3** variety.

sor.tir [sort'ir] *vt+vint+vpr* **1** to supply, furnish, provide. **2** to stock. **3 sortir-se** to renew one's stocks.

sor.ver [sorv'er] *vt* **1** to sip, suck. **2** to lap up. **3** to absorb, aspirate. **4** to drink little by little. **5** to swallow.

sor.ve.te [sorv'eti] *sm* ice-cream. **casquinha de sorvete** ice-cream cone, ice-cream cornet. **virar sorvete** *coloq* to disappear, run away.

sós [s'ɔs] used in the adverbial locution **a sós** all by oneself, quite alone.

só.sia [s'ɔzjə] *sm* double, second self.

sos.se.gar [soseg'ar] *vt+vint* **1** to calm, quiet. **2** to tranquillize, soothe. **3** to rest.

sos.se.go [sos'egu] *sm* (*pl* **sossegos**) tranquillity, calmness, quiet, peacefulness. **com sossego** quietly. **falta de sossego** inquietude.

só.tão [s'ɔtãw] *sm* attic, loft.

so.ta.que [sot'aki] *sm* accent.

so.ter.rar [sote̅'ar] *vt+vpr* **1** to bury, put into the earth. **2 soterrar-se** *fig* to bury oneself.

soutien [suti'ã] *sm fr* bust bodice, brassière, coloq bra.

so.va [s'ɔvə] *sf* beating, whipping. **dar uma sova** to beat up.

so.va.co [sov'aku] *sm* **1** *Anat* axilla. **2** armhole, armpit, underarm.

so.var [sov'ar] *vt* **1** to knead, work the dough. **2** to wear or use a lot.

so.vi.na [sov'inə] *s m+f* miser, niggard. • *adj m+f* miser, avaricious, hard-fisted.

so.zi.nho [soz'iñu] *adj* **1** quite alone, alone, by oneself. **2** single, single-handed. **3** unaided, unassisted. • *adv* all alone, single-handedly, solely. **ela não pode fazer isso sozinha** she cannot do that by herself.

su.a [s'uə] *pron adj poss* his, her, its, your, their. *faremos a sua vontade (tua, dele, dela, deles) /* we shall comply with your (his, her, their) wishes. *pron subs poss* his, hers, its, yours, theirs. *aquelas casas são suas (tuas, dele, dela, deles) /* those houses are his (hers, yours, theirs).

su.a.do [su'adu] *adj* **1** sweaty, perspiring. **2** *fig* fatiguing, difficult.

su.ar [su'ar] *vint+vt* **1** to sweat, perspire. **2** to transpire, exhale. **3** to achieve or obtain by hard work. **suar frio** to be in a cold sweat.

su.a.ve [su'avi] *adj m+f* **1** agreeable, pleasing, pleasant. **2** bland, mild. **3** kind, affable. **4** soft, smooth. **com olhos suaves** soft-eyed.

su.bal.ter.no [subawt'ɛrnu] *sm f* subaltern. **2** subordinate. **3** secondary, inferior. • *adj* subaltern, subordinate. **2** inferior, secondary.

su.ba.lu.gar [subalug'ar] *vt* to sublet, underlet, sublease.

sub.cons.ci.en.te [subkõsi'ẽti] *sm Psicol* the subconscious, subconsciousness. • *adj m+f* subconscious.

sub.de.sen.vol.vi.do [subdezẽvowv'idu] *sm* an underdeveloped person or country. • *adj* underdeveloped.

sub.de.sen.vol.vi.men.to [subdezẽvowvim'ẽtu] *sm* underdevelopment.

sub.di.vi.dir [subdivid'ir] *vt* **1** to subdivide. **2** to divide again. **3** to separate into smaller parts.

su.bem.pre.go [subẽpr'egu] *sm* underemployment.

su.ben.ten.der [subẽtẽd'er] *vt* **1** to assume, perceive or interpret an implication correctly. **2** to infer the meaning of. **3** to suppose, presume.

su.ben.ten.di.do [subẽtẽd'idu] *adj* **1** implied, implicit. **2** latent.

su.bes.ti.mar [subestim'ar] *vt bras* **1** to underestimate, misestimate. **2** to minimize. **3** to underrate, undervalue.

sub.fa.tu.rar [subfatur'ar] *vt* to underbill.

sub.ge.ren.te [subʒer'ẽti] *s m+f* assistant manager.

su.bi.da [sub'idə] *sf* **1** ascension. **2** raise, rise. **3** slope, upgrade. **4** climb, climbing. **subida de preços** rise in prices.

su.bir [sub'ir] *vint+vt* **1** to ascend, rise, go up. **2** to mount up, climb up. **3** to elevate, raise. **subir a escada** to climb the stairs. **subir a serra** *bras, coloq* to get furious. **subir de posição** to rise in rank. **subir e descer** to go up and down.

sú.bi.to [s'ubitu] *adj* **1** sudden, abrupt. **2** unexpected, surprising. • *adv* sudden, unexpectedly, all at once, instantaneously. **de súbito** suddenly, abruptly.

sub.je.ti.vo [subʒet'ivu] *sm* that which is subjective. • *adj* subjective: a) of or pertaining to a subject. b) *Gram* used as a subject. c) reflecting personal prejudices or limitations.

sub.ju.gar [subʒug'ar] *vt* **1** to subjugate, conquer by force. **2** to dominate (intellectually or morally). **3** to tame. **4** to quell.

sub.jun.ti.vo [subʒũt'ivu] *sm Gram* subjunctive mood, subjunctive. • *adj* subjunctive, subordinated.

sub.le.var [sublev'ar] *vt+vpr* 1 to lift, raise. 2 to heave up. 3 to incite. 4 to rebel, revolt. 5 **sublevar-se** to take up arms, revolt against.

su.bli.me [subl'imi] *adj m+f* sublime, exalted, majestic, grand, splendid, glorious.

sub.li.nhar [subliñ'ar] *vt* 1 to underline. 2 to point out, stress, emphasize.

sub.lo.car [sub lok'ar] *vt* to underlet, sublet.

sub.ma.ri.no [submar'inu] *sm Náut* submarine (boat), sub, U-boat. • *adj* submarine, undersea. **submarino nuclear** nuclear powered submarine.

sub.mer.gir [submerʒ'ir] *vt+vint* 1 to submerge, submerse. 2 to inundate, overflow. 3 to cover with water, flood, deluge. 4 to sink, dive. 5 to drown.

sub.me.ter [submet'er] *vt+vpr* 1 to submit. 2 to subject, subdue. 3 to subjugate, dominate. 4 **submeter-se** to submit, subject oneself to, to yield, resign. **submeter-se a uma operação** to undergo an operation. **submeter-se à vontade de Deus** to resign to the will of God.

sub.mis.são [submis'ãw] *sf (pl* **submissões)** 1 submission, submissiveness. 2 subjection. 3 humility. 4 resignation. 5 obedience. **com submissão** submissively, humbly.

sub.mis.so [subm'isu] *adj* submissive: a) obedient, dutiful. b) compliant, conformable. c) humble, docile. d) uncomplaining, yielding.

sub.nu.tri.ção [subnutris'ãw] *sf* underfeeding, undernourishment, malnutrition.

sub.nu.tri.do [subnutr'idu] *adj* underfed, undernourished.

su.bor.di.na.ção [subordinas'ãw] *sf (pl* **subordinações)** 1 subordination, inferiority of rank or dignity, obedience, subjection. 2 *Gram* subordinate clause.

su.bor.di.na.do [subordin'adu] *sm* 1 subordinate. 2 dependant, dependent. • *adj* subordinate: a) dependant, secondary. b) inferior. c) subaltern.

su.bor.nar [suborn'ar] *vt* 1 to suborn, corrupt, bribe, buy, *coloq* to grease one's palm. 2 to attract by deceit. **subornar um policial** to bribe a policeman.

su.bor.no [sub'ornu] *sm* bribery, suborning, corruption, subornation.

sub.pro.du.to [subprod'utu] *sm* subproduct, byproduct, derivate.

sub.se.cre.tá.rio [subsekret'arju] *sm* undersecretary.

sub.se.quen.te [subsek'wẽti] *adj m+f* subsequent, posterior, immediate. **acontecimento subsequente** aftereffect.

sub.ser.vi.en.te [subservi'ẽti] *adj m+f* subservient, obsequious, servile, adulatory.

sub.si.di.ar [subsidi'ar] *vt* to subsidize, assist, help.

sub.sí.dio [subs'idju] *sm* subsidy, aid, assistance, subvention. **subsídios agrícolas** farm subsidies.

sub.sis.tir [subsist'ir] *vint* to subsist, survive, persist, endure, provide one's livelihood.

sub.so.lo [subs'olu] *sm* 1 subsoil, underground. 2 basement, cellar. **água do subsolo** subsoil water. **no subsolo** underground.

subs.tân.cia [subst'ãsjə] *sf* 1 substance material, matter. 2 essence. 3 the nutritive elements of food.

subs.tan.ci.al [substãsi'aw] *adj m+f (pl* **substanciais)** 1 substantial, material. 2 nourishing, nutritive. 3 fundamental.

subs.tan.ti.vo [substãt'ivu] *sm Gram* noun, substantive. • *adj* substantive.

subs.ti.tui.ção [substitwis'ãw] *sf (pl* **substituições)** substitution, replacement, change, shift, relay, relief.

subs.ti.tu.ir [substitu'ir] *vt* **1** to substitute, replace, take the place of. **2** to do duty for, act as substitute. **3** to relay, relieve.

sub.ter.fú.gio [subterf'uʒju] *sm* subterfuge, excuse, evasion.

sub.tí.tu.lo [subt'itulu] *sm* subtitle, subheading.

sub.ter.râ.ne.o [subteř'∧nju] *sm* a subterranean place, cave, cavern. • *adj* subterranean, underground.

sub.tra.ção [subtras'ãw] *sf (pl* **subtrações**) **1** subtraction. **2** defalcation. **3** *Mat* diminution, detraction.

sub.tra.ir [subtra'ir] *vt* **1** to take away stealthily or fraudulently. **2** to steal, defalcate. **3** *Mat* to subtract. **4** to deduct, diminish.

su.bur.ba.no [suburb'∧nu] *adj* suburban, suburbial.

su.búr.bio [sub'urbju] *sm* **1** suburb. **2** **subúrbios** outskirts, environs.

sub.ven.ção [subvẽs'ãw] *sf (pl* **subvenções**) subvention, subsidy, support.

sub.ven.ci.o.nar [subvẽsjon'ar] *vt* **1** to subsidize. **2** to assist, aid, help.

sub.ver.são [subvers'ãw] *sf (pl* **subversões**) **1** subversion. **2** revolt, rebellion. **3** insubordination.

su.ca.ta [suk'atə] *sf* scrap(s), scrap iron, junk iron.

su.cção [suks'ãw] *sf (pl* **sucções**) suction, suck, aspiration.

su.ce.der [sused'er] *vint+vt* **1** to succeed, come next. **2** to happen, occur. **3** to be successor of. **sucede que it happens that.**

su.ces.são [suses'ãw] *sf (pl* **sucessões**) succession, sequence, series, chain, inheritance, heritage. **direito de sucessão** right of inheritance. **em sucessão rápida** in quick succession.

su.ces.so [sus'ɛsu] *sm* **1** success. **2** outcome, consequence. **ser um sucesso** to be a hit.

su.ces.sor [suses'or] *sm* successor, heir. • *adj* succeeding, following.

su.co [s'uku] *sm* **1** juice, sap. **2** *fig* essence. **suco de frutas** fruit juice.

su.cu.len.to [sukul'ẽtu] *adj* succulent, juicy.

su.cum.bir [sukũb'ir] *vt+vint* **1** to succumb, yield, submit. **2** to go under. **3** to perish. **4** to despair, to die, stop to exist.

su.cu.ri [sukur'i] *sf bras, Zool* anaconda.

su.cur.sal [sukurs'aw] *sf (pl* **sucursais**) *Com* succursal, branch, branch office. • *adj m+f* succursal.

su.des.te [sud'ɛsti] *sm* southeast. • *adj m+f* **1** southeast, southeastern. **2** southeastward, southeasterly. **ao sudeste / em direção ao sudeste** southeasterly, southeastward.

sú.di.to [s'uditu] *sm* **1** subject, liege. **2** vassal. • *adj* subject, subordinated.

su.do.es.te [sudo'ɛsti] *sm* **1** southwest. **2** southwestern direction. **3** southwester: a southwestern wind. • *adj m+f* southwest, southwestern.

su.fi.ci.en.te [sufisi'ẽti] *adj m+f* sufficient, adequate, enough, satisfactory. **mais do que suficiente** enough and to spare.

su.fi.xo [suf'iksu] *sm Gram* suffix.

su.fo.ca.ção [sufokas'ãw] *sf (pl* **sufocações**) suffocation, choke, oppressiveness.

su.fo.can.te [sufok'ãti] *adj m+f* **1** suffocating, chocking, stifling. **2** sultry, oppressive.

su.fo.car [sufok'ar] *vt+vpr* **1** to suffocate, choke, stifle, smother, strangle, asphyxiate. **2** to suppress, subdue, quench, overcome. **3** **sufocar-se** to refrain oneself from, restrain oneself.

su.gar [sug'ar] *vt* to suck, extract, absorb.

su.ge.rir [suʒer'ir] *vt* to suggest, insinuate, instill, prompt, propose, hint, imply, recommend.

su.ges.tão [suʒest'ãw] *sf (pl* **sugestões**) suggestion, insinuation, cue, hint, proposal.

su.ges.ti.vo [suʒest'ivu] *adj* **1** suggestive. **2** significant.

sui.ci.da [sujs'idə] *s m+f* suicide. • *adj* **1** suicidal. **2** that involves ruin or injure.

sui.ci.dar [sujsid'ar] *vpr* **1** to suicide, commit suicide. **2** *fig* to destroy one's own existence.

sui.cí.dio [sujs'idju] *sm* suicide: a) self--murder. b) self-destruction.

su.í.no [su'inu] *sm* swine, pig, hog. • *adj* swinish, piggish.

su.í.te [su'iti] *sf* suite: a) *Mús* a musical composition. b) a bedroom connected with a bathroom.

su.jar [suʒ'ar] *vt+vpr* **1** to make dirty, dirty. **2** to stain, spot. **3** to soil, mess up. **4 sujar-se** to become dirty. a) to commit infamous acts. b) to maculate one's honour.

su.jei.ra [suʒ'ejrə] *sf* **1** dirt, filth, dinginess, uncleanness, mess. **2** *bras, gír* foul play, dirty trick.

su.jei.tar [suʒejt'ar] *vt+vpr* **1** to subject, submit, obligate, coerce. **2** to dominate. **3 sujeitar-se** to subject oneself, submit, yield, acquiesce, obey.

su.jei.to [suʒ'ejtu] *sm* **1** subject, topic, subject matter. *Gram* that word or wordgroup of a proposition of which something is predicated. **2** individual, nondescript man. **3** *pop* fellow, chap, guy. • *adj* subject: a) subordinate. b) dependent. c) liable, exposed to. **sujeito a imposto** liable to duty. **sujeito arrogante** arrogant fellow. **um bom sujeito** a good fellow. **um sujeito esquisito** a queer fellow.

su.jo [s'uʒu] *adj* **1** dirty, filthy, soiled, unclean, messy. **2** nasty, foul. **3** indecent, indecorous. **4** corrupt, dishonest, crooked.

sul [s'uw] *sm* south. • *adj m+f* south, southern, southerly. • *adv* **ao sul** south, southward. **ao sul de Londres** to the south of London.

sul.car [suwk'ar] *vt* to furrow, plough up, channel.

sul.co [s'uwku] *sm* furrow, track.

sul.fu.ro.so [suwfur'ozu] *adj Quím* sulphurous, sulphureous. **fonte sulfurosa** sulphur spring.

su.lis.ta [sul'istə] *s m+f bras* southerner. • *adj* southern.

sul.tão [suwt'ãw] *sm* (*pl* **sultões**) sultan, *fig* autocrat, absolute ruler.

su.ma.ri.ar [sumari'ar] *vt* to summarize, condense, abridge, synthesize, sum up.

su.mir [sum'ir] *vt+vint* **1** to disappear, vanish. **2** to extinguish, quench. **3** to eliminate.

su.mo [s'umu] *sm* juice, sap.

sun.ga [s'ũgə] *sf bras* **1** swim trunks. **2** a man's low-cut briefs.

sun.tu.o.so [sũtu'ozu] *adj* sumptuous, magnificent, luxurious, costly, expensive.

su.or [su'ɔr] *sm* sweat, perspiration, transpiration. **com o suor do meu rosto** by the sweat of my brow. **ter suores de frio** to break out in a cold sweat.

su.pe.ra.do [super'adu] *adj* overcome, defeated.

su.pe.ra.que.cer [superakes'er] *vt+vpr* to overheat. **superaquecer-se** to become excessively hot.

su.pe.rar [super'ar] *vt* **1** to overcome, outdo, surmount. **2** to surpass. **3** to excel. **superar as expectativas** to top expectations.

su.per.cí.lio [supers'ilju] *sm* eyebrow.

su.per.do.se [superd'ɔzi] *sf bras* overdose (drugs).

su.per.do.ta.do [superdot'adu] *sm bras* genius. • *adj* highly gifted, talented, endowed.

su.pe.res.ti.mar [superestim'ar] *vt bras* to overestimate, overrate.

su.pe.re.xi.gen.te [supereziʒ'ēti] *adj m+f* overdemanding.

su.pe.rex.po.si.ção [superespoziz'ãw] *sf Fot* overexposure.

su.per.fi.ci.al [superfisi'aw] *adj m+f* (*pl* **superficiais**) superficial: a) being on or pertaining to the surface. b) not deep or profound. c) understanding only what is obvious or apparent. d) frivolous, flimsy.

su.per.fí.ci.e [superf'isji] *sf* surface, face, side. **superfície da terra** earth's surface. **superfície lunar** moon's surface. **superfície plana** plane surface.

su.pér.fluo [sup'ɛrflwu] *sm* superfluity, surplus, excess. • *adj* superfluous, unnecessary, useless, needless.

su.pe.ri.or [superi'or] *sm* superior. • *adj* superior: a) higher, upper. b) of a higher grade or position. c) of better quality, excellent. d) greater. **de superior qualidade** of superior quality.

su.pe.ri.o.ri.da.de [superjorid'adi] *sf* 1 superiority. 2 advantage. **complexo de superioridade** *Psicol* superiority complex.

su.per.la.ti.vo [superlat'ivu] *sm Gram* superlative. • *adj* 1 superlative. 2 of the highest degree.

su.per.lo.tar [superlot'ar] *vt bras* to overcrowd, overload.

su.per.mer.ca.do [supermerk'adu] *sm* supermarket.

su.per.po.pu.la.ção [superpopulas'ãw] *sf* overpopulation, excessive population.

su.per.po.vo.a.men.to [superpovoam'ẽtu] *sm* overpopulation.

su.pers.ti.ção [superstis'ãw] *sf* (*pl* **superstições**) superstition.

su.pers.ti.ci.o.so [superstisi'ozu] *sm* superstitious person. • *adj* superstitious.

su.per.vi.são [superviz'ãw] *sf* supervision, inspection.

su.per.vi.si.o.nar [supervizjon'ar] *vt* to supervise, oversee, watch over, control.

su.per.vi.sor [superviz'or] *sm* supervisor, overseer. • *adj* supervising, supervisory, overseeing.

su.ple.men.to [suplem'ẽtu] *sm* supplement, addendum, appendix.

su.plen.te [supl'ẽti] *s m+f* substitute, proxy, alternate. • *adj* substitutional.

sú.pli.ca [s'uplika] *sf* supplication.

su.pli.car [suplik'ar] *vt+vint* to supplicate, implore, pray, plead.

su.plí.cio [supl'isju] *sm* torture, *fig* torment, pain.

su.por [sup'or] *vt* to suppose, assume, presume, think, imagine, believe.

su.por.tar [suport'ar] *vt* to endure, stand, bear, tolerate.

su.por.tá.vel [suport'avew] *adj m+f* (*pl* **suportáveis**) supportable, tolerable, bearable.

su.por.te [sup'ɔrti] *sm* support, stay, prop, brace, bearer, holder.

su.po.si.ção [supozis'ãw] *sf* (*pl* **suposições**) supposition, conjecture, presumption, assumption.

su.po.si.tó.rio [supozit'ɔrju] *sm Med* suppository.

su.pos.to [sup'ostu] *adj* supposed, presumed, assumed, hypothetic(al). • *adv* supposing (that), even though. **suposto que** supposing that, even if.

su.pre.ma.ci.a [supremas'ia] *sf* supremacy, supremity, sovereignty, preponderance.

su.pre.mo [supr'emu] *sm coloq* Supreme Court. • *adj* supreme, highest.

su.pri.mir [suprim'ir] *vt* to suppress, abolish, cancel, omit, delete, hide, conceal.

su.prir [supr'ir] *vt* to supply, furnish, supplement, fill in or out.

sur.dez [surd'es] *sf* deafness, lack of hearing.

sur.do [s'urdu] *sm* 1 deaf person. 2 *Mús* a kind of tambour. • *adj* deaf, unable to hear, insensible, unattentive, muffled (sound). **fazer-se surdo** not to hear. **surdo como uma porta** stone-deaf.

sur.do-mu.do [surdum'udu] *sm* (*pl*

sur.dos-mu.dos) deaf-mute. • *adj* deaf-mute, deaf-and-dumb.

sur.far [surf'ar] *vint* to surf, ride the surf (as on a surfboard).

sur.gir [surʒ'ir] *vint+vt* **1** to arise, come to sight, appear, emerge, arouse. **2** to come to the surface. **3** to result from.

sur.pre.en.den.te [surpreẽd'ẽti] *adj m+f* surprising, astonishing, amazing, remarkable.

sur.pre.en.der [surpreẽd'er] *vt+vint+vpr* **1** to surprise, take unawares, astonish, amaze, startle. **2 surpreender-se** to be astonished, be taken by surprise. **ele foi surpreendido** he was caught red-handed.

sur.pre.sa [surpr'ezə] *sf* surprise, astonishment, amazement. **para minha grande surpresa** to my great surprise.

sur.ra [s'uʀə] *sf* thrashing, spanking, beating, flogging, whipping.

sur.ra.do [suʀ'adu] *adj* worn, worn out, beaten.

sur.rar [suʀ'ar] *vt+vpr* **1** to beat, flog, spank, hide. **2** to become threadbare (clothes). **3 surrar-se** to become worse for the use (clothes), become threadbare.

sur.ru.pi.ar [suʀupi'ar] *vt* to steal, pilfer, filch.

sur.tir [surt'ir] *vt* to occasion, give rise to, result in, work.

sur.to [s'urtu] *sm* **1** soaring. **2** outbreak, eruption. **3** *Com* boom. **um surto epidêmico** an outbreak of epidemics.

sus.ce.tí.vel [suset'ivew] *adj m+f* (*pl* **suscetíveis**) susceptible, susceptive, sensitive, touchy.

sus.ci.tar [susit'ar] *vt* to suscitate, rouse, excite, cause, give rise to.

sus.pei.ta [susp'ejtə] *sf* suspicion, distrust, doubt. **acima de toda suspeita** above all suspicion. **causar suspeitas** to arouse suspicion.

sus.pei.tar [suspejt'ar] *vt* to suspect, distrust, have doubts about, be suspicious.

sus.pen.der [suspẽd'er] *vt* **1** to suspend, hang, hang up, hoist. **2** to interrupt, discontinue. **3** to cease, stop (especially temporarily). **4** to keep in suspense, keep at bay. **5** to deprive of an office, dismiss temporarily.

sus.pen.só.rios [suspẽs'ɔrju] *sm* suspenders, braces, shoulder straps.

sus.pi.rar [suspir'ar] *vt+vint* **1** to sigh, suspire. **2** to wish very much, long for, pine for. **3** to lament, grieve.

sus.pi.ro [susp'iru] *sm* **1** sigh, suspiration, breath. **2** a longing for. **3** *Cul* meringue. **até o meu último suspiro** to my last breath.

sus.sur.rar [susuʀ'ar] *vint+vt* **1** to rustle. **2** to whisper, murmur.

sus.sur.ro [sus'uʀu] *sm* **1** rustle. **2** whisper, whispering, murmur.

sus.tar [sust'ar] *vt+vint* to stop, halt, stay, suspend.

sus.ten.tar [sustẽt'ar] *vt+vpr* **1** to sustain. **2** to support, provide for. **3** to bear the weight of. **4** to assert, affirm. **5 sustentar-se** to support, resist, defend oneself. **sustentar uma família** to support a family.

sus.ten.to [sust'ẽtu] *sm* **1** maintenance, support. **2** food, nourishment.

sus.to [s'ustu] *sm* fright, shock, alarm, appalment, scare, fear. **pregar um susto** to scare, frighten.

su.ti.ã [suti'ã] *sm bras brassière*, bra. **sutiã de corpo inteiro** longline *brassière*.

su.til [sut'iw] *sm* (*pl* **sutis**) = **sutileza**. • *adj m+f* subtle, tenuous, delicate perspicacious.

su.ti.le.za [sutil'ezə] *sf* subtleness, subtlety.

t

T, t [t'e] *sm* the nineteenth letter of the alphabet.

ta.ba.ca.ri.a [tabakar'iə] *sf* tobacco shop, tobacconist's shop.

ta.ba.co [tab'aku] *sm* tobacco.

ta.be.fe [tab'ɛfi] *sm* pop box on the ear, slap, blow.

ta.be.la [tab'ɛlə] *sf* **1** table (of contents etc.), chart. **2** list, catalogue, index. **por tabela** indirectly. **tabela de preços** price list.

ta.be.li.ão [tabeli'ãw] *sm* (*pl* **tabeliães**, *fem* **tabeliã, tabelioa**) notary, notary public.

ta.ber.na [tab'ɛrnə] *sf* tavern, inn, public house. **taberna de vinho** wine bar.

ta.ble.te [tabl'ɛti] *sm bras* bar, tablet, pastille.

ta.bu [tab'u] *sm* taboo. • *adj m+f* **1** set apart as sacred. **2** prohibited, forbidden.

tá.bua [t'abwə] *sf* **1** board, plank. **2** map, list. **tábua de bater carne** chopping board. **tábua de passar roupa** ironing board. **tábua de salvação** *fig* last resource.

ta.bu.a.da [tabu'adə] *sf* multiplication table.

ta.bu.le.ta [tabul'etə] *sf* **1** signboard. **2** brass-plate. **3** nameplate.

ta.ça [t'asə] *sf* **1** cup, pot, vessel, glass with a stem and foot. **2** a trophy. **taça de champanhe** champagne glass.

ta.ca.da [tak'adə] *sf* blow, stroke or hit with a stick or cue. **de uma tacada** at one go.

ta.ca.nho [tak'ʌñu] *adj* **1** short, not tall. **2** avaricious, niggard. **3** stupid, narrow-minded.

ta.cha [t'aʃə] *sf* tack, sharp, flat-headed nail, shoe stud.

ta.char [taʃ'ar] *vt+vpr* **1** to tax, censure, criticize. **2** *fig* to brand, stigmatize.

ta.che.ar [taʃe'ar] *vt bras* to tack, fasten or stud with tacks.

ta.cho [t'aʃu] *sm* bowl, pan, pot, boiler.

ta.ci.tur.no [tasit'urnu] *adj* taciturn, reserved, uncommunicative, close-mouthed.

ta.co [t'aku] *sm* billiard cue, golf club, hockey stick, cricket or polo mallet.

ta.ga.re.la [tagar'ɛlə] *s m+f* chatterer, chatterbox, jabberer, rattler, babbler. • *adj m+f* garrulous, gabbling, talkative, loquacious.

ta.ga.re.li.ce [tagarel'isi] *sf* **1** talkativeness, garrulity, loquacity. **2** blab, indiscretion. **3** gossip.

tailleur [taj'er] *sm fr* tailor-made lady's suit (jacket and skirt).

tai.pa [t'ajpə] *sf* partition, wall of mud. **casa de taipa** mud house.

tal [t'aw] *s m+f* (*pl* **tais**) **1** a certain person, one. **2** *bras, gír* important person, big shot. • *pron* **1** such, like,

ta.la [t'alə] *sf* clamp, splice, splint.

ta.lão [tal'ãw] *sm* (*pl* **talões**) coupon stub, voucher of a check or receipt. **talão de cheques** checkbook. **talão de pedidos** order book.

tal.co [t'awku] *sm* talc, talcum. **talco em pó** talcum powder.

ta.len.to [tal'ẽtu] *sm* talent, ability, aptitude, gift, ingeniousness, ingenuity. **ter talento para** to have a turn for.

ta.len.to.so [talẽt'ozu] *adj* talented, able, gifted, smart, clever.

ta.lha [t'aλə] *sf* 1 cut, cutting. 2 engraving, carved work, carving.

ta.lha.dei.ra [taλadˈejrə] *sf* 1 chisel, splitter. 2 cleaver, chopping knife.

ta.lhar [taλ'ar] *vt+vint* 1 to cut, cut off, cut out. 2 to crave, cleave, engrave.

ta.lha.rim [taλar'ĩ] *sm* (*pl* **talharins**) *Cul ital* vermicelli: pasta made in long solid flat strings, a dish made with that kind of pasta.

ta.lher [taλ'er] *sm* 1 set of knife, fork and spoon. 2 **talheres** cutlery, table ware. **jantar para 20 talheres** supper for 20 guests.

ta.lis.mã [talizm'ã] *sm* 1 talisman, amulet, fetish, charm. 2 *fig* enchantment.

ta.lo [t'alu] *sm Bot* stalk, stem.

tal.vez [tawv'es] *adv* perhaps, maybe, perchance, by chance, possibly.

ta.man.co [tam'ãku] *sm* sabot, shoe with a wooden sole, clog.

ta.man.du.á [tamãdu'a] *sm Zool* anteater, tamandua.

ta.ma.nho [tam'ʌɲu] *sm* 1 size, bulk, proportion, scale, volume, extent, dimension. 2 tallness, amplitude, bigness. • *adj* so great, large, big, so remarkable, distinguished, eminent. **de tamanho médio** middle-sized. **tamanho desproporcionado** oversize. **tamanho natural** life-size.

tâ.ma.ra [t'ʌmarə] *sf* date.

tam.bém [tãb'ẽj] *adv* also, so, as well, besides, too, likewise, either, yet, further, moreover. • *interj* no wonder! (meaning displeasure). **senão também** but also. **também não** neither.

tam.bor [tãb'or] *sm* drum: a) *Mús* tambour, drummer. b) a metal barrel for a liquid. c) *Anat* eardrum, the tympanum of the ear.

tam.bo.rim [tãbor'ĩ] *sm* (*pl* **tamborins**) tambourine, taber, timbrel.

tam.pa [t'ãpə] *sf* 1 cover(ing), lid. 2 cork, stopple, stopper (of a bottle). 3 seat cover of a toilet.

tam.pão [tãp'ãw] *sm* (*pl* **tampões**) 1 large cover or lid. 2 *Cir* compress, tampon (as from menstruation) to arrest hemorrhaging.

tam.par [tãp'ar] *vt* 1 to cover with a lid, shut, top. 2 to cork, stopple, stopper (a bottle).

tam.pou.co [tãp'owku] *adv* either, neither. **ele não leu o livro, nem eu tampouco** / he has not read the book, neither have I.

tan.ga [t'ãgə] *sf* 1 breechcloth, loincloth. 2 *bras* a very scanty kind of bikini.

tan.ge.ri.na [tãʒer'inə] *sfBot* tangerine, mandarin orange.

tan.que [t'ãki] *sm* 1 tank, reservoir. 2 washtub. 3 *Mil* tank. **carro-tanque** tank car. **encher o tanque** to fill up the tank. **tanque de gasolina** fuel tank. **tanque de peixes** fish pond.

tan.to [t'ãtu] *sm* an indeterminable quantity, amount, sum, extent, range. • *pron* *indef* as much, so much, as many, so many, so large, so great. • *adv* **1** to such a degree, number or extent. **2** in such a way, thus. **não é para tanto** it is not so bad. **não grite tanto** do not shout like that. **para tanto** therefore. **tanta sorte** such good luck. **tantas e tantas vezes** often and often. **tanto faz como tanto fez** it is much the same. **tanto melhor** all the better, so much the better. **tanto pior** so much the worse. **tanto quanto possível** as much as possible. **uns tantos** a few.

tão [tãw] *adv* so, such, that, as, so much. **tão bem** as well. **tão logo** as soon as. **tão longe** that far.

ta.pa [t'apə] *sf* (também *sm*) *bras* slap, rap, cuff.

ta.pa.do [tap'adu] *adj* **1** hidden, covered. **2** tamponed, corked. **3** *fig* stupid, dull, slow-witted. **com os olhos tapados** blindfold.

ta.par [tap'ar] *vt* **1** to close, plug, shut up, block, choke, cover. **2** to blindfold.

ta.pe.a.dor [tapead'or] *sm bras*, *pop* swindler, cheat, tricker, counterfeiter. • *adj* cheating, deceitful, tricking.

ta.pe.ar [tape'ar] *vt bras*, *pop* to deceive, fake, trick, humbug, fool.

ta.pe.cei.ro [tapes'ejru] *sm* **1** maker or seller of carpets, curtains, hangings, tapestries. **2** upholsterer.

ta.pe.te [tap'eti] *sm* carpet, matting, rug.

ta.pu.me [tap'umi] *sm* **1** enclosure, boarding, fence made of planks. **2** screen, partition.

ta.qua.ra [tak'warə] *sf bras* one of the varieties of small bamboos.

ta.ra.do [tar'adu] *sm* abnormal, degenerate person propensive to (sexual) crime. • *adj* **1** tared. **2** perverted, degenerated, immoral. **3** *bras*, *gír* of or referring to someone who is fascinated by another person.

tar.dar [tard'ar] *vt+vint* **1** to delay, lag. **2** to loiter, linger. **3** to be late. **o mais tardar** at the longest. **sem tardar** without delay.

tar.de [t'ardi] *sf* afternoon, evening. • *adv* tardily, late. **antes tarde do que nunca** better late than never. **até tarde** far, till late. **boa tarde!** good afternoon! **cedo ou tarde** sooner or later. **de tarde** in the afternoon. **mais tarde** later, later on. **tarde demais** too late.

ta.re.fa [tar'efə] *sf* task, duty, assignment, job, function, undertaking. **incumbir alguém de uma tarefa** to set someone a task. **tarefa difícil** hard task.

ta.ri.fa [tar'ifə] *sf* **1** tariff. **2** rate.

tar.ra.xar [taraʃ'ar] *vt* to screw, fasten with a screw.

tar.ta.ru.ga [tartar'ugə] *sf Zool* turtle, tortoise.

ta.ta.ra.ne.ta [tataran'ɛtə] *sf* great-great-granddaughter.

ta.ta.ra.ne.to [tataran'ɛtu] *sm* great-great-grandson.

ta.ta.ra.vó [tatarav'ɔ] *sf* great-great-grandmother.

ta.ta.ra.vô [tatarav'o] *sm* great-great-grandfather.

ta.te.ar [tate'ar] *vt+vint* **1** to fumble, grope. **2** to touch, feel, poke. **3** to sound, probe.

tá.ti.ca [t'atikə] *sf* tactics: a) *Mil* ability to dispose troops. b) *fig* method of procedure, policy to be successful in an enterprise.

ta.to [t'atu] *sm Med* **1** touch, feeling, tactile sense. **2** tact, sensibility, discretion, diplomacy, prudence. **falta de tato** tactlessness. **macio ao tato** soft to the touch.

ta.tu [tat'u] *sm bras*, *Zool* armadillo.

ta.tu.a.gem [tatua'aʒẽj] *sf* (*pl* **tatuagens**) **1** tattooing. **2** tattoo.

ta.tu.ar [tatu'ar] *vt+vpr* to tattoo, mark with tattoos.

ta.tu.ra.na [tatur'ʌnə] *sf bras* a species of caterpillar.

ta.ver.na [tav'ɛrnə] *sf* tavern, inn, winehouse, public house, saloon.

ta.ver.nei.ro [tavern'ejru] *sm* taverner, innkeeper, tapster.

ta.xa [t'aʃə] *sf* 1 contribution, duty, toll, tribute, customs. 2 rate, tax, fixed price. **taxa de juros** interest rate. **taxa de mortalidade infantil** infant mortality rate.

ta.xa.ção [taʃas'ãw] *sf* (*pl* **taxações**) taxation, rating, price-fixing.

tá.xi [t'aksi] *sm* cab, taxicab, taxi. **andar de táxi** to take a taxi. **chamar um táxi** to call a cab.

ta.xis.ta [taks'istə] *sm* taxi driver.

tchau [tʃ'aw] *interj, ital* bye-bye, see you later.

te [ti] *pron* you, to you. *eu te vi* / I saw you. *eu te dei isto* / I gave it to you.

te.ar [te'ar] *sm* a weaver's loom.

te.a.tro [te'atru] *sm* 1 theater, theatre. 2 dramatic art. 3 the place where something remarkable happens. **peça de teatro** play, drama. **teatro de guerra** seat of war, theater of war.

te.a.tró.lo.go [teatr'ɔlogu] *sm* playwright, dramatist.

te.cer [tes'er] *vt* 1 to weave, web, tissue. 2 to twist, spin, entwine. 3 to intrigue, plot, scheme. **tecer comentários** to comment on. **tecer hinos de louvor** to praise highly.

te.ci.do [tes'idu] *sm* 1 fabric, texture, cloth. 2 *Biol* tissue. 3 **tecidos** textiles, woven fabrics. • *adj* 1 woven. 2 *fig* designed, schemed, plotted. **tecido de malha** knitwear.

te.cla [t'ɛklə] *sf* 1 key (organ, piano, typewriter, computer). 2 the button of a radio or tape recorder.

te.cla.do [tekl'adu] *sm* keyboard.

téc.ni.ca [t'ɛknikə] *sf* 1 technic, technique, know-how. 2 practice, workmanship, skill.

téc.ni.co [t'ɛkniku] *sm* 1 technicist, technician. 2 expert. • *adj* technical. **detalhes técnicos** technicalities. **escola técnica** technical college.

tec.no.lo.gi.a [teknoloʒ'iə] *sf* 1 technology. 2 technical terms and/or their explication. 3 technical means and skills of a particular civilization, group or period.

té.dio [t'ɛdju] *sm* tedium, tediousness, wearisomeness, boredom, disgust, loathsomeness.

te.di.o.so [tedi'ozu] *adj* tedious, wearisome, tiresome, uninteresting.

tei.a [t'ejə] *sf* 1 spiderweb. 2 texture, web, woven fabric, textile. 3 *fig* plot, intrigue, scheme, conspiration. **teia de aranha** spiderweb, cobweb.

tei.mar [tejm'ar] *vt+vint* 1 to insist, persist, persevere. 2 to be obstinate, stubborn.

tei.mo.si.a [tejmoz'iə] *sf* wilfulness, obstinacy, stubbornness, persistance.

tei.mo.so [tejm'ozu] *sm* crank, obstinate, wilful person. • *adj* insistent, obstinate, wilful, stubborn, pigheaded.

te.la [t'ɛlə] *sf* 1 web, woven fabric, network. 2 *Pint* canvas. 3 painting, picture. 4 screen of (a cinema, television, monitor). **tela de televisão** telescreen.

te.le.co.mu.ni.ca.ção [telekomunikas'ãw] *sf* (*pl* **telecomunicações**) telecommunication.

te.le.cur.so [telek'ursu] *sm* telecourse.

te.le.du.ca.ção [teledukas'ãw] *sf* (*pl* **teleducações**) educational method through television, radio etc.

te.le.fé.ri.co [telef'ɛriku] *sm* cableway, cablecar.

te.le.fo.nar [telefon'ar] *vt+vint* to call, phone, telephone, ring up.

te.le.fo.ne [telef'oni] *sm* telephone. **telefone celular** cellular telephone, mobile telephone. **telefone de tecla** pushbutton telephone. **telefone sem fio** cordless telephone.

te.le.fo.ne.ma [telefon'emə] *sm* call, telephone call. **telefonema interurbano** long distance call.

te.le.fo.ni.a [telefon'iə] *sf* telephony.

te.le.fo.nis.ta [telefon'istə] *s m+f* telephone operator, operator.

te.le.gra.far [telegraf'ar] *vt+vint* to telegraph, cable, wire.

te.le.gra.ma [telegr'∧mə] *sm* telegram, cable, wire. **formulário para telegrama** telegraph form. **por telegrama** by telegram, by cable.

te.le.jor.nal [teleʒorn'aw] *sm bras* a news programme on TV.

te.le.no.ve.la [telenov'ɛlə] *sf bras* soap opera on TV.

te.le.ob.je.ti.va [teleobʒet'ivə] *sf Fot* telephoto lens.

te.le.pa.ti.a [telepat'iə] *sf* telepathy, thought-reading.

te.les.có.pio [telesk'ɔpju] *sm* telescope.

te.les.pec.ta.dor [telespektad'or] *sm bras* one who watches TV. • *adj* that watches TV, viewer.

te.le.ti.po [telet'ipu] *sm* teletype.

te.le.vi.são [televiz'ãw] *sf* (*pl* **televisões**) television, video, a TV set. **locutor de televisão** telecaster.

te.le.vi.sor [televiz'or] *sm* television receiver, TV set.

te.lha [t'eλə] *sf* 1 tile. 2 *coloq* whim, fancy, caprice. **telha de vidro** glass tile. **ter uma telha de menos** *fig* to be crackbrained.

te.lha.do [teλ'adu] *sm* roof, tiling. **telhado de colmo** thatched roof. **telhado de vidro** *fig* evil reputation, bad fame.

te.ma [t'emə] *sm* theme: a) topic, subject, thesis, argument. b) *Mús* motive. **tema de discussão** topic of discussion. **tema de um livro** subject-matter.

te.mer [tem'er] *vt+vint* 1 to fear, dread. 2 to reverence, respect. **temendo que...** for fear of...

te.mi.do [tem'idu] *adj* appalling, frightening, terrifying, feared, dreaded.

te.mí.vel [tem'ivew] *adj m+f* (*pl* **temíveis**) appalling, dreadful, terrible.

te.mor [tem'or] *sm* 1 dread, fear. 2 anxiety, apprehension. 3 reverence, awe, devotion. **por temor a Deus** for fear of God.

tem.pe.ra.do [tẽper'adu] *adj* 1 seasoned, flavoured, spicy. 2 temperate, moderate, mild (climate), agreeable.

tem.pe.ra.men.to [tẽperam'ẽtu] *sm* temper, temperament, mentality, disposition, character, nature, mood, humour. **de temperamento fogoso** hot tempered. **temperamento calmo** a placid character.

tem.pe.rar [tẽper'ar] *vt* to season, flavour, spice.

tem.pe.ra.tu.ra [tẽperat'urə] *sf* temperature, fever. **elevação de temperatura** rise in temperature.

tem.pe.ro [tẽp'eru] *sm* 1 seasoning, spice, condiment, sauce. 2 dressing of food. 3 taste, savour, flavour.

tem.pes.ta.de [tẽpest'adi] *sf* 1 tempest, storm, rainstorm, thunderstorm. 2 *fig* commotion, trouble, tumult. **tempestade num copo de água** a storm in a teacup.

tem.pes.tu.o.so [tẽpestu'ozu] *adj* tempestuous: a) stormy, windy. b) rough, wild, furious, rude. c) *fig* very agitated, violent.

tem.plo [t'ẽplu] *sm* 1 temple. 2 church.

tem.po [t'ẽpu] *sm* 1 time: a) duration, period, spell, length of time. b) epoch, era. c) season, tide, hour. d) *Mús* tempo, tempi, movement. 2 weather. 3 *Gram* tense. **ainda em tempo** just in time. **ao mesmo tempo** at the same time. **a tempo** in time, well-timed. **a um só tempo** simultaneously. **dar tempo ao tempo** to wait and see. **de tempo em tempo** at intervals, from time to time. **em seu**

devido tempo in due course. **fora de tempo** out of time. **ganhar tempo** to gain time. **gastar tempo** to waste time. **no meio tempo** in the meantime. **previsão do tempo** weather forecast. **tempo integral** full time.

tem.po.ra.da [tẽpor'adɐ] *sf* 1 period. 2 space of time. 3 season. **passar uma temporada agradável** to have a good time.

tem.po.ral [tẽpor'aw] *sm* (*pl* **temporais**) tempest, rainstorm. • *adj m+f* 1 temporal. 2 temporary, transient.

tem.po.rá.rio [tẽpor'arju] *adj* 1 temporary, transient. 2 provisory, provisional.

têm.po.ras [t'ẽporas] *sf pl Anat* temples.

te.naz¹ [ten'as] *sf* tongs, pliers.

te.naz² [ten'as] *adj m+f* tenacious, firm, tough, stubborn, persistant, obstinate.

ten.da [t'ẽdɐ] *sf* 1 tent, canvas. 2 stand, stall (market), pavillion. **tenda de oxigênio** *Med* oxygen tent.

ten.dão [tẽd'ãw] *sm* (*pl* **tendões**) *Anat* tendon. **tendão de aquiles** Achilles' tendon.

ten.dên.cia [tẽd'ẽsjɐ] *sf* tendency, trend, inclination, propensity, proneness, disposition, predisposition. **tendência à perfeição** perfectiveness.

ten.der [tẽd'er] *vt* 1 to incline, lean. 2 to tend, dispose, predispose. 3 to set, trend.

te.ne.bro.so [tenebr'ozu] *adj* 1 tenebrous, dark, gloomy, obscure. 2 *fig* terrible, frightful. 3 wicked, criminal.

te.nen.te [ten'ẽti] *sm Mil* lieutenant.

te.nen.te-co.ro.nel [tenẽtikoron'ɛw] *sm* (*pl* **tenentes-coronéis**) *Mil* lieutenant-colonel.

tê.nis [t'enis] *sm sing+pl* 1 tennis, lawn tennis. 2 tennis-shoes. **bola de tênis** tennis ball. **quadra de tênis** tennis court. **raquete de tênis** tennis racket. **tênis de mesa** table tennis, ping-pong.

te.nis.ta [ten'istɐ] *s m+f* tennis player.

ten.ro [t'ẽru] *adj* tender. **carne tenra** tender meat.

ten.são [tẽs'ãw] *sf* (*pl* **tensões**) 1 tension, tenseness, tensity. 2 stretch. 3 *Med, Psicol* strain, stress. **alta tensão** *Eletr* high tension.

ten.so [t'ẽsu] *adj* 1 tense, tight, taut, strained. 2 *fig* intense.

ten.ta.ção [tẽtas'ãw] *sf* (*pl* **tentações**) temptation, allurement, seduction.

ten.tar [tẽt'ar] *vt* 1 to try, test, experiment. 2 to attempt, endeavour, undertake. 3 to tempt, entice, seduce, allure.

ten.ta.ti.va [tẽtat'ivɐ] *sf* 1 trial, experiment. 2 attempt, endeavour, effort. **fazer uma tentativa** to have a go at it. **tentativa de assassinato** attempt at murder.

tê.nue [t'enwi] *adj m+f* tenuous, fine, subtle, fragile, weak, feeble, faint.

te.or [te'or] *sm* 1 wording, text. 2 tenor, meaning, purport. 3 *fig* manner, way. **do mesmo teor** of the same tenor.

te.o.ri.a [teor'iɐ] *sf* theory, notion, concept, view. **na teoria** in theory.

te.ó.ri.co [te'ɔriku] *sm* 1 theoretician, theorist. 2 *fig* an utopian person. • *adj* theoretical, speculative.

té.pi.do [t'ɛpidu] *adj* tepid, lukewarm.

ter [t'er] *vt* 1 to have, possess, own. 2 to hold, keep, occupy, retain, carry, contain. 3 to get, obtain, arrive to, receive. **não tem perigo!** don't you worry! **não tem nada de seu** to own nothing. **que tem isso?** what is the matter? **ter amizade com** to be friends with. **ter boa fama** to be well-spoken of. **ter bom nome** to enjoy a great reputation. **ter confiança em** to trust in. **ter cuidado** to be careful. **ter em mente** to conceive, have in mind. **ter frio** to be / feel cold. **ter necessidade** to need. **ter pena de** to be sorry about / for. **ter prazer em** to enjoy. **ter saudade de** to long for. **ter sede** to be thirsty. **ter sorte** to be lucky, succeed. **ter vontade de** to want, wish.

te.ra.peu.ta [terap'ewtə] *s m+f* therapist.

te.ra.pi.a [terap'iə] *sf* **1** therapeutics, art of healing. **2** therapy.

ter.ça-fei.ra [tersəf'ejrə] *sf (pl* **terças-feiras)** Tuesday.

ter.cei.ri.za.ção [tersejrizas'ãw] *sf (pl* **terceirizações)** outsourcing.

ter.cei.ri.zar [tersejriz'ar] *vt* to outsource.

ter.ço [t'ersu] *sm* **1** third part of anything. **2** string of beads (third part of the rosary). **rezar o terço** to tell one's beads.

ter.çol [ters'ɔw] *sm (pl* **terçóis)** *Med* sty(e), eyesore.

ter.mas [t'ɛrmas] *sf pl* thermae: a) thermal baths. b) hot springs, thermal springs.

tér.mi.co [t'ɛrmiku] *adj* thermic. **garrafa térmica** thermos, thermos flask.

ter.mi.na.ção [terminas'ãw] *sf (pl* **terminações) 1** termination, end, finish. **2** expiration, conclusion. **3** extremity, final part. **4** *Gram* ending (of a word), inflection, suffix.

ter.mi.nal [termin'aw] *sm (pl* **terminais)** terminal, extremity, termination. • *adj m+f* **1** terminal, terminating. **2** limiting, limitative.

ter.mi.nar [termin'ar] *vt+vpr* **1** to terminate, bring to an end, end, finish, close, conclude, complete. **2** to expire. **3** to limit, bound, restrict.

tér.mi.no [t'ɛrminu] *sm* ending, conclusion, limit, boundary, landmark.

ter.mo [t'ermu] *sm* **1** term a) limit, limitation, boundary, landmark, time limit, span, period, word, expression. b) *Mat* member of a fraction, proportion etc. **2** termination, end, finish, ending, expiration. **3 termos** manners, ways, behaviour. **meio-termo** moderation. **pôr termo a** to put an end to. **termo técnico** technical term.

ter.mô.me.tro [term'ometru] *sm* thermometer: a) instrument to measure temperature. b) *fig* indicator of conditions, qualities, standings.

ter.no¹ [t'ɛrnu] *sm* **1** ternary, triplet, trio. **2** a men's suit consisting of three pieces.

ter.no² [t'ɛrnu] *adj* tender, endearing, gentle, amorous, touching.

ter.nu.ra [tern'urə] *sf* tenderness, kindness, sensitiveness, gentleness, love, affection.

ter.ra [t'ɛřə] *sf* **1** earth, world, globe. **2** land, ground, soil, coast. **3** native land, birthplace, country, motherland, nation. **4** domains, territories. **proprietário de terras** land owner. **terra de ninguém** no man's land. **terra maravilhosa** wonderland. **terra natal** native land, birthplace, motherland. **Terra Santa** Holy Land, Palestine.

ter.ra.ço [teř'asu] *sm* terrace: a) roof terrace, platform. b) *Geol* raised shore line.

ter.rei.ro [teř'ejru] *sm* **1** yard. **2** courtyard. **3** *bras* place where Afro-Brazilian fetichism is practiced.

ter.re.mo.to [teřem'ɔtu] *sm* earthquake.

ter.re.no [teř'enu] *sm* **1** terrain, ground, soil, land, site, groundplot. **2** *Geol* formation. **3** *fig* branch of activities, matter, subject. • *adj* terrestrial, worldly, mundane, earthy. **ceder terreno** to give way. **ganhar terreno** to gain ground. **perder terreno** to lose ground. **pisar em terreno perigoso** to skate over thin ice.

tér.reo [t'ɛřju] *sm* the ground floor in a building. • *adj* **1** earthy, terrestrial. **2** even with the ground, low. **andar térreo** ground floor. **casa térrea** a one-story house.

ter.res.tre [teř'ɛstri] *adj m+f* terrestrial, earth-bound, earthy, mundane, worldly. **brisa terrestre** land breeze. **globo terrestre** terrestrial globe.

ter.ri.fi.car [teřifik'ar] *vt* **1** to terrify, horrify, frighten, appal. **2** to intimidate.

ter.ri.na [teř'inɐ] *sf* tureen.

ter.ri.tó.rio [teřit'ɔrju] *sm* territory, land, country, dominion, region, area, district.

ter.rí.vel [teř'ivew] *adj m+f (pl* **terríveis)** terrible, awful, awesome, horrible, frightful, shocking, hideous.

ter.ror [teř'or] *sm* terror, horror, awe, fright, fear, dread, panic.

ter.ro.ris.ta [teřoř'istɐ] *s m+f* **1** terrorist. **2** *fig* pessimist. • *adj* terroristic.

te.se [t'ɛzi] *sf* thesis: a) proposition. b) dissertation. c) hypothesis. **em tese** generally speaking.

te.sou.ra [tez'owrɐ] *sf* scissors, a pair of scissors, shears. **tesoura de unhas** nail scissors.

te.sou.ra.ri.a [tezowraŕ'iɐ] *sf* **1** treasury, treasure house. **2** exchequer. **3** treasurership, a treasurer's office.

te.sou.rei.ro [tezowř'ejru] *sm* treasurer.

te.sou.ro [tez'owru] *sm* **1** treasure, riches, wealth, chest. **2** treasury, exchequer, public purse. **3** person or thing of great value. *a menina é um tesouro* / the girl is a treasure. **meu tesouro!** my treasure!

tes.ta [t'ɛstɐ] *sf* forehead, brow. **estar à testa de** to be at the head of. **testa de ferro** *fig* dummy, figurehead.

tes.ta.men.to [testam'ẽtu] *sm* will, testament. **abertura de um testamento** reading of a will. **deserdar por testamento** to disinherit by will. **fazer o seu testamento** to make one's will. **o Novo Testamento** The New Testament.

tes.tar [test'ar] *vt* to test: a) to submit to a test. b) to put to a test or proof, try (a machine or an instrument).

tes.te [t'ɛsti] *sm* **1** test, examination, trial. **2** list of questions for testing.

tes.te.mu.nha [testem'uɲɐ] *sf* **1** witness, evidence. **2** testimony, proof. **banco das testemunhas** witness box. **testemunha de defesa** witness of defence. **testemunha ocular** eyewitness.

tes.te.mu.nhar [testemuɲ'ar] *vt+vint* **1** to witness, bear witness, testify, give evidence. **2** to prove, depose. **3** to see, notice, watch. **testemunhar confiança** to show confidence.

tes.te.mu.nho [testem'uɲu] *sm* **1** testimony, proof, evidence, witness. **2** attest, attestation, report. **dar testemunho** to bear witness.

tes.tí.cu.lo [test'ikulu] *sm Anat* testicle: male sex gland.

te.ta [t'etɐ] *sf* teat, tit, nipple.

té.ta.no [t'ɛtanu] *sm Med* tetanus.

te.to [t'ɛtu] *sm* **1** ceiling, roof. **2** (by extension) shelter, cover, refuge. **3** *fig* ceiling, limit (prices, raisings). **sem- -teto** homeless.

té.tri.co [t'ɛtriku] *adj* **1** sad. **2** gloomy, mournful. **3** macabre, gruesome, awful.

teu [t'ew] *(fem* **tua)** *pron adj poss* your. *pron subst poss* yours. *é meu? não, é teu!* / is it mine? no, it is yours!

têx.til [t'estiw] *adj m+f (pl* **têxteis)** textile, woven. **indústria têxtil** textile industry.

tex.to [t'estu] *sm* text: a) the very words of an author. b) the printed words of a book etc. **texto original** original text.

tex.tu.ra [test'urɐ] *sf* **1** texture, fabric. **2** grain.

tez [t'es] *sf* complexion, colour of the skin. **de tez clara** fair-complexioned.

ti [t'i] *pron* (after prepositions) you, yourself. **a ti/para ti** to you. **de ti** from you. **para ti** for you.

ti.a [t'iɐ] *sf* **1** aunt. **2** *pop* old maid.

ti.a-a.vó [tiɐav'ɔ] *sf (pl* **tias-avós)** great-aunt.

tí.bia [t'ibjɐ] *sf Anat* tibia, shinbone.

ti.co [t'iku] *sm* a bit, bite, morsel, a little.

ti.co-ti.co [tikut'iku] *sm (pl* **tico-ticos)** *bras, Ornit* crown sparrow.

ti.ge.la [tiʒ'ɛlɐ] *sf* bowl, drinking vessel. **de meia-tigela** mediocre, ordinary.

ti.gre [t'igri] *sm Zool* tiger. • *adj m+f*

tigerlike, spotted like a tiger. **tigre-fêmea** tigress.

ti.jo.lo [tiʒ'olu] *sm* brick. **assentar tijolos** to lay bricks.

til [t'iw] *sm* (*pl* **tis**) tilde: diacritical mark indicating nasalization, for example **não, pães**.

ti.lin.tar [tilĩt'ar] *vt+vint* to tinkle, jingle, clink.

tim.bra.do [tĩbr'adu] *adj* having a letterhead. **papel timbrado** letterhead paper.

ti.mi.dez [timid'es] *sf* timidity, shyness.

tí.mi.do [t'imidu] *adj* timid, shy, coy, bashful.

tím.pa.no [t'ĩpanu] *sm* 1 *Mús* kettledrum, timpani, timbal. 2 *Anat* tympanum, middle ear, eardrum.

tim.tim [tĩt'ĩ] *sm* 1 cheers, a toast. 2 used in the adverbial locution **timtim por timtim** point for point. **contar timtim por timtim** to give full account.

ti.na [t'inə] *sf* tub, wooden vessel.

tin.gi.men.to [tĩʒim'ẽtu] *sm* dye, tincture, tint.

tin.gir [tĩʒ'ir] *vt* to dye, tint, tinge, tincture, colour. **tingir de verde** to green.

ti.nir [tin'ir] *vint* to clink, clank, ding, tinkle, clatter.

tin.ta [t'ĩtə] *sf* dye, paint, ink. **borrão de tinta** ink blot. **caixa de tintas** paint box.

tin.tei.ro [tĩt'ejru] *sm* inkpot, inkwell.

tin.to [t'ĩtu] *adj* coloured, stained, red (wine or grapes). **vinho tinto** red wine.

tin.tu.ra [tĩt'urə] *sf* 1 dye, colour, tint, hue. 2 *Farm* tincture: an alcoholic solution of a drug.

tin.tu.ra.ri.a [tĩturar'iə] *sf bras* dry cleaner's, laundry.

ti.o [t'iu] *sm* 1 uncle. 2 treatment given to older relatives.

ti.o-a.vô [tiwav'o] *sm* (*pl* **tios-avós, tios-avôs**) great-uncle.

tí.pi.co [t'ipiku] *adj* typical, characteristical, representative.

ti.po [t'ipu] *sm* 1 *Tip* type (for printing), letter. 2 pattern, model. 3 kind, sort, variety, group, class. 4 *pop* fellow, guy, chap (também *deprec*).

ti.po.gra.fi.a [tipograf'iə] *sf* 1 typography. 2 a typography shop.

ti.pó.gra.fo [tip'ɔgrafu] *sm* typographer, printer.

ti.poi.a [tip'ɔjə] *sf* arm sling.

ti.que [t'iki] *sm* tic, twitch, bad habit. **tique nervoso** nervous tic.

ti.ra [t'irə] *sf* 1 band, ribbon. 2 strip, stripe, strap. *sm bras, gír* policeman, cop. **tira de história em quadrinhos** comic strip.

ti.ra.co.lo [tirak'ɔlu] *sm* shoulder belt. **bolsa a tiracolo** shoulder bag.

ti.ra.gem [tir'aʒẽj] *sf* (*pl* **tiragens**) circulation, issue, edition.

ti.ra-gos.to [tirəg'ostu] *sm* (*pl* **tira-gostos**) *bras* a salty tidbit, appetizer.

ti.ra-man.chas [tirəm'ãʃəs] *sm sing+pl* spot remover, stain cleaner.

ti.ra.ni.zar [tiraniz'ar] *vt+vint* to tyrannize, domineer, oppress.

ti.ra.no [tir'ʌnu] *sm* tyrant, oppressor.
• *adj* tyrannical, despotic, oppressive.

ti.rar [tir'ar] *vt+vint* 1 to draw, pull, drag (as a weapon). 2 to take, take off or away, remove. 3 to extract. 4 to deprive. 5 to steal. 6 to deduct, subtract, diminish. 7 to take (a photo). **tirar do caminho** to clear out of the way. **tirar do lugar** to displace. **tirar férias** to take a vacation. **tirar informações** to make inquiries. **tirar licença** to get a licence. **tirar uma cópia** to make a copy of. **tirar uma fotografia** to take a photograph. **tirar um dente** to have a tooth pulled out.

ti.ri.tar [tirit'ar] *vint* to shiver, quiver.

ti.ro [t'iru] *sm* shot, pop, shooting, firing. **levar um tiro** to be shot. **tiro ao alvo** target practice.

ti.ro.tei.o [tirot'eju] *sm* firing, shooting.
ti.ti.a [tit'iə] *sf bras* auntie.
ti.ti.o [tit'iu] *sm bras* uncle.
ti.tu.be.ar [titube'ar] *vint* 1 to stagger, totter, wabble. 2 to falter, hesitate, waver. **sem titubear** without hesitation.
ti.tu.lar [titul'ar] *s m+f* titleholder, cabinet member. • *adj m+f* titular, honorary, nominal.
tí.tu.lo [t'itulu] *sm* 1 title: a) designation of a literary production. b) heading. c) caption. d) name, denomination. 2 any negotiable document (as a bond or a security). **a título de** in the quality of.
to.a.le.te [toal'ɛti] *sm* toilet, bathroom, lavatory.
to.a.lha [to'aʎa] *sf* 1 towel. 2 table cloth. **toalha de banho** bath towel. **toalha de mesa** tablecloth. **toalha de papel** paper towel. **toalha de rosto** face towel. **toalha felpuda** fluffy towel.
to.ca [t'ɔkə] *sf* 1 burrow, den, lair. 2 *fig* a poor habitation. 3 *fig* refuge, shelter.
to.ca-dis.cos [tɔkəd'iskus] *sm sing+pl* record player, CD player.
to.ca-fi.tas [tɔkəf'itas] *sm sing+pl bras* cassette-player.
to.cai.a [tok'ajə] *sf bras* ambush, trap.
to.can.te [tok'ãti] *adj m+f* 1 touching, moving, pathetic. 2 concerning, pertaining. **no tocante a** regarding to.
to.car [tok'ar] *vt+vint+vpr* 1 to touch, feel. 2 to be contiguous to, limit, reach. 3 to play (an instrument), perform, sound, toot. 4 to ring (bells), clang. 5 to concern, regard, respect, refer. 6 **tocar-se** a) to be or get in contact, touch. b) to become aware of, perceive. **pelo que me toca** as far as I am concerned.
to.cha [t'ɔʃə] *sf* firebrand, torch.
to.co [t'ocu] *sm* 1 stub, stump, butt (as of a tree, cigarette, torch, pencil etc.). 2 a sort of club, stick.
to.da.vi.a [todav'iə] *conj* but, yet, still, however, nevertheless, though. • *adv* notwithstanding.

to.do [t'odu] *sm* 1 the whole, entirety, totality, generality. 2 todos each and every, one and all, every one, all people. • *adj* all, whole, complete, entire. • *pron indef* 1 every, any. 2 **todos** everybody, everyone. **ao todo** altogether, all in all. **a toda** at full speed. **a todo custo** anyway, at any price. **como um todo** as a whole. **durante toda a vida** all through one's life. **em toda parte** all about. **o dia todo** all day long. **toda a gente** everybody.
tol.do [t'owdu] *sm* sun blind (of a shop), canopy.
to.le.rân.cia [toler'ãsjə] *sf* tolerance, endurance, sufferance, broad-mindedness, indulgence, allowance for error.
to.le.rar [toler'ar] *vt* 1 to tolerate, endure, indulge. 2 to stand, bear. 3 to permit, admit, allow.
to.li.ce [tol'isi] *sf* 1 foolishness, folly, silliness. 2 stupidity. 3 trifle, blunder. **dizer tolices** to talk nonsense. **que tolice!** what nonsense!
to.lo [t'olu] *sm* fool, simpleton, idiot. • *adj* 1 foolish, crazy, daft, loony, silly. 2 stupid, soft brained. 3 simple-minded, naïve.
tom [t'õw] *sm* tone: a) tension, inflection (of tissue). b) *Mús* key, pitch of the voice. c) intonation, accent, inflection. d) dye, tinge, shade, touch, nuance.
to.ma.da [tom'adə] *sf* 1 taking, seizure, fall. 2 *Eletr* a) plug. b) plug, socket. 3 *Cin* take. **tomada de ar** air intake. **tomada de decisão** decision-making.
to.mar [tom'ar] *vt* to take: a) to seize, catch, capture, grasp, conquer, take possession of. b) to gather, collect, receive, get. c) to eat, drink. d) to take away, steal, deprive of. **não tomar conhecimento** to overlook, disregard. **toma lá, dá cá** take-and-take. **tomar (algo) a sério** to take (something) seriously. **tomar cuidado** to be careful.

tomar o partido de to take side of. **tomar parte** to take part. **tomar uma bebida** to have a drink. **tomar uma decisão** to make a decision. **tomar um remédio** to take a medicine.

to.ma.te [tom'ati] *sm Bot* tomato. **tomate comum** salad tomato. **tomate-caqui** beefsteak tomato. **tomate-cereja** cherry tomato.

tom.bar¹ [tõb'ar] *vt+vint* to tumble, stumble, topple, throw or fall down.

tom.bar² [tõb'ar] *vt* 1 to register lands, make an inventory of lands. 2 to put under governmental trust (as monuments, historical or artistic buildings etc.). **prédio tombado** building under governmental trust.

tom.bo [t'õbu] *sm* 1 tumble, fall, plumper. 2 turnover, upset. **levar um tombo** to fall down.

to.na.li.da.de [tonalid'adi] *sf* tonality: a) *Mús* character of tone. b) *Pint* scheme of colours, tint, colouring.

to.ne.la.da [tonel'adə] *sf* ton, tonne (weight of 1,000 kg).

tô.ni.co [t'oniku] *sm Med* tonic. • *adj* tonic: a) invigorating, strenghtening, restorative. b) *Gram* voiced, stressed. **acento tônico** tonic accent, primary stress. **sílaba tônica** tonic syllable.

ton.to [t'õtu] *sm* fool, simpleton. • *adj* 1 giddy, dizzy. 2 foolish, tipsy, crazy, silly. 3 stupid, dull, idiotic. 4 simple-minded, naïve. **como barata tonta** disorientedly, aimlessly.

ton.tu.ra [tõt'urə] *sf* giddiness, dizziness, vertigo.

to.pa.da [top'adə] *sf* stumbling, tumbling, tripping.

to.par [top'ar] *vt* 1 to meet, encounter, come across, find. 2 *bras, gír* to agree, consent. 3 to run against, collide. 4 to stumble, tumble, trip. **topar a parada** to accept a challenge.

to.pe.te [top'eti] *sm* 1 forelock, tuft of feathers or hair. 2 *bras* impudence, insolence, cheekiness. **ter o topete de** to have the gall to.

tó.pi.co [t'ɔpiku] *sm* topic, subject, theme, heading, argument. • *adj* topical: a) of a place. b) relating to a heading or subject. c) of current affairs. d) *Med* of local application.

to.po [t'opu] *sm* 1 summit, top, peak, acme, highest point. 2 upper part.

to.que [t'ɔki] *sm* 1 touch, contact, taction, feeling. 2 *Mil* call, recall. 3 *Mús* playing, striking, chime. 4 vestige, sign. **ao mais leve toque** at the slightest touch. **a toque de caixa** hurriedly, hastily.

tó.rax [t'ɔraks] *sm sing+pl Anat* thorax, chest, breast.

tor.ce.dor [torsed'or] *sm fig* rooter, person who cheers or applauds.

tor.cer [tors'er] *vt+vint+vpr* 1 to twist, turn, wring. 2 to distort, contort, sprain, dislocate. 3 to misinterpret, alter the meaning. 4 to root, pull for, entice, cheer. 5 **torcer-se** to writhe, squirm. **não dar o braço a torcer** to refuse to admit anything. **torcer-se de riso** to be convulsed by laughter.

tor.ci.co.lo [torsik'ɔlu] *sm Med* torticollis, stiff neck.

tor.ci.da [tors'idə] *sf* 1 wick. 2 *bras* act of rooting and cheering (in a game). 3 *bras* group of rooters or cheerers.

tor.ci.do [tors'idu] *adj* tortuous, twisted, crooked, sinuous.

tor.men.ta [torm'ẽtə] *sf* 1 violent storm, tempest. 2 *fig* vexation, turbulence, trouble, disturbance.

tor.men.to [torm'ẽtu] *sm* 1 torment, worry, affliction, distress, anguish. 2 torture, pain, martyrdom. 3 agony, mortification, suffering.

tor.nar [torn'ar] *vint+vt+vpr* 1 to return, turn, go or come back or again. 2 to give back, send back, repay. 3 to render, change, convert. 4 **tornar-se** to become,

tor.nei.o [torn'eju] *sm* 1 tournament, tourney. 2 a sports competition.

tor.nei.ra [torn'ejrə] *sf* tap, faucet, register. **fechar a torneira** to turn off the tap.

tor.ni.que.te [tornik'eti] *sm* 1 turnstile, wicket. 2 **tourniquet**: a device for compressing an artery.

tor.no.ze.lo [tornoz'elu] *sm Anat* ankle, anklebone.

tor.pe [t'ɔrpi] *adj m+f* 1 base, vile, unworthy. 2 obscene, indecent. 3 dishonest, scurrilous.

tor.pe.de.ar [torpede'ar] *vt* 1 to torpedo, attack with a torpedo. 2 to destroy (as with torpedoes).

tor.ra.da [toř'adə] *sf* toast. **torrada com manteiga** buttered toast.

tor.ra.dei.ra [tořad'ejrə] *sf* toaster.

tor.ra.do [toř'adu] *adj* 1 toasted, roasted, crisp, crispy. 2 parched, dried, browned. 3 scorched, torrid.

tor.rão [toř'ãw] *sm* (*pl* **torrões**) 1 clod, lump or mass of soil. 2 terrain, tract of land. 3 *fig* cob, clump, lump, bat. **torrão de açúcar** lump of sugar. **torrão natal** homeland, native land.

tor.rar [toř'ar] *vt* 1 to toast, roast, brown, grill, crisp. 2 to parch, dry, scorch. 3 *bras, fig* a) to sell off at a loss. b) to dissipate, misspend.

tor.re [t'oři] *sf* 1 tower, castle, steeple. 2 pylon. 3 fortress. 4 *Xadrez* castle, rook. **torre de observação** watch tower. **torre de relógio** clock tower. **torre de sinos** campanile, bell tower, belfry.

tor.ren.ci.al [tořẽsi'aw] *adj m+f* (*pl* **torrenciais**) torrential, pouring.

tor.ren.te [toř'ẽti] *sf* 1 torrent, flow, stream. 2 multitude, plenty, abundance. **torrente de lágrimas** a flood of tears.

tor.so [t'orsu] *sm* torso: trunk of a body or statue.

tor.ta [t'ɔrtə] *sf* tart, pie.

tor.to [t'ortu] *adj* 1 twisted, crooked, bent, curved. 2 deformed, distorted. 3 wrong, unfair, deceitful, dishonest.

tor.tu.o.so [tortu'ozu] *adj* tortuous, crooked, curved.

tor.tu.ra [tort'ura] *sf* 1 torture. 2 pain, torment, agony. 3 *fig* grief, heartbreak, sorrow.

tor.tu.rar [tortur'ar] *vt+vpr* 1 to torture, rack, torment. 2 to distress, afflict, grieve. **torturar-se** to grieve, fry, fret.

to.sar [toz'ar] *vt* 1 to shear, fleece, clip. 2 to crop.

tos.co [t'osku] *adj* 1 rough, uncouth, rude, coarse. 2 unwrought, primitive. 3 coarse, crude. 4 clumsy, awkward.

tos.qui.ar [toski'ar] *vt* 1 to shear, clip, fleece. 2 *fig* to despoil, rob.

tos.se [t'ɔsi] *sf* cough, coughing. **tosse comprida** whooping cough.

tos.sir [tos'ir] *vint+vt* to cough, hack.

tos.ta.dei.ra [tostad'ejrə] *sf* toaster.

tos.tão [tost'ãw] *sm* (*pl* **tostões**) Brazilian nickel coin of 100 réis. **não ter um tostão furado** to be penniless. **não valer um tostão** to be not worth a toss.

tos.tar [tos'tar] *vt* to toast, roast, parch.

to.tal [tot'aw] *sm* (*pl* **totais**) total, sum, amount. • *adj m+f* total, whole, entire, integral, complete, full. **eclipse total** total eclipse. **perda total** total loss.

to.ta.li.zar [totaliz'ar] *vt* to totalize: a) to add up. b) to express as a whole.

tou.ca [t'owkə] *sf* 1 bonnet, cap. 2 a nun's coif. **touca de banho** bathing cap.

tou.ca.dor [towkad'or] *sm* dressing table, vanity table.

tou.ci.nho [tows'iñu] *sm* lard, bacon. **toucinho defumado** bacon.

tou.ra.da [towr'adə] *sf* bullfight, bullfighting.

tou.ro [t'owru] *sm* 1 bull. 2 *fig* a strong man. 3 *Astr* Taurus.

tó.xi.co [t'ɔksiku] *sm* poison, toxic drug. • *adj* toxic, toxicant.

to.xi.cô.ma.no [toksik'omanu] *sm* drug addict.

tra.ba.lha.dor [trabaʎad'or] *sm* 1 worker, workman. 2 toiler, person who works hard. • *adj* laborious, diligent, industrious, hard-working. **ser muito trabalhador** to work like a horse. **trabalhador agrícola** farm hand.

tra.ba.lhar [trabaʎ'ar] *vint+vt* 1 to work, labour, toil, exert oneself. 2 to drudge. 3 to make efforts, strive, perform. 4 to run, function, operate. 5 to act, perform (as an actor). **trabalhar de graça** to work for nothing. **trabalhar demais** to overwork.

tra.ba.lho [trab'aʎu] *sm* 1 work, labour, task, toil. 2 effort, exertion, struggle. 3 job, employment, service, occupation, duty. 4 business, trade. 5 performance, achievement, production. **bom trabalho!** good work! **Dia do Trabalho** Labour Day. **trabalho de equipe** teamwork.

tra.ça [tr'asə] *sf* clothes moth, bookworm. **ser jogado às traças** *coloq* to be cast aside.

tra.ção [tras'ãw] *sf* (*pl* **trações**) traction, tension, pull, pulling. **animal de tração** draft animal.

tra.çar [tras'ar] *vt* 1 to trace, draw, delineate, outline, work out. 2 to plan, map. 3 to project, scheme. **traçar uma linha** to draw a line.

tra.ço [tr'asu] *sm* 1 trace, line. 2 stroke of a pen, pencil or brush. 3 trait, feature, aspect, character. 4 vestige, sign, indication, trace. **nenhum traço de perigo** no trace of danger. **sem um traço de malícia** without a grain of malice. **traços de família** family features.

tra.di.ção [tradis'ãw] *sf* (*pl* **tradições**) 1 tradition. 2 *fig* remembrance, memory. 3 **tradições** folklore.

tra.du.ção [tradus'ãw] *sf* (*pl* **traduções**) translation. **fazer traduções** to translate. **tradução livre** free translation.

tra.du.zir [traduz'ir] *vt+vint+vpr* 1 to translate. 2 to express, explain. 3 to represent. 4 **traduzir-se** to manifest itself, appear.

trá.fe.go [tr'afegu] *sm* 1 traffic, trade, business. 2 transit, transportation. **aberto ao tráfego público** open to public traffic. **sinal de tráfego** traffic signal. **tráfego engarrafado** traffic jam.

tra.fi.can.te [trafik'ãti] *s m+f* 1 trafficker, trader, dealer. 2 *pop* swindler, rascal, rogue. • *adj m+f* roguish, dishonest, fraudulent, deceitful.

tra.fi.car [trafik'ar] *vt+vint* 1 to traffic, trade, negotiate. 2 to deal fraudulently, swindle, trick, cheat.

trá.fi.co [tr'afiku] *sm* 1 traffic, trade, business, commerce. 2 *pop* shady business. **tráfico de drogas** drug traffic.

tra.ga.da [trag'adə] *sf* draft, draught, pull, swig, a long draft (cigarette or drink).

tra.gar [trag'ar] *vt+vint* 1 to devour, swallow, engulf, gulp, suck up. 2 to gulp down, drink in large drafts. 3 to inhale tobacco smoke.

tra.gé.dia [traʒ'ɛdjə] *sf* tragedy: a) story with an unhappy theme. b) the literary genre of dramas. c) sad event, disaster, calamity.

trá.gi.co [tr'aʒiku] *adj* tragic, mournful, shocking, sad, terrible.

tra.go [tr'agu] *sm* draught, draft, gulp, swallow, pull, swig, drink. **de um só trago** at one gulp.

tra.i.ção [trajs'ãw] *sf* (*pl* **traições**) treason, treachery, betrayal, perfidy, falseness, disloyalty. **crime de alta traição** high treason.

tra.i.dor [trajd'or] *sm* traitor, betrayer, renegade, turncoat. • *adj* traitorous, perfidious, treacherous.

tra.ir [tra'ir] *vt+vpr* **1** to betray, double cross. **2** to reveal, disclose. **3 trair-se** to betray oneself, give oneself away. **trair um segredo** to disclose a secret.

tra.jar [traʒ'ar] *vt+vpr* **1** to wear, put on, dress. **2 trajar-se** to dress oneself. **trajar bem** to dress well.

tra.je [tr'aʒi] *sm* **1** dress, cloth(es), garb, apparel, attire, clothing. **2** costume, robe, suit, habit. **traje à fantasia** fancy dress. **traje a rigor** evening dress. **traje de banho** bathing suit.

tra.je.to [traʒ'etu] *sm* **1** stretch, length, distance. **2** route, way.

tra.je.tó.ria [traʒet'ɔrjə] *sf* **1** trajectory. **2** *fig* way, manner. **3** path, course.

tra.lha [tr'aʎə] *sf* **1** *bras* luggage, baggage. **2** old household articles, rubbish. **toda a tralha** luggage and kit.

tra.ma [tr'∧mə] *sf* **1** woof, texture, web. **2** plot, scheme, conspiracy, intrigue. **3** *bras* illicit business, crooked deal.

tra.mar [tram'ar] *vt* **1** to weave, woof. **2** to plot, machinate, scheme, contrive, frame. **3** to conspire.

tra.mi.tar [tramit'ar] *vt bras* to follow the legal channels (a process, document etc.).

tram.po.lim [trãpol'ĩ] *sm* (*pl* **trampolins**) springboard, leaping board, jumping board. **trampolim para mergulhar** diving board.

tran.ca [tr'ãkə] *sf* **1** bar, crossbar. **2** (by extension) hindrance, obstacle, obstruction, check.

tran.ça [tr'ãsə] *sf* tress, braid, plait.

tran.ca.fi.ar [trãkafi'ar] *vt bras, pop* to put under lock and key, incarcerate, imprison, arrest.

tran.car [trãk'ar] *vt+vpr* **1** to bar, fasten, secure with bars. **2** to bolt, latch, lock, shut. **3** to arrest, imprison, incarcerate. **4 trancar-se** to close or shut oneself up.

tran.çar [trãs'ar] *vt+vint* to tress, plait, braid, twist, interlace, entwine, weave.

tran.co [tr'ãku] *sm* **1** collision, shock, push, bump, jerk. **2** *bras* trot. **aos trancos** by jerks.

tran.qui.li.da.de [trãkwilid'adi] *sf* **1** tranquility, peace, quiet, serenity. **2** silence, rest, repose, ease.

tran.qui.li.zan.te [trãkwiliz'ãti] *sm* tranquilizer. • *adj* tranquilizing.

tran.qui.li.zar [trãkwiliz'ar] *vt+vpr* **1** to tranquilize, quiet, appease, reassure. **2 tranquilizar-se** to become quiet, tranquil, calm down.

tran.qui.lo [trãk'wilu] *adj* tranquil, calm, peaceful, easy, quiet, serene, still, placid.

tran.sa.ção [trãzas'ãw] *sf* (*pl* **transações**) transaction, dealing, business, deal, operation. **transações comerciais** business.

tran.sar [trãz'ar] *vt+vint bras, gír* **1** to plot, machinate, scheme. **2** to have sexual intercourse.

trans.bor.da.men.to [trãzbordam'ẽtu] *sm* overflow, overflowing, inundation.

trans.bor.dar [trãzbord'ar] *vt+vint* **1** to overflow, overspread, spill over. **2** to inundate, flood.

trans.cor.rer [trãskoʀ'er] *vint* to elapse, go by, pass (time).

trans.cre.ver [trãskrev'er] *vt* to transcribe.

trans.cri.ção [trãskris'ãw] *sf* (*pl* **transcrições**) transcription, copy. **transcrição fonética** phonetic transcription.

tran.se [tr'ãzi] *sm* **1** anguish, trouble, distress, difficulty. **2** death, demise. **3** trance: a dazed, abstracted, ecstatic state.

tran.se.un.te [trãze'ũti] *s m+f* passer-by. • *adj m+f* transient, transitory, passing.

trans.fe.rên.cia [trãsfer'ẽsjə] *sf* transference, transfer, removal, change.

trans.fe.rir [trãsfer'ir] *vt+vpr* **1** to transfer. **2** to transport. **3** to transmit, communicate. **4** to put off, postpone. **5** to pass, assign. **6 transferir-se** to move away.

trans.for.ma.ção [trãsformas'ãw] *sf (pl* **transformações**) transformation, alteration, modification.

trans.for.ma.dor [trãsformad'or] *sm Eletr* transformer: apparatus for transforming a current. • *adj* transforming, modifying, altering, changing. **transformador de voltagem** voltage transformer.

trans.for.mar [trãsform'ar] *vt+vpr* **1** to transform, alter, change, modify, convert. **2 transformar-se** to be transformed, undergo a change.

trans.fu.são [trãsfuz'ãw] *sf (pl* **transfusões**) transfusion, transfusing. **transfusão de sangue** *Med* blood transfusion.

trans.gre.dir [trãzgred'ir] *vt* **1** to transgress, infringe, violate, break (law). **2** to overpass, trespass. **transgredir a lei** to break the law.

trans.gres.são [trãzgres'ãw] *sf (pl* **transgressões**) transgression, infringement, violation.

tran.si.ção [trãzis'ãw] *sf (pl* **transições**) transition. **período de transição** period of transition.

tran.si.gir [trãzi3'ir] *vint+vt* to compromise, condescend, acquiesce, agree.

tran.si.tar [trãzit'ar] *vint+vt* to transit, pass, go or pass through.

tran.si.ti.vo [trãzit'ivu] *adj* **1** transitional. **2** *Gram* transitive.

trân.si.to [tr'ãzitu] *sm* **1** transit, passage, conveyance. **2** traffic, flow of vehicles etc. **3** flow of people. **4** *fig* change, transition. **5** good acceptation, easy access. **direitos de trânsito** transit duties. **mercadorias em trânsito** transit goods. **trânsito intenso** heavy traffic.

tran.si.tó.rio [trãzit'ɔrju] *adj* transitory, passing, transient, temporary, short-lived.

trans.mis.são [trãzmis'ãw] *sf (pl* **transmissões**) **1** transmission, communication, conduction. **2** *Mec* gears. **transmissão radiofônica** radio broadcasting.

trans.mis.sor [trãzmis'or] *sm* **1** transmitter. **2** telegraph key. • *adj* transmitting, transmissive. **estação transmissora** transmitting station.

trans.mi.tir [trãzmit'ir] *vt* to transmit, send, deliver, forward, pass on, convey, communicate, tell, conduct, broadcast. **foi-nos transmitido** it has come down to us. **transmitir uma ordem** to send on an order.

trans.pa.re.cer [trãspares'er] *vt* **1** to appear or shine through. **2** to become visible, be evident. **3** to reveal itself, become manifest. **deixar transparecer** to imply, hint, insinuate.

trans.pa.ren.te [trãspar'ẽti] *adj m+f* **1** transparent, translucent. **2** limpid, lucid, clear. **3** evident, obvious, patent.

trans.pas.sar [trãspas'ar] *vt* **1** to pass over, go beyond. **2** to overstep, exceed. **3** to transgress, trespass. **4** to pierce through.

trans.pi.rar [trãspir'ar] *vt+vint* **1** to transpire, sweat, perspire. **2** to become known or public, leak out.

trans.plan.tar [trãsplãt'ar] *vt* **1** to transplant. **2** to translocate, move. **3** to transmigrate.

trans.plan.te [trãspl'ãti] *sm* transplant, transplantation.

trans.por [trãsp'or] *vt* **1** to transpose, transport, transfer. **2** to cross over, traverse, pass. **3** to pass over or beyond. **4** to leap or jump over. **transpor um obstáculo** to hurdle an obstacle.

trans.por.tar [trãsport'ar] *vt* **1** to trans-

trans.por.te [trãsp'ɔrti] *sm* transport, transportation. **despesas de transporte** transport charges. **meios de transporte** means of transport. **transporte aéreo** air service.

trans.tor.nar [trãstorn'ar] *vt+vpr* 1 to disorder, discompose, unsetttle. 2 to disturb, perturb, upset. 3 **transtornar-se** to become perturbed or irritated, upset.

trans.tor.no [trãst'ornu] *sm* upset, perturbation, confusion, trouble, inconvenience.

tra.pa.ça [trap'asə] *sf* 1 fraud, knavery, deceit, trick, cheat, swindle. 2 foul dealing, hanky-panky.

tra.pa.ce.ar [trapase'ar] *vt+vint* to cheat, swindle, deceive, trick, dupe.

tra.pa.cei.ro [trapas'ejru] *sm* trickster, swindler, crook, cheater, impostor. • *adj* deceitful, fraudulent, swindling, tricky.

tra.pé.zio [trap'ɛzju] *sm* 1 *Geom* trapezium. 2 *Anat* trapezoid: a wristbone. 3 *Esp* trapeze (used by acrobats).

tra.pe.zis.ta [trapez'istə] *s m+f* trapezist, trapeze artist.

tra.po [tr'apu] *sm* 1 rag, tatter, shred, frazzle. 2 **trapos** old clothes, shreds. **boneca de trapos** rag doll.

tra.quei.a [trak'ɛjə] *sf Anat* trachea, windpipe.

tra.qui.nas [trak'inas] *s m+f sing+pl* naughty or mischievous child or adult. • *adj m+f sing + pl* mischievous, naughty, troublesome, fidgety.

trás [tr'as] *prep+adv* behind, after, back. **andar para trás** to walk backwards. **de frente para trás** from front to rear. **de trás para diante** backward. **mover-se para trás** to back up.

tra.sei.ra [traz'ejrə] *sf* 1 rear, hinder part. 2 rear.

tra.sei.ro [traz'ejru] *sm pop* the behind, bum, posterior, bottom. • *adj* back, hind, hindmost, rear. **lanterna traseira** taillight. **pata traseira** hindback. **porta traseira** back door.

tras.te [tr'asti] *sm* 1 old household article, lumber, shoddy. 2 *bras* rascal, rogue, good-for-nothing.

tra.ta.do [trat'adu] *sm* 1 treaty, agreement, pact. 2 treatise about sciences, arts etc. **tratado de paz** treaty of peace.

tra.ta.men.to [tratam'ẽtu] *sm* 1 treatment, treating. 2 attendance. 3 application of remedies, medical treatment. 4 honorary title, title of degree or graduation.

tra.tan.te [trat'ãti] *s m+f* rascal, crook, scoundrel. • *adj m+f* crooked, rascally, roguish.

tra.tar [trat'ar] *vt+vpr* 1 to treat. 2 to deal with. 3 to handle, manage. 4 *Med* to attend, cure, care for, nurse. 5 to consider, regard. 6 to transact, negotiate, settle. 7 to discuss, discourse, concern. 8 to support, nourish. 9 **tratar-se** to take care of oneself. **de que se trata?** what is the matter?

tra.to [tr'atu] *sm* 1 treating, treatment, dealing. 2 caring for, therapy. 3 agreement, contract. **maus-tratos** abuse.

tra.tor [trat'or] *sm* tractor.

trau.ma.ti.zar [trawmatiz'ar] *vt+vpr Med, Psicol* to traumatize: a) to cause a trauma. b) **traumatizar-se** to suffer from a trauma.

tra.va [tr'avə] *sf* bolt, key bolt. **trava de segurança** safety catch.

tra.var [trav'ar] *vt+vpr+vint* 1 *Tecn* to join, brace, unite. 2 to restrain, impede, hamper. 3 to brake. 4 to lock, bar. 5 to keep down, moderate. 6 **travar-se** to be joined or linked, attached. **travar conversa com alguém** to engage a person in a conversation.

tra.ve [tra'avi] *sf* bar, crossbar.

tra.ves.sa [trav'ɛsa] *sf* 1 *Arquit* beam, bar, crossbar, rail. 2 *Ferrov* sleeper, tie. 3 lane, by-lane, bystreet, alley. 4 connecting passageway. 5 platter, dish for serving.

tra.ves.são [traves'ãw] *sm* (*pl* **travessões**) 1 *Gram* dash. 2 *Mús* bar to separate the compasses.

tra.ves.sei.ro [traves'ejru] *sm* pillow, cushion. **consultar o travesseiro** to sleep over something.

tra.ves.so [trav'esu] *adj* 1 gamesome, frisky, frolic, wild. 2 mischievous, naughty, restless, noisy.

tra.ves.su.ra [traves'ura] *sf* 1 prank, practical joke. 2 naughtiness, trick. **fazer travessuras** to be naughty, play tricks.

tra.ves.ti [travest'i] *sm* transvestite, drag-queen.

tra.zer [traz'er] *vt* 1 to bring. 2 to fetch, get. 3 to carry. 4 to drive, transport. 5 to cause, occasion, effect. **trazer boas notícias** to bear good tidings. **trazer de volta** to bring back. **trazer no coração** to carry in the heart.

tre.cho [tr'eʃu] *sm* 1 period, space of time. 2 space, stretch, distance, section. 3 *Mús, Lit* passage. 4 chapter, extract, part.

tre.co [tr'ɛku] *sm bras, gír* 1 a small relatively insignificant thing, stuff, trash. 2 ailment, indisposition. **ter um treco** to feel ill.

tré.gua [tr'ɛgwa] *sf* 1 armistice, truce. 2 rest, pause, respite.

trei.na.dor [trejnad'or] *sm* trainer, coach. **treinador de futebol** football coach, soccer coach.

trei.na.men.to [trejnam'ẽtu] *sm* training, coaching, exercise, drill, practise.

trei.nar [trejn'ar] *vt+vint+vpr* 1 to train, drill, coach. 2 to exercise, practise, instruct. 3 **treinar-se** to train oneself.

tre.la [tr'ɛla] *sf* 1 leash, strap (for dogs), dog lead. 2 *pop* talk, chat, gossip. 3 *fig* licence, liberty, leave. **dar trela a bras** to encourage another to flirt, take to a person.

tre.li.ça [trel'isa] *sf bras* latticework, trelliswork.

trem [tr'ẽj] *sm* (*pl* **trens**) *bras* train (railway). **tomar um trem** to take a train. **trem de aterrissagem** landing gear. **trem expresso** express train.

tre.me.dei.ra [tremed'ejra] *sf* trembling, quaking, shivering, *amer, gír* jitter.

tre.men.do [trem'ẽdu] *adj* 1 tremendous, terrifying. 2 awful, dreadful, frightful. 3 extraordinary, *amer, gír* terrific. 4 immense, enormous, huge. **uma tarefa tremenda** an enormous task, a hell of a job. **uma tremenda asneira** a tremendous blunder.

tre.mer [trem'er] *vint+vt* 1 to tremble, quake, shake, quiver. 2 to throb, palpitate. 3 to shiver, shudder. 4 to fear, dread. 5 *fig* to twinkle, glimmer. **tremer de medo** to be seized with fear. **tremer no corpo todo** to shiver all over.

tre.mor [trem'or] *sm* 1 tremor, shake, thrill, quiver. 2 palpitation, throb, shiver. **tremor de terra** earthquake.

tre.mu.lar [tremul'ar] *vt+vint* 1 to tremble, quaver, quiver. 2 to wave, flutter. 3 to flicker, twinkle, glimmer, shimmer. 4 to vacillate, hesitate, waver.

trê.mu.lo [tr'emulu] *adj* 1 tremulous, trembling, shaky. 2 timid, hesitant.

tre.na [tr'ena] *sf* 1 tape, tapeline. 2 tape measure.

tre.nó [tren'ɔ] *sm* sled, sledge, sleigh.

tre.par [trep'ar] *vt* 1 (também *Bot, Zool*) to creep, climb. 2 to ascend, mount, scale. 3 *bras, vulg* to fuck, lay. **trepar numa árvore** to climb a tree.

tre.pi.dar [trepid'ar] *vint* 1 to tremble,

shake, oscillate, quake. **2** to agitate, perturb. **3** to hesitate, vacillate. **sem trepidar** unhesitatingly, point-blank.

três [tr'es] *num+sm* three. **de três andares** three-storied. **dois é bom, três é demais** two is company, three is a crowd. **em três** by threes. **os três** all three of them. **três por cento** three per cent. **três quartos** three-quarters. **três vezes** three times, thrice. **três vezes mais** three times as much, threefold.

tres.noi.tar [treznojt'ar] *vt+vint* **1** to keep from sleeping, keep awake. **2** to pass a sleepless night.

tres.pas.sar [trespas'ar] *vt+vpr* **1** to pass or cross over, go beyond. **2** to overstep, exceed. **3** to transgress, trespass. **4** to pierce through, penetrate. **5 trespassar-se** to faint, die.

tre.vas [tr'evas] *sf pl* **1** darkness, obscurity, gloom, night. **2** ignorance. **ao cair das trevas** at nightfall. **quarta-feira de trevas** Wednesday of the Holy Week.

tre.vo [tr'evu] *sm* **1** *Bot* clover, shamrock, trefoil. **2** cloverleaf: any interlinked traffic arrangement in the pattern of a four-leafed clover. **trevo de quatro folhas** *Bot* four-leafed clover.

tre.ze [tr'ezi] *num+sm* thirteen.

tre.zen.tos [trez'ẽtus] *num+sm* three hundred.

tri.a.gem [tri'aʒẽj] *sf (pl* **triagens**) selection, classification.

tri.ân.gu.lo [tri'ãgulu] *sm* triangle: a) geometrical triangular figure, trigon. b) triangle-formed musical instrument. c) *Astr* name of a constellation of the Northern Hemisphere. **triângulo acutângulo** acute-angled triangle. **triângulo amoroso** love triangle. **triângulo curvilíneo** curvilinear triangle. **triângulo equilátero** equilateral triangle. **triângulo escaleno** scalene triangle. **triângulo esférico** spherical triangle. **triângulo isósceles** isosceles triangle. **triângulo plano** plane triangle. **triângulo retângulo** right-angled triangle. **triângulo reto** orthogon, right-angled triangle.

tri.bo [tr'ibu] *sf* tribe.

tri.bu.na [trib'unɐ] *sf* **1** tribune, rostrum, platform (for a speaker). **2** *fig* eloquence, oratory. **subir à tribuna** to mount the rostrum. **tribuna da imprensa** reporters' gallery.

tri.bu.nal [tribun'aw] *sm (pl* **tribunais**) court of justice, law court, forum, bar. **comparecer a um tribunal** to appear before the court. **levar alguém ao tribunal** to take somebody to court. **ministro do supremo tribunal** Lord Chief Justice. **tribunal arbitral** Court of Arbitration. **tribunal de apelação** Court of Appeal. **tribunal de contas** Audit Office, Court of Audit. **tribunal de pequenos delitos** ou **de polícia** Police Court. **tribunal superior / supremo tribunal** tribunal High Court, Supreme Court of Judicature.

tri.bu.tar [tribut'ar] *vt* to lay a tribute on, impose a tax on, tax.

tri.bu.to [trib'utu] *sm* **1** tax, duty, toll, due. **2** tribute, dedication, homage.

tri.ci.clo [tris'iklu] *sm* tricycle.

tri.co.tar [trikot'ar] *vint+vt* to knit.

tri.ê.nio [tri'enju] *sm* **1** triennium, triennial: a period of three years. **2** administration of an office during three years.

tri.gê.meo [triʒ'emju] *sm* **1** triplet. **2** *Anat* trigeminal nerve. • *adj* relating to triplets.

tri.go [tr'igu] *sm* wheat: a) the plant. b) the seed (used for breadstuff). **farinha de trigo** wheat flour. **separar o joio do trigo** to separate the wheat from the chaff. **trigo moído** grist.

tri.lha [tr'iʎɐ] *sf* **1** trace, footprints. **2** track, trail, course, footpath. **3** thrashing (grain). **4** *fig* example, principle, rule.

trilha da caça game path. **trilha sonora** sound track.

tri.lha.do [triλ'adu] *adj* 1 thrashed, beaten. 2 trodden. 3 well-known, common, well-worn. **caminho trilhado** beaten track.

tri.lhão [triλ'ãw] *sm* (*pl* **trilhões**) trillion (corresponds to an English billion).

tri.lho [tr'iλu] *sm* 1 trail, track, guideway, rail. 2 routine practice, use. 3 *bras* rail (of a tramway or railway). **trilho de guia** guide rail. **trilho de ligação** *Ferrov* closure rail. **trilho dentado** cograil. **trilho de retorno** U-rail. **trilho de roda** tread of a wheel.

tri.mes.tre [trim'ɛstri] *sm* period of three months, quarter of a year. • *adj m+f* quarterly.

tri.na.do [trin'adu] *sm* trill, chirp, warble. **trinado de rouxinol** the warbling of the nightingale.

trin.ca.du.ra [trĩkad'urə] *sf* chink, crack, split.

trin.char [trĩʃ'ar] *vt+vint* to trench, carve, cut up (meat, fowl).

trin.chei.ra [trĩʃ'ejrə] *sf* 1 *Mil* trench. 2 ditch.

trin.co [tr'ĩku] *sm* door latch. **chave de trinco** latch key. **trinco automático** door spring.

trin.da.de [trĩd'adi] *sf* trinity.

trin.que [tr'ĩki] *sm* 1 coat hanger. 2 *bras*, *fig* spruceness, elegance. **andar ou estar no trinque / nos trinques** to be well-dressed, dressed up to the nines.

trin.ta [tr'ĩtə] *num+sm* thirty. **ele já passou dos trinta** he is over thirty.

tri.o [tr'iu] *sm* trio.

tri.pa [tr'ipə] *sf* 1 intestine, gut. 2 tripas entrails. **à tripa forra** opulently, excessively. **fazer das tripas coração** to put a good face on a bad business, pluck up courage. **tripa de carneiro** catgut.

tri.pé [trip'ɛ] *sm* tripod, a three-legged support.

tri.pli.car [triplik'ar] *vt+vint+vpr* 1 to triple, treble. 2 **triplicar-se** to become tripled, be multiplied.

tri.plo [tr'iplu] *sm* triple, treble. • *adj* triple, treble, threefold. **o triplo de** three times as much as.

tri.pu.la.ção [tripulas'ãw] *sf* (*pl* **tripulações**) crew. **tripulação do avião** flight crew.

tri.pu.lar [tripul'ar] *vt* to man (a ship, airplane). **tripular insuficientemente** to underman.

tris.si.la.bo [tris'ilabu] *sm* trisyllable. • *adj* trisyllabic.

tris.te [tr'isti] *s m+f* a sad or unhappy person. • *adj m+f* sad, dreary, sorrowful, mournful. **estar triste** to feel sad. **fazer um papel triste** to cut a sorry figure.

tris.te.za [trist'ezə] *sf* sorrow, sadness, grief, gloom, moodiness. **entregar-se à tristeza** to give oneself up to sorrow. **tristezas não pagam dívidas** it's no use crying over spilt milk.

tri.tu.rar [tritur'ar] *vt* 1 to mill, grind, thrash. 2 to bruise, afflict, hurt. 3 to offend, torment, grieve.

tri.un.fan.te [trjũf'ãti] *adj m+f* triumphant.

tri.un.far [trjũf'ar] *vint+vt+vpr* 1 to triumph: a) to win, conquer, be successful, gain a victory. b) to celebrate victory. c) to exult. 2 **triunfar-se** to glory in, pride oneself on, boast, be triumphant.

tri.un.fo [tri'ũfu] *sm* triumph: a) *Mil* victory, conquest. b) triumph, jubilation. **arco do triunfo** triumphal arch.

tri.vi.al [trivi'aw] *sm* (*pl* **triviais**) *bras*, *Cul* everyday dishes, plain cooking. • *adj m+f* trivial: a) common, commonplace, trite, hackneyed, prosaic. b) trifling, petty, banal, futile, unimportant.

triz [tr'is] *sm* usado na locução adverbial **escapar por um triz** to escape by the skin of one's teeth, escape by a hair's breadth, a narrow escape.

tro.ca [tr'ɔkə] *sf* 1 change, mutation. 2 exchange, interchange, barter, commerce, trade. **em troca** in return, in exchange. **troca de cartas** exchange of letters. **troca de ideias** exchange of views. **troca por troca** measure for measure.

tro.ça [tr'ɔsə] *sf* 1 joke, jest. 2 banter, mockery. 3 *pop* a crowd, great quantity. **expor à troça** to hold a person up to ridicule. **fazer troça de** to make fun of, poke fun at.

tro.ca.di.lho [trokad'iλu] *sm* 1 pun. 2 play on words.

tro.ca.do [trok'adu] *sm* 1 change (money), small change. 2 **trocados** small change. • *adj* changed, exchanged.

tro.car [trok'ar] *vt+vpr* 1 to change, replace, commute, permute, substitute. 2 to change by mistake, confuse. 3 to exchange, interchange, convert, bank. 4 to barter, trade. **trocar a lâmpada** to replace the (old) bulb (for a new one). **trocar cartas** to exchange correspondence. **trocar dinheiro** to change money (into smaller units). **trocar ideias** to exchange views. **trocar lugares** to change places. **trocar nomes** to confuse names.

tro.co [tr'oku] *sm* 1 change (money). 2 *fig* pert answer, quick repartee. **a troco de** at the price of, in exchange for. **a troco de quê?** why on earth? **dar o troco** *gír* to reply in kind, give tit for tat.

tro.ço [tr'ɔsu] *sm bras, gír* 1 thing, object. 2 *gír* influential person, big shot. **ter um troço** a) to feel ill. b) to feel a deep emotion, feel very upset.

tro.féu [trof'ɛw] *sm* trophy.

trom.ba [tr'õbə] *sf* 1 trunk (of an elephant or tapir). 2 proboscis. 3 *gír* mug, face. **ficar de tromba** to look sullen, pout, be in a bad mood. **tromba-d'água** downpour, cloudburst.

trom.ba.da [trõb'adə] *sf* impact, crash, collision.

trom.ba.di.nha [trõbad'iɲə] *sm bras, gír* purse snatcher.

trom.bar [trõb'ar] *vint+vt bras* to collide, crash.

trom.pe.te [trõp'ɛti] *sm Mús* 1 trumpet. 2 trumpeter. **trompete baixo** flat cornet. **trompete de jazz** jazz trumpet.

tron.co [tr'õku] *sm* 1 trunk: a) *Bot* stem of a tree. b) *Anat* body, torso. 2 *Hist* stock, stake (for punishment). 3 stem, pedigree, lineage.

tro.no [tr'onu] *sm* throne: a) a royal seat, dais. b) royal power, dignity, sovereignty. c) *coloq* toilet. **herdeira do trono** crown princess. **subir ao trono** to ascend the throne, become king.

tro.pa [tr'ɔpə] *sf* 1 troop, band, host. 2 **tropas** troops, army, soldiers, military forces. 3 *bras* caravan of pack animals. **levantar tropa** to recruit, levy. **madrinha da tropa** lead mule (pack animals). **revista de tropas** parade. **tropa de paraquedistas** parachute troops. **tropas aéreas** flying corps.

tro.pe.çar [tropes'ar] *vt+vint* 1 to stumble, trip up. 2 to trip on, over. 3 to hesitate, falter, blunder. **tropeçar com dificuldades** to meet with difficulties, come up against difficulties.

trô.pe.go [tr'opegu] *adj* 1 moving with difficulty, stumbling, hobbling. 2 shaky, unsteady, tottery.

tro.pei.ro [trop'ejru] *sm bras* 1 muleteer: driver of pack animals. 2 cattle dealer.

tro.pi.cal [tropik'aw] *sm (pl tropicais) Tecel* a light woolen cloth much used for men's suits. • *adj m+f* tropical: a) pertaining to the tropics. b) *fig* very hot. **calor tropical** tropical heat. **doença tropical** disease of the tropics. **floresta tropical** tropical rain forest.

tró.pi.co [tr'ɔpiku] *sm* 1 tropic: an imaginary circle on the celestial sphere about 23° 28' N or S of the equator. 2 *Geogr* **tropics**: the tropical regions. • *adj*

tro.tar [tro'tar] *vt+vint* to trot.

tro.te [tr'ɔti] *sm* 1 trot. 2 lope, jog. 3 *bras* hoax, banter. 4 *bras* an obscene phone call. 5 *bras* initiation rites freshmen go through at college. **a trote** trotting, in a trot. **corrida de trote** harness horse racing.

trou.xa [tr'owʃə] *sf* bundle of clothes, truss. *sm+f* sucker, booby, fool. • *adj m+f* foolish, stupid. **arrumar a sua trouxa** to pack one's traps, get going. **bancar o trouxa** to play the giddy goat. **sempre com a trouxa nas costas** always on the move.

tro.vão [trov'ãw] *sm* (*pl* **trovões**) thunder, roaring. **detonação de trovão** a dap of thunder. **o rimbombar do trovão** the roaring of the thunder. **voz de trovão** thundering voice.

tro.ve.jar [troveʒ'ar] *vt+vint* to thunder.

tru.cu.len.to [trukul'ẽtu] *adj* 1 truculent. 2 cruel, savage, ferocious.

trun.car [trũk'ar] *vt* 1 to cut off, lop. 2 to shorten, lessen, curtail, mutilate (as a text).

trun.fo [tr'ũfu] *sm* 1 prevailing suit of cards. 2 trump card (joker). 3 advantage to win a dispute, argument or business. **manter um trunfo na reserva** to have an ace in the hole. **ter todos os trunfos na mão** to hold all the trump cards.

tru.que [tr'uki] *sm* 1 *pop* trick, wile, stratagem. 2 a game of cards. **conhecer todos os truques** to know all the tricks. **truque de mágico** sleight-of-hand trick.

tru.ta [tr'utə] *sf Ictiol* trout.

tu [t'u] *pron pess* you, thou, thee. **e tu?** and you?, and what about you? **tu és** you are. **tu mesmo** you yourself.

tu.a [t'uə] *pron adj poss* de **teu** your.

pron subs poss yours. **a casa é tua? /** is the house yours? **tua casa** / your house.

tu.ba.rão [tubar'ãw] *sm* (*pl* **tubarões**) 1 *Ictiol* shark. 2 *fig* big-time-operator, profiteer.

tu.ber.cu.lo.se [tuberkul'ɔzi] *sf Med* tuberculosis.

tu.bo [t'ubu] *sm* tube: a) pipe, channel, chute. b) *Anat* duct, aqueduct. c) cilindrical metal container for toothpaste etc. **tubo capilar** capillary. **tubo catódico / tubo de imagem** television tube, picture tube. **tubo de água** water pipe, water main. **tubo de aspersão** spraying tube. **tubo de aspiração** suction tube. **tubo de borracha** hose, rubber tube, rubber pipe. **tubo de chaminé** chimney pot. **tubo de cola** tube of glue. **tubo de descarga** waste pipe, pipe. **tubo de ensaio** test tube. **tubo de escape** exhaust tube. **tubo de esgoto** waste drainage pipe. **tubo de ventilação** ventilation pipe. **tubo de vidro** glass tube. **tubo digestivo** alimentary tract. **tubo respiratório** breathing tube.

tu.bu.la.ção [tubulas'ãw] *sf* (*pl* **tubulações**) piping, tubing.

tu.do [t'udu] *pron indef* everything, all, anything. **acima de tudo** above all. **antes de tudo** first of all. **apesar de tudo** after all. **com tudo isso** however, in spite of. **isso diz tudo** that speaks volumes. **isto é tudo!** that's all! **nem tudo que reluz é ouro** all that glitters is not gold. **tudo a mesma coisa** one and the same. **tudo asneira** all nonsense. **tudo bem considerado** all in all. **tudo incluído** all-in. **tudo isto está muito bem, mas...** that is all very well, but... **tudo junto** all together. **tudo menos** anything but, all but. **tudo o que** whatever.

tu.fão [tuf'ãw] *sm* (*pl* **tufões**) hurricane, typhoon, tornado, windstorm.

tu.lha [t'uʎə] **1** granary, barn. **2** (by extension) cornloft.

tu.li.pa [tul'ipə] *sf* **1** *Bot* tulip. **2** bras a tapered glass to drink beer.

tum.ba [t'ũbə] *sf* **1** tomb, grave. **2** tombstone.

tu.mor [tum'or] *sm Med* tumour, tumor.

tu.mu.lo [t'umulu] *sm* tomb, grave. **fiel até ao túmulo** faithful till death. **ser um túmulo** to be able to keep secrets, be discreet.

tu.mul.to [tum'uwtu] *sm* tumult, commotion, disturbance, hubbub, riot.

tun.da [t'ũdə] *sf* **1** thrashing, whipping, beating. **2** *fig* bitter criticism.

tú.nel [t'unew] *sm* (*pl* **túneis**) tunnel, underground passage. **atravessar um túnel** to pass through a tunnel. **túnel de entrada** entrance tunnel. **túnel de vento** wind tunnel.

tu.pi [tup'i] *s m+f bras, Etnol* Tupi: a) Indian of the Tupi tribe. b) any of the various Tupian tribes. c) language spoken by the tupis who live near the Amazon river. • *adj m+f* Tupian: of or relating to the tupis.

tu.pi.nam.bá [tupinãb'a] *s m+f bras* Indian of the group of Tupinamba tribe. *sm fig* boss. • *adj m+f* of or pertaining to the tupinambas.

tur.ba [t'urbə] *sf* crowd, mob, rabble.

tur.ban.te [turb'ãti] *sm* turban: a) a headdress worn by Moslems and men of the Levant. b) a woman's headdress similar to a turban.

tur.bi.lhão [turbiλ'ãw] *sm* (*pl* **turbilhões**) **1** vortex, whirlpool. **2** whirlwind.

tur.bo.é.li.ce [turbo'ɛlisi] *sm Aeron* turboprop.

tur.bo.ja.to [turbo3'aktu] *sm Aeron* turbojet.

tur.fa [t'urfə] *sf* peat: semicarbonized plant residues used for fuel. **fardo de turfa** bale of peat.

tu.ris.mo [tur'izmu] *sm* tourism. **agência de turismo** travel agency. **guia de turismo** tourist guide. **ônibus de turismo** touring car.

tur.ma [t'urmə] *sf* **1** group, division (school or class). **2** *bras* people, folks. **turma de revezamento** relay team. **turma de trabalho** outfit.

tur.no [t'urnu] *sm* **1** shift. **2** division, group. **3** *bras* round, a period of play, inning. **4** period at school. **ele, por seu turno** he for his part. **fazer (alguma coisa) por turno** to take (something) in turns. **trabalhar por turnos** to do shiftwork. **turno diurno** day shift. **turno noturno** night shift.

tur.ra [t'urə] *sf* dispute, bickering. • *adj* stubborn, obstinate. **andar às turras com alguém** to be on bad terms with someone, be at sixes and sevens with.

tur.var [turv'ar] *vt+vpr* **1** to darken, cloud. **2** to muddy. **3** to trouble, disturb. **4** **turvar-se** a) to become turbid. b) to grow cloudy. c) to grow sullen.

tur.vo [t'urvu] *adj* **1** cloudy, overcast, dim. **2** disturbed. **água turva** muddy water. **de olhos turvos** bleary-eyed. **pescar em águas turvas** to fish in troubled waters.

tu.ta.no [tut'ʌnu] *sm* **1** *Anat* marrow, medula. **2** *fig* essence, substance. **3** *coloq* talent, intelligence. **ter tutano** to be bold.

tu.tor [tut'or] *sm* **1** tutor, curator, guardian. **2** stake or support for a plant or young tree. **tutor de menores** guardian.

tu.tu [tut'u] *sm bras* **1** *gír* buck, money. **2** *Cul* a dish prepared of beans, bacon and manioc meal.

u

U, u [u] *sm* **1** the twentieth letter of the alphabet. **2** something shaped like or into a U shape.

ú.be.re ['uberi] *sm Anat* udder, mammary gland.

u.be.ro.so [uber'ozu] *adj* uberous: a) fertile, abundant, fruitful. b) yielding an abundance of milk.

u.bi.qui.da.de [ubikwid'adi] *sf* ubiquity, omnipresence.

u.é [u'ɛ], **u.ê** [u'e] *interj bras* well!: exclamation denoting surprise or fright.

ui ['uj] *interj* ugh!, ouch! ooh! ugh!: expression of disgust, surprise or aversion.

ui.ra.pu.ru [ujrapur'u] *sm bras* a songbird, supposed to bring good luck to its owner.

u.is.que [u'iski] *sm* whisk(e)y. **copo de uísque** whiskey glass. **garrafa de uísque** whiskey bottle.

ui.var [ujv'ar] *sm* = **uivo**. • *vi* **1** to howl. **2** to yelp. **3** to rage. **4** to bawl, cry.

ui.vo ['ujvu] *sm* howl.

ul.te.ri.or [uwteri'or] *adj m+f* **1** ulterior: situated beyond or on the farther side, posterior. **2** later. **3** further, remoter. **4** subsequent.

ul.ti.ma.men.te [uwtimam'ẽti] *adv* lately, recently, of late.

úl.ti.mas ['uwtimas] *sf pl* **1** final throes, last moments. **2** decisive cast (of dice). **3** extreme poverty, utter misery. **ele está nas últimas** it is in agony, in desperate situation. **últimas condições** ultimatum.

ul.ti.ma.to [uwtim'atu] *sm* ultimatum.

úl.ti.mo ['uwtimu] *sm* last in rank, order or quality. • *adj* **1** last. **2** ultimate, latter, late(st), most recent, preceding. **3** final. **a última palavra** the last word. **a última vez** the last time. **a última vontade** the last will and testament. **lutar até o último cartucho** to fight to the bitter end. **nos últimos anos** of late years. **no último momento** at the last moment, at the eleventh hour. **o último da fila** the last in the row. **o Último dos Moicanos** the Last of the Mohikans. **última demão** finish. **última esperança** forlorn hope. **último prazo** final respite. **último suspiro** parting breath.

ul.tra.jar [uwtraʒ'ar] *vt* **1** to revile, slander. **2** to insult, affront, offend. **3** to injure, outrage.

ul.tra.le.ve [uwtral'ɛvi] *sm* hang glider. • *adj* ultra-light.

ul.tra.pas.sa.do [uwtrapas'adu] *adj* overshot, surpassed.

ul.tra.pas.sar [uwtrapas'ar] *vt* **1** to surpass, exceed. **2** to pass over or beyond, overtake, leave behind. **3** to exceed the limits. **4** to get ahead of. **ultrapassar todos os carros** to overtake all cars.

ul.tras.so.no.gra.fi.a [uwtrəsonograf'iə] *sf* ultrasonography.

ul.tra.vi.o.le.ta [uwtrəvjol'etə] *adj m+f*, *sing+pl Fís* ultraviolet. **raios ultravioleta** ultraviolet rays.

um ['ũ] *num+sm (pl* **uns**, *fem* **uma**) one: a) cardinal number. *é uma das suas* / that is quite like him (her). b) single person or thing. **um dos que** one of those that. **um e outro** both, either. **um pelo outro** for each other. **um por um** one by one. **um pouco** some. **um só** just one. **uns dizem que sim, outros que não** some say so, other say no. **uns, umas** some. **2** indivisible. **3** single. **4** certain. • *art indef* a, an. • *pron indef* one: a) some person or thing. b) any person or thing. *vou falar com um de cada vez* / I shall talk to one at a time. **de uma e outra parte** on both sides. **era uma vez** (fairy tales) once upon a time. **nem um, nem outro** neither of them. **ora um, ora outro** by turns. **qualquer um** anyone. **um a um** one by one. **um certo, um tal** one (a certain). **um dia sim, um dia não (um sim, um não)** every other day.

um.bi.go [ũb'igu] *sm* navel.

um.bi.li.cal [ũbilik'aw] *adj m+f (pl* **umbilicais**) umbilical: of or pertaining to the navel. **cordão umbilical** *Anat* umbilical cord.

um.bral [ũbr'aw] *sm (pl* **umbrais**) doorjamb, doorpost, threshold.

u.me.de.cer [umedes'er] *vt+vpr* **1** to humidify, moisten, dampen, wet slightly. **2 umedecer-se** to get slightly wet, become damp. **3** to dip. **umedecer com orvalho** to dew.

u.mi.da.de [umid'adi] *sf* humidity, moisture, moistness, damp(ness).

ú.mi.do ['umidu] *adj* moist, humid, dank, damp.

u.nâ.ni.me [un'∧nimi] *adj m+f* **1** unanimous. **2** consentient, proceeding from mutual accord.

un.guen.to [ũg'wẽtu] *sm* balm, salve, ointment.

u.nha [u'ñə] *sf* **1** nail (of fingers and toes). **2** claw, talon. **à unha** with bare hands. **defender-se com unhas e dentes** to fight tooth and nails. **fazer as unhas** a) to pare, cut or manicure the nails. b) to have one's nails manicured. **pegar o touro à unha** to take the bull by the horns. **ser carne e unha com alguém** to be like hand and glove. **unha de fome** niggard, miser. **unha do dedo** fingernail. **unha do pé** toenail. **unha encravada** ingrown nail.

u.nha.da [uñ'adə] *sf* **1** a nail scratch. **2** claw: wound caused by clawing.

u.nhar [uñ'ar] *vt+vint+vpr* **1** to scratch, claw, tear (with the nails). **2 unhar-se** to scratch oneself.

u.ni.ão [uni'ãw] *sf (pl* **uniões**) **1** union: a) marriage. b) league, alliance, pact, association. c) political party. d) junction, juncture, adhesion. e) concord, combination, harmony. f) *Mec* union coupling (for pipes), joint. **2** copulation of animals. **a união faz a força** union is strength. **traço de união** *Gram* hyphen. **união de rosca** screw joint.

ú.ni.co ['uniku] *adj* **1** unique: a) single, alone, sole, only, one, one and only. b) peculiar. **2** exclusive, singular. **3** exceptional, rare. **4** incomparable, unmatched, unparallel(l)ed. **a única no gênero** the only one of its kind. **caso único** solitary instance. **filho único** only child. **finalidade única** single purpose. **prato único** one dish meal. **preço único** fixed price. **rua de direção única** one-way street.

u.ni.da.de [unid'adi] *sf* **1** unity: a) the number one. b) oneness, singleness. c) totality (that cannot he divided). **a unidade política de um país** the political unity of a country. **2** union. **3** unit. **4** body of soldiers. **as três unida-**

des que regem o drama the dramatic unities. **duas unidades** dyad. **unidade aritmética** arithmetic unit. **unidade cirúrgica** surgical unit. **unidade de disco** *Inform* disk drive, disk unit. **unidade de entrada** *Inform* input unit. **unidade de medidas** unit of measure. **unidade de terapia intensiva** intensive care unit. **unidade militar** corps. **unidade monetária** monetary unit. **unidade naval** *Náut* task force.

u.ni.do [un'idu] *adj* 1 united, joined, joint, combined, allied. 2 tied, attached. 3 linked, connected. **Estados Unidos da América** United States of America. **estar unido** to stand together.

u.ni.fi.car [unifik'ar] *vt+vpr* 1 to unify: make or form into one. 2 to standardize. 3 to gather, adapt or subject to one purpose only. 4 **unificar-se** to become unified, be united.

u.ni.for.mi.zar [uniformiz'ar] *vt+vpr* 1 uniformize: a) to make uniform. b) to provide with a uniform. c) to unify. d) **uniformizar-se** to put on a uniform.

u.nir [un'ir] *vt+vpr* 1 to unite, join, connect. 2 to unify. 3 to fasten, attach. 4 to combine, consolidate. 5 to link. 6 to bind, tie. 7 to associate, incorporate, affiliate. 8 to join in marriage. **as linhas parecem unir-se** the lines seem to converge. **unir duas famílias pelo casamento** to unite two families by marriage. **unir-se a um partido** to join a party. **unir-se para o mesmo fim** to combine for one purpose. **unir-se (rios)** to meet.

u.ni.ver.sal [univers'aw] *sm* (*pl* **universais**) 1 universal: one who or that which is universal. 2 *Filos* universal proposition. • *adj m+f* universal: a) of or pertaining to the universe. b) unlimited. c) all-embracing. d) general, ecumenic(al), common, public.

u.ni.ver.si.da.de [universid'adi] *sf* university: a) institution. b) the members of a university collectively.

u.ni.ver.si.tá.rio [universit'arju] *sm* professor or student of a university. • *adj* universitarian: of or pertaining to a university, academic(al).

u.ni.ver.so [univ'ɛrsu] *sm* universe.

un.tar [ũt'ar] *vt* to grease. **untar as mãos a alguém** *fig* to grease (bribe) a person.

un.tu.o.so [ũtu'ozu] *adj* 1 unctuous, greasy. 2 lubricated. 3 slippery.

ur.ba.nis.ta [urban'istə] *s m+f* urbanist: specialist in city planning. • *adj m+f* urbanistic.

ur.ba.no [urb'ʌnu] *adj* 1 urban: belonging to a city or town, civic, townish, civil. 2 urbane: a) refined, polished, polite. b) courteous. c) civilized.

ur.dir [urd'ir] *vt* 1 to warp, weave. 2 to form threads into a web. 3 *fig* to intrigue.

u.re.tra [ur'ɛtrə] *sf Anat* urethra: the canal by which the urine is discharged from the bladder.

ur.gen.te [urʒ'ẽti] *adj m+f* 1 urgent: urging, pressing, in priority. 2 essential. 3 impending, imminent, immediate, instant. 4 imperative. **mensagem urgente** priority message.

u.ri.na [ur'inə] *sf* urine: amber liquid produced by the kidneys.

u.ri.nar [urin'ar] *vint+vt* to urinate.

ur.na ['urnə] *sf* 1 urn; vessel used for preserving the ashes of the dead. 2 ballot-box. **urna eletrônica** voting machine.

ur.ro ['uʀu] *sm* roar.

ur.so ['ursu] *sm* 1 bear: a) *Zool* any carnivorous animal of the family *Ursidae*. b) gruff or surly person. 2 disloyal friend. • *adj* 1 bear(like). 2 rough, rude. **urso branco** polar bear. **urso de pelúcia** teddy bear. **urso pardo** grizzly bear.

ur.ti.cá.ria [urtik'arjə] *sf Med* urticaria, hives, nettle-rash.

ur.ti.ga [urt'igə] *sf* nettle.

ur.ze ['urzi] *sf Bot* heather.

u.sa.do [uz'adu] *adj* **1** worn-out, threadbare. **2** secondhand. **3** common, frequent.

u.sar [uz'ar] *vt+vpr* **1** to use: a) to employ, apply. b) to be acoustomed to. c) to take. **2** to wear, dress. **3 usar-se** to be in fashion, be in use. **modo de usar** directions for use. **para usar no verão** for summer wear. **usar como pretexto** to allege. **usar luvas** to wear gloves.

u.si.na [uz'inə] *sf* work(shop), works, factory, mill, plant. **usina de abastecimento de água** waterworks. **usina de aço** steelworks. **usina de açúcar** sugar mill, refinery. **usina de gás** gas-works. **usina hidroelétrica** hydro-electric power station. **usina nuclear** nuclear plant.

u.so [uzu] *sm* **1** use: a) method or way of using. b) employ(ment), application, utilization. c) function, utility. d) custom, usage. **2** fashion, wear(ing). **3** practice, performance. **bom para uso diário** good for everyday wear. **fazer mau uso** to misuse. **fizeram bom uso de** they made good use of. **fora de uso** out of use. **para uso externo** *Farm* for external application or use. **para uso na cidade** for town wear. **para uso nas escolas** for use in schools. **para uso somente em serviço** for official use only. **uso geral** common usage.

u.su.al [uzu'aw] *adj m+f (pl* **usuais)** **1** usual: a) in common use, normal, used. b) habitual, accustomed, customary, frequent. c) regular, commonplace, everyday, ordinary. d) familiar. **2** typical.

u.su.á.rio [uzu'arju] *sm* **1** user. **2** *Jur* usufructuary. **usuário de droga** drug user, drug addict.

u.ten.sí.lio [utẽs'ilju] *sm* **1** utensil: a) instrument (especially of domestic use). b) tool. c) implement. d) ware. **2 utensílios** *pl* things. **utensílios de cozinha** kitchen utensils, kitchenware.

ú.te.ro ['uteru] *sm Anat* uterus, womb.

ú.til ['utiw] *adj m+f (pl* **úteis)** **1** useful, practical. **2** beneficial, profitable, advantageous, serviceable. **3** convenient. **4** helpful. **dia útil** work day. **ser útil** to be of service.

u.ti.li.tá.rio [utilit'arju] *sm* utility truck: a small truck, pick-up, or van. • *adj* utilitarian: based on or relating to utility or to utilitarism.

u.ti.li.zar [utiliz'ar] *vt* to use, make use of.

u.va ['uvə] *sf* **1** grape. **2** *bras, gír* an attractive woman. **bago de uva** grape. **semente de uva** grapestone. **um cacho de uvas** a bunch of grapes. **uva passa** raisin: a dried grape.

V

V, v [v'e] *sm* the twenty-first letter of the alphabet.

va.ca [v'akə] *sf* **1** cow. **2** meat, beef. **3** pool: a joint subscription of minor amounts as for a wager or for beneficial purposes. **4** *vulg* bitch. **carne de vaca** beef. **voltar à vaca fria** *fig* to pick up the thread, return to the point or subject of talk.

va.ci.lar [vasil'ar] *vint* **1** to vacillate, hesitate, be irresolute, falter. **2** to oscillate, fluctuate, vibrate. **3** to perplex, shock. **que não vacila** unfaltering. **sem vacilar** without hesitation.

va.ci.na.ção [vasinas'ãw] *sf* (*pl* **vacinações**) vaccination, inoculation.

va.ci.nar [vasin'ar] *vt* to vaccinate, inoculate with vaccine.

vá.cuo [v'akwu] *sm* **1** vacuum, hollow. **2** gap, void, vacuity. • *adj* vacuous, empty, void. **tubo de vácuo** *Eletr* vacuum tube. **vácuo imperfeito** partial or poor vacuum.

va.di.o [vad'iu] *sm* **1** idler, vagrant, *gír* lazybones. **2** vagabond, truant, tramp. • *adj* **1** vagrant, idle. **2** vagabond, truant. **3** sluggish, lazy.

va.ga [v'agɔ] *sf* vacancy. **vagas** *pl* vacant situations. **não há vagas** / no vacancy.

va.gão [vag'ãw] *sm* (*pl* **vagões**) waggon, railway car, railway carriage. **vagão correio** postal car. **vagão de carga** freight car. **vagão dormitório** sleeping car. **vagão restaurante** dining car. **vagão salão** Pullman car.

va.ga.ro.so [vagar'ozu] *adj* slow, tardy, sluggish.

va.gem [v'aʒẽj] *sf* (*pl* **vagens**) string bean, green bean.

va.go [v'agu] *sm* **1** vagueness. **2** indecision. **3** confusion. • *adj* **1** vacant, open, free, unfilled, empty. **2** uncertain, dubious, ambiguous, vague. **3** dim, faint, blurry. **horas vagas** free hours, spare time. **o nervo vago** *Anat* vagus nerve. **uma casa vaga** an uninhabited house.

vai.a [v'ajɐ] *sf* hoot, hissing, booing.

vai.ar [vaj'ar] *vt* to hoot, hiss at someone, yo boo, greet with catcalls.

vai.do.so [vajd'ozu] *adj* vain, conceited, proud.

vai.vém [vajv'ẽj] *sm* (*pl* **vaivéns**) **1** teeter, seasaw, rocking motion. **2** fluctuation, sway. **3** coming and going. **fazer movimento de vaivém** to seasaw. **os vaivéns da sorte** the ups and downs of life. **porta vaivém** swing door.

va.la [v'alɐ] *sf* trench, ditch, drain. **abrir valas** to cut trenches. **vala comum** common grave.

va.le¹ [v'ali] *sm* valley, vale, dale. **por montes e vales** over hill and dale. **vale de lágrimas** vale of tears.

va.le² [v'ali] *sm* **1** *Com* credit note, bond, voucher. **2** IOU = I owe you (acknowledgment of debt). **vale alimentação** food stamp. **vale de adiantamento** marker. **vale postal** money order (M.O.), postal order.

va.len.te [val'ēti] *s m+f* a valiant person, daredevil, darer. • *adj m+f* valiant, courageous, bold, daring.

va.ler [val'er] *vt+vint+vpr* **1** to be worth. **2** to be valuable. **3** to cost. **4** to deserve. **5 valer-se (de)** to avail oneself of, take refuge with. **a saúde vale mais do que a riqueza** health is above wealth. **fazer valer os seus direitos** to stake a claim. **mais vale um pássaro na mão do que dois voando** a bird in the hand is worth two in the bush. **não vale o que come** he is not worth his salt. **não vale um caracol** it is not worth a fig. **quanto vale?** how much is it worth? **vale a pena** it is worth it, it is worthwhile. **vale o preço** it is worth its price. **vale quanto pesa** it is as good as it looks.

va.le.ta [val'eta] *sf* ditch, drain, channel.

va.li.dar [valid'ar] *vt* to validate, legalize, authenticate, acknowledge.

vá.li.do [v'alidu] *adj* valid, legal. **não válido** invalid.

va.li.o.so [vali'ozu] *adj* **1** valuable, precious. **2** valid. **3** important.

va.lor [val'or] *sm* **1** value, worth, merit. **2** courage, braveness. **3** force. **4** virtue. **5** price, amount. **não dar valor algum** to attach no value at all, *coloq* not to give a darn. **sem valor** null and void, useless. **ter valor** to be valuable, stand good. **um homem de grande valor** a man of great worth. **valores estrangeiros** foreign exchange. **valores imóveis** real estate. **valor específico/valor ouro** gold point. **valor máximo** peak value. **valor nominal** nominal value. **valor nutritivo** nutritional value.

val.sar [vaws'ar] *vint* to waltz: dance the waltz.

vál.vu.la [v'awvulə] *sf* **1** valve. **2** sluice, gate. **3** *Eletrôn* tube. **válvula de admissão** inlet valve. **válvula de alimentação** feed valve. **válvula de borboleta** disk valve. **válvula de descarga** flushing valve. **válvula de escape** escape valve, exhaust valve. **válvula de esfera** ball valve. **válvula de recalque** discharge valve. **válvula de segurança** safety valve.

vam.pi.ro [vãp'iru] *sm* vampire.

van.guar.da [vãg'wardə] *sf* **1** vanguard, advance guard, forefront. **2** *avant-garde*.

van.ta.gem [vãt'aʒẽj] *sf (pl* **vantagens)** **1** advantage. **2** profit, gain. **3** pro. **as vantagens e desvantagens** the ins and outs. **as vantagens são seis contra dois** the odds are six to two. **conseguir vantagem sobre alguém** to gain an advantage over. **levar vantagem sobre** to have the advantage of. **ter pequena vantagem sobre** to have the edge on.

vão [v'ãw] *sm (pl* **vãos;** *fem* **vã)** **1** empty space, void. **2** interstice. • *adj* **1** vain, void, futile, useless, fruitless. **2** empty, hollow. **em vão** in vain, to no effect. **foi tudo em vão** it was all in vain. **vão de escada** space under the staircase. **vão de janela** window recess.

va.por [vap'or] *sm* **1** vapor, steam, fume. **2** steamship, ship, steamer. **aquecimento a vapor** steam heating. **a todo vapor** at full steam. **caldeira de vapor** steam boiler. **máquina a vapor** steam engine. **navegação a vapor** steam navigation.

va.quei.ro [vak'ejru] *sm* **1** *vaquero*, herdsman, wrangler. **2** cowboy, cowpuncher, drover. • *adj* of or pertaining to cattle.

va.ra [v'arə] *sf* **1** stick, rod, staff, pole, stave, cane. **2** judgeship, jurisdiction. **3** measure of about 1.10 m, ell. **4** herd of pigs. **salto à vara** *Atletismo* pole jump, pole vaulting. **ter uma vara de condão**

to have a wand, have extraordinary abilities. **tremer como varas verdes** to tremble like an aspen leaf. **vara de calibrar** gauging rod. **vara de pescar** fishing rod.

va.ral [var'aw] *sm* (*pl* **varais**) clothes-line.

va.ran.da [var'ãdə] *sf* 1 veranda, balcony. 2 *piazza*, porch. 3 terrace.

va.re.jo [var'eʒu] *sm* retail (sales) **a varejo** by retail. **preço a varejo** retail price. **vender a varejo** to retail.

va.re.ta [var'etə] *sf* small rod or cane. **vareta de guarda-chuva** rib, stretcher (of an umbrella).

va.ri.ar [vari'ar] *vt* 1 to vary (também *Mús*). 2 to change, alter, modify. 3 to diversify, differ. 4 to alternate. 5 to shade, variegate. 6 to rave, be or go mad, be delirious, talk nonsense.

va.ri.á.vel [vari'avew] *adj m+f* (*pl* **variáveis**) 1 variable, changeable. 2 unsteady. 3 unfixed, uncertain. 4 fluctuating.

va.ri.e.da.de [varjed'adi] *sf* 1 variety, diversity. 2 kind, type. 3 *Bot, Zool* species, subspecies. **espetáculo/teatro de variedades** vaudeville.

va.rí.o.la [var'iolə] *sf* smallpox.

vá.rios [v'arjus] *adj m pl* various, sundry, several.

var.re.du.ra [vařed'urə] *sf* 1 sweep(ing). 2 rubbish, dust. 3 scanning.

var.rer [vař'er] *vt* 1 to sweep. 2 to disperse. 3 to extinguish. 4 to scan.

vas.cu.lhar [vaskuʎ'ar] *vt* 1 to go through something. 2 to search about, explore.

va.si.lha [vaz'iʎə] *sf* vessel, receptacle for liquids, can, pail, basin.

va.so [v'azu] *sm* 1 vase, flowerpot. 2 vessel: receptacle. 3 *Anat* vein, artery. **vaso de flores** flower vase. **vaso de guerra** man-of-war, capital ship. **vaso sanguíneo** blood vessel. **vaso sanitário** toilet.

vas.sou.ra [vas'owrə] *sf* broom. **cabo de vassoura** broomstick. **vassoura mecânica** dirt scraper.

vas.ti.dão [vastid'ãw] *sf* (*pl* **vastidões**) vastness, largeness.

vas.to [v'astu] *adj* 1 vast, colossal, huge. 2 ample, wide, extensive. 3 *fig* great, important.

va.za.men.to [vazam'ẽtu] *sm* 1 leak, leakage, seepage. 2 emptying, spilling. 3 flow, discharge (river).

va.zan.te [vaz'ãti] *sf* ebb tide, low water. • *adj m+f* receding. **índice da vazante** low-water mark.

va.zão [vaz'ãw] *sf* (*pl* **vazões**) 1 ebbing and flowing. 2 rate of flow or discharge (river). 3 outlet, outflow.

va.zi.o [vaz'iu] *sm* 1 emptiness, vacuum. 2 blank. 3 deficiency. • *adj* 1 empty. 2 unoccupied, vacant. 3 uninhabited, deserted.

ve.a.do [ve'adu] *sm* 1 stag, male deer, brech. 2 *bras, vulg* queer: a male homosexual.

ve.dar [ved'ar] *vt* 1 to impede. 2 to hinder, hamper. 3 to prohibit, forbid, interdict. 4 to stop, bar, block, seal. 5 to enclose, fence in off. **vedar um rombo** to stop a leak.

ve.ge.ta.ção [veʒetas'ãw] *sf* (*pl* **vegetações**) vegetation: plant life, plants. **cobrir de vegetação** to overgrow. **vegetação rasteira** underbrush.

ve.ge.tal [veʒet'aw] *sm* (*pl* **vegetais**) vegetable. • *adj m+f* vegetable. **óleo vegetal** vegetable oil. **reino vegetal** vegetable kingdom.

vei.a [v'ejə] *sf* vein: a) blood vessel. b) grain (of wood), cloud (of marble). c) underground water. d) vocation, gift, humour. **veia jugular** *Anat* jugular vein. **veia safena** saphena, saphenous vein.

ve.í.cu.lo [ve'ikulu] *sm* vehicle: a) means of transport, conveyance. b) means of transmission or promotion. **servir de veículo** to act as transmitter. **veículo a motor** motor vehicle.

ve.la¹ [v'ɛlə] *sf* 1 *Náut* sail, canvas, sheet. 2 *fig* ship. 3 vane of a windmill. **fazer-se à vela** to set sail, depart. **levantar a vela** to go under sail.

ve.la² [v'ɛlə] *sf* 1 candle. **acender uma vela a Deus e outra ao diabo** to play both ends against the middle. **estar com a vela na mão** to be dying. **vela de ignição** sparkling plug, spark plug.

ve.le.jar [veleʒ'ar] *vint* 1 to sail. 2 to navigate.

ve.lhi.ce [veʎ'isi] *sf* 1 old age. 2 sulkiness peculiar of old people. **velhice vigorosa** sturdy old age.

ve.lho [v'ɛʎu] *sm* old man, elderly man. • *adj* old: a) aged. b) ancient. c) worn out (things). **fazer-se velho** to grow old. **o velho** *bras* the old man (father). **velho como as pirâmides** as old as the hills. **Velho Testamento** Old Testament.

ve.lo.ci.da.de [velosid'adi] *sf* velocity, speed, fastness, swiftness, quickness, celerity. **a toda velocidade** at top speed. **a velocidade da luz** the velocity of light. **com uma velocidade de...** at a speed of... **limite de velocidade** speed limit. **passar com grande velocidade** to sweep by. **velocidade ascensional** rate of climb. **velocidade de escoamento** velocity of discharge.

ve.lo.cí.me.tro [velos'imetru] *sm* speedometer.

ve.ló.rio [vel'ɔrju] *sm* 1 funeral home. 2 funeral wake.

ve.loz [vel'ɔs] *adj m+f* swift, quick, speedy, fast. **veloz como um relâmpago** quick as a lightning.

ve.lu.do [vel'udu] *sm* velvet. **veludo cotelê** corduroy. **voz de veludo** velvet voice.

ven.ce.dor [vẽsed'or] *sm* winner, victor. • *adj* victorious, winning. **vencedor de um prêmio** prize winner.

ven.cer [vẽs'er] *vt* 1 to win. 2 to be successful, triumph. 3 to surpass, excel, overcome. **pagamentos a vencer** payments due. **vencer dificuldades** to overcome difficulties. **vencer em número de votos** to outvote. **vencer ou morrer** to do or die. **vencer-se o pagamento** the payment becomes due.

ven.da [v'ẽdə] *sf* 1 sale, selling. 2 grocer's, blindfold. **à venda** for sale. **comissão sobre as vendas** sales commission. **condições de venda** terms of sale. **direito exclusivo de venda** exclusive sales right. **imposto sobre as vendas** sales tax. **preço de venda** sales price. **seção de vendas** sales department. **venda a prazo** sales on instalments. **venda a varejo** retail. **venda à vista** cash down sale. **venda especial a preços reduzidos** sale, bargain sale. **venda por atacado** wholesale.

ven.da.val [vẽdav'aw] *sm* (*pl* **vendavais**) windstorm, gale.

ven.de.dor [vẽded'or] *sm* 1 salesman, shop assistant. 2 seller. 3 vendor (legal use). **vendedor de cereais/sementes** corn chandler.

ven.de.do.ra [vẽded'orə] *sf* 1 saleswoman, salesgirl, saleslady. 2 seller. 3 vendor.

ven.der [vẽd'er] *vt+vpr* to sell. **tornar a vender** to resell. **vender a crédito** to sell on credit. **vender a prazo** to sell on instalments. **vender à vista** to sell cash. **vende-se** (advertisement) for sale. **vende-se como pão quente** it sells like hot cake.

ve.ne.no [ven'enu] *sm* poison.

ve.ne.no.so [venen'ozu] *adj* 1 poisonous, venomous. 2 *fig*: a) deleterious. b) malignant, spiteful. **cobra venenosa** poisonous snake. **gás venenoso** poison-gas. **uma língua venenosa** *fig* a venomous tongue.

ve.ne.zi.a.na [venezi'^nə] *sf* Venetian blind, sun blind, shutter.

ve.no.so [ven'ozu] *adj* **1** veined, veiny. **2** of or pertaining to veins.

ven.ta.ni.a [vētan'iə] *sf* windstorm, gale, strong wind.

ven.tar [vēt'ar] *vint* **1** to blow (wind). **2** to be windy.

ven.ti.la.dor [vētilad'or] *sm* ventilator, fan. • *adj* ventilating. **ventilador centrífugo** fan blower.

ven.to [v'ētu] *sm* wind: a) air, draught of air, drift. b) flatulence. **a favor do vento** on the wind. **à mercê do vento** adrift. **ir de vento em popa** a) to sail under a fair wind. b) *fig* to prosper. **levado pelo vento** wind-blown, gone with the wind. **moinho de vento** windmill. **pelos quatro ventos** in all directions. **saber onde o vento sopra** to know where the wind hits. **(velejar) contra o vento** (to sail) in the wind's eyes. **vento de popa** tail wind. **vento favorável** fair wind. **vento intenso/forte** gale, buster.

ven.tre [v'ētri] *sf* **1** stomach, abdomen. **2** *fig* womb, uterus. **prisão de ventre** constipation.

ver [v'er] *vt+vpr* **1** to see, behold. **2** to witness. **3** to notice, observe. **4** to perceive. **5** to discern, make out. **6** to examine, find out. **7** to ponder, consider, think. **8** to conclude. **agora estou vendo/agora compreendo** now I see. **a meu ver** in my estimation. **deixe-me ver!** let me see! **fazer que não vê** to shut one's eyes to. **não tenho nada a ver com isto** I have nothing to do with it. **vale a pena ver isto** this is worth seeing. **ver a olho nu** to see with the naked eye. **ver as coisas como são** to see things as they are. **ver para crer** seeing is believing. **ver por acaso** to see accidentally. **ver-se num aperto** to be in a tight spot. **ver-se obrigado** to see oneself compelled to.

ve.rão [ver'ãw] *sm* (*pl* **verões**) summer. **casa de verão** summerhouse. **curso de verão** summer school. **férias de verão** summer holidays. **hora de verão** summer time, daylight saving time. **na força do verão** at the height of summer.

ver.be.te [verb'eti] *sm* **1** note, a brief message. **2** *bras* entry of a dictionary.

ver.bo [v'ɛrbu] *sm* **1** *Gram* verb. **2** word, expression. **3 o Verbo** Jesus Christ, the Word. **rasgar o verbo** *bras* to deliver a speech.

ver.da.de [verd'adi] *sf* **1** truth, verity, veracity. **2** correctness, exactness. **3** faith, sincerity, fidelity. **4** fact, reality. **a verdade é que...** the truth is that ... **dizer as verdades a alguém** to tell someone home truths. **dizer a verdade** to speak true. **é verdade!** very true! **é verdade?** is that so? **é verdade então?** is it true then? **para dizer a verdade** as a matter of fact. **tomar como verdade** to take something as gospel. **verdade evidente/nua** home truth. **verdade nua e crua** plain facts.

ver.da.dei.ro [verdad'ejru] *adj* **1** true, truthful, veracious. **2** real, actual. **3** sincere, reliable. **4** genuine. **um amigo verdadeiro** a true friend, a real friend.

ver.de [v'erdi] *sm* green colour. • *adj mf* green: a) green-colored, emerald-green. b) unripe. c) *fig* young, inexperienced, immature. d) fresh, raw (meat). e) flourishing. f) vigorous. **as uvas estão verdes!** *fig* sour grapes! **verdes anos de mocidade** salad days.

ver.du.ra [verd'urə] *sf* greens, vegetables, garden-stuff. **as verduras da mocidade** the wild oaths of youth.

ver.du.rei.ro [verdur'ejru] *sm bras* greengrocer: a retailer of fresh vegetables.

ve.re.a.dor [veread'or] *sm amer* councilman, city councillor, *brit* alderman.

ver.go.nha [verg'oɲə] *sf* **1** shame. **2** bashfulness. **3** dishonour, disgrace. **corar de vergonha/rubro de vergonha** to blush. **não tem vergonha?**

are you not ashamed? **que vergonha!** what a shame! **sem vergonha** brassy, shameless.

ver.go.nho.so [vergoñ'ozu] *adj* 1 shameful, opprobrious. 2 reproachful, infamous. 3 disreputable, disgraceful. **partes vergonhosas** the genitals.

ve.rí.di.co [ver'idiku] *adj* true, truthful, authentic.

ve.ri.fi.car [verifik'ar] *vt* to verify, examine, check. **verificar os votos** to canvass. **verificar uma conta** to check an account. **verificar um caso** to go into a matter.

ver.me [v'ɛrmi] *sm* worm, grub.

ver.me.lho [verm'eʎu] *sm* red. • *adj* red, ruddy. **pintar de vermelho** to redden.

ver.niz [vern'is] *sm* 1 varnish. 2 shellac. 3 gloss. 4 *fig* superficial politeness of manners. **sapatos de verniz** patent leather shoes.

ve.ros.sí.mil [veros'imiw] *adj mf* (*pl* **verossímeis**) probable, likely.

ver.ru.ga [veř'uga] *sf* 1 wart. 2 verruca: a wart on the sole of the foot.

ver.são [vers'ãw] *sf* (*pl* **versões**) version: a) translation. b) view, explanation. c) variant. **versão cinematográfica** film version.

ver.sá.til [vers'atiw] *adj m+f* (*pl* **versáteis**) versatile.

ver.so[1] [v'ɛrsu] *sm* 1 verse, line. 2 poetry. 3 versification. **em verso** in verse. **verso anapéstico** anapest. **verso leonino** leonine verse. **verso livre** free verse. **verso trocaico** a trochaic verse.

ver.so[2] [v'ɛrsu] *sm* 1 back, reverse. 2 overleaf. **no verso** overleaf. **vide verso** turn over.

ver.te.bra.do [vertebr'adu] *sm* vertebrate. • *adj* vertebrate, vertebrated. **animal vertebrado** vertebrate animal.

ver.ter [vert'er] *vt* 1 to flow, run, gush, pour, spout. 2 to spill. 3 to shed. 4 to translate. **verter lágrimas** to shed tears, weep. **verter para o português** to translate into Portuguese.

vér.ti.ce [v'ɛrtisi] *sm* vertex: a) top, height, apex, summit. b) point opposite to the base of a triangle.

ver.ti.gem [vert'iʒẽj] *sf* (*pl* **vertigens**) 1 vertigo, giddiness, dizziness. 2 faint, swoon.

ves.go [v'ezgu] *sm* squinter, a squint-eyed person. • *adj* squint-eyed, cross-eyed.

ves.pei.ro [vesp'ejru] *sm* wasps' nest. **mexer num vespeiro** to stir up a hornet's nest.

vés.pe.ra [v'ɛspera] *sf* eve. **estar em vésperas de** to be on the brink of. **na véspera de** on the eve of. **não se morre na véspera** nobody dies before his hour. **véspera de Ano Novo** New Year's Eve. **véspera de Natal** Christmas Eve. **véspera do dia de Reis** Twelfth Night.

ves.ti.á.rio [vesti'arju] *sm* 1 dressing room. 2 cloakroom.

ves.ti.do [vest'idu] *sm* dress, garment, a lady's gown. **cortar o vestido conforme o pano** to cut one's coat according to one's cloth. **vestido tomara que caia** strapless dress. **vestido de baile** evening dress. **vestido de noiva** bridal gown.

ves.tí.gio [vest'iʒju] *sm* vestige: a) footprint, trail. b) mark, trace, sign, evidence. **sem vestígio** trackless, traceless.

ves.tir [vest'ir] *sm* act or fact of dressing. • *vt+vpr* 1 to dress, put on, slip on. 2 to wear. 3 **vestir-se** to dress oneself. **bem vestido** well dressed. **despir um santo para vestir outro** *fig* to rob Peter to pay Paul. **vestir-se bem** to dress well. **vestir-se de luto** to go into mourning.

ves.tu.á.rio [vestu'arju] *sm* clothes, clothing, garment. **vestuário e alimentação** clothing and board, *coloq* back and belly.

ve.te.ri.ná.rio [veterin'arju] *sm* veterinarian, *coloq* vet. • *adj* veterinary, *coloq* vet.

véu [v'ɛw] *sm* 1 veil. 2 *fig* pretext, disguise, pretense. **colocar um véu sobre a cena** *fig* to drop/draw a veil over the scene: to conceal discreetly, refrain from mentioning. **levantar o véu** to lift the curtain. **rasgar o véu** to speak plainly, openly. **véu palatino** *Anat* soft palate.

ve.xar [veʃ'ar] *vt* 1 to vexate: a) annoy, bother. b) afflict, harass. 2 to humiliate. 3 to insult, offend.

vez [v'es] *sf* (*pl* **vezes**) 1 time, turn. 2 occasion, opportunity. 3 *Carteado* hand. **algumas vezes** several times. **às vezes** sometimes, at times. **de uma vez para sempre** once and for all, for good and all. **de vez em quando** every now and then, now and again, now and then, once in a while. **duas vezes maior** twice as large. **em vez de** for, in lieu of, instead. **era uma vez** once upon a time. **espere a sua vez** await your turn. **fazer as vezes de alguém** to represent, substitute a person. **mais uma vez** once again. **muitas vezes** again and again. **na maior parte das vezes** usually, more often than not. **raras vezes** infrequently. **uma vez na vida** once in life, in a blue moon.

vi.a [v'ia] *sf* 1 way: a) path, road, street. b) direction, route. c) means, channel. 2 *Anat* duct. 3 railroad. • *prep* by, way of. **chegar às vias de fato** to come to grips. **estar em vias de** to be about to. **por via férrea/marítima/aérea** by railroad, by sea, by airmail. **por via terrestre** overland. **via de uma só mão/direção única** one way street.

vi.a.bi.li.zar [vjabiliz'ar] *vt* to make practical or feasible.

vi.a.du.to [vjad'utu] *sm* viaduct, overpass.

vi.a.gem [vi'aʒẽj] *sf* (*pl* **viagens**) 1 travel, voyage, journey. 2 expedition. 3 flight. 4 tour, trip, excursion. **boa viagem!/ feliz viagem!** have a nice trip! **viagem ao estrangeiro** to travel abroad. **viagem através da Espanha** tour of Spain. **viagem de ida e volta** round trip, voyage out and home. **viagem de núpcias** wedding trip. **viagem de volta/regresso** voyage home, return voyage. **viagem inaugural (de um navio)** maiden voyage.

vi.a.jan.te [vjaʒ'ãti] *s m+f* 1 traveller, voyager, wanderer. 2 passenger. 3 *bras* a travelling salesman. • *adj m+f* traveling, wandering, itinerant. **caixeiro-viajante** travelling salesman.

vi.a.jar [vjaʒ'ar] to travel, journey, tour. **viajar com bilhete mensal** to commute. **viajar de primeira classe** to travel first-class. **viajar de trem** to go by train. **viajar pedindo carona** *amer* to hitchhike. **viajar por via aérea** to travel by air, fly.

vi.a.tu.ra [vjat'urɐ] *sf* vehicle, means of transport. **viatura de polícia** patrol car.

vi.á.vel [vi'avew] *adj m+f* (*pl* **viáveis**) 1 feasible. 2 possible. 3 viable.

vi.brar [vibr'ar] *vt+vint* 1 to vibrate. 2 to oscillate, tremulate. 3 to pulse, pulsate, throb.

vi.ce.jar [viseʒ'ar] *vt+vint* to thrive, flourish, bloom.

vi.ci.a.do [visi'adu] *sm* addict. • *adj* addicted. **viciado em entorpecentes** drug addict.

vi.da [v'idɐ] *sf* life: a) existence, being. b) lifetime, *fig* days. c) way or course of life, conduct, manner. d) animation, zest, vivacity, liveliness. e) vitality, vigor. f) biography. **barco salva-vidas** lifeboat. **com vida** alive, living. **cuidar/tratar da própria vida** to mind one's own business. **dar vida a (uma reunião)** to animate (a party). **de longa**

vida long-lived. **de vida curta** short-lived. **em vida** in lifetime. **entre a vida e a morte** between life and death. **ganhar a vida** to earn one's livelihood. **levar boa vida** to lead an easy life. **luta pela vida** struggle for existence, for life. **meio de vida** livelihood. **passar desta vida para outra melhor** to pass away. **recobrar a vida** to recover conscience. **seguro de vida** life assurance, life insurance. **sem vida** lifeless, inanimate. **vencer na vida** to get on in life.

vi.den.te [vid'ēti] *s m+f* clairvoyant, visionary, seer(ess). • *adj m+f* clairvoyant.

vi.dra.ça [vidr'asə] *sf* windowpane, window glass.

vi.dro [v'idru] *sm* **1** glass. **2** bottle, flask, phial, vial. **3** sheet or pane of glass. **4** *Autom* window glass. **objetos de vidro** glassware. **vidro colorido** stained glass. **vidro fosco** frosted glass, *Fot* focusing screen. **vidro inquebrável** safety glass. **vidro lapidado** cut glass. **vidro leitoso** bone glass. **vidro óptico** crown glass. **vidro plano** sheet glass.

vi.ga [v'igə] *sf* beam, girder, summer. **guarnecer com viga** to rafter. **viga de armação** *Arquit* binder. **viga de sustentação** binding beam, bearer. **viga mestra** bearer, beam, crossbeam girder.

vi.ga.ris.ta [vigar'istə] *s m+f* swindler, crook.

vi.gen.te [viʒ'ēti] *adj m+f* valid, effective, in force, in vigor.

vi.gi.a [viʒ'iə] *sf* **1** watch: a) act or fact of watching. b) alertness, vigil, lookout, watchfulness. c) *s m+f* watcher, watchman, guard. **2** peephole. **3** *Náut* dormer window, porthole.

vi.gi.ar [viʒi'ar] *vt+vint* to watch: a) observe, guard. b) keep watch over, take care of, oversee. c) be on the lookout, be vigilant, be on one's guard. d) be or remain awake. e) keep vigil. f) lie in wait. g) sentinel.

vi.gí.lia [viʒ'iljə] *sf* **1** a) night watch. b) the eve of a religious feast. c) watchfulness. **2** insomnia. **3** attention, carefulness, devotion.

vi.gor [vig'or] *sm* vigo(u)r: a) force, strength, power. b) energy. c) validity, legality. **em vigor** in force, available, alive. **entrar em vigor** to come into operation, into force, into effect, become absolute. **tornar a pôr em vigor** to re-enact, revigorate.

vi.la [v'ilə] *sf* **1** small town, borough. **2** villa: a) a country estate. b) the rural or suburban residence of a wealthy person.

vi.me [v'imi] *sm* wicker. **artigos de vime** basketry, basketwork. **cadeira de vime** wicker chair.

vi.na.gre [vin'agri] *sm* vinegar.

vin.co [v'īku] *sm* crease.

vín.cu.lo [v'īkulu] *sm* **1** entail, entailment, entailed interest. **2** bond, link. **3** *fig* a moral link. **livrar-se de seus vínculos** to shake off one's chains. **vínculos matrimoniais** wedlock.

vin.da [v'īdə] *sf* coming, arrival. **dar as boas-vindas a alguém** to welcome a person. **na vinda** on the way here.

vin.dou.ro [vīd'owru] *adj* coming, future, towardly, forthcoming. **em dias vindouros** in days to come.

vin.gan.ça [vīg'ãsə] *sf* **1** vengeance, revenge. **2** retaliation. **desejo de vingança** revenge. **por vingança** in revenge, revengefully.

vin.ga.ti.vo [vīgat'ivu] *adj* vindictive, revengeful, vindicatory, retaliatory.

vi.nhe.do [viñ'edu] *sm* extensive vineyard.

vi.nho [v'iñu] *sm* wine. **adega de vinho** wine cellar, vault. **barril de vinho** wine cask. **copo de vinho** glass of wine. **copo para vinho** wineglass. **cor de vinho** wine-coloured. **vinho branco** white wine. **vinho de maçã** cider. **vinho de mesa** table wine. **vinho do Porto** port. **vinho rosado** rosé wine. **vinho seco** dry wine. **vinho tinto** red wine, claret. **vinho verde** green wine.

vin.te [v'īti] *num+sm* twenty. **dar no vinte** to hit the mark, hit the nail on the head. **no dia vinte** on the twentieth. **vinte vezes** twenty times, twenty fold.

vi.o.la.ção [vjolas'ãw] *sf (pl* **violações**) 1 violation: a) infringement, infraction. b) transgression, trespass. c) profanation. d) rape. 2 offense. **violação da paz** peacebreaking. **violação de contrato/ acordo** breach of agreement.

vi.o.lão [vjol'ãw] *sm (pl* **violões**) guitar.

vi.o.lên.cia [vjol'ẽsjə] *sf* violence: a) vehemence, eagerness. b) impetuousity, tumultuousness, turbulence. c) roughness, brutality, irascibility. d) fierceness, ferocity, rage. e) force. **com violência/à força** at the point of the sword.

vi.o.len.to [vjol'ẽtu] *adj* 1 violent. 2 impetuous, tumultuous. 3 irascible, brutal, rude. 4 fierce, wild, ferocious. **morte violenta** violent death.

vi.o.li.no [vjol'inu] *sm* violin: a) fiddle. b) violin player, especially one of an orchestra. **concerto de violino** violin concerto. **tocar o primeiro violino** to play the first violin. **tocar violino** to play the violin, play on the fiddle.

vi.o.lon.ce.lo [vjolõs'ɛlu] *sm* violoncello, cello.

vi.o.lo.nis.ta [vjolon'istə] *s m+f Mús* guitarist.

vir [v'ir] *vt+vint+vpr* 1 to come. 2 to arrive. 3 to go, walk. 4 to issue from, come from, result. 5 to descend from. 6 to happen, come about, take place. **isso não vem ao caso** this has nothing to do with. **mandar vir** to send for. **venha o que vier** come what may. **vir abaixo** to tumble down, come down, collapse. **vir à luz** to become known. **vir ao mundo** to be born. **vir a propósito** to suit one's purpose. **vir a ser** to grow, become. **vir a si** to recover consciousness. **vir depois** to follow, succeed.

vi.rar [vir'ar] *vt+vint+vpr* 1 to turn: a) reverse, invert. b) change (mind, sides, direction). c) direct, point. d) rotate, revolve, spin. e) become. 2 to capsize, keel over. 3 to upset, overthrow. 4 to change (weather). 5 **virar-se bras** to do extra work, have an additional job. **virar a casaca** to change sides. **virar as costas para alguém** to turn the back upon someone. **virar-se para o lado** to turn aside. **virar-se repentinamente** to wheel round.

vir.gem [vir'ʒẽj] *sf (pl* **virgens**) 1 virgin. 2 maid(en), lass, girl. 3 **Virgem** the Virgin (Mary). • *adj m+f* a) virginal, chaste. b) untouched, unspoilt. c) new, unused. **cera virgem** virgin wax. **mata virgem** native forest. **terra virgem** virgin land.

vi.ri.lha [vir'iʎə] *sf Anat* groin: the fold between the belly and the thigh.

vi.ri.li.da.de [virilid'adi] *sf* virility: a) manliness, manhood, masculinity. b) vigour, energy.

vir.tu.o.so [virtu'ozu] *sm* virtuoso, one who excels in the technique of an art. • *adj* virtuous: a) honest, upright, righteous. b) chaste, pure.

ví.rus [v'irus] *sm sing+pl* virus: a) a pathogenic agent. b) something that corrupts, corruptive influence. c) a computer virus.

vi.são [viz'ãw] *sf (pl* **visões**) vision: a) (eye)sight, seeing. b) *fig* eye. c) aspect, view. d) foresight. e) illusion, chimera, dream, phantasy. f) apparition, spectre, ghost. g) view, the way of understanding something or a situation.

vi.sar [viz'ar] *vt* 1 to aim at, drive at, seek. 2 to visa (a cheque or a passport).

vis.co.so [visk'ozu] *adj* viscous, sticky, viscid, limy, jammy, clammy.

vi.si.ta [viz'itɐ] *sf* **1** visit: a) visiting. b) inspection, survey. **2** visitant, visitor, caller. **3 visitas** *pl* visitors. **cartão de visita** visiting card. **dia de visita** (hospital) visiting day. **fazer uma visita** to pay a visit, call on. **pagar uma visita** to pay a call. **receber visitas** to receive company. **visita domiciliar** domiciliary visit. **visita obrigatória** duty call.

vi.si.tar [vizit'ar] *vt+vpr* **1** to call on, see, pay a visit. b) examine, inspect, survey. **2** to attend (doctor). **3** to appear. **visitar casualmente** to drop in.

vi.sí.vel [viz'ivew] *adj m+f* (*pl* **visíveis**) **1** visible: a) perceptible, discernible. b) manifest, plain, clear. **2** public, notorious. **3** outward, external. **bem visível** plain to the view. **não é visível** it does not show.

vis.ta [v'istɐ] *sf* **1** sight: a) eyesight, vision. b) act or fact of seeing. c) view, aspect, picture, scenery, panorama. **2** the eye(s). **à primeira vista** at first view, at the first glance. **à vista** (*) Com in cash, at sight. b) in view. **bem à vista** under one's nose. **de bela vista** very good, excellent, very beautiful. **de vista** from sight. **em vista disto** in view of this. **está à vista** it is in view, visible, plain. **fazer vista grossa** to shut one's eyes to. **longe da vista longe do coração** out of sight out of mind. **perder de vista** to lose sight of. **ponto de vista** point of view. **ter em vista** to plan, have in view, have in one's mind. **vista aérea** aerial view, bird's eye view. **vista curta** shortsightedness.

vis.to.ri.ar [vistori'ar] *vt* to inspect, examine.

vis.to.so [vist'ozu] *adj* **1** showy, sightly, good-looking, attractive, becoming. **2** dressy, flash(y).

vi.tal [vit'aw] *adj m+f* (*pl* **vitais**) **1** vital: a) of or pertaining to life. b) organic. c) important, essential. **2** strengthening, invigorating. **questão vital** vital question.

vi.ta.mi.na [vitam'inɐ] *sf Bioquím* vitamin. **vitamina B1** aneurin, thiamina. **vitamina C** ascorbic acid.

ví.ti.ma [v'itimɐ] *sf* victim: a) slain, hurt or sacrificed person. b) person suffering a disaster, a loss. c) prey, sport, one that is tricked or duped. **tornar-se vítima de alguém** to fall prey to somebody.

vi.ti.mar [vitim'ar] *vt+vpr* to victimize: a) kill, slay, injure. b) cause losses or damages.

vi.tral [vitr'aw] *sm* (*pl* **vitrais**) stained glass window.

vi.tri.na [vitr'inɐ] *sf* display window, shopwindow, store window.

vi.ú.va [vi'uvɐ] *sf* widow. **viúva dotada** dowager.

vi.ú.vo [vi'uvu] *sm* widower.

vi.ven.te [viv'ẽti] *s m+f* mortal, human being. • *adj m+f* alive, breathing, living. **nenhum vivente** no one living.

vi.ver [viv'er] *sm* life. • *vt+vint+vpr* to live: a) be alive, exist, be, breathe. b) endure, last. c) subsist. d) enjoy life. e) reside, dwell. **cansado de viver** lifeweary. **ela vive da costura** she lives by sewing. **quem viver verá** time will show. **viver além de suas possibilidades** to live beyond one's means. **viver como cão e gato** to live like cat and dog. **viver de** to subsist upon. **viver modestamente** to crack a crust. **viver só** to live alone.

ví.ve.res [v'iveris] *sm pl* food, provisions, victuals, foodstuff. **víveres deterioráveis** perishables.

vi.vo [v'ivu] *sm* living creature. • *adj* **1** alive, living. **2** lively, vivacious. **3** quick, ready, alert. **4** bright, colorful, high-colored. **ao vivo** live. **criança**

viva a lively child. **mais morto que vivo** more dead than alive.

vi.zi.nhan.ça [viziñ'ãsə] *sf* neighborhood. **fazer boa vizinhança** to be friends with one's neighbours.

vi.zi.nho [viz'iñu] *sm* neighbor.

vo.ar [vo'ar] *vt+vint* to fly, travel through the air: a) soar, mount, rise in the air. b) slip away, pass quickly (time). c) spread rapidly (rumour). **fazer voar pelos ares** to blast. **voar às cegas** *Aeron* to fly by instruments.

vo.ca.bu.lá.rio [vokabul'arju] *sm* vocabulary: a) dictionary, wordbook. b) words peculiar to one field of knowledge.

vo.ca.lis.ta [vokal'istə] *s m+f* vocalist, singer.

vo.cê [vos'e] *pron* you. **você e os seus** / you and yours. *isto é lá com você* / that is up to you. **se não fosse você** were it not for you.

vo.lei.bol [volejb'ɔw] *sm Esp* volleyball.

vol.ta [v'ɔwtə] *sf* **1** return, regress(ion). **2** recurrency. **3** turn(ing), revolution, gyre, rotation, slue, turnabout. **às voltas com** facing, dealing with. **bilhete de ida e volta** return ticket. **dar a volta por cima** to overcome a difficult situation. **dar uma volta** to go for a stroll, have a walk. **de volta** back. **de volta aos inícios** back to the beginnings. **em volta (de)** roundabout. **meia volta à direita!** right about! **meia volta à esquerda!** left about! **no caminho de volta** homebound. **por volta das 5 h** at about 5 o'clock. **viagem de volta** home-journey. **volta pela cidade** tour of the town.

vol.tar [vowt'ar] *vt+vint+vpr* **1** to return: come back, go back. **2** to turn. **3** to begin anew, recommence. **voltar à baila** to be brought up again for discussion. **voltar-se para** to face. **volte!** come back!

vo.lu.me [vol'umi] *sm* volume: a) capacity, content, cubage. b) size. c) mass, bulk. d) book, tome. e) pack, packet, bundle. f) intensity of sound. **a todo volume** *Rádio* at full volume. **em três volumes** three-volumed. **volume da voz** voice volume.

vo.lun.tá.rio [volũt'arju] *sm* volunteer (também *Mil*). • *adj* voluntary.

vo.lú.vel [vol'uvew] *adj* m+f (pl **volúveis**) **1** voluble. **2** *fig* fickle, shifty, inconstant.

vo.mi.tar [vomit'ar] *vt+vint* **1** to vomit. **2** to throw up. **3** *fig* to utter something with an offensive meaning.

von.ta.de [võt'adi] *sf* **1** will, resolution, determination. *fiz prevalecer minha vontade junto a ele* / I worked my will on him. **2** wish, desire, craving. **3** volition. **4** mind, intention, purpose. **à sua vontade** at your convenience, at your discretion. **chorar à vontade** to have a good cry. **contra a minha vontade** against my will. **de boa vontade** willingly. **de má vontade** unwillingly, reluctantly, grudgingly. **escolha à sua vontade** take your choice. **estar à vontade** to feel comfortable, make oneself at home. **força de vontade** will power. **seja feita a Tua vontade** Thy will be done. **sua última vontade** his last wish, his dying wish. **ter vontade de** to itch for, feel like.

vo.o [v'ou] *sm* **1** flight: a) act or fact of flying, fly. b) distance flown. c) soaring. **2** quick movement through the air or on the ground. **3** ecstasy, ravishment. **de voo rápido** swift-winged. **levantar voo** a) *Aeron* to take off. b) (birds) to take wings. **no voo** in flight. **voo da imaginação** flight of fancy. **voo do tempo** flight of time.

vós [v'ɔs] *pron pess* you, *arc* ye.

vos.so [v'ɔsu], **vos.sa** [v'ɔsə] *pron adj poss* your. *pron subs poss* yours. **Vossa Eminência** Your Eminency.

vo.ta.ção [votas'ãw] *sf* (*pl* **votações**) voting, poll(ing), election. **decidir por votação** to decide by vote. **encabeçar a votação** to be at the head of the poll. **fraude na votação** ballot-box stuffing. **levar à votação** to put it to the vote. **votação secreta** balloting.

vo.to [v'ɔtu] *sm* vote: a) promise, vow. b) ardent wish or desire. c) election. d) right to vote, suffrage. **com os melhores votos** with all good wishes. **com os melhores votos para as festas** with the best compliments for the season. **derrotar por votos** to vote down. **voto de censura** vote of censure. **voto decisivo/de qualidade/de Minerva** casting voice, casting vote. **voto negativo** no. **voto nulo** spoiled vote. **voto pró e contra** the ayes and noes. **votos favoráveis** the ayes.

vo.vô [vov'o] *sm bras* children's affectionate language: grandpa(pa).

vo.vó [vov'ɔ] *sf bras* children's affectionate language: grandma(ma), granny, gran.

voz [v'ɔs] *sf* voice: a) sound uttered by man and animals. b) faculty of speaking. c) ability to sing. d) suffrage, right to speak. **com voz clara** clear-voiced. **dar voz de prisão** to arrest. **de uma só voz** with one voice. **de viva voz** spoken, orally, verbally. **em voz alta** aloud. **em voz baixa** in a low voice, soft-spoken, in a whisper. **levantar a voz** to lift up one's voice, shout, yell. **ter voz ativa** to have a say. **voz corrente** common report, cry.

vul.cão [vuwk'ãw] *sm* (*pl* **vulcões, vulcãos**) volcano. **boca de vulcão** crater. **vulcão ativo, inativo e extinto** active, dormant and extinct volcano.

vul.ne.rá.vel [vuwner'avew] *adj m+f* (*pl* **vulneráveis**) **1** vulnerable, that can be hurt or wounded. **2** susceptible of attack or offense. **3** impeachable. **o ponto vulnerável** the weak point.

vul.to [v'uwtu] *sm* **1** face, countenance. **2** figure. **3** aspect, image. **4** size, bulk, amount. **5** important person, big shot. **de vulto** important. **tomar vulto** to increase, take shape, become important.

W

W¹, w [d'ablju] *sm* letter used in Portugal and Brazil only in internationally known symbols and abbreviations and in foreign words adopted by the Portuguese language.

W² *abrev de* watt (watt).

wag.ne.ri.a.no [vagneri'∧nu] *sm* Wagnerian: an admirer of the musical theories and style of Wagner. • *adj* Wagnerian: of or pertaining to Wagner or Wagnerianism, suggestive of Wagner or his music or theories.

wind.sur.fe [wĩds'urfi] *sm Esp* windsurfing.

wind.sur.fis.ta [wĩdsurf'istə] *sm Esp* windsurfer.

workshop ['workʃ'ɔp] *sm ingl* a room or shop where work is done; a group of people working on a creative or experimental project.

X

X, x [ʃ'is] *sm* **1** the twenty-second letter of the alphabet. **2** Roman numeral for ten. **3** Mat the first unknown quantity. **4** something that is unknown.

xa.drez [ʃadr'es] *sm* **1** chess. **2** chessboard. **3** check, plaid chequered pattern or fabric. **4** mosaic. **5** *bras, pop* prison, jail. • *adj m+f sing+pl bras* checkered, chequered, plaid.

xa.ro.pe [ʃar'ɔpi] *sm* **1** *Farm* sirup, syrup. **2** home-made remedy. **3** *bras, pop* a tiresome thing or person. **xarope para tosse** cough sirup.

xa.xim [ʃaʃ'ĩ] *sm bras, Bot* **1** trunk of certain tree ferns used in floriculture (as plant pots). **2** any of these plants.

xe.que [ʃ'ɛki] *sm* sheik(h): the head of a Bedouin family, clan, or tribe.

xe.que-ma.te [ʃɛkim'ati] *sm* (*pl* **xeques-mate**) *Xadrez* mate, checkmate.

xe.re.ta [ʃer'etə] *s m+f bras* **1** gossiper. **2** disturber. **3** busybody, meddler. • *adj m+f* meddlesome, of or referring to a busybody.

xe.ri.fe [ʃer'ifi] *sm* sheriff: the chief executive officer of a county or shire charged with the keeping of the peace, the execution of writs, sentences etc.

xé.rox [ʃ'ɛrɔks] *sm* (também **xerox**) Xerox: a) Xerox copier, copying machine operating a xerographic method of reproduction. b) a copy so produced, xerox copy.

xí.ca.ra [ʃ'ikarə] *sf* cup. **meia xícara de leite** half a cup of milk. **uma xícara de chá** a cup of tea. **xícara e pires** cup and saucer. **xícara pequena** demitasse.

xi.lo.fo.ne [ʃilof'oni] *sm Mús* xylophone.

xi.lo.gra.vu.ra [ʃilograv'urə] *sf Arte* xylograph: a) engraving on wood. b) xylographic print.

xin.gar [ʃĩg'ar] *vt+vint bras* **1** to chide, scold, rail. **2** to abuse, revile, (against). **3** to offend (with abusive language). **4** to swear.

xi.xi [ʃiʃ'i] *sm bras, pop* urine, piss. **fazer xixi** (children) to piddle, pee.

xô [ʃ'o] *interj* shoo!

xu.cro [ʃ'ukru] *adj bras* **1** untamed, wild (animal), unbroken (horse). **2** stupid, foolish, rude. **3** of or referring to an unskilled person or an imperfect thing. **4** ignorant. **ser xucro** to be slow in the uptake.

Y

Y, y¹ ['ipsilōw] *sm* **1** letter used in Portugal and Brazil only in internationally known symbols and abbreviations. **2** *Quím* symbol of yttrium.
y² ['ipsilōw] *Mat* the second unknown quantity.
Yang ['jãg] *sm Filos* yang: the masculine active principle in nature that in Chinese cosmology is exhibited in light, heat, or dryness and that combines with yin to produce all that comes to be.
Yin ['jĩ] *sm Filos* yin: the feminine passive principle in nature that in Chinese cosmology is exhibited in darkness, cold, or wetness and that combines with yang to produce all that comes to be.

Z

Z, z [z'e] *sm* **1** the twenty-third and last letter of the alphabet. **2** *Mat* the third unknown quantity.

za.guei.ro [zag'ejru] *sm Fut* (full)back: player positioned at the back of the team. **zagueiro direito (esquerdo)** *Fut* right (left) back.

zan.ga [z'ãgə] *sf* **1** anger, rage. **2** miff, tiff. **ter uma zanga** to have a tiff (with).

zan.ga.do [zãg'adu] *adj* **1** indignated, angry. **2** annoyed, inflamed. **3** out of temper, sullen.

zan.gão [zãg'ãw] *sm (pl* **zangãos, zangões**) *Entom* drone.

zan.gar [zãg'ar] *vt+vint+vpr* **1** to make angry, annoy. **2** to molest, morry, torment. **3** to bring out of temper. **4 zangar-se** to become angry, get into temper.

zan.zar [zãz'ar] *vint bras* to ramble, wander, loiter.

za.ro.lho [zar'oλu] *sm* a cross-eyed person. • *adj* **1** squint-eyed, cross-eyed. **2** one-eyed, blind of one eye.

zar.par [zarp'ar] *vt+vint* **1** to weigh anchor, sail (away). **2** *bras* to escape, run away. **3** to leave for (a trip).

ze.bra [z'ebrə] *sf* **1** *Zool* zebra. **2** *bras, colog* striped uniform used by prisoners. **dar zebra** to fail, have a bad outcome.

zé.fi.ro [z'εfiru] *sm* zephyr: a) the West wind. b) any soft, gentle breeze.

ze.la.dor [zelad'or] *sm* janitor, watcher, caretaker.

ze.lar [zel'ar] *vt* **1** to watch over, keep an observant eye on. **2** to administer, manage, oversee. **3** to treat carefully. **4** to take an interest in. **zelar pela ordem** to see that everything is (put) right.

ze.lo.so [zel'ozu] *adj* **1** zealous, acting with zeal, careful. **2** diligent, assiduous. **3** watchful. **4** dedicated, devoted.

ze.rar [zer'ar] *vt* to zero: a) to bring to nothing (a bank account). b) to give a mark corresponding to zero (school). c) to annul.

ze.ro [z'εru] *sm* zero: a) a cipher, the Oshaped algarism. b) the point on a scale from which positive or negative quantities are reckoned. c) in the Celsius and Reaumur thermometers it is the point at which water congeals. d) a nobody, an insignificant person. e) null, nought, nil. **acima (abaixo) de zero** above (below) zero. **começar do zero** to start from scratch. **no ponto zero** down at zero. **zero à esquerda** a nobody, a person who is utterly insignificant. **zero a zero** love a love.

zi.go.to [zig'otu] *sm Biol* zygote: the product of the union of two gametes.

zi.gue.za.gue.ar [zigezage'ar] *vint* **1** to zigzag. **2** to make in a zigzag fashion. **3** to meander, reel about.

zi.na.bre [zin'abri] *sm* verdigris: the green rust of brass or copper.

zin.co [z'ĩku] *sm* **1** *Quím* zinc. **2** galvanized metal sheet (for coverings). **placa de zinco** zinc plate. **sulfato de zinco** zinc sulphate.

zí.per [z'iper] *sm* zipper, zip-fastener.

zir.cô.nio [zirk'onju] *sm Quím* zirconium.

zo.ar [zo'ar] *vint* **1** to whiz, hum, buzz. **2** to howl, roar (wind). **3** to be noisy.

zo.di.a.co [zod'iaku] *sm Astr* zodiac. **os signos do zodíaco** the signs of the zodiac.

zom.bar [zõb'ar] *vt+vint* **1** to mock, scoff. **2** to banter. **3** to make fun of.

zo.na [z'onɐ] *sf* **1** zone: a) area, girdle, belt, stripe. b) section of a city, region, country(side). c) any of the five great divisions of the earth's surface bounded by imaginary lines parallel to the equator. **2** *bras, gír* red-light district. **3** *bras, gír* mess, confusion. **zona de silêncio** silent area or zone. **zona interurbana** *Telecom* trunk zone. **zona urbana** *Telecom* local area.

zo.ne.a.men.to [zoneam'ẽtu] *sm* zoning: a) act or effect of dividing in specific zones. b) the national division of a city in zones designed for certain activities.

zon.zo [z'õzu] *adj bras* dizzy, giddy, stunned.

zo.o.lo.gi.a [zoolɔʒ'iɐ] *sf* zoology.

zo.o.ló.gi.co [zool'ɔʒiku] *adj* zoologic(al): of or referring to zoology. **jardim zoológico** zoological garden, zoo.

zo.o.no.se [zoon'ɔzi] *sf Med* zoonosis: a disease communicable from animals to humans under natural conditions.

zo.o.tec.ni.a [zootekn'iɐ] *sf* zootechnic: the science of the breeding and domestication of animals.

zu.ar.te [zu'arti] *sm* blue nankeen: cotton cloth originally brought from China.

zum.bi [zũb'i] *sm* zombie: a) *bras* the Negro leader of the Palmares *quilombo*. b) *bras* a ghost in the Afro-Brazilian popular religion. c) *bras* someone who goes out only at night. d) *bras* the name given to the soul of certain animals, as the ox and the horse.

zum.bi.do [zũb'idu] *sm* **1** hum, buzz, whiz(z). **2** tingle. **3** drone, zing. **4** hiss.

zum-zum [zũz'ũ] *sm* (*pl* **zunzuns**) **1** rumour, report. **2** intrigue, tittle-tattle.

zu.ni.do [zun'idu] *sm* **1** whiz(z), whirr, buzz, hum. **2** tingle. **3** hiss(ing). **4** zing, drone.

zu.nir [zun'ir] *vt+vint* **1** to whiz(z), whirr, drone, buzz. **2** to hum. **3** to tingle. **4** to hiss, whistle (through the air).

zur.rar [zuʀ'ar] *vt+vint* **1** to bray. **2** to talk nonsense.

zur.ro [z'uʀu] *sm* bray(ing).

APÊNDICE

Verbos irregulares em inglês

* Forma usada apenas em determinadas acepções.

Simple Form	Past	Past Participle
awake	awoke, awaked	awaked, awoken
be	was, were	been
bear	bore	borne
beat	beat	beaten
become	became	become
begin	began	begun
beset	beset	beset
bet	bet, betted	bet, betted
bind	bound	bound
bite	bit	bitten
bleed	bled	bled
blend	blended, blent	blended, blent
blow	blew	blown, blowed*
break	broke	broken
breed	bred	bred
bring	brought	brought
broadcast	broadcast	broadcast
build	built	built
burn	burnt, burned	burnt, burned
burst	burst	burst
bust	bust, busted	bust, busted
buy	bought	bought
cast	cast	cast
catch	caught	caught
choose	chose	chosen
cling	clung	clung
clothe	clothed, clad	clothed, clad

Simple Form	Past	Past Participle
come	came	come
cost	cost	cost
creep	crept	crept
crow	crowed, crew	crowed
cut	cut	cut
deal	dealt	dealt
dig	dug	dug
dive	dived, dove	dived
do	did	done
draw	drew	drawn
dream	dreamt, dreamed	dreamt, dreamed
drink	drank	drunk
drive	drove	driven
dwell	dwelt, dwelled	dwelt, dwelled
eat	ate	eaten
fall	fell	fallen
feed	fed	fed
feel	felt	felt
fight	fought	fought
find	found	found
flee	fled	fled
fling	flung	flung
fly	flew	flown
forbear	forbore	forborne
forbid	forbade, forbad	forbidden
forecast	forecast, forecasted	forecast, forecasted

Simple Form	Past	Past Participle	Simple Form	Past	Past Participle
foresee	foresaw	foreseen	meet	met	met
foretell	foretold	foretold	melt	melted	melted, molten
forget	forgot	forgotten	mislead	misled	misled
forgive	forgave	forgiven	mistake	mistook	mistaken
forsake	forsook	forsaken	misunderstand	misunderstood	misunderstood
freeze	froze	frozen	mow	mowed	mown, mowed
get	got	got, gotten	overcome	overcame	overcome
give	gave	given	overhear	overheard	overheard
go	went	gone	pay	paid	paid
grind	ground	ground	plead	pleaded, pled	pleaded, pled
grow	grew	grown			
hang	hung, hanged*	hung, hanged*	prove	proved	proved, proven
have	had	had	put	put	put
hear	heard	heard	quit	quitted, quit	quitted, quit
hide	hid	hidden, hid	read	read	read
hit	hit	hit	redo	redid	redone
hold	held	held	relay	relaid	relaid
hurt	hurt	hurt	remake	remade	remade
inlay	inlaid	inlaid	repay	repaid	repaid
input	input, inputted	input, inputted	rewrite	rewrote	rewritten
			rid	rid, ridded	rid
inset	inset	inset	ride	rode	ridden
keep	kept	kept	ring	rang	rung
knit	knitted, knit*	knitted, knit*	rise	rose	risen
			rive	rived	riven
know	knew	known	run	ran	run
lay	laid	laid	saw	sawed	sawn, sawed
lead	led	led	say	said	said
lean	leant, leaned	leant, leaned	see	saw	seen
			seek	sought	sought
leap	leapt, leaped	leapt, leaped	sell	sold	sold
			send	sent	sent
learn	learnt, learned	learnt, learned	set	set	set
			sew	sewed	sewn, sewed
leave	left	left			
lend	lent	lent	shake	shook	shaken
let	let	let	shave	shaved	shaved, shaven
lie	lay	lain			
light	lit, lighted	lit, lighted	shed	shed	shed
lose	lost	lost			
make	made	made			
mean	meant	meant			

Simple Form	Past	Past Participle	Simple Form	Past	Past Participle
shine	shone	shone	string	strung	strung
shit	shitted, shat	shitted, shat	strive	strove	striven
shoot	shot	shot	sublet	sublet	sublet
show	showed	shown, showed	swear	swore	sworn
			sweep	swept	swept
shrink	shrank, shrunk	shrunk, shrunken	swim	swam	swum
			swing	swung, swang	swung
shut	shut	shut	take	took	taken
sing	sang	sung	teach	taught	taught
sink	sank	sunk, sunken	tear	tore	torn
sit	sat	sat	tell	told	told
slay	slew	slain	think	thought	thought
sleep	slept	slept	thrive	thrived, throve	thrived, thriven
slide	slid	slid			
slit	slit	slit	throw	threw	thrown
smell	smelt, smelled	smelt, smelled	thrust	thrust	thrust
			tread	trod	trodden, trod
sow	sowed	sown, sowed	undergo	underwent	undergone
speak	spoke	spoken	underpay	underpaid	underpaid
speed	sped, speeded	sped, speeded	understand	understood	understood
			undertake	undertook	undertaken
spell	spelt, spelled	spelt, spelled	undo	undid	undone
			unwind	unwound	unwound
spend	spent	spent	uphold	upheld	upheld
spill	spilt, spilled	spilt, spilled	upset	upset	upset
spin	spun, span	spun	wake	woke, waked	woken, waked
spit	spat, spit	spat, spit			
split	split	split	wear	wore	worn
spoil	spoilt, spoiled	spoilt, spoiled	weave	wove, weaved*	woven, weaved*
spotlight	spotlit, spotlighted*	spotlit, spotlighted*	wed	wedded, wed	wedded, wed
			weep	wept	wept
spread	spread	spread	wet	wet, wetted	wet, wetted
spring	sprang	sprung	win	won	won
stand	stood	stood	wind	winded, wound*	winded, wound*
steal	stole	stolen			
stick	stuck	stuck	withdraw	withdrew	withdrawn
sting	stung	stung	withhold	withheld	withheld
strew	strewed	strewn, strewed	withstand	withstood	withstood
			wring	wrung	wrung
stride	strode	stridden	write	wrote	written
strike	struck	struck			

Conjugação dos verbos auxiliares e regulares em português

Verbos auxiliares: ser, estar, ter e haver

SER
Infinitivo ser
Gerúndio sendo
Particípio sido

Indicativo
Presente
eu sou
tu és
ele é
nós somos
vós sois
eles são

Pretérito imperfeito
eu era
tu eras
ele era
nós éramos
vós éreis
eles eram

Pretérito perfeito
eu fui
tu foste
ele foi
nós fomos
vós fostes
eles foram

Pretérito mais-que-perfeito
eu fora
tu foras
ele fora
nós fôramos
vós fôreis
eles foram

Futuro do presente
eu serei
tu serás
ele será
nós seremos
vós sereis
eles serão

Futuro do pretérito
eu seria
tu serias
ele seria
nós seríamos
vós seríeis
eles seriam

Subjuntivo
Presente
eu seja
tu sejas
ele seja
nós sejamos
vós sejais
eles sejam

Pretérito imperfeito
eu fosse
tu fosses
ele fosse
nós fôssemos
vós fôsseis
eles fossem

Futuro
eu for
tu fores
ele for
nós formos
vós fordes
eles forem

Imperativo
Afirmativo
sê tu
seja você
sejamos nós
sede vós
sejam vocês

Negativo
não sejas tu
não seja você
não sejamos nós
não sejais vós
não sejam vocês

ESTAR
Infinitivo estar
Gerúndio estando
Particípio estado

Indicativo
Presente
eu estou
tu estás
ele está
nós estamos
vós estais
eles estão

Pretérito imperfeito
eu estava
tu estavas
ele estava

nós estávamos
vós estáveis
eles estavam

Pretérito perfeito
eu estive
tu estiveste
ele esteve
nós estivemos
vós estivestes
eles estiveram

Pretérito mais-que-perfeito
eu estivera
tu estiveras
ele estivera
nós estivéramos
vós estivéreis
eles estiveram

Futuro do presente
eu estarei
tu estarás
ele estará
nós estaremos
vós estareis
eles estarão

Futuro do pretérito
eu estaria
tu estarias
ele estaria
nós estaríamos
vós estaríeis
eles estariam

Subjuntivo
Presente
eu esteja
tu estejas
ele esteja
nós estejamos
vós estejais
eles estejam

Pretérito imperfeito
eu estivesse
tu estivesses
ele estivesse
nós estivéssemos
vós estivésseis
eles estivessem

Futuro
eu estiver
tu estiveres
ele estiver
nós estivermos
vós estiverdes
eles estiverem

Imperativo
Afirmativo
está tu
esteja você
estejamos nós
estai vós
estejam vocês

Negativo
não estejas tu
não esteja você
não estejamos nós
não estejais vós
não estejam vocês

TER
Infinitivo ter
Gerúndio tendo
Particípio tido

Indicativo
Presente
eu tenho
tu tens
ele tem
nós temos
vós tendes
eles têm

Pretérito imperfeito
eu tinha
tu tinhas
ele tinha
nós tínhamos
vós tínheis
eles tinham

Pretérito perfeito
eu tive
tu tiveste
ele teve
nós tivemos
vós tivestes
eles tiveram

Pretérito mais-que-perfeito
eu tivera
tu tiveras
ele tivera
nós tivéramos
vós tivéreis
eles tiveram

Futuro do presente
eu terei
tu terás
ele terá
nós teremos
vós tereis
eles terão

Futuro do pretérito
eu teria
tu terias
ele teria
nós teríamos
vós teríeis
eles teriam

Subjuntivo
Presente
eu tenha
tu tenhas

ele tenha
nós tenhamos
vós tenhais
eles tenham

Pretérito imperfeito
eu tivesse
tu tivesses
ele tivesse
nós tivéssemos
vós tivésseis
eles tivessem

Futuro
eu tiver
tu tiveres
ele tiver
nós tivermos
vós tiverdes
eles tiverem

Imperativo
Afirmativo
tem tu
tenha você
tenhamos nós
tende vós
tenham vocês

Negativo
não tenhas tu
não tenha você
não tenhamos nós
não tenhais vós
não tenham vocês

HAVER
Infinitivo haver
Gerúndio havendo
Particípio havido

Indicativo
Presente
eu hei
tu hás
ele há
nós havemos
vós haveis
eles hão

Pretérito imperfeito
eu havia
tu havias
ele havia
nós havíamos
vós havíeis
eles haviam

Pretérito perfeito
eu houve
tu houveste
ele houve
nós houvemos
vós houvestes
eles houveram

*Pretérito mais-que-
-perfeito*
eu houvera
tu houveras
ele houvera
nós houvéramos
vós houvéreis
eles houveram

Futuro do presente
eu haverei
tu haverás
ele haverá
nós haveremos
vós havereis
eles haverão

Futuro do pretérito
eu haveria
tu haverias
ele haveria
nós haveríamos
vós haveríeis
eles haveriam

Subjuntivo
Presente
eu haja
tu hajas
ele haja
nós hajamos
vós hajais
eles hajam

Pretérito imperfeito
eu houvesse
tu houvesses
ele houvesse
nós houvéssemos
vós houvésseis
eles houvessem

Futuro
eu houver
tu houveres
ele houver
nós houvermos
vós houverdes
eles houverem

Imperativo
Afirmativo
há tu
haja você
hajamos nós
havei vós
hajam vocês

Negativo
não hajas tu
não haja você
não hajamos nós
não hajais vós
não hajam vocês

Modelos de verbos regulares: cantar, vender e partir

CANTAR (1.ª conjugação)
Infinitivo cantar
Gerúndio cantando
Particípio cantado

Indicativo
Presente
eu canto
tu cantas
ele canta
nós cantamos
vós cantais
eles cantam

Pretérito imperfeito
eu cantava
tu cantavas
ele cantava
nós cantávamos
vós cantáveis
eles cantavam

Pretérito perfeito
eu cantei
tu cantaste
ele cantou
nós cantamos
vós cantastes
eles cantaram

Pretérito mais-que-perfeito
eu cantara
tu cantaras
ele cantara
nós cantáramos
vós cantáreis
eles cantaram

Futuro do presente
eu cantarei
tu cantarás
ele cantará
nós cantaremos
vós cantareis
eles cantarão

Futuro do pretérito
eu cantaria
tu cantarias
ele cantaria
nós cantaríamos
vós cantaríeis
eles cantariam

Subjuntivo
Presente
eu cante
tu cantes
ele cante
nós cantemos
vós canteis
eles cantem

Pretérito imperfeito
eu cantasse
tu cantasses
ele cantasse
nós cantássemos
vós cantásseis
eles cantassem

Futuro
eu cantar
tu cantares
ele cantar
nós cantarmos
vós cantardes
eles cantarem

Imperativo
Afirmativo
canta tu
cante você
cantemos nós
cantai vós
cantem vocês

Negativo
não cantes tu
não cante você
não cantemos nós
não canteis vós
não cantem vocês

VENDER (2.ª conjugação)
Infinitivo vender
Gerúndio vendendo
Particípio vendido

Indicativo
Presente
eu vendo
tu vendes
ele vende
nós vendemos
vós vendeis
eles vendem

Pretérito imperfeito
eu vendia
tu vendias
ele vendia
nós vendíamos
vós vendíeis
eles vendiam

Pretérito perfeito
eu vendi
tu vendeste
ele vendeu
nós vendemos
vós vendestes
eles venderam

Pretérito mais-que-perfeito
eu vendera
tu venderas
ele vendera
nós vendêramos
vós vendêreis
eles venderam

Futuro do presente
eu venderei
tu venderás
ele venderá
nós venderemos
vós vendereis
eles venderão

Futuro do pretérito
eu venderia
tu venderias
ele venderia
nós venderíamos
vós venderíeis
eles venderiam

Subjuntivo
Presente
eu venda
tu vendas
ele venda
nós vendamos
vós vendais
eles vendam

Pretérito imperfeito
eu vendesse
tu vendesses
ele vendesse
nós vendêssemos
vós vendêsseis
eles vendessem

Futuro
eu vender
tu venderes
ele vender
nós vendermos
vós venderdes
eles venderem

Imperativo
Afirmativo
vende tu
venda você
vendamos nós
vendei vós
vendam vocês

Negativo
não vendas tu
não venda você
não vendamos nós
não vendais vós
não vendam vocês

PARTIR (3.ª conjugação)
Infinitivo partir
Gerúndio partindo
Particípio partido

Indicativo
Presente
eu parto
tu partes
ele parte
nós partimos
vós partis
eles partem

Pretérito imperfeito
eu partia
tu partias
ele partia
nós partíamos
vós partíeis
eles partiam

Pretérito perfeito
eu parti
tu partiste
ele partiu
nós partimos
vós partistes
eles partiram

Pretérito mais-que--perfeito
eu partira
tu partiras
ele partira
nós partíramos
vós partíreis
eles partiram

Futuro do presente
eu partirei
tu partirás
ele partirá
nós partiremos
vós partireis
eles partirão

Futuro do pretérito
eu partiria
tu partirias
ele partiria
nós partiríamos
vós partiríeis
eles partiriam

Subjuntivo
Presente
eu parta
tu partas
ele parta
nós partamos
vós partais
eles partam

Pretérito imperfeito
eu partisse
tu partisses
ele partisse
nós partíssemos
vós partísseis
eles partissem

Futuro
eu partir
tu partires
ele partir
nós partirmos
vós partirdes
eles partirem

Imperativo
Afirmativo
parte tu
parta você
partamos nós
parti vós
partam vocês

Negativo
não partas tu
não parta você
não partamos nós
não partais vós
não partam vocês

Relação dos verbos irregulares, defectivos ou difíceis em português

O símbolo ⇒ significa conjugar como

A
abastecer ⇒ tecer.
abençoar ⇒ soar.
abolir *Indicativo:*
presente (não existe a 1.ª pessoa do singular) aboles, abole, abolimos, abolis, abolem.
Imperativo: abole; aboli.
Subjuntivo: presente não existe.
aborrecer ⇒ tecer.
abranger *Indicativo:*
presente abranjo, abranges, abrange, abrangemos, abrangeis, abrangem.
Imperativo: abrange, abranja, abranjamos, abrangei, abranjam.
Subjuntivo: presente abranja, abranjas etc.
acentuar ⇒ suar.
aconchegar ⇒ ligar.
acrescer ⇒ tecer.
acudir ⇒ subir.
adelgaçar ⇒ laçar.
adequar *Indicativo: presente* adequamos, adequais.
Pretérito perfeito adequei, adequaste etc.
Imperativo: adequai.
Subjuntivo: presente não existe.
aderir ⇒ ferir.

adoçar ⇒ laçar.
adoecer ⇒ tecer.
adormecer ⇒ tecer.
aduzir ⇒ reduzir.
advir ⇒ vir.
advogar ⇒ ligar.
afagar ⇒ ligar.
afeiçoar ⇒ soar.
afligir ⇒ dirigir.
afogar ⇒ ligar.
agir ⇒ dirigir.
agradecer ⇒ tecer.
agredir ⇒ prevenir.
alargar ⇒ ligar.
alcançar ⇒ laçar.
alegar ⇒ ligar.
almoçar ⇒ laçar.
alongar ⇒ ligar.
alugar ⇒ ligar.
amaldiçoar ⇒ soar.
amargar ⇒ ligar.
ameaçar ⇒ laçar.
amolecer ⇒ tecer.
amontoar ⇒ soar.
amplificar ⇒ ficar.
ansiar ⇒ odiar.
antepor ⇒ pôr.
antever ⇒ ver.
aparecer ⇒ tecer.
apegar ⇒ ligar.
aperfeiçoar ⇒ soar.
aplicar ⇒ ficar.
apodrecer ⇒ tecer.
aquecer ⇒ tecer.
arcar ⇒ ficar.
arrancar ⇒ ficar.
assoar ⇒ soar.

atacar ⇒ ficar.
atear ⇒ recear.
atenuar ⇒ suar.
atingir ⇒ dirigir.
atordoar ⇒ soar.
atrair *Indicativo:*
presente atraio, atrais, atrai, atraímos, atraís, atraem.
Pretérito imperfeito atraía, atraías etc.
Pretérito perfeito atraí, atraíste, atraiu, atraímos, atraístes, atraíram.
Pretérito mais-que-perfeito atraíra, atraíras etc.
Imperativo: atrai, atraia, atraiamos, atraí, atraiam.
Subjuntivo: presente atraia, atraias etc.
Pretérito imperfeito atraísse, atraísses etc.
Futuro atrair, atraíres, atrair, atrairmos, atrairdes, atraírem.
atribuir ⇒ possuir.
atuar ⇒ suar.
autenticar ⇒ ficar.
avançar ⇒ laçar.

B
balançar ⇒ laçar.
balear ⇒ recear.
barbear ⇒ recear.
bendizer ⇒ dizer.

bloquear ⇒ *recear*.
bobear ⇒ *recear*.
bombardear ⇒ *recear*.
brecar ⇒ *ficar*.
brigar ⇒ *ligar*.
brincar ⇒ *ficar*.
bronzear ⇒ *recear*.
buscar ⇒ *ficar*.

C

caber *Indicativo: presente*
caibo, cabes, cabe,
cabemos, cabeis, cabem.
Pretérito perfeito coube,
coubeste, coube,
coubemos, coubestes,
couberam.
*Pretérito mais-que-
-perfeito* coubera,
couberas etc.
Imperativo: não existe.
Subjuntivo: presente
caiba, caibas etc.
Pretérito imperfeito
coubesse, coubesses etc.
Futuro couber,
couberes etc.
caçar ⇒ *laçar*.
cair ⇒ *atrair*.
carecer ⇒ *tecer*.
carregar ⇒ *ligar*.
castigar ⇒ *ligar*.
cear ⇒ *recear*.
certificar ⇒ *ficar*.
chatear ⇒ *recear*.
chegar ⇒ *ligar*.
classificar ⇒ *ficar*.
coagir ⇒ *dirigir*.
cobrir ⇒ *dormir*.
coçar ⇒ *laçar*.
comparecer ⇒ *tecer*.
competir ⇒ *ferir*.
compor ⇒ *pôr*.
comunicar ⇒ *ficar*.
condizer ⇒ *dizer*.

conduzir ⇒ *reduzir*.
conferir ⇒ *ferir*.
conhecer ⇒ *tecer*.
conjugar ⇒ *ligar*.
conseguir ⇒ *seguir*.
constituir ⇒ *possuir*.
construir *Indicativo:
presente* construo,
constróis, constrói,
construímos, construís,
constroem.
Pretérito imperfeito
construía, construías etc.
Pretérito perfeito
construí, construíste etc.
*Pretérito mais-
-que-perfeito* construíra,
construíras etc.
Imperativo: constrói,
construa, construamos,
construí, construam.
Subjuntivo: presente
construa, construas etc.
Pretérito imperfeito
construísse,
construísses etc.
Futuro construir,
construíres, construir,
construirmos, construirdes,
construírem.
consumir ⇒ *subir*.
continuar ⇒ *suar*.
contradizer ⇒ *dizer*.
contrapor ⇒ *pôr*.
contribuir ⇒ *possuir*.
convir ⇒ *vir*.
corrigir ⇒ *dirigir*.
crescer ⇒ *tecer*.
crer *Indicativo: presente*
creio, crês, crê, cremos,
credes, creem.
Imperativo: crê, creia,
creiamos, crede, creiam.
Subjuntivo: presente
creia, creias etc.

D

dar *Indicativo: presente*
dou, dás, dá, damos,
dais, dão.
Pretérito imperfeito
dava, davas etc.
Pretérito perfeito dei,
deste, deu, demos,
destes, deram.
*Pretérito mais-que-
-perfeito* dera, deras,
dera etc.
Futuro darei, darás etc.
Imperativo: dá, dê,
demos, dai, deem.
Subjuntivo: presente
dê, dês, dê, demos,
deis, deem.
Pretérito imperfeito
desse, desses etc.
Futuro der, deres etc.
decair ⇒ *atrair*.
decompor ⇒ *pôr*.
deduzir ⇒ *reduzir*.
deferir ⇒ *ferir*.
delinquir ⇒ *abolir*.
demolir ⇒ *abolir*.
depor ⇒ *pôr*.
descobrir ⇒ *cobrir*.
desaparecer ⇒ *tecer*.
desconhecer ⇒ *tecer*.
descrer ⇒ *crer*.
desdizer ⇒ *dizer*.
desembaraçar ⇒ *laçar*.
desencadear ⇒ *recear*.
desfalecer ⇒ *tecer*.
desfazer ⇒ *fazer*.
desimpedir ⇒ *pedir*.
desligar ⇒ *ligar*.
desmentir ⇒ *ferir*.
despedir ⇒ *pedir*.
despentear ⇒ *recear*.
despir ⇒ *ferir*.
desprevenir ⇒ *prevenir*.
destacar ⇒ *ficar*.

diferir ⇒ *ferir*.
digerir ⇒ *ferir*.
diluir ⇒ *possuir*.
dirigir *Indicativo: presente* dirijo, diriges, dirige, dirigimos, dirigis, dirigem.
Imperativo: dirige, dirija, dirijamos, dirigi, dirijam.
Subjuntivo: presente dirija, dirijas etc.
disfarçar ⇒ *laçar*.
dispor ⇒ *pôr*.
distinguir *Indicativo: presente* distingo, distingues etc.
Imperativo: distingue, distinga, distingamos, distingui, distingam.
Subjuntivo: presente distinga, distingas etc.
distrair ⇒ *atrair*.
distribuir ⇒ *possuir*.
divertir ⇒ *ferir*.
dizer *Indicativo: presente* digo, dizes, diz, dizemos, dizeis, dizem.
Pretérito perfeito disse, disseste, disse, dissemos, dissestes, disseram.
Pretérito mais-que--perfeito dissera, disseras etc.
Futuro direi, dirás, dirá, diremos, direis, dirão.
Futuro do pretérito diria, dirias etc.
Imperativo: diz, diga, digamos, dizei, digam.
Subjuntivo: presente diga, digas etc.

Pretérito imperfeito dissesse, dissesses etc.
Futuro disser, disseres etc.
dormir *Indicativo: presente* durmo, dormes, dorme, dormimos, dormis, dormem.
Imperativo: dorme, durma, durmamos, dormi, durmam.
Subjuntivo: presente durma, durmas etc.

E
efetuar ⇒ *suar*.
empregar ⇒ *ligar*.
encadear ⇒ *recear*.
encobrir ⇒ *dormir*.
enfraquecer ⇒ *tecer*.
engolir ⇒ *dormir*.
enjoar ⇒ *soar*.
enriquecer ⇒ *tecer*.
ensaboar ⇒ *soar*.
entrelaçar ⇒ *laçar*.
entreouvir ⇒ *ouvir*.
entrever ⇒ *ver*.
envelhecer ⇒ *tecer*.
equivaler ⇒ *valer*.
erguer *Indicativo: presente* ergo, ergues, ergue, erguemos, ergueis, erguem.
Imperativo: ergue, erga, ergamos, erguei, ergam.
Subjuntivo: presente erga, ergas etc.
escassear ⇒ *recear*.
esclarecer ⇒ *tecer*.
escorregar ⇒ *ligar*.
esquecer ⇒ *tecer*.
estar Veja verbo conjugado (página 604).
estragar ⇒ *ligar*.

estremecer ⇒ *tecer*.
excluir ⇒ *possuir*.
exercer ⇒ *tecer*.
exigir ⇒ *dirigir*.
expedir ⇒ *pedir*.
explodir ⇒ *abolir*.
expor ⇒ *pôr*.
extrair ⇒ *atrair*.

F
falecer ⇒ *tecer*.
fatigar ⇒ *ligar*.
favorecer ⇒ *tecer*.
fazer *Indicativo: presente* faço, fazes, faz, fazemos, fazeis, fazem.
Pretérito perfeito fiz, fizeste, fez, fizemos, fizestes, fizeram.
Pretérito mais-que--perfeito fizera, fizeras etc.
Futuro farei, farás etc.
Futuro do pretérito faria, farias etc.
Imperativo: faz, faça, façamos, fazei, façam.
Subjuntivo: presente faça, faças etc.
Pretérito imperfeito fizesse, fizesses etc.
Futuro fizer, fizeres etc.
ferir *Indicativo: presente* firo, feres, fere, ferimos, feris, ferem.
Imperativo: fere, fira, firamos, feri, firam.
Subjuntivo: presente fira, firas etc.
ficar *Indicativo: presente* fico, ficas, fica, ficamos, ficais, ficam.

Pretérito perfeito
fiquei, ficaste etc.
Imperativo: fica, fique,
fiquemos, ficai, fiquem.
Subjuntivo: presente
fique, fiques etc.
fingir ⇒ *dirigir*.
fluir ⇒ *possuir*.
flutuar ⇒ *suar*.
folhear ⇒ *recear*.
frear ⇒ *recear*.
fugir *Indicativo:*
presente fujo, foges,
foge, fugimos, fugis,
fogem.
Imperativo: foge, fuja,
fujamos, fugi, fujam.
Subjuntivo: presente
fuja, fujas etc.

G
golpear ⇒ *recear*.
graduar ⇒ *suar*.
grampear ⇒ *recear*.

H
habituar ⇒ *suar*.
haver Veja verbo
conjugado (página 606).
hipotecar ⇒ *ficar*.
homenagear ⇒ *recear*.

I
impedir ⇒ *pedir*.
impelir ⇒ *ferir*.
impor ⇒ *pôr*.
incendiar ⇒ *odiar*.
incluir ⇒ *possuir*.
indispor ⇒ *pôr*.
induzir ⇒ *reduzir*.
ingerir ⇒ *ferir*.
inserir ⇒ *ferir*.
insinuar ⇒ *suar*.
instituir ⇒ *possuir*.
instruir ⇒ *possuir*.

interferir ⇒ *ferir*.
interpor ⇒ *pôr*.
interrogar ⇒ *ligar*.
intervir ⇒ *vir*.
introduzir ⇒ *reduzir*.
investir ⇒ *ferir*.
ir *Indicativo: presente*
vou, vais, vai, vamos,
ides, vão.
Pretérito imperfeito ia,
ias, ia, íamos, íeis, iam.
Pretérito perfeito
fui, foste, foi, fomos,
fostes, foram.
*Pretérito mais-que-
-perfeito* fora, foras etc.
Imperativo: vai, vá,
vamos, ide, vão.
Subjuntivo: presente
vá, vás etc.
Pretérito imperfeito
fosse, fosses etc.
Futuro for, fores etc.

J
jejuar ⇒ *suar*.
julgar ⇒ *ligar*.
justapor ⇒ *pôr*.

L
largar ⇒ *ligar*.
ler ⇒ *crer*.
ligar *Pretérito perfeito*
liguei, ligaste, ligou,
ligamos, ligastes,
ligaram. *Imperativo:*
liga, ligue, liguemos,
ligai, liguem.
Subjuntivo: presente
ligue, ligues etc.
lotear ⇒ *recear*.

M
magoar ⇒ *soar*.
maldizer ⇒ *dizer*.

manter ⇒ *ter*.
medir ⇒ *pedir*.
mentir ⇒ *ferir*.
merecer ⇒ *tecer*.
moer *Indicativo:*
presente moo, móis,
mói, moemos, moeis,
moem.
Pretérito imperfeito
moía, moías etc.
Pretérito perfeito moí,
moeste, moeu etc.
Imperativo: mói, moa,
moamos, moei, moam.
Subjuntivo: presente
moa, moas etc.

N
nascer ⇒ *tecer*.
nortear ⇒ *recear*.

O
obedecer ⇒ *tecer*.
obrigar ⇒ *ligar*.
obter ⇒ *ter*.
odiar *Indicativo:*
presente odeio, odeias,
odeia, odiamos, odiais,
odeiam.
Imperativo: odeia,
odeie, odiemos, odiai,
odeiem.
Subjuntivo: presente
odeie, odeies, odeie,
odiemos, odieis, odeiem.
oferecer ⇒ *tecer*.
opor ⇒ *pôr*.
ouvir *Indicativo: presente*
ouço, ouves, ouve, ouvi-
mos, ouvis, ouvem.
Imperativo: ouve,
ouça, ouçamos, ouvi,
ouçam.
Subjuntivo: presente
ouça, ouças etc.

P

padecer ⇒ tecer.
parecer ⇒ tecer.
passear ⇒ recear.
pedir *Indicativo:*
  presente peço, pedes, pede, pedimos, pedis, pedem.
  Imperativo: pede, peça, peçamos, pedi, peçam.
  Subjuntivo: presente peça, peças etc.
pegar ⇒ ligar.
pentear ⇒ recear.
perder *Indicativo:*
  presente perco, perdes, perde, perdemos, perdeis, perdem.
  Imperativo: perde, perca, percamos, perdei, percam.
  Subjuntivo: presente perca, percas etc.
permanecer ⇒ tecer.
perseguir ⇒ seguir.
pertencer ⇒ tecer.
poder *Indicativo:*
  presente posso, podes, pode, podemos, podeis, podem.
  Pretérito perfeito pude, pudeste, pôde, pudemos, pudestes, puderam.
  Pretérito mais-que-perfeito pudera, puderas etc.
  Imperativo: não existe.
  Subjuntivo: presente possa, possas etc.
  Pretérito imperfeito pudesse, pudesses etc.
  Futuro puder, puderes etc.
poluir ⇒ possuir.

pôr *Indicativo: presente* ponho, pões, põe, pomos, pondes, põem.
  Pretérito imperfeito punha, punhas etc.
  Pretérito perfeito pus, puseste, pôs, pusemos, pusestes, puseram.
  Pretérito mais-que-perfeito pusera, puseras etc.
  Imperativo: põe, ponha, ponhamos, ponde, ponham.
  Subjuntivo: presente ponha, ponhas etc.
  Pretérito imperfeito pusesse, pusesses etc.
  Futuro puser, puseres etc.
possuir *Indicativo: presente* possuo, possuis, possui, possuímos, possuís, possuem.
  Pretérito imperfeito possuía, possuías etc.
  Pretérito perfeito possuí, possuíste, possuiu, possuímos, possuístes, possuíram.
  Pretérito mais-que-perfeito possuíra, possuíras etc.
  Imperativo: possui, possua, possuamos, possuí, possuam.
  Subjuntivo: presente possua, possuas etc.
  Pretérito imperfeito possuísse, possuísses etc.
  Futuro possuir, possuíres, possuir etc.
precaver *Indicativo:*

  presente precavemos, precaveis.
  Imperativo: precavei.
  Subjuntivo: presente não existe.
predispor ⇒ pôr.
predizer ⇒ dizer.
preferir ⇒ ferir.
pressentir ⇒ ferir.
pressupor ⇒ pôr.
prevenir *Indicativo: presente* previno, prevines, previne, prevenimos, prevenis, previnem.
  Imperativo: previne, previna, previnamos, preveni, previnam.
  Subjuntivo: presente previna, previnas etc.
prever ⇒ ver.
produzir ⇒ reduzir.
progredir ⇒ prevenir.
propor ⇒ pôr.
prosseguir ⇒ seguir.
proteger ⇒ abranger.
provir ⇒ vir.

Q

querer *Indicativo: presente* quero, queres, quer, queremos, quereis, querem.
  Pretérito perfeito quis, quiseste etc.
  Pretérito mais-que-perfeito quisera, quiseras etc. *Imperativo:* quer, queira, queiramos, querei, queiram.
  Subjuntivo: presente queira, queiras etc.
  Pretérito imperfeito quisesse, quisesses etc.

Futuro quiser, quiseres etc.

R
rasgar ⇒ ligar.
reagir ⇒ dirigir.
reaver *Indicativo: presente* (apenas a 1.ª e a 2.ª pessoas do plural) reavemos, reaveis.
Pretérito perfeito reouve, reouveste etc.
Pretérito mais-que-perfeito reouvera, reouveras etc.
Imperativo: reavei.
Subjuntivo: presente não existe.
Pretérito imperfeito reouvesse, reouvesses etc.
Futuro reouver, reouveres etc.
recair ⇒ atrair.
recear *Indicativo: presente* receio, receias, receia, receamos, receais, receiam.
Imperativo: receia, receie, receemos, receai, receiem.
Subjuntivo: presente receie, receies etc.
rechear ⇒ recear.
recobrir ⇒ dormir.
recompor ⇒ pôr.
reconhecer ⇒ tecer.
recuar ⇒ suar.
redigir ⇒ dirigir.
reduzir *Indicativo: presente* reduzo, reduzes, reduz, reduzimos, reduzis, reduzem.
Imperativo: reduz ou reduze, reduza, reduzamos, reduzi, reduzam.
refletir ⇒ ferir.
reforçar ⇒ laçar.
regredir ⇒ prevenir.
reler ⇒ crer.
repor ⇒ pôr.
reproduzir ⇒ reduzir.
requerer *Indicativo: presente* requeiro, requeres, requer, requeremos, requereis, requerem.
Pretérito perfeito requeri, requereste etc.
Imperativo: requer, requeira, requeiramos, requerei, requeiram.
Subjuntivo: presente requeira, requeiras etc.
restituir ⇒ possuir.
reter ⇒ ter.
retribuir ⇒ possuir.
rever ⇒ ver.
rir *Indicativo: presente* rio, ris, ri, rimos, rides, riem.
Imperativo: ri, ria, riamos, ride, riam.
Subjuntivo: presente ria, rias etc.
roer ⇒ moer.

S
saber *Indicativo: presente* sei, sabes, sabe, sabemos, sabeis, sabem.
Pretérito perfeito soube, soubeste etc.
Pretérito mais-que-perfeito soubera, souberas etc.
Imperativo: sabe, saiba, saibamos, sabei, saibam.
Subjuntivo: presente saiba, saibas etc.
Pretérito imperfeito soubesse, soubesses etc. *Futuro* souber, souberes etc.
sacudir ⇒ subir.
sair ⇒ atrair.
satisfazer ⇒ fazer.
seduzir ⇒ reduzir.
seguir *Indicativo: presente* sigo, segues, segue, seguimos, seguis, seguem.
Imperativo: segue, siga, sigamos, segui, sigam.
Subjuntivo: presente siga, sigas etc.
sentir ⇒ ferir.
ser Veja verbo conjugado (página 604).
servir ⇒ ferir.
simplificar ⇒ ficar.
situar ⇒ suar.
soar *Indicativo: presente* soo, soas, soa, soamos, soais, soam.
Imperativo: soa, soe, soemos, soai, soem.
sobrepor ⇒ pôr.
sobressair ⇒ atrair.
sobrevir ⇒ vir.
sorrir ⇒ rir.
suar *Indicativo: presente* suo, suas, sua, suamos, suais, suam.
Pretérito perfeito suei, suaste etc.
Imperativo: sua, sue, suemos, suai, suem.
Subjuntivo: presente sue, sues etc.
Pretérito imperfeito suasse, suasses etc.
Futuro suar, suares etc.

subir *Indicativo:
presente* subo, sobes, sobe, subimos, subis, sobem.
Imperativo: sobe, suba, subamos, subi, subam.
substituir ⇒ *possuir*.
subtrair ⇒ *atrair*.
sugerir ⇒ *ferir*.
sumir ⇒ *subir*.
supor ⇒ *pôr*.
surgir ⇒ *dirigir*.

T

tapear ⇒ *recear*.
tecer *Indicativo:
presente* teço, teces, tece, tecemos, teceis, tecem.
Imperativo: tece, teça, teçamos, tecei, teçam.
Subjuntivo: presente teça, teças etc.
ter Veja verbo conjugado (página 605).
tossir ⇒ *dormir*.
traçar ⇒ *laçar*.
trair ⇒ *atrair*.
transgredir ⇒ *prevenir*.
transpor ⇒ *pôr*.
trazer *Indicativo:
presente* trago, trazes, traz, trazemos, trazeis, trazem.
Pretérito perfeito trouxe, trouxeste, trouxe, trouxemos, trouxestes, trouxeram.
*Pretérito mais-que-
-perfeito* trouxera, trouxeras, trouxera, trouxéramos, trouxéreis, trouxeram.
Futuro trarei, trarás, trará, traremos, trareis, trarão.
Futuro do pretérito traria, trarias, traria, traríamos, traríeis, trariam.
Imperativo: traz, traga, tragamos, trazei, tragam.
*Subjuntivo:
presente* traga, tragas etc.
Pretérito imperfeito trouxesse, trouxesses etc.
Futuro trouxer, trouxeres etc.

U

usufruir ⇒ *possuir*.

V

valer *Indicativo:
presente* valho, vales, vale, valemos, valeis, valem.
Imperativo: vale, valha, valhamos, valei, valham.
Subjuntivo: presente valha, valhas etc.
ver *Indicativo: presente* vejo, vês, vê, vemos, vedes, veem.
Pretérito imperfeito via, vias etc.
Pretérito perfeito vi, viste, viu, vimos, vistes, viram.
*Pretérito mais-que-
-perfeito* vira, viras etc.
Imperativo: vê, veja, vejamos, vede, vejam.
Subjuntivo: presente veja, vejas etc.
Pretérito imperfeito visse, visses etc.
Futuro vir, vires etc.
vestir ⇒ *ferir*.
vir *Indicativo: presente* venho, vens, vem, vimos, vindes, vêm.
Pretérito imperfeito vinha, vinhas etc.
Pretérito perfeito vim, vieste, veio, viemos, viestes, vieram.
*Pretérito mais-que-
-perfeito* viera, vieras etc.
Imperativo: vem, venha, venhamos, vinde, venham.
Subjuntivo: presente venha, venhas etc.
Pretérito imperfeito viesse, viesses etc.
Futuro vier, vieres etc.
voar ⇒ *soar*.

Números

Numerais Cardinais / Cardinal Numbers

0	zero	zero, nought, nothing, O	70	setenta	seventy
1	um	one	80	oitenta	eighty
2	dois	two	90	noventa	ninety
3	três	three	100	cem	a hundred
4	quatro	four	101	cento e um	a hundred and one
5	cinco	five	110	cento e dez	a hundred and ten
6	seis	six			
7	sete	seven	120	cento e vinte	a hundred and twenty
8	oito	eight			
9	nove	nine	200	duzentos	two hundred
10	dez	ten	300	trezentos	three hundred
11	onze	eleven			
12	doze	twelve	400	quatrocentos	four hundred
13	treze	thirteen			
14	quatorze, catorze	fourteen	500	quinhentos	five hundred
15	quinze	fifteen	600	seiscentos	six hundred
16	dezesseis	sixteen	700	setecentos	seven hundred
17	dezessete	seventeen			
18	dezoito	eighteen	800	oitocentos	eight hundred
19	dezenove	nineteen			
20	vinte	twenty	900	novecentos	nine hundred
21	vinte e um	twenty-one			
22	vinte e dois	twenty-two	1000	mil	a thousand
23	vinte e três	twenty-three	1001	mil e um	a thousand and one
24	vinte e quatro	twenty-four			
25	vinte e cinco	twenty-five	1010	mil e dez	a thousand and ten
26	vinte e seis	twenty-six			
27	vinte e sete	twenty-seven	2000	dois mil	two thousand
28	vinte e oito	twenty-eight			
29	vinte e nove	twenty-nine	10 000	dez mil	ten thousand
30	trinta	thirty	100 000	cem mil	a hundred thousand
40	quarenta	forty			
50	cinquenta	fifty	1 000 000	um milhão	a million
60	sessenta	sixty	2 000 000	dois milhões	two million
			1 000 000 000	um bilhão	a billion

Numerais Ordinais / Ordinal Numbers

1st	primeiro	first	22nd	vigésimo segundo	twenty-second
2nd	segundo	second	23rd	vigésimo terceiro	twenty-third
3rd	terceiro	third	24th	vigésimo quarto	twenty-fourth
4th	quarto	fourth	25th	vigésimo quinto	twenty- fifth
5th	quinto	fifth	26th	vigésimo sexto	twenty-sixth
6th	sexto	sixth	27th	vigésimo sétimo	twenty-seventh
7th	sétimo	seventh	28th	vigésimo oitavo	twenty-eighth
8th	oitavo	eighth	29th	vigésimo nono	twenty-ninth
9th	nono	ninth	30th	trigésimo	thirtieth
10th	décimo	tenth	31st	trigésimo primeiro	thirty-first
11th	décimo primeiro	eleventh	40th	quadragésimo	fortieth
12th	décimo segundo	twelfth	50th	quinquagésimo	fiftieth
13th	décimo terceiro	thirteenth	60th	sexagésimo	sixtieth
14th	décimo quarto	fourteenth	70th	septuagésimo	seventieth
15th	décimo quinto	fifteenth	80th	octogésimo	eightieth
16th	décimo sexto	sixteenth	90th	nonagésimo	ninetieth
17th	décimo sétimo	seventeenth	100th	centésimo	one hundredth
18th	décimo oitavo	eighteenth	101st	centésimo primeiro	one hundred and first
19th	décimo nono	nineteenth			
20th	vigésimo	twentieth	200th	ducentésimo	two hundredth
21st	vigésimo primeiro	twenty-first			

Numerais Multiplicativos / Multiplicative Numbers

2	duplo, dobro	double, twofold
3	triplo, tríplice	triple, threefold
4	quádruplo	quadruple, fourfold
5	quíntuplo	quintuple, fivefold
6	sêxtuplo	sextuple, sixfold
7	séptuplo	septuple, sevenfold
8	óctuplo	octuple, eightfold
9	nônuplo	ninefold
10	décuplo	decuple, tenfold
11	undécuplo	elevenfold
12	duodécuplo	twelvefold
100	cêntuplo	centuple, hundredfold

Numerais Fracionários / Fractional Numbers

2	meio, metade	half (*plural:* halves)
3	terço	third
4	quarto	quarter, fourth
5	quinto	fifth
6	sexto	sixth
7	sétimo	seventh
8	oitavo	eighth
9	nono	ninth
10	décimo	tenth
11	onze avos, undécimo	eleventh
12	doze avos, duodécimo	twelfth
100	centésimo	hundredth

Tabela de conversão de temperaturas em graus Celsius e Fahrenheit

°C	°F	°C	°F	°C	°F	°C	°F
1	33.8	26	78.8	51	123.8	76	168.8
2	35.6	27	80.6	52	125.6	77	170.6
3	37.4	28	82.4	53	127.4	78	172.4
4	39.2	29	84.2	54	129.2	79	174.2
5	41.0	30	86.0	55	131.0	80	176.0
6	42.8	31	87.8	56	132.8	81	177.8
7	44.6	32	89.6	57	134.6	82	179.6
8	46.4	33	91.4	58	136.4	83	181.4
9	48.2	34	93.2	59	138.2	84	183.2
10	50.0	35	95.0	60	140.0	85	185.0
11	51.8	36	96.8	61	141.8	86	186.8
12	53.6	37	98.6	62	143.6	87	188.6
13	55.4	38	100.4	63	145.4	88	190.4
14	57.2	39	102.2	64	147.2	89	192.2
15	59.0	40	104.0	65	149.0	90	194.0
16	60.8	41	105.8	66	150.8	91	195.8
17	62.6	42	107.6	67	152.6	92	197.6
18	64.4	43	119.4	68	154.4	93	199.4
19	66.2	44	111.2	69	156.2	94	201.2
20	68.0	45	113.0	70	158.0	95	203.0
21	69.8	46	114.8	71	159.8	96	204.8
22	71.6	47	116.6	72	161.6	97	206.6
23	73.4	48	118.4	73	163.4	98	208.4
24	75.2	49	120.2	74	165.2	99	210.2
25	77.0	50	122.0	75	167.0	100	212.0

Fatores de conversão

Celsius $\Rightarrow$ Fahrenheit (°C x 9) / 5) + 32
Fahrenheit $\Rightarrow$ Celsius (°F − 32) x 5) / 9